Honour · Fleming
Lexikon Antiquitäten und
Kunsthandwerk

HUGH HONOUR · JOHN FLEMING

Lexikon Antiquitäten und Kunsthandwerk

Mit einem Vorwort
von
Arno Schönberger

C. H. BECK · PRESTEL

Der grundlegend überarbeiteten und ergänzten deutschen Ausgabe dieses Buches
liegt als englische Originalausgabe das 1980 erschienene
›Penguin Dictionary of Decorative Arts‹ zugrunde

Übersetzungen: Lydia Dewiel, Leonore Enders, Hanna Erdmann,
Dagmar von Erffa, Jutta Fanurakis, Suzanne Gangloff, Paula Keutner
Wissenschaftliche Beratung für die deutsche Ausgabe:
Prof. Dr. Arno Schönberger

CIP-Kurztitelaufnahme der Deutschen Bibliothek

Honour, Hugh:
Lexikon Antiquitäten und Kunsthandwerk / Hugh
Honour ; John Fleming. Mit e. Vorw. von Arno
Schönberger. [Übers.: Lydia Dewiel ...]. –
Grundlegend überarb. u. erg. dt. Ausg. –
München : Beck ; München : Prestel, 1984.
Einheitssacht.: Penguin dictionary of
decorative arts ⟨dt.⟩
ISBN 3-406-30315-3 (Beck)
ISBN 3-7913-0677-4 (Prestel)
NE: Fleming, John:; HST

ISBN Verlag C. H. Beck: 3-406-30315-3
ISBN Prestel-Verlag: 3-7913-0677-4

Gesamtherstellung: Passavia Druckerei GmbH Passau
Printed in Germany

VORWORT

Was sind Antiquitäten? Laut Kapitel 99,06 der ›Brüsseler Nomenklatur‹, dem für die Länder der Europäischen Wirtschaftsgemeinschaft verbindlichen Zollgesetz, sind Antiquitäten altertümliche Gegenstände, die mindestens 100 Jahre alt sind. Sie kommen dann in den Genuß zollfreier Einfuhr und einer Ermäßigung der Einfuhrumsatzsteuer auf die Hälfte des vollen Satzes. Zolltariflich können also z. B. Objekte aus der Zeit des Jugendstils noch nicht als Antiquitäten behandelt werden, was für Sammler zu wissen wichtig sein kann. Wenn nun auch, wie dieses Beispiel zeigt, die gesetzlich bestimmte Zeitgrenze nicht für das allgemeine Verständnis verbindlich ist, so wird man doch unter Antiquitäten nur Gegenstände verstehen, die wenigstens einige Jahrzehnte alt sind. Das Lexikon aber behandelt »Antiquitäten und Kunsthandwerk bis zum heutigen Tag«. Da ferner Erzeugnisse manufaktureller und industrieller Produktion nicht als solche des Kunsthandwerks bezeichnet werden können, übergreift der Doppeltitel dieses Werkes nur einen Teil der über 4000 in ihm behandelten Stichworte. Man wird deshalb fragen, warum nicht für den Titel auf Formulierungen wie ›Angewandte Kunst‹, ›Dekorative Kunst‹, ›Kunstgewerbe‹ zurückgegriffen wurde, mit denen man doch sonst, allgemein wie auch in der Fachliteratur, die Besonderheit und Vielgestaltigkeit der hier behandelten Materie bezeichnet und charakterisiert. Mein Vorwort will begründen, warum dies nicht geschehen ist.

Bei diesen Begriffen handelt es sich um Wortschöpfungen des 19. Jhs. Sie waren bezeichnend für dessen Kunstverständnis, stehen aber schon seit langem im Widerspruch zu dem unserer Zeit. Sie brachten in ihrem Wortsinn zum Ausdruck, daß zwischen einer ›Hohen Kunst‹ und einer Kunst minderen Ranges zu unterscheiden sei. Man verstand ein Werk der Hohen Kunst als das Ergebnis eines geistigen Schöpfungsvorgangs und als seinen einzigen Zweck, diesen zur Anschauung zu bringen. Es sei deshalb wesenhaft verschieden von einem Gegenstand, der einem Gebrauchszweck dient, doch könnten Gestaltungsmöglichkeiten der Kunst auf die Gestaltung von solchen Gegenständen Anwendung finden, um sie über ihren Gebrauchszweck ästhetisch zu erhöhen. Sie würden dadurch zwar nicht zu Kunstwerken, würden aber durch Formgebung und Dekor teilhaben am schmückenden Wesen der Kunst. ›Angewandte Kunst‹ meint also eigentlich nur das praktizierte Verfahren und ist seinem Wortsinn nach nicht als Sammelbegriff zu verstehen.

Aber nicht nur wegen der Theorie, die zu der Bildung des Begriffes geführt hat, steht dieser im Widerspruch zum Kunstverständnis unserer Zeit, sondern auch aufgrund seines Wortsinns. Schon bei den Ready-mades des Dadaismus hatte ja Kunst in einem ganz anderen, interpretierenden Sinn Anwendung auf Gegenstände gefunden, und in Popart und Environment sind Gegenstände, und zwar gerade nicht künstlerisch gestaltete, zu einem so wichtigen und oft so dominierenden Medium des künstlerischen Anliegens geworden, daß die Zollbehörden durch das Gesetz der ›Brüsseler Nomenklatur‹ verpflichtet sind, »zeitgenössische Kunstgegenstände, die wegen der ... eingesetzten Ausdrucksmittel (z. B. Industrie- oder Abfallprodukte, zu neuen Formzusammenhängen gestaltet) ... nach stofflicher Beschaffenheit zu tarifieren sind«.

Das Kunstverständnis des 19. Jhs., das sich von dem vorausgegangener Epochen so grundlegend unterschied, gründete im schwärmerischen Gefühlskult der ›Empfindsamkeit‹, der Gegenbewegung gegen den Rationalismus der Aufklärung, und im Geniekult des Sturm und Drang mit der Forderung nach Freiheit der Kunst. Sie solle »alles, was edel, groß und göttlich ist« (Wackenroder) darstellen; da sie »nur als Produkt des Genies möglich« sei, müsse sie »von allem Zwange willkürlicher Regeln frei« sein (Kant); »dem Bunde der Künstler einen bestimmten Zweck geben ..., das heißt die Gemeinde der Heiligen zum Staat erniedrigen« (F. Schlegel). Der Künstler wurde eingereiht in »die erhabene Geisterwelt« und auf der »Menschheit erste Stufe« gestellt (Schiller), wurde zum »Gesalbten Gottes« (Goethe). Solch hohe Wertung löste die Künstler – und als solche galten nun nur mehr Maler und Bildhauer – aus der gesellschaftlichen Ordnung, der sie bisher angehört hatten. Künstler zu sein war kaum mehr ein Beruf, war Berufung.
Bis in den Spätbarock hinein hatten Malerei und Bildhauerei zu den handwerklichen Erwerbskünsten gezählt, deren Ausübung eingebunden war in die strenge Ordnung der jeweiligen Zunft, die mit ihren Vorschriften regelte, was und wie gearbeitet werden durfte, und die nicht nur die berufliche Tätigkeit des einzelnen genau überwachte, sondern auch auf sein Leben als Bürger mit vielen Verpflichtungen Einfluß nahm. Aus dieser Enge des Zunftwesens konnte zunächst nur der Dienst für den Landesherrn befreien, die Verleihung des Hoftitels. Daß es noch keine Trennung von Kunst und Handwerk gab, keine wesenhafte Unterscheidung, vielmehr ausschließlich das herausragende Können eines Meisters auf seinem Gebiet es war, was den Fürsten veranlaßte, ihn vom Zunftzwang zu befreien, zeigt, daß der Hoftitel ebenso wie an Bildhauer auch an Schreiner oder Goldschmiede verliehen wurde, daß z. B. – bezeichnend für den Begriff ›Angewandte Kunst‹ – der Meißener Porzellanmaler Joh. G. Höroldt nach dreijähriger Tätigkeit an der Manufaktur 1723 zum Hofmaler ernannt wurde.
Vom Zunftzwang befreite allmählich auch die Mitgliedschaft an einer Kunstakademie und ein an ihr abgeschlossenes Studium. So hatte 20 Jahre nach Gründung der Akademie von Paris ihr Regent, Finanzminister Colbert, dieses Privileg gegen den erbitterten Widerstand der Zünfte durch einen königlichen Erlaß erreicht, der anordnete, daß alle Hofkünstler in sie einzutreten hatten. Bedeutsamer als solche fürstlich verfügte Befreiung war aber für die weitere Entwicklung das durch die Akademien vermittelte Bewußtsein einer geistigen Freiheit, die den ›Künstler‹, weit mehr als dies die Privilegien des Hofdienstes bereits getan hatten, in seinem Selbstverständnis über den Stand der Handwerker erhob.
Seit der Antike, in der Maler und Bildhauer als ›Banausen‹, als Handwerker, betrachtet worden waren, wurde solche Freiheit, die auch in gesellschaftlichem Sinne Freiheit bedeutete, nur wissenschaftlichen Berufen zuerkannt, für deren Ausübung Kenntnisse der ›Artes liberales‹, auch ›Artes ingenuae‹ genannt, der Sieben freien Künste Grammatik, Rhetorik, Dialektik, Arithmetik, Geometrie, Musik und Astronomie, Voraussetzung waren. Solche Kenntnisse hatten schon in der Renaissance zur Herauslösung des Berufsstandes der Architekten aus der Handwerksgebundenheit geführt, da sie zugleich Ingenieure waren. Nun vermittelten die Akademien auch Bildhauern und Malern gelehrtes Wissen wie Kunsttheorie, Mythologie, Anatomie und Ikonologie, mit der Folge, daß sie sich nach Abschluß des Studiums als ›Kavaliere‹ verstanden, ein Titel, der ihnen von manchen Akademien auch offiziell verliehen wurde. Es ist begreiflich, daß in Städten, in denen noch die alten Handwerksordnungen bestanden, die freie Ausübung der Kunst durch die ›Virtuosi‹ bei den Ortsansässigen auf erbitterten Widerstand stieß. So erreichten in Nürnberg, wo 1662 eine private Akademie gegründet worden war, die organisierten Maler einen Erlaß des Rates gegen »Fremde, die sich allhier einschleichen und ihnen Eintrag an Nahrung tun«. In den folgenden Jahrzehnten aber nahm der Rat die von auswärts kommenden

Künstler mehr und mehr in seinen Schutz, befreite sie z. B. 1701 »vom Leichtragen«, übernahm 1703 die Akademie als städtische Anstalt und erklärte schließlich, der nicht aufhörenden Beschwerden der Handwerker müde, 1703 die Malerei »zu einer freien Kunst«. Dadurch erlosch für den Bereich der Reichsstadt die alte Handwerksordnung, in anderen Territorien aber bestanden Zunftordnungen noch lange weiter, z. T. bis in das 19. Jh. hinein. Wäre es dann nicht denkbar, daß die gegen Ende des 18. Jhs. erhobene Forderung nach Freiheit der Kunst zumindest nicht ausschließlich ideologisch gemeint war; daß, wenn Kant feststellte, Kunst müsse »von allem Zwange willkürlicher Regeln frei sein«, auch an Freiheit von Zunftvorschriften gedacht war? Und wenn F. Schlegel schrieb: »Dem Bunde der Künstler einen bestimmten Zweck geben ... das heißt die Gemeinde der Heiligen zum Staat erniedrigen«, könnte dann nicht im ›Bund‹ die ›Innung‹ anklingen, die ja sonst kaum verständliche Aufeinanderbezogenheit von Zweck und Staat verweisen auf die obrigkeitlich verfügte Einengung der Schaffenden, auf die Erfüllung ganz bestimmter, inhaltlich durch ihren Zweck umschriebener Aufträge? Und könnte dann nicht das Mißverstehen so gemeinter Zweckfreiheit im 19. Jh. zur wertenden Unterscheidung von ›Hoher‹ und ›Angewandter Kunst‹ geführt haben?

Zu ihr hingeführt und wesentlich zur allmählichen Auflösung des Zunftwesens beigetragen haben aber auch die Manufakturen, die von der zweiten Hälfte des 17. Jhs. an und dann im vorindustriellen 18. Jh. in rasch zunehmender Zahl gegründet wurden. Auch früher wird es in Handwerker-Werkstätten Arbeitsteilungen bei der Fertigung von Gegenständen gegeben haben. Die Manufakturen aber waren Großbetriebe mit einer rationellen Aufgliederung ineinandergreifender Arbeitsgänge, die einen raschen Ablauf der Produktion und die Herstellung von Serien ermöglichte, um den stets steigenden Bedarf an Luxusgütern zu befriedigen. Es spricht für die gestalterische Kraft des Jahrhunderts, daß über einen langen Zeitraum hinweg trotz serieller Fertigung die Erzeugnisse, vor allem wenn wir sie als Einzelstücke sehen, wie individuelle Leistungen erscheinen, was freilich durch Zunahme der Mechanisierung und durch Erfindungen wie die des Umdruckverfahrens, das den handgemalten Keramikdekor ersetzte, ziemlich rasch verloren ging. Wie weit die Entwicklung in der 2. Hälfte des 18. Jhs. bereits fortgeschritten war, zeigt die von den Zeitgenossen nun erkannte Notwendigkeit, die neuartige Produktionsweise und ihre Erzeugnisse charakterisierend zu benennen. Herder schlug die Bezeichnung ›Gewerbe- und Kunstindustrie‹ vor. Campe versuchte eine Eindeutschung dieses Wortes mit ›Kunstgewerk‹. Das Wort ›Kunstgewerbe‹ scheint erstmals von Goethe formuliert worden zu sein, um »des Morgenlandes auserlesene Pracht« zu charakterisieren, doch ist es in den Sprachgebrauch, wenn auch anders verstanden, erst später eingegangen.

Als 1851 die erste Weltausstellung den großen Rückstand deutscher Erzeugnisse vor allem gegenüber denen Frankreichs überdeutlich gemacht hatte, wurde von der Anwendung von Kunst auf die Gestaltung von Gegenständen eine Erneuerung und wirtschaftliche Förderung des Handwerks und eine Absatzsteigerung von Industrieprodukten durch ihre Verschönung erhofft und von den Regierungen gefördert. Neue Schaffensbereiche bildeten sich aus, die man innerhalb der gewerblichen Wirtschaft seit den frühen 60er Jahren als Kunsthandwerk bzw. Kunstgewerbe bezeichnete, Wortschöpfungen, die rasch auch zu Sammelbegriffen für die Erzeugnisse wurden. Es kam zur Gründung von Kunstgewerbemuseen als Vorbildersammlungen und von Kunstgewerbeschulen. Eine nur handwerkliche Ausbildung erschien nun nicht mehr als ausreichend. So wurden 1861 einer amtlichen Berliner Liste zufolge nicht weniger als 73 Handwerkerberufe, darunter z. B. auch die des Klempners und Chirurgische Instrumentemachers, aufgeführt, für deren Ausübung eine künstlerische Ausbildung als notwendig erachtet wurde, unter der man vor allem die Vermittlung von Kenntnissen älterer Stilelemente und Ornamentik verstand. War in der Frühzeit des Jahrhunderts noch die »harmonische Verschmelzung des Besten aus allen Zwischengebieten« (Schinkel) angestrebt worden, so führte in seiner zweiten Hälfte solche Popularisierung und der herrschende Historismus in Handwerk und Industrie zur Willkür in Formgebung und Dekor, zu einer horriblen Vermengung von Stilelementen, zur Überwucherung des Gegenständlichen mit beziehungslosen Schmuckmotiven.

Schon gegen Ende des 19. Jhs. begann man den Unstil solcher Erzeugnisse mit dem Begriff Kunstgewerbe zu identifizieren. Seine nun einsetzende Entwertung wurde beschleunigt durch die industrielle Massenproduktion von Nippes im Jugendstil. Schließlich wurde das einst so rühmende Wort im Sprachgebrauch, und hier vor allem in Kritiken, zum Synonym für das Mißlingen eines künstlerischen Anliegens.

In vielen Stichworten des Lexikons sind Erzeugnisse industrieller Herstellung behandelt, für deren Charakterisierung sich der Begriff ›Industrial Design‹ eingebürgert hat. Wie bei der ›Angewandten Kunst‹ ist auch hier wieder das Prinzip zur Bezeichnung der Gattung geworden, vielleicht aber doch mit einer größeren Berechtigung. Design bedeutet im Englischen Muster, Entwurf. Musterbücher, die seit dem 16. Jh. in großer Zahl erschienen sind, enthielten Vorlagen für die künstlerische Gestaltung von Gegenständen und ihren Schmuck. Sie waren vom Entwerfer als Vorschläge, als Anregungen gedacht und sind mit Ausnahme der Ornamentstiche nur selten in getreuer Nachbildung ausgeführt worden, manchmal schon deshalb nicht, weil sie nur geistreiche und kaum zu realisierende Paraphrasen des Zeitstils waren.

Für die Vervielfältigung dreidimensionaler Objekte müssen graphische Entwürfe umgesetzt werden in Positiv- und Negativformen. Nachdem die Gewinnung von Gegenständen oder ihre Verzierung aus solchen Formen früher nur handwerklich betrieben worden war, ermöglichte im 19. Jh. die zunehmende Perfektionierung von Maschinen Serien von hohen Auflagen. Kunstgewerbefabriken beschäftigten nun eigene Zeichner, deren Entwürfe auf den fertigen Gegenstand zielten. Aufgabe der Ingenieure war es dann, durch Entwicklung geeigneter Maschinen die Fertigung zu ermöglichen. Diese Beziehungslosigkeit des Entwurfs zum Herstellungsvorgang hat wesentlich zu der oft so unorganischen Erscheinung vieler Gegenstände dieser Zeit beigetragen.

Dies änderte sich durch die Forderung des 1907 gegründeten Werkbunds nach Sichtbarkeit der handwerksgerechten Herstellung und Sichtbarmachung der Schönheit reiner Zweckform. Wenn, wie z. B. bei standardisierten und typisierten Möbeln, auf Maschinenarbeit nicht verzichtet werden konnte, so wurde ihr Anteil an der Fertigung nun bereits im Entwurf berücksichtigt, ja war für diesen zum Teil bestimmend.

Die vom Bauhaus entwickelten Gestaltungsprinzipien führten dann zu einer Homogenität von Entwurf, Zweck, Material, Form und Herstellung, zu einem puristischen Ästhetizismus, der durch seine Anwendung auch auf einfachste Gebrauchsgegenstände den Umraum des Menschen und dadurch diesen selbst verändern sollte, durch Gegenstände, die, wie der Entwerfer C. Wagenfeld schon in den 20er Jahren visionär voraussah, so schön sein würden, daß der Reichste wünscht, sie zu besitzen, und so preiswert, daß der Ärmste sie erwerben kann. Ihre Besonderheit zu charakterisieren, fehlt ein deutsches Wort; aber in unsere Sprache übernommen, kann das Wort Design, das im Englischen neutral Muster, Entwurf meint, durch das Anklingen von designieren, bestimmen, in einem tieferen Sinne verstanden werden.

Wie bestimmend waren nun die hier aufgezeigten Strömungen für das Allgemeinverständnis von älteren Werken der ›Angewandten Kunst‹?

Man wird zunächst feststellen, daß man sie grundsätzlich anders wertet als solche der Malerei und Plastik, weil sie ja der Kunsttheorie des 19. Jhs. zufolge keine

Werke der ›Hohen Kunst‹ sein können. So wird z. B. eine silberne teilvergoldete Heiligenstatuette der Gotik als Arbeit eines Goldschmieds verstanden, dessen eigentliche Aufgabe es war, Gefäße oder Schmuck herzustellen, zweifellos kostbar, aber als Werk eines Kunsthandwerkers in der Gestaltung eines künstlerischen Anliegens nicht vergleichbar mit einer Skulptur der Zeit. In Wirklichkeit aber waren solche Figuren aus Edelmetall die Vorbilder für die Großplastik gewesen, wie die Gold- und Silberfassungen der Holzskulpturen zeigen.

Was die formale Wertung von Gebrauchsgerät betrifft, so wird sie weitgehend bestimmt durch die hohe Ästhetisierung so vieler Dinge, die uns umgeben. Die im Sinne des Design gute Form ist derart selbstverständlich geworden, daß sie kaum mehr reflektiert wird, aber gerade deshalb unbewußt das Urteil über die ästhetische Qualität älterer Erzeugnisse einengend beeinflußt. So werden glatte und nur spärlich ornamentierte Silbergefäße als schön empfunden, ein manieristischer Prunkpokal aber als ein Beispiel von Ungeschmack. Er wird aber nicht nur wegen seines überreichen Dekors abgelehnt, sondern fast mehr noch wegen der völligen Mißachtung des Gebrauchszweckes, war es doch durch Werkbund und Bauhaus zur Maxime geworden, daß ein Gefäß seine Schönheit durch die Übereinstimmung von Zweck und Form erhält.

Aber der primäre Zweck eines solchen Prunkpokals war ja ein ganz anderer gewesen als der, ein handliches Trinkgefäß zu sein.

Wie theoretisch und wirklichkeitsfremd das unterscheidende Kriterium der Zweckgebundenheit ist, wird deutlich, wenn wir einmal Gemälde und Skulpturen der Vergangenheit nicht nur als Kunstwerke sehen, sondern auch fragen, aus welchem Grunde sie entstanden sind, denn dann wird sich zeigen, daß sehr viele von ihnen einst zweckgebunden waren. Viele Tafelbilder der italienischen Renaissance z. B., die heute in den Pinakotheken als Kunstwerke hängen, waren ursprünglich schmückende Bestandteile von Möbeln gewesen. Das bedeutendste Gemälde des 18. Jhs., das uns in einzigartiger Weise die Verfeinerung und Eleganz der französischen Gesellschaft an der Schwelle des Rokoko erschließt, hatte Watteau als Firmenschild für die Kunsthandlung Gersaint gemalt. Nur selten wird, wie bei diesen Beispielen, so vordergründig ein Gebrauchszweck erkennbar sein, in sehr vielen Fällen aber doch eine Zweckbestimmung, die nun beide Bereiche verbindet. Das Grabmal Kaiser Maximilians in Innsbruck, ein Hauptwerk deutscher Renaissanceplastik, war seinem ›Zweck‹ nach, zwar profaniert und monumentalisiert, durchaus vergleichbar einem gleichzeitigen, in Goldschmiedearbeit ausgeführten Reliquiar der ars sacra mit seiner ebenfalls auf den Inhalt bezogenen figuralen Ausdeutung.

Wenn wir in diesem Sinne bei Erzeugnissen alter Handwerkskunst nach dem Bedeutungszweck fragen, hinter den so oft der Gebrauchszweck zurücktritt, so werden sie nicht nur in gleicher Weise wie Gemälde und Skulpturen aussagefähig über geistige und künstlerische Anlagen ihrer Entstehungszeit, sondern sie können uns oft sogar mehr Bereiche einstigen Lebens erschließen, als diese es vermögen.

In dieser Hinsicht erweist sich das vorliegende Werk als eine unerschöpfliche Quelle, so daß auch der nur allgemein Interessierte in ihm mit Spannung und mit dem Gewinn nicht nur erweiterten Wissens, sondern auch dem eines tieferen Verstehens lesen wird.

Dies gilt auch für den Sammler, der über sein Spezialgebiet schon eingehendere Kenntnisse besitzt. Ihm wird das Lexikon eine Hilfe sein, kultur- und wirtschaftsgeschichtliche Zusammenhänge, in die es eingeordnet ist, noch besser zu begreifen, eine weit größere aber noch, Objekte genauer bestimmen zu können, als ihm dies bisher möglich war, oder überhaupt erst einmal einen Gegenstand ›einzukreisen‹. Nun könnte man sich vorstellen, daß in nicht allzu ferner Zukunft ein Computer, gefüttert mit allen wahrnehmbaren Merkmalen eines Gegenstandes, auf Knopfdruck zumindest eine ungefähre Auskunft gibt. Dies könnte dann wichtig sein für einen Kunsthändler, der oft zu rascher Entscheidung gezwungen ist. Auch der Sammler will Konkretes wissen, aber seine eigentliche Freude ist es ja, einen Gegenstand in einem tieferen Sinne zu besitzen, und deshalb gehört zum Sammeln das detektivische Suchen, das Verfolgen von Spuren, die Enttäuschung des Nichtfindens und endlich die Freude über den Erfolg. Für eine solche der Auflösung eines Rösselsprungrätsels vergleichbare Suche ist oft ein Springen von Buch zu Buch erforderlich. Hier ermöglicht sie dieses eine Werk. Und da es Auskünfte über so viele Gebiete enthält, kann sich die alte Erfahrung bestätigen, daß, wer suchet, etwas anderes findet. Man trifft auf ein Stichwort, das mit dem Gesuchten gar nichts zu tun hat, will schon weiterblättern, bleibt am überflogenen Text hängen, liest ihn genauer und wird plötzlich gewahr, daß sich hier eine Türe auftut in einen bisher ungeahnten Raum des Musée imaginaire, das die unendliche Schöpferkraft der »bildenden Natur des Menschen« (Goethe) mit ihren Werken gefüllt hat.

ARNO SCHÖNBERGER

VORBEMERKUNG

Das vorliegende Lexikon behandelt ›Antiquitäten und Kunsthandwerk‹ in Europa vom Mittelalter und in Nordamerika von der Kolonialzeit an bis zum heutigen Tag. Diese geographischen und zeitlichen Grenzen wurden immer dann überschritten, wenn es sich um Handwerkskünstler und Objekte handelte, die die Entwicklung der angewandten Kunst des Westens beeinflußt haben wie zum Beispiel chinesische und japanische Keramik. Nicht aufgenommen wurden Schmuck, Musikinstrumente, wissenschaftliche Instrumente, Uhren (doch Uhrengehäuse), Handschriften und Bücher (doch Bucheinbände).

Die Stichworte lassen sich in fünf Gruppen einteilen: Stilkapitel; Definitionen von sachlichen und technischen Fachausdrücken; Materialien, Fertigungstechniken und Dekorationsweisen; Biographien der führenden Handwerker und Entwerfer; kurze geschichtliche Abrisse der wichtigsten Werkstätten, Manufakturen und Fabriken.

Die knappen bibliographischen Angaben am Ende der Stichworte sind als Anregungen für diejenigen unter den Lesern gedacht, die sich ausführlicher informieren möchten und weiteres Anschauungsmaterial wünschen.

Für die deutsche Ausgabe haben wir eine umfangreiche Revision der englischen Originalausgabe vorgenommen, neue Stichworte eingefügt, andere gestrichen, manche umgeschrieben und die Bibliographien ergänzt. Professor Arno Schönberger sind wir für die Anregungen, die wir von ihm dafür empfangen haben, und für die Mühe und Umsicht, mit der er diese Ausgabe betreut hat, zu aufrichtigem Dank verbunden, in den wir auch Heinrich Dechamps und Aasta Fischer vom Prestel-Verlag einschließen möchten, in deren Händen die Redaktion des Buches lag.

JOHN FLEMING / HUGH HONOUR

Namen und Begriffe, die kursiv geschrieben sind, wollen die Autoren hervorgehoben wissen. Das Chinesische betreffende Stichworte sind in Pinyin-Umschrift gegeben, aber der Leser findet bei ihm möglicherweise vertrauterer Wade-Umschrift Verweise auf diese.

A

Aachen-Lütticher Möbel. Mit diesem Ausdruck werden ausschließlich Möbel in einem Stil bezeichnet, der im 18. Jh. im Gebiet der Reichsstadt Aachen und des benachbarten Fürstbistums Lüttich entwickelt wurde. In der Form zeigen sich niederländische, in der Verzierung französische Einflüsse, die Möbel bestehen jedoch aus massiver Eiche ohne Furnier oder Bronzebeschläge. Die bemerkenswertesten Stücke sind Geschirrschränke, Kleiderschränke, Kommoden und Bodenstanduhren, die mit feinen Schnitzereien zunächst im →Régence-, dann im →Louis-seize-Stil verziert sind. Reizvolle Stücke sind im Couven-Museum in Aachen zu sehen.

Lit: P. Schoenen, *Aachener und Lütticher Möbel des 18. Jhs.*, Berlin 1942.

Aalto, Hugo Alvar Henrik (1898-1976). Finnischer Architekt und Designer. Zwischen 1929 und 1933, während seiner Arbeit an einem Sanatorium in Paimo, begann er, Möbel aus Stahlrohr und gebogenem Sperrholz zu entwickeln und gründete 1933 die Firma Artek in Helsinki, die von ihm entworfene Stoffe, Beleuchtungskörper und Möbel herstellte. Aalto erkannte sehr bald, daß Holz – sowohl in wirtschaftlicher als auch in psychologischer Hinsicht – für die Herstellung von Möbeln geeigneter ist als Metall. Birkenholz, das man bis dahin nur für Skier verwendet hatte, erwies sich als das für ihn ideale Material. Durch seine natürlichen Eigenschaften, wie die schöne Maserung, die goldschimmernde Färbung und den seidigen Glanz, wenn poliert, wirkt es wohnlicher als kalter Stahl. Außerdem ist es als verleimtes Schichtholz (→Sperrholz) genauso elastisch, zudem billiger, einfacher zu verarbeiten und leichter. Angeregt von M. →Thonets Stühlen aus gebogenem Buchenholz (Bugholz), von den Stahlrohrstühlen M. →Stams und M. →Breuers und, was die Verarbeitung betrifft, von der Technik der Skiherstellung entwickelte er in den 30er Jahren nun eine Reihe von Stühlen aus schichtverleimtem Birkenholz. Für Hocker entwickelte er Beine,

A. Aalto: Vase aus bernsteinfarbenem gegossenem Glas, ausgeführt von Karhula-Iittala, Finnland, 1937 (Museum of Modern Art, New York)

die sich wie zu Fächern entfalten, um die Sitzfläche zu halten, ein Verbund, der ebenso elegant wie stabil ist. Bei dem 1947 entworfenen Hocker wird die Sitzfläche nur noch aus den fächerförmig sich entfaltenden Beinen gebildet. Die Tische haben selten vier Beine, sondern umgedrehte U tragen entweder die Holz- oder Glasplatte.

Aalto wählte zwar Holz als Rohstoff, verwarf aber das geschnitzte Ornament und alle traditionellen Techniken der Tischlerkunst. Seine Entwürfe sind den Bedingungen der mechanischen Herstellung angepaßt und konnten ohne diese auch kaum verwirklicht werden. Er war gleichermaßen mit gutem Design für die Massenproduktion befaßt wie mit der Ausstattung von ihm selbst entworfener Bauten. Für seine privaten Auftraggeber entwarf er nur um weniges aufwendigere und luxuriösere Versionen seiner serienmäßig gefertigten Stücke. Er beschäftigte sich auch mit einigen Sonderproblemen des Möbeldesigns und schuf u. a. kleine, strapazierfähige Kindergartenmöbel, Sitzgelegenheiten, die sich leicht und in großen Mengen stapeln lassen (wie sein dreibeiniger Hokker), und Barhocker mit niedrigen Rückenlehnen.

A. Aalto: Armsessel, entworfen für das Sanatorium in Paimo, Finnland, 1929-32 (Musée des Arts Décoratifs, Paris)

Aaltos Möbel verraten einen durchaus nüchternen Sinn für einfache und praktische Bedürfnisse, ein fein entwickeltes Gespür für die Eleganz der Linie und ein angeborenes Gefühl für natürliche Formen und Strukturen. Es ist nicht unwichtig zu erwähnen, daß er in den 30er Jahren auch hervorragende Glasobjekte entwarf, von denen einige Schalen zu den frühesten freiplastisch gestalteten Gebrauchsgegenständen gehören.

Lit: W. Blaser, *Alvar Aalto als Designer*, Stuttgart 1982.

Abaquesne, Masséot (tätig 1526-57). Französischer Töpfer in Rouen; bekannt durch seine Fliesenböden mit sorgfältig ausgearbeiteten heraldischen Mustern, allegorischen Figuren und italianisierenden →Grotesken z. B. für Schloß Ecouen, 1542-59 (heute Renaissance-Museum Schloß Ecouen). Möglicherweise hat er zu Beginn seiner Laufbahn mit Girolamo della Robbia im Château de Madrid, Paris, zusammengearbeitet. Er stellte auch →Apothekengefäße her, die in italienischer Manier lebhaft mit Köpfen und Blattwerk dekoriert sind, in blassen Farben, bei denen kalte Blau- und Gelbtöne vorherrschen. Er starb vor 1564. Zu der Zeit hatte sein Sohn *Laurent* bereits die Werkstatt übernommen, die er bis um 1600 weiterführte.

Lit: M. J. Ballot, *La céramique française: Bernard Palissy et les fabriques du XVIe siècle*, Paris 1924; H. P. Fourest et J. Giacomotti, *L'Œuvre des faïenciers français du XVIe à la fin du XVIIIe siècle*, Paris 1966; V. Hoffmann, *Das Schloß von Ecouen*, Berlin 1976.

Abildgaard, Nikolai Abraham (1743-1809). Führender dänischer Maler des →Klassizismus. Er entwarf für seinen eigenen Gebrauch einige besonders elegante, griechisch inspirierte Möbelstücke (um 1800). Dazu gehörten u. a. Stühle, die er von Darstellungen auf griechischen Vasen aus dem 5. Jh. v. Chr. kopierte. Diese Vasen tauchen wiederum als gemalter Dekor auf den Rückenlehnen der gefaßten Stühle auf. Um 1807 entwarf er auch Möbel für Prinz Christian Frederick von Dänemark, die aber weniger auf antike Vorlagen zurückgehen.

Lit: L. Swine, *Abildgaard Arkitektur og Dekoration*, Kopenhagen 1926.

Abtsbessingen. Kleine thüringische Fabrik, die gute Fayencen herstellte; sie soll 1739 gegründet worden sein (obwohl urkundlich erstmals 1753 nachgewiesen) und bis Ende 18./Anfang 19. Jh. gearbeitet haben. Die Produktion umfaßt Terrinen, Teekannen, Deckelkrüge, Vasen, Blumenpyramiden für Tafeldekorationen und Mopsdosen in fein gemalten →Scharffeuerfarben. Die Fabrik stand unter dem Patronat der Familie Schwarzburg; einige Erzeugnisse tragen deren Wappen, dem die Fabrikmarke, eine Gabel, entnommen ist.

Lit: K. Hüseler, *Deutsche Fayencen*, Stuttgart 1958; A. Klein, *Deutsche Fayencen*, Braunschweig 1975.

Acajou Moucheté, franz. Geflecktes →Mahagoni, das in England ›fiddle-back‹-Mahagoni genannt wird.

Achatglas. Imitation von Halbedelsteinen wie Chalzedon, Jaspis, Onyx und Achat. Es entsteht durch Vermischung geschmolzenen Glases von zwei oder mehr Farben. Aus dieser gewölkten oder marmorierten Masse werden dann Gefäße oder dekorative Gegenstände geformt. Das Achatglas war in der Renaissance in Venedig sehr beliebt (›Calcedonia‹ genannt) und auch in Deutschland (›Schmelzglas‹ genannt). In seiner Erscheinung ähnelt es der →Pâte-de-verre, die jedoch durch einen anderen Prozeß entsteht.

Acier, Michel Victor (1736-95). Modelleur an der Porzellanmanufaktur →Meißen, wurde dort nach 1764 zusammen mit J. J. →Kändler ›Modellmeister‹. Er wurde aus Frankreich geholt, um nach dem Siebenjährigen Krieg durch Anlehnung an den französischen Stil im Geschmack der Zeit den Export zu beleben. Seine Arbeiten sind sentimental, mitunter moralisierend, sehr verschieden von Kändlers Erzeugnissen. Ihm wird die Einführung des Spitzendekors auf Porzellan zugeschrieben. 1781 trat er in den Ruhestand.

Åckermark, Peter →Sölvesborg

Adam, Robert (1728-92). Englischer Architekt und Innenarchitekt des →Klassizismus, entwarf Möbel, Metallarbeiten, Teppiche, Kaminverkleidungen u. a. Er und sein Bruder *James* (1732-94) waren die Schöpfer des Adam-Stils, der zwischen 1760 und 1780 ganz England geradezu überflutete und auch in Frankreich und den Vereinigten Staaten schnelle Verbreitung fand. Adam lernte bei seinem Vater in Edinburgh, der auch Architekt war, und studierte anschließend in Rom (1754-58). Dort begegnete er G. B. →Piranesi, Clérisseau und anderen französischen Künstlern des Klassizismus und eignete sich ein umfangreiches Repertoire klassischer Schmuckmotive an, entwickelte aber einen sehr persönlichen Stil, der leichter und zierlicher und weniger feierlich war als der seiner französischen Zeitgenossen wie z. B. J.-F. →Neufforge. Die Anmut seiner Entwürfe und seine Vorliebe für verfeinerte Ornamentik standen dem →Rokoko näher als dem Klassizismus, dem er jedoch in der Wahl seiner Motive, der linearen Gestaltung und der kühlen Zurückhaltung seiner Formen zuzurechnen ist. Adam wollte, wie er es formulierte, »dem schönen Geist der Antike neues Leben und Vielfalt einhauchen«. Die Möbel seiner frühen Periode (1759-60) gleichen in ihrer Wuchtigkeit denen seines Vorgängers J. →Stuart. Die ersten um 1760 von Frankreich importierten →Louis-seize-Möbel scheinen ihm jedoch die Augen geöffnet zu haben. Seine klassischen Formen und Ornamente werden eleganter und ausgefeilter, sein Stil wird reifer. Bei Adams Möbelentwürfen sind die dekorativen Elemente wichtiger als die Form. Sie verlieren jedoch in seinen späteren Arbeiten an Aussagekraft und wirken übertrieben zierlich und gekünstelt. Seine Möbel, mit Ausnahme der im →Etruskischen Stil, sind meist vergol-

R. Adam: Entwurf für eine Speisezimmerausstattung, aus ›The Works of Robert & James Adams‹, London 1771

det oder weiß gefaßt mit goldgehöhten Profilen. Die außerordentliche Eleganz und Feinheit seiner Ornamente erreicht er durch die Verwendung von Metall und Draht, beides vorzüglich geeignet für durchbrochene Verzierungen und Girlanden, für die er eine Vorliebe hatte. Zu seinen besten Arbeiten gehören Spiegel, die ihm als ›Spielfeld‹ für Filigran-Ornamente dienten. Er entwarf hauptsächlich ›Wandmobiliar‹, also Spiegel, Armleuchter, Konsoltische und Kommoden, ferner dekorativen Hausrat. Auch die →Anrichte geht auf Adam zurück.

Die schönsten Möbel im Adam-Stil hat Th. →Chippendale geschaffen. Die Teppiche, die Th. →Moore nach Adams Entwürfen webte, wiederholen mit ihren strengen geometrischen Mustern, umrandet von antikisierenden Rankengirlanden, ebenfalls von ihm entworfene Decken-Stuckornamente und sind in den gleichen frischen Farbtönen von Rosa, Grün, Blau und Weiß gehalten. Ein großer Teil des zwischen 1770 und 1790 in England geschaffenen Silbers zeigt Adams Einfluß. Die gleichen Formen und Motive finden sich bei den Metallarbeiten von M. →Boulton und bei den gußeisernen Herden und Kaminen der Carron-Eisenwerke, für die Adam Entwürfe lieferte. Auch die →Wedgwood-Keramik wurde von ihm beeinflußt, obgleich er wahrscheinlich keinen direkten Kontakt zu dieser Manufaktur hatte. Der Adam-Stil wurde durch seine drei-

R. Adam: Kommode, 1773 für Osterley Park entworfen (Osterley Park, Middlesex)

bändige Publikation ›Works in Architecture‹ (1773-1822) und durch die Veröffentlichungen seiner Mitarbeiter, vor allem von M. →Pergolesi und George Richardson, bekannt. In der strengeren, klassisch beeinflußten →Regency-Periode wurden seine Arbeiten heftig kritisiert, stiegen aber um 1860 wieder in der Gunst des Publikums und fanden damals viele Nachahmer.

Lit: E. Harris, *The Furniture of Robert Adam*, London 1963; R. Rowe, *Adam Silver 1765-1795*, London 1965; D. Stillman, *The Decorative Work of Robert Adam*, London 1966; M. Tomlin, *Catalogue of Adam Period Furniture*, Victoria & Albert Museum, London 1972.

Adams, L. →Stippen

Adendorf. Die Töpferei wurde 1740 von Töpfern aus dem →Westerwald gegründet, die fortfuhren, das für den Westerwald typische Steinzeug zu produzieren.

Aderlaßschale. Kleine, flache Schale mit vorstehendem Griff, die der Bader benutzte, wenn er einen Patienten zur Ader ließ. Die Schalen sind aus Silber, Zinn oder Keramik und stammen aus dem 17. bis 18. Jh.

Adlerglas oder Reichsadlerhumpen. Deutsches Trinkglas – groß, zylindrisch, mit oder ohne Deckel – in →Emailfarben bemalt mit dem Doppeladler des Heiligen Römischen Reiches, der auf den Flügeln die 56 Wappenschilde der Reichsstände trägt. Diese Humpen waren seit der Mitte des 16. Jhs. sehr beliebt und sind im späten 19. Jh. vielfach gefälscht worden.

Lit: A. von Saldern, *German Enamelled Glass*, New York 1965.

Aegeri, Karl von →Egeri, K. von

Aelmis, Jan →Rotterdam

Aelst, Pieter van →Brüsseler Wandteppich-Manufakturen

Aemilia Ars. Werkstatt, die 1898 in Bologna gegründet und stark von der →Arts and Crafts-Bewegung beeinflußt wurde. Glas, Keramik, Schmuck, Schmiedeeisen und Spitzen waren ihre Erzeugnisse. Nach 1907 spezialisierte sich die Werkstatt auf Spitzen und Textilien nach Vorlagen aus den ›libri di ricamo‹ (Stickmusterbüchern des 16.-17. Jhs.), aber auch nach Entwürfen von zeitgenössischen Bologneser Künstlern.

Lit: L. Lipparini, ›L'Aemilia Ars e la sua storia‹ in *Strenna Storica Bologna*, Jg. VII 1957, S. 178-90; G. u. R. Fanelli, *Il tessuto moderno*, Florenz 1976.

Affen →Singerie

Affenkapelle. Ein deutscher Typus der →Singerie in Porzellan: eine Gruppe von etwa zwanzig musizierenden Affen. In Meißen schuf 1765-66 J. →Kändler eine solche Kapelle in ihrer originalen damaligen Besetzung, die Affen in Kostümen der Zeit. Sie wurde häufig von anderen europäischen Porzellanfabriken nachgeahmt. Musizierende Affen finden sich auch auf Singerie-Malerei, z. B. von D. Teniers d. J.

Lit: C. Albiker, *Die Meissner Porzellantiere im 18. Jh.*, Berlin 1959.

Affleck, Thomas (1740-95). Führender amerikanischer Möbelkünstler. Er wurde in Schottland geboren, wanderte 1763 aus, ließ sich in Philadelphia nieder und wurde dort zum Exponenten des amerikanischen Chippendale-Stils. Er war zurückhaltender in seinen Entwürfen und weniger vom Rokoko beeinflußt als sein Zeitgenosse B. →Randolph. Den Chippendale-Stil behielt er noch bis in die →Federal-Periode hinein bei.

Lit: Joseph Downs, *American Furniture, Queen Anne and Chippendale Periods, in the Henry Francis Du Pont Winterthur Museum*, New York 1952.

Afschar-Teppiche →Persische Teppiche

Deutscher Reichsadlerhumpen, mit Emailfarben bemalt, datiert 1604 (Victoria & Albert Museum, London)

Agano, Töpferei →Yatsuschiro

Agata →New England Glass Company.

Agateware. Keramik mit dem Aussehen von Achat – sie ist aus verschiedenfarbigem Ton derart zusammengesetzt, daß sie den Eindruck von geädertem Gestein erweckt. War schon in römischer Zeit bekannt und im 18. Jh. in England äußerst verbreitet, wo sie von Töpfern in →Staffordshire, besonders von Th. →Whieldon und J. →Wedgwood, hergestellt wurde. Aber auch kontinentale Manufakturen übten die Technik der Marmor- und Achatimitation.

Ägyptenmode: von Agostino Fantastici entworfener Tisch, um 1820, hergestellt in Siena (Sammlung R. Bianchi-Bandinelli)

Ägyptenmode oder **Ägyptischer Geschmack.** Die Mode der aus alten ägyptischen Symbolen, Hieroglyphen und Bauornamenten hergeleiteten Schmuckmotive. Sphingen, Pyramiden und Obelisken erscheinen gelegentlich schon in der Renaissancebaukunst, doch wurden die Motive in ihrer ganzen Vielfalt nicht vor dem 18. Jh. angewendet. Eine der ersten Versuche direkter Stilübernahme ist der phantastische, edelsteinbesetzte Apisaltar, an dem vogelköpfige Menschen angebracht sind und der von einem mit Pseudo-Hieroglyphen versehenen Obelisk bekrönt ist, von J. M. →Dinglinger, 1731 (Grünes Gewölbe, Dresden). G. B. →Piranesi behandelte die ägyptische Kunst mit größerer Ehrerbietung. Er entwarf (1769) streng konstruierte Kamineinfassungen im ägyptischen Geschmack sowie einen Raum mit ägyptischen Fresken für das englische Kaffeehaus in Rom. Die Entdeckung zahlreicher römischer Kunstgegenstände des 3. Jhs. n. Chr. mit ägyptischen Motiven (die in Verbindung mit dem Osiriskult standen) veranlaßte klassizistische Entwurfszeichner, auf ägyptische Kunst in ähnlicher Weise zurückzugreifen, wie es die Künstler des Rokoko mit chinesischer getan hatten. In den 80er und 90er Jahren des 18. Jhs. hielten geflügelte Scheiben, ägyptische Karyatiden und lotostragende Sklaven auf Möbeln, Silber und Keramik ihren Einzug in die dekorative Kunst Europas, vor allem in England, Frankreich und Italien. Einen neuen Auftrieb erhielt diese Mode in Frankreich durch Napoleons nordafrikanischen Feldzug von 1798 und die darauffolgende Veröffentlichung von Büchern, die genaue Illustrationen ägyptischer Gebäude und ihrer Ornamente enthielten, vor allem V. Denons ›Voyage dans la Basse et la Haute Egypte‹ von 1802. Indem sie zu napoleonischen Symbolen wurden, breiteten sich ägyptische Motive auf Möbeln, Silber und Keramik des →Empire aus. M.-G. →Biennais entwarf einen Münz-Kabinettschrank nach dem Vorbild des Eingangstors zum ägyptischen Tempel von Ghoos; →Sèvres-Zuckerdosen gaben genau die Form ägyptischer Graburnen wieder. In England war Th. →Hope führend in der Mode für archäologisch genaue ›Egyptienneries‹, die hier auch auf die Entwürfe für Möbel, Silber und – in geringerem Umfang – für Keramik übergriff. Die Ägyptenmode bestand in Europa noch bis in die 30er Jahre des 19. Jhs. (Es sei in diesem Zusammenhang auch auf Mozarts ›Zauberflöte‹ und die Bühnenentwürfe, die K. F. →Schinkel 1815 dafür schuf, verwiesen.) *Siehe auch Abb. S. 278.*

Ägyptenmode: Zuckerdose des ›Ägyptischen Service‹ von Sèvres (Sammlung Duke of Wellington, London)

Lit: Erich Hubala, *Ägypten* in RDK, Bd. IV; N. Pevsner, *Studies in Art, Architecture & Design,* Bd. I, London 1968 (dt. *Architektur und Design,* München 1968); R. G. Carrott, *The Egyptian Revival,* Berkeley 1978; J. S. Curl, *The Egyptian Revival,* London 1982.

Ägyptische Fayence. Glasart oder eine glasierte Verbindung, aber keine Keramik. Sie wurde wahrscheinlich zu einem sehr frühen Zeitpunkt im westlichen Asien erfunden. Im alten

Ägypten des 4. Jts. v. Chr. wurden aus dieser Masse hauptsächlich Perlen, Siegel, Figürchen und andere kleine dekorative Objekte gearbeitet. Im 2. Jt. v. Chr. wurde ausgedehnter Handel mit ihr getrieben, und sie diente der Imitation von z. B. minoischen Figurinen von 2500 v. Chr. Es ist nicht genau bekannt, wie Ägyptische Fayence hergestellt wurde. Der poröse Körper enthält einen größeren Teil Quarz, der von einem glasartigen Binder zusammengehalten und von einer farbigen Glasur überzogen wird. Die Glasur haftet wegen des großen Quarzanteils an dem Körper, während bei Keramik die Beigabe von Bleioxyd in die Glasur erforderlich ist, um sie haften zu lassen. *Siehe auch* Ägyptische Keramik.

Ägyptische Keramik. Die ägyptische Keramik aus der vordynastischen Zeit ist ebenso bemerkenswert wie die anderer nahöstlicher Kulturen im 6. und 5. Jt. v. Chr., z. B. aus →Hacilar, →Hassuna, →Samarra und →Susa. Im späten 5. Jt. v. Chr. ist vor allem die Badari-Keramik (nach dem Friedhof El-Badari) beachtenswert, sie ist dünnwandig, geriefelt, braun oder rot mit schwarzer Randzone. Die etwas später zu datierende Amratische (oder Negade-I)-Keramik verfügt über ein breites Spektrum von Formen und Typen, vor allem eine rote Ware weiß bemalt mit Schraffuren und manchmal figürlichen Darstellungen. Gerzean (oder Negade-II)-Keramik um 4000 v. Chr. ist großenteils hell und rot bemalt, außerdem gibt es Imitationen von Steingefäßen, wie man sie in dieser Zeit den Toten mitgab. Diese Steingefäße – aus Basalt, Alabaster, Granit usw. – waren ihrerseits ursprünglich Nachahmungen von Tongefäßen und kamen nur im Alten Ägypten vor. In ihren schönsten Ausformungen übertreffen sie an Eleganz sogar die Tonwaren. Von den Töpferwaren des Alten Reichs sind besonders die rotbraunen Meydum-Schalen von etwa 2600-2200 v. Chr. erwähnenswert. Während der 18. Dynastie lebte ihre Produktion kurzfristig wieder auf, jedoch sind die z. T. mehrfarbigen Gefäße von geringem künstlerischem Interesse. Im Ägypten der Römerzeit wurden mit Hilfe der →›ägyptischen Fayence‹-Technik sogen. ›glasierte Quarz-Frittenwaren‹ mit einer intensiv türkis leuchtenden Glasur hergestellt. Das Grundmaterial besteht aus pulverisiertem Quarz, der durch Zugabe von Salz oder Natron und Wasser formbar gemacht wurde, als Glasur diente eine ähnliche Mischung, die zunächst geschmolzen und dann zermahlen wurde. Quarz-Frittenwaren wurden im Nahen Osten weiterhin von islamischen Töpfern hergestellt. Im 7. bis 4. Jh. v. Chr. entstanden in Nubien im unabhängigen Königreich Meroë feine Tonwaren mit frei gemalten figürlichen Verzierungen, die eine Mischung afrikanischer und mittelmeerischer Traditionen belebte.

Lit: J. E. Harris Hg., *Ancient Egyptian materials and industries*, London 1962; H. Kayser, *Ägyptisches Kunsthandwerk*, Braunschweig 1969.

Ägyptische Möbel →Bett, Hocker, Stuhl

Ägyptisches Schwarz →Basaltware

Ahorn. Der Baum kommt in Mitteleuropa und in den Vereinigten Staaten (Neu England) vor. Sein Holz ist fein gemasert, ziemlich hart und von rötlich-brauner oder gelblich-weißer Färbung. Das sehr dekorative Ahornwurzelholz wird nahe der Wurzel geschnitten, wo sich die wellige Maserung besonders deutlich zeigt. Vogelaugenahornholz hat dunkle Flecken in der Maserung und wurde in Mitteleuropa besonders im 18. Jh. und in Frankreich im frühen 19. Jh. für Möbel und Täfelungen verwendet.

Aigikranion, n. Griechische Bezeichnung für den in der Antike häufig als Altardekoration verwendeten Ziegen- oder Widderschädel. Das Motiv lebte als Ornament in der Renaissance wieder auf und wurde im späten 18. Jh. auch als Möbelbeschlag verwendet.

Aiguière, franz. Prunkvolle Wasserkanne des 16. und 17. Jhs., die ursprünglich zum Waschen der Hände bei Tisch benutzt, später aber immer mehr zu einem dekorativen Repräsentationsobjekt wurde. Normalerweise wurde auch ein passendes Becken dazu gefertigt. Die Kanne ist bauchig, hat einen schlanken Hals, einen großen Ausguß, einen auffallenden Fuß und einen Henkel *(siehe Abb. S. 29)*. Hergestellt wurde sie aus verschiedenen Materialien – Silber, Bergkristall, aber auch Zinn. *Siehe auch* F. Briot, Gebrüder Saracchi.

Airtwist, engl. Schmuckmotiv aus Luftspiralen im Schaft von Weingläsern des 18. Jhs. und später. Vor allem in England übliche Technik.

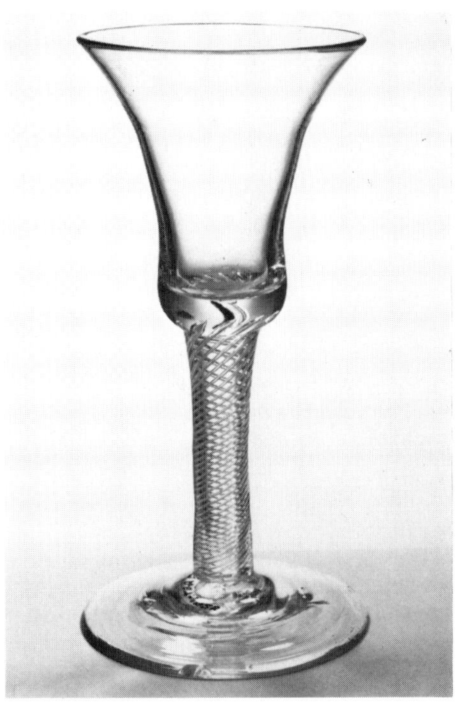

Airtwist-Dekor im Schaft eines englischen Weinglases aus der Mitte des 18. Jhs. (Victoria & Albert Museum, London)

Ajouré, franz., durchbohrt, durchbrochen. Ausdruck wird bei Metallarbeiten angewendet.

Akanthusornament, Kupferstich von Pietro Antonio Priseo, 1624

Akanthus. Klassisches Ornament, entwickelt aus den dicken, stachligen, wellenförmig ausgebogenen Blättern der Akanthuspflanze (Bärenklau), vor allem an korinthischen und Kompositkapitellen verwendet. Es war erneut seit der Renaissance bis ins 19. Jh., mit einem Höhepunkt im Spätbarock, in dem es zu einem reichen Laubwerkdekor ausgebildet wurde, beliebt. Im Französischen wird Akanthus oft fälschlich als ›chicorée‹ bezeichnet.

Akeleibecher. Silberpokal, kunstvoll gearbeitet in der Form der Akeleiblüte, meist vergoldet. In Nürnberg als Meisterstück bei der Bewerbung um die Aufnahme in die Goldschmiedezunft vorgeschrieben.

Akeleibecher, Silber, Nürnberg, Mitte des 16. Jhs. (Victoria & Albert Museum, London)

Akhisar-Teppiche →Türkische Teppiche

Alabaster. Feinkörnige Gips- oder Kalkart, im allgemeinen weiß, doch manchmal auch rötlich oder gelblich und durchscheinend, wenn in dünne Platten geschnitten. (Im Mittelalter, vor allem in Italien, wurde er mitunter für kleine Kirchenfenster verwendet.) Alabaster ist leicht zu bearbeiten, aber zerbrechlich, und diente schon seit früher Zeit als Material für Gefäße und Plastiken. In England wurde er etwa zwischen 1340 und der Reformation viel für kleinere religiöse Bildwerke verarbeitet (z. B. Alabasterreliefs aus Nottingham). Auch in der Renaissance und noch im Frühbarock war er ein geschätztes Material für Kleinplastik. In seiner Bedeutung als Werkstoff durch das →Elfenbein abgelöst, erfreute er sich wegen seiner Ähnlichkeit mit Marmor und seiner leichten Verarbeitung im Klassizismus erneuter Beliebtheit vor allem auf dem Gebiet der angewandten Kunst. Seit dem späten 19. Jh. wird Alabaster in Italien für die Massenanfertigung kunstgewerblicher Erzeugnisse verwandt.

Alabastron. Kleines zylindrisches Salbgefäß aus Ägypten und Griechenland, ohne Standfläche mit Lippenrand. Ursprünglich aus Alabaster hergestellt, später aus Glas, Ton oder anderem Material.

Al-afiya oder **Alafia.** Das arabische Wort für ›Segen‹ wird oft in stilisierten arabischen Buchstaben auf →spanisch-maurischer Keramik (bevorzugt auf →Apothekengefäßen) vom 15. Jh. an dekorativ verwendet, vor allem bei Keramik aus →Valencia.

Albarello (ital. richtig alberello). Zylindrisches →Apothekengefäß, dessen Hals und Fuß etwas enger sind als der leicht eingezogene Körper. Die Hohlkehle am Hals dient der Befestigung eines Pergamentüberzuges mittels eines Bindfadens. Gelegentlich hat es auch Bandhenkel. Die Form (und wahrscheinlich auch

Albarello, Faenza, 15. Jh. (Musée de Cluny, Paris)

der Name) kam im 12. Jh. aus Persien und war in Europa vom 14. Jh. an sehr verbreitet (bei Boccaccio und Pulci erwähnt). Die ersten bekannten europäischen Stücke sind spanisch (→spanisch-maurische Keramik). Gefäße von dieser Form wurden später in Frankreich, Holland, Spanien, Italien, Portugal, England und Deutschland vielerorts hergestellt, die alle die italienische →Majolika imitierten. Die Form blieb bis zum 18. Jh. verbreitet, besonders in Italien, wo sie als ein hauptsächlich dekorativer Gefäßtyp bis ins 19. Jh. weiterlebte. *Siehe Abb. 155.*

Lit: R. E. A. Drey, *Apothecary Jars*, London 1978.

Albe. Bis zu den Knöcheln reichendes Untergewand des katholischen Priesters bei der Meßfeier, aus weißem Leinen, oft mit reich gestickten Besätzen an den Ärmeln und am Saum.

Albertolli, Giocondo (1742-1839). Führender klassizistischer Ornamentzeichner, bekannt durch seine Arbeiten als Innenausstatter des Palazzo Reale in Mailand und des Palazzo Pitti in Florenz sowie durch sein mehrbändiges Stichwerk, das großen Einfluß gerade auf Kunsttischler, besonders auf →Maggiolini, ausübte. Albertolli erfuhr seine Ausbildung in Parma, wo er mit dem französischen Architekten und Ornamentstecher E.-A. Petitot in Berührung kam. 1775 wurde er Professor an der Mailänder Accademia di Belle Arti und leitete dort bis 1812 den Unterricht in Ornamentik. Albertollis Stichwerke wurden unter folgenden Titeln veröffentlicht: ›Ornamenti diversi ...‹, 1782; ›Alcune decorazione di nobili sale‹, 1787; und ›Miscellanea per i giovani studiosi del disegno‹, 1796. Er veröffentlichte ferner einen ›Corso elementare di ornamenti architettonici‹, Mailand 1805.

Lit: P. Mezzanotte in *Dizionario Biografico degli Italiani*, Rom 1960, Bd. 1.

Albini, Franco (1905-77). Italienischer Architekt und Designer, international vor allem durch seine Entwürfe und Innenausstattungen von Museen (z. B. Museo del Palazzo Bianco, Genua, 1951) bekannt. Seine besten Möbelentwürfe schuf er nach 1950, als er zusammen mit G. →Colombini beim New Yorker Wettbewerb für ›Low-Cost Furniture‹ (Niedrigpreis-Möbel) mit seinen Entwürfen internationale Anerkennung fand. Zu seinen letzten Arbeiten gehören ein hervorragend konstruierter zusammenklappbarer Tisch (1957), ein runder Sessel (1960 zusammen mit Franca Helg entworfen) und ein Stuhl mit Metallrahmen und Schaumgummipolster (1962).

Albisola-Keramik. In Albisola, in der Nähe von →Savona, arbeiteten im 17. Jh. mehrere Manufakturen. Eine der besten war die Werkstatt der Grossi (Marke: Laterne), 1641-98. Bekannt war auch die Werkstatt des Bernardo Corradi; andere Mitglieder seiner Familie ließen sich in →Turin und →Nevers nieder, wo sie den Namen *Conrade* annahmen. *Andrea Levantino* (Marke: Kugel mit Kreuzen darüber und ›AL‹) arbeitete in Savona, bevor er einen Brennofen in Albisola baute; ihm folgten sein Sohn *Luigi* (Marke: Kugel mit ›LL‹) und *Serafino Bartoli* (Marke: Kugel mit ›BL‹), die bis zu Beginn des 19. Jhs. die Werkstatt führten; die Erzeugnisse waren Geschirre, deren schwungvoll skizzenhafter Dekor Anklänge an Magnasco zeigen. Ferner war →Boselli in Albisola tätig, arbeitete aber meistens in Savona. Im 20. Jh. erlebte die Töpferei eine neue Blüte mit Arbeiten der sogenannten ›aereoceramisti‹ (Futurismus): komplizierte Modelle, sehr lebhafte, obwohl in geometrischem Stil entworfene Stücke. Auch nach dem Zweiten Weltkrieg haben mehrere bekannte Künstler in Albisola gearbeitet, z. B. Lucio Fontana.

Lit: F. Marinot, *Ceramica e Ceramisti di Liguria*, Genua 1979.

Alcaraz-Teppiche. Bis zur Mitte des 16. Jhs. war Alcaraz zusammen mit →Cuenca Hauptzentrum der spanischen Teppichknüpferei. Frühe Stücke haben dunkle Farben, einen meist geometrischen Dekor auf rotem Grund und sind ziemlich grob – Wolle auf ungefärbtem wollenen Grundgewebe – im ›spanischen Knoten‹ geknüpft, der nur um einen Kettfaden geschlungen ist. Von der Mitte des 15. Jhs. an werden Einflüsse →Türkischer Teppiche und italienischer →Samte im Muster bemerkbar, im 17. Jh. dienten verschiedene türkische Teppiche, vor allem Uschak, Holbein- und Lotto-Teppiche als direkte Vorlagen.

Alcora. Hervorragende spanische Fayencefabrik des 18. Jhs., um 1727 von Don Pedro d'Alcantara, Graf von Aranda, in der Nähe von Valencia gegründet. Die Arbeiter kamen zum

Alcora

Alcora: Fayenceplatte ›Christus im Streitgespräch mit den Schriftgelehrten‹, Mitte 18. Jh. (Temple Newsam House, Leeds, England)

Teil aus →Moustiers. Frühe Erzeugnisse sind in der Art von J. →Bérain mit →Grotesken bemalte Teller und Platten, Negerbüsten und von Putti gekrönte Tafelaufsätze in Pyramidenform. Ein ungewöhnlich kühner Umgang mit dem Rokokostil kennzeichnet die Erzeugnisse der Jahre 1749-89: weibliche Figuren in hohen Mantillas, gut ausgearbeitete Tafelfontänen, große Büsten und vor allem auch Wandplatten, die in der ganzen Palette der →Scharffeuerfarben äußerst brillant mit Szenen nach französischen sowie italienischen Drucken bemalt sind, umgeben von üppig modellierten, glänzend weißen Rokokorahmen. Englische klassizistische Stücke wurden 1789-um 1800 und →Staffordshire-Figuren 1810-58 nachgeahmt.

Lit: M. Escriva de Romani, Conde de Casal, *Historia de la Ceramica de Alcora,* Madrid 1919; H. Honour in *Apollo* LXII (1955) S. 14-17; A. Klein, *Fayencen aus Europa,* Braunschweig 1980.

Aldegrever, Heinrich (1502-55/61). Deutscher Drucker, der etwa hundert Ornamententwürfe und außerdem figürliche Kompositionen veröffentlichte. Obwohl stets italienisch inspiriert, paßte er doch die Renaissance- und Manierismus-Motive mit viel Geschick und Phantasie dem nördlichen Geschmack an. *Siehe Abb. S. 507.*

Lit: J. B. Obernetter, (Hg.), *Heinrich Aldegrever Ornamente,* München 1876.

Aldinen-Einbände. Frühe goldgeprägte Einbände aus Venedig und anderwärts in Italien, üblicherweise mit einfachen geometrischen Mustern aus Bandwerk oder mit rechteckigen Rahmen aus Goldlinien und dem Buchtitel oder Autornamen in der Mitte. In den Ecken häufig stilisierte Arabesken oder kleine Kleeblattmuster.

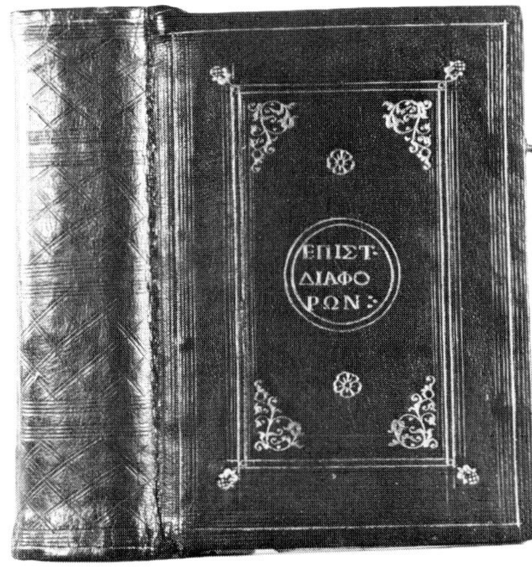

Aldinen-Einband, datiert 1499 (Victoria & Albert Museum, London)

Aldovrandi, Carlo →Bologna

Ale-Glas. Englisches Trinkglas aus dem 18. Jh. für Bier oder Ale. Es hat einen langen, ziemlich schmalen trompetenförmigen Kelch, einen Schaft und breiten Fuß. Wenn der Schaft kurz ist, werden diese Gläser ›Short Ale‹ oder ›Dwarf-Ale‹ (Zwerg) genannt.

Lit: C. Trubridge in *The Glass Circle* I (1972), S. 46-57.

Alençon-Spitze. 1665 wurden rund dreißig venezianische Spitzennäherinnen von Colbert nach Frankreich geholt und 1675 in Alençon angesiedelt. Sie nahmen dort unter dem Schutz der Regierung die Herstellung von →Spitzen auf, deren Produktion im Laufe des 18. Jhs. zurückging, die aber unter Napoleon und während des französischen Kaiserreichs wiederbelebt wurde. Der Name ›Point d'Alençon‹ wird für eine Näh- oder Nadelspitze mit gleichmäßigem ›fond‹ (Grund) oder ›réseau‹ (Netzgrund), sehr oft mit ›modes‹ (Ziermotiven), die durch einen auffälligen ›cordonnet‹ (Reliefumrandung) betont sind, verwendet. Solche Spitzen sind aber nicht nur in Alençon, sondern auch an vielen anderen Orten hergestellt worden.

Lit: G. Despierres, *Histoire du Point d'Alençon,* Paris 1886; B. Palliser, *History of Lace,* durchges. v. M. Jourdain u. A. Dryden, London 1902.

Point d'Alençon-Spitze, 19. Jh. (Victoria & Albert Museum, London)

Alentours, entworfen von Belin de Fontenay. Gobelin ›Don Quixote‹, 1714, nach C.-A. Coypel (Quirinal-Palast, Rom)

Alentours. Bordüren von Wandteppichen, die reiche Damaste imitieren, mit illusionistischen Blumengirlanden, Bändern, Vögeln usw. Im Gegensatz zu früheren Bordüren, die lediglich Bilderrahmen nachahmten, nehmen die ›Alentours‹ den größeren Teil des Bildteppichs ein als Fond für eine meist von einem anderen Künstler entworfene figürliche Szene, die nun wie ein kleineres, in der Mitte hängendes gerahmtes Bild erscheint. In der 1714 von Coypel entworfenen und in der →Gobelins-Wandteppichmanufaktur hergestellten Don Quixote-Serie kommen Alentours, von Belin de Fontenay, erstmals vor. Danach wurden sie in großem Umfang entwickelt und auch von anderen Manufakturen übernommen. Die besten der bekannten Beispiele sind Bildteppiche mit figürlichen Szenen nach Entwürfen von F. →Boucher mit Alentours entworfen von Maurice Jacques. Alentours hatten verschiedene praktische Vorteile. Sie reduzierten die Kosten, da sie von künstlerisch weniger ausgebildeten Wirkern ausgeführt werden konnten, auch war man bei den Maßen flexibler, und die Wünsche der Auftraggeber nach bestimmten Inhalten und Formaten konnten leichter berücksichtigt werden.

Alhambra-Vasen →Málaga

Alla Porcellana →Porcellana, Alla

Allgood, Thomas, Edward & John →Pontypool-Lackmanufakturen

Almorratxa oder **Morratxa.** Spanischer, vor allem in Katalonien verbreiteter Rosenwasser-Sprenger. Der Glaskörper ist meist ei- oder birnenförmig und steht auf einem hohen glockenartigen Fuß. Vier schmale aufrecht stehende Sprühöffnungen wachsen aus der Schulter.

Alpaka →Neusilber

Alpujarra. Spanische Bauerndecke oder -teppich in Noppenwirkerei, hergestellt in Alpujarra bei Granada. Alpujarras sind wahrscheinlich maurischen Ursprungs. Mit rund 300 Schlingen auf 10 × 10 cm sind sie ziemlich grob und schwer. Die meisten haben nur zwei Farben, doch gibt es auch solche mit mehr als zehn. Die Fransen werden für sich gearbeitet und angesetzt.

Altare. Glashütte, die wahrscheinlich im 11. Jh. in der Nähe von Genua gegründet wurde. Von ihrer Produktion ist wenig be-

Almorratxa, Katalanisches Glas, 17. oder 18. Jh. (Victoria & Albert Museum, London)

kannt, doch spielt sie eine große Rolle in der Geschichte des europäischen Glases, denn ihre Glasbläser konnten – anders als die der →Venezianischen Glashütten – seit 1459 auch im Ausland arbeiten, wo einige von ihnen an der Gründung von Glashütten in Frankreich und den Niederlanden beteiligt waren.
Lit: A. Engle (Hg.), *The Glassmakers of Altare*, Jerusalem 1981.

Altarkreuz →Kreuz

Altbrandensteinmuster →Osier-Muster

Altdorfer, Albrecht (um 1480-1538). Die Ornamentstiche dieses bedeutendsten Vertreters der Donauschule und seine Entwürfe für Silberarbeiten hatten wesentlichen Einfluß auf das kunsthandwerkliche Schaffen Nürnbergs im Zeitalter der Renaissance; auf ihn gehen z. B. nobel proportionierte Deckelpokale zurück, deren Dekor sich auf →Godronierung und gelegentliche →Akanthusblätter beschränkt. Altdorfers Ornamentstiche dienten wahrscheinlich auch Möbeltischlern als Vorlage.
Lit: F. Winzinger, *Albrecht Altdorfer*, München 1963.

Alte Seto-Keramik →Mino-Keramik

Altmann, Johann Gottlieb →Bunzlauer Töpfereien

Alumina-Fabrik →Kopenhagener Porzellanfabrik

Amberg. Bayerische Fayencemanufaktur, 1759 von Simon Hetzendörfer gegründet, arbeitete bis 1910. Die Produktion bestand hauptsächlich in Gebrauchsgeschirr aus weißer, in früheren Jahren mitunter farbig dekorierter →Fayence und seit etwa 1790 aus cremefarbenem →Steingut. Aber auch ein erlesen dekoriertes Stück ist bekannt – ein Deckelkrug im Bayerischen Nationalmuseum in München. Im 19. Jh. stellte die Fabrik Reproduktionen von →Ludwigsburger Porzellanmodellen her.
Lit: K. Hüseler, *Deutsche Fayencen*, Stuttgart 1956-58.

Amberg

Amberg, Adolf (1874-1913). An der Berliner Kunstgewerbeschule, der Académie Julian in Paris und der Berliner Akademie ausgebildeter deutscher Bildhauer und Metallkünstler. Von 1894 bis 1904 war er bei Bruckmann & Sohn in Heilbronn beschäftigt, entwarf dort silberne Tafelgedecke und -schmuck, hervorzuheben eine ›Deutsche Musik‹ genannte, große silberne Fontäne, die er in Zusammenarbeit mit dem Architekten Otto Rieth herstellte und die auf der Weltausstellung in Paris von 1900 gezeigt wurde. 1904-05 entwarf er die Modelle zahlreicher exotischer männlicher und weiblicher Figuren für den ›Brautzug‹, einen Tafelaufsatz der →Berliner Porzellanmanufaktur.
Lit: Ausst. Kat. *Sammlung Karl H. Bröhan*, Schloß Charlottenburg, Berlin 1969; Ausst. Kat. *Europäische Keramik des Jugendstils*, Hetjens-Museum Düsseldorf 1974.

Amberina →New England Glass Company

Amboinaholz (Amboyna). Hartes engporiges Holz mit schöner gesprenkelter Maserung, nicht unähnlich dem →Thujaholz. Es ist im Farbton zwischen Hellrotbraun und Orange und stammt von dem Amboinabaum, *pterospermum indicum*, der auf den Molukken wächst. Es wird vielfach für Einlegearbeiten verwendet.

Ambulante, auch **Table ambulante,** franz. Bezeichnung für jeden kleinen, leicht transportierbaren Tisch.

Amelung, Johann Friedrich (tätig um 1784-95). Geborener Bremer, der in die Vereinigten Staaten auswanderte und 1784 die Glasmanufaktur ›Amelung Glasshouse‹ (auch bekannt als

A. Amberg: ›Indisches Mädchen mit Pfau‹, Berliner Porzellan, modelliert 1904/05 (Sammlung Karl H. Bröhan, Berlin)

New Bremen Glasshouse, Etna Glass Works und American Glass Manufactory) in New Bremen bei Fredrickstown, Maryland, gründete. Die Manufaktur erzeugte hochwertiges, wenn auch nicht ganz klares Kristallglas. Auch wurden Gefäße aus farbigem Glas hergestellt, hauptsächlich jedoch Fensterscheiben, Spiegel, Flaschen und Linsen. 1795 mußte die Firma wegen finanzieller Schwierigkeiten schließen.

Lit: H. und G. S. McKearin, *Two hundred Years of American Blown Glas*, New York 1950.

Ammannati, Giovanni (gest. 1340). Intarsienkünstler aus Siena. 1329 kam er nach Orvieto und arbeitete zehn Jahre lang an dem Chorgestühl des Domes. Die Entwürfe ähneln zeitgenössischen Gemälden aus Siena wie z. B. die ›Krönung der hl. Jungfrau‹ in einem Tympanon (Museo dell'Opera del Duomo, Orvieto), eines der frühesten erhaltenen Beispiele von Bildintarsien (→Intarsia).

Lit: P. Torriti, ›Il coro del Duomo di Orvieto‹ in *Commentari* I, 1950, S. 143-145.

Amolware. Glasierte islamische Keramik des 11.-13. Jhs. mit in weißem Schlicker eingeschnittenen Mustern, die oft unter dem Einfluß →sassanidischer Metallarbeiten stehen. Sie wird Amol in Mazanderan zugeschrieben, ist aber wahrscheinlich an mehr als einem Ort des kaspischen Küstenlandes in Nordpersien hergestellt worden.

Ampel. Hängende Öllampe, im antik-römischen und byzantinischen Kulturbereich aus Bronze, in islamischen Ländern aus Glas. Nördlich der Alpen finden sich wegen des Symbolgehalts des verbrennenden Öls seit der Gegenreformation in katholischen Kirchen zunehmend silberne oder versilberte Ampeln als ›Ewiges Licht‹. (*Siehe auch* Moscheelampe)

Amphora. Hohes, zweihenkeliges Gefäß mit breitem Fuß und gedrungenem Hals, in der Antike von den Griechen und Römern zur Aufbewahrung von Öl, Wein usw. genutzt.

Ampulle. Kleines Gefäß oder Fläschchen, meist aus Glas. Es diente in der Antike zur Aufbewahrung von Öl oder duftenden Essenzen für die Körperpflege oder auch zur Salbung der Toten. Meist waren die Ampullen rund und hatten einen engen Hals. Name und Form leben weiter im kirchlichen Gebrauch.

Amratische Keramik →Ägyptische Keramik

Amstel, Porzellanmanufaktur. 1784 schloß die Manufaktur von *Oude Loosdrecht* (früher →Weesp-Porzellanfabrik) und wurde nach Oude Amstel bei Amsterdam verlegt, wo sie unter der Leitung von *F. Däuber* bis 1799 arbeitete. Sie wurde dann verkauft, nach Niewer Amstel verlegt und 1820 geschlossen. Die Erzeugnisse sind wenig bemerkenswert.

Lit: W. J. Rust, *Nederlands porselein*, Amsterdam (1952) 1978.

Amstel

Anatolische Teppiche →Türkische Teppiche

Andalusische Glashütten. Die interessanteste Gruppe der spanischen Glashütten, einer Region zugehörig, in der seit römischer Zeit ständig Glas hergestellt wurde. Die Hauptzentren waren Castril de la Peña und die Nachbarorte Don Fadrique und Pinar de la Vidriera. Das Material ist selten farblos, sondern meist bläulich oder bräunlich-oliv getönt. Anregungen wurden der →spanisch-maurischen Kunst entnommen und nach dem 15. Jh. auch dem →venezianischen Glas. Die Formen sind oft sehr phantastisch unter viel Verwendung aufgelegter gekniffener Wulstverzierung. Die Vasen folgen im wesentlichen persischen Vorbildern: enge Taille, Öffnung in der Breite des Fußes und zwei große flügelförmige Henkel. Gefäße in dieser sehr charakteristischen Form werden noch heute von andalusischen Glashütten hergestellt.

Lit: Alice Wilson Frothingham, *Spanish Glass*, London 1964.

Andalusische Glasvase, 17. Jh. (Victoria & Albert Museum, London)

Andreoli, Giorgio, genannt **Maestro Giorgio aus Gubbio** (um 1465/70-um 1553). Geboren in Intra; Töpfer und Leiter einer bedeutenden Majolikawerkstatt in →Gubbio, wo er sich um 1490/92 mit seinen Brüdern *Salimbene* (gest. um 1522) und *Giovanni* (gest. um 1535) niederließ. 1536 übergab er die Leitung der Werkstatt seinem Sohn Vincenzo (gest. nach 1576). Er war berühmt durch seinen reichen roten und gelbroten →Lüster. Seine frühen Arbeiten sind schwierig zu identifizieren, da Stücke mit seinem Namen (Victoria & Albert Museum, London) erst ab 1518 bekannt sind. Die Motive der Plattendekore in Lüstermalerei sind meistens →Grotesken, →Trophäen usw., aber auch historisierende Dekore wurden in seiner Werkstatt hergestellt. Nach 1515 scheint er polychrom mit →Scharffeuerfarben gemalt zu haben, aber man kennt nur ein einziges datiertes (1520) und signiertes Stück in diesen Farben.

Lit: J. Chompret, *Répertoire de la majolique italienne*, Paris 1949; B. Rackham, *Italian Maiolica*, London 1952;

G. Liverani, *La maiolica italiana* ..., Mailand 1957; ders. in *Dizionario biografico degli italiani*, Bd. 3, Rom 1961; A. Klein, *Fayencen aus Europa*, Braunschweig 1980.

Andries, Guido (tätig 1512 bis um 1541). Er war der führende Töpfer in Antwerpen, wo er 1512 als Hersteller von Fayencen eingetragen war. Er könnte mit dem ›Guido da Savino‹ identisch sein, von dem C. →Piccolpasso 1556-59 bemerkte, daß er von Castel Durante nach Antwerpen ausgewandert sei. Seine Fabrik in Antwerpen wurde von seinen Söhnen *Lucas, Frans* und *Joris Andriessen* weitergeführt. Ein anderer Sohn, *Jasper Andries*, wird um 1567 in Norwich und London erwähnt.

Lit: H.J. Hymersma, ›Guido di Savino and other Antwerp potters of the sixteenth century‹ in *The Connoisseur* 1977, S. 264-71; A. Klein, *Fayencen aus Europa*, Braunschweig 1980.

Angarano. Nachbarort von →Nove mit Keramikwerkstätten, von denen die der Brüder Manardi berühmt waren, die die sogenannten Latesini herstellten. Ihr Privileg datiert von 1669. Weitere Werkstätten hatten die Familien der Moretti und Marinoni (später die Meneghini). Die Marinoni erlebten ihre Blütezeit gegen Ende des 18. Jhs. und stellten unter Mitarbeit von J.P. →Varion auch Porzellan her. Alle stellten Majolika, Irdenware und Kristall her, zwischen 1770 und 1780 vor allem Figuren und Gruppen.

Lit: C. Barioli, *Ceramiche antiche di Bassano, delle Nove e di Vicenza*, Bassano-Venezia 1953/54; A. Klein, *Fayencen aus Europa*, Braunschweig 1980.

Angermair, Christoph (um 1580-1633). Deutscher Elfenbeinschnitzer des Barock von virtuoser Geschicklichkeit. Er war 1613-31 für den Kurfürsten Maximilian I. in München tätig, wobei sein Meisterwerk der Münzschrein Maximilians aus Elfenbein, Lapislazuli, Email usw. ist (1618-24; Bayerisches Nationalmuseum, München). Er wurde von ihm signiert.

Lit: Wittelsbach und Bayern, Ausst. Kat. München 1980.

Angoulême. Französische Fayencefabrik, 1748 von *Bernard Sazerac* (gest. 1774) gegründet. Sie produzierte bis ins späte 19. Jh. Anfangs wurden Stücke aus →Rouen und →Moustiers kopiert. Die interessantesten Arbeiten sind große Figuren von Löwen, Hunden, Sphingen usw., wahrscheinlich Gartendekorationen. Ein Angehöriger dieses Unternehmens, *Pierre Fleurat*, gründete 1782 eine zweite Fabrik.

Lit: H. P. Fourest u. J. Giacomotti, *L'Œuvre des faïenciers français* ..., Paris 1966.

Giorgio Andreoli: Majolikateller, Gubbio, frühes 16. Jh. (Musée de Cluny, Paris)

Angster. Glaskrug in Zwiebelform, dessen Ausguß aus verschlungenen Röhren gebildet wird.

An hua-Dekore. Wörtlich ›geheime Ornamentik‹, d.h. Dekore, die in chinesisches Porzellan eingeritzt oder in weißem →Schlicker so aufgetragen wurden, daß sie nur dann wahrzunehmen sind, wenn das Stück gegen das Licht gehalten wird, wie Wasserzeichen bei Papier. Das erste Mal erscheinen diese Dekore in der Yongle-Zeit (1403-24).

Ankh →Kreuz

Anlegetechnik →Metallstickerei

Annaberg. Vor 1533, dem Jahr, in dem sich die Töpfer eine Zunftordnung gaben, wurden in Annaberg Töpfereien errichtet. Wenige Stücke aus dem 16. Jh. sind bekannt. Die Erzeugnisse der Jahre 1630-50 zeigen den Einfluß des →Creussener Steinzeugs. Von 1640 an waren sie gelegentlich mit Emailfarben bemalt. Die Produkte fielen nach 1700 ab.

Lit: J. Horschik, *Steinzeug 15-19. Jh., Bürgel bis Muskau*, Dresden 1878; E. Klinge, *Deutsches Steinzeug*, Ausst. Kat. Düsseldorf 1979.

Annam-Keramik →Vietnam-Keramik

Anreiter von Zirnfeld, Anton (um 1725-1801). Bekannter Porzellanmaler, arbeitete in →Doccia und an der →Wiener Porzellanmanufaktur. Er war der Sohn des *Johann Karl Wendelin Anreiter von Zirnfeld* (um 1702-47), eines in Wien arbeitenden →Hausmalers, der 1737 von Carlo Ginori als Malereivorsteher für die Fabrik in Doccia eingestellt wurde. Anton, der zuerst in Doccia unter seinem Vater arbeitete, kehrte 1746 nach Wien zurück und war von 1754 bis 1801 Malereivorsteher in der Wiener Manufaktur. Wie sein Vater war er auf fein gemalte Landschaften spezialisiert, malte aber auch Figuren.

Lit: L. Ginori-Lisci, *La porcellana di Doccia*, Mailand 1963.

Anrichte. Dieses Möbelstück einer Speisezimmergarnitur, engl. ›sideboard‹, ein schmaler, an der Wand stehender Serviertisch, wurde in den 1760er Jahren von R. →Adam entwickelt. Weinkühler, Besteckkasten usw. wurden im Stil darauf abgestimmt. Schon zehn Jahre später wurde sie kompakter und war mit Schubladen und Schrankfächern ausgestattet.

Ansbach. Fayence- und Porzellanmanufaktur. Um 1708-10 gründeten *Matthias Baur* und der in Delft ausgebildete Töpfer J.C. →Ripp (der 1712 an die →Nürnberger Fayencefabrik ging) eine Fayencefabrik. Die frühen Stücke der 1720er Jahre waren zurückhaltend blau und weiß dekoriert (der Grund ist bläulich) im

›style rayonnant‹ von →Rouen. Nach 1730 wurde die Produktion stark von *Johann Georg Christoph Popp* beeinflußt, der 1747 Leiter der Fabrik wurde. Ihm ist die ›Ansbacher grüne Familie‹ zu verdanken, die den Ruf der Fabrik begründete. Diese mit →Emailfarben dekorierten Krüge, Deckelkrüge usw. in traditionellen süddeutschen Formen ahmten die Ornamentik der chinesischen →Famille verte nach. Mitunter wurden auch die Muster des →Imari-Porzellans kopiert. Nach Popps Tod (1791) ging die Leistung der Fabrik zurück. Später, bis zur Schließung 1839, war sie ein staatliches Unternehmen, das →Steingut herstellte.

Ansbach: Tulpenvase, Fayence ›Grüne Familie‹, um 1730-45 (Kunstgewerbemuseum, Berlin)

Als Erweiterung der Fayencefabrik wurde 1757 eine Porzellanfabrik eröffnet, an der einige frühere Arbeiter der →Meißener Porzellanmanufaktur beschäftigt waren, unter ihnen Johann Friedrich Kändler (ein Vetter des Meißener Modellmeisters). Der Ansbacher Stil ist jedoch dem Stil der →Berliner Manufaktur ähnlicher als dem von Meißen. Die schönsten Stücke gehören zu den besten deutschen Porzellanen. Die Fabrik schloß 1860.

Lit: A. Bayer, *Ansbacher Porzellan,* Braunschweig 1959; A. Bayer, *Die Ansbacher Fayence-Fabrik,* Braunschweig 1959; M. Krieger, *Ansbacher Fayence und Porzellan, Gesamtkatalog der Sammlung Adolf Bayer,* Ansbach 1963; A. Klein, *Deutsche Fayencen,* Braunschweig 1975.

Anse de Panier, franz., Henkel eines Korbs. Übertragen angewandt auf ähnlich geformte Dekorationsmotive in der Architektur (Korbbogen), vor allem auch bei Metallarbeiten des 16. Jhs. und zur Charakterisierung von Stuhllehnen des 18. Jhs. mit korbbogenförmigem Kontur.

Antefix. Stirnziegel, Dachornament der klassischen Architektur, das an Giebeln von Möbeln des Klassizismus, des Empire und Regency wiederverwendet wurde.

Antependium. Altarvorsatz: dekorative, abnehmbare Verkleidung der Vorderseite eines Altars im Unterschied zu dieser Vorderseite selbst. Das Antependium ist aus verschiedenen Materialien: bemaltem Holz, Elfenbein, bestickter Seide oder anderen Stoffen, Gold, Silber oder anderen Metallen, z. B. das goldene Antependium aus der Kathedrale von Basel von 1022-24 (Musée de Cluny, Paris) oder dasjenige der Aachener Pfalzkapelle, ebenfalls aus Gold, um 1020. Wenn die Verkleidung an den Seiten und der Rückseite fortgeführt ist, wird es als →Paliotto bezeichnet.

Anthemion

Anthemion, griech., Blüte. In der Architekturornamentik wird diese Bezeichnung für einen Schmuckfries an einem Gesims, am Halsring des ionischen Kapitells usw. gebraucht. Das Anthemion besteht aus alternierenden →Palmetten und Lotosblüten oder zwei Arten von Palmetten (eine in offener, die andere in geschlossener Form). Diese Art Ornament war im späten 18. Jh. sehr gebräuchlich. Man ordnete die einzelnen Elemente damals nicht nur nebeneinander sondern auch übereinander in vertikalen Bändern an.

Antimakassar. Kleiner Schoner für Polstersessel oder Sofas, oft in der Art weißer Häkelarbeiten, um das Möbel vor fettem Haar zu schützen. Vor allem im späten 19. Jh. in Gebrauch. Der Name ist herzuleiten von dem Makassaröl, das als Haarpomade sehr verbreitet war.

Ansbach ab 1758

Antonibon, Giovanni Battista →Nove

Antwerpen. Hauptzentrum für →Fayence in den Niederlanden des frühen 16. Jhs. Die →Majolika-Herstellung in Antwerpen scheint 1508 von G. →Andries begonnen worden zu sein. Weitere bekannte Töpfer sind J. →Floris, Jan Bogaert und Barnaert Vierleger. Ihre Werke zeichnen sich durch die Verwendung von →Bandelwerk und →Arabeskenverzierung in der Art von →Ferronnerie aus, was mit den Antwerpener Architekten Cornelis Floris und Cornelis Bos in Verbindung gebracht wird. Antwerpen war bekannt für seine Fußboden-Fliesen, von denen sich wichtige Beispiele in The Vyne, Hampshire, 1520, und aus der Abtei Herckenrode (1532; Musée du Cinquantenaire, Brüssel) erhalten haben. Fliesengemälde wurden auch gemacht, so ›Die Bekehrung des hl. Paulus‹, 1547, nach Enea Vico (Vleeshuis, Antwerpen). Nach 1568 verloren die Antwerpener Töpfereien nach und nach ihre führende Stellung, die im folgenden Jahrhundert →Delft und Rotterdam antrat.

Lit: A.-M. Marie-Dujardin in *Bull. des Musées Royaux d'Art et d'Histoire* (1973), Brüssel 1975, S. 173-200; H. J. Hymersma in *The Connoisseur* 1977, S. 264-271; A. Klein, *Fayencen aus Europa,* Braunschweig 1980.

Antwerpener Spitze. Eine strenge, fast schwer aussehende Klöppelspitze, die seit dem 17. Jh. gemacht wird; im Muster dominiert eine zweihenklige Vase. Aus Antwerpen kommen noch verschiedene andere →Spitzen, vor allem die →Mechelner-Spitze.

Lit: P. G. Trendell, *Victoria & Albert Museum Guide to the Collection of Lace,* London 1930.

Antwerpener Wandteppich-Manufakturen. Arbeiteten seit dem 15. Jh. und stellten im 16. Jh. Blumenborten und →Verduren für die →Brüsseler und →Oudenaarder Bildteppiche her. Die besten Wandteppiche im 17. Jh. erinnern in ihren Darstellungen oft an Bilder von Rubens und Jordaens. *Siehe auch* M. →Wauters.

Aogai. Japanische Lackarbeiten, eingelegt mit hauchdünnem, blau-rosa-lila irisierendem Perlmutt der Haliotis-Schnecke.

Apengeter, Hans, von Sassenlant (tätig 1327-44). Bronze- und Messinggießer, der zu den wenigen gehört, die ihre Arbeiten signiert haben. Geboren in Halberstadt, arbeitete von 1332 bis 1342 in Lübeck, aber auch in anderen Orten Norddeutschlands, vor allem in Rostock, Wismar, Stettin, Göttingen und Hildesheim. Er fertigte Glocken, Kerzenleuchter, Türgriffe usw., u. a. den siebenarmigen Bronzeleuchter im Kolberger Dom (1327), das Messingtaufbecken in der Marienkirche in Lübeck (1332) und das Taufbecken in der Nikolaikirche in Kiel (1340 oder 1344).

Apfelsinenbecher. Ein becherförmiges Porzellangefäß ohne Henkel, etwa wie eine halbe Apfelsine. Hergestellt in →Meißen zwischen 1735 und 1745.

Apostelkrüge →Creussener Steinzeug

Apostellöffel. Löffel aus Silber, seltener aus Messing oder Zinn, bei dem das Ende des Stiels zu einer kleinen Statuette eines der zwölf Apostel mit seinem jeweiligen Attribut ausgebildet ist. Solche Löffel waren vom 15. bis in das 17. Jh. vor allem in England als Taufgeschenke beliebt. Bezogen auf den Vornamen des Täuflings oder des Paten wurden sie wohl auf Vorrat gearbeitet. Seltener dürfte die Schenkung eines vollständigen Satzes, bereichert durch einen 13. Löffel mit der Figur Chisti (in England ›master spoon‹), gewesen sein. Apostellöffel wurden im 19. Jh. als Imitationen erneut hergestellt.

Lit: C. G. Rupert, *Apostle Spoons,* Oxford 1929.

Apothekengefäße. Diese Bezeichnung beinhaltet zwei Gefäßarten für Arzneimittel, den →Albarello für trockene und ein rundliches Gießgefäß mit langer Tülle und Henkel (in Frankreich ›chevrette‹ genannt) für solche in flüssiger Form. Viele dieser Schaugefäße in →spanisch-maurischer Keramik, italienischer →Majolika und französischer →Fayence sind mit dem Namen der Arznei beschriftet. Wahrscheinlich aber sind gleiche Modelle auch für den normalen Haushaltsgebrauch hergestellt worden. *Siehe Abb. 155.*

Lit: H. Kohlhaussen, G. Schiedlausky u. H. Stafski, *Alte Apothekengefäße,* Biberach 1960; W. H. Hein u. D. A. Wittop Koning, *Deutsche Apotheken-Fayencen,* Frankfurt 1977; R. E. A. Drey, *Apothecary Jars,* London 1978.

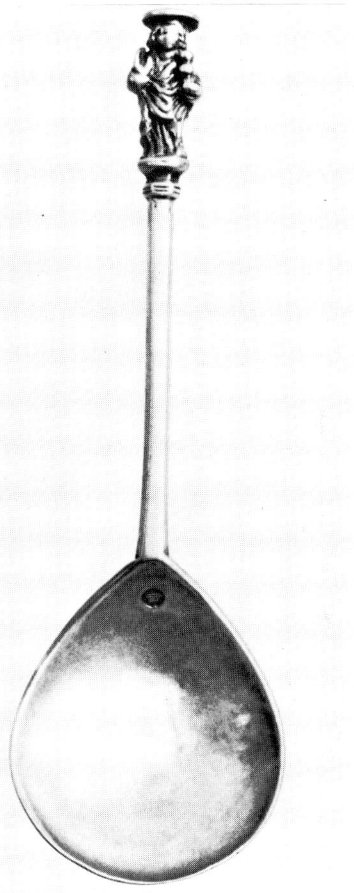

Apostellöffel, Silber, London 1504 (Ashmolean Museum, Oxford)

Apparel. Englische mittelalterliche und im 19. Jh. erneut gebrauchte Bezeichnung für kleine, oft reich mit Gold- und Silberfäden gestickte und manchmal noch mit Perlen und Edelsteinen verzierte Textilien als Applikationsschmuck für Gewänder wie z. B. für →Alben.

Applikation. Textiltechnik, bei der durch Aufnähen von Stoffteilen auf einen andersfarbigen und zumeist auch andersartigen Stoff sich Ornamente und bildliche Darstellungen ergeben. Das berühmteste Beispiel ist der Teppich von Bayeux (11. Jh.). *Siehe Abb. 526.*

Appliques, franz. Selbständig gearbeitete Zierstücke, die auf einem Untergrund aus gleichem oder andersartigem Material angebracht werden, wie z. B. vergoldete Bronzebeschläge für Möbel. Im eingeengteren Sprachgebrauch Bezeichnung für Wandleuchter.

Aprey. 1744 von *Jacques Lallement Baron d' Aprey* gegründete französische Fayencemanufaktur. 1760 nahm er seinen Bruder Joseph ins Geschäft auf und den Maler Protais Pidoux

Seidenstoff mit Applikation, französisch, 17. Jh. (Musée des Arts Décoratifs, Paris)

Aprey

Aprey Mitte 19. Jh.

von der Manufaktur →Mennecy, der für lebhaften Blumendekor sorgte. 1769 zog sich Jacques Lallement vom Geschäftsleben zurück. Sein Bruder nahm François Ollivier, ebenfalls von der Manufaktur Nevers, in die Firma auf, er starb 1792. Die schönsten Fayencen stammen aus dieser Zeit; sie sind von Jacques Jarry bemalt, der der Manufaktur von 1772 bis 1781 angehörte und für seine Vogel- und Blumendekorationen berühmt war, sowie von Antoine Mege, der ab 1776 für die Manufaktur arbeitete und Vögel und Landschaften malte. Nach der Revolution stellte die Fabrik bis 1885 Gebrauchsfayence her. Für die Annahme, daß in Aprey auch Porzellan gemacht worden ist, fehlt jeder Beweis.

Lit: P. Deveaux, *Les fayences d'Aprey,* Paris 1908; H. P. Fourest et J. Giacomotti, *L'Œuvre des faïenciers français du XVIᵉ à la fin du XVIIIᵉ siècle,* Paris 1966.

Apt. Töpferwerkstatt in Le Castelet bei Apt, Frankreich, von *César Moulin* gegründet, blieb bis 1852 in der Familie. In der Zwischenzeit wurden weitere Töpferwerkstätten in oder bei Apt eröffnet, das immer noch ein wichtiges Töpferzentrum ist. Die charakteristischsten Stücke der ursprünglichen Fabrik waren aus einem gelb und braun marmorierten Scherben (vielleicht der →Agateware von →Wedgwood nachgeahmt). Es wurden Figuren und Gruppen wie auch Gebrauchskeramik hergestellt. Die bekanntesten Werkstätten des 19. Jhs. waren die von Elzéar Bennet und der Witwe Arnoux.

Lit: A. Lesur et Tardy, *Les poteries et les faïences françaises,* Paris 1957-60; M. Ernould-Gandouet, *La Céramique en France au XIX siècle,* Paris 1969; E. Fabre in *Keramos* 25 (1964), S. 39-61.

Aquamanile. Gießgefäß aus Bronze, häufig in Tiergestalt, das zu liturgischen und profanen Waschungen diente. Die schönsten Aquamanile stammen aus dem 13. Jh. und wurden von →maasländischen Metallgießern in und um Dinant gemacht; sie haben die Gestalt von Löwen, auf deren Rücken häufig ein Drache hockt, der als Henkel dient. Andere stellen Ritter zu Pferde oder Ungeheuer dar oder Phyllis, die auf Aristoteles reitet.

Arabeske. Komplizierter, phantasievoller Flächendekor aus rhythmisch sich wiederholenden Ranken, ein Netzwerk sich überschneidender Blüten und Blätter, spiralig sich einrollend, mit Knoten und Schlingen usw. Menschliche Figuren werden nicht eingefügt, sie kommen in den →Grotesken vor. Der Ursprung der Arabeske ist umstritten, aber es scheint ein sarazenisches Ornament zu sein, das durch islamische Handwerker in Europa verbreitet wurde, →Azzimina-Arbeiten. In

Aquamanile aus Messing, Hildesheim, Mitte des 13. Jhs., Werkstatt des Meisters der Domtaufe (Kunstgewerbemuseum, Berlin)

Deutschland entwickelte sich daraus in der 1. Hälfte des 16. Jhs. die ›Maureske‹. Francesco Pellegrini gab 1530 ein entsprechendes Musterbuch heraus, in Paris erschien 1546 ein ›Livre de moresques‹, 1549 in Zürich ein Musterbuch nach Entwürfen des Nürnbergers P.

Maureske von Jean Gourmont (1551)

→Flötner. Auch Holbein d.J. u.a. entwarfen gelegentlich Mauresken. Parallel mit der Entwicklung der Arabeske in Europa verlief die des →Rollwerks.

Lit: P. Ward-Jackson in *Victoria & Albert Museum Bulletin*, Juli 1967; E. Kühnel, *Die Arabeske. Sinn und Wandlung eines Ornaments*, (1949) Graz 1977.

Arabia. Führende finnische Keramikfabrik, außerhalb von Helsinki 1874 als Filiale der schwedischen Fayencefabrik →Rörstrand gegründet. Zunächst wurden Eß- und Küchengeschirre in undekoriertem und glasiertem →Steinzeug und dann in →Knochenporzellan hergestellt. 1884 wurde die Gesellschaft selbständig, obwohl Rörstrand bis 1916 noch die Anteilsmehrheit hatte. Von 1895 an produzierte Arabia einige ausgezeichnete →Art Nouveau-Vasen, die von Thure Oberg (1871-1935) entworfen und bemalt wurden. 1946 wurde K. →Franck der erste Entwerfer. Heute stellt Arabia neben anderem das beste moderne Porzellan und →Steingut her, z.B. die ›Kilta‹-Serie, hitzebeständiges Eßgeschirr (entworfen 1948 und seit 1953 auf den Markt gebracht).

Mauresken-Dekor auf einem Deckelpokal. Radierung von Wenzel Hollar nach einer Zeichnung von Hans Holbein d.J. (Victoria & Albert Museum, London)

Arabia-Steinzeug von Kaj Franck, 1955 (Kunstindustrimuseet, Kopenhagen)

Archambo, Peter (gest. 1767). Englischer Silberschmied französischer Herkunft, der erstmals 1720 mit der Einführung seiner Meistermarke an der Londoner Goldsmiths Hall nachweisbar ist. Er arbeitete zunächst in einem glatten, einfachen Stil, hatte aber um 1733 die Formensprache des französischen Rokoko angenommen. Sein Sohn *Peter* (gest. 1768) kam 1728 zu P. de →Lamerie in die Lehre und war 1749-55 Partner von *Peter Meure*.

Peter Archambo

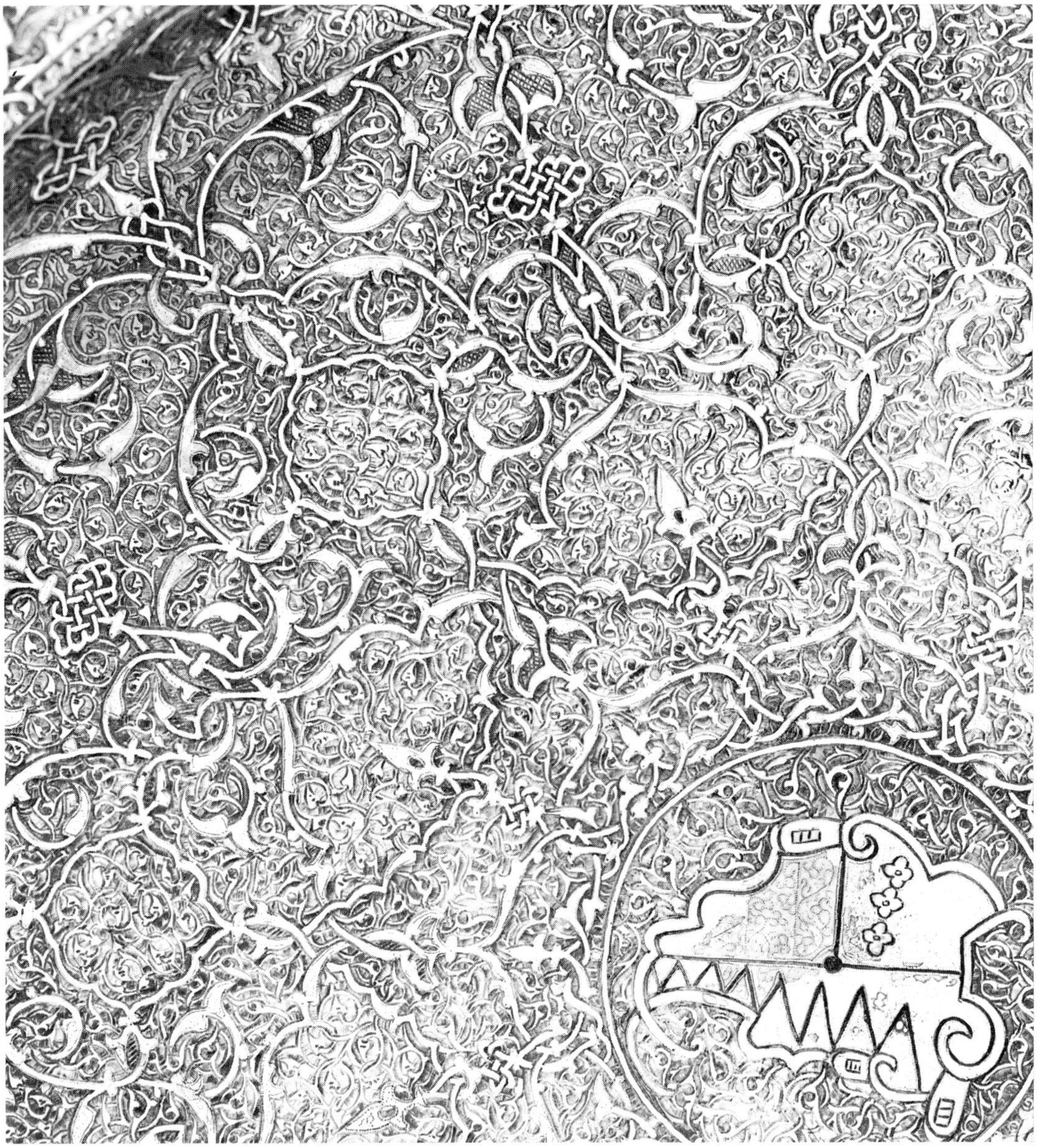

Arabesken-Dekor auf einem Azzimina-Teller, frühes 16. Jh. (Victoria & Albert Museum, London)

Architrav. Italienische Wortbildung der Renaissance für den in der Antike und im Mittelalter Epistyl(ion) genannten, waagerechten Balken, der auf Säulen oder Pilastern aufliegend das unterste und wichtigste Glied des Gebälkes bildet.

Ardebil-Teppiche. Zwei der berühmtesten →persischen Teppiche von 10 × 5 m Größe mit komplizierten Rankenmustern und einem großen Medaillon, an dem Lampen ›aufgehängt‹ sind. Sie wurden 1539/40 fertiggestellt. Nachweislich lagen sie bis in das 19. Jh. im Schrein der Moschee von Ardebil in Nordwestpersien. Beide Teppiche waren so abgenutzt, daß man den 1893 vom Victoria & Albert Museum in London erworbenen mit Teilen des anderen reparierte. Dessen Mittelteil befindet sich im Los Angeles County Museum of Art und ein Bordürenfragment im Textile Museum in Washington, D.C. Das Muster ist oft in verkleinertem Maßstab kopiert worden.

Lit: R. Stead, *The Ardabil Carpets*, Malibu 1974.

Arditi, Andrea →Ugolino di Vieri

Ardus. Um 1739 von François Duval mit Arbeitern aus der Töpferwerkstatt von →Montpellier gegründete und ab 1744 von der Malerin Louise Ruelle, verwitwete Pichon, geleitete Fayencefabrik, die 1749 eine ›manufacture royale‹ wurde, gepachtet von Lestrade und Lapierre, letzterer später in →Montauban, tätig. Stücke der ersten Zeit sind im Stil von →Bérain an →Moustiers angelehnt. Nach 1770 wurde die →Emailfarbenmalerei eingeführt, später ›faïence-fine‹, →Steingut, hergestellt. Die Fabrik schloß 1786.

Lit: E. Forestié, *Les anciennes faïenceries de Montauban, Ardus*, etc. Montauban 1929; H. P. Fourest et J. Giacomotti, *L'Œuvre des faïenciers français du XVIe à la fin du XVIIIe siècle*, Paris 1966.

Arend (oder Arent), **Servatius** (tätig 1712-27). Würzburger Möbeltischler. Ein sorgfältig gearbeiteter Kabinettschrank (→Kunstschrank) mit Einlegearbeit (in einer englischen Sammlung) ist als von zwei seiner Gehilfen 1716 gemacht bezeugt. 1721 fertigte er ein hölzernes Modell (heute verloren) von Neumanns geplanter Residenz an, für die er 1727 33 Walnußstühle und andere Möbelstücke (ebenfalls verloren) lieferte. Ein Einsatz in einem Kabinettschranks mit gravierten Platten aus vergoldetem Kupfer von 1712 wird ihm zugeschrieben (Mainfränkisches Museum, Würzburg).

Lit: H. Kreisel, *Die Kunst des deutschen Möbels*, Bd. II., München 1970.

Arfe (oder *Arphe*), **Enrique de** (um 1470 bis um 1545). Stammvater der wichtigsten spanischen Goldschmiedefamilie. Er wurde in Deutschland geboren, wahrscheinlich in Köln ausgebildet, ließ sich aber um das Jahr 1500 in Spanien nieder. Bald danach arbeitete er an einer riesigen silbernen →Custodia, einem tragbaren Tabernakel, für die Kathedrale von Léon (1522 beendet, 1809 zerstört). Später lieferte er ähnliche Tabernakel in einem üppigen, gotischen Flamboyantstil für die Kathedralen von Córdoba und Toledo. Der letztere ist etwa 3 m hoch, wiegt 172 kg und ist mit 260 Statuetten geschmückt; seinen architektonischen Aufbau bestimmt eine Art Filigranwerk von gotischen Bogengängen, die mit Perlen usw. besetzt sind. Arfes Sohn *Antonio* (1510 bis um 1566) nahm den Renaissance- oder eher den Platereskstil an, wobei er verschwenderischen Gebrauch von klassischen Motiven machte, sie eines über das andere häufte wie z. B. an den großen Silbercustodien in der Kathedrale von Santiago (1535-45), in der Fuente Ovejuna (Córdoba) und der Medina de Riosco (Valladolid). Die dritte Generation wird durch Antonios berühmteren Sohn *Juan de Arfe y Villafane* (1535-1603) repräsentiert, der die großen Custodien für die Kathedrale von Avila (1564-71), die Kathedrale von Sevilla (1580-87) – allerdings inzwischen sehr verändert – und das Prozessionskreuz für Burgos (1592) gearbeitet hat. Sein Stil war streng klassisch, und er rühmte dessen Vorzüge auch in seinen Schriften, wobei er seine Landsleute vor der Benutzung flämischer und französischer Musterbücher warnte. Er verfaßte eine Abhandlung über die Goldschmiedekunst (1572), ferner eine Beschreibung seiner Custodia für Sevilla (1587) und eine Abhandlung über Proportionen (1585), die teilweise in Versen geschrieben ist. Er arbeitete viel für Philipp III.

Lit: F. J. Sanchez Canton, *Los Arfes*, Madrid 1920; Charles Oman, *The Golden Age of Hispanic Silver 1400-1665*, London 1968.

E. de Arfe: Silbervergoldete Custodia, 1518 (Kathedrale von Córdoba)

Der Ardebil-Teppich, 1539-40 (Victoria & Albert Museum, London)

Argyll, spätes 18. Jh., Sheffield Plate (Victoria & Albert Museum, London)

Argandlampe. Eine Öllampe, die um 1782 von Aimé Argand in Genua erfunden wurde. Sie hat einen oder mehrere röhrenförmige Dochte und einen Glaszylinder, um der Flamme Luft zuzuführen. Seit 1810 war der Brenner verstellbar. Die Lampe wurde in England von M.→Boulton, in Frankreich von Quinquet hergestellt, nach dem sie manchmal benannt wird.

Argentan-Spitze. Nähspitze mit Blumen auf einem sechseckigen Netzgrund, hergestellt in Argentan ab dem späten 17. Jh. Sie ist eine einfachere Variante der →Alençon-Spitze.

Argentine →Neusilber

Argyle oder **Argyll,** engl. Saucenwärmer in Form einer Kaffeekanne, im allgemeinen aus Metall, aber auch aus Keramik (z. B. →Wedgwood-Steingut). Die Sauce wird in der Argyle durch ein Heißwasser-Mantel-System warmgehalten. Die erste Erwähnung des Geräts findet sich 1760. Der Ursprung des Namens ist unklar, man sagt, er stehe in Zusammenhang mit dem vierten Herzog von Argyll.

Lit: H. Newman in *Apollo* LXXXIX (1969), S. 98-105.

Ariano Irpino-Töpfereien. Bereits im Mittelalter, wenn nicht sogar schon früher, wurde hier →Majolika hergestellt, am bekanntesten allerdings sind die Erzeugnisse des 18. Jhs. Sie ähneln denen aus →Cerreto Sannita und zeigen gelegentlich Anklänge an viel frühere (hellenistische und antike römische) Waren.

Lit: G. Donatone, *La maiolica di Ariano Irpino,* Cava dei Tirreni 1980.

Arita-Prozellanfabriken. Erste und beste Gruppe der japanischen Porzellanfabriken, in Sarayama bei Arita auf Kyushu von dem koreanischen Töpfer *Ri Sampei* gegründet, der 1616 in Izumiyama ein Kaolinlager entdeckte und ein ganzes koreanisches Töpferdorf von um 900 Einwohnern nach sich zog. Die ersten Stücke zeigen einen feinen, weißen Scherben, mit linearen und floralen Mustern in Unterglasurblau dekoriert, fast wie spätes chinesisches →Ming-Porzellan aus den provinziellen Manufakturen, wie es auch in Korea nachgeahmt wurde. Solche Stücke wurden von Holländern, die seit 1641 einen Handelsposten in Deshima unterhielten, in großem Umfang nach Europa exportiert, ebenso Deckelkannen und Krüge in europäischer Form. (Ähnliche Erzeugnisse wurden in Mikawachi hergestellt und über →Hirado exportiert.) Emaillierte Stücke im →Kakiemon-Stil wurden von der Mitte des 17. Jhs. an in der näheren Umgebung hergestellt; reicher dekorierte →Imari-Stücke waren etwas später für den Export nach Europa bestimmt. Porzellan vor der Export-Periode um 1650 ist Shoki-Imari benannt. Im 18. Jh. scheinen die Arita-Fabriken die Produkte der →Kutani-Porzellan-Fabrik für den inländischen Bedarf kopiert zu haben. Feinstes japanisches Porzellan wurde um 1716-35 in Okochi oder in Okawachi bei Arita in Werkstätten gemacht, die um 1660 gegründet wurden und unter dem Patronat von Mitgliedern der dortigen adligen Familie Nabeschima standen. Sie stellten vor allem sehr kühn bemalte Platten mit Landschaften, Blumen, Vögeln usw. her, manchmal auch mit Flechtmustern, die an die reichen Muster der Seidenkimonos erinnern, in Unterglasurblau mit Überglasurfarben, genannt Nabeschima-Porzellan. Die Porzellanherstellung steht noch heute in und um Arita in Blüte.

Lit: Soame Jenyns, *Japanese Porcelain,* London 1965; Ausst. Kat. *Japanische Keramik,* Hetjens-Museum Düsseldorf 1978.

Arkadendekoration. Frühe Ornamentform, die aus einer Reihe von Bögen über Säulen oder Pilastern besteht. Sie kommt häufig bei Truhen vor.

Imari-Porzellanvase mit brokatähnlichen Dekorationen, in Arita hergestellt, 17.-18. Jh. (Victoria & Albert Museum, London)

Arkadendekor (Bogenfries) auf einer Truhe des Schlosses Valère, 12. Jh. (Musée cantonal de Valère, Schweiz)

Arkanist. Kenner des Geheimnisses (lat. arcanum) der zur Herstellung von Hart→porzellan notwendigen Materialien und Verfahren.

Armada-Truhe. Im 19. Jh. geprägter Ausdruck für eine schwere schmiedeeiserne Truhe mit einem komplizierten Schließmechanismus, die zur Aufbewahrung von Wertsachen diente. Vor allem in Deutschland (z. B. in Nürnberg) hergestellt, nur in seltenen Fällen vor dem 17. Jh.

Armadio, ital., Schrank. Ursprünglich ein →Cassone mit Türen anstatt eines Deckels, in späterer Zeit (16. Jh.) Entwicklung zu einem zweigeschossigen Möbelstück mit Pilastern und anderen schweren und monumentalen architektonischen Elementen. Oft für Sakristeien hergestellt.

Armarium. Veraltete Bezeichnung für einen Schrank, speziell einen Bücherschrank, die später auch auf eine Bibliothek angewandt wurde.

Armbanduhr. Eine Kreation des frühen 17. Jhs., die aber erst Anfang des 20. Jhs. populär wurde, als sie begann, die →Taschenuhr zu verdrängen.

Armoire à deux corps, französisch, 17. Jh. (Louvre, Paris)

Armoire, franz. Meist monumentaler, mit Pilastern usw. verzierter Schrank. Oft wird die Bezeichnung auch für den Schreibschrank (›secrétaire en armoire‹), der im geschlossenen Zustand eben wie ein Schrank aussieht, angewendet.

Armoire à deux corps, franz. Zweigeschossiger Schranktyp bestehend aus zwei Kastenmöbeln übereinander, jedes mit zwei Türen, das Obergeschoß eingezogen. Diese Schränke haben meist ein architektonisches Rahmenwerk mit Pilastern und Giebeln.

Arnhem. In der Arnhemer Fayencefabrik entstand – nach →Delft – die beste holländische Fayence. Die Fabrik arbeitete von 1755 von 73; zunächst wurden Delfter Erzeugnisse nachgeahmt, später einige in →Scharffeuerfarben dekorierte Stücke mit Szenen nach Rokokostichen von J. E. Nilson sowie andere, von Schweizer Fayencefabriken beeinflußte und auch mit →Emailfarben in →Straßburger Art bemalte Erzeugnisse hergestellt. Figuren,

Armoire, französisch, 16. Jh. (Hospice, Villeneuve les Avignon)

Arraiolos-Teppich (Museu Nacional de Arte Antiga, Lissabon)

oft in Verbindung mit Salzschälchen, wurden in den späten 50er und frühen 60er Jahren des 18. Jhs. in geringer Anzahl geschaffen. In den späten 60er Jahren wurden auch schwarze →Basaltware und cremefarbene Stücke hergestellt.

Lit: J. M. Noothoven van Goor in *Keramos* 1 (1958), S. 7-26 und 2 (1958), S. 3-21; A. Klein, *Fayencen aus Europa*, Braunschweig 1980.

Arpachiyah-Keramik →Halaf-Keramik

Arraiolos-Teppiche. Portugiesische Teppiche, die seit dem Mittelalter als Nadelarbeiten in Arraiolos zwischen Lissabon und Elvas hergestellt wurden. Bis zum 18. Jh. sind sie in Muster und Farbe vor allem von →persischen Teppichen abhängig, später werden sie eigenständiger, vor allem in den Farben, die sich auf Blau- und Gelbtöne beschränken. Beispiele sind im Museu de Arte Antiga, Lissabon, dem Palácio Nacional de Queluz und im Victoria & Albert Museum in London zu finden.

Lit: J. Barreira (Hg.), *Arte portuguesa*, I S. 265-320; Robert C. Smith, *The Art of Portugal*, London 1968.

Arras-Wandteppich-Manufakturen. Sie wurden im späten 13. Jh. gegründet und waren in der Mitte des 14. Jhs. wohl die bedeutendsten in Europa (obgleich keine Arbeiten aus dieser frühen Zeit erhalten sind). Nach 1384, als Arras zum Herzogtum von Burgund kam, wurden die Manufakturen verschwenderisch vom burgundischen Hof begünstigt und profitierten gleichzeitig von der Allianz zwischen England und Burgund, die erlaubte, englische Wolle zu importieren und Bildteppiche über den Kanal zu exportieren. Die einzige Bildteppichserie aber, die mit Gewißheit Arras zugeschrieben werden kann, ist der Zyklus der ›Heiligen Piat und Eleutherius‹ von 1402 (Kathedrale von Tournai) aus Wolle mit nicht mehr als zwölf verschiedenen Farben gewirkt. Eine Arbeit von eindrucksvollem gotischen Realismus, die Figuren der Gruppen mit schweren, ernsten Physiognomien vor einem Hintergrund von Burgen und dichtgedrängten Häusern. Zu den anderen Wandteppichen, die meist Arras zugeschrieben werden, gehören eine Passionsserie (Kathedrale von Saragossa; Musée Cinquantenaire, Brüssel; Vatikan, Rom) und verschiedene Serien mit weltlichen Themen wie ›Der Trojanische Krieg‹, ›Die Geschichte von Chlodwig‹ und das Meisterwerk, ›Die Jagden von Chatsworth‹ (Victoria & Albert Museum, London) von um 1425-50, ein Zyklus von vier großen Bildteppichen, jeder 4 x 12,20 m, auf denen Höflinge in phantasievoll stilisierten Kleidern dargestellt sind, die Tiere und Vögel in Wäldern aus kleinen Bäumen auf einem Grund von vielen blühenden Frühlingsblumen verfolgen. Dieser Bildzyklus könnte aber auch in der Wandteppich-Manufaktur von →Tournai gewebt sein, die für die gleichen künstlerischen Einflüsse offen war und ebenfalls den burgundischen Hof belieferte. In der Mitte des 15. Jhs. begann der Niedergang der Arras-Werkstätten, und Tournai übernahm die Führung. Sie arbeiteten aber noch bis in das frühe 16. Jh. hinein.

Lit: H. Göbel, *Wandteppiche*, Leipzig 1923-34; R.-A. Weigert, *French Tapestry*, London 1962; D. Heinz, *Europäische Wandteppiche*, Braunschweig 1963; G. Wingfield-Digby, *The Devonshire Hunts Tapestries*, London 1971.

Arrasene. Feines Woll- oder Seiden-Chenillegarn, das vor allem im 19. Jh. für Stickereien benutzt wurde.

Arras-Wandteppich: Detail der ›Jagden von Chatsworth‹, etwa 1425-50 (Victoria & Albert Museum, London)

Arretinische Tonwaren. Arretium, das heutige Arezzo, war das Zentrum der Produktion römischer glänzender roter Keramik, z. B. römischer Tafelware in feinem roten Ton, überzogen mit →Gloss und verziert mit eingeschnittenem Dekor, Schlickermalerei- oder, gewöhnlich, ausgeformtem Reliefdekor – letzterer bei Guß des ganzen Gefäßes in einer Form. Die Arretinischen Töpfereien florierten vom 1. Jh. v. Chr. an, als die Werkstatt von Marcus Perennius Tigranus, der vermutlich aus dem östlichen Mittelmeer kam und dessen Arbeiter zum großen Teil griechische Namen trugen, neue Maßstäbe für Formen und technische Qualität setzte. Die Stücke waren mit figuralen Motiven geschmückt, abgeleitet von römischem Silber und anderen Metallarbeiten. Töpfereien in der Gegend stellten bis etwa 40 n. Chr. ähnliche Waren her, als die Arretinische Keramik durch ihre Entsprechung in den römischen Provinzen, →Terra sigillata oder samische Ware, ersetzt wurde.

Lit: C. Johns, *Arretine and Samian Pottery,* London 1971.

Arrow vase, engl., Pfeilvase. Chinesische Vase mit einem langen, zylindrischen Hals, an dessen oberem Ende zwei röhrenförmige Ösen (Öhre) oder Henkel angebracht sind. Sie war für das ›arrow game‹ (Pfeilspiel) bestimmt, bei dem die Pfeile durch die Öffnungen hindurch geschossen werden mußten.

Art Deco. Der Modestil zwischen den beiden Weltkriegen, der den →Art Nouveau verdrängte und neben den ›Funktionalismus‹ von Le Corbusier, G. Th. Rietveld, F. L. Wright und des Bauhauses trat. Er entwickelte sich aus den modernistischen, antihistorischen Elementen des Art Nouveau, erwies aber der Verfeinerung des handwerklichen Könnens und

Art Deco-Beistelltisch und Lampe von Donald Deskey (Radio City Music Hall, New York)

Art Deco-Zigarettenetui, Silber, Lack und Eierschale, von Raymond Templer, etwa 1930

Art Deco-Teeservice, Shelley Pottery Ltd., etwa 1930 (Victoria & Albert Museum, London)

des naturalistischen Ornaments weit weniger Aufmerksamkeit als den Anforderungen einer mechanischen Produktion. Art Deco verdankt seinen Namen der ersten großen internationalen Ausstellung für Kunsthandwerk nach dem Ersten Weltkrieg – ›L'Exposition Internationale des Arts Décoratifs et Industriels Modernes‹ –, 1925 in Paris. →Le Corbusier nahm an der Ausstellung teil, doch wurde alle Ehre den Innendekorationen von →Mallet-Stevens, den Möbeln von →Chareau, →Follot, →Groult, →Rateau, →Ruhlmann zuteil, dem Glas und Schmuck von →Lalique, Silber von →Puiforcat und den in Metall ausgeführten Arbeiten von →Dunand. Zu weiteren maßgeblichen Fachleuten zählten der Bühnenbildner und Graphiker Romain de Tirtoff, bekannt unter dem Namen Erté (geb. 1893), sowie auch der Modeschöpfer Paul Poiret, der Glaskünstler →Marinot, der Designer Maurice Dufrène (1876-1955) und – außerhalb Frankreichs – der englische Keramikentwerfer Clarice Cliff und der amerikanische Designer Donald Deskey (geb. 1894), der für die Innenarchitektur und Ausstattung der Radio City Music Hall in New York verantwortlich war.

Lit: Y. Brunhammer, *Art Deco Style*, London 1982.

Artesonado. Spanische Bezeichnung kassettierter hölzerner Decken und Türen, reich geschmückt mit eingelegten geometrischen Mustern im Mudejar-Stil. Die köstlichsten Beispiele stammen aus dem 15.-16. Jahrhundert (Thronsaal, Aljaferia in Saragossa; Alhambra in Granada). Von Spanien wurde es nach Südamerika übertragen.

Art Nouveau, franz. Bewußt ›neuer‹ Dekorationsstil, der in den 80er Jahren des vorigen Jahrhunderts entstand, den Höhepunkt seiner Beliebtheit um die Jahrhundertwende erreichte und im Ersten Weltkrieg zu Ende ging. Die Bezeichnung ›Art Nouveau‹ leitet sich her von dem Geschäft ›Maison de l'Art Nouveau‹, das S. →Bing 1895 in Paris eröffnete. In Italien wird er ›Stile Liberty‹ genannt, nach dem Londoner Geschäft von Sir A. L. →Liberty, in Deutschland und Skandinavien ›Jugendstil‹ in Anlehnung an die Zeitschrift →Jugend. Art Nouveau ist gekennzeichnet durch weich schwingende Kurven, fühlerartig ausgreifende Ranken, Blumen- und Blattmotive, hinschmelzende Gestalten (meist Mädchen mit wallendem Haar) in sehr flachem Relief sowie durch eine Tendenz zu äußerster Asymmetrie. Man legte großen Wert auf Originalität und handwerkliches Können; Halbedelsteine wurden gerne in Schmucksachen verarbeitet, für Tafelbesteck und -gerät kamen Zinn und andere unedle Metalle wieder in Mode. Obwohl vorgeblich keine herkömmlichen Elemente aufgegriffen oder wiederbelebt wurden, verdankt der Stil doch viel der Vergangenheit, der unmittelbaren (→Japonismus und →Arts and Crafts Movement) wie auch der entfernteren (→Keltischer Stil). Die frühesten datierten Beispiele des Art Nouveau sind die Titelseite eines Buches über die Kirchen von Christopher Wren (1883) und einige Textilentwürfe von →Mackmurdo, der sich möglicherweise von den →Bizarren Seiden, die zur Zeit Wrens in Mode waren (im späten 17., frühen 18. Jh.), hat anregen lassen. In Frankreich verdankten →Gallé und andere Angehörige der Schule von →Nancy vieles den Vorbildern des

Art Nouveau-Kerzenleuchter aus Elfenbein und Silber von Egide Rombeaux und Franz Hoosemans, Brüssel 1900 (Kunstgewerbemuseum, Berlin)

Art Nouveau-Stuhl, entworfen von H. Guimard, etwa 1900 (Musée des Arts Décoratifs, Paris)

→Rokoko (z. B. →Lamours Schmiedeeisen in Nancy). →Mackintosh und die →Glasgow School ließen sich von der keltischen Kunst inspirieren, und Holländer wie →Lion-Cachet und →Nieuwenhuis orientierten sich wahrscheinlich am Silber des 17. Jhs. im →Ohrmuschelstil. Diese verschiedenen nationalen Einflüsse verschmolzen dank solcher Zeitschriften wie ›Jugend‹ und ›The Studio‹ und einiger internationaler Ausstellungen (Lüttich 1895, Venedig 1899, Wien 1900, Turin 1902). Innerhalb der Stilrichtung gab es jedoch zwei divergierende Tendenzen, die eine rein dekorativ und nach rückwärts gerichtet, die andere progressiv. Erstere ist vorherrschend bei den meisten französischen Vertretern des Art Nouveau, z. B. →Charpentier, →Daum, →Gaillard, Gallé, →Lachenal, →Majorelle, →Mucha, →Prouvé. (Majorelle kopierte auch Rokokomöbel.) Zu dieser Gruppe gehören auch der Österreicher →Obrist, der Belgier →Horta, der Däne →Ballin und der Italiener →Basile. →Guimard aber nahm in der Art, wie er das fließende, gegenstandslose Ornament verwendete, gewisse Entwicklungen der abstrakten Skulptur des 20. Jhs., wenn nicht sogar des Ausstattungsdesigns vorweg, und →Vallin wandte sich schließlich ab von der Schule von Nancy und hin zu funktionellen Möbeln. Die britischen Designer →Baillie Scott und Makkintosh entwickelten einen eckigen und ziemlich puritanischen Stil, der der Einfachheit des →Industrial Design den Weg wies und die progressiveren und kühneren Österreicher →Hoffmann und →Olbrich sowie den Deutschen →Endell beeinflußten. In Dänemark arbeitete →Jensen zunächst als Art Nouveau-Silberschmied, machte sich aber bald einen Namen als Entwerfer der Prototypen modernen Tafelbestecks. Als das wichtigste und vitalste Verbindungsglied zwischen Kunst und Handwerk, zwischen Art Nouveau und modernem Industrial Design erwies sich jedoch der Belgier Henry van de →Velde.

Lit: R. Schmutzler, *Art Nouveau*, London 1964; E. Baviati, R. Bossaglia u. M. Rosci, *L'Italia Liberty. Arredamento e arti decorativi*, Mailand 1973; C. B. Heller, *Jugendstil. Kunst um 1900*, Darmstadt 1982.

Art Nouveau-Anrichte von Ferdinand Brunot, 1901/02 (Musée de l'Ecole de Nancy, Nancy)

Arts and Crafts Movement. Englische Bewegung, die durch die Lehren von W. →Morris und Ruskin inspiriert den Versuch unternahm, im späten viktorianischen England das Handwerk wiederzubeleben und das Niveau der künstlerischen Gestaltung zu verbessern. Hauptorganisator dieser Bewegung war →Ashbee, der Verkünder der Lehre Walter →Crane. »Die wahre Wurzel und Basis aller Kunst liegt im Handwerk«, schrieb Crane. Er glaubte, daß »echte und spontane Kunst eine ergötzliche Übung« sei und betrachtete es als seine Aufgabe, »unsere Künstler in Handwerker und unsere Handwerker in Künstler zu verwandeln«. Die ganze Bewegung war also vom romantischen Sozialismus Ruskins (besonders von seinem Buch ›Unto This Last‹) und Morris ergriffen. Daher die Gründung von Gilden oder Zünften (Century Guild, Art Workers' Guild, Guild of Handicrafts, usw.) und die Tendenz bei den Handwerkern, aus den großen kapitalistischen Zentren aufs Land zu fliehen – Ashbee, →Gimson und →Lethaby, sie alle ließen sich in den Cotswolds, einer Landschaft im Südwesten Englands, nieder. In den 80er Jahren des 19. Jhs. entwickelten die einzelnen Handwerker einen persönlichen Stil. Einige brachen mit der Neugotik (→Gothic Revival) zugunsten der Einfachheit, Leichtigkeit und Eleganz des →Queen Anne-Stils; andere machten einen originelleren Versuch, die gegenseitige Verbundenheit der Handwerker zu zeigen, indem sie reich dekorierte Möbel herstellten, bei denen außer dem Schreiner noch andere Handwerker, die Zinn, Messing, Elfenbein, Leder usw. verarbeiteten, mitwirkten. Die meisten von ihnen erlagen in den 90er Jahren dem Einfluß des →Art Nouveau. Bis in die späten 90er Jahre blieb strenge, ländliche Solidarität (inspiriert von Ph. →Webb) das Kennzeichen der Bewegung. Die Handwerker des Art and Crafts Movement zeigten ihre Arbeiten auf Ausstellungen in ganz Europa und übten Einfluß auf künstlerische Entwürfe (vor allem in Deutschland) aus. Nach 1900 begann man jedoch die Bewegung als eine Sackgasse anzusehen. Ihren sozialistischen Idealen zum Trotz hatte sie nichts anderes zu bieten als einige wenige feinfühlig entworfene Dinge für wenige sensible (und ziemlich reiche) Gönner. Die schwierigste Aufgabe, Millionen mit gut entworfenen Gebrauchsgegenständen zu versorgen, überließ man den →Industrial Designers, die eine Beziehung zur Maschinenfertigung gefunden hatten, obwohl sie oft Anregungen aus der Arbeit des Arts and Crafts Movement gewannen (vor allem in Deutschland, M. H. →Baillie Scott, →Deutsche Werkstätten). In den Vereinigten Staaten gab es eine dem Arts and Crafts Movement entsprechende Bewegung seit den 70er Jahren, und sie nahm bis zum Ersten Weltkrieg ständig an Bedeutung zu. *Siehe auch* W. H. Grueby, E. Hubbard, Newcomb College Pottery, Rookwood Pottery, G. Stickley).

Lit: J. D. Kornwulf, *M. H. Baillie Scott and the Arts and Crafts Movement*, Baltimore–London 1971; S. Seddon in *Burlington Magazine* 1975, S. 859-867; I. Anscombe u. C. Gere, *Arts and Crafts in Britain and America*, London 1978. L. Lambourne, *Utopian Craftsmen*, London 1980.

Aryballos, m. (1) Kleines Ölgefäß im alten Griechenland, gewöhnlich mit kugeligem Körper. (2) Wasserkrug der Inka (→Peruanische Keramik).

Asahi-yaki. Tee-Keramik aus einem rötlichen Scherben mit einer milchigweißen Laufglasur, die in Uji bei Kyoto, Japan, seit dem 17. Jh. hergestellt wurde. Die Werkstätte ist in der 14. Generation in der Familie Matsubayaschi.

Lit: Ausst. Kat. *Japanische Keramik*, Hetjens-Museum Düsseldorf 1978.

Ascanialith →Bernburg

Aserbeidschan →Islamische Keramik

Ashbee, Charles Robert (1863-1942). Als Architekt ausgebildet, wurde er ein einflußreicher Designer, Schriftsteller und einer der führenden Persönlichkeiten des →Arts and Crafts Movement, dessen Organisation vor allem in seinen Händen lag. 1888 gründete er die ›Guilde and School of Handicraft‹ in Toynbee Hall im Londoner East End. Für sie entwarf er Möbel in einer leichteren Version des →Morris-Stils, ferner Silber und Gegenstände in anderen Metallen, heute würde man sagen, im Stil des →Art Nouveau, obwohl Ashbee selbst die Bezeichnung abgelehnt hätte. Seine Arbeiten und die der Schule wurden auf vielen Ausstellungen in England und in Wien, München, Düsseldorf und Paris gezeigt. 1891 verlegte Ashbee die Gilde und die Schule ins Essexhouse in Mile End, London, und 1902 nach Chipping Campden in den Cotswolds, wo er die ›School of Arts and Crafts‹ (1904-14) gründete. Diese versuchte eine Wiederbelebung sowohl des Kunsthandwerks wie der Landwirtschaft. 1909 veröffentlichte er sein ›Modern English Silverwork‹. Allmählich verlor er aber sein Vertrauen in die Lebensfähigkeit des Kunsthandwerks, und 1910 stellte er fest, daß die moderne Zivilisation auf der Arbeit von Maschinen beruht und daß man keine Methode zur Ermutigung oder Förderung einer Kunstlehre verkünden dürfe, die das nicht berücksichtigt. Ashbee war einer der ersten in Europa, der F. L. →Wright, den er kannte und bereits 1901 besucht hatte, verstand und bewunderte. Er schrieb die Einführung zu einem Buch über Wright, das 1911 in Berlin von Wasmuth verlegt wurde. Darin stellt Ashbee Wright als ›machine architect‹ vor. 1915 gab er seine Bemühungen um das Kunsthandwerk auf und ging als Dozent für Englisch an die Universität von Kairo. Dennoch bleibt, daß er einen bedeutsamen Bruch mit der viktorianischen Tradition vollzog und daß eine jüngere Generation Nutzen daraus zog.

Lit: Hugh Honour, *Goldsmiths & Silversmiths*, London and New York 1971.

C. R. Ashbee: Silbernes Salzfaß mit Halbedelsteinen, 1900 (Sammlung Jerdein, London)

Ashbury-Metall. Erfunden von P. Ashbury, der um die Wende 18./19. Jh. tätig war: Sehr harte Legierung aus Zinn, Antimon und Zink, eine Art Hartzinn. Es wurde hauptsächlich für Löffel, Schnupftabaksdosen usw. eingesetzt.

Aspetti, Tiziano (1565-1607). Bekannter venezianischer Bildhauer, der stark von Alessandro Vittoria beeinflußt war. Am bekanntesten sind seine langgliedrigen mythologischen, allegorischen und religiösen Bronzestatuetten. Ebenso werden Aspetti →Türklopfer wie auch →Feuerböcke zugeschrieben.

Assisi-Arbeiten. Moderne Bezeichnung einer →Stickerei an verschiedenen Orten einschließlich Italiens seit dem 16. Jh.: Das Muster wird auf einfarbigem Leinen ausgespart, der verbleibende Grund wird mit langarmigen Kreuzstichen aus rotem oder andersfarbigem Garn ausgestickt. Angeblich sollen solche Stickereien zuerst in den Klöstern von Assisi entstanden sein, was aber unwahrscheinlich ist. Sie wurden wohl so benannt, weil sie in jüngerer Zeit in Assisi hergestellt worden sind.

Astbury, John (1686-1743). Bekannter Töpfer aus →Staffordshire. Er soll die Technik der Herstellung roten →Steinzeugs von den Brüdern →Elers gelernt haben, ist jedoch bekannter für seinen →bleiglasierten Ton, besonders für braune Gefäße, dekoriert mit reliefiertem Rankenwerk von Reben, Hopfen usw., das, aus gepreßtem weißem Ton hergestellt, auf die Oberfläche aufgelegt wurde. Die Arbeiten stehen qualitativ über den meisten früheren Töpferwaren aus Staffordshire, sind aber noch deutlich rustikal. Er machte auch einige reizend naive Figuren, Musikanten, Männer auf Pferden usw., die gewöhnlich in zwei oder mehr Tonsorten in kontrastierenden Farben modelliert sind. Die typischsten Stücke sind nicht gemarkt. Auf einigen Stücken um 1760-80 ist ›ASTBURY‹ eingepreßt.

Lit: B. Rackham, *Early Staffordshire Pottery*, London 1951.

Astbury-Whieldon-Figuren. Bleiglasierte Tonfiguren aus Staffordshire, deren Typ mit den Namen J. →Astbury und T. →Whieldon verbunden ist.

Astragal →Perlstab

Asuka-Periode →Japanische Keramik

Astbury-Whieldon: ›Dame auf Pferd‹, bleiglasierter Ton, Staffordshire, etwa 1740 (Victoria & Albert Museum, London)

Athénienne. Mit einem Deckel versehenes Bekken, getragen von einem Dreifuß in klassischen Formen. Die Athénienne war ihrem jeweiligen Verwendungszweck als Waschbecken, Pflanzenständer, Räuchergefäß oder Kandelaber angepaßt. 1773 von einem Amateur, *J. H. Eberts,* erfunden, war die Athénienne ein Beispiel für den ganz bewußt archäologisierenden →Louis-seize-Stil.

Lit: S. Eriksen u. F. Watson. *Burlington Magazine,* CV (1963), S. 108.

Atlant. Nach Atlas, dem Träger des Himmelsgewölbes benannte athletische Männerfigur, die in der Architektur anstelle von Säulen oder Pilastern Bauteile trägt oder zu tragen scheint. Von der Baukunst übernommen findet man sie manchmal auch bei Möbeln des 17. und 18. Jhs.

Atlas, auch Satin. Ein Stoff mit flottierenden Kettfäden auf der Oberseite, die über vier, fünf oder acht Schußfäden und dann unter einem Schußfaden verlaufen, so daß es scheint, als bestehe der Stoff auf der Vorderseite nur aus Kettfäden (also *Kettatlas*) und nur aus Schüssen auf der Rückseite. Man spricht daher von vier-, fünf-, oder achtbindigem Atlas. Bildet dagegen der Schuß in dieser Weise die Oberfläche, spricht man von *Schußatlas.* Bei Stoffen, bei denen ein Muster durch unregelmäßige Bindungspunkte gebildet wird, spricht man von unregelmäßigem Atlas oder →*Damast.* Das Wort wird volkstümlich für eine Reihe von Seidenstoffen mit glänzender Oberfläche verwendet.

Athénienne, Kupferstich, publiziert von Eberts als Anzeige für die Original-Athénienne, etwa 1773

Attische Keramik →Griechische Töpferei

Ätzdruck. Eine Methode, Textilien, vor allem Baumwolle, zu mustern, die erstmals um 1806 angewendet wurde: Man färbt das Stück in einer kräftigen Farbe und druckt dann das Muster mit einer bleichenden Chemikalie auf, so daß sich ein weißes Muster auf farbigem Grund bildet.

Ätzspitzen. Eine Imitation von Nähspitze, 1833 eingeführt durch die Gebrüder Wetter aus St. Gallen.

Ätzung. Der Vorgang, bei dem Metall mit Mustern versehen wird, die durch Säure in die Oberfläche geätzt werden. Ursprünglich wurde das Verfahren zum Schmuck von Waffen (spätestens seit dem 15. Jh.) und kleineren Gegenständen aus Messing, Kupfer, Eisen und (selten) Silber (im 16. Jh. vor allem in Deutschland) angewendet. Seit dem 16. Jh. wurde die Ätzung als Verfahren zur Herstellung von Druckplatten für Graphik weiterentwickelt. Ätzdekor findet sich auch in der Glaskunst.

Aubusson-Teppichmanufakturen. Seit 1742 sind in Aubusson und ab 1786 in der Nähe in Felletin wie in der →Savonnerie-Manufaktur geknüpfte Teppiche hergestellt worden. Daneben wurden auch →Brüsseler Teppiche gemacht. Bekannter sind die Aubusson-Manufakturen für gewebte Wandteppiche, die sie seit dem späten 18. Jh., als die Mode der gewirkten Bildteppiche langsam abebbte, und dann in großen Mengen im 19. Jh. herstellten. Sie wurden im →Louis-seize und →Empire-Stil gearbeitet mit symmetrischen Mustern, auch nach klassischen Vorbildern, oft spielerisch bereichert durch üppige Rosenbouquets u. a. Die Farben sind matt und hell – ledergelb, blaßgelb, schokoladenbraun, rosarot, taubengrau usw. –, was einen äußerst zarten und kultivierten, aber meist sehr femininen Boudoireffekt erzeugt.

Lit: M. Jarry, *The Carpets of Aubusson,* Leigh-on-Sea 1969.

Aubusson-Wandteppich-Manufakturen. Eine Gruppe von Heimwerkstätten in Aubusson und im nahen Dorf Felletin (zwischen Clermont-Ferrand und Limoges), die im frühen 16. Jh. eingerichtet wurden. Aubusson unterscheidet sich von anderen französischen Wandteppich-Manufakturen (→Beauvais und →Gobelins) dadurch, daß die Wirker zuhause arbeiteten und nicht in einem zentralen Betrieb. Frühe Werke von Bedeutung sind Dar-

Aubusson-Wandteppich, Felletin-Werkstatt, signiert von I. Dennat, 18. Jh. (Victoria & Albert Museum, London)

stellungen religiöser und mythologischer Szenen und →Verduren aus der Mitte des 17. Jhs. 1665 wurden die Werkstätten Hofmanufaktur, aber die meisten Wirker waren Hugenotten und wanderten nach der Aufhebung des Ediktes von Nantes (1685) aus. 1732 begann eine Wiederbelebung, Kopien von Gobelins- und Beauvais-Bildteppichen wurden gemacht, vor allem von den Serien ›Die Jagden Ludwigs XV.‹ (nach Oudry) und ›Nouvelles Indes‹ (nach Desportes). Die besten und berühmtesten Stücke waren die Bildteppiche und Möbelbezüge mit Szenen der Fabeln von La Fontaine. Anderen Serien dienten zeitgenössische Drucke als Vorlage, so für ›Die vier Lebensalter‹ (nach Lancret), ›Seestücke‹ (nach Vernet) u. a. Im 19. Jh. wurden Reproduktionen von früheren Wandteppichen hergestellt. Eine neue Blüte erfolgte im 20. Jh. durch J. →Lurçat, der ab 1939 Kartons für Aubusson lieferte. Weitere moderne für die Manufaktur tätige Künstler sind Marcel Gromaire (geb. 1892), Marc Saint-Saëns (geb. 1903), Lucien Coutaud (geb. 1901), Raoul Dufy (1877-1953) und Graham Sutherland (geb. 1903). Im allgemeinen sind die Kartons von den Teppichwirkern vereinfacht worden, und ein gewisser Spielraum in der Interpretation war ihnen auch erlaubt. Unter dem Einfluß der mittelalterlichen französischen Bildteppiche und in gewissem Ausmaß der präkolumbianischen Textilien wurde nun die Farbskala drastisch reduziert und gröberes Material eingesetzt.

Lit: H. Göbel, *Wandteppiche*, Leipzig 1923-34; R.-A. Weigert, *French Tapestry*, London 1962.

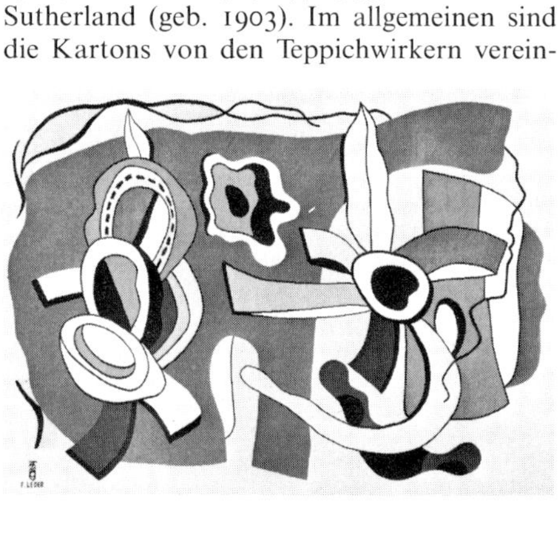

Aubusson-Wandteppich, entworfen von F. Léger, hergestellt von Taybard Frères et Soeurs, Aubusson 1952 (Kunstindustrimuseet, Kopenhagen)

Audran, Claude III (1657-1734). Der letzte große →Louis-quatorze-Entwurfszeichner und Innenausstatter. Er wurde in Lyon geboren, war Sohn und Neffe bedeutender Graveure, ging 1692 nach Paris und trat 1696 in den Dienst der Krone. Die →Arabesken- und →Singerie-Dekorationen, die er in einigen königlichen Palästen ausführte, waren ein wenig freier als die von J. →Bérain und mögen einen gewissen Einfluß auf J. A. →Watteau ausgeübt haben; Audran entwickelte sich jedoch nicht weiter in Richtung des Rokoko. Er entwarf die →Alentours für die →Gobelins ›Portières des dieux‹ (1699-1711) und die hübschen ›Mois grotesques‹ (1708), in denen sich sein Übergangsstil am besten dargestellt hat.

Lit: *Claude Audran*, Ausst. Kat. Bibliothèque Nationale, Paris 1950. R.-A. Weigert, *French Tapestry*, London 1962.

Auffenwerth, Johann (gest. 1728). Augsburger Emailmaler, der erste bekannte →Hausmaler, der sich, verbotenerweise, →Meißener Porzellan beschafft und bemalt hat. Einige wenige von ihm bemalte und signierte Porzellane sind noch vorhanden (z. B. im Britischen Museum, London), aber ihm zugeschriebene Stücke können auch von B. →Seuter bemalt sein. Zwei seiner Töchter waren Porzellanmalerinnen, *Anna Elisabeth* (geb. 1696) und *Sabina* (geb. 1706); als Werk der ersteren sind zwei Kaffeetassen bekannt, von der letzteren ein Kaffeeservice mit Chinesendekor in Eisenrot, Purpur und Gold.

Lit: S. Ducret in *Keramos* 50 (1970), S. 3-29; T. H. Clarke in *Keramos* 60 (1973), S. 17-40, und 61 (1973), S. 62-4; S. Ducret, *Meißner Porzellan, bemalt in Augsburg 1718 bis um 1750*, 2 Bde. Braunschweig 1971/72.

Aufziehen. Das uralte (seit prähistorischer Zeit) handwerkliche Verfahren, aus einem Blatt nicht zu harten Metalls – Gold, Silber oder Kupfer – ein Hohlgefäß herzustellen, indem durch Hämmern über einem Holz- oder Metallblock die Rohform ›aufgezogen‹ wird. Daneben wurde in frühesten Zeiten zur Herstellung hohler Gefäße auch schon das Verfahren des →Tiefziehens angewendet.

Augsburger Kabinette →Kunstschrank

Augusta, Christóbal de (tätig 1569-84). Spanischer Töpfer aus Estella in Navarra, der sich um 1569 in Sevilla niederließ, wo er die Tochter des führenden Herstellers von Majolikafliesen, Roque Hernández, heiratete. 1577 stellte er eine breite Wandverkleidung ›Jungfrau mit dem Rosenkranz‹ fertig (156 →Fliesen, Museo de Bellas Artes, Sevilla). Im gleichen Jahr lieferte er Fliesen zur Dekoration der Empfangsräume im Alcázar mit fortlaufenden Wandpa-

C. Audran: Entwurf für eine Deckenmalerei, Aquarell, etwa 1700-10 (Nationalmuseum, Stockholm)

neelen, die Wandteppiche mit Rankenwerk und →Groteskenornamentik nachahmen und durch Figuren getrennt sind, alles in reinem flämischem Stil. Fliesen für den Alcázar lieferte er bis 1584. Verschiedene Fliesenverkleidungen in Kirchen in und bei Sevilla werden ihm zugeschrieben.

Lit: A. W. Frothingham, *Tile Panels of Spain*, New York 1969.

Robert-Joseph Auguste

Auguste, Robert-Joseph (um 1723-1805). Einer der besten Silberschmiede des →Louis-seize. Er wird erstmals 1756 als Geselle erwähnt. Im folgenden Jahr wurde er durch königliche Verfügung zum Meister ernannt. Viele der äußerst kostbaren Arbeiten, die er für Mme de Pompadour und Ludwig XVI. verfertigte, sind zerstört, darunter auch die Goldkrone, der Kelch und andere Krönungsinsignien für die Königskrönung von 1774. Heute ist Auguste vor allem für sein Tafelsilber bekannt, z. B. die noch dem Rokoko zugehörigen Stücke von 1768 (dänische königliche Sammlung) und das antikisierende Tafelservice, das er 1775-76 für Gustav III. machte (schwedische königliche Sammlung). Ähnliche Tafelgeschirre schuf er auch für Katharina die Große, den König von Portugal und andere fürstliche Auftraggeber. Alle seine Arbeiten aus dieser Zeit zeigen eine verfeinerte, klassische Eleganz, sind einfach in der Form, nur mit einem Minimum an Ornament geschmückt. Nachdem J. →Roettiers sich zur Ruhe gesetzt hatte, wurde Auguste der führende Silberschmied in Paris. 1788 wurde er zum Lieferanten und Leiter der Pariser Münze bestellt, wo er mit Denon zusammenarbeitete. Sein Sohn *Henri* (1759-1816) scheint die väterliche Werkstatt um 1785 übernommen zu haben. Er machte weiterhin aufwendige Tafelgeschirre, besonders eines, das Georg III. 1787 erwarb und das sich noch in den königlichen Sammlungen befindet. Es ist massiver und nicht so glatt wie die Arbeiten seines Vaters. Die schönsten Werke von Henris Hand zeigen einen voll entfalteten Empirestil, z. B. der Wasserkrug und die zugehörige Schale mit Schwanenhenkel, die bei Napoleons Krönung benutzt wurden, sowie der prachtvolle Tafelaufsatz, den die Stadt Paris Napoleon aus dem gleichen Anlaß schenkte und zu dem zwei sehr schöne klassizistische Schiffsmodelle gehören (heute im Schloß Malmaison). Trotz kaiserlicher Protektion blieb ihm der wirtschaftliche Erfolg versagt. Er machte 1809 Bankrott und starb in Haiti.

Lit: Y. Bottineau u. O. Lefuel, *Les Grands Orfèvres*, Paris 1965; F. J. B. Watson, *The Wrightsman Collection: Furniture*, New York 1966.

›Augustus Rex‹-Marke →Friedrich August I.

R.-J. Auguste: Wasserkanne aus Silber für Napoleon (Schloß Malmaison)

Auliczek, Dominikus (1734-1804). Nachfolger →Bustellis als ›Modellmeister‹ an der Porzellanmanufaktur →Nymphenburg, 1773 dort Fabrikinspektor. 1797 trat er in den Ruhestand. Er war spezialisiert auf Jagdgruppen und Gruppen von kämpfenden Tieren, mitunter nach Stichen von Riedinger, modellierte aber auch Gruppen von Göttern in klassizistischem Stil.

Lit: F. Bukáček, *Domenicus Auliczek*, Poličce 1939.

Ault pottery →Linthorpe

Aumbry. Englische, ursprünglich mittelalterliche Bezeichnung für einen Vorratsschrank für Lebensmittel, die als Almosen verteilt wurden. Mit der Zeit wurde sie jedoch auch angewandt auf jede Art von kleinem geschlossenen Schrank, auch auf Eck- und Wandschränke, ja sogar auf Truhen. Heute allgemeine Benennung einer geschlossenen Nische in der Kirche, in der Sakralgerät aufbewahrt wird.

Aumonier, Frederic →Woollams & Co.

Aumund. Eine kleine Töpferei, 1751 durch Johann Christoph Muelhausen in der Nähe von Bremen gegründet, später im Besitz von Diederich und Wilhelm Terhullen und (nach 1757) von Albrecht von Erberfeld, 1761 wieder geschlossen. Unter den Erzeugnissen finden sich Rokoko-Terrinen und -Humpen, die blau oder mehrfarbig mit →Scharffeuerfarben verziert und mit den Initialen des Fabrikbesitzers gezeichnet sind.

Aurene Glas. Irisierendes Glas, das ab 1904 von F. →Carder in den →Steuben Glass Works entwickelt wurde. Ähnlichkeit besteht mit dem →Favrile Glas von →Tiffany, doch sind die Formen der Gefäße konventioneller. Die Färbung – Gold, Blau, Grün, Rot und Braun – wurde erzielt durch die Verbindung metallischer und nichtmetallischer Glasmasse. Die Stücke wurden oft mit einer Lösung von Zinnchlorid besprüht, was ihnen eine samtene Oberfläche verlieh.

Ausformen. Keramische Technik. Feuchter Ton wird zu einem flachen Stück geschlagen und dann in eine Form eingepreßt und ausgeputzt. Die Formen bestehen aus gebranntem Ton, Holz, Alabaster oder Stuckgips und haben gewöhnlich aus Erhöhungen und Vertiefungen bestehende Muster. Diese Technik wurde seit 1710 in →Meißen und ebenfalls seit dem frühen 18. Jh. in England, besonders in den Töpfereien von →Staffordshire angewandt, wo Schüsseln gemeinhin ausgeformt und der Dekor dann mit →Schlicker aufgetragen wurde. Figuren wurden aus zweiteiligen Formen hergestellt, beide Teile in getrocknetem Zustand mit Schlicker zusammengesetzt. Teile der Figuren (z. B. Extremitäten) wurden getrennt ausgeformt.

Ausgebogt, gebörtelt. Ein aus aufeinanderfolgenden Rundbogen gebildetes ausgeschnittenes oder modelliertes Randmotiv an Textilien, Glas, Keramik, Metall- oder Holzarbeiten usw. Zuweilen bezeichnet man so auch komplizierte profilierte Ränder. *Siehe auch* Godronierung, Langette.

Ausschnittarbeit. Methode, die Oberfläche von Silbergefäßen zu verzieren, indem man aus dünnen Silberblechen ausgeschnittene Muster auflötet. Ausschnittarbeit war in England (cut card work) und Frankreich im 17. und frühen 18. Jh. verbreitet.

Lit: H. Wentzel, *Ausschnittarbeit*, RDK, Bd. I.

Verzierung in Ausschnittarbeit

Austernfurnier. Quer zur Faser geschnittene Holzplättchen von den kleineren Ästen des Walnuß- und Olivenbaumes werden zusammen mit solchen aus hellerem Holz zu einem Furnier, das Parkettäfelung gleicht, zusammengelegt. Eine holländische Technik des 17. Jhs., die aber auch in anderen Ländern geübt wurde, besonders bei Türen von Kabinettschränken und Vorderfronten von Kommoden.

Austin, Jesse →Pratt, Felix

Ausziehtisch. Tisch mit Platten unter der Deckplatte, die, auf Holzschienen laufend, ausgezogen werden, um die Tischfläche zu verlängern. Eine weitere Möglichkeit der Verlängerung besteht darin, lose zusätzliche Platten in die auseinandergezogene Tischfläche einzulegen.

Automaten. Figuren mit Selbstbewegungsmechanismus. In Europa vermutlich schon im 5. Jh. v. Chr. bekannt und nachweislich bereits von den alten Griechen hergestellt, erreichten sie in Byzanz große Beliebtheit. Die Mehrzahl der mittelalterlichen Exemplare – meist religiösen Charakters – war mit Uhrwerken gekoppelt (wie die 1356-61 gebaute und noch immer in Betrieb befindliche Kunstuhr an der Liebfrauenkirche in Nürnberg). Seit dem 14. Jh. waren Automaten auch als Tischdekor gefragt, um die Gäste eines Banketts in Erstaunen zu versetzen und zu unterhalten. Sehr kunstvolle Automaten wurden im 16. Jh. in Deutschland hergestellt, so die aus vergoldetem Silber gearbeitete und mit Edelsteinen besetzte Gruppe des Nessos und der Deïanira (Grünes Gewölbe, Dresden), die auf Rädern fuhr und Pfeile schoß, oder das ›Schiff Karls V.‹ (Musée de Cluny, Paris), dessen schaukelnde Bewegung von den Klängen einer Orgel begleitet wird, während Seeleute in seiner Takelage herumklettern und Höflinge vor dem Kaiser vorbeidefilieren, der sein Zepter erhebt und jedem einzelnen zunickt. Im 16. Jh. wurden in

Frankreich, der Schweiz und England (wo J. →Cox dieses Fach meisterhaft beherrschte) zahlreiche Phantasieformen, häufig mit winzigen Mechanismen, hergestellt. Edelsteinbesetzte Raupen aus Gold, die über den Tisch kriechen konnten, Email-Mäuse, die laufen und sich auf ihren Hinterbeinen aufrichten konnten, Döschen, aus denen trillernde Vögel mit flatternden Schwingen zum Vorschein kamen, gehörten zu den vielen Konstruktionen, die sich großer Beliebtheit erfreuten. Die Herstellung von Automaten – wenn auch seit Anfang des 19. Jhs. vorwiegend auf solche für Kinder beschränkt – setzte sich fort bis auf den heutigen Tag.

Lit: A. Chapnist, E. Droz, *Automata,* New York 1958; J. Prasteau, *Les automates,* Paris 1968.

Fr. X. Avelli: Schale nach Raffael, signiert und datiert 1533, Urbino-Majolika (Victoria & Albert Museum, London)

Auvera, Johann Wolfgang van der (1708-56). Deutscher →Rokoko-Bildhauer, geboren in Würzburg, wo sein Vater Jakob als Hofbildhauer tätig war. Er wurde von 1730-36 vom Fürstbischof zur Ausbildung nach Wien geschickt. Auvera war verantwortlich für die Holzschnitzereien im Spiegelkabinett der Würzburger Residenz, die im Zweiten Weltkrieg zerstört worden sind. Nur einige von ihm für diesen Raum ausgeführte geschnitzte Möbelstücke, darunter Konsoltische und ein Spieltisch mit sehr reich geschnitzter Basis und Tischplatten in →Eglomiséemalerei sind erhalten geblieben. Sie gehören zu den schönsten deutschen Rokokomöbeln. Auvera war auch als Großbildhauer z. B. für Altäre tätig.

Lit: H. Kreisel, *Die Kunst des deutschen Möbels,* Bd. II, München 1970.

J. W. van der Auvera: Konsoltisch, etwa 1744 (Residenz, Würzburg)

Avelli, Francesco Xanto (tätig 1530-45). Bedeutender und produktiver italienischer Keramiker, der in →Urbino im →Istoriato-Stil arbeitete. Er war stark von N. →Pellipario beeinflußt, gebrauchte aber eine reichere, dunklere Farbskala. Seine Kompositionen gehen auf Stiche nach Raffael und anderen Meistern, darunter Ugo da Carpi, Marcantonio usw., zurück. Szenen mythologischen Charakters, Poesie und zeitgenössische Ereignisse, oft unter Hinzufügung einiger Verse, überwiegen. Seine fast ständige Übung, die Stücke zu signieren oder mit Buchstaben zu versehen und sie gleichzeitig zu datieren, hat die Feststellung eines großen Teiles seines Werkes ermöglicht.

Lit: G. Liverani in *Dizionario biografico degli Italiani,* Bd. IV, Rom 1962; A. Klein, *Fayencen aus Europa,* Braunschweig 1980.

Aventuringlas, Aventurinlack. Dunkelbraunes Glas mit goldenen Flecken, eine Färbung, die durch eine Beimischung von Kupferkristallen während des Schmelzprozesses entsteht. Benannt nach der zufälligen Wiederentdeckung (ital. per avventura: zufällig) in Murano im 16. Jh. Ein ähnlicher oder gleicher Prozeß war im Altertum bekannt. Seit dem 16. Jh. wurde der Effekt auch bei anderem Material erzielt, so bei der Glasierung von Keramik und vor allem bei gelbem, rotem und dunkelbraunem japanischem und später auch europäischem →Lack. Beim Lack werden manchmal während des Auftragens kleinste Teilchen von Golddraht auf die Oberfläche gestreut. J. F. Watin gibt in ›L'Art du Peintre, Doreur, Vernisseur‹ (Paris 1828) eine genaue Beschreibung des Vorgehens, das beim europäischen Lack angewendet wurde.

Avisse, Jean (1723 bis nach 1796). Er stammte aus einer Pariser Kunsttischlerfamilie, wurde 1745 Meister und war sogleich erfolgreich, wahrscheinlich wegen seiner niedrigen Preise, aber auch wegen seines ausgezeichneten handwerklichen Könnens. Er arbeitete sowohl im →Louis-quinze- als auch im →Louis-seize-Stil und wurde vom Hof wie von einigen der elegantesten Pariser ›tapissiers‹ gefördert. Beispiele seiner Arbeit befinden sich im Mobilier National und im Musée des Arts Décoratifs, Paris.

Lit: F. J. B. Watson, *The Wrightsman Collection: Furniture,* New York 1966.

C. J. Avisseau: Bleiglasierte Tonschüssel, datiert 1857 (Musée Sallies, Bagnières de Bigorre)

Avisseau, Charles Jean (1795-1861). Französischer Töpfer in Tours, stellte von H. →Deux und von B. →Palissy beeinflußte Keramik her. Seine ›Palissy‹-Stücke sind die besten; sie haben eine feinere Oberfläche als die Vorbilder, neigen aber zu einem mehr schematischen Dekor mit Schlangen, Schnecken, Eidechsen usw.
Lit: A. Lesur u. Tardy, *Les poteries et les faïences françaises*, Paris 1957-60; H.J. Heuser, *Französische Keramik zwischen 1850 und 1910*, München 1974.

Avon. Eine der zahlreichen Töpfereien in Avon bei Fontainebleau, die um 1620 offenbar unter der Leitung von *Barthélemy de Blénod* arbeitete, stellte →bleiglasierte Tonfiguren und -gruppen her, die großen Charme ausstrahlen und mit einem eingeritzten ›BB‹ als Monogramm gemarkt sind, unter ihnen Figuren einer Amme, einer knienden Magdalena, eines Dudelsackpfeifers, eines Drehleierspielers und eines Kindes, das, während eine Hündin es am Rock faßt, deren Junge davonträgt. Beispiele befinden sich im Louvre, Paris und im Victoria & Albert Museum, London. Über die Fabrikmarke besteht Ungewißheit. 1850 verlegte J. →Petit seine Porzellanfabrik von Fontainebleau nach Avon.
Lit: H.P. Fourest u. J. Giacomotti, *L'Œuvre des faïenciers français* ..., Paris 1966.

Avon-Töpferei: ›Gruppe eines Jungen mit Hunden‹, bleiglasierter Ton, frühes 17. Jh. (Louvre, Paris)

Axminster-Teppiche. Drei verschiedene mechanisch hergestellte Teppicharten aus Kammgarn, die u.a. in England in der →Wilton- und der →Kidderminster-Teppichfabrik gewebt werden, aber nicht in der Axminster-Fabrik selber.
(1) Axminster-Chenille-Teppiche, erstmals 1839 an handbetriebenen Webstühlen hergestellt, werden in zwei Arbeitsgängen in beliebig vielen Farben gefertigt. Zuerst stellt man das →Chenille-Garn aus einem Gewebe mit gebündelten Kettfäden her, das in der Längsrichtung in dünne Streifen geschnitten wird. Die so gewonnenen Streifen mit den heraushängenden kurzen Fadenenden der geschnittenen Schußfäden werden zu Garn gedreht, und dieses Garn wird im zweiten Arbeitsgang zwischen die normalen Schüsse des Gewebes eingeschossen. Maschinell wurden die Chenille-Teppiche erst zwischen 1876 und 1884 hergestellt, der plüschige Florschuß mußte aber immer noch mit der Hand eingekämmt werden.
(2) Die Entwicklung eines neuen mechanischen Webstuhls durch *H. Skinner* von Yonkers in New York, 1876, machte die Produktion des ›Spulen-Axminsters‹, der dem Knüpfteppich näher kommt, möglich. Er wird auf einem Spulenwebstuhl hergestellt. Um den Flor zu gewinnen, wird bei diesem Verfahren mit Hilfe von Spulen das für das Muster benötigte gefärbte Garn zwischen die normalen Schüsse eingeschossen.
(3) Der ›Gripper Axminster‹ wird auf einem 1890 von Brinton und Greenwood patentierten Webstuhl gefertigt unter Anwendung der →Jacquard-Technik, bei der das Schlingengarn mit Nadeln büschelartig in das Untergewebe eingebracht wird. Die Anzahl der für die Muster benötigten Farben ist jedoch begrenzt.

Axminster-Teppichmanufaktur. 1755 gegründet von *Thomas Whitty* in Axminster in Devonshire, um handgeknüpfte Teppiche herzustellen. Über die ersten Produkte weiß man wenig, nur daß sie teuer und als Luxusware gedacht waren. Teppiche des frühen 19. Jhs. umfassen auch →Chinoiserie-Teppiche mit Drachen und Schlangen (1817, Royal Pavilion in Brighton) und Teppiche nach türkischen Vorbildern (1823, Sir John Soane's Museum in London). Die Manufaktur schloß 1835, die Belegschaft wurde von der →Wilton-Teppichmanufaktur übernommen.
Lit: B. Jacobs, *Axminster Carpets 1755-1957*. Leigh-on-Sea 1970.

Azteken-Keramik →Mittelamerika

Azulejos. Aus dem Spanischen (nach der vorherrschenden Farbe Blau: azul) und Portugiesischen übernommene Bezeichnung für Fayencefliesen, die, von den Mauren im 13. Jh. eingeführt, in abstrakt-geometrischen Mustern – wobei die Farben oft durch Stege getrennt sind – für Wandverkleidungen und Bodenbelag Verwendung fanden. Im englischen Sprachgebrauch Bezeichnung für große Fliesenpaneele an der Außenseite von Gebäuden. *Siehe auch* Spanisch-maurische Keramik.

Azzimina-Arbeiten. Gravierte Bronze- und Messinggeräte, häufig mit Silber eingelegt (tauschiert), in Persien (Zentrum Mossul), Syrien und Ägypten hergestellt, auch von orientalischen Handwerkern, die um 1475 in Venedig ansässig wurden und ihre Arbeiten hier bis in das 16. Jh. fortsetzten. Viele Stücke sind signiert. Der bekannteste Meister ist Mahmud al-Kurdi. Auf die sehr feinen abstrakten Muster sich überschneidender Ranken- und Blattformen, die den Dekor bilden, ist wahrscheinlich die europäische besondere Vorliebe für →Arabesken und Maureskenzurückzuführen. Bei einigen späten Stücken treten zu den islamischen Motiven Renaissanceeinflüsse in Form von →Akanthusblättern, →Grotesken und Wappenmotiven hinzu. *Siehe auch Abb. S. 18.*
Lit: E. Kühnel, *Die Arabeske*, Neuauflage Graz 1977.

B

Baccarat. Stadt im Departement Meurthe in Frankreich, seit 1765 Sitz einer Glashütte. Während der Blütezeit des Unternehmens, 1822-58, wurde feines Kristallglas, Opalglas in verschiedenen Nuancen und die heute hochbezahlten →Millefiore-Briefbeschwerer hergestellt. Die Fabrik stellt auch heute noch als ein für modernes Design aufgeschlossenes Unternehmen hochwertiges Glas her.

Lit: P. Hollister, *The Encyclopedia of Glass Paperweights*, New York 1969.

Bacchus, George & Sons. Glashütte in Birmingham, die seit 1840 unter diesem Namen Handel trieb, davor (bis 1834) unter Bacchus, Green & Green, dann unter Bacchus & Green. In den 1830er Jahren entstand hier das erste englische gepreßte Glas, in den 50er Jahren Nachahmungen von geschnittenem Glas. Es wurden auch geschnittene, gravierte und farbige Tischgläser hergestellt. Um die Jahrhundertmitte entstanden Vasen im →Etruskischen Stil.

Baden-Baden
Z. Pfalzer

Baccin, Giovanni Maria →Nove

Baccio d'Agnolo, Bartolomeo Baglioni, genannt (1462-1555). Berühmter florentinischer Architekt, der u.a. von den besten Intarsienkünstlern seiner Zeit, →Giuliano da Maiano und Francione, ausgebildet wurde. Zu seinen schönsten noch erhaltenen Arbeiten gehören das Chorgestühl der Hauptkapelle von S. Maria Novella in Florenz (1491-96), das gegen Ende des 16. Jhs. von Vasari überarbeitet wurde, das Orgelgehäuse der gleichen Kirche (Victoria & Albert Museum, London), das Orgelgehäuse der Peter und Paul-Kirche in Rueil-Malmaison bei Paris und das Chorgestühl von S. Agostino in Perugia (1502-32). Weitere Intarsienarbeiten, wie z. B. die berühmte Innenausstattung für Francesco Borgherini, die er um 1515 schuf, sind nicht erhalten geblieben.

Lit: L. Berti in *Dizionario biografico degli italiani*, Bd. 5, Rom 1963.

Bachelier, Jean Jacques (1724-1805). Französischer Maler und Ornamentzeichner, der bei der Entwicklung der Porzellanmanufakturen →Vincennes und →Sèvres von 1748 bis 1793 als Leiter des Malerateliers (1785-93 zusammen mit *Lagrenée*) eine sehr wichtige Rolle spielte. 1751-57 und 1766-74 war er Modellmeister. Ihm ist der für die Malerei der Fabrik charakteristische, feine Louis-seize-Stil weitgehend zu verdanken wie auch die Ausführung von Figuren in →Biskuit-Porzellan (um 1751-53). Seine ›Mémoire historique sur la Manufacture Royale de porcelaine de France‹ (1878) beschreibt die frühe Geschichte der Fabrik.

Lit: P. Verlet, *Sèvres*, Paris 1954.

Bachtiari →Persische Teppiche

Bacile amatori. Bemalte Majolikaschalen in Italien, die als Ausdruck besonderer Zuneigung verschenkt wurden und entsprechende Inschriften aufweisen.

Bacini, ital. Bemalte und glasierte, tiefe Tonteller und -schüsseln um 1200, die zur Dekoration in Fassaden und Außenwände italienischer romanischer Kirchen, Türme und auch anderer Gebäude eingelassen sind (z. B. San Piero in Grado, Pisa; Santi Giovanni e Paolo, Rom). Sie sind gelegentlich islamischer Herkunft, meist aber örtlicher Provenienz.

Lit: L. Tongiorgi und G. Berti in *Atti III, Convegno Internazionale della Ceramica*, 1970; L. Tongiorgi und G. Berti, *Ceramica Pisana Secoli XII-XV*, Pisa 1977.

Badarian-Keramik →Ägyptische Keramik

Baden-Baden. Fayence- und Porzellanmanufaktur. Die erste von Zacharias Pfalzer 1770 gegründete Fabrik stellte bis 1778 mit Blumenmalereien dekorierte Gebrauchswaren in Porzellan und Steingut her, auch wurden Porzellanfiguren und -büsten geschaffen. Eine zweite Fabrik, 1793 gegründet, stellte Steinguthaushaltswaren aller Art, darunter auch Öfen, her.

Lit: H. Haug in *Archives Alsaciennes d'histoire de l'art*, I (1922) S. 112ff.; O. Schmitz in *Oberrheinische Kunst* II (1925); K. Hüseler, *Deutsche Fayencen*, Stuttgart 1956-58.

Badlam, Stephen (1751-1815). Führender amerikanischer Möbelschreiner der →Federal-Periode in Dorchester Lower Mills, Massachusetts. Badlam war einer der wenigen amerikanischen Meister, die ihre Möbel signierten. Seine bekannteste Arbeit ist die berühmte Kommode im Besitz der Yale University, die er 1791 anfertigte (mit Schnitzarbeiten von John und Simeon Skillin). Sein Sohn *Stephen* (1779-1847) betrieb in Boston eine Schreinerwerkstatt und hatte ständig – wie es auf seinem Firmenschild hieß – »eine Auswahl eleganter Spiegel« anzubieten.

Lit: Charles F. Montgomery, *American Furniture: The Federal Period in the Henry Francis Du Pont Winterthur Museum*, New York–London 1967.

Badorfer Ware. Frühe rheinische →Irdenware, gebrannt zur Härte von →Steinzeug, wurde in Badorf (zwischen Köln und Bonn) vom 8. bis zum 10. Jh. gemacht und ähnelt den Mayener und →Pingsdorfer Tonwaren. Die Gefäße haben eine handliche Form, gewöhnlich mit Gurtfächern dekoriert, die der Töpfer mit dem Finger an dem Stück auf der Scheibe anbrachte.

Lit: G. Reineking von Bock, Best. Kat. *Steinzeug*, Kunstgewerbemuseum Köln 1971.

Baerdt, Claes Fransen (um 1628/29 bis nach 1691). Geboren in Bolsward in Friesland, verbrachte er sein ganzes Leben dort und arbeitete offenbar nur für lokale Auftraggeber. Dennoch wurde er einer der besten holländischen Silberschmiede und ein Meister der Treibarbeit in einer Art, die man als floralen Stil bezeichnen könnte. Die hohe Qualität seiner Arbeit zeigt eine Silberschale von 1681, die heute im Fries Museum in Leeuwarden aufbewahrt wird. Sie hat einen breiten getriebenen Rand mit Füllhörnern, aus denen sich Blumen und Früchte (Trauben, Hopfen, Haselnüsse, Weizenähren und Maiskolben) ergießen, und dazwischen sind hier und da winzige Insekten eingefügt. An anderen Schalen ist der Rand mit Blumen, besonders Narzissen, Tulpen und Nelken geschmückt. Diese naturalistischen Motive sind mit der Genauigkeit eines Miniaturmalers, aber ohne Rücksicht auf maßstäbliche Treue wiedergegeben.

Lit: J.W. Frederiks, *Dutch Silver*, Den Haag 1952-61, Bde. I und IV.

Bahut. Mittelalterlicher französischer Ausdruck für eine flache Kiste mit Scharnier und Deckel, die einer Truhe aufgesetzt wurde, beides zusammen auch ›coffre à bahut‹ genannt. Diese Art wurde auf Reisen verwendet und enthielt die notwendigsten Gegenstände. Später wurde der Ausdruck ›bahut‹ auf jede Truhe mit gewölbtem Deckel angewendet.

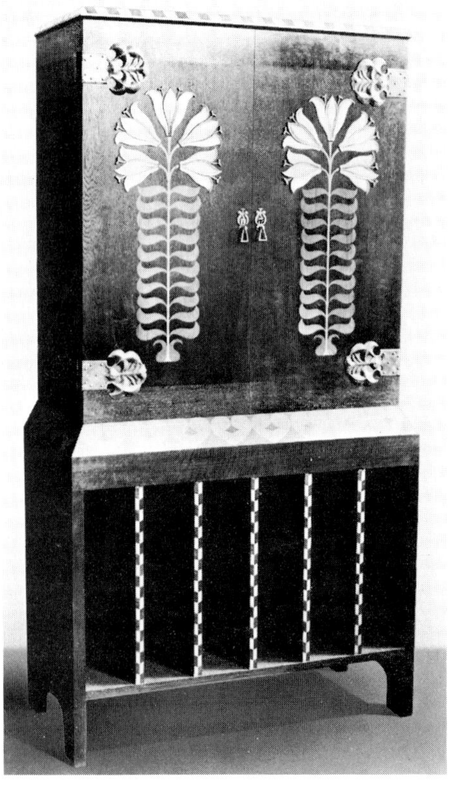

M.H. Baillie Scott: Musik-Kabinettschrank, entworfen für das Schloß in Darmstadt, um 1898 (Victoria & Albert Museum, London)

Baillie Scott, Mackay Hugh (1865-1945). Englischer Architekt und Innenausstatter von internationalem Ruf. Er arbeitete in England, Deutschland, Polen, Rußland, in der Schweiz und in den Vereinigten Staaten. Zu seinen bekanntesten Arbeiten gehören die Möbel, die nach seinen Entwürfen von der ›Guild of Handicraft‹ für das Großherzogliche Schloß in Darmstadt angefertigt wurden (1898). Seine Möbel sind schlicht, solide, ein wenig rustikal, aber doch durch Jugendstilornamentik dem Zeitgeschmack angepaßt.

Lit: James D. Kornwolf, *M.H. Baillie Scott and the Arts and Crafts Movement*, Baltimore–London 1971; K. Medici-Mall, *Das Landhaus Waldbühl von M.H. Baillie Scott*, Bern 1979.

Baily, Edward Hodges →Rundell; Storr

Bain, Pierre →Légaré, G.

Bakalowits, E. & Söhne. Die führende Wiener Glasdekorationsfirma mit eigenem Geschäft nach J. u. L. →Lobmeyr. Gegründet 1845. Zu Beginn dieses Jahrhunderts vor allem angesehen für ihre irisierenden Glaswaren. Entwürfe stammten von R. Bakalowits aus Graz und ebenso von so bekannten Entwerfern wie K. →Moser und J. M. →Olbrich. Die Erzeugnisse vieler böhmischer Glashütten wurden verkauft, vor allem die der Witwe →Loetz.

Bakelit →Kunststoffe

Bakewell, Robert (tätig 1707-52). Englischer Eisenschmied, Nachfolger und möglicherweise Schüler von →Tijou. Er wirkte vor allem in Derbyshire (Chorschranken für die Kirche All Souls', Derby, 1723-25, Laube im Garten von Melbourne Hall, 1707-11).

Lit: J. Harris, *English Decorative Ironwork*, London 1960.

Bakhschayesch →Persische Teppiche

Baku-Teppiche →Kaukasische Teppiche

Ball, William →Liverpool

Ballin, Claude I (um 1615-78). Einer der hervorragenden Goldschmiede, die von Ludwig XIV. beschäftigt wurden, und wahrscheinlich der am höchsten geschätzte. 1637 wurde er Meister. Seine profanen Stücke wurden leider zerstört, als der König 1689 alles Gold- und Silbergerät an die Münze schicken und einschmelzen ließ. Die hierbei ausgenommenen für kirchlichen Gebrauch bestimmten Gegenstände fielen aber ein Jahrhundert später, während der Revolution, ebenfalls der Vernichtung anheim. Ballin war berühmt für seine wundervollen großformatigen Arbeiten in prächtigem Barockstil, so z.B. Sänften und Silberkübel für Orangenbäume. Nur wenige Arbeiten von ihm sind erhalten. Da diese aber für private Kunden entworfen waren, können sie nur einen sehr unzureichenden Eindruck von der Großartigkeit der Stücke geben, die er für den königlichen Hof in Versailles und anderswo geschaffen hat.

Cl. Ballin I: *Entwurf für einen silbernen Kerzenleuchter (Nationalmuseum, Stockholm)*

Ballin, Claude II (1661-1754). Er war der Neffe von Claude Ballin I und begann seine Laufbahn als Silberschmied unter dessen Anleitung; dennoch wurde er erst 1688 Meister. Viele seiner Arbeiten wurden 1789 zerstört, als zum zweiten Mal das große Einschmelzen der königlichen Silberbestände stattfand. Doch haben sich ein 1712-13 für den Kurfürsten Max II. Emanuel von Bayern angefertigtes Becken (Münchner Residenzmuseum) und ein Tafelaufsatz (Ermitage in Leningrad) erhalten. Gegenüber dem Stil seiner Zeitgenossen, wie z. B. dem Th. →Germains, ist Ballin als Vertreter einer konservativen Richtung einzustufen.

Lit: Y. Bottineau und O. Lefuel, *Les Grands Orfèvres*, Paris 1965; C. Hermarck, *Die Kunst der europäischen Gold- und Silberschmiede von 1450-1800*, München 1978.

Claude Ballin II

Edmé-Pierre Balzac

Ballin, Mogens (1871-1914). Dänischer Maler und Schöpfer von Metallarbeiten. Er ging noch jung nach Paris und schloß sich als Maler den Nabis an, befreundete sich mit P. →Gauguin, wurde 1893 Katholik und gab unter dem Einfluß des deutschen Benediktinerklosters Beuron die Malerei zugunsten der Arbeiten in Metall auf. 1899 gründete er in Kopenhagen ein Atelier, in dem J. Rhode und G. →Jensen eine Zeitlang arbeiteten. Er verarbeitete Silber und Zinn zu Vasen, Lampen, Schmuckstücken usw. im Stil des französischen →Art Nouveau.

Ballonuhr. Eine Variante der →Bracketuhr aus dem späten 18. Jh., deren Form entfernt an einen der ersten Freiballons erinnert. Sehr beliebt in England, dürfte sie desungeachtet französischen Ursprungs sein. Das konvex gewölbte oder flache Zifferblatt ist emailliert oder versilbert, das auf einem rechteckigen Sockel mit kleinen Winkelfüßen ruhende Gehäuse – häufig im →Sheraton-Stil aus Mahagoni mit Einlagen aus exotischen Obsthölzern gearbeitet – taillenbetont und anmutig geschwungen.

Baltic chest, engl. Truhentyp des 16. Jhs., der vor allem in England verbreitet war. Die frühen Exemplare zeigen Schnitzereien von religiösen Szenen, die deutlich protestantische Züge aufweisen. Die späteren sind mit Einlegearbeiten versehen und werden allgemein →Nonesuch chests genannt. Beide Typen wurden wahrscheinlich an der Ostseeküste hergestellt (vielleicht in Danzig) und dann nach England importiert. Früher wurde angenommen, daß sie in England gemacht wurden.

Baluster. Kurzer Pfosten oder Pfeiler (z. B. ein Tischbein), meist aber zu mehreren in einer Reihe, die ein Geländer oder eine Brüstung trägt und so eine Balustrade bildet. Baluster haben gewöhnlich einen runden Querschnitt und ein geschweiftes Profil. So kommt es, daß der Name auch auf ähnlich geformte Vasen, Stiele von Weingläsern, Kaffeekannen usw. angewendet wird.

Balzac, Edmé-Pierre (tätig 1739-81). Er und sein Bruder *Jean-François* waren hervorragende Silberschmiede in Paris. Sie wurden 1739 bzw. 1749 zu Meistern ernannt. Beide arbeiteten für die Krone. Beispiele der Arbeiten von Edmé-Pierre Balzac befinden sich im Louvre, Paris.

Balzar-Koppe, Elfriede (geb. 1904). Kunstkeramikerin, die, mit Wim Mühlendyck (geb. 1905), sich hauptsächlich für die Wiederbelebung der Technik der →Westerwald-Keramik eingesetzt hat. Sie studierte an der Staatlichen Ingenieur- und Werkschule für Keramik in Höhr-Grenzhausen, wo sie 1927 auch ihr eigenes Studio einrichtete. Sie spezialisierte sich auf Tischwaren in salzglasiertem Steinzeug, Vasen und Statuetten.

Lit: G. Reineking von Bock, *Meister der Deutschen Keramik 1900-1950*, Ausst. Kat. Köln 1978.

Bambusmöbel. Bambusholz wird in Europa seit dem 19. Jh. für einfache und leichte Möbel verwendet. Die Bezeichnung wird fälschlicherweise auch auf Möbel des späten 18. Jhs. und frühen 19. Jhs. angewandt, die nach chinesischen Mustern aus europäischen Hölzern gefertigt und meist auch mit Bambusmaserung bemalt wurden.

Lit: G. Walking, *Antique Bamboo Furniture*, London 1979.

Bampi, Richard (1896-1965). Kunstkeramiker, in Brasilien geboren, der als Graphiker begann, dann 1919 am Weimarer Bauhaus Architektur studierte und von 1923-27 in Brasilien Bildwerke in Marmor und Bronze schuf. Danach kehrte er nach Deutschland zurück und richtete in Kandern im Schwarzwald eine Werkstatt ein. Seine Keramikstatuetten waren zuerst von Max →Laeuger beeinflußt, aber später machte er kubistische Vasen (1928-30), und in der Folge ließ er sich von chinesischer Keramik inspirieren. Er schuf viel in hartgebranntem Ton, besonders nach 1942, und entwickelte mannigfache farbige Glasuren.

Lit: G. Reineking von Bock, *Meister der Deutschen Keramik 1900-1950*, Ausst. Kat. Köln 1978.

Ban Chiang. Prähistorische Töpfereiwaren, erst kürzlich in Ban Chiang in Nordost-Thailand entdeckt. Die frühesten Beispiele von etwa 4000 v. Chr. sind mit der Hand aufgebaut, ohne Brennofen gebrannt und mit einem Schnurmuster versehen. Von etwa 3000 v. Chr. datieren die bemerkenswerten bemalten Exemplare, sie sind elegant geformt und kühn verziert mit cremefarbenem Schlicker und mit in dunkelrot (Eisenoxid) gemalten Spiralmustern. Ban Chiang kannte schon sehr früh eine hochentwickelte Kultur, dort gefundene Bronzegeräte sind die frühesten uns bekannten überhaupt.

Lit: You-Di Chin, *Ban Chiang Prehistoric Cultures*, Bangkok 1975.

Bandelwerk →Laub - und Bandelwerk

Bandanna →Plangi

Bandkeramik oder **Linearbandkeramik.** Neolithische Töpferwaren aus Zentral- und Osteuropa von etwa 4500-344 v. Chr. Normalerweise kugel- oder halbkugelförmig, mit einer runden Standfläche und an Flaschenkürbisse erinnernd, verziert mit eingeritzten oder gemalten Bändern paralleler Linien in Spiral-, Mäanderform usw. Bandkeramik ist zu unterscheiden von der späteren Stichbandkeramik, die mit eingeritzten Zickzackmustern dekoriert ist. Der Name Bandkeramik wird locker auf die neolithische Donaukultur angewandt.

Lit: W. Menghin, *Kelten, Römer und Germanen*, München 1980.

Bandmuster entsteht durch parallel laufende Bänder in der Schußrichtung eines Gewebes. Laufen die Bänder in der Kettrichtung, spricht man von gestreift.

Bandumwundenes Stabbündel. Ein bei Porzellan und Silber vorkommendes Profil, das aus parallelen Rippen gebildet ist, über die in regelmäßigen Abständen Querbänder gelegt sind, so daß es wie zusammengebundene Stäbe wirkt.

Bandwurmgläser. Deutscher Trinkglastyp des 17. Jhs., groß, zylindrisch und mit einem Spiralfaden auf der Außenseite.

Bangkok ware. Veralteter Ausdruck für →Bencharong-Keramik.

Banister back chair. Amerikanischer Stuhl des frühen 18. Jhs. mit gedrechselten Armlehnen und Rücken aus geteilten Balustern.

Banjo-Uhr →Willard, S.

Banquette, franz. Schmale Bank, meist mit gepolstertem Sitz. In der Form ähnelt sie einem länglichen →Tabouret, das auf sechs oder mehr Beinen steht. Zur Zeit Ludwigs XIV. war sie oft mit einem →Savonnerie-Teppich gepolstert. Eine ›banquette croisée‹ wurde konstruiert, um in einer Fensternische aufgestellt zu werden. Die Bezeichnung wurde ursprünglich auf einen Pferdesattel angewandt.

Bantam-Lackarbeiten. Bezeichnung für eine Arbeit, bei der die Zeichnung in den schwarzen Lackgrund eingeschnitten wird. Meist ziemlich grobe Imitationen von geschnitzten →Koromandel-Lackarbeiten, die im England des späten 17. Jhs. hergestellt wurden. In der Literatur des 17. und 18. Jhs. wird der Ausdruck auch auf die originale Ware angewendet. Benennung nach der Provinz Bantam, Holländisch-Java.

Bapst, Georges-Michel →Stras(s), G. F.

Baranowka. Porzellanfabrik. In Wolhynien (nordwestliche Ukraine) 1811 von Michael Mezer (gest. um 1825) und seinem Bruder gegründet. Ihre Erzeugnisse rivalisierten mit der Kaiserlichen Manufaktur in →St. Petersburg, vornehmlich bei Ostereiern, Schnupftabaksdosen usw. Das Datum der Schließung ist ungewiß, 1895 oder 1917. Die Marke ›Baranowka‹ in Schwarz oder Braun ist manchmal mit einem kaiserlichen Doppeladler verbunden.

Barbeaux, franz. Kornblumen waren im 18. und 19. Jh. ein auf französischem Porzellan oft vorkommendes Dekorationsmotiv, ganz besonders in →Chantilly, →Niderviller, →Paris und →Sèvres. Es soll von *Hettlinger* 1782 in Sèvres für Marie Antoinette entworfen worden sein. In England war es mitunter als das ›Angoulême-Muster‹, nach der Pariser Fabrik des Herzogs von Angoulême, bekannt. Auch englische Porzellanmaler verwendeten dieses Motiv.

Barbedienne, Ferdinand (1810-92). Bedeutender Kunstschreiner des Zweiten Kaiserreichs und berühmtester Pariser Bronzegießer des 19. Jhs. Er arbeitete für Barye und andere führende Bildhauer. 1847 besaß er bereits eine Gießerei für Kleinbronzen, in der bald 300 Personen beschäftigt waren. Er stellte neben Bronzen auch Silberwaren und Möbelkopien der verschiedensten Stilrichtungen, hauptsächlich im Renaissance-Stil, her, fertigte aber auch gute Reproduktionen von Louis-seize-Möbeln an, mit denen er seinen Zeitgenossen →Beurdeley und →Grohé Konkurrenz machte. 1850 wurde er mit der Ausstattung der Empfangsräume des Hôtel de Ville in Paris beauftragt. →Carrier-Belleuse arbeitete für ihn, und in den 80er Jahren des 19. Jhs. produzierte er Möbel nach japanischem Vorbild und kopierte japanische und chinesische Bronzearbeiten.

Lit: B. Mundt, *Historismus*, Kat. des Kunstgewerbemuseums, Berlin, Bd. VII, Berlin 1973.

Barberini-Bildteppichmanufaktur. 1627 in Rom von Kardinal Francesco Barberini, dem Neffen Papst Urbans VIII., gegründet und dazu bestimmt, Bildteppiche für die Paläste der Familien Barberini und für einige andere Auftraggeber zu wirken (Bildteppiche für die päpstlichen Paläste →Rom, Teppichmanufakturen). Die künstlerische Leitung wurde dem Maler *Pietro da Cortona* anvertraut. Die Teppichwirker waren Jacomo della Riviera (Jacob van den Vliete, gest. 1639) und sein Schwiegervater *Gasparo Rocci*. Die Manufaktur stellte die bedeutende Teppichfolge ›Geschichte des Kaisers Konstantin‹ (1630-41, Philadelphia Museum of Art) nach Kartons von Pietro da Cortona her in Ergänzung zu einer in Paris nach Entwürfen von Rubens gewirkten Folge. Weitere Werke: das ›Leben Christi‹ (1643-56, Cathedral of St. John the Divine, New York) nach Zeichnungen von Pietro da Cortona, G. F. Romanelli und anderen, und als letzte Folge vor der Schließung der Manufaktur das

F. Barbedienne: Vergoldete Vase mit Champlevé-Email, um 1862 (Victoria & Albert Museum, London)

›Leben Urbans VIII.‹ (1663-83, Musées Royaux d'Art er d'Histoire, Brüssel; Museum of Fine Arts, Boston).

Lit: D. Dubon, *Tapestries in the Kress Collection*, Philadelphia 1964.

Barbierbecken oder -schüssel. Flaches, meist ovales Becken, das an einer Längsseite halbrund ausgeschnitten ist, so daß es während der Rasur fest an den Hals gehalten werden kann. Die Becken wurden gewöhnlich aus keramischem Material, aber auch aus Zinn und manchmal aus Silber hergestellt.

Barbizet, A. (tätig 1850). Französischer Töpfer, der gut modellierte, bemalte Stücke im Stile von B. →Palissy herstellte. Er war wohl auf große →Jardinières spezialisiert. Einige Erzeugnisse sind mit seinen Initialen versehen.

Lit: A. Lesur und Tardy, *Les poteries et les faïences françaises*, Paris 1957-60.

Barbotine, franz. →Schlickermalerei, die erstmals um 300 bei →Terra sigillata angewandt wurde zur Herstellung kleiner, floraler und anderer Dekorationsmotive auf den Rändern flacher Schüsseln. Später ersetzte diese Technik, die mit dem Gießhorn oder mit dem Pinsel ausgeführt wurde, die früheren, reliefierten Dekorationen.

Barcelona-Stuhl →Mies van der Rohe, L.

Barchent. Ein grobes Tuch mit Leinenkette und Baumwollschuß, das zuerst in Ägypten im 2. Jh. v. Chr. gemacht worden ist (und nach Fustat, einem Vorort von Kairo im Englischen Fustian benannt ist). In England wurde es ausschließlich zwischen 1720 und 1774 gemacht, als die Benutzung von reiner Baumwolle verboten war. Später wurde der Name auf geköperte Baumwollstoffe übertragen, die einen kurzen Noppenflor haben und meist dunkel gefärbt sind.

Barcheston Wandteppich-Manufaktur →Sheldon

Bargello-Arbeit, auch **Flämischer** oder **Ungarischer Stich.** Nadelarbeit, bei der jedes Musterelement, meist spitz oder flammenähnlich, in einer Farbe mit verschiedenen Abstufungen gestickt ist. In Italien wurde vor allem Seide, in England Stickwolle verwendet. Hauptsächlich wurde diese Handarbeit bei Polstermöbelbezügen angewandt.

Bargueno →Vargueño

Barili, Antonio (1453-1516). Architekt und Intarsienkünstler, bekannt durch das Chorgestühl im Dom von Siena (1483-1504), von dem sich sieben Teile in der Collegiata in S. Quirico d'Orcia und eins im Kunstgewerbemuseum, Wien, erhalten haben. Von seinem späteren Werk sind das Chorgestühl in S. Maria Nova in Fano (1484-89; 19 Stühle sind erhalten) sowie Orgelprospekt und Sängertribüne im Dom von Siena hervorzuheben. Sein Neffe Giovanni (gest. um 1529) arbeitete mit ihm bis 1514, als er nach Rom ging. Türen und Türfüllungen usw. in den Stanzen Raffaels im Vatikan sind sein Werk.

Lit: M. Lenzini Moriondo in *Dizionario biografico degli italiani*, Bd. VI, Rom 1964; M. Trionfi Honorati in *Antichità Viva* 6 (1975); C. Sisi in *Antichità Viva* 2 (1978).

Barker, Benjamin →Pontypool-Lackmanufakturen

Barlach, Ernst →Schwarzburg; Mutz, R.

Barlow, Hannah →Doulton Pottery

Barnard, Edward →Emes, J.

Barnsley, Sidney und **Ernest** →Gimson, E. W.

Runde Barbierschüssel, Toulouse, Fayence, 18. Jh. (Musée Dupuy, Toulouse, Frankreich)

Barock. Wie der →Manierismus hat dieser Stil seinen Ursprung in Italien. Ihn kennzeichnen üppige Dekorationen, ausgreifende kurvige Formen und das Air einer feierlichen, mitunter pompösen Großartigkeit. Um 1620 stand der Barock in voller Blüte und breitete sich rasch über Nordeuropa aus, vor allem in den Niederlanden, Deutschland und Österreich, aber auch in Spanien und Portugal. Eine strengere Ausprägung des Stils entwickelte sich in Frankreich unter Ludwig XIV. (→Louis-quatorze). Sie kam über Holland und Frankreich später nach England (→Restaurationsstil, →William and Mary-Stil und →Queen Anne-Stil). Die führenden Maler, Bildhauer und Architekten hatten so starken und unmittelbaren Einfluß auf das Kunstgewerbe, daß verhältnismäßig wenige Kunsthandwerker sich zu ausgeprägten künstlerischen Persönlichkeiten entwickelten. Architekten interessierten sich stärker als früher für die Innenausstattung ihrer Gebäude, und einige, wie F. →Juvarra, entwarfen auch Möbel. Ob nun aber nach dem Entwurf eines Architekten angefertigt oder nicht, fast alle Barockmöbel haben einen ausgesprochen architektonischen Charakter, so z. B. italienische Kabinettschränke, die mit Säulen, Mosaiken und Relief aus →Pietra dura versehen sind. Bildhauer, wie G. L. Bernini (1598-1680), M. →Soldani, Georg Petel und andere beeinflußten Keramik, Elfenbeinarbeiten usw. Es war ein Bildhauer, Andrea →Brustolon, der das schönste venezianische Barockmobiliar schnitzte. Die mächtigen italienischen →Konsoltische mit ihren kühn geschnitzten Unterteilen, in denen sich Meerjungfrauen, Tritonen, Adler und die allgegenwärtigen Putti mit üppig verschnörkelten Gebilden aus →Akanthusblättern eng verbinden, wurden nicht nur von Bildhauern wie z. B. Filippo Parodi ausgeführt, sondern sie waren auch eher als Skulpturenschmuck einer Galerie oder eines Saales gedacht. Entsprechendes gilt für Silberarbeiten: viele Entwürfe, z. B. die von G. →Giardini, hätten ebensogut in Marmor, etwa für einen barocken Garten oder Brunnen, ausgeführt werden können. Wie auch in früheren Perioden wird der Einfluß der Maler am stärksten in den Entwürfen für Bildteppiche spürbar, z. B. Rubens' Kartons für die →Brüsseler Wandteppich-Manufakturen und Pietro da Cortonas Kartons für die →Barberini Teppich-Manufaktur. Doch zeigt sich auch in der Majolika, besonders der →Castelli-Majolika, der Einfluß der zeitgenössischen Maler. Die holländischen Silberschmiede wie C. F. →Baerdt, H. C. →Breghtel und M. de →Bruyn verdanken holländischen

Barocker Elfenbeinhumpen mit silbervergoldeter Montierung, Augsburg, spätes 17. Jh. (Kunstgewerbemuseum, Berlin)

Barocker Konsoltisch, vergoldetes Holz, wahrscheinlich römisch, um 1680 (Palazzo Reale, Turin)

Barocker Pfeilerspiegel, vergoldete Holzschnitzerei von Filippo Parodi, 1679-80 (Palazzo Rosso, Genua)

Barocker Entwurf für ein Bett von Filippo Passarini, 1698

Stillebenmalern manche Inspiration. Die interessantesten holländischen Silberarbeiten des 17. Jhs. zeigen den →Ohrmuschelstil, der sich auch beim geschnitzten Dekor holländischer Möbel aus dieser Zeit findet. Die Mode solch phantastischer Dekorationen hing wahrscheinlich zusammen mit einer Vorliebe für das

Barocke Monstranz, Silber, teilweise vergoldet, von Franz Antoni Betle, Augsburg, um 1710-20 (Badisches Landesmuseum, Karlsruhe)

Exotische, der in einem weiteren Sinne die →Chinoiserie entgegenkam (z. B. →Delfter Keramik, die Lackmöbel von G. →Dagley und M. →Schnell) und die den Weg für das unkonventionellere, viel leichtere und elegantere →Rokoko bereitete. Eine Grenze zwischen Barock und Rokoko zu ziehen ist oft schwierig, und es gibt Künstler und Kunsthandwerker, namentlich in Deutschland, die beiden Stilrichtungen zuzurechnen sind, so insbesondere der Porzellanbildhauer J. Fr. →Kändler und der Goldschmied J. M. →Dinglinger. Die Möbelentwürfe von J. →Rumpp, die erst 1740 veröffentlicht wurden, sind jedoch entschieden noch dem Barock zugehörig.

Barometer. Wissenschaftliches Instrument zum Messen des Luftdrucks mit Hilfe einer Quecksilbersäule in einer Glasröhre. 1643 erfunden, wurde das Barometer Ende des 17. Jhs. fester Bestandteil des bürgerlichen Mobiliars. Als solche waren die Barometer in der Regel in banjoförmigen Gehäusen, ähnlich denen von Großuhren und zuweilen auch zu diesen passend hergestellt, untergebracht, wobei die Glasröhre den Platz des Pendels einnahm und die Skala die Form eines Zifferblattes hatte. Gewöhnlich zum Anbringen an der Wand gearbeitet, standen sie – besonders im Frankreich des 18. Jhs. – zuweilen auch frei. Bis zum 19. Jh. scheinen sie in Frankreich und England in größerer Zahl hergestellt worden zu sein als andernorts. Die Erfindung des Aneroid-Barometers (1848) mit seiner flachen Metalldose an Stelle der Quecksilbersäule ermöglichte eine Verkleinerung des Instruments. Aber noch bis vor kurzem wurde das Aneroid-Barometer überwiegend in banjoförmigen Gehäusen untergebracht, um den Anschein zu erwecken, als handle es sich um das – sehr viel exaktere – Quecksilberbarometer.

Lit: N. Goodison, *English Barometers*, London 1969.

Barovier, Angelo (gest. 1460). Einer der berühmtesten Hersteller von →Venezianischem Glas, der von Filarete in seinem ›Trattato d'architettura‹ (1451-64) gepriesen wurde. Er war der Urenkel von *Jacobello*, der 1330 in Murano tätig war. Zwei seiner Brüder besaßen Glashütten in Murano. Dokumente belegen seinen Aufenthalt in Murano in den Jahren 1424, 1434, 1435 und 1453. Man weiß auch, daß er 1455 in Mailand war, 1459 in Florenz und dort als »hervorragend in der Glasmacherkunst« gelobt wurde. Möglicherweise besuchte er auch Neapel und Frankreich. Im Jahre 1457 bekamen er und ein anderer Muraneser Glaskünstler ein Privileg, um in »ihren Öfen →Kristallglas herzustellen und herstellen zu lassen, während der Zeit, in der es nicht möglich ist, anderes Glas herzustellen«. Dies weist darauf hin, daß er zu den Glasmachern gehörte, die das durchsichtige Glas, das ›cristallo‹ entwickelten, für das Venedig im späteren 15. Jh. berühmt war. Keines seiner Gläser konnte jedoch identifiziert werden. Der schöne Hochzeitspokal des späten 15. Jhs. aus dem Museo Vetrario Murano, der ihm früher zuge-

Hochzeitspokal, Angelo Barovier zugeschrieben, Venedig, spätes 15. Jh. (Museo Vetrario, Murano)

schrieben wurde, ist wahrscheinlich nach seinem Tod entstanden, vielleicht in den Jahren um 1470, doch kann er von einem Mitglied seiner Familie gemacht worden sein. 1459 übertrug er die Leitung seiner Glashütte seinem Sohn *Marino* (gest. um 1490), dem seine Brüder *Giovanni* und *Mario* folgten. Während der Zeit ihrer Leitung (1496) wurde ein Inventar ihrer Waren aufgestellt, aus dem hervorgeht, daß auch Glasgefäße aus →Milchglas und →Calcedonia hergestellt wurden.

Lit: A. Gasparetto, *Il Vetro di Murano,* Venedig 1958; L. Zecchin, *Nuovi appunti di storia vetraria muranese,* Venedig 1958.

Barovier & Toso. Venezianische Glasmanufaktur, geleitet von den Nachkommen einer Familie, die bereits seit dem Ende des 13. Jhs. in Venedig in der Glaskunst tätig war. Benedetto (1857-1930), Benvenuto (1855-1932) und Giuseppe (1863-1942) gründeten eine eigene Fabrik, ›Fratelli Barovier‹, in der sie im Stil des 16. Jhs. arbeiteten. Die Produkte wurden in vielen internationalen Ausstellungen gezeigt. Im Jahr 1936 änderte das Unternehmen seinen Namen und nannte sich – wie auch heute noch – ›Barovier & Toso‹. Der Glasmanufaktur ist die Einführung vieler und oft schöner neuer Techniken zu verdanken, wie das ›vetro barbarico‹ (um 1951), das durch seine zahllosen blauen Punkte auffällt, ›vetro diafano‹ (um 1975), das ›vetro primavera‹ (um 1927), das mit Krakelüren bedeckt ist, ›vetro rugiadoso‹ (um 1940). Die Glasmanufaktur ist heute, zusammen mit →Venini, das bedeutendste Unternehmen auf glaskünstlerischem Gebiet in Murano.

E. Barovier: Vase und Schale aus venezianischem Glas, entworfen für Barovier & Toso, Murano, um 1957 (Victoria & Albert Museum, London)

Lit: A. Gasparetto, *Vetri di Murano 1860-1960,* Verona 1960.

Barr, Martin →Worcester

Bartmannkrug. Wichtiger Typ des rheinischen Steinzeugkruges mit der reliefierten Maske eines bärtigen Mannes unmittelbar unter dem Hals und oft mit einem Wappenschild unter der Maske. Diese Krüge wurden seit dem 15. Jh. hergestellt und später irrtümlich und legendär nach dem Kardinal Roberto Bellarmino (1542-1621) benannt, der in protestantischen Ländern wegen seiner gegenreformatorischen Tätigkeit verhaßt war. Bartmannkrüge wurden in Deutschland bis ins 19. Jh. produziert. In England wurden die ›Bellarmines‹, auch ›Greybeards‹ (Graubärte) und ›d'Alva-bottles‹ genannt, nachgemacht.

Lit: Gisela von Bock in *Keramos* 34 (1966), S. 30-43; A. Thwaite in *The Connoisseur,* April 1973.

Bartmannkrug, salzglasiertes Steinzeug, Köln Werkstatt Maximinenstraße, um 1530 (Hetjens-Museum, Düsseldorf)

Barttasse. Porzellan- oder Steinguttasse mit einem Steg im Innern der Tasse, um den Oberlippenbart des Trinkers mit der Flüssigkeit nicht in Berührung kommen zu lassen. Erstmals in der Mitte des 19. Jhs. hergestellt von *Harvey Adams & Co.,* Longton, Staffordshire.

Basaltware oder **schwarzer Basalt.** Josiah →Wedgwood gab diesen Namen einem von ihm vor 1769 entwickelten, sehr harten, feinkörnigen schwarzen →Steinzeug, das aus Ton von Staffordshire, gebranntem Ocker, Eisensteinschlacke und Mangandioxid bestand (Ägyptisches Schwarz). Das Material wurde für Vasen, Büsten (oft auffallend groß), Medaillons und Gebrauchswaren verwendet. Die Vasen waren mitunter ›bronziert‹, mit einem leicht gebrannten Gold→lüster oder im enkaustischen Verfahren bemalt, um eine Ähnlichkeit mit den rotfigurigen attischen Erzeugnissen zu erreichen (obwohl letztere im umgekehrten Verfahren hergestellt wurden: der rote Ton wurde schwarz bemalt); Gebrauchsgegenstände waren oft mit maschinell gedrehten Ornamenten dekoriert. Diese Stücke wurden sowohl in →Staffordshire und anderswo in England als auch auf dem Kontinent (z.B. in →Creil, →Königsberg, La Charité-sur-Loire, →Rendsburg, Ulfsunda) häufig imitiert, aber nur selten wurde ihre Qualität erreicht.

Lit: M.H. Grant, *The Makers of Black Basaltes Ware,* Edinburgh–London 1910; W. Mankowitz, *Wedgwood,* London 1953.

Basile, Ernesto (1857-1932). Sizilianischer Architekt, der hauptsächlich in Palermo arbeitete. Er gehörte zu den wichtigeren italienischen Repräsentanten des →Art Nouveau, und zwar ebenso auf dem Gebiete des Kunsthandwerks wie als Architekt. Basiles Vater war Professor für Architektur an der Universität Palermo. Er selbst begann seine Laufbahn, indem er in verschiedenen, vor allem sizilianischen, historischen Stilen baute, entwickelte aber in den 90er Jahren des vorigen Jahrhunderts einen persönlichen Stil, der Elemente des französischen Art Nouveau enthält, wie z.B. im Hotel Villa Igea in Palermo (1898) und in der Ausstattung des Café Ferraglia in Rom (1901). In Zusammenarbeit mit dem sizilianischen Industriellen *Vittorio Ducrot* und dem Bildhauer *Antonio Ugo* entwarf er einige sehr kunstvolle, reich modellierte Art Nouveau-Möbel, die auf der Turiner Ausstellung von 1902 und der venezianischen Biennale von 1903 gezeigt wurden.

Lit: E. Sessa, *Mobili e arredi di Ernesto Basile,* Palermo 1980.

Hester Bateman

Baskerville, John (1706-75). Berühmter Buchdrucker, zuvor Erfinder einer japanischen →Lackarbeiten angenäherten Lackmalerei, die ihm die Mittel für seine typographischen Meisterwerke einbrachte. Keine seiner Lackarbeiten kann heute mehr nachgewiesen werden, denn fast alle erhaltenen Lackgegenstände aus Birmingham sind jüngeren Datums.

Lit: J. Bennett, *John Baskerville,* Birmingham 1937-39.

Bas-lis-Wirkstuhl. Bei diesem Wirkstuhl laufen die Kettfäden um Rollen, die horizontal angeordnet sind und mit Pedalen bewegt werden. Man kann Wandteppiche darauf mit einer schnelleren und daher billigeren Methode herstellen als auf dem →Hochwirkstuhl (Haut-lis). Sie sind gewöhnlich von minderer Qualität, obwohl Neilson (→Gobelins-Wandteppich-Manufaktur) in der Mitte des 18.Jhs. große technische Verbesserungen in der Wandteppichherstellung einführte. Der →Karton wird unter den Kettfäden angebracht, so daß der Weber leicht und getreu nacharbeiten kann, da er aber auf der Rückseite der Wirkerei arbeitet, wird der Karton spiegelverkehrt reproduziert; auch kann der Wirker das Ergebnis seiner Arbeit erst nach der Fertigstellung sehen.

Bataille, Nicolas (tätig 1373-1400). Pariser Hersteller von Wandteppichen und Händler, der 1376 dem Herzog von Savoyen zwei Bildteppichserien und zwischen 1387 und 1400 gut 250 Stücke an die französische Krone lieferte. Die einzige dokumentarisch gesicherte Serie seiner Manufaktur ist die ›Apokalypse‹ in Angers (Musée des Tapisseries), entworfen von J. de →Bondolf (um 1375). Fünf Bildteppiche einer Serie der ›Neun Heroen‹ um 1385 (Metropolitan Museum, New York), werden ihm manchmal zugeschrieben.

Lit: R.-A. Weigert, *French Tapestry,* London 1962.

Batavia-Porzellan. Braun glasiertes Kangxi-Porzellan, das von den Holländern über den Zwischenhafen Batavia (heute Djakarta) verschifft wurde. Der Dekor besteht aus einzelnen, oft fächerförmigen Feldern in Unterglasurblau oder mit den Farben der →Famille rose bemalt. →Meißen hat dieses Porzellan kopiert. Die →Pearlware aus →Leeds ist in Farben und Muster ähnlich und wird gleichfalls Batavia-Porzellan genannt.

Bateman, Hester (tätig 1761-93). Sie gehörte einer Familie von Londoner Silberschmieden an und ließ ihre Meistermarke 1761 eintragen. Wahrscheinlich war Hester Bateman die Witwe eines Silberschmieds, dessen Werkstatt sie erbte, d.h. sie war wohl eher die Leiterin der Werkstatt als eine Handwerkerin. Ihre Werkstatt stellte – vor allem in den 80er Jahren – zahlreiches feines, einfaches Tafelsilber her. Als eine der ganz wenigen weiblichen Silberschmiede fand sie große Aufmerksamkeit bei Sammlern.

Lit: David S. Shure, *Hester Bateman,* London 1959.

Batik, malaisch, gesprenkelt. Färbeverfahren, das aus Java kommt und auch in ostindischen Stoffärbereien angewandt wird; daraus abgeleitet auch die Bezeichnung für die kräftigen exotischen Muster auf den in dieser Technik gefärbten Textilien. Beim Batiken wird heißes Wachs auf die Stellen des Stoffes, die nicht gefärbt werden sollen, aufgetragen und später

H. Bateman: Tischständer für Essig und Öl, Silber, London, 1788 (Victoria & Albert Museum, London)

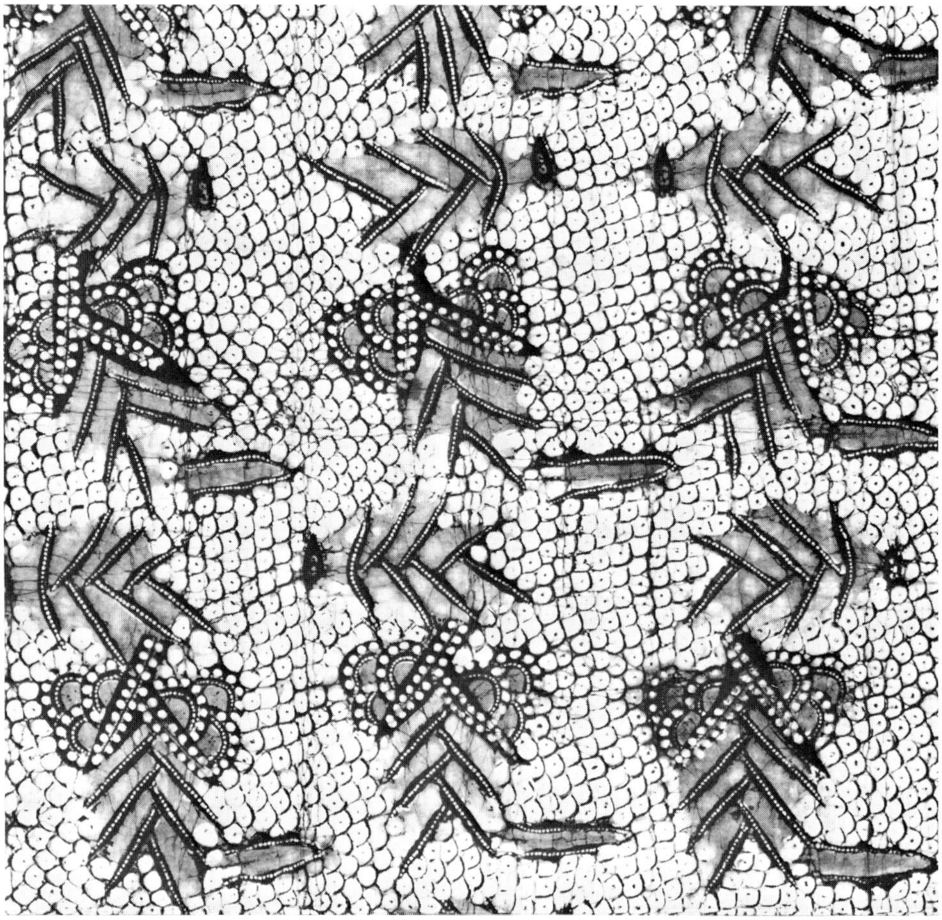

Batik, Englischer oder niederländischer Baumwollstoff, handbemalt und gefärbt, südliches Zentral-Java, 19. Jh. (Victoria & Albert Museum, London)

durch heißes Wasser wieder entfernt. Die Technik wurde von den Holländern im 16./17. Jh. in Europa eingeführt und hauptsächlich bei teurem Material angewendet. Seit dem 19. Jh. werden Batik-Muster auch in anderen Verfahren auf Baumwollstoffe gedruckt.

Lit: A. Bühler, *Ikat, Batik, Plangi*, Basel 1972.

Battam, Thomas (um 1810-64). Englischer Keramikmaler. Seit 1833 stellte er gelegentlich →Emailfarbenmalereien in der Royal Academy in London aus. 1834 begann er seine Tätigkeit in der Porzellanfabrik →Copeland. Erst später errichtete er eine eigene Werkstatt und stellte sorgfältige Reproduktionen griechischer Vasen her. Auf der Weltausstellung in London 1851 zeigte er eine Anzahl solcher Stücke in einem als etruskisches Grab gestalteten Gewölbe.

Battersea, Emailmanufaktur. Die berühmteste Emailmanufaktur in England, die aber nur kurze Zeit arbeitete, und zwar im York House, Battersea, von 1735-56. Die Manufaktur spezialisierte sich auf kleinformatige Gegenstände – Schnupftabaksdosen, Etuis, Plaketten u.ä. –, die mit zarten Farben und oft mit übertragenen Kupferstichen (→Umdruckverfahren) dekoriert waren. J. →Brooks, der wahrscheinlich das Verfahren der Kupferstichübertragung erfand, war Leiter der Manufaktur. Die meisten der gewöhnlich als Battersea-Email bezeichneten Objekte wurden jedoch in →Bilston und an anderen Orten im südlichen Staffordshire, oder in Birmingham von →Boulton, gemacht.

Lit: T. u. B. Hughes, *English Painted Enamels*, London 1951; B. Watney u. R.J. Charleston in *English Ceramic Circle Transactions*, VI, 2, 1966; R.J. Charleston in *Victoria & Albert Museum Journal*, III (1967), S. 1-12.

Baudouine, Charles A. (gest. 1808). New Yorker Möbeltischler französischer Abstammung.

Battersea-Email: Plakette mit Bildnis Georgs II., von Simon François Ravenet, Battersea, um 1753-56 (Victoria & Albert Museum, London)

Armsessel aus Palisander, Charles A. Baudouine zugeschrieben, New York, um 1850 (Metropolitan Museum of Art, New York)

Um 1855/56, kurz bevor er sich zur Ruhe setzte, beschäftigte er etwa 200 Arbeiter, darunter 70 Schreiner. Er stellte Möbel aus schichtverleimtem Palisanderholz her, ähnlich denen, die man von J.H. →Belter kennt, jedoch mit geringfügigen Abweichungen, um das Patentgesetz nicht zu verletzen. Das Rükkenteil war bei ihm aus zwei Hälften zusammengesetzt. Seine Arbeiten sind vorwiegend vom Rokoko beeinflußt. Baudouine betätigte sich auch als Händler und importierte Möbel, Polstermöbel und andere Einrichtungsgegenstände aus Frankreich. Er soll ein Vermögen von mehr als $ 4000000 hinterlassen haben.

Lit: *19th Century America: Furniture and Other Decorative Arts.* Ausst.Kat. Metropolitan Museum, New York 1970.

Baudry, François (1791-1859). Er wurde in Nantes geboren, ging 1822 nach Paris und wurde einer der führenden Möbelkünstler unter Louis-Philippe, der ihn zum ›ébéniste du Roi‹ ernannte. Von 1827 an zeigte er seine Möbel regelmäßig auf den großen Pariser Ausstellungen; ein besonders prächtiges ›lit en nacelle‹ (Bett in Bootsform) – ausgestellt 1827 – ist heute im Musée des Arts Décoratifs in Paris zu sehen. Gegen Ende seiner Schaffensperiode spezialisierte er sich auf zusammenlegbare Möbel.

Lit: D. Ledoux-Lebard, *Les ébénistes parisiens (1795-1870)*, Paris 1965.

A. Bauer: ›Nymphe und Satyr‹, Porzellan, Ludwigsburg, um 1770 (Kunstgewerbemuseum, Berlin)

Bauer, Adam (tätig 1758-79). Hofbildhauer des Herzogs von Württemberg seit 1761 (als Nachfolger seines Lehrmeisters François Lejeune), stellte Modelle für die →Ludwigsburger Porzellanmanufaktur her, bis er 1777 Modelle für die Porzellanmanufaktur →Frankenthal entwarf. Eine Anzahl Figuren und Gruppen, die bei diesen beiden Fabriken in gleichem Stil ausgeführt sind, werden ihm zugeschrieben, darunter die Ludwigsburger Gruppe einer verliebten Nymphe und eines Satyrs.

Lit: *Alt-Ludwigsburger Porzellan,* Ausst.Kat., Schloß Ludwigsburg, 1959; M. Landenberger in *Keramos* 34 (1966), S. 89-109 und P.W. Enders in *Keramos* 45 (1969), S. 18-38.

Bauernmöbel. Ein ungenauer moderner Ausdruck für in einem schwungvoll heiteren volkstümlichen Stil verzierte Möbel, wie man sie in deutschen, österreichischen und deutschschweizerischen Bauernhäusern findet. Trotz der betont ›rustikalen‹ Dekoration wurden sie vermutlich sowohl von Bauern als auch von Stadtbewohnern gekauft. Es handelt sich ausschließlich um Gebrauchsmöbel, vor allem um Sitzgelegenheiten (Bänke, Hocker, Stühle), Tische, Betten, Truhen und Schränke. Sie unterscheiden sich von den Möbeln, die zur gleichen Zeit für die Oberschicht angefertigt wurden, durch die gröbere Arbeit und durch das Material; massives, einheimisches, meist billigeres Holz ohne Furnier, das dann mit Schnitzereien und Malereien verziert wurde. Diese schwungvollen Malereien in frischen Farben, die oft die ganze Oberfläche bedecken, sind besonders charakteristisch. Es wurden meist Blumenmotive verwendet – Tulpen, Rosen und Gänseblümchen, zu Sträußen gebunden oder in Krügen. Exemplare aus katholischen Gegenden zeigen oft auch religiöse Symbole, so das IHS-Monogramm oder das heilige Herz und manchmal Darstellungen der Jungfrau Maria und verschiedener anderer religiöser Themen. Hergestellt wurden sie nicht von den Bauern selbst, sondern von professionellen Handwerkern, die auf dem Lande arbeiteten: z.B. verkauften seit dem späten 16.Jh. die Schreiner der Tölzer Gegend ihre Möbel in München und anderen bayerischen Städten. Im Stil sind Bauernmöbel konservativ, und obwohl einige wenige Stücke aus dem 18.Jh. erhalten sind (die Mehrzahl stammt jedoch aus dem 19.Jh.), gehen die Formen oft noch auf das 16.Jh. zurück (z.B. Truhen, Brettschemel), also auf eine Zeit, in der erstmalig noch höchst rudimentäres Mobiliar in Bauernhäusern gebraucht wurde. In Form und Verzierung entwickelten sich regional unterschiedliche Stilarten. Besonders interessant sind z.B. Truhen mit Täfelungen in Form von Arkaden und Schränke in lebhaften Farben aus Miesbach in Oberbayern, Schränke mit naiven Darstellungen ländli-

Bemalter Bauernschrank, Machtesberg, Oberpfalz, Fichte, *1831* (Germanisches Nationalmuseum, Nürnberg)

cher Szenen vom Schliersee, vom Tegernsee und aus Aibling und andere mit besonders farbenfrohen Blumen- und Tiermalereien aus Tirol; Brautstühle, eine Unterart der Pfostenstühle, mit trapezförmig sich verbreiternder Rückenlehne aus dem hessischen Schwalm, geschnitzte Truhen und Stühle mit gedrehten Docken und Holmen in den Seiten- und Rükkenlehnen aus den Vierlanden in der Nähe von Hamburg. Nach Nordamerika emigrierte deutsche Handwerker zimmerten und dekorierten Möbel in der Art ihrer Heimat, manchmal kombiniert mit Stilelementen anderer Einwanderer, →Pennsylvania Dutch-Stil. Im späteren 19. Jh. verdrängten sowohl in Europa als auch in den Vereinigten Staaten das zunehmende Angebot billiger Fabrikmöbel die handgearbeiteten Stücke aus den ländlichen Wohnungen. Gleichzeitig kam jedoch in den städtischen Mittelklassen ein neuer Kult des rustikalen Handwerks auf, der die verschiedenen regionalen Stilarten der Bauernmöbel in Deutschland bis heute lebendig bleiben ließ.

Lit: L. Schmidt, *Bauernmöbel aus Süddeutschland, Österreich und der Schweiz*, Wien/Hannover 1967; B. Deneke, *Bauernmöbel. Ein Handbuch für Sammler und Liebhaber*, München (1969) 1983.

Bauhaus. Einflußreichste Schule für formale Gestaltung im 20. Jh. Das Bauhaus begründet eine neue Methode, Designer auszubilden und eröffnet einen neuen Zugang zu den Problemen des →Industrial Design, wobei die gleichzeitigen Vorstellungen des →Funktionalismus einbezogen werden. Der Beginn des Bauhauses geht zurück auf das Jahr 1919, als Walter Gropius (1883-1969) als Nachfolger von H. van de →Velde zum Direktor der Kunstakademie und der Kunstgewerbeschule in Weimar berufen wurde. Er vereinigte beide und nannte sie ›Das Staatliche Bauhaus Weimar‹. In seinem Programm spricht er aus: »Das Endziel aller bildnerischen Tätigkeit ist der Bau! Ihn zu schmükken war einst die vornehmste Aufgabe der bildenden Künste; sie waren unablösliche Bestandteile der großen Baukunst. Heute stehen sie in selbstgenügsamer Eigenheit, aus der sie erst wieder erlöst werden können durch ein bewußtes Mit- und Ineinanderwirken aller Werkleute untereinander. Architekten, Maler und Bildhauer müssen die vielgliedrige Gestalt des Baues in seiner Gesamtheit und in seinen Teilen wieder kennen und begreifen lernen.« Die Studenten begannen mit einem Vorbereitungskurs unter Johannes Itten, der einem detaillierten Studium natürlicher Formen (Pflanzen, Mineralien usw.) gewidmet war, ferner gestaltenden Kompositionsstudien mit verschiedenen Materialien und Analysen alter Meister, mit dem Ziel, ihre schöpferischen Kräfte freizusetzen und ihnen zu helfen, die Natur der verschiedenen Materialien und Arbeitsprozesse zu erfassen sowie die Grundgesetze schöpferischer Gestaltung zu verstehen. Im weiteren Verlauf des Studiums wurden Theorien über Form und Gestaltung gelehrt und die Studenten angehalten, in den verschiedenen Werkstätten zu arbeiten mit Stein, Holz, Metall, Ton, Glas, Textilien und Malfarben. Die Beharrlichkeit, mit der Gropius darauf bestand, daß es wichtig sei, Schreinerei, das Arbeiten mit Metall, Weben, Töpfern usw. zu

Bauhaus: Tee- und Kaffeeservice aus Neusilber von W. Wagenfeld, um 1924 (Schloßmuseum, Weimar)

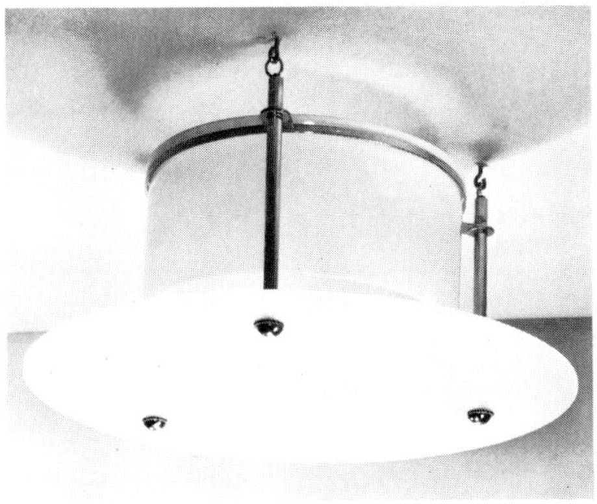

Bauhaus: Deckenlampe, Glas und verchromtes Metall, von W. Gropius, um 1925 (Museum of Modern Art, New York)

lernen, stützte sich auf das englische →Arts and Crafts Movement; in seiner Auffassung von der Maschine als einer bloß mechanischen Weiterentwicklung des Werkzeugs unterschied er sich kaum von ihm. Sie war besonders in den Abteilungen Töpferei und Weberei spürbar und rechtfertigte oft W. →Wagenfelds spätere Kritik am Bauhaus, daß dessen Entwürfe eigentlich Handwerksarbeit seien, die nur durch die Verwendung von geometrisch klaren Grundrissen den Anschein von Industrieprodukten erwecken. Wie dem auch sei, Gropius erkannte an, daß Maschinenarbeit ihre eigenen ästhetischen Qualitäten hervorbringen könne, und er hatte wahrscheinlich recht, wenn er glaubte, daß die Unterschiede zwischen Industrie und Handwerk weit weniger in der Natur der verwendeten Werkzeuge liege als vielmehr in der Arbeitsteilung einerseits und der individuellen Kontrolle durch den einzelnen Handwerker andererseits. Der Nachdruck, den er auf die Notwendigkeit gemeinschaftlicher Arbeit an den Problemen des Industrial Design und auf die schöpferische Verantwortung des Designers gegenüber der Gesellschaft legte, spiegelte seine linken politischen Überzeugungen. Ziel des Bauhauses war, Prototypen für die Massenproduktion von Gegenständen des täglichen Gebrauchs zu schaffen. Bei Möbeln wurde dieses Ziel mit M. →Breuers epochemachendem Stahlrohrstuhl verwirklicht, dem noch immer charakteristischen Stück für die Formgestaltung des 20. Jhs.

1925 wurde das Bauhaus nach Dessau verlegt, die Unterbringung erfolgte in einem Gebäude nach dem Entwurf von Gropius. Dieser trat 1928 als Direktor zurück. Sein Nachfolger war zunächst Hannes Meyer und dann, ab 1930, →Mies van der Rohe. 1932 zog das Bauhaus nach Berlin, und 1933 wurde es von den Nationalsozialisten geschlossen. Die Mitarbeiter zerstreuten sich, bemühten sich aber um Bewahrung der Bauhausideale: Moholy-Nagy wurde Direktor des New Bauhaus, heute Chicago Institute of Design; Mies ging an das Illinois Institute of Technology in Chicago, Kepes an das Massachusetts Institute of Technology in Cambridge; Albers ging nach Yale, um dort zu lehren, und Gropius endlich ließ sich in Harvard nieder. Auch Breuer wurde in den USA ansässig, und das Museum of Modern Art in New York veranstaltete 1938 eine Bauhaus-Ausstellung und veröffentlichte eine Publikation. Nach dem Krieg sorgte M. →Bill für eine Wiederbelebung des Bauhausprogramms an der sehr einflußreichen Hochschule für Gestaltung in Ulm und gab auf diese Weise die unmittelbare Anregung zu einigen der besten Industrieformentwürfe im Europa der Mitte des 20. Jhs.; hervorzuheben sind die Erzeugnisse von →Braun.

Lit: W. Schedig, *Crafts of the Weimar Bauhaus*, London 1967; *50 Jahre Bauhaus*, Ausst.Kat., Stuttgart 1968; H.M. Wingler, *Das Bauhaus, Weimar – Dessau – Berlin und die Nachfolge in Chicago seit 1937*, 3.A. Köln 1975.

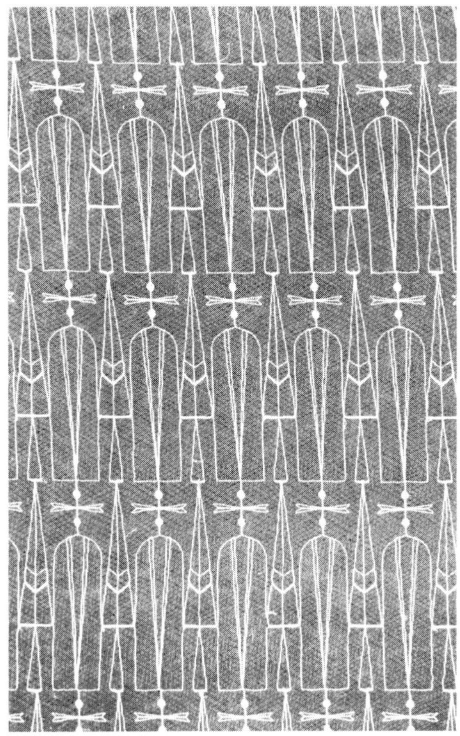

Bauhaus: Vorhangstoff, maschinell hergestellter Baumwolltüll, dem das Muster in einer Stopftechnik eingewebt ist, um 1920-25 (mit freundlicher Genehmigung des Art Institute of Chicago)

Baumgarten-Wandteppichmanufaktur. Die erste amerikanische Wandteppichmanufaktur, 1893 von William Baumgarten in der Fifth Avenue in New York mit einem Meisterweber und Färber der königlich englischen →Windsor-Teppichmanufaktur gegründet. Sie wurde bald nach Williamsbridge, New York, verlegt und 1912 geschlossen. Die Produktion umfaßte Imitationen von Bildteppichen des 18. Jhs. sowie Möbelbezüge.

Baumgartner, Ulrich (um 1581-1652). Augsburger Kunsttischler, Zeitgenosse von A. →Drentwett. Sein Meisterwerk war der Pommersche Kunstschrank von 1615-1617 (zerstört, früher Kunstgewerbemuseum, Berlin; →Kunstschrank). Ähnliche Aufträge hatten Kaiser Rudolf II., Gustav Adolph von Schweden, König Matthias von Ungarn, Herzogin Elisabeth von Bayern, der Kardinal Borghese und noch andere erteilt. Ein prächtiger Ebenholz-Kabinettschrank mit Einlagen aus Silber und →Pietre dure, zwischen 1619 und 1626 für den Herzog Leopold von Tirol gearbeitet, ging später an Ferdinand II. von Toskana über (Palazzo Pitti, Florenz).

Lit: H. Kreisel, *Die Kunst des deutschen Möbels,* Bd. I, München 1968.

Baumhauer, Joseph →Joseph Baumhauer

Bäuml, Albert →Nymphenburg

Baumölkrug. Ein humpenförmiges Zinngefäß mit zwei Henkeln und zweigeteiltem Deckel.

Baum-Teppiche →Persische Teppiche

Baumwollstoff. Gewebe, das aus den Samenhaaren der Baumwollpflanze (Gossypium) gemacht wird, ein sehr feines, recht haltbares und ideales Grundgewebe für gedruckte und gemalte Muster. Baumwollfasern sind seit sehr früher Zeit, wahrscheinlich um 3000 v. Chr., in Indien zu Fäden gesponnen und zu Textilien verarbeitet worden. Um 1000 v. Chr. gab es hier bereits Baumwollkulturen. Baumwollene Stoffragmente sind in Peru aus der Zeit um 2000 v. Chr. gefunden worden. Sie beweisen, daß Baumwolle dort damals bereits bekannt war. Im Mittelmeergebiet ist sie aber nicht vor dem 5. Jh. v. Chr. kultiviert worden. In römischer Zeit gab es auf Malta eine Baumwollindustrie, und doch bevorzugte man immer die indische Baumwolle wegen ihrer hohen Qualität und ihrem hellen Weiß. Seit dem 2. Jh. wurde in Ägypten ein Gewebe aus einem Leinen- und Baumwollgemisch hergestellt: →Barchent. Ebenso wurde Baumwolle in Syrien angepflanzt, von wo im Mittelalter Stoffe der besten Qualität nach Europa exportiert wurden. Im 8. Jh. wurde Baumwolle durch die Araber in Spanien eingeführt, wo eine blühende Industrie entstand, die sich im 12. Jh. nach Italien und Frankreich ausbreitete, im 13. nach Flandern, im 14. Jh. nach Deutschland und im 15. nach England. Die Weber der nördlichen Länder verarbeiteten importierte Baumwolle, bevorzugt die aus Syrien und Ägypten, die besser als alle in Europa angepflanzte Baumwolle war. Im 19. Jh. wurde dann Amerika einer der Hauptproduzenten.
Bemalte Baumwollstoffe kamen im 16. Jh. von Indien nach Europa, in größeren Mengen im 17. Jh. (→Chintz). Die ersten erfolgreichen Versuche, die Importe zu imitieren, wurden um 1670 fast zur gleichen Zeit in Frankreich, Holland und England in einem Blockdruckverfahren gemacht (→Baumwollstoff mit Blockdruck). Trotz schwerer Einschränkungen, um die Woll- und Seidenindustrie in England und Frankreich zu schützen, nahm die Baumwollindustrie zu. (In England war es von 1720-40 verboten, reine Baumwolle für Kleiderstoffe und Haushaltswäsche zu verwenden, nur ein Gemisch mit Leinenkette und Baumwollschuß war erlaubt.) Kurz vor 1750 wurde ein neues Verfahren für den Zeugdruck mit Kupferplatten erfunden (→Baumwollstoff mit Plattendruck). Eine dritte Druckmethode mit gravierten Walzen wurde um 1815 erfunden (→Baumwollstoff mit Walzendruck).
Mit der Entwicklung des Mechanisierungsprozesses der Aufbereitung der Fäden und des

Baumwollstoff mit Blockdruckdekor, englisch, 2. Hälfte 18. Jh. (Victoria & Albert Museum, London)

Webens wurde Manchester das Zentrum der Baumwollindustrie des frühen 19. Jhs.

Lit: M. Dreger, *Künstlerische Entwicklung der Weberei und Stickerei,* Wien 1904; H. Clouzot, *Painted and Printed Fabrics* (with notes on English and American cotton printing by F. Morris), New York 1927. G. Turnbull, *A History of Calico-Printing Industry of Great Britain,* Altrincham 1951.

Baumwollstoff mit Blockdruck. Ein Verfahren, bei dem Baumwollstoffe mit Hilfe von hölzernen Druckstöcken gemustert werden, ähnlich dem Druck der Holzschnittillustrationen in Büchern. Das Verfahren stammt aus Indien und wurde um 1670 in Europa eingeführt. Die ersten Farben beschränkten sich auf Schwarz, Rot, Purpur und Braun, die aus Krapp gewonnen wurden. Um 1750 kommt Indigo und gelbes Färberwau hinzu, manchmal mit dem Block gedruckt, oft aber auch später mit dem Pinsel aufgetragen. Die ersten Muster waren freie Übernahmen der importierten, üppigen indischen Blumenmuster. Exotische Blumenmuster waren immer auf Baumwollstoffen beliebt. Europäische Blumen tauchen um 1750 in den Mustern auf und hatten und haben dauernden Erfolg. Im späten 18. Jh. wurden neue Farben verfügbar, bereicherten die Palette der Drucker und konnten so erfolgreich mit den Plattendruckmustern (→Baumwollstoff mit Plattendruck) konkurrieren. Zu den besten Produkten gehören Stoffe des frühen 19. Jhs. aus Lancashire in England, kühn gezeichnet, reich koloriert, die, als Vorhänge oder Möbelbezüge verwendet, den Eindruck von behaglichem Komfort verbreiten. Das Niveau verfiel aber bereits drastisch um 1830.

Lit: F. M. Montgomery, *Printed Textiles, English & American Cottons & Linens, 1700-1850 ...,* London 1970.

Baumwollstoff mit Plattendruck. Das Verfahren, Baumwollstoff mit gravierten Kupferplatten zu bedrucken, ist zuerst 1752 von Francis Nixon in den Drumcondra Druckereien bei Dublin angewendet worden; 1756 wurde es in England, kurz vor 1780 in Frankreich durch C.-P. →Oberkampf eingeführt, der eine Fabrik in Jouy errichtete, die ihren Namen – ›toiles de

Baumwollstoff mit Plattendruck, englisch, um 1770 (Victoria & Albert Museum, London)

Jouy‹ – diesen Stoffen gab *(siehe Abb. S. 442)*. Die Muster sind einfarbig – meist in dunklem Purpur, Rot oder Sepia, oder einem tiefen Indigoblau, das im 18. Jh. beinahe zu einem englischen Monopol wurde, auf weißem Grund, manchmal sind zusätzlich andere Farben durch Blockdruck oder Handmalerei hinzugefügt. Die Muster stammen aus den verschiedensten Quellen – Blüten und Vogeldrucke, Chinoiserien nach J. →Pillement, ländliche Szenen im Stil von F. →Boucher und einige Drucke von zeitgenössischen Ereignissen. Diese Technik kam durch die Erfindung des Walzendruckes (→Baumwollstoff mit Walzendruck) aus der Mode.

Lit: Victoria & Albert Museum: European Printed Textiles, London 1949; F. M. Montgomery, *Printed Textiles, English & American Cottons & Linens, 1700-1850*, ..., London 1970.

Baumwollstoff mit Walzendruck. Zeugdruck, der mit Hilfe von gravierten Metallwalzen erfolgt. Dieses Verfahren wurde 1783 von dem Schotten Thomas Bell eingeführt, patentiert und vor allem für die Herstellung von billigen Kleiderstoffen industriell genutzt. Die Technik wurde um 1810 verbessert, beeinflußte alsbald die gesamte Baumwollindustrie Englands und verdrängte den Plattendruck. Die ersten Muster waren einfarbig und gleichen den im Plattendruck hergestellten, zeigen aber, durch die Rollen bedingt, eine horizontale Ausrichtung. Bald führte aber das Verständnis für die vielfältigen Möglichkeiten des neuen Verfahrens, vor allem der Vorteil einer frischeren und feineren Zeichenkunst, zu einem neuen Stil, der dann auch die mit dem Block bedruckten Stoffe beeinflußte. Unter den Mustern kommen gotisierende, chinoiserieartige und sportliche Szenen vor, manchmal auch Motive aus der Neuzeit wie Ansichten von Bahnhöfen usw.; hauptsächlich handelt es sich aber um Blumenmuster. Die Entwicklung zahlreicher neuer Farben ermöglichte die Herstellung von ausnehmend bunten Stoffen, führte dann aber auch zu unangenehmen Kombinationen von Rosa, Violett und Orange. Diese negative Entwicklung verstärkte sich seit der Erfindung der Anilinfarben 1856. In England wurde die Farbharmonie von W. →Morris und dem →Arts and Crafts Movement wiederhergestellt, auf dem Kontinent durch die Verfechter des →Art Nouveau.

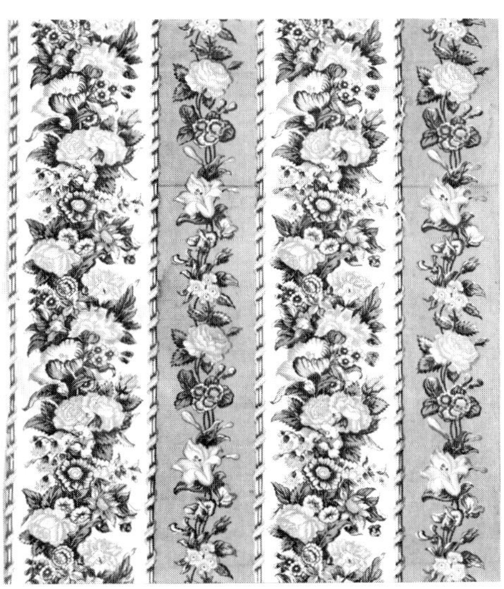

Baumwollstoff mit Walzendruckdekor, englisch, 1824 (Victoria & Albert Museum, London)

Lit: F. M. Montgomery, *Printed Textiles, English & American Cottons & Linens, 1700-1850*, ..., London 1970.

Baur, Matthias →Ansbach

Bayard, Charles →Bellevue

Bayer, J. C. →Kopenhagener Porzellanfabrik

Bayeux Wandteppich →Applikation

Bayreuth Knöller-Periode

Bayreuth. Sehr produktive Fayencefabrik, vermutlich 1713/14 von J. C. →Ripp gegründet, der sie anscheinend bis 1719 betrieb. 1724-28 wurde sie von dem Markgrafen von Bayreuth übernommen, hatte aber von 1728 bis 1744 ihren größten Erfolg unter dem Kaufmann *Johann Georg Knöller* als neuem Eigentümer. Die Stücke in dieser Zeit sind einmal aus weißer Fayence und in verschwommenem Blau, die Teller mit Wappen bemalt, die von gut ausgearbeiteten Barockkartuschen umrahmt werden. Dann wurden braunglasierte Stücke mit Golddekor, äußerlich, aber nicht im Scherben, dem roten →Böttger-Steinzeug ähnlich, sowie gelbe, die feinst mit Chinoiserien, Arabesken usw. in Gold und Silber dekoriert waren, hergestellt. Einige bekannte Maler arbeiteten in der Fabrik, so G. F. →Grebner (seit 1731), A. F. von →Löwenfinck (1736/37) und J. P. Danhöffer (1737-44), von denen jeder seinen eigenen Stil entwickelte. Außer dem üblichen Tafelgeschirr wurden noch Kerzenhalter, Butterdosen in Form von Früchten, Becken, Kühe, Vögel und Möpse und einige eigenartige Krüge in Form von Stulpenstiefeln hergestellt. Nach 1744 fielen die Leistungen der Manufaktur zusehends ab, wenn auch später noch einige Stücke von fähigen Malern dekoriert wurden. 1788-1806 wurde sowohl Steingut wie auch Fayence hergestellt, und in den letzten Jahren auch wieder Porzellan. Die Fabrik bestand bis 1852.

Lit: F. H. Hofmann, *Geschichte der Bayreuther Fayencefabrik*, Augsburg 1928; K. Hüseler, *Deutsche Fayencen*, Stuttgart 1956-58; A. Klein, *Deutsche Fayencen*, Braunschweig 1975.

Beauvais-Keramik. Nach schriftlichen Überlieferungen war die Gegend um Beauvais seit dem späten 14. Jh. bis zur Mitte des 16. Jhs. ein wichtiges Töpfereizentrum, dessen Erzeugnisse von Rabelais erwähnt werden. Jüngst in Beauvais gefundene Scherben bestätigen die traditionelle Zuschreibung von →bleiglasierten Bechern mit lappenförmigen Henkeln des 15. Jhs. und Stücken mit einem harten grauen Scherben des 16. Jhs., vor allem einiger reich modellierter, mit blauer, grüner oder brauner Glasur bedeckter Teller wie bleiglasierter Stücke mit gewagten →Sgraffito-Dekorationen (Musée National de Céramique, Sèvres).

Lit: La céramique du Beauvaisis du moyen-âge au XVIIIe siècle, Ausst. Kat. Musée National de Céramique de Sèvres, 1973.

Beauvais-Teppiche. Bodenteppiche mit weicher Oberfläche, die in der →Beauvais-Wandteppichmanufaktur zwischen 1780 und 1791 und weiter von 1794 bis 1814 gemacht wurden. Sie ähneln in Muster und Stil den →Savonnerie-Teppichen.

Beauvais-Wandteppich-Manufaktur. Wandernde Wirker stellten in Beauvais fünf Bildteppiche her, die sie 1530 der dortigen Kathedrale schenkten: ›Die Könige der Gallier‹, die verschiedene mythologische Könige von der Sintflut bis zum Sieg über Troja in Kostümen der Zeit von Franz I. darstellen. Die Königliche Manufaktur wurde 1664 von Colbert gegründet. Sie begann mit der Herstellung von →Verduren. Von größerem Interesse ist eine Folge von Grotesken (nach J. →Bérain, um 1689) mit Gestalten der ›Commedia dell'Arte‹ unter phantasievoll drapierten Baldachinen, umgeben von verschiedenen klassischen und chinesischen Groteskenmotiven, alle in leuchtenden Farben vor einem gelben, ›spanischer Tabak‹ genannten Grund. Bis 1725 wurden zahlreiche Serien davon mit gelegentlichen Abweichungen gewirkt und Nachahmungen entstanden in Berlin (→Berliner-Wandteppich-Manufaktur). Daneben wurden auch figürliche Bildteppiche hergestellt wie ›Die Eroberungen Ludwigs XIV.‹ (um 1690), eine Serie von vier ›Seesiegen‹ nach Bérain, eine merkwürdige Serie von ›Seehäfen‹ (1695) und, angeregt von Gemälden von Teniers, eine Folge von Dorfszenen. Unter der Leitung der Gebrüder *Filleul* (1711-22) waren die überragendsten Arbeiten eine Serie phantastischer Chinoiserien, ›Chinesische Wandteppiche‹ genannt (nach G. L. Vernasal und J. B. Blain de Fontenay). Die beste Periode der Manufaktur begann 1726 mit dem Direktorat des Malers J.-B. Oudry als sie, laut Voltaire, zum »Königreich von Oudry« wurde. Er bestand auf höherem technischen Standard und (wie bei den →Gobelins) auf größerer Treue gegenüber den gemalten Kartons. Seine eigenen Kompositionen quellen über von Flora und Fauna, wie ›Westindische Jagden‹ (1727), ›Ländliche Feste‹ (1730) und schöne Verduren (1736). Er bestellte bei Ch.-J. Natoire Kartons für die ›Geschichte des Don Quijote‹ (1735). Der bedeutendste für die Manufaktur tätige Künstler aber war →Boucher, der 45 Bildteppiche für Beauvais entwarf, darunter ›Dorffeste‹ (1736), ›Geschichten der Psyche‹ (1741), ›Liebschaften der Götter‹ (1749), ›Opernfragmente‹ (1752), alle in seinem unverkennbaren Stil sinnlicher Rokokoeleganz. Trotz der Erfüllung der neoklassischen Nachfrage nach Wandteppichen mit geschichtlichen Inhalten durch Bildserien wie ›Die Ilias‹ (nach J.-B. Deshays, 1761) und ›Geschichte Alexanders‹ (nach Lavallé Poussin, 1792), fuhr die Manufaktur fort, sich auf bukolische oder exotische Szenen ohne literarischen Inhalt zu spezialisieren: ›Russische Spiele‹ (nach J.-B. Le Prince, 1769), ›Ländlicher Zeitvertreib‹ (nach François Casanova, 1772) und ›Hirtenszenen‹ (nach J.-B. →Huet, 1780). Bedeutend war die Produktion kostbarer Möbelbezüge, oft passend zu den jeweiligen Bildteppichserien. Bodenteppiche mit weicher Oberfläche, d. h. Knüpfteppiche, wurden von 1780 bis 1791 und von 1794 bis 1814 hergestellt. Die Manufaktur schloß 1793 und wurde 1794 als staatlicher Betrieb wieder eröffnet. Im 19. Jh. spezialisierte man sich auf Möbelstoffe. Schließlich wurde die Fabrik 1940 mit der Gobelins-Manufaktur zusammengelegt. *Siehe Abb. S. 116, 198, 376).*

Lit: H. Göbel, *Wandteppiche*, Leipzig 1923-34; R.-A. Weigert, *French Tapestry*, London 1962.

Becerril, Alonso, Francesco (gest. 1573) und **Cristobal** (gest. 1584). Spanische Silberschmiede, berühmt für eine riesige und kostbar ausgearbeitete →Custodia, die sie für die Kathedrale von Cuenca anfertigten und die 1808 zerstört wurde.

Becher. Trinkgefäß, von größerer Höhe als Breite, meist ohne Henkel und mit einer gro-

Beauvais-Bildteppich: Ofenschirm (Louvre, Paris)

Klöppelspitze aus Northamptonshire, spätes 19. Jh. (Victoria & Albert Museum, London)

ßen, weitrandigen Öffnung; die Seitenwände sind entweder gerade oder wie eine umgekehrte Glocke geformt. Der Ausdruck wird vor allem für einen in der Zeit nach 2500 v. Chr. in Europa weitverbreiteten Typ prähistorischer Töpferware verwandt.

Beckwith, Samuel →France, W.

Bedfordshire-Spitze. Eine →Spitze, die in der englischen Grafschaft Bedfordshire gemacht wurde, wo sich im 16. Jh. aus Flandern emigrierte Spitzenmacher niedergelassen hatten. Man weiß, daß man seit dem frühen 17. Jh. an verschiedenen Orten in Buckinghamshire ebenso wie in Northamptonshire Klöppelspitzen herstellte, wobei vor allem flämische Spitzen kopiert wurden. In der Mitte des 18. Jhs. war Newport-Pagnell wahrscheinlich das Hauptproduktionszentrum.

Lit: B. Palliser, *History of Lace*, (durchges. v. M. Jourdain u. A. Dryden), London 1902.

Beek, Jan Bontjes van (1899-1969). Kunstkeramiker, in Jütland geboren, Autodidakt, der 1922 in Fischerhude bei Bremen eine Werkstatt einrichtete. Er begann mit Arbeiten in gebranntem Ton, Gefäße mit einfacher zylindrischer oder in Kugelform, ab 1929 mit Lüsterglasur (→Lüsterdekor). 1933 ging er nach Berlin-Charlottenburg, wo er bis 1943 Steinzeug mit →Feldspatglasuren herstellte. Ab 1946 war Beek Keramiklehrer in Berlin und Hamburg.

Lit: G. Reineking von Bock, *Meister der Deutschen Keramik 1900-50*, Ausst. Kat. Köln 1978.

Behrens, Peter (1868-1940). Architekt, mit R. →Riemerschmid der erste deutsche Industriedesigner. 1897 Mitbegründer der ›Vereinigten Werkstätten‹ in München. Er begann als Maler und Graphiker und entwarf außerdem Möbel, Glas, Porzellan und Schmuck in den fließenden Linien des Jugendstils, 1898 aber bereits Prototypen für die Massenproduktion von Glasflaschen, die wegen ihrer schlichten und einfachen Form bemerkenswert sind. Im folgenden Jahr schloß er sich der →Darmstädter Künstlerkolonie an, deren Ziel es war, alle bildenden Künste in Bezug zueinander zu setzen. Man erkennt den von ihm entwickelten neuen Stil in dem Haus, das er sich 1901 in Darmstadt baute, sowie in dem Entwurf einer sachlichen Drucktype (ebenfalls 1901), aus der jede Spur von Jugendstilphantasie verbannt ist. Seit 1907 war er Hausarchitekt und -Designer für den großen deutschen Elektrokonzern AEG. Für ihn baute er Fabrikhallen von monumentaler Einfachheit, beispielhaft in ihrer Funktions- und Materialgerechtigkeit und von einer gewissen ernsten Schönheit. Die gleichen Qualitäten kennzeichnen die Entwürfe für eine breite Auswahl von Ausrüstungsgegenständen für industriellen und häuslichen Gebrauch, die von Straßenlaternen bis zu elektrisch geheizten Kesseln, Kochgeräten, Heizkörpern und sogar bis zu den Verpackungen und Briefköpfen der Firma reichen. Sie alle verdanken ihre Wirkung allein ihren einfachen Formen und Proportionen, und sie vermitteln erfolgreich das Image eines großen Industriekonzerns. Sie wurden in großem Umfang nachgeahmt und trugen vielleicht mehr als irgendetwas sonst zur Einführung eines hohen Standards des Designs für maschinell gefertigte Güter bei. Ab 1922 lehrte Behrens Architektur, zunächst in Wien, später in Berlin; zu seinen Schülern zählten →Le Corbusier, Walter Gropius und →Mies van der Rohe.

Lit: Peter Behrens und Nürnberg, Ausst. Kat. Germanisches Nationalmuseum Nürnberg, München 1980; T. Buddensieg u. H. Rogge, *Peter Behrens und die AEG 1907-14*, Berlin 1981.

Beilby, William (1740-1819). Englischer Emailglasmaler, arbeitete mit seiner Schwester *Mary* (1749-97) in Newcastle. Sie dekorierten zahlreiche Trinkgläser und Karaffen, meist in Weiß mit sehr feinen Vignetten ländlicher Szenen, klassischer Ruinen oder Zweigen von Weinreben, manchmal auch mit Wappen in den dazugehörigen heraldischen Farben. Sie verließen 1778 Newcastle und ließen sich in Fife, Schottland, nieder.

Lit: J. Rush, *The Ingenious Beilbys*, London 1973; E. Lassen, *En Kobenhavnsk porcelaensfabriks historie Bing & Grøndahl 1853-1978*, Kopenhagen 1978.

Beinglas. Halbdurchsichtiges weißes Glas, dem venezianischen →Milchglas ähnlich, jedoch durch Beimischung von →Knochenasche zur Glasschmelze entstanden. Es wurde vor allem in den böhmischen Glashütten und in Thüringen zwischen 1750 und 1850 hergestellt und oft mit →Emailfarben bemalt.

W. Beilby: Dekor auf einem Weinglas, um 1770 (Victoria & Albert Museum, London)

Beize. Substanz, die man bei Textilien zusetzt, um die Farbe zu beizen oder haltbar zu machen. Es handelt sich um einen chemischen Vorgang und die Beizmittel sind gewöhnlich sauer oder basisch wie z. B. Tannin und Aluminate. Beize und Farbe bilden eine Lösung, eine →Lake, die die Farben fixiert. Unterschiedliche Beizen können mit der gleichen Farbe verschiedenfarbige Laken bilden. Im Mittelalter war das bekannteste Beizmittel Aluminiumsulphat, Pottasche oder Alaun. Die Herstellung von reinem Alaun war wichtig, da schon die kleinste Verunreinigung durch Eisensalze eine dunklere Schattierung ergab. In Europa war die Hauptquelle für Alaun Tolfa in Italien. Im 16. Jh. wurde eine Lösung aus Zinnsalzen, das ›aqua fortis‹ (Salpetersäure oder Ätzwasser) eingeführt und bekannt durch die Entdekkung der Gebrüder Kuffler, daß das Ätzwasser rote Cochenille-Farbe in leuchtendes Scharlach verwandelt. Die Kufflers gründeten um 1635 eine Gesellschaft in Bow in England, in Leiden und in der Nähe von Arnheim in Holland, um ihre Entdeckung zu kommerzialisieren. Gegen 1670 wurde es in der →Gobelins-Manufaktur in Frankreich verwendet. Im 19. Jh. wurde Blei-, Eisen- und Aluminumazetat eingeführt.

Bélanger, François-Joseph (1744-1818). Französischer Architekt und Innenausstatter. Er arbeitete in klassizistischem Stil und hat, in Zusammenarbeit mit seinem Schwager J.-D. →Dugourc, entscheidend zur Entwicklung des →etruskischen und des späten →Louis-seize-Stils beigetragen. Seine frühen Arbeiten stehen unter dem Einfluß von R. →Adam; er hatte England 1766/67 besucht. 1777 entwarf und baute er die ›Bagatelle‹ im Bois de Boulogne, Paris, deren Innenausstattung ihm ebenfalls übertragen war.

Lit: J. Stern, *A l'ombre de S. Arnould: F. J. Bélanger,* Paris 1930.

Belfast Glass Company. Ein Glasmacher aus Bristol, *Benjamin Edwards,* gründete 1781 eine Glasmanufaktur in Belfast und produzierte emailliertes, geschnittenes und glattes Glas, vor allem Karaffen mit zwei oder drei dreieckigen Halsringen. Der Betrieb wurde um 1829 geschlossen.

Bellangé, Alexandre-Louis →Bellangé, P.-A.

Bellangé, Louis-François →Bellangé, P.-A.

Bellangé, Pierre-Antoine (1758-1837). Französischer Möbelkünstler, der 1788 zum ›maître ébéniste‹ ernannt und von Napoleon protegiert wurde. Der überwiegende Teil seines Möbelschaffens stammt jedoch aus der Restaurationszeit, als er Hoflieferant der französischen Könige Ludwig XVIII. und Karl X. war. Er arbeitete in verschiedenen Stilarten, vom →Empire-Stil (ein Schreibtisch befindet sich im Musée Marmottan in Paris und ein geschnitzter, goldgefaßter Armsessel im Museum für Kunsthandwerk in Frankfurt am Main) bis zum →Troubadour-Stil. Zu seinen Auftraggebern gehörte auch der Präsident der Vereinigten Staaten, James Monroe, der Möbel für das Weiße Haus in Washington anfertigen ließ, die noch heute zum Inventar gehören. Bellangés Bruder *Louis-François* (1759-1827) war ebenfalls Möbelschreiner und hatte seine Werkstatt kurz vor der Französischen Revolution eröffnet. Seine Möbel sind weniger imposant; er benutzte gerne helle Hölzer und Porzellanplatten, denen ein Air des 18. Jhs. anhaftet. Nach seinem Tod wurde die Werkstatt von seinem Neffen *Alexandre-Louis* (1799-1863), einem Sohn von Pierre-Antoine, übernommen, der im gleichen Jahr auch das Geschäft seines Vaters erbte. Er führte beide Werkstätten getrennt weiter, jeweils die individuelle Note ihrer Erzeugnisse bewahrend: In der Firma seines Vaters wurden hauptsächlich dunkle Hölzer und Mahagoni verarbeitet, während die Werkstatt seines Onkels sich auf Stücke verziert mit Porzellan und Möbel im Stil von A.-Ch. →Boulle spezialisierte. Während der Julimonarchie war er einer der führenden Kunsttischler. Er war auch außerhalb Frankreichs bekannt und belieferte Georg IV. von England mit Möbeln für das Carlton House in London. 1842 ernannte ihn Louis-Philippe zum ›ébéniste du Roi‹. Seine Werkstätten waren außerordentlich leistungsfähig; er produzierte hauptsächlich Kopien von Louis-quinze-Möbeln. Damit nahm er einen Geschmackswandel vorweg, der sich erst unter

Napoleon III. endgültig vollzog. 1855 zog Alexandre-Louis sich zurück, und die Geschäfte wurden von seinem Sohn weitergeführt, anscheinend aber nur wenige Jahre.

Lit: D. Ledoux-Lebard, *Les ébénistes-parisiens (1795-1870)*, Paris 1965.

Bellarmine → Bartmannkrug

Bell and baluster turning. Englische Sonderform des → balusterförmigen Tischbeines, bei der ein glockenförmiger Teil auf einen balusterförmigen folgt. Seit dem späten 17. Jh. verwendete Form.

Belleek. Die Porzellanfabrik in Belleek, County Fermanagh, Nordirland, von *David McBirney* 1857 gegründet, stellte helles, sehr dünnes und durchscheinendes Feldspatporzellan her, ähnlich der → Parianware, aber mit einer perlenartig glänzenden Glasur. Es wurde erstmals auf der Dubliner Ausstellung von 1865 gezeigt. Dieses Porzellan, das von William Goss (geb. 1833) aus Stoke, Staffordshire, erfunden worden sein soll, erfreute sich rasch großer Beliebtheit. Es wurde viel verwendet für kleine Vasen und Schüsseln, oft in Form von Muscheln. Die amerikanische Firma → Ott & Brewer aus Trenton begann 1872 ähnliche Stücke herzustellen. Sie waren mit dem Namen ›Belleek‹ gemarkt. Erzeugnisse aus einem ähnlichen Scherben wurden später von der → Lenox Company und von → Knowles, Taylor & Knowles unter dem Namen ›Lotus ware‹ gemacht. Die Erzeugnisse der amerikanischen Fabriken waren aufwendiger modelliert und dekoriert als die ursprünglichen irischen Waren.

Lit: G.A. Godden (Hg.), *Jewitt's The Ceramic Art of Great Britain*, London 1972.

Belleek: ›Dolium‹-Muschel, Porzellan, 1857-71 (Victoria & Albert Museum, London)

Bellevue. Französische Fayencefabriken bei Toul (Meurthe-et-Moselle), von denen die erste 1755 gegründet wurde und 1771 in die Hände von *Charles Bayard* und *François Boyer* überging, die für sie die Bezeichnung ›Manufacture Royale‹ erhielten. Sie stellte → Biskuit-Figuren nach Modellen von P.-L. → Cyfflé her, ebenso große Gartenfiguren in bemalter → Terrakotta. Tischgeschirre wurden in → Fayence und → Steingut hergestellt, die Steingutstücke mit Landschaften in Schwarz oder Braun bemalt. In Bellevue arbeiten noch heute Töpfereien. (Aus den → Hull Potteries in England stammende Arbeiten waren mitunter mit ›Belle Vue‹ gemarkt, aber zwischen den beiden Fabriken besteht keine Verbindung.)

Lit: E.-J. Dardenne, *Essai sur Paul-Louis Cyfflé*, Brüssel 1912.

Bell flower motif, amerik. Hängende Blumenknospe mit drei oder fünf Blütenblättern. Das Motiv wird innerhalb des Musters wiederholt und zugleich allmählich immer kleiner.

Belli, Valerio (1460-1546). Der berühmteste unter den italienischen Gemmenschneidern der Renaissance; seine Spezialität war das Schneiden von → Bergkristall. Er wurde in Vicenza geboren, lernte wahrscheinlich in Venedig und ging 1520 nach Rom, wo er freundschaftliche Beziehungen zu Michelangelo und Raffael aufnahm. Papst Clemens VII. beauftragte ihn mit der Ausführung eines Kreuzes und dreier Medaillons, alle in Bergkristall (heute in der Vatikanischen Bibliothek); sie wurden offenbar 1524 fertiggestellt. 1530 ging er zurück nach Vicenza, wo er 1532 sein berühmtestes Werk vollendete: einen Schrein aus zwanzig Bergkristallplatten, in die im Stil der Hochrenaissance Szenen aus dem Leben Christi geschnitten sind. Auch dieser Schrein war ein Auftrag von Clemens VII., der ihn Franz I. zum Geschenk machte (heute im Museo degli Argenti im Palazzo Pitti, Florenz). Man weiß, daß Belli ähnliche Bergkristallplatten im Auftrag Papst Pauls III. für ein Kreuz und für ein Paar Kerzenleuchter ausgeführt und kurz vor seinem Tode vollendet hat (das Kreuz ist möglicherweise identisch mit einem im Victoria & Albert Museum, London). Dokumente verzeichnen zahlreiche weitere Werke, die jedoch verloren sind. Man hat Abgüsse von seinen Bergkristallschnitzereien gemacht und sie als Bronzeplaketten reproduziert.

Lit: J.F. Hayward, *Virtuoso Goldsmiths: the Triumph of Mannerism 1540-1620*, London 1976.

Belli, Vincenzo (1710-87). Begründer einer Familie von italienischen Gold- und Silberschmieden, aus deren Händen ein Großteil des besten profanen und kirchlichen Gold- und Silbergeschirrs hervorging, das im Rom der Mitte des 18. bis zur Mitte des 19. Jhs. gemacht wurde. Er wurde in Turin geboren, wo er auch sein Handwerk lernte, und ließ sich 1740 in Rom nieder. Im folgenden Jahr wurde er Meister. Der Stil seiner Arbeiten reicht von einem ziemlich üppigen Rokoko (Kanne und Becken von 1745-50, Museo de Arte Sagra, Lissabon) bis zu einem mehr massiven und nüchternen Stil, der an die Arbeiten bestimmter gleichzeitiger englischer Silberschmiede wie Thomas → Heming erinnert (z. B. Krug und Becken von 1780 im Museo di Palazzo Venezia, Rom). Belli beschäftigte etwa 20 Mitarbeiter. Sein Sohn *Giovacchino* (1756-1822) übernahm die Werkstatt nach dem Tode des Vaters und entwickelte einen klassizistischen Stil, indem er beispielsweise Zuckerdosen in der Form griechischer Urnen machte. Von ihm stammt auch das große Reliquiar in San Carlo al Corso in Rom. Giovacchinos Nachfolger war sein Sohn *Pietro* (1780-1828), von dem eine große Monstranz in SS. Pietro e Paolo in Cori erhalten ist. Von Giovacchinos Enkel *Vincenzo II* (gest. 1859), der 1828 Goldschmiedemeister wurde, befinden sich zahlreiche klassizistische Arbeiten im Schatz von St. Peter in Rom.

Lit: C.G. Bulgari, *Argentari, gemmari e orafi d'Italia*, Rom 1958; C.C. Oman, *Italian secular silver*, London 1962; S. Granjean, *L'orfèvrerie du XIX siècle en Europe*, Paris 1962.

Bellingham, John → Vauxhall

Bellosio, Eugenio (1847-1927). Mailänder Silberschmied, der sich auf Arbeiten in einem Neomanierismus spezialisierte. Dabei ahmte er die kostspielige und virtuose Technik von B. → Cellini und A. → Gentili nach, z.B. die Messer und Gabeln mit Nymphen und Satyrn als Griffe (um 1887; Museo di Castello Sforzesco, Mailand). Auch der Silberaltar in der Pfarrkirche von S. Marta in Magrelio stammt von Bellosio.

Belter, John Henry (1804-63). Deutscher Möbeltischler, der 1844 in die Vereinigten Staaten auswanderte und dort sehr erfolgreich war. Er hatte in Württemberg eine Tischlerlehre absolviert und schon dort begonnen, mit gebogenem Holz zu experimentieren. M. → Thonet hatte 1841 einige seiner Bugholzstühle in Koblenz ausgestellt, und es ist anzunehmen, daß Belter sie dort gesehen hat. Vielleicht hat er Thonet sogar persönlich gekannt. In New York eröffnete er zunächst ein Geschäft am Broadway und 1858 eine Fabrik an der Third Avenue. Als Hersteller der elegantesten Möbel New Yorks trat er die Nachfolge von D. → Phyfe an. Er spezialisierte sich auf Polstergarnituren für den Salon mit kunstvoll geschnitzten, durchbrochenen Ornamenten, die als ›Belter-Möbel‹ bekannt wurden.
Belter bevorzugte das dunkle, stark gemaserte Rosenholz, das sich für seine Intentionen als schwierig zu verarbeiten erwies. Aber er entwickelte schließlich eine Methode, die es ihm dennoch ermöglichte, Rosenholz für kompliziert gekurvte und üppig geschnitzte Möbel mit sorgfältig gearbeitetem durchbrochenem Ornament zu verwenden und ließ sie sich zwischen 1847 und 1858 mehrfach patentieren. Er benutzte schichtverleimte Holzplatten, wobei entweder alle Schichten oder nur die äußeren aus Rosenholz bestanden. Es konnten so wenige wie 3 und so viele wie 16 sein, doch im allgemeinen waren es 6 bis 8 Lagen, die verleimt wurden, um eine Platte von weniger als 2,5 cm Stärke zu erhalten.
Die Platte wurde dann unter Dampf in die gewünschte Form gepreßt und danach geschnitzt. Dieses Verfahren ermöglichte Belter, beim Stuhl die traditionelle Rückenlehne mit Sprossen durch eine Rücklehne aus einem Stück geformt, geschnitzt und gepolstert zu ersetzen. Stilistisch lassen sich Belters Möbel in das etwas behäbige ›Zweite → Rokoko‹ einordnen, das in Deutschland, kurz bevor er nach Amerika auswanderte, begonnen hatte, den Biedermeier-Stil abzulösen.
Nach Belters Tod wurde die Firma von seinem Schwager *Springmeyer* weitergeführt, bis sie 1867 in Konkurs ging.

Lit: J. Downs in *Antiques*, LIX, Sept. 1948; E.H. Bjerkoe, *The Cabinet Makers of America*, New York 1957.

J.H. Belter: Rosenholztisch mit Marmorplatte, 1856-61, Etikett: John Henry Belter (Museum of the City of New York)

J.H. Belter: ›Belter-Sofa‹, ein typisches New Yorker Salonmöbel, um 1855 (Museum of Modern Art, New York)

Beludschistan → Turkmenen-Teppiche

Bencharong-Keramik. Südchinesische Keramik aus dem 18./19. Jh., die in fünf Farben mit thailändischen, meist buddhistischen Motiven verziert ist und speziell für den Export nach Thailand und Südostasien hergestellt wurde. Auch Bangkok-Keramik genannt.

Benckgraff, Johann → Ringler, J. J.

Benedetto, Maestro (tätig 1503-41). Sohn des Giorgio di Faenza, Eigentümer der besten Majolikafabrik in Siena. Das einzige bekannte, von ihm signierte Stück steht im Victoria & Albert Museum, London. Dargestellt ist in der Mitte der heilige Hieronymus, gemalt monochrom in Dunkelblau, umgeben von weißen und dunkelblauen → Arabesken und Rankenwerk; der äußere Rand ist in streng geordnetem, fortlaufendem Muster mit Blattwerk ›alla porcellana‹ – in Art einer Porzellanmalerei – dekoriert. Ihm werden auch polychrome Stücke zugeschrieben.

Lit: G. Guasti, *Di Cafaggiolo e d'altre fabbriche di ceramiche in Toscana*, Florenz 1902; R. Langton Douglas in *Burlington Magazine*, LXXI (1937), S. 89; G. Liverani in *Dizionario biografico degli italiani*, Bd. 8, Rom 1966; A. Klein, *Fayencen aus Europa*, Braunschweig 1980.

Benedetto da Maiano → Giuliano da Maiano

Beneman (oder **Bennemann**), **Guillaume** (tätig um 1784-1811). Deutscher Möbeltischler, der sich um 1784 in Paris niederließ. 1785 wurde er zum ›maître ébéniste‹ ernannt und stieg ständig in der Gunst des Hofes, bis er sogar J.-H. → Riesener verdrängte. Seine Preise waren reell, während die seines berühmten Kollegen ins Unermeßliche gestiegen waren. Bald wurden sämtliche Aufträge des Hofes an ihn vergeben, nur Marie-Antoinette hielt Riesener die Treue. Benemans Ruf als führender Ebenist des späten → Louis-seize ist seit kurzem in Frage gestellt, da man herausfand, daß einige seiner schönsten Stücke in Wirklichkeit nur nachempfundene oder leicht veränderte Neuauflagen früherer Arbeiten anderer Möbelkünstler wie J. → Stöckel waren und ihre Ausführung oft unter der Aufsicht des Bildhauers J. → Hauré stand. Das trifft mit Sicherheit auf die prächtigen Kommoden zu, die um 1786 in seiner Werkstatt für Compiègne angefertigt wurden und die sich heute im Louvre und in Fontainebleau befinden. Stökkel verwendete bei seinen Arbeiten häufig die Formensprache der römischen Antike. Nach Benemans Überarbeitungen der Entwürfe von Stöckel wurde der Dekor den antiken Vorbildern noch ähnlicher, so seine Tischbeine in Form von Liktorenbündeln. Beneman überlebte die Revolution und wurde einer der führenden Ebenisten des → Directoire und des → Empire. Er arbeitete häufig nach Vorlagen von Percier (→ Fontaine), wie die Kommode und der Sekretär für Napoleons Residenz Fontainebleau zeigen. Trotz seines langen Aufenthalts in Frankreich und der engen Zusammenarbeit mit französischen Handwerkern und Entwurfszeichnern gelang es ihm nicht, das schwerfällig Teutonische seines Stils abzulegen. Beispiele seiner Möbel befinden sich im Louvre in Paris und in der Wallace Collection in London. *Siehe auch Abb. S. 328.*

Lit: F. de Salverte, *Les ébénistes du XVIIIe siècle, Paris 1962.*

Benini, Paolo → Faenza

Bénitier, franz., Weihwasserkesselchen, meist an der Wand aufgehängt, aus Fayence oder Metall.

Bennington, Töpferwaren- und Porzellanfabrik. Eine der wichtigsten amerikanischen Keramikfabriken Mitte des 19. Jhs., die 1842-43 von *Julius Norton* zusammen mit *Christopher Webber Fenton* gegründet wurde. Ein englischer Töpfer, John Harrison, der in der Fabrik → Copeland gearbeitet hatte, war dort seit 1846 beschäftigt und scheint mit der Herstellung einer Art → Biskuit-Porzellans nach Art der → Parianware begonnen zu haben, das für Figuren und für Krüge mit Reliefdekor (gewöhnlich in Weiß auf bemaltem Fond) verwendet wurde. 1849 erhielt Fenton ein Patent für

G. Beneman: Kommode von G. J. Stöckel, überarbeitet von Beneman, um 1786 (Louvre, Paris)

Bennington Pottery & Porcelain Co.: ›Niagara-Fälle‹-Krug, Parianware, um 1853 (Metropolitan Museum of Art, New York)

eine ›gefleckte‹ Braunglasur (engl. flint enamel) – Gelb, Orange, Blau und Braun, eine Weiterentwicklung der gewöhnlichen, gefleckten, braunen →Rockingham-Glasur. Die meisten Produkte entsprachen dem englischen Stil der Zeit, aber typische amerikanische Motive wurden mitunter in die Dekorationen eingearbeitet – Reliefs von Wasserfällen (genannt das Niagara-Fälle-Muster) auf Parianware-ähnlichen Erzeugnissen. Die Fabrik hieß von 1853 bis zu ihrer Stillegung 1858 United States Pottery.

Lit: R. C. Barrett, *Bennington Pottery and Porcelain*, New York 1958.

Fayenceteller von Moustiers mit Dekor im Bérainstil, um 1730 (Musée National de Céramique, Sèvres)

Bérain, Jean (1637-1711). Französischer Architekt und Ornamentzeichner; er gehörte zu den Schöpfern des →Louis-quatorze. Bérain war der Sohn eines lothringischen Büchsenmachers, der sich um 1644 in Paris niederließ. Zunächst veröffentlichte er Ornamentstiche für Handwaffen (1659) und Gewehrschlösser (1662/63). Ab 1670 war er für die Krone als Graveur beschäftigt, und 1674 wurde er ›dessinateur de la Chambre et du Cabinet du Roi‹ mit der Verpflichtung, Entwürfe für die königlichen Festlichkeiten, Ballette, usw. zu liefern. Als Ch. →Le Bruns Stern bei Hof verblaßte, ging der Bérains auf. Bei Le Bruns Tod 1690 wurde er erster Entwurfszeichner und bekam eine Wohnung im Louvre neben der seines Verwandten A.-Ch. →Boulle und seines Schwiegersohns Jaques Thuret, der königlicher Uhrmacher war. Seine Entwürfe für Möbel, Kamineinfassungen, →Boiserien, Plafonds usw. wurden gestochen und veröffentlicht, viele davon zeigten →Groteskenmotive in einem Stil, der seinen Namen trägt, einem leichten, eleganten, kapriziösen Dekorationsstil, der auf der Grenze zum Rokoko steht. Luftige Baldachine, getragen von phantastischen →Hermen und umgeben von schwungvollen Windungen aus →Bandelwerk und →Akanthusblättern, bergen anmutige Figuren antiker Gottheiten, an deren Stelle gelegentlich Chinesen mit begleitenden Äffchen, diese an Stelle der klassischen Faune, treten. Aber trotz der Vorahnungen des Rokoko sind Bérains Entwürfe nie asymmetrisch. Der Einfluß seiner Entwürfe wird an vielen Louis-quatorze-Möbeln deutlich, besonders bei →Boulle-Marketerie und geschnitzten Bilderrahmen, aber auch bei Gobelins, Teppichen und Fayencen, vor allem denen von →Moustiers. Eine Sammlung von Bérains Ornamentstichen wurde 1711 in Paris veröffentlicht als ›Oeuvre de Jean Bérain, recueilliés par les soins du sieur Thuret‹. Sein Sohn *Jean Bérain II* (1678-1726) wurde ebenfalls von der Krone mit Dekorationen und Entwürfen beschäftigt; sein Werk ist von dem seines Vaters fast nicht zu unterscheiden.

Lit: R. A. Weigert, *Jean I Bérain*, Paris 1937.

Bercka, Heinrich Wolf →Gabel, Töpferei

Bergama →Türkische Teppiche

Berettino →Berrettino

Bergahorn →Sykomore

Bergère. Französischer Name für einen gepolsterten Armlehnstuhl mit gerundetem Rücken und breitem Sitz. Im Unterschied zu anderen Lehnstühlen Polsterung auch zwischen Armlehnen und Sitzfläche. Herstellung um 1725

Bergère, von L. Delanois (Louvre, Paris)

zunächst in Frankreich, bald danach auch in anderen europäischen Ländern.

Bergkristall. Ein durchsichtiger, farbloser Quarz, der an vielen Orten der Welt gefunden wird und seit frühester Zeit zu dekorativen Objekten, Schalen usw. verarbeitet worden ist. Er ist sehr hart und schwer zu schneiden; man benutzt dazu ein Steinschleifrad. Im 16. Jh. gab es eine Reihe italienischer Künstler, die darauf spezialisiert waren, dieses Material mit vertieft geschnittenen oder →Intaglio-Darstellungen zu schmücken, unter ihnen vor allem V. →Belli, G. →Bernardi und die Familie der →Miseroni. Wetteifernd mit Bergkristall, wurde auch farbloses Glas wie dieses bearbeitet. *Siehe auch Abb. S. 59, 106, 209.*

Bergkristall: Henkelkrug, 16. Jh., wahrscheinlich Mailand (Kunsthistorisches Museum, Wien)

Bergmannsleuchter. Sächsische Leuchterform aus dem 17.-19. Jh., bei dem die Figur eines Bergmanns eine einzelne Kerze trägt. Meist aus Zinn hergestellt.

Berkemeyer. Trinkgefäß aus dem 16. Jh. mit ausladend geschwungenem Kelch und großen →Nuppen am unteren Teil, eine frühe Form des →Römers.

Berkey & Gay Furniture →Grand Rapids-Möbel

Berlage, Hendrikus Petrus (1856-1934). Holländischer Architekt und Entwurfszeichner. Berlage war einer der ersten, die sich vom

H. P. Berlage: Buffet aus Eichenholz, um 1909 (Gemeentemuseum, Den Haag)

→Historismus des 19. Jhs. freimachten, und er plädierte in seinen Schriften für natürliche Gestaltung und Redlichkeit der Verarbeitung. Diese ›moralischen‹ Qualitäten paßten in das soziale und politische Klima des frühen 20. Jhs., also die Zeit, als Berlage anfing, Anerkennung bei jungen Gegnern des →Art Nouveau zu finden. Sie kommen in seinen soliden, stämmigen, sehr brauchbaren Möbeln gut zum Ausdruck. Als Beispiel sei sein Eichenbüffet von um 1900 im Gemeente Museum, Den Haag, genannt, das auf seine Proportionen und den augenfälligen Gebrauch der konstruktiven Elemente vertraut. Viele seiner Möbel, die handwerklich von hoher Qualität sind, entstanden in dem unter dem Namen ›Het Binnenhuis‹ bekannten Amsterdamer Atelier. Berlage entwarf auch Glasgefäße von strenger Einfachheit für die Glashütten von →Baccarat und →Pantin. Er propagierte F. L. →Wright und wurde seinerseits von G. →Rietveld und L. →Mies van der Rohe, der sein Schüler war, sehr bewundert.

Lit: N. Pevsner, *Pioneers of Modern Design*, Harmondsworth 1960; R. Banham, *Theory and Design in the First Machine Age*, London 1960.

Berliner Eisenguß. Die *Königlich Preußische Eisengießerei* produzierte in der ersten Hälfte des 19. Jhs. eine breite Auswahl an Dekorationsgegenständen; sie reichte von der kleinen Statuette bis zu Schmuckstücken. Bedeutende preußische Künstler des frühen 19. Jhs., besonders K. F. →Schinkel, lieferten die Entwürfe. Die Auswahl wurde erweitert um zahlreiche kleine Haushaltsgegenstände, z. B. Rauch-, Schreib-, Nähutensilien und Stickrahmen. Der Stil variiert vom ausgeprägten Klassizismus bis zur zarten Neugotik. Im frühen 19. Jh. gab es drei Gießereien, die diese Waren herstellten: in Gleiwitz und Sayn sowie in der Invalidenstraße in Berlin. Die Gleiwitzer Hütte, gegründet 1796, stellte um 1800 Bauornamente und kleine Reliefplatten her. Die Berliner Hütte nahm ihre Tätigkeit 1804 als Filiale der Gleiwitzer Hütte auf. 1815 konnte sie sich bereits die Sayner Hütte einverleiben, die 1769/70 vom Erzbischof von Trier gegründet worden war. Die Mode für gußeiserne Dekorationsgegenstände ließ in den 30er Jahren des 19. Jhs. nach, und die Gleiwitzer Hütte stellte ihre Produktion – außer ›auf Bestellung‹ – nach 1848 ein. Die Berliner Gießerei wurde 1848 zerstört, doch die Sayner Produktion ging weiter bis 1865, als die Hütte von Krupp übernommen wurde. Berliner Eisenguß wurde in den 30er Jahren des 20. Jhs. vielfach nachgeahmt.

Lit: E. Schmidt, *Der preußische Eisenkunstguß. Technik, Geschichte, Werke und Künstler*, Berlin 1981.

Berlin
Königliche Manufaktur
ab 1763

W
I
4

Berlin
W. K. Wegeley
1751

Berliner Fayencen. Es gab vier Fayencefabriken, von denen die bedeutendste von dem Holländer *Cornelis Funcke* 1699 gegründet wurde. Sie stand bis um 1760 in Blüte und war bekannt für große, zuweilen ziemlich unförmige Vasen in barocker Form mit bauchigen Körpern und →Chinoiserien-Dekor in Blau und Weiß. Einige wenige Vasen zeigen in →Iznik-Manier Segelschiffe auf einem türkisfarbenen Grund. (*Siehe auch* Rheinsberg)

Lit: O. von Falke, *Alt-berliner Fayencen*, Berlin 1932; K. Hüseler, *Deutsche Fayencen*, Stuttgart 1956-58; A. Klein, *Deutsche Fayencen*, Braunschweig 1973.

KPM

Berlin
Königliche
Porzellan-Manufaktur

Berliner Porzellan-Manufakturen. Die erste Manufaktur wurde von *Wilhelm Kaspar We-*

Berliner Porzellan: Kaffeekanne und Zuckerschale, mit Schwarzlotdekor, um 1768 (Berlin-Porzellansammlung, Belvedere, Berlin-Charlottenburg)

Berliner Porzellan: Teetasse, von Trude Petri-Raben entworfen, um 1929 (Museum of Modern Art, New York)

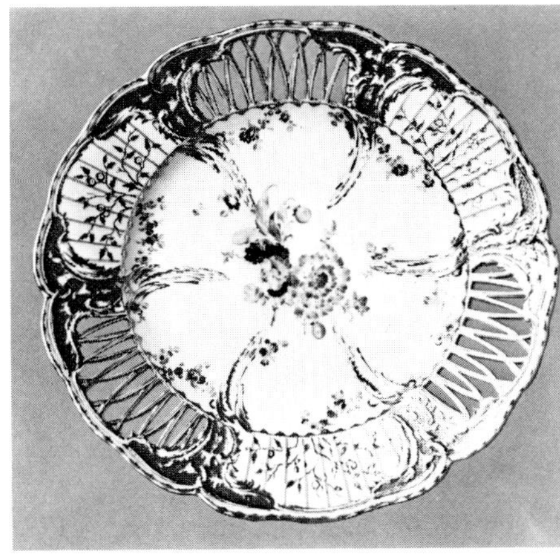

Berliner Porzellan: Dessertteller ›Reliefzierat mit Spalier‹, aus dem Service für das Neue Palais bei Potsdam, 1765 (Museum für Kunst und Gewerbe, Hamburg)

gely 1752 gegründet und arbeitete fünf Jahre. Es wurde gutes, jedoch wenig transparentes Hartporzellan hergestellt, Tafelgeschirr, bemalt mit Landschaften, Watteau-Figuren und naturalistischen Blumen, wie auch einige eindrucksvolle Vasen mit Putti und Blumen in Reliefdekor und kleine Figuren, die allgemein auf Modelle von →Meißen oder →Vincennes zurückzuführen sind. Hierzu gehört auch eine selbständige Serie von Kindern mit ziemlich großen Köpfen und gedrungenen Gliedern, die als Verkäufer und Angehörige anderer Berufe gekleidet sind. Bei dieser Fabrik tätige und aus Meißen (vor allem Karl Just Christian Klipfel) kommende Arbeiter führten die Produktion in einer zweiten Fabrik weiter, die 1761 von *Johann Ernst Gotzkowsky* gegründet und finanziert und von *Johann Georg Grieniger* mit F. E. →Meyer als ›Modellmeister‹ geführt wurde. 1763 erwarb Friedrich der Große diese seitdem ununterbrochen staatliche Manufaktur. Die Erzeugnisse der ersten zehn Jahre zählen zu den anziehendsten ihrer Zeit, sie sind aus einem cremefarbenen Porzellan feinfühlig modelliert und in äußerst zurückhaltendem Rokokostil bemalt. Hergestellt wurden ausgezeichnete Tafelgeschirre, Tee- und Kaffeeservice für den König, mit sehr flachem Reliefdekor, mit Blumen, Landschaften, →Watteau-Szenen usw. und mit reichen Mosaikmustern auf den Rändern. Vasen mit Rocaillen und ›erhabenen Blumen‹ sind noch sorgfältiger ausgearbeitet, aber ähnlich bemalt. Kleine Figuren nach Modellen von F. E. und W. C. Meyer mit gestreckten Körpern stellen mythologische Figuren und Gruppen dar, im Stil der zeitgenössischen französischen Bildhauerei, aber auch zahlreiche Kinder-, Tier- und Vogel-Motive. Das anspruchsvollste Vorhaben der Fabrik auf diesem Sektor war ein übergroßer Tafelaufsatz mit vielen Figuren und Gruppen, der 1770-72 als diplomatisches Geschenk für Katharina die Große angefertigt wurde und sich jetzt in der Ermitage in Leningrad befindet. Kurz nach 1770 führte die Verwendung von Kaolin anderer Provenienz zur Herstellung eines kaltweißen Scherbens, und etwa zur gleichen Zeit wurde der Stil der Fabrik strenger, die Formen wurden – beeinflußt vom →Klassizismus – klarer. Antike Dekorationsmotive traten nach und nach an die Stelle von Rocaillen und Arabesken. Unter der Regierung Friedrich Wilhelms II. beschleunigte sich diese Entwicklung seit 1786 zusehends. Sogenanntes Neuglatt-Porzellan ist charakterisiert durch vorspringende, gemalte oder freie Ränder. Im frühen 19. Jh. kam der →Empire-Stil nach dem Vorbild von →Sèvres auf, besonders bei Tafelgeschirren, mit viel Vergoldung und Rändern in kräftigen Farben. Bemerkenswerte Stücke sind Vasen und Teller, die mit Ansichten von Gebäuden in und um Berlin bemalt sind. Kleinere Figuren und Büsten wurden in →Biskuit-Porzellan hergestellt, zuweilen nach

Berlin
J. E. Gotzowsky
1761-63

Berliner Porzellan: ›Venus‹, 1769-70, modelliert von W. C. Meyer (Berlin-Porzellansammlung, Belvedere, Berlin-Charlottenburg)

Berliner Porzellan: Teller, 1815-20 (Berlin-Porzellansammlung, Belvedere, Berlin-Charlottenburg)

Berliner Porzellan: Teetasse und Teller, 1832-37 (Berlin-Porzellansammlung, Belvedere, Berlin-Charlottenburg)

Marmorbüsten von J.C. Schadow (besonders nach seiner Gruppe der beiden Prinzessinnen Louise und Friederike). 1818 modellierte Schadow für die Fabrik einen sehr gut gestalteten Tafelaufsatz für den Herzog von Wellington (Apsley House, London). Um 1830-50 gefertigte →Lithophanien gehören zu den interessanteren Erzeugnissen der Zeit, in der ein ziemlich schwerer ›viktorianischer‹ Stil bei Tafelgeschirren wie bei Schmuckgegenständen vorherrschte. Die Ernennung von *Hermann Seger* (1839-93) zum technischen Direktor im Jahre 1878 kennzeichnet den Beginn einer Erneuerung. Er war der Erfinder des ›Seger-Porzellans‹, das für Vasen einfacher chinesischer Form mit reichen →Flambé-Glasuren in →Ochsenblut, Violett, Grün, Gelb usw. verwendet wurde. Im frühen 20.Jh. erwarb die Fabrik Modelle von einzelnen Bildhauern, wie A. →Amberg (1874-1913), Schöpfer der aus vielen Figuren bestehenden Tafeldekoration ›Der Hochzeitszug‹, J. →Wackerle, Paul Scheurich (1883-1945) und anderen. Hermann Hugo Hubatsch (1878-1940) arbeitete für die Fabrik seit 1903 und entwarf verschiedene Modelle von Figuren im Zeitkostüm, vor allem die einer modisch gekleideten Dame, auf einem Rokokostuhl sitzend. Unter der künstlerischen Leitung von *Theodor Hermann Schmuz-Baudiß* (1859 -1942) in den Jahren 1908 bis 1926 wurden auch ansprechende Tafelgeschirre mit Jugendstildekoren hergestellt. 1929 begann die Produktion sehr eleganter und einfacher Teeservice, von *Trude Petri-Raben* (geb. 1906) entworfen, wegweisend für viele weitere, später in Europa und den Vereinigten Staaten hergestellte unbemalte Service. Die Erzeugnisse der ersten Berliner Fabrik von Wegely wurden mit einem eingepreßten W in Blau gemarkt; die in der Gotzkowsky-Fabrik 1761-63 gefertigten mit einem G in Unterglasurblau, viele dieser Stücke wurden aber erst später dekoriert. Die bekannteste Marke, ein Zepter in Unterglasurblau, wird seit 1763 in verschiedenen Formen verwendet. Bedeutende Sammlungen Berliner Porzellans befinden sich im Kunstgewerbemuseum Schloß Charlottenburg und Museum Bröhan, Berlin. *Siehe auch Abb. S. 67, 554.*

Lit: E. Köllmann, *Berliner Porzellan*, Berlin 1966; I. v. Treskow, *Jugendstil-Porzellane der KPM*, München 1971; G. Zick, *Berliner Porzellan der Manufaktur von W.C. Wegely 1751-57*, Berlin 1978.

Berliner Wandteppich-Manufaktur. Gegründet im späten 17.Jh. von hugenottischen Flüchtlingen aus →Aubusson. Zu dem Besten ihrer Produktion gehört die Serie ›Die Geschichte des Großen Kurfürsten‹ (1693). Die Manufaktur beschäftigte sich hauptsächlich damit, französische Bildteppiche zu kopieren, vor allem die ›Grotesken‹ von →Beauvais nach →Bérain und die ›Chinesischen Wandteppiche‹ nach Vernasal und Blain de Fontenay.

Lit: H. Göbel, *Wandteppiche*, Leipzig 1923-34; D. Heinz, *Europäische Wandteppiche*, Braunschweig 1963.

Berliner Wollarbeit. Nadelarbeiten, die meist von Amateuren in farbiger Wolle (in Gotha gesponnen und in Berlin gefärbt) auf quadratmaschigem Stramin ausgeführt wurden, mit pflanzlichen und figürlichen (oft religiösen) Motiven. Seit 1804 wurden zahlreiche Musterbücher vor allem in Berlin publiziert; die Muster waren auf ein Gitter gezeichnet, dessen Quadrate denen des Stramins genau entsprachen und daher kopiert werden konnten. Die Wollarbeiten wurden für Möbelbezüge verwendet, manchmal auch als Bilder gerahmt.

Lit: B. Morris, *Victorian Embroidery*, London 1962; M.G. Proctor, *Victorian Canvas Work (Berlin Wool Work)*, London 1972.

Bernardi, Giovanni Desiderio (1496-1553). Italienischer Steinschneider, arbeitete vor allem in →Bergkristall. Vasari ließ ihm großes Lob zuteil werden. Geboren in Castel Bolognese, begann er seine eigene Laufbahn als Steinschneider und Medailleur für Alfons I. d'Este.

Er ließ sich vor 1530 in Rom nieder, wo er sich der Schirmherrschaft von Papst Clemens VII. und von Kardinal Ippolito de'Medici erfreute, für den er nach Entwürfen von Michelangelo zwei Arbeiten in Bergkristall schnitt. Sie sind verloren, aber durch Abgüsse bekannt. Er schnitt auch nach Entwürfen von →Pierino del Vaga. Sein berühmtestes Werk ist die Folge der von B. →Sbarri in Silber gefaßten, geschnittenen Bergkristallplatten der Cassetta Farnese, 1543-61 (Museo di Capodimonte, Neapel). Eine weitere Folge seiner Bergkristallschnitte wurde von B. Sbarri und A. →Gentili in ein Kreuz und zwei Kerzenleuchter gefaßt. Wichtige Werke, die von Bernardi stammen oder ihm gewöhnlich zugeschrieben werden, sind im Museo degli Argenti, Palazzo Pitti, Florenz, im National Museum, Kopenhagen, im Metropolitan Museum, New York, und in der Bilbliothèque Nationale, Paris. Von einigen seiner Steinschnitte hat man Abdrücke genommen und sie als Bronzeplaketten reproduziert. *Siehe Abb. S. 223.*

Lit: E. Kris, *Meister und Meisterwerke der Steinschneidekunst ...*, Wien 1929.

Bernburg. Eine Thüringer Fayence-Manufaktur, die, wie man annimmt, um 1725 auf Veranlassung des Prinzen Victor Friedrich von Anhalt-Bernburg gegründet wurde. (Eine blauweiße →Chinoiserie-Vase trägt die Inschrift: ›Bernburg Freytag pinxit 1725‹ (Kunstgewerbemuseum, Halle). Spätere Erzeugnisse ähneln denen von →Dorotheenthal. Die Manufaktur wurde wahrscheinlich um 1775 geschlossen. In einer zweiten Fayence-Manufaktur jedoch wurden von 1794 bis 1885, wie in →Zerbst, glasierte Irdenware im englischen Stil und gegen Ende auch verschiedene andere Keramiktypen einschließlich eines besonders harten Steinzeugs, genannt ›Ascanialith‹, hergestellt.

Lit: K. Hüseler, *Deutsche Fayencen*, Stuttgart 1956-58.

Bernstein. Gelbliches, durchscheinendes, versteinertes Kiefernharz, das von alters her als eine edle Substanz angesehen wurde und sowohl wegen seiner Schönheit als auch wegen seiner vermuteten magischen Eigenschaften geschätzt wurde – z. B. wird Bernstein leicht magnetisch, wenn er warm ist und gerieben wird. Er wird hauptsächlich an der südlichen

G. D. Bernardi: Bergkristallplatte mit geschnittenen Szenen aus der Geschichte Noahs (Museo degli Argenti, Palazzo Pitti, Florenz)

Ostseeküste gefunden, vor allem bei Schwarzort (Litauen), und wurde in der Bronzezeit in europäische Länder und in den Mittelmeerraum exportiert, wo er sowohl in Mykene in Griechenland, als auch in der Villanova-Kultur und bei den Etruskern in Italien Verwendung fand. Obwohl später z.T. von anderen, wertvolleren Materialien abgelöst, wurde er in der klassischen Antike weiterhin zu Schmuck und kleineren Ziergegenständen verarbeitet, ebenso im Mittelalter, das ihn vor allem für Rosenkränze gebrauchte. In Deutschland im 16. und 17. Jh. wurde für Becher, Schalen, Kerzenleuchter usw., ebenso wie für Schmuckkästchen und Kabinettschränke Bernstein verwandt, Die Zentren der Produktion waren Kopenhagen, Schwarzort, Danzig und Königsberg, später auch Berlin, Kassel, Braunschweig und Dresden. Nachdem sie im 18. und 19. Jh. etwas in Vergessenheit geraten war, wurde die Kunst der Bernsteinverarbeitung durch Kunsthandwerker des Jugendstils wieder aufgegriffen.

Lit: G. Reineking v. Bock, *Bernstein, das Gold der Ostsee*, Köln 1981.

Bernward von Hildesheim: Silberner Altarleuchter, um 996-1000 (Magdalenenkirche, Hildesheim)

Bernward von Hildesheim (um 960-1022). Patron der Goldschmiede. Gründer der Hildesheimer Bronzegießerschule, dem man auch ihre schönsten Werke zuschreibt, obwohl der Umfang von Bernwards Mitarbeit – sei es als Entwerfer, Handwerker oder Auftraggeber – ungewiß ist. Er wurde 993 Bischof, 989 und 1001 besuchte er Rom. Seine berühmtesten Werke sind die beiden großen Türflügel (4,72 m hoch und ein jeder in einem Stück gegossen), die für St. Michael bestimmt waren, heute im Hildesheimer Dom sind. Sie wurden 1015 in Auftrag gegeben. Die Türen tragen sechzehn Relieffelder mit biblischen Szenen. Die äußerst lebendigen Figuren haben große und ausdrucksvolle, in Hochrelief gearbeitete Köpfe, die sich kräftig vom Hintergrund abheben. Für diese Türen, für sein Silberkruzifix von 1007/08 (Hildesheimer Domschatz) und zwei Silberleuchter (um 996-1000, Magdalenenkirche) erhielt Bernward Anregungen aus der frühen →karolingischen Zeit. Bei der Bronzesäule von etwa 1000-10 (im Hildesheimer Dom), die in einem Stück gegossen ist und auf der in einer fortlaufenden Spirale Szenen aus dem Leben Christi dargestellt sind, war er von römischen Triumphsäulen inspiriert.

Lit: R. Wesenberg, *Bernwardische Plastik*, Berlin 1955; V.H. Elbern, K.H. Reuther, *Der Hildesheimer Domschatz*, Hildesheim 1969; P. Lasko, *Ars Sacra 800-1200*, Pelican History of Art, Harmondsworth 1972; J. Nowak, *Bernward von Hildesheim*, Hildesheim 1982.

Berrettino oder **Berettino** oder **Beretino.** Graublaue oder dunkelblaue Zinnglasur. Auf der Berrettino-Glasur sind in opakem Weiß (mit einer sehr ähnlichen Wirkung wie →Bianco sopra Bianco) oder in mehreren Farben ornamentale Motive gemalt, →Arabesken usw. Ab Anfang des 16. Jhs. wird die Glasur bei den Majoliken von Faenza (besonders der Casa →Pirota) und bei anderen italienischen Keramiken verwandt. In Venedig wird Berrettino →Smaltino genannt.

Lit: O. Mazzucato, ›Sulle maioliche venete dette berettine‹ in *Padusa* 6, 1970, S. 17-23.

Berthevin, Pierre →Mosbach

Bertoia, Harry (1915-78). Bildhauer und Möbeldesigner. Er wurde in Italien geboren und lebte seit 1930 in den Vereinigten Staaten. Bei der Gestaltung seiner Sitzmöbel nutzte Bertoia die Möglichkeiten von geformtem Drahtgeflecht und Schaumgummi in hervorragender Weise. Sein berühmter Muschelstuhl aus dem Jahre 1952 ist international als ›Bertoia-Stuhl‹ bekannt (hergestellt von →Knoll International). Harry Bertoia gehörte mit →Eames und →Saarinen zu den wenigen, die die neuen Forderungen an Mobiliar und Raumgestaltung, bewirkt durch die ›Einsehbarkeit‹ der moder-

H. Bertoia: Muschel-Stuhl, 1951/52 (Musée des Arts Décoratifs, Paris)

nen Architektur, würdigten und berücksichtigten.

Bertolucci, Giuseppe → Pesaro

Beschauzeichen. Das offizielle Merkzeichen, das an einer Arbeit aus Gold oder Silber angebracht wird als Garantie für die dem üblichen Standard entsprechende Reinheit des Materials. Mitunter wird dies Zeichen des Prüfamts oder der Zunft durch weitere Merkzeichen ergänzt. Diese geben den Feingehalt (z. B. die Menge des unedlen Metalls in der Legierung) an, das Jahr der Prüfung sowie den Namen des Herstellers. Die Zeichen werden durch Stempel angebracht und sind nicht zu verwechseln mit Inschriften oder dem → Tremolierstich, der entsteht, wenn eine kleine Menge Metall für die Prüfung entnommen wird. (Der Tremolierstich erinnert manchmal an den Buchstaben N oder Z, doch hat seine Form keine Bedeutung.) In römischer Zeit wurden Gold- oder Silberbarren gelegentlich mit offiziellen Stempeln, die für die Reinheit bürgten, versehen. Im oströmischen Reich brachte man auch am geschmiedeten Metall Merkzeichen an. In den meisten Ländern Nordeuropas wurde die Praxis, Edelmetallarbeiten mit Beschauzeichen zu versehen, im frühen 14. Jh. eingeführt.

Ein englisches Gesetz von 1300 legte einen Standard für Silber als Legierung aus 925 Teilen Silber und 75 Teilen eines unedlen Metalls fest (Sterlingstandard). War das Silberstück im Prüfamt in London getestet, wurde es mit einem Leopardenhaupt gestempelt; dies Zeichen blieb bis auf den heutigen Tag das Londoner Beschauzeichen (ursprünglich war das Haupt bekrönt, seit 1820 ist es ungekrönt). Ab 1363 wurde ein Merkzeichen des Herstellers hinzugefügt, zunächst als Bildzeichen, später (ab 1697) seine Initialen. Ab 1478 kam ein Buchstabe aus dem Alphabet, der das Jahr anzeigte, hinzu; er wechselte jeden Mai (zunächst am 19., später am 29.). Seit 1544 wurde ein schreitender Löwe als nationales Kennzeichen hinzugefügt. Um diese Zeit gab es auch schon Prüfämter in den Provinzen, doch verwendeten diese im allgemeinen – bis zum 18. Jh. – weniger sorgfältig ausgearbeitete Merkzeichensysteme als das Londoner. Besondere Zeichen anstelle des Leopardenhaupts verwendeten Chester (seit 1686 das Stadtwappen), Exeter (im 16. und 17. Jh. ein X, ein dreitürmiges Kastell seit 1701), Newcastle (drei X oder drei Türme seit der Mitte des 17. Jhs.) und York (halb Leopardenhaupt, halb Lilie, wahrscheinlich ab 1411; ein mit fünf schreitenden Löwen besetztes Kreuz ab 1700). Später wurden weitere Ämter eingerichtet, und zwar 1773 in Birmingham (ein Anker) und Sheffield (eine Krone). Auch in Dublin, Edinburgh und Glasgow gab es Prüfämter mit eigenen Merkzeichen. Ein neuer Silberstandard – mit 41 Teilen unedlen Metalls zu 959 Teilen Silber –, der 1697 durch Act of Parliament festgesetzt wurde, blieb bis 1719 gültig. Während dieser Jahre wurde der schreitende Löwe durch die Figur der Britannia ersetzt, und das Leopardenhaupt erfuhr eine Veränderung. Mit der Rückkehr zum Sterlingstandard wurden die alten Merkzeichen wieder eingesetzt. Ab 1784 wurde ein Stempel mit dem Portraitkopf des Königs hinzugefügt, um anzuzeigen, daß die Steuer auf das geschmiedete Stück bezahlt worden war. Der Gebrauch dieses Stempels wurde 1890 aufgehoben und nur zweimal wieder aufgenommen: 1935, um das Jubiläum von Georg V., und 1953, um die Krönung von Königin Elisabeth II. zu vermerken.

In Frankreich wurden goldene Geräte ab 1313 mit Beschauzeichen versehen, und um 1400 waren 186 französische Städte berechtigt, Gold- und Silberschmiedearbeiten mit solchen zu stempeln. Zunächst handelte es sich nur um eine Meistermarke, über der eine Lilie (fleur-de-lys) angebracht war, und das Merkzeichen der Zunft. Buchstaben für das Jahr wurden erst später eingeführt. Stücke des 18. Jhs. sind auch mit dem Stempel ›Fermier‹, an den die Steuer auf das fertige Stück gezahlt worden war, gezeichnet. Silbervergoldete Stücke wurden von 1765 bis zur Revolution mit ›argent‹ gestempelt; von 1789 bis 1797 verwendete man keinerlei Merkzeichen.

In den Niederlanden wurde der Gebrauch von Merkzeichen im 16. Jh. eingeführt. In jeder von 31 Städten wurde ein anderes verwendet, bis man 1814 ein nationales Markierungssystem schuf. Die Nürnberger Goldschmiede bezeichneten ihre Ware seit dem 14. Jh., doch hatten sie bis 1550 kein festes Merkzeichensystem. In Augsburg, dem anderen großen deutschen Gold- und Silberschmiedezentrum, wurde ab 1529 eine Stadtmarke benutzt. In ähnlicher Weise verwendeten die Zünfte in den meisten Städten anderer europäischer Länder, in denen Gold- und Silber geschmiedet wurde, Beschauzeichen, im allgemeinen zusammen mit Meistermarken und solchen für das Datum der Entstehung. Vorschriften zur Kontrolle der Beschauzeichen wurden mit unterschiedlicher Strenge aufgestellt; in den späteren Jahrhunderten aber und in den größeren Städten (besonders Paris und London) wurden

Italienisches Renaissancebett, wahrscheinlich aus dem späten 15. Jh. (Palazzo Davanzati, Florenz)

sie allgemein befolgt. In Deutschland ist seit 1880 die Stempelung der Gold- und Silberarbeiten gesetzlich geregelt.
Die Vereinigten Staaten sind das einzige westliche Land, in dem Beschauzeichen nie benutzt worden sind. Doch haben dort viele Silberschmiede Herstellermarken und ist bei manchen der Standard der Legierung, aus der das Stück besteht, angegeben.

Lit: Für ganz Europa, siehe M. Rosenberg, *Der Goldschmiede Merkzeichen,* Frankfurt am Main 1922-28, 4 Bde.; E. Beuque, *Dictionnaire de Poinçons officiels français et étrangers, de leur création (XIVe siècle) à nos jours,* 2 Bde., Paris 1925-28; für Großbritannien, siehe C.J. Jackson, *English Goldsmiths and their Marks,* London 1921, Nachdruck 1948; für das byzantinische Kaiserreich, siehe E.C. Dodd, *Byzantine Silver Stamps,* Washington, D.C. 1961; für die Niederlande, siehe Bibl. in M.H. Gans & Th.M. Duyvené de Wit-Klinkhamer, *Dutch Silver,* London 1961; für Italien, siehe C.G. Bulgari, *Argentieri gemmare orafi d'Italia,* Rom 1959-74 (bisher 6 Bde.).

Beschlagwerk. Ein aus symmetrisch geordneten Bändern bestehendes Ornamentmotiv, bei dem die Bänder oder Leisten wie ein Metallbeschlag mit Nieten aufgenagelt zu sein scheinen. Die aufgerollten Enden des →Rollwerks treten bei ihm in die Fläche zurück. Der Name stammt aus dem Architekturbuch (1565) des Holländers Vredeman de →Vries, in Deutschland ist es um 1600 aufgekommen.

linkes Bild: Vierpfostenbett mit Samtdrapierung, holländisch, um 1700 (Rijksmuseum, Amsterdam)

Lit à la Polonaise, Louisquinze (Schloß Versailles)

Lit à la Duchesse, von J.-D. Dugourc, um 1780 (Ecole des Beaux Arts, Paris)

Nicolas Besnier

Besnier, Nicolas (tätig 1714-54). Führender Silberschmied des →Régence-Stils; 1714 wurde er Meister, 1715 ›orfèvre du Roi‹. Charakteristisch für seine Arbeiten ist ein Waschbecken im Louvre, das in einfacher Weise mit einem Mäander, zierlichen Muscheln und den Köpfchen von Putti, die ihre Backen aufblasen, verziert ist. Zusammen mit J.-B. →Oudry wurde er 1734 zum Verwalter der Gobelinmanufaktur von →Beauvais bestellt.

Lit: Y. Bottineau und O. Lefuel, *Les Grands Orfèvres*, Paris 1965.

Besteckkasten. Dekorativ gestalteter Behälter, innen mit Schlitzen versehen, in denen die einzelnen Teile des Bestecks senkrecht stehend eingeordnet werden können. Im frühen und mittleren 18. Jh. waren sie auf dem Kontinent und in England im allgemeinen wie Kästen geformt und mit einem schrägen Deckel versehen, aus schönem Holz gemacht oder mit →Chagrinleder bezogen; im späteren 18. Jh. hatten sie oft Vasenform. Diesen späteren Typ bevorzugte R. →Adam, der ihn als dekoratives Element in seine Entwürfe von Speisezimmermöbeln einbezog.

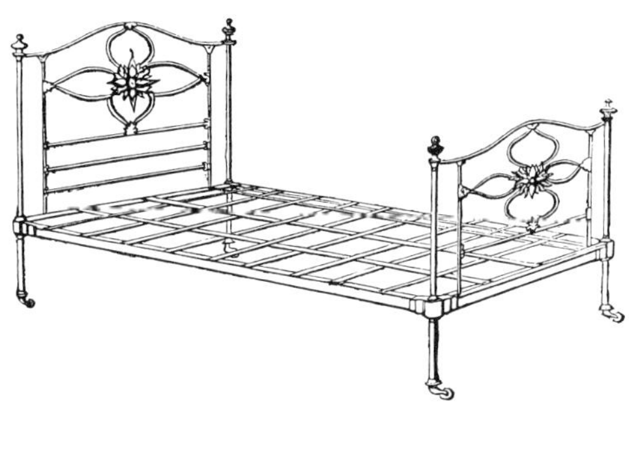

Eiserne Bettstelle aus dem ›Art Journal‹, 1851

Bett. Die Bezeichnung wird sowohl auf das Bettzeug, Matratze und Decken, als auch auf das Bettgestell angewendet. Der Gebrauch eines Gestells, auf das man das Bettzeug legt, hat sich in Europa allgemein erst im frühen 17. Jh. durchgesetzt. Vereinzelt gab es jedoch schon sehr früh Bettgestelle, z. B. während der 1. ägyptischen Dynastie (um 3000 v. Chr.): rechteckige Rahmen mit Gurten, getragen von kurzen Beinen, mitunter in Gestalt von Stierhufen oder Löwentatzen und am Kopfende im allgemeinen länger als am Fußende, wo ein Fußbrett angebracht war (z. B. das Bett der Königin Hetepheres I., aus Holz, belegt mit Blattgold), um 2650 v. Chr.; Egyptian Museum, Kairo). Eine hölzerne Kopfstütze in Form eines Halbmondes auf einem Untergestell, das manchmal sorgfältig geschnitzt war, war normalerweise vorgesehen. In späteren Zeiten waren Rahmen und Fußbretter oft kunstvoll geschnitzt, manchmal auch mit wertvollen Materialien eingelegt. In Griechenland hatte das horizontale Rahmengestell, auf das man die Matratze legte, eine erhöhte Stütze (→Fulcrum) für den Kopf an einem Ende und zuweilen eine entsprechende Zierstütze am anderen. Die Beine waren oft geschnitzt und die

Eingebautes Bett aus Dordrecht, Holland, 1626 (Rijksmuseum, Amsterdam)

Seiten der Stützen mit geschnitzten oder applizierten Metallreliefen verziert. Die römischen Betten waren in ihrer Konstruktion ähnlich, und dieser Typ hielt sich – mit Änderungen im Dekor – das Mittelalter hindurch bis in die Neuzeit. Im Mittelalter jedoch war es gebräuchlicher, die Matratze auf den Boden zu legen oder auf ein niedriges hölzernes Podest. In Italien lag im 16. Jh. das Bettzeug manchmal in der Mitte eines Podestes, das von langen niedrigen Truhen umgeben war, die auch für Vorräte benutzt wurden. Die weitere Entwicklung betraf weniger das Bettgestell als den Überbau, während der Renaissance in den vornehmen Häusern ein kunstvoller Baldachin

erlebte dann eine allmähliche Rückkehr zur funktionellen Einfachheit des Bettes.
Vierpfostenbett: Bett mit Baldachin, der an den Ecken von Pfosten gestützt wird.
Schrankbett, engl. press bed: Ein Bett, eingepaßt in einen Schrank, der so hoch wie das Bett lang ist, und dessen Tür nach vorwärts abwärts geöffnet werden kann, um als Unterlage für das Bettzeug zu dienen oder – bei reicher ausgestatteten Stücken – nach oben, als Baldachin, der am Fußende von Pfosten gestützt wird. Solche Betten sind in England seit dem 16. Jh. hergestellt worden.
Rollbett: Ein niedriges Bettgestell auf Rollen, das unter ein stehendes Bett geschoben werden kann. Dieses Möbel aus dem späteren Mittelalter blieb noch bis zur Mitte des 18. Jhs. in Gebrauch, vor allem für Dienstboten, die in den Räumen ihrer Herrschaft übernachteten.

Bett von Arnoux im Empirestil (Ecole des Beaux Arts, Paris)

(Betthimmel). Er schützte das Bettzeug vor Schmutz und Insekten, die von der Decke fielen, und Seitenvorhänge hielten sowohl Zugluft als auch störende Blicke fern. Der Betthimmel konnte sowohl von der Wand als auch von der Decke aus gehalten oder auch von Pfosten aus Metall oder Holz in der Form von Säulen, →Balustern, seltener in Gestalt von →Karyatiden oder →Atlanten, getragen werden. Von der Mitte des 17. Jhs. an wurde auf Stoffdrapierungen größerer Wert gelegt als auf das Holzwerk. Im Frankreich des 18. Jhs. wurden für die verschiedenen Arten von Himmelbetten phantasievolle Namen erdacht – ›lit à colonnes‹: mit vier sichtbaren Holzsäulen; ›lit à la polonaise‹: mit einem Gestell aus gekurvten Eisenbändern, die einen Himmel trugen, der aus reich gefältelten Stoffbahnen bestand; ›lit à la duchesse‹: mit rückwärts an der Wand oder an der Decke befestigtem Himmel. Ein ›lit à l'anglaise‹ hatte ein Kopfbrett und ein Fußbrett von der gleichen Höhe und ein weiteres gleichartiges Brett entlang einer Seite: es war dazu bestimmt, in einem Alkoven zu stehen. Während des Empire wurde die griechische Form des Bettes wieder aufgegriffen, doch meist in Verbindung mit einem Stoffhimmel, der oben an der Wand befestigt war. Das 19. Jh.

Bett mit Marketeriedekor von Ch. Herter, New York, 1880 (Metropolitan Museum of Art, New York)

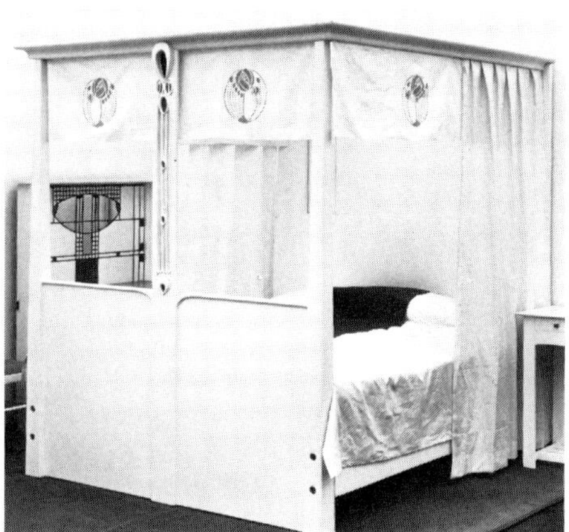

Bett nach Entwurf von C. R. Mackintosh, Glasgow, um 1900 (Universität Glasgow)

Bettignies, Jean-Maximilian-Joseph de →Saint-Amand-les-Eaux; Tournai

Bettisi, Leonardo genannt **Don Pino** (tätig 1564-81). Einer der bekanntesten Majolikakünstler in →Faenza, die den →Bianco di Faenza und den ›stile →compendiario‹ einführten. Seine Werkstatt fertigte schöne Tafelservice an, z. B. eines von 1576 für Albert V. von Bayern, von dem noch 112 Stücke im Bayerischen Nationalmuseum und im Residenzmuseum in München sind. Es ist oft schwierig, seine Arbeiten von denen anderer zeitgenössischer Faentiner Meister zu unterscheiden. Das Zeichen, das auf seinen Stücken zu finden ist, ist als Fabrikmarke zu betrachten. Stücke, die ›DO PI‹ (Don Pino) gemarkt sind, finden sich in verschiedenen italienischen Museen (z. B. in Faenza).

Lit: G. Liverani, *La maiolica italiana ...,* Mailand 1958; ders. in *Dizionario biografico degli italiani,* Bd. 9, Rom 1967; A. Klein, Fayencen aus Europa, Braunschweig 1980.

Bett-Tisch. Tischchen mit sehr niedrigen Beinen, bestimmt, auf das Bett gestellt zu werden, die Beine rechts und links des Liegenden. Kam zuerst in Frankreich im 18. Jh. auf, zuweilen als abnehmbares Oberteil einer niedrigen Kommode.

Beurdeley, Louis-Auguste-Alfred (1808-82). Sohn eines Pariser Möbeltischlers. Während des Zweiten Kaiserreichs erweiterte er das Geschäft seines Vaters und spezialisierte sich auf Möbel des 18. Jhs. und auf Bronzen – vor allem auf Vasenfüße –, bei denen er zuweilen einen sehr eigenwilligen Stil entwickelte. Sein Sohn *Alfred-Emmanuel-Louis* (1847-1919) führte das Geschäft fort, und er baute es noch weiter aus. Auch er spezialisierte sich auf Reproduktionen von Möbeln des 18. Jhs., zum Teil von sehr guter Qualität. 1895 löste er die Firma auf.

Lit: D. Ledoux-Lebard, *Les ébénistes parisiens (1795-1870)*, Paris 1965.

Beutelbücher (früher fälschlich auch Buchbeutel genannt). Vor allem im späten Mittelalter häufiger. Bei Gebetbüchern und juristischen und kanonistischen Schriften kleineren Formates wurde der Einband mit einer zweiten Lederhülle überzogen, die über die Unterkante hinaus verlängert war. Der Überhang wurde am Ende in einen Knoten zusammengefaßt, durch den ein Ring ging, mit dem das Buch am Gürtel eingehängt werden konnte. Nur

Bianco di Faenza: im Compendiario-Stil bemalte Schüssel, spätes 16. Jh. (Victoria & Albert Museum, London)

etwa 20 Exemplare sind bekannt, aber auf Tafelbildern sehr häufig bezeugt.

Lit: Fr. Dreßler, ›Beutelbücher in der Bamberger Kunst‹ in: *95. Ber. d. Hist. Ver. Bamberg*, 1957.

Bevan, Charles →Marsh and Jones

Beyer, Johann Christian Wilhelm (1725-1806). Architekt, Maler und Bildhauer, der an der →Ludwigsburger Porzellan-Manufaktur um 1761-67 und in →Wien 1768 Modelle für Porzellanfiguren schuf. Er glaubte, von der Antike inspiriert zu sein, aber seine Porzellanmodelle zeigen keine klassizistischen Tendenzen. Sie stellen elegant bewegte, mythologische Gruppen dar, Musikanten in zeitgenössischer Kleidung in verspielten Haltungen und – ein Meisterstück zartfühlender Rokokoerotik – ein halbbekleidetes Fischermädchen. Er veröffentlichte zwei Bände mit selbstentworfenen Vorlagestichen, die auch einige seiner Porzellanmodelle zeigen.

Lit: Alt-Ludwigsburger Porzellan, Ausst. Kat. Schloß Ludwigsburg 1959.

Beyerlé, Baron Jean-Louis de →Niderviller

Bi. Chinesisches Ritualobjekt aus Jade oder Glas, eine flache Ringscheibe, wobei das Loch rund ein Drittel des Durchmessers mißt. Sie symbolisiert den Himmel und wurde bei Opfern für den Himmel bis zur Abdankung des letzten Manschu-Kaisers 1912 benutzt. Man darf das Bi nicht mit dem →huan oder dem →xuanji verwechseln. *Abb. S. 297.*

Bianco oder **Bianchi di Faenza.** Italienische Majolika mit einer dicken, samtartigen, weißen Deckglasur, in →Faenza um die Mitte des 16. Jhs. von einer Gruppe von Meistern, wie →Bettisi, →Calamelli, Dalla Palle, oder den →Pirotti, →Mazzarisa, Utili usw., eingeführt, die die grotesken, abstrakten, figürlichen ›a storie‹ polychrom gemalten Ornamente aufgaben zugunsten einer sparsameren Bemalung, die einen großen Teil der weißen Glasur unbedeckt ließ und dadurch die Form des Stückes, das oft modelliert war, hervorhob. Die Dekoration war auf eine kleine figurale Darstellung oder ein Wappen reduziert, mitunter begleitet

J. C. W. Beyer: ›Fischermädchen‹, Ludwigsburger Porzellan, um 1764 (Kunstgewerbemuseum, Berlin)

von schnell hingeworfenen Entwürfen im ›stile →compendiario‹.

Lit: G. Liverani, ›La rivoluzione dei bianchi nella maiolica di Faenza‹ in *Faenza XLIV* (1958) 2; A. Klein, *Fayencen aus Europa*, Braunschweig 1980.

Bianco sopra bianco. Italienische Majolikadekoration, gemalt in undurchsichtigem, dichtem Weiß auf einem gebrochen weißen oder graustichigen Grund. Sie wurde im 16. Jh. besonders von →Pellipario und in der Casa →Pirota (wo die Maler auch das Weiß auf →Berrettino-Grund verwendeten), dann aber ebenfalls im ganzen nördlichen Europa angewandt.

Lit: A. Klein, *Fayencen aus Europa*, Braunschweig 1980.

Biarelle, Paul Amadeus (tätig 1736-52). Er stammte aus Lüttich, war Ornamentzeichner und arbeitete gemeinsam mit seinem Bruder *Johann Adolph*, der in Schloß Falkenlust bei Köln Entwürfe von Fr. →Cuvilliés ausführte. Ab 1737 waren beide in Ansbach, wo sie zur Ausschmückung der Residenz – einem der schönsten Profanbauten des Rokoko in Süddeutschland – beitrugen. Sie begannen ihre Arbeit hier unter dem Architekten Paolo Retti. Die Brüder Biarelle entwarfen auch schöne →Konsoltische in Zusammenarbeit mit Johann Georg Worflein (tätig 1736-96).

Lit: H. Kreisel, *Die Kunst des deutschen Möbels*, Bd. II, München 1970.

Bibelot, franz. Nippes, meist ohne besonderen materiellen Wert, z. B. Schnupftabaksdose, Etui.

Bibliotheksleiter. Kleine Leiter, von der aus man die oberen Buchreihen einer Bibliothek erreichen kann: häufig zusammenschiebbar oder in einen Stuhl, einen Tisch oder ein anderes Möbelstück eingebaut.

Bibliotheks- oder Lesestuhl. Englischer Armlehnstuhl des 18. Jhs. (Library chair) mit sattelförmigem, lederüberzogenem Polstersitz und beweglicher Buchstütze, die an der Rückenlehne befestigt ist. Die Konstruktion erlaubt ein normales Sitzen oder zum Lesen den Reitersitz mit dem Gesicht zur Rückenlehne. Häufig fälschlich als ›cock fighting chair‹ bezeichnet.

Bibliotheksstuhl oder Lesestuhl, Mahagoni, englisch, um 1720 (Victoria & Albert Museum, London)

Bibliothekstisch. Schreibtisch, in erster Linie für den Gebrauch in Bibliotheken bestimmt. Er hat im allgemeinen eine lederbezogene Platte, die häufig von einer Mittelstütze getragen wird und Schubladen in der Zarge hat.

Bickley, Benjamin →Bilston Emailmanufakturen

Bidet, franz. Sitzwaschbecken auf einem niedrigen Gestell. Zuerst wurden Bidets im Frankreich des frühen 18. Jhs., und zwar meist aus Nußbaumholz mit einem Metallbecken gefertigt, später war die Wanne manchmal aus Porzellan, auch aus Silber, und das Gestell aus seltenen Hölzern. Mme de Pompadour besaß eines mit Intarsien und vergoldeten Bronzebeschlägen. Es gab auch Doppelbidets, die von zwei Personen benutzt werden konnten. Bidets waren von Anfang an auf dem europäischen Festland beliebter als in England, obwohl Fanny Hill in dem gleichnamigen Roman eines benützt hat.

Bidri-Ware. Indische (Mughal) Metalleinlegearbeit: Silber, Messing, manchmal Gold in einer Legierung aus Zinn mit Blei und Kupfer, chemisch geschwärzt mit einer Paste, die Salmiak enthält. Sie kam wahrscheinlich in Bidár (Vorderindien) auf, kommt aber im 18. Jh. auch in Lucknow und anderwärts in Indien vor. Rautenförmige Muster wurden bevorzugt, mit floralen und Blattverzierungen. Bidri-Ware umfaßt hauptsächlich kleine Objekte, vor allem Gestelle für orientalische Wasserpfeifen, Gewürzdosen usw. und wird noch hergestellt.

Lit: A. R. Choudhury, *Bidri Ware*, Salar Jung Museum, Hyderabad 1961.

Bidschar-Teppiche →Persische Teppiche

Biedermeiermöbel. Der Name ›Biedermeier‹ stammt von einer literarischen Figur: dem Schulmeister Gottlieb Biedermeier, die Ludwig Eichenroth erfunden hat (1855-57) und die die deutsche Bourgeoisie des frühen 19. Jhs. symbolisierte. Man hat sowohl die Zeit von 1815 bis 1848 allgemein als auch den Dekorationsstil der Zeit mit seinem Namen bezeichnet. Biedermeiermöbel sind solide, schlicht, sehen behaglich aus, und seine besten Stücke haben einen großen, ›gemütlichen‹ Charme und eine anspruchslose Eleganz. Obwohl sie alle pompösen, dekorativen Zutaten, die bei Empiremöbeln üblich waren, meiden, stammen sie doch von den französischen ›bois clair‹-Möbeln des →Directoire- und →Empirestils ab, sind aber vielleicht ein wenig von englischen Einflüssen berührt, so daß sie manchmal aussehen wie Möbel von R. →Adam, die von all ihren Ornamenten entblößt sind. Einfachheit und klare Linienführung im Zusammenwirken mit hellfarbigen Hölzern (Ahorn, Kirsche und Apfel) verleihen ihnen ein merkwürdig modernes Aussehen. Die Verzierung

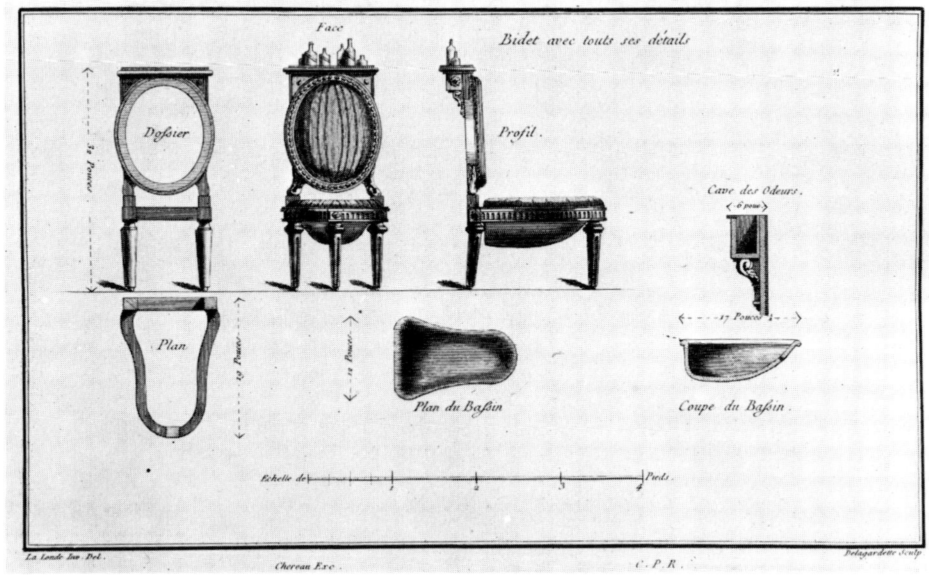

Entwurfszeichnung für ein Bidet von Lalonde, um 1780

beschränkt sich im allgemeinen auf Pilaster, Säulen und Palmetten, die oft in Ebenholz aufgesetzt sind, um mit dem hellfarbigen Holz des Hintergrunds zu kontrastieren, und ist um so wirkungsvoller, als sie sehr sparsam angewendet wird. Die besten Biedermeiermöbel stammen von J. →Danhauser in Wien. Er wurde viel von Erzherzog Karl beschäftigt. Eine umfangreiche Sammlung seiner Entwürfe wird im Museum für angewandte Kunst in Wien verwahrt. *Siehe auch* K. F. Schinkel.

Lit: G. Himmelheber, *Biedermeiermöbel,* Düsseldorf 1978; W. Geismeier, *Biedermeier,* Leipzig 1979; J. Bahus, *Biedermeiermöbel,* München 1979.

Biemann, Dominik (1800-57). Bedeutendster böhmischer Glasschneider des →Biedermeier. Er wurde in Nordböhmen geboren, lernte in der →Harrach'schen Glasfabrik und besuchte auch die Prager Kunstakademie. Er spezialisierte sich auf den Porträtschnitt auf Glasgefäßen und Plaketten, schnitt jedoch auch Landschaften, Allegorien, Genreszenen und Bilder alter Meister. Er bekam die Gläser, die er bearbeitete, meist von der Harrach'schen Fabrik, arbeitete aber in Prag und im Sommer im international besuchten Badeort Franzensbad. Sein Bruder *Vincenz* (gest. 1847/48) war ebenfalls ein bedeutender Glasschneider. *Siehe auch Abb. S. 75.*

Lit: G. E. Pazaurek, *Gläser der Empire- und Biedermeierzeit,* Leipzig 1923; S. Pessatova in *Journal of Glass Studies,* VII (1965), S. 83ff.; F. A. Dreier in *Jahrbuch des Preußischen Kulturbesitzes,* VI (1968), S. 210ff.

Martin Guillaume Biennais

Biennais, Martin-Guillaume (1764-1843). Aus seiner Werkstatt ging ein Großteil des schönsten Empiresilbers und vergoldeter Bronzen hervor, obwohl Biennais selbst – im Unterschied zu seinen Hauptrivalen Henry Auguste (→Auguste, R.-J.) und →Odiot – eher Unternehmer und Händler als Handwerker war. Er wurde in Lacochère (Orne) geboren und ließ sich ungefähr 1789 in Paris als ›tabletier‹ (d. h. als Hersteller und Verkäufer von kleinen Artikeln wie Spieltischen, Stockgriffen aus Elfenbein, Ebenholz usw., sowie →Nécessaires, auf die er sich später spezialisierte) nieder. Erst nach der Aufhebung der Zünfte im Jahre 1797 fing er mit Produktion und Handel von Silberwaren und Schmuck an. Er gewann bald die Gunst Napoleons, und der größte Teil der

Biedermeier-Eiskübel, Berliner Porzellan, 1823-26 (Privatsammlung)

M.-G. Biennais: Silbervergoldete Terrine mit Untersatz aus dem Borghese Tafelservice, 1794-1814, wahrscheinlich nach einem Entwurf von Percier und Fontaine (Metropolitan Museum of Art, New York)

100000 Francs, die Napoleon jährlich für Silber aussetzte, wurde an Biennais gezahlt. Er beschaffte die liturgischen Geräte für seine Hochzeit mit der Erzherzogin Marie-Luise und bediente den Kaiser bis zum Ende der ›Hundert Tage‹. Auch der bayerische, österreichische und russische Hof, ebenso wie zahlreiche private Auftraggeber wurden von Biennais beliefert. Biennais entwickelte einen besonderen Typ von Tafelgeschirr, der nur an kaiserliche und königliche Kunden verkauft wurde: Die Gefäße waren von einfacher, eleganter, neugriechischer Form und mit gravierten und gegossenen Ornamenten, die symbolisch auf den jeweiligen Auftraggeber anspielten, sehr sparsam verziert. Seine natürliche Begabung für die Verbindung von Eleganz, Gefälligkeit und Nützlichkeit zeigte sich sehr deutlich an seinen Nécessaires, für die er berühmt wurde. Als Beispiel sei das von 1806 für Napoleon genannt, das sich heute im Louvre befindet: 86 Teile in einem Kasten von 14 × 54 × 35 cm. Außer Silberarbeiten, vergoldeter Bronze und Schmuck lieferten seine Werkstätten auch Möbel, besonders tragbare, kleine Stücke wie Spieltische und Kabinettschränkchen, z. B. das mit Silber eingelegte Münzkabinett in ägyptischem Stil von 1806 (Metropolitan Museum, New York), sowie verschiedene Stücke in Malmaison. Seine Möbel wurden manchmal nach Entwürfen von Charles Percier und P. F. L. →Fontaine gefertigt. Biennais zog sich 1819 zurück und überließ sein Silber- und Bronzegeschäft seinem Mitarbeiter Cahier. Sein Möbelgeschäft wurde von einem anderen ehemaligen Mitarbeiter, Birgkam, übernommen. *Siehe auch* Empire.

Lit: S. Grandjean, *L'Orfèvrerie di XIXe siècle en Europe*, Paris 1962; J. E. Poole in *Burlington Magazine*, Juni 1977, S. 388-395.

Biest, Jan van der →Münchner Wandteppich-Manufaktur

Biggin, engl. Zylindrische, silberne Kaffeekanne mit Filter. Der Name, erstmals 1803 belegt, leitet sich von dem des Erfinders George Biggin ab, wird aber manchmal auch auf andere Arten von Kaffeekannen angewendet.

Bigot, Alexandre (1862-1927). Französischer Kunstkeramiker, der als Student der Mineralogie anfing, dann in den 90er Jahren des vorigen Jhs. auf die Herstellung von Keramikwaren mit →Kristallglasuren und →Flambéglasuren überging. Um 1894 fertigte er sehr hübsche Steinzeugvasen mit marmorierten und gesprenkelten Glasuren. Seit etwa 1897 schuf er Steinzeug zum Schmuck von Gebäuden. Er führte den Tierfries nach dem Entwurf von R. Jouve für die Porte Monumentale auf der Pariser Weltausstellung von 1900 aus. Bei dieser Ausstellung bekam er sechs Preise für seine Keramik. Später befaßte er sich mit der Herstellung von für Betonkonstruktionen geeigneten Keramikdekorationen (z. B. die Fassade von St-Jean, Montmartre, Paris).

Lit: Ausst. Kat. *Europäische Keramik des Jugendstils*, Hetjens-Museum Düsseldorf 1974; H.-J. Heuser, *Französische Keramik zwischen 1850 und 1910*, München 1974; G. Dietrich in *Keramos* LXXVII (1977) S. 33-46.

Bilderrahmen. Die frühesten Bilderrahmen sind entweder Teil der bemalten Fläche (Bild und Rahmen aus einem Stück gearbeitet), oder es sind in vereinfachte architektonische Form gebrachte, geschnitzte Einfassungen von Altargemälden. Auch in ersterem Fall handelt es sich um die Rahmen von sakralen Werken. Vielfach stammten die Entwürfe von berühmten Künstlern, so entwarf z. B. Albrecht Dürer den Rahmen für sein ›Allerheiligenbild‹ von 1511 (Rahmen heute im Germanischen Nationalmuseum, Nürnberg; Gemälde im Kunsthistorischen Museum, Wien). Profane Bilder wurden erst seit dem 17. Jh. in einem flachen oder geschnitzten und vergoldeten, rechtwinkligen oder runden Rahmen, der gewöhnlich aus Holz war, gefaßt, also seit dem Aufkommen der Staffelmalerei. Das Gemälde war jetzt zur Hängung an der Wand bestimmt. Das hatte zur Folge, daß in der Mitte des 17. Jhs. die Nachfrage nach Bilderrahmen so bedeutend wurde, daß es in England einen juristischen Disput zwischen Schreinern und Tischlern gab, wer sie herstellen durfte.
Den Bilderrahmen voraus gingen Spiegelrahmen (→Spiegel). Mittelalterliche und frühere Handspiegel waren manchmal in Elfenbeinrahmen, Hängespiegel, die im späten Mittelalter Verbreitung fanden, in geschnitzten oder gemalten Rahmen gefaßt, wofür ein schönes Beispiel der konvexe Spiegel in Jan van Eycks ›Jan Arnolfini und seine Frau‹ (1434, National Gallery, London) ist.

A. Bigot: Steinzeugvase, 1894 (Kunstgewerbemuseum, Berlin)

Stilistisch folgte die Rahmengestaltung den laufenden Trends in der Möbelfertigung, obwohl auch spezielle Typen entwickelt wurden, z. B. der holländische Rahmen des 17. Jhs., furniert mit Ebenholz und Schildpatt (rot und gelb) mit welligen oder gerippten Ebenholzkehlungen. Spiegelrahmen können aus Silber *(siehe Abb. S. 509)* oder aus Porzellan sein, sie sind lackiert oder mit Samt bespannt und bestickt mit Perlen, Gold, Juwelen und Seidenschleifen. Bilderrahmen sind im allgemeinen einfacher, obwohl auch sie sehr kunstvoll geschnitzt sein können. Möbelentwerfer des 18. Jhs. nahmen oft Bilderrahmen in die Veröffentlichungen ihrer Entwürfe auf, so R. →Adam und Th. →Chippendale, und seit der Mitte des 18. Jhs. sind Namen berühmter Rahmenmacher bekannt. Ende des 18. Jhs. hatte das geschnitzte Holz den Weg zum geformten Ornament in →Compo freigegeben, gefolgt von der Massenproduktion von Rahmenbrettern, die nur geschnitten und zu Rahmen zusammengesetzt werden mußten.

Schon im späten 17. Jh. hatten sich gewisse Grundformen durchgesetzt, und Rahmen wurden nach wichtigen Galerien benannt, welche besondere Typen bevorzugten (Pitti-Rahmen, Dresdner-Rahmen) oder nach Künstlern (Sansovino-Rahmen, Carlo-Maratti-Rahmen, Lawrence-Rahmen). Im 19. Jh. begannen Maler für ihre eigenen Bilder Rahmen zu entwerfen, so vor allem Ingres, Whistler, Seurat und Stuck.

Lit: C. Grimm, *Alte Bilderrahmen*, München 1982. F. G. Conzen, *Bilderrahmen. Stil, Verwendung, Material*, München 1982.

Bilderuhr. In ein Bild eingearbeitete Uhr, z. B. bei einer Stadtansicht in einen Kirchturm. Im späten 18. und frühen 19. Jh. wurden diese Uhren meist in Wien, im Schwarzwald und in der Schweiz hergestellt.

Bildmuster (bei Stoffen). Ein Stoff, in den Muster aus Figuren, Blumen, Früchten usw. gewebt sind im Unterschied zu glatten, gestreiften, karierten oder gerauteten, also geometrischen Mustern.

Bildtapete. Gedruckte Tapete mit sich nicht wiederholenden bildhaften Darstellungen, die die gesamte Wandfläche eines Raumes einnehmen, gewöhnlich das Panorama einer Landschaft oder eine Stadtansicht, aber auch andere Szenen. Die erste dieser Tapeten war J. →Zubers ›Vues de Suisse‹ von 1804. Die besten Tapeten wurden dann von seiner Fabrik und der von J. →Dufour – oft für den Export nach England und den Vereinigten Staaten – hergestellt. Diese Tapetenmode dauerte bis zur Mitte des 19. Jhs. und hat vor kurzem durch die Reproduktion von vielen der originalen Muster eine Renaissance erlebt.

Lit: E. A. Entwistle, *French Scenic Wallpapers 1810-50*, London 1971.

Bilivert, Jacopo →Bylivelt, J.

Bill, Max (geb. 1908). Schweizer Architekt, Maler, Bildhauer und Designer, ausgebildet am →Bauhaus und einflußreich als Lehrer und

Lorenz oder Johann Biller: Silbervase, spätes 17. Jh., Augsburg (Museo degli Argenti, Palazzo Pitti, Florenz)

Theoretiker des Design, für den Ästhetik gebunden ist an soziale, auf den Menschen bezogene Funktion. Bill stellte für den Schweizerischen Werkbund das Programm ›Die gute Form‹ auf (1949), veröffentlichte 1952 ›Form‹ (seinem verehrten Lehrer H. van de →Velde gewidmet) und war 1951-56 Rektor der Ulmer Hochschule für Gestaltung, für die er auch die Gebäude entworfen hat. Hier wurden die Bauhausideale des kooperativen Gestaltens wiederbelebt. Zu Bills Entwürfen gehören die ›Patria‹-Schreibmaschine (Vorgängerin von →Nizzolis klassischer Olivetti ›Lettera 22‹), ferner dreieckige Tische mit drei Beinen, Stühle mit herzförmigen Lehnen und Sitzflächen (1949-50), einige sinnreich erfundene stapelbare Stühle aus flachen Einheiten, eine elegante Höhensonnenlampe (1951) und einige vorbildlich gestaltete Elektrostecker (1958).

Lit: *Max Bill: Œuvre 1928-1969*, Ausst. Kat. Paris-Grenoble 1969-70.

Biller. Eine der führenden Familien von Augsburger Silberschmieden. Die Billers waren Protestanten und als solche auf die Herstellung von profanem Silbergerät spezialisiert. Fünf Familienmitglieder brachten es zu Berühmtheit. *Albrecht* (1663-1720) schuf eine Vielzahl von Möbeln im Spätbarockstil. Dazu gehören zwei Tische aus Nußholz (um 1715) mit getriebenen silbervergoldeten Beschlägen und Laub- und Bandelwerkmotiven (Kunstgewerbemuseum, Dresden) und ein Spiegel in kostbarem Silberrahmen (Maximilianmuseum, Augs-

AB

Albrecht Biller

burg, Leihgabe des Louvre, Paris). 1703 veröffentlichte er einen Band mit Ornamentstichen. Sein Bruder *Johannes* (1696-1745) schuf um 1730 ein Paar silbervergoldete →Guéridons für den Dresdner Hof (Kunstgewerbemuseum, Dresden). *Johann Jacob* (gest. 1723) schuf zwei Ornamentstichfolgen für Goldschmiedearbeiten. *Johannes* (1696-1746) wurde 1738 zum königlichen Silberschmied am preußischen Hof, für den er bereits in beträchtlichem Umfang gearbeitet hatte, ernannt. Er war der Sohn von Johann Ludwig dem Älteren und der Bruder von *Johann Ludwig dem Jüngeren* (1692-1746).

Lit: H. Seling, *Die Kunst der Augsburger Goldschmiede 1529-1868,* München 1980.

Johann Jacob Biller

Johann Ludwig Biller, I und II

Billingsley, William (1758-1828). Führender englischer Porzellanmaler. Nachdem er an verschiedenen kleinen Fabriken gearbeitet hatte (→Derby, 1775-96, und →Worcester, 1808-13), gründete er eine kleine Porzellanfabrik in →Nantgarw in Wales und verkaufte sie 1819 an →Coalport. Er zeichnete sich durch seine naturalistischen Blumenmalereien aus, bei denen er einen eigenen Malstil entwickelte: Er trug zunächst die Farbe auf das ganze Blumenblatt auf und überging diejenigen Stellen, die in hellem Licht erscheinen sollten, mit einem trockenen Pinsel, der einen Teil der Farbe wieder wegnahm.

Lit: W. D. John, *William Billingsley* 1758-1828, Newport, Mon. 1968.

Bilsted. Holz des Baumes *liquidambar styraciflua,* das in der amerikanischen Kunsttischlerei, vor allem während des Unabhängigkeitskrieges, als Ersatz für Mahagoni benutzt wurde.

Bilston Emailmanufakturen (Staffordshire). Von hier stammen die meisten emaillierten Dosen, Parfümfläschchen, Kerzenleuchter usw. des 18. Jhs., die gemeinhin →Battersea zugeschrieben werden. Die erste Manufaktur bestand bereits 1749, als *Benjamin Bickley* sie erwarb. Von ihm ging sie 1776 auf *Samuel Yardley* über, der sie nach Wednesbury verlegte. Es gab noch einige andere Manufakturen in Bilston und Wednesbury, und ihre Erzeugnisse sind untereinander und von denen, die M. →Boulton hergestellt hat, kaum zu unterscheiden. Die besten Stücke gehören zum Anziehendsten, was England zum →Rokoko beigetragen hat; sie sind mit Landschaften, Buketts aus Sommerblumen, exotischen Vögeln, Porträts oder ›fêtes champêtres‹ (oft von Drukken nach französischen und anderen Meistern übernommen) in reich abgestuften Pastelltönen bemalt und hübsch ziseliertem Rankenwerk in Honigvergoldung versehen. Das Basismaterial war Kupfer, und die Verarbeitungsprozesse waren unterschiedlich: Ab 1776 wurden die Gegenstände in ein Bad aus dicker, weißer Emailpaste getaucht, um die Grundfarbe zu erhalten; seit den 80er Jahren des 18. Jhs. trug man über dem weißen Grund große Farbflächen durch Sprühen auf. Ein Großteil dieser Ware wurde auf das europäische Festland exportiert, wo eine rege Nachfrage, besonders nach Stücken mit →Rose Pompadour bestand. In den 90er Jahren des 18. Jhs. begann der Niedergang der Manufakturen. Die letzte arbeitete noch bis zum Tode ihres Eigentümers Isaac Beckett im Jahre 1831.

Lit: B. Watney und R. J. Charleston in *English Ceramic Circle Transactions,* VI, 2, 1966; R. J. Charleston in *Victoria & Albert Museum Journal,* III (1967), S. 1-12.

Bilston, Manufaktur für Lackarbeiten (Staffordshire). In den 90er Jahren des 17. Jhs. errichtet, waren sie die ersten, die verzinnte Eisenwaren lackierten, gewöhnliche Schnupftabaksdosen und andere kleine Gegenstände (→Lackmalerei). Die Manufakturen arbeiteten im 19. Jh. sehr erfolgreich.

Binche. Klöppelspitze (→Spitze), ähnlich der →Brüsseler Spitze, die in Binche bei Valenciennes an der Schelde seit dem 17. Jh. (sicher vor 1686) gemacht wurde. Sie ist oft recht kräftig und scheint für Bettdecken u. ä., aber auch für Gewandbesätze gearbeitet worden zu sein. Die alten flämischen Muster wurden im frühen 19. Jh. aufgegeben und durch maschinellen Netzgrund ersetzt, der mit geklöppelten Spitzenstücken besetzt wurde.

Lit: B. Palliser, *History of Lace,* durchges. v. M. Jourdain und A. Dryden, London 1902; L. W. van der Meulen-Nulle, *Lace,* London 1963.

Bindesbøll, Thorvald (1846-1908). Dänischer Architekt, Graphikkünstler und Designer. Er arbeitete für die →Kopenhagener Fayencefabrik, entwickelte (um 1893) einen sehr persönlichen Stil abstrakter Dekorationen (in einer Mischung von →Emailfarben und →Sgraffito-Technik) mit Farbtupfen und grob gezogenen Kreisen. Hat nichts mit dem Art Nouveau gemein, sondern scheint eher die Malerei der abstrakten Expressionisten Mitte des 20. Jhs. vorwegzunehmen.

Lit: V. Wanscher, *Gotlieb Bindesbøll 1800-1856,* Kopenhagen 1932.

Bing, Samuel (1838-1905). Der Kunsthändler zog 1871 von Hamburg nach Paris, besuchte 1875 den Fernen Osten und eröffnete in Paris einen Laden, ›La Porte Chinoise‹, der orientalische, vor allem japanische Waren verkaufte und eine Zweigstelle in New York unterhielt.

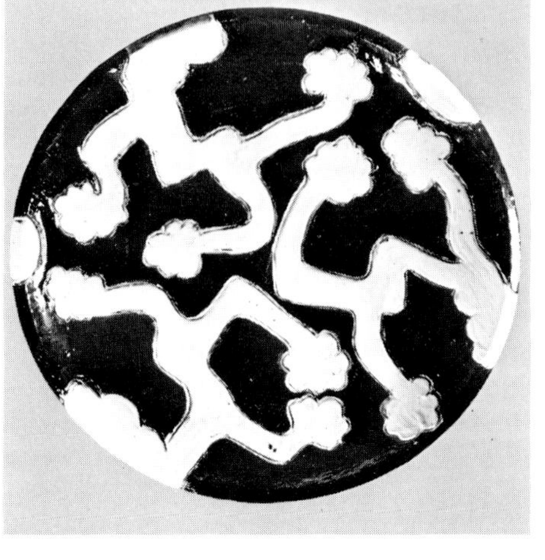

T. Bindesbøll: Emaillierter Steingutteller, 1901 (Musée des Arts Décoratifs, Paris)

Bing & Grøndahl-Porzellanfabrik: von Kaj Bojesen entworfenes Kaffeeservice, 1930/31 (Kunstindustrimuseet, Kopenhagen)

1893 ging Bing in die Vereinigten Staaten, um der französischen Regierung über die dortige Architektur und Gestaltung von Gebrauchsgegenständen zu berichten und kehrte äußerst beeindruckt von L. H. →Sullivan und H. H. →Richardson zurück. 1895 eröffnete er in Paris in der rue de Provence eine Galerie, ›L'Art Nouveau‹ genannt, in der er Werke der führenden →Art Nouveau-Handwerker sowie von Malern wie Bonnard, Toulouse-Lautrec, Vuillard und Munch ausstellte und verkaufte.

Lit: G. P. Weisberg in *The Connoisseur* CLXXII (1969), S. 119-25, 294-99; S. Bing, *Artistic America* (Hg. R. Koch), Cambridge, Mass., und London 1970.

B&G KØBENHAVN DANMARK B&G

Bing & Grøndahl

Bing & Grøndahl, Porzellanfabrik. Gegründet 1853 in Kopenhagen von *M. H.* und *J. H. Bing* und *F. V. Grøndahl,* mit einer wenig interessanten Produktion, bis 1885 der Maler *Pietro Krohn* (1840-1905) zum künstlerischen Leiter ernannt wurde, eine Stellung, die er bis 1895 innehatte. Ihm ist das ›Reiher-Tafelservice‹ von 1888 mit dem Reiher-Dekor in einer Art Vor-Jugendstil zu verdanken. Die Erzeugnisse sind denen der Königlich-Dänischen Fabrik (→Kopenhagener Porzellanfabrik) ziemlich ähnlich, und einige Künstler arbeiteten für beide Unternehmen. Die bemerkenswertesten Figuren sind Frauen- und Kinderdarstellungen in zeitgenössischer Kleidung nach Modellen von Ingeborg Plockross-Irminger (geb. 1872). Später schuf Jean Gauguin (1881-1961), Sohn des Malers, Entwürfe.

Lit: E. Lassen, *En Kobenhavnsk Porcelaensfabriks historie. Bing & Grøndahl 1853-1978,* Kopenhagen 1978.

Bird-beaked jug oder Sparrow-beaked jug, engl., Vogelschnabelkrug oder Spatzenschnabelkrug. Englischer – vor allem aus →Bow, →Worcester, →Lowestoft stammender – Porzellankrug mit einem schnabelförmigen Ausguß. Der Körper ist gewöhnlich birnenförmig, glatt, zuweilen auch gerippt oder kanneliert.

Birmingham enamels →Battersea und Bilston Emailmanufakturen

Bischofsbowle. Eine Bowle in Form einer Mitra für eine Art Punsch (›Bischofspunsch‹), hergestellt aus Fayence in mehreren Fayencefabriken in Dänemark und Schleswig-Holstein im späteren 18. Jh.

Biskuit. Unglasiertes, weißes Porzellan mit einer Marmor gleichenden Oberfläche, das hauptsächlich für Figuren, Büsten usw. verwendet wird. Die Möglichkeiten, die dieses Material bei der Gestaltung dekorativer Gegenstände eröffnet, wurden zuerst von J. J. →Bachelier erkannt. In →Sèvres wird Biskuit seit 1753 hergestellt. Im späten 18. Jh. machten die meisten größeren europäischen Porzellanfabriken Biskuit. Diese Masse erwies sich besonders geeignet für verkleinerte Nachahmungen antiker Skulpturen, wie sie in →Wien, in der →Volpato-Fabrik in Rom usw. hergestellt wurden, aber im 19. Jh. war die billigere →Parianware für diesen Zweck gebräuchlicher. Der Ausdruck ›bisque‹ ist nicht richtig.

Bizarre Seiden. Gemusterte Seidenstoffe, die etwa zwischen 1695 und 1720 in Europa vor allem als Kleiderstoffe beliebt waren. In dieser außerordentlich modebewußten Zeit schien es den Webern erfolgversprechend, jedes Jahr andere Muster herauszubringen in extrem breiter, exotisch anmutender Auswahl von merkwürdig bewegten, tropischen Blüten und Blättern, abgesetzt gegen scharf gezackte Linien sowie rechteckige Architektur- und andere Motive. Das vorherrschende Muster ist gewöhnlich durch Gold- und Silberfäden hervorgehoben, manchmal auf Damasthintergrund mit einem Muster in entgegengesetzter Richtung. Die ›Bizarren Seiden‹ kontrastierten stark mit den steif gemusterten Barockseiden des 17. Jhs. und den naturalistisch gezeichneten Seiden, die ab 1730 gewebt wurden. Sie waren von orientalischen Stoffen beeinflußt, und so nahm man eine Zeitlang an, daß sie aus Indien stammten. Tatsächlich aber sind sie in den verschiedensten europäischen Manufakturen, vor allem in →Lyon und →Spitafields hergestellt worden und gehören zu den frühesten Beispielen asymmetrischer Musterung, die dann so charakteristisch für die Rokokozeit wurde.

Lit: P. Thornton, *Baroque and Rococo Silks,* London 1965.

Bizen. Eine Gruppe von Töpfereien in oder bei dem Dorf Imbe an der Nordküste der japanischen Inland-See, zusammen mit →Seto, →Tokoname usw. als einer der ›Sechs Alten Öfen‹ beschrieben. In diesem Bezirk sind Töpferwaren seit prähistorischen Zeiten hergestellt worden, aber der Ausdruck ›Ko-Bizen‹ – oder ›Bizenware‹ – wird normalerweise auf Stücke angewendet, die in oder nach der Kamakura-Zeit (1185-1337) hergestellt wurden. Die frühen Erzeugnisse sind aus →Steinzeug mit einem harten, grauen Scherben und einer rötlich-braunen oder schiefergrauen Oberfläche, entweder unglasiert oder mit einer Art Salzglasur (die durch Seegras im Brand erzielt worden sein soll) überzogen. Große Getreidegefäße, langhenkelige Gefäße zur Aufbewahrung von Teeblättern und andere Gebrauchsgefäße waren die Hauptprodukte. Die →Teezeremoniengefäße – Teekrüge, Vasen und Wassergefäße, aber keine Schalen – wurden seit dem 15. Jh. von Generationen von Teemeistern hoch geschätzt. Figuren von Tieren und Vögeln mit einer dunkelbraunen Glasur scheinen seit dem 15. Jh. hergestellt worden zu sein. Die meisten noch vorhandenen Stücke stammen aus der Zeit von 1760-1880. Seit dem 16. Jh. wurden die Öfen von sechs Familien kontrolliert, die besondere Vorrechte genossen und deren Nachkommen bis in das frühe 20. Jh. die gleiche Stellung innehatten. Viele Stücke sind mit den Namen der Hersteller gemarkt und einige mit einem Datum versehen.

Lit: Soame Jenyns, *Japanese Pottery*, London 1971.

Black Jack, engl. Trinkgefäß aus in die Form eines Humpens gepreßtem und genähtem Leder oder →Cuir bouilli, das, um es wasserdicht zu machen, mit Harz oder Pech ausgegossen und manchmal mit einem Metallrand versehen war. Der ›Black Jack‹ war bis ins 18. Jh. in Europa allgemein üblich.

Blaker. Wandleuchter mit einem oder mehreren Kerzenhaltern vor einem glänzenden Schild zum Reflektieren des Lichts, der auch die Wand gegen das Blaken (Rußen) der Kerzen schützt. Im 16. Jh. in Norddeutschland, vornehmlich in Danzig, aufgekommen und dort bis zum 19. Jh. verbreitet. Auch in England und um die Mitte des 17. Jhs. in Frankreich bekannt.

Blaker, Silber, von John Bodington, London 1710 (Privatsammlung)

Blanc de Chine →Dehua Porzellanmanufakturen

Blasenbecher →Palace Bowl

Blauer Ritzdekor. Englisches →salzglasiertes →Steinzeug des 18. Jhs., das mit einem Ritzdekor oder eingeritzten Inschriften versehen war, in die eine Mischung von Ton und Kobalt eingerieben worden ist. Datierte Stücke weisen auf die Jahre 1724-76 hin. Dieser Dekor scheint den etwas früheren, braunen Ritzdekor verdrängt zu haben, der mit einer Mischung von Ton und einem braunen Pigment farblich gestaltet war. Diese Technik wurde in den 1870er Jahren von →Doulton wiederbelebt, und zwar mit schwarzen und braunen Farbtönen.

Blauweiß-Porzellan. Weißes Porzellan, bemalt mit blauem Unterglasur-Dekor. Eine wichtige Gruppe chinesischer Keramik, die ungeheueren Einfluß auf Europa ausübte, wo sie lange Zeit die einzige bekannte war. Das blaue Farbpigment, direkt noch vor dem Glasieren oder Brennen auf den Körper aufgetragen, wurde aus zwei Arten von Kobalt gewonnen: (1) aus eingeführtem ›Mohammedaner Blau‹ mit dem Fremdkörper Arsen und (2) aus dem einheimischen Kobalt mit dem Fremdkörper Mangan. Beide sind nicht zu unterscheiden, es sei denn mittels einer chemischen Analyse.
Zwei Vasen des Yuan-Tempels von 1351 (Percival David Foundation, London) sind die frühesten nachgewiesenen Exemplare, doch auch diese mögen schon einige wohl noch recht grobe Vorläufer aus der →Song-Zeit besessen haben. Die Ursprünge des Blauweiß-Porzellans liegen wahrscheinlich im Nahen Osten, von woher Kobaltoxid nach China exportiert wurde. (Blau bemalte →Samarra-Waren des 9. Jhs. könnten als Quelle festgelegt werden, obwohl diese keinen direkten Nachfolger hatten. Wie man von persischen Miniaturen des späten 14. Jhs. weiß, wurde es bereits damals in der persischen Fayencekunst nachgeahmt, wenn auch die frühesten erhaltenen Exemplare erst aus dem 15. Jh. stammen.)
Chinesische und westliche Kenner schätzen das Blauweiß-Porzellan der →Ming-Zeit am höchsten, vor allem Yongle-(1403-24) und Xuande-(1426-35)Waren, bei denen ein grünlich-weißer Grund die kräftige, tiefblaue Farbe ausgleicht, die oft so dick aufgetragen ist, daß sie wie ›aufgehäuft‹ erscheint. Ihre Dekorationsmotive sind hauptsächlich floral oder aber zeigen Tiere und Fabelwesen, wobei die Vitalität und Virtuosität des Pinselstrichs denen der großen Schwarzweiß-Maler der zeitgenössischen ›literati‹-Schule gleichkommen. Weniger kühn und lebhaft, jedoch anmutiger, ist →Chenghua-Blauweiß-Porzellan (1465-87), vor allem die →Palast-Schalen. Die Regierungszeit von Lhengde (1506-21) ist beachtenswert für ihre sogenannten ›mohammedanischen Waren‹ mit arabischen oder persischen Inschriften. Unter Jiajing (1522-66) und Wanli (1573-1619) kam es dann zu Neuerungen durch die Einführung eines reichen, ins Purpurne gehenden Blaus und komplizierterer Verzierungen mit figürlichen Szenen und Landschaften. In der Folgezeit setzte der Niedergang des Blauweiß-Porzellans ein, obwohl doch auch Kangxi-Waren (1662-1722) oft von auserlesener Schönheit sind mit einem reinen, leuchtenden, saphir-ähnlichen Tiefblau und makellosem weißem Hintergrund. Im 19. Jh. wurden große Mengen anspruchsloser blauweißer →Nanking-Platten nach Europa und den Vereinigten Staaten exportiert.
Europäische Kenntnis des chinesischen Blauweiß-Porzellans, sei es direkt oder durch Kopien des Nahen Osten, z. B. →Iznikwaren, usw., zeigt sich bereits in den →Valencia-Fliesen des 15. Jhs., italienischer Majolika des 15. Jhs., dekoriert ›alla porcellana‹ (→Porcellana,

Alla) und in dem →Medici-Porzellan des 16. Jhs. Die große Beliebtheit blauweißer Fayence aus Europa jedoch setzte nicht ein, bevor nicht im frühen 17. Jh. der Import chinesischen Porzellans nach Holland in großem Stil begonnen hatte (→Kraakporselein). Ab der Mitte des 17. Jhs. dann dominierte →Delfter Blauweiß-Porzellan die Töpferkunst ganz Europas (*siehe auch* Nevers, Frankfurt und Southwark), wobei sowohl Technik als auch Dekorationsmotive der Chinesen häufig nachgeahmt wurden (→Chinoiserie). →Rouen, →Lambeth, →Bristol und andere Orte folgten im späten 17. Jh. Noch während des ganzen 18. und 19. Jhs. dauerte diese Mode vor allem in England (→Chelsea, →Bow, →Worcester, →Lowestoft usw.) an, wurde durch die Einführung des blauen →Umdruckverfahrens und des →Willow pattern, vor allem in der Töpferei von →Staffordshire, weit verbreitet. Seltener wurde die Blauweiß-Technik für europäisches Porzellan verwendet, obwohl es schon früh in →Saint-Cloud und auch in →Meißen auftauchte.

Lit: *H. Garner, Oriental Blue and White,* London 1970; A. W. Coysh u. R. K. Henrywood, *The Dictionary of Blue and White Printed Pottery 1780-1880,* Woodbridge 1982.

Blei. Das schwerste der unedlen Metalle, silbergrau, dicht, kalt hämmerbar und mit niedrigem Schmelzpunkt. Es wird hauptsächlich aus Galenit (Bleiglanz) gewonnen. Eine Legierung mit Zinn ergibt Hartzinn. Die Technik des Bleigießens war bereits in der Bronzezeit bekannt. In der Antike wurden aus Blei vor allem kleinere Gegenstände, Votivgaben, Ampullen usw., gefertigt. Im Mittelalter wurde es für Taufbecken und auch für den Dekor, wie Maßwerk an hölzernen Schmuckkästchen, verwendet. Modellmacher in der Renaissance, vor allem Deutsche, z. B. P. →Flötner, entwikkelten den Brauch, Bleiabgüsse ihrer Werke anzufertigen, um sie an Goldschmiede in ganz Europa zu verkaufen (eine reiche Sammlung solcher Bleimodelle befindet sich im Historischen Museum, Basel). Ab dem 17. Jh. fand Blei in großem Umfang für Dekorationen in Gärten und Architektur Anwendung, z. B. für die Vasen von Jacques Villemotte (gest. 1746) in Schleißheim bei München. Nach der Erfindung eines neuen Verfahrens zur Härtung von Blei im 18. Jh. wurde es auch zu kleineren Gegenständen, wie Schnupftabakdosen, verarbeitet.

Bleiglanz-Keramik →Plumbateware

Bleiglas. Glasart, die Bleioxyd enthält, welche den Glanz des Glases verstärkt; seit früher Zeit für →Pâte de Verre verwendet und für Gefäße von G. →Ravenscroft (1675) und späteren englischen Glasmachern kennzeichnend.

Bleiglasur. Eine durchscheinende →Glasur, die aus kieselhaltigem Sand, Salz und Alkali, wie z. B. Pottasche, und zuweilen einem Mineral zum Färben der Glasur zusammengesetzt ist. Verschmolzen mit der Säure von natürlichem Bleisulfid (Galena) oder Bleioxid, wird sie auf den bereits gebrannten Scherben aufgetragen und mit dessen Oberfläche in einem nachfolgenden Brand bei niedriger Temperatur verbunden. Die Bleiglasur wurde im Mittelalter viel gebraucht, sie war im allgemeinen braun oder grün gefärbt (unter Zusatz von Kupfer). Wenn Bleiglasuren in mehr als einer Farbe auf ein Gefäß aufgetragen werden, müssen sie voneinander getrennt werden (durch einen Tonsteg oder ein eingefettetes Band), so daß sie beim Brand nicht ineinanderlaufen. Eine fast farblose Bleiglasur (in Italien bekannt als →Coperta, in Holland als →Kwaart) wurde auf die besten Fayencestücke nach der Bemalung vor dem zweiten Brand aufgetragen, um den Oberflächenglanz zu erhöhen. Die Bleidämpfe hatten bei den Arbeitern gesundheitliche Schäden zur Folge. Nachdem im frühen 19. Jh. eine durchscheinende →Feldspatglasur entwickelt worden war, sind Bleiglasuren nur noch selten angewandt worden.

Blénod, Barthélemy →Avon

Bleu céleste, franz., Himmelblau. Eine in →Sèvres seit 1752 verwendete, türkisblaue Grundfarbe, mitunter ›bleu turquin‹ – Türkischblau – genannt.

Bleu de Deck →Deck, J.-Th.

Bleu de roi, franz., Königsblau. Eine sehr reiche, leuchtende, lapislazuliblaue Überglasur-Fond-Farbe, die erstmals vor 1760 in →Sèvres verwendet und dann überall, besonders in →Worcester und →Derby, nachgeahmt wurde.

Bleu Mazarin →Mazarinblau

Bleu persan. Name einer Fayencegruppe, die auf dunkelblauem Grund mit weißen oder hellen Farben bemalt ist und zuerst in →Nevers um 1760 hergestellt und dann oft kopiert wurde. Im 19. Jh. wurde solche Keramik auch ›persisch‹ genannt, was ihr Name impliziert.

Lit: A. Klein, *Mohammedaner Blau auf chinesischem Porzellan und dessen Verwendung im Westen,* in Festschrift für Peter Wilhelm Meister, Hamburg 1974, S. 225.

Blijk, J. van den →Stippen

Blinddruck-Einband. Kalbs- oder Schweinslederbände, die unter Verwendung von gravierten flächenfüllenden Platten oder ornamentierten Teilstempeln in der Holzpresse in →Blindprägung verziert wurden. Man bediente sich vom Spätmittelalter bis zur Frührenaissance in ganz Europa dieser Technik, die gegenüber der bisherigen Handarbeit mit kleinen Einzelstempeln weniger mühsam war. Einbände mit Blindpressung wurden um 1400 in Antwerpen und um 1450 in Paris hergestellt, anderwärts treten sie um 1480 auf. Ende des 16. Jhs. wurden sie von der →Goldprägung und anderen Techniken abgelöst. Der Blinddruck kam im frühen 19. Jh. wieder auf, zuerst in Frankreich, dann auch anderenorts. Die Wiederbelebung führte zu →hochgeprägten Einbänden.

Blindprägung. Eine Schmucktechnik für Lederarbeiten, besonders für →Bucheinbände

(→Blinddruck-Einband). Das Muster oder die Schrift wird auf die Lederoberfläche aufgedruckt oder geprägt und ›blind‹ gelassen, d.h. ohne Verwendung von Blattgold oder Farbe. Wird aber Gold benutzt, so spricht man von →Goldprägung.

Blockfront. Gestaltung der Frontseite von Kastenmöbeln, die im 18.Jh. in Neu-England sehr verbreitet war, vor allem ausgeführt von Kunsttischlern in New Port wie den →Goddards und →Townsends. Seltener findet man den Möbeltyp in New York und Virginia. Die Front besteht aus leicht konvex und – in der Mitte – konkav geschwungenen Feldern, deren Mitte wiederum oft mit geschnitzten Muschelornamenten verziert ist.

Blonden. Klöppelspitzen (→Spitze), die seit 1740 aus ungebleichter, chinesischer Seide (später schwarzer und weißer Seide) vor allem in Arras, Lille und Chantilly hergestellt werden.

Bloor, Robert →Derby-Porzellanfabriken

Bloor, Ott & Booth →Ott & Brewer Company

Blue-dash chargers, engl., Blau-Strich-Schalen. Moderner Name für bestimmte Fayenceschüsseln des 17. bis 18.Jhs., die in →Lambeth, Brislington und →Bristol hergestellt wurden und in Majolikafarben mit schrägen Strichen auf den Rändern bemalt sind. Sie zeigen in der Mitte stilisierte Porträts von Karl I. und II., Jakob II., Wilhelm III., oder auch Adam und Eva usw.

Bluejohn, engl. Sehr beliebte Art von Flußspat, die in Derbyshire abgebaut wird und in Frankreich als ›bleu-jaune‹, wovon der englische Name abgeleitet wurde, bekannt ist. Das Material ist lichtdurchlässig mit farbigen Streifen, die von einem dunklen Purpur und Violett bis zu hellem Braun und Gelb reichen. Obwohl seit den Zeiten der Römer bekannt, wurde es erst nach 1743, als bei Castleton das erste große Vorkommen abgebaut wurde, in erheblichem Umfange genutzt und war augenblicklich für dekorative Zwecke sehr geschätzt, vor allem in Frankreich, das große Mengen davon importierte. Später verwendete M. →Boulton Bluejohn für Kandelaber mit Goldbronzefassungen.

Blue scale →Schuppenmuster

Boarded chest, engl. Einfache Truhe, deren Vorder- und Rückseite aus Holzbrettern bestehen, die an die Seitenwände genagelt und nicht mit ihnen verzapft sind, manchmal mit Leder oder Stoff überzogen, die Ecken meist durch eiserne Beschläge verstärkt.

Boberg, Anna Katerina →Rörstrand

Bobinet. Imitierte Klöppelspitze, wird auf einer 1809 in England von John Heathcoat erfundenen *Bobbinnet*-Maschine gefertigt.

Bocage, franz., Gebüsch. Modelliertes Blätter- und Blütenwerk, im allgemeinen mit einem Strauch oder kleinen Baum als Stütze und Hintergrund für eine Porzellanfigur oder -gruppe.

Boccaro oder **buccaro.** Vom spanischen und portugiesischen ›bucaro‹ abgeleiteter Name der ursprünglich in Mexiko, Chile und Peru hergestellten und von den Portugiesen nach Europa importierten roten Tonwaren, aber später auf das chinesische rote und braune →Steinzeug aus →Yixing und die roten Tonwaren aus →Talavera ausgedehnt. Nicht zu verwechseln mit ›bucchero‹ (→Etruskische Töpferkunst).

Boch, François und **Jean-François** →Villeroy & Boch

Boch, William →Union Porcelain Works

Bodenstanduhr. Bestimmt, an der Wand zu stehen. Der hohe, schlanke Gehäusekasten wurde

Bodenstanduhr, Gehäuse in Marketeriearbeit, englisch, um 1680 (Victoria & Albert Museum, London)

erstmals kurz nach der Erfindung des Pendels 1656 (→Uhren) konstruiert, um das lange Pendel und die Gewichte der Ankerhemmung darin unterzubringen, und ist seit dieser Zeit ein Bestandteil unseres Mobiliars. Die ursprüngliche Ausführung war etwa 2 m hoch, aus Holz, furniert (oft mit floraler Marketerie) oder bemalt (in Imitation von chinesischem Lack), mit einem von Säulen gerahmten Zifferblatt und einem Ziergiebel. Sie blieb bis heute populär und wird in England noch hergestellt, während auf dem Kontinent die Gestaltung entsprechend den jeweiligen Stilepochen variierte. Die Gehäuse von →Regulatoren sind oft ähnlich gestaltet. *Siehe* B. Lieutaud.

Bogaert, Jan →Antwerpen

Bogaert, Thomas (1597-1652/53). Utrechter Silberschmied, möglicherweise bei A. von →Vianen ausgebildet, dessen →Ohrmuschelstil er bei Silber für den häuslichen Gebrauch imitierte. Bei silbernem Kirchengerät bediente er sich der üblichen Barockornamentik.

Lit: J. Fredericks, *Dutch Silver,* Den Haag 1952-60.

Böhm, August (1812-90). Bedeutender böhmischer Glasschneider, der auf Wanderschaft lebte und zuerst in seiner Heimat, dann in Stourbridge, London, Hamburg und den Vereinigten Staaten arbeitete und kurz vor seinem Tod nach Böhmen zurückkehrte. Er schnitt Porträts, religiöse Motive, Schlachtenszenen, Pferde usw. auf Pokale und Plaketten.

Lit: G.E. Pazaurek, *Gläser der Empire- und Biedermeierzeit,* Leipzig 1923; F.A. Dreier in *Jahrbuch Preußischer Kulturbesitz* VI (1969), S. 210ff.

Böhmisches Glas: Deckelpokal mit Mattschnitt von Vinzenz Bimann, um 1840, Neuwelt, Nordböhmen (Kunstgewerbemuseum, Berlin)

Böhmische Glashütten. Eine Gruppe von Glashütten, von denen die ersten im 15. Jh. gegründet wurden und →Waldglas herstellten. Im späten 17. Jh. wurde in Nordböhmen mit der Verarbeitung von →Kristallglas begonnen, das von größerer Brillanz war (durch Zusatz von Kalk) und sich besonders für den →Glasschnitt eignete. Gläser mit geschnittenen Verzierungen wurden in großer Menge hergestellt, wobei die besten Arbeiten nach Entwürfen unabhängiger Künstler an den Höfen verschiedener deutscher Fürsten entstanden. Das Hauptzentrum dieser Glasherstellung verlagerte sich etwa um 1725 von Böhmen nach Schlesien, wo die meisten der hochwertigen deutschen geschnittenen Rokokogläser entstanden. Die böhmische Glasindustrie wurde kurz nach 1815 neu belebt, und die Manufakturen spezialisierten sich auf →überfangene Biedermeiergläser in leuchtenden Farben.

Lit: Z. Pešatová, *Böhmische Glasgravuren,* Prag 1968; L. Urešová, *Victoria & Albert Museum. Bohemian Glass,* London 1965; A. von Saldern, *German Enamelled Glass,* Corning (N.Y.) 1965.

Böhmisches Glas: Vase mit Glasschnitt, gelb, und rot mit Silber, um 1830-40 (Victoria & Albert Museum, London)

Bois durci, franz. Ersatzstoff, der um 1850-1900 in Frankreich und England benutzt wurde, um Ebenholz vorzutäuschen. Er wurde 1855 für *F. C. Lepage* in Frankreich patentiert. Bois durci besteht aus Sägemehl, Wasser und Blut, wird erhitzt und dann zu Medaillons, Rosetten u.ä. gepreßt.

Boiserie, franz. Holzvertäfelung, vor allem des 17. und 18. Jhs., die mit flachen Reliefschnitzereien von Laubwerk etc. verziert ist. Der Rokoko-Schnitzer Jacob Verbercht ist in diesem Zusammenhang zu erwähnen. Oft waren die Boiserien bemalt. z. B. vor einem weißen Untergrund wurde das geschnitzte Ornament in Gold hervorgehoben. In der Mitte des 18. Jhs. sind die Ornamente leuchtend farbiges →Vernis Martin in Rosa, Grün, Gelb, Blau, wie in den ›petits appartements‹ in Versailles, wo schöne Beispiele erhalten sind.

Bois de rose →Tulpenbaumholz

Boizot, Louis-Simon (1743-1809). Französischer Bildhauer, der sich, obwohl er auch großformatige Arbeiten machte, auf kleine, dekorative Stücke in Marmor und Terrakotta spezialisierte. Er wurde von M.-A. →Slodtz und in Rom (1765-70) ausgebildet. Von 1773 bis 1800 leitete er die Skulpturenabteilung der Porzellanmanufaktur →Sèvres und modellierte zahlreiche Figuren und Büsten für die Ausführung in →Biskuitporzellan. Zu seinen bedeutendsten Arbeiten gehört die Krönungsgruppe von Ludwig XVI. und Marie Antoinette. Er lieferte auch Modelle für Bronzeguß – hervorragend die von P. →Gouthière gegossene, ziselierte und vergoldete allegorische Gruppe für die ›Avignon‹-Uhr von 1771 (Wallace Collection, London) – aber auch Möbelbeschläge für P. →Thomire. Sein Stil entwikkelte sich von einem ziemlich süßlichen Rokoko zu einem gediegeneren und ernsteren Neoklassizismus. Er überlebte die Revolution und führte noch verschiedene Arbeiten mit republikanischen und – in seinen letzten Jahren – napoleonischen Themen aus. *S. Abb. S. 249.*

Lit: L. S. Lami, *Dictionnaire des sculpteurs de l'école française au dix-huitième siècle*, Paris 1910.

Bologna. Bologna ist der Ursprungsort der besten →Sgraffito-Erzeugnisse des 15. und frühen 16. Jhs. Die frühen Stücke sind einfach dekoriert, aber im späten 15. Jh. stellte eine Töpferwerkstatt (oder vielleicht ein einziger Töpfer) viel feinere Waren her, die mit typischen Renaissance-Putti usw. dekoriert waren. Die Fabrikation von Sgraffito-Waren wurde in Bologna bis ins 18. Jh. fortgesetzt. Eine von *Graf Carlo Aldovrandi-Marescotti* gegründete Fabrik stellte →Majolika und →Steingut englischer Art von hoher Qualität her. Die Fabrik bestand von 1794 bis Ende des 19. Jhs. und wurde dann verkauft. Im späten 19. Jh. imitierte die Fabrik von *Angelo Minghetti* Renaissance-Majoliken. Später stellte die Kooperative →Aemilia Ars Keramiken her.

Lit: G. Morazzoni, *La terraglia italiana*, Mailand 1956; G. L. Reggi, *La Ceramica Graffita in Emilia-Romagna*, Modena 1971; P. Guidotti, G. L. Reggi und A. Taracchini, *Mostra ceramiche devozionali nell'area Emiliano-Romagnola, Imola 1976.*

Bombard, engl. Großes Gefäß mit Henkel aus in die Form gepreßtem und genähtem Leder oder →Cuir boulli, gewöhnlich mit Harz oder Pech ausgegossen, damit es wasserdicht ist. Bombards sind seit früher Zeit bis ins 18. Jh. in Gebrauch gewesen. *Siehe auch* Black Jack.

Bombé, franz. Stark gewölbte Form, vor allem von Rokokokommoden.

Bombé-Kommode mit venezianischem Lackdekor (Palazzo Rezzonico, Venedig)

Bonbonnière, franz. Kleine Dose für Süßigkeiten, gewöhnlich phantasievoll dekoriert. Die Bezeichnung wird erstmals 1770 nachgewiesen.

Bondolf (oder **Bondol**), **Jean de,** auch **Hennequin von Brügge** genannt (um 1375). Flämischer Maler, Illuminator von Manuskripten und Entwerfer von Bildteppichvorlagen. Um 1375 entwarf er die Kartons für eines der größten Meisterwerke der französischen Wandteppichkunst der Gotik, die ›Apokalypse von Angers‹, ein Zyklus von sieben großen Bildteppichen, je 4,90 × 24,40 m, der stark beschädigt im Musée de Tapisserie in Angers erhalten ist. Dargestellt werden Szenen aus der Apokalypse, denen verschiedene Manuskriptillustrationen des 14. Jhs. zu Grunde liegen, und sinnende Figuren von unbestimmter, viel diskutierter Bedeutung unter reich verzierten gotischen Baldachinen. Das Geschehen ist in einzelne Episoden verdichtet und unmittelbar nebeneinander gestellt, die Farben sind auf rund 15 Schattierungen begrenzt, unter denen Blau, Rot und Grün dominieren. Die Technik

Bologna: Schüssel, ›sgraffito-Keramik‹, spätes 15. Jh. (Ashmolean Museum, Oxford)

ist recht grob mit rund fünf Kettfäden auf einen Zentimeter. Die Bildteppiche sind in der Pariser Werkstatt von N. →Bataille gewirkt worden.

Lit: R.-A. Weigert, *French Tapestry*, London 1962.

Bone china →Knochenporzellan

Bonheur-du-jour, franz. Ein kleiner Damenschreibtisch mit einem Aufbau, bestehend aus Fächern und Schubladen, in der Regel durch eine Jalousie verschließbar. Manchmal bildet ein Schrank oder ein Regal den unteren Teil. Derartige Möbel, die in den verschiedensten Ausführungen vorkommen, dienten nicht nur als Schreib-, sondern auch als Toilettentischchen. Sie wurden erstmals in der Mitte des 18. Jhs. in Frankreich hergestellt, später auch in England, oft sehr reich verziert. Großes Geschick wurde bei der Ausstattung mit Fächern, Schüben, Nischen usw. bewiesen, wobei man immer bestrebt war, noch den kleinsten Raum auszunutzen. Es ist das femininste aller Möbelstücke. Die Herkunft des Namens ist nicht bekannt.

Bonhomme, Henri und **Léonhard** →Lütticher Glashütten

Bonnefoy, Antonine →Marseille

Bonnin and Morris porcelain factory. Die frühesten nachgewiesenen Stücke von in den Vereinigten Staaten hergestelltem Weich→porzellan stammen aus dem kurzlebigen Unternehmen, das nur von 1770-72 in Southwark, Philadelphia, tätig war. Es wurde von *Gouse Bonnin* aus Antigua und *George Anthony Morris* (gest. 1773), einem Quäker aus Philadelphia, gegründet und arbeitete hauptsächlich mit englischem Personal. Die Waren sind mit einem P (für Philadelphia) in Unterglasurblau gemarkt. Sie sind mit Blumen oder →Chinoiserien unterglasurblau auf weißem Grund dekoriert und im Scherben und in der Form den Erzeugnissen von →Bow ähnlich.

Lit: G. Hood, *Bonnin and Morris of Philadelphia*, Chapel Hill 1972.

Bontemps, Georges (1799-1884). Direktor der Manufaktur von Choisy-le-Roi (1823-48), in der er ein Verfahren zur Serienherstellung feiner farbiger Gläser entwickelte. Er begann 1827 mit der Herstellung von Opalglas und 1839 von Filigranglas im venezianischen Stil. 1848 wanderte er nach England aus und trat in die Firma Chance Bros., in Smethwick bei Birmingham ein. 1868 veröffentlichte er den ›Guide du Verrier‹, der lange das führende Werk zur Theorie der Glasherstellung war.

Lit: E. O. Lami, *Dictionnaire de l'industrie*, Bd. III, S. 358.

Bony, Jean-François (1754-1825). Französischer Maler, Entwerfer von Seidenstoffmustern und Besitzer einer Seidenmanufaktur in →Lyon. Er begann als Schüler von Ph. de →Lasalle, entwickelte aber einen einigermaßen strengen Empirestil, womit er die Gunst der Kaiserin Josephine errang, für die er Seidenstoffe für einen Krönungsmantel und Möbelstoffe für Malmaison entwarf. Einige seiner Originalentwürfe und nach ihnen gewebte Seiden sind im Musée Historique des Tissus in Lyon erhalten.

Lit: E. Dumonthier, *Étoffes d'ameublement de l'époque napoléonienne*, Paris 1909.

Bonzanigo, Giuseppe Maria (1745-1820). Bedeutender italienischer Möbelkünstler des späteren 18. Jhs. Er war vor allem Holzbildhauer und Holzschnitzer wie sein Vater, der sich auf besonders kunstvoll geschnitzte Orgelgehäuse spezialisiert hatte. Giuseppe Maria wurde in Asti geboren und ließ sich um 1773 in Turin nieder, wo er im Laufe von 20 Jahren zahlreiche Möbel für die königlichen Paläste anfertigte. 1787 wurde er zum Hof-Holzschnitzer ernannt. Er führte seine Geschäfte auch nach der Besetzung (1796) durch die Franzosen weiter, und nach der Restauration nahm er seine Arbeiten für das Königshaus wieder auf. Sein Stil blieb trotz der wechselvollen Zeiten unverändert, doch paßte er seine Ikonographie, soweit erforderlich, den Gegebenheiten an. Bonzanigo hatte die technische Kunstfertigkeit eines Elfenbeinminiaturisten. Seine außergewöhnliche Geschicklichkeit zeigen Blumenvasen auf so feinen Stielen, daß sie zu zittern scheinen, und Schmuckreliefs, die Laubkränze von papierener Durchsichtigkeit umrahmen. Er schuf auch Wandverkleidungen und größere Möbelstücke wie Konsoltische, Wandschirme, Kommoden und Schreibtische, die er mit meisterhaft geschnitzten Urnen und Gir-

G. M. Bonzanigo: geschnitzter und vergoldeter Feuerschirm, Holz, 1775 (Palazzo Reale, Turin)

landen aus Früchten und Blumen in italienischer Version des Louis-seize dekorierte. Einige seiner Arbeiten sind erhalten geblieben und befinden sich im Palazzo Reale in Turin sowie in der Casa di Caccia in Stupinigi.

Lit: F. Dalmasso in *Antologia di Belle Arti* Nr. 3, 1977, S. 282-290.

Booth, Enoch →Steingut

Bordeaux. 1711 wurde eine Fayencefabrik in Bordeaux gegründet, deren Leitung *Jacques Hustin* übernahm, dem 1714 ein Privileg gewährt wurde; bei seinem Tod im Jahre 1749 ging es auf seinen Sohn *Jacques-Denis-Ferdinand Hustin* (gest. 1778) über, dessen Witwe die Fabrik bis 1783 führte. Einfach dekorierte Teller und Schüsseln waren das Haupterzeugnis. Bei besser ausgearbeiteten Stücken wurden die Dekorationen zuerst von →Moustiers übernommen, später von →Rouen und auch →Nevers. Einige wenige, sehr große Stücke wurden hergestellt, eine über ein Meter hohe Vase und das Zifferblatt für die Uhr an der Börse von Bordeaux (1750). Als das letzte Privileg für Hustin 1762 zu Ende ging, wurden mehrere andere Fabriken gegründet. Eine Porzellanfabrik, die ähnliche Waren wie Paris herstellte, arbeitete von 1781-90. Eine von D. →Johnston 1836-45 betriebene Fayencefabrik erlangte überregionalen Ruf. In und um Bordeaux wird noch heute Keramik hergestellt. *Siehe auch Abb. S. 662.*

Lit: M. Ernould-Gandouet, *La Céramique en France au XIXe siècle*, Paris 1969; *David Johnston: Les débuts de la faïence fine à Bordeaux 1829-1845*, Ausst. Kat. Musée des Beaux Arts, Bordeaux 1967; J. du Pasquier, *Faïence de Bordeaux. Cat. des faïences stannifères du XVIIIe siècle*, Bordeaux 1980.

Bordeaux: Fayenceteller, J. Hustin zugeschrieben, um 1730 (Musée des Arts Décoratifs, Bordeaux)

Boselli, Giacomo (1744-1808). Bekannter italienischer Töpfer, der in →Savona arbeitete. Er war Sohn eines Töpfers und wurde 1768 als Meister in die Töpfergilde von Savona aufgenommen. Seine Fabrik scheint ziemlich groß gewesen zu sein; sie stellte die verschiedensten Waren her: →Fayence, →Steingut, dekoriert mit →Scharffeuer- oder →Emailfarben, wie auch Weich→porzellanfiguren. Wohl am wirkungsvollsten sind die in Emailfarben mit →Chinoiserien bemalten Teller. Aber sein Meisterwerk ist ein mit Majolikaplatten belegter runder Tempel, den er in seinem Garten in Savona (heute öffentlicher Garten) 1786 ausführte. Viele seiner Stücke sind mit seinem Namen in französischer Form – *Jacques Boselly* – signiert.

Lit: P. Torriti, *Giacomo Boselli e la ceramica savonese del suo tempo*, Genua 1965; F. Marinot, *Ceramica e Ceramisti di Liguria*, Genua 1979; A. Klein, *Fayencen aus Europa*, Braunschweig 1980.

Bosse, Abraham (1602-76). Französischer Zeichner und Stecher, der von 1648 bis 1665 Lehrer für Perspektive an der Pariser Akademie war. Nach einem Streit mit Ch. →Le Brun mußte er sein Amt niederlegen. Er ist vor allem wegen seiner Darstellungen des täglichen Lebens bemerkenswert, jedoch gibt es unter den ungefähr um 1500 veröffentlichten Blättern Druckgraphik auch eine Anzahl von Entwürfen für Spiegelrahmen in einem kühnen Barockstil sowie etliche Ornamentblätter.

Lit: A. Blum, *L'oeuvre gravé d'Abraham Bosse*, Paris 1924.

Bossi. Italienischer Kunsthandwerker, der um 1785-98 in Dublin tätig war. Sein Name wurde zur Bezeichnung für farbige Marmorintarsien, vor allem von Kaminverkleidungen und Tischplatten im Stil von R. →Adam.

Bossierer. Arbeiter in einer Fayence- oder Porzellanfabrik, dem das Ausformen, das Zusammensetzen und das Putzen eines Stückes (Figur, Gefäß usw.) sowie seine Vorbereitung zum Brennen obliegt. In kleinen Werkstätten haben Bossierer wohl auch modelliert, während in den größeren Betrieben beide Funktionen streng getrennt waren.

Boston-Stuhl. Amerikanischer Stuhl des 18. Jhs., in Boston hergestellt und in großen Mengen exportiert. Der gepolsterte Sitz ist mit Leder bespannt, der Rücken mit breitem Mittelbrett leicht geschwungen, wahrscheinlich chinesischen Stuhlformen nachgebildet.

Botanische Blumen. Botanisch genaue Wiedergaben von Blumen auf Porzellan, seltener auf Fayence, die sich von den naturalistischen, aber nicht streng wissenschaftlich genau gemalten →Deutschen Blumen wie auch von den phantasievoll stilisierten →Indianischen Blumen unterscheiden. Sie wurden nach den Illustrationen in botanischen Büchern kopiert. Die frühesten sind die als Blumen des Sir Hans Sloane bekannten Pflanzen auf →Chelsea-Porzellan. Derartige Blumen kommen auf →Kopenhagener Porzellan des späten 18. Jhs. und auf Stücken der Fabriken →Derby und →Swansea vor.

Bottengruber, Ignaz (tätig um 1720-36). Miniatur- und Aquarellmaler, der in Breslau tätig war und einer der führenden →Hausmaler wurde. Er dekorierte zunächst →Meißner und später →Wiener Porzellan mit bacchantischen, Jagd- oder Kriegsszenen, die von sehr üppigem Rankenwerk umrahmt sind (z. B. Tasse und Untertasse von 1726 im British Museum, London, sowie eine Schale im Österreichischen

Museum für angewandte Kunst, Wien). Es scheint, daß er 1730 nach Wien gegangen ist, möglicherweise, weil die Meißner Manufaktur den Hausmalern keine unbemalte Ware mehr verkaufte, war aber 1736 wieder in Breslau. Unter seinen Schülern waren H. G. von Bressler und C. F. von Wolfsburg, und möglicherweise hat er Einfluß auf J. →Helchis gehabt.

Lit: G. E. Pazaurek, *Deutsche Fayence- und Porzellan-Hausmaler,* Leipzig 1925.

Böttger, Johann Friedrich (1682-1719). Erfinder des europäischen Hart→porzellans. Unter dem Schutz von Friedrich I., König von Preußen, versuchte er, Gold herzustellen und den ›Stein der Weisen‹ zu entdecken. 1701 übersiedelte er nach Dresden, um unter August dem Starken, Kurfürst von Sachsen und König von Polen, zusammen mit dem Mathematiker, Wissenschaftler und Hofbeamten Ehrenfried Walther von Tschirnhausen (1651-1708) seine Versuche fortzusetzen. 1707 stellte er sich die leichtere Aufgabe, Porzellan zu machen. 1708 gelang es beiden, ein porzellanartiges, rotes →Steinzeug herzustellen, das dem aus China mit den Teeladungen importierten ähnelte, sowie einen durchscheinenden, weißen Porzellanscherben aus hoch gebranntem Ton von Colditz – jedoch noch ohne eine mit dem Scherben verbundene Glasur. Nach Tschirnhausens Tod schuf Böttger 1709 das erste Stück glasierten weißen Porzellans. 1710 wurde er dann zum ersten Direktor der Manufaktur →Meißen ernannt. Für Form und Dekor der meisten unter seiner Leitung hergestellten Stücke dienten Silbergeschirre als Vorbild. Obwohl diese Stücke meist nur wegen des Materials von Bedeutung sind, gibt es doch unter den einfacheren einige, die besonders schön sind. *Siehe auch Abb. S. 403.*

Lit: R. Sonnemann u. E. Wächter (Hg.), *Johann Friedrich Böttger. Die Erfindung des europäischen Porzellans,* Stuttgart 1982; W. Goger u. K: Hoffmann, *Johann Friedrich Böttger,* Stuttgart 1982.

Böttger-Lüster oder Perlmuttglasur. Ein blaß purpurner, perlmuttartiger →Lüster von feinster Qualität, der aus einem Goldpräparat hergestellt wird. →Böttger entdeckte ihn etwa 1715 bei seiner Suche nach einer chinesischen kupferroten Unterglasur. Bis etwa 1735-40 verwendeten ihn seine Nachfolger in →Meißen (vor allem J. G. →Herold) zu dekorativen Zwecken.

J. F. Böttger: Rote Steinzeugdose mit Deckel, 1710-13 (Porzellansammlung, Dresden)

Boucher, François (1703-70). Der große französische Rokokomaler, der den sinnlichen Hedonismus mit der unbekümmerten Fröhlichkeit der höfischen Kunst der Mitte des 18. Jhs. verband. Seine unmittelbare Beziehung zu den dekorativen Künsten beschränkte sich auf Gobelin-Entwürfe: Er war von 1734 an als Entwurfszeichner für die Teppichmanufakturen von →Beauvais und seit 1755 als Leiter der →Gobelins-Wandteppich-Manufaktur tätig. Seine Gemälde und Zeichnungen jedoch (und die zahlreichen Stiche danach) hatten einen starken Einfluß auf das Kunsthandwerk in ganz Europa: Sie dienten als Vorlagen für Stoffdruck, Intarsien, Porzellanmalerei und -figuren (vor allem in →Sèvres). Sein Sohn *Juste-François* (1736-81) arbeitete in einem ausgeprägten →Louis-seize. Er ist vor allem bekannt für seine etwa 65 Hefte mit Entwurfsstichen für Betten, Stühle, Kommoden, Bücherschränke, Bäder, Wandschirme, Sockel für Skulpturen, Balkone, Ballustraden usw., alle in einem ziemlich steifen, schwerfälligen, in hohem Maße Anti-Rokokostil, den er »à la moderne« nannte. Sie erschienen in Abständen ab etwa 1765 bis in die 70er Jahre und umfaßten ein weitaus größeres Gebiet als die veröffentlichten Entwürfe des anderen führenden Louis-seize-Entwurfszeichners, →Delafosse. *Siehe Abb. S. 239, 376.*

Lit: R.-A. Weigert, *French Tapestry,* London 1962; G. Zick in *Keramos* 29 (1965), S. 3-47.

Boucheron, Andrea (gest. 1761). Pariser Silberschmied, der seine Lehrzeit bei Th. →Germain absolvierte. Seit 1727 lebte er in Turin, wo er 1737 zum Hofgoldschmied ernannt wurde. Ein großer Teil seiner bekanntesten Werke entstand in Zusammenarbeit mit Fr. →Ladatte, wie z. B. die Bronze- und Silberarbeiten in der Kapelle von Vicoforte (1750-52). Andere Arbeiten sind wahrscheinlich während der Herrschaft Napoleons zerstört worden. Sein Sohn Giambattista (1742-1815) wurde 1763 sein Nachfolger als Hofgoldschmied. Nur zwei seiner Arbeiten sind erhalten geblieben: ein Paar sehr schöner klassizistischer silberner Kerzenleuchter, datiert 1783 (Victoria & Albert Museum, London), und ein ebenso schöner silberner Meßkelch von 1789 (Museo d'Arte Antica, Turin). Sein Sohn Angelo (um 1776-1859), Entwerfer, Bildhauer und Graveur, hat für die Universität Turin drei silberne Amtsstäbe geschaffen (um 1806-09), die erhalten geblieben sind.

Lit: A. Bargoni, *Maestri orafi e argentieri in piemonte dal XVII al XIX secolo,* Turin 1976.

Boudeuse, franz. Sofatyp des 19. Jhs. mit zentraler Rückenstütze, die die Sitzfläche teilt, so daß man zu beiden Seiten (entgegengesetzt) sitzen kann.

Boudin, Léonard (geb. 1735). Kunsttischler, der, obwohl er für P. →Migéon arbeitete und

1761 ›maître ébéniste‹ wurde, sich in späteren Jahren anscheinend jedoch vorwiegend als Möbelhändler betätigt hat. Seine eigenen Arbeiten sind in einer schlichten Variante des Louis-quinze gehalten, wie z. B. der Aufsatzsekretär im Cleveland Museum of Art. Wenn, was des öfteren vorkommt, sein Stempel neben dem eines anderen Handwerkers erscheint, so kann daraus geschlossen werden, daß er der Händler war und nur als solcher die Möbel, die durch seine Hände gingen, mit seinem Zeichen versah.

Lit: S. Eriksen, *Early Neo-Classicism in France*, London 1974.

Bouffioulx. Die bekanntesten flandrischen Töpfereien – weitere waren in Châtelet, Namur, Bouvignies und Dinant –, die seit dem späten 16. Jh. salzglasiertes Steinzeug herstellten, das dem →Rheinischen Steinzeug, besonders dem →Westerwälder, ähnlich, aber allgemein von minderer Qualität war.

Lit: A. Matthys, *Les grès communs de Bouffioulx et Châtelet (XVI-XVII siècles)*, Brüssel 1971.

Bouillotte-Lampe. Eine französische Tischlampe aus Messing oder vergoldeter Bronze mit einem schalenförmigen Fuß, der eine Stange mit zwei oder drei Kerzenarmen und einen Metallschirm trägt. Letzterer ist gewöhnlich dunkelgrün gestrichen. Die Stange endet häufig in einer Kreuzblume. Die Lampe ist eine Kreation des späten 18. Jhs., wurde nach dem Kartenspiel ›Bouillotte‹ benannt.

Bouillotte-Lampe, Empire (Château de Malmaison)

Boulard, Jean-Baptiste (um 1725-89). Führender →Louis-seize-Kunsttischler. Er war ein Zeitgenosse von →Sené, mit dem er anscheinend gelegentlich zusammengearbeitet hat. Seine Arbeiten sind typisch für den zurückhaltenden Geschmack des ausklingenden Ancien régime, wie z. B. der Rahmen des Wandschirmes für das königliche Schlafzimmer in Compiègne (heute im Louvre, Paris), das ›lit à la Polonaise‹ (→Bett), 1785 für Ludwig XVI. angefertigt (heute im Petit Trianon, Versailles), und die Stuhlgarnitur für den Spielsalon von Fontainebleau aus dem Jahr 1786 (heute teils im Louvre, Paris, in der Wallace Collection, London, und im Metropolitan Museum, New York). Er wurde 1754 ›maître ébéniste‹, begann aber erst 1777 für den Hof zu arbeiten – häufig unter der Leitung von J. →Hauré. Die Schnitzarbeiten für seine Stühle wurden von verschiedenen Holzbildhauern ausgeführt, die Vergoldungen meist von Bardou. Sein Sohn führte das Familienunternehmen bis 1832. Er erhielt viele Aufträge von Napoleon.

Lit: F. J. B. Watson, *The Wrightsman Collection: Furniture*, New York 1966.

Boulle, André-Charles (1642-1732). Er war der erste große ›ébéniste‹ und der bekannteste Möbelkünstler und Entwerfer des →Louis-quatorze. Bevor er für den französischen Hof tätig war, stammten die schönsten für Ludwig XIV. gefertigten Möbel von Ausländern wie dem Holländer P. →Golle und dem Italiener D. →Cucci. Die prunkvollen Möbel Boulles entsprachen genau dem damals herrschenden Geschmack für verschwenderische Prachtentfaltung, und sein Name wurde zur Bezeichnung eines bestimmten Möbeldekors von besonders aufwendiger Schildpatt- und Messingmarketerie (→Boulle-Marketerie). Boulle wurde als Sohn eines Zimmermanns in Paris geboren, vermutlich war er mit dem Schweizer Kunsttischler *Pierre Boulle* verwandt, der für Ludwig XIII. arbeitete. Er begann seine Laufbahn als Maler und wurde als solcher in die Académie de Saint-Luc aufgenommen, bezeichnete sich aber auch als Architekt, Mosaikleger, Entwerfer und Bronzebildhauer. 1664 war er fest im Geschäft. Im folgenden Jahr stattete Bernini Paris seinen berühmten Besuch ab, anläßlich dessen er Freundschaft mit Boulle geschlossen und ihn bei seinen Entwürfen beraten haben soll. 1672 wurde Boulle auf Empfehlung von Colbert, der ihn Ludwig XIV. als den fähigsten Möbelkünstler von Paris empfohlen hatte, zum ›ébéniste du Roi‹ ernannt. Von da an arbeitete er ständig für die königlichen Paläste, vor allem für Versailles. Das ›grand cabinet‹, das er 1681-83 für den Dauphin ausstattete (inzwischen zerstört), galt damals als seine beste Arbeit. Daneben fertigte er auch weiterhin Möbel für private Auftraggeber an, so für den französischen Adel, für reiche Bürger wie den Bankier und Kunstsammler Pierre Crozat und für Mitglieder ausländischer Herrscherhäuser wie Philipp V. von Spanien und die Kurfürsten von Bayern und Köln. Boulles Möbel zeichnen sich durch ihre Vornehmheit und ›klassische‹

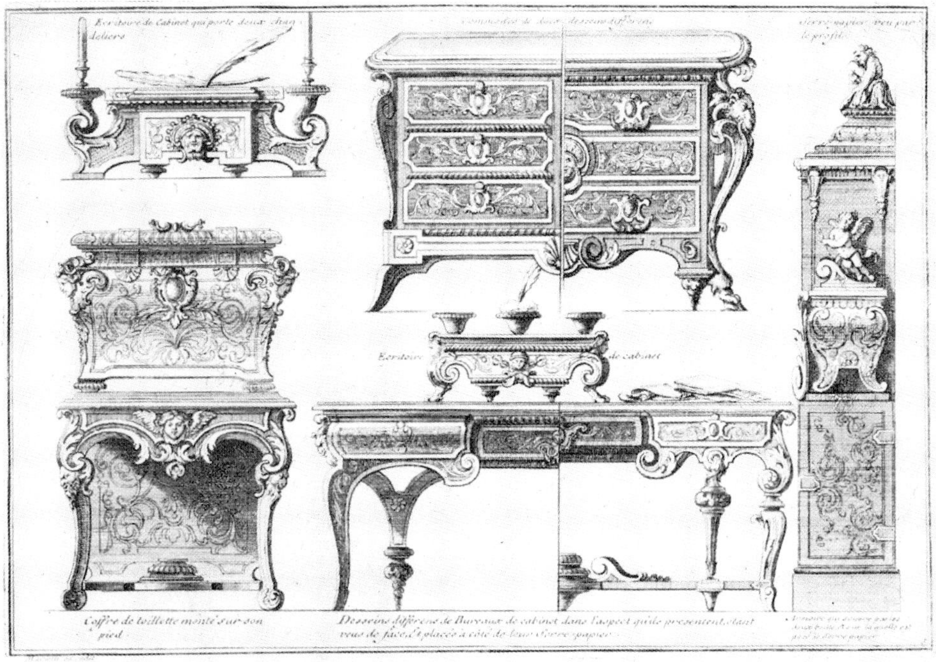

A.-C. Boulle: Möbelentwürfe, frühes 18. Jh.

Formgebung aus, durch beispiellos sorgfältig gearbeitete Marketerie, hervorragende Qualität der vergoldeten Bronzebeschläge (vor allem jener mit der klassischen Mythologie entlehnten Motiven) und durch den Eindruck von Symmetrie und Rhythmus, erzeugt durch Füllungen in ›première-partie‹- und ›contre-partie‹-Arbeit bei als Gegenstücke konzipierten Schränken und Kommoden. Zu seinen Entwürfen gehören auch einige besonders kostbare Uhrengehäuse, oft von Skulpturen bekrönt, so z. B. von Apollo auf dem Sonnenwagen. Boulles Stil scheint sich während seiner langen Laufbahn kaum verändert zu haben, wurde aber wahrscheinlich während der →Régence-Periode ein wenig leichter. Er arbeitete zusammen mit Ch. →Le Brun, de Cotte und J. →Bérain, und es ist nicht ausgeschlossen, daß er Entwürfe von letzterem als Vorlagen für seine Marketerie benutzte. Er war auch ein großer Sammler, besonders von Zeichnungen alter Meister, die ihm vermutlich als Anregungen für seine Arbeit dienten. Er veröffentlichte eine Serie von Ornamentstichen: ›Nouveaux Desseins de Meubles et Ouvrages de Bronze et de Menuiserie inventés et gravés par A.-C. Boulle‹, nicht datiert, erschienen aber wohl zu Anfang des 18. Jhs. in Paris. Zu Boulles Zeit war es noch nicht üblich, daß Möbelkünstler ihre Stücke stempelten, und die einzigen belegten Stücke von ihm sind zwei Kommoden, die er 1708/09 für das königliche Schlafgemach im Grand Trianon, Versailles, anfertigte. (Die Kommode war ein völlig neuer Möbeltyp. Es ist möglich, daß Boulle an ihrer Erfindung beteiligt war, mit Sicherheit aber hat er zu ihrer Entwicklung beigetragen.) Einige weitere Möbelstücke können Boulle zugeschrieben werden – u. a. in der Wallace Collection, London, im Metropolitan Museum, New York, und in der Ermitage, Leningrad.

Um 1718 setzte er sich zur Ruhe, aber 1720 fing sein Haus Feuer, und seine Verluste waren so groß, daß er die Arbeit wieder aufgenommen und das Atelier bis zu seinem Tode geleitet haben soll. Wie leistungsfähig seine Werkstatt gewesen sein muß, kann man aus dem Schaden schließen, den er nach dem Brand von 1720 zusammengestellt hat: Die Anzahl der im Auftrag hergestellten und noch auf dem Grundstück befindlichen Möbelstücke betrug 15 Uhrengehäuse, 5 Schreibtische und 8 Kommoden. Nach Boulles Tod wurde die Werkstatt von seinen Söhnen *André-Charles* (1685-1745), bekannt als *Boulle-de-Sève*, und *Charles-Joseph* (gest. 1754) geführt. Sie gaben die Boullsche Tradition höchster handwerklicher Qualität an J.-Fr. →Oeben (seit 1751 in den Boulle-Werkstätten tätig) weiter, der sie wiederum

A.-C. Boulle: Bureau des Kurfürsten von Bayern, um 1723-25 (Louvre, Paris)

J.-H. →Riesener vermittelte. Während diese aber Technik und Stil des von Boulle entwikkelten Dekors nicht weiterpflegten, wurde sein Möbelstil von vielen anderen Kunstschreinern, wie neben weniger bekannten Meistern vor allem von R. →Dubois und E. →Levasseur in Paris, übernommen, so daß Möbel im Boulle-Stil das ganze 18. Jh. hindurch hergestellt wurden. Auch im 19. Jh. wurde die Boullsche Tradition fortgesetzt, besonders durch die Firma →Wassmus Frères u. a., die sich während des Zweiten Kaiserreichs auf Kopien von Boulle-Möbeln spezialisierten. Uhrengehäuse im Boulle-Stil, z. B. hergestellt von Antoine Foulet (gest. 1775), erfreuten sich ebenfalls weiterhin der Gunst des Publikums.

Lit: J.-P. Samoyault, *André-Charles Boulle et sa famille*, Genua 1979.

Boulle-Marketerie. Messing- und Schildpatt-Marketerie, eine Erfindung, die von italienischen Handwerkern, die Maria de'Medici ins Land rief, nach Frankreich gebracht und von A.-Ch. →Boulle vervollkommnet wurde: Der ornamentale und figürliche Dekor wurde aus übereinandergelegten Messing- und Schildpattplatten gesägt. So ergaben sich für die Herstellung von Schmuckfüllungen zwei Möglichkeiten: die Einfügung der ausgesägten Stücke aus Messing in die in der Schildpattplatte entstandenen Leerstellen (›première-partie‹) bzw. das umgekehrte Verfahren (›contre-partie‹). Im ersten Fall ergibt sich der Dekor gleichsam ›positiv‹ durch Messing auf dunklem Schildpattgrund, im zweiten Fall bei identischer Zeichnung ›negativ‹. Bei als Gegenstücke angefertigten Schränken oder Kommoden konnten also sehr wirkungsvoll ›première-partie‹-Marketerie auf dem einen und ›contre-partie‹-Marketerie auf dem anderen verwandt werden, oder auch entsprechend bei Innen- und Außenseiten von Türen. Um die Wirkung zu erhöhen, wurden die Messingplatten gelegentlich graviert. Die nicht mit Marketerie geschmückten Teile eines Möbels wurden meist mit Ebenholz furniert. Boulles Nachfolger und Nachahmer wollten die Wirkung der Boulle-Marketerie noch steigern, indem sie das Schildpatt bemalten oder mit farbigen Metallplättchen unterlegten und zusätzlich Zinn, Perlmutt und leuchtend blau, rot oder grün gefärbtes Horn verwendeten. In Deutschland fand die Technik der Boulle-Marketerie vom späten 17. Jh. an Verwendung, so bei Möbeln von *H. D. Sommer* aus Kunzelnau (tätig um 1666-84 und möglicherweise Schüler von Boulle) und solchen der Augsburger Kunstschreiner *Esser und Wolfhauer.* Sie fand auch Eingang in den englischen Möbeldekor. Eine erneute Blütezeit erlebte die Boulle-Marketerie spätestens von der Mitte des 19. Jhs. an in der französischen Kunstschreinerei, wo sie manchmal eindeutig in Fälschungsabsicht Verwendung fand. *Siehe auch Abb. S. 375.*

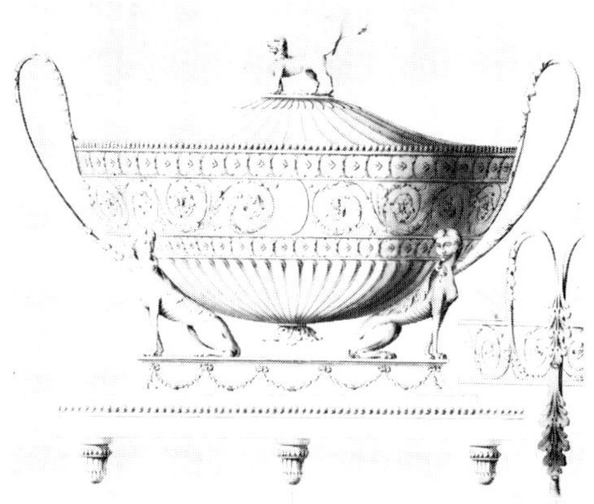

M. Boulton: Entwurf für eine Terrine (Reference Library, Birmingham)

Boulton, Matthew (1728-1809). Metallwarenhersteller, berühmt vor allem wegen seiner Partnerschaft mit James Watt, dem er bei der Herstellung der Dampfmaschine wesentlich geholfen hat. Doch ist er auch bekannt für die hohe Qualität seiner Arbeiten aus Silber, Sheffield Plate, seiner vergoldeten Bronzen und anderer Metallgegenstände, die in seiner Manufaktur in der Nähe von Birmingham produziert wurden. 1759 hatte er seines Vaters ›toymaking‹-Geschäft geerbt, in dem kleine Metallartikel, wie Knöpfe und Schnallen, hergestellt wurden. Er dehnte dies Geschäft auf die Herstellung von Stahlschmuck, Silber, →Ormolu (vergoldete Bronzen) usw. aus und begann 1762 mit dem Aufbau einer großen Fabrik in Soho bei Birmingham. Er betrieb sie in Partnerschaft mit *John Fothergill,* der 1782 starb. Es scheint, daß Boulton der erste war, der die Möglichkeiten auswertete, versilbertes Kupfer (Sheffield Plate) für eine breite Auswahl von Haushaltgegenständen zu verwenden, wobei er die Gefahr, daß das Kupfer durch die Versilberung wieder zum Vorschein kam, verminderte, indem er Streifen von massivem Silber entlang den Rändern und an andern durch Abreibung gefährdeten Stellen auftragen ließ. Das System der Arbeitsteilung, das er für die Produktion des Sheffield Plate ent-

Boulle-Marketerie: Detail eines Schrankes (Musée des Arts Décoratifs, Paris)

Bow

Bow

Bow

wickelt hatte, wandte er auch auf die Herstellung massiven Silbergeräts an. Der große und gewinnbringende Ausstoß der Firma an kleinen Gegenständen wie Knöpfen, Uhrketten und Schnallen in Verbindung mit der Herstellung von Sheffield Plate halfen, die feineren Erzeugnisse in geschmiedetem Silber, wie →Kandelaber, →Cassolets und ›Garnitures de cheminée‹ aus →Bluejohn, die in Ormolu von außerordentlich feiner Qualität gefaßt waren, zu finanzieren. Die Firma benutzte Entwürfe von R. →Adam, W. →Chambers und J. →Wyatt, beschäftigte aber auch einen eigenen Stab von Entwurfszeichnern. Unter den Kunden waren Georg III. und die Kaiserin von Rußland. Ormoluarbeiten wurden nach Frankreich exportiert und dort sehr geschätzt. Die Produktion erwies sich jedoch schließlich als unrentabel und wurde 1775 eingestellt. Boulton war ein Freund von J. →Wedgwood, dem er als Pionier der Industrie und als ein Mann von weitgespannten Interessen ähnelte, er war eine führende Gestalt der Birmingham Lunar Society und – seit 1785 – Mitglied der Royal Society. Im Jahre 1800 zog er sich zurück, doch führte sein Sohn das Geschäft bis 1846 weiter. Beispiele von Boultons Erzeugnissen sind im Victoria & Albert Museum in London, im Birmingham City Museum and Art Gallery und im Museum of Fine Arts in Boston zu sehen.

Lit: H.W. Dickinson, *Matthew Boulton*, Cambridge 1937; E. Robinson in *The Economic History Review*, Bd. XVI, 1963, S. 39-60; N. Goodison, *Ormolu: The Work of Matthew Boulton*. London 1974.

Bouquetière. Glasschale im Frankreich des späten 18. und frühen 19. Jhs. Wiederbelebung eines frühen venezianischen Typs mit weiter Öffnung und gewelltem Rand, aufgesetzt auf Fuß und Schaft und oft verziert mit Kannelierung und →Maskarons.

Bourdalou(e), franz. Ovales, pantoffelförmiges Uringefäß oder Nachttopf im 18. Jh., das hauptsächlich für die Benützung durch Damen auf der Reise bestimmt war und das mitunter sogar verborgen in einem Muff getragen worden sein soll. Es ist vermutlich nach dem berühmten französischen Jesuitenprediger Louis Bourdaloue (1632-1704) benannt, dessen Predigten in Versailles so beliebt waren, daß seine Zuhörer schon Stunden vorher zusammenkamen. Das früheste, noch erhaltene Stück datiert etwa von 1710 (in →Delft hergestellt), und das Wort ›bourdalou‹ ist schriftlich zum erstenmal in dem ›Dictionnaire de Trévoux‹ 1771 definiert. Solche Nachttöpfe wurden in ganz Europa, einschließlich England, und sogar in China und Japan (für den Export) produziert, gewöhnlich aus Porzellan, seltener aus Fayence, Silber oder lackiertem Metall. →Chantilly, →Höchst, →Meißen, →Sèvres, →Wien und andere bekannte Porzellanfabriken haben derartige Stücke oft sehr fein dekoriert, so daß sie mitunter als Saucieren angesehen wurden.

Lit: A. Pecker in *Cahiers de la Céramique* II (1958), S. 123-34; H. Newman in *The Connoisseur* CLXXV (1970), S. 258-264, und CLXXVII (1971), S. 22-31.

Bourg-la-Reine, Porzellanfabrik →Mennecy

Bow. Die Porzellanmanufaktur Bow hat zusammen mit →Chelsea den Vorzug, die erste Porzellanfabrik in England zu sein, aber ihre frühe Geschichte ist ziemlich dunkel. In Stratford Langthorne im East End von London gelegen, wurde sie von einem irischen Maler, Th. →Frye, und einem Glashändler, Edward Heylyn (1695 bis nach 1758), gegründet, die 1744 ein Patent erhielten zur Produktion »eines bestimmten Materials, mit dem eine Ware hergestellt werden darf, die die gleichen Eigenschaften, wenn nicht sogar bessere, bezüglich der Güte und Schönheit, als das chinesische oder vom Ausland importierte Porzellan hat«. Aus dem gleichen Dokument geht hervor, daß ein wichtiger Bestandteil dieses Materials importiertes Kaolin, vermutlich →Unaker, war, das damals durch A. →Duché aus Virginia importiert wurde. In der Fabrik scheint Weich→porzellan gefertigt worden zu sein, bis 1748 Frye ein zweites Patent erhielt, aber wenige Stücke sind nachgewiesen worden. Einige von 1750 datierte Stücke zeigen, daß ein hohes Niveau erreicht worden war, z. B. die weiße Figur der Schauspielerin Kitty Clive (Fitzwilliam Museum, Cambridge), ein Tintenfaß und eine Schüssel, beide in Unterglasurblau bemalt, und drei mit →Emailfarben dekorierte Tintenzeuge. 1750 bis 1759 gilt als die beste Zeit der Fabrik. In dem letztgenannten Jahr zog sich Frye zurück. Becher, Krüge, Tintenzeuge und Schüsseln wurden hergestellt, die in Unterglasurblau, in Emailfarben (der →Kakiemon-Dekor mit Wachteln wurde oft benutzt) oder im →Umdruckverfahren (seit 1754) dekoriert sind; einige ausgezeichnete weiße Stücke mit

Bow: Porzellanfigur von ›Kitty Clive‹, 1750 (Fitzwilliam Museum, Cambridge)

Reliefdekor in Form von Muscheln oder Pflaumenblütenzweigen; zahlreiche Hirten- und mythologische Figuren, erheblich weniger gut modelliert als die von Chelsea, die sie zuweilen nachahmen, und im allgemeinen nicht bemalt. Die Masse ist dicht und schwer und zeigt gern Brandrisse; die Glasur ist weich und gelblich mit der Neigung, am Fuß des Stückes aufzulaufen. Stilporzellane sind in einer zurückhaltenden, typisch englischen Art des Rokoko gehalten. Nach 1759 hergestellte Stücke sind anspruchsvoller, aber weniger erfolgreich, einige davon sind reich bemalt, wahrscheinlich von →Hausmalern. Eine verwirrende Vielfalt von Marken (eingepreßt, eingeritzt oder in Unterglasurblau oder -rot) wurde auf den Erzeugnissen angebracht. 1775 wurde die Fabrik von W. →Duesbury, dem Eigentümer der Porzellanfabrik →Derby, erworben, der die Formen und Werkzeuge nach Derby brachte, wohin 1786 auch diejenigen der Fabrik Chelsea kamen.

Lit: E. Adams u. D. Redstone, *Bow Porcelain*, London 1981.

Bowen, John (tätig 1734-61). Dekorierte die Keramiken von →Bristol, gewöhnlich in Blau mit Figuren in Landschaften, Schiffen usw. Eine 1761 signierte Schüssel ist nachgewiesen.

Bowes, Sir Jerome →Verzelini, Jacopo

Boyer, François →Bellevue

Boyvin, René →Rosso, G.

Bracketuhr. Englische Uhr des späten 17. Jhs., deren Standplatz ursprünglich eine →Konsole war, die passend zu dem Uhrgehäuse aus Holz mit sparsamer Silber- oder vergoldeter anderer Metalldekoration gefertigt wurde.

Bracketuhr, englisch, frühes 18. Jh. Werk von George Graham (Privatsammlung)

J. A. Bracquemond: Dekoration auf einem Creil-Montereau-Teller aus Steingut, um 1880 (Musée des Arts Décoratifs, Paris)

Bracquemond, Joseph Auguste, genannt **Félix** (1833-1914). Französischer Maler und Kupferstecher, der sich ein beträchtliches Ansehen in der Pariser Kunstwelt der Zeit vor 1860 erworben hatte; er wandte dann seine Aufmerksamkeit der Dekoration von Keramik zu, und zwar teilweise wohl unter dem Einfluß der aufkommenden Japanmode. Die Technik der Emailmalerei lernte er von J.-Th. →Deck, in dessen Atelier er einige Zeit arbeitete. Ein Tafelgeschirr aus →Creil-Fayence, das er im japanischen Stil mit asymmetrisch verteilten Vögeln, Insekten, wilden Tieren und Blattwerk bemalte, wurde auf der Pariser Ausstellung von 1867 und auf der Wiener Ausstellung von 1873 gezeigt. Bracquemond war 1870 bei der →Sèvres-Manufaktur beschäftigt und arbeitete anschließend zehn Jahre lang als Direktor des Pariser Entwurfsstudios für die →Haviland-Manufaktur. Seine Entwürfe sind von sauberer Klarheit und sparsamer Eleganz, die sie gegenüber den meisten zeitgenössischen Versuchen des →Japonismus auszeichnen. Bracquemond entwarf auch Textilien, Bucheinbände, Schmuck und Tafelsilber. 1902 arbeitete er mit an den Entwürfen für die Ausstattung von Baron Vittas Villa Sapinière in Evian, die auf dem Pariser Salon von 1902 gezeigt wurde.

Lit: G. P. Weisberg in *The Art Bulletin*, September 1969, S. 277-281; *Céramique impressioniste, l'atelier Haviland de Paris-Auteuil 1873-1882*, Bibl. Forney, Paris 1974.

Bradburn, John →Vile, W.; France, W.

Bradbury, Thomas →Sheffield Plate

Bradshaw, George Smith (tätig um 1756-93). Kunsttischler und Polsterer, der wohl auch Tapisserien gefertigt hat. 1756 arbeitete er für ein Jahr mit dem Tapisserieweber *Paul Saunders* zusammen. Sie belieferten Holkham Hall, Norfolk, mit Möbeln und Tapisserien. Während dieser Zeit arbeitete ein gewisser Mayhew für ihn (wahrscheinlich *John Mayhew*, später bei →Ince & Mayhew). 1764-74 lieferte Bradshaw Möbel für das Admiralty House in London.

Bradwell Wood pottery →Elers, D. und J. Ph.

Brameld, William →Rockingham

Brancard, franz. Ständer, auf den ein großes Gefäß gestellt werden kann. Vor allem in Versailles zur Zeit Ludwigs XIV. verwendet, aus Silber und in erster Linie von C. →Ballin gearbeitet. Keiner von diesen ist erhalten.

Brancas, Louis Léon Félicité Herzog von (1733-1824). Wissenschaftler und Autodidakt, der in seinem Laboratorium im Schloß Lassay das erste französische Hart→porzellan unter Verwendung von Kaolin aus Alençon herstellte. Von 1763-68 fertigte er Stücke in beschränkter Zahl, und die wenigen, die noch vorhanden sind (die meisten im Musée National de Céramique, Sèvres), haben einen grauen, fehlerhaften Scherben, z. B. Biskuitreliefs von Heinrich IV. und Ludwig XV.

Brandenburg-Porzellan →Plaue an der Havel

Brandenburgische Gläser →Potsdamer Glas

Brandewijnskom. Holländische (ursprünglich friesische) Silberschale des 17. und 18. Jhs. mit zwei Griffen und zunächst von vieleckiger, dann ovaler Form, aus der bei der Geburt eines Kindes mit einem Silberlöffel Branntwein ausgeschenkt wurde.

Brandt, Marianne (1893-1983). Sie gehörte zu den wichtigsten Mitgliedern des →Bauhauses, die in Metall arbeiteten und trat dort als Lehrerin ein, nachdem sie an der Weimarer Kunsthochschule studiert hatte und in Skandinavien und Frankreich gereist war. Sie zeichnet verantwortlich für eine Reihe von Gefäßen aus Nickelsilber, die aus rein geometrischen Formen – Zylinder und Halbkugeln – gestaltet sind: Aschenbecher, Teekannen usw. (Schloßmuseum, Weimar). 1949 wurde sie als Professor für industrielle Form an die Hochschule für bildende Künste in Dresden berufen, ließ sich aber später in ihrer Heimatstadt, Karl-Marx-Stadt, früher Chemnitz, nieder.

Lit: H. M. Wingler, *Das Bauhaus 1919-1933*, Bramsche 1962 (1975); W. Scheidig, *Bauhaus Weimar 1919-1924, Werkstattarbeiten*, München 1966.

Brandt, Reynier (1707 bis um 1784). Ein sehr produktiver holländischer Silberschmied, der in einem modifizierten Louis-quinze arbeitete und viel dazu beitrug, dem Stil des Silbers aus Den Haag einen eigenen Amsterdamer Typ holländischen Silbers entgegenzustellen. Er spezialisierte sich auf Körbe und Tabletts, machte aber kein Tafelsilber. Die in durchbrochener Arbeit schön gestalteten S-förmigen Wände seiner Körbe bilden florale Gitter. Brandt fertigte auch Silbergeräte für kirchlichen Gebrauch.

Lit: J. W. Frederiks, *Dutch Silver*, Bd. II, Den Haag 1958.

Bras de lumière, vergoldete Bronze, Louis-quatorze

Marianne Brandt: Teekanne aus Nickelsilber, Bauhaus 1924 (Museum of Modern Art, New York)

Branntweinschale. Moderne Bezeichnung einer flachen Silberschale des 17. und 18. Jhs. mit verschnörkelten, vertikal vorstehenden Griffen und dreikugeligem Fuß. Hauptsächlich in Hamburg und dem Gebiet an der Unterelbe gefertigt. Auf Stilleben des späten 17. Jhs. findet man sie mit Zuckerkonfekt gefüllt, doch mag sie auch als Brei- und Suppengefäß gedient haben.

Bras de lumière, franz. Wandleuchter. Einige Exemplare des 17. Jhs. zeigen die Form eines Arms mit einer Hand, die den Kerzenhalter hält, daher die Bezeichnung, die alsbald auf alle Typen von Wandleuchtern angewendet wurde.

Bratina. Russisches Trinkgefäß, kugelförmig, mit Deckel und eingezogenem Rand, oft mit einem Sinnspruch versehen, gewöhnlich aus Silber und manchmal reich emailliert und mit Edelsteinen geschmückt.

Braun AG. Eine westdeutsche Firma, die elektrische Haushaltsgeräte und wissenschaftliche Instrumente herstellt. 1921 von *Max Braun* aus Frankfurt am Main gegründet, nahm neben anderem die Herstellung von Kunststoffteilen für Radios und Grammophone auf und schließlich die Herstellung der ganzen Geräte. Haushaltsmaschinen bis hin zu elektrischen Rasierapparaten – heute der Hauptgeschäftszweig – wurden der Produktion nach dem Zweiten Weltkrieg hinzugefügt. Max Braun starb 1951 und hinterließ sein Unternehmen seinen beiden Söhnen *Arthur* und *Erwin*, die

Fritz Eichler engagierten, um in enger Zusammenarbeit mit der Hochschule für Gestaltung in Ulm das neue Design-Programm zu leiten. Später baute Braun seine eigene Design-Abteilung mit *Dieter Rams* als Chef-Designer auf. Nahezu alle Braungeräte und die sie unterstützende Werbung werden heute im Hause entwickelt und entworfen, mit einem Firmen-Image als Ergebnis, das sich ganz auf Charakter und Erscheinung der Produkte bezieht. Braun hat bei allen wesentlichen Design-Ausstellungen und -Wettbewerben Preise gewonnen, darunter den italienischen ›Compasso d'oro‹ und zweimal den Interplaspreis (London). Dreißig Braungeräte wurden in die ständige Industrial Design-Sammlung des Museum of Modern Art, New York, aufgenommen. Braun ist ein ›Markenzeichen‹ für konsequente Design-Politik in der Industrie geworden.

Braunfirnis. Ungeachtet der französischen Bezeichnung ›émail brun‹ handelt es sich beim Braunfirnis nicht um Email, obwohl er im Mittelalter auch zusammen mit Grubenschmelz (→Email) verwendet wurde. Teile eines Kupferblechs wurden mit Leinöl bestrichen neben anderen vergoldeten Teilen; das Quecksilber der Vergoldung und das Leinöl wurden dann weggebrannt, so daß das Kupfer der mit Leinöl bestrichenen Flächen in einem satten Braunton im Kontrast zu den Goldflächen stehenblieb. Braunfirnis erscheint zum erstenmal auf dem vorderen Buchdeckel des →Bernward-Evangeliars (um 1000-1010, Domschatz von Hildesheim) und wurde im 12. Jh. häufig verwendet.

Lit: K. H. Usener, Artikel *Braunfirnis*, RDK, Bd. II.

Braunglasur →Bennington, Töpferei und Porzellanfabrik

Braunschweiger Fayencen. Kleine, von Herzog Anton Ulrich von Braunschweig 1707 gegründete Fayencefabrik, wurde 1710 verpachtet und 1756 von Herzog Karl gekauft. Sie stand unter staatlicher Aufsicht bis 1773, dem Jahr, in dem sie an *J. B. E. Rabe* verpachtet wurde, der sie dann 1776 erwarb und bis zu seinem Tod 1803 fortführte. 1807 wurde sie stillgelegt. Anfangs wurden blauweiße Stücke in Imitation des →Delfter Stils hergestellt, aber in der Mitte des 18. Jhs. auch hübsche große Wasserkannen und Vasen mit geformten Rokokodekorationen, die in →Scharffeuerfarben bemalt wurden; auf diese Stücke gründete sich der Ruhm der Fabrik. Eine weitere Fayencefabrik in Braunschweig, die von 1745-57 bestand, wurde von *Rudolph Anton Chely* und seinen Söhnen geführt und fertigte Vasen mit Landschaften und Chinoiserien in barocker Umrandung, Figuren von Bauern, Terrinen in Entenform und auch ungewöhnliche Stücke, wie ein großes Faß (1747, früher im Schloßmuseum, Berlin), und eine Büste des Herzogs Karl I. von Braunschweig.

Lit: G. Spies, *Braunschweiger Fayencen*, Braunschweig 1971; A. Klein, *Deutsche Fayencen*, Braunschweig 1975.

Brauttruhe. Eine meist kunstvoll verzierte Truhe, in der am Tage der Hochzeit die Aussteuer der Braut in das Haus des Bräutigams gebracht wurde. *Siehe auch* Cassone.

Brazier, engl. (franz. brasier). Tragbares Holzkohlebecken aus Metall (Bronze, Messing, im 17. Jh. gelegentlich Silber) mit durchbrochenem Deckel. Es war in Europa seit ältesten Zeiten in Gebrauch – vor allem in den wärmeren Ländern, wo in den Häusern nur wenige Feuerstellen und Öfen waren –, und man trifft es noch heute in Spanien und Italien an, obwohl es inzwischen durch elektrische Heizöfen weitgehend ersetzt worden ist.

Breakfront, engl. Bezeichnung, die bei Bibliotheksschränken, Kommoden oder Kabinettschränken angewendet wird, wenn deren Mittelteil gegenüber den Seitenteilen leicht vorspringt.

Breghtel, Hans Coenraadt (1608-75). Geboren und ausgebildet in Nürnberg. 1640 ließ er sich in Den Haag nieder, wo er der führende Silberschmied wurde. Er begann mit Arbeiten in einem vergröberten →Ohrmuschelstil, von dem er sich jedoch in den 50er Jahren des 17. Jhs. zugunsten reicher Barockformen mit viel Blumenornamentik löste. Sein Hauptwerk ist der goldene Krönungspokal Friedrichs III. von Dänemark (1653, Schloß Rosenborg, Kopenhagen).

Lit: J. W. Fredericks, *Dutch Silver*, Den Haag 1952-61.

Bressler, H. G. von →Bottengruber, I.

Bretby Art Pottery →Linthorpe pottery

Brettuhr. Einfache Wanduhr (mit Gewichten oder Federzug) an einem lackierten oder polierten Brett befestigt; Herstellung vor allem in Wien im frühen 19. Jh.

Breuer, Marcel Lajos (1902-81). Aus Ungarn stammender Architekt und einer der einflußreichsten Designer des 20. Jhs. Mit dem Einsatz von verchromtem Stahlrohr für Möbel löste sich Breuer von den traditionellen Materialien und Arbeitsweisen der Möbelherstellung. Mit seinen Stahlrohrstühlen und den für die Massenproduktion konzipierten Typenmöbeln begann überall in der Welt eine neue Epoche des Möbeldesigns, für die Einrichtung von Wohnungen ebenso wie von Büros.

Braunschweig

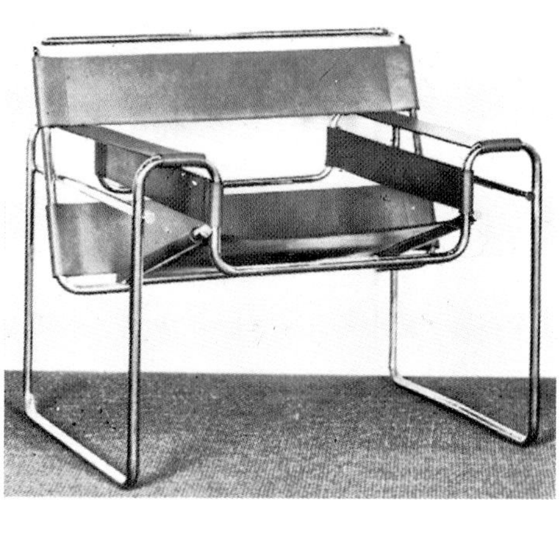

M. Breuer: der ›Wassily-Stuhl‹ aus verchromtem Stahlrohr und Leder, 1925 (Musée des Arts Décoratifs, Paris)

M. Breuer: Freitragender Stuhl aus verchromtem Stahlrohr und Rohrgeflecht, 1928 (Victoria & Albert Museum, London)

Breuer studierte 1920 bis 1925 in Dessau am →Bauhaus, wo er 1925 die Holzwerkstatt leitete. 1935 wanderte er nach England aus und ging zwei Jahre später in die Vereinigten Staaten. Dort arbeitete er bis 1941 mit Walter Gropius zusammen. Seine wichtigsten Möbelentwürfe stammen aber aus der Zeit vor seiner Übersiedlung in die Vereinigten Staaten.

Breuers erste Stühle aus den Jahren 1921-22 waren etwas elegantere Versionen des berühmten →Rietveld-Stuhls, griffen aber mit ihrer revolutionierenden Konzeption eines freitragenden Stahlrohrstuhls auf eine Idee Mart →Stams zurück. Klarheit des Designs charakterisiert alle Entwürfe. Ihre Form war stets gut durchkomponiert, die Konstruktion des tragenden Rahmens sichtbar hervorgehoben, Sitz und Rückenlehne weicher und weniger kubistisch und scharfkantig als bei Rietveld. Seinen ersten Stuhl aus verchromtem Stahlrohr, als ›Wassily-Stuhl‹ bekannt, schuf er 1925. Angeblich hatte ihn die gebogene Lenkstange seines Fahrrades zu dieser Konstruktion angeregt. Dieser Stuhl, für W. Kandinsky entworfen, wird noch heute in Serie produziert.

Drei Jahre später entwarf Breuer seine Version des freitragenden Stuhls aus einem Stück gebogenen Stahlrohrs mit daran befestigtem Holzrahmen für Sitz und Rückenlehne. Dieser Stuhl aus dem Jahre 1928, der ebenso einfach wie vollendet in der Form ist, wurde zu einem Klassiker des modernen Möbeldesigns. Auch er wird noch heute hergestellt. Sein Einfluß nahm schnell zu, und Stahlrohr kam bald überall in Mode, besonders in Frankreich (Stühle von René Herbst, 1927; Pierre Chareau, 1930; Marcel Gascoin, 1930; André Lurçat, 1931) und in den Vereinigten Staaten (Stühle von Nathan George Howitt).

Breuers spätere Entwürfe fanden nicht so viel Beachtung. Seine Möbel aus verformtem Sperrholz stammen aus den Jahren 1935-37, als die Firma Isokon Furniture in England auch einige andere erst heute populär gewordene Breuer-Modelle herstellte, darunter einen Liegestuhl in eleganter, körperangepaßter Linienführung, einige genial einfache und praktische Stapeltische und Eßzimmerstühle mit Rahmen aus massivem Schichtholz und Sitzen aus leichtem gebogenem Sperrholz, die stark an Stücke erinnern, die Alvar Aalto einige Jahre zuvor gemacht hatte. Seine späteren, besonders aus der Nachkriegszeit stammenden Entwürfe waren vorwiegend experimentell. Er widmete sich vor allem dem Problem der Elastizität des Rahmens, aber war stets ebenso sehr um die Form wie um die klare Aussagekraft des Designs bemüht. *Siehe auch Abb. S. 619.*

Lit: C. Wilk, *Marcel Breuer: furniture and interiors*, New York 1981.

Brewster-Stuhl. Das kunstvollste aller im 17. Jh. in Neu-England gefertigten Möbel mit →Steckverbindungen, benannt nach einem hohen Regierungsbeamten der Kolonie Massachusetts. Das Gestell ist aus gedrechselten Gliedern mit senkrecht angeordneten Spindeln im Rücken, zwischen Armstützen und Sitz sowie zwischen Sitz und Stegen. Als Material wurde im allgemeinen Esche oder Ahorn verwendet und Binsen für den Sitz.

Briand, Thomas →Chelsea-Porzellanfabrik

Briati, Giuseppe (1686-1772). Venezianischer Glasmacher, der für geblasenes und geschnittenes Glas, für Fadenglas und geschliffenes →Kristallglas ›nach böhmischer Mode‹ bekannt war. Zwischen 1724 und 1738 war er führend in der ›Scuola dei maestri vetrai‹ von San Nicolò in Murano tätig, und 1737 wurde ihm in Venedig ein Sonderrecht für »feinste Kristallarbeiten« eingeräumt. 1739 verlegte er seine ›fabbrica dei Carmine‹, die bis 1808 in Betrieb war, nach Venedig.

Lit: G. Mariacher, *Il Museo vetrario di Murano*, Mailand 1970; E. Bassi in *Dizionaro biografico degli italiani*, Bd. 14, Rom 1972.

Brickard, Servatius (1676-1742). Deutscher Kunsttischler, in Brabant geboren. 1705 begann er in Bamberg für den Fürstbischof Lothar Franz von Schönborn zu arbeiten. 1724 trat er die Nachfolge von →Plitzner als Erster Schreiner des Fürstbischofs an und wurde 1735 zum Hofschreiner ernannt. Einige seiner

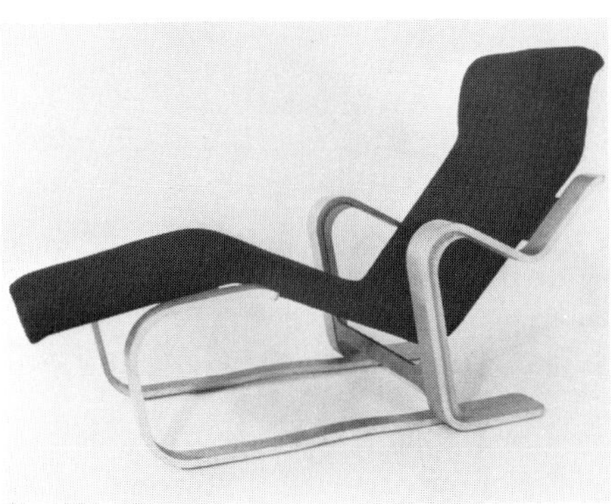

M. Breuer: Liegestuhl aus schichtverleimtem, verformtem Holz, hergestellt von der Isokon Furniture Co., London

S. Brickard: Schreibtisch, 1727 (Schloß Pommersfelden)

Arbeiten befinden sich im Schloß Pommersfelden, vor allem Hocker und Tische im Stil des Spätbarock.

Lit: H. Kreisel, *Die Kunst des deutschen Möbels*, Bd. II, München 1970.

Briefbeschwerer. Kleine, meist schwere Gegenstände aus verschiedenen Materialien, die dazu bestimmt sind, Briefe oder lose Blätter zu beschweren. Am bemerkenswertesten sind die Briefbeschwerer aus Glas, meist als ›Paperweights‹ bezeichnet, die vor allem in französischen Glashütten wie →Baccarat und →Clichy im 19. Jh. hergestellt wurden. Sie erfreuen sich bei spezialisierten Sammlern besonderer Beliebtheit und werden deshalb vielfach nachgeahmt.

Briggle, Artus van (1869-1904). Amerikanischer Kunsttöpfer. Als Maler an der Rookwood pottery begann er, matte Glasuren zu entwickeln, aber 1899 gab er dies auf und ließ sich in Colorado Springs, Colorado, nieder. Während der wenigen ihm noch verbliebenen Lebensjahre machte er eine Anzahl von Vasen, in Form und Gestaltung unverkennbar →Art Nouveau, überzogen mit matter Glasur von schönster Struktur und gedämpfter Farbe. Viele Modelle wurden gegossen und wiederholt ausgeformt. Nach seinem Tode wurde die Werkstatt von seiner Witwe weitergeführt. Sie stellt auch heute noch die alten sowie neu entworfene Modelle her.

Lit: D. McGraw Bogue, *The Van Briggle Story*, Colorado Springs 1968; B. Arnest u. R. E. Morris, *Van Briggle pottery. The Early Years*, Colorado Springs 1975.

Bright-cut-Gravierung. Im allgemeinen geometrische Muster, scharf in Silber graviert, was einen glitzernden Effekt ergibt; besonders seit dem späten 18. Jh. beliebt.

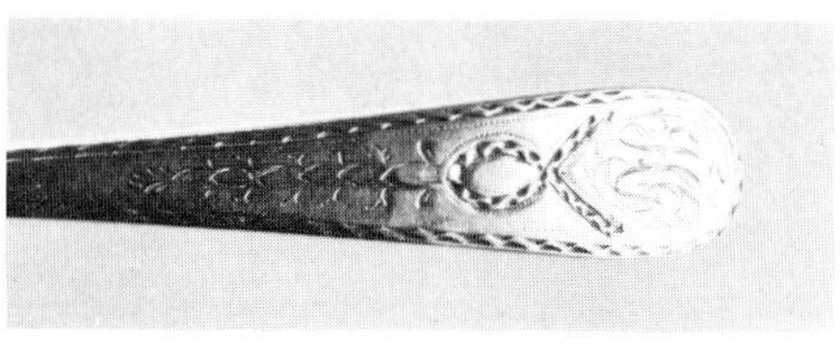

Bright-cut-Gravierung, Detail des Griffs eines Silberlöffels

Briot, François (um 1550 bis um 1616). Französischer Manierist, der in Metall arbeitete und als einziger Künstler sehr hohen Ranges auch Zinngerät schuf. Er wurde in Damblain, Lothringen, geboren, mußte aber als Hugenotte 1579 nach Montbéliard (Mömpelgard) fliehen. Hier arbeitete er als Zinngießer und schuf mit seinen Wasserkrügen, Becken usw., die in Flachrelief mit graziösen, langgliedrigen Figuren und Groteskenmotiven verziert sind, Meisterwerke (Beispiele im Louvre, Paris). 1585 wurde er als Graveur an die Münze von Montbéliard berufen. Sein Hauptwerk ist unter dem Namen ›Temperantia-Schale‹ bekannt (1585-90, Museum für Kunsthandwerk, Dresden). Er wurde durch sie fast so berühmt wie B. →Cellini, und sie wurde häufig kopiert: in Zinn in Nürnberg durch C. →Enderlein und andere, in Fayence von B. →Palissy, später auch in Silber und anderen Materialien.

Lit: H. Demiani, *François Briot, Caspar Enderlein und das Edelzinn*, Leipzig 1897; H.-U. Haedeke, *Metalwork*, London 1970.

F. Briot: Zinnkrug, um 1600 (Louvre, Paris)

Briqueté-Fond. Grundmuster für →Sèvres-Porzellan des 18. Jhs., das Mauerwerk vortäuscht. Frühe Exemplare zeigen das Muster in Gold über dunklem Blau.

Brislington pottery →Bristol-Töpfereien

Bristol-Glashütten. Die erste nachweisbare Glashütte wurde um 1651 von der Familie Dagnia aus →Altare gegründet, die um 1630 nach England kam und auch in den Glashütten von →Newcastle tätig war. Seit 1740 spezialisierten sich die Glashütten von Bristol auf die Herstellung von Karaffen, Kelchen, Vasen usw. in einem sehr schönen blauen Glas, das meist mit Gold bemalt war, vor allem von Lazarus und Isaac Jacobs. In Nachahmung von Porzellan wurden Gläser aus opakweißem Glas hergestellt, oft verziert mit Blumen und Arabesken von Porzellanmalern, vor allem von M. →Edkins. Die Herstellung von blauem Glas wurde zwischen 1780 und 1820 unterbrochen, als die Belieferung mit Kobaltoxid aus Schlesien ausblieb. Es ist sehr schwer, das blaue oder weiße Bristolglas von dem in Newcastle oder anderen englischen Glashütten hergestellten zu unterscheiden.

Lit: W.A. Thorpe, *A History of English and Irish Glass*, London 1929; E.S. Godfrey, *The Development of English Glassmaking 1560-1640*, Oxford 1975.

Bristol-Porzellanmanufakturen. Weich→porzellan aus Steatit wurde zwischen 1749 und 1752 von *Benjamin Lund* in einer Werkstatt in *Lowdin's Glashütte* hergestellt. Lund erhielt um 1748 eine Lizenz zum Abbau von →Steatit in The Lizard, Cornwall, und William →Cookworthy befaßte sich vermutlich mit den technischen Verfahren. Es wurden Sahnetöpfe, Saucieren usw., mitunter mit Chinoiserien in Unterglasurblau oder polychrom dekoriert, hergestellt. Die Fabrik von Lund wurde 1752 von der Porzellanfabrik →Worcester übernommen.

Hartporzellan wurde in Bristol in der Cookworthy-Fabrik hergestellt, nachdem die Fabrik 1770 von →Plymouth hierher verlegt worden war. 1774 übertrug Cookworthy sein Patent *Richard Champion;* nach vielen Prozessen schloß die Fabrik 1781-82, und das Patent ging an die Porzellanfabrik →New Hall über. Die frühen Hartporzellane von Bristol sind schwer von denen aus Plymouth zu unterscheiden, und Maler wie →Saqui und →Tebo arbeiteten in beiden Fabriken. Unter den Stücken sind einige gut ausgearbeitete, anspruchsvolle Gruppen und Figuren im →Sèvres-Stil wie auch viel einfachere, oft ziemlich bäuerische Erzeugnisse, die aber großen Charme aufweisen.

Lit: F. Severne Mackenna, *Cookworthy's Plymouth and Bristol Porcelain*, Leigh-on-Sea, 1946; F. Severne Mackenna, *Champion's Bristol Porcelain*, Leigh-on-Sea 1947; F.A. Barret, *Worcester Porcelain and Lund's Bristol*, London 1966.

B$_7$

Bristol

x

Bristol

Bristol: Fayenceschüssel, Mitte 18. Jh. (Victoria & Albert Museum, London)

Bristol: Fayenceschüssel, spätes 17. Jh. (Victoria & Albert Museum, London)

Bristol. Zahlreiche **Töpfereien** in Bristol und seiner Umgebung, so etwa in Brislington und →Wincanton, haben im späten 17. und 18. Jh. Fayence hergestellt. Da es keine Fabrikmarken gab, können die Stücke nicht genau den einzelnen Fabriken zugewiesen werden; es ist auch schwierig, die frühen Stücke von denen aus →Lambeth und die späteren von denen aus →Liverpool zu unterscheiden. Zu den Stücken des späten 17. Jhs., die allgemein Bristol und seiner Umgebung zugeschrieben werden, gehören auch die →Blue-dash chargers. Etwa seit 1720 waren →Chinoiserien in Blau und Weiß, ähnlich denen von →Delft, weit verbreitet. Unter ihren Erzeugnissen sind Teller, Punschbowlen, Molkenbecher, Teebüchsen usw. Nach 1755 wurde die →Bianco sopra bianco-Technik zuweilen für die Dekorierung der Tellerränder verwendet. Etwa seit 1775 war die Herstellung von Fayence zugunsten des Steinguts, das vor allem in einer bis 1884 bestehenden Fabrik in Temple Back erzeugt wurde, eingestellt worden.

Lit: F.H. Garner, *English Delftware*, London 1948; A. Klein, *Fayencen aus Europa*, Braunschweig 1980.

Britanniametall. Legierung aus Zinn, Antimon und Kupfer, die ähnlich wie Zinn aussieht, jedoch leichter im Gewicht und heller in der Farbe ist (daher auch die englische Alternativbezeichnung ›white metal‹). Britanniametall wurde ein beliebter billiger Ersatz für Hartzinn. Die Kosten der Verarbeitung waren geringer, weil es sich in Bleche walzen und über billigen Holzformen zu dünnwandigen Gefäßen ausziehen ließ. Weder bronzene Gußformen noch ein Nacharbeiten von Hand waren erforderlich. Es scheint, daß Britanniametall in England kurz nach der Mitte des 18. Jhs. entwickelt wurde, als die Zinngießer die Konkurrenz des →Sheffield Plate und auch die der kurz zuvor modernisierten Keramikproduktion aus →Staffordshire zu spüren begannen. Die Herstellung von Britanniametall in großem Umfang begann jedoch nicht vor etwa 1780, und erst 1804 gründete James →Dixon in Sheffield die Fabrik, die führend in der Herstellung von Britanniametall wurde. Ab 1816 wurden große Mengen von Britanniametall nach Amerika exportiert. I. Babbitt und W.

Crossman gründeten 1824 in Taunton, Mass., eine Fabrik zur Herstellung von Britanniametallwaren. Seit den 40er Jahren des 19. Jhs. wurde die Legierung gelegentlich als Ersatz für Nickelsilber (→Neusilber) bei der →Elektroplattierung eingesetzt.

Britannia Standard →Silber

Broad glass, engl. Ein Flachglas (wie das Fensterglas), das durch den ›broad‹- oder ›Lorraine‹-Prozeß hergestellt wird, der in England im frühen 17. Jh. eingeführt wurde. Eine lange Blase wird in eine zylindrische Form geblasen, dann wird der Zylinder aufgeschnitten und das Glas noch einmal erhitzt, um es in eine flache Form zu bringen. Es hat weniger brillanten ›Feuerglanz‹ als die Butzenscheibe, doch ist es glatter. Der Prozeß wurde bedeutend verbessert durch *R. L. Chance* vom Spon Lane Glasshouse, Birmingham (um 1830).

Brocard, Philippe-Joseph (tätig um 1867-96). Französischer Glaskünstler, der die alte syrische Technik der →Emailmalerei aufgriff und sehr schöne Kopien von →Moscheelampen aus dem 13. und 14. Jh. anfertigte. 1867 begann er, seine Arbeiten auf Pariser Ausstellungen zu zeigen. Später schuf er eigene Entwürfe im islamischen Stil. Seine Arbeiten beeinflußten E. →Gallé, der ihn sehr schätzte.

Lit: A. Polak in *Annales du 4 congrès des ›Journées internationales du verre‹*, Lüttich 1967, S. 212-13; J. Bloch-Derment, *L'art du Verre en France 1860-1914*, Lausanne 1974.

Brodel, Giovanni Vittorio →Vinovo

Broderie Anglaise. Weißstickerei, die in England und auf dem Kontinent seit dem späten 18. Jh. vor allem in der Kleiderindustrie angewendet wird. In geometrischen oder stilisierten Blütenmustern werden Löcher in den Stoff geschnitten und mit Knopflochstich umnäht.

Brokat. Gemusterter Stoff mit eingewebten Gold- oder Silberfäden.

Brokat-Dekor →Imari-Porzellan

Brokatell. (1) Atlasgewebe mit plastisch hervortretendem Muster, das man in der Regel durch einen leinenen Schuß erhält, während der Grund aus lancierten seidenen Schußfäden gebildet ist. Diese Technik ist im 16. Jh. in Italien und Spanien aufgekommen, wo man für die ›Broccatelli‹ oft Abfallseiden verwendete. Im heutigen deutschen Sprachgebrauch wird Brokatell auch für Baumwollgewebe mit plastisch hervortretendem Muster angewendet. (2) Eine Art bunter Marmor, der im 18. Jh. oft für Tischplatten benutzt wurde.

Bromley, William →Ott & Brewer Company

Brongniart, Alexandre →Sèvres

Bronze. Eine Kupfer-Zinn-Legierung, wobei die beste Zusammensetzung 9 Teile Kupfer zu 1 Teil Zinn ist. In Eurasien folgte sie dem Kupfer, da sie leichter schmilzt und damit besser für den Guß geeignet, außerdem härter und haltbarer ist. Jedoch wurde sie schnell durch

Ausschnitt eines bronzenen Weihgefäßes vom Jia-Typ, Shang Dynastie, 1200-1000 v. Chr. (William Rockhill Nelson Gallery of Art, Kansas City)

mit Lagen von immer grober werdendem Ton bedeckt, bis die Dicke etwa einen Zoll betrug. In dieser Auflage ließ man horizontale und senkrechte ›Schächte‹ frei, so daß die einzelnen Teile abgenommen werden konnten, um das Wachs auszukratzen. Auf diese Weise entstand der Hohlraum für das geschmolzene Metall. Mehrteilige Gußformen hinterlassen Grate auf der Bronzeoberfläche, die den Nahtstellen zwischen den einzelnen Formstücken entsprechen. Diese Gußnähte werden gewöhnlich bei der Nachbehandlung durch Ziselieren entfernt.

Bronzenes Pien-Hu mit Ornamenten, die charakteristisch für den späten Huai-Stil sind. 3. Jh. v. Chr. (Kunstindustrimuseet, Kopenhagen)

das Eisen abgelöst. Gute Bronze wurde in Südostasien um 4500 v. Chr. gegossen (→ Ban Chiang) – die früheste, soweit bekannt. Die Verwendung von drei- oder vierteiligen Gußformen, zunächst aus Stein oder gebranntem Ton, für den massiven Guß war bereits um etwa 2500 v. Chr. in Ur, Irak, zu hoher technischer Vollkommenheit entwickelt worden. Dieses Verfahren erforderte aber eine große Menge an Metall, während beim Hohlguß viel davon eingespart werden konnte. Im China der → Shang-Dynastie (um 1600-1027 v. Chr.) wurde die Methode des Hohlgusses mit mehrteiligen Formen vervollkommnet. Um z. B. ein ›Zun‹ oder Weingefäß herzustellen, fertigte man den inneren Teil der Hohlform aus Ton, der auf der Töpferscheibe geformt, getrocknet und mit Wachs in der für die Bronze gewünschten Stärke überzogen wurde. Die Oberfläche des Wachses wurde reliefiert und anschließend

Bronzene Schließe, irisch, 2. Jh. n. Chr. (National Museum of Ireland, Dublin)

Bronzener Dreifuß aus Pompeji (Museo Nazionale, Neapel)

Bronzemörser, Flandern, 16. Jh. (Musée des Arts Décoratifs, Paris)

Bronzetisch, entworfen von G. Valadier, 1789, die Figuren des Herkules nach Modellen von V. Pacetti (Vatikanische Bibliothek, Vatikan)

Eine andere Methode ist das →Wachsausschmelzverfahren. Oft ist es schwer festzustellen, in welchem Verfahren eine Bronze gegossen wurde. Beide Hohlgußverfahren wurden seit dem 4. Jh. v. Chr. auch in Europa angewendet. In Afrika wurde im 9. und 10. Jh. ein hoher Grad technischer Geschicklichkeit im Wachsausschmelzverfahren erreicht, →Igbo-Ukwu. Nach dem Guß kann das Metall mit Hilfe verschiedener ›kalter‹ Bearbeitungstechniken behandelt werden. Dünne Platten oder Gefäße kann man in Treibarbeit durch Hämmern von der Rückseite her formend bearbeiten. Lineare Schmuckmotive lassen sich mit einer Punze, die einen in das Metall gehämmerten Strich hervorbringt, oder mit dem Grabstichel, der jeweils ein Stück Metall herausschneidet, anbringen. Die Beschaffenheit der Oberfläche kann durch Stanzen verändert, und endlich kann sie ganz oder teilweise vergoldet werden (→Ormolu).

Man hat Bronze in großem Umfang als Material für Skulpturen wie auch für Gebrauchsgegenstände herangezogen, z. B. für →Feuerböcke und →Aquamanile. Seit der Renaissance wurde Bronze in großem Umfang für kleinformatige Skulpturen, für Möbelbeschläge und auch für ganze Möbelstücke verwendet. Während des 18. und 19. Jhs. fertigten französische Handwerker Bronzearbeiten von hervorragender Qualität, seien es Möbelbeschläge oder Gegenstände wie Uhrgehäuse und Kandelaber (→Gouthière, →Ravrio, →Thomire usw.).

Lit: Artikel *Bronze, Bronzeguß, Bronzeplastik* in RDK Bd. II, Stuttgart-Waldsee 1948; L. Aitchison, *A History of Metals*, London 1960; H.-U. Haedeke, *Metalwork*, London 1970; W. Watson, *Ancient Chinese Bronzes*, (1962) London 1977.

Möbel-Applique in Form einer Sirenen-Karyatide, vergoldete Bronze, wahrscheinlich von R. Dubois (Wallace Collection, London)

Bronzes d'ameublement, franz. Kleine, selbständige Ausstattungsgegenstände, gefertigt aus Bronze, z. B. Uhrgehäuse, →Feuerböcke, Lampen und →Appliques, aber auch Schloßbeschläge usw., obwohl die Bezeichnung gewöhnlich nicht für Möbelbeschläge angewendet wird. Hohe Qualität in Entwurf und Ausführung erreichten Bronzes d'ameublement im Frankreich des 18. Jhs.; damals lieferten häufig Bildhauer die Modelle in Terrakotta, Holz oder Wachs. Der ›fondeur‹ goß die Stücke, entweder im →Wachsausschmelzverfahren oder mit Hilfe einer Ton- oder Sandform. Der ›ciseleur‹ besorgte die Verfeinerung der Oberfläche durch Nachbearbeitung, und anschließend wurden die Arbeiten meist noch vom ›doreur‹ vergoldet. Jede einzelne dieser Tätigkeiten war durch Zunftregeln festgelegt und das ausschließliche Privileg des jeweiligen Handwerkers. *Siehe auch* Ormolu und Fondeur-ciseleur.

Bronzitdekor. Hauptsächlich geometrischer Dekor in mattem Schwarz auf Gläser geätzt. Von J. →Hoffmann um 1910 entworfene Gläser mit Bronzitdekor wurden von der Wiener Firma →Lobmeyr ausgeführt; später typisch für den Stil der →Wiener Werkstätte.

Brosamer, Hans (tätig von 1535-50). Maler und Graveur in Fulda, der ›Ein new Kunstbüchlein‹ (wahrscheinlich um 1540) veröffentlichte. Es enthielt eine Reihe von Entwürfen für Silber im Stil der deutschen Renaissance, verziert mit pausbackigen Putti, Cherubköpfen, menschlichen Figuren (einschließlich einer sehr erotischen Adam und Eva-Gruppe), Blattmasken mit kühnem →Akanthusornament. Etliche Gefäße sind von einfacher Kontur mit etwas geriffelter oder →godronierter Dekoration und →Laubwerkverzierung, und keiner seiner Entwürfe bietet dem Silberschmied große praktische Schwierigkeiten (im Gegensatz zu denen von F. →Rosso, J. A. →Du

H. Brosamer: Entwurf für einen Deckelpokal aus ›Ein new Kunstbüchlein‹, Frankfurt, um 1540

Cerceau und anderen). Das Buch scheint in Nordeuropa weithin benutzt worden zu sein.

Lit: J.F. Hayward, *Virtuoso Goldsmiths: the Triumph of Mannerism 1540-1620*, London 1976.

Brügge Wandteppich-Manufaktur. Bedeutende flämische Manufaktur, besonders im 16. Jh., aus dem als Beispiel der Wandteppich ›Geschichte des hl. Anatol‹, 1502-06 (Louvre, Paris) zu erwähnen ist. Die Bildteppiche des 17. Jhs. verwandten kühn eine breite Skala von Farben, z. B. die ›Monate‹ (Kunsthistorisches Museum, Wien) und ›Jahreszeiten‹, 1664 (Musées Royaux d'Art et d'Histoire, Brüssel).

Brûle-parfum →Cassolette.

Brunetto, T. →Rato

Brüning, Heinrich Christoph →Fürstenberg

Bruschi, Gaspero →Doccia-Porzellanmanufaktur

Brüsseler Spitze. Seit dem frühen 16. Jh. sind in Brüssel die verschiedensten Näh- und Klöppel→spitzen hergestellt worden, unter ihnen einige der schönsten, die jemals entstanden sind. Die Nähspitzen, auch ›Point de gaze‹ genannt, sind sehr fein, Muster und Grund sind gleichzeitig gearbeitet, die Konturen der Hauptelemente des Musters mit ›Cordonnet‹-Stich betont. Zur Klöppelspitze gehören auch die etwas ungenau mit ›Point plat‹ und →›Point d'Angleterre‹ bezeichneten Spitzen. Manchmal hat man auch Näh- und Klöppeltechnik in einem Stück kombiniert. 1768 wurde erstmals in Brüssel der Tüllgrund für die Spitze maschinell hergestellt, seit dem frühen 19. Jh. hat man auf solchen Tüll dekorative Muster aus Näh- oder Klöppelspitze appliziert.

Brüsseler Teppiche. Eine Teppichart, die in Brüssel und anderenorts hergestellt wurde (z. B. →Kidderminster Teppichmanufakturen) mit Kammgarnkettfäden, die in Schlingen an der Oberfläche erscheinen, um das Vlies zu bilden. Sie hat drei Lagen von Kettfäden: die normale Kette, mit der ein Leinen- oder Hanfschuß das Grundgewebe bildet; der Füllkettfaden, der dem Gewebe Dicke gibt; und bis fünf oder sechs Schlingenkettfäden. Die Teppiche wurden zuerst auf Flachwebstühlen hergestellt, 1825 wurde dann die →Jacquardmaschine für die Fertigung in Kidderminster übernommen. Maschinell wurden sie erstmals auf den automatischen Brüsseler Webstühlen (eingeführt von Erastus B. Bigelow aus Massachusetts 1846-48, verbessert von G. Collier aus Halifax 1851) gewebt, die seit 1860 allgemein in England in Gebrauch sind. Hierbei wurde aber eine Menge teures Kammgarn verbraucht, und die Muster waren auf sechs Farben beschränkt. Dieser Nachteil wurde bei den gobelinartigen oder gedruckten Brüsseler Teppichen überwunden, bei denen die Schlingen und Muster bildenden Kettfäden partienweise in den entsprechenden Farben vor dem Weben eingefärbt wurden, so daß auf den Jacquardmechanismus verzichtet werden konnte. Bei beiden Arten wurden die Schlingen oder Noppen durch das Einführen von Eisenruten erzeugt, um die das Garn lief; benutzte man Ruten mit Messerenden, wurden die Schlingen aufgeschnitten, und man spricht von einem teppichähnlichen, samtartigen oder ›aufgeschnittenen Noppengewebe‹.

Brüssel J. S. Vaume

Brüssel. Im 17. Jh. gab es in Brüssel mehrere kleine **Töpfereien,** deren Erzeugnisse bis zum 18. Jh. bedeutungslos waren. 1705 gründeten *Corneille Mombaers* und *Thierry Witsenburg* eine Fabrik, die ab 1724 Terrinen und andere Gefäße in naturalistischer Form herstellte (Truthähne, Enten, Krautköpfe, Melonen, Fische usw.). Sie sind nicht gemarkt, aber gelegentlich mit einer Signatur versehen. Die Glasur war gelaufen, so daß streifenartige oder marmorierte Wirkungen entstanden. Nach 1766 wurde diese Fabrik mit einer anderen, 1751 von *Jacques Antoisenet* gegründeten zusammengelegt. Sie stellte Fayencefiguren, mitunter ziemlich große, her und wurde 1825 stillgelegt. Eine dritte Fabrik wurde 1802 von *van Bellinghen* gegründet und 1866 geschlossen. Abgesehen von den Terrinen in naturalistischen Formen ist die Brüsseler Fayence im allgemeinen den üblichen zeitgenössischen →Delfter und nordfranzösischen Waren ähnlich.

Eine Porzellanfabrik wurde 1786 von *J.-S. Vaume* in Scharbeek ins Leben gerufen. Sie wurde ›Manufacture de Monplaisir‹ genannt und 1790 geschlossen. Die Erzeugnisse sind zeitgenössischem →Pariser Porzellan ähnlich. Eine andere Fabrik wurde um 1787 von *Chré-*

Brüsseler Nähspitze: Teil eines Schleiers, der für die Zarenfamilie gemacht wurde, um 1810 (Mit freundlicher Genehmigung des Art Institute of Chicago)

tien Kuhne in Etterbeek gegründet und um 1803 geschlossen. Unter anderem wurden auch Figuren aus →Biskuit und Tafelgeschirre hergestellt. Eine dritte von *Louis Cretté* errichtete Fabrik arbeitete ungefähr von 1791 bis 1803. Cretté signierte im allgemeinen seine Stücke.

Lit: E. Hannover, *Pottery & Porcelain*, London 1924; J. Helbig, *La céramique Bruxelloise du bon temps*, Brüssel 1946; A. Klein, *Fayencen aus Europa*, Braunschweig 1980.

Brüsseler Wandteppich-Manufakturen. Bedeutendes Zentrum der Wandteppichherstellung; Werkstätten mit Haut-lis- und Bas-lis-Stühlen (Hoch- und Flachwebstühle). Im 15. Jh. erlangten sie zum ersten Mal Bedeutung, nur sind die Stücke dieser Zeit schwer von den gleichzeitigen flandrischen und selbst den französischen zu unterscheiden. (Das berühmte Zeichen – ein Schild zwischen zwei B – wurde erst 1528 eingeführt.) Zu den frühesten Wandteppichen, die im allgemeinen Brüssel zugeschrieben werden, gehört ein ›Millefleurs‹-Behang mit dem Wappen Karls des Kühnen, der vor 1476 entstanden ist (Historisches Museum, Bern); die ›Allegorie der Jungfrau Maria als Lebensquell‹ von 1485 (Louvre, Paris), eine überladene Komposition, die nur wegen ihrer Mittelfigur bemerkenswert ist; die liebliche ›Jungfrau mit dem Kind und einem Stifter‹, um 1600 (Musées des Tissus, Lyon) und die ähnliche ›Geschichte der Jungfrau Maria‹ (Patrimonio nacional, Madrid), beide mit reichlicher Verwendung von Goldfäden. Ein früher und gesicherter Wandteppich aus Brüssel ist die ›Kommunion des Herkenbald‹ aus dem Jahr 1513 (Musées royaux d'Art et d'Histoire, Brüssel), eine symmetrische Arbeit, die ziemlich mit Figuren überfrachtet ist, die lange, schleppende Gewänder tragen und deutlich von Bildern von Hugo van der Goes (gest. 1482) beeinflußt sind. Die hohe technische Qualität der Brüsseler Wandteppiche, die damals in Europa ohnegleichen war, veranlaßte

Papst Leo X. *Pieter van Aelst* (gest. 1530) zu beauftragen, die Apostelgeschichte nach Kartons von →Raffael zu wirken (1516-19). Die Wirker nahmen sich einige Freiheiten heraus – z.B. trägt Christus ein Gewand mit Blumen anstatt des von Raffael vorgesehenen einfarbigen –, aber die nach Rom gesandte Serie hing bei festlichen Gelegenheiten in der Sixtinischen Kapelle und war ein triumphaler Erfolg. Sie verlieh Brüssel den Ruf, das führende Zentrum der Wandteppich-Manufakturen Europas zu sein. Die Folge wurde später in Brüssel und anderen Orten kopiert (z.B. in →Mortlake). Sie markiert den Wendepunkt in der Geschichte der Wandteppichwirkerei. Von nun an nahmen die Entwerfer der Kartons, oft große Maler, eine bedeutend höhere Stellung gegenüber den Wirkern – die bekanntesten waren von Aelst und Willem P. Pannemaker (tätig 1535-78) – ein, die nur noch das Ansehen gut ausgebildeter Handwerker hatten. Für weitere Brüsseler Wandteppiche dienten italienische Gemälde als Vorbilder: Mantegnas ›Triumphzug der Götter‹, Giulio Romanos ›Fructus belli (Kriegsnöte)‹ und ›das Leben Scipios‹. Etwa zur gleichen Zeit trat der italianisierte Bernard van Orly (um 1488-1541) als führender Kartonmaler für die Brüsseler Wirker in Erscheinung. Sein Zyklus der ›Zwölf Jagden Maximilians‹ 1520-40 (Louvre, Paris) und ›Die Schlacht von Pavia‹, 1531 für Karl V. hergestellt (Museo di Capodimonte, Neapel), leitete den Brauch ein, die Taten der Herrscher in Wandteppichen festzuhalten. Vor allem sind sie bemerkenswert durch die kühnen Verkürzungen der vorwärts stürmenden und gegeneinander versetzten Figuren, für die naturalistischen Tiere und die Landschaftshintergründe (die Ansicht von Pavia, immer noch sofort erkennbar, ist besonders anziehend). Andere überragende Kartonmaler waren van Orlys Schüler Pieter Coecke (1502-50), Autor der ›Sieben Todsünden‹ von 1540-50 (Patrimonio nacional, Madrid) und Jan Cornelisz Vermeyen (1500-59). Die Wiederbelebung der Brüsseler Wandteppich-Manufakturen im frühen 17. Jh. ist zum großen Teil Rubens zu verdanken, der zahlreiche Kartons lieferte. Zu den schönsten Bildteppichen von Rubens gehört die Folge der ›Verherrlichung der Eucharistie‹ (der erste Zyklus im Monasterio de las Descalzas Reales, Madrid), die in der Werkstatt von *Jean Raes* 1625-30 gewirkt und häufig wiederholt wurde – eine großartige, kühne Barockkomposition mit überlebensgroßen Figuren in architektonischem Rahmen. Andere Serien stellten die Geschichte von Konstantin, Achilles und Decius Mus dar. Nach dem Tod von Rubens lieferte sein Schüler Jacob Jordaens weitere Kartons in fast gleicher künstlerischer Intention. Wieder sank das Niveau; und als die →Gobelins-Manufaktur 1662 von Colbert zur Staatsmanufaktur erklärt wurde (dort arbeiteten viele der besten flämischen Weber), verlagerte sich das Zentrum der Produktion nach Paris. Trotzdem blieben die Brüsseler Werkstätten aktiv. Sie lieferten im späten 17. Jh. noch zahlreiche gute Arbeiten, vor allem die sehr populären Genreszenen nach Bildern von David Teniers II, die bis ins 18. Jh. hinein hergestellt wurden, sowie einige neue Serien von Rang wie der ›Triumphzug der Götter‹ von 1717. *Siehe auch Abb. S. 640.*

Lit: H. Göbel, *Wandteppiche*, Leipzig 1923-34; M. Crick-Kunziger in *Bruxelles au XVe siècle*, Brüssel 1953; C. de Schoutheete de Tervarent, *La Tapisserie flamande aux XVIIe et XVIIIe siècles*, Brüssel 1959; D. Heinz, *Europäische Wandteppiche*, Braunschweig 1963.

Brustolon, Andrea (1662-1732). Venezianischer Bildhauer, dessen geschnitzte Möbel von vor-

Brüsseler Wandteppich: ›Die Erschaffung Evas‹, Mitte 16. Jh., nach einer Zeichnung von Michiel Coxie (Palazzo Pitti, Florenz)

züglicher Qualität und einzigartig üppigem, raffiniertem und phantastischem Entwurf, obwohl ziemlich unpraktisch, waren. Er wurde in Belluno geboren und vermutlich in der Holzschnitzertradition dieser alpinen Gegend erzogen. Mit 15 Jahren kam er jedoch zu dem Barockbildhauer Filippo Parodi in Venedig in die Lehre. Seine früheste nachweisbare Arbeit ist ein Engelpaar für die Frarikirche in Venedig (1684). Sein Meisterwerk ist eine Möbelgarnitur, geschnitzt für die Familie Venier, die sich heute im Palazzo Rezzonico in Venedig befindet. Dazu gehören zwölf Stühle mit Buchsbaumarmlehnen in Form von knorrigen Ästen, die von Mohrenknaben getragen werden, mit Köpfen und Armen aus Ebenholz, das gelegentlich wie dunkles Fleisch durch die geschlitzten Kniehosen schimmert, weiter →Guéridons in Form von nackten, athletischen Negersklaven aus Ebenholz, um deren Hälse Buchsbaumholzketten liegen, sowie ein riesiger Vasenständer, in den die Figuren von Mohren, klassischen Flußgöttern, des Charon, des Zerberus und der Hydra eingearbeitet sind. Das letzte Stück ist signiert. Die ganze Garnitur entstand wahrscheinlich im Jahre 1706. Eine ähnliche Möbelgarnitur aus der Villa Pisani in Stra ist heute im Quirinal in Rom; zu ihr gehören Stühle und Vasenständer mit Schnitzereien von Putti, Früchten und Blumen. Viele von Brustolons Zeichnungen, einschließlich Entwürfen für aufwendige Spiegelrahmen, befinden sich im Museo Civico in Belluno. *Siehe auch Abb. S. 257.*

Lit: G. Biasuz u. M. G. Buttignon, *A. Brustolon*, Padua 1969; H. Honour, *Cabinet Makers and Furniture Designers*, London und New York 1969.

Bruyn, Michiel de (1608 bis vor 1670). Bekannter Utrechter Silberschmied, der 1630 Meister wurde und seit 1657 in England, ab 1661 zusammen mit Ch. van →Vianen arbeitete. Gelegentlich bediente er sich eines etwas ausdruckslosen →Ohrmuschelstils, war dagegen aber erfolgreicher im üblichen holländischen Barock wie z. B. in kühn modellierten Wandleuchtern mit tulpenförmigen Kerzenhaltern (1653, Rijksmuseum, Amsterdam) und silbernem Kirchengerät.

Lit: J. W. Frederiks, *Dutch Silver*, Den Haag 1952-61.

Buccaro →Boccaro

Bucchero →Etruskische Töpferkunst

Bucci, Raffaele →Vinne, L. van der

Buch, Iver Winfeldt (1749-1811). Norwegischer Goldschmied, der in jungen Jahren nach Petersburg ging, wo er eine Stellung bei Hofe erhielt. Sein frühestes bekanntes Werk ist ein diamantenübersäter Goldpokal von 1791, der mit geschnittenen Gemmen besetzt und mit Reliefornamenten im Louis-seize verziert ist (Slg. Mrs. Merryweather Post, Washington, D. C.). Die meisten seiner weiteren Arbeiten sind wuchtig und haben antikisierende Verzierungen, ähnlich – obwohl oft früheren – französischen Empirestücken. Sie umfassen Prunkvasen, hohe Kandelaber und sogar große Konsoltische, die völlig mit Silber beschlagen sind, alle in der Ermitage in Leningrad.

Lit: A. Polak in *The Connoisseur*, CLXVIII (1968), S. 20-23.

Buchara →Turkmenische Teppiche

Bucheinband. Eine Decke zum Schutz und Zusammenhalt der Blätter einst eines Kodex, dann des gedruckten Buches. Die Kunst des Buchbindens nahm ihren Ursprung in der frühchristlichen Zeit (vermutl. im 2. Jh.) in den koptischen Klöstern Ägyptens, als der Kodex aus Papyrusblättern die Schriftrolle ablöste. Die koptischen Einbände bestehen aus Dekkeln, die aus mehreren Papyruslagen hergestellt, mit Leder überzogen und mit Schlaufen versehen waren und so eine Art Verpackung des Manuskripts darstellten. Das Leder wurde im allgemeinen mit eingeritzten oder geprägten Mustern verziert (→Blindprägung). Reste solcher Einbände blieben vom 4. Jh. an erhalten. Die Bindetechnik wurde von islamischen und von abendländischen Handwerkern in unterschiedlicher Weise weiterentwickelt. Die Form des Einbands als leichte Mappe für ein Manuskript herrschte im Orient vor. Lagen von Papierblättern wurden zusammengeheftet und in den Rücken der Decke aus Leder oder Karton eingeklebt. Die Decken wurden häufig mit großer Kunstfertigkeit innen und außen (die Innenseite oft reicher als außen) durch blinde oder goldene Ornamentierung geschmückt, anfänglich streng abstrakt, später mit Blattwerk und vom 15. Jh. an in Persien mit figurativem Dekor. Einige persische Ledereinbände des 15. und 16. Jhs. mit mehrfarbiger Einlegearbeit und exquisiter Goldprägung gehören zu

A. Brustolon: Vasenständer, spätes 17. Jh. (Palazzo Rezzonico, Venedig)

Einbanddeckel des Notger-Evangeliars, Elfenbeinplatte des späten 10. Jhs. in maasländischem Email und kupfervergoldeten ovalen Schmuckplatten des 16. Jhs. (Musée Curtius, Lüttich)

den Meisterwerken der Lederarbeit und Bindekunst. Ein anderer Typus persischer Einbände, der im 16. und 17. Jh. besonders in Täbris und Isfahan beliebt war, hat Papiermachédeckel, die von Miniaturisten mit Picknick- und Jagdszenen bemalt und mit einem transparenten Lack überzogen sind. Der persische Einbandstil wurde sowohl in Indien wie in der Türkei nachgeahmt.

Die Pergamentblätter der frühen europäischen Handschriften erforderten stärkere Einbände, um sie zusammenzuhalten und am Wölben zu hindern. Es wurden Holzdeckel verwendet, die am Buchrücken durch Leder verbunden und mit Schnüren verschlossen wurden. Die ältesten Beispiele, sämtlich aus dem 7. Jh. – das St. Cuthbert-Evangeliar des Stonyhurst College in Lancashire und drei Handschriften aus dem Besitz von Bonifatius in der Landesbibliothek Fulda –, haben Blätter, die in koptischer Art zusammengetragen und geheftet sind. Aber im 9. Jh. wurde es üblich, die Lagen auf waagerechte Bünde zu heften. Die Einbände von Evangeliaren und anderen liturgischen Büchern, die auf Lesepulten und dem Altar dargeboten wurden, erhielten üppigen Schmuck durch Elfenbeinschnitzerei, getriebenes und emailliertes Metall und manchmal durch Edelsteine. Doch das verbreitetste Bindematerial blieb das Leder, das durch eingeritzte Muster, →Lederschnitt, Blinddruck oder →Blindprägung verziert wurde. Die Verbreitung des Papiers vom 14. Jh. an erlaubte dann leichtere Einbände, und die Erfindung der Buchdruckerkunst in der Mitte des 15. Jhs. vermehrte die Zahl der gebundenen Bücher. Die ersten Drucker unterhielten ihre eigene Binderei oder ließen bestimmte Buchbinder für sich arbeiten, und ihre Bücher scheinen in einfach gebundener Form ans Publikum verkauft worden zu sein. Aber die Nachfrage nach reich gebundenen Büchern nahm zu, und es wurde üblich, daß die Drucker ihre Bücher in losen Bögen verkauften. Die Prägung mit kleinen Einzel-

Persischer Bucheinband, zwei Teile, Papiermaché, koloriert und vergoldet, 17. Jh., restauriert (Victoria & Albert Museum, London)

stempeln wurde ergänzt und abgelöst durch große →Prägestöcke und eine Prägepresse, was die Prägung der ganzen Oberfläche in einem Arbeitsgang ermöglichte. Die Roulette, eine zylindrische Rolle zum Prägen von sich wiederholenden Mustern, wurde vom späten 15. Jh. an verwendet. Etwa zur gleichen Zeit wurde die Goldprägung in Italien vom Orient übernommen und nach und nach nördlich der Alpen verbreitet.

Charakteristische Einbandstile wurden in Italien ausgebildet, vor allem die →Aldinen- und Kameo-Einbände. Aber Paris wurde in der Einbandkunst führend. Einige der schönsten Arbeiten stammen aus der Werkstatt des Claude de Picques (um 1510-75), dem ›Atelier au trèfle‹, wie es nach der häufigen Verwendung des Kleeblatts genannt wird. Picques war der Buchbinder von König Heinrich II. und Katharina de'Medici, und vermutlich gehen auch einige der berühmten →Grolier- und →Maioli-Einbände auf ihn zurück. Andere hervorragende französische Einbände des 16. Jhs. gehören dem →Lyoneser und dem →›Mitte und Ecken‹-Typus an. Gegen das Jahrhundertende wurde, vermutlich durch Nicolas und Clovis Eve, die Nachfolger Picques' als Hofbuchbinder, ein neuer und noch üppigerer Stil mit reicher Verwendung kleiner Schmuckstücke auf der ganzen Einbandfläche eingeführt, der später die Bezeichnung →›Fanfare‹ erhielt. In England, Deutschland und den Niederlanden allerdings überwog die Blindprägung. Im 17. Jh. wurde der ›Mitte und Ecken‹-Typus beliebt, es traten auch Einbände mit Seidenstickerei und Gold- und Silberfäden auf, doch können sie nie sehr zahlreich gewesen sein. In der zweiten Hälfte des 17. Jhs., vor allem nach der Restauration, wurden sehr schöne und reiche Einbände in England angefertigt, vorzüglich die nach dem Hofbuchbinder benannten →Mearne-Einbände. In Frankreich kam ein sehr viel strengerer Stil auf, die →Jansenist-Einbände. Im 18. Jh. entstanden in allen Teilen Europas hervorragende Arbeiten. Der Geschmack für das Rokoko-Ornament, für Chinoiserie und in späteren Jahren für die Antike fand auch im Bucheinband Niederschlag. Zu den hervorragendsten Buchbindern zählen →Derome, →Duseuil, →Lemonnier und →Padeloup in Frankreich, der Chinoiseriespezialist James Bate, →Edwards of Halifax und →Payne in England sowie Jakob Krause

Schottischer Bucheinband, um 1750 (Victoria & Albert Museum, London)

in Deutschland. Sehr qualitätvolle Arbeiten stammen auch von Buchbindern weniger bekannten Namens, und die Meister zahlreicher hervorragender Einbände bleiben anonym. Die Neugotik des 19. Jhs. schuf dann den →Kathedral-Stil, aber der Großteil künstlerischer Einbände griff auf frühere Stile zurück. Erst gegen Ende des Jahrhunderts gewann die Einbandkunst neues Leben, vor allem unter Th. J. →Cobden Sanderson und dem Einfluß der englischen Arts and Crafts-Bewegung. Bald danach trat der Art Nouveau-Stil auf, besonders in deutschen und französischen Arbeiten. Im 20. Jh. stand die französische Einbandkunst stark unter dem Einfluß des Kubismus und anderer Stilrichtungen.

Lit: K. Helwig, *Handbuch der Einbandkunde,* 3 Bde., Hamburg 1953-55; *The History of Bookbinding,* Baltimore Museum of Art, 1957; F. Geldner, *Bucheinbände aus elf Jahrhunderten,* München 1958; P. Needham, *Twelve centuries of fine bookbindings 400-1600,* New York/London 1979.

Buen Retiro-Porzellan, Detail aus dem Porzellanzimmer des Königlichen Palastes in Aranjuez, 1760-65

Buchenholz. Ein hartes, hellbraunes bis rötlichbraunes Holz, das im 18. Jh. allgemein gebräuchlich war und damals das von ländlichen Handwerkern in England bevorzugt verarbeitete Walnußholz ablöste. Es wurde vor allem für Sitzmöbel verwendet, für Möbel mit Steckverbindungen und für lackierte oder vergoldete Stücke.

Buchsbaumholz. Sehr hartes gelbliches oder bräunliches Holz mit außerordentlich feiner, dichter Maserung. Es wurde für kleine dekorative Schnitzarbeiten, jedoch auch im Möbelbau, vor allem für Zierleisten, um ein Dekormotiv einzurahmen, sowie als Holzstock für Holzschnitte eingesetzt.

Buchwald, Johann Georg →Eckernförde; Kiel; Stockelsdorf

Buckingham, Herzog von →Vauxhall

Buckinghamshire-Spitze →Bedfordshire

Buckwheat celadon, engl. Eine Art braungefleckten ›Long quan‹ →Seladons, das in Japan, wo es ›Tobi-seiji‹ genannt wird, sehr beliebt ist.

Buen Retiro 1760-1804

Buen Retiro – Laboratorio de Piedras Duras y Mosaico. Gegründet 1759 von Karl III. von Spanien mit Kunsthandwerkern aus seinen Werkstätten in Neapel. Die ersten Leiter waren Italiener: Francesco Pogeti und Domingo Stecchi. Die Werkstätte arbeitete von 1763 bis 1808 und stellte auf Bestellung Tischplatten aus Stein u. a. her, von denen mehrere erhalten sind, datiert von 1779-96.

Lit: M. Pérez Villamil, *Artes e industrias del Buen Retiro,* Madrid 1904.

Buen Retiro

Buen Retiro-Porzellanfabrik. 1759 von Karl III. nach seiner Besteigung des spanischen Thrones im Park ›Buen Retiro‹ in Madrid errichtet. Da die Fabrikausstattung, die Materialien und – am wichtigsten – die Arbeiter insgesamt aus →Capodimonte kamen, sind die frühen Erzeugnisse von denen der napolitanischen Fabrik fast nicht zu unterscheiden. Die erste größere Arbeit war ein Porzellanzimmer für den königlichen Palast in Aranjuez (1760-65) von G. →Gricci –, eine Verbesserung gegenüber dem, was er in Capodimonte geschaffen hatte, Decke wie Wände waren mit Porzellan und →Chinoiserien-Reliefs von großer Phantasie bedeckt (möglicherweise von G. D. Tiepolo beeinflußt). Ein anderes Porzellanzimmer mit reliefierten Putti, Urnen und blühendem Weinlaub wurde für den königlichen Palast in Madrid (1770-80) hergestellt. Einzelfiguren und Gruppen wurden ebenfalls gefertigt, die besten davon sind ziemlich groß (ca. 30 cm) und stellen Charaktere aus Tassos ›Das befreite Jerusalem‹ dar. Das Porzellan ist Weich→porzellan von wachsähnlicher Erscheinung und cremefarbiger Tönung. Die Einfuhr der italienischen Materialien wurde in den 70er Jahren aufgegeben, und es wurde eine ziemlich unansehnliche, gelbliche Masse verwendet, bis 1784 ein feiner, glänzend weißer Scherben hergestellt werden konnte. In den 80er Jahren wurden einige hübsche, klassizistische, mit eleganten Griechengruppen bemalte Vasen nach →Wedgwood-Art hergestellt. Es gab wenig Gebrauchsgeschirr, bis 1804 die Fabrik neu organisiert wurde und ihren Charakter völlig verlor; sie schloß 1808.

Lit: A. W. Frothingham, *Capodimonte and Buen Retiro Porcelains: Period of Charles III,* New York 1955; B. Martinez-Caviro, *Porcelana del Buen Retiro Escultura,* Madrid 1973.

Buffet. Zunächst türloses, meistens ziemlich schwerfälliges Möbel des 16. Jhs. mit zwei oder mehr Fächern, das gewöhnlich als Anrichte benutzt wurde. Im 18. Jh. war die Bezeichnung Buffet gleichbedeutend mit →Anrichte.

Bugatti, Carlo (1856-1940). Einer der bedeutendsten italienischen Möbeldesigner seiner Zeit. Bugatti wurde in Mailand als Sohn eines Bildhauers geboren, studierte und arbeitete zunächst als Architekt, wandte sich aber schon bald dem Möbelentwurf zu. 1888 war er mit

einigen Beiträgen auf der italienischen Ausstellung in London vertreten, wo er Rauchsalon-Möbel im türkischen Stil und einen Wandschirm in sehr frei interpretierter japanischer Formensprache zeigte. In den nun folgenden Jahren entwickelte er einen sehr persönlichen Stil unter reicher Verwendung von Elfenbein- und Metalleinlagen, verflochtenen Kordeln und bemalter Pergamentbespannung. Zuweilen tauchen neben Anklängen an die japanische solche an die vorderasiatische Kunst auf und mit Kreisen und Halbkreisen an den romanischen Stil. Insgesamt wirken seine Arbeiten jedoch erstaunlich neuartig. Er beteiligte sich an den Ausstellungen von Turin, 1898, und Paris, 1900. Im Jahr 1900 lieferte er Möbel für den Palast des Khediven in Istanbul. 1902 erreichte er den Höhepunkt seines Schaffens: Auf der Ausstellung von Turin gewann er den ersten Preis für die Innenausstattung mehrerer Räume. Er zeigte u. a. Möbel in einer Linienführung, die die organischen Formen einiger Designer der Mitte des 20. Jhs. vorwegnahmen. 1907 stellte er einige Arbeiten im ›Salon des peintres divisionistes‹ in Paris aus. Kurz darauf verließ er Mailand – sein Geschäft wurde von der Firma De Vecchi übernommen, die in der Fertigung der einfacheren Möbel nach seinen Entwürfen fortfuhr – und ließ sich in Pierrefonds, Frankreich, nieder. Hier schuf er Silberentwürfe für die Firma Hébrard, wandte sich aber vorwiegend der Malerei zu. Einer seiner Söhne, Ettore (1881-1947), wurde als Karosseriedesigner berühmt, ein anderer, Rembrandt (1885-1916), als Tierbildhauer.

Lit: P. Dejean, *Carlo–Rembrandt–Ettore–Jean Bugatti,* Paris 1981.

Bukranion, griech. Dem Rinderschädel nachgebildetes, gewöhnlich mit Girlanden verziertes dekoratives Element, oft als Metopenschmuck am dorischen Fries. Das Bukranion findet sich im späten 18. Jh. häufig als Ornament an Möbel- und Porzellandekorationen. Nicht zu verwechseln mit dem →Aigikranion.

Bulge. Feldflasche des 17. Jhs. aus Zinn, schweizerischen Ursprungs. Sie hat eine rechteckige Grundfläche, zwei breite flache und zwei schmale gebauchte Seiten, einen engen Hals und einen beweglichen Henkel.

Bullet-Teekanne. Silberne Teekanne des frühen 18. Jhs., aus England stammend, deren Körper kugelförmig ist und auf einem Fußring steht. Der Deckel ist aus dem oberen Teil des Kugelkörpers ausgeschnitten. Die Form wurde von Silberschmieden des 19. Jhs. wiederaufgenommen.

Bullock, George (gest. 1819). Einer der bedeutendsten Möbelkünstler der →Regency-Periode. Er begann seine Laufbahn als Bildhauer in seiner Heimatstadt Liverpool und war 1810/11 Präsident der dortigen neugegründeten Akademie. Um 1805 aber hatte er mit einem gewissen Stokes ein Geschäft als ›Kunstschreiner, Innenausstatter und Marmorkünstler‹ gegründet. Um 1814 ließ er sich in London nieder, arbeitete weiter als Bildhauer und betrieb zugleich eine ansehnliche Möbelwerkstatt. Außerdem betätigte er sich als Antiquitätenhändler und belieferte u. a. Sir Walter Scott mit Rüstungen und Waffen wie auch mit moderner Inneneinrichtung. Bullock spezialisierte sich besonders auf massive Möbel. Selbst seine kleineren Tische wirken durch reichlich Holz- und Messingmarketerie schwer und beladen. Für seine Ornamente griff er auf die griechische Antike zurück und benutzte gerne Mäandermuster, Palmetten- und Geißblattmotive. Er setzte aber auch seinen Ehrgeiz darein, sie von der heimischen Flora wie Eichen- und Efeublätter, Glockenblumen, Pimpernelle u. a. herzuleiten. Zu seinen Besonderheiten gehörten Einlegearbeiten aus englischen Hölzern wie Sumpfeiche, Ulme und Lärche. Einige seiner Möbel sind in Ackermans ›Repository of Arts‹, 1816-24, abgebildet.

Lit: B. Reade, *Regency Antiques,* London 1953; A. Coleridge in *The Connoisseur,* CLVIII (1965), S. 249-252, CLIX (1965) S. 13-17.

Bunzlauer Töpfereien. Bunzlau in Schlesien war seit dem Mittelalter ein Töpferzentrum, das auf →Steinzeug mit einem feinen, graubraunen Scherben spezialisiert war. Es war mit einem eisenhaltigen Material überzogen, das eine reiche, glänzende kaffee- oder rostbraune Glasur ergab. Die Stücke waren oft mit aufgelegten Reliefs in gelblich-weißem Ton verziert. Im 18. und 19. Jh. waren die Hauptprodukte Kaffeekannen und Krüge in salzglasiertem

C. Bugatti: Tisch, Holz und Pergament, 1902 (Privatsammlung)

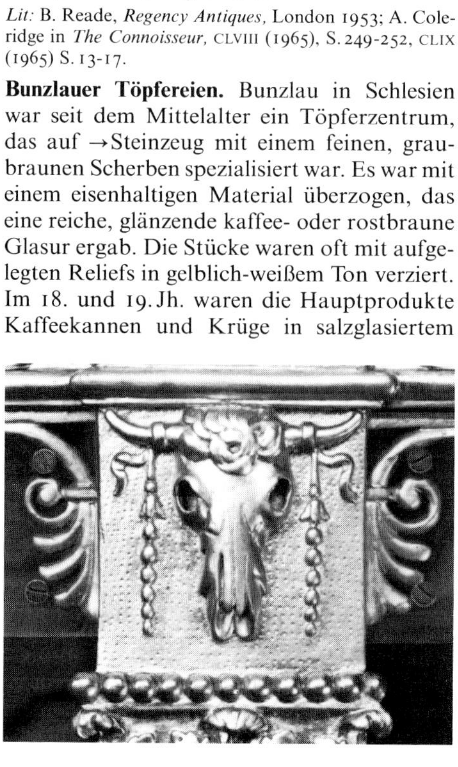

Bukranion: Detail eines vergoldeten hölzernen Wandtisches (Osterley Park, Middlesex)

Steinzeug. Um 1810 fing Johann Gottlieb Altmann mit der Herstellung von Stücken in einem neogriechischen Stil an, sehr ungewöhnlich für Steinzeug; diese Stücke wurden von anderen Töpfern in Bunzlau kopiert. Später wurden Waren in einem neogotischen Stil gefertigt. Gegen Ende des 19. Jhs. wurden die Bunzlauer Töpfereien industrialisiert. Im frühen 20. Jh. produzierten die Fabriken von Julius Paul und Sohn und Reinhold & Co gefällige Steinzeug-Tischwaren. Bunzlau wurde auch zu einem Zentrum der Kunstkeramiker.

Lit: G. Reineking von Bock, *Kunstgewerbemuseum der Stadt Köln: Steinzeug;* Köln 1971; B. Mundt, *Historismus,* Kat. des Kunstgewerbemuseums, Berlin, Bd. VII, Berlin 1973; J. Horschik, in *Keramos* LXX (1977) S. 3-16.

Buonaccorsi, Pietro →Pierino del Vaga

Buquoy, Georg Franz August Longueval, Graf von →Hyalith

Bureau, Mahagoni, Gittertüren mit Chinoiseriedekor in vergoldetem Messing, wahrscheinlich Braunschweig um 1750 (Cleveland Museum of Art)

Bureau, franz. Schreibtisch oder -schrank. Das Wort ist von ›bure‹ abgeleitet, einem groben, leinenartigen Gewebe, das man im Mittelalter als Schreibunterlage benutzte. Das Bureau plat ist ein Schreibtisch mit glatter, gewöhnlich mit Leder bezogener Schreibfläche und Schubladen in der →Zarge, das in Frankreich im 17. Jh. populär wurde. Ein kleines Bureau plat wird ›table à écrire‹ genannt. Das Bureau à gradin ist ein Bureau plat mit Schubladen oder Fächern für Schreibpapier auf einer Seite der Schreibplatte. Ein Zylinderbureau (›sécrétaire à cylindre‹) ist wie ein Bureau à gradin konstruiert, hat aber zusätzlich einen zylinderförmigen Rollverschluß, der über Fächer und Schreibplatte gezogen werden kann. Ein ähnlicher, aber sehr viel kleinerer Schreibtisch mit schräger Frontklappe anstelle eines Zylinderverschlusses ist das Bureau en pente (›sécrétaire en pente‹). Das Bureau toilette ist ein kombinierter Schreib- und Toilettentisch, das Bureau Mazarin ein Schreibtisch des 19. Jhs. mit →Boulle-Marketerie auf volutenförmigen Füßen mit drei Schubladen auf jeder Seite und einer Schublade über der freien Mitte, die hinten geschlossen ist.

Außerhalb Frankreichs sind die Bezeichnungen für Schreibtische und -schränke viel weniger präzise. Der Schreibschrank mit Klappdeckel, der seit dem 17. Jh. in England und den Vereinigten Staaten populär ist, wird dort gewöhnlich als ›bureau‹ bezeichnet. Hat er einen Aufbau für Bücher, nennt man ihn ›bureau bookcase‹. Ein ›bureau table‹ ist in England ein Schreibtisch aus dem späten 17. Jh. mit Schubladen und flachem Aufbau; letzterer ist einem Kasten ähnlich, dessen Deckel gehoben und dessen Vorderseite aufgeklappt werden können, so daß er einerseits zur Aufbewah-

Bureau plat von Bernard van Risenburgh II., Holzmarketerie mit Goldbronzebeschlägen, um 1750 (Cleveland Museum of Art)

rung von Papieren, andererseits als Schreibfläche dienen kann. In den Vereinigten Staaten dagegen versteht man unter ›bureau table‹ einen Toilettentisch mit niedrigen Beinen und Schubladen beidseitig eines Freiraums. *Siehe auch Abb. S. 112, 373, 498, 515, 547.*

Burgau, auch **Burgandine** oder **Burgos.** Dickes, irisierendes, hellrötlich-mauvefarbenes Perlmutt aus einer Spiralmuschel, die im Vorderen Orient vorkommt. Sie wurde in Europa für Messergriffe und als Schmuck für kleine Kästchen u.ä. benutzt. In China wurde Burgau gelegentlich in Lackarbeiten eingelegt und auf Porzellan appliziert, vor allem während der Qing- Dynastie. Japanische Lackkünstler bedienten sich ihrer ebenfalls als Intarsie bei Stücken, die man in Europa als ›Lac burganté‹ bezeichnet.

Bürgeler Töpferei. Unglasierte graue →Irdenware wurde seit dem 14. Jh. in Bürgel, Thüringen, erzeugt. Im 19. Jh. wurden derbe Gebrauchswaren mit einfachen weißen Motiven auf kobaltblauem, ocker oder braunem →Schlicker dekoriert.

Burges, William (1827-81). Englischer Architekt und Entwurfszeichner, der in üppigstem neugotischem Stil arbeitete. Möbel entwarf er hauptsächlich für den eigenen Gebrauch oder im Zuge der umfangreichen Restaurierungsarbeiten, die er im Auftrag des Marquess of Bute in Cardiff Castle (1865) und Castle Coch (1875) durchführte. Seine schönste Innenausstattung schuf er für sein eigenes Haus in London (1875-81). Wie er selbst behauptete, gleiche es keinesfalls einem »typischen Wohnsitz des 15. Jahrhunderts«, es beweise vielmehr Phantasie und Farbsinn und eine beinahe kindliche Freude an Pracht und Groteske, was dem Geist des Mittelalters näherstünde als alles, was seine gesetzteren und archäologisch ›korrekten‹ Zeitgenossen geschaffen hätten. Seine Innenausstattungen walisischer Schlösser sind weniger eindrucksvoll, denn die reiche Ornamentik wirkt in dem viel größeren Maßstab überladen und bedrückend. Charakteristisch für den Stil von Burges ist ein Waschtisch aus dem Jahr 1880 (Victoria & Albert Museum, London). Er wirkt gediegen und ist äußerst schlicht in der Form, aber Phantasie bricht in der Oberflächengestaltung durch, in den phantastischen Farbzusammenstellungen der aufgemalten Vögel und Blumen, in den ungewöhnlich massiven Eisenscharnieren der kleinen Türen, in den eingelassenen Spiegeln, in der Schüssel aus erlesenem Marmor und in dem Bronzehahn in Form eines Ziegenkopfes. Einige Burges-Möbel sind geschmückt mit Malereien namhafter Künstler wie E. J. Poynter und E. →Burne-Jones. Für die Firma Jeffrey & Co entwarf Burges ›gotische‹ Tapeten und einige bizarre Metallarbeiten, verschwenderisch verziert mit Edelsteinen und Halbedelsteinen.

Lit: J. M. Crook, *William Burges and the High Victorian Dream*, London 1981.

W. Burges: Kabinettschrank mit Malereien von E. J. Poynter, 1858 (Victoria & Albert Museum, London)

Burgio di Agrigento →Sizilien

Burne-Jones, Edward (1833-98). Englischer Maler und Designer. Er arbeitete eng mit W. →Morris zusammen und entwarf für ihn Tapisserien und farbige Glasfenster im präraffaelitischen Stil mit bläßlichen Damen und seelenvollen Rittern. Auch einige Möbel in einer soliden, einfachen Version des →Gothic Revival wurden von ihm entworfen.

Burton, William und **Joseph** →Pilkington's Royal Lancastrian pottery

Busch, August Otto Ernst von dem (1704-79). Kanonikus in Hildesheim, der um 1745 begann, Meißener und später auch Fürstenberger Porzellane nach dem Vorbild der zeitgenössischen Diamantgravur auf Glas mit spitzen Diamanten mit Ruinenlandschaften, Blumensträußen und Vögeln, bevorzugt mit Schwänen, zu dekorieren. Durch Einreiben von Ruß in die geritzten Linien erscheinen seine Gravierungen wie Federzeichnungen auf Porzellan.

Lit: H. Dreyer, *Der Porzellanmaler August O. E. von dem Busch*, Hildesheim 1931.

Bustelli, Franz Anton (1723-63). Der größte Rokokoporzellanmodelleur, geboren in der Schweiz (wahrscheinlich Locarno) und möglicherweise in Norditalien als Bildhauer ausgebildet. 1754-63, war er ›Modellmeister‹ an der →Nymphenburger Porzellanmanufaktur. In der kurzen Zeit modellierte er viele Figuren von ausgefallener Eleganz, die in der Geschichte des Porzellans nie mehr erreicht wurden: Chinesen, Türken, Putti, ›Ovidische Götter‹ und Liebesgruppen, häufig umgeben von Ruinenarchitekturen und großen ausladenden Rocailledekorationen. Am schönsten ist die Serie von sechzehn Schauspielerfiguren der

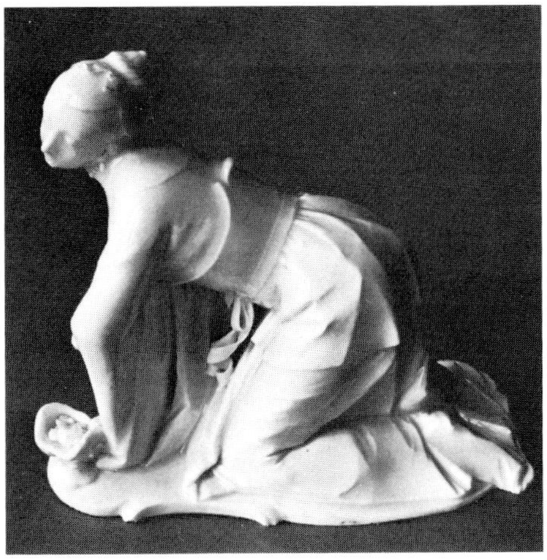

F. A. Bustelli: Chinesen-Figur in Nymphenburger Porzellan

→›Commedia dell'arte‹ – Pierrot, Pantalone, Il Capitano, Leda, Lalage und die übrigen –, die anmutig einhertänzeln, posieren und mit Gebärden des Ausdrucks von Freude, Überraschung oder Koketterie dargestellt sind. Viele Figuren sind als Paare konzipiert, so daß die Rokokoschwingungen der Haltung der einen Figur sich in dem Kontrastpost der anderen ergänzen. Wenn sie auch oft affektiert sind, so wirken sie doch niemals unnatürlich. Sie sind in Positionen wiedergegeben, die sie physisch nicht länger als den Bruchteil einer Sekunde innehaben könnten und die in dem Augenblick höchster Anmut festgehalten sind. Keinem Bildhauer und mit keinem weniger formbaren Material als Porzellan wäre es je gelungen, die flüchtigen Bewegungen der dargestellten Figuren mit größerer Sensibilität zu erfassen. Sein einziger Rivale als Porzellanmodelleur ist der viel produktivere und länger lebende J.J. →Kändler, dessen Figuren etwas weniger kostbar, weniger elegant und weniger bewegt sind. Bustelli brachte die Kunst der Rokokokleinbildhauerei zur höchsten Blüte, gerade, bevor sie außer Mode kam.

Lit: R. Rückert, *Franz Anton Bustelli,* München 1963.

Butler's tray, engl. Ein Tablett aus Holz, Silber oder lackiertem Metall, das auf einem zusammenklappbaren Ständer oder auf Beinen ruht. Sehr beliebt im England des 18. Jhs.

Buttenmann →Tanzemann

Butzenscheibe. Ein Flachglas (etwa Fensterglas), das dadurch entsteht, daß man durch schnelle Drehung der Glasmacherpfeife eine Glasblase abplattet und von der Pfeife ablöst. Der mittlere nabelförmige Teil, mit dem die Scheibe während der Arbeit an der Pfeife haftet, wird Butze, auch Ochsenauge genannt. Dieser sehr frühe Typ von Flachglas wurde zunächst durch Aufschneiden zylindrischer Glasblasen und dann durch mechanische Verfahren ersetzt. Zur Zeit der Romantik erlebte die Butzenscheibe eine Wiederbelebung.

Bux, Johann Baptist →Schrezheim

B.V.R.B. →Risenburgh, Bernard van

Bylivelt, Jacques oder **Jacopo Bilivert** (1550-1603). Manieristischer Goldschmied, der am Hofe von Francesco I., Großherzog von Toskana, arbeitete. Er stammte aus Holland, geboren in Delft oder Maastricht, arbeitete aber in Augsburg, bevor er 1573 von Francesco de'Medici nach Florenz eingeladen und zum Direktor seiner Kunstgalerie ernannt wurde. Sein berühmtestes Werk war die Großherzogskrone, an der er von 1577-83 arbeitete, die aber heute nur noch durch Gemälde und eine Zeichnung im Victoria & Albert Museum, London, bekannt ist. Es scheint, daß die 1583 entstandene Goldemailfassung für eine Lapislazulivase (entworfen von Bernardo Buontalenti) von 1583 das einzige dokumentarisch gesicherte Werk Bylivelts ist, das erhalten geblieben ist. Unter den auf ihn zurückgeführten Stücken befand sich die inzwischen als Fälschung des 19. Jhs. erkannte Rospigliosischale, die auch →Cellini schon zugeschrieben wurde. Bei seinem Tode übernahm sein früherer Mitarbeiter *Odoardo Vallet* (1542-1622) die Werkstatt. Vallet war Goldschmied französischer Herkunft, der sich 1589 in Florenz niedergelassen hatte und bis tief ins 17. Jh. hinein im manieristischen Stil arbeitete (z.B. die Goldemailfassung für eine Bergkristallschale von 1618, Museo degli Argenti, Palazzo Pitti, Florenz).

Lit: C.W. Fock, *Der Goldschmied Jacques Bylivelt aus Delft und sein Wirken in der Mediceischen Hofwerkstatt in Florenz,* Jahrbuch der Kunsthist. Sammlungen in Wien, LXX, 1974, S. 89-178.

Byzantinischer Stil. Die Bezeichnung meint im engeren Sinne den oder die vorherrschenden künstlerischen Stile, die in Konstantinopel von seiner Erhebung zur Hauptstadt des Kaiserreichs im Jahre 330 bis zu seinem Fall im Jahre

J. Bylivelt: Lapislazulivase mit Goldemailfassung, 1583 (Museo degli Argenti, Palazzo Pitti, Florenz)

Detail einer byzantinischen Silberplatte, genannt ›Missorium des Theodosius‹, 388 n. Chr. (Academia de la Historia, Madrid)

1453 herrschten. Doch wird der Begriff oft gedehnt und benennt als byzantinisch alle verfeinerten, hoch entwickelten Kunstwerke, die unter christlicher Obhut vom frühen 4. Jh. bis zum Beginn der Romanik in Westeuropa entstanden sind und praktisch alles, was in Osteuropa und Kleinasien unter dem Einfluß der orthodoxen Kirche geschaffen wurde. Während diese letzte Bestimmung zu umfassend ist, um von großem Nutzen zu sein, ist die erste zu eng, um Werke einzubeziehen, die im 4. Jh. in Mailand, Ravenna, Alexandria, Antiochien und Ephesus hervorgebracht wurden, in künstlerischen Zentren also, die zu jener Zeit kaum weniger bedeutend waren als Konstantinopel selbst. Im frühen 6. Jh. jedoch wurde Konstantinopel zur unbestrittenen künstlerischen Metropole; es nahm eine Position ein, die derjenigen von Paris im Mittelalter oder von Rom zur Zeit des Barock vergleichbar ist. Auf dem Gebiet des Kunsthandwerks ebenso wie in der Architektur, Malerei und Monumentalplastik entwickelte sich der byzantinische Stil aus der römischen Kunst der späten Kaiserzeit. Er wurde zwar auch von den Künsten des Mittleren Ostens beeinflußt, doch hielten sich mindestens seit der Mitte des 6. Jhs. die klassizistischen und die orientalisierenden Tendenzen die Waage. Auf seinem Höhepunkt ist der byzantinische Stil gekennzeichnet durch eine Liebe zu luxuriöser und edelsteingeschmückter Pracht, äußerster Stilisierung in der Behandlung figürlicher und pflanzlicher Motive, eine Vorliebe für flächige eher als für erhabene Muster und eine äußerste Sorgfalt im Handwerklichen.

Auf dem Gebiete des Kunsthandwerks sind die frühesten Werke von Bedeutung aus Silber. Manche sind überwiegend in spätantiker Art verziert, z. B. die Concesti Amphora des späten 4. Jhs. mit einer Amazonenschlacht in Hochrelief (Ermitage, Leningrad), und dieser Stil erhielt sich bis ins 7. Jh., wann immer es sich um heidnische Motive handelte, z. B. das aus der Mitte des 6. Jhs. stammende Relief eines Silen (Dumberton Oaks Collections, Washington); die getriebene Schale mit einem höchst munteren Silen und einer tanzenden Mänade von 610-29 (Ermitage, Leningrad) oder der gleichzeitige, mit Reliefs von Göttern und Göttinnen verzierte Kübel (Kunsthistorisches Museum, Wien). Ein auffallend andersartiger Stil – vergeistigt, statisch und in hohem Maße schematisch – kennzeichnet die gravierten oder in flachem Relief gearbeiteten silbernen Platten und Hostienteller (Patenen) mit Darstellungen von Kaisern oder religiösen Szenen, z. B. die Silberplatte Konstantins II., Mitte des 4. Jhs. (Ermitage, Leningrad); die Platte mit Darstellungen von Theodosius I., Valentinian II. und Arcadius von 388 (Academia de la Historia, Madrid) oder die aus Stuma und Riha in Syrien stammenden Hostienteller von 565-78 (Archäologisches Museum, Istanbul und Dumbarton Oaks Collections, Washington). Man kann eine ähnliche Unterscheidung treffen zwischen den profanen und sakralen →Elfenbeinschnitzereien, obwohl die in Rom geschnitzten Consulardiptychen ganz allgemein realistischer und klassischer sind als die aus Konstantinopel stammenden Kaiser- und Consulardiptychen. Für das wahrscheinlich um die Mitte des 6. Jhs. in Konstantinopel geschnitzte Dichter- und Musendiptychon (Domschatz in Monza) übernahm man jedoch den klassischen Stil. Eines der bemerkenswertesten Elfenbeinwerke dieser Zeit, zugleich das einzige bedeutende byzantinische Möbelstück, das überlebt hat, ist der mit zahlreichen ziemlich überladenen Reliefs religiösen Inhalts geschmückte Thron des Maximian (Museo Arcivescovile, Ravenna), der wahrscheinlich Mitte des 6. Jhs. in Konstantinopel entstanden ist.

Mit dem Bilderstreit im 8. Jh. ging die erste große Zeit der byzantinischen Kunst zu Ende. Dennoch wurden in Konstantinopel während des 8. Jhs. einige hervorragende Seidenstoffe

Byzantinischer Seidenstoff, 6. Jh. (Musée de Cluny, Paris)

Byzantinische Patene (Hostienteller), Alabaster und Email, 10.-11. Jh. (San Marco, Venedig)

gewebt, darunter einer mit Wagenlenker und Quadriga (Musée de Cluny, Paris), ein weiterer mit zwei Herrschern bei der Löwenjagd (Musée des Tissus, Lyon). Beide zeigen klassischen Realismus in der Behandlung der Tiere, aber auch starken persischen Einfluß (→Seide).
Das zweite Goldene Zeitalter der byzantinischen Kunst dauerte von der Mitte des 9. Jhs. bis zur Eroberung Konstantinopels im Jahre 1204. Zahlreiche Gegenstände in vielerlei Materialien sind auf uns überkommen. Die hervorragendsten sind vielleicht die →Emailarbeiten in Cloisonnétechnik (Zellenschmelz). Sie sind von höchster handwerklicher Qualität und leuchtend in den Farben: Figuren von Heiligen und Kaisern wie auch von Engeln sind in einer aufs höchste stilisierten Art gestaltet; sie sind eher Symbole vergeistigter Wesen als Darstellungen von Menschen. Zu den wichtigsten Beispielen gehören ein Buchdeckel von 886-912 (Biblioteca Marciana, Venedig), ein Kreuzreliquiar von 964-65 (Domschatz in Limburg a.d. Lahn), die sogenannte Krone von Konstantin IX. Monomachos von 1042-50 (National Museum, Budapest) und Teile der Pala d'Oro von 1081-1118 (San Marco, Venedig). Andererseits zeigen einige Elfenbeinschnitzereien, vor allem profane, wie etwa das Veroli-Kästchen aus dem 10. Jh. (Victoria & Albert Museum, London) eine Rückkehr zur Klassik, vor allem in Auffassung und Darstellung des menschlichen Körpers. In ähnlicher Weise erscheinen klassische Gestalten auf einer wahrscheinlich im 11. Jh. in Korinth entstandenen Glasschale, dem einzigen bedeutenden Beispiel für byzantinisches Glas, das überlebt hat (Schatz von San Marco, Venedig). Auch einige religiöse Elfenbeinschnitzereien wie z. B.

Byzantinischer Teller, Schlikkerware, in Sgraffitotechnik verziert, 12.-13. Jh. (Archäologisches Museum, Korinth)

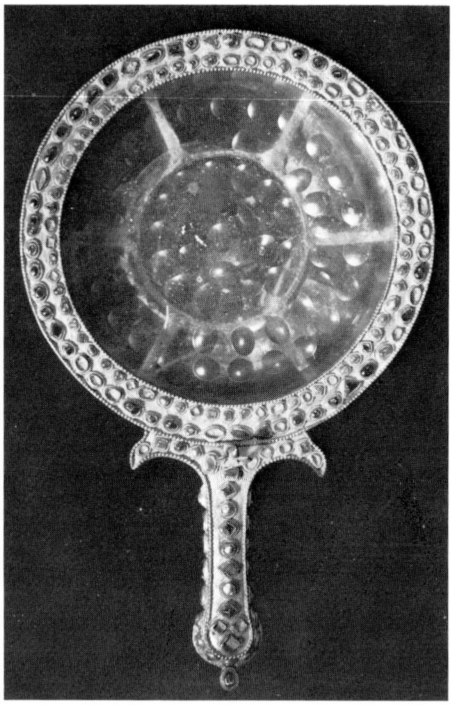

Byzantinische Patene, Bergkristall in silbervergoldeter Fassung, 11. Jh. (San Marco, Venedig)

Byzantinische Töpferware war in den drei vorherrschenden Stilarten – hieratisch, klassisch und exotisch – dekoriert, wobei die interessantesten Stücke in einer →Sgraffitotechnik ausgeführt waren (Beispiele in den Staatlichen Museen zu Berlin).

Nach der Plünderung und Besetzung Konstantinopels durch die Kreuzfahrerheere lebten die Künste erst mit der Thronbesteigung durch Michael VIII. Palaiologos im Jahre 1261 wieder auf. Aber das Kaiserreich war verarmt, und obwohl schöne Ikonenmalereien entstanden, konnten sich die luxuriösen Zweige des Kunsthandwerks, wie die ehemals so bedeutende Email- und Elfenbeinschnitzerei sowie die Seidenweberei, nie wieder erholen. Die orthodoxe Kirche blieb dem Stil, der sich in der großen byzantinischen Zeit entwickelt hatte, verhaftet und behielt ihn noch lange, nachdem Konstantinopel im Jahre 1453 in die Hände der Türken gefallen war, für liturgische Gefäße und Gewänder bei.

Lit: K. Wessel, *Die byzantinische Emailkunst vom 5. bis 13. Jh.*, Recklinghausen 1967; P. Vaboulis, *Byzantine Decorative Arts*, New York 1977.

das Triptychon von um 1125-50 (Palazzo Venezia, Rom) zeigen eine Rückkehr zu den realistischeren Vorbildern antiker Kunst. Diese Wiederbelebung der Antike fiel zusammen mit einer besonderen Empfänglichkeit für den Reiz des Exotischen. Chinesische Phoenixe sind an den Schmalseiten eines Elfenbeinkästchens aus der Mitte des 11. Jhs. (Kathedralschatz, Troyes) eingeschnitzt. Einige herrliche, in leuchtenden Farben gewebte Seidenstoffe sind mit stilisierten Tieren nach offensichtlich persischem Vorbild geschmückt: Löwen (Kölner Domschatz), Adler (Domschatz in Brixen) und Elefanten (Aachener Domschatz). Es ist aber bezeichnend, daß ein Bildteppich des frühen 11. Jhs. mit der Darstellung eines triumphierenden Kaisers, vielleicht Basilios II., im Stil den Mosaiken und Emailarbeiten nähersteht, da Kaiserdarstellungen zur sakralen Kunst gehörten.

Byzantinischer Kelch, Onyx und Emailplatten, 11. Jh. (San Marco, Venedig)

C

Cabaret. Kleines Tablett, gewöhnlich aus Porzellan, mit dazupassenden Kaffee- oder Teetassen und Kannen. Für das Frühstück gebraucht ist es ein ›Déjeuner‹. Für zwei Personen wird es ›Tête-à-tête‹, für eine Person ›Solitaire‹ genannt.

Cabochon. Oval und gewölbt geschliffener, polierter, nicht facettierter Edelstein.

Cabochon-Motiv. Schnitzmotiv, einem Cabochon ähnelnd; oft zusammen mit floralem Dekor verwendet, z. B. bei einem →Cabriole leg.

Cabriole chair. Englische Bezeichnung für einen Stuhl mit gepolstertem Rücken. *Siehe auch* Chaise en cabriolet.

Cabriole leg, engl. Geschweiftes, nach unten einwärts schmaler werdendes Stuhlbein, das in einem Keulen-, Halbkugel-, Tatzen-, Klauen- und Kugelfuß bzw. in einem hufförmig oder volutenförmig geschwungenen Fuß endet. Gebräuchlich in der ersten Hälfte des 18. Jhs. Das Knie ist im allgemeinen mit einem geschnitzten →Akanthus- oder →Cabochon-Ornament dekoriert.

Cabriole leg eines englischen Stuhls aus Walnußholz (Victoria & Albert Museum, London)

Cache-pot, franz. Blumenübertopf, gewöhnlich in Fayence, Porzellan oder lackiertem Metall. Der Ausdruck stammt aus dem 19. Jh. Viele sogenannte ›cache-pots‹ sind in Wirklichkeit als Weinkühler hergestellt worden.

Caddy-Löffel. Oft phantasievoll geformter Löffel mit kurzem Stil für →Teebüchsen.

Cadenas, franz. Gewöhnlich aus Gold oder Silber bestehende Schatulle, einem Schreibkästchen ähnlich, für die Gewürze und das private Eßbesteck eines Mitglieds der Hocharistokratie oder der königlichen Familie bestimmt. Durch die Aufstellung auf der Tafel wurde für den Besitzer der Platz belegt. Er war allgemein in Gebrauch, bis er seit Ludwig XIV. dem König und der Königin vorbehalten blieb beziehungsweise den königlichen Prinzen und Prinzessinnen, wenn diese ohne den König oder die Königin speisten.

Cadinen. 1905 von Kaiser Wilhelm II. nahe einem Tonlager auf seinem privaten Grundbesitz in Cadinen bei Elbing gegründete Majolika-Werkstätten. Zunächst wurden Imitationen von griechischen Vasen, Della →Robbia-Reliefs usw., aber auch glasierte Tonreliefs und -figuren, entworfen von Bildhauern wie A. →Amberg, Ludwig Manzel (1858-1936) und Emil Pottner (geb. 1872), hergestellt. Die Werkstätten spezialisierten sich auf Baukeramik, z. B. der Cadiner Saal im Weinhaus Kempinski in Berlin (zerstört) im Stil des Zweiten Rokoko und das Kaiser-Friedrich-Bad in Wiesbaden (1913). Andere Erzeugnisse sind Steinzeugschüsseln, Teller usw. Die Fabrik bestand bis 1945.

Lit: K. L. Graeupner in *Keramos* 44 (1969), S. 43-54.

Cadogan teapot, engl. Teekanne in Form eines chinesischen, pfirsichförmigen Weinbehälters, die durch ein Loch im Boden gefüllt wird. Eine Frau Cadogan soll das originale, chinesische

Cadogan-Teekanne Rockingham, Steingut, frühes 19. Jh. (Victoria & Albert Museum, London)

Cafaggiolo: Majolikakrug, 1480-90 (Victoria & Albert Museum, London)

Modell nach England gebracht haben, daher der Name. Die Kanne wurde in der Porzellanfabrik →Rockingham im frühen 19. Jh. und später in mehreren Werkstätten in →Staffordshire hergestellt.

Caen. Kurzlebige Porzellanfabrik (1793-1806), deren Hartporzellan dem der Pariser Fabriken gleicht. Die Erzeugnisse wurden oft in Paris dekoriert.

Cafaggiolo. Eine der besten italienischen Majolikafabriken im Norden von Florenz, gegründet unter dem Patronat der Medici von zwei Töpfern aus →Montelupo, Piero und Stefano di Filippo Schiavon (deren Nachfahren im 17. Jh. den Familiennamen →Fattorini annahmen). Einige große Krüge mit runden Körpern und eingequetschten Lippen, die mit einem Pfauenfedermuster kräftig bemalt sind, werden der frühen Zeit der Fabrik zugeschrieben (Beispiele dafür im Victoria & Albert Museum, London). Ausnehmend feine Waren im →Istoriato-Stil wurden seit etwa 1508-25 hergestellt. Einige Stücke zeigen den Einfluß Florentiner Kunst, z. B. eine mit dem heiligen Georg nach Donatellos Statue bemalte Schüssel (Victoria & Albert Museum, London) und eine andere mit einer ›Flora‹ in der Art von Botticelli; andere scheinen teilweise auf Stiche von Dürer zurückzugehen. Eine bemerkenswerte Gruppe von Tellern, sicherlich das Werk einer einzigen Hand, darunter einer von einem gewissen Jacopo signiert, wird allgemein als von Jacopo Fattorini identifiziert. Einem anderen, kaum weniger begabten Maler sind mehrere Teller zu verdanken, von denen einer den in einer Prozession getragenen Papst Leo X. zeigt. Die späteren Waren, von denen viele voll mit dem Fabriknamen gemarkt sind, sind von geringerem Interesse, obwohl einige im Istoriato-Stil oder mit →Grotesken fein dekorierte Stücke darunter sind, ähnlich den Dekorationen auf Stücken aus den Werkstätten von →Urbino. Auf dem letzten aus der Fabrik stammenden datierten Stück steht die Jahreszahl 1570, aber bekanntermaßen hat die Fabrik bis in die Mitte des 18. Jhs. bestanden und stellte wahrscheinlich Majolika her, die derjenigen, die den Töpfereien in Montelupo zugeschrieben wird, ähnlich ist. Mehrere unterschiedliche Marken erscheinen auf Waren, die Cafaggiolo zugeschrieben werden, einschließlich dieses Namens selbst. *Siehe auch Abb. S. 198.*

Lit.: A. Klein, *Fayencen aus Europa*, Braunschweig 1980; G. Cora u. A. Fanfani, *La maiolica di Cafaggiolo*, Florenz 1982.

Caffiéri, Jacques (1673-1755). Sohn des Bildhauers Philippe Caffiéri (1634-1716), den Mazarin von Italien nach Frankreich holte. Er lernte die Bildhauerei und wurde der führende Louis-quinze →Fondeur-ciseleur und einer der besten Rokokohandwerker überhaupt. Kurz vor 1715 wurde er Meister. Ab 1736 war er in Versailles, Fontainebleau, Choisy, Marly und in andern königlichen Schlössern ständig im Dienst der Krone beschäftigt. Zu seinen Meisterwerken gehören zwei monumentale Leuchter aus vergoldeter Bronze (Wallace Collection, London) und das prächtige von C.-S. Passemant entworfene Gehäuse für eine astronomische Uhr (Versailles). Diese Stücke datieren aus der Zeit zwischen 1751 und 1753. Er fertigte eine große Zahl weiterer →Bronzes d'ameublement wie auch Möbelbeschläge von hervorragender Qualität, wobei er mit A.-R. →Gaudreau zusammenarbeitete; ein Beispiel ist die Kommode von 1739 für das Schlafzimmer Ludwigs XV. in Versailles (Wallace Collection, London). Caffiéri war auch ein fähiger Portraitbildhauer. Sein jüngerer Sohn *Jacques* (1725-92) wurde 1783 ›sculpteur du Roi‹. Sein älterer Sohn *Philippe* (1714-74) war sein Mitarbeiter. Er wurde 1756 Meister. In seinem selbständigen Schaffen entwickelte er sich weg vom Rokoko in Richtung auf klassizistische Strenge. Werke der Caffiéri befinden sich im Louvre, Paris, in der Wallace Collection und dem Victoria & Albert Museum, London, dem Residenzmuseum, München, und dem Cleveland Museum of Art. *Siehe auch Abb. S. 222, 327.*

Lit.: J. Guiffrey, *Les Caffiéri*, Paris 1877; S. Eriksen, *Early Neo-Classicism in France*, London 1974.

Cahier, Jean-Charles (1722 bis nach 1849). Französischer Gold- und Silberschmied, der neben →Biennais, als dessen Gehilfe er begonnen hatte, und →Odiot zu den zu Beginn des 19. Jhs. führenden Pariser Meistern zählte. Er übernahm nach dem Tode Biennais' dessen Werkstatt und nannte sich 1819 ›Orfèvre du Roi‹. Seine Haupttätigkeit lag auf dem Gebiet der kirchlichen Goldschmiedekunst; so hat er seit 1820 den Altarschmuck für die Krönung Karls X. in der Kathedrale von Reims gefertigt. Seine zunächst vom Empirestil geprägten Arbeiten zeigen schon früh Einflüsse des →Troubadourstils, der sein späteres Schaffen bestimmte, indem er auf den Gebrauch von Email und Filigran zurückgriff.

Lit: S. Grandjean, *L'Orfèvrerie du XIXe siècle en Europe*, Paris 1962.

Cailloutè-Muster, franz., mit Kieselsteinen bedeckt. Golddekoration auf →Sèvres-Porzellan, bei der goldumrissene Ovale zwischen unregelmäßige, kleinere, goldumrissene Kreise eingestreut sind, das Ganze auf einem monochrom bemalten Fond.

Calamelli, Virgilio, genannt **Virgilotto** (gest. 1570). Eigentümer einer der besten Majolikafabriken in →Faenza, die seit 1535 arbeitete und nach Calamellis Tod von L. →Bettisi geleitet wurde. Aus dieser Fabrik kamen Stücke im →Istoriato-Stil, aber Calamelli gehörte zur Gruppe der Faentiner Meister, wie F. di A. →Mezzarisa, die →Pirotti usw., die um die Mitte des 16. Jhs. die sogenannte ›Revolution der weißen Farbe‹ durchführten. So war die typische Produktion seiner Werkstatt das weiße, reich modellierte Faentiner Geschirr, vor allem Service und Schmuckteller, mit Putti und anderen lebhaft gezeichneten Motiven im →Compendiario-Stil dekoriert. Seine Werke sind oft mit den Abkürzungen ›VR‹, ›AF‹ in Blau oder Gelb gezeichnet. Zahlreiche Stücke sind im Museo Internationale delle Ceramiche, Faenza, in anderen italienischen Museen und im Ausland, z. B. London, Berlin und Sèvres, aufbewahrt.

Lit: G. Liverani in *The Connoisseur*, CXL (1957), S. 160-63. M. Bellini u. G. Conti, *Maioliche italiane del rinascimento*, Mailand 1964; G. Liverani in *Dizionario biografico degli italiani*, Bd. 16, Rom 1973; A. Klein, *Fayencen aus Europa*, Braunschweig 1980.

Caldas da Rainha, Töpferei →Mafra

Caldwell, James →Wood, R.

Callegari, Antonio →Pesaro

Callot-Figuren. Groteske Zwergenfiguren, sehr beliebt im 18. Jh. als Sujet für Goldschmiedearbeiten (z. B. von →Dinglinger), für Gartenstatuen und Porzellanstatuetten von →Meißen, →Wien und →Chelsea. Sie wurden so genannt aufgrund ihrer Ähnlichkeit mit den Figuren einer Serie von Stichen, ›Varie figure gobbi‹ (1622), von *Jacques Callot* (1592/93-1635). Die meisten von ihnen gehen jedoch auf *Wilhelmus Konings* ›Il Calotto resuscitato oder Neu-eingerichtetes Zwerchen Cabinett‹, Amsterdam 1716, zurück, das mehrfach nachgedruckt wurde. *Siehe auch Abb. 351.*

Lit: Edmund W. Braun, *Callotfiguren* in RDK Bd. III.

J. Caffiéri: Detail eines Kronleuchters aus vergoldeter Bronze, 1750 (Wallace Collection, London)

Caltagirone, Töpfereien →Sizilien

Camaïeu, en. Monochrome Malerei in verschiedenen Abtönungen. *Siehe auch* Grisaille.

Cambrian Pottery →Swansea

Cameo incrustation →Crystallo-céramie

Campani, Ferdinando Maria →Siena

Canabas, Joseph Gegenbach, genannt (1712-1797). Sohn eines kleinen Handwerkers aus Baden, der sich 1745 in Paris niederließ und als Ebenist 1766 ›maître‹ wurde. Canabas spezialisierte sich auf Mehrzweckmöbel und auseinandernehmbare Stücke für Reisezwecke und Feldzüge. Die meisten der erhalten gebliebenen Möbel sind aus Mahagoni; sie sind schlicht in der Form, ohne Metallbeschläge oder Marketerie, aber durchdacht konstruiert und überaus praktisch. Der Dekor beschränkt sich auf Kannelierungen, eingelassene Messingbänder und zurückgesetzte Füllungen. Sein Stil ist streng und eher nüchtern als dekorativ. Sein Sohn *Pierre-Joseph* und zwei Neffen, *François-Antoine* (seit 1779 ›maître‹) und *François-Jean,* haben anscheinend alle für ihn gearbeitet. Einige seiner Arbeiten sind erhalten geblieben und befinden sich im Musée des Arts Décoratifs in Paris.

Lit: F. de Salverte, *Les ébénistes du XVIIIe siècle*, Paris 1962.

Canadella. Spanischer Typ eines Glaskruges, der in Katalonien gemacht wurde. Er hat einen langen und weiten zylindrischen Hals, einen birnenförmigen Körper, eine lange schlanke Tülle und einen ebenso langen und schlanken Griff. Die frühesten Beispiele stammen aus dem 14. Jh.

Canapé à confident →Confident

Candiana. Der Name wird fälschlicherweise im Stil von →Iznik bemalten Majolikawaren gegeben, von denen man früher annahm, daß sie in Candiana bei Padua gemacht wurden, aber von denen man jetzt weiß, daß sie in Töpfereien von →Padua hergestellt worden sind.

Candle slide engl. Kleiner, nur zeitweise benützter Kerzenhalter, der oft als Zubehör von Pulten, Kartentischen, Arbeitstischen u. ä. des 18. und frühen 19. Jhs. so angebracht war, daß er, wenn nicht mehr gebraucht, wieder in das Möbelstück versenkt werden konnte.

Cane chair. Englischer Stuhl mit Sitz, oftmals auch Rücken, aus Rohrgeflecht.

Caneware oder **Cane-coloured stoneware,** engl. Fein strukturiertes, bambusfarbenes, gelbliches →Steinzeug, das in den 70er Jahren des 18. Jhs. in den →Staffordshire-Töpfereien entwickelt wurde. Es trat an die Stelle des roten Steinzeugs und wurde viel von →Wedgwood, →Spode und anderen hergestellt.

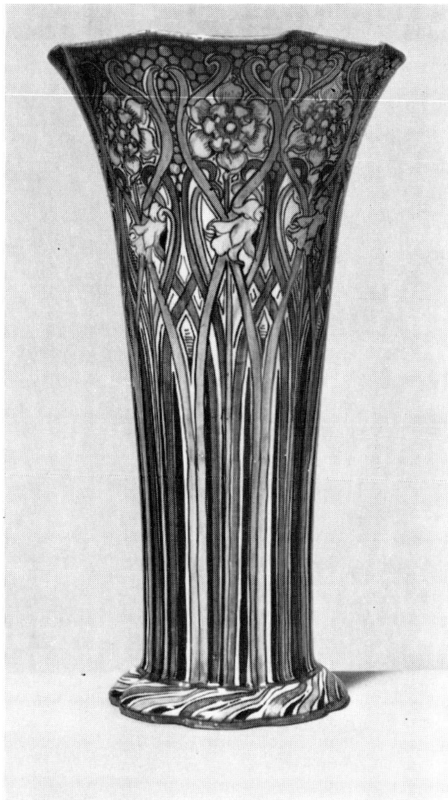

U. Cantagalli: Keramikvase, um 1900 (Victoria & Albert Museum, London)

Caniana, Giambattista →Fantoni, A.

Cannelé. Seidenstoff mit horizontalen, parallelen Rippen, manchmal mit Gold- und Silberfäden, auch Kettrips genannt. Er ist dem ›côtelé‹ mit seinen vertikalen Rippen, dem Schußrips, ähnlich.

Cantagalli, Ulisse (1839-1901). Cantagalli leitete von 1872 an eine Werkstatt seiner Familie in Florenz und begann 1878 mit der berühmten Produktion von Kopien und Nachahmungen italienischer Majoliken, ebenso von →Lüsterware und von →persischen und →spanisch-maurischen Keramiken wie auch von Stücken nach Art des Della →Robbia. 1885 war die Werkstatt (genannt Manifattura Figli [Ulisse und Romeo] di Giuseppe Cantagalli di Firenze) für ihre Kunstmajolika weit bekannt und geschätzt (*siehe* De Morgan). Nach dem Tod von Ulisse ging die Firma auf seine Söhne über. 1927 wurde sie in eine Aktiengesellschaft umgewandelt.

Lit: G. Liverani in *Dizionario biografico degli italiani*, Bd. 18, Rom 1975; G. Conti, *Mostra della Maiolica Toscana, le riproduzioni ottocentesche*, Monte San Savino 1974.

Cántaro. Spanisches Trinkgefäß aus Glas mit zwei Tüllen, die auf einander gegenüberliegenden Seiten der Schulter sitzen, von denen die eine zum Füllen, die andere zum Trinken dient. Der Körper ist kugel- oder eiförmig und sitzt auf einem weiten Fuß. Zwischen den Tüllen ist ein querstehender Reifenhenkel angebracht. Solche Gefäße wurden seit dem 17. Jh. hergestellt. Sie sind dem ›Cántir‹ des 18. Jhs. ähnlich, der ebenfalls zwei Tüllen hat, wobei jedoch ein ringförmiger Griff an der Spitze des Körpers zwischen ihnen sitzt.

Canterbury, engl. Bezeichnung für ein kleines Notenregal wie auch für einen Beistelltisch mit mehreren Fächern für Eßbestecke, der bei Abendgesellschaften ohne Dienstboten verwendet wurde. Sheraton zufolge kommt seine Bezeichnung daher, daß ein Erzbischof von Canterbury als erster ein solches Möbel in Auftrag gegeben haben soll.

Capello, Gabriele gen. il Moncalvo →Palagi, Pelagio

Capitonné, franz. Art der Polsterung im 19. Jh. von Stühlen, Sofas, Kopfteilen von Betten usw. Der Stoff wird mit regelmäßig angeordneten Knöpfen befestigt, so daß eine Wirkung ähnlich wie bei einer Steppdecke entsteht. *Abb. siehe S. 139.*

Capodiferro, Giovanni Francesco (gest. um 1533). Bekanntestes Mitglied einer italienischen Schreinerfamilie. Seine einzige noch erhalten gebliebene Arbeit ist ein Meisterwerk der Intarsienkunst: die Füllungen der Altarschranken von S. Maria Maggiore in Bergamo, die er 1522 begann und die erst nach seinem Tod vollendet wurden. Sie stellen Szenen aus dem Alten Testament dar; die Zeichnungen lieferte Lorenzo Lotto, der mit Capodiferro befreundet war.

Lit: B. Berenson, *Lorenzo Lotto*, London 1956; L. Angelini, *Le tarsie in S. Maria Maggiore in Bergamo*, Bergamo 1957.

Capodimonte

Capodimonte. Die Porzellanfabrik bei Neapel wurde 1743 von Karl IV., König von Neapel, auf dem Gelände des königlichen Palastes in Capodimonte gegründet. Die Erzeugnisse sind aus einer feinen, gewöhnlich rein weißen, durchscheinenden Weich→porzellanmasse, die mit größter Feinheit modelliert werden konnte und einen guten Untergrund für die Malerei gab. Die Muster der Tafelgeschirre und Ziervasen wurden von →Meißen und →Wien übernommen, Stiche nach Watteau und anderen französischen Künstlern dienten verschiedentlich als Malvorlagen; die reichen Blumensträuße, die mythologischen, figürlichen Darstellungen und die Landschaften, die öfters vorkommen, sind typisch überschäumend neapolitanisch. Der wichtigste Maler war Giuseppe Caselli (1698-1751) aus Piacenza. Von dem Modellmeister G. →Gricci stammen einige sehr lebendig gestaltete Gruppen von ›Commedia dell'arte‹-Figuren, neapolitanischen ›lazzaroni‹ und Bauern wie auch von religiösen und allegorischen Figuren. Er modellierte auch die großen Reliefs eleganter, heiterer, vergnügter Chinesen für ein Zimmer mit →Chinoiserien, dessen Wände ganz mit fortlaufenden Porzellanverkleidungen bedeckt waren, im königlichen Palast in Portici (1757-59) (jetzt Museo di Capodimonte). Als Karl IV. 1759 als Karl III. König von Spanien wurde, nahm er soviel wie möglich von der Einrichtung und vom Personal nach Madrid mit und gründete dort die Porzellanfabrik →Buen Re-

Capodimonte: Porzellantassen, um 1745-50 (Victoria & Albert Museum, London)

tiro. *Siehe auch* Neapel, Königliche Porzellanfabrik.

Lit: A.W. Frothingham, *Capodimonte and Buen Retiro Porcelains*, New York 1955; F. Stazzi, *L'Arte della ceramica Capodimonte*, Mailand 1972, V. de Martini in *Civiltà dell' 700 a Napoli 1734-1799*, Ausst. Kat. Neapel 1980.

Caquetoire. Französischer Stuhl aus dem 16. Jh., verhältnismäßig klein und niedrig, mit hoher Lehne. Ein Damenstuhl, deutsch auch ›Plauderstuhl‹ genannt (caqueter = plaudern).

Carabin, François-Rupert (1862-1932). Einer der ungewöhnlichsten Möbelkünstler seiner Zeit. Er wurde im Elsaß geboren und zunächst als Stempelschneider ausgebildet, ging dann nach Paris und arbeitete als Holzschnitzer für eine Möbelfabrik im Faubourg-Saint-Antoine. 1884 gründete er zusammen mit Seurat, Signac u. a. die ›Société des peintres indépendants‹. Er arbeitete zwar in verschiedenen Medien, wurde aber vor allem durch seine Holzarbeiten bekannt. Hauptsächlich schuf er Schnitzdekor, fertigte aber auch Tische und Stühle an; sein beliebtes Dekormotiv waren stramme, breithüftige weibliche Figuren. Von solchen wird z. B. ein Schreibtisch aus dem Jahre 1890 in der Form eines riesigen Buches getragen und der Stuhl im Musée des Beaux Arts in Straßburg aus dem Jahre 1893.

Caradosso, Cristoforo Foppa, genannt (um 1452-1526/27). Einer der berühmtesten Renaissancegoldschmiede, doch weiß man von keinem seiner Werke – in Gold oder anderen Edelmetallen –, das auf uns gekommen wäre. Er stammte aus Mailand. Vasari nannte ihn einen »hervorragenden Goldschmied«, und →Cellini sagte von ihm, daß er ein »äußerst hervorragender Handwerker« gewesen sei und lobte besonders seine kleinen Reliefs, die aus dünnem Goldblech getrieben waren. Caradosso arbeitete zunächst für Lodovico il Moro in Mailand, war in den 90er Jahren des 15. Jhs. in verschiedenen norditalienischen Städten tätig und ließ sich 1505 in Rom nieder, wo er von den Päpsten Julius II., Leo X., Hadrian VI. und Clemens VII. beschäftigt wurde. Sein berühmtestes Werk war die päpstliche Tiara, die er 1510 für Julius II. fertigte, die aber zerstört und nun nur noch durch eine Zeichnung von 1825 (British Museum, London) bekannt ist. Auch einige Medaillen sind ihm zugeschrieben worden.

Carder, Frederick (1864-1963). Anglo-Amerikanischer Glaskünstler. 1881 trat er als Designer in die Firma →Stevens and Williams ein. 1903 ging er in die Vereinigten Staaten als Manager der →Steuben Glass Works, wo er einen Typ irisierenden Glases entwickelte, →Aurene genannt. Seiner Initiative ist weiter die Produktion von →Kameenglas zu verdanken, wie es im späten 18. Jh. in China gemacht wurde. Er entwickelte auch Techniken der Emaillierung und Radierung auf Glas. 1933 zog er sich zurück, arbeitete jedoch in seinem eigenen Laboratorium weiter und vervollkommnete eine Methode des →Wachsausschmelzverfahrens für die Produktion von Vasen mit Hochreliefdekor. *Siehe auch Abb. S. 233.*

Lit: P. V. Gardner, *The Glass of Frederick Carder*, New York 1971.

Cardew, Michael (geb. 1901) Einer der bekanntesten englischen Kunstkeramiker. Nach einer Ausbildungszeit bei B. →Leach in St. Ives 1923-26 machte er sich in Winchcombe in den Cotswolds selbständig. Er wurde mehr von der englischen als von der japanischen Keramik inspiriert und spezialisierte sich auf die Herstellung von →bleiglasierter →Schlickerware: Gebrauchsgefäße, besonders große, hübsche

M. Cardew: Schüssel mit Schlickermalerei, 1939 (Victoria & Albert Museum, London)

M. Carlin: Bureau à gradin mit Sèvres-Porzellanplatten, 1766 (Musée Nissim de Camondo, Paris)

Apfelweinkrüge. 1942 ging er nach Westafrika, wo er die Keramikschule vom Achimota College übernahm, und dann nach Vumé am Volta-Strom, wo er Steinzeug machte.

Lit: M. Cardew, *Pioneer Pottery*, London 1969; G. Clark, *Michael Cardew*, London 1978.

Carlin, Martin (gest. 1785). Pariser Kunstschreiner. Seine Arbeiten gehören zu den feinsten und elegantesten des →Louis-seize. Er hatte zwar einen französischen Namen, war aber deutscher Abstammung. 1759 ließ er sich in Paris nieder und soll für J.-F. →Oeben gearbeitet haben. Er heiratete Oebens jüngere Schwester und wurde 1766 ›maître ébéniste‹. Carlin arbeitete hauptsächlich im Auftrag von Möbelhändlern, den ›marchands-merciers‹ wie Poirier und dessen Nachfolger Daguerre. Anscheinend hat er es nie zu viel Geld gebracht. Seine Möbel sind meist zierlich und mit →Sèvres-Porzellanplatten dekoriert. Diese wurden in schwarz lackierte Flächen eingesetzt, die Ebenholz vortäuschen sollten. Für die Bronzebeschläge bevorzugte er als Motiv drapierte Stoffe mit Quasten. Er arbeitete häufig nach Vorlagen des Architekten G.-P. Cauvet (1731-88), soll aber auch Entwürfe von Gondouin und J.-D. →Dugourc benutzt haben. Viele seiner Möbel sind erhalten und befinden sich im Louvre und im Musée Nissim de Camondo in Paris, in der Wallace Collection, London, in Waddesdon Manor, England, im Metropolitan Museum und in der Frick Collection in New York.

Lit: F. de Salverte, *Les ébénistes du XVIII^e^siècle*, Paris 1962.

Carlton House-Tisch. Schreibtisch mit niedrigem Aufsatz, der die Platte an Rückseite und Seiten einschließt und zwei oder mehrere Schubladenreihen hat. Wahrscheinlich nach Carlton House benannt, der abgerissenen Residenz des Prinzregenten und späteren Königs Georg IV. Die früheste Abbildung stammt aus ›The Cabinet Maker's Book of Prices‹ (1792), und in →Gillows Geschäftsbüchern taucht die Bezeichnung erstmals auf.

Carr, Alwyn Charles Ellison →Ramsden, O.

Carré, Jean →Crutched Friars Glasshouse

Carrickmacross-Spitze. →Applikationsarbeit aus Carrickmacross, Irland. Sie besteht aus feinem Battist, der in Mustern auf Tüllgrund genäht und in der Wirkung →Durchbrucharbeiten ähnlich ist, obwohl von gänzlich anderer Machart. Seit 1850 werden die ausgeschnittenen Battiststückchen mit Stegen aus Nähspitze aneinander gefügt (→Spitze), was Carrickmacross Guipure (Gimpenspitze) genannt wird.

Lit: B. Palliser, *History of Lace*, durchges. v. M. Jourdain und A. Dryden, London 1902; M. Schuette, *Alte Spitzen*, Braunschweig 1963; P. Wardle, *Victorian Lace*, London 1968.

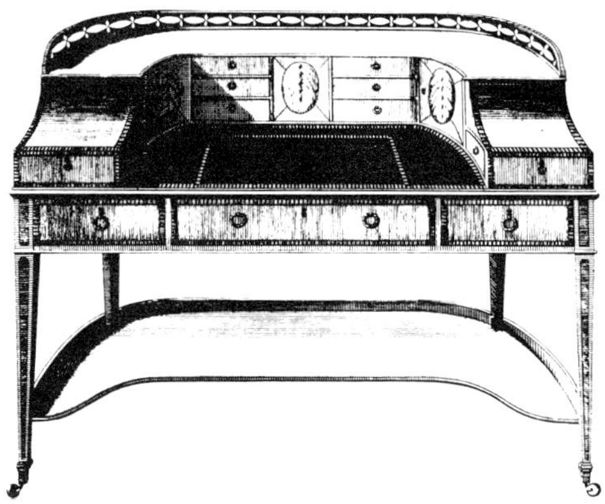

Carlton House-Tisch, aus Sheraton's ›The Cabinet-Maker and Upholsterer's Drawing-Book‹, 1793

Carrier-Belleuse, Albert Ernest (1824-87). Französischer Bildhauer, der auch dem Kunstgewerbe sehr nahe stand. Seine Bildhauerei scheint typisch für die hedonistische Überschwenglichkeit und Liebe zu Nichtigkeiten der Zeit des →Zweiten Kaiserreichs zu sein. Ursprünglich jedoch hatte er keine Sympathie

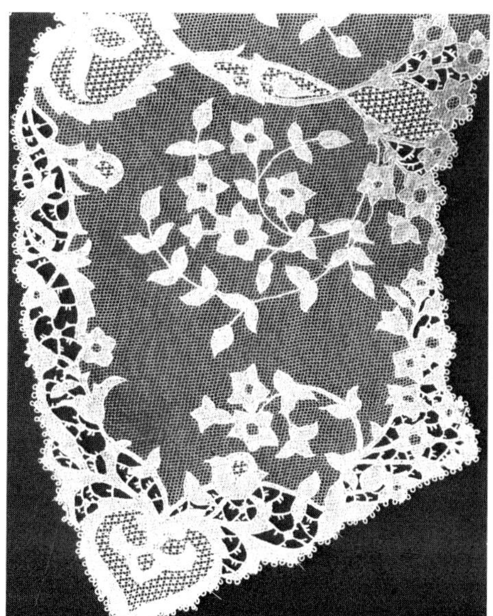

Carrickmacross-Spitze (Victoria & Albert Museum, London)

A. E. Carrier-Belleuse: Tazza mit Onyxschale und vergoldeten Metallfiguren, von Alphonse Pallu & Cie, um 1862 hergestellt (Victoria & Albert Museum, London)

für das Regime und war gezwungen, das Land zu verlassen, nachdem er an der mißglückten Junirevolution von 1849 teilgenommen hatte. Er ging nach England, wo er als Modelleur in der →Minton's pottery unterkam. 1855 kehrte er nach Paris zurück und richtete sich bald als Modebildhauer für Porträts und dekorative Skulptur ein. Er war spezialisiert auf Arbeiten, die Napoleon III. besonders bewunderte, wie große Bronzeleuchter, die von halbbekleideten, weiblichen Figuren getragen wurden. Seit 1864 beschäftigte er den jungen Auguste Rodin (1840-1917) als Assistenten, hauptsächlich für die Herstellung von Reliefs und Figuren, die in unglasiertem Ton oder, allerdings seltener, in Porzellan ausgeführt wurden (z. B. Titanenvase im Victoria & Albert Museum, London). Von 1875 bis zu seinem Tod war er der künstlerische Leiter der Porzellanmanufaktur →Sèvres. Während dieser Zeit arbeitete Rodin unter seiner Aufsicht weiter in Keramik (nur gedrehte oder leicht modellierte Reliefdekorationen). Carrier entwarf auch Silberwaren (für Ch. →Christofle) und Möbelstücke.

Lit: J. Hargrove, *The Life and Work of Albert Carrier-Belleuse,* New York 1977.

Carriès, Jean (1855-94). Französischer Bildhauer (hauptsächlich von Bronzeporträtbüsten). Unter japanischem Einfluß wurde er in den 80er Jahren des 19. Jhs. Kunstkeramiker und arbeitete in der Nähe von guten Tonlagern in Cosne, St-Amand-en-Puisaye und Montriveau in der Gegend von Nevers. Er schuf Vasen und andere Gefäße von guter, kräftiger Form, die ausschließlich mit schwachgetönten, gefleckten oder →Flambé-Mattglasuren dekoriert waren. Er hat wesentlich dazu beigetragen, daß das Interesse an handgearbeiteten Stücken dieser Art in Frankreich geweckt wurde. Er schuf auch, weniger erfolgreich, figürliche Skulpturen in Steinzeug. Georges →Hoentschel erbte seine Werkstatt.

Lit: A. Alexandre, *Jean Carriès, imagier et potier,* Paris 1895; M. Ernould-Gandouet, *La Céramique en France au XIX*[e] *siècle,* Paris 1969; Ausst. Kat. *Europäische Keramik des Jugendstils,* Hetjens-Museum, Düsseldorf 1974; H.-J. Heuser, *Französische Keramik zwischen 1850-1910,* München 1974.

Carron ironworks. Eisengießerei, die 1759 bei Kalkirk in Schottland gegründet wurde und noch heute tätig ist. Außer Schwerindustrieerzeugnissen (einschließlich Kanonen) stellte sie gußeiserne Gegenstände für den häuslichen Gebrauch her, wie Herd- und Ofenplatten, →Feuerböcke u. ä., manchmal nach Entwürfen von R. →Adam. Die Originalgußformen sind erhalten, und in jüngster Zeit hat man davon wieder Abgüsse gemacht. Diese modernen Güsse sind mit ›Carron‹ gezeichnet.

Carteluhr. Wanduhr des frühen 18. Jhs. mit Federzug, eingesetzt in kunstvollen vergoldeten Bronze- oder geschnitzten Holzrahmen in Form einer Kartusche (franz. cartel: Rahmen). Diese Uhren waren besonders während des Rokoko sehr beliebt, als einige der schönsten Exemplare von →Cressent und →Osmond angefertigt wurden. *Siehe auch Abb. S. 140, 346.*

Cartlidge, Charles & Co. →Union Porcelain Works

Cartonnier oder **Serre papier,** franz. Kleines Gestell mit Fächern für Briefpapier; entweder gesondertes Möbelstück oder Ergänzung eines anderen. Im 18. Jh. wurde er neben oder auf den Schreibtisch gestellt, gelegentlich von einer Uhr gekrönt.

Cartel-Uhr, Bronzeguß ziseliert und vergoldet, um 1740-50, Werk signiert Baltazar/Paris (Kunstindustrimuseet, Kopenhagen)

Cassolette, Schale aus rotem Jaspis mit ziseliertem und bronzevergoldetem Dreifuß, P. Gouthière, um 1772-82 (Wallace Collection, London)

Carver-Stuhl. Amerikanischer Stuhl des 17. Jhs., benannt nach einem Gouverneur der Kolonie Massachusetts Bay. Einfachere Version des →Brewster-Stuhls, mit Stegen, aber ohne die senkrechten Spindeln unter Armlehnen und Sitz.

Casali, Antonio →Pesaro

Casa Pirota →Pirota

Caserta. Königliche Majolikafabrik, von Karl III. von Bourbon 1753 in Caserta bei Neapel gegründet unter dem Namen ›Real Fabbrica di Faenza‹. Sie existierte nur drei Jahre, stellte Tafelgeschirr, Kaffeekannen, Barbierbecken und Blumenvasen in zurückhaltenden Rokokoformen mit Blumen und Früchten in Unterglasurmalerei und von S. →Grue bemalte Schmuckplatten her (in Anlehnung an Erzeugnisse von →Castelli). Fabrikmarke war eine reliefierte Bourbonlilie.

Lit: G. Donatone, *La Real Fabbrica di Maioliche di Carlo Borbone a Caserta*, Caserta 1973; ders. in *Le arti figurative a Napoli nel settecento*, Hg. N. Spinosa, Neapel 1979.

Cassapanca. Italienische Truhenbank der Renaissance mit Rücken- und Armlehnen auf einem als Podest ausgebildeten Sockel.

Cassolette. Bezeichnung französischen Ursprungs für ein kleines Becken, in dem Räucherwerk verbrannt oder duftende Essenzen verdampft werden konnten. Im allgemeinen ist sie wie eine Vase geformt; im späten 18. Jh. wurde die antike Dreifußform, vor allem die →Athénienne, modern. Cassolettes wurden aus allen möglichen Werkstoffen hergestellt, darunter Silber, Kupfer, Bronze, Marmor; bei fragileren Materialien – wie Lackarbeiten, Porzellan oder Fayence – waren sie meist mit Metall ausgekleidet. Seit dem späten 19. Jh. wurde die Cassolette in Frankreich ›Brûle parfum‹ genannt.

Cassone. Italienischer Truhentyp der Früh- und Hochrenaissance mit z. T. sehr prunkvollem plastischem, gemaltem, intarsiertem Dekor. Viele kleine italienische Gemälde dieser Zeit mit religiösen wie profanen Darstellungen, die heute als Einzelwerke in Galerien hängen, waren ursprünglich Bemalungen solcher Truhen. Der Cassone war häufig als Hochzeitstruhe Teil der Mitgift. *Siehe auch Abb. S. 117.*

Lit: P. Schubring, *Cassoni*, Leipzig 1923; M. Tinti, *Il mobilio fiorentino*, Mailand o. J.

Castel Durante. Bemerkenswerte Gruppe von umbrischen Majolikafabriken in Castel Durante (ab 1635 Urbania), wo die Kunst der →Istoriato-Stilmalerei durch N. →Pellipario auf ihren Höhepunkt geführt wurde. Weitere bekannte Maler waren →Giovanni Maria und ein namenloser Künstler, mitunter Pseudo-Pellipario genannt (dessen Teller auf der Rückseite die Aufschrift ›Castel Durante‹, manchmal mit den Daten 1524, 1525 und 1526, tra-

Cassone, geschnitztes Walnußholz, Rom oder Florenz, Mitte des 16. Jhs. (The Frick Collection, New York)

Castelli: Majolikascheibe, 1730-40 (Victoria & Albert Museum, London)

gen). Ein hohes technisches Niveau wurde gehalten, und viele Erzeugnisse waren mit einer ausnehmend klaren und glänzenden Überglasur oder →coperta bedeckt, die die Farbpigmente noch intensiver leuchten ließ. Ein Buch von C. →Piccolpasso gibt Auskunft über die Techniken in der Mitte des 16. Jhs. In der Zeit zeigte sich schon ein gewisser Verfall gegenüber →Urbino, wohin die besten Majolikakünstler abwanderten. 1873 begann eine Fabrik der Familie Castelbarco Steingutgeschirr im englischen Stil herzustellen, oft sehr fein bemalt mit Landschaften im Stil des frühen 19. Jhs. *Siehe auch Abb. S. 229, 507.*

Lit: G. Morazzoni, *La terraglia italiana,* Mailand 1956; G. Liverani, *La maiolica italiana ...,* Mailand 1957; A. Klein, *Fayencen aus Europa,* Braunschweig 1980

Castellana. ›Alla Castellana‹, eine ungenaue Bezeichnung für einen Typus italienischen →bleiglasierten →Irdenguts mit →Sgraffito-Dekor des 16. Jhs. und später, die in der Città di Castello in Umbrien hergestellt worden sein soll, sich aber nicht von anderswo gefertigten Stücken unterscheiden läßt.

Castellani, Pio Fortunato (1794-1865). Bedeutender römischer Goldschmied und Juwelier; er begann schon früh, antiken Schmuck zu sammeln und nachzubilden und erreichte dabei eine staunenswerte Beherrschung der Technik feinster Granulation. Er war zwar nicht, wie oft behauptet, ihr Wiederentdecker, hat sie aber zweifellos neu belebt. Seine Arbeiten, vor allem die im etruskischen Stil, sind antiken Originalen verwechselbar ähnlich. 1852 folgten ihm in der Leitung der Werkstatt seine Söhne *Alessandro* (1822-83) und *Augusto* (1829-1914). Sie beschickten zahlreiche internationale Ausstellungen und waren, wie ihr Vater, leidenschaftliche Sammler antiken Schmucks.

Lit: G. Bordenache Battaglia in *Dizionario Biografico degli italiani,* Bd. 21, Rom 1978; G.C. Hunn, *Les bijoutiers Castellani et Giuliano. Retour à l'Antiquité au XIXe siècle,* Paris 1983.

Castelli. Die interessanteste Gruppe der italienischen Majolikafabriken im 17. und 18. Jh. in der Nähe von Teramo im Gebiet des Königreichs Neapel. Die frühesten Stücke ahmten das →Bianco di Faenza nach. Aber um 1650 begannen sie, den →Istoriato-Stil wieder zu beleben und stellten in dieser Art bemalte Teller und große Fliesen bis ins späte 18. Jh. her. In den Farben sind sie viel zurückhaltender als die meisten im Istoriato-Stil gemalten Stücke des 16. Jhs., wobei blasse graublaue, braungelbe und olivgrüne Töne vorherrschen. Die Kompositionen sind im allgemeinen Stichen nach Barockkünstlern entnommen (obwohl auch Künstler der Renaissance kopiert wurden). Dargestellt wurden Landschaften wie auch religiöse und mythologische Szenen. *Siehe auch* F. A. Grue.

Lit: G.C. Polidori, *La maiolica antica abruzzese,* Mailand 1951; B. Molajoli, *La mostra dell'antica maiolica abruzzese,* Faenza 1955; *Le antiche maioliche di Castelli d'Abruzzo,* Ausst. Kat. Palazzo Venezia, Rom 1969; A. Klein, *Fayencen aus Europa,* Braunschweig 1980.

Caster oder **Castor,** engl. (1) Kleiner Behälter mit durchbrochenem Deckel zum Streuen von Zucker, Pfeffer oder anderen Gewürzen. Er ist meist aus Silber oder Zinn und kommt als Gefäß spätestens seit dem 17. Jh. vor. Oft wurden Caster in Sätzen zu drei Stück hergestellt. (2) Kleines Rad oder Laufrolle. Solche Rädchen wurden seit dem 16. Jh. an Möbelstücken angebracht, um deren Umstellen zu erleichtern.

Castro, Antonio de (tätig 1565). Goldschmied portugiesischer Herkunft, der in der zweiten Hälfte des 16. Jhs. in Genua arbeitete. Er schuf ein Meisterwerk manieristischer Silberkunst: eine Kanne mit Becken, 1565 für Francesco Lercaro gearbeitet, geschmückt mit 15 Szenen, die Ereignisse aus den kriegerischen Händeln zwischen Megolle Lercaro und dem Kaiser von Trapezunt im 14. Jh. darstellen (Collezione Cini, Venedig). Eine ähnliche, wenngleich weniger prächtige Kanne mit Becken in der Wallace Collection, London, ist ihm zugeschrieben worden.

Castro, D. H. de →Stippen

Castwork, engl. Diejenigen Teile eines silbernen Kunstgegenstands, die in die Form gegossen (cast) und durch Löten mit dem Hauptteil verbunden sind; vor allem Griffe, Füße,

Castwork-Griff an einem englischen Silberkrug, London, 1705 (Victoria & Albert Museum, London)

Causeuse von Cruchet, mit Beauvais-Tapisserie bezogen, 1858 für den Grand Salon in St-Cloud angefertigt (Mobilier National, Paris)

Knäufe u.ä. Man nennt sie Castwork, um sie von den in Relief getriebenen Teilen zu unterscheiden.

Caudle cup, engl. Gefäß, aus dem man Glühwein (caudle) oder ein Getränk aus heißer Molke mit einem Schuß Wein oder Bier (posset) trinkt. Alternativbezeichnung für einen →Porringer.

Caughley, Töpferwaren und Porzellan. Kurz nach 1750 wurde eine Töpferei in Caughley bei Broseley in Shropshire errichtet. Nach der Übernahme der Fabrik 1772 durch *Thomas Turner* wurde Porzellan gemacht. 1775 kam R. →Hancock, vorher in →Worcester, in die Fabrik und führte das →Umdruckverfahren in Unterglasurblau ein. Obwohl die blaue Farbe von Caughley etwas glänzender ist als die von Worcester, sind ihre Produkte schwer zu unterscheiden. Worcester-Porzellan wurde in Caughley bewußt kopiert. Blauweiße Stücke wurden mit Gold bemalt. Einige polychrome Stücke scheinen von Humphrey und Robert Chamberlain dekoriert worden zu sein. Die Fabrik wurde 1799 von John Rose gekauft und mit der Porzellanfabrik →Coalport vereinigt.

Lit: F. A. Barret, *Caughley and Coalport Porcelain*, Leigh-on-Sea, 1951; G. A. Godden, *Caughley and Worcester Porcelains 1775-1800*, London 1969.

C c

Caughley

SALOPIAN.

Caughley

Cauldon ware →Ridgway, J.

Causeuse, franz. Kleines →Kanapee für zwei Personen, entspricht dem englischen →Settee oder Love-seat; wird auch als Marquise bezeichnet.

Caussy, Paul →Rouen

Caussy, Pierre-Paul →Quimper

Cauvet, Gilles-Paul (1731-1788). Architekt, Bildhauer und Ziseleur. Er stellte Silberarbeiten von hoher formaler Qualität her (z. B. Kerzenleuchter von 1783 im Louvre, Paris) und war ein hervorragender Zeichner. Eine große Anzahl seiner Entwürfe wurde 1777 in Stichen herausgegeben, die als Vorlagen für Wandtäfelungen, Arabeskendekorationen, Möbel, Vasen u.ä. im Louis-seize dienten.

Lit: D. Guilmard, *Les Maîtres Ornemantistes*, Paris 1880.

Caxton chair. Ein einfacher englischer Stuhl mit Rohrgeflecht-Sitz, gedrechselten Vorderbeinen und Stegen, hergestellt in High Wycombe seit der Mitte des 19. Jhs. Solche Sitzmöbel fanden Verwendung vor allem in Kirchen, Schulen, Rathäusern usw.

Cellini, Benvenuto (1500-1571). Manieristischer Bildhauer hohen Ranges und der berühmteste Goldschmied aller Zeiten. In Florenz geboren und als Goldschmied ausgebildet, zog er 1519 nach Rom und verbrachte dort die nächsten 20 Jahre, vor allem als Medaillenschneider und Goldschmied arbeitend. 1540 ging er nach Frankreich. Franz I. beschäftigte ihn in Fontainebleau, wo Cellini seine erste Großplastik schuf. 1545 kehrte er nach Florenz zurück und blieb dort bis zu seinem Tode. Er beschreibt die zahlreichen Goldarbeiten, die er schuf, genauestens in seiner berühmten Autobiographie, die das intimste Selbstportrait eines Künstlers des 16. Jhs. überhaupt ist. Von all seinen Goldschmiedewerken hat jedoch nur sein bekanntes Salzfaß überdauert, das er in Rom 1540 für Ippolito d'Este modellierte und in Frankreich für Franz I. vollendete (heute im Kunsthistorischen Museum, Wien). Im Grundriß oval und ungefähr 25 cm hoch, besteht es aus je einer nackten männlichen und weiblichen Figur (Neptun und Cybele darstellend), die sich zwischen Hippokampen und Delphinen zurücklehnen und ein kleines Schiff als Salzfaß sowie einen Triumphbogen (den Cellini als ionischen Tempel beschreibt) für den Pfeffer halten; die Basis ist in Reliefarbeit mit ruhenden Figuren verziert, die an die Figuren auf Michelangelos Medicigräbern erinnern. Die sparsam verwendeten leuchtenden Emails wetteifern mit dem Glanz des Goldes. Die in eleganten manieristischen Haltungen hingelagerten Figuren sind von äußerster sinnlicher Üppigkeit, und die Gestaltung des ganzen Werks zeigt eine erlesene Sensibilität, wie sie selten bei Bronzebildhauern und einmalig unter den Goldschmieden ist. Eine juwelenbesetzte Chormantelschließe aus Gold, die Cellini 1530-31 für Papst Clemens VII. anfertigte, wurde 1797 zerstört, ist aber durch eine Zeichnung des 18. Jhs. (British Museum, London) überliefert. Man hat Cellini eine Reihe von hervorragenden Werken in Gold und Silber und Edelsteinen ohne Nachweis zugeschrieben, darunter Arbeiten, die von anderen Künstlern signiert sind, z. B. das Kreuz und die Leuchter in St. Peter in Rom von A. →Gentili. Die Rospigliosischale im Metropolitan Museum in New York wurde lange Zeit wegen ihrer hohen Qualität unter anderen auch Cellini zugeschrieben. Inzwischen ist sie nach einer neueren Untersuchung als eine Fälschung des 19. Jhs. erkannt worden.

Lit: J. Pope-Hennessy (Hg.), *The Life of Benvenuto Cellini Written by Himself (übers.* v. J. Addington Symonds), London 1949; J. F. Hayward, *Virtuoso Goldsmiths and the Triumph of Mannerism 1540-1620*, London 1976.

Century Guild →Mackmurdo; A. Heygate

Ceramic Art Company →Lenox Company

Certosina-Arbeit: Cassone, um 1500 (Rijksmuseum, Amsterdam)

Cerasoli, Gregorio →Rom, Töpfereien in der Stadt

Cerreto Sannita. Nach einem Erdbeben wurden 1688 von Antonio Massoni und Nicola Rossi aus Neapel in Cerreto Sannita und in der Nähe von San Lorenzello Töpfereien errichtet. Die Produktion umfaßte kräftig bemalte Stücke, hauptsächlich →Apothekengefäße, die stark von der faentinischen Fayence (→Faenza) beeinflußt waren. Auch wurden Figuren von Mohren sowie große Fliesen hergestellt. Nach dem 18. Jh. wurde nichts Interessantes mehr geschaffen.

Lit: G. Donatone, *La ceramica di Cerreto Sannita*, Rom 1968.

Certosina-Arbeit, ital. →Intarsientechnik des 15. Jhs. mit Holz-, Bein-, Metall- und Perlmuttplättchen, welche zu geometrischen Mustern zusammengesetzt wurden. Besonders in der Lombardei und Venezien angewandt.

Cesendello. Mittelalterliche venezianische Hängelampe, die vielleicht die →Moscheelampe als Vorläufer hat. Cesendelli sind auf den Gemälden von G. Bellini, M. Basaiti und V. Carpaccio dargestellt; Beispiele aus Murano sind erst seit dem späten 16. Jh. bekannt.

Chaffers, Richard →Liverpool

Chagrin-Leder. Das Wort leitet sich vom türkischen sağrï (Kruppe eines Tieres) ab.
(1) Ungegerbtes Leder, in Persien Esels-, Pferde- oder Kamelhaut, bei dem Körner in die noch feuchte Oberfläche der Haut eingestampft und im getrocknetem Zustand der Haut wieder herausgeschüttelt werden und so narbenähnliche Eindrücke hinterlassen. Später wird das Leder gefärbt.
(2) Fein granulierte Haut verschiedener Haifischarten, die flach abgeschabt wird, so daß perlähnliche Narben eine körnige Musterung bilden. Seit dem 17. Jh. zum Beziehen kleiner Dosen und Teebüchsen verwendet.

Chaise en cabriolet. Französischer Fauteuil des 18. Jhs. mit leicht gekrümmter, der Körperform angepaßter Rückenlehne.

Chaiselongue. In die Länge gezogener Sessel, entweder gepolstert oder mit losen Sitzkissen ausgestattet, auf dem eine Person liegen kann. Die Chaiselongue mit runder Rückenlehne wird im Französischen auch ›Duchesse‹ bezeichnet; bei einer ›Duchesse en bateau‹ ist das Fußende von drei Seiten mit einer niedrigen, geschwungenen Lehne umgeben; eine ›Duchesse brisée‹ besteht aus zwei oder drei Teilen, die einzeln als Sitzgelegenheiten benutzt werden können. *Siehe Abb. S. 118, 355, 358.*

Chaise à la Reine. Französischer Fauteuil des 18. Jhs., gepolstert und mit gerader Rückenlehne.

Chaki →Tee-Keramik

Chamber candlestick. Englische Bezeichnung für einen kleinen tragbaren Kerzenleuchter auf tellerförmigem Fuß mit gebogenem oder ring-

Chaise à la Reine, französisch, um 1790 (Rijksmuseum, Amsterdam)

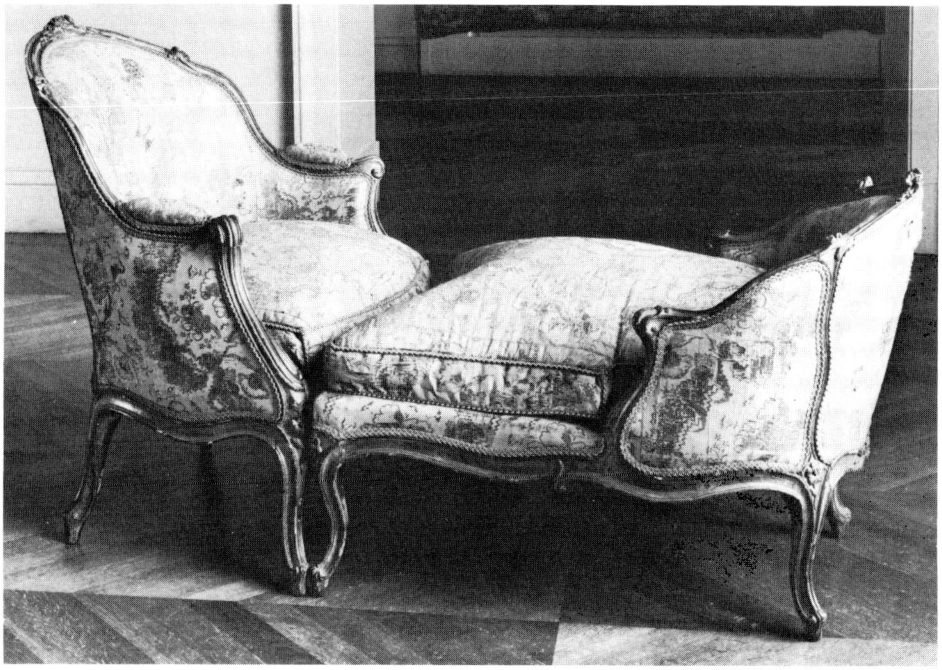

Chaiselongue, Duchesse brisée von L. Delanois (Louvre, Paris)

förmigem Griff, meist versehen mit einem Löschhütchen, das in einen Schlitz im Griff paßt, und manchmal auch mit einer Lichtputzschere. Seit dem späten 17. Jh. hergestellt.

Chamberlain, Robert → Worcester

Chambers, Sir William (1723-96). 1749 begann er, Architektur zu studieren, zunächst bei J.-F. Blondel in Paris und dann in Rom, bevor er sich 1755 in London niederließ, wo er sofort Aufträge vom englischen Hof bekam. Im Gegensatz zu seinem großen Rivalen R. → Adam war ihm mehr an staatlichen Aufträgen vom ›Office of Works‹ gelegen als an privaten. 1759 lag die Ausstattung für den großen Saal der Society of Arts in London in seinen Händen, von der noch der Präsidentenstuhl erhalten ist. Auch für Blenheim Palace und Charlemont House (inzwischen zerstört) entwarf er Möbel, und für den König schuf er eine astronomische Uhr, die noch im Besitz des Königshauses ist. Mit ihren Säulen und der Kuppel ist sie die Ausführung eines seiner Gebäude im Kleinen. Zweifellos trug Sir William dazu bei, daß das frühe Louis-seize in England Eingang fand.
Lit: J. Harris, *Sir William Chambers*, London 1970.

Chambrette, Jacques → Lunéville; Saint-Clément

Champion, Richard → Bristol; Cookworthy

Champlevé → Email

Chancay-Keramik → Peruanische Keramik

Chance, William und **Robert Lucas** → Nailsea

Channon, John (tätig 1733-83). Mitglied einer Schreinerfamilie aus Exeter, ließ sich zwischen 1733 und 1737 in London nieder und richtete in der St. Martin's Lane eine Möbelwerkstatt ein. Bis 1783 lebte er dort. Es ist zwar nur ein einziger von ihm signierter Bücherschrank mit dem Stempel »J. Channon 1740«, der sich in Powderham Castle bei Exeter befindet, bekannt, doch konnte man durch ihn Channon eine Anzahl sehr schöner und reich mit Messing-Einlagen und -Beschlägen dekorierter Möbel zuschreiben. Einige Beispiele befinden sich im Victoria & Albert Museum, London; im Fitzwilliam Museum, Cambridge; im Temple Newsham House, Leeds; im Kenwood House, Hampstead und in der City Art Gallery, Bristol.

Chantilly-Porzellanfabrik. Gegründet um 1725 unter dem Patronat von Louis Henri de Bourbon, Prinz von Condé, einem begeisterten Sammler japanischen → Arita-Porzellans. Die Fabrik wurde von *Ciquaire Cirou* bis zu seinem Tod 1751 geleitet und stellte ausschließlich Weich → porzellan her, das bis um 1735 (mitunter auch noch später, obwohl nach 1751 weniger häufig) mit einer zinnhaltigen, dicken Glasur, wie für Fayencen üblich, versehen war, was einen wundervoll glänzenden Malgrund für → Emailfarben ergab. Produkte sind amüsant-groteske Chinesenfiguren, zuweilen zwischen Vasen kauernd, die als Brûle-parfums dienen; sie wurden neben Gebrauchsgeschirren hergestellt, darunter sehr fein modellierte Teekannen, Krüge, Terrinen, Bourdalous und zahlreiche Teller. Die Dekore waren zuerst im japanischen → Kakiemonstil gehalten, ließen aber bereits den Einfluß von → Meißen erkennen. Nach Cirous Tod wurde die Fabrik von verschiedenen Direktoren, zuletzt von dem Engländer C. → Potter, geleitet. In den 50er Jahren wurden die Stücke mit natürlichen Blumen in Meißener Art (frei interpretiert) dekoriert. Seitdem stand die Fabrik unter stärkerem Einfluß von Vincennes → Sèvres. Jetzt ging man zu Weichporzellan von guter Qualität mit

Chantilly

Chantilly: Potpourri aus Weichporzellan, um 1725-40 (Musée Condé, Chantilly)

einer normalen, leicht gelblich schimmernden →Bleiglasur über. Die Stücke sind im allgemeinen weiß und sparsam in Unterglasurblau dekoriert – besonders Teller mit ziemlich kleinen Mittelmotiven (ein kleiner Blumenstrauß oder ein Vogel in einer Rocaille). Auch mit Emailfarben wurde ähnlich sparsam dekoriert. Das Chantilly-Muster ›à la brindille‹, eine stilisierte, von der Seite gesehene Kornblume, war eine Erfindung der Fabrik und ein auch später immer wieder benutztes Motiv, das anderswo oft nachgeahmt wurde. Die Fabrik ging nach 1780 stark zurück, wurde 1792 von Christopher Potter gekauft und 1800 geschlossen. Die Erzeugnisse sind seit dem 19. Jh. häufig gefälscht worden.

Lit: X. de Chavagnac u. A. de Grollier, *Histoire des manufactures françaises de porcelaine*, Paris 1906; W. B. Honey, *French Porcelain of the 18th Century*, London 1950.

Chantilly-Spitze. Eine nach ihrem Hauptherstellungsort Chantilly bezeichnete Klöppelspitze aus schwarzer Seide – seltener in feinem weißen Leinen –, bei der das von einem stärkeren ungezwirnten Faden umrandete Muster auf einem Grund von sechsseitigen Maschen, dem sogenannten ›Fond chaut‹, aufliegt. Nach einer durch die Französische Revolution bedingten Pause war die Produktion, begünstigt durch die Pariser Mode und durch Exporte nach Spanien und England in der ersten Hälfte des 19. Jhs. bedeutend, ging aber dann durch Konkurrenzunternehmen in Calvados zurück und wurde 1870 durch den Krieg eingestellt. Chantilly-Spitzen wurden fortan in Calvados, Caen und Bayeux hergestellt.

Chapelle, Jacques →Sceaux

Chaplet, Ernest (1835-1909). Französischer Kunstkeramiker. Nach Beendigung seiner Lehrzeit an der Manufaktur →Sèvres arbeitete er in verschiedenen historischen Stilformen, zuerst im spanisch-maurischen, dann im Renaissance-Stil. Gegen 1880 fand er Interesse an normannischem Bauerngeschirr und begann mit der Herstellung heiter bemalten Steinzeugs von berückender Einfachheit (Musée National de Céramique, Sèvres; Kunstindustrimuseet, Kopenhagen). 1885 errichtete er eine Töpferei in Paris für →Haviland und 1887 eine Porzellanfabrik in Choisy-le-Roi, wo er sich auf Vasen in chinesischer Form mit →Flambé-Glasuren spezialisierte, die damals sehr beliebt waren. Er war mit P. →Gauguin befreundet und brannte dessen Keramiken.

Lit: M. Ernould-Gandouet, *La Céramique en France au XIXe siècle*, Paris 1969; J. d'Albis u. L. C. Romanet, *Ernest Chaplet (1835-1909). Un céramiste art nouveau*, Paris 1976.

Chareau, Pierre. (1883-1950). Französischer Architekt und Designer, geschätzt wegen einer Anzahl Möbelstücke mit besonders sorgfältiger Oberflächenbehandlung und Innenausstattungen in luxuriöser Auslegung des Internationalen Stils wie z. B. das Arbeitszimmer einer Botschaft von 1925, heute im Musée des Arts Décoratifs, Paris. 1930 gelang ihm der geniale Entwurf eines Stahlrohrstuhles, der sich an M. →Breuers berühmten Stuhl von 1928 anlehnt. Er besteht zwar auch aus einem einzigen Stück kontinuierlich gebogenen Stahlrohrs, die Gestaltung beruht aber nicht auf dem Prinzip der freitragenden Konstruktion. Seine späteren Arbeiten sind weniger interessant, sie versanden in oberflächlicher Modernität.

Charger, engl. Ein großer, gewöhnlich hölzerner Teller oder eine Platte, auf der ein Stück Braten serviert und tranchiert wird. Bereits geschnittenes Fleisch wird auf ähnlichen, jedoch kleineren hölzernen Platten bzw. Tellern – den sogenannten ›trenchers‹ – serviert.

Charka. Russicher kleiner Becher mit einem Henkel, gewöhnlich aus Silber und manchmal mit Emailschmuck.

Charpentier, Alexandre (1856-1909). Französischer Bildhauer und Möbeldesigner des →Art Nouveau. In seinen frühen, geradlinigen Entwürfen ließ er sich vom englischen →Arts and Crafts Movement inspirieren; um 1900 begann er jedoch, die fließenden Linien des Art Nouveau zu bevorzugen unter häufiger Anwendung von figürlichen Reliefs mit schlangenartig gewundenen, nackten Frauenkörpern.

Châteauneuf, Alexis de (1799-1853). Architekt, der, in Paris und Karlsruhe ausgebildet, ab 1822 in seiner Heimatstadt Hamburg wirkte, wo er öffentliche und private Gebäude in verschiedenen historischen Stilen – Neugotik, Neorenaissance usw. – entwarf. Für einige Privathäuser, vor allem das Abendrothsche Haus

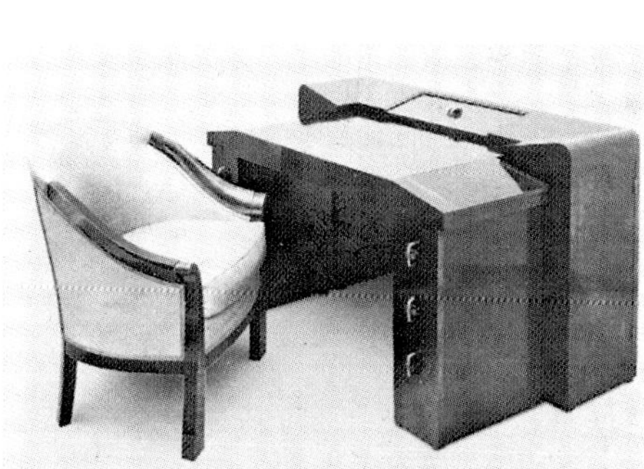

P. Chareau: Schreibtisch mit Stuhl aus Ebenholz, 1925 (Musée des Arts Décoratifs, Paris)

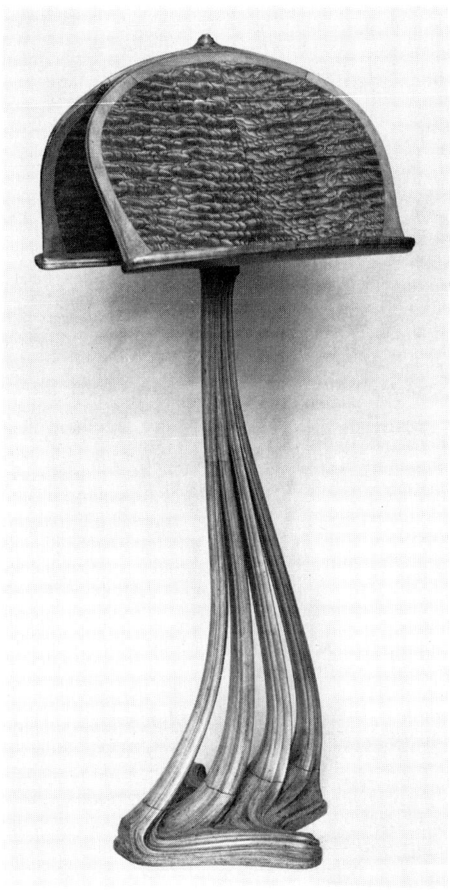

A. Charpentier: Lesepult, 1901 (Musée des Arts Décoratifs, Paris)

von 1833-35 im Stil der italienischen Renaissance, entwarf er auch die Möbel (heute im Museum für Kunst und Gewerbe, Hamburg): mit mehr Augenmerk auf ihre praktische Verwendbarkeit, Behaglichkeit und Eleganz als auf die genaue Nachahmung der historischen Formen und Ornamente.

Lit: H. Kreisel (G. Himmelheber), *Die Kunst des deutschen Möbels,* Bd. III, München 1973.

Châtelet, Töpferei →Bouffioulx

Chatônes. Spanischer Dekor aus Nagelköpfen, häufig zur Verzierung von Möbeln verwendet.

Chavín-Keramik →Peruanische Keramik

Cheley, Rudoph Anton →Braunschweig

Chelsea Keramic Art Works. Eine kunstkeramische Werkstätte wurde 1866 in Chelsea, Massachusetts, USA, von *Alexander Robertson* errichtet, stellte aber nur die üblichen Gebrauchswaren her, bis 1872 der Bruder *Hugh C. Robertson* (1845-1908) in die Firma eintrat und mit der Herstellung von Kunstkeramik begann. Kopien griechischer Vasen waren die ersten dekorativen Stücke. Platten und Vasen mit Malereien nach Gustave Doré und Hans Makart folgten. Seit 1876 imitierte die Fabrik →Limoges-Stücke mit Unterglasurdekoren und brachte sie unter der Handelsmarke ›Bourg-la-Reine‹ auf den Markt. Der Einfluß der chinesischen Keramik wurde immer stärker, besonders nach 1884, als Hugh C. Robertson blaugrüne, gelbgrüne, grünblaue und →Ochsenblutglasuren entwickelte, und nach 1891 →Craquelé-Glasuren. 1896 wurde die Fabrik nach Dedham, Massachusetts, verlegt und *Dedham Pottery* genannt. Sie wurde 1943 geschlossen.

Lit: L. Hawes, *Dedham Pottery and the Earlier Robertson's Chelsea Potteries,* Dedham, Mass. 1968.

Chelsea 1745-50

Chelsea um 1750

Chelsea reliefiert 1750-52 in Rot 1752-56 in Gold ab 1756

Chelsea-Derby 1770-84

Chelsea Porzellanfabrik. Wahrscheinlich die erste und in vieler Hinsicht die beste Porzellanfabrik in England. (Die Porzellanfabrik in →Bow erhielt ihre Lizenz 1744, aber kein Stück kann in die Zeit vor 1748 datiert werden, während für Chelsea Stücke aus dem Jahr 1745 nachgewiesen sind.) Die frühe Geschichte der Fabrik ist sehr dunkel; sie scheint das Arkanum von Thomas Briand erworben zu haben, der 1742 der Royal Society ein feines, weißes Porzellan vorstellte. Die frühesten nachgewiesenen Produkte sind kleine Rahmkannen in Form von zwei liegenden Ziegen mit dem Datum 1745, dem Wort ›Chelsea‹ und einem eingeritzten Dreieck, aus dem sich der Name der ersten Produktionszeit, ›triangle period‹, ableitet. Die Stücke haben einen sehr weißen, durchscheinenden Scherben, ähnlich weißem Glas. Die bemerkenswertesten Erzeugnisse der Zeit sind Salzgefäße in Form eines auf Steinen liegenden Flußkrebses, eindeutig einem Vorbild in Silber nachempfunden. Einige nicht gemarkte Stücke mit ähnlichem Scherben, besonders eine Figur →›Girl in a swing‹, werden zuweilen Chelsea zugeschrieben, obwohl sie Erzeugnisse einer anderen Werkstatt aus der gleichen Zeit sein können. Der erste Leiter des Unternehmens, *Charles Gouyn,* verließ 1749 die Fabrik. Ihm folgte der Silberschmied N. →Sprimont, der vermutlich seit Gründung mit dem Unternehmen verbunden war. Eigentümer war zu dieser Zeit Sir Everard Fawkener, Sekretär des Herzogs von Cumberland.

In den ersten zwei Jahren unter der neuen Leitung, bekannt als die ›raised anchor period‹ (von einem reliefierten, als Marke angebrachten Anker), lassen einige Stücke noch den Einfluß von Metallarbeiten erkennen, vor allem Schüsseln und andere Gebrauchswaren. Eine Anzeige von 1750 sagt, daß eine Vielzahl von

Chelsea: Porzellanteller, Roter-Anker-Periode, um 1753 (Victoria & Albert Museum, London)

Tee-, Kaffee- und anderem Tischgeschirr wie auch Ziergegenstände gefertigt wurden. Viele Stücke nähern sich stark den →Meißener Vorbildern. Vom künstlerischen Standpunkt aus sind die besten Erzeugnisse die der folgenden ›red anchor period‹ um 1752-58, wo ein Anker in Unterglasurrot als Marke benutzt wurde. Einige sind Imitationen von Meißen (z. B. Figuren aus →Kändlers ›Commedia dell'arte‹), in leicht bäuerischer Auffassung, was die etwas spröde Überfeinerung der Originale beseitigt und den Stücken eine ansprechende, frühlingshafte Frische gibt. Einige sind auch Originalerzeugnisse, wie viele allegorische und bäuerliche Figuren nach Modellen von J.→Willems (der vermutlich seit 1750 beschäftigt war), ein Potpourri in Form eines Taubenschlags und um 1755 gemalte Teller mit hübsch wiedergegebenen →Botanischen Blumen (bekannt als Pflanzen des Sir Hans Sloane). Die Fabrik war 1757-58 während der Erkrankung von Sprimont für ungefähr ein Jahr geschlossen. Nach der Wiedereröffnung wurde ein goldener Anker die Fabrikmarke. Um 1755 wurde der ursprünglichen Porzellanmasse erstmals →Knochenasche zugegeben; seit 1758 war der Scherben dichter, die Glasur dicker, mit Neigung, sich zusammenzuziehen und zu reißen. Die Rolle, die Meissen bei der künstlerischen Beeinflussung der Fabrik bisher gespielt hatte, ging nun auf →Sèvres über. Aber gleichwohl blieben die Stücke unverwechselbar englisch. Die von Sèvres in Form und Farbe nachgeahmten Vasen verloren ihre Pariser ›hauteur‹, ein Stich nach →Boucher ist reizend anglisiert in der Gruppe mit einem Hirtenknaben, der einem jungen Mädchen das Dudelsackpfeifen vor einer prächtigen Weißdornhecke (→Bocage) beibringt. Eine leicht ins Bäuerische gehende Abwandlung des Rokokostils – zu sehen bei Eßgeschirren, Figuren und Galanteriewaren wie Riechfläschchen und Etuis – kräftig bemalt

Chelsea: ›Der Musikunterricht‹. Porzellangruppe, um 1765 (Victoria & Albert Museum, London)

Chelsea: ›Foundling Vasen‹ (benannt nach ihrem früheren Standort im Foundling Hospital in Chelsea), Porzellan, um 1762/63 (Victoria & Albert Museum, London)

Chelsea: Porzellanterrine, Roter-Anker-Periode, um 1756 (Victoria & Albert Museum, London)

und verschwenderisch vergoldet, herrscht vor, bis die Fabrik 1769 an *William Duesbury* von →Derby verkauft wurde. Zwischen 1770 und 1784 hergestellte Stücke sind von den Derby-Erzeugnissen der gleichen Zeit nicht zu unterscheiden und werden gemeinhin als ›Chelsea-Derby‹ bezeichnet. *Siehe auch Abb. S. 619.*

Lit: F. Severne Mackenna, *Chelsea Porcelain: The Red-Anchor Wares,* Leigh-on-Sea 1951; F. Severne Mackenna, *Chelsea Porcelain: The Gold Anchor Wares,* Leigh-on-Sea 1952; J.V.G. Mallet in R.J. Charleston (Hg.), *English Porcelain 1745-1850,* London 1965.

Chely, Rudolph Anton →Braunschweiger Fayencen

Chemiefasern. Eine Bezeichnung, die nicht nur synthetische Fasern umfaßt, sondern alle, die nicht wie Wolle, Baumwolle, Seide natürlichen Ursprungs sind. Man unterscheidet zwei Hauptgruppen: künstliche Fasern, die aus organischen Stoffen hergestellt werden, und vollsynthetische Fasern. Die Herstellungsmethode ist bei beiden gleich. Das Ausgangsmaterial wird chemisch zu einer sirupartigen, zähflüssigen Spinnlösung aufbereitet. Diese wird durch feine Düsen gepreßt und verfestigt sich abgekühlt zu Endlosfäden, die je nach Wahl zu kurzen Fasern geschnitten (Stapelfasern) oder zu Garnen versponnen als Web- oder Strickstoffe verarbeitet werden. Stoffe aus versponnenen Garnen fühlen sich dicker, weicher und wärmer an.
Die älteste und bekannteste Chemiefaser aus organischen Stoffen ist Rayon auf Viskosebasis (1910). In der Festigkeit gleicht sie der Baumwolle, ist jedoch vielseitiger verwendbar und wird hauptsächlich zu Dekorationsstoffen und Teppichen verarbeitet; Sarille ist gekräuselt und wird für wollähnliche Gewebe verwendet; Durafil zeichnet sich durch besondere Reißfestigkeit und Strapazierfähigkeit aus und wird deshalb gern anderen Garnen beigemischt. Zellwollfasern auf Azetatbasis unterscheiden sich zwar in ihrer chemischen Zusammensetzung von den Rayonfasern, haben aber sehr ähnliche Eigenschaften. Eine der bekanntesten ist Tricel. Auch Chemiefasern aus natürlichen Eiweißstoffen wie Milchkasein und Fischeiweiß werden anderen Fasern beigemischt, die der Herstellung von Teppichen und Filz dienen.
Vollsynthetische Fasern entstehen durch Polymerisation. Die erste war Nylon, das reißfest, leicht, elastisch, strapazierfähig ist und nicht einläuft, Eigenschaften, die auch auf Perlon und Orlon, die aus Polyesterfasern hergestellt werden, zutreffen. Sie werden daher in hohem Maße von der Bekleidungsindustrie und für Heimtextilien verwendet. Das ebenfalls aus einer Polyesterfaser hergestellte Crimplen wird hauptsächlich zu Strickwaren verarbeitet. Glasfasern werden besonders aus Sand, Silikaten und Kalkstein gewonnen. Sie sind feuerbeständig und wasserabweisend und daher bestens geeignet für Dekorationsstoffe. Synthetische Fasern mit Silber- oder Goldeffekt wie Lurex oxydieren nicht, sind waschbar und reinigungsbeständig.
Die Entwicklung der Kunstfasern war bislang höchst eindrucksvoll – auf einigen Gebieten haben sie die Naturfasern bereits verdrängt, und ständig werden neue chemische Verbindungen herstellbar.

Lit: D.C. Hague, *The Economics of Man-Made Fibres,* London 1957; R.W. Moncrief, *Man-made Fibres,* London 1963.

Chenet→Feuerbock.

Chenghua-Porzellan Chinesisches Porzellan, das während der Regierung des Ming-Kaisers Chenghua (1465-87) hergestellt wurde. Die besten Stücke sind mit →Emailfarben bemalt, manchmal auf →Biskuit und nicht über der Glasur.
Der Dekor ist nicht so reich wie in der →Xuande-Zeit. Die Regierungsdevisen sind oft nicht identisch mit der Herstellungszeit, sondern in respektvoller Erinnerung an die Vergangenheit später hinzugefügt worden. Innerhalb der Chenghua-Zeit kommt eine Gruppe von Porzellanen vor, die mit Hähnen, Hühnern und Küken und einer Päonie in toucai-Farben bemalt ist (im Englischen von Händlern ›chicken ware‹ genannt). Im 18. Jh. wurde diese Ware häufig in China imitiert.

Lit: S. Jenyns, *Ming Pottery and Porcelain,* London 1953.

Chenille. Garn mit eingesponnenen kurzen Fadenenden aus Seide oder Wolle, die den Faden samtähnlich machen. Meist für Besätze aus Nadelarbeit verwendet. Der Terminus wird auch frei für verschiedene Samtimitationen des 19. Jhs. und später gebraucht.

Chenille, Axminster →Axminster-Teppiche

Chéret, Gustave-Joseph (1838-94). Französischer Bildhauer und Kunstkeramiker, Bruder des Malers, Plakatenwerfers und Lithographen Jules Chéret (1836-1930). Er war Schüler von A.E. →Carrier-Belleuse, begann an der Porzellanfabrik in Boulogne-sur-Mer und arbeitete für Ch. →Christofle und andere Unternehmen, war vielleicht Direktor der Firma Pallenberg in Köln. Seit 1877 machte er Entwürfe für →Baccarat-Glas. Er stellte Modelle für die Porzellanmanufaktur →Sèvres her, deren künstlerischer Leiter er für kurze Zeit war. Sein späteres Werk ist fließender →Art Nouveau (z.B. Steinzeugschale mit Libellen und einem weiblichen, vom Wasser umspielten Körper, 1894, Kunstgewerbemuseum, Berlin)

Lit: W. Scheffler, *Kunstgewerbemuseum, Berlin: Werke um 1900,* Berlin 1966.

Cherokee-Ton →Unaker

Cheveret. Kleiner englischer Tisch aus dem 18. Jh. mit länglicher rechteckiger Deckplatte, einer flachen Schublade darunter, vier hohen, schlanken sich verjüngenden Beinen, die durch ein Ablagebrett verbunden sind. Er wurde häufig aus Satinholz hergestellt.

Chia und **Chiao** →Chüeh

Chia Ching-Porzellan →Jiajing-Porzellan

Chia-Ch'ing-Porzellan →Jiaqing-Porzellan

Chi-an-Ware →Ji'an-Ware

Chicaneau, Pierre →Saint-Cloud

Chi-chou-ware →Kian ware

Chicken ware →Chenghua-Porzellan

Chien-yao →Jian-yao

Chiffonier. (1) Anglisierte Bezeichnung für die aus Frankreich stammende →Chiffonnière (von Th.→Chippendale seit um 1760 in England hergestellt).
(2) Englisches Eßzimmermöbel des 19. Jhs.: kleiner Schrank mit Aufbau, als Anrichte verwendet.

Chiffonnière. Französisches Möbel des 18. Jhs., das der Aufbewahrung von Tüchern und kleinen Kleidungsstücken diente. Im allgemeinen, aber nicht unbedingt, eine kleine, niedrige Kommode, schmaler als Kommoden üblicherweise sind. *Siehe auch* Table en chiffonnière.

Chimney board. Platte, die zum Schutz vor Zugluft und Ruß aus dem Abzugsschacht in die Kaminöffnung eingepaßt werden kann. Solche Platten wurden, vor allem in Frankreich und Italien, vom 18. Jh. an benutzt, sie waren in der Regel mit einer Blumenvase oder einem Stilleben bemalt, mitunter von namhaften Künstlern, z. B. von J.-B. Chardin.

J. Chéret: Tablett in Steinzeug, um 1900 (Kunstgewerbemuseum, Berlin)

Chimu-Textilien →Peruanische Textilien

Chinastand, engl. Dekorativer hölzerner Untersatz für eine Porzellanvase. Als es mit dem späten 17. Jh. Mode wurde, große chinesische Porzellanvasen und Schalen aufzustellen, wurden für solche Untersätze verschiedene Formen entwickelt: ähnlich →Gueridons, vierbeinigen Stühlen und niedrigen Tischchen.

Chinese Chippendale, engl. Bezeichnung für →Chinoiserie-Möbel, wie sie →Chippendale in seiner Publikation ›Director‹ (1754) veröffentlichte. Diese Möbelart ist aber sicherlich nicht von Chippendale erfunden worden, da es sie schon vor 1754 gab. Die Bezeichnung findet nur Anwendung auf Sitzmöbel, kleine Schränke usw., bei denen ein Gitterwerk-Dekor vorherrscht. Das sonstige Ornament ist äußerst sparsam, die Konturen sind geradlinig – tatsächlich kommen sie originalen chinesischen Möbeln näher als die meisten anderen Chinoiserie-Möbel.

Lit: H. Honour, *Chinoiserie* (1961), London 1974.

Chinese Lowestoft →Chinesisches Exportporzellan

Chinesisches Exportporzellan. Porzellan, das in China für den Export nach Europa und seit dem 18. Jh. auch nach Amerika gemacht wurde (das für Persien in der Yuan- und Ming-Zeit hergestellte Porzellan wird im allgemeinen nicht dazu gerechnet). Seit dem 15. Jh. wurde gelegentlich Blauweiß-Porzellan für Europäer gemacht und mit ihren Wappen (oft falsch) versehen. Vom späten 16. Jh. an bis zum Ende der Ming-Zeit scheinen einige Manufakturen in der Provinz angefangen zu haben, sich auf die Herstellung von Blauweiß-Porzellan für die Europäer zu spezialisieren, das in Form und Dekor der einheimischen Ware gleicht, aber meist von schlechterer Qualität war (→Kraakporselein). In der →Qing-Zeit wuchs der Exporthandel stetig und Mengen von →Yixing-Steinzeug, →Seladon und weißem →Dehua-Porzellan (welches in Europa auch ›Blanc de Chine‹ genannt wird) ebenso wie blauweißes und vielfarbiges Porzellan (vor allem die →Famille jaune, rose und verte) wurden jährlich nach Europa verschickt. Den europäischen Gewohnheiten und Geschmacksrichtungen wurden mancherlei Konzessionen gemacht, so stellte man Teller mit breitem, flachen Rand her, Tassen mit Untertassen und als Kaminschmuck Vasen in Dreier- oder Fünfergruppen. Sonst haben aber die Stücke die gleichen Formen wie die für den chinesischen Markt hergestellten. Der Dekor wird nach und nach überladener, und der Symbolgehalt nimmt langsam ab (die Europäer bevorzugten natürlich pittoreske Mischungen von Drachen, Menschen und Blüten bis zu den Symbolen der ›Acht Kostbarkeiten‹). Gelegentlich kopierte man europäische Vorlagen, so stammt mancher Dekor von europäischen Drucken, genannt ›Chine de Commande‹. Manchmal werden auch Muster von Europa aus geschickt (z.B. von C. Pronk und →Precht). Im späten 17. und frühen 18.Jh. begann die →Jingdezhen-Manufaktur Porzellanservice mit Wappen zu produzieren, die von Europäern in Auftrag gegeben wurden, die Zeichnungen oder Drucke ihrer Wappen als Vorlagen nach China schickten, damit sie in →Emailfarben in die Mitte jedes Tellers und jeder Terrine gemalt wurden, umrandet von reizvollen, chinesischen Blumenborten. Dies Vorgehen war besonders in England während des 18.Jhs. verbreitet. Seit dem Ende des 18.Jhs. wurde ähnliches Porzellan für Amerika gemacht, aber öfter mit Monogrammen, Darstellungen des amerikanischen Adlers und der Fahne oder kleinen, amerikanisch beflaggten Schiffen. Alles Exportporzellan des 18.Jhs. hat großen Charme, selbst wenn es gegenüber dem feinfühligen und schlicht dekorierten Porzellan, das für den einheimischen Markt bestimmt war, zurückfällt. Als im 19.Jh. das Interesse an China abnahm, begannen die Chinesen verstärkt für die unteren Schichten der europäischen Gesellschaft zu arbeiten, der Standard verfiel rapide. Die besten Produkte dieser Zeit sind wohl die anspruchslosen, blauweißen ›Nanking‹-Teller, die in großen Mengen hergestellt wurden, wie das Chinese Lowestoft aus Kanton (Porzellan, bemalt mit blaßroten Rosen). Die Chinesen waren jedoch sehr rasch im späten 19. und beginnenden 20.Jh. zur Hand, das europäische Interesse für frühere chinesische Keramik auszunutzen. Um 1912 wurden bereits Fälschungen von Grabfiguren der →Tang-Zeit für den Europaexport angefertigt – nur drei Jahre, nachdem die erste echte Tang-Figur von China aus Europa erreicht hatte! Aber solche Produkte sind natürlich keine ›Exportporzellane‹. Das chinesische Exportporzellan wurde oft ›East India Company Porcelain‹ genannt oder ›Compagnie des Indes‹ je nach den Gesellschaften, die diese Ware nach England und Frankreich verschifften. In den Vereinigten Staaten ist es häufig als China-Handelsporzellan bezeichnet worden, manchmal auch ›Oriental Lowestoft‹ (→Lowestoft) oder selbst Jesuiten-Porzellan.

Lit: D.F. Lunsingh-Scheurleer, *Chinese Export Porcelain, Chine de Commande,* London 1974; M. Beurdeley, *Porcelaine de la Compagnie des Indes,* Fribourg 1974; D.S. Howard, *Chinese Armorial Porcelain,* London 1974, D.S. Howard u. J. Ayers, *China for the West,* London 1978; C.J.A. Jörg, *Porcelain and the Dutch China Trade,* Den Haag 1982.

Chinesisches Glas. Obwohl Beispiele aus so früher Zeit wie die Han- und Zhou-Periode gefunden worden sind, entfaltete sich in China bis zum späten 17.Jh. keine Glasherstellung, ohne Zweifel wegen der Entwicklung einer anderen glasartigen Substanz, des Porzellans. Die Palastmanufaktur in Peking wurde 1680 gegründet, die geblasenes Glas in europäischem Stil herstellte. Ein opakes weißes Glas wurde im 18.Jh. für kleine Objekte entwickelt. *Siehe auch* Gu Yue Xuan.

Chinesisches Imari-Porzellan. Chinesische Töpferwaren im 18.Jh. für den Export hergestellt, dekoriert mit einem dunklen Unterglasurblau, roten →Emailfarben (Überglasur) und mit Gold in Nachahmung japanischen →Imari-Porzellans. Die dekorativen Motive, zum Teil japanischen, zum Teil chinesischen Ursprungs, bedecken die gesamte Oberfläche.

Chinesische Tapeten. Handgemalte Wandtapeten aus Papier, in China seit dem 17.Jh. für den europäischen Markt hergestellt. (Chinesische Häuser hatten entweder Wandbehänge aus bemalten Seiden oder einfarbigem Papier.) Sie sind in Gouache bemalt, gelegentlich über schwarz gedruckten Zeichnungen. Man unterscheidet drei Hauptgruppen: mit hohen Blü-

Chinesische Tapete, 18.Jh. (Victoria & Albert Museum, London)

tenbäumen und buntgefiederten Vögeln in den Zweigen; Stadtszenen mit töpfernden, webenden und Handel treibenden Chinesen usw.; und eine Kombination der beiden mit blühenden Bäumen im oberen und Szenen des täglichen chinesischen Lebens im unteren Teil (angeblich erst nach 1775). Die besten Tapeten stammen aus der Zeit zwischen 1740 und 1790 und wurden hauptsächlich nach London und Paris exportiert, von wo sie ihren Weg durch ganz Europa bis nach Nordamerika fanden, wo sie, wie heute noch, auch damals schon imitiert wurden.

Lit: C. Oman, *Catalogue of Wallpapers*, Victoria & Albert Museum, London 1929.

Chinesische Teppiche. In China sind Teppiche schon seit sehr früher Zeit geknüpft worden, aber nur einige Fragmente sind aus der Zeit vor dem 15. Jh. erhalten. Spätere Teppiche haben eine Knüpfung aus Wolle oder Seide und sind meist ziemlich grob. Im Farbschema dominiert Gelb, Blau und Weiß. Gegenüber dem ›horror vacui‹ des meist kleinteiligen und flächenfüllenden Dekors der Orientteppiche kontrastieren beim chinesischen Teppich die Schmuckmotive mit großen Flächen ungemusterten Grundes, in dessen Mitte oft ein lamaistisches Symbol steht. Einige lange Stücke haben Muster, die sich zusammenfügen, wenn man den Teppich um eine Säule wickelt (Säulenteppich). Die Oberfläche ist oft so geschoren, daß die Konturen der Muster höher liegen, wodurch ein für chinesische Teppiche typischer Reliefeffekt entsteht.

Lit: H. A. Lorentz, *Chinesische Teppiche*, München 1975; E. Gans-Ruedin, *Der Chinesische Teppich*, München 1981; C. Rostor u. J. Guanyan, *Chinese Carpets*, New York 1983.

Chinesische Tonwaren und Porzellan. In China wurde Keramik wahrscheinlich früher als in irgendeinem anderen Land hergestellt. Mit ihrer schon zu früher Zeit fortgeschrittenen Technologie, die nicht nur viele Jahre eher als im Westen zur Entdeckung des Porzellans führte, schufen die Chinesen Produkte von einem unübertroffenen Grad der Verfeinerung und Subtilität in Form, Substanz und besonders in den →Glasuren.

Mesolithische Tonwaren sind in Mittel- und Südchina gefunden worden, und die neolithische Yang-shao-Kultur (um 5000 bis um 2000 v. Chr.) brachte ansehnliche Keramik hervor, zoomorphe oder geometrische und krummlinige Muster in Schwarz und Rot auf einem gelblichen Schlicker. Für die spätere Langshan-Kultur ist eine feine schwarze gebrannte Ware typisch, gewöhnlich auf der Töpferscheibe gearbeitet. Die Chinesen erreichten eine Meisterschaft im Hochtemperatur-Brand in der Shang-Zeit, was das erste →Steinzeug und Feldspatglasuren zur Folge hatte. Die Schwierigkeiten und die Kosten des Brennvorgangs bei hohen Temperaturen führten gegen Ende der ›Streitenden Reiche‹ (480-221 v. Chr.) zur Einführung von Bleiglasuren, die nur eine niedrigere Temperatur benötigen (möglicherweise aus dem Nahen Osten). Die Entwicklung des porzellanartigen Steinzeugs und →Porzellans geschieht in der Tang-Periode, nicht viel früher als im 9. Jh.

Obwohl die Erfindung des Porzellans Chinas größter einzelner Beitrag zur Technologie der Keramik war, erreichte die chinesische Keramik künstlerisch ihren Gipfel in den mannigfaltigen, meistens undekorierten Waren der Song-Zeit. Glasuren in äußerster Verfeinerung wurden mit Formen von klassischer Einfachheit verbunden. Nicht vor dem 14. Jh., als die Bemalung, besonders mit →Blauweiß, in der Ming-Zeit entwickelt wurde, konnte sich das Porzellan durchsetzen. Eine zunehmend kompliziertere vielfarbige Dekoration folgte in der Jin-Zeit, vor allem die der →Famille rose, Famille verte usw. – wobei ebenso neue Glasuren von großer Schönheit und Feinheit eingeführt wurden: Clair de lune, Sang de boeuf (Ochsenblut), Peachbloom (Pfirsichblüte) usw.

Jingdezhen in der Provinz Jiangxi wurde der Mittelpunkt chinesischer Keramikproduktion in der Yuan-Zeit, blieb auch ausschlaggebend in der Ming-Zeit und ist es heute. Feines Qualitätsporzellan wurde dort unter Yuan Shikai, dem ersten Präsidenten der Republik China (1912-16) hergestellt, und obwohl Gebrauchsgeschirr heute in industriellem Ausmaß produziert wird, werden auch weiter hochwertiges Porzellan sowie Reproduktionen älterer Waren erzeugt.

Lit: C. u. M. Beurdeley, *Chinese ceramics*, London 1974; S. G. Valenstein, *A Handbook of Chinese ceramics*, Boston 1975.

Ch'ing-pai →Qingbai

Chini, Galileo (1873-1956). Maler, Bühnenbildner und Keramiker. 1896 übernahm er einen alten Brennofen in Florenz und hatte sofort großen Erfolg bei den Ausstellungen in Turin und Paris in den Jahren 1898, 1900 und 1902. Seine ersten Arbeiten zeigen Anklänge an österreichische und englische Art Nouveau-Keramik, vor allem an die von →Wien, →Doulton und →Minton, die mit großen Blumen verziert sind. Seine Werkstatt war zunächst eine Kooperative mit dem Namen ›L'Arte della Ceramica‹. Im Jahre 1904 aber zog Chini sich zurück und eröffnete mit seinem Vetter Chino (1889-1957) die ›Fornaci di San Lorenzo‹, Borgo S. Lorenzo a Mugello, Florenz. Diese stellten bis 1944 Keramik in verschiedenen ›modernen‹ Stilrichtungen her, so z. B. die Fliesen für ›Le Nuove Terme Berzieri‹ in Salsomaggiore (1913-23).

Lit: G. Vianello, *Galileo Chini e il Liberty in Italia*, Florenz 1964.

Chinkinbori, japan., versenktes Gold. Lackarbeit mit eingravierten Linien, die mit Gold ausgerieben wurden.

Chinoiserien. Westliche Imitationen oder Nachempfindungen von chinesischen Kunstwerken, selten genau, immer mit einer gewissen Rücksicht auf die gleichzeitigen europäischen Stilrichtungen wiedergegeben. Im 14. Jh. wurden chinesische Seiden in den Webereien von →Lucca imitiert, im 16. Jh. chinesische Blauweiß-Porzellane in den Majolikamanufakturen von Venedig und in der Manufaktur der →Medici. Die Bezeichnung ›Chinoiserie‹ aber ist vor allem Gegenständen des 17. und 18. Jhs. vorbehalten. Zu den wichtigsten Objekten aus dem 17. Jh. zählen Fayencen aus →Delft, →Nevers, →Frankfurt usw., französische und englische Stickereien, Lackmöbel aus Holland und England (wo →Stalker und Parker 1688 ein Buch über entsprechende Dekorationen publizierten), englisches Silber aus den 80er Jahren des 17. Jhs. mit zarten orientalischen Figuren graviert und →Soho-Bildteppiche. Außer den Keramikvasen sind alle diese Gegenstände von normaler, europäischer Form, nur ihr Dekor ist exotisch, gewöhnlich aber mit europäischem gemischt oder ihm angeglichen (z. B. Lackkommoden mit geschwungenen Barockfüßen). Diese gebändigte Exotik entwickelte sich im frühen 18. Jh. unter dem Rokokoeinfluß zu einem Stil, der grotesk eleganter und gewollt phantastischer war als alles, was in China selber hergestellt wurde. Gewiß hat aber die Asymmetrie der chinesischen Kunst das Rokoko beeinflußt. Drachen, seltsame Vögel und sonderbar gekleidete Chinesen wurden in Porzellan modelliert, in Holz an Stützen von Konsoltischen und Spiegelrahmen geschnitzt, sie wurden in Bronze gegossen, in Silber getrieben, während phantastische chinesische Landschaften mit Pagoden und verkrüppelten Bäumen auf Wände, auf Porzellan- oder Keramikteller und Vasen gemalt, in Seiden und Gobelins gewebt, auf Möbel gemalt oder eingelegt wurden. Man dekorierte ganze Räume als ›Porzellankabinette‹ im chinesischen Stil, die eindrucksvollsten Beispiele in →Capodimonte in Italien und Aranjuez in Spanien (→Buen Retiro-Porzellanmanufakturen). Oft hat man auch Chinoiserien zusammen mit →chinesischen Tapeten und mit →chinesischem Exportporzellan gezeigt. In England wurden die →Chippendale Möbel entwickelt, in Deutschland konzentrierte man sich auf Figurenplastik (am besten vor allem

Chinoiserie: Kissenplatte aus Lyoner Seide, wahrscheinlich nach einer Zeichnung von J. Pillement, um 1760-70 (Kunstgewerbemuseum, Berlin)

Chinoiserie: Bett, lackiertes und vergoldetes Holz, W. Linnel zugeschrieben, um 1750 (Victoria & Albert Museum, London)

Chinoiserie: Zeichnung von Paul Decker, Nürnberg, nach 1705

Sauciere, Worcester-Porzellan mit Chinoiseriedekor, um 1760 (Victoria & Albert Museum, London)

Chinoiserie: Zeichnung von J. Pillement, um 1750

in den Porzellanmanufakturen von →Meißen, →Nymphenburg und →Höchst), und die Franzosen spezialisierten sich auf kunstvolle, vergoldete Fassungen für chinesische und europäische Porzellanvasen. Aber abgesehen von diesen nationalen Eigenheiten entwickelte sich die Chinoiserie als selbständiger Kunstzweig innerhalb des europäischen Rokoko des 18. Jhs. Die Entwürfe von französischen Künstlern wie F. →Boucher, Chr. →Huet, J. B. →Pillement und J. A. →Watteau benutzte man überall in Europa, vor allem in England und Deutschland. Mit dem Klassizismus verlor die Chinoiserie an Bedeutung, verschwand aber nicht ganz. Untergeordnete chinesische Motive überdauerten vor allem bei Möbeln, Textilien und Porzellan bis Anfang des 19. Jhs., und

Chinoiserie: Teedose von Pierre Gillois, 1766/67 (Victoria & Albert Museum, London)

eines der reichsten und schönsten Chinoiserie-Interieurs, der königliche Pavillon in Brighton, entstand zwischen 1802 und 1821. Die Wiederbelebung des Rokoko in der Mitte des 19. Jhs. verhalf der Chinoiserie zwar noch einmal zu einer kurzen Nachblüte, wurde aber schnell durch den →Japonismus abgelöst. *Siehe auch Abb. S. 576.*

Lit: China und Europa, Chinaverständnis und Chinamode im 17. u. 18. Jh. Ausst. Kat. der Verwaltung der Staatl. Schlösser u. Gärten im Schloß Charlottenburg, Berlin 1973; M. Jarry, *Chinoiserie*, London 1980; F. J. B. Watson, *Chinese porcelain in European mounts*, Ausst. Kat. (China House Galleries) New York 1980/81.

Chin-tê-chen →Jingdezhen

Chintz. Ein über das Englische aus dem Sanskrit übernommenes Wort (bedeutet bunt), Bezeichnung für im 16. und 17. Jh. importiertes indisches →Kaliko und später für europäischen, bedruckten →Baumwollstoff. In England wurde Chintz im frühen 18. Jh. so beliebt, daß das Parlament 1722 ein Gesetz gegen Import und Herstellung erließ, um die heimische Seiden- und Wollindustrie zu schützen. 1744 wurde das Verbot gegen die Herstellung aufgehoben, nicht aber das gegen den Import. Ab dem Anfang des Jhs. wurde dem Chintz eine glänzende Oberfläche gegeben, indem es mit Mehl oder einer anderen Art Stärke behandelt wurde. *Siehe Abb. S. 128.*

Lit: Irwin u. K. B. Brett, *Origins of Chintz*, London 1970.

Chipchase, Robert (tätig um 1767 bis 1810). Londoner Möbelschreiner, erstmalig als Partner eines gewissen *Lambert* in der Beak Street, Golden Square, dokumentarisch nachweisbar. 1790 begann er mit seinem Sohn *Henry* zusammenzuarbeiten. Er stand in Diensten des dritten und vierten Duke of Atholl. Einige seiner Möbel sind in Blair Castle erhalten geblieben, bemerkenswert vor allem Stühle und →Settees in Anlehnung an G. →Hepplewhite.

Lit: A. Coleridge in *The Connoisseur*, CLXI (1966) S. 96-101.

Chippendale, Thomas (1718-79). Bekanntester englischer Kunsttischler und Autor der ersten umfangreichen Veröffentlichung von Möbelentwürfen, ›The Gentleman and Cabinet Maker's Director‹ (1754). Er wurde in Yorkshire als Sohn eines Zimmermanns geboren und ließ sich 1748 in London nieder. Ab 1754 unterhielt er ein Ladengeschäft, eine Werkstatt und ein Holzlager in der St. Martin's Lane. Er trat vor allem als Leiter seines weitverzweigten Geschäftes hervor und war weniger direkt mit der

Chintz, englisch, 19. Jh. (Victoria & Albert Museum, London)

Möbelherstellung befaßt. (Er ist sogar bekannt dafür, daß er 1769 Rohmöbel aus Frankreich zur Weiterverarbeitung importierte.) Seine Firma übernahm die komplette Ausgestaltung und Ausstattung größerer Häuser. Sein erster Geschäftspartner war *James Rannie* (gest. 1766), es folgte *Thomas Haig*, der ihn überlebte und das Geschäft mit Chippendales Sohn *Thomas* (1749-1822) weiterführte. Durch den ›Director‹ wurde der Name Chippendale jedermann vertraut. Nie zuvor war ein so umfassendes Werk veröffentlicht worden, weder in England noch in anderen Ländern. Es enthielt Vorlagen für alle Arten von Haushaltsmöbeln. Die meisten Entwürfe sind im →Rokoko-Stil,

Th. Chippendale: Entwurf für eine Kommode aus ›The Gentleman and Cabinet Maker's Director‹

andere zeigen eine Vorliebe für die Neugotik und Chinoiserien, letztere als →Chinesisches Chippendale bekannt. Zum Teil waren die Vorlagen so phantasievoll und reich dekoriert, daß sie praktisch nicht ausführbar waren, zumindest nicht für Schnitzereien aus Mahagoni oder anderen Harthölzern. Es wurde die Vermutung angestellt, daß er M. →Lock, H. →Copland und andere als Entwerfer beschäftigte, was aber nie schlüssig bewiesen wurde. In seinem Vorwort versichert Chippendale, die meisten Vorlagen selbst entworfen zu haben. Das scheint durchaus glaubhaft, besonders bei den Kastenmöbeln. Von wem auch immer die Entwürfe stammen, fest steht jedenfalls, daß er großzügig Anregungen aus den bestehenden englischen und anderen europäischen Vorlagenwerken übernommen hat. Einige Entwürfe grenzen an Plagiate, kein einziger ist von besonderer Originalität. Chippendales Ruf als führender englischer Kunsttischler – im Gegensatz zum Möbelentwerfer – beruht nicht auf seinen Möbeln im Rokoko-Stil. W. →Vile, P. →Langlois und andere stellten Rokokomöbel mit dem gleichen handwerklichen Können her. Chippendales schönste Arbeiten sind vielmehr in dem von R. →Adam propagierten klassizistischen Stil ausgeführt und sind daher nicht mit dem identisch, was man im allgemeinen mit dem Namen Chippendale verbindet. Der Klassizismus beeinflußte sein Schaffen etwa ab 1765 und zeigt sich vor allem in Möbeln für Häuser, die Robert Adam erbaut oder renoviert hatte, wie Nostell Priory oder Harewood House. Die Entwürfe für diese von Chippendale geschaffenen Möbel scheinen nicht von Robert Adam zu stammen; man nimmt an – was eher plausibel ist –, daß sie auf Thomas Chippendale Jr. zurückgehen, der 1779 seine ›Sketches for Ornament‹ veröffentlichte. Einige sind zum Teil äußerst schlicht und einfach, zum Teil aber überaus reich ornamentiert – vor allem die größeren Kommoden, Bibliothekstische u. a. Sie sind mit besonders feiner Marketerie, mit Elfenbein-Einlegearbeiten und feuervergoldeten Bronzebeschlägen in der englischen Variante des → Louis-seize versehen. Keine von Chippendales Arbeiten wurde gestempelt, und ihre Authentizität kann daher nur durch erhalten gebliebene Rechnungen oder andere Dokumente nachgewiesen werden. Auch Möbel, die nach Vorlagen aus dem ›Director‹ angefertigt wurden, müssen nicht unbedingt von Chippendale oder aus seiner Werkstatt stammen, es sei denn, daß es sich um besonders hochwertige Stücke, die für Häuser angefertigt wurden, deren Eigentümer Subskribenten des ›Director‹ waren, handelt. Haig zog sich 1796 vom Geschäft zurück, und Thomas Chippendale Jr. ging 1804 in Konkurs. Er scheint sich jedoch schnell erholt zu haben und nahm die Geschäfte kurze Zeit danach wieder auf. Die Möbel, die seine Firma fertigte, waren weiterhin von hervorragender handwerklicher Qualität und gehören zu den schönsten Arbeiten des → Regency, wie z. B. die Einrichtung von Stourhead.

Lit: C. Gilbert, *The Life and Work of Thomas Chippendale*, London 1983.

Choisy-le-Roi, Glasmanufaktur → Bontemps

Choisy-le-Roi. Die 1804 gegründete Keramikfabrik kam erst unter der Leitung von Hippolyte Boulanger um 1863 zu einiger Berühmtheit. 1867 hatte das Werk 300 Angestellte und produzierte Industrie-, Bau- und Kunstkeramik. Letztere wurde auf allen großen Ausstellungen des 19. Jhs. gezeigt, vor allem 1851 in London im Kristallpalast, und ging auf viele historische Stile zurück – vom → ›Henri-Deux‹ bis zum Barock. Verschiedene Massen wurden entwickelt, von einer sogenannten ›Majolika‹ über → Pâte-sur-pâte bis zur marmorierten Keramik. Nach einem Eigentümerwechsel 1878 wurde die Fabrik vergrößert, befaßte sich aber in wachsendem Maß mit Industrie- und Gebrauchskeramik (vor allem für sanitäre Zwecke). Sie schloß 1934.

Lit: M. Ernould-Gandouet, *Le céramique en France au XIXe siècle*, Paris 1969.

Chojiro Tanaka (1515-92). Einer der großen → Raku-Keramikmeister der späten Muromachi-Zeit (1333-1573) und der Momoyama-Zeit (1573-1615). Berühmt sind seine Teeschalen, die zum Nationalschatz erklärt wurden.

Lit: Ausst. Kat. *Japanische Keramik*, Hetjens-Museum Düsseldorf 1978.

Th. Chippendale: Schreibtisch für Harewood House, um 1770 (Temple Newsam House, Leeds)

Th. Chippendale: Entwurf für ein Sofa, 1760

Chorassan-Teppiche → Persische Teppiche

Chorgestühl. Sitze zu beiden Seiten des Chores in einer Kathedrale, Kloster- oder Stiftskirche (manchmal auch in einer großen Pfarrkirche). In der frühen Zeit des Christentums saß der Klerus auf steinernen Sitzreihen in der Apsis hinter dem Altar (Synthronon). Dieser Brauch wurde im 5. bis 6. Jh. aufgegeben, und im Chor wurden einfache hölzerne Bänke aufgestellt, und zwar vor allem in Klosterkirchen, in denen für Priester und Laienbrüder während der häufigen Gottesdienste Sitzgelegenheiten geschaffen werden mußten. Die ältesten erhaltenen Beispiele eines Chorgestühls stammen aus dem frühen 13. Jh., als sich bereits die Grundform einer Reihe von durch Armlehnen getrennten Sitzen mit geschnitzten Verzierungen herausgebildet hatte (Kathedrale von Ratzeburg; Zisterzienserkloster in Gadafes, Spanien). Mit dem Aufkommen der Gotik wurden die Schnitzereien kunstvoller, und gegen Ende des 13. Jhs. trugen die erhöhten Rückenlehnen einen Baldachin mit Filialen. Schnitzwerk verzierte die Armlehnen und, oft mit großem Einfallsreichtum, die Miserikordien oder Stützen auf der Unterseite der hochklappbaren Sitze, die das lange Stehen während der Andachten erleichterten. Besonders schöne Beispiele, z. B. in den Kathedralen von Bamberg und Memmingen in Deutschland, Bly, Gloucester und Wells in England, Barcelona in Spanien usw. gehören zu den Meisterwerken mittelalterlicher Schnitzkunst. In Italien wurden seit dem 15. Jh. Formelemente aus der klassischen Architektur in die Gestaltung des Chorgestühls miteinbezogen, und die hohen Rückenlehnen wurden oft mit Darstellungen in Intarsienarbeit verziert, entworfen und/oder ausgeführt von bedeutenden Künstlern, z. B. in der Kathedrale von Perugia von → Giuliano da Maiano; in S. Maria Maggiore in Bergamo wurde das Chorgestühl von G. F. → Capodifero nach Entwürfen von Lorenzo Lotto realisiert. In Deutschland erschienen klassische Einflüsse sehr viel später (z. B. St. Michael in München, 1589) und wurden schon bald von barocken Ornamenten abgelöst. Im 18. Jahrhundert wurden sehr kunstvolle Chorgestühle für die großen Klosterkirchen in Deutschland, vor allem in Ottobeuren, Zwiefalten, Weingarten usw. geschnitzt. In Frankreich ist auch das etwas schlichtere Chorgestühl bemerkenswert, das Robert de Cotte für Notre-Dame in Paris (beendet 1714) gestaltet hat.

Lit: W. Loose, *Die Chorgestühle des Mittelalters*, Heidelberg 1931

Chormantel →Pluviale

Chrismatorium. Gefäß, dazu bestimmt, das Chrisam oder heilige Öl aufzubewahren. Auch Bezeichnung für das Gehäuse oder den Behälter aus Elfenbein, Zinn, Silber o.ä., der das eigentliche Gefäß umschließt.

Christiansen, Hans (1866-1945). Vielseitig begabter Designer des frühen 20. Jhs., ausgebildet als Maler in Hamburg, später an der Kunstgewerbeschule, München. Um 1890 gründete er eine Firma für Dekorationsmalerei und begann, sich für eine Reform des Handwerks einzusetzen: 1892 veröffentlichte er ›Neue Flachornamente‹. 1893 von der deutschen Regierung zur Weltausstellung in Chicago entsandt, zeigte er sich dort besonders beeindruckt durch Ch. L. →Tiffany, dessen Einfluß dann in den Glasmalereien mit Landschaften, Blumen und Schwänen, die 1898 nach seinen Entwürfen in Hamburg entstanden, offensichtlich war. Christiansen gehörte von 1899 bis 1902 der →Darmstädter Künstlerkolonie an und entwarf Wandteppiche (die in der Scherbeker Kunstwebeschule gewebt wurden), Porzellan-Tafelgeschirr mit kühnem floralen Dekor (hergestellt von Gebr. Bauscher, Weiden), Trinkgläser mit hohem Stiel (hergestellt in der →Theresienthaler Kristallglasfabrik), und Silberbesteck (produziert von Bruckmann und Söhne, Heilbronn). Er arbeitete bis 1911 als Entwerfer (Beispiele im Städtischen Museum Flensburg), um sich danach dem Malen und Schreiben zu widmen.

Christofle, Charles (1805-63). Gründer der größten Manufaktur für Silber und →elektroplatierte Ware in Frankreich. Sie entsprach G. R. →Elkingtons Firma in England und H. G. →Reeds in den Vereinigten Staaten. Die Firma stellt noch heute einen großen Teil des in Frankreich benutzten Tafelbestecks und -geschirrs her. Obwohl Kenner von ihm nicht annähernd soviel hielten wie von F. D. →Froment-Meurice, spielte er doch eine wichtigere Rolle in der Geschichte der angewandten Kunst. Christofle hatte als Juwelier angefangen, war aber in den späten 30er Jahren zur Herstellung von Silber und versilbertem Haushaltgerät übergegangen. 1842 kaufte er die französischen Rechte an Elkingtons Patent und verschaffte sich so das Monopol für die Herstellung elektroplatierter Ware in Frankreich. Um 1847 überstieg sein jährlicher Umsatz zwei Millionen Francs. Er stellte Tafelsilber und andere Waren in mehreren historischen Stilen her, zunächst vor allem in Louis-quinze und Louis-seize. Napoleon III. förderte ihn und bestellte 1853 ein großes Service bei ihm (Teile heute im Musée des Arts Décoratifs, Paris, und im Musée du Château de Compiègne). Das Unternehmen produzierte auch Einrichtungsgegenstände, z. B. einen Bronzetisch nach Entwurf von A.-E. →Carrier-Belleuse (Musée des Arts Décoratifs, Paris) und Bronzebeschläge von guter Qualität im Louis-seize für Möbelkopien im Zweiten Empire. Nach Charles Christofles Tod ging die Firma auf seinen Sohn *Paul* und seinen Neffen *Henri Bouilhet* über, die das Geschäft noch weiter ausdehnten. (Bei Pauls Tod im Jahre 1907) beschäftigten sie rund 1500 Personen, vor allem in der Fabrik von St. Denis, und sie unterhielten um diese Zeit Filialen in Karlsruhe, Wien und Brüssel.) Auf der Pariser Weltausstellung von 1900 führten sie eine neue Art versilberter Ware, das ›Gallia métal‹ ein, das schwerer war und beim Anschlagen einen volleren Klang gab als elektroplatierte Ware. Sie brachten Produkte aus Galliametall im Art Nouveau und später auch im Art Deco heraus. Ihr Tafelsilber für das Transatlantik-Passagierschiff ›Normandie‹ (1935) war bemerkenswert gut. Nach dem Zweiten Weltkrieg beschäftigen sie so bekannte Designer wie G. →Ponti und T. →Wirkkala.

Lit: H. Bouilhet, *150 ans d'orfèvrerie (Christofle, silversmith since 1830)*, Paris 1981.

Chüeh →Jue

Chün-yao →Jun-yao

Ciacchi, Jacopo (tätig 1820/21). Florentinischer Ebenist. Zu seinen Möbeln, die erhalten geblieben und dokumentarisch belegt sind, gehören zwei Kommoden und ein Ruhebett mit Furnieren aus Palisander und Mahagoni (1821); sie befinden sich im ›Bagno di Maria Luisa‹ im Palazzo Pitti in Florenz. Weitere Arbeiten im Stil des →Empire und der →Restauration werden ihm zugeschrieben.

Lit: A. Gonzalez Palacios, ›Due comodi Socci per Ferdinando III e altre note su arredi neoclassici toscani‹ in *Storia dell'Arte* 1977, 30-31, S. 191-197.

Cialli, Antonio und **Lorenzo** →Rom, Töpfereien in der Stadt

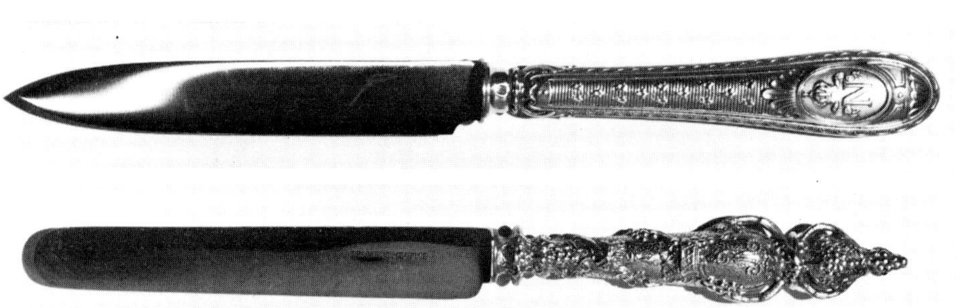

Ch. Christofle: Elektroplatierte Messer für Napoleon III., entworfen von Froment-Meurice, 1853 (Musée des Arts Décoratifs, Paris)

Cirou, Ciquaire →Chantilly

Cista →Ziste

Cistercian ware, engl., Zisterzienser-Ware. Englische rote Töpferware des späten Mittelalters, ziemlich dünn und bis zur Härte von Steinzeug gebrannt, mit einer dunkelbraunen oder schwarzen Glasur und Dekoren in aufgelegtem weißen Ton oder →engobierten Mustern. Sie wurde ›cistercian ware‹ genannt, weil alle Stücke auf dem Gelände von Zisterzienserabteien gefunden wurden und vermutlich vor deren Auflösung im Jahre 1540 dort hergestellt worden sind.

Lit: B. Rackham, *Medieval English Pottery*, London 1948.

Cizhou-yao. Chinesisches →Steinzeug, das im Cizhou-Bezirk im heutigen Hopei und anderswo von der Song-Zeit an hergestellt wird. Es handelt sich um eine dickwandige Ware, meist Weinkrüge, Gefäße, →Meiping-Vasen, Pinseltöpfe und Kissen mit einem glatten Körper und →Schlickerdekor, der bemalt, geschnitten oder geritzt sein kann, wobei von der Yuan-Periode an neue Techniken den Rang der Dekoration erhöhten. Durchscheinende farblose und farbige Glasuren kamen in Gebrauch. Der Dekor besteht aus verstreuten Blättern, Blüten oder Bambusschößlingen, oft sehr kühn in Braun oder Schwarz auf weißem oder cremefarbenem Grund gemalt. Einige Gefäße der Song-Zeit tragen rote, grüne oder gelbe Bemalung, sie sind die frühesten chinesischen Keramiken mit einer solchen Unterglasurmalerei. Auf anderen Stücken ist der weiße (manchmal auch schwarze) Schlicker mit dichten Blumenmustern geritzt. Große Vasen mit einem Dekor aus sehr zart in den schwarzen Anguß geritzten Chrysanthemen unter durchsichtiger, grüner Glasur sind außerordentlich reizvoll. Die besten Stücke stammen aus der Song-Zeit und sind auffallend schön durch ihre extrem einfachen Formen, ihren lebendigen Dekor und die feine Oberflächenstruktur.

Lit: B. Gray, *Early Chinese Pottery and Porcelain*, London 1953; Y. Mino, *Freedom of Clay and Brush through seven centuries in Northern China. Tz'u-chou type wares*, Ausst. Kat. Indianapolis 1980.

Clair de lune, franz., Mondschein. Sehr blasse, mondschein-bläuliche Glasur ohne →Craquelé, die manchmal ins Lavendelblau übergeht. Sie tritt zuerst bei dem →Kangxi-Porzellan auf und erreicht bei dem →Yongzheng-Porzellan ihre höchste Vollendung. Es handelt sich um eine Benennung des 19. Jhs., die von Jacquemart eingeführt wurde.

Clarke, William →Lille

Clay, Henry →Papiermaché

Cleffius, Lambert (gest. 1691). Inhaber einer →Delfter Töpferei, die blauweiße Stücke wie auch Teekannen aus roter Keramik herstellte. Zum ersten Mal wird er 1678 erwähnt. Seine Werkstatt ›De Metale Pot‹ wurde 1691 von L. van →Eenhorn übernommen.

Clerici, Felice →Mailand

Clérissy, Pierre I (um 1651 bis 1728). Französischer Töpfer, der mit der Fayenceherstellung in →Moustiers begann. Er war der Sohn von *Antoine I* (gest. 1679), der in Moustiers nur Irdenware herstellte, der Bruder von *Joseph* (um 1649-84) der in →Marseille arbeitete, und Vater von *Antoine II* (1673-1743). Seit 1710 war er Geschäftspartner von Antoine II, der die Werkstatt nach dem Tod von Pierre I betrieb, bis er sich 1736 zurückzog und die Fabrik seinem Sohn Pierre II (1704-94) übergab. Letzterer wurde ›seigneur de Trévans‹ 1736, 1747 Beamter im Parlament von Aix und 1774 zum Baron von Roumoules erhoben. Nach 1757 kümmerte er sich wenig um das Unternehmen und verkaufte es 1783.

Clermont-Ferrand. Von den zahlreichen Töpfereien in Clermont-Ferrand war nur eine einzige, die von M. d'Alagnat (gest. 1737) 1732 gegründet wurde und unter der Leitung seiner Witwe bis um 1757 tätig war, von Bedeutung; sie stellte blauweiße Fayence im Stile von →Moustiers, aber von etwas geringerer Qualität, her. Stücke befinden sich im Musée de Cluny, Paris, und im Musée National de Céramique, Sèvres.

Lit: H. P. Fourest u. J. Giacomotti, *L'Œuvre des faïenciers français* ..., Paris 1966.

Cleyn, Francis →Mortlake-Wandteppichmanufaktur

Clichy. In Billancourt, Paris, im Jahr 1837 gegründete Glashütte, die 1844 nach Clichy-la-Garenne verlegt wurde. Sie spezialisierte sich auf billiges Tischglas für den Export, doch wurde auch feines →Opalinglas hergestellt, →Kameenglas, →Millefiori-Briefbeschwerer und gravierte Kelche, die bei den internationalen Ausstellungen in London von 1851 und 1862 sehr gerühmt wurden. Der Betrieb schloß im Jahr 1885.

Lit: Paul Hollister, jr., *The Encyclopedia of Glass Paperweights*, New York 1969.

Clifton Art Pottery →Lonhuda pottery

Clobbered ware, engl. Chinesische Porzellane mit Unterglasurdekor, die in Europa manchmal mit Lacken oder Farben, die keine Glasur brauchen, zusätzlich bemalt worden sind. Nach dem gleichen Verfahren hat man europäische Irdenware dekoriert.

Cloisonné → Email

Cluny-Spitzen. Verschiedene Arten recht grober →Spitzen, die im späten 19. Jh. vor allem in Mirecourt, Lothringen, und in Le Puy hergestellt wurden. Sie werden Cluny-Spitzen genannt, da einige Muster nach Beispielen alter Spitzen im Musée de Cluny in Paris kopiert wurden.

Lit: B. Palliser, *History of Lace*, durchges. v. M. Jourdin u. A. Dryden, London 1902; L. W. van der Meulen-Nulle, *Lace*, London 1963; M. Schuette, *Alte Spitzen*, Braunschweig 1963.

Coaci, Vincenzo (1756-94). Ein römischer Silberschmied, ausgebildet von L. →Valadier. Er erhielt 1783 sein ›patente di argentiere‹. Ein

Tintenfaß aus dem Jahre 1792 in Form des Obelisken auf dem Quirinal mit Pferdebändigern war als Gabe für Papst Pius VI. bestimmt (Minneapolis Institute of Arts). Ein Kelch, auch ein Geschenk an Pius VI., befindet sich im Kirchenschatz von St. Peter in Rom.

Coalport and Coalbrookdale. Porzellanfabrik in Coalport und Coalbrookdale, gegründet von *John Rose* (gest. 1841), der nach einer Lehrzeit in der Porzellanfabrik in →Caughley in Shropshire 1780 eine Töpferei im nahen Jackfield errichtete, die er kurz danach nach Coalport verlegte; 1799 kaufte er die Fabrik in Caughley und 1819 die Fabrik in →Nantgarw und sicherte sich die Dienste von W. →Billingsley als Maler. Die Fabrik spezialisierte sich auf Eßgeschirre, die seit 1801 oft mit dem reizvollen ›Indian Tree Pattern‹ (Indianischer-Baum-Muster) dekoriert waren, mehr nach chinesischer als indianischer Art. 1820 wurde eine bleifreie →Feldspatglasur eingeführt. Seit 1830 wurden die Erzeugnisse mit schwachen, im →Umdruckverfahren hergestellten Umrißzeichnungen dekoriert, dann handbemalt; dieses Verfahren ermöglichte es der Fabrik, mit der wachsenden Nachfrage nach handdekoriertem Porzellan Schritt zu halten. Mitte des 19. Jhs. wurden fein mit Blumen oder Früchten auf farbigem Fond bemalte Tafelgeschirre, Reproduktionen von →Meißen und →Sèvres-Stücken (zuweilen entsprechend gemarkt) und sehr gut ausgearbeitete hohe Vasen hergestellt, auf denen reliefierte Blumen aufgelegt waren. Ungefähr seit 1890 wurde ein lebhafter Exporthandel nach den Vereinigten Staaten und Kanada betrieben. Th. →Bott war 1890-1932 künstlerischer Leiter. Nach einem Wechsel des Eigentümers

Coalport: Porzellanteekanne, um 1820 (Victoria & Albert Museum, London)

wurde die Fabrik nach Stoke-on-Trent verlegt, wo sie noch heute gutes Porzellan herstellt.

Lit: Geoffrey A. Godden, *Coalport & Coalbrookdale Porcelains*, London 1970.

CDale.

Coalport (Coalbrookdale)

Coaster, engl. Ein niedriges Gestell, um eine Karaffe oder Flasche Wein auf dem Eßtisch herumzureichen. Es ist gewöhnlich rund, aus Silber und mit einer Basis aus Holz, deren Unterseite mit einem weichen Material (meist Filz) bezogen ist, um ein Zerkratzen der Tischfläche zu vermeiden. Manchmal ist es etwas kunstvoller gestaltet und auf kleine Räder montiert.

Cobb, John (um 1710-78). Geschäftspartner von William →Vile, mit dem er Mitte des 18. Jhs. eine der erfolgreichsten Möbel- und Polsterwerkstätten in London betrieb. Bis 1765, als Vile sich vom Geschäft zurückzog, scheint Cobb die Polsterei geleitet zu haben. Er war auch als Polsterer für Georg III. tätig. Die Firma führte Innenausstattungen aus und fertigte Möbel. Einige sehr schöne Stücke mit feiner Marketerie im Stil von R. →Adam wurden 1772 nach Corsham Court geliefert, wo sie sich noch heute befinden. Cobb soll einen Zeichentisch für Künstler und Architekten mit beweglicher Deckplatte populär gemacht haben. Nach Aussagen eines Zeitgenossen war er »vielleicht einer der stolzesten Männer Englands. Er erschien stets in vollendeter Kleidung, die höchst prächtig und aufwendig war. In solchem Aufzug stolzierte er auch durch die Werkstatt, seinen Angestellten Weisungen gebend«. Eher Unternehmer als Handwerker, kam er zu beträchtlichem Wohlstand.

Coburg. Eine kleine Fayence-Manufaktur, die 1738-83 häufig von Malern der Bayreuther Fabrik dekoriertes Geschirr für den Hausgebrauch herstellte. Die Fabrikmarke ›CB‹ ist die gleiche wie die von →Friedberg benutzte.

Cochius P. M. →Leerdam

Codman, William →Gorham Company

Coiffeuse, franz. →Frisiertisch.

Cole, Sir Henry (1808-82). Englischer Industrie-Designer und Verfasser von Schriften

Coalbrookdale: Tafelaufsatz, Zuckerdose und Lotosvase, ausgestellt im Kristallpalast in London 1851

J. Cobb: Kommode, 1771, Privatbesitz

über angewandte Kunst. Er gründete ›Summerly's Art Manufactures‹ (1847-50) mit dem Ziel, den Geschmack des Publikums zu bilden. Er selbst und von ihm beauftragte andere Maler und Bildhauer (besonders John Linnell, Richard Redgrave und John Bell) entwarfen zu diesem Zweck Haushaltswaren, vor allem aus Keramik, für die industrielle Herstellung. Die Ergebnisse sind in einer unsicheren Art ›artistisch‹ und durchweg überzogen. Doch muß man bedenken, daß es sich um den ersten Versuch handelte, die industrielle Formgebung zu verbessern. Cole war intensiv mit der Great Exhibition von 1851 befaßt (und sehr enttäuscht davon). Er wurde der erste Direktor des South Kensington (heute Victoria & Albert) Museum in London.

Lit: A. Bøe, *From Gothic Revival to Functional Form.* Oslo-Oxford 1957; N. Pevsner, *Some Architectural Writers of the Nineteenth Century.* Oxford 1972.

Coleman, William Stephen (um 1830 bis 1904). Englischer Maler und Keramikdekorateur. Vor 1870 begann er, Keramik zu bemalen, zunächst für die Copeland-Fabrik (→Spode), dann für →Minton. Für letztere Manufaktur entwarf er ein sehr attraktives Tafelservice, im →Umdruckverfahren mit →Botanischen Blumen bunt verziert. Er führte auch Einzelstücke, Platten und Teller mit figürlichen Darstellungen etwa in der Art von W. →Crane, aus.

Colenbrander, Theodorus (1841-1930). Holländischer Keramik- und Textildesigner. Er fing als Architekt an, wandte sich aber in den 80er Jahren der Keramik zu und entwickelte einen neuen, dekorativen Stil mit abstrakten, pflanzenähnlichen Formen, die mit sehr kühnen Farbstellungen im Stile der javanischen Batiken bemalt wurden. Er war von 1885 an Direktor der Keramikfabrik →Rozenburg und wurde 1895 Direktor der Tapeten- und Textilfabrik von Amersfoot. *Abb. S. 134.*

Lit: R. Schmutzler, *Art Nouveau,* London 1964.

Collcutt, Thomas Edward (1840-1924). Wohl bekannt als Architekt (Imperial Institute, London, 1887-93, zerstört), war aber auch ein einflußreicher Möbelentwerfer. Er begann mit ganz einfachen Eichenmöbeln im neugotischen Stil, wandte sich dann zur Neu-Renaissance und entwickelte gleichzeitig einen sehr persönlichen Stil, wie in dem einst berühmten schwarz gebeizten Kabinettschrank, den die Firma Collison & Lock hergestellt hatte und der 1871 auf der South Kensington International Exhibition ausgestellt war. Mit seinen bemalten und geschnitzten Füllungen, facettierten Glasscheiben, gedrechselten Säulen und der vielfältigen Gliederung von Fächern und anderen Unterteilungen ist er charakteristisch für seinen Stil. Man weiß, daß die meisten Entwürfe im Katalog von Collison & Lock (1872) von ihm stammen, wenn auch sein Name nicht genannt wurde.

Lit: Elisabeth Aslin, *19th Century English Furniture,* London 1962.

Collesano, Töpfereien →Sizilien

Collinot, Eugène-Victor, (tätig 1859-82). Französischer Töpfer und Entwerfer, veröffentlichte 1859 in Paris mit Adalbert de Beaumont

Minton-Porzellanvase, entworfen von R. Redgrave für ›Summerly's Art Manufactures‹, 1847 (Victoria & Albert Museum, London)

rechtes Bild: Silberne Taufkanne, entworfen von R. Redgrave für ›Summerly's Art Manufactures‹, 1847 (Victoria & Albert Museum, London)

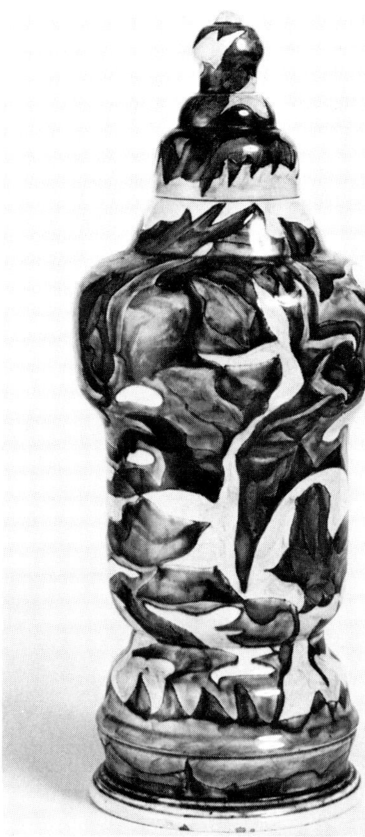

T. Colenbrander: für Rozenburg entworfene Keramikvase, Den Haag, 1885 (Hessisches Landesmuseum, Darmstadt)

eine Serie von 217 Stichen, betitelt ›Recueil de dessins pour l'Art et l'Industrie‹. 1862 errichtete er in Boulogne-sur-Seine eine Töpferei, die sich in ihren Arbeiten betont an den →Iznik-Stil anlehnte. Léon Parvillé (gest. 1885), ein Nachahmer östlicher Stilformen und Techniken der Emailmalerei, gehörte zu seinen Gehilfen.

Colombini, Gino (geb. 1915). Italienischer Designer, der sich auf Plastikhaushaltgegenstände (→Kunststoff) für die Massenproduktion spezialisierte. 1949 wurde er Leiter des technischen Büros von Kartell Samco, Mailand. Diese Firma hatte zunächst Autozubehör aus Kunststoff produziert, von 1951 wurde dann auch die Herstellung von Haushaltartikeln aufgenommen. *Siehe Abb. S. 339.*

Colombo, Joe Cesare (1930-71). Italienischer Architekt, tätig in Mailand. Nach 1962 konzentrierte er sich auf Entwürfe von Innenausstattungen und auf Produktgestaltung. Beides verband sich in der vollkommen aus Kunststoff gefertigten Küche, die 1966 auf der Triennale von Mailand mit einer Silbermedaille ausgezeichnet wurde. Colombo wurde vor allem bekannt für seine vielseitig verwendbaren Möbel. Zusammensetzbare und austauschbare Teile erlauben verschiedene Kombinationsmöglichkeiten und bieten leichtes Bewegen im Raum. *Siehe auch Abb. S. 339.*

Colonna, Edward (1862-1948). In der Nähe von Köln geboren und in Brüssel zum Architekten ausgebildet, wanderte er 1882 in die Vereinigten Staaten aus. Er arbeitete bei Ch. L. →Tiffany und den ›Associated Artists‹ in New York und ging dann weiter nach Westen, wo er sich in Dayton, Ohio, niederließ. Dort entwarf er für Barney & Smith Manufacturing Co. Salon- und Schlafwagen. 1887 veröffentlichte er in Dayton den ›Essay on Broom-Corn‹ (in dem er die formalen Elemente der Besenhirse gestalterisch auswertet); er war damit seiner Zeit weit voraus und nahm Hortas Art Nouveau schon in gewisser Weise vorweg. 1898-1903 entwarf er Schmuck, Möbel und Haushaltartikel für →Bings Laden ›L'Art Nouveau‹ in Paris. 1905 ging er zurück in die Vereinigten Staaten.

Lit: M. Eidelberg, ›Edward Colonna's Essay on Broom-Corn‹ in *The Connoisseur,* 1971, Bd. 176, Nr. 708.

Comans, Marc de →Paris, Wandteppichmanufakturen

Combe, Joseph →Lyon

Comesso di pietre dure → Florentiner Mosaik

Cometti, Giacomo (1863-1938). Einer der besten italienischen Möbeldesigner des →Art Nouveau, arbeitete in Turin. Seine ersten Möbel waren überaus reich mit floralem Dekor geschmückt, aber um 1902 wandte er sich mehr der deutsch-österreichischen sezessionistischen Linie und der Schule von →Glasgow zu. Mit G. →Chini zusammen entwarf Cometti 1902 die Innenausstattung der Villa Falcini in Domodossola, ein Meisterwerk des italienischen Art Nouveau.

Lit: E. Bairati, R. Bossaglia u. M. Roschi, *L'Italia Liberty: Arredamento e arti decorative.* Mailand 1973.

Commedia dell'Arte-Figuren. Typen der italienischen ›Commedia dell'Arte‹, wie Pantalone, Arlecchino, Scapino, Pulcinella, Capitano usw. Sie erschienen als gemalter Dekor seit dem 16. Jh. und wurden vor allem im 18. Jh. in ganz Europa beliebt. Sie wurden auf venezianisches Glas gemalt, aus Glas geblasen, als De-

J. Colombo: Kunststoffstuhl mit austauschbaren Beinen, 1965 (Victoria & Albert Museum, London)

kor in Möbel eingelegt, aus Ton und Porzellan geformt, manchmal ganze Serien oder Gruppen bildend. Um 1715 schuf J. Fr. →Böttger sie in rotem Steinzeug, und 1736 begann J. J. →Kändler seine großen Serien für →Meißen. Dort entstanden Prototypen, von denen vielfach Gebrauch gemacht wurde, wie in Mennecy, Chelsea, Bow Longton Hall, Höchst, Fulda, Kloster Veilsdorf, Capodimonte und in Doccia. Fr. A. →Bustelli schuf in Nymphenburg eine Serie von 16 Komödienfiguren, in denen die Porzellanplastik des Rokoko ihren Höhepunkt erreichte. *Siehe Abb. S. 666.*

Lit: H. Tait, ›The Commedia dell'Arte in Glass and Porcelain‹ in *Apollo*, Oktober 1963.

Communion cup. Gefäß, das den →Kelch in der Anglikanischen Kirche ersetzt hat. Für die gemeinsame Kommunion bestimmt, ist der Communion cup im allgemeinen größer als der Kelch der römisch-katholischen Kirche, aus dem nur der Priester trinkt. Zu Beginn der Reformation wurden manchmal mehrere alte Kelche eingeschmolzen, um einen Communion cup herzustellen. Die Standardform, die in den späten 1560er Jahren entwickelt wurde, hat eine becherförmige Cuppa, einen Schaft mit Knauf und einen runden Fuß; gewöhnlich hat der Communion cup einen Deckel, der abgenommen und als Patene verwendet werden kann. Dies blieb die Grundform (obwohl manchmal das eigentliche Gefäß mehr glokkenförmig war) bis ins 19. Jh., als die Kelchform – die unter Erzbischof Laud im 17. Jh. für kurze Zeit zurückgekehrt war – in allen, außer den strengsten, anglikanischen Kirchen üblicher wurde.

Lit: C. Oman, *English Church Plate 597-1830*. London 1957.

Compagnie des Arts Français →Süe, Louis

Compagnie des Indes →Chinesisches Exportporzellan

Compendiario-Stil, ital., skizzenhafter Stil. Dekorativer Stil der weißen Faentiner Waren, die mit skizzenhaften Figuren in Blau und Orangegelb auf weißem Grund bemalt sind. Der Stil nahm seinen Anfang in Faentiner Keramikfabriken gegen Mitte des 16. Jhs., sozusagen als Reaktion auf den vorangegangenen →Istoriato-Stil. Bekannte Vertreter der weißen Majolika waren →Calamelli und →Mezzarisa. In der Folge wurde der Dekorationsstil auch anderweitig übernommen und war bis in das frühe 18. Jh. beliebt. Die Figuren nehmen im allgemeinen nur einen kleinen Teil der Oberfläche des Stückes ein und betonen so die Schönheit der dicken, weißen Zinnglasur. *Siehe auch* Faenza und Bianco di Faenza *und Abb. S. 65.*

Lit: G. Liverani, ›La rivoluzione dei bianchi nella maiolica di Faenza ‹in *Faenza* XLIV (1958).

Compo. Mischung aus Schlemmkreide, Harz und Leim, die seit dem 18. Jh. für Ornamentprofile benutzt wird. Diese werden gewöhnlich mit Leim oder Stiften an den Möbeln befestigt.

Comport, engl. Ein gläserner Ständer für →Sillabub-Gläser, meist mit rundem Oberteil

J. Coney: silberne Zuckerdose (Currier Gallery of Art, Manchester, New Hampshire)

auf schwerem Schaft und ausladendem Fuß. Im 18. Jh. wurden die Ständer in England aus geschliffenem Flintglas, im 19. Jh. aus gepreßtem Glas hergestellt und manchmal versilbert.

Compound twist stem. Englische Bezeichnung für den Schaft eines Trinkglases mit zwei →Airtwists oder emaillierten Twists (oder je einem von beiden), die sich umeinander winden. Beliebt in der zweiten Hälfte des 18. Jhs.

Coney, John (1655-1722). Der produktivste unter den frühen Silberschmieden Neu-Englands. Es ist so gut wie sicher, daß er entweder zu J. →Hall oder J. →Dummer – dessen Schwägerin er später heiratete – in die Lehre kam. 1676 wurde ein von ihm gearbeiteter Deckelpokal der Kirche des ersten Pfarrbezirks von Concord zum Geschenk gemacht, wo er sich noch heute befindet. Viele schöne Stücke von Coneys Silber sind erhalten, meist Trinkgefäße, und hier vor allem gediegene gedrungene Humpen, wovon die erlesenste Arbeit der ›Stoughton Cup‹ ist, der 1701 der Harvard Universität zum Geschenk gemacht wurde. Stilistisch folgt er englischen Vorbildern.

Lit: H. F. Clarke, *John Coney Silversmith*, Boston, Mass., 1932; H. J. Gourley III, *The New England Silversmith*, Ausst. Kat. Providence, Rhode Island, 1965.

Confident oder **Canapé à confident,** franz. Bezeichnung für zwei verschiedene Sitzbanktypen: (1) mit nach vorn geschwungenen Seiten, die erlauben, daß sich zwei Benutzer schräg gegenübersitzen, oder (2) mit je einem dreieckigen Sitz zu beiden Seiten außerhalb der Armlehnen. Beide Typen kamen Mitte des 18. Jhs. in Frankreich auf; G. →Hepplewhite bildete letzteren 1788 ab, nannte ihn ›confidante‹ und erklärte, daß diese Sitzbank so gemacht werden könnte, daß jeder der beiden Ecksitze abnehmbar sei. *Siehe auch Abb. S. 348.*

Conrade, Courrade oder **Carrado, Domenico, Baptiste** und **Augustin** → Nevers

Cookworthy, William (1705-80). Er war der erste, der in England echtes →Porzellan herstellte; wahrscheinlich erfuhr er das Geheimnis von →Duché, der 1743 aus Amerika nach England kam. Cookworthy (Quäker und Apotheker in Plymouth) entdeckte →Kaolinvorkommen auf einem Grundstück von Lord Camelford in Cornwall im Jahre 1745 und bald danach ein →Petuntse gleichwertiges Produkt;

bis 1765 waren seine Experimente so weit gediehen, daß – wie es scheint – Brandversuche mit Hartporzellanmasse in Bristol vorgenommen wurden. 1768 reichte er ein Patentgesuch ein und eröffnete die Porzellanfabrik →Plymouth. Diese wurde 1770 nach Bristol verlegt, 1772 ging Cookworthy in den Ruhestand und übergab sein Patent 1774 an *Richard Champion*. Es ist auch möglich, daß die Verwendung von →Steatit aus Cornwall, zuerst in →Bristol und später in →Worcester, auf Cookworthy zurückgeht. In Kingsbridge, Devon, ist ein Cookworthy-Museum.

Lit: F.S. Mackenna, *Cookworthy's Plymouth and Bristol Porcelain*, Leigh on Sea 1946.

Cooper, James, & Sons →Dresser, Chr.

Copeland, Porzellanfabrik →Spode, Töpferei und Porzellanfabrik

Coper, Hans (1920-81). In Deutschland geboren und ab 1939 in England lebend, wandte sich Coper 1946 nach einem Treffen mit Lucie →Rie, mit der er dann bis 1958 ein Atelier teilte, der Kunstkeramik zu. Im Gegensatz zu dem künstlerischen Weg von B.H. →Leach, W. →Staite-Murray und M. →Cardew ließ er sich von der modernen Malerei und Bildhauerei anregen, er selbst sah sich beinahe als einen Bildhauer in Keramik. Kühn in der Form und rauh in der Struktur, gewann sein Werk zunehmend einen eigenen Charakter und entfernte sich vielleicht allzu weit vom Ursprung der Keramik als Gebrauchsgegenstand.

Lit: T. Birks, *Hans Coper*, London, 1983

Coperta, ital. Eine klare →Bleiglasur wurde im 16.Jh. und später auf die zinnglasierte, bemalte italienische →Majolika aufgetragen und gebrannt. Die Glasurtechnik wird von C. →Piccolpasso beschrieben und entspricht dem →Kwaart auf der Delfter Fayence.

Copier, Andries Dirk (geb. 1901). Führender moderner niederländischer Glas-Designer, der 1917 dem Stab der Königlich Niederländischen Glasfabrik in →Leerdam beitrat, bald ihr künstlerischer Direktor wurde und wesentlich zu ihrer Entwicklung beitrug. Seine Arbeiten zeichnen sich durch große Strenge aus. Der Künstler befaßte sich neben dem Design auch mit der Technik der Glasherstellung.

Lit: Glasschool Leerdam, Ausst. Kat. Stedelijk Museum, Amsterdam 1947.

Copland, H. (tätig 1738-68). Möbelentwerfer und Kupferstecher der →Georgian-style-Periode. Er war maßgeblich an der Entwicklung des →Rokoko-Stils in England beteiligt. Schon 1738 schuf er Möbel in einem sehr frei interpretierten Rokoko-Stil und veröffentlichte 1746 ›A New Book of Ornaments‹. 1752 arbeitete er zusammen mit M. →Lock an einer Veröffentlichung mit gleichem Titel und stellte einige Druckplatten für Robert Manwarings ›Chair Makers' Guide‹ (1766) zur Verfügung.

Lit: P. Ward-Jackson, *English Furniture Designs*, London 1958.

Coppa amatoria oder **d'amore** oder **nuziale,** ital., Liebes- oder Hochzeitsbecher. Bezeichnung für einen Becher oder andere runde Gefäße, die ziemlich weit und wenig tief sind, aus italienischer →Majolika, die als Zeichen der Zuneigung verschenkt und zu diesem Zweck mit Aufschriften, mitunter auch mit Liebes- oder Treuesymbolen und oft mit dem Bild der Geliebten, dekoriert sind. Sie wurden auch in Glas gefertigt, häufig in Deutschland, Frankreich (verre de marriage) und England (marriage glass).

Lit: G. Ballardini, ›Coppe d'amore nel secolo XV‹ in *Faenza* 1928.

Coquillage →Muschelwerk

Cordial-Glas. Englisches Trinkglas, um 1700 entstanden. Es ist meist 15-20cm hoch, hat eine kleine trichterförmige Cuppa (→Kelch), einen langen Schaft und einen runden Fuß. Ein anderer Typ hat eine kleine schalenförmige Cuppa auf hohlem oder massivem Schaft mit rundem Fuß.

Cordonnet →Spitze

Cork, Glashütten. Drei der besten irischen Glashütten befanden sich in Cork. *The Cork Glasshouse*, 1793-1818, begann mit in die Form geblasenen Waren und stellte später feine geschliffene Gefäße her, von denen die nach 1812 entstandenen oft die Marke: Cork Glass Co. tragen. *The Cork Terrace Glasshouse*, 1819-41, stellte feines geschliffenes Tischglas und →Lüster her. Die bekannteste dieser Glashütten, *The Waterloo Glasshouse Company*, 1815-35, spezialisierte sich auf große geschliffene Tafelservice, die vielfach an Offiziersmessen geliefert wurden. Es wurden dort auch in die Form geblasene Karaffen, Krüge usw. hergestellt, ebenso Kuriositäten wie etwa Glastrompeten.

Lit: M.S. Dudley Westropp, *Irish Glass*, Dublin 1978.

Corning Glass Works. Eine der größten Glashütten der Welt, die 1851 in Somerville, Massachusetts, gegründet und 1868 nach Corning, New York, verlegt wurde. Anfangs spezialisierte man sich auf Glas für industriellen und wissenschaftlichen Gebrauch, lieferte z.B. die ersten elektrischen Glühbirnen für Thomas A. Edison. Es wurden jedoch auch Haushaltswaren hergestellt, seit 1908 vor allem Waren in hitzebeständigem Glas, das später →Pyrex genannt wurde. 1918 übernahm die Firma die →Steuben Glass Works, deren Manager F. →Carder künstlerischer Leiter des gesamten Unternehmens wurde. 1933, unter der Leitung eines in Frankreich ausgebildeten Bildhauers, Sidney Waugh (1904-63), wurde eine Abteilung für die Produktion von gravierten Kristallglasobjekten, genannt ›Steuben Glass‹, eingerichtet. Der Corning Corporation ist ein Museum angegliedert, das sich ausschließlich dem alten und modernen Glas widmet und die Ergebnisse seines Forschungsinstituts publiziert. *Siehe Abb. S. 332.*

Cortelazzo, Antonio (1819-1903). Italienischer Metallkünstler, der in Vicenza tätig war. Seine technisch virtuosen Ausstellungsstücke in Sil-

ber, Gold, Stahl und Emailarbeit waren auf allen großen internationalen Ausstellungen des späten 19. Jhs. maßgeblich. Er hatte dort nur einen Rivalen: den Spanier Placido Zuloaga (1833-1910). Cortelazzo machte zunächst Imitationen von Gold- und Silberschmiedearbeiten des 15. Jhs. Um 1860 erschienen seine ersten signierten eigenständigen Arbeiten, z. B. ein Schwert für König Viktor Emanuel von 1861. Eine Uhr aus Silber und Stahl, geformt wie ein palladianischer Bogen mit silbernen Figuren nach Sansovino, ist von Cortelazzo 1871 signiert und datiert (City Museum, Sheffield). Ein riesiges silbernes Teeservice, um 1865-70 für Fürst Narischkin angefertigt, dürfte sein Hauptwerk sein.
Lit: J. Culme, *Nineteenth Century Silver,* London 1878.

Cotterill, Edmund →Garrard, R.

Couch →Chaiselongue

Counter, engl. Bezeichnung für den Zähl- oder Rechentisch. Bis weit ins 17. Jh. war das Zählen und Rechnen »auf der Linie« üblich. Zähltische tragen ein Liniensystem, an dessen Rand Zeichen für die einzelnen Münzsorten und auf den Linien römische Ziffern für jeweils mehrfache Beträge derselben eingekerbt sind. Der Counter wurde in England vom Mittelalter bis ins 16. Jh. hinein benutzt. Heute bedeutet die Bezeichnung ›Ladentisch‹.

Courant →Siège courant

Court, Jean de (tätig 1541-64). Maler von →Limousiner Email. Er benutzte ungewöhnlich helle Farben auf schwarzem Grund für seine Emailmalereien, wobei er gelegentlich Darstellungen von Stichen des Etienne Delaune oder anderer Künstler übernahm. Eine Künstlerin mit demselben Zunamen, wahrscheinlich eine Verwandte, *Suzanne* (tätig 1600), gehörte zu den letzten bedeutenden Limousiner Emailmalern: Sie schmückte Teller, Kästchen, Kannen u. ä. mit manieristischen figürlichen Darstellungen in leuchtenden Farben.
Lit: P. Verdier, *The Walters Art Gallery: Catalogue of the Painted Enamels of the Renaissance,* Baltimore 1967.

Court cupboard, Eiche, englisch, frühes 17. Jh. (Victoria & Albert Museum, London)

H.-N. Cousinet: silberne Schokoladenkanne (Louvre, Paris)

Augustus Courtauld

Courtauld, Augustus (um 1686 bis 1751) und **Samuel** (1720-65). Englische Silberschmiede von französischer Herkunft. Augustus wurde 1701 zu dem hugenottischen Silberschmied S. →Pantin in die Lehre gegeben. Sein bekanntestes Werk – eher sonderbar als schön – ist das ›Swordbearer's Salt‹ (Schwertträger-Salzfaß) im Mansion House, London. Augustus' Sohn Samuel ging bei seinem Vater in die Lehre, machte sich dann selbständig und stellte Silber für den häuslichen Gebrauch im Stil des Rokoko her. Nach Samuels Tod wurde das Geschäft von seiner Witwe *Louisa* fortgeführt, zunächst in Partnerschaft mit *George Cowles* (1768-77) und später mit ihrem Sohn *Samuel.* Dieser löste 1780 das Geschäft auf und wanderte nach Amerika aus.
Lit: J. F. Hayward, *The Courtauld Silver ...,* New York 1975.

Court cupboard, engl. Halbschrank, im England des 16. und 17. Jhs. und Amerika des 17. Jhs. zum Aufstellen und Aufbewahren von Silbergefäßen und als Anrichte benutzt. Der Schrankteil steht auf einem Untersatz mit Baluster-Vorderbeinen und geraden Hinterbeinen. Zwischen Schrankteil und Untergestell befindet sich häufig eine Schublade. Wird auch als ›hall‹ oder ›parlour cupboard‹ bezeichnet.

Courting mirror. Primitiver amerikanischer Spiegel aus dem frühen 19. Jh., gerahmt mit Streifen von bemaltem Glas in Metallfassung. Die Herkunft ist unbekannt.

Courtois oder **Courteys, Pierre** (um 1520 bis um 1586). Bekannter Maler von →Limousiner Email, wahrscheinlich Schüler von Pierre Reymond und in seinen Arbeiten dessen Stil ähnlich (z. B. Teller im Musée de Cluny, Paris; Altarretabel im Louvre, Paris). Sein Sohn *Martial* und ein weiterer Verwandter *Jean Courtois* signierten Emails im Stil der Schule von Fontainebleau.
Lit: P. Verdier, *The Walters Art Gallery: Catalogue of the Painted Enamels of the Renaissance,* Baltimore 1967.

Henri-Nicolas Cousinet

Cousinet, Henri-Nicolas (tätig 1724-68). Führender Pariser Rokoko-Silberschmied: 1724 wurde er Meister. Sein Hauptwerk ist das aufwendige silbervergoldete Nécessaire für Maria Leszczinska, die Gemahlin Ludwigs XV. (1729-30, im Louvre, Paris), von dem jedes Teil aufs sorgfältigste mit Blumen- und Muschelmotiven ziseliert und graviert ist und bei dem viele Stücke mit Delphinen, die aus Binsengebüschen auftauchen und als Fuß, Griff oder Ausguß dienen, verziert sind. Sein Bruder *Ambroise Nicolas* (tätig 1745-58) war ebenfalls Silberschmied und ist der Schöpfer einer Gruppe von 16 silbervergoldeten Statuetten von paarweise einander zugeordneten Typen fremder Völker (Museu Nacional de Arte Antiga, Lissabon).

Lit: Y. Bottineau u. O. Lefuel, *Les Grands Orfèvres*, Paris 1965.

Cox, James (tätig 1757-91). Führender englischer Hersteller von →Automaten. Erstmals erwähnt 1757, arbeitete er damals bereits in London, wo er einen als Cox's Museum bekannten Schauraum unterhielt. Auch die Ostindische Kompanie beauftragte ihn häufig, Geschenke für östliche Potentaten anzufertigen. Eine dieser Arbeiten, ein Geschenk an den Kaiser von China 1766, war ein von einem Kuli gezogener edelsteinbesetzter Wagen, in dem eine Dame saß, die sich mit einem Fächer in der einen Hand Luft zufächelte und in der anderen einen flatternden Vogel hielt. Von 1770 an arbeitete Cox auch unmittelbar für den chinesischen und den russischen Hof. Er beschäftigte zahlreiche Gehilfen, die vermutlich die kleineren und einfacheren Stücke anfertigten. Sein Sohn *John Henry Cox* eröffnete 1781 eine Werkstatt in Kanton und importierte Uhrwerke aus der Schweiz als Mechanismen für die Automaten; nachweislich verließ er Kanton vor 1796.

Lit: C. Le Corbeiller in *Burlington Magazine*, CXII (1970), S. 351-356.

Coxon, Jonathan →Lenox Company

Cozzi. Die Porzellanfabrik Cozzi wurde 1764 in Venedig von *Geminiano Cozzi* gegründet und erhielt 1765 ein Monopol zur Porzellanherstellung in Venetien. Hergestellt wurden Tafelgeschirre und Vasen in einem hartgrauen Scherben mit einer glänzenden Glasur, mit hell leuchtender Malerei, mitunter in nicht harmonierenden Farben, und dicker Vergoldung. Gegenstand der Malerei sind lebhafte Szenen aus dem venezianischen Karneval sowie das übliche Repertoire des 18. Jhs. mit mythologischen Darstellungen, floralen Mustern und auch →Chinoiserien. Einige Teller sind mit Kopien von Gemälden von Veronese und späterer venezianischer Meister dekoriert. Bei den Figuren sieht man Schauspieler der →Commedia dell'Arte, groteske Pagoden, Zwerge, eine Allegorie auf die venezianische Republik (oft wiederholt) und seit den 80er Jahren des 18. Jhs. Miniaturkopien antiker Büsten. Der Bildhauer Domenico Bosello (1755-1821) arbeitete hier als Modelleur bis 1782, als er nach

J. C. Crace: Kleiderschrank nach einem Entwurf von Pugin, ausgestellt auf der Weltausstellung in London, 1851 (Victoria & Albert Museum, London)

→Wien und später nach →Nove ging. Die Fabrik wurde 1812 geschlossen.

Lit: F. Stazzi, *Le Porcellane Veneziane di Geminiano e Vincenzo Cozzi,* Venedig 1982.

Crabstock, engl., Holzapfelbaumstamm. Henkel und Ausguß keramischer Teekannen und anderer Gefäße wurden in der Form verschlungener Zweige eines jungen Holzapfelbaumes gestaltet. Sie kommen hauptsächlich bei englischen Stücken vor (vor allem aus →Staffordshire, →Leeds, →Liverpool und →Derby), aber zuweilen auch in der Produktion kontinentaler Manufakturen wie Vincennes →Sèvres und vor allem bei Geschirren von →Höchst.

Crace, John C. (1754-1819). Londoner Möbelfabrikant und Innenausstatter. 1788 begann er, im Auftrag des Prinzen von Wales an der Ausstattung des Brighton Pavillons zu arbeiten. Zwischen 1802 und 1804 lieferte er Möbel, Porzellan und kunstgewerbliche Objekte im chinesischen Stil. Eine führende Rolle bei der Ausstattung der königlichen Pavillons spielte vor allem sein Sohn *Frederick* (1779-1859) in den Jahren 1815 bis 1822. Mit einem großen Stab von Mitarbeitern übernahm er die Entwürfe und die Ausführung der exotischen Ausstattung der Haupträume. (Ein großer Teil der Entwürfe befindet sich im Cooper-Hewitt-Museum, New York.) Unter der Leitung von Fredericks Sohn *John Gregory Crace* (1809-89) wurde die Firma für ihre Möbel im neugotischen Stil bekannt. 1843 begann John Gregory, mit →Pugin auf das engste zusammenzuarbeiten und fertigte nach dessen Entwürfen Möbel, Textilien und Tapeten. Die Firma Crace fertigte auch Möbel im ägyptischen Stil nach Entwürfen von W. Holman Hunt. In der folgenden Generation war *John Diblee Crace* (1838-1917) der führende Mann des Unternehmens. Anfangs entwarf er Möbel im neugotischen Stil von Pugin, spezialisierte sich später jedoch auf Ausstattungen im Stil der italienischen Renaissance mit gelegentlichen Anleihen bei der pompejanischen Kunst. *Siehe auch Abb. S. 644.*

Lit: C. Musgrave, *Royal Pavilion,* London 1959; P. Stanton, *Pugin,* London 1971.

Crailsheim. Die Fayencefabrik Crailsheim wurde um 1715 von *Georg Veit Weiss* gegründet, dann von seinem Sohn und seinem Enkel und dessen Witwe bis um 1810 geführt. Unter anderem wurden Deckelkrüge hergestellt, die in →Scharffeuer- wie auch in →Emailfarben mit Hirsch- und Eberjagdszenen, Wappen, Blumen usw. dekoriert sind. Eidottergelb ist vorherrschend. Es gibt keine Fabrikmarke, aber einzelne Stücke mit dem Fabriknamen, z.B. im Würzburger Museum.

Lit: H. Gretsch, *Die Fayencefabrik in Crailsheim,* Stuttgart 1928; K. Hüseler, *Deutsche Fayencen,* Stuttgart 1956.

Crane, Walter (1845-1915). Englischer Maler, Designer und Illustrator, ein Anhänger von W. →Morris und führender Propagandist des →Arts and Crafts Movement. Er war am stärksten als Entwerfer von Stoffen und Tapeten, besonders für Kinderzimmer, in einer blaßfarbenen Morris-Manier mit genügend Jugendstilflair, um ihm europäischen Ruf zu verschaffen. Er entwarf auch Töpferwaren.

Lit: W. Crane, *An Artist's Reminiscences,* London 1907; E. Aslin, *The Aesthetic Movement,* London 1969.

Crapaud, französisch, Mitte 19. Jh. (Schloß Compiègne)

Crapaud, franz., Kröte. Französischer niedriger, üppig gepolsterter Armsessel des 19. Jhs.

Craquelé. Das Reißen der Glasur auf Keramiken. Es tritt ein, wenn Scherben und Glasur unterschiedlich schnell erkalten. Es ist schwierig zu sagen, ob das Craquelé auf Keramiken der frühen Song-Zeit gewollt war. In der späten Song-Zeit war es überlegt und kontrolliert (→Guanware). Seit dem späten 19. Jh. wurden die von den Chinesen mit der rissigen Glasur erreichten Effekte durch westliche Keramiker (vor allem Kunstkeramiker) nachgeahmt.

Cream ware, cream-coloured earthenware →Steingut

Credenza, ital., Anrichte oder Serviertisch. Besonders wichtiges, in der italienischen Renaissance ausgebildetes Möbel zur Schaustellung von kostbarem Tafelgerät, auf dem ursprünglich, wegen der allgemeinen Angst vor Vergiftungen, auf die Aufforderung »far la credenza« (ungefähr: mache es glaubwürdig) Getränke und Speisen vorgekostet wurden.

Creepers, engl. Ein Paar einfache und zum Gebrauch bestimmte Feuerböcke, die hinter oder zwischen aufwendigeren, zur Dekoration bestimmten →Andirons aufgestellt werden.

Creil. In Creil (Oise) war die erste französiche Fabrik, die bedrucktes →Steingut herstellte in Nachahmung von und in Wettbewerb mit →Spode und anderen englischen Fabriken, die im frühen 19. Jh. den Kontinent mit preiswertem Eßgeschirr überfluteten. Sie wurde 1795 von *Saint-Cricq-Cazaux* gegründet, der sich 1803 mit einem Engländer, *Bagnall,* assoziierte. Der Erfolg trat sofort ein. Die Stücke waren weiß oder gelb, in Schwarz, Sepia oder Rotbraun mit vielerlei Landschaften, Ansichten von Gebäuden, Jagdszenen (oft engl.) und aktuellen Darstellungen während des Empire (Porträts der Familie Bonoparte) bedruckt. Eine andere Fabrik, die in Montereau Steingut hergestellt hatte, war von 1818-25 und von 1840 bis zur Schließung im Jahre 1895 mit Creil vereint. Die Stücke des späten 19. Jhs. waren oft mit satirischen Drucken verziert. Die Herkunftsbezeichnung Creil wird auf alles französische Steingut dieser Art bezogen, auch wenn es anderswo hergestellt wurde, vor allem in zwei Fabriken in →Sèvres. Der eingepreßte Fabrikname wurde als Marke verwendet. *Siehe auch Abb. S. 84.*

Lit: M. Aries, *La Manufacture de Creil, 1795-1894,* Paris 1974.

Cremer, E. →Kölner Töpfereien

Crespin, Paul (1694-1770). Englischer Silberschmied französischer Herkunft; seine Eltern hatten sich um 1687 als hugenottische Flüchtlinge in England niedergelassen. Crespin verarbeitete Silber im Stil des Rokoko für den häuslichen Gebrauch. Er arbeitete zusammen mit N. →Sprimont. 1734 fertigte er einen Teil des großen Service für die Kaiserin Katharina von Rußland; der größte Teil davon wurde später eingeschmolzen, doch ein Deckelpokal von Crespin ist erhalten (Ermitage, Leningrad). Crespin zog sich um 1759 ins Privatleben zurück.

Paul Crespin

Ch. Cressent: Cartel-Uhr mit Goldbronzegehäuse, um 1747 (William Rockhill Nelson Gallery of Art, Kansas City)

Cressent, Charles (1685-1758). Französischer Bildhauer und →Ebéniste des →Régence und des frühen →Rokoko. Er war ebenso bedeutend für die Möbelkunst wie Gilles-Marie →Oppenort für das Ornament und J.A. →Watteau für die Malerei, die beide sein Schaffen beeinflußt haben. Cressent gehörte zu den ganz wenigen Ebenisten, deren Namen in Versteigerungskatalogen des 18. Jhs. erwähnt wurden. Da diese vor 1751 noch nicht verpflichtet waren, ihre Arbeiten zu signieren, ist keine einzige von ihm signierte Arbeit bekannt. Das hat dazu geführt, daß ihm zahlreiche der besten Möbel der Zeit zugeschrieben wurden. Von einigen wertvollen Kommoden aber weiß man heute, daß sie von A.R. →Gaudreau stammen. Es besteht jedoch kein Zweifel, daß einige sehr schöne Régence- und Louis-quinze-Möbel, die sich im Gulbenkian-Museum, Lissabon, in der Wallace Collection, London, in Waddesdon Manor und in der Münchner Residenz befinden, von ihm stammen.

Cressent begann seine Laufbahn als Bildhauer in Amiens, wo ihn sein Großvater als Kunsttischler und sein Vater als Bildhauer ausgebildet hatten. 1714 wurde er als Bildhauer in die Pariser Académie de Saint Luc aufgenommen. 1719 heiratete er die Witwe des Ebenisten Joseph Poitou, eines Konkurrenten von A.-Ch. →Boulle. Von dieser Zeit an hat er sich offensichtlich mehr der Möbelkunst als der Bildhauerei zugewandt, fertigte aber dennoch gelegentlich Büsten an. Er übernahm die Werkstatt Poitous und erhielt auch dessen Titel ›ébéniste de duc d'Orléans‹, des Regenten nach dem Tode Ludwigs XIV. Zu seinen Auftraggebern zählte nicht nur der französische Hof, sondern auch z. B. König Johann V. von Portugal und Kurfürst Karl Albrecht von Bayern.

Für seine frühen und schönsten Möbel sind sanft geschwungene Umrisse, schlichte Fur-

Creil: Steingutteller mit Porträt von Joseph Bonaparte, König von Spanien (Musée de l'Ile de France, Sceaux)

niere und kunstvolle Bronzebeschläge charakteristisch. Letztere modellierte, goß und vergoldete er selbst. Da das gegen die strengen Regeln der Zünfte verstieß, wurde wiederholt Anklage gegen ihn erhoben, doch konnte er stets der Hilfe des Herzogs von Orléans sicher sein. In seinen kühnen, ausdrucksvollen Bronzebeschlägen schlagen sich seine bildhauerischen Fähigkeiten nieder. Besonders charakteristisch sind Putten, Vögel, Drachen und →Espagnoletten. Im Gegensatz zu den Bronzebeschlägen seines großen Vorgängers Boulle haben sie keinerlei Funktion, sie sind rein dekorativ. Am besten kommen sie auf seinen Kommoden zur Geltung, bei denen sie oft die durch die Schubladen gegebene Gliederung vollkommen aufheben. Cressent schuf auch eine Anzahl prächtiger Uhrengehäuse und vor allem →Cartel-Uhren. Eines der schönsten Modelle existiert in mehreren Ausführungen (Louvre, Paris, Wallace Collection, London) und ist mit Skulpturen geschmückt, die den ›Triumph der Liebe über die Zeit‹ darstellen. Er legte sich eine große und wertvolle Kunstsammlung zu, was ihn schließlich in finanzielle Schwierigkeiten brachte. 1748 ging er beinahe in Konkurs. Um diese Zeit änderte er seinen Stil, möglicherweise um Kosten sparen und die Produktion steigern zu können. Seine ehemals kunstvollen Bronzebeschläge und auch die schmucklosen Furniere wurden zugunsten floraler Holzmarketerien aufgegeben. *Siehe auch Abb. S. 190, 374, 376, 502.*

Lit: F. J. B. Watson, *Wallace Collection Catalogue: Furniture,* London 1956; *ders., The Wrightsman Collection: Furniture,* New York 1966; T. Dell in *Burlington Magazine,* April 1967.

Cresson, Louis (1706-61). Wichtigstes Mitglied einer bedeutenden Kunsttischlerfamilie des Louis-quinze. Er wurde 1738 ›maître‹ und war ein Protegé des Königshauses. Seine Stühle und Polstermöbel sind ausgewogen und elegant, mehr als die seines Bruders *Michel* (1709 bis um 1773) oder die seines Verwandten *Jean Baptiste* (gest. 1780). In Paris gab es im 18. Jh. mindestens zehn Möbelkünstler mit Namen Cresson, deren Verwandtschaftsgrad jedoch nicht genau bekannt ist; unter ihnen *Louis II Cresson,* der 1772 ›maître‹ wurde und 1779 noch erwiesen tätig war. *Jacques-Louis Cresson* (1743-95) wurde schon im Alter von sechzehn Jahren ›maître‹. Er stellte vor allem Stühle her, doch betätigte er sich später vorwiegend als Möbelhändler. Wegen seiner Beteiligung an der Revolution wurde er nach dem Sturz von Robespierre zum Tod durch die Guillotine verurteilt.

Lit: F. J. B. Watson, *The Wrightsman Collection: Furniture,* New York 1966.

Cretonne. Aus dem Französischen kommendes Wort unsicheren Ursprungs für einen kräftigen Stoff mit Hanfkette und Leinenschuß. Er wurde zuerst in der Normandie nahe Lisieux gemacht. Cretonne ist stärker als →Chintz und soll diesen zum großen Teil um 1860 ersetzt haben. In England bezeichnet man damit einen festen, ungeglänzten Baumwollstoff, der mit

J.-L. Cresson: Stuhl (siège à la Reine) (Bibliothèque Nationale, Paris)

farbigen Mustern bedruckt für Vorhänge, Möbelbezüge usw. verwendet wird und mit dessen Herstellung hier zwischen 1860 und 70 begonnen wurde.

Cretonne, applizierte. Musterteile (Blumen, Blätter, Vögel usw.) werden aus einem bedruckten Baumwollstoff ausgeschnitten und mit Knopflochstich, der oft mit farbiger Seide überstickt wird, auf einem einfarbigen, oft schwarzen Grund aufgenäht. Auch ›broderie perse‹ genannt.

Cretté, Louis →Brüssel

Creußen Lorenz Speckner

Creußen Familie Vest

Creußener Steinzeug. Die Herstellung feinen →Steinzeugs mit einem mit brauner Salzglasur bedeckten bräunlich-grauen Scherben entwickelte sich im späten 16. Jh. aus der →Hafnerindustrie, die sich fast ein Jh. früher in Creußen in der Nähe von Bayreuth unter der Leitung von Mitgliedern der Familien *Vest* und →Speckner angesiedelt hatte. Datierte Stücke gibt es seit 1614 (Humpen im Germanischen Nationalmuseum, Nürnberg), die besten scheinen im ersten Viertel des 17. Jhs. hergestellt worden zu sein, obwohl Steinzeug dort fortwährend bis in die 30er Jahre des 18. Jhs. gemacht wurde: Gefäße verschiedenen Typs, vor allem vierkantige Kruken mit Metallschraubverschlüssen und ziemlich gedrungene Deckelkrüge, die mit figürlichen Darstellungen oder Wappen in aufgelegten Reliefs (wie auf dem →Rheinischen Steinzeug) in mitunter leuchtenden, undurchsichtigen →Emailfarben dekoriert, vor allem im 16. und 17. Jh. die Apostelkrüge mit den farbigen Reliefs der Apostel. Die emaillierten Stücke sind die ersten Keramiken, die in Europa in dieser Technik deko-

riert wurden, und wahrscheinlich das Werk von Glasmalern. Von 1618 an wurden auch Fayencearbeiten von L. →Speckner hergestellt, Kruken (in derselben Form wie diejenigen aus Steinzeug), Becher, Apothekengefäße, Teller und Schüsseln, die im allgemeinen mit stilisierten Blumenmotiven, manchmal mit Wappen, selten mit Figuren, in hellem Blau auf einem rein weißen Grund bemalt wurden. Mehrere Stücke sind, letztmals 1668, datiert (Det Danske Kunstindustriemuseum, Kopenhagen). *Siehe auch Abb. S. 581.*

Lit: J. Kroll, *Creussener Steinzeug*, Braunschweig 1980.

Criaerd, Mathieu (1689-1776). Pariser →Ebéniste flämischer Herkunft. Er wurde 1738 ›maître‹ und schuf vor allem Möbel im Louis-quinze, geschmückt mit Marketerien in floralen und geometrischen Mustern, auch mit orientalischen oder pseudoorientalischen, von Rokoko-Beschlägen eingerahmten Lackarbeiten. Die hohe Qualität seiner Möbel ist aus der Tatsache ersichtlich, daß er J.-F. →Oeben, ›ébéniste du Roi‹, belieferte. Sein jüngerer Sohn *Sébastien-Mathieu* führte das Geschäft weiter, als er sich 1767 zur Ruhe setzte, und benutzte auch den Meisterstempel seines Vaters. Sein älterer Sohn *Antoine-Mathieu* (geb. 1724) wurde 1747 ›maître‹ und führte eine eigene Werkstatt. Seine Möbel können weitgehend bereits dem Louis-seize zugeordnet werden.

Lit: F. J. B. Watson, *The Wrightsman Collection: Furniture*, New York 1966.

Criblé. Eine Gravurtechnik für Glas wie auch Metall zur Wiedergabe von Schattierungen und Halbtönen mittels kleiner Punkte.

Cripps, William (tätig 1730-67). Englischer Silberschmied, der 1730/31 bei →Willaume d.J. lernte. Er machte hauptsächlich Silber für häuslichen Gebrauch.

Criseby Fayencefabrik →Eckernförde

Cristobal de Augusta →Augusta, Cr. de

Cristoforo da Lendinara, Cristoforo Canozzi genannt (gest. 1491). Mit seinem Bruder Lorenzo (gest. 1477) war er der führende Intarsienkünstler in Norditalien. Beide waren Freunde von Piero della Francesca, und vielleicht gehen ihre Arbeiten manchmal auf dessen Entwürfe zurück, besonders Stücke im Chor (1461-65) und in der Sakristei (Cristoforo) im Dom von Modena sowie im Domchor von Parma (1469-73). Die frühen Werke in Modena sind abstrakt und dekorativ, während die späteren in Parma mehr das Malerische betonen. Das Färben des Holzes durch Kochen, zu Unrecht von Vasari Fra Giovanni da Verona zugeschrieben, wurde durch die Brüder Lendinara 1462 angewandt.

Croft, engl. Kleiner Schreibtisch des 18. Jhs. ohne Aufsatz, mit etwa 12 Schubladen und einer nach zwei Seiten herunterklappbaren Schreibplatte. Er wurde nach seinem Erfinder Sir Herbert Croft benannt.

Creußen: Deckelkrug aus salzglasiertem Steinzeug, 1628 (Museum für Kunst und Gewerbe, Hamburg)

Cros, Henri (César-Isidore-Henri) (1840 bis 1907). Französischer Bildhauer, der, von seinem Interesse an Polychromie geleitet, auf dem Wege über die Arbeit mit farbigem Wachs zur Arbeit mit Glas gelangte. 1884 entwickelte er ein Verfahren zur Imitation antiker geschnittener Gemmen in →Pâte-de-verre, und 1889 stellte er zum erstenmal Reliefs in diesem Material aus. Ab 1893 hatte er ein Atelier bei der →Sèvres Porzellan-Manufaktur. Seine Arbeiten waren beeinflußt von zeitgenössischen Malern; Rodin bewunderte sie. Auf der Pariser Weltausstellung von 1900 gewann Cros eine Goldmedaille für sein Glasrelief ›L'histoire du feu‹ (Musée des Arts Décoratifs, Paris). Obwohl er gelegentlich auch Vasen aus Pâte-de-verre machte, diente ihm das Material doch in erster Linie für Bildhauerarbeiten. Die Möglichkeiten, damit zu arbeiten, wurden von A. →Dammouse und F.-E. →Décorchemont weiterentwickelt.

Lit: A.-M. Belfort in *Cahiers de la céramique*, 39 (1967), S. 176-87); J. Bloch-Derment, *L'Art du Verre en France 1860-1914*, Lausanne 1974.

Crutched Friars glasshouse. Londoner Glashütte, die 1568 von *Jean Carré* (gest. 1572) gegründet wurde, um Kunstglas nach venezianischer Art herzustellen. Zunächst wurden lothringische, später venezianische Glasbläser beschäftigt. Die Hütte wurde 1572 von G. →Verzelini übernommen und stellte Pokale aus Natronkalkglas her, die manchmal von A. de Lysle graviert wurden, wie auch einfaches Tischglas, bevor sie 1575 niederbrannte. 1576 wurde sie von Verzelini wieder aufgebaut, der sie erfolgreich führte, bis er sich 1592 zurückzog und sie seinen Söhnen Francis und Jacob überließ.

Crystallo-céramie. Französischer Ausdruck für geformte Porzellanreliefs, die in ein Stück klaren Kristallglases, oft ein Briefbeschwerer, eingesetzt werden. Zuerst wurde diese Methode im frühen 19. Jh. in Frankreich angewendet und dann von A. →Pellatt in England übernommen; sie wird auch ›cameo incrustation‹ genannt.

Cucci, Domenico (um 1635-1704/05). Italienischer Kunsttischler und Bildhauer. Er wurde in Todi bei Mailand geboren und ließ sich um 1660 in Paris nieder. Man nimmt an, daß ihn der prunkliebende Kardinal Mazarin nach Paris geholt hat. 1664 erhielt er die französische Staatsbürgerschaft und wurde, neben A.-Ch. →Boulle, der tonangebende →Ebéniste Ludwigs XIV. Er leitete in der →Gobelins-Manufaktur eine Werkstatt und trug mit seinen prunkvollen Kabinettschränken aus Ebenholz mit Einlagen aus →Lapislazuli, Jaspis und anderen Edelsteinen, aus Silber, Zinn, Schildpatt und Goldbronze viel zu der luxuriösen Prachtentfaltung von Versailles und anderen königlichen Residenzen bei und setzte neue Maßstäbe für königliches Gepränge und handwerkliches Können. Bis 1683, als Ch. →Le Brun in Ungnade fiel und die Arbeit an der Gobelins-Manufaktur zurückging, arbeitete er fast ausschließlich für den Hof, später auch gelegentlich für private Auftraggeber. Die meisten der von ihm für das Königshaus geschaffenen Möbel wurden im 18. Jh. verkauft oder wegen ihres Materialwertes demontiert und wahrscheinlich von A. →Weisweiler und anderen Möbelschreinern später wieder verarbeitet. Von seinen Arbeiten ist lediglich ein Paar Kabinettschränke aus Ebenholz mit →Pietradura-Einlagen und Goldbronze-Beschlägen erhalten geblieben. Sie wurden 1681-83 für Versailles angefertigt und befinden sich heute in Alnwick Castle, Northumberland.

Lit: P. Verlet, *French Royal Furniture,* London 1963; H. Honour, *Cabinet Makers and Furniture Designers,* London–New York 1969.

Cuccumos, Filippo →Rom, Töpfereien in der Stadt

Cucuteni-Keramik. Neolithische polychrome Gefäße des 3.-2. Jts. v. Chr., bemalt mit verschlungenen oder geometrischen Mustern, die in Rumänien gefunden wurden. Sie folgen der donauländischen →Bandkeramik, wenn auch nicht unmittelbar. Cucuteni war der Zweig der gleichzeitigen russischen Tripolje-Kultur (nahe Kiew) auf dem Balkan.

Lit: H. Kühn, *Die Kunst Alteuropas,* Stuttgart 1958.

Cuenca, span., Zelle. Technik zum Dekorieren von Keramikfliesen, die in Spanien von der Mitte des 16. Jhs. an praktiziert wurde. Das Muster wird derart in den Ton gedrückt, daß Tonstege Konturen bilden, die das Ineinanderlaufen der verschiedenen Farbglasuren verhindern.

Cuerda seca-Fliesen, 15. Jh. (Victoria & Albert Museum, London)

Cuir bouilli: Lederbehälter, mit geschnittenen und gepunzten Verzierungen (Victoria & Albert Museum, London)

Cuenca-Teppiche. Seit dem 15. Jh. war Cuenca neben →Alcaraz das Hauptzentrum der →spanischen Teppichproduktion, und im 17. und 18. Jh. wurde die Stadt zu einem der produktivsten in Europa. Die Teppiche des 15. bis 17. Jhs. ähneln denen von Alcaraz. Seit der Mitte des 17. Jhs. wurde der türkische oder →Gördes-Knoten bei wollenen Knüpfteppichen auf einem Grundgewebe von Ziegenhaar mit ungefärbten Kettfäden und gefärbten Schüssen verwendet. Im 18. und 19. Jh. war Cuenca eine königliche Manufaktur. Englische und französische Teppichmuster verdrängten die türkischen Vorbilder, und man fertigte auch ausgezeichnete Kopien von den →Savonnerie- und →Aubusson-Teppichen an.

Ornamentstich von C. A. Lespelliez nach François de Cuvilliés d. Ä.

Cuerda seca, span., trockene Schnur. Technik zum Dekorieren von Keramikfliesen und zuweilen von Schüsseln, die ihren Ursprung im Nahen Osten hat und etwa seit 1500 in Spanien häufig angewandt wird. Die Konturen der Muster werden mit einem Brei aus Braunstein und Fett gezogen, um so das Ineinanderlaufen der Farbglasuren zu verhindern. *Siehe auch Abb. S. 562.*

Cuir bouilli, franz. Leder, das in die verschiedensten Formen gepreßt wird, um Krüge, Trinkgefäße, Behälter für Silbergegenstände u. a. daraus zu machen. Der Grundvorgang, der darin besteht, das durch Wasser weichgemachte Leder über einem Modell aus Stein, Holz o. ä. in die gewünschte Form zu bringen und es dann bei mäßiger Hitze zu trocknen, bis es hart geworden ist, wurde bereits in der Steinzeit entdeckt. Das geformte Leder wird schneller fest und wird auch härter, wenn es in sehr heißes Wasser getaucht wird – daher die Bezeichnung ›cuir bouilli‹, gekochtes Leder, die im 14. Jh. in Frankreich und England in Gebrauch kam. Leder, das auf diese Weise geformt worden war, wurde entweder mit Wachs imprägniert oder (falls es sich um Krüge, Flaschen u. ä. handelte) mit Pech oder Harz ausgekleidet. Die Oberfläche kann durch →Lederschnitt, → Blindprägung oder →Goldprägung verziert sein.

Cul-de-lampe, franz. Nach unten auslaufendes Zierglied einer Konsole sowie der Schlußvignette eines Buches.

Cupisnique Keramik →Peruanische Keramik

Curfew, engl. Haubenartige Metallabdeckung, dazu bestimmt, über die glühende Holzkohle im offenen Kamin gestülpt zu werden und zwar nicht, um die Glut zu löschen, sondern um sie am Leben zu erhalten.

Custine, A.-Ph. comte de →Niderviller

Custodia. Spanischer Typ der →Monstranz in der Form eines Tabernakels. Obwohl zum Getragenwerden bestimmt, ist sie oft außerordentlich groß und schwer. Prächtige und kostbar gearbeitete Custodien stammen von Enrique de →Arfe und seiner Familie. *Siehe auch Abb. S. 19.*

Lit: Edmund W. Braun, *Custodia* in RDK Bd. III.

Cuvilliés, François de (1695-1768). Führender deutscher Architekt des →Rokoko. Der gebürtige Flame war Hofzwerg des Kurfürsten Max Emanuel von Bayern, bevor er 1720-24 bei J.-F. Blondel in Paris Architektur studierte und 1725 von Max Emanuel zum Hofarchitekten ernannt wurde. In München gestaltete er u. a. Prunkräume der Residenz (die im letzten Krieg z. T. zerstört und wieder aufgebaut wurden), das Cuvilliéstheater und die Amalienburg im Park von Schloß Nymphenburg (1734-39). Seine sprühenden, graziösen Entwürfe zählen zu den schönsten des europäischen Rokoko. 1738 begann er in regelmäßigen Abständen Ornamentstiche von seinen

Entwürfen für →Boiserien und Möbel zu veröffentlichen, die noch phantasievoller und leichter waren als die seiner französischen Zeitgenossen. Als er starb hatte das Rokoko bereits seinen Höhepunkt überschritten, so daß sein Sohn François d.J. die Veröffentlichung seiner Entwürfe nicht zu Ende führte.

Lit: H. Kreisel, Die Kunst des deutschen Möbels, Bd. II, München 1970.

Cyfflé, Paul-Louis de (1724-1806). Bildhauer und Porzellanmodelleur. Geboren in Brügge, begann als Maler und beschäftigte sich mit der Bildhauerei; ließ sich 1746 in Lunéville nieder. Außer größeren Werken modellierte er Figuren für die Fayencefabrik →Lunéville (1752), dann für die Fabriken in →Saint-Clément (1758), →Ottweiler (1765) und →Niderviller (1772-80). Er hatte auch eine eigene Fabrik für die Herstellung von Figuren in ›terre de Lorraine‹ (unglasierte Tonpfeifenerde, im Aussehen dem →Biskuit ähnlich) in Lunéville (1768-77) und in Hastières Lavaux (1785 bis um 1790). Seine Stärke waren leicht sentimentale, ländliche Figuren – träumende junge Gärtner, Kinder, die über einen toten Vogel weinen, ein Flickschuster, der seinem in einem Käfig eingesperrten Vogel zupfeift, eine Strumpfstopferin usw.

Lit: E.-J. Dardenne, *Essai sur Paul-Louis Cyfflé*, Brüssel 1912.

Cyma recta. Geschwungenes Profil, im oberen Teil konkav, im unteren konvex; auch als S-Kurvenprofil bezeichnet.

Cyma reversa. Geschwungenes Profil, im oberen Teil konvex, im unteren konkav; auch als umgekehrtes S-Kurvenprofil bezeichnet.

Cymric-Stil →Liberty, Sir Arthur Lazenby

D

Dagestan-Teppiche → Kaukasische Teppiche

Dagly, Gerhard (tätig um 1687-1714). Er wurde wahrscheinlich zwischen 1650 und 1660 in Spa geboren, das lange Zeit eines der wichtigsten Zentren für die Nachahmungen japanischer Lackarbeiten war (→Spa Lackwerkstätten, →Koromandellackarbeiten). Als führender Meister in dieser Kunst ernannte ihn Kurfürst Friedrich Wilhelm von Brandenburg 1687 zum ›Kammerkünstler‹, und im folgenden Jahr wurde er Hofdekorateur. Bis zu seiner Entlassung 1713 blieb er in Berlin. Dagly stellte für den Kurfürsten Lackmöbel und Holzvertäfelungen im asiatischen Stil her, wobei er nicht nur das traditionelle Schwarz und Gold benutzte, sondern bei den figürlichen Darstellungen auch leuchtende Rot-, Grün- und Blautöne auf cremig-weißem Grund einsetzte. Es sind keine von ihm signierten Arbeiten bekannt, jedoch werden ihm einige Lackmöbel (vor allem im Schloß Charlottenburg in Berlin und in den Museen von Kassel und Braunschweig) zugeschrieben. Sein bekanntester Schüler, M. →Schnell, ließ sich 1713 in Dresden nieder. Sein Bruder *Jacques* (1655-1728) ging nach Paris, wo er ein Patent für eine Manufaktur für Lackarbeiten erhielt.

Lit: W. Holzhausen, *Lackkunst in Europa*, Braunschweig 1959; H: Kreisel, *Die Kunst des deutschen Möbels*, Bd. II, München 1970.

Dagoty, Pierre-Louis →Paris, Töpfereien und Porzellanfabriken

Dahlström, Carl Peter (1700-94). Schwedischer Kunsttischler, der sich nach einer Ausbildung in Paris bei J.-F. →Oeben 1755 in Stockholm niederließ. Er belieferte den russischen Zarenhof mit Möbeln, vor allem Stücken mit floraler Marketerie.

Dalmatika. Ursprünglich spätrömisches Obergewand, das von der frühchristlichen Kirche als liturgisches Obergewand der Diakone und später auch vom Bischof beim Pontifikalamt unter der →Kasel getragen wurde. Die Dalmatika, die auch zum Krönungsornat der deutschen Kaiser gehörte, ist ein knielanger, mit Zierborten geschmückter Rock, dessen Seiten z.T. bis in die weiten Ärmel hinein aufgeschlitzt sind.

Dalpayrat, Adrien-Pierre (1844-1910). Verbunden mit E. →Chaplet bei der Entwicklung der →Flambéglasur, gründete er 1889 eine Töpferei in Bourg-la-Reine (mit dem Bildhauer A. Voisin-Delacroix). Er produzierte sowohl plastische wie dekorative Stücke in →Art-Nouveau-Formen und exotischen Farben.

Damaskusware →Iznik

Damast. (1) Ein doppelseitig gemusterter weißer oder einfarbiger Stoff, bei dem das Muster durch den Wechsel von Kett- und Schußbindung gebildet wird. Damastgewebe schließen →Atlas und Satin (oder doppelseitigen Satin) ein, d.h. Gewebe, bei denen teilweise die Schußfäden oder die Kettfäden flottieren, oft komplizierte Muster bildend, die durch verschiedenen Glanz sichtbar werden (wie bei den Tischtüchern, die im 19. Jh. so beliebt waren). (2) Terminus, der locker mit allen Seidenstoffen in Verbindung gebracht wird, die ein reich ausgebildetes, meist florales Muster haben.

Damaszieren. In Damaskus und an andern Orten üblich gewesener Prozeß, durch den man Stahl, vor allem Schwertblättern, eine Art Wellenmuster gab. Schmiedeeisen wurden zerkleinert, mit Holzkohle gemischt, dann längere Zeit bei hoher Temperatur erhitzt und langsam abgekühlt, wobei ein spröder Flußstahl entstand. Durch erneutes Erhitzen, diesmal mit einem Gebläse, unterbrochen durch Schmieden des Stahls, wurde einiges von dem aufgenommenen Kohlenstoff wieder abgegeben und so das Metallstück für den letzten Schmiedevorgang vorbereitet. Der Ausdruck ›damaszieren‹ wird auch (altertümlich) angewendet auf das Verzieren von Stahl mit Gold oder Silber, die in unterschnittene Rillen gehämmert werden. Diesen Vorgang nennt man jedoch richtiger ›tauschieren‹.

Lit: Paul Post, Artikel *Damaststahl*, RDK Bd. III

Damm →Höchst

Dammouse, Albert-Louis (1848-1926). Französischer Bildhauer, Glasbläser und Keramiker, Sohn von Pierre Adolphe Dammouse (1817 bis um 1880), der Modelleur in der Porzellanfabrik →Sèvres war. Als Bildhauer in Paris ausgebildet, arbeitete er im Atelier von M.L. →Solon, von dem er die →Pâte-sur-pâte-Technik der Keramikdekorierung lernte, die er in einer kleinen Werkstatt in Sèvres auch nach dem Weggang von Solon nach England noch anwandte. Seine ersten Werke waren Nachahmungen italienischer →Majolika, für die er seit 1874 in Ausstellungen Preise erhielt. Ab 1878 arbeitete er für die Fabrik Poynat und Dubreuil in Limoges. Seit 1882 befaßte er sich in seiner eigenen Werkstatt in Sèvres hauptsächlich mit der Herstellung von →Steinzeug mit einer kunstvoll rauh strukturierten Oberfläche, das von der →japanischen Keramik beeinflußt war; er arbeitete aber auch für verschiedene Porzellanmanufakturen, besonders für →Haviland. Ab 1898 beschäftigte er sich mit der Herstellung von Glas (→Pâte-de-verre), im Stil des →Art Nouveau. *Abb. siehe S. 566.*

Lit: A. Polak, *Modern Glass,* London 1962; M. Ernould-Gandouet, *La Céramique en France au XIXe siècle,* Paris 1969.

Danhauser, Josef Ulrich (1780-1829). Inhaber der wichtigsten Wiener Möbelfabrik des frühen 19. Jhs., die er von 1804 an bis zu seinem Tod betrieb. Er arbeitete für Mitglieder von Herrscherhäusern und des Hochadels wie den Erzherzog Karl von Österreich und den Herzog Albert von Sachsen-Teschen (Gründer der Albertina), für den er Möbel im →Empirestil anfertigte. Vorwiegend jedoch stellte er Möbel für bürgerliche Wohnungen her und trug entscheidend zur Ausformung des österreichischen →Biedermeier-Stils bei. Eine Sammlung von 2500 Entwürfen aus seiner Fabrik befindet sich im Österreichischen Museum für angewandte Kunst in Wien. Sein Sohn *Joseph,* der Maler war, erbte die Fabrik, schloß sie aber 1838.

Lit: R. Feuchtmüller und W. Mrazek, *Biedermeier in Österreich,* Wien 1963; G. Himmelheber, *Biedermeier Furniture,* London 1974.

Dannecker, Johann Heinrich von →Ludwigsburg

Dannhäuser, Leopold →Wien

Dantesca-Stuhl. Italienischer →Faltstuhl des 19. Jhs.

Dantesker Stil. Italienischer Dekorationsstil der Mitte des 19. Jhs. Er entspricht dem viktorianischen →Gothic Revival in England und dem →Troubadour-Stil in Frankreich und ist streng national begrenzt. Er ist ebenso von der →Renaissance wie von der mittelalterlichen Kunst inspiriert. Knorrige Anrichten aus Nußbaumholz mit geschnitzten dichtgedrängten Renaissancemotiven, schwerfällige →Cassoni, Tische, deren Unterbau mit Harpyien und →Groteskenköpfen überladen sind, und mit dunkelrotem, geschorenem Samt (dem bevorzugten Polsterstoff) bezogene Faltstühle (→Scheren- oder Savonarolastühle) sind charakteristisch.

Danziger Schapp →Schrank

Darley, Matthias (tätig 1741-80). Kupferstecher und Entwerfer. Er fertigte die Mehrzahl der Platten für →Chippendales ›Director‹ an. 1751 veröffentlichte er seine erste Publikation mit Entwürfen, ›A New Book of Chinese, Gothic and Modern Chairs‹, und 1754 zusammen mit einem gewissen Edwards ›A New Book of Chinese Designs‹. Beide Werke trugen dazu bei, →Chinoiserien in England populär zu machen. 1770 erschien ›The Ornamental Architect or Young Artist's Instructor‹. *Siehe Abb. S. 533.*

Lit: P. Ward-Jackson, *English Furniture Designs,* London 1958.

Darmstadt, Großherzogliche Keramische Manufaktur. 1905 gegründet von dem den Jugendstil liebenden Großherzog Ernst Ludwig von Hessen. Sie wurde von 1906 bis zur Schließung 1913 von →Scharvogel geleitet. Hergestellt wurde →Steinzeug in einfachen, klaren Formen des Jugendstils mit gesprenkeltem Dekor.

Lit: O. Pelka, *Keramik der Neuzeit,* Leipzig 1924; C. B. Heller, *Jugendstil-Kunst um 1900,* Darmstadt 1982.

Darmstädter Künstlerkolonie. Eine Gruppe von Künstlern, Designern und Kunsthandwerkern arbeitete in Darmstadt unter der Gönnerschaft des Großherzogs Ernst Ludwig von Hessen, dessen Interesse an der englischen →Arts und Crafts-Bewegung ihn bewog, gleiche Aktivitäten in Deutschland zu unterstützen. H. M. →Baillie-Scott und C. R. →Ashbee entwarfen 1897/98 die Ausstattung für sein neues Schloß. Auf die Anregung von Alexander Koch, Verleger von Zeitschriften für angewandte Kunst – ›Deutsche Tapetenzeitung‹, ›Innendekoration‹ und ›Deutsche Kunst und Dekoration‹ –, lud er deutsche Künstler ein, sich in Darmstadt niederzulassen, Designer sowohl wie Maler, Bildhauer und Architekten, die für die Zukunft offen waren. P. →Behrens und J. M. →Olbrich waren die bekanntesten, und unter ihrem Einfluß entfernte sich die Kolonie von den Arts and Crafts-Idealen und einer Tendenz zum →Art Nouveau und wandte sich der Nüchternheit und Einfachheit des →Funktionalismus und der Maschinen-Ästhetik zu, damit spätere Entwicklungen vorwegnehmend (→Bauhaus). Aber dieser anfängliche Impuls war in Kürze verbraucht, und andere Glieder der Kolonie waren weniger auf Neues eingestellt, so z. B. H. →Christiansen, P. →Huber, A. →Müller, Emanuel Joseph Margold (1889-1962) und Ernst Riegel (1871-1939). Die ›Erste Darmstädter Kunstausstellung‹ fand 1898 statt und zog viel Aufmerksamkeit auf sich. Die zweite Ausstellung, ›Ein Dokument deutscher Kunst‹, 1901 organisiert durch Behrens, war die erste ihrer Art, die das ganze künstlerische Umfeld mit hineinnahm: die von den Künstlern erbauten und ausgestatteten Wohnhäuser auf der Mathildenhöhe. Die Gruppe beschickte die Ausstellung 1902 in Turin und 1904 in St. Louis, USA. Die Künstlerkolonie war keine statische Organisation; ihre Mitglieder wechselten von Jahr zu Jahr bis 1914, als sie ihr Ende fand.

Lit: Ein Dokument deutscher Kunst, Darmstadt 1901-76, Ausst. Kat. Mathildenhöhe, Darmstadt 1976/77.

Darri →Dhurrie

Dasson, Pierre und **Henri.** Inhaber einer Pariser Möbelfabrik, die Mitte des 19. Jhs. sehr hochwertige Kopien von Möbeln vergangener Stilepochen herstellte. Ihre Kopie des ›Bureau du Roi‹ Louis XV. von J.-F. →Oeben und J.-H. →Riesener befindet sich in der Wallace Collection, London. *Siehe auch Abb. S. 515.*

Daubenkrug. Hölzerner, zinnmontierter Bierkrug in konischer Form, der mit eingeschnittenen und dann mit Zinn ausgegossenen Ornamenten verziert ist.

Daum, Auguste (1853-1909) und **Antonin** (1864-1930). Glasfabrikanten des →Art Nouveau und Leiter einer Fabrik in →Nancy, in der ab 1889 Gefäße im Stil von E. →Gallé hergestellt wurden, die ihr Vorbild jedoch, was künstlerische Phantasie und Raffinement betrifft, nie ganz erreichten. *Siehe auch Abb. S. 299.*

Lit: A. Polak, *Modern Glass*, London 1962; J. Bloch-Dermont, *L'Art du Verre en France 1860-1914*, Lausanne 1974.

Daumenrast, Daumenruhe. Knauf am metallenen Scharnier des Deckels einer Kanne oder eines Humpens, der das Öffnen mit dem Daumen ermöglicht, während die anderen Finger der Hand den Henkel umfassen; manchmal dekorativ gestaltet.

Davenport. Ein kleiner **Schreibtisch** mit schrägem Schreibdeckel über einem Unterbau von Schubladen. Der erste seiner Art wurde in England von der Firma →Gillows gegen Ende des 18. Jhs. für einen Captain Davenport angefertigt. Anfang des 19. Jhs. waren Davenports sehr beliebt.

Davenport: Bedruckter Steingutteller, um 1845 (Victoria & Albert Museum, London)

Davenport. Eine Fabrik für cremefarbenes und blaubedrucktes →Steingut wurde um 1793 von John Davenport in Longport, Staffordshire, gegründet, um 1820 kam eine Porzellanfabrik dazu. Das Porzellan ahmte im Dekor das →Derby-Porzellan nach, und einige Maler in Derby arbeiteten auch für die Fabrik Davenport (besonders Thomas Steele). Tee- und Dessertservice wurden als Massenprodukte hergestellt. Die Fabrik schloß 1887.

Lit: T. A. Lockett, *Davenport Pottery and Porcelain 1794-1887*, Newton Abbot 1972.

Davenport

Davenport aus ›Designs and Catalogue‹ von C & R. Light, London, 1880

David, Jacques-Louis (1748-1825). Berühmtester französischer Maler seiner Zeit. Sein Name ist eng mit dem Aufkommen des →Klassizismus verbunden. Er war einer der ersten, der Möbel – vor allem Stühle – nach antikem Vorbild entwarf. Solche Stühle wurden 1780 von G. →Jacob für David selbst und dessen Mäzen, den Grafen von Artois, angefertigt.

Davis, William →Worcester

Day, Lewis Foreman (1845-1910). Englischer Designer, der dem →Arts und Crafts Movement verbunden war, jedoch vor allem für die

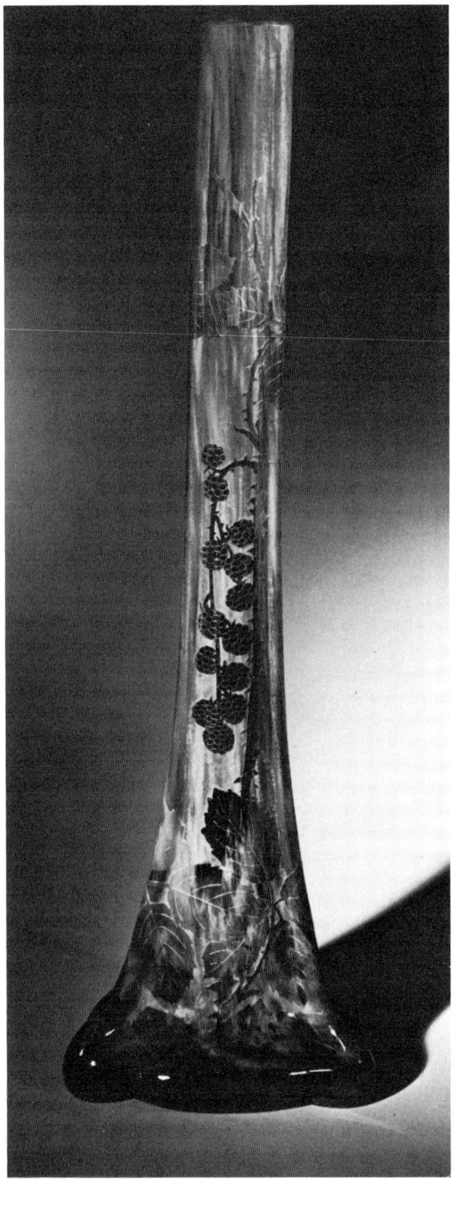

Gebr. Daum: Vase, um 1905 (Kunstgewerbemuseum, Berlin)

Industrie arbeitete. Ab 1870 entwarf er Möbel, Textilien, Tapeten, Keramik und Metallwaren, meist in einer ziemlich schwachen Version des Stils von W. →Morris.

Debschitz, Wilhelm von (1871-1948). Deutscher Maler und Designer sowie einflußreicher Lehrer für angewandte Kunst. Er war zunächst in einem preußischen Kadettenkorps, verließ es aber, um Maler zu werden. Anfangs inspiriert von Spätromantikern wie Moritz von Schwind, Ludwig Richter, geriet er aber bald unter den Einfluß von W. →Morris und W. →Crane. 1891 ließ er sich in München nieder. Hier gründete er 1902, zusammen mit H. →Obrist, eine Schule zur Ausbildung von Künstlern und Kunsthandwerkern, die ›Lehr- und Versuchsateliers für angewandte und freie Kunst‹, allgemein als ›Debschitzschule‹ bekannt, nachdem Obrist sich 1904 zurückgezogen hatte. Sie war eine der ersten Insitutionen dieser Art, die sich auf die neuesten psychologischen Theorien über Erziehung und künstlerische Ausdrucksformen stützte. Arbeiten der Schule gewannen auf der Bayerischen Jubiläumsausstellung von 1906 in Nürnberg eine Goldmedaille. Die Schule hatte u.a. eine

Deckelkrug englisches Silber, 1678, Privatsammlung

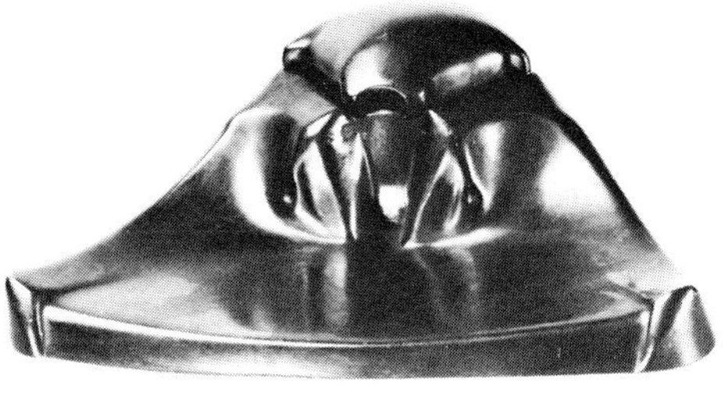

W. von Debschitz: bronzenes Tintenfaß, 1906 (Württembergisches Landesmuseum, Stuttgart)

Werkstatt für Metallbearbeitung, später eine für Textilien (ab 1906) und eine Töpferei (ab 1907). 1906 gründete Debschitz in Zusammenarbeit mit H. Lochner die gewerbsmäßig betriebenen ›Ateliers und Werkstätten für angewandte Kunst‹. Seine eigenen Entwürfe waren Kompositionen aus kühnen abstrakten Formen (z.B. das bronzene Tintenfaß, heute im Landesmuseum Stuttgart). Nach dem Ersten Weltkrieg wurde Debschitz zum Direktor der staatlichen Handwerker- und Kunstgewerbeschule in Hannover ernannt.

Lit: W. Scheffler, *Kunstgewerbemuseum Berlin: Werke um 1900*, Berlin 1966.

Decalomania. Amerikanische Bezeichnung für schablonierte Lackarbeiten, mit denen man gegen Ende des 18. Jhs. Möbel dekorierte; also eine amerikanische Version von →Lacca contrafatta.

Deck, Joseph Théodore (1823-91). einer der besten französischen Keramikkünstler seiner Zeit. Im Oberelsaß geboren, begann er seine Laufbahn in einer Ofenfabrik in Straßburg und errichtete 1856 in Paris eine Keramikwerkstatt. Er experimentierte mit Glasuren und stellte 1861 sein berühmtes Türkisblau her, später nach ihm ›bleu de Deck‹ genannt. Einige seiner frühen Keramikteller waren von Malerfreunden dekoriert, so von Harpignies, Félix Bracquemond und Eléonore Escallier. Er fertigte auch Nachahmungen von Stücken aus →Saint-Porchaire, persischer und →Iznik-Waren und italienischer →Majolika. In den 70er Jahren trat mit seiner Zuwendung zur →Japonerie eine Wandlung seines Schaffens ein. Er bevorzugte naturalistische Dekore, die er in leuchtenden Farben malte, und stellte seit 1878 Teller, Vasen usw. mit goldenem Fond her, die sehr beliebt waren. Um 1880 fertigte er Porzellan mit →Flambé-Glasuren. 1887 wurde er Direktor der Porzellanfabrik →Sèvres und überließ seinem Bruder Xavier die Leitung seiner Pariser Fabrik.

Lit: E. Gerspech, *Deck, faïencier et porcelainier*, Paris 1883; M. Ernould-Gandouet, *La Céramique en France au XIXe siècle*, Paris 1969; H.J. Heuser, *Französische Keramik zwischen 1850 und 1910*, München 1974.

Deckelkrug. Ein ursprünglich dem liturgischen Gebrauch dienendes Gefäß. Er wurde später für den profanen Gebrauch übernommen, be-

Deckelkrug, englisches Silber, um 1660

sonders als Biergefäß, und bekam als solches den Namen ›Humpen‹. Er hat eine längliche Zylinderform und einen flachen oder gewölbten Deckel sowie eine →Daumenrast, um den Deckel zu öffnen. Deckelkrüge werden aus Silber, Zinn, Steingut, Fayence und Porzellan gemacht. Die übliche deutsche Bezeichnung für Humpen aus Keramik ist ›Walzenkrug‹. *Siehe auch Abb. S. 38, 142, 487.*

Deckelpokal. Mit Deckel versehener Pokal aus Metall oder Glas. *Siehe Abb. S. 75, 93, 179, 231, 232, 336, 337, 367, 393.*

Decker, Paul (1677-1713). Deutscher Architekt und Ornamentzeichner, der in Nürnberg geboren wurde und von 1699-1705 in Berlin tätig war. Seine Ornamentzeichnungen für Goldschmiedearbeiten, Glasschnitt, Lackarbeiten u. a., die während der letzten Jahre seines Lebens in Nürnberg veröffentlicht wurden, enthalten →Chinoiserien und →Grotesken, die von J. →Bérain beeinflußt sind. Seine Hauptwerke sind ›Fürstliche Baumeister der Architectura civilis‹ (3 Bde., 1711-16) und ›Architectura-Practica‹ (1720 u. 1722). *Siehe Abb. S. 126.*

Lit: H. Kreisel, *Die Kunst des deutschen Möbels,* Bd. II, München 1970.

Décorchemont, François-Emile (1880-1971). Französischer Maler, der durch seine Arbeiten in Glas sehr bald bekannt wurde. Ab 1900 schuf er meist sehr massive Gefäße in der gerade entwickelten →Pâte-de-verre-Technik. Zuerst waren sie fast opak, doch ab 1904 entwickelte er Methoden der Glasfärbung mit Metalloxyden und schuf Objekte, die durchscheinend und wolkig waren wie manche Steine. Die frühen Arbeiten sind relativ reich dekoriert in der Richtung des →Art Nouveau. Spätere Stücke, vor allem die der 20er Jahre, sind einfacher, mit geschnittenem Ornament und Reliefs verziert. Sein Werk ist im Pariser Musée des Arts Décoratifs gut vertreten.

Lit: R. Chavance in *Art et Decoration,* XLIX (1926), S. 75ff.; F. Duret-Robert in *Connaissance des Arts* 256 (Juni 1973), S. 131-140.

Dedham pottery →Chelsea Keramic Art Works

Dehua Porzellanmanufakturen. Dehua ist der Herstellungsort der chinesischen Porzellane, die in Europa unter dem Namen ›Blanc-de-Chine‹ bekannt sind. Die Werkstätten in der Provinz Fujian (Südost-China) stellten seit der →Song-Dynastie weißes Porzellan her, nur tragen ihre Erzeugnisse keine Stempel, so daß man sie nur selten genau datieren kann. Sie werden großenteils mit der Qing-Dynastie in Verbindung gebracht. Die meisten der besseren Stücke sind wohl im späten 17. und frühen 18. Jh. entstanden. Die bemerkenswertesten Produkte sind Statuetten vor allem von der buddhistischen Göttin Guanyin in einer delikaten, femininen, flüssigen Eleganz. Tierfiguren, Räuchergeräte und normale Haushaltsgefäße wie Schüsseln, Flaschen, Tassen, Teller usw. sind gleichzeitig hergestellt worden. Sie haben eine glänzende, rein weiße Glasur, die nur eine Spur von Braun zeigt, wenn sie dick aufgetragen und verlaufen ist. Seit dem 17. Jh. wurde dieses Porzellan in zunehmendem Maße nach Europa exportiert, wo es im 18. Jh. einen starken Einfluß auf die europäischen Manufakturen hatte. Im frühen 19. Jh. neigte diese Ware dazu, den Charme ihrer Formen und die Zartheit der Glasuren langsam zu verlieren.

Lit: P. J. Donnelly, *Blanc de Chine,* London 1969.

Déjeuner →Cabaret

Delafosse, Jean-Charles (1734-91). Französischer Architekt, am bekanntesten durch seine Ornamententwürfe für Möbel, Metallarbeiten, →Trophäen, Vasen, →Kartuschen u. ä. Sie übten weiten Einfluß aus und trugen bei zur Verbreitung des ›goût antique‹ in einer Zeit, als das Louis-seize eben in Mode kam. Delafosses reiche Produktion von Ornamentstichen erschien ab 1768 als ›Nouvelle Iconologie Historique‹; 1773, 1776 und 1785 wurde das Werk um zusätzliche Stiche erweitert. Unter ihnen befindet sich eine Folge von Möbelentwürfen in einem ziemlich schwerfälligen ›à la grecque‹-Stil, bei denen reichlich von Lorbeergehängen, kräftigen tauähnlichen Girlanden und →Mäandern Gebrauch gemacht ist, jedoch auch mit gelegentlichen Anklängen an das Rokoko (Stuhlbeine mit eingerollten Füßen).

Lit: D. Guilmard, *Les maîtres ornemantistes,* Paris 1880; S. Eriksen, *Early Neo-Classicism in France,* London 1974.

Delaherche, Auguste (1857-1940). Einer der wichtigsten französischen Kunstkeramiker seiner Zeit. 1887 übernahm er von E. →Chaplet die von diesem geleitete Kunstkeramikwerkstätte →Haviland in Paris, wo er gefällige Steinzeugvasen fertigte, die mit verschiedenen Glasuren und, gelegentlich, stilisierten Blu-

J.-C. Delafosse: Entwurf aus ›Nouvelle Iconologie Historique‹, Paris 1771

A. Delaherche: Steinzeugflasche, 1889 (Victoria & Albert Museum, London)

men - und Blattmotiven dekoriert waren. Von 1890 an hatte er eine Werkstatt in Héricourt bei Beauvais, wo er den Sommer über arbeitete; 1894 ging er endgültig nach Armentières, wo er Porzellan und Steinzeug herstellte. Hier gab er mehr oder weniger alle figuralen Dekore auf und schuf Stücke von sehr einfacher Form, deren Wirkung der Farbe, der Struktur und den zufälligen Mustern ihrer →Kristall-, →Flambé- oder →Aventuringlasuren zu verdanken war. Ab 1904 stellte er nur Einzelstücke her. Er war sehr angesehen, erhielt auf der Pariser Weltausstellung von 1889 eine Medaille und auf der von 1900 einen Grand Prix.

Lit: M. Ernould-Gandouet, *La Céramique en France au XIXe siècle*, Paris 1969; H.J. Heuser, *Französische Keramik zwischen 1850 und 1910*, München 1974.

Delft Das griechische A 1759-64

Delft Lambertus van Eenhorn

Delanois, Louis (1731-92). Führender Pariser Schreiner, der vorwiegend Stühle im →Louis-quinze arbeitete. Er wurde 1761 ›maître‹. Zwischen 1768 und 1770 belieferte er Mme Dubarry mit Möbeln für ihre Gemächer in Versailles und im Pavillon von Louveciennes. Dazu gehörten einige Stühle bereits im →Louis-seize, die etwas aus dem Rahmen seines sonstigen Schaffens fallen. Aus einem seiner Geschäftsbücher geht hervor, daß zwischen 1761 und 1777 Stanislas II. Poniatowski, König von Polen, der Prinz von Condé, der Graf von Artois, der Herzog von Chartres und der Herzog von Choiseul zu seinen Auftraggebern gehörten. 1777 verkaufte er sein Geschäft an Martin Julien und widmete sich dem Holzhandel und der Grundstücksspekulation. 1790 ging er in Konkurs. *Siehe auch Abb. S.54, 118, 562.*

Lit: S. Eriksen, *Louis Delanois, menuisier en sièges (1731-1792)*, Paris 1968.

Delaunay, Nicolas (um 1655-1727). Französischer Silberschmied und Medailleur. Er wurde Direktor der Pariser Münze. 1724 begann er mit der Arbeit am ›vaiselle d'or‹, dem Tafelgeschirr aus Gold für Ludwig XV. (Nach Delaunays Tod wurde die Arbeit daran von Th. →Germain fortgeführt und schließlich 1749 durch Jacques →Roettiers beendet.) Delaunay spielte eine beherrschende Rolle in der Entwicklung des Rokokosilbers und hatte großen Einfluß, z.B. auf →Besnier. *Siehe Abb. S.374.*

Lit: P. Verlet in *La Revue de l'art*, 1956.

Delaune, Etienne (1518/19 -83). Französischer Stecher und Autor sehr einflußreicher Ornamententwürfe für Silberschmiede, Juweliere, Emailhandwerker, Kunsttischler und Waffenschmiede. Seine Zeichnungen waren von großer Feinheit, und seine Ornamente zeugen von seltenem Talent. Typisch für sie ist der manieristische ›horror vacui‹, die Füllung der Bildfläche mit sich windenden menschlichen Figuren, Seeungeheuern, Blumen, Früchten und verschlungenen Bändern. Die meisten seiner Zeichnungen sind Entwürfe für Schmuck, doch gibt es auch einige für Gefäße u.ä. Von den verschiedenen Arbeiten nach seinen Entwürfen ist eine der besten das große silbervergoldete Becken von 1563 im Louvre, Paris.

Lit: J.F. Hayward, *Virtuoso Goldsmiths and the Triumph of Mannerism 1540-1620*, London 1976.

Delft. Holländische Stadt, Mitte des 17.Jhs. wichtigstes Zentrum für →Fayence von guter Qualität. Der Name ›Delft‹ wird mitunter auch als Gattungsbegriff für Fayencen angewendet, die anderswo im nördlichen Europa, besonders in Deutschland (→Frankfurt am Main und →Hamburg) und England (→Bristol, →Lambeth und →Southwark) hergestellt wurden. Um eine Verwechslung zu vermeiden, werden in Delft hergestellte Waren oft ›Holländisches Delft‹ genannt. Von italienischer Majolika beeinflußte zinnglasierte Töpferware wurde im 16.Jh. in verschiedenen niederländischen Städten hergestellt, zuerst in Antwerpen (1508), dann Amsterdam, Rotterdam, Haarlem und 1584 Delft. Im frühen 17.Jh. gingen diese Töpfereien von den kräftigen Majolikafarben zu einer blauweißen Palette über, die durch die Vorliebe für chinesisches Porzellan (massenweise von der 1609 gegründeten Holländisch-Ostindischen Kompanie eingeführt) in Mode kam und in →Nevers, Frankfurt und Southwark auch verwendet wurde. Alsbald nach 1650 wurde Delft der wichtigste Platz für die Herstellung solcher Waren. Neue Fabriken wurden in stillgelegten Brauereien (durch den Wettbewerb von England her nicht mehr konkurrenzfähig) errichtet und behielten deren Namen bei: Der Mohrenkopf, Die Rose, Das

Delft (Monogramm ›AK‹): Perückenständer, Fayence, spätes 17. Jh. (Victoria & Albert Museum, London)

Griechische A und viele andere. Um 1675 waren die Delfter Fabriken die produktivsten und gehörten zu den besten in Europa. Sie brachten große Mengen von Gebrauchs- und Schmuckkeramik auf den Markt – Fliesen, Tafelservice, Vasen (oft von auffallender Größe), Tulpenvasen usw., die im allgemeinen in Blauweiß dekoriert waren, wenn auch zuweilen, aber weniger erfolgreich, in →Scharffeuerfarben, gewöhnlich bemalt mit exotischen Blumen oder →Chinoiserien, gelegentlich auch, nicht sehr glücklich, mit religiösen und mythologischen Szenen in italienischer Art. Einige Meisterwerke dieser Töpfereien sind jedoch unter den Stücken zu finden, die von den üblichen chinesischen Blauweiß-Dekoren ausgehen, besonders die Mittelfelder polychromer Fliesen, die mit übergroßen Blumenvasen dekoriert sind, sowie die mit holländischen Landschaften bemalten Vasen, Teller, Fliesen usw. Malereien von F. van →Frijtom und die Genreszenen, die an die Werke zeitgenössischer Maler erinnern oder sogar von diesen kopiert sind, ragen hervor. Technisch sind sie sehr fein ausgeführt, aber die Dekorationen sind manchmal etwas überladen (besonders auf polychromen Stükken), und die Formen neigen zur Plumpheit, wenn sie nicht chinesischem Porzellan nachgemacht sind. Im Schloß Rambouillet (1715-34), Frankreich, und in der Amalienburg (1734-39) im Nymphenburger Park, München, sind noch mit Fliesen dekorierte Räume erhalten, die De Roos (1666-1854) geliefert hatte, eine Fabrik, die von 1766 an in der Delfter Fliesenproduktion führend war. Andere bemerkenswerte Fabriken waren die von L. van →Eenhorn, S. van →Eenhorn, ebenso wie die von R. →Hoppesteyn und A. →Kocx. Eine weitere Gruppe war auf die Nachahmung chinesischen roten Steinzeugs aus Yi-xing spezialisiert und stellte ansprechend geformte, einfach dekorierte Teekannen her, die die Erzeugnisse von J. →Dwight und den Brüdern →Elers in England beeinflußten. Weder die Töpfer noch die Maler in Delft konnten mit den französischen und deutschen Handwerkern des 18. Jhs. konkurrieren. Seit 1725 ging das Niveau zurück. Einige Fabriken nahmen die Produktion von im 17. Jh. gängigen Modellen wieder auf, andere versuchten sich in Ermangelung neuer Ideen in Verlegenheitsschöpfungen wie Vasen in Form von Geigen, Schuhen oder Schlitten, die übertrieben mit Landschaften in Blauweiß dekoriert sind. Mehrere Töpfereien überlebten dadurch, daß sie billiges blauweißes Eßgeschirr herstellten, bis dieses durch das englische salzglasierte →Steinzeug wie auch das →Steingut ganz aus der Mode kam. Nur zwei Fayencefabriken in Delft hatten bis ins 19. Jh. überlebt. Die keramische Industrie in Delft wurde 1876 durch neue Massenfabrikationsmethoden wieder belebt, bemerkenswert ist vor allem De Porceleyne Fles. Durch sie kam der traditionelle blauweiße Dekor wieder zu Ehren, und in den 90er Jahren des 19. Jhs. wurde eine Keramik mit neuer Glasur unter der Bezeichnung ›Berbas‹ und einige neue Serien ›Jacoba‹ und ›New Delftware‹ – eingeführt, für die u.a. Leon Senf (1860-1940) den Dekor schuf.

Lit: C.H. de Jonge, *Delfter Keramik*, Tübingen 1969; D.F. Lunsingh Scheurleer, *Delfts blauw*, Bussum 1975; H.-P. Fourest, *Delftware. Faience Productions at Delft*, London 1980.

Delft Samuel van Eenhorn

Delft Rochus Hoppestyn

Delftfield pottery →Glasgow

Delftware, englische. Gebräuchliche Bezeichnung für in England hergestellte →Fayence. Erstmals wurde sie in einer Töpferei hergestellt, die 1571 in Aldgate, London, von *Jacob Janson* (gest. 1593) gegründet worden war, in späterer Zeit auch in den Töpfereien von →Southwark, →Lambeth und →Bristol.

Della Robbia, Luca →Robbia, L. della

Delorme, Jean Louis Faizelot (tätig 1763-80). Bekanntestes Mitglied einer großen Pariser

Delft (Fabrik ›Griechisches A‹): Fayencekanne, spätes 17. Jh. (Kunstindustrimuseet, Kopenhagen)

Delft: Tulpenvase, Fayence, um 1700 (Rijksmuseum, Amsterdam)

Möbelschreinerfamilie. Sein Vater (1691-1768), spezialisierte sich auf Lackmöbel und wurde zum ›maître ébéniste‹ ernannt. Seine Brüder Adrien und Alexis erhielten 1748 bzw. 1772 diesen Titel. Adrien machte sich einen Namen durch seinen Marketeriedekor. Einige Arbeiten von Delorme befinden sich in der Wallace Collection, London.

Del Tasso, Domenico di Francesco (1440-1508). Bekanntestes Mitglied einer florentinischen Möbelschreinerfamilie. Er hatte sich auf →Intarsien spezialisiert und arbeitete für →Giuliano da Maiano. Sein Hauptwerk ist das Chorgestühl des Domes von Perugia, das Giuliano da Maiano 1487 begonnen hatte und das er 1491 beendete. Er arbeitete auch als Holzschnitzer und schuf die reich geschnitzten Sitzbänke in der Sala del Cambio in Perugia (1491/92). Sein Neffe Battista (oder Giovanni Battista) di Marco Del Tasso (1500-55) begann seine Laufbahn 1618 in B. →Cellinis Werkstatt in Rom. Sein berühmtestes Werk ist die geschnitzte Decke der Biblioteca Laurenziana in Florenz, die er um 1550 zusammen mit Antonio Carota nach den Entwürfen von Michelangelo ausführte.

Lit: U. Middeldorf in *Thieme–Becker ›Künstler-Lexicon‹*, Bd. XXXII, Leipzig 1938.

De Marchi, Agostino (tätig 1458-90). Stammvater einer Kunstschreinerfamilie aus Cremona, der in Bologna arbeitete. Sein Meisterwerk ist das Intarsienchorgestühl in der ›cappella maggiore‹ in S. Petronio, 1467 begonnen und 1477 vollendet. Ein 1467 datierter Entwurf ist heute im Dommuseum ausgestellt. Der Sohn Giacomo schuf 1495 das Chorgestühl in der Vaselli-Kapelle in S. Petronio.

Lit: M. Verga Bandirali in *Arte Lombarda*, 1965 (2), S. 53-66.

Demay, Jean-Baptiste-Bernard (1759-1848). Pariser Möbelschreiner, der 1784 zum ›maître menuisier‹ ernannt wurde. Er arbeitete für die Krone und ist vor allem durch seine Stühle für Königin Marie-Antoinette bekannt, deren durchbrochene Rückenlehnen mit dem Monogramm der Königin, flankiert von Pfeilen, geschmückt sind, und die oft kopiert wurden. Man nimmt an, daß auch der Montgolfier-Stuhl auf ihn zurückgeht, der zur Erinnerung an Montgolfiers Pionierflug im Heißluftballon 1784 angefertigt wurde. Nach der Revolution ließ er sich von der jeweils vorherrschenden Stilrichtung beeinflussen. Einige seiner Arbeiten befinden sich im Musée des Arts Décoratifs und im Musée Carnavalet, Paris.

Lit: F. J. B. Watson, *The Wrightsman Collection: Furniture*, New York 1966.

Demirdschi-Teppiche →Türkische Teppiche

De Morgan, William Frend (1839-1917). Führender englischer Keramikdesigner, der einen starken Einfluß auf das →Arts and Crafts Movement und in gewissem Maße auch auf den →Art Nouveau ausübte. Nach einer Ausbil-

W. De Morgan: Lüsterbemalte Keramikschüssel, 1882-88 (Victoria & Albert Museum, London)

dung an den Royal Academy Schools tat er sich Anfang der 60er Jahre mit W. →Morris, E. →Burne-Jones und Dante Gabriel Rossetti zusammen. 1869 fing er in London mit der Herstellung von Fliesen und Keramik an, zog (1882) nach Morris' Merton Abbey und errichtete dann (1888) eine Fabrik in Fulham. Ab 1892 verbrachte er den Winter in Florenz und arbeitete mit Ch. →Cantagalli. Als Reaktion auf die victorianische Vorliebe für im Stil des 18. Jhs. mit natürlichen Blumen dekorierte Vasen, Imitationen chinesischen Porzellans und verschnörkelte, neugotische Stücke suchte er Inspiration bei der →spanisch-maurischen, →persischen und gelegentlich →griechischen Keramik. Seine dekorativen Teller, Fliesen (seine Spezialität) und Vasen sind entweder mit →Lüster (dessen Technik er neu belebte) oder in sogenannten persischen Farben, mit vorherrschenden Grün-, Schwarz- und Türkistönen bemalt. Obwohl seine Motive aus vielen Quellen genommen sind, zeigen seine Stücke unverwechselbare Individualität. Als Meister sorgfältig integrierter, flächiger Muster schuf er für die Keramik das, was Morris im Bereich der Tapeten und Textilien getan hat. Seine Entwürfe wurden im allgemeinen von Keramikern aus dem Kreis seiner Mitarbeiter ausgeführt. 1905 ging er in den Ruhestand.

Lit: W. Gaunt u. M. D. E. Clayton-Stamm, *William De Morgan*, London 1971; J. Catleugh u. a., *William Frend De Morgan (1839-1917) Tilemaker*, London 1983.

Den Haag. 1776 von dem deutschen Porzellanhändler *Anton Lyncker* (1718-81) gegründete und von seinem Sohn bis 1790 betriebene Firma. Porzellan wurde von →Tournai und →Ansbach gekauft, mit Putti monochrom oder mit Blumen polychrom bemalt und als ›Haag-Porzellan‹ verkauft.

Lit: W. J. Rust, *Nederlands porselein*, Amsterdam (1952) 1978; Voskuil-Groenewegen, A. Lang u. A. Miller, *Ansbacher und Den Haager Porzellan*, Ausst. Kat. Hetjens-Museum Düsseldorf 1980.

Dentelle, franz. Im deutschen Sprachgebrauch Klöppelspitze im Unterschied zur Nadelspitze (→Spitze).

Derbend-Teppiche →Kaukasische Teppiche

Derby. Die erste Porzellanfabrik in Derby war bis 1750 mehr ein Versuchsbetrieb. Aus dieser Zeit stammen einige unbedeutende weiße Milchkännchen, von denen eines ›Derby‹ und ein anderes, im Victoria & Albert Museum in London, ›D 1750‹ gemarkt ist. Die Fabrik wurde vermutlich um 1745 von *Thomas Briand* (von der Fabrik in →Chelsea) zusammen mit *James Marchand* gegründet. Einige Figuren, die jetzt als →Dry-edge figures bekannt sind, stammen ebenso aus dieser frühen Zeit wie auch Gebrauchs- und andere Waren. 1756 schlossen W. →Duesbury aus Chelsea, ein Bankier John Heath, Anteilseigner an der Cockpit Hill Pottery, und *André Planché*, ein ›Porzellanmacher aus Derby‹, einen Vertrag über die Gründung einer Fabrik, die wahrscheinlich als die eigentliche ›erste‹ Derby Porcelain Factory anzusehen ist. Von 1756 an wurde sie als ein ›second Dresden‹ (›zweites Meißen‹) angekündigt. Bis 1770 wurde keine Marke verwendet (abgesehen von einer gelegentlichen Nachahmung des Ankers von Chelsea), aber viele Stücke sind sicher dieser Zeit zuzuschreiben. Sie haben eine leichte, etwas glasige Masse, die früheren sind in blaßer, fast durchscheinender Farbe dekoriert und sind im allgemeinen Nachahmungen von Chelsea und →Meißen (wahrscheinlich über Chelsea). Die besten Stücke sind kleine Figuren, besonders Hirtenfiguren, die sich vor belaubten Sträuchern (→Bocage) ergötzen. Die Eßgeschirre sind einfacher als die von Chelsea. Eine neue Zeit, bekannt als die Chelsea-Derby-Periode, begann 1770, als Duesbury die Fabrik Chelsea erwarb, und dauerte bis zu ihrer Schließung im Jahre 1784. Während dieser Zeit trugen die

Derby Crown Derby 1784

Derby um 1795

Den Haag The Hague

Derby: Porzellanvase, um 1755-58 (Victoria & Albert Museum, London)

Derby: ›Georg III.‹, Biskuitporzellan, um 1773 (Royal Collection, Reproduktion mit höchster Erlaubnis I. M. der Königin von England)

Derby Bloor period 1811-48

Derby Stevenson & Hancock, 1850-70

Erzeugnisse der beiden Fabriken die gleiche Marke – einen Anker und den Buchstaben ›D‹. In diesen Jahren kamen die Anregungen für Figuren, Vasen und Gebrauchswaren im →Louis-seize von →Sèvres. Gleichzeitig begann die Herstellung von →Biskuit-Figuren (die ersten in England); das feinste Erzeugnis ist eine Serie von drei Gruppen von Mitgliedern der königlichen Familie nach einem Gemälde von Johann Zoffany. Die ›Crown Derby‹-Zeit begann 1784, als die Fabrik ein gekröntes ›D‹ zu ihrer Marke machte. Zwei Jahre später starb Duesbury, und sein Sohn wurde sein Nachfolger. Viele der früheren Modelle wurden beibehalten. Andere Produkte sind einfach dekoriertes Eßgeschirr, unverkennbar klassizistisch in der Form und zuweilen mit frischen, naturalistischen Blumen von W. Billingsley und anderen bemalt. Bemerkenswerte Figuren wurden nach Modellen von J.J. Spängler (einem Schweizer) und Pierre Stephan hergestellt. 1811 wurde die Fabrik von *Robert Bloor* erworben, der, obwohl er 1826 wahnsinnig wurde, seinen Namen der Endperiode bis zur Schließung im Jahre 1848 gab. Es war eine Zeit ständigen Rückgangs, in der die Fabrik jegliche Individualität verlor. Mehrere andere Porzellanfabriken wurden im 19. Jh. in Derby errichtet, einige von ihnen stellten Repliken von Modellen des 18. Jhs. her (mit Derby-Marken aus dem 18. Jh.). Die bekannteste war die ›Crown Derby‹-Firma, gegründet 1877, seit 1890 ›Royal Crown Derby Porcelain Company‹ genannt, die sich auf Tafelgeschirr, das mit sehr reich vergoldeten und gemalten japanischen Mustern dekoriert war, spezialisierte. Die Fabrik steht noch heute in voller Produktion.

Lit: Franklin A. Barrett u. Arthur L. Thorpe, *Derby Porcelain, 1750-1848*, London 1971; J. Twitchett, *Derby Porcelain*, London 1980; D.G. Rice, *Derby Porcelain. The Golden Years 1750-1770*, Newton Abbot/New York 1982.

Derbyshire. Eine große Zahl von Töpfereien in Derbyshire die früheste in →Tickenhall, andere seit dem 18. Jh. in →Belper, →Brampton, →Chesterfield, Cockpit Hill (in Derby), →Codnor Park und →Denby tätig, doch weniger erfolgreich als die in der benachbarten Grafschaft →Staffordshire; sie stellten aber ähnliche Waren her.

Lit: A. Oswald, R.J.C. Hildyard u. R.G. Hughes, *English Brown Stoneware 1670-1900*, London 1983.

Derbyshire-Stuhl. Englischer Eichenstuhl aus der Mitte des 17. Jhs., die Rückenlehne arkadenförmig mit gedrechselten Sprossen. Auch als Yorkshire-Stuhl bekannt, Verbreitung vor allem in Nordengland.

Derome, Jacques-Antoine (1696-1760). Französischer Buchbinder, Vater des *Nicolas-Denis* (1731-88). Vater und Sohn spezialisierten sich auf elegante Intarsieneinbände mit sehr feinem Goldschmuck. Hervorragende Beispiele ihrer Arbeit besitzt die Bibliothèque de l'Arsenal in Paris. Viele andere Familienangehörige waren ebenfalls Buchbinder.

Deruta: Apothekengefäß, Majolika, um 1505 (Victoria & Albert Museum, London)

De Rosso, Domenico →Neapler Wandteppichmanufaktur

Deruta. Dort existierte eine wichtige Gruppe italienischer Töpfereien, die im späten 15. Jh. mit der →Majolikaherstellung anfing, möglicherweise unter dem Patronat von Cesare Borgia. Die frühen Stücke scheinen denen von →Faenza ähnlich gewesen zu sein: Einige hervorragende Stücke (Beispiele im Victoria & Albert Museum, London, und anderswo), mit klassischen Palmetten auf Bandornamenten bemalt, werden gewöhnlich ›Deruta oder Faenza‹ zugeschrieben. Ein berühmter Maler, bekannt als Meister der hl. Veronika, scheint an beiden Plätzen gearbeitet zu haben. →Lüstrierte Stücke wurden seit Anfang des 16. Jhs. hergestellt (z.B. ein 1501 datiertes Apothekengefäß mit Ausgußtülle im British Museum, London), aber ähnliche Stücke werden auch →Gubbio zugeordnet. Eine Gruppe von Tellern, um 1500-1520, bekannt als ›Teller

Deruta: Majolikateller, um 1520 (Victoria & Albert Museum, London)

mit den Blumenblattrücken‹ (wegen der monochromen blumenblattähnlichen Dekorationen auf der Rückseite), die allgemein Deruta zugeschrieben werden, zeichnet sich durch die Malerei in reinem Gelborange, weichem Zitronengelb, dunklem und graustichigem Blau, feinem Grün und Purpurbraun, zuweilen mit der Zugabe von Lüster, aus. Die Darstellungen reichen von kühn wiedergegebenen Grotesken bis zu einer Kopie nach Raffaels ›Madonna da Foligno‹ und Jagdszenen. Die besten bekannten Stücke stammen aus den Jahren nach 1520 und später – oft sehr große Schüsseln, die in goldenem Lüster und Blau bemalt sind mit Büsten junger Männer und Frauen, Allegorien, Figuren nach Perugino, Fresken mit Helden, Heiligen oder Aufschriften religiösen Inhalts, die von großen, mit formalisierten Blumen- und Blattmotiven kühn gestalteten Rändern umgeben sind. Der →Istoriato-Stil erscheint auf Tellern eines Malers, der sich *El Frate* nennt, signiert und datiert 1541-45. Im späteren 16. Jh. wurde der groteske Stil von →Urbino imitiert. Die Erzeugnisse des 17. und 18. Jhs. enthalten Votivplatten von einer rührenden Naivität, wie z. B. diejenigen, mit denen die Wände und Säulen der Wallfahrtskirche der Madonna di Bagno (außerhalb Deruta) verkleidet sind. Noch heute wird Töpferware in Deruta hergestellt.

Lit: L. de Mauri, *Le maioliche di Deruta,* Mailand 1924; G. Liverani, *La maiolica Italiana,* Mailand 1957; A. Klein, *Fayencen aus Europa,* Braunschweig 1980.

Desco da parto. Italienische, vor allem toskanische Variante einer →Wöchnerinnenschüssel. Er diente dazu, Frauen in ihren Wehen Speisen darzubieten. Der Desco da parto ist aus Ton oder Holz, rund oder polygonal, und wurde manchmal mit einer großen Tasse oder Schale mit Deckel gereicht. Seine Ursprünge liegen im Mittelalter. Spätere ›deschi‹ sind häufig äußerst kunstvoll dekoriert und gerahmt, gedacht als Zugabe zu Geschenken und zur Erinnerung an die Geburt eines Kindes. So wurden sie mit Geburts- oder anderen passenden Szenen bemalt, wie z. B. jener, die Masaccio zugeschrieben wird (Kunstgewerbemuseum, Berlin) und die den Gebrauch eines Desco zeigt.

Desk. Englische Bezeichnung aus dem Mittelalter für eine Vielfalt von Möbeltypen, die zum Lesen oder Schreiben dienten und für die es in anderen Sprachen keine Entsprechung gibt. Zu diesen Möbeltypen gehört der ›lectern‹ oder ›reading desk‹ (Lesepult) ebenso wie der →Bureau oder der →Secrétaire. Vom Mittelalter bis spät ins 16. Jh. hinein kam der ›writing desk‹ (Schreibtisch) hauptsächlich in Form eines tragbaren Kastens vor, in dem Papier und Schreibutensilien aufbewahrt wurden und dessen Deckel als Lesepult oder Schreibunterlage diente. Im 16. Jh. begann man, diese Kästen auf Untergestelle zu montieren. Die Scharniere, die den Deckel hielten, waren ursprünglich an der Oberkante befestigt, später an der Unterkante. So konnte man den Deckel nach vorn aufklappen, ihn abstützen und als Schreibplatte benutzen.

Dessertaufsatz. Bezeichnung für einen Tafelaufsatz mit architektonischen Motiven, Statuetten u. ä. aus Bronze oder Porzellan, besonders beliebt gegen Ende des 18. und zu Beginn des 19. Jhs.

Lit: St. Bursche, *Tafelzier des Barock,* München 1974.

De Stijl →Rietveld, G.

Deutsche Blumen. Florale Malerei auf Keramik, die um 1725 in Wien, danach um 1740 in →Meißen von J. G. →Herold eingeführt wurde. Die Blumen werden naturgetreu, daher auch die Bezeichnung ›natürliche Blumen‹, wiedergegeben und gehen oft auf Stiche in botanischen Werken zurück, wie die Darstellungen bei J. W. Weidmann. Oft wurden Schatten hinzugefügt, woher die Bezeichnung ›Saxe ombré‹ herrührt. Die Deutschen Blumen waren sehr beliebt und verdrängten schnell die mehr stilisierten →Indianischen Blumen. Sie sind vor allem in den Manufakturen in →Höchst, →Vincennes, →Chelsea, →Worcester und →Derby zu finden. *Siehe Abb. S. 405.*

Lit: A. Klein, *Deutsche Fayencen,* Braunschweig 1975.

Deutscher Werkbund. Eine Vereinigung deutscher Fabrikanten und einiger Architekten, Künstler und Schriftsteller der Avantgarde, angeregt von H. →Muthesius und bestimmt von Vorstellungen und Ideen ähnlich denen der →Deutschen Werkstätten. Er wurde 1907 in München gegründet mit dem Ziel, »die jeweils besten Vertreter aus Kunst, Industrie, Handwerk und Handel auszuwählen, mit vereinten Kräften höchste Qualität bei gewerblichen Arbeiten anzustreben und einen Sammlungsort zu bilden für diejenigen, die in der Lage und bereit sind, für höchste Qualität zu arbeiten«. Der Werkbund spielte eine führende Rolle bei der Schaffung eines neuen und besonders strengen Maßstabs für das Industriedesign (→Industrial Design) und der Billigung

Dessertaufsatz in Biskuitporzellan von G. Volpato, Rom (Palazzo Pallavicini, Rom)

von Maschinenfertigung. Auch wurde durch ihn die Gründung ähnlicher Organisationen in anderen Ländern angeregt – Österreich (1910), Schweiz (1913), Schweden (1910-17) und England (Design & Industries Association, 1915). Später übernahm Gropius seine Ideale für das →Bauhaus. 1934 aufgehoben, wurde der Deutsche Werkbund 1945 in der DDR, später auch in der Bundesrepublik wieder ins Leben gerufen.

Lit: J. Campbell, *The German Werkbund. The Politics of Reform in the Applied Arts*, Princeton 1978; L. Burckhardt, *Der Werkbund in Deutschland, Österreich und der Schweiz. Form ohne Ornament*, Stuttgart 1978.

Deutsche Werkstätten. 1898 gründete der Möbelschreiner und Designer Karl Schmidt (1891-1948) die Dresdener Werkstätten für Handwerkskunst. Er folgte dabei den Münchner Vereinigten Werkstätten für Kunst im Handwerk, die H. →Obrist, B. →Pankok, B. →Paul und R. →Riemerschmid im gleichen Jahr ins Leben gerufen hatten. Schmidts Ziel war es, ein eigenständiges Kunsthandwerk zu fördern, das auf die Imitation vergangener Stilarten verzichtete. Im Mittelpunkt stand die funktionsgerechte Konstruktion des Möbels, bei der der Kunsthandwerker eng mit dem Künstler oder dem Architekten zusammenarbeitete. Anfänglich von dem →Arts and Crafts Movement inspiriert, begannen die Dresdener Werkstätten 1906 mit der Produktion ihrer Serienmöbel nach Entwürfen namhafter deutscher Architekten. Die Deutschen Werkstätten gehörten zu einem kleinen Kreis von Firmen, die um die Entwicklung des →Industrial Designs bemüht waren. 1907 wurden die 1902 in Dresden entstandenen ›Werkstätten für deutschen Hausrat‹ und die in München gegründeten ›Werkstätten für Wohnungseinrichtung‹ mit den ›Dresdener Werkstätten‹ zu den *›Deutschen Werkstätten‹* zusammengelegt.
Ihr wichtigster Beitrag zum modernen Design war die Herstellung der ersten Möbel aus genormten Teilen, später als Typenmöbel bezeichnet. B. →Paul hatte sie entworfen; 1910 wurden sie zum ersten Mal ausgestellt.

Devant de cheminée →Chimney board

Devonia-Spitze →Honiton-Spitze

Dhurrie (indisch **dari** oder **satrangi**). Indischer Bildteppich oder flachgewebte Matte, im allgemeinen aus Baumwolle, aber auch aus Wolle, mit gestreiftem oder kariertem Muster in blassem Blau, Grau, Rosa, Ocker und Weiß, manchmal mit einem moirierten Effekt, erzielt durch →Ikat-Färbung. Dhurries sind wahrscheinlich schon von alters her gemacht worden und werden heute noch hergestellt.

Lit: S. Cohen, *The unappreciated Dhurrie*, Ausst. Kat. David Black, London 1982.

Diamantgravur. Technik der Glasverzierung, die wahrscheinlich im 16. Jh. in Venedig (z. B. bei G. →Verzelini) ihren Anfang nahm und ihren Höhepunkt im 17. und 18. Jh. in Mittel- und Nordeuropa fand (Glashütten von →Hall in Tirol, in Böhmen und Holland). Die Oberfläche des Glases wird bei diesem Verfahren

Diatreton, Ende 3.-Anfang 4. Jh. (Römisch-Germanisches Museum, Köln)

mit einem Diamanten geritzt oder gestippt (→Stippen). Dieselbe Technik wurde auch von A. O. E. von dem →Busch auf Porzellan angewandt, jedoch mit weniger Erfolg.

Diaper, engl. Damastartiger Stoff mit einer Musterung aus Rechtecken oder Rauten, die durch den Kontrast von Kett- und Schußbindung entsteht. Man kann den Terminus erweitert für alle karierten Muster auf allen Materialien anwenden.

Diasper. Mittelalterlicher Name für einfarbige Seidenstoffe, deren Muster in verschiedener Textur gewebt sind. Der Grund ist ein normales Gewebe mit dünnen Schüssen. Für das Muster wird ein dickerer Schußfaden über zwei Kettfäden und einen Bindekettfaden und unter einem Bindekettfaden gewebt und ergibt so den Eindruck eines ziselierten Reliefs. Diasper ist charakteristisch für die byzantinischen und →sizilianischen Seidenmanufakturen.

Diatreta (Netzgläser). Eine Gruppe außerordentlich kunstvoller geschliffener römischer Glasgefäße, die zu den größten Leistungen der Glaskunst gehören. Sie bestehen aus sehr dikkem Glas, sind jedoch so geschliffen, daß zwei nur durch dünne Stege verbundene Schichten entstanden, von der die innere die Gefäßwand bildet, die äußere ein Netzwerk miteinander verbundener Kreise, die manchmal auch Figuren enthalten. Man weiß nicht genau, wann und wo sie entstanden, doch wahrscheinlich wurden sie im späten 3. bis zum frühen 4. Jh. n. Chr. in Syrien gefertigt, vielleicht auch in Italien und im Rheinland. Die Bezeichnung ist nicht sehr glücklich und stammt von Winckelmann, der irrtümlicherweise annahm, daß die römischen ›diatretarii‹ sich ausschließlich mit der Herstellung solcher Objekte befaßt hätten, obwohl sie tatsächlich nur Glasschneider waren, im Unterschied zu den ›vitrearii‹, den Glasmachern und -bläsern. Die ersten erfolgreichen Versuche, Gläser dieser Art nachzuahmen, wurden von F. →Carder unternommen.

Lit: A. Kisa, *Das Glas im Altertum*, Leipzig 1908; F. Neuburg, *Ancient Glass*, London 1962.

Dickhut, J.K. →Proskau

Dietrich, Christian Wilhelm Ernst →Meißen

Dietterlin, Wendel (1550-99). Deutscher Architekt und Kupferstecher, dessen Bedeutung vor allem in seiner Publikation ›Architectura. Von Außteilung, Symmetria und Proportion der Fünff Seulen‹ (1593/94) liegt. Sie enthält Tafeln, die die nordische manieristische Konzeption der Architekturornamentik repräsentieren, und zwar in ihrer bizarrsten Übertreibung und alptraumhaften Erfindung mit einer Häufung von wild verschlungenen Bändern, planlos verwendeten klassischen Motiven und Figuren, von ausgefallenen erotischen Darstellungen bis zu Marterszenen. Eine zweite Ausgabe, die 1598/99 in Nürnberg erschien, hat viele zusätzliche Bildtafeln, die sich im Vergleich zu den früheren nüchtern ausnehmen. Beide Ausgaben wurden ausgiebig benutzt, und zwar nicht nur von Architekten, sondern auch von Künstlern, die sich mit dekorativen Aufgaben beschäftigten, und von Entwurfszeichnern. Die meisten von ihnen waren weit weniger anspruchsvoll als Dietterlin, dessen Entwürfe sie bis zur Banalität herabminderten. Sein Sohn *Wendel Dietterlin der Jüngere* war Goldschmied; er arbeitete 1614 in Lyon und veröffentlichte Entwurfsstiche für →Groteskendekorationen.

Lit: H. Kreisel, *Die Kunst des deutschen Möbels,* Bd. I, München 1968.

Dillwyn, Lewis Llewellyn →Swansea

Dimity. Geköperter Barchent, dickes Baumwollgewebe mit reliefartigen Streifen und Figuren. Aus Italien stammend, aber in England seit dem frühen 17.Jh. gemacht; vor allem für Betthimmel verwendet.

Dinanderie. Messingware, die seit dem frühen Mittelalter in und bei der Stadt Dinant, nahe Lüttich, hergestellt wurde: vor allem ziemlich einfache, kleine Haushaltsgegenstände, wie z.B. Becken, Kerzenhalter u.ä., aber auch kunstvolle Gefäße, wie z.B. →Aquamanilen. Nach dem Hauptort ihrer Herstellung werden verallgemeinernd mittelalterliche Gefäße aus Messing als Dinanderien bezeichnet.

Lit: J. Travernour Perry, *Dinanderie,* London 1910; P. Schoenen, *Dinanderie,* RDK, Bd. IV.

Ding-yao, Schüssel mit eingeschnittenem Dekor und mit Kupfer eingefaßtem Rand, Song-Dynastie 960-1279 (Percival David Foundation of Chinese Art, London)

Ding-yao. Dünnes, weißes chinesisches Porzellan mit einer durchscheinenden, elfenbeingetönten Glasur, das von der zweiten Hälfte des 10.Jhs. an während der Song- und Yuan-Perioden und vielleicht auch später gemacht wurde. Der Name rührt von Nordchina her, wo es zuerst hergestellt wurde. Es ist charakteristisch, daß die Ränder der Schalen, Schüsseln und Saucieren, die zum Brennen umgedreht wurden, unglasiert blieben (sie wurden manchmal durch eine Bronzemontierung geschützt). Die Glasur tendiert dazu, in schmalen Streifen, genannt ›tear-marks‹, Tränenmarken, herunterzurinnen. Die Dekoration, eingeschnitten oder geformt vor dem Glasieren, ist gewöhnlich floral, aber ebenso erscheinen Vögel, Fische, Drachen usw. Andere Arten dieses Porzellans sind ›Schwarzes Ding‹, ›Purpur Ding‹, ›Rotes Ding‹. Das beste weiße ›Ding‹ wird *Baiding* genannt und war das früheste des kaiserlichen klassischen Porzellans. Man sagt, es wäre aus kaiserlicher Gnade nach 1107 durch →Ju-yao ersetzt worden, aber es gibt keinen Beweis hierfür.

Lit: B. Gray, *Early Chinese Pottery and Porcelain,* London 1953.

J.M. Dinglinger: Detail des Apis-Altars, 1730 (Grünes Gewölbe, Dresden)

Directoire: Möbelentwürfe von J.-B.-P. Motte, 1794/95 (Ecole des Beaux Arts, Paris)

Dinglinger, Johann Melchior (1664-1731). Einer der großen europäischen Goldschmiede und vom Glück begünstigter als B. →Cellini und W. →Jamnitzer insofern, als alle seine Hauptwerke erhalten sind (Grünes Gewölbe, Dresden). Er war der letzte, der erfolgreich und in großem Umfang in der von Cellini und Jamnitzer begründeten Tradition, aber nun ganz im Stil des späten Barock arbeitete. Er wurde bei Ulm geboren und auch dort ausgebildet, bevor er sich um 1693 in Dresden niederließ, wo er den Rest seines Lebens verbrachte und für Kurfürst August den Starken tätig war. 1698 wurde er zum Hofjuwelier ernannt. Dinglinger spezialisierte sich auf sehr kostbar gearbeiteten emaillierten und edelsteinbesetzten Schmuck von meist exotischem Charakter wie z. B. diamantbesetzten Federschmuck, prunkvolle Degengriffe u. ä. Sein erstes Hauptwerk für August den Starken war das goldene Kaffeeservice von 1701. Es folgte ›Der Geburtstag des Großmoguls‹, eine phantastische dekorative Gruppe mit etwa 132 hervorragend modellierten Figuren von Menschen und Tieren, ferner das ›Bad der Diana‹ von 1704. Dieses besteht aus einer Chalzedonschale, eingefaßt von einem Geflecht aus emailliertem Gold und Silber sowie Edelsteinen und getragen von den Stangen eines Hirschgeweihs. Darauf folgte 1722 der ›Obeliscus Augustalis‹, eine seiner schönsten Schöpfungen. Sein letztes Werk war in vieler Hinsicht das außerordentlichste von allen: der ›Apisaltar‹, eines der Meisterwerke der im 18. Jh. einsetzenden →Ägyptenmode.

Lit: E. von Watzdorf, *Johann Melchior Dinglinger,* Berlin 1962.

Directoire: Armlehnstuhl von Jacob frères, 1796-1803, (Musée des Arts Décoratifs, Paris)

Directoire. Französischer Kunststil während der Revolution und in den Jahren des Direktoriums (1795-99), der den vorrevolutionären →Klassizismus zu einer strengeren und einfacheren Formensprache umbildete und zum →Empire überleitet. Charakteristisch sind z. B. Möbel von G. →Jacob mit nur spärlichem Dekor von Intarsien und Bronzebeschlägen. Als Schmuckmotive finden sich häufig republikanische Embleme wie das Liktorenbündel. Mag auch die wirtschaftliche Not dieser Jahre die Kargheit dieses Stils mitbedingt haben, so war sie doch primär durch die revolutionäre Parole der Gleichheit aller bestimmt und stand im bewußten Gegensatz zu dem aufwendigen Luxus in Mobiliar und Mode der Oberschicht im Ancien régime.

Distelbecher. Schottischer Silberbecher des späten 17. bis frühen 18. Jhs., mit Henkel, gelapptem Dekor am unteren Teil und einem ausgebogenen Rand.

Dixon, Austen & Co. →Sunderland

Dixon, James & Sons Ltd. Englische Silberschmiedefirma, 1806 in Sheffield gegründet. In der Mitte des 19. Jhs. hatte sie sich zum führenden Hersteller von Erzeugnissen aus →Britanniametall und →E.P.N.S., die in die USA exportiert wurden, entwickelt. Auf der Weltausstellung von 1851 zeigte sie sowohl Arbeiten aus plattiertem wie aus massivem Silber. In den 80er Jahren führte sie Entwürfe von C. →Dresser aus.

Lit: S. Bury, *Victorian Electroplate,* London 1971.

Doat, Taxile (geb. 1851). Französischer Kunstkeramiker, in Albi geboren und in Limoges und Paris ausgebildet. Er war von 1877 bis 1905 in der Porzellanmanufaktur →Sèvres beschäftigt, hatte aber seit 1892 eine eigene Werkstatt in Paris und seit 1898 in Sèvres. Er arbeitete hauptsächlich in Porzellan (selten in →Steinzeug), verwandte Scharffeuerfarben und hatte eine Vorliebe für Reliefdekor in Weiß auf farbigem Fond. Ihm werden mehr als zweitausend Stücke zugeschrieben. Sein Buch ›Grand-feu Ceramiques‹ (Scharffeuerkeramik) wurde zuerst in einer englischen Übersetzung in Syracuse, New York, 1905 veröffentlicht. 1909 wurde er zum Direktor einer neu gegründeten Keramikschule der Universität von St. Louis, USA, ernannt.

Doccia Spätes 18. Jh.

Doccia. Porzellanmanufaktur, gegründet in der Nähe von Florenz von dem *Marchese Carlo Ginori* (1701-57), der 1735 mit Experimenten zur Herstellung von →Porzellan aus italienischem Ton anfing. Er bestellte J. K. W. →Anreiter von Zirnfeld aus Wien zum Vorste-

her der Malerwerkstatt und den Florentiner Bildhauer Gaspero Bruschi zum Modellmeister. Die Arbeit wurde 1737 aufgenommen; um 1740 wurden Muster nach Wien geschickt, um ein Privileg zur Herstellung von Porzellan in dem (österreichischen) Großherzogtum Toskana zu erhalten. Es wurde eine gräuliche, etwas grobstrukturierte, harte Masse verwendet, überzogen mit einer glanzlosen, schmierig wirkenden Glasur. Die Fehler der Masse fallen am meisten bei kleinen Figuren und dem frühen Tafelgeschirr auf. Die erfolgreichsten Stücke wurden in ziemlich großer Anzahl hergestellt. Ginori bekam die ursprünglich für Bronzestatuetten entworfenen Modelle von dem Bildhauer M. →Soldani. Die hiernach gefertigten Porzellangruppen, vor allem eine ›Kreuzabnahme‹, sind von einer Größe, die die Figuren der meisten anderen Fabriken des 18. Jhs. klein und unbedeutend scheinen lassen. Diese majestätischen Barockgruppen wurden bis in die 90er Jahre des 18. Jhs. immer wieder angefertigt. Auch antike Marmorstatuen wurden nachgebildet. Unter den Tafelgeschirren zählen die mit einem einzigartigen →Indianische-Blumen-Muster, genannt ›a tulipano‹ (obwohl es keine Tulpen enthält und das Zentralmotiv eine stilisierte Pfingstrose ist), und die mit Wappen bemalten zu den besten. Nach dem Tod des Gründers erbten seine drei Söhne die Fabrik. Seit 1765 wurde eine neue Masse entwickelt, in Verbindung mit einer Glasur, die Zinnoxid enthielt, um Dichte und weißes Aussehen zu gewinnen. Etwa um die gleiche Zeit wurde das Louis-seize von →Sèvres mit wenig Erfolg eingeführt. Eine Spezialität waren die Kummen mit doppelter Wandung (›a doppia parete‹). Im 19. Jh. kehrte die Fabrik zu ihren Modellen des 18. Jhs. zurück. Nach 1868 wurden einige Stücke in Täuschungsabsicht mit dem gekrönten ›N‹ der königlichen Porzellanfabrik →Neapel gemarkt. Die Fabrik erhielt verschiedentlich wichtige öffentliche Aufträge, z. B. die Fertigstellung der Reliefserie von A. della →Robbia am Hospital degli Innocenti in Florenz im Jahre 1845. 1847 wurde das →lüstrierte Geschirr eingeführt. Die Fabrik blieb im Eigentum der Familie Ginori bis 1896, dann wurde sie mit der Società Richard aus Mailand verschmolzen unter dem Namen *Richard-Ginori*. 1903 hatte die Fabrik 3000 Beschäftigte an fünf verschiedenen Orten – in Mailand, S. Cristoforo, in Doccia, Pisa, Mondovi und Vado. Ende des Jahrhunderts und in den ersten Jahren des 20. Jhs. wurden sehr elegante, oftmals großformatige Stücke im Stil des →Art Nouveau hergestellt. G. →Ponti war zwischen 1923 und 1938 als Entwerfer tätig. Giovanni Garibaldi (geb. 1908), der seit 1947 künstlerischer Leiter war, führte ausgezeichnete moderne Formen ein, z. B. 1954 ein Tafelservice, das sich vertikal in einer Säule stapeln läßt. Die Fabrik ist heute der größte Hersteller hochwertigen Porzellans in Italien. Das Unternehmen verwaltete auch das ›Museo delle porcellane de Doccia‹ in Sesto Fiorentino, in dem Stücke aus allen Perioden der Fabrik ausgestellt sind.

Docciaporzellan: ›Kreuzabnahme‹ nach einem Modell von Massimiliano Soldani, Mitte 18. Jh. (Sammlung Corsini, Florenz)

Lit: Leonardo Ginori-Lisci, *La porcellana di Doccia*, Mailand 1963; G. Liverani, *Il Museo delle porcellane di Doccia*, 1967; K. Lankheit, *Die Modellsammlung der Porzellanmanufaktur Doccia*, München 1982.

Don Pino →Bettisi, L.

Donyu →Raku

Doppeldurchbrucharbeit →Durchbrucharbeit

Doppelgewebe-Teppiche. Bodenbelag, dessen Gewebe aus zwei Lagen Kammgarnkettfäden und zwei Lagen wollener Schüsse besteht und auf einem Flachwebstuhl so hergestellt wird, daß auf der Vorder- und der Rückseite das gleiche Muster, aber in entgegengesetzten Farben entsteht. Dieses ist die früheste Art der maschinell gewebten Teppiche, die zuerst in den →Kidderminster Teppichfabriken hergestellt wurden und oft Kidderminster-Teppiche genannt werden. Gleichzeitig versteht man darunter Mehrfachgewebe-Teppiche, nur umfaßt dieser Terminus auch die dreifach gewebten ›Schottischen Teppiche‹, eine Technik, die in Kilmarnock 1824 vervollkommnet wurde. Nach dem gleichen Prinzip sind die Doppelgewebe-Teppiche hergestellt, die als ›gemusterte Doppelgewebe‹ bekannt sind. Sie ähneln den teuren, dreifach gewebten Teppichen, die 1841 in England entstanden. Sie wurden vor allem in den Vereinigten Staaten (von A. Smith in New York) ab 1850 weiter entwickelt.

Docciaporzellan: Teller mit Zinnglasur, 1770–90 (National Museum of Wales, Cardiff)

Doppelpokal aus Silber von H. Petzolt, Nürnberg, spätes 16. Jh. (Rijksmuseum, Amsterdam)

Doppelpokal. Zwei Pokale, die mit ihren Rändern so ineinandergefügt werden können, daß der eine den Deckel des andern bildet. Silberpokale dieser Art waren vor allem in Deutschland im 16. Jh. üblich. In Nürnberg gehörte der Doppelpokal zu den für Goldschmiede vorgeschriebenen Meisterstücken.

Lit: Hans Martin v. Erffa u. Dora Fanny Rittmeyer, Artikel *Doppelbecher*, RDK, Bd. IV

Dopskål. Kleine, schwedische Trinkschale, gewöhnlich aus Silber, mit ein oder zwei Henkeln versehen und mit oder ohne Deckel.

Dorez, Barthélémy →Lille

Dorez, N. A. →Saint-Amand-les-Eaux

Dornleuchter. Der früheste Typ des Kerzenleuchters, mit einem metallenen Dorn zum Aufstecken der Kerze. Vom 14. Jh. an wurden für den Hausgebrauch Leuchter mit Kerzentüllen üblicher.

Dorotheenthal. Fayencefabrik bei Arnstadt in Thüringen, die um 1716 von einer Tochter des Herzogs von Braunschweig gegründet wurde. Ihre besten Stücke (vor 1750) waren mit →Laub- und Bandelwerkornamenten bemalte Teller und Gefäße – denen von →Abtsbessingen etwas ähnlich – und Wandfliesen mit bildlichen Darstellungen, vor allem religiöser Art. Andere Erzeugnisse waren in sehr kräftigen →Scharffeuerfarben bemalte Figuren, Krüge usw. Die Fabrik schloß kurz vor 1806.

Lit: M. Sauerlandt in *Der Cicerone*, II (1910), S. 639ff., IV (1912), S. 201ff.; K. Hüseler, *Deutsche Fayencen*, Stuttgart 1956-58; A. Klein, *Deutsche Fayencen*, Braunschweig 1975.

Dortu, Jacob (1749-1819). Deutscher Arkanist, der in →Berlin, →Marseille und →Marieberg gearbeitet hatte, bevor er 1781 die Porzellanfabrik →Nyon gründete. 1813 übernahm Dortu mit H. Véret eine Fabrik in Carouge bei Genf, in der Jacques François Richard Direktor war. Die Fabrik schloß 1820 nach seinem Tod. Sein Sohn Frédéric Louis Dortu (1786 bis um 1860) ging mit Richard nach Turin. 1824 stellten beide zusammen mit César Prelaz einen Antrag auf ein Privileg für Porzellanherstellung und mieteten auf zehn Jahre die Fabrik Rossetti (→Turin), die sie später kauften. Die Fabrik bestand bis 1846, zuerst als *Dortu, Richard, Prelaz*, später als *Dortu, Richard e. C.* Die Erzeugnisse reichen von der größten Einfachheit bis zum reichen Zweiten Rokoko. Ta-

Dornleuchter; Limosiner Email auf Kupfer (Victoria & Albert Museum, London)

felgeschirre waren oft mit Darstellungen aus Piemont bedruckt. Im Jahre 1846 wurde dann die Gesellschaft aufgelöst und von Luigi Beniamino Richard und Carlo Imoda neu gegründet, denen Dortu das ›Familien-Arkanum‹ zur Porzellanherstellung weitergab. Die Fabrik trug dann den Namen *Luigi Richard e. C.*

Lit: V. Brosio, *Dortu, Tinelli, Richard. Porcellane e maioliche dell'Ottocento a Torino e Milano,* Mailand 1972.

Dotaku. Glockenartige Gegenstände mit elliptischem Querschnitt aus der →Yayoi-Periode in Japan. Die frühesten waren wahrscheinlich für den Gebrauch als Glocken bestimmt, als sie jedoch eine Höhe von 1,50 m erreichten, hatten sie sicher eine symbolische Bedeutung gewonnen. Verziert sind sie mit linearen Flachrelief-Mustern, die Strudeln ähneln oder netzartig Szenen des täglichen Lebens umrahmen. Sie sind einzigartig und ohne Parallele in der chinesischen oder koreanischen Kunst, wenn auch Analogien mit frühen indochinesischen und südchinesischen Bronzetrommeln angenommen worden sind.

Douai. Eine in Douai, Frankreich, 1781 von zwei Engländern, *Charles* und *James Leigh,* gegründete Steingutfabrik. Die Fabrik schloß 1820. Sie war als *Houzé de l'Aulnoit & Cie* bekannt und stellte Steingut her, das dem der Keramikfabrik von →Leeds ähnlich war. Weitere Töpfereien in Douai produzierten ähnliche Waren.

Lit: A. Houzé de l'Aulnoit, *Essai sur les faïences de Douai dites grès anglais,* Lille 1882.

Doublure. Buchbinderfachwort für die Innenseiten des Buchdeckels, vor allem, wenn sie mit Leder bezogen und dekoriert sind.

Doucai, chin., streitende Farben. Eine Gruppe von dünnwandigen chinesischen Porzellanen, die zuerst in der Chenghua-Periode (1465-87) hergestellt wurden. Der Dekor besteht aus blauen Konturen in Unterglasurmalerei, ausgefüllt mit verschiedenen durchscheinenden →Emailfarben über der Glasur. *Siehe Abb. S. 412.*

Doughty, Dorothy →Worcester

Douglas-Hill, Otto Douglas (1897-1972). Deutscher Bildhauer, der sich, nachdem er im Ersten Weltkrieg schwer verwundet worden war, der Keramik zuwandte. 1922 richtete er in München eine Werkstatt ein, übernahm 1926/27 die Wertheim'sche Steingutfabrik und gründete 1929 eine eigene Keramikfabrik. In ihr spezialisierte er sich auf die Herstellung von Gefäßen einfacher Form, für die er exakte Vorzeichnungen lieferte, dann aber, ungleich den meisten Kunstkeramikern, die praktische Ausführung Hilfskräften überließ.

Lit: G. Reineking von Bock, *Meister der Deutschen Keramik 1900-1950,* Ausst. Kat. Köln 1978.

Doulton Pottery and Porcelain Company. Die Fabrik wurde 1815 von *John Doulton* (1793-1873) in Lambeth, South London, als ›Doulton & Watts‹ errichtet und war unter diesem Namen bis 1858 bekannt. Der Betrieb war auf →Steinzeug, sanitäre, Laboratoriums- und andere Gebrauchsartikel spezialisiert. Um 1860 begann er, frühere Typen von Steinzeug, vor allem Kopien der braunen Steinzeuggefäße des 18. Jhs., in seine Produktion aufzunehmen, und von 1862 an fertigte er die bekannten, salzglasierten Waren mit blauen Dekorationen. 1866 ging die Fabrik eine enge Verbindung mit der Lambeth School of Art ein und wurde von dem fortschrittlichen John Sparkes geleitet, unter dem die Brüder →Martin und G. →Tinworth ausgebildet wurden. Tinworth kam zu Doulton, und viele Krüge, Deckelhumpen und Reliefs wurden nach seinen Modellen angefertigt – sogar einige große Fontänen usw. Die Brüder Martin arbeiteten auch für Doulton, waren aber niemals dort angestellt. Ab 1870 war der französische Maler J.-C. Cazin bei Doulton und führte →Sgraffito-Techniken ein, die später von *Hannah Barlow* (1851-1916) und von ihrer Schwester *Florence* (gest. 1909) aufgenommen wurden. Die Schwestern arbeiteten seit 1870 für Doulton und dekorierten Stücke mit Tier- und anderen Szenen, die als *Barlow ware* beliebt waren. Von 1870 an kauften Sammler aus europäischen Ländern und sogar Museen Doultons ›künstlerische‹ Erzeugnisse. Der außergewöhnliche und rasche Erfolg der Fabrik zeigt sich in der wachsenden Zahl der beschäftigten Kunstkeramiker, sechs 1873, vierundzwanzig 1875 und 1890 bereits dreihundertfünfundvierzig. Das Warensortiment wuchs in gleicher Weise, →Steingut mit →Emailfarbendekoration seit

Dreihausen: ›Dauner Willkommenspokal‹, Steinzeug, frühes 15. Jh. (Staatliche Kunstsammlungen, Kassel)

1873, ›silicon ware‹ (1879) und ›Marketerieware‹ (1887). 1884 wurde in Burslem, Staffordshire, eine Porzellanfabrik eröffnet. Einige hervorragende Wandfliesen wurden von W. J. →Neatby um 1900 geschaffen. 1914 wurde C. J. →Noke künstlerischer Direktor.

Lit: D. Eyles, *Royal Doulton 1815-1965*, London 1965; R. Dennis, *Catalogue of the Exhibition of Doulton Stoneware and Terracotta 1870-1925*, London 1971; D. Eyles u. R. Dennis, *Royal Doulton Figures*, Stoke-on-Trent 1978; D. Eyles, *The Doulton Burslem wares*, London 1983.

Drechseln. Methode der Holzbearbeitung, die besonders bis um 1700 vor allem bei der Gestaltung von Tisch-, Stuhl- und Schrankbeinen angewendet wurde. Das Holz wurde auf einer mit dem Fuß angetriebenen Bank in Drehung versetzt und dann mit spanabhebenden Eisen in die gewünschte Form gebracht. Am bekanntesten sind die →Balusterform und die spiralförmig gedrehte Säule.

Drehspiegel. Ein schwenkbarer Standspiegel, meist auf Volutenfüßen stehend. Vor allem während des →Empire beliebt, als er unter dem Namen ›Psyche‹ bekannt war.

Dreihausener Steinzeug. Bezeichnung deutscher →Steinzeuggefäße aus dem 15. Jh. von imposanter Form, die mit eingestempelten Ornamenten (ähnlich einem Korbgeflecht) sowie hohem Reliefdekor in Gestalt bärtiger Männerköpfe oder mit Figuren verziert sind. Nur einige wenige Stücke sind bekannt, im Dom von Limburg (Lahn), im Historischen Museum, Frankfurt am Main, im National-Museum Kopenhagen usw. Salzglasierte Steinzeugkrüge und -pokale aus dem späten 15. oder frühen 16. Jh. mit weiten Lippenrändern und Wulstringen, einem grauen Scherben, der auf der Oberfläche rötlichbraun dekoriert ist, werden zuweilen mit dem Dreihausener Steinzeug in Verbindung gebracht. Der Ursprungsort all dieser Stücke liegt noch im Dunkeln, und man ist nicht mehr der Meinung, daß sie in Dreihausen hergestellt wurden.

Lit: J. Horschik in *Keramos*, 53-54 (1971), S. 11-33.

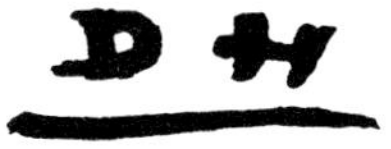

Dresden

Drentwett. Große und bedeutende Augsburger Silberschmiedefamilie, in der etliche den gleichen Vornamen trugen. *Abraham I* (gest. 1666) schuf das außerordentlich schöne, 1653 datierte, silbervergoldete ›Pfälzer Schwert‹ mit einer Dekoration im →Ohrmuschelstil, jetzt im Residenzmuseum, München. *Abraham II Drentwett* (1647-1729) ist hauptsächlich bekannt durch seine Entwurfsstiche für Goldschmiedearbeiten in üppigen Barockformen mit viel figürlichem Ornament, doch machte er auch einige hübsche Silberarbeiten und auch Wachsmodelle. Eine Reihe sehr großer Silberarbeiten im Rokokostil tragen die Marken von Mitgliedern der Familie Drentwett, z. B. ein Satz von vier →Gueridons (1740), die *Philipp Jacob VI Drentwett* (1686-1754) in Zusammenarbeit mit Bernhard Heinrich Weye (1701-82) schuf und die heute im Schloß Rosenborg, Kopenhagen, sind.

Lit: H. Kreisel, *Die Kunst des deutschen Möbels*, Bd. II, München 1970; H. Seling, *Die Kunst der Augsburger Goldschmiede 1529-1868*, München 1980.

A. Drentwett: Entwürfe für Silber und Möbel, um 1710

Dresdener Fayencefabrik. 1708 in Dresden von J. F. →Böttger gegründet, ein Jahr vor der Entdeckung des Porzellans. *Peter Eggerbrecht* (gest. 1738), der in der →Berliner Fayencefabrik gearbeitet hatte, wurde 1710 Direktor und pachtete die Fabrik 1712, die er, von einem Aufenthalt in Rußland von 1718-21 abgesehen, bis zu seinem Tod leitete. Die einzig wichtige Dresdener →Fayence stammt aus seiner Zeit, eierförmige →Apothekengefäße für die Hofapotheke, →›Commedia dell'arte‹-Figuren und einige sehr große, keulenförmige →Chinoiserie-Vasen. Nach Eggerbrechts Tod wurde die Fabrik von seiner Witwe und seit 1756 von seiner Tochter *Christiane Le Lonay* weitergeführt. Sie wurde 1784 stillgelegt.

Lit: K. Hüseler, *Deutsche Fayencen*, Stuttgart 1956.

Dresdener Spitze →Spitze

Dresser, Christopher (1834-1904). Englischer Designer und Verfasser einflußreicher Schriften über angewandte Kunst. Im Gegensatz zu W. →Morris akzeptierte er vorbehaltlos die Auswirkungen der maschinellen Produktion. Dresser stand stark unter dem Einfluß von O. →Jones. 1857/58 hatte er in dem weitverbreiteten ›Art Journal‹ eine Artikelserie über ›Botany as adapted to the Arts and Art Manufactures‹ veröffentlicht. 1862 publizierte er ›The Art of Decorative Design‹ und ›The Development of Ornamental Art‹, einen kritischen Führer durch die Internationale Ausstellung dieses Jahres; 1871/72 folgte ›Principles of Design‹. Die Ausstellung entzündete in ihm, wie in so vielen seiner Zeitgenossen, Bewunderung für die japanische Kunst. 1877 fuhr er nach Japan und trug dort im Auftrag von →Tiffany, New York, japanische Kunstgegenstände zusammen. 1879 ging er mit Charles Holmes aus Bradford ein Partnerschaftsverhältnis ein zum Import japanischer und anderer orientalischer Waren nach England. Er veröffentlichte 1882 einen langen Aufsatz über japanische Kunst.

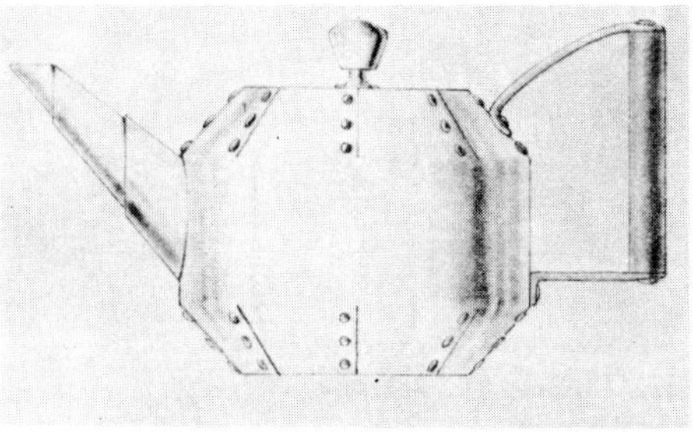

C. Dresser: *Entwurf für eine Teekanne mit Nieten für Elkington & Co., um 1898*

Inzwischen – vor 1867 – hatte er bereits begonnen, für die Firma Brinton & Lewis Teppiche zu entwerfen und auch andere englische Firmen hinsichtlich der Entwürfe zu beraten. Als rascher Arbeiter produzierte er eine ungeheure Menge an Entwürfen für alle Arten von Gegenständen des häuslichen Bedarfs: Tapeten, Möbel, Metallwaren, Keramik, Glas, Textilien u. ä. Als ›Art director‹ der →Linthorpe Pottery zeichnete er von 1879-82 verantwortlich für die Entwürfe zahlreicher Gefäße, einige stark japanisch, andere – was erstaunlicher ist – von peruanischer Keramik beeinflußt. Seine interessantesten Entwürfe machte er für Silber und besonders für →E. P. N. S. Viele davon offenbaren ein Interesse an der Funktion, eine asketische Neigung zu unverzierten, einfachen geometrischen Formen und eine beinahe roh anmutende Vorliebe für gut sichtbare Nieten. Er ist damit seiner Zeit weit voraus.

Lit: R. Dennis u. J. Jesse, *Christopher Dresser,* Ausst. Kat. Fine Art Society, London 1972; *Christopher Dresser. Ein viktorianischer Designer 1834-1904,* Ausst. Kat. Köln 1981.

Dressler, Paul (1879-1950). Einer der besten deutschen Keramikkünstler seiner Zeit neben M. →Laeuger. Nach dem Studium in München bei Kandinsky und an der Debschitzschule (→Debschitz) gründete er 1913 die ›Grootenburg‹-Töpferei in Krefeld und begann in Nachahmung persischer und →Iznik-Töpferwaren mit Glasuren zu experimentieren, wie es auch J.-Th. →Deck in Frankreich getan hatte. Die meisten seiner Teller sind mit einem einzelnen, häufig sehr lebhaft gemalten, figürlichen Motiv in der Mitte verziert, das von floralen oder geometrischen Mustern umrandet ist. Daneben stellte er auch monochrome (kobaltblaue und türkise) Gefäße her.

Lit: Paul Dressler (1879-1950) Keramik, Ausst. Kat. Kaiser Wilhelm Museum, Krefeld 1979.

Dreste, Caspar →Wiesbaden

Dreyfuss, Henry (1904-72). Führender amerikanischer Industrial Designer und – gemeinsam mit N. Bell Geddes, Raymond →Loewy und W. D. →Teague – einer der Begründer dieses Berufs. In New York geboren, begann er 1921 am Broadway als Bühnenbildner. Sein erster bedeutender Entwurf war ein Tischtelephonapparat für Bell (1930). Die endgültige, aus dem Jahr 1950 stammende Version dieses Entwurfs (Modell ›500‹) ist sein Hauptwerk und ein Klassiker der Moderne; zahlreiche, in der ganzen Welt gebräuchliche Telephontypen wurden daraus entwickelt. Dreyfuss entwarf ferner hervorragende Wecker für die Ingraham Co., Staubsauger, Bügeleisen und Waschmaschinen für Hoover (seit 1934), Fensehempfänger und Klimaanlagen für R.C.A. (seit 1946), zu schweigen von Kraftfahrzeugen, landwirtschaftlichen Maschinen (z. B. den John Deere ›720‹ Traktor von 1956), Innenausstattungen für Flugzeuge (z. B. die 1951er Super G. Constellation für die Lockheed Aircraft Corp.). Er war bahnbrechender Wegbereiter und Experimentator auf dem Gebiet der →Ergonomie, Autor einer der bekanntesten Abhandlungen über dieses Wissensgebiet, von ›Designing for People‹ (1955) und von zahlreichen technischen Diagrammen, die unter dem Titel ›The Measure of Man‹ (1960) publiziert wurden. Auch ›Industrial Design: A Pictorial Record‹ (1957 veröffentlicht) ist von ihm verfaßt.

Drissel, John →Pennsylvania dutch style

Drop oder **Pear drop** oder **Tear drop handle,** engl. Ein herabhängender, birnenförmiger Metallgriff, gewöhnlich aus Messing. Er wurde mit Hilfe von Metallstiften und einer Platte aus dem gleichen Material an Schubladen befestigt und war im 17. und 18. Jh. sehr beliebt, wurde aber auch noch später verwendet.

Druckstellen. Kleine unglasierte Stellen auf der Unterseite der glasierten Keramik. Sie entstehen durch die Stelzen oder Sporen von Ständern, auf die die Stücke zum Brand im Ofen gestellt werden (Brennstützen).

Dry-edge figures, engl. Figuren mit unglasierten Kanten. Bezeichnung von frühen Porzellanfiguren aus →Derby, die gemacht wurden, bevor William Duesbury 1756 Mitinhaber wurde, vielleicht in der Fabrik von Cockpit Hill unter Verwendung der Rezepturen von *Thomas Briand* (→Chelsea). Die unglasierte Stelle an der Kante kommt dort vor, wo die Glasur am Sockel nicht ganz verlaufen ist und einige Millimeter der weißen →Biskuitmasse frei läßt (diese Eigentümlichkeit kommt auch andernorts vor, so z. B. auf Stücken aus →Longton Hall). Gleichzeitig mit diesen Figuren scheinen in Derby auch Haushalts- und Gebrauchswaren hergestellt worden zu sein.

Lit: B. Watney in *The Burlington Magazine,* Januar 1967, S. 16-20.

Dschotschaghan-Teppiche →Persische Teppiche

Dubois, René (1737-99). Sohn von Jacques Dubois (um 1693-1763) und wichtigstes Mitglied einer berühmten Familie Pariser Möbeltischler. Er lernte unter seinem Vater, wurde 1754 ›maître ébéniste‹ und 1779 offiziell als ›ébéniste de la Reine‹ anerkannt. Er war einer der Wegbereiter des →Louis-seize, machte 1765 den sehr stattlichen Tisch und den Aktenschrank, die der König Katharina II. von Rußland verehrte (heute in der Wallace Collection, London). Ersterer, als ›Tilsit-Tisch‹ bekannt, ist mit geschnitzten Holzfiguren verziert, die vermutlich von seinem Bruder *Louis* (1732 bis um 1790), auch einem Bildhauer, geschaffen worden sind. Beide zeigten sie eine deutliche Vorliebe für klassisch inspirierte Ornamentik. Ein anderes Meisterwerk ist die Kommode, die fälschlicherweise als Hochzeitstruhe der Marie Antoinette (Wallace Collection, London) bezeichnet wird. Sie ist verziert mit Auflagen aus japanischem Lack und vergoldeten Bronzebeschlägen – Seejungfern an den Ecken, ein Paar verliebter Tauben vor einem Hintergrund japanischer Landschaft und sehr hübsche Blumengewinde entlang der Basis. René spezialisierte sich auf den Einsatz von echtem →Lack auf rechteckigen (aber gelegentlich mit unregelmäßigen →Chinoiserien verzierten) Rahmen, geschmückt mit Girlanden aus vergoldeter Bronze. Er arbeitete auch in der →Boulle-Marketerie-Technik, bei Gelegenheit auch von A. Ch. →Boulles Entwürfen Gebrauch machend. 1779 zog er sich zurück. *Siehe auch Abb. S. 92, 345, 555.*

Lit: E. J. B. Watson, *Louis XVI Furniture*, London 1960.

J. A. Du Cerceau: Entwürfe für Kabinettschränke, um 1550

Dubois, Robert →Tournai

Du Cerceau, Jacques Androuet d. Ä. (um 1520 bis um 1584). Französischer Architekt und Entwurfszeichner, der eine Reihe von Entwurfsstichen für Möbel, Silber und Textilien veröffentlichte, die großen Einfluß ausübten. Es heißt, daß er in den 1540er Jahren Rom besucht hat. Um 1549, als er sein erstes Buch ›Arcs‹ in Orléans veröffentlichte, war er jedenfalls wieder in Frankreich. Sein ›Livre Contenant Cinquante Bastimens‹ erschien 1559 in Paris und machte ihm einen Namen. Seine bekanntesten Bücher, die beiden Bände ›Plus excellents Bastiments de France‹ erschienen jedoch erst 1576 und 1579. Um 1550 gab er eine Folge von Möbelentwurfsstichen heraus: die früheste bekannte Folge, nach der des Meisters M. S., für eine zusammengehörige Gruppe häuslicher Möbel. Seine Entwürfe haben schwerfällige architektonische Formen. Das →Rollwerk und andere Reliefornamente sind wenig ausgeprägt und flach, dafür sind die geschnitzten Elemente ausgesprochen plastisch und oft sehr phantasievoll: so wird z. B. ein Bett an einem Ende von einer sich windenden Schlange und am anderen von einem Elefantenfuß getragen. Einige wenige erhaltene Möbelstücke scheinen das Ergebnis seines unmittelbaren Einflusses zu sein (z. B. ein Kabinettschrank aus Nußbaumholz in der Frick Collection, New York), doch ist nur ein (teilweise) nach seinem Entwurf ausgeführtes Beispiel bekannt – Ein Tisch in Hardwick Hall, England. Seine Zeichnungen für Silber schließen Vasen und Wasserkannen in Form des menschlichen Körpers (nach →Perino del

R. Dubois: Kommode, bekannt als Hochzeitstruhe der Königin Marie Antoinette, um 1770 (Wallace Collection, London)

Vaga) ein, und weitere Entwürfe zeigen Seejungfern und Tritonen für die Innen- und Außenseite von Weinschalen (→Tazza) in kräftigem Relief. Nach diesen arbeiteten Silberschmiede in Paris (z. B. die Schale im Fitzwilliam Museum, Cambridge) und in den Niederlanden. Ein jüngeres Mitglied der großen Du Cerceau-Familie, *Paul Androuet,* (1630-1710) war Entwerfer, Graveur und Goldschmied und veröffentlichte Entwürfe von →Arabesken und →Grotesken usw.

Lit: H. de Geymuller, *Les Du Cerceau,* Paris 1887; S. Jervis, *Printed Furniture Designs before 1650,* London 1974; J. F. Hayward, *Virtuoso Goldsmiths of Mannerism 1540-1620,* London 1976.

Duché, Andrew (1709-78). Amerikanischer Töpfer hugenottischen Ursprungs. 1736 ging er nach Savannah in Georgia und entdeckte innerhalb von zwei Jahren in chinesischem Kaolin und Feldspat gleichwertige Erden zur Herstellung von →Porzellan. 1743 fuhr er nach England, um seine Entdeckung zu verkaufen oder zu verwerten, zuerst nach →Bow zu Th. →Frye, dessen im Jahre 1744 erteiltes Patent auf Herstellung von Porzellan sich auf Verwendung einer bestimmten Tonerde bezog, »eines Produktes der Irokesen in Amerika, von den Einheimischen →Unaker genannt«. Wenig ist bekannt über seine Tätigkeit nach seiner Rückkehr nach Amerika. Einzelne Stücke sind ihm zugeschrieben worden, ohne daß Beispiele seines Porzellans hätten identifiziert werden können.

Lit: R. P. Hommel in *The Chronicle of Early American Industries* I (1934-35); G. Hood in *Art Quarterly,* XXXI (1968), S. 168-184.

Duchesse →Chaiselongue

Duck foot. Amerikanische Bezeichnung für den dreizehigen Löwentatzenfuß des sogenannten →Cabriole leg.

Ducoin, Pierre →Montpellier

Duesbury, William (1725-86). Bekannter englischer Porzellanmaler und Fabrikbesitzer, geboren in Longton, Staffordshire. Er errichtete um 1750 eine Werkstatt in London zur Bemalung von Porzellan aus →Bow, →Chelsea, →Derby und →Longton Hall. 1756 kehrte er nach den Midlands zurück und wurde Teilhaber der Fabrik von Derby; 1770 kaufte er die Fabrik in Chelsea und 1775 die Fabrik in Bow. Offensichtlich hat er seine Arbeiten nie gezeichnet.

Lit: Mrs D. A. MacAlister, *William Duesbury's London Account Book 1751-1753,* London 1931; Franklin A. Barrett u. Arthur L. Thorpe, *Derby Porcelain 1750-1848,* London 1971.

Dufour, Joseph (tätig 1805-36). Der führende französische Hersteller von →Bildtapeten während des Empire und der Restauration. Er arbeitete zunächst in Mâcon, wo er um 1805 eine sehr hübsche Tapete, ›Les Sauvages du Mer du Sud‹, machte; sie bestand aus zwanzig Rollen und zeigte die Abenteuer und den Tod von Kapitän Cook vor dem Hintergrund der exotischen Landschaft im Südpazifik. 1807 zog Dufour nach Paris. Seine zahlreichen Tapeten, von denen etliche bis 1860 weiterproduziert wurden (die Firma hieß ab 1820 *Dufour et Leroy*), gehören zu den dekorativsten Hervorbringungen ihrer Zeit. Sie umfassen Ansichten von Paris, Venedig, London, Konstantinopel und dem Golf von Neapel (alle mit Gebäuden, die frei nach der Phantasie arrangiert sind); ferner ›Les Français en Egypte‹ (1814), ›Les Campagnes Françaises en Italie‹ (1814), Gruppen von antiken Statuen in →Grisaillemalerei sowie einige Illustrationen

Dufour & Leroy: Bildtapete ›Telemachos auf der Insel der Kalypso‹, 1825 (Musée des Arts Décoratifs, Paris)

M. Dufrène: Zuckerdose aus Porzellan, 1903 (Sammlung Karl H. Bröhan, Berlin)

zu literarischen Themen, vor allem ›The Lady of the Lake‹, ›Don Quixote‹ und ›El Cid‹. Ab 1825 stellte er auch Bildtapeten mit religiösen Inhalten her. Er arbeitete nach 1815 in großem Umfang für den Export nach England und Amerika. *Siehe auch Abb. S. 508.*

Lit: E. A. Entwistle, *French Scenic Wallpapers, 1810-50,* London 1971.

Dufrène, Maurice (1876-1955). Führender Pariser Designer für Möbel, Textilien, Metallarbeiten, Glas, Keramik und ganze Interieurs, vor allem im Stil des →Art Deco, zu dessen Initiatoren er gehörte. Ab 1903 erklärte er sich gegen den →Art Nouveau und versuchte, einen Stil zu schaffen, der ebenfalls frei von historischen Elementen, aber in Form und Dekoration nicht so manieriert war. Seit 1921 leitete er das Studio ›La Maîtrise‹ des Pariser Kaufhauses Galeries Lafayette, wobei er billige Möbel, aber auch einige teure oder kostspielig aussehende Stücke zur Einzelanfertigung entwarf.

J.-D. Dugourc: Lyoner Seidenbespannung, um 1815-25 (The Art Institute of Chicago)

Dugourc, Jean-Démosthène (1749-1825). Führender französischer Möbelentwerfer. Nachdem er in Rom gelernt hatte, wurde er Schüler und Mitarbeiter von F.-J. →Bélanger, dessen ältere Schwester er 1776 heiratete. 1780 wurde er zum ›Dessinateur de la Chambre et du Cabinet de Monsieur‹ und 1784 zum ›Dessinateur du Garde-Meuble de la Couronne‹ ernannt. Mit Bélanger und G. →Jacob bestimmte er weitgehend das späte →Louis-seize (wie Bélanger erklärte), und zwar vor allem den →Etruskischen Stil. Seine Zeichnungen beweisen, daß er ein hervorragender, wenngleich ein ein wenig archäologisierender Zeichner war. J. B. →Boulard, M. →Carlin und J.-B.-C. →Sené und andere führende →Ebenisten arbeiteten nach seinen Entwürfen. Dugourc ging 1799 als Architekt der spanischen Krone nach Mailand, kehrte aber 1814 nach Frankreich zurück und wurde der führende Entwurfszeichner der →Restauration, hervorragend vor allem in seinen reichen, klassisch inspirierten Entwürfen für →Lyoner Seiden und Bildteppiche aus →Beauvais. *Siehe auch Abb. S. 63.*

Lit: D. Guilmard, *Les maîtres ornemantistes,* 2 Bde., Paris 1880-81.

Dunand, Jean (1877-1942). Geboren in Lancy in der Schweiz. Er fing als Bildhauer an, wandte sich aber nach 1902 der angewandten Kunst zu, wobei er sich vor allem mit Metall- und Lackarbeiten beschäftigte. Zunächst waren seine Entwürfe naturalistisch, doch nach dem Krieg in der geometrischen Linienführung des →Art Deco. Seine bemerkenswertesten Arbeiten sind Vasen aus unedlen Metallen, die in Einlegearbeit mit geometrischen Mustern in Gold, Silber, Email usw. verziert sind. 1921 stellte er – zusammen mit Jean Goulden – aus. *Abb. S. 168.*

Lit: Les années '25', Ausst. Kat., Musée des Arts Décoratifs, Paris 1966.

Dunderdale, David →Castleford

Du Paquier, Claudius Innocentius →Wien

Duplessis, Jean-Claude (gest. 1774). Italienischer Goldschmied, Bildhauer, ›Fondeur-ciseleur‹ und Entwerfer. Sein wirklicher Name war Ciamberlano; er stammte aus Turin. 1733 arbeitete er für das Haus Savoyen, hatte sich aber bereits um 1742 – als er mit der Anfertigung eines Paars bronzener →Braziers für Ludwig XV. als Geschenk für den Gesandten des Sultans beauftragt wurde – in Paris niedergelassen. Sein Stil ist zurückhaltender als der seines Landsmanns J.-A. →Meissonnier (der ihn vielleicht überredet hat, nach Frankreich zu gehen). Duplessis' Ornamententwürfe verwenden vor allem →Akanthusblatt- und figürliche Motive. Manche erinnern an Entwurfsstiche von P. →Germain, z. B. aus dessen

J. Dunand: Spieltisch mit Stühlen, lackiertes Holz und Leder, um 1929 (Privatsammlung)

›Modèles et éléments d'orfèvrerie‹ (1748). Duplessis spezialisierte sich auf Entwürfe für Fassungen von Porzellan aus vergoldeter Bronze oder Silber im Rokokostil. 1747 trat er bei der Porzellan-Manufaktur →Vincennes ein, ging bei ihrer Übernahme mit nach →Sèvres und blieb bis zu seinem Tode dort Mitarbeiter. Dennoch fuhr er fort, auch auf eigene Rechnung zu arbeiten: Er lieferte Porzellanfassungen an den ›marchand-mercier‹ Lazare Duvaux. Eine Sèvres-Vase mit glockiggeschweiftem Rand und seltsam ausgebogenen Griffen trägt Duplessis' Namen. Man schreibt ihm die Erfindung verschiedener weiterer Modelle zu, z. B. des →Vaisseau à mât, des Elefantenleuchters u. a. 1758 wurde er zum ›orfèvre du Roi‹ ernannt. Er machte auch Möbelbeschläge, besonders bemerkenswert sind die für das berühmte ›bureau du Roi Louis XV‹ von J.-F. →Oeben und J.-H. →Riesener, 1760-69 (Louvre, Paris). Sein Sohn Jean-Claude-Thomas Duplessis (gest. 1783) arbeitete mit ihm zusammen. *Siehe auch Abb. S. 515.*

Lit: G. Levallet in *La Renaissance de l'art français,* V (1922), S. 60-67.

Dupont, Pierre →Savonnerie Teppichmanufaktur

Duranti, Pietro →Neapler Wandteppich-Manufaktur

Durantino, Guido →Fontana, Majolikawerkstatt in Urbino

Durchbrucharbeit oder **Doppeldurchbrucharbeit.** Dekorative Handarbeit in Leinen. Stücke

A. Dürer: Zeichnung mit Entwürfen für sechs Pokale, beschriftet ›morgen willich Ir mer machn‹ (Landesmuseum, Dresden)

des Leinwandgrundes werden weggeschnitten, um ein Muster zu gewinnen, das dann mit geometrischem Ornamentwerk im Knopflochstich u. a. bestickt wird. Die in Italien seit dem 15. Jh. als ›punto tagliato‹ bekannte Arbeit ist ein Vorläufer der echten →Spitze. Verschiedene Musterbücher sind im 16. Jh. publiziert worden, von denen das von M. →Pagano wichtig ist.

Nach Entwurf A. Dürers: Deckelpokal in Gestalt eines Apfels, Silber vergoldet, um 1515, Germanisches Nationalmuseum, Nürnberg

Dürer, Albrecht (1471-1528). Der größte deutsche Maler und Graphiker begann als Goldschmied in Nürnberg, wo er bei seinem Vater, *Albrecht Dürer d. Ä.* (1427-1502) tätig war. Obwohl er sich vor allem der darstellenden Kunst widmete, machte er doch während seines ganzen Lebens von Zeit zu Zeit Zeichnungen für Gold- und Silberschmiedearbeiten, sei es als Entwürfe für Handwerker, sei es als Vorstudien für Details in eigenen Bildern oder Drucken. Darunter sind Entwürfe für reich reliefierte →Deckelpokale, die entweder zum Typ des →Akeleibechers gehören oder aus Naturformen, wie der des Kürbis, entwickelt sind. L. →Krug zugeschriebene Pokale weisen manchmal Ähnlichkeiten mit Dürers Entwürfen auf. Darüberhinaus wurde sein Stil bei Gold- und Silberschmiedearbeiten im Nürnberg des späten 16. Jhs. von H. →Petzolt u. a. wiederbelebt – möglicherweise als Ausdruck einer ›Dürerrenaissance‹.

Lit: H. Kohlhaussen, *Nürnberger Goldschmiedekunst des Mittelalters und der Dürerzeit*, Berlin 1968.

Durlach. 1723 gründete J. H. →Wachenfeld in Durlach (Baden) eine Fayencefabrik, die bis 1847 arbeitete. Ihre beste Zeit war die zwischen 1762 und 1818 unter der Leitung von *C. F.* und *J. A. Benckieser,* als sie sich auf die Herstellung von birnförmigen Krügen und Kaffeekannen, im späten Rokokostil mit bäuerlichen Figuren sowie Inschriften und Daten dekoriert, spezialisierte. Auch →Steingut wurde gemacht. Eine Fabrikmarke wurde nicht verwendet, aber die Maler kennzeichneten manchmal ihre Stücke. Nach etwa 1818 wurde Steingut mit einem eingepreßten ›Durlach‹ gemarkt.

Lit: E. Petrasch, *Durlacher Fayencen 1723-1847*, Ausst. Kat. Karlsruhe 1975; *Durlacher Fayencen*, Ausst. Kat. Mannheim 1978.

Duseuil, Augustin (1673-1746). Führender Pariser Buchbinder, arbeitete seit 1714 für den Herzog von Berry und war ab 1717 Hofbuchbinder Ludwigs XV. Er war auf sehr reich ausgeführte Arbeit spezialisiert.

Duvivier, Claude (tätig 1720-35). Pariser Silberschmied, bekannt durch einen Rokokokerzenleuchter mit Rosen, dessen drei Arme sich aus der stark asymmetrischen Rocailleform des Schaftes entwickeln. Der Leuchter entspricht genau einem Entwurf von J.-A. →Meissonnier.

C. Duvivier: silberner Kerzenleuchter nach einem Entwurf von J.-A. Meissonier, 1734/35 (Musée des Arts Décoratifs, Paris)

Duvivier, Henri-Joseph →Tournai

Dwight, John (um 1635-1703). Er begann als Kirchenrechtler, aber 1671 wurde ihm ein Patent gewährt für »transparente Tonwaren, gemeinhin unter dem Namen Chinesisches Porzellan und Persische Ware bekannt, wie auch für das Geheimnis des Steinzeugs, gewöhnlich Kölner Ware genannt«. Er errichtete eine Töp-

J. Dwight: *lebensgroße Steinzeugbüste von Prinz Rupert, um 1675 (British Museum, London)*

ferei in Fulham und stellte →Bartmannkrüge her, die denen aus rheinischem →Steinzeug ähnlich, aber gröber waren. 1676 und 1677 schloß er einen Vertrag mit einer Glashandelsgesellschaft über die Lieferung von Steinzeugflaschen. Er stellte auch rotes Steinzeug her, ähnlich dem von →Yi-xing, vor allem Teekannen, nachdem der Tee als Getränk in Mode gekommen war. Um seine Patente zu schützen, klagte er gegen andere Töpfer, auch gegen J. P. und D. →Elers, die bei ihm beschäftigt gewesen waren. Seine Stücke kennzeichnen den Anfang eines Weges, der zu →Wedgwood und der Entwicklung von →Staffordshire als einem Zentrum von internationaler Bedeutung für die Keramikherstellung geführt hat. Vom künstlerischen Standpunkt aus waren seine bemerkenswertesten Stücke salzglasierte Steinzeugfiguren, die zu den besten Beispielen englischer Bildhauerei der Zeit gehören, z. B. kleine Figuren antiker Götter, wie auch das sehr schöne Porträt seiner toten Tochter Lydia und einer lebensgroßen, naturgetreuen Büste von Prinz Rupert.

Lit: A. Oswald, R. J. C. Hildyard u. R. G. Hughes, *English Brown Stoneware 1670-1900*, London 1983.

Dyson Perrins, Charles William →Worcester

Dyzes oder **D'Yses, Jean** →Samadet

E

Eames, Charles (1907-1978). Amerikanischer Architekt und Designer. Er gehörte zu den einflußreichsten Möbelentwerfern unserer Jahrhundertmitte. Seine Schalenstühle aus Kunststoff wurden in der ganzen Welt kopiert. Er hatte Architektur studiert und arbeitete 1939/40 in Eliel Saarinens Atelier. Eames und Eero →Saarinen erkannten und nutzten als erste die künstlerischen Möglichkeiten der neuen Werkstoffe der 20er Jahre und ihrer Verarbeitungstechniken, vor allem der Kunststoffe. Sie setzten Eames in den Stand, Stuhlsitze in einem ähnlichen Verfahren zu pressen wie Autokarosserien.

Im Stil sind die Entwürfe von Eames und Saarinen stark von der Ästhetik des Flugzeugdesigns beeinflußt, und für einige ihrer Stühle scheinen die Gesetze der Aerodynamik zu gelten. Ganz allgemein kann man sagen, daß die Möbel von Eames mit der geometrischen Kargheit und der Rechtwinkligkeit des Designs der 20er Jahre brachen und sich zu organischen, skulpturalen Formen hin entwikkelten.

Sein erster großer Entwurf gelang ihm 1940. In Zusammenarbeit mit Saarinen schuf er einen Stuhl aus verformtem Sperrholz und Aluminium. Sitz und Lehne verschmolzen zu einer Schale. Sein Ziel, gepreßten Kunststoff in der Möbelherstellung zu verwenden, konnte Eames erst nach dem Zweiten Weltkrieg weiterverfolgen. Sitzschale, Rückenlehne und Armstützen seiner Stühle waren in einem Stück aus Kunststoff gepreßt, die Beine bestanden aus herkömmlichem Metallrohr oder aus Metallstangen und standen in auffälligem Kontrast zur Sitzschale. Einer seiner bekanntesten Stuhlentwürfe, ebenfalls eine Kunststoff-Sitzschale, die von schlanken Beinen aus Metallstangen getragen wird, entstand 1948.

Der sogenannte ›Eames-Stuhl‹ (1946), der weltweit bekannt wurde, ist ein Eßzimmerstuhl. Er besteht aus je einem Stück Sperrholz für Sitz und Rückenlehne, das der Körperform angepaßt verformt und durch elastische Gummipuffer mit einem Rahmen aus Metallstangen verbunden ist.

Eames gelangen noch weitere Entwürfe, die das moderne Design beeinflußten: der 1951

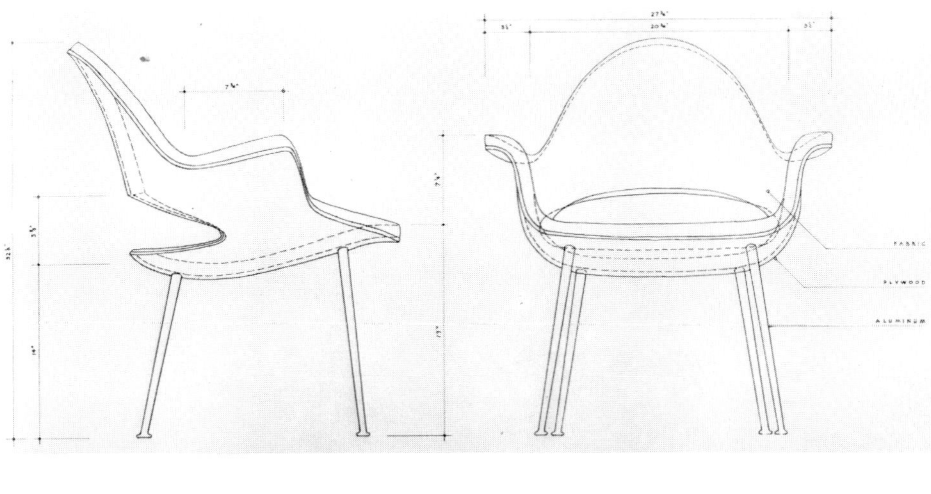

C. Eames und E. Saarinen: Armsessel und dazugehöriger Entwurf von 1940, der bei dem Wettbewerb für ›Organic Design in Home Furnishing‹ prämiert wurde (Museum of Modern Art, New York)

C. Eames: Armsessel mit Hocker aus verformtem Sperrholz mit Palisanderfurnier auf Drehgestellen aus eloxiertem Aluminium. Die schwarzen Lederpolster sind mit Schaumgummi und Daunen gefüllt, 1957

entstandene Stuhl, wieder bestehend aus einer Kunststoff-Sitzschale und einem filigranen Stahlrohrgestell, und der 1957 geschaffene, sehr luxuriöse und oft kopierte Sessel mit Hokker aus verformtem Sperrholz mit Palisanderfurnier auf Drehgestellen aus eloxiertem Aluminium und mit schaumgummi- und daunengefüllten schwarzen Lederpolstern.

Lit: A. Drexler, *Charles Eames – Furniture,* New York 1973.

Eastlake, Charles Lock (1836-1906). Englischer Architekt und Schriftsteller. Er schrieb hauptsächlich über Kunst, Architektur und Innenausstattung. Als sein Hauptwerk gilt das Buch ›History of the Gothic Revival‹ (1872). Zu seinen Lebzeiten gewann er jedoch mehr Beachtung durch seine ›Hints on Household Taste in Furniture, Upholstery and other Details‹ (1868). Seine Ideen beeinflußten das zeitgenössische Design und trugen dazu bei, daß die pompösen, überladenen Möbel der frühviktorianischen Periode aus der Mode kamen. Er wollte den »Sinn für das Malerische mit modernem Komfort und Annehmlichkeit« verbinden und verlangte nachdrücklich ganz schlichte, geradlinige Möbel von guter handwerklicher Qualität. Um 1860 galten seine Möbel als modisch, um 1900 hielt man sie höchstens noch für mittelmäßig. In den Vereinigten Staaten, wo sein Buch 1872 veröffentlicht wurde, war er beinahe bekannter als in England.

C.E. Eastlake: Schlafzimmerkommode aus ›Hints on Household Taste‹, 1869

Lit: Charles L. Eastlake, *A History of the Gothic Revival* (1872), Hg. J. Mordaunt Crook, Leicester 1970; M.J. Smith Madigan, *Eastlake-influenced American Furniture 1870-1890,* Hudson River Museum, New York 1974.

Ebenholz. Ein sehr schweres, feinfasriges Hartholz, glänzend schwarz mit z.T. gelblicher oder bräunlicher Maserung, der in tropischen Klimazonen wachsenden Diospyra Ebenumund anderer Gattungen aus der großen Familie der Ebenholzgewächse. Französische Kunsttischler verwendeten meist Ebenholz aus Madagaskar. Zur Gattung der Diospyra Ebenum gehört auch das hellgemaserte Koromandel- oder Zebraholz von der Koromandel-Küste. Seit der Renaissance wurde auch ›unechtes‹ Ebenholz verwendet: durch Beizen schwarz gefärbtes helles Birnbaum- oder Goldregenholz.

Ebéniste. Kunsttischler im Unterschied zum ›menuisier‹. Der ›ébéniste‹ durfte nur →furnierte Möbel herstellen (die Bezeichnung wurde vom →Ebenholz abgeleitet, aus dem die frühesten Furniere angefertigt wurden), während der ›menuisier‹ sich auf geschnitzte Möbel in unfurniertem Holz spezialisierte, besonders auf Stühle, Tische, Betten usw. Ein ›maître‹ der französischen Schreinerzunft (corporation des menuisiers-ébénistes) durfte zwar beide Techniken ausführen, was aber selten geschah. Die Unterscheidung zwischen ›ébéniste‹ und ›menuisier‹ wurde in Frankreich bis zur Revolution beibehalten. In anderen Ländern – in Deutschland wurde die Bezeichnung Ebenist erstmals Anfang des 18. Jhs. verwandt – war eine ähnliche Spezialisierung nicht bekannt. Die Kunst des Furnierens wurde von Jean

Macé, dem Möbelschreiner der Maria de'Medici, in Frankreich eingeführt. Die Bezeichnung ›ébéniste‹ tauchte 1657 zum erstenmal in offiziellen französischen Dokumenten auf. Erst seit 1745 wurde in den revidierten Statuten der ›corporation des menuisiers‹ zwischen ›menuisier‹ und ›ébéniste‹ unterschieden.

Eberlein, Johann Friedrich (1693/96-1749). In Dresden geborener Bildhauer, der – nachdem er für den sächsischen Hof und in England gearbeitet hatte – 1735 der Hauptmitarbeiter von J.J. →Kändler in →Meißen wurde. Er war dort beteiligt an Entwurf und Ausführung einiger Meisterwerke, z.B. des Neptunbrunnens (zerstört) und des Schwanenservices. Obwohl Kändlers Gehilfe, hatte er doch die größere Erfahrung als Modelleur von Kleinplastik und mag einigen Einfluß auf ihn ausgeübt haben.

Lit: E. Zimmermann, *Meissner Porzellan*, Leipzig 1926.

Echizen. Einer der ›Sechs Alten Öfen‹ Japans, aber viel weniger produktiv als →Seto, →Tokoname und andere Öfen. Die Echizen-Töpfereien lagen bei Takefu in der Präfektur Fukui und dürften seit dem 12. Jh. gearbeitet haben. Die bekanntesten frühen Erzeugnisse sind große Wasserkrüge, bis zu 1 m Durchmesser, von bauchiger Form mit natürlicher Holzaschenglasur.

Lit: S. Jenyns, *Japanese Pottery*, London 1971.

Eckernförde

Eckernförde. Die 1759 in Criseby in Schleswig gegründete Fayencefabrik wurde 1765 nach Eckernförde verlegt und 1785 geschlossen. In ihrer besten Zeit, als *Johann Georg Buchwald* dort als Modelleur arbeitete – von 1761-68 (mit seinem Schwiegersohn A. →Leihamer als Maler seit 1764) –, stellte Eckernförde kühn modellierte und dekorierte Rokokotafelaufsätze, Terrinen und Vasen her, die mit Blumen in glänzenden Farben dekoriert waren, ebenso große Tabletts und Tischplatten.

Lit: K. Hüseler, *Geschichte der Schleswig-Holsteinischen Fayence-Manufacturen im 18. Jahrhundert*, Breslau 1929; A. Klein, *Deutsche Fayencen*, Braunschweig 1975.

Eckmann, Otto (1865-1902). Deutscher Graphiker und Jugendstil-Designer. Er fing als Landschaftsmaler an, verbrannte aber 1894 alle seine Gemälde und wandte sich – in München arbeitend – der angewandten Kunst zu. Seine Hauptleistung war die Schaffung einer halbkursiven Jugendstil-Schrifttype. Kraftloser Lebensüberdruß, ausgedrückt durch welkende Blumen und fallende Kurven, kennzeichnet sein Werk, das auch Entwürfe für Metallarbeiten und Bildteppiche umfaßt. Im Gegensatz zu dieser morbiden Grundtendenz seines Schaffens hat er aber auch einfache und fortschrittliche Möbel von rustikaler Wirkung entworfen.

Lit: H. Seling (Hg.), *Jugendstil*, Heidelberg–München 1959; R. Schmutzler, *Art Nouveau*, London 1964.

Ecuelle →Wöchnerinnenschüssel

Edkins, Michael (1734-1811). Englischer Emailmaler, der neben Keramik vor allem Glas bemalte und in Bristol tätig war. Seinem Geschäftsbuch (Museum Bristol) ist zu entnehmen, daß er für verschiedene Glasmacher arbeitete, wahrscheinlich auf selbständiger Basis (1762-87). Opake Glasgefäße, die mit Blumen und Schmetterlingen bemalt sind und den gleichzeitigen bemalten Porzellangefäßen ähneln, werden ihm oft zugeschrieben. Gesicherte Arbeiten von ihm gibt es jedoch nicht. →Bristol, Glashütten.

Edo-Periode →Japanische Keramik

Edwards of Halifax. Eine Buchbinderwerkstatt des 18. Jhs., die von *William Edwards* gegründet und von seinen Söhnen fortgeführt wurde. Man verdankt ihnen verschiedene Neuerungen auf dem Gebiet der dekorativen Buchbinderei: u.a. von Goldschnitt verdeckte Malerei am Schnitt des Buchs (nur sichtbar, wenn das Buch aufgeschlagen ist); eine von Edwards 1785 patentierte Technik zur farbigen oder monochromen Untermalung von transparentem Pergament sowie den sogenannten ›Etruskischen Einband‹ in Kalbsleder, dessen Färbung die Terrakottafarben griechischer und etruskischer Vasen imitierte.

Eenhorn, Lambertus van (1651-1721). Er folgte L. →Cleffius als Eigentümer der sehr produktiven →Delfter Töpferei ›De Metale Pot‹, 1691-1721, und stellte in →Scharffeuerfarben dekorierte Waren her, besonders Teller und Vasen, die in Gelb auf schwarzem Grund dekoriert waren, und rotes →Steinzeug neben den üblichen blauweißen →Chinoiserie-Stücken.

Lit: C.H. de Jonge, *Delft Ceramics*, London 1970.

Eenhorn, Samuel van (gest. 1685). Bruder von Lambertus van Eenhorn und Sohn von *Wouter van Eenhorn*, von dem er 1675 eine der besten →Delfter Fayencefabriken übernahm, ›De Griekische A‹, die er bis 1685 betrieb. Er war spezialisiert auf Vasen, große Schmuckteller

O. Eckmann: Schrank, um 1900 (Hessisches Landesmuseum, Darmstadt)

und Kuriositäten, wie Perückenständer, die in Blau und Weiß mit ziemlich überladenen →Chinoiserien dekoriert waren. Figuren sind mit Linien in Purpur oder schwarzem Strich, →Trek, umrandet, die Blautöne wechseln in ihrer Dichte harmonisch ab, und die Glasur hat einen Stich ins Bläuliche. Nach seinem Tod ging die Fabrik an A. →Kocx über.

Lit: C. H. de Jonge, *Delft Ceramics*, London 1970.

Egell, Paul (1691-1752). Führender deutscher Rokokobildhauer; er war seit 1721 Hofbildhauer beim pfälzischen Kurfürsten in Mannheim. Egell ist vor allem durch seine figürlichen Werke bekannt, doch machte er auch elegante leichte Konsoltische und andere geschnitzte Möbel für das Mannheimer Schloß und das Palais Thurn und Taxis in Frankfurt (heute in Regensburg).

Lit: Klaus Lankheit, *Die Zeichnungen des kurpfälzischen Hofbildhauers Paul Egell (1691-1752)*, Karlsruhe 1954; H. Kreisel, *Die Kunst des deutschen Möbels*, Bd. II, München 1970.

Egeri, Karl von (gest. 1562). Glasmaler, der in Zürich arbeitete und sich auf kleine Scheiben spezialisierte, wie sie in der Schweiz als Geschenke beliebt waren. Der Einfluß von →Holbein d. J. ist in seiner Verwendung von Renaissancemotiven deutlich, doch beweisen seine Ranken, Knospengirlanden und sein auffallender Feder-Kopfputz eigene Phantasie (z. B. auf einer Scheibe des Jahres 1551 im Victoria & Albert Museum, London).

Egermann, Friedrich (1777-1864). Bedeutender böhmischer Glasmacher und Erfinder des Lithyalinglases (1828), eines opaken mehrfarbigen Glases, das verschiedene Edelsteine nachahmt. Er erfand auch die Gelb- und Rotbeize, die den Gläsern bernsteinartiges, bzw. rubinartiges Aussehen gibt.

Lit: R. & L. Grover, *Carved and Decorated European Art Glass*, Rutland, Vermont, 1970; G. E. Pazaurek, *Gläser der Empire- und Biedermeierzeit*, 2. überarb. Aufl., München 1976.

Eggerbrecht, Peter →Dresdener Fayencefabrik

Eglomisé →Verre eglomisé

Ehrenfeld. Glashütte am Rande von Köln, die in der Mitte des 19. Jhs. gepreßtes Glas und Glas in →böhmischer Art herstellte. Unter der Leitung von Oskar Rauter (ab 1872) wurden auch handgemachte Stücke produziert, die alte deutsche und venezianische Vorbilder in freier Form nachahmten (vor allem →Römer und →Flügelgläser). Diese Gläser wurden 1880 zuerst auf den Markt gebracht und gewannen Preise bei verschiedenen internationalen Ausstellungen, so in Nürnberg 1881, in Antwerpen 1885, in Paris 1900. Darüber hinaus entstanden einfache und noble Tischgläser und um 1900 Gläser in der Art des Jugendstils.

Lit: *Kunstgewerbemuseum Köln: Glas*, Köln 1963.

Ehrenreich, Johann Ludwig Eberhard →Marieberg; Stralsund; Königsberg

Eiche. Holz verschiedener Baumarten der Gattung Quercus, seit frühester Zeit zur Herstellung von Möbeln verwendet. Eiche ist ein hartes, schweres Holz, im allgemeinen von heller Färbung. Zu den wenigen dunklen Varianten gehört das fast schwarze Holz von abgestorbenen Eichenstümpfen aus dem Torfmoor. In Nordeuropa wurde Eichenholz im Mittelalter vor allem für hochwertige Möbel verwendet. Es wurde vom Holz des Walnußbaumes abgelöst, das in Frankreich seit Ende des 16. Jhs. und in England seit dem ausgehenden 17. Jh. verwendet wird. Für einfachere Möbel wird noch immer Eichenholz verwendet. Das Holz aus der Krone gekappter Eichen ist feinmaserig und lebhaft in der Färbung und wurde zu Beginn des 19. Jhs. häufig als Furnierholz verwendet.

Lit: V. Chinnery, *Oak furniture*, Woobridge 1979.

Eichelbecher. Deckelpokal in Form einer Eichel, im allgemeinen mit baumstammförmigem Fuß. Eichelbecher wurden in England im späten 16. und frühen 17. Jh. hergestellt. Wie der in mancher Hinsicht ähnliche →Kürbisbecher spiegelt er den Geschmack dieser Zeit in Naturformen.

Eichenlaubkrug. →Apothekenkrüge mit gebauchtem Gefäßkörper, kurzem Hals und zwei gurtförmigen Henkeln. Sie sind gewöhnlich bemalt mit Purpur und Grün oder Blau auf weißem Grund mit Vögeln, Tieren, heraldischen Motiven oder figürlichen Darstellungen inmitten stilisierter, ungleich gemusterter eichenlaubähnlicher Blätter; sie wurden in →Florenz besonders im 15. Jh. hergestellt.

Lit: H. Wallis, *Oak-leaf Jars*, London 1963; A. Klein, *Fayencen aus Europa (Florenz u. a.)*, Braunschweig 1980.

Goldener Eichelbecher, London, um 1610 (British Museum, London)

Eichenlaubkrug, vermutlich Florenz, 15. Jh. (Louvre, Paris)

Eierschalenporzellan. Extrem dünnes, reinweißes chinesisches Porzellan feinster Qualität, auf chinesisch *tuotai* (körperlos) genannt, das zum ersten Mal in der frühen →Ming-Periode (wahrscheinlich Yongle 1403-24) hergestellt wurde, als auch die →Anhua-Dekoration zum ersten Mal auftrat. Schalen aus diesem Porzellan wird manchmal eine Unterseite aus rubinrotem Email gegeben. Nicht zu verwechseln mit Weich- oder →Te-Hua-Porzellan.

Eierstab. Ornament, in dem sich abwechselnd eiförmige und pfeilspitzenartige Reliefformen wiederholen; gewöhnlich an einer Viertelstabprofilleiste angebracht und gelegentlich von einem Astragal (→Perlstab) begleitet.

Lit: Wilhelm Rave, Artikel *Eierstab*, RDK, Bd. IV.

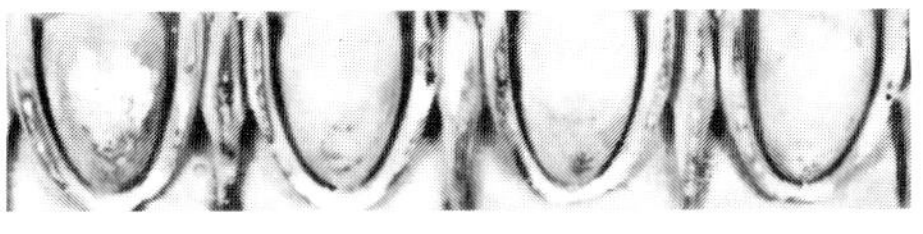

Eierstab

Eilbertus von Köln (um 1130-60). Ein mit Grubenschmelz (→Email) geschmückter Tragaltar (Berlin, Staatliche Museen Preußischer Kulturbesitz) trägt die Inschrift »Eilbertus Coloniensis me fecit«. Man weiß sonst nichts über Eilbertus, hat ihn aber in Verbindung gebracht mit dem ›Zeichnerischen Stil‹ des frühen 12. Jhs. in Deutschland. Eine Reihe von Werken sind Eilbertus zugeschrieben worden, z. B. ein Tragaltar, um 1150-60, mit den Kardinaltugenden (Berlin, Staatliche Museen Preußischer Kulturbesitz) und sechs große Emailplaketten, um 1150 (Hildesheimer Domschatz).

Lit: P. Lasko, *Ars Sacra 800-1200*, Pelican History of Art, Harmondsworth 1972; M.-M. Gauthier, *Émaux du moyen âge occidental*, Fribourg 1972.

Einlegearbeit →Intarsia

Eisen. Meteoritisches Eisen wurde vom 3. Jt. v. Chr. an zu Schmuck geformt. Aus Verhütten von Erzen gewonnenes Eisen gab es von etwa 2800 v. Chr. an, aber die Technik der Verarbeitung wurde nicht vor 1500 v. Chr. von den Hethitern in Anatolien gemeistert. Von dort verbreitete sie sich um 800 v. Chr. durch Eurasien nach China und Europa. China war bei Gußeisen und anderen Eisen-Technologien Europa bis zum Jahre 1400 voraus. Im präkolumbianischen Amerika war Eisen unbekannt. Zuerst wurde Eisen für Waffen und Werkzeuge verwendet, später auch für dekorative Zwecke. Das Metall war dabei selten rein, und die meisten Dinge, von denen man gemeinhin sagt, sie seien aus ›Schmiedeeisen‹, würden von einem Metallurgen korrekterweise als Stahl mit geringem Kohlenstoffgehalt (d. h. als eine Legierung mit weniger als 0,5% Kohlenstoff) bezeichnet werden. Schmiedeeisen – die Bezeichnung kann auf das Material sowohl vor wie nach der Bearbeitung durch den Schmied angewendet werden – ist elastisch und dauerhaft und kann zu sehr komplizierten Formen verarbeitet werden. Man hat es vielfach für Tore, Gitter, Balkone, Treppengeländer, Laternen, Türangeln und gelegentlich auch für Hausrat verwendet. Ein technisches Unikum ist der Thronsessel, den Thomas Rucker 1574 in Augsburg für Kaiser Rudolf II. schuf. Ehemals in der Kunstkammer in Prag befindet er sich heute in Longford Castle in England. Im frühen 19. Jh. weitgehend durch Gußeisen verdrängt, gewann Schmiedeeisen in den 90er Jahren erneut die Gunst des Publikums durch das ›Arts and Crafts Movement‹ in England und durch ähnliche Bewegungen zur Wiederbelebung des Handwerks auf dem europäischen Festland. Gußeisen oder Grauguß ist eine Legierung mit einem wesentlich höheren Prozentsatz an Kohlenstoff (bis zu 5%) und hat eine geringe Elastizität. Es wird in Formen aus gepreßtem Sand gegossen. Es wurde zuerst in China zur Herstellung von Gußformen für Bronze, seit dem 14. Jh. in großem Umfang in Europa und seit dem 17. Jh. in Amerika zur Herstellung von Töpfen, Pfannen u. ä. benutzt. Seit dem späten 15. Jh. hat man es auch

Entwürfe für ein schmiedeeisernes Geländer von G. Huquier, um 1750

herangezogen zur Herstellung von Feuerböken, Herd- und Kaminplatten u.ä. und seit dem frühen 19. Jh. für Hausrat und Geländer. Über einige der führenden Meister des Schmiedeeisens *siehe:* R. Bakewell, N. Grosso, J. Lamour, G. B. Malagodi, J. Tijou. Über Gußeisen *siehe* Berliner Eisenguß.

Lit: O. Höver, *Das Eisenwerk. Die Kunstformen ...*, Tübingen 1961; E. Baccheschi u. S. Levy, *Ferri battuti italiani*, Mailand 1966; E. G. u. J. Robertson, *Cast Iron Decoration. A World Survey*, London 1977.

Eisenhoit, Anton (1553/58-1603). Graveur und Silberschmied, ausgebildet in Italien, von 1585 an in Warburg tätig. Gotische und Renaissance-Motive verbinden sich in seinem Werk. Wenige seiner Silberarbeiten blieben erhalten, die bemerkenswerteste ist der Altar in Schloß Herdringen in Westfalen.

Eisentonware. →Irdenware des 12.-14. Jhs., in Süddeutschland und im Donaubecken gemacht, wo für Steinzeug ein geeigneter Ton fehlte. Zur Härtung wurde dem Ton Graphit beigegeben. Die Ware ist gewöhnlich von grauer oder schwarzer Farbe und hat einen metallischen Schein, der vom Rauch des Brandes herrührt. Die Töpfer wurden ›Schwarzhafner‹ genannt.

Eisglas. Glas mit grober, unregelmäßiger, an gesplittertes Eis erinnernder Oberfläche, das zunächst im 16. Jh. in Venedig (genannt Vetro a ghiaccio), dann im 17. Jh. in Lüttich und Spanien hergestellt wurde und später im 19. Jh. in Frankreich und in England (durch A. →Pellatt) wiederbelebt wurde. Es gibt zwei Herstellungsverfahren: (1) Teilweise geblasenes weißglühendes Glas wird in kaltes Wasser getaucht, wodurch Risse und Sprünge entstehen, um dann sofort wieder leicht erhitzt zu werden. (2) Kleine Glassplitter werden auf das heiße Glas gestreut und verbinden sich mit der folgenden Erhitzung mit der Oberfläche. Moderne Methoden verwenden Flußsäure.

Ekberg, Josef →Gustavsberg

Elektroplattieren. Das Verfahren, bei dem Metallgegenstände durch Elektrolyse mit einem Silberüberzug (oder allgemeiner, mit einem Überzug aus anderem Metall) versehen werden. Bei der Silber-Elektroplattierung besteht der Metallgegenstand gewöhnlich aus Nickel, weshalb diese Waren in England gewöhnlich als E.P.N.S. (electroplated nickel silver) bezeichnet werden, auch wenn sie mitunter aus Kupfer bestehen. Das Elektroplattierverfahren wurde 1840 für G. R. →Elkington patentiert. Die elektroplattierte Ware verdrängte in kurzer Zeit→ Sheffield Plate als billigen Ersatz für massives Silber. Um 1852 gab es nur noch eine Werkstatt in Sheffield, die Sheffield Plate herstellte. Der große Vorteil elektroplattierter Ware besteht darin, daß abgenutzte Gegenstände billig und rasch neu versilbert werden können. Außer Elkington in England waren →Reed & Barton in den USA und Elkingtons Lizenznehmer Ch. →Christofle in Frankreich die Hauptthersteller elektroplattierter Ware.

Das erste zahlreicher Patente Elkingtons, erteilt 1839, auf eine verbesserte Methode der Vergoldung von Kupfer, Messing und anderen Metallen oder Legierungen betraf einen Prozeß, der bereits die Elektrolyse mit enthielt. Es ist jedoch zweifelhaft, ob Elkington sich dieser physikalisch-chemischen Feinheiten bewußt war. Im März 1840 erhielt er ein Patent auf das Versilbern mit Hilfe von galvanischem Strom. Sein Verfahren war die Krönung einer Reihe von Versuchen, die von Wissenschaftlern in den verschiedensten Ländern Europas angestellt worden waren. Alessandro Volta hatte entdeckt, daß ein elektrischer Strom erzeugt werden konnte, indem man zwei oder mehr Metalle mit einer geeigneten Flüssigkeit in Berührung bringt. Dann fand man heraus, daß ein elektrischer Strom, den man durch eine leitende Flüssigkeit schickt, diese in ihre Bestandteile zerlegt und ihre Elemente an den eingetauchten Polen freisetzt. 1801 gelang es Dr. William Hyde Wollaston, ein Stück Silber mit Kupfer zu überziehen, und 1805 vergoldete L. V. Brugnatelli zwei Silbermedaillen durch Elektrolyse. 1815 vergoldete P. →Storr einen Becher mit Hilfe der Elektrolyse, und es ist wahrscheinlich, daß→Rundell, Bridge & Rundell ähnliche Waren herstellten.

Der Vorgang hätte jedoch wenig praktische Bedeutung gehabt, wenn man nicht entdeckt hätte, daß die entweder als ›German silver‹ oder als Nickelsilber bekannte Legierung – eine Legierung etwa zur Hälfte aus Kupfer, zur anderen Hälfte etwa zu gleichen Teilen aus Zink und Nickel (seit dem 18. Jh. bekannt) – die beste Grundlage abgibt, auf die sich Silber durch Elektrolyse auftragen läßt; man benutzte jedoch auch →Britannia Metall (be-

Elfenbeinbüchse, Córdoba, 964 n. Chr. (Museo Arqueologico, Madrid)

kannt in England als E.P.B.M.). Elkington entdeckte dann (zusammen mit dem Metallurgen Alexander Parkes und dem Chirurgen John Wright), daß man eine starke, gleichmäßige und dauerhafte Silberschicht durch den Zusatz von Silberzyaniden zu der Flüssigkeit erzielen kann. Dieser hinterläßt einen Belag von eisgrau-weißlichem Silber, der poliert werden muß. Erst 1847 entdeckten zwei Mitarbeiter von Elkington, daß mit einem Zusatz von Kohlenbisulfid dieser Mangel behoben werden kann.

Lit: S. Field u. A. D. Weill, *Electro-Plating. A Survey of Modern Practice*, London 1945; W. Blum u. B. Hobaboom, *Principles of Electroplating*, London u. New York 1949; S. Bury, *Victorian Electroplate*, London 1971.

Elektrum, Elektron. Legierung aus Gold und Silber. Gediegenes, d. h. in der Natur in metallischer Form vorkommendes Gold ist immer mit Silber, in geringem Umfang auch mit Kupfer und Wismut legiert. Übersteigt der Silbergehalt den Anteil von etwa 28%, so spricht man von Elektrum (früher Elektron), das als Metall schon im Altertum (z. B. in Persien) zur Herstellung goldähnlicher Arbeiten gedient hat. In der modernen Metallurgie werden aus Elektrum Gold und Silber getrennt gewonnen.

Elers, David und **John Philip** (tätig 1686-1700). Brüder, begannen ihre Laufbahn als Silberschmiede in Holland, ließen sich um 1686 in England nieder und waren von 1690-93 als Mitarbeiter von J. →Dwight in dessen Töpferei in Fulham tätig. 1693 machten sie sich in Bradwell Wood in Staffordshire selbständig und stellten – unter Verletzung von Dwights Patent – braune Becher und rote Steinzeug-Teekannen her. David scheint der Kaufmann und John Philip der Chemiker und Töpfer gewesen zu sein. Die wenigen Stücke, die man ihnen zuschreiben kann, umfassen kleine Becher, Teekannen, Teebüchsen und Teetassen aus feinem, rotem →Steinzeug, die mitunter aussehen, als seien sie nach dem Formen noch einmal auf der Töpferscheibe gedreht worden. Sie sind meist mit von feingeschnittenen Metallstempeln geformten Reliefs in →Chinoiseriedekor geschmückt und gelegentlich vergoldet oder glasiert. 1698 schlossen die Brüder ihre Werkstatt; um 1700 ließ sich John Philip als Händler in Dublin nieder. Elers Ware wurde später nachgeahmt und begründete einen neuen Standard für Töpferware in →Staffordshire.

Lit: A. Oswald, R. J. C. Hildyard u. R. G. Hughes, *English Brown Stoneware 1670-1900*, London 1983.

Elfenbein. Im engeren Sinne sind nur die Stoßzähne von Elefanten Elfenbein, doch wird die Bezeichnung im weiteren Sinne auch angewendet auf jede ähnlich harte, weiße oder elfenbeinfarbene Substanz, z. B. die Fang- oder Stoßzähne von Narwalen, Walrössern, Nilpferden, fossilen Mammuts. Elfenbein ist ein feinkörniges Material und gibt Gelegenheit, technische Geschicklichkeit daran zu entfalten. Diese Eigenschaft ist im Orient weidlich genutzt worden, z. B. bei chinesischen Filigranschnitzereien und Contrefaits (Kugel in

Elfenbeinernes Salzfaß von Georg Petel, frühes 17. Jh. (Königliche Sammlungen, Stockholm)

Elfenbeintafel, Madura, Madras, 18. Jh. (Victoria & Albert Museum, London)

Elfenbeinkamm, bekannt als Kamm des hl. Heribert, spätes 9. Jh. (Schnütgenmuseum, Köln)

Kugeln). Es läßt sich auf Hochglanz polieren und ist in dünnen Tafeln lichtdurchlässig. Einige der schönsten Elfenbeinschnitzereien stammen aus spätantiker und aus frühchristlicher Zeit (seit dem späten 4. Jh.), besonders →Konsulardiptychen und andere Diptychen mit heidnischen und christlichen Darstellungen, sowie Kästchen und Dosen. Diese Schnitzereien wurden häufig in der →karolingischen Zeit imitiert, und zwar vor allem für die Verzierung von Kästchen und für die Dekoration von Bucheinbänden. Einige sehr schöne Elfenbeinschnitzereien für den kirchlichen Gebrauch entstanden in England im 10. und 11. Jh., z. B. ein Bischofsstab, heute im Victoria & Albert Museum, London. Kurz nach 1250 begann der →gotische Stil die Elfenbeinschnitzerei zu bestimmen. Statuetten, von denen einige zu den Meisterwerken der gotischen Skulptur gehören (z. B. die Marienkrönung und die Grablegung im Louvre), Diptychen und Triptychen mit religiösen Darstellungen wurden in großer Menge in Frankreich und in anderen Ländern angefertigt (ihr genauer Ursprungsort läßt sich selten feststellen). Elfenbein wurde jedoch auch für profane Gegenstände eingesetzt, besonders für Kästchen und kleine Handspiegel, die oft mit Flachreliefschnitzereien von höfischen oder ritterlichen Themen versehen sind. Kurz vor der Mitte des 15. Jhs. verfiel die Kunst der Elfenbeinschnitzerei – die Renaissance gab ihr wenig

Anregung. Im 16. Jh. wurde Elfenbein weniger für Skulpturen verwendet als vielmehr für Dinge des täglichen Gebrauchs wie Siegel, Rosenkränze, Spiegelkapseln, Notiztäfelchen und Pulverhörner, Dolch- und Messergriffe, Schwertknäufe und Sattelschmuck. Für Objekte dieser Art ist Elfenbein seither weiterhin benutzt worden, ebenso wie gelegentlich für Einlegearbeiten bei Möbeln. Die figürliche Elfenbeinschnitzerei wurde in der Zeit des →Barock wieder aufgenommen, besonders in Deutschland und den Niederlanden: Zu den führenden Künstlern gehörten François Duquesnoy, Gerard van Opstal, Lucas Faid'herbe, Georg Petel, Christoph Harrich, Ch. →Angermair, J. M. →Maucher und B. →Stockamer. Im frühen 18. Jh. schufen der Norweger Magnus Berg, die Franzosen Jean Cavalier und David Le Marchand und – später – der Tiroler Simon Troger sehr schöne Werke, mitunter von außerordentlicher Kunstfertigkeit. Im 19. Jh. wurden große Mengen von Elfenbeinschnitzereien hergestellt – Reproduktionen, Fälschungen und zahllose Originalwerke, die dazu neigen, durch minutiöse Durchbruchsarbeit die weniger ansprechenden Eigenschaften dieses Materials – seine fettig glänzende Oberfläche und seine Lichtdurchlässigkeit – herauszuheben. *Siehe auch Abb. S. 180.*

Elfenbeinerne Schachfigur mit Contrefait (Kugel in Kugeln)-Basis, chinesisch, 19. Jh. (Victoria & Albert Museum, London)

Elfenbeinerner Deckelpokal, florentinisch, 1681 (Victoria & Albert Museum, London)

Lit: H. W. Hegermann, *Elfenbeinkunst*, Ausst. Kat. Erbach 1978.

Elfenbeinporzellan. Porzellan mit matter, gelblicher, Elfenbein ähnlicher Oberfläche, das in →Worcester und anderswo (vor allem in Berlin) ab dem späten 18. Jh. erzeugt wurde.

Elisabethanischer Stil. Sammelbegriff für den Stil von Kunstgegenständen, die in England während der Regierungszeit von Elisabeth I. (1558-1603) entstanden, aber oft schwer zu unterscheiden sind von denen aus der Spätzeit Heinrichs VIII. (1509-47), Edwards VI. (1547-53) und Mary I. (1553-58). Die Hauptveränderung bei der angewandten Kunst in England hatte unter Heinrich VIII. mit der Ein-

Elfenbeinurne, J. Maucher zugeschrieben, spätes 17. Jh. (Victoria & Albert Museum, London)

führung der →Renaissance durch →Holbein d. J. und verschiedene eingewanderte italienische Kunsthandwerker stattgefunden. Unter Elisabeth wurde dieser italienische Einfluß durch den Venezianer Giacomo →Verzelini für Glaswaren aufrechterhalten, doch wurden Deutschland, Frankreich und die Niederlande auf den anderen Gebieten wesentlich einflußreicher. Flämische und deutsche Musterbücher wie die von H. →Brosamer, V. →Solis und H. →Collaert wurden eingeführt. Es gab auch einen Zustrom von emigrierten protestantischen Handwerkern aus verschiedenen nordeuropäischen Ländern. Elisabethanische Holzarbeiten, Metallarbeiten und Textilien können mit den verschiedensten ornamentalen Motiven versehen sein – einige sind ein Erbe der heimischen Gotik, andere stammen entweder unmittelbar aus Italien oder sind von Deutschland und den Niederlanden vermittelt (und verändert) worden. Das Kunsthandwerk war für Einflüsse aus verschiedenen Richtungen offen. Die einzige charakteristische Gemeinsamkeit bei allen feineren Kunstgegenständen ist der Reichtum der Oberflächendekoration: »Köstliche Stoffe, Zelt' und Baldachine, Battiste, türkische perlgestickte Polster, Umhänge von Venedig, golddurchnäht ...« (Shakespeare, Der Widerspenstigen Zähmung, Übersetzung Wolf Graf Baudissin). Möbel waren gewöhnlich massiv, gedrungen und in einer Mischung aus gotischen und Renaissance-Motiven reich geschnitzt. Stämmige Baluster in Pokalform waren als Tischbeine, als Stützen von Abstellborden wie Kredenztischen u. ä. beliebt. Einlegearbeit mit der Darstellung phantastischer Gebäude wurde bei kostbaren Stücken gelegentlich verwendet, besonders bei den sogenannten Nonesuch-Truhen. Töpferware war einfach und wurde wahrscheinlich nur in den bescheideneren Häusern bei Tisch verwendet. Für die Reicheren wurde chinesisches Porzellan, Iznik-Keramik und deutsches glasiertes Steinzeug importiert und aufwendig in Silber gefaßt. Beim Glas ist zu unterscheiden zwischen dem einfachen grünen Weald Glas für den alltäglichen Gebrauch und dem importierten venezianischen Kristallglas oder englischen Imitationen, die von einge-

Elisabethanisches Glasfenster aus Preston Hall, Suffolk, um 1600 (Victoria & Albert Museum, London)

Elisabethanisches silbernes Salzgefäß in Form einer Glocke, 1594/95 (Victoria & Albert Museum, London)

Elkingtons Katalog von 1847 mit Angeboten seiner elektroplattierten Waren

wanderten Italienern wie Verzelini hergestellt wurden. Bei den Textilien sind neben gotischen Reminiszenzen bereits orientalische Einflüsse wirksam. Das zeigen vor allem die mit zierlichen Arabeskenmustern von Blumen, Blattwerk und verschlungenen Ranken bestickten Polsterbezüge und Tischdecken. Die Mehrzahl der Bildteppiche wurde importiert; W. →Sheldons Manufakturen wirkten jedoch eine Anzahl von Bildteppichen mit Darstellungen nach flämischen Vorbildern, die mit einer reizvollen Naivität interpretiert wurden. Wohl die schönsten elisabethanischen Kunstgegenstände, sowohl in Hinsicht auf handwerkliches Können als auch auf den Entwurf, sind aus Silber. Sie reichen von der protestantischen Strenge der Abendmahlskelche bis zur aufwendigen Arbeit der Salzfässer und festlichen Pokale. Aber auch hier waren ausländische Einflüsse stark, Muster wurden oft aus flämischen oder deutschen Quellen bezogen, und der größte Teil der Gravierarbeit scheint von ausländischen Handwerkern, die sich in London niedergelassen hatten, ausgeführt worden zu sein.

Elkington, George Richard (1801-65). Birminghamer Metallwarenhersteller, der den Silberhandel durch die Entwicklung eines →Elektroplattierungsverfahrens, das er sich im Jahre 1840 patentieren ließ, von Grund auf veränderte. Er kam damit einem ähnlichen Patent, das *Roulz* in Frankreich erteilt wurde, um wenige Monate zuvor. Elkington wurde in Birmingham geboren und erbte eine Fabrik für vergoldete Galanteriewaren, die er gemeinsam mit seinem Partner und Vetter *Henry Elkington* (um 1810-52) leitete. Seine ersten Versuche hatten zum Ziel, eine Vergoldungsmethode zu finden, die weniger gefährlich als die Quecksilbervergoldung war. Sein Elektroplattierungsverfahren wurde erst einige Jahre nach 1840 vervollkommnet. 1842 wurde ein wohlhabender Schreibfederfabrikant, Josiah Mason, Partner, und die Firma hieß nun *Elkington, Mason & Co.* Das Elektroplattierungs-Patent wurde in Lizenz an verschiedene Silbermanufakturen vergeben (wie z. B. 1842 an Charles

G. R. Elkington: die ›Inventions-Vase‹, entworfen von L. Morel-Ladeuil, Silber, Birmingham 1863 (Victoria & Albert Museum, London)

→Christofle in Frankreich und 1848 an J. →Dixon & Sons in Birmingham), doch produzierte Elkingtons eigene Fabrik um 1847 große Mengen elektroplattierten Tafelgeschirrs und -bestecks für Hotels, Clubs, Dampfschiffgesellschaften u. ä. wie auch für Privatkunden. Sie stellte jedoch auch Dekorationsstücke in den verschiedensten Stilen her, vom Maurischen (z. B. eine Vase im Museum für angewandte Kunst, Wien) bis zur italienischen Renaissance, einschließlich Reproduktionen in dem verwandten Verfahren der →Galvanoplastik, für die Elkington ebenfalls Patente besaß. Beispiele ihrer Galvanoplastiken sind im Victoria & Albert Museum, London. Elkington konkurrierte auch mit Unternehmen wie R. →Garrard und P. →Storrs Nachfolgern Hunt & Roskill in der Produktion von Repräsentations- und Ausstellungsstücken aus massivem Silber. Man beschäftigte auch ausländische, vor allem französische Künstler als Entwerfer für die mehr dekorativen Stücke, besonders Albert Wilms (der zuvor für Christofle und für F.-D. →Froment-Meurice in Paris tätig gewesen war), Benjamin Schlick, Pierre-Emile Jeannest (der zuvor für →Minton's Töpferei und Porzellanmanufaktur gearbeitet hatte) und *Léonard Morel-Ladeuil* (um 1820-88), der ein Schüler von A. →Vechte gewesen war. Morel-Ladeuil wurde von Elkington von 1859 bis zu seinem Tode beschäftigt. Wir verdanken ihm so komplizierte und – zu seiner Zeit – auf höchste bewunderte Werke wie die ›Inventions-Vase‹ von 1863 und den ›Milton Shield‹, für den er auf der Pariser Ausstellung von 1867 eine Goldmedaille erhielt (beide im Victoria & Albert Museum, London). In den 80er Jahren wurden einige streng funktionale elektroplattierte Stücke nach Entwürfen von C. →Dresser hergestellt, doch scheinen dies Ausnahmen gewesen zu sein. Die Firma ist immer noch tätig, seit 1963 als Teil der ›British Silverware Ltd.‹. *Siehe auch Abb. S. 644.*

Lit: S. Bury, *Victorian Electroplate*, London 1971.

Elliott, Charles (tätig 1783-1810). Londoner Kunstschreiner, der sich auf elegante Möbel aus Satinholz mit feinen, unauffälligen Einlegearbeiten spezialisiert hatte.. Er bekam zahlreiche Aufträge von der königlichen Familie und belieferte den Hof seit etwa 1784 auch mit Polstermöbeln.

Lit: R. Edwards & M. Jourdain, *Georgian Cabinetmakers*, London 1955.

Ellwangen-Utzmemmingen. Obwohl diese Porzellanmanufaktur nur sehr kurz, 1757-59, pro-

Elsinore-Wandteppich, 1581-84 (National Museum, Kopenhagen)

duktiv war, werden ihr einige Stücke, vor allem →Humpen, zugeschrieben. Keines der Erzeugnisse aber kann mit völliger Bestimmtheit identifiziert werden.

Elsinore-Wandteppiche. Eine Gruppe dänischer Bildteppiche, von denen vierzehn erhalten sind (National Museum, Kopenhagen und Schloß Kronborg). Sie sind in Elsinore 1581-84 nach Kartons des flämischen Malers *Hans Knieper* für das Schloß Kronborg gewirkt worden und stellen die dänischen Könige (meist legendär) dar, die vor Landschaftshintergründen und manchmal in Verbindung mit Kriegs- und Jagdszenen stehen.

Lit: H. Göbel, *Wandteppiche*, Leipzig 1923-34; M. Mackeprang u. S. F. Christensen, *Kronborg Tapeterne*, Kopenhagen 1950.

Elton, Sir Edmund Harry (1846-1920). Englischer Kunstkeramiker, der 1883 die Baronetswürde erhielt und Clevedon Court in Somerset erbte, wo er, mit der Hilfe eines bei ihm tätigen Töpfers, *G. Masters*, Gefäße herstellte, die er mit Blumenmustern in farbigem →Schlicker (blau, rot oder grün) dekorierte. Seine als ›Elton ware‹ bekannten Arbeiten wurden auf der Ausstellung der ›Arts and Crafts Society‹, deren Mitglied er war, gezeigt.

Elward, Marsh & Tatham →Marsh, W.

Email oder **Schmelz.** Eine als Glasfluß oder Glaspaste bezeichnete Substanz, die gewöhnlich aus Blei-Soda- oder Blei-Pottasche-Glas – mit oder ohne Zusatz von Farbstoffen und Stoffen, die den Glasfluß opak machen – be-

Email, Zellenschmelz: Detail der Pala d'Oro, 12. Jh. (San Marco, Venedig)

steht und bei einer Hitze von im allgemeinen um 800° Celsius auf eine Metallfläche aufgeschmolzen wird. Eine ihr ähnliche glasartige Masse, die auf Keramik oder andere Materialien aufgetragen wird, nennt man →Glasur. Man sollte Email von glasartigen Substanzen, die nicht mit einem Metallgrund verschmolzen werden, ausdrücklich unterscheiden. Email wurde seit sehr früher Zeit als Schmuck auf Metallgegenständen verwendet. Die Haupttypen sind folgende:
Bei der *Emailplastik* (émail en ronde bosse) wird ein in Gold (Goldemail) oder in einem anderen Metall gegossenes oder getriebenes Objekt ganz oder teilweise mit transluzidem oder opakem Email überschmolzen. Die Technik gelangte in verschiedenen Epochen zu hoher Vollendung, in der burgundisch-französischen Goldschmiedekunst des 15. Jhs., in dem Goldemailschmuck des 16. und 17. Jhs., in der barocken Goldschmiedekunst (z. B. J. M. →Dinglinger), in historisierenden Arbeiten des 19. Jhs. (z. B. in Wien) und wurde in jüngerer Zeit vollendet beherrscht und angewandt von P. C. →Fabergé.
In technisch gleicher Weise wie Zellenschmelz und Drahtemail wird das *Fensteremail* (émail de plique à jour) hergestellt, doch werden hier die Stege oder Drähte auf eine präparierte Platte, mit der sich das Email nicht verbinden kann, aufgekittet. Nach dem Erkalten wird die Platte entfernt und das transluzide Email

Email, Grubenschmelz: Detail des Kreuzfußes von St-Omer, Umkreis des Godefroy de Huy, wahrscheinlich 1150-60 (Musée Municipal, St-Omer)

Becher mit Emailmalerei von Elias Adam, Augsburg, frühes 18. Jh. (Victoria & Albert Museum, London)

gelangt, gleichsam à jour gefaßt, zu einer fensterartigen Wirkung. Goldschmiede des Jugendstils, wie R. →Lalique, haben diese Technik zu höchstem Raffinement gesteigert.
Glasemail (émail en résille sur verre): Mit Goldfolien ausgelegte, in ein Medaillon aus blauem oder grünem Glas eingeschnittene Zeichnungen werden mit transluzidem Email ausgegossen. Dieses schwierige Verfahren wurde nur in Frankreich im zweiten Viertel des 17. Jhs. angewendet, vor allem für Miniaturkästchen.
Grubenschmelz (champlevé): Der Glasfluß ist in Vertiefungen eingelassen, die zuvor in dem zu schmückenden Silber-, Bronze- oder Kupfergegenstand ausgehoben wurden. Das Email wird dabei nach dem Brennen abgeschliffen, bis es mit dem umgebenden Metall eine einheitliche Fläche bildet. Dies Verfahren wurde in Nordeuropa von der Latènekultur an von den Kelten, Römern und mittelalterlichen Handwerkern angewendet und gelangte im 12. Jh. bei →Nikolaus von Verdun (berühmtestes Beispiel ist der Altar von Kloster Neuburg, 1181) und bei den →Maasländischen Emails zu höchster Vollendung. In größerem Umfang fand es bei →Limosiner Email des 12. bis 14. Jhs. Anwendung. Man nennt das Verfahren auch ›en taille d'épargne‹. *Siehe Abb. S. 37, 525.*
Italienischer Tiefschnittschmelz (lavoro di basso relievo): Transluzides Email über Reliefs aus Gold oder Silber. Der Prozeß ist nahezu identisch mit dem Tiefschnittschmelz (basse taille). Er wurde in Italien gleichzeitig mit diesem und wahrscheinlich unabhängig davon entwickelt. Das früheste datierte Beispiel ist ein von *Guccio di Mannaia* signierter und zwischen 1288 und 1292 entstandener Kelch in S. Francesco, Assisi.
Bei *Maleremail* (émail des peintres) sind farbige Glaspasten aufgemalt. Die Platte, meist Kupfer, oder der sonstige Gegenstand wurde zunächst mit einer Lage von weißem Email bedeckt und gebrannt, dann wurde die Zeichnung in verschiedenen Farben aufgetragen und wiederholt eingebrannt. Dieses Verfahren wurde in Limoges im späten 15. Jh. entwickelt. Seit der Mitte des 16. Jhs. wurden Emailfarben häufig statt auf einen weißen auf einen schwarzen Grund, der dann die Unterlage für Grisaille-Malerei abgab, aufgetragen. Wenn die Farben auf schwarzen Grund gemalt wurden, fügte man Lagen von Gold- oder Silberfolien zwischen den Emailschichten ein, um eine warme oder kalte Tönung hervorzurufen. Eine besondere Technik der Emailmalerei mit pulverisiertem und mit Öl gemischtem Glasfluß, vermutlich von *Jean Toutin* (1578-1644) erfunden, wurde im 18. Jh. vielfach angewendet, vor allem für Porträtminiaturen und zum Schmükken kleiner Kunstgegenstände wie Schnupftabakdosen und Uhrgehäuse (→Battersea Emailmanufaktur; →Bilston Emailmanufakturen; Kanton-Email; Venezianische Emails). *Siehe Abb. S. 366, 416, 465, 511.*
Surrey-Email: Hier wird die Glaspaste bei Messinggegenständen wie Feuerböcke, Kerzenleuchter, Pferdegeschirre und Schwertgriffe in zuvor gegossene Vertiefungen eingelassen. Es handelt sich um eine billige Form von Emailware, die in verschiedenen Gegenden Europas im 17. Jh. verbreitet war.
Tiefschnittschmelz (basse taille), auch *Silberreliefschmelz* und *transluzides Silberemail* wird über Gold- oder Silberreliefs aufgetragen; die Farbe wirkt am intensivsten, wo das Relief am tiefsten geschnitten ist. Dieses Verfahren, eine Verfeinerung des Grubenschmelzes (champlevé), wurde bei den →Pariser Emails des frühen 14. Jhs. vervollkommnet. Ein beinahe identisches Verfahren wurde gleichzeitig und wahrscheinlich völlig unabhängig davon in Italien (wo es als ›lavoro di basso relievo‹ bekannt ist) entwickelt.
Zellenschmelz (cloisonné): Das Email ist in ›cloisons‹, d. h. in eine Vielzahl von aus Metallstegen gebildeten Zellen auf dem Metallgrund (in der Regel aus Gold), eingelassen. Die oberen Ränder der Stege bleiben sichtbar und trennen die Farbfelder voneinander. Dieses Verfahren gehört zu den ältesten und stammt wahrscheinlich aus dem Vorderen Orient. Man unterscheidet zwei Arten: *Vollschmelz,* mit die ganze Schmuckplatte überdeckenden Zellen, und *Senkschmelz,* bei dem das Email an einzelnen Stellen in den Goldgrund eingelassen wird, so daß dieser zwischen den farbigen Motiven aufscheint. Byzantinische und keltische Handwerker haben Zellenschmelz mit viel Erfolg angewendet. Die Pala d'Oro in der Markuskirche in Venedig ist ein Meisterwerk in dieser Technik. Im 14. Jh. wurde die Technik des Zellenschmelzes von Byzanz nach China übermittelt und verbreitete sich von dort über den ganzen Orient, jedoch mit Rezipienten und Stegen aus Kupfer, die nach dem Emaillieren vergoldet wurden. Sie lebte weiter im Dekor

Emailplastik mit Diamanten, Rubinen, Smaragden und Gold und Silber ›Heiliger Georg‹, München, um 1590 (Residenzmuseum, München)

Emaildekoration in Grubenschmelz auf goldener Schale, Hans Karl zugeschrieben, um 1600 (Residenzmuseum, München)

russischer Metallgefäße des 19. Jhs. und erfuhr in der modernen Goldschmiedekunst eine erneute Blüte. Eine in technischer Hinsicht vergröberte und meist nur dekorativ verwendete Variante des Zellenschmelzes ist das *Drahtemail* oder *Filigranemail*. Hier werden die Zellen von Drähten aus Gold oder Silber gebildet, die nach dem Einschmelzen des Emails überstehen und nicht abgeschliffen werden.
Man sagt von einem Kunstgegenstand, er sei ›en plein‹ mit Email geschmückt, wenn dieses direkt auf einer Oberfläche angebracht ist, und nicht auf Platten, die ihrerseits an der Oberfläche des Gegenstandes befestigt sind. *Siehe auch Abb. S. 386, 435, 458.*

Lit: O. Untracht, *Enamelling on Metal,* New York 1957; E. Steingräber, *Email,* RDK, Bd. v, Stuttgart 1967; K. Wessel, *Die byzantinische Emailkunst vom 5. bis 13. Jh.,* Recklinghausen 1967; H. Garner, *Chinese and Japanese Cloisonné Enamels,* London 1970; M.-M. Gauthier, *Emaux du moyen âge occidental,* Fribourg 1972; M. Petrassi, *Gli Smalti in Italia,* Rom 1982.

Emailfarben (Schmelzfarben, Muffelfarben). Zur Bemalung von Metall, Glas und besonders →Porzellan sowie →Fayence verwendete Pigmente. Sie wurden erstmals während der →Song-Dynastie in China (10.-13. Jh. n. Chr.) eingesetzt und im 13. Jh. in Persien sowohl für den Dekor von Glas wie Keramik benutzt. Im 15. Jh. griffen venezianische Glasmacher die Arbeit mit Emailfarben auf, und von dort aus kam ihr Gebrauch nach Deutschland (Emailglas). Auf Keramik erscheinen Emailfarben zuerst um 1622 in →Creussen. Doch wurden sie nur in geringem Umfang angewendet. Die volle Farbpalette wurde erst im späten 17. Jh.

Limosiner Emailplatte, Kupfer mit Maleremail von Leonard Limosin nach Raffael, Mitte 16. Jh. (Musée Paul Dupuy, Toulouse)

entwickelt und verdrängte bis zur Mitte des 18. Jhs. überall in Europa weitgehend auch in der Fayencekunst den auf fünf Farben beschränkten Dekor mit →Scharffeuerfarben. Aus Metalloxiden und pulverisiertem Glas bestehend, schmelzen Emailfarben bei einer Temperatur von ungefähr 800 °C, und da sie höhere Temperaturen nicht vertragen, können sie auf Porzellan und auf Fayence erst nach dem Glasurbrand und in einem erneuten Brand in einem Muffelofen aufgeschmolzen werden (daher auch der Name Muffel- oder Schmelzfarben). Die Möglichkeit eines solchen Brandes bei relativ niedrigen Temperaturen in kleinen Öfen wurde von →Hausmalern genützt, um unbemalt gebliebene, aber bereits glasierte Manufakturware, das sogenannte weiße Gut, in privaten Werkstätten in einem unverkennbar persönlichen Stil zu bemalen. Man verwendete Emailfarben auch zur Dekoration von Metallgegenständen vom Typ der Emailarbeiten aus →Battersea.

Lit: A. Bethe Kränzner, *Emailglas,* RDK, Bd. v.

Embriachi, Baldassare degli (tätig um 1400). Bedeutendstes Mitglied einer Werkstatt für Holz-, Bein- und Elfenbeinschnitzerei in Florenz und Venedig (dort ab etwa 1400). Seine Söhne *Antonio* und *Giovanni* (gest. 1431) arbeiteten mit ihm zusammen. Ihre Arbeiten waren sowohl für den profanen Gebrauch (Kästchen, Spiegelrahmen u. ä.) wie auch für den liturgischen (vor allem große Altarretabeln) bestimmt. Die letzteren bestehen aus zahlreichen schmalen, leicht gekrümmten Beintäfelchen mit Schnitzereien von religiösen Szenen oder Figuren in einem ziemlich schwerfälligen gotischen Stil. Die Umrahmungen davon sind in →Certosinaarbeit ausgeführt, wie auch bei vielen der Kästchen und Spiegel. Auf die Embriachi geht wahrscheinlich die Beliebtheit der Certosinaarbeit in der Lombardei und im Veneto des 16. Jhs. zurück. Ihre Arbeiten wurden so berühmt, daß sie nach Frankreich (dem bisherigen Zentrum gotischer Elfenbeinschnitzerei) exportiert wurden. In den 90er Jahren des 14. Jhs. bestellte der Herzog von Burgund bei ihnen Altarschmuck für die Kartause von Champmol (heute im Musée de Cluny, Paris), und der Herzog von Berry gab einen Auftrag für die Abtei von Poissy (heute im Louvre). Ihr Hauptwerk ist wahrscheinlich das große Polyptychon (1400-1409), das Gian Galeazzo Visconti für die Kartause von Pavia bestellte. Es enthält mehr als 65 Reliefs und eine entsprechende Anzahl einzelner Figuren. Ein ähnliches Meisterwerk befindet sich im Metropolitan Museum, New York.

Empire: Plakette ›La Bataille d'Eylau‹ Sèvres-Porzellan, 1807

Lit: J. von Schlosser, *Die Werkstatt der Embriachi in Venedig,* in Jb. Kh. Slg. Wien, XX, 1899, S. 220-282; P. Toesca, *Il Trecento,* Turin 1951.

Emens, Jan →Mennicken, J. E.

Emes, John (gest. 1808). Englischer Silberschmied, der mit *Henry Chawnor* als Partner von 1796 bis 1798 (als er seine eigene Meistermarke eintragen ließ) in London tätig war. Chawnor zog sich wahrscheinlich 1798 zurück. Nach Emes Tod führte seine Witwe *Rebecca* die Firma mit deren früherem Meistergehilfen *Edward Barnard* (als Emes & Barnard) fort.

John Emes

Kästchen im Stil der Embriachi, Norditalien, 15. Jh. (Victoria & Albert Museum, London)

Empire: Bett, angefertigt für die Kaiserin Josephine, wahrscheinlich nach einem Entwurf von Percier & Fontaine in der Werkstatt von Jacob-Desmalter & Cie., 1810 (Château de Malmaison)

Empire: Entwürfe aus Percier & Fontaines ›Recueil de Décorations interieurs‹, Paris 1812

Nach Rebeccas Tod 1828 wurde die Firma in Barnard & Sons umbenannt. Sie stellte reizvolles Silbergerät für den Hausgebrauch im →Regency-Stil und später schöne Repräsentationsstücke, z. B. den ›Weymouth Regatta Coup‹ von 1827-28, heute im Victoria & Albert Museum, London, her.

Empire, Empirestil. Der französische spätklassizistische Stil, eng verbunden mit dem Geschmack Napoleons I. Ungeachtet der Umwälzungen durch die Revolution vollzog sich der Übergang vom →Louis-seize zum Empire bemerkenswert ruhig – mit dem Zwischenspiel des →Directoire-Stils. Alle führenden Kunsthandwerker hatten in der voraufgegangenen Zeit gelernt, viele von ihnen waren schon berühmt und hatten königliche Aufträge ausgeführt, darunter vor allem G. →Beneman, G. →Jacob, B. →Molitor, P.-Ph. →Thomire, A. →Weisweiler. Ornamententwürfe, die zur Zeit Ludwigs XVI. von den G.-P. Cauvet, J.-Ch. →Delafosse sowie J.-F. →Neufforge, H. →Salembier und andern veröffentlicht worden waren, wurden benutzt und imitiert. Die hauptsächlichen Wandlungen vollzogen sich eher in den Akzenten als im eigentlichen Stil und waren mehr dem Entwerfer als dem Kunsthandwerker zu verdanken. In der Zeit des Konsulats (1799-1804) traten dann P.-F.-L. →Fontaine und Charles Percier als die führenden Entwerfer hervor. Zunächst für Josephine Bonaparte und dann für Napoleon selbst arbeitend, schufen sie einen spezifischen Empirestil durch eine wohlüberlegte Mischung von antiken Formen und Ornamenten mit napoleonischen Motiven wie Bienen, riesigen Ns in Lorbeerkränzen und Adlern, zusammen mit Motiven der →Ägyptenmode, die nach Napoleons Ägyptenfeldzug eine neue symbolische Bedeutung erhielten. Sie versorgten Jacob und dessen Sohn F.-H.-G. →Jacob-Desmalter mit Möbelentwürfen, und ihr großer Einfluß auf das Silber von M.-G. →Biennais und J.-B.-C. →Odiot, auf die in →Lyon gewebten Seiden (als J.-F. →Bony dort der führende Entwerfer war), auf die Bronzen von Thomire usw., ist offensichtlich. Ihre wichtigste Neuerung bestand im verschwenderischen Gebrauch von Draperien für Innendekorationen, wahrscheinlich das Ergebnis von Aufträgen, reich wirkende Appartements für den Kaiser und die kaiserliche Familie in kurzer Zeit herzurichten. Einfarbige oder einfach gemusterte Seiden und Samte wurden in großen Schwüngen über Vorhangstangen und über Bettgestelle geschlungen, manchmal gab man kleinen Räumen das Aussehen einer Art Zelt, indem man Stoffe an den Wänden drapierte (nicht spannte, wie bisher üblich) und von der Decke hängen ließ. Dieser Zeltstil wurde sehr beliebt,

Empire: Sessel von Jacob-Desmalter & Cie. (Château de Malmaison)

und alsbald stellten →Jacquemart & Bénard und J. →Zuber Tapeten her, die diesen Effekt imitierten. Wandgemälde wurden fast vollständig ersetzt durch gemusterte Tapeten und →Bildtapeten, vor allem von J. →Dufour. Für den Möbelentwurf wurden geometrische Einfachheit der Form (oft aus der Antike übernommen, z.B. Säbelbeine und Stühle, die dem →Kurulischen Stuhl ähnelten u.ä.) sowie Einheitlichkeit des Materials (gewöhnlich Mahagoni mit sparsam angewendeten Goldbronzeverzierungen) zur Regel. Das erleichterte die Herstellung in fast industriellem Ausmaß. Es ist bezeichnend, daß der gefeiertste Möbelmacher jener Zeit, Jacob-Desmalter, weit eher ein Fabrikbesitzer und -direktor war als ein Handwerker, der für jeden Kunden individuelle Stücke machte. Dasselbe kann man von dem Silberschmied Biennais und dem in Bronze arbeitenden Thomire sagen. Die Porzellanmanufaktur Sèvres begann nach ihrer Neuorganisation im Jahre 1800 wirtschaftlicher zu arbeiten, wobei die Freiheit der einzelnen Modelleure und Maler ernstlich beschnitten wurde.
Der Empirestil breitete sich im Gefolge von Napoleons Armeen und unter dem Schutz seiner Familie bis nach Holland und Deutschland, Skandinavien, Italien und Spanien aus. Er wurde populär gemacht teils durch La Mésangères Vorlagenbuch ›Meubles et objets de goût‹ von 1802, teils durch die zahlreichen Illustrationen, die dieser in modischen Zeitschriften veröffentlichte. Einige Porzellanmanufakturen, wie die von →Neapel, begannen Sèvres-Empirewaren zu imitieren. Zahlreiche Möbelhersteller richteten sich nach Mustern, die in Paris von Jacob-Desmalter und anderen, z.B. von dem Florentiner G. →Socci vorgebildet worden waren. Auch in den USA wurde der Stil von Kunsttischlern aufgenommen, vor allem von Ch.-H. →Lannuier und – freier – von D. →Phyfe. Der Stil blieb in Frankreich und andernorts lange über das Ende von Napoleons Herrschaft hinaus lebendig. Der gleichzeitige englische →Regency Style kann ebenfalls als eine Variante des Empire angesehen werden.

Lit: S. Grandjean, *Empire Furniture 1800-1825*, London 1966.

Enamel twist decoration, engl. Spiralmuster von in durchsichtiges Glas eingebetteten opaken Glasfäden, vor allem im Schaft englischer Weingläser des 18. Jhs., aber auch in späterer Zeit.

Encoignure, franz. Ein Eckschränkchen, meist mit Türen und einem offenen, sich nach oben verjüngenden Regalaufsatz (étagère). Passend zu Kommoden wurden zuweilen auch ein Paar offener ›encoignures‹ angefertigt. Waren sie Teil der Kommode, nannte man diese ›commode en encoignures‹.

Endell, August (1871-1925). Deutscher Architekt und Jugendstil-Designer, der von H. →Obrist beeinflußt war. Er entwarf Textilien, Möbel und Schmuck und verfeinerte allmählich seinen Stil vom üppigsten →Art Nouveau zu einer Ausdrucksform, in der geschwungene Linien von entscheidender Bedeutung waren und die Dekoration auf ein Minimum beschränkt wurde. Er schrieb auch über die Theorie der angewandten Kunst und gab darüber apodiktische Urteile ab. Ab 1900 war er Direktor der Kunstgewerbeschule in Breslau.

Lit: H. Seling (Hrsg.), *Jugendstil*, Heidelberg–München 1959; H. Kreisel – G. Himmelheber, *Die Kunst des deutschen Möbels*, Bd. III, München 1973.

Empire: Uhr, zu Ehren der Vermählung Napoleons mit Marie Louise im Jahre 1810 (Château de Compiègne)

Enderlein, Caspar (1560-1633). Führender Nürnberger Zinngießer für Prunkstücke (reliefdekoriertes Zinn). In Basel geboren und dort ausgebildet, ließ er sich 1583 in Nürnberg nieder und gewann großes Ansehen mit einer Nachbildung von F. →Briots Temperantiaschale, für die er zwei verschiedene Steinmodelle schnitt. Er stellte Henkelkannen, Schüsseln, Krüge usw. her, mitunter in Zusammenarbeit mit *Jacob Koch II* (gest. 1619). Keines der noch vorhandenen Stücke aus Enderleins Formen ist mit seinem Stempel gezeichnet, aber seine Modelle wurden noch über hundert Jahre nach seinem Tod verwendet.

Lit: H. Demiani, *François Briot, Caspar Enderlein und das Edelzinn*, Leipzig 1897; H.-U. Haedeke, *Metalwork*, London 1970.

Endivien-Marketerie →Seetang-Marketerie

Enghalskrug. Bezeichnung für einen Krug mit langem engem Hals aus dem 17. bis 18. Jh., gewöhnlich aus →Fayence. Er hat meist einen bauchigen Körper, mitunter einen geflochtenen, seilähnlichen Henkel und ist gelegentlich in Zinn montiert. Solche Krüge wurden in →Ansbach, →Frankfurt, →Hanau usw. hergestellt.

Lit: Wolfgang Schwarze, *Antike deutsche Fayencekrüge ...*, Wuppertal 1977.

Enghien. Eine provinzielle, flämische Wandteppich-Manufaktur, im 16. Jh. vor allem für →Verduren (gleich der Grammont-Manufaktur) bekannt. Wie andere flämische Manufakturen fiel sie um 1700 auf Grund der Konkurrenz der →Gobelins-Manufaktur zurück. Um diese Zeit wurde das Kopieren von Ölgemälden, besonders jener von David Teniers, eingeführt.

Lit: G. Delmarcel, *Tapisseries d'Enghien du XVIe siècle ...*, Lüttich 1983.

Engobe. Aus dem Französischen übernommener Ausdruck für Anguß, Beguß von Tonware, ganz oder teilweise, um die natürliche Farbe des Scherbens zu verdecken; die Engobe verschafft auch einen Grund, in den →Sgraffito-Dekorationen geritzt oder auf dem Glasuren oder gemalte Ornamente angebracht werden können.

Entre-fenêtre, franz. Ein schmaler Bildteppich, der im allgemeinen dazu bestimmt ist, ›zwischen Fenstern‹ zu hängen und der zusammen mit den →Alentours einer Serie größerer figürlicher Bildteppiche gewirkt wurde. Der Ausdruck stammt wahrscheinlich aus dem 19. Jh.

E.P.B.M. Electro-Plates Britannia Metal → Britanniametall, Elektroplattieren

Epergne. Tafelaufsatz, gewöhnlich aus Silber. Eine Bezeichnung ungewissen Ursprungs und Datums.

E.P.N.S. Electro-Plated Nickel Silver →Elektroplattieren

Erfurt

Erfurt. Fayencefabrik, arbeitete in Erfurt von 1717 bis um 1792. Sie war bekannt für ansprechende, zylinderförmige, mit Tieren, Landschaften, →Chinoiserien oder Blumen in →Scharffeuerfarben bemalte Krüge; bei den Farben herrschen ein kräftiges Blau, helles Rot und Gelb vor. In ihrer besten Zeit, seit 1734, war eine Familie von Zinngießern Eigentümer der Fabrik, und viele der Krüge sind in Zinn montiert. Es wurden auch Schüsseln und Figuren hergestellt.

Lit: A. von Przychowski in *Das Erfurter Kunsthandwerk* (Hrsg. H. Kunze), Erfurt 1929; K. Hüseler, *Deutsche Fayencen*, Stuttgart 1956-58.

Ergonomie. Ein Teilgebiet der Arbeitswissenschaft, das sich mit den Gesetzmäßigkeiten menschlichen Verhaltens in Bezug auf Maschinen, Werkzeuge, Möbel usw. befaßt. Die Ergonomie beruht auf dem Studium der funktionellen Anatomie (wie sie K. →Klint und andere zu Beginn des 20. Jhs. betrieben hatten) in Verbindung mit experimenteller Psychologie. Die Erkenntnisse der Ergonomie wurden zunächst eingesetzt, um die Zweckmäßigkeit des modernen Designs zu untersuchen; im Zweiten Weltkrieg gewannen sie im Hinblick auf die militärische Ausrüstung an Bedeutung. Sie werden herangezogen beim Entwurf von Maschinen, Werkzeugen, Automobilen, Flugzeugen, Möbeln usw. Bei der Konstruktion von Stühlen sind z. B. die durchschnittlichen Körpermaße des Menschen wichtig sowie die Kraft und die Reichweite der menschlichen Gliedmaßen in den verschiedenen Sitzhaltungen. In den Vereinigten Staaten hat H. →Dreyfuss die Ergonomie entscheidend weiterentwickelt. Sie ist dort unter der weniger anspruchsvollen, aber sehr mißverständlichen Bezeichnung ›human engineering‹ bekannt geworden und hat den ökonomischen Einsatz der menschlichen Arbeitskraft zum Ziel. In England wurde 1949 die ›Ergonomics Research Society‹ gegründet, die eine wissenschaftliche Zeitschrift herausgibt. Die Ergonomie hatte bisher jedoch relativ wenig Einfluß auf das Kunsthandwerk, da die meisten Designer sich lieber nach ihren eigenen Erfahrungen und ihrem Geschmack richten. Auch viele Fabrikanten begegnen der neuen Lehre mit Skepsis.

Ersari →Turkmenische Teppiche

Silbernes Epergne, Thomas Pitts, London, 1764

linkes Bild: Espagnolette, Goldbronzebeschlag an einer Kommodenschublade von C. Cressent, um 1750

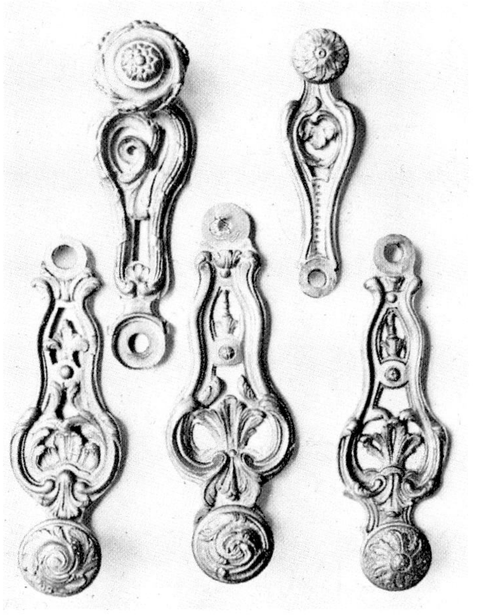

Espagnoletten, Goldbronze, Zeit Ludwigs XV. (Musée des Arts Décoratifs, Paris)

Escritoire. Veraltete Bezeichnung für ein kleines tragbares Schreibpult des 16. und 17. Jhs. Es besteht aus einem Kasten, in dem sich mehrere kleine Schubladen befinden und der mit einer schräg verlaufenden Deckplatte verschlossen wird. Diese ist am unteren Ende mit Scharnieren befestigt und kann nach vorn aufgeklappt und als Schreibplatte benutzt werden. Gegen Ende des 17. Jhs. verwendete man die Ausdrücke ›escritoire‹ oder ›scrutoire‹ für den heute in England als ›fall front desk‹ bezeichneten Sekretär, bei dem das frühere Schreibpult auf einem kommodenähnlichen Untersatz oder auf einem Untergestell montiert ist.

Espagnolette, franz. (1) Ein Schmuckmotiv, das durch →Watteau und →Audran populär gemacht wurde und das Möbelentwerfer der Régence- und der frühen Louis-quinze-Periode, z. B. Ch. →Cressent, in großem Umfang verwendet haben. Es besteht aus einem Frauenkopf, umschlossen von einem Spitzenkragen von unbestimmt spanischem Charakter. (2) Die langgezogenen und aufklappbaren Befestigungsriegel an zweiflügeligen französischen Fenstern und Türen (Pasquillverschluß). Ungeachtet ihres Namens scheinen sie französischen, nicht spanischen Ursprungs und im frühen 17. Jh. in Gebrauch gekommen zu sein.

Estampille in der Ecke einer Schranktüre (Victoria & Albert Museum, London)

Esselbeeck, Michiel →Ohrmuschelstil

Estampille. Meisterzeichen, mit dem die französischen Kunsttischler ihre Arbeiten stempelten. Sie trug entweder den Namen, die Initialen oder das Monogramm des Meisters und wurde mit einem eisernen Stempel an einer unauffälligen Stelle in das Stück geschlagen (nicht gebrannt), so daß das Zeichen eingekerbt war. Die Mitglieder der französischen Schreinerzunft, der ›corporation des ébénistes-menuisiers‹, waren verpflichtet, nach der Änderung der Statuten (1751), die von ihnen hergestellten Möbel zu stempeln. Mit der Auflösung der Zunft (1791) wurde diese Bestimmung hinfällig. Ausgenommen von der Stempelpflicht waren Kunstschreiner, die für die königliche Familie arbeiteten, und Möbel, die für die Krone hergestellt wurden. Die Witwe eines ›maître‹ durfte die ›estampille‹ ihres verstorbenen Mannes, so lange sie lebte, für Möbel benutzen, die in ihrer Werkstatt hergestellt wurden.

Este, Keramikfabriken. Die erste Fabrik in Este (in Venetien südwestlich von Venedig) wurde 1758 von *Giovan Battista Brunello* (um 1718-78) gegründet, über ihre Produktion ist wenig bekannt. Ein anderes Unternehmen wurde von *Girolamo Franchini* (1728-1808) kurz vor 1780 mit einem Franzosen namens *Giovanni Pietro Varion* (1737-81) errichtet, der früher für Brunello gearbeitet und die Porzellanherstellung in Este begonnen hatte. Die Fabrik Franchini machte u. a. Figuren wie auch Gebrauchswaren in Porzellan und Steingut. Bei den dekorativen Stücken sind einige sehr anspruchsvolle Tafelaufsätze mit zahlreichen Figuren, in einem Einzelfall nach einem Modell des Bildhauers Francesco Bertos aus dem 18. Jh. Beide Fabriken bestanden das ganze 19. Jh. hindurch. Nach 1830 arbeiteten sie zusammen und fusionierten endgültig 1893. Das Unternehmen ist noch unter dem Namen *Este Ceramiche e Porcellane* tätig.

Lit: G. Barioli, *Mostra dell'antica ceramica di Este,* Este 1960.

Estevé, Pierre und **Jean** →Montpellier

Etagère →Whatnot

Etruria →Wedgwood, J.

Etruskischer Einband →Edwards of Halifax

Etruskischer Stil. Eine Variante des →Klassizismus, so genannt, weil seine Schmuckmotive, →Palmetten, →Anthemion, figürliche Szenen in hellen Farben auf dunklem Grund, und ein Farbenschema, in dem Schwarz, Terrakotta und Weiß überwiegen, von der →griechischen Vasenmalerei, die man ja im späten 18. Jh. für etruskisch hielt, hergeleitet war. Der Etruskische Stil wurde um 1774 etwa von →Adam ›erfunden‹. Das beste erhaltene Beispiel für seine Verwendung als Wand- und Möbelschmuck ist das etruskische Zimmer in Osterley Park (1775). In Frankreich wurde von →Bélanger und kurz darauf von →Dugourc eine eigene Variante entwickelt.

Lit: E. Harris, *The Furniture of Robert Adam,* London 1963.

Eulenkrug, Fayence, Bressanone (?), Mitte 16. Jh. (Kunstgewerbemuseum, Berlin)

Etruskische Töpferkunst. Etwa von 700 bis um 100 v. Chr. Die meisten etruskischen Vasen ahmen →griechische Töpferkunst und später →hellenistische Töpferwaren nach. Ein charakteristischer Typ wird ›bucchero‹ genannt. Dieser entwickelte sich aus der früheren, voretruskischen ›impasto-Ware‹ der Villanova-Kultur, die der Terremare-Bronzezeit in Italien folgte. Die ›impasto-Ware‹ war primitiv, grob von Hand geformt und dann auf der Scheibe fertiggedreht. Sie war unglasiert, erhielt aber durch den Brand Glanz. Dekore, meist geometrisch und mitunter orientalisch beeinflußt, wurden eingeritzt und zuweilen mit rötlichem Ocker verstärkt. Die etruskische ›bucchero-Ware‹ war eine Verfeinerung dieser ›impasto-Ware‹, die Farbe war ganz schwarz, was durch eine vollständige, anstatt nur teilweise Reduktion im Brand erreicht wurde. Frühe Stücke sind auf der Scheibe gedreht, mit dünnen Wänden. Später, d. h. um 600 v. Chr., waren die Stücke schwerer, nicht mit Ritz-, sondern meist mit Reliefdekor versehen.

Etui, Bilston-Email, spätes 18. Jh. (Victoria & Albert Museum, London)

Lit: Ausst. Kat. *Kunst und Leben der Etrusker,* Zürich 1957; A. D. Trendall, *South Italian Vase Painting,* Oxford 1967; T. B. Rasmussen, *Bucchero Pottery from southern Etruria,* Cambridge 1977; M. Cristofani, *L'arte degli Etruschi,* Turin 1978; A. Klein, *Keramik aus 5000 Jahren,* Düsseldorf 1979.

Etui. Kleine Dose oder Behälter für persönliche Utensilien wie Haarnadeln, Nadeln, Scheren, Fingerhüte. Es wurde in einer Tasche getragen oder hing an einer ›châtelaine‹ (Gürtelkette). Beliebt war das Etui im 18. Jh., oft sehr fein dekoriert, gewöhnlich in Email.

Eulenkrug. Krug in Gestalt einer Eule, der bei den frühesten →Fayencen in Deutschland um 1540-60 vorkommt. Der Entwurf für diese Krüge ist A. →Hirschvogel zugeschrieben worden. Eulenkrüge wurden auch in Metall, besonders in Silber (→Manierismus) gearbeitet.

Lit: K.-A. Wirth, ›Von silbernen und silbermontierten Eulengefäßen‹ in *Anzeiger des Germanischen Nationalmuseums,* 1968, S. 42-83.

Exeter Teppichfabrik →Passavant, C.

F

Fabeltiere. Keramikdekoration, die von A. F. von →Löwenfinck um 1730 in →Meißen eingeführt wurde. Nicht zu verwechseln mit Tierdarstellungen aus den Fabeln Äsops, die gleichfalls von Fayence- und Porzellanmalern übernommen wurden, z. B. in →Chelsea.

Faber, Johann Ludwig (tätig 1678-93). Nürnberger Glas- und Fayencemaler (→Hausmaler), vermutlich ein Schüler von →Schaper. Er benutzte ›Schwarzlot‹ oder schwarze Emailfarbe und malte meist Landschaften, Figuren oder Blumen. Sein Stil war klarer und schärfer als der von Schaper.

Lit: G. E. Pazaurek, *Deutsche Fayence- und Porzellan-Hausmaler*, Leipzig 1925; A. Klein, *Deutsche Fayencen*, Braunschweig 1975.

Fabergé, Peter Carl (1846-1920). Russischer Goldschmied und Juwelier hugenottischer Abstammung, geboren in St. Petersburg, wo sein Vater, Gustav, sich niedergelassen und 1842 ein Juwelier- und Silbergeschäft eröffnet hatte. Fabergé lernte in St. Petersburg, reiste in Westeuropa und übernahm 1870 das Familienunternehmen, das bald die führende Juwelierfirma der Stadt und 1881 zum kaiserlichen Hoflieferanten ernannt wurde. 1882 trat Fabergés jüngerer Bruder *Agathon* ins Geschäft ein. Dieser war in Dresden erzogen worden und dadurch vertraut mit dem Werk von J. M. →Dinglinger, was die phantasievollen Werke, die in der Folge von der Firma hergestellt wurden, beeinflußt zu haben scheint. In Moskau (1887), Kiew (1905) und London (1906) eröffnete die Firma Filialen. Auf der Höhe der Aktivität der Firma wurden mehr als 500 Mitarbeiter, Entwurfszeichner, Modelleure, Steinschneider, Goldschmiede und Emailleure beschäftigt. Fabergé selbst scheint nur die bedeutendsten Stücke selbst entworfen zu haben, wie z. B. die kostbar gearbeiteten und genial erfundenen Ostereier, die Zar Alexander III. jährlich zu Ostern seiner Gemahlin und Nikolaus II. seiner Mutter und der Zarin schenkte. Aus mannigfaltigen Edel- und Halbedelsteinen gefertigt, gaben diese Eier beim Öffnen die ›surprise‹ frei: eine Statuette, einen Korb mit Edelsteinblumen, eine Reihe von Emailporträts u. ä. Wesentlich kleinere und weniger teure Ostereier wurden für den allgemeinen Markt hergestellt. Fabergés Ruhm verbreitete sich in Westeuropa durch die Schmuckgegenstände, die die Romanows ihren königlichen Verwandten, vor allem Königin Alexandra von England, schenkten. Auch die reicheren Angehörigen der ›Edwardian society‹ ließen ihm Aufträge zukommen. Das Angebot der Werkstätten war reichhaltig; es umfaßte Speise- und Teeservice, Zigarettendosen, Schreibzeuge, Rahmen für Miniaturporträts, Zigarrenanzünder u. ä., aber auch Ziergegenstände wie Edelsteinstatuetten von Tieren und russischen Bauern, Blumenzweige mit goldenen Stengeln und juwelenbesetzten Blütenblättern in Bergkristallvasen. Die Schmuckmotive waren gewöhnlich von französischen Vorbildern des 18. Jhs. oder – sehr viel seltener – von traditioneller russischer Kunst beeinflußt; einige spätere Schöpfungen zeigen den Einfluß des Art Nouveau. Das Unternehmen wurde nach der Revolution von 1917 verstaatlicht, die Mitarbeiter entlassen und der Warenbestand verkauft. Fabergé starb im Exil in Lausanne.

Lit: A. K. Snowman, *The Art of Carl Fabergé*, London 1953; M. C. Ross, *The Art of Karl Fabergé and his Contemporaries*, Norman, Oklahoma 1965; G. von Habsburg u. A. Solodkoff, *Fabergé, Hofjuwelier des Zaren*, Tübingen 1979.

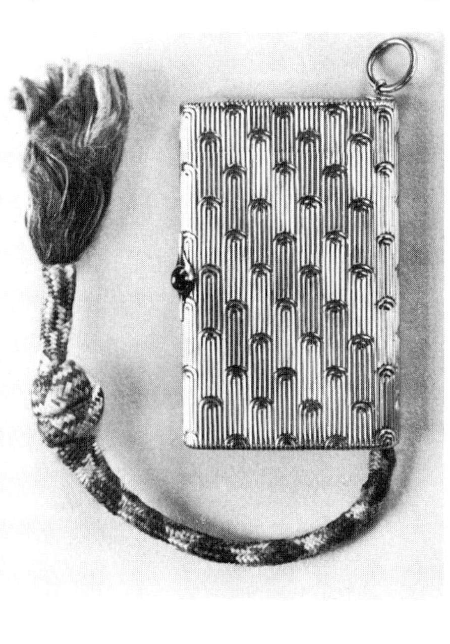

P. C. Fabergé: Zigarettendose aus gelbem und rotem Gold, 1912-15 (Musée des Arts Décoratifs, Paris)

Fächerstil. Im Bucheinband eine Variante des →Mitte und Ecken-Musters des 16. Jhs. Er war eine italienische Neuerung und tauchte kurz nach 1600 auf. Die Ecken eines rechteckigen Rahmens sind mit halbgeöffneten Fächern gefüllt und zwei Fächer Rücken an Rücken bilden ein Kreis- oder Radornament in der Mitte. Der Fächerstil wurde selten von französischen Buchbindern angewendet, aber während des ganzen 17. Jhs. häufig in Italien, Deutschland,

Spanien und Schweden, und in Schottland hielt er sich fast als Nationalstil bis ins 18. Jh.

Façon de Venise, franz. Bezeichnung für Gläser im venezianischen Stil, die jedoch nicht in venezianischen Glashütten entstanden.

Fadendekor. (1) Reliefdekor mittels aufgeschmolzener Glasfäden, meist am Rande des Gefäßes, am Hals oder, wie beim →Römer, am Fuß. (2) Ein Schmuckmotiv auf Messer-, Gabel- und Löffelstielen oder auf anderen kleinen Silbergegenständen in Form von fadenförmigen Linien, die entlang der Ränder eingraviert sind.

Fadeneinlage. Möbeldekor aus einem oder mehreren schmalen Holz- oder Metallstreifen; kam im 16. Jh. auf und wurde vorwiegend als Umrandung von Tischplatten benutzt.

Fadenglas. Durchsichtiges Kristallglas (Hohlglas), in das Fäden aus opakweißem Glas eingeschmolzen sind, sehr oft in Spiralform (→Latticino). Zuerst von den Römern angewandte Technik, dann im 16. Jh. eine Spezialität der →venezianischen Glashütten; wurde später auch in anderen Ländern nachgeahmt, vor allem in Frankreich im 19. Jh. Um diese Zeit wird das Fadenglas, dessen italienische Bezeichnung ›vetro a filigrana‹ oder ›vetro filato‹ ist, auch ›vetro da trina‹ genannt, doch erscheint die Bezeichnung nicht vor 1849.

Lit: A. Polak, ›Venetian Renaissance Glass. The Problem of dating vetro a filigrana‹ in *The Connoisseur,* August 1976, S. 270-277.

Faenza. Töpfereien existierten in Faenza bereits im Jahre 1142, aber ihren internationalen Ruf gewannen sie erst Mitte des 15. Jhs., als sie mit der Produktion von →Majolika anfingen (das Wort ›Fayence‹ ist von Faenza abgeleitet). Die frühesten datierten Stücke sind eine Plakette von 1466 und eine runde Platte von 1475,

Faenza: Majolikaschüssel, 15. Jh. (Victoria & Albert Museum, London)

Faenza: Käfig mit Durchbrüchen aus weißer Majolika, spätes 16. Jh. (Museo Internationale delle Ceramiche, Faenza)

die eindrucksvoll mit dem Christusmonogramm in einer Umrandung von stilisierten Blumen- und Blattmotiven bemalt ist (beide Musée de Cluny, Paris). Von Petrus Andreas sind die Fliesen in der Kapelle S. Sebastiano in S. Petronio, Bologna, eine ist datiert 1487. Im letzten Viertel des 15. Jhs. stellten die Faentiner Töpfereien die beste Majolika in Italien her – große Schüsseln, Bildtafeln mit religiösen Darstellungen, Apothekengefäße usw., die charakterisiert sind durch kräftige Farben, wobei dunkles Blau, tiefes Purpur und Orange vorherrschen, mit Tupfen in Zitronengelb und Türkis. Die Figuren und die ornamentalen Motive sind mit der nervigen Kraft der zeitgenössischen Maler von Ferrara gezeichnet, wie auf einer Schmuckplatte ›Jungfrau mit Kind‹ von 1489 (Victoria & Albert Museum, London). Unter bemerkenswerten Arbeiten der Zeit findet sich eine herrliche Folge von Tellern, die für oder in Erinnerung an Matthias Corvinus, König von Ungarn (gest. 1490), gemacht wurde. Jeder Teller ist mit einer allegorischen Szene in einer ausgearbeiteten Umrandung sowie mit dem Allianzwappen des Königs und seiner Gemahlin bemalt (Victoria & Albert Museum, London). Reliefs mit religiösen Szenen wurden ebenfalls gefertigt. Viele bekannte Majolikaarbeiten der Zeit können jedoch Faenza oder →Deruta zugeschrieben werden, wo ähnliche Stücke gemacht wurden. Bald nach 1500 wurden die frühen, kräftigen Muster aufgegeben zugunsten von weicher kolorierten und fein gezeichneten Motiven und – in den Jahren nach 1520 – von →Grotesken ähnlich jenen der Vatikanischen Loggien von →Raffael. Obwohl einige Künstler die Faentiner Tradition mit gemalten Darstellungen innerhalb weißer Ränder fortsetzten, wurde der →Istoriato-Stil aufgenommen, besonders von einer der führenden Fabriken, der Casa →Pirota. Die meisten Arbeiten von 1500 bis 1530 sind dem einen oder anderen von acht Malern zugeschrieben worden: dem Maler einer Schüssel mit ›Christus unter den Ärzten‹, gezeichnet von ›Mo. iero da Forli‹ (Victoria & Albert Museum, London), dem mit dem Monogramm ›F. R.‹ zeichnenden Künstler (z. B. die Platte mit dem Gemälde ›Tempel des Salomon‹ im British Museum, London), einem anderen, der im ähnlichen Stil wie →Giovanni Maria malte, dem Maler einer Schüssel mit dem Tod der Jungfrau, minuziös nach Martin Schongauer kopiert, dem Maler der Coriolanus-Platte (Victoria & Albert Museum, London), Maestro →Benedetto aus Siena und B. →Manara. Der letzte bekannte Maler scheint →Calamelli gewesen zu sein (gest. vor 1570). Als die Mode sich von dem polychromen Istoriato einem maßvollen →Compendiario zuwandte, richteten die Töpfereien ihre Aufmerksamkeit auf die Herstellung von →Bianco die Faenza. Diese Arbeiten waren oft reich modelliert, unter ihnen sind auch ausnehmend hübsche Körbe mit Durchbrüchen, Kummen und Schüsseln mit kühnen rundgeschweiften Randverzierungen, Krüge und Vasen mit Delphinhenkeln, Apothekengefäße auf Löwenfüßen usw., sparsam dekoriert mit weichkolorierten, frei gezeichneten Motiven, zuerst im manieristischen, später im barocken Stil. Die Töpfereien arbeiten noch heute (in allen Stilen seit dem 16. Jh.), und die Stadt hat ein bedeutendes Keramikmuseum. Zahlreiche Marken wurden verwendet, Monogramme und Inschriften, von denen einige bestimmten Töpfern von Faenza zugeschrieben werden können. 1693 rettete der Conte Annibale I Ferniani die Industrie vor dem Untergang, indem er die Cavina-Grossi-Fabrik übernahm. Sein Nachkomme Annibale II begann 1778 mit der Herstellung von Statuetten klassischer Skulptur, z. B. Canovas Kniende Magdalena, in Steinzeug. Auch wurde in der von Paolo Benini geleiteten Fabrik Gebrauchsgeschirr in einem sehr einfachen Stil hergestellt, das später mit Ansichten von Bauernhäusern dekoriert wurde. 1867 verband sich Antonio Berti, dessen Schüler Tommaso Dalpasso (1862-1906) Teller mit Landschaften dekorierte, mit der Ferniani-Fabrik, die erste italienische Fabrik, die gedruckten Dekor einsetzte. Im 20. Jh. wurden dort von F. →Nonni hervorragende Figuren produziert.

Lit: G. Ballardini, *Le ceramiche di Faenza*, Rom 1933; G. Morazzoni, *La terraglia italiana*, Mailand 1956; G. Liverani, ›Bianco di Faenza‹ in *The Connoisseur*, CXL (1975), S. 160-163; F. Liverani u. R. Bosi, *Maioliche di Faenza*, Imola 1974; A. Klein, *Fayencen aus Europa*, Braunschweig 1980.

Fahlström, Anders →Rörstrand

Fahne. Beim Geschirr: der abgesetzte Rand des Tellers.

Fahua →Sancai

Faïence fine. Französische Bezeichnung für →bleiglasierte weiße Töpferware und auch →Steingut.

Faïence japonnée. Französischer Ausdruck des 18. Jhs. für mit →Emailfarben in orientalischem Stil dekorierte Fayence.

Faïence patriotique, wahrscheinlich Ancy-le-France, 1791 (Musée Carnavalet, Paris)

Faïence d'Oiron →Saint-Porchaire

Faïence parlante. Französischer Ausdruck für Fayencen mit Inschriften in ihren Dekorationen, wie sie in →Nevers und anderswo hergestellt wurden.

Lit: F. Girard, *Les faïences parlantes du XVIIIe siècle*, Bourg-en-Bresse 1938.

Faïence patriotique. Französischer Ausdruck für Fayencen, die mit patriotischen, besonders revolutionären Emblemen und Inschriften dekoriert sind.

Lit: Champfleury, *Histoire des faïences patriotiques sous la Révolution*, Paris 1867 und 1875.

L. Falize: Emaillierter Goldpokal, 1896 (Musée des Arts Décoratifs, Paris)

Falcon Glashütte →Pellatt, A.

Falconet, Etienne-Maurice (1710-91). Führender französischer Bildhauer, der in einem liebenswürdig klassizistischen Stil arbeitete. Er zeichnete sich aus durch elegant schlanke und zart verführerische Nymphenstatuetten. Als leitender Modelleur in →Sèvres von 1757 bis 1766) lieferte er eine große Zahl von Modellen für →Biskuitporzellan-Statuetten von zartem Charme (manchmal Reproduktionen seiner eigenen größeren Marmorstatuen); die bekanntesten sind eine Gruppe von unterschiedlich beschäftigten Kindern. Er entwarf auch Modelle für aufwendige Tafelaufsätze und Salzfässer, die von R.-J. →August und P. →Germain in Silber ausgeführt wurden. Man hat ihm Möbelbeschläge aus Bronze zugeschrieben, doch ist die Zuschreibung wenig wahrscheinlich. Sein Stil wurde in großem Umfang nachgeahmt.

Lit: L. Réau, *Etienne-Maurice Falconet*, Paris 1922.

Faldistorium. →Faltstuhl, vorbehalten den geistlichen Würdenträgern während der Liturgie oder in der Sakristei.

Falize, Lucien (1838/42-97). Einer der letzten und virtuosesten aller Goldschmiede, die in historischen Stilen – Mittelalter, Renaissance, Rokoko usw. – gearbeitet haben. Fünfzehn Jahre verbrachte er mit Studien und Experimenten zur Wiederbelebung der ›basse taille‹ oder des transluziden →Emails. Er arbeitete weiterhin historisierend, als andere längst nach einem zeitgemäßen Stil suchten und sich z. B. dem Art Nouveau zugewandt hatten. Falize war der Sohn eines Pariser Juweliers, dessen Geschäft er 1880 übernahm, wobei er mit dem Silberschmied und Silberhistoriker *Germain Bapst* eine Partnerschaft einging. Falize konzentrierte sich auf Schaustücke, von denen viele in den Kunstzeitschriften seiner Zeit ausführlich besprochen wurden, wie z. B. ein Neu-Rokoko-Toilettentisch und ein Service im gleichen Stil, das er 1888 gemacht hatte und das später der Prinzessin Laetizia Bonaparte geschenkt wurde. Ein emaillierter goldener Deckelpokal im Renaissancestil (1896 vollendet, heute im Musée des Arts Décoratifs, Paris) ist vielleicht sein Meisterwerk.

Lit: O. Massin, *Lucien Falize, Orfèvre Joaillier ...*, Paris 1897; H. Honour, *Goldsmiths and Silversmiths*, London 1971.

Faltstuhl. Zusammenklappbarer Hocker, dessen Beine vorn und hinten gekreuzt und durch Querstege seitlich verbunden sind, von denen die oberen zur Befestigung der Sitzfläche aus Gurten oder Leder dienen. (*Siehe auch* Kurulischer Stuhl). Der Faltstuhl war schon in Ägypten im Neuen Reich (1567-1085 v. Chr.) gebräuchlich, oft geschmückt mit entenköpfigen Enden der Kreuzhölzer, eingelegt mit Elfenbein und Ebenholz.

Faltwerk. Spätgotisches, vor allem geschnitztes Ornament in Nachbildung von vertikal gefalteten Leinenbehängen, geeignet vor allem für die Füllung größerer Flächen, wie bei Schranktüren oder Wandvertäfelungen. Es verbreitete sich im 15. Jh. von Flandern aus und war noch im 16. Jh. bei englischen Möbeln der Tudorzeit sehr beliebt.

Famille jaune, noire, rose und **verte.** Prunkhaftes, in →Emailfarben dekoriertes chinesisches Porzellan, das hauptsächlich für den Export nach Europa hergestellt worden ist. Bei der ›famille verte‹ herrschen ein glänzendes Apfelgrün und ein kräftiges Eisenrot zwischen Gelb, Auberginepurpur und Blauviolett vor. Dieses Farbensystem wurde in der →Kangxi-Zeit eingeführt und ersetzte das frühere Fünf-Farben-System der →Ming-Zeit mit Blau als Unterglasurfarbe und nicht als Emailfarbe. ›Famille jaune‹ mit einem beherrschenden gelben Fond wurde von der gleichen Zeit an gemacht. Die Muster (gewöhnlich florale) werden in Tupfen matter Farbe erzeugt – eine Technik, die von den europäischen Keramikmalern für die →Indianischen Blumen angewandt wurde. Eine dritte Art, die ›famille rose‹, wurde in der →Yongzheng-Periode eingeführt; zusätzlich zu den früher gebrauchten Emailfarben zeigt sie ein vorherrschendes Rosa, das von Europa aus eingeführt wurde, wo es als →Purpur des Cassius bekannt war. Der Malstil ist freier, und die Dekorationen zeigen figürliche Darstellungen wie auch Blumen und Früchte. Ein vierter Typ, die ›famille

›Famille noire‹-Vase (Victoria & Albert Museum, London)

›Famille rose‹-Teller, China, frühes 18. Jh. (Victoria & Albert Museum, London)

noire‹, mit einem schwarzen Fond von einer braunschwarzen Farbnuance aus Kobalt und Mangan, auf die eine dünne, grünliche Emailfarbe gelegt wurde, soll ihren Ursprung Mitte des 19. Jhs. haben. Die ›famille‹-Terminologie ist im 19. Jh. in Frankreich aufgekommen. Sie beruht auf einer Einteilung des chinesischen Porzellans durch Albert Jacquemart. *Siehe auch Abb. S. 679.*

Lit: Soame Jenyns, *Later Chinese Porcelain: The Ch'ing Dynasty (1644 -1912)*, London, durchges. Ausgabe, 1971; J. van Goidsenhoven, *La Famille Rose*, Brüssel 1973.

Fanfare-Einbände. Französischer Bindestil des späten 16. und der ersten Hälfte des 17. Jhs. Er entwickelte sich aus dem Bandwerkmuster der →Groliereinbände und der italienischen Einbände des 16. Jhs., doch sind die Formen leichter, und das Bandwerk beschränkt sich auf flächenfüllende ovale und kreisrunde Kompartimente zumeist in Form einer 8. Die Zwischenräume sind mit Streublumen, Oliven- und Lorbeerblättern gefüllt, in der Mitte bleibt oft ein Leerraum für das Wappen. Der Rücken

Fanfare-Einband, Paris, um 1570 (Kunstindustrimuseet, Kopenhagen)

trägt häufig ein fortlaufendes Rankenwerk. Etwa ab 1635 zeigen die Stempel Punktiermanier, und der Entwurf wird zarter bis hin zum Filigran. Fanfare-Einbände werden oft Nicolas und Clovis Eve zugeschrieben, den Pariser Hofbuchbindern von 1579 bis 1634. Die Bezeichnung ›Fanfare‹ stammt von 1829, in welchem Jahr der Buchbinder Thouvenin die Schmuckart eines 1613 erschienenen Buches mit dem Titel ›Fanfares et corvés abbadesques‹ wiederaufnahm.

Lit: G. D. Hobson, *Les reliures à la fanfare*, London 1935 (Reprint Amsterdam 1970).

Fang yi. Gefäß aus der chinesischen Bronzezeit (→Shang- und frühe →Zhou-Zeit) in Kastenform mit einem einem Satteldach ähnlichen Deckel, der von einem Knauf der gleichen Form bekrönt ist. Wahrscheinlich dienten solche Gefäße zur Aufbewahrung von Getreide. Es ist aber auch vermutet worden, daß sie für Wein benutzt wurden. Meist sind sie reich dekoriert.

Fantoni, Andrea (1659-1734). Bedeutender italienischer Möbelschreiner des Barock. Er wurde von seinem Vater Grazioso (1630-93) in Bergamo ausgebildet, arbeitete als junger Mann in Parma und später, um 1678, bei dem Bildhauer Parodi in Venedig. Sein Meisterwerk ist der Beichtstuhl, den er 1704 für den Dom von Bergamo (heute in S. Maria Maggiore) schuf. Kurz zuvor hatte er Venedig besucht und dort wahrscheinlich die Arbeiten von A. →Brustolon und F. →Pianta gesehen. Den Beichtstuhl schmücken figürliche Reliefs und vollplastische Skulpturen; die geschnitzten Vorhänge werden von fliegenden Putti und Verkörperungen der menschlichen Reue und der Gottesverehrung gehalten. Die Entwürfe zu dem Beichtstuhl sind ebenfalls erhalten geblieben (Fondazione Fantoniana von Rascarolo di Rovetta). Fantonis Meisterwerk in Marmor ist die berühmte Kanzel in S. Martino in Alzano Lombardo. Seine letzte bedeutende Arbeit ist der Bischofsstuhl im Dom von Bergamo (1705).

Lit: R. Bossaglia, *I Fantoni. Quattro secoli di bottega di scultura in Europa*, Vicenza 1978.

Farbstoffe. Farbige Materie, meist gelöst, zum Färben von Stoffen, Papier, Leder, Elfenbein, Linoleum, Plastik usw. verwendet. Sie unterscheiden sich von Pigmenten, indem sie sich, oft chemisch, mit dem zu behandelnden Material verbinden. Um sie zu ›fixieren‹, d. h. sie unlöslich zu machen, nachdem sie aufgetragen sind, werden →Beizmittel benutzt, durch die sie licht-, wasch- und alkali-echt werden. Bis zur Mitte des 19. Jhs. gewann man natürliche (d. h. organische) Farbstoffe meist aus Pflanzen oder Insekten. Die Mehrzahl von ihnen wird seit prähistorischer Zeit oder zumindest seit sehr früher Zeit verwendet. Die einzigen wichtigen neuen Farbstoffe, die vor 1800 hinzukamen, wurden aus einigen amerikanischen Hölzern, wie z. B. dem Brasilholz, und Insekten gewonnen. Die ursprüngliche Farbskala war sehr begrenzt.

Blau: Waid (Färberwaid) und Indigo, Pflanzenfarbstoffe, ersterer in Ägypten und Mesopotamien um 3000 v. Chr. bekannt, letzterer in Ägypten um 2500 v. Chr., aber bis 500 v. Chr. nicht allgemein gebraucht.
Rot: Krapp, ein Pflanzenfarbstoff, der in der Antike und wahrscheinlich schon früher bekannt war (Baumwollfragmente des 3. Jts. v. Chr. aus dem Industal scheinen damit gefärbt worden zu sein). Kermes und Koschenille, Insektenfarben von toten, weiblichen Schaleninsekten, Parasiten auf verschiedenen Pflanzen, die ersteren in der Alten Welt heimisch und in der Antike bekannt, die letzteren aus der Neuen Welt.
Purpur: Tierfarbstoffe aus dem Saft der Purpur- und Stachelschnecken, die vor allem im östlichen Mittelmeer zwischen Tyros und Sidon vorkommen und für den römischen ›kaiserlichen Purpur‹ gebraucht wurden, ein Geheimnis, das mit dem Fall des Byzantinischen Reiches verloren ging. Purpur oder aus Flechten gewonnene violette Färberröte wurde im 18. Jh. von Dr. Cuthbert Gordon entdeckt.
Gelb: Pflanzliche Farbstoffe aus Färberwau, Safran, der Rinde des wilden Apfelbaums und des Sauerdorns, dem Holz des Perückenbaums (Fisetholz), die seit prähistorischer Zeit bekannt sind.
Andere Farben konnten durch Verbindungen erhalten werden, z. B. Grün aus Indigo und Färberwau. Schwarz erhielt man durch Übereinanderfärben verschiedener dunkler Schattierungen oder durch Hinzufügen von einem Eichengallapfelextrakt zu Eisensulphaten.
Obschon E. Buncroft 1794 bereits zwischen selbständigen = substantiven und unselbständigen = adjektiven Farben unterschied, ist bis zur Einführung des Preußisch-Blau und der revolutionierenden Entdeckung der ersten synthetischen Farben in der Mitte des 19. Jhs. kein wissenschaftlicher Fortschritt in der Färbeindustrie (seit der frühen Zeit) gemacht worden. *Sir William Henry Perkin* (1838-1907) entdeckte die ersten synthetischen Farben 1856 durch Zufall, als er versuchte, Chinin aus ungesättigten Kohlenwasserstoffen (Allytolmidin) herzustellen. Er produzierte die erste Anilinfarbe aus Aminobenzol – einem Bestandteil des Steinkohlenteers –, ließ sie sich patentieren und begann mit der Produktion 1857. Seide wurde durch sie in leuchtendes Violett gefärbt, Baumwolle mußte mit Gerbeessig gebeizt werden. Die Verbreitung erfolgte schlagartig, in Frankreich nannte man sie ›Mauve‹. Queen Victoria trug ein Kleid in dieser Farbe auf der Großen Ausstellung 1862 in London und Briefmarken wurden so eingefärbt. Weitere Anilinfarben folgten bald: Magnat (1859), schwefliges Blau (1859) und Schwarz (1860). Eine zweite Gruppe synthetischer Farben – die Azofarbstoffe – wurde 1863 entdeckt, bekannt sind Bismarckbraun und Indulin.
Zwei weitere wichtige synthetische Farben ergaben sich aus Kekulés Benzolformel von 1865: Alizarin, ein Beizenfarbstoff, der von *Heinrich Caro* und Perkin unabhängig voneinander 1869 entdeckt wurde und schnell das Krapprot verdrängte; und Indigotin, ein synthetischer Indigofarbstoff, der um 1880 von *A. von Baeyer* entdeckt, aber vor 1897 nicht hergestellt wurde. Sulfatfarben (Schwarz und Grün) wurden von *Croissent* und *Bretonnière* 1873 entdeckt. Auf das von Caro 1876 gefundene Methylenblau folgte als Derivat Methylengrün. 1884 entdeckte *Böttger* Kongorot, die erste synthetische Farbe, mit der man Baumwolle direkt einfärben konnte.
Die Färber teilen die Farbstoffe entsprechend den Färbevorgängen ein:
Küpenfarbstoffe: Sie sind wasserunlöslich, z. B. Indigotin, und müssen in flüssigem Zustand sein, um von den Fasern des Stoffes aufgenommen werden zu können. Nachdem diese durchtränkt sind, kommt erst die wahre Farbe durch Verbindung mit Sauerstoff heraus.
Substantive = direkt ziehende Farben: Sie geben den Stoffen direkt ihren Farbton, sie sind leicht anzuwenden, aber nicht waschecht.
Adjektive = basische und saure Farben: Beizfarben, die noch fixiert werden müssen.
Sulfatfarben: Sie sind für Baumwolle direkt anwendbar, und zwar in Verbindung mit Soda oder einer Sodasulfatlösung.
Diazoniumverbindungen: Ausgangsstoffe für die Herstellung von Azofarben, die erst auf dem Stoff selber hervorgebracht werden, indem man diesen in eine Lösung legt, die mit einem Entwickler (Salz) gekuppelt die Farbwirkung entstehen läßt.
Gefärbt werden entweder das Garn, wenn es noch auf den Docken ist (d. h. vor dem Weben), oder der Stoff (nach dem Weben). Zum Einfärben in Mustern werden verschiedene Techniken angewendet. Die Muster entstehen durch Malen mit dem Pinsel, durch Aufzeichnen oder durch →Batiken. In einer gröberen Methode, der Strickfärberei oder Plangi-Technik, werden Teile des Stoffes zusammengezogen oder mit einer mit Wachs imprägnierten Kordel zusammengebunden, um diese Teile vor der Farbe zu schützen. Falls das Garn vor dem Weben zum gleichen Zweck zusammengebunden wurde, nennt man das Verfahren Ikat. Mit Gummi angedickte Farben können auch mit Druckstöcken, Kupferplatten usw. auf den Stoff aufgedruckt werden (→Baumwollstoff mit Blockdruck usw.).

Lit: E. Mairet, *Vegetable Dyes*, London 1939; S. Robinson, *A History of Dyed Textiles*, London 1969; E. E. Ploss, *Ein Buch von alten Farben*, München 1967/1973.

Farthingale-Stuhl. Englischer Polsterstuhl des frühen 16. Jhs. Er hat eine niedrige Rückenlehne und, mit Rücksicht auf die damalige Reifrock-Mode – daher die (moderne) Bezeichnung –, eine breite, aber nicht sehr tiefe Sitzfläche.

Fase. Fläche, die durch das Abschrägen einer Ecke oder Kante entsteht. Die Herstellung einer Fase wird als abfasen bezeichnet.

Fattorini, Jacopo (tätig 1508-20). Mitglied einer Familie von Töpfern, die in →Cafaggiolo

J. Fattorini: Majolikaschüssel, Cafaggiolo, 1514 (Fitzwilliam Museum, Cambridge)

vom späten 15. Jh. an arbeitete und im 17. Jh. den Namen Fattorini annahm. Eine Reihe von außergewöhnlich feinen Majolikatellern und -schüsseln, die in dieser Werkstatt hergestellt, von der gleichen Hand bemalt und zum Teil mit ›Jacopo‹ gezeichnet sind, werden ihm allgemein zugeschrieben. Die früheste Arbeit dürfte eine Platte sein, die mit einer Satyrfamilie nach Dürer bemalt und 1508 datiert ist. Eine andere zeigt einen Majolikamaler bei der Arbeit (British Museum, London). Zu den bemerkenswertesten Arbeiten gehört eine Serie großer Schüsseln, datiert 1514 (Fitzwilliam Museum, Cambridge; Victoria & Albert Museum, London), mit einem der von den florentinischen Künstlern immer wieder gemalten klassischen Triumpfzüge mit nackten Gestalten voll überschäumender Muskelkraft, nach der Mode gekleideten Musikanten, Pferden und Einhörnern. Der Künstler ist als Sohn des *Stefano Fattorini,* oder als *Jacopo di Giovanni,* bekannt als *Jacopone* (gest. 1553), identifiziert worden; aber einige vorsichtige Wissenschaftler bezeichnen ihn einfach als ›Jacopo‹.

Lit: G. Cora, *Storia della maiolica di Firenze e del Contado, secoli XIV e XV.* Florenz 1973.

Fauchier, Joseph → Marseille

Fauconnier, Jacques-Henri (1776-1839). Französischer Silberschmied, der bei → Odiot zu arbeiten begann, dann sein ›chef d'atelier‹ wurde, sich jedoch gegen 1823 selbständig machte. Unter der Schirmherrschaft der Schwester des Königs Louis Philippe gründete er 1830 eine Goldschmiedeschule in Paris. Er ist der Initiator der Wiederbelebung der Renaissance in der französischen Gold- und Silberschmiedekunst. Im frühen 19. Jh. war der Bildhauer Barye in seiner Werkstatt. Fauconniers Geschäft wurde von seinen Neffen und Schülern *Auguste* und *Joseph Fannière* fortgeführt.

Lit: S. Grandjean, *L'Orfèvrerie du XIXe siècle en Europe,* Paris 1962.

Faulzinn. Von den Zinngießern angewendete Bezeichnung für Zinn minderer Qualität, das nur für Haushaltsgerät, wie Teller, Schüsseln usw., verwendet worden ist (→ Zinn).

Fauquez, Pierre Joseph → Saint-Amand-les-Eaux; Tournai, Töpfereien und Porzellanfabrik

Fauteuil. Armlehnstuhl französischer Herkunft. Sitz und Rückenlehne sind gepolstert, Armlehnen, Rahmen des Rückens und Beine profiliert und mit Schnitzdekor.

Fauteuil en gondole. Französischer Armlehnstuhl mit gerundeter Rückenlehne in Gondelform, der erstmals 1760 aufkam. Die Bezeichnung ›en gondole‹ wird auch bei → Ottomanen angewendet.

Favrile-Glas. Diesen Namen hat Louis Comfort → Tiffany seinem 1893 entwickelten Glas mit Lüstereffekt gegeben.

Fay, J.-B. (tätig 1780-90). Ornamentzeichner, der in Paris tätig war. Dort veröffentlichte er z. B. reizvolle Entwürfe im späten Louis-seize, vor allem ein ›Cahier de vases‹, u. a. mit Entwürfen für zylindrische Kaffeetassen mit Blumenfestons, sowie ein ›Cahier de bijouteries dans le goût moderne‹. Er fertigte auch Kupferstiche nach Möbelentwürfen von R. de → Lalonde an.

Lit: P. Jessen, *Der Klassizismus im Ornamentstich,* Berlin 1924.

Fayence. Töpferwaren von feiner Qualität, überzogen mit einer im 9. Jh. erstmals in Bagdad entwickelten Glasur, die dem glänzenden Weiß chinesischen Porzellans gleichkommen sollte. Diese undurchsichtige, weiße Glasur wurde später in Spanien benutzt (→ spanisch-maurische Keramik) und kam von dort nach Italien und in das übrige Europa. Das nach dem Brand dem Ofen entnommene bräunlich aussehende Stück wird in eine Glasur getaucht, die aus Blei- und Zinnoxiden besteht

Fauteuil, gepolstert mit Beauvais-Tapisserie (Louvre, Paris)

und in Verbindung mit Pottaschensilikat dem Stück ein poriges, weißes Aussehen verleiht. Das Gefäß kann entweder undekoriert oder mit Farbpigmenten verschiedener Metalloxide, sogenannte →Scharffeuer- oder Unterglasurfarben, bemalt werden. Da diese sich mit der Glasur verbinden, sobald sie aufgetragen sind, ist keine Korrektur mehr möglich. Die Malweise ist der Freskomalerei ähnlich. Das Gefäß wird dann ein zweites Mal gebrannt, wobei die Glasur zu einer glänzenden Oberfläche zerschmilzt. Um deren Glanz zu erhöhen, wird oftmals eine →Bleiglasur verwendet. Unter dem Einfluß der Porzellanmalerei wurden im 18. Jh. die bereits glasierten und gebrannten Stücke mit Emailfarben bemalt und dann einem dritten Brand bei niedriger Temperatur (Muffelbrand) ausgesetzt. Italienische zinnglasierte Keramik und ihre Nachahmungen führen den Namen →Majolika; die in Frankreich, Skandinavien und Spanien hergestellte Fayence führt dort den gleichen Namen; die holländischen Erzeugnisse werden als ›Delfter Fayence‹ bezeichnet und die englische Fayence als ›English →Delftware‹.
Wichtige Herstellungsorte *siehe:* Albisola, Alcora, Ansbach, Arnheim, Bayreuth, Berlin, Frankfurt, Fulda, Hamburg, Hanau, Höchst, Künersberg, Lunéville, Lyon, Marieberg, Marseille, Moustiers, Niderviller, Nevers, Rouen, Savona, Straßburg.

Lit: K. Hüseler, *Deutsche Fayencen,* Stuttgart 1956-58; A. Craiger-Smith, *Tin Glaze Pottery,* London 1973; A. Klein, *Fayence,* in RDK, Bd. VII.

Fazackerley, Thomas →Liverpool

Feathered oder **Feather-edged ornament.** Englische Bezeichnung für eine ziselierte Kannelierung am Rand von Löffel- und Gabelgriffen. Besonders in der 2. Hälfte des 18. Jhs. in England und Amerika üblich.

Federal style. Eine eher chronologische als die strenge Bezeichnung eines Stils für amerikanische Kunst aus der Zeit von der Einsetzung des Federal Government im Jahre 1789 bis ungefähr 1830, eingeschlossen das späte Silber von →Revere und Möbel von →Badlam, →Lannuier, →McIntire, →Phyfe, →Seymour u.a. Unmittelbar nach dem Unabhängigkeitskrieg nahmen die amerikanischen Kunsthandwerker die neuesten englischen Stile auf. Der englische Einfluß blieb während der ganzen Periode dominierend. Gelegentlich werden die Bezeichnungen ›Amerikanisches Directoire‹ und ›Amerikanisches Empire‹ benutzt, um durch französische Vorbilder beeinflußte Möbel zu bezeichnen.

Lit: C. F. Montgomery, *American Furniture, The Federal Period in the Henry Francis du Pont Winterthur Museum,* New York 1966.

Federarbeiten. Die Verwendung von Federn als Zierde wurde im präkolumbianischen Amerika und in Polynesien zur Kunst. Überall in Zentral- und Südamerika wurden in präkolumbianischer Zeit Kopfbedeckungen, Umhänge, Schilde usw. mit Federn besetzt; ihren Höhepunkt jedoch erreichten die Federarbeiten durch die Azteken in Mexiko, die die metallisch grünen Schwanzfedern des Quetzal, die rosafarbenen Federn des Löffelreihers und die türkisblauen des südamerikanischen Seidenschwanzes so hoch wie Gold und Jade schätzten. Einige ihrer Arbeiten gelangten zwischen 1520-30 nach Europa, sehr vereinzelte jedoch nur sind erhalten, so z. B. der Schild und Kopfputz von Tenochtitlán (Museum für Völkerkunde, Wien). Nach der spanischen Eroberung verwendeten mexikanische Kunsthandwerker Federn für Meßgewänder und andere mit christlichen Symbolen verzierte Objekte nach Entwürfen von Europäern. Von ihnen konnte eine Anzahl bewahrt werden.
Zu den wichtigsten Federarbeiten Polynesiens gehören Umhänge, Decken, Schilde usw., bei denen Federn in den verschiedensten, oft sehr leuchtenden Farben auf einem Grund aus Netzwerk, Tuch, Rinde, Leder usw. so angeordnet wurden, daß sie mosaikartige Muster bilden. Aus Hawaii, von den Gesellschafts-Inseln und Maori-Neuseeland stammen die schönsten Exemplare solcher Umhänge, in der Sprache der Eingeborenen *Te Rangi Hiroa* genannt. Manche sind so fein gearbeitet, daß sie fast Samt oder Plüsch ähneln.
In Europa fertigten im 18. Jh. meist Amateure Federarbeiten, im 19. Jh. wurden realistische Vogeldarstellungen aus Federn hergestellt und gerahmt.

Lit: K.A. Nowotny, *Mexikanische Kostbarkeiten aus Kunstkammern der Renaissance,* Wien 1960; D. Heikamp, *Mexiko and the Medici,* Florenz 1972.

Federkielstickerei. Eine Verzierung auf ledernen Trachtengürteln, auf die gespleißte Federkiele aufgestickt sind.

Feilner, Simon →Fürstenberg und Höchst

Feldspatglasur. Eine durchscheinende Glasur, hergestellt aus pulverisiertem Feldspat mit verschiedenen anderen Zusätzen, z. B. Kalk, Pottasche, Sand oder Quarz, die bei einer sehr hohen Temperatur gebrannt werden muß. Gefärbt werden kann diese Glasur durch den Zusatz verschiedener Metalle – Kobaltoxid für Blau, Eisen für Grün (→Seladon) wie Brauntöne und Kupfer für Rot und lavendelblaue Töne. Diese Glasurarten wurden in China entwickelt und in Europa erstmals im 18. Jh., in größerem Umfang aber erst seit dem 19. Jh., auf Hartporzellan verwendet.

Félix →Bracquemond., J. A.

Felletin-Teppichmanufakturen →Aubusson-Teppichmanufakturen

Fenton, Christopher Webber →Bennington

Feraghan-Teppiche →Persische Teppiche

Férand, Jean-Gaspard →Moustiers

Ferat, Jean-Baptiste →Moustiers

Fernández, Juan →Talavera de la Reina

Fernandino-Stil. Spanischer Möbelstil während der Regierungszeit Ferdinand VII. (1814-33). Er ist relativ nüchtern und solide, dem

Feston, nach einem Stich von Francesco Piranesi, 1780

französischen →Restaurations-Stil und dem späten englischen →Regency-Stil verwandt. Rechteckige Formen herrschen vor, die Furniere sind glatt und aus feingemasertem Holz, die Beschläge aus goldgefaßtem Holz (nicht aus Goldbronze).

Ferner, F. J. (tätig um 1750). →Hausmaler, von dem zahlreiche Signaturen auf →Meißener Porzellan bekannt sind; die Stücke sind ziemlich grob mit Blumen, figürlichen Darstellungen, Tieren usw. in →Emailfarben und Gold staffiert, die auf die in der Fabrik unterglasurblau bemalten Stücke überdekoriert worden sind. Er war eher ein produktiver als ein guter Künstler. Seine Werkstatt und persönlichen Daten sind unbekannt.

Lit: G. E. Pazaurek, *Deutsche Fayence- und Porzellan-Hausmaler,* Leipzig 1925.

Ferniani, Conte Annibale →Faenza

Ferrara-Keramik. Im Mittelalter und seit der Mitte des 15. Jhs. ist die Majolikaproduktion in Ferrara dokumentarisch belegt, gleichwohl ließ sich kein Stück sicher nachweisen. Nach C. →Piccolpasso ist in der Zeit des Herzogs Alfonso I. (1504-34) eine milchweiße Glasur eingeführt worden. In den Jahren 1560-70 wurden in Ferrara Experimente gemacht, das Geheimnis der Porzellanfabrikation zu entdecken, damals mit die ersten Versuche in Europa. Aber es war kein echtes Porzellan, sondern ein weicher Scherben, der das chinesische Porzellan nachahmte (siehe →Medici, Porzellanfabrik). Später arbeitete C. →Fontana, Bruder des Orazio, in Ferrara.

Lit: R. Magnani, *La ceramica ferrarese tra medioevo e rinascimento,* Ferrara 1981/82.

Ferrara, Teppichmanufaktur. Die früheste der großen italienischen Teppichmanufakturen. Ab 1436 werden flämische Weber dort erwähnt, und 1445 errichtete Renaud Boteram aus Brüssel eine Manufaktur, für die Cosmè Tura Kartons lieferte. Eine berühmte ›Kreuzabnahme‹, um 1475 – offensichtlich nach Tura (Cleveland Museum of Art) –, wird Ferrara zugeschrieben; ebenso die ›Verkündigung Ryerson‹, um 1500 (Art Institute, Chicago), obwohl sie das Gonzagawappen trägt, was einen mantuanischen Ursprung nahelegen würde (→Mantua, Teppichmanufaktur). Zu den aus dem Norden gekommenen Wirkern, die in Ferrara arbeiteten, gehörten Lieven Gillisz aus Brügge (1467), Jehan Mille und Renauld Grue aus Tournai (1463). Die bedeutendste Periode für Bildteppiche aus Ferrara beginnt jedoch erst 1536, als Ercole II. d'Este mit den aus Brüssel kommenden flämischen Meistern *Jan* und *Nicholaus Karcher* und *Jan Rost* eine Manufaktur gründete. Unter den ersten dort gefertigten Bildteppichen ist eine Folge der ›Metamorphosen‹ (Musée des Gobelins, Paris), 1545 von Jan Karcher nach Kartons von Battista Dossi. Eine ›Geschichte der Heiligen Georg und Mauritius‹ wurde 1552-53 nach Kartons von Garofalo gewebt. 1539 ging Nicholaus Karcher an die Teppichmanufaktur Mantua, und 1545 gründete er mit Rost die Manufaktur →Florenz. Die Ferrareser Manufaktur arbeitete weiter unter der Leitung von Jan Karcher und von dessen Sohn *Luigi* (gest. 1580), der ein ›Marienleben‹ (Dom von Como) fertigte. Nach dem Tode von Ercole II. im Jahre 1559 ließ die Produktion nach; die Manufaktur schloß jedoch erst 1580. Weitere Bildteppiche, die Ferrara (oder Mantua) zugeschrieben werden, sind die ›Spielenden Putten‹, um 1545 (Museo del Duomo und Museo Poldi Pezzoli, Mailand, sowie Fundacion Gulbenkian, Lissabon), nach Entwürfen von Giulio Romano, sowie die ›Geschichte Moses'‹ (Museo del Duomo, Mailand).

Lit: C. Campori, *L'arazzeria estense,* Modena 1876; M. Viale Ferrero, *Arazzi Italiani del Cinquecento,* Mailand 1961; N. F. Grazzini, *Arrazi a Ferrara,* Mailand 1983.

Ferretti, D. →Ludwigsburg

Ferronnerie, franz. Arbeiten in Schmiedeeisen und hiernach gestaltete dekorative Rollwerkmuster, die besonders auf Fayence gemalt wurden.

Feston. Ornament in Form einer Girlande aus Früchten oder Blumen, mit Bändern gebunden und an beiden Enden mit einer Schleife aufgehängt.

Feuerbock oder **Kaminbock.** Aus einer von Füßen getragenen, horizontalen Stange und einem senkrechten, verzierten Vorderteil bestehend und meist paarweise aufgestellt. Sie dienen der besseren Zuführung von Sauerstoff zu den durch sie gehaltenen brennenden Holzscheiten. Im allgemeinen sind Feuerböcke einfache Gebrauchsgegenstände, manchmal jedoch auch sehr sorgfältig im Stil der Zeit – von der Gotik bis zum Klassizismus – gearbeitet. Sie bestehen gewöhnlich aus Eisen, sind aber – für reichere Häuser – auch aus Bronze, Mes-

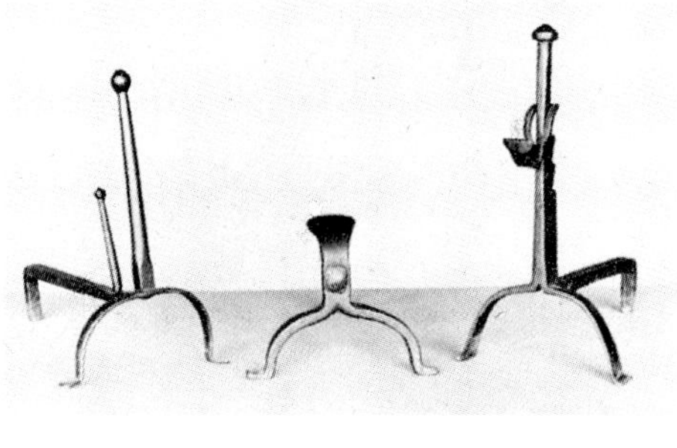

Feuerböcke aus Sussex, 18. Jh. (Victoria & Albert Museum, London)

Feuerbock aus vergoldeter Bronze, französisch, spätes 18. Jh. (Louvre, Paris)

sing oder sogar auch Silber gefertigt. Ludwig XIV. besaß zahlreiche silberne Feuerböcke, französisch ›chenets‹, und im Frankreich des 18. Jhs. waren die dekorativen Teile häufig aus vergoldeter Bronze.

Feuerschirm →Kamingitter

Feuervergoldung →Quecksilbervergoldung

E. Feuillâtre: emailliertes Glasgefäß mit Silberfassung, 1900 (Kunstgewerbemuseum, Berlin)

Feuillâtre, Eugène (1870-1916). Französischer Goldschmied und Emailleur, der bei René →Lalique anfing, sich aber um 1900 selbständig machte. Er stellte 1900 auf der Weltausstellung in Paris aus. Feuillâtre arbeitete im Stil des Art Nouveau in Glas, Silber und transluzidem Email.

Fiberglas. Material aus den Grundbestandteilen von Glas, jedoch in Faserform, das seit 1951 – vor allem in den Vereinigten Staaten – vielfach für Vorhangstoffe und andere Stoffe häuslichen Gebrauchs verarbeitet wird. Als Zwischenlage in Glasscheiben eingeschlossen wird es als Wärmeisolator verwendet. Es kann auch zu Gartenvasen, Kaminsimsen, architektonischen Zierteilen usw. geformt werden.

Fichtelgebirgsgläser. Glashumpen oder -pokale (→Deckelkrug), mit einer Dekoration in →Emailmalerei. Dargestellt sind ein Ochsenkopf und ein tannenbewaldeter Berg, von dem vier Flüsse – Main, Naab, Saale und Eger – entspringen: der ›Ochsenkopf‹ im Fichtelgebirge. Auf seiner Spitze steht im allgemeinen eine Kirche oder ein Haus, umgeben ist er von einer gemalten Kette mit Schloß zum Schutz seiner Reichtümer. Die weiteren Verzierungen sind heraldisch, symbolisch oder floral. Hergestellt wurden diese Gläser vor allem in Bischofsgrün, Franken, von etwa 1656 bis ins späte 18. Jh. hinein. Manchmal werden sie auch als *Ochsenkopfhumpen* bezeichnet.

Fidibusbehälter. Zylindrisches Gefäß, gewöhnlich aus Ton oder Porzellan, zum Hineinstellen von Fidibussen, d. h. dünnen Holzstreifen oder gefalteten und gedrehten Papierstreifen, um Kerzen, Pfeifen usw. anzuzünden.

Figuren-Tafel →Kontur-Gemälde

Filete. Ein Rädchen, mit dem in der Lederarbeit, besonders der Buchbinderei, eine gerade Linie oder ein paralleles Linienbündel eingepreßt wird. Die Bezeichnung ging auf die so hergestellte Linie selbst über.

Filet- oder **Netzstickerei.** Ein lockeres Netzwerk aus Fäden, die an ihren Kreuzungspunkten geknotet sind und auf das figürliche, florale oder andere Muster gestickt sind. Sie ist eine Vorläuferin der echten →Spitze.

Filigran. Dekoration in durchbrochener Arbeit aus sehr schmalen Drähten und gewöhnlich mit winzigen Kügelchen aus Gold oder Silber (selten aus andern Metallen); seit der Antike für Schmuck benutzt. In der karolingischen und romanischen Zeit war Filigran sehr verbreitet. Im späteren Mittelalter waren die Hauptzentren der Filigranherstellung Siebenbürgen und Venedig, wo es sehr wirkungsvoll für die Fassung von Bergkristallpokalen verwendet wurde. Im 17. Jh. breitete sich die Vorliebe für diese Arbeiten erheblich aus; man machte damals kleine Schmuckobjekte wie Kästchen, Griffe von Löffeln und Gabeln, Miniaturmöbel u. ä. vollständig aus Filigran (das bis dahin als aufgelegte Dekoration verwendet

Filetstickerei, spätes 17. Jh. (Victoria & Albert Museum, London)

Filigran: silberner Präsentierteller, spanisch, 17. Jh. (Victoria & Albert Museum, London)

worden war). Hervorragende Arbeiten wurden bis ins späte 18. Jh. vor allem in Nordspanien, Genua, Augsburg und Bergen angefertigt. 1814 eröffnete F. P. →Castellani in Rom eine Werkstatt zur Herstellung von Filigranschmuck im →Etruskischen Stil; er erwies sich als sehr beliebt und wurde in großem Umfang nachgeahmt. Filigran kam gegen Ende des 19. Jhs. aus der Mode, wird aber – vor allem in Italien und Spanien, wenngleich hauptsächlich als Touristensouvenir – noch immer gemacht.

Lit: Thah Riisøen u. Alf Bøe, *Om filigran*, Oslo 1959; A. Bøe in *Concise Encyclopaedia of Antiques*, Bd. III, London 1961.

Filigranglas. Verbesserte und kunstvollere Form des →Reticello-Glases. Ineinander verschlungene Spiralen aus opak weißen, farbigen und goldenen Glasfäden liegen bei diesem Glas unter der Oberfläche. Zuerst im 16. Jh. in Murano hergestellt und seitdem sehr beliebt, vor allem im 19. Jh. in Frankreich.

Filleul, Brüder →Beauvais-Wandteppichmanufaktur.

Filz. Ungewebter Wollstoff, der seit sehr früher Zeit gemacht wird. Zur Herstellung legt man die abgeschorene Wolle auf Matten, besprengt sie mit Öl, rollt, bzw. walkt sie, bis sich die Wollhaare verfilzen, d. h. zusammenhängen; dann wäscht, glättet und trocknet man den Filz. Bei einem etwas komplizierteren Verfahren (das die Grundlage für die industrielle Herstellung bildet) wird die vom Tier geschorene Wolle gewaschen, ausgebreitet und mit Knüppeln geschlagen (gewalkt), dann befeuchtet und gedämpft; das Walken und Dämpfen wird einige Male wiederholt.

Finch, Alfred William (1854-1930). Töpfer englischer Abstammung, in Belgien geboren und aufgewachsen, wo er mit H. van de →Velde in Verbindung kam; später war er in Paris, wo er unter dem Einfluß von Seurat zu malen begann. 1897 ließ er sich in Finnland nieder und wurde von Louis Sparre (geb. 1863) aufgefordert, die Leitung der Keramikabteilung der kurzlebigen Iris-Werkstatt in Porvoo (geschlossen 1902) zu übernehmen. Seine Töpferarbeiten sind einfach, mitunter fast bäuerisch in der Qualität, sehr sparsam im Stil des Art Nouveau dekoriert. Er lehrte auch an der Gewerbeschule in Helsinki und übte beträchtlichen Einfluß auf die Entwicklung des Handwerks in Finnland aus.

Lit: J. Rewald, *Post-Impressionism*, New York 1978.

Finial, engl. (1) Ein dekorativer Knauf, häufig in Form einer Eichel oder einer Urne, z. T. noch phantasievoller gestaltet; wird bei Möbeln verwendet oder bei Deckeln von Gefäßen aus Silber, Keramik, Porzellan, Glas usw. Ein ›flame finial‹ hat die Form einer Urne, aus der Flammen züngeln.

(2) Rundskulpturen aus Bronze in →Luristan zwischen dem 9. und 7. Jh. v. Chr. gefertigt, Gestaltungen in menschlichen und tierischen Formen ohne einen erkennbaren Gebrauchszweck (vielleicht sollten sie der Abwehr böser Geister dienen).

Finiguerra, Maso (1426-64). Florentiner Goldschmied, Zeichner und Graveur, berühmt vor allem wegen seiner →Nielloarbeiten. Er stand stark unter dem Einfluß von Filippo Lippi, Ghiberti und Antonio Pollaiuolo, mit dem er von 1456-64 zusammenarbeitete. Seine bedeutendste Nielloarbeit ist eine silberne Reliquientafel (1452-55) im Museo Nazionale, Florenz.
Lit: L. Becherucci u. G. Brunetti, *Il Museo dell'Opera del Duomo a Firenze*, Mailand o. J.

Finnische Rye →Rye

Firing glass. Englisches Trinkglas des 18. Jhs. mit kurzem Schaft und verdicktem Fuß, mit dem man kräftig auf den Tisch klopfen konnte; ähnlich wie das →Toastmeisterglas, doch ohne eine Verdickung der Kuppa.

Firnisvergoldung. Das früheste Verfahren, Golddekor auf Fayence anzubringen. Eine aus kochendem Leinöl und Bleiasche zubereitete klebrige Masse wird auf den Scherben aufgetragen und darauf Blattgold gerieben. Diese Art der Vergoldung ist nicht sehr dauerhaft, da das Gold nicht gebrannt wird.

Fischer, Christian →Pirkenhammer

Fischer, Moritz →Herend

Flabellum. Liturgischer Fächer, der während der Messe Fliegen von den Opfergaben fernhalten soll. Sie sind manchmal sehr reich dekoriert, z. B. die verkupferten und versilberten, mit Kristallen und Gemmen besetzten Fächer von um 1110-30 im Dom von Hildesheim.

Flachschnitt. Eine Möbeldekoration, bei der das gewünschte figürliche Motiv, oder ein anderes Muster, durch flaches Wegschneiden der umgebenden Fläche herausgearbeitet wurde. Durch anschließendes Punzieren entstand ein gleichmäßig rauher (wie mit kleinen Grübchen bedeckter Grund. Der Flachschnitt ist seit dem Mittelalter bis ins 19. Jh. hinein (hier schon maschinell) angewendet worden.

Flachwirkstuhl →Bas-lis

Flambé-Glasur. Eine glänzende, reiche, rote →Glasur mit blauen Streifen und Farbtupfen auf Porzellan oder Steinzeug, die durch den reduzierenden Brand einer Kupferglasur entsteht. Sie wurde zuerst in der →Qianlong-Zeit in China entwickelt und vom späten 19. Jh. an in Europa häufig verwendet, besonders von H. Seger in der Porzellanmanufaktur →Berlin (seit 1880), E. →Chaplet in Frankreich und Bernard Moore in England.

Flämischer Stich →Bargello-Arbeit

Flaschenglas. Glas mit grünlicher oder bräunlicher Tönung, die durch Verunreinigung der Silikate verursacht wird. Dient vor allem der Herstellung von Flaschen, aber auch von anderen Gefäßen.

Flaschenvase. Chinesischer Vasentyp, birnenförmig mit engem Hals und ausschwingender Mündung. Entstand wahrscheinlich in der späten Tang-Dynastie.

Flat chasing, engl. Technik der Metalldekoration, bei der mit Hammer und Punzen lineare Ornamente auf der Metalloberfläche angebracht werden. Sie ersetzt die Gravierung und wird zur Dekoration von →Sheffield plate, das sich nicht gravieren läßt, verwendet.

Flaxman, John (1755-1826). Führender englischer klassizistischer Bildhauer. Sein Vater schnitt Gipsmodelle für die Fabrik von →Wedgwood, für die er seit 1775 als Modelleur arbeitete. John Flaxman modellierte Friese mit klassischen Szenen, wie ›Die Musen‹ (1777), ›Das Opfer an Cupido‹ (1782) oder ›Herkules im Garten der Hesperiden‹ (1787), auch Reliefporträts vieler zeitgenössischer Persönlichkeiten. Von Wedgwood finanziell unterstützt, ging er 1787 nach Rom, wo er bis 1794 blieb und weiterhin Entwürfe an Wedgwood lieferte. Danach war er hauptsächlich als Marmorbildhauer tätig. Seine Reliefs, die in großer Anzahl in →Jasperware und schwarzer →Basaltware ausgeformt wurden, sind sehr elegant, streng klassisch, aber zuweilen etwas trocken. Er entwarf auch Modelle für Silberarbeiten von P. →Storr. *Siehe Abb. S. 594.*
Lit: W. G. Constable, *John Flaxman*, London 1927.

Flecheldekoration, auch **Wackeldekor.** Ein Zickzack-Ornament auf Zinn oder Silber, bei dem der Flachstichel in wackelnder Bewegung über die Metalloberfläche geleitet wird. Für Zinn kam sie im 16. Jh. in Schlesien auf, wurde aber hauptsächlich im späten 17. Jh. angewendet, um die Flächen zwischen gravierten Linien auszufüllen.

Flechtspitze. Eine frühe Form der Klöppel→spitze, die in Italien mit kurzen Fadenlängen gemacht wurde vor der Erfindung der Klöppel, die den Spitzenmachern ermöglichten, mit langen Fäden zu arbeiten.

Fleischmann, C. W. →Raeren

Flettner, Peter →Flötner, P.

Fleurat, Pierre →Angoulême

Fleurs fines →Deutsche Blumen

Fleurs des Indes →Indianische Blumen

Fliesen. Die Verwendung von Fliesen für Fußböden und Wandverkleidungen stammt ebenso wie die von glasierten →Ziegeln aus dem Nahen Osten. Es sind Fliesen erhalten, die aus dem 9. Jh. v. Chr. aus Askur (Staatliche Museen zu Berlin/DDR) und aus dem 7. Jh. v. Chr. aus Susa (Louvre, Paris) stammen. Diese Kunst geriet bei den Griechen und Römern in Vergessenheit – zu ihrer Zeit wurde Töpferware nur mit →Gloss überzogen –, wurde jedoch durch den Islam wieder bekannt. Polychrom glasierte Fliesen aus dem 9. Jh. wurden in Samarra gefunden, und ähnliche Arbeiten aus der gleichen Zeit schmücken den

Mihrab der Großen Moschee von Kairouan in Tunesien. Seit dem 13. bis zum 14. Jh. wurde Kaschan Hauptort der persischen Fliesenherstellung (der Mihrab von Kaschan wird auf das Jahr 1226 datiert; Islamisches Museum, Berlin/DDR), vor allem für Außen- und Innenwände und Kuppeln, die oft völlig mit Fliesen ausgekleidet wurden, so die Große Moschee in Isfahan. In Anatolien wurden die feinsten seldschukischen Fliesen für königliche Residenzen erzeugt, besonders die sorgfältig ausgearbeiteten stern- und kreuzförmigen Mina'i-Fliesen im Alaeddin-Palast in Konya (1156-92) und dem Kubadabad-Palast bei Konya (Mitte des 13. Jhs.). Unter den Osmanen verlagerte sich das Zentrum nach →Iznik, wo feinste Fliesen in der Art, wie man sie u.a. in Istanbul und Bursa findet, hergestellt wurden. In China gab es schon sehr früh, möglicherweise schon im 4. Jh., sicher aber seit dem 14. Jh. farbenprächtige Dachziegel, Firstziegel und andere Baukeramik mit mehrfarbigen, niedrig-gebrannten Bleiglasuren in der sogenannten *Liuli-Art*, die in der Song-Zeit aus den →Sancai-Glasuren der Tang-Zeit entwickelt wurden. Während der Ming- und der Quing-Periode wurden grüne, gelbe, dunkelviolette, dunkelblaue und türkise Fliesen hergestellt, ebenso mehrfarbige Firstziegel in zum Teil sehr komplizierten Menschen- oder Tierformen. Die Werkstätten erzeugten auch Schmuckfiguren, für die die gleichen polychromen Glasuren verwendet wurden.

Im 15. Jh. wurde die islamische Herstellung von Fliesen, von Nordafrika kommend, in Spanien heimisch, wo man sie *alicatados* nannte, zunächst in →Sevilla in der →Cuerda seca-Technik, dann in →Cuenca. Fliesen dieser Machart schmücken die Alhambra in Granada. Fliesen wurden auch in den Töpfereien in →Valencia, →Talavera und in →Katalanien, ebenso an einigen Orten in Portugal (→Portugiesische Keramik) gefertigt, vor allem für die Verkleidung von Außenwänden. Sie werden →Azulejos genannt. Der Export blauweißer Fliesen im 15. Jh. nach Italien führte zur Herstellung von Majolika-Bodenfliesen in den Töpfereien von →Neapel und →Faenza, später in allen wichtigen Töpfereien Italiens. Heute noch werden in Sizilien und Süditalien bunte Bodenfliesen produziert. Mit wenigen Ausnahmen (vor allem →Laggioni) waren die italienischen Fliesen für Böden und nicht für Wandverzierungen bestimmt, wobei jede Fliese ein unabhängiges dekoratives Element bildete. Und die italienische Majolika-Technik mit ihrer reichen Farbpalette befruchtete wiederum im frühen 16. Jh. in Spanien und Portugal die Herstellung von großen, aus vielen Fliesen zusammengesetzten malerischen Kompositionen (Cr. de →Augusta, Fr. →Niculoso und J. →Floris). Von Spanien her übernahmen die Niederlande die Vorliebe für Tafelgemälde aus Wandfliesen. Dort wurden zunächst →Antwerpen später →Rotterdam, →Makkum, Harlingen und andere friesische Töpfereien zu Zentren der Fertigung. In der Folgezeit kam man von mehrfarbigen Fliesen immer mehr ab und bevorzugte monochrom blau oder manganrot bemalte, vor allem in →Delft, das die holländische Fliesenproduktion vom 17. bis zum 19. Jh. beherrschte und nach allen Ländern Europas exportierte.

Der früheste bedeutende Fliesenboden in Frankreich wurde 1541-59 von Masseot →Abaquesne im Château d'Ecouen verlegt, es sind jedoch bereits aus dem 12. Jh. geflieste Böden erhalten (Saint-Denis). Die Töpfereien von →Rouen und →Nevers stellten meist blauweiße Fliesen her, und im 17. Jh. war →Lisieux berühmt für die eingeritzten Verzierungen, mit denen es seine Erzeugnisse versah. Im 18. Jh. übernahmen →Saint-Omer und andere Orte in Nordfrankreich, und bereits etwas früher auch in England →Bristol, →Lambeth und Liverpool, die Produktion ›holländischer‹ Fliesen; in Liverpool wurden sie nach 1756 im →Umdruckverfahren dekoriert. In Deutschland wurde die Majolika-Technik schon früh von den Herstellern von →Hafnerware und Ofenkacheln übernommen. Geformte Ofenkacheln von hoher künstlerischer Qualität wurden u.a. in →Nürnberg, →Creussen und anderen Töpfereien, die reizvollen blauweißen Fliesen im 17. Jh. in →Hamburg und anderswo produziert.

Nach einer Zeit des Niedergangs im frühen 19. Jh. wurden Fliesen in der zweiten Hälfte des Jahrhunderts wieder beliebt und sogar im Zuge der →Arts and Crafts-Bewegung vor allem in England besonders geschätzt, wo die buntglasierte Fliese des Mittelalters wieder aufkam, und u.a. W. →De Morgan ein Feld künstlerischer Betätigung darin sah. In den 1870er Jahren waren bereits verschiedene Werkstätten von ›Fliesenmalern‹ entstanden, wie z. B. W. B. Simpson & Sons in London. In den Töpfereien von →Staffordshire wurden Fliesen industriell gefertigt, vor allem von T. & R. Boote und T. & F.G. Booth in Tunstall, ebenso von →Pilkington's Royal Lancastrian, →Minton's und in den →Doulton-Töpfereien. Für diese letzteren entwarf W.J. →Neatby einige bemerkenswerte großflächige Fliesendekorationen im Stil des →Art Nouveau, die beste davon 1901-05 für die Fleischabteilung des Warenhauses Harrod's in London. Vor allem auch für die Gestaltung der Außenwände benutzten die Architekten und Entwurfszeichner des Art Nouveau Fliesen, Beispiele sind Otto Wagners Majolikahaus in Wien (1898/99), C.-R.-F.-M. Jourdains Warenhaus Samaritaine in Paris (1905) und M. →Laeugers Wandfliesen für Kirchen und Innenräume. *Siehe auch* W.H. Grueby.

Lit: A. Barendsen, *Fliesen,* München 1964; A.W. Frothinham, *Tile Panels of Spain,* New York 1969; C.H. de Jonge, *Dutch Tiles,* London 1970; G. Kaufmann, *Bemalte Wandfliesen,* o.O. 1973; G. Öney, *Turkish Ceramic Tile Art,* Tokyo 1975; S. Stahl, *Deutsche Fliesen. Fayence-Fliesen des 18. Jhs.,* Braunschweig 1977; J. Barnard, *Victorian Ceramic Tiles,* London 1980; M. Weissen, *Jugendstilfliesen,* (1977) Frankfurt 1983.

Fliesenmosaik (span. alicatados). Weiße und farbig glasierte Fliesen werden nach dem

Brand in regelmäßige Stücke gebrochen und dann zu geometrischen und pflanzlichen Ornamenten zusammengesetzt. Die Technik stammt aus Persien. In der orientalischen und spanischen Architektur werden diese keramischen Schmuckfelder für Wandverkleidungen verwendet, wobei nur in Spanien die Muster rein geometrisch sind.

Flight, Thomas →Worcester

Flintglas. Ursprünglich eine Glasart, die im 17. Jh. von G. →Ravenscroft mit Silikat aus gebranntem englischem Feuerstein, und nicht mehr aus importierten venezianischen Kieseln hergestellt wurde. Die Bezeichnung wird lose auch angewandt auf englisches →Bleiglas.

Lit: W. A. Thorpe, *A History of English and Irish Glass*, London 1929.

Flockentapete. Ein Papier (oder manchmal Stoff), bedruckt, bemalt oder schabloniert mit einem Muster aus langsam trocknendem Klebstoff, dem Wollstaub zugesetzt wird, so daß das Muster in samtigem Relief erscheint. Wurde zuerst im frühen 17. Jh. in Frankreich und England als billiger Ersatz für Wandbehänge aus geschorenem Samt benutzt und war im 18. Jh. sehr beliebt. Vor kurzem ist sie wieder in Mode gekommen.

Flor. Fäden, die zusätzlich in ein Grundgewebe eingefügt sind, wie beim →Samt.

Florentiner Bildteppich, nach einem Karton von Bronzino und Gehilfen, 1549 (Palazzo Vecchio, Florenz)

Florentiner Bildteppiche. 1457 wird ein flämischer Wirker aus Ferrara in Florenz erwähnt, und der Maler Neri di Bicci soll Entwürfe für Teppiche gemacht haben; doch bestand eine Manufaktur von Bedeutung in Florenz nicht vor 1546. Cosimo I. de'Medici berief Nicholaus Karcher (gest. 1556) wie auch Jan Rost (gest. 1560) von den Teppichmanufakturen in →Ferrara bzw. →Mantua nach Florenz, damit sie eine Werkstatt mit 24 Wirkstühlen einrichteten. Als erstes ging daraus hervor eine Folge von 20 golddurchwirkten Teppichen, die ›Josephslegende‹ (1546-52, Palazzo Vecchio, Florenz) nach Kartons von Bronzino, Pontormo und Salvati. Von Bronzino stammen auch die prächtigen Portieren im Palazzo Vecchio. Bachiacca lieferte Kartons für die ›Monatsbilder‹ (1555, Uffizien, Florenz) und die ›Grotesken‹ (um 1553, Uffizien, Florenz), die vielleicht zum Schönsten gehören, was die Manufaktur je hervorgebracht hat, und die in Nordeuropa, vor allem in →Brüssel, vielfach imitiert wurden. Auch Francesco Salvati (›Pietà‹, Uffizien, Florenz, und ›Auferstehung‹, 1552-53, Museo Correr, Venedig) und Alessandro Allori (›Kentaurensage‹, 1590, Uffizien, Florenz) und andere Maler lieferten Entwürfe. Die Manufaktur war in den 80er und 90er Jahren des 16. Jhs. sehr produktiv, ließ dann aber unter Cosimo II. (1609-21) in ihrer Tätigkeit nach. Unter Ferdinand II. (1621-70) lebte die Produktion wieder auf, und einige schöne Werke entstanden, z. B. die ›Geschichte des Moses‹ (1651-59, Metropolitan Museum, New York). Zu Beginn des 18. Jhs. hatte die nun von dem Tapissier Lorenzo Bernini geleitete Manufaktur eine neue Blütezeit. Er arbeitete nach Entwürfen von Malern wie G. C. Sagrestani, z. B. die ›Vier Erdteile‹ (1715-30, Museo Bardini, Florenz). Die Manufaktur schloß 1737 nach dem Tode von Gian Gastone, dem letzten Medici.

Lit: C. Adelson in *Firenze e la Toscana dei Medici ... Palazzo Vecchio ...*, Ausst. Kat. Florenz 1980.

Florentiner Mosaik (ital. **Comesso di pietre dure.**) Schmuckfelder aus einem Mosaik von unregelmäßig geschnittenen Platten von →Pietre dure, d. h. Halbedelsteinen wie Chalzedon, Achat, Jaspis, Lapislazuli. Obwohl schon lange anderswo praktiziert, wurde diese Kunst erst in Florenz zur vollen Höhe technischer und künstlerischer Meisterschaft entwikkelt. Francesco de'Medici hatte hier 1558 eine Manufaktur für diese Arbeiten gegründet. Sie arbeitet noch heute. Sie stellt Tischplatten, Kästchen, Bilder und Kabinettschränke her, die entweder mit geometrischen Mustern oder – häufiger – mit Blumen und Früchten, Landschaften, Porträts, religiösen Szenen u. ä. geschmückt sind. Die besten Stücke sind so hervorragend gearbeitet, daß sie auf den ersten Blick wie gemalt wirken. Florentiner Mosaik war recht verbreitet im 18. Jh., als viele solcher Arbeiten von wohlhabenden Florenzbesuchern gekauft und als Dekoration für in Paris und London angefertigte Möbel verwendet wurden. Schon 1668 waren drei Florentiner an der Manufacture des →Gobelins in Paris beschäftigt, die dort Schmuckfelder aus Pietre

Florentiner Mosaik-Bildplatte von Baccio Cappelli, 1709 (Victoria & Albert Museum, London)

dure anfertigten. Es scheint, daß die Hersteller von teueren Louis-seize-Möbeln, vor allem G. →Beneman, M. →Carlin und A. →Weisweiler, der Verwendung von Florentiner Mosaik besonders geneigt waren. Florentiner Mosaik-Tafeln wurden auch in Spanien in dem Laburatorio de Piedras Duras y Mosaico →Buen Retiro – vor allem als Tischplatten – hergestellt.

Lit: A. Pampaloni Martelli, *Museo dell'Opificio dell'Pietre Dure di Firenze*, Florenz 1975.

Florenz. Zahlreiche **Töpfereien** in und um Florenz (hauptsächlich in Bacchereto, →Cafaggiolo, Beccamorto, →Montelupo, Pistoia, Prato, Puntormo, San Gimignano), die mitunter auch als ›Toskanische Töpfereien‹ bezeichnet werden und im späten 14. Jh. bis um 1475 beste italienische →Majolika herstellten, für die von da ab →Faenza führend wurde. Majolika wurde in Florenz etwa seit 1300 gemacht. Die Techniken und Dekorationsmuster wurden anfänglich der →spanisch-maurischen Keramik entnommen, die in ziemlich großen Mengen nach Italien eingeführt wurde. Einige Stücke sind Kopien, jedoch ohne die Verwendung von Lüster. Nach und nach entwickelten die Töpfereien charakteristische Formen und Dekorationsstile, ganz besonders für Krüge, →Albarelli und →Eichenlaubkrüge. Vor Mitte des 15. Jhs. kamen italianisierte figürliche Darstellungen und Tiere inmitten von stilisiertem Laubwerk auf, besonders auf Fliesen und großen Schüsseln. Obwohl diese Arbeiten außergewöhnlich dekorativ sind, dürften sie doch zum Gebrauch bestimmt gewesen sein. Streng modellierte Büsten, wie Johannes der Täufer (Ashmolean Museum, Oxford) und eine Negerin (Musée de Cluny, Paris) sind wohl vor Ende des 15. Jhs. geschaffen worden. Die Töpfereien in Florenz haben vermutlich nach 1530 ihre Tätigkeit eingestellt. Später in der Gegend von Florenz hergestellte Keramikerzeugnisse *siehe* →Doccia und →Medici.

Lit: G. Cora, *Storia della maiolica di Firenze e del Contado, Secoli XIV e XV*, Florenz 1973; A. Klein, *Fayencen aus Europa*, Braunschweig 1980.

Florida →La Mancloa

Floris, Jan, oder **Flores, Juan** (tätig 1524-66). Flämischer Töpfer, Bruder des Zeichners Cornelis Floris (→Grotesken), ging nach Spanien und arbeitete 1562 in Plasencia, als Philipp II., der den Dekor der Fliesen von →Talavera zu verbessern wünschte, ihn zum königlichen Fliesenhersteller ernannte. Er entwarf die Muster für den Alcázar von Madrid und die Paläste de El Pardo bei Madrid und von Segovia. Eine sehr feine, große Fliesenwand, die die Kreuzigung inmitten von flämischen, manieristischen Architektur-Ornamenten in der Sakristei von S. Vicente, Plasencia, darstellt, und drei Altarfronten aus dem Kloster S. Domingo el Real, Madrid (jetzt im Museo Arqueológico, Madrid), wurden wahrscheinlich unter seiner Leitung hergestellt.

Lit: A. W. Frothingham, *Tile Panels of Spain*, New York 1969; A. Klein, *Fayencen aus Europa*, Braunschweig 1980.

Flörsheim. Fayencefabrik, in Flörsheim bei Frankfurt am Main 1765 errichtet, die meist ziemlich einfache Waren herstellte, welche entweder monochrom in Blau oder in →Scharffeuerfarben in bäuerlichem Stil dekoriert wurden. Einige anspruchsvollere Stücke sind mit →Emailfarben im Stil von →Straßburg bemalt, darunter ein sehr gut gearbeiteter Tafelaufsatz (Museum für Kunst und Gewerbe, Hamburg). Etwa seit 1780 wurde →Steingut hergestellt. Die Fabrik besteht noch.

Flörsheim

Lit: A. Klein, *Deutsche Fayencen*, Braunschweig 1975; K. Schafft, *Flörsheimer Fayencen*, Darmstadt 1977.

Flöte. Champagnerglas in Form eines schlanken Kelches auf kurzem Baluster-Stiel, das vor allem in den Niederlanden hergestellt wurde.

Flötner, Peter (1493-1546). Einflußreicher deutscher Entwurfszeichner und Formschneider der →Renaissance. Geboren und wahrscheinlich ausgebildet in Augsburg, reiste er in Italien, bevor er sich 1522 in Nürnberg niederließ. Er gab Drucke heraus mit Entwürfen für Arbeiten in Metall und für Möbel, geschmückt mit klassischen Architekturmotiven, Putten, Grotesken und Arabesken, z. B. einen Entwurf für ein Himmelbett mit ionischen Säulen, Bukranien auf dem Fries usw. Einige nach Flötners Entwürfen gearbeitete deutsche Renaissancemöbel sind erhalten, z. B. ein zweige-

P. Flötner: Ornamententwurf, 1533

schossiger Schrank aus Eiche und Esche, datiert 1541, im Germanischen Nationalmuseum Nürnberg. *Siehe auch Abb. S. 506.*

Lit: *Peter Flötner und die Renaissance in Deutschland*, Ausst. Kat. Nurnberg 1947; H. Kohlhausen, *Nürnberger Goldschmiedekunst des Mittelalters und der Dürerzeit*, Berlin 1968.

Flottierung. Bei einem Stoff ein Faden, der bei alternierenden Fäden in der anderen Richtung nicht eingebunden ist, z. B. ein Schuß, der über zwei oder mehr Kettfäden läuft, bevor er wieder einbindet.

Flower, Bernard (gest. 1517). Glasmaler, geboren in Deutschland oder in den Niederlanden. Er ließ sich 1496 oder auch schon zuvor in England nieder, wurde um 1505 Glasmaler des Königs und schuf die Fenster für die Kapelle Heinrichs VIII. in Westminster Abbey (heute zerstört). 1515 begann er mit der großartigen Folge der Fenster in der Kapelle des King's College, Cambridge, die größtenteils noch gotisch sind, jedoch Renaissancedetails enthalten. Sie wurde von G. →Hone und anderen vollendet.

Lit: H.G. Wayment, ›The Windows of King's College Chapel, Cambridge‹ in *Corpus Vitrearum Medii Aevi, Great Britain*, Suppl. Bd. 1, London 1972.

Flügelgläser. Bezeichnung für Kelchgläser mit flügelartigen Glasschnörkeln am Schaft, ähnlich den Flügeln eines Phantasie-Schmetterlings. Der Typ entstand im 16. Jh. in Venedig, wurde in Nordeuropa nachgeahmt und im späten 19. Jh. wiederbelebt.

Fogelberg, Andrew (um 1732-93). Silberschmied (wahrscheinlich identisch mit Anders Fogelberg), der bei Berent Halck von Halmsted in die Lehre ging. Er ließ sich in den 70er Jahren in London nieder, arbeitete 1780-93 mit *Stephen Gilbert* als Partner und schuf einige der schönsten englischen Silberarbeiten des Klassizismus. Er scheint als erster silbernes Tafelgerät mit Silbermedaillons verziert zu haben. P. →Storr lernte bei Fogelberg von 1785 bis 1793.

Lit: R. Rowe, *Adam Silver*, London 1965.

Foggini, Giovanni Battista (1652-1725). Florentiner Bildhauer, Architekt und Entwurfszeichner. Er war seit 1687 für die Medici tätig und hatte ab 1695 die Leitung der Werkstätten des Hofes (für die er auch Entwürfe und Modelle lieferte). Vorzügliche Beispiele von Florentiner Handwerkskunst, ausgeführt nach Fogginis Entwürfen, haben sich erhalten; bemerkenswert das ›Reliquiar des hl. Daniel‹ in Ebenholz, Goldbronze, Silber, Pietre dure und Bergkristall von 1705 (Fürstenkapelle in San Lorenzo, Florenz) und der ›Stipo dell' Elettore‹ genannte Kabinettschrank von 1707-09 aus Ebenholz mit Einlegearbeiten in Pietre dure, vergoldeten Bronzebeschlägen und applizierten Perlmutterornamenten (Palazzo Pitti, Florenz). Foggini entwarf auch das hervorragende, von dem Lübecker Goldschmied *H. Brunick* ausgeführte silberne Altarantependium für die S.S. Annunziata in Florenz, 1680-82, und das gleichfalls bedeutende, von *Cosimo Merlini* und *B. Holzman* ausgeführte Antependium für die Chiesa Collegiata di S. Maria in Impruneta bei Florenz, 1711-14. *Siehe auch Abb. S. 475.*

Lit: A. González Palacios, in *Antologia di Belle Arti*, 1977 März, S. 57-64.

Foillet, J. →Spitze

Foliot, Nicolas-Quinibert (1706-76). Stuhlschreiner der Louis-seize-Periode und Konkurrent von →Boulard und →Sené. Er trug entscheidend zur Entwicklung des typischen Louis-seize-Stuhles bei, der in der Form zurückhaltender und nüchterner, aber auch feiner und eleganter ist als der Rokoko-Stuhl. Foliot lieferte eine Anzahl von Stühlen, Betten und anderen Polstermöbeln für Versailles, u.a. auch den Thron (1767). Eine Stuhlgarnitur, geschaffen von ihm, befindet sich noch heute im Schloß von Versailles. Seine berühmteste Möbelgarnitur, bekannt als ›Mobilier des Dieux‹ – eine Anspielung auf das Thema ihrer Gobelinpolsterung – arbeitete er um 1770 wahrscheinlich für Marie Antoinettes Gemächer in Choisy; Teile davon befinden sich heute im Louvre. Foliots Stücke sind schwer zu identifizieren, denn sie sind nicht signiert, da Möbel für die Krone von der Stempelpflicht ausgenommen waren. Er arbeitete auch mit den Bildhauern Babel und Guillaume Dupré zusammen, die zuweilen Stuhlrahmen, u.a. für ihn, schnitzten, während Bordon und Chatard gelegentlich seine Stühle vergoldeten.

Sein Bruder François I (gest. 1761) und sein Neffe François II (geb. 1748) waren ebenfalls ›menuisiers‹; François II arbeitete für die Krone, bis er sich 1786 vom Berufsleben zurückzog. Er schuf u.a. das Bett in Versailles für Ludwig XVI. (nicht mehr vorhanden) nach Entwürfen von Gondouin.

Lit: F.J.B. Watson, *The Wrightsman Collection: Furniture*, New York 1966.

Follot, Paul (1877-1941). Pariser Innenausstatter und Designer von Möbeln, Textilien, Porzellan, Glas- und Silberwaren, der zu den Pionieren des →Art-Deco-Stils gehörte. Er war Schüler des Malers und Entwerfers Eugène Grasset (1841-1917), dessen Professur für den ›Cours supérieur d'art décoratif de la Ville de Paris‹ er später übernahm. 1904 machte er sich

selbständig und entwickelte eine sehr persönliche Stilvariante des →Art Nouveau, die einfach in der Form, reich im Dekor und wertvoll im Material war. Er schuf Interieurs und Möbel, die Luxus und Behaglichkeit ausströmten, denn er glaubte, Kunst sei ein »Privileg der Elite«. Seine Arbeiten stellte er regelmäßig im ›Salon des Artistes décorateurs‹ und im ›Salon d'automne‹ in Paris aus und entwarf Innenausstattungen für die ›Exposition Internationale‹ von 1925. Von 1923 an leitete er das Design-Studio des Pariser Kaufhauses Bon Marché und schuf Ausstattungsgegenstände für die obere Mittelklasse, die besonderen Wert auf gediegene handwerkliche Verarbeitung und Neuheit des Designs legte, aber alles Exzentrische und jegliche auffällige Modernität verabscheute.

Lit: Les années ›25‹, Ausst. Kat. Musée des Arts Décoratifs, Paris 1966.

Fond →Spitze

Fondeur-ciseleur, franz. Ein der Zunft der Metallgießer (fondeurs) angehöriger Handwerker, der sich auf die Nachbearbeitung der Metalloberfläche (durch Ziselieren) vor dem Vergolden spezialisiert hat. Das Ziselieren wurde im 18. Jh. in Frankreich zu hoher Meisterschaft und Verfeinerung entwickelt; polierte, matte und zart oder grob gepunzte Oberflächen wurden geschaffen, um die Bronze zu beleben. Viel meisterliche Arbeit dieser Art entfiel auf Möbelbeschläge, die die französischen Möbeltischler (wegen ihrer Zunftvorschriften) nicht selbst ausführen durften, sondern vielmehr außerhalb ihrer eigenen Werkstätten bei ›fondeurs-ciseleurs‹ in Auftrag geben mußten. Die berühmtesten ›fondeurs-ciseleurs‹ waren →Caffiéri, →Duplessis, →Gouthière und →Thomire.

Fondeurs, Corporation des. Die Pariser Zunft der auf Gießen und Ziselieren von Bronze für Skulpturen, Möbelbeschläge und Porzellanfassungen sowie Dekorationsgegenstände wie Uhrgehäuse, Feuerböcke, Kandelaber u.ä. spezialisierten Metallhandwerker. Die Zunft wurde nach ähnlichen Richtlinien wie die der →Menuisiers-ébénistes geleitet. 1776 wurde sie mit den Zünften der Metallgraveure und der Metallvergolder vereinigt (genannt ›Corporation des fondeurs-ciseleurs‹) und schließlich 1791 aufgelöst.

Fondi d'oro. Aus Blattgold geschnittene Inschriften oder Darstellungen mit geritzter Binnenzeichnung zwischen zwei an den Rändern zusammengeschmolzenen Glasscheiben. Die seit dem 3. Jh. v.Chr. bekannten und bis in die Spätantike geübte Technik diente zur Herstellung von Schmuckanhängern, vor allem aber für runde Böden von Trinkgläsern. *Siehe auch* Zwischengoldglas.

Fondporzellan. Porzellan mit einem unter der oder auf der Glasur gemalten Fond und ausgesparten →Reserven in Weiß für einen Emailfarbendekor. Erstmals wurde Fondporzellan in China im 18. Jh., dann in →Meißen um 1722 hergestellt, unter Verwendung einer kräftigen braunen Farbe (Kapuzinerbraun oder Kaffeebraun). 1727 entstand in Meißen Porzellan mit gelbem Fond. Grün, Purpurrot und andere Farben wurden gleichfalls verwendet. In →Sèvres wurde das dunkle ›gros bleu‹ 1749 eingeführt, ›bleu céleste‹ und ›jaune jonquille‹ 1752, ›rose Pompadour‹ und andere Farben 1756. Ähnlicher Fondfarben bedienten sich englische und andere Porzellanfabriken.

P. Follot: Stuhl aus Sykomore-, Amarant- und Ebenholz, um 1913 (Musée des Arts Décoratifs, Paris)

Fontaine, Pierre-François-Léonard (1762-1853). Französischer Architekt, Innenausstatter und Entwurfszeichner, der gemeinsam mit seinem Freund und engen Mitarbeiter *Charles Percier* (1764-1838), wesentlich zur Schaffung des →Empirestils beigetragen hat. Beide hatten in Paris bei dem Architekten A.-F. Peyre gelernt und sich in Rom dem Studium sowohl der antiken wie der Renaissancearchitektur gewidmet, wobei sie von der letzteren stärker angezogen wurden. 1791 kehrten sie nach Frankreich zurück, lieferten Entwürfe für die Assemblée Nationale (nicht ausgeführt) und entwarfen Möbel für die Convention Nationale – in einem strengen ›style republicaine‹ – zur Ausführung durch G. →Jacob. 1792 ging Fontaine nach London, kehrte jedoch bald nach Paris zurück, um wieder mit Percier – der jetzt Bühnenbildner an der Opéra war – zusammenzuarbeiten. 1798 entwarfen sie Möbel im Stil der Antike, wiederum zur Ausführung durch Jacob und bestimmt für den Rat der Fünfhundert. 1799 wurden sie von den Malern J.-L. →David und Isabey bei Josephine Bonaparte eingeführt und von ihr mit dem Umbau von Schloß Malmaison beauftragt, wobei sie zum ersten Mal ihr ganzes Können zeigten. In der Folge beschäftigte Napoleon sie damit, einen angemessenen optischen Rahmen für seinen Lebensstil zu schaf-

fen. Ihr ›Recueil des décorations intérieurs‹ (1801, neu herausgegeben 1812) verwendet nicht nur erstmals die Bezeichnung ›décoration intérieur‹, sondern zeigt, daß sie bereits einen Empire-Stil geschaffen hatten, dem nur noch einige Motive – riesige Ns in Lorbeerkränzen, Adler und Bienen – fehlten, damit er vollends napoleonisch wurde. Das Werk enthält Entwürfe für Betten mit Baldachinen, thronähnliche Sessel, die von geflügelten Löwen flankiert sind, und so absurde Phantasiegebilde wie eine riesige Jardinière samt Goldfischglas und Vogelbauer, getragen von Sphingen, auf deren Köpfen Blumentöpfe stehen und die gekrönt ist von einer Statue der Hebe. Die Möbel von Fontaine und Percier sind stets einfach in der Form, aber reich mit antiken Motiven verziert, sehr elegant, doch ein wenig theatralisch. Fontaine und Percier waren bis 1814 vollauf für Napoleon beschäftigt, und zwar als Architekten (Arc du Carrousel, Rue de Rivoli, Entwurf für das Palais des Königs von Rom u. a.), als Festausstatter (Krönung, Hochzeit mit Marie Louise), als Innenarchitekten (Malmaison, Tuilerien, Louvre, St-Cloud, Versailles) und als Entwerfer für Möbel, Silber, Textilien u. ä. Sie waren gleichermaßen Meister darin, einen Rahmen für die Größe des Kaisers (Thronsaal der Tuilerien) wie für die Einfachheit des Generals (das zeltartige Beratungszimmer in Malmaison), für die Würde der Kunst (Antikengalerie im Louvre) wie für die weibliche Koketterie (Josephines Schlafzimmer) zu schaffen. Viele von ihren dekorativen Projekten mußten schnell ausgeführt werden, daher vielleicht ihr Hang zu reichen Draperien an Wänden und über Betten, Thronen und Fenstern. Außer den Räumen in Malmaison ist sehr wenig von ihren Dekorationen erhalten geblieben.
Trotz ihrer Treue zu Napoleon genossen sie auch nach der Restauration offizielle Gönnerschaft. Immer noch in engster Fühlung miteinander, wenngleich seltener zusammenarbeitend, widmete Percier die meiste Zeit seinen Schülern, während Fontaine als Architekt tätig war (z. B. Restaurierung des Palais Royal 1814-31 und die fortschrittlichen, glasgedeckten Galeries d'Orléans), und behielt bis 1848 die Stellung als Architekt der Tuilerien und des Louvre. Sie wurden – gemeinsam mit einem dritten Freund aus ihrer Studienzeit in Rom – im gleichen Grab beigesetzt; alle drei behaupteten von sich, ihrem jugendlichen Gelöbnis zu Freundschaft und Ehelosigkeit treu geblieben zu sein. *Siehe auch Abb. S. 68, 186.*

Lit: M. L. Bivier, *Pierre Fontaine*, Paris 1964; S. Grandjean, *Empire Furniture 1800-1825*, London 1966; J. P. Samoyault, in *Burlington Magazine*, Juli 1975, S. 457-64.

Fontainebleau, Porzellanfabrik →Petit, J. und Avon

Fontainebleau, Wandteppich-Manufaktur. Eine kurzlebige Werkstatt, die um 1540 von Franz I. eingerichtet wurde zur Herstellung einer Serie von Wandteppichen (Kunsthistorisches Museum, Wien), die die kunstvollen, manieristischen Fresken von Rosso und Primaticcio in der Galerie Franz I. in Fontainebleau kopieren sollte.

Lit: R. H. Göbel, *Wandteppiche*, Leipzig 1923-34; R.-A. Weigert, *French Tapestry*, London 1962.

Fontana, Majolikawerkstatt. Gegründet in →Urbino um 1520 von N. →Pelliparios Sohn Guido, der den Namen Fontana annahm, danach weitergeführt von dessen Sohn Orazio (um 1510-71). Die Werkstatt stellte zunächst →Istoriatoware her, ist aber bekannter für Arbeiten in →Bianco di Faenza, einer Technik, die sie sich in den 50er Jahren des 16. Jhs. zu eigen machte. Sie spezialisierte sich auf kunstvoll modellierte und oft sehr große Gefäße – Weinkühler, deren Füße und Henkel aus einfüßigen Löwen bestehen, große Pilgerflaschen, Gefäße mit Henkeln in Form von Schlangen und Delphinen, Brunnenschalen u. a. – in zarten Farben bemalt mit (von Raffael inspirierten) Grotesken auf weißem Grund. Kleinere Objekte sind noch stärker plastisch gestaltet: ein Tintenfaß ist geschmückt mit der Statuette

A. Fontana: geschnittene Bergkristalltafeln in einem für Herzog Albrecht von Bayern angefertigten Kästchen, um 1560-70 (Residenzmuseum, München)

eines betrunkenen ruhenden Silen, ein anderes hat die Form eines orgelspielenden Mannes, eine Sauciere ist wie ein auf dem Rücken liegender Delphin modelliert. Die Werkstatt arbeitete bis ins 17. Jh.

Lit: G. Dorfles, *Le ceramiche di Fontana*, Florenz 1949.

Fontana, Annibale (um 1540-87). Italienischer Steinschneider und Bildhauer von Mailänder Herkunft, jedoch wahrscheinlich in Rom ausgebildet. Es scheint, daß er zunächst Bergkristall geschnitten und um 1560-70 die außerordentlich schönen Wandtafeln des Kästchens von Herzog Albrecht von Bayern gemacht hat. Sein Stil ist sehr ähnlich dem der Brüder →Saracchi. Später arbeitete er vor allem als Bildhauer in Marmor und Bronze, wobei er 1580 vier große Leuchter für die Kartause von Pavia schuf; sie gehören zu den Meisterwerken manieristischer Bronzeplastik. *Abb. S. 209.*

Lit: R. Distelberger, ›Die Saracchi-Werkstatt und Annibale Fontana‹ in *Jb. d. Kl. Slg. in Wien LXXI* (1975), S. 95-164; J. F. Hayward, *Virtuoso Goldsmiths and the Triumph of Mannerism 1540-1620*, London 1976.

Fontebasso, Giuseppe und **Andrea** →Treviso

Forestier, Pierre-Auguste (1755-1835). Pariser →Fondeur-ciseleur, der – zusammen mit seinem Bruder *Etienne-Jean* – eine von ihrem Vater Etienne (um 1712-68) gegründete, bedeutende Werkstatt für Bronzearbeiten weiterführte. Etienne der Ä. hatte Bronzen an A. Ch. →Boulle, G. →Joubert und J.-F. →Oeben (für den er einige der Bronzebeschläge für das ›bureau du Roi‹ gefertigt hatte) geliefert. Etienne-Jean wurde 1764 Meister. Er und Pierre-Auguste arbeiteten während der letzten Regierungszeit Ludwigs XVI. in großem Umfang für die Krone, indem sie den Möbeltischlern wie G. →Beneman – mit denen sie zusammenarbeiteten – die Bronzebeschläge lieferten. Nach der Revolution eröffnete Pierre-Auguste einen Laden für Möbelbeschläge, Vasen, Kandelaber u. ä. Gelegentlich arbeitete er nach Entwürfen von →Fontaine und Percier. Er wurde einer der besten ›bronziers‹ der napoleonischen Zeit und der Restauration.

Lit: S. Grandjean, *Empire Furniture 1800-1825*, London 1966.

Forlì-Keramik. Majolika wurde in Forlì vom frühen 16. Jh. an (wenn nicht früher) gemacht, aber nur einige wenige Stücke sind bekannt (z. B. im Louvre, Paris, und im Victoria & Albert Museum, London). Sie stammen aus den Jahren 1510-1564 und sind den Erzeugnissen aus dem nahegelegenen →Faenza sehr ähnlich. Ein hervorragender Maler war Elencadio Solombrino (Leochadius Solobrinus), von dem signierte Stücke erhalten sind. Eine Majolikafabrik arbeitete in Forlì noch 1661, ohne daß deren Erzeugnisse hätten nachgewiesen werden können.

Lit: L. Prat, S. Fabbri u. E. Ercadi, *La ceramica Forlivese*, Forlì 1977.

Formglas, bzw. **in die Form geblasenes Glas.** Glasgefäß, das seine Gestalt durch Einblasen in eine Form bekommt. Diese Glastechnik wurde in römischer Zeit entwickelt. Industriell wurde sie in hohem Maße im 19. Jh. genutzt. 1802 erfand Charles Chubsee aus →Stourbridge eine zweiteilige Gußform, in der Gefäße hergestellt werden konnten, die geschliffenen Gläsern ähnelten. Von 1830 an wurde dann eine Form aus drei Teilen, einem feststehenden und zwei beweglichen, benutzt.

Formica. Strapazierfähige →Kunststoff-Beschichtung, die 1913 in den Vereinigten Staaten entwickelt wurde und heute von der Firma Formica Ltd. hergestellt wird. Die Beschichtung besteht aus Urea/Formaldehyd-Harz, das auf einen Kunststoffkörper aus Phenol- oder Urea-Harz aufgetragen wird. Dieser wiederum mag mit Sperrholz hinterlegt sein. Die Oberfläche ist wasserdicht, hitzebeständig und mehr oder weniger kratzfest. Die Beschichtung wird wegen ihrer praktischen Eigenschaften und ihrer dekorativen Wirkung gerne für Küchenmöbel usw. verwendet.

Fortling, Jacob →Kopenhagener Fayence

Fortner, Franz Xaver (1798-1877). Einer der bekanntesten Möbeltischler seiner Zeit in Süddeutschland. Er richtete 1826 eine Werkstatt in München ein und belieferte bald den königlichen Hof, vor allem mit vielen der neugotischen Möbel für Schloß Hohenschwangau. Ebenso arbeitete er auch für Auftraggeber in Rußland, Frankreich und England. Seine Werke wurden in vielen deutschen Ausstellungen gezeigt, auch auf der Weltausstellung 1851 in London. Sie waren hauptsächlich in deutscher Gotik und einem modifizierten Rokoko gefertigt, manchmal nach Entwürfen, die Architekten für ihn gemacht hatten.

Lit: H. Kreisel (G. Himmelheber), *Die Kunst des deutschen Möbels*, Bd. III, München 1973.

Forty, Jean-François (tätig vor 1772-90). Französischer Ornamentzeichner, Stecher und Bronzekünstler, wahrscheinlich in Marseille geboren. Er war in Paris tätig. Forty entwarf das eiserne Geländer für das Treppenhaus in der Eingangshalle der Ecole Militaire, Paris (um 1755), und das Gitter, das den Vorhof des Palais Royal abschließt. Am bekanntesten ist er aber für seine Entwurfsstiche im frühen →Louis-seize: ›Œuvres de sculpture en bronze contenant Girandoles, Flambeaux, Feux de Cheminées, Pendules, Bras, Cartels, Baromètres ...‹, in acht Teilen erschienen; ›Œuvres d'orfèvrerie à l'usage des églises‹, in drei Teilen erschienen, mit Entwürfen für Monstranzen, Kerzenleuchter u. ä., sowie ›Projet de deux toilettes‹ und ›Œuvres de serrureries‹. Er verwendete häufig antike Motive wie Akanthusblätter, Trophäen und die vitruvianische Volute. Seine Leuchter-Entwürfe zeigen oft Tüllen für die Kerzen, die wie Blüten gestaltet sind.

Lit: D. Guilmard, *Les maîtres ornemantistes*, Paris 1880.

Fothergill, John →Boulton, M.

Foullet, Antoine (um 1710-75). Pariser Möbeltischler, der 1749 ›maître‹ wurde. Er hat sich anscheinend auf Uhrengehäuse spezialisiert, denn bei seinem Tod befanden sich 40 Stück in seinem Nachlaß, einige davon ganz aus Bronze. Bei seinen Möbelentwürfen ließ er sich vom Louis-quinze anregen. Sein Sohn *Pierre-Antoine* wurde 1765 ›maître‹. Er arbeitete eine Weile mit seinem Vater zusammen, ging aber 1769 in Konkurs. Als der Vater starb, saß Pierre-Antoine wegen seiner Schulden im Gefängnis. Einige seiner Arbeiten, wie der Sekretär, der sich heute in der Wallace Collection, London, befindet, stammen jedoch aus der Zeit nach seines Vaters Tod.

Lit: S. Eriksen, *Early Neo-Classicism in France*, London 1974.

Fouquay, Nicolas →Poterat, E.; Rouen

Fournier, Louis Antoine (um 1720-86). Französischer Bildhauer, Porzellanmodelleur und Arkanist. Er war 1746-49 in →Vincennes beschäftigt und möglicherweise der Schöpfer der Figur einer Najade (Victoria & Albert Museum, London). Er arbeitete dann in Chantilly 1752-59. Aber er wurde vor allem in seiner Kopenhagener Zeit 1759-66 bekannt, wo er bei der Errichtung einer Porzellanfabrik mitarbeitete und etwa 20 verschiedene Modelle für hübsche →Potpourris mit aufgelegten Blumen, Teller mit Korbweiden-Rand, elegante, kleine Krüge und zylindrische Kaffeetassen mit Henkeln in Form von Zweigen (etwa 170 Stücke sind nachgewiesen) schuf. Er modellierte auch eine Büste und Porträtreliefs. Nach der Rückkehr nach Frankreich scheint er keine Porzellanmodelle mehr entworfen zu haben.

Lit: B. L. Grandjean in *Det danske Kunstindustrimuseum: Virksomhed 1964-69*, Kopenhagen 1969, S. 79-128.

France, Charles William Fearnley (geb. 1898). Fabrikant gefälliger, einfacher Serienmöbel. Er wurde in Dewsbury geboren und ließ sich 1936 in Dänemark nieder, wo er eine Matratzenfabrik übernahm. Nach dem Zweiten Weltkrieg war seine Firma, C. W. France & Co, maßgeblich an dem Exportaufschwung dänischer Möbel beteiligt. Er verwendete als erster Sprungfedern für Stuhlpolster.

France, Edward (tätig 1767-1803) →France, W.

France, William (tätig um 1764-67). Berühmter englischer Möbelschreiner, der zusammen mit dem Hofschreiner *John Bradburn* eine Werkstatt betrieb. Bradburn war ehemaliger Mitarbeiter und später Nachfolger von W. →Vile. Zu den bekanntesten Arbeiten von France gehören die Möbel, die er für John Chute of The Vyne anfertigte, und die Tische für Sir Lawrence Dundas nach Entwürfen von R. →Adam. Nach seinem Tod nahm *Edward France*, wahrscheinlich sein Sohn, seinen Platz im Geschäft ein. Er fertigte zahlreiche Möbel für Kenwood House, die sich noch heute dort befinden. Ein Teil davon war nach Vorlagen von Adam entstanden, andere sind eher dem →Chippendale-Stil zuzuordnen. Um 1791 gründete Edward France mit *Samuel Beckwith* die Firma France and Beckwith, die bis 1803 den Hof und private Auftraggeber belieferte.

Lit: A. Coleridge, *Chippendale Furniture*, London 1968.

Francesco Durantino (tätig 1544-53). Majolikamaler, der im →Istoriato-Stil arbeitete und durch zwei signierte Stücke bekannt ist: eine von 1544 datierte Sauciere (British Museum, London) und ein sehr hübscher Weinbehälter von 1553, der in Monte Bagnolo bei Perugia hergestellt wurde (Art Institute, Chicago). Einige andere Stücke sind ihm zugeschrieben worden. Er könnte mit einem *Francesco di Pieragnolo* aus Castel Durante identisch sein, der 1545-50 mit seinem Schwiegervater in Venedig eine Werkstatt betrieb.

Lit: V. J. Scheidemantel in *Museum Studies* (Chicago) III (1968), S. 42-62.

Francesco Durantino: Weinbehälter, Majolika, 1553 (The Art Institute of Chicago)

Francesco di Pieragnolo →Venedig

Francia, Francesco I Raibolini, genannt (1450-1517). Der führende Bologneser Maler seiner Zeit; er war als Goldschmied ausgebildet und schuf während seiner ganzen Laufbahn als Maler Goldschmiedearbeiten. Auch wenn er seine anspruchsvollsten Bilder signierte, bezeichnete er sich stets als Goldschmied (Francia aurifex Bononiensis). Die beiden einzigen erhaltenen, dokumentierten Goldschmiedearbeiten von ihm sind zwei Paxtafeln (beide in der Pinacoteca Comunale, Bologna), eine von 1480 mit einer ›Kreuzigung‹ in →Niello, die andere von 1481 mit einer ›Auferstehung‹, ebenfalls in Niello. Beide haben sehr fein modellierte Frührenaissancerahmen aus vergoldetem Silber.

Francione, Francesco di Giovanni di Francesco, genannt (1428-95). Einer der ersten Meister, wenn nicht der Gründer der florentinischen Intarsien-Schule. Er arbeitete in Rom, Pisa und Florenz, jedoch ist bis auf eine Türe im Audienz-Saal des Palazzo Vecchio in Florenz, die er zwischen 1475 und 1478 zusammen mit →Giuliano da Maiano ausführte, fast nichts erhalten geblieben.

Franck, Kaj (geb. 1911). Finnischer Industriedesigner, dessen Einfluß auf das Glas- und Keramik-Design vergleichbar ist mit dem von A. →Aalto auf Möbel. Ihm ist der hohe Standard von Gebrauchswaren für Tisch und Küche, die im Nachkriegsfinnland hergestellt wurden, zu verdanken. Er verbindet Originalität und Phantasie im Entwurf mit hohem Sinn für die praktische Verwendung, besonders bei der industriellen Massenfabrikation. Seine Tassen, Gläser usw. sind immer wohl durchdacht, die Lippen immer tropffest. Er hat ausgezeichnete Trinkgläser für die Glasfabrik Nostijo, Porzellan und Steingutgeschirr für die →Arabia-Fabrik (besonders die ›Kilta‹-Serie) und emaillierte Schüsseln usw. geschaffen, alles wenig anspruchsvoll, preiswert, praktisch und elegant anzusehen. Er bevorzugt reine, zylindrische Formen und klare Glasuren in heiteren, kräftigen Farben. Sein Sinn für Phantasie offenbart sich am besten bei Glas (z.B. seine ›Seifenblasen‹-Vasen), aber zuweilen sind seine Schöpfungen auch etwas sonderlich. *Siehe auch Abb. S. 31.*

Franco, Battista (um 1510-61). Mittelitalienischer manieristischer Maler, in Venedig geboren. Nach Vasari war er von Herzog Guidobaldo II. von Urbino beauftragt, Entwürfe für bedeutende Majolikaservice im →Istoriato-Stil als Geschenke an Kaiser Karl V. und Kardinal Alessandro Farnese zu machen. Franco arbeitete für Guidobaldo etwa von 1545 bis 1551. Viele seiner Zeichnungen für Arbeiten im Istoriato-Stil sind erhalten geblieben, wie auch die nach ihnen gefertigten Stücke, vor allem Service mit der Geschichte Trojas und ein Service mit den ›Taten des Herkules‹. Zeichnungen und zugehörige Majoliken sind jetzt in verschiedene Museen zerstreut. Die Majolika scheint eher in Urbino in den →Fontana- und →Patanazzi-Werkstätten als in denen von →Castel Durante gemacht worden zu sein, wie Vasari annimmt. Die Entwürfe Francos sind weniger ansprechend als die von →Zuccaro, jedoch praktischer.

Lit: T. Clifford u. J.V.G. Mallet, ›Battista Franco as a designer for Maiolica‹ in the *Burlington Magazine,* Juni 1976, S. 387-403.

Frankenthal. Eine der hervorragendsten deutschen Porzellanmanufakturen des 18. Jhs., gegründet 1755 von P.A. →Hannong aus →Straßburg, der dort kein Porzellan mehr herstellen durfte, und von seinen Söhnen betrieben, bis sie 1762 vom pfälzischen Kurfürsten Carl Theodor übernommen wurde. Die besten Erzeugnisse stammen aus den ersten zwanzig Jahren. In dieser Zeit wurde eine ziemlich ungewöhnliche Porzellanmasse verwendet, deren Glasur mit den →Emailfarben ähnlich wie bei Weichporzellan verschmolz. Gebrauchsgegenstände aus der Zeit bis etwa 1760 sind im Stil von Straßburg gehalten. Ansprechende, wenn auch etwas unbeholfene Figuren aus dem bäuerlichen Leben, der →Commedia dell'Arte, →Allegorien, →Chinoiserien wurden von J.W. Lanz, der gleichfalls aus Straßburg mitgekommen war, modelliert. Diese Figuren machten die Manufaktur bekannt. Sie soll davon etwa 800 verschiedene Darstellungen aus der Hand mehrerer Modelleure geschaffen haben, die nicht immer leicht voneinander zu unterscheiden sind, zumal sie auch zeitweise miteinander gearbeitet haben. Hervorragende Leistungen sind der ›Flötenunterricht‹ (nach Boucher, *Abb. S. 522*), die Figuren aus der ›Commedia dell'Arte‹, eine große Zahl von Chinesen und ein reizender kleiner chinesischer Pavillon, der J.F. von →Lück zugeschrieben wird; außerdem eine Reihe allegorischer Figuren in ausgesprochen eleganter Haltung, so ›Apollo und Daphne‹ (nach Bernini) und ›Atalante und Meleager‹, eine reiche ›Apotheose auf Karl

Frankenthal Monogramm von Carl Theodor, erstmals um 1762

Frankenthal: Chinesengruppe aus Porzellan, 1765-70 (Antique Porcelain Company, New York)

Theodor‹ von →Linck (1732-93) und, in theatralischer Pose, ›Ausrufer‹, ›Tänzer‹ und ›Bettler‹ von →Lück (gest. 1775). Unter →Melchior, der 1779-93 Modellmeister war, fand ein strengerer Stil Eingang. Andere bemerkenswerte Erzeugnisse waren Uhrengehäuse, Spiegelrahmen und Kerzenhalter mit elegantem Rocaille. Für Tafelgeschirre wurden in der Frühzeit Vorbilder in →Meißen, später in →Sèvres gesucht; sie waren oft mit außerordentlichem Geschmack bemalt. Das Eindringen französischer Truppen in die Pfalz 1794/95 ließ die Manufaktur nicht unberührt; sie stellte 1799 den Betrieb ein. Die Formen gelangten nach →Grünstadt, wo sie im 19. Jh. (für Steingut und Porzellan) verwendet wurden, einige kamen nach Mannheim, Kaiserslautern und →Nymphenburg.

Lit: F. H. Hofmann, *Frankenthaler Porzellan*, München 1911; L. W. Böhm, *Frankenthaler Porzellan*, Mannheim 1960; J. Terrasson, *Les Hannong et leurs manufactures Strasbourg, Frankenthal*, Paris–Lausanne 1971.

Frankfurt am Main. Eine der ersten deutschen Fayencefabriken, gegründet 1666 von dem Töpfer *Johann Simonet*, der vorher in →Hanau beschäftigt war. Bis 1723 stellte Frankfurt Arbeiten her, die technisch und künstlerisch mit der besten →Delfter Fayence konkurrieren konnten. Beide werden daher oft miteinander verwechselt, zumal sie nicht regelmäßig gemarkt sind. Schüsseln, birnenförmige Krüge, kürbisförmige Vasen, Kerzenhalter, große Zierteller und monumentale, 1 m hohe Vasen umfaßten einen großen Teil der Produktion. Wie bei der Delfter Fayence war die Zinnglasur mit einer Bleiglasur bedeckt, die der Oberfläche einen weißen Porzellanglanz verleiht. Im allgemeinen sind die Arbeiten in Blau dekoriert oder in Blau und Manganviolett, mit exotischen Pflanzenmotiven oder →Chinoiserien von berückend eigenwilliger Phantasie, muntere, kleine Chinesen und Pflanzengestrüpp, besonders aus der Hand von Johann Caspar Ripp (1681-1726), der in Frankfurt von 1702 bis 1708 arbeitete. Biblische Szenen und andere figürliche Darstellungen erscheinen auch auf großen Schüsseln. Einige Stücke wurden von →Hausmalern dekoriert. Die Leistungsfähigkeit der Fabrik nahm nach 1723 ab, sie schloß in den 70er Jahren. Die Stücke sind gewöhnlich nicht gemarkt, gelegentlich findet sich ein ›F‹ mit einer Jahreszahl.

Lit: A. Feulner, *Frankfurter Fayencen*, Berlin 1935; K. Hüseler, *Deutsche Fayencen*, Stuttgart 1956-58; A. Klein, *Deutsche Fayencen*, Braunschweig 1975.

Frankfurt an der Oder. Eine kleine Töpferei, die zwischen 1763 und 1788 Fayence im Stil der →Berliner Fabriken produzierte.

Frankfurter Schrank →Schrank

Fränkische Gläser. Glasgefäße des 5. bis 8. Jhs., die meist aus dem Rheinland bzw. Belgien stammen. Hergestellt wurden vor allem Trinkbecher ohne Fuß (→Sturzbecher), oft auch mit abgerundeter Standfläche nach römischem Vorbild. Die Farbe des Glases ist grünlichbräunlich oder bernsteinfarben, die Glasmasse

Frankfurt am Main: Fayenceteller, um 1680 (Museum für Kunst und Gewerbe, Hamburg)

ist voller Blasen. Diese Gefäße haben oft einen rustikalen Reiz.

Lit: D. Hordon u. a., *Masterpieces of Glass*, London 1968, I. Schlosser, *Das alte Glas*, Braunschweig 1965.

Frechen →Kölner Töpfereien

Freiberg in Sachsen. Eine Steinzeugfabrik des späten 17. Jhs., die ansprechende Krüge (Birnbauchkrüge) herstellte. Sie sind mit Bändern oder Feldern mit eingeritzten geometrischen oder stilisierten Blumenornamenten in Weiß, Schwarz, Rot oder Hellblau dekoriert und oft in Zinn montiert.

Lit: J. Horschik, *Steinzeug 15.-19. Jahrhundert, von Bürgel bis Moskau*, Dresden 1978.

Fretwork. Die englische Bezeichnung für ausgeschnittene geometrische Muster aus sich einander kreuzenden oder sich druchdringenden Linien (→Mäandern), entweder in durchbrochener Arbeit (z. B. als Dekoration an →chinesischen Chippendale-Tischen) oder als Relief. Im späteren 19. Jh. wurde die Bezeichnung auch auf durchbrochene Muster, die mit der Laubsäge aus dünnen Holzplatten ausgeschnitten waren, angewendet.

Friedberg, Fayencefabrik →Göggingen

Friedrich August I., Kurfürst von Sachsen und König von Polen (1670-1733). Gründer der Porzellanmanufaktur →Meißen, wurde 1694 Kurfürst von Sachsen und war 1697-1703 und 1709-1733 König von Polen. Die ›Augustus Rex‹-Marke auf einigen Stücken von Meißen – ein Monogramm der Buchstaben ›AR‹ in Unterglasurblau – zeigt, daß diese Stücke für königliche Paläste oder königliche Geschenke bestimmt waren. Sie erscheint hauptsächlich auf zwischen 1725-33 entstandenen Arbeiten als Besitzmarke für seine Nachfolger August II. und August III.

Fries. In der Architektur Bezeichnung für das Mittelteil eines Gebälks, zwischen Architrav und Kranzgesims, bei einem Möbelstück auch angewendet auf den Streifen unterhalb des Gesimses oder – ungenauer – auf jedes Schmuckband. Ein Wulstfries hat ein konvexes Profil.

Frisiertisch, Mahagoni mit Marketeriedekor, englisch, um 1770 (Victoria & Albert Museum, London)

Frijtom, Frederik van (tätig 1632-1702). Holländischer Maler, der auf die Verzierung von →Delfter Tellern und Platten mit sehr feinen, blauweißen Landschaften in der Art von Antoine Waterloo spezialisiert war.

Lit: A. Vecht, *Frederik van Frijtom, 1632-1702; Life and Work of a Delft Pottery-Decorator,* Amsterdam 1968; A. Klein, *Fayencen aus Europa,* Braunschweig 1980.

Frisiertisch. Im Englischen ›dressing table‹, im Französischen ›toilette‹ oder ›table de toilette‹. Im 17. Jh. auftretender, im 18. Jh. in Mode kommender Tisch mit Spiegel und häufig mit dazugehörenden Gegenständen wie Parfumflakons, Pomadentöpfen, Bürsten usw. ausgestattet. Unter der Tischplatte meist eine Schublade zur Aufbewahrung dieser Utensilien. Im 19. Jh. bezeichnete man den Frisiertisch als ›coiffeuse‹ oder ›poudreuse‹.

Fritte. (1) Gemenge aus kalziniertem Sand und anderen Materialien, die nach dem Erhitzen zu →Glas werden.
(2) Die glasverwandte Masse, aus der →Frittenporzellan gemacht wird.
(3) Glaspulver, das zum Glasieren von →Keramik verwendet wird.
(4) Archäologische Bezeichnung für eine Masse, die aus glasähnlichen Materialien besteht und im Mittleren Osten, vor allem in Ägypten, zur Herstellung von Amuletten, Siegeln usw. verwendet wurde.

Fromageau, Jean-Baptiste (um 1726 bis nach 1781). Pariser ›ébéniste‹, ›menuisier‹ und auch Möbelhändler. 1755 wurde er ›maître‹. Zu seinen Arbeiten gehören sehr schöne Kommoden, Tische, Sekretäre und handwerklich hervorragend gearbeitete Kleinmöbel. Der Stil seiner Arbeiten reicht vom →Louis-quinze bis zum frühen →Louis-seize. Charakteristisch für seine Möbel sind florale Intarsien.

Lit: F. J. B. Watson, *The Wrightsman Collection: Furniture,* New York 1966.

Froment-Meurice, François-Désiré (1802-55). Er war der Sohn eines Goldschmieds und wurde zum berühmtesten Silberschmied seiner Zeit in Paris, gefördert von der eleganten Welt und der Aristokratie, in der Literatur gepriesen von berühmten Schriftstellern wie Balzac, Gautier und Victor Hugo. Er erlangte mit einem Schlag Berühmtheit bei der Pariser Industrieausstellung von 1839, als er zum ›argentier de la ville de Paris‹ ernannt wurde. Seine Exponate auf der Ausstellung von 1844 bestätigten ihn als den führenden Silberschmied Frankreichs. Sein Ziel war die Wiederbelebung der meisterlichen Handwerkskunst des Manierismus. Ein typisches Beispiel für seine Arbeit ist ein Frisiertisch mit Toilettengarnitur, der 1845 von den Damen der französischen Hocharistokratie der Herzogin von Parma zum Geschenk gemacht wurde. Er ist im wesentlichen in gotischem Stil gearbeitet, hat aber einige Züge des 18. Jhs. (Rokoko) und ist sehr kostbar dekoriert. Man kann heute nur noch sehr wenige Arbeiten von Froment-Meurice aufspüren. Ein massiv-silbernes Armband von 1841 befindet sich im Musée des Arts Décoratifs, Paris. Bei seinem Tod übernahm sein Sohn Emile (1837-1913) das Geschäft und arbeitete in praktisch dem gleichen Stil wie sein Vater weiter bis spät ins 19. Jh. hinein, als der Art Nouveau in Mode kam. *Siehe auch Abb. S. 130.*

Lit: H. Bouilhet, *L'Orfèvrerie Française aux XVIIIe et XIXe siècles,* Paris 1910; F. Dumont in *Connaissance des Arts,* November 1956.

Fromery, Pierre (1659-1738) In Sedan geborener Hugenotte, der als Kunstschmied 1668 in Berlin eine Werkstatt begründete und zu einer Firma für Galanteriewaren ausbaute. Sie war in der 1. Hälfte des 18. Jhs. für die Herstellung weißgrundig emaillierter Toilettengarnituren mit feinster Bemalung und kleinen Goldreliefs bekannt, deren Montierung oft durch Augsburger Goldschmiede erfolgte. Wichtigster Maler war C. F. →Herold, der zwar 1726 in die Meißner Porzellanmanufaktur eintrat, aber gelegentlich noch weiter für die Firma arbeitete. Diese wurde nach dem Tod Pierres 1738 von seinem Sohn *Alexander* weitergeführt und bestand unter dessen Söhnen bis gegen Ende des Jahrhunderts.

Frothingham, Benjamin (1734-1809). Er war ein bedeutender amerikanischer Kunsttischler

F.-D. Froment-Meurice: Kanne in Elfenbeinschnitzerei, gezeigt auf der Weltausstellung 1851

und ein Freund von George Washington, überall bekannt als Major Frothingham. Es sind nur acht Möbelstücke bekannt, die das Etikett seiner Firma tragen, aber eine große Anzahl von Möbeln wird ihm zugeschrieben. Dazu gehört ein Spieltisch, der sich im Du Pont Museum in Winterthur, Delaware, befindet. Der größte Teil seiner Möbel ist vom sogenannten amerikanischen Chippendale-Stil beeinflußt und ist den Arbeiten von J. →Goddard und den →Townsends sehr ähnlich, aber ein Exemplar, das vermutlich nach 1782 entstand, ist im →Hepplewhite-Stil gearbeitet. Frothinghams ältester Sohn, *Benjamin III* (gest. 1832), war ebenfalls Möbelschreiner.

Lit: E. H. Bjerkoe, *The Cabinet Makers of America*, New York 1957.

Frullini, Luigi (1839-97). Der Florentiner Bildhauer und Holzschnitzer entwickelte einen ausgefeilten Möbelstil, gekennzeichnet durch schöne Schnitzereien und großen Luxus, je nach der persönlichen Manier entweder neoquattrocentesk, in Neorenaissance oder neomanieristisch. Es waren florentinische Variationen des in Paris schon von *Fourdinois* lancierten Stils – eigens erfunden, um dem Geschmack der Mitte des 19. Jhs. entgegenzukommen. Außer einem bestimmten – im Italienischen als ›stipo‹ bezeichneten – Typus von Schränkchen oder Schreinen, →Cassoni, Schränken und anderen großen Stücken, die ihm Gelegenheit gaben, ausführlich seine hervorragenden Fähigkeiten als Holzbildhauer zu entfalten, schuf er Rahmen, Kandelaber, Uhrgehäuse, Bucheinbände u. a. Auf den Weltausstellungen – London 1862, Paris 1867, Wien 1873 – waren Beispiele seiner Arbeiten zu sehen. Frullini hatte Kunden auf beiden Seiten des Atlantischen Ozeans. Einige Stücke aus den 70er Jahren sind im Museum für angewandte Kunst, Wien. 1875/76 machte Frullini die Nußbaummöbel für die Bibliotheken und für das Speisezimmer von Château-sur-Mer, Rhode Island, wovon heute Teile im Museum in Philadelphia sind.

Lit: J. Fleming, in *The Burlington Magazine*, September 1979.

Frye, Thomas (1710-62), Maler und Stecher (arbeitete in Schabmanier), wurde in der Nähe von Dublin geboren und kam um 1730 nach London, wo er 1744 und 1748 Patente zur Herstellung von Porzellan erwarb. Er war der Erfinder von →Knochenporzellan, Mitbegründer und bis 1759 Direktor der Porzellanfabrik →Bow. Nachdem er sich wegen seines schlechten Gesundheitszustandes von Bow zurückgezogen hatte, nahm er seinen Beruf als Stecher und Maler wieder auf.

Lit: Bow Porcelain 1774-76, Ausst. Kat., British Museum, London 1959-60.

Frytom, Frederik van →Frijtom

Fu. Chinesischer Speisebehälter der Bronzezeit, der um die Mitte der →Zhou-Dynastie, d. h. um 700 v. Chr., aufkam. Er ist rechteckig, hat niedrige Füße oder Standringe und einen Deckel, der wie das Gefäß selbst geformt ist und umgedreht ebenfalls als Schale verwendet werden kann. Seine beiden Griffe dienen dann als Füße.

Fugger-Meister. Die Buchbinder (deren Namen z. T. unbekannt sind), die besonders im 16. und 17. Jh. für die bibliophilen Mitglieder des Hauses Fugger (Johann Jakob, Ulrich, Philipp Eduard, Marcus F.) gearbeitet haben. Die Bände befinden sich vor allem in der Bayerischen Staatsbibliothek, München, in der Österreichischen Nationalbibliothek, Wien, und in der Vaticana.

Fulcrum, lat. Das erhöhte Ende eines Bettes oder Liegebettes, das entweder als Kopfstütze oder als Fußbrett diente. Die Fulcra römischer oder griechischer Betten waren häufig mit Holzschnitzereien, Silber- oder Bronzereliefs geschmückt.

Fulcrum eines römischen Bettes, Bronze mit Silber einlagen, wahrscheinlich 1. Jh. vor Chr. (Museo dei Conservatori, Rom)

Fulda 1765-88

Fulda. Die im Jahre 1741 unter dem Schutz des Fürstbischofs von Fulda gegründete und bis 1758 betriebene *Fayencemanufaktur* gehörte in Deutschland zu den besten ihrer Zeit. Teller, Vasen, Terrinen usw. waren in →Emailfarben und Gold (weniger in →Scharffeuerfarben) auf einem ungewöhnlich reinen, weißen Fond bemalt. Zu den außergewöhnlichen Erzeugnissen gehört ein Leuchterpaar von 81 cm Höhe (Landesmuseum, Kassel). Am meisten bekannt geworden ist die Manufaktur durch ihre von A. F. von →Löwenfinck, der hier von 1741 bis 1744 arbeitete, und von Maria Schick, seiner späteren Ehefrau, bemalten Erzeugnisse. 1764 wurde eine *Porzellanmanufaktur*, gleichfalls unter dem Schutz des Fürstbischofs, gegründet und nach beschwerlichem Anfang bis 1790 betrieben. Sie zeichnete sich aus durch ihre gutgestalteten Figuren, wahrscheinlich das Werk eines einzigen, bisher namentlich noch nicht nachweisbaren Modelleurs. Sie stellten Gärtner und Gärtnerinnen, Schäfer und Schäferinnen dar, eine Gruppe von Flötisten in der Tracht Mozarts und zwei Musikantinnen in einer rocaillengeschmückten Laube. Von 1775 bis zur Schließung 1790 waren Eßgeschirre das Hauptererzeugnis der Manufaktur.

Lit: H.H. Josten, *Fulda Porzellanfiguren*, Berlin 1929; K. Hüseler, *Deutsche Fayencen*, Stuttgart 1954; E. Kramer in *Keramos*, 13 (1961), S. 8-18; A. Klein, *Deutsche Fayencen*, Braunschweig 1975; H.P. Mielke (Hrsg.), *Keramik an Weser, Werra und Fulda*, München 1981.

Fulham, Knüpf- und Bildteppich-Manufaktur. Ein kurzlebiges Unternehmen, das in London von dem französischen Emigranten *Pierre Parisot* (1697-1769), der aus der →Savonnerie-Manufaktur kam, gegründet wurde, zuerst um 1750 in Westminster, dann in Paddington und schließlich 1753 in Fulham installiert. Die Manufaktur vergrößerte sich rasch durch ehemalige Arbeiter aus der Savonnerie. Aber exorbitante Preise zwangen 1755 zur Schließung. Die vorhandenen Stücke wurden verauktioniert. Der Verkaufskatalog zeigt, daß sich die Firma auf kleine Wirkteppiche für Stühle und Pfeilerverkleidungen spezialisiert hatte und auch auf Teppiche im Stil der Savonnerie. C. →Passavant kaufte die Manufaktur.

Lit: H. Göbel, *Wandteppiche*, Leipzig 1923-34; W. G. Thomson, *A History of Tapestry*, London 1930.

Fulham pottery →Dwight, J.

Fünf-Farben-Ware →Wucai

Funk, Mathäus (1697-1783). Führender Schweizer Möbelschreiner. Er war ein Sohn von Johann Lorenz, der sich – von Frankfurt kommend – 1706 in Bern angesiedelt hatte. Einer von seinen Brüdern, Johann Friedrich (1706-75), war Bildhauer, ein anderer, *Daniel Beat Ludwig* (1726-87), Uhrmacher. Mathäus Funks schönste Arbeit ist eine →Cartel-Uhr (mit einem Werk seines Bruders Daniel Beat Ludwig) im Stil von →Cressent. Seine Möbelwerkstatt war die größte der Schweiz, er beschäftigte Gesellen aus Deutschland und Schweden. Zu seinen Arbeiten gehören einige geschnitzte Wandspiegel und -tische (1769), die sich im Hôtel de Musique, Bern, befinden, und ein prachtvoller geschnitzter und vergoldeter Stuhl (1735), der im Historischen Museum, Bern, aufbewahrt wird.

Lit: H. v. Fischer, *Die Kunsthandwerker-Familie Funk im 18. Jh. in Bern*, Bern 1961; H. Kreisel, *Die Kunst des deutschen Möbels*, Bd. II, München 1970.

Funktionalismus. Genau genommen die Theorie, nach der Gebäude oder andere Erzeugnisse, die gut funktionieren und das Material mit größtmöglicher Wirtschaftlichkeit verwenden, notwendigerweise schön sind und – umgekehrt – daß diejenigen, die nicht gut funktionieren und die das Material verschwenden, nicht schön sein können. Ein reiner Funktionalist, wenn es ihn gäbe, würde seine Entwürfe vollständig ohne jegliche ästhetische Absicht machen. Das Konzept des Funktionalismus verdankt einige Anregungen den Theorien über ›beauty and fitness for purpose‹, die im 18. Jh. von englischen Empirikern ausgesprochen und später von Kant ausgearbeitet wurden, sowie auch der Ablehnung überflüssiger Ornamente durch den Klassizismus. Aber erst im späten 19. Jh. erklärten der Chicagoer Architekt Louis Sullivan, »form follows function«, und Otto Wagner in seiner Antrittsvorlesung als Professor an der Wiener Akademie 1894, daß nichts, was nicht praktisch ist, schön sein könne. 1904 stellte Paul Souriau fest, daß es keinen Konflikt zwischen dem Schönen und dem Nützlichen geben könne, und 1908 veröffentlichte der fanatische Anti-Ornament-Theoretiker Adolf Loos sein berühmtes und einflußreiches Buch: ›Ornament und Verbrechen‹. Alle diese Ideen wurden rasch aufgenommen und verbreitet; sie übten großen Einfluß auf das →Industrial Design aus, vor allem – nach dem Ersten Weltkrieg – beim →Bauhaus. Der Ausdruck Funktionalismus wurde in immer größerem Ausmaß mißverstanden und mißbraucht und wurde schließlich nahezu gleichbedeutend mit dem Internationalen Stil in der Architektur und dem entsprechenden Design-Stil, der rund um das Bauhaus entwickelt worden war.

Funktionalismus, verstanden in einem streng utilitaristischen und materialistischen Sinn, krankte an einer inhärenten Tendenz zu extremer Nüchternheit. Seine Verfechter ließen die weniger rationalen Aspekte der Beziehungen des Menschen zu der vom Menschen geschaffenen Umgebung außer Acht. Die meisten Designer würden auch heute noch dazu stehen, daß der aus einem Entwurf hervorgehende Gegenstand in erster Linie gut funktionieren soll, doch kann man das schwerlich als Funktionalismus bezeichnen. Heute wird allgemein akzeptiert, daß die ästhetische Komponente in einem Produkt nur zum Teil mit seiner materiellen Nützlichkeit etwas zu tun hat. Mit andern Worten: Der Begriff Funktionalismus hat psychologische Untertöne angenommen, und bei den jungen Designern entwickelt sich eine andere Wertskala. Viele von ihnen fühlen, daß sie es der Technologie überlassen können, mit dem Problem des guten Funktionierens der Produkte fertigzuwerden und daß es die Aufgabe des Designers ist, Dinge zu schaffen, auf die die Menschen emotional und sinnlich reagieren können.

Furlohg oder **Furloh, Christopher** (tätig um 1759-87). Möbeltischler, der sich vor allem durch seine hervorragenden Marketeriearbeiten auszeichnete. Er wurde in Stockholm als Sohn des Möbeltischlers Johan Hugo Furloh (gest. 1745) geboren und beendete seine Lehre 1759. 1762 verließ er Schweden und reiste zusammen mit G. →Haupt nach Amsterdam und Paris, wo er 1764 eintraf und anscheinend für einen ›ébéniste‹ arbeitete, möglicherweise für Simon Oeben, den Bruder von J. F. →Oeben. Doch schon bald darauf wanderte er nach England aus und wurde zu einem der besten Möbeltischler von London. Man nimmt an, daß er für J. →Linnel arbeitete, bevor er sich um 1772 selbständig machte. Es sind einige ihm zugeschriebene und von ihm signierte Kommoden in englischen Sammlungen zu finden, eine davon mit figürlicher Marketerie nach einem Entwurf von Angelika Kauffmann. Alle Stücke zeigen seine meisterliche Beherrschung des frühen →Louis-seize.

Sein Halbbruder *Johann Christian Linning* arbeitete 1769-76 in seiner Werkstatt. Auf einer Geschäftskarte von 1772 gab Furlohg sich als Ebenist des Prinzen von Wales aus, ohne daß Arbeiten von ihm für den Prinzen festgestellt werden konnten. 1887 wird er zum letzten Mal urkundlich erwähnt (mit der Aufgabe seines Geschäftsgrundstücks in London). Es wird aber angenommen, daß er bis gegen Ende des Jahrhunderts tätig war.

Lit: J. Hayward in *Burlington Magazine*, CXIV (1972), S. 704-11; ders. in *Burlington Magazine*, Juli 1977, S. 486-92.

Furnier. Eine sehr dünne Auflage aus kostbarerem Holz, die auf Möbel aus billigeren Holzarten aufgebracht wird. Seit der zweiten Hälfte des 17. Jhs. allgemein gebräuchlich. Die Kunst des Furnierens kam ursprünglich aus Deutschland und den Niederlanden.

F

Fürstenberg

Fürstenberg: Porzellankrug, in Emailfarben bemalt, um 1760 (Museum für Kunst und Gewerbe, Hamburg)

Fürstenberg. 1747 von Herzog Karl I. von Braunschweig gegründete Porzellanmanufaktur. Ihr gelang erst 1753 die Herstellung von →Porzellan, als sie den →Arkanisten *Johann Benckgraff* (1708-53), den Modellmeister *Simon Feilner* (gest. 1798) und den Maler *Johannes Zeschinger* (geb. 1723), alle drei aus →Höchst, gewonnen hatte. Frühe Gefäße und Tafelgeschirre zeichnen sich aus durch ihren reichen Reliefdekor in Rocailleformen, oft gold oder farbig gehöht. Unter den hübschen, lebhaft gestalteten, wenn auch etwas untersetzten Figuren nach Modellen von Feilner befindet sich auch die →›Commedia dell'Arte‹ (1754) und die Serie der Bergleute (1757). Die Blütezeit der Manufaktur lag in den Jahren von 1768 bis 1790. In ihrer Frühzeit war sie bekannt durch ihre Porzellanbilder, die in reichem Rokokostil eingerahmt waren. Gefäße und Tafelgeschirre sind oft mit Landschaften, figürlichen Darstellungen, Vögeln usw. außerordentlich einfühlend bemalt. Als die Manufaktur mehr und mehr unter den Einfluß von →Berlin und →Sèvres geriet, wurde bald nach 1770 der Rokokostil aufgegeben. In den folgenden Jahren brachte Fürstenberg interessante Dekorationsstücke aus →Biskuit hervor, Köpfe nach antiken Statuen, Medaillons und Büsten von Dichtern und Philosophen der Antike sowie zeitgenössischen Persönlichkeiten nach Modellen von Johann Christoph Rombrich (gest. 1794), Desoches u.a., Reiterstatuen von Friedrich d. Großen und Kaiser Joseph II. Andere waren weniger würdevoll, wie die weibliche Figur, die einen Floh sucht, und die Gruppe mit einer Frau, die an einem Tische zwischen ihrem Ehemann und ihrem Liebhaber sitzt. Seit etwa 1790 gewann der klassizistische Einfluß zusehends an Bedeutung. Unter der Leitung von →Gerverot (1795-1814) wurden zunächst Anregungen von →Wedgwood und dann des Stils von Sèvres verarbeitet. *Heinrich Christian Brüning* (1779-1855), der von 1797 bis zu seinem Tod als Maler in der Manufaktur arbeitete, dekorierte zahlreiche Stücke mit Landschaften und figürlichen Darstellungen in dem damals beliebten malerischen Stil der Zeit. 1859 ging die Manufaktur in Privateigentum über. Sie stellt heute gute, moderne Erzeugnisse her.

Lit: S. Ducret, *Fürstenberger Porzellan*, Braunschweig 1965; B. Wolff-Metternich, *Fürstenberg-Porzellan*, Braunschweig 1976; B. Frhr. Wolff Metternich, ›Die Porträtbüsten der Manufaktur Fürstenberg unter dem Einfluß der Kunstkritik Lessings‹ in *Keramos* 92 (1981), S. 16-68.

Fustat-Keramik. Gelbliche, grünliche Goldlüsterwaren wurden in der Fatimidenzeit (969-1171) in Fustat (Alt-Kairo) erzeugt. Die gemalten Dekorationen wurden mit phantastischen Vögeln, Tieren und menschlichen Figuren, einschließlich christlicher (koptischer) Motive ausgeführt. Sie zeigen manchmal einen Einfluß byzantinischer Kunst. Einige der besten Stücke sind von dem Künstler Sa'ad (tätig 111/12) gezeichnet.

G

Gabel. Bis zur Renaissance war die (zweizinkige) Gabel nur als Vorlagebesteck bekannt. Als Eßgerät tauchte sie erstmals um 1520 in Venedig auf und wurde von der Kirche zunächst heftig bekämpft, da das Mittelalter hindurch der Bericht über das Abendmahl Christi mit den Aposteln als verbindliches Vorbild für das Essen fester Speisen mit der Hand galt. So ließ ein Fürst von Monteverdi um 1530 für jedes Essen mit der Gabel drei Sühnemessen lesen. Der Gebrauch, zunächst als Teil eines individuellen Bestecks oft in einem Etui mit Messer und Zahnstocher kombiniert, setzte sich aber durch und führte im 17. Jh. zur allgemeinen Einführung der Gabel.

Gabel, Töpferei. Um 1630 gründete *Heinrich Wolf Bercka* auf seinem Besitztum in Gabel in Böhmen eine Töpferei, deren Erzeugnisse in gleicher Art gestempelt waren wie die von →Striegau. Krüge, runde und achteckige Teller, Tassen und Untertassen aus weißem oder rotem Ton waren oft mit ausgeformten Blumen- oder figürlichen Reliefauflagen (orientalisch oder europäisch) und mitunter mit kalter Bemalung (die meist abgeblättert ist) verziert. Die Töpferei scheint erheblich mehr als die Striegauer Fabrik, der früher alle derartigen Stücke zugeschrieben wurden, produziert zu haben.

Lit: J. Horschik in *Keramos* 33 (1966), S. 3-55.

Gabriware. Eine Art seldschukischer islamischer Töpferware des 12. Jhs. aus Rayy und Kaschan, verziert mit Zeichnungen, die in den weißen Schlicker hineingekratzt sind, so daß an diesen Stellen der rötliche Grund sichtbar wird (oder umgekehrt), überzogen mit einer reichen grünen Glasur.

Gaillard, Eugène (1862-1933). Französischer Möbeltischler des →Art Nouveau. Er arbeitete für S. →Bing. Obgleich er die gleichen ›Peitschenhieb-Motive‹ verwendete wie Mitglieder der Schule von →Nancy und die gleichen plastischen Schnitzornamente, wirken seine Arbeiten schlichter als die der Nancy-Gruppe.

Gaintán, Alonso de Figueroa →Talavera de la Reina

Gallé, Emile (1846-1904). Führender französischer Glaskünstler: ein hervorragender Exponent des →Art Nouveau und Begründer der Schule von →Nancy. Er wurde in Nancy und Weimar ausgebildet (wo er Mineralogie studierte) und absolvierte eine Lehre in der Glashütte von Meisenthal (1866/67). Dann arbeitete er unter der Leitung seines Vaters, der in Nancy eine Werkstatt für Glas- und Fayencedekor betrieb. Während dieser Zeit reiste er auch nach England, wo er (in London im Victoria & Albert Museum) ostasiatisches Glas studierte (1871), und nach Italien (1877). Ab

Gabel und Klapplöffel aus vergoldetem Silber, flämisch, 16. Jh. (British Museum, London)

E. Gaillard: Settee (Stadtmuseum, Köln)

E. Gallé: Stuhl, 1902 (Musée des Arts Décoratifs, Paris)

1878 stellte er unter seinem eigenen Namen Nachahmungen venezianischer und islamischer emaillierter Gläser aus, die seine technische Beherrschung der Glaskunst bewiesen. 1884 begann er mit der Entwicklung eines persönlicheren Stiles im Sinne des frühen Art Nouveau, wurde bald in Europa und Amerika bekannt und richtete 1890 eine eigene große Glas-Manufaktur ein. Hier entstand eine Fülle von Glasgefäßen, von denen keines mit dem anderen identisch ist, obwohl manche sich ähneln. Viele von ihnen wurden in →Bings Pariser Geschäft ›L'Art Nouveau‹ verkauft. Gallé lehnte die Moden der Mitte des 19. Jhs. und ihre Bevorzugung von schwerem geschliffenen Kristall- und Opalglas ab zugunsten der Verformbarkeit und der transluziden Wirkung des Glases. Er wandte fast jede bekannte Glasveredelungstechnik an (nur nicht die Diamantgravur, mit der er jedoch signierte), hatte aber den bei weitem größten Erfolg mit seinen →überfangenen Glasgefäßen in zwei oder mehr Farben (Grau und Amethyst gehörten zu den bevorzugten), die je nach Lichteinfall die verschiedensten Tonnuancen annehmen. Er nutzte sehr geschickt Mängel, die bei der Herstellung entstehen können, wie Risse, Luftbläschen und Trübungen. Als Dekormotive bevorzugte er Blumen und Blattwerk, sowie Insekten (Libellen) und Meerestiere wie Tintenfische und Seeanemonen (von der japanischen Kunst beeinflußt). Seine Vasen sind manchmal mit Inschriften überzogen, etwa von Gedichtzeilen Beaudelaires oder Verlaines. Ausgezeichnete Arbeiten in einem ähnlichen Stil wurden in Nancy durch die Gebrüder →Daum ausgeführt. Seit 1880 entwarf und produzierte er auch Möbel in einer sehr kostbaren Spielart des Art Nouveau mit feinstem Marketeriedekor – etwa einen Tisch in der Form einer großen Seerose, 1900, und ein ›lit Papillon‹ mit einem riesigen Perlmutt-Nachtfalter in eingelegter Arbeit (1904, Musée de l'Ecole de Nancy).

Nach seinem Tod wurde seine Werkstatt, in der damals dreihundert Fachhandwerker beschäftigt waren, von E. V. →Prouvé weitergeführt. Dort wurden bis zur Schließung des Betriebes 1914 Glas und Möbel in seinem Stil hergestellt, oft noch nach seinen Entwürfen. Jedes dieser

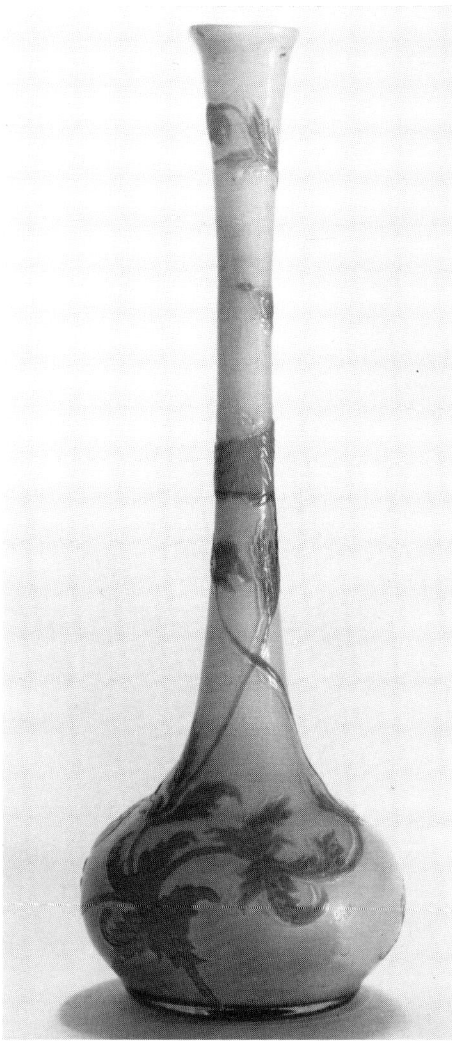

E. Gallé: Opake Überfangvase, um 1900 (Kunstgewerbemuseum, Zürich)

Objekte wurde mit einem Stern neben dem Namen Gallé versehen, um sie von denen zu unterscheiden, die zu seiner Lebenszeit entstanden waren.

Lit: H. Hilschenz, *Das Glas des Jugendstils*, München 1973; Ph. Garner, *Emile Gallé*, München 1979; *Emile Gallé*, Ausst. Kat. Köln 1983.

Gallia Métal →Christofle, Ch.

Gallipot, engl. Schmaler, glasierter Salbentopf, der in Apotheken benutzt wird. Der Ausdruck geht wahrscheinlich auf die Galeeren zurück, die im 16. Jh. Fayence von Italien und Spanien nach England brachten.

Galvanoplastik. Reproduktion eines Gegenstandes in Metall mit Hilfe eines dem →Elektroplattieren verwandten Verfahren. Die dünnen Schichten der sich auf der Vorlage ablagernden elektrolytischen Abscheidung werden zur Herstellung der Kopie verwendet. Die Galvanoplastik ist ein auf elektrischem Wege hergestelltes Äquivalent zum Guß. Galvanoplastik ist in England als ›Electrotype‹ bekannt. Es mag sein, daß der Prozeß auf W. de la Rue (1836) zurückgeht, doch wurde er fast gleichzeitig (um 1839) von Prof. H. H. van Jacobi in St. Petersburg, von Thomas Spencer in London und C. J. Jordan in London entwikkelt. In den 40er Jahren ließ G. R. →Elkington eine Reihe von Verbesserungen, die sein Metallurge Alexander Parkes entwickelt hatte, patentieren, und in der Folge beherrschte er den englischen Handel mit Galvanoplastiken. Zunächst machte man diese aus Kupfer nach Wachsabdrücken des zu reproduzierenden Gegenstands. Später stellte man Metallformen nach einem Abguß her. Schließlich fertigten geschickte Künstler und Handwerker Objekte eigens im Hinblick auf ihre Reproduktion als Galvanoplastiken, z. B. A. →Vechtes National-Medaille von 1856 und L. Morel-Ladeuils ›Milton Shield‹ von 1867, beide heute im Victoria & Albert Museum, London.

Lit: S. Bury, *Victorian Electroplate*, London 1971.

Gambin oder **Gambini, Giulio** →Nevers

Gaozu. Schale auf hohem Fuß. Chinesisches Gefäß aus Porzellan, bestehend aus einer weiten runden Schale auf einem zylindrischen, sich nach unten leicht erweiternden, hohen Fuß. Die Form ist von frühen Ritualschalen aus Metall übernommen und in der →Ming-Zeit erstmals auf Porzellan übertragen worden. Die schönste Ausprägung findet sich in der Chenghua-Zeit (1465-1487).

Garde meuble de la couronne. Königlich-französisches Möbelmagazin, das zu jeder Residenz gehörte. Es unterstand einem 1663 gegründeten Ministerium, das für die Möblierung der Schlösser der französischen Könige zuständig war.

Gardner-Porzellanfabrik. Gegründet in Werbiliki, in der Nähe von Moskau, um 1758-65 von dem Engländer *Francis Gardner*, dessen Nachkommen sie bis 1891 leiteten. Die besten Erzeugnisse sind Figuren russischer Bauern, die Anfang und Mitte des 19. Jhs. hergestellt wurden, vergleichbar denen der kaiserlichen →St. Petersburger Porzellanmanufaktur, aber üppiger bemalt. (Rivalin der beiden Fabriken war die Porzellanfabrik →Gorbunowo.) Unter den späten Arbeiten sind Teeservice, die mit Rosen in weißen Medaillons auf starkem blauen, roten oder grünen Fond bemalt sind, mitunter für den Export in die Türkei oder Zentralasien bestimmt und entsprechend mit arabischen Zeichen gemarkt.

Lit: D. Roche und I. Issaievitch, *Exposition de céramique russes anciennes*, Sèvres 1929; M. C. Ross, *Russian Porcelains*, Norman (Oklahoma) 1968.

Garnier, Pierre (gest. um 1800). Sohn des Möbeltischlers *François Garnier*. Er wurde 1742 ›maître →ébéniste‹. Seine Arbeiten entwickelten sich stilistisch vom Rokoko bis zum Directoire. Zu seinen Auftraggebern zählte u. a. der modisch ausgerichtete und gesellschaftlich tonangebende Marquis de Marigny, der sein Pariser Stadtpalais 1778 von ihm ausstatten ließ. Einige seiner Arbeiten befinden sich im Victoria & Albert Museum, London.

Garnieren. Verfahren, durch dünnen Schlicker zwei vorgearbeitete, luftgetrocknete Tonstücke miteinander zu verbinden, z. B. Anbringung einer Dekoration auf einem Gefäß oder des Henkels an der Tasse.

Garniture de cheminée, franz. Bezeichnung für einen Satz Dekorationsstücke für ein Kaminsims. Im 17. Jh. bestand er gewöhnlich aus zwei oder drei kleinen Porzellan- oder Fayencevasen. Später wurde er verfeinert und war mitunter aus Silber gefertigt, obwohl Porzellan beliebter blieb. Im späten 18. Jh. war die Kombination einer Uhr mit zwei passenden Kerzenhaltern zu beiden Seiten üblich. Verschiedene andere Kombinationen sind bekannt, besonders aus →chinesischem Exportporzellan, die gewöhnlich aus Sätzen von fünf Vasen, zwei Vasen mit trompetenförmiger Öffnung und drei Deckelvasen in Balusterform, bestehen.

Garrard, Robert (1793-1881). Er war der Sohn von *Robert Garrard d. Ä.* (gest. 1818), dem Teilhaber an einer alteingesessenen Londoner Silberschmiedefirma (G. →Wickes), bei dessen Tod Robert sofort die Führung übernahm und sie rasch zu einem der blühendsten Unternehmen seiner Art in Europa entwickelte. Er wurde 1830 Nachfolger von Ph. →Rundell als königlicher Goldschmied und 1843 Kronjuwelier. Der Erfolg der Firma beruhte zum größten Teil auf ihren brauchbaren Ausstattungsstükken für Eßtische, Teetische und Herrenzimmer, alle sehr prächtig und immer solide. Am bekanntesten aber war sie für ihre höchst kostbaren und phantasievollen Stücke, die sie, zusammen mit →Hunt & Roskell, zu den führenden Herstellern von Repräsentations-Silber machten. Ihre Rennsportpokale, Trophäen und Gedächtnis-Tafelaufsätze sind bemerkenswert, z. B. der Tafelaufsatz, der 1842 nach einem Entwurf des Prinzgemahls angefertigt wurde und Porträts von vier von Queen Victo-

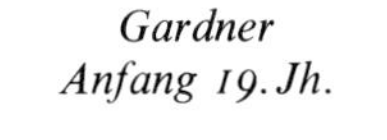

Gardner
Anfang 19. Jh.

R. Garrard: Maurischer Tafelaufsatz, Silber, entworfen von E. Cotterill nach einer Skizze des Prinzen Albert (Königliche Sammlung, reproduziert mit Erlaubnis I. M. der Königin von England)

rias Hunden aufweist (als Leihgabe der königlichen Sammlungen im Victoria & Albert Museum, London). Die Firma bestand bis 1952, als sie mit der Goldsmith's and Silversmith's Company of Regent Street, London, fusionierte.

Lit: H. Honour, *Goldsmiths and Silversmiths,* London 1971; C. Lever in *The Connoisseur,* Juni 1974, S. 94-99; E. Barr, *George Wickes 1698-1761 Royal Goldsmith,* London 1980.

Garrett, Thomas →Spode

Garten-Teppiche →Persische Teppiche

Garthorne, Francis (tätig 1690-1713) und **George** (tätig 1681-1700). Die beiden Brüder gehörten zu den produktivsten englischen Silberschmieden ihrer Zeit. Sie arbeiteten im Stil der →hugenottischen Refugiés und zeichneten sich besonders durch ihr massivsilbernes Geschirr aus. Sie waren in großem Umfang für King William III. und Queen Mary II. tätig, für die sie z. B. eine sehr schöne Barock-Kanne (in Windsor Castle) und einen prächtigen zwölfarmigen Leuchter (in Hampton Court) arbeiteten.

Lit: J. F. Hayward, *Huguenot Silver in England 1688-1727,* London 1959.

Gaschgai-Teppiche Persische Teppiche

Gate, Simon →Orrefors

Gate-leg table. Englischer Klapptisch, dessen aufgeklappte Platten von ausschwenkbaren Beinen gestützt werden. Durch die Vielzahl der Beine (8) entsteht der Eindruck eines Gitters (gate). Zusammengeklappt ist der Tisch rechteckig, aufgeklappt viereckig, rund oder oval. Er wird seit dem 16. Jh. in England und in den Vereinigten Staaten hergestellt.

Gaudí y Cornet, Antonio (1852-1926). Bedeutender Spanischer Architekt, der in Barcelona tätig war. In seinen Möbeln wie in seinen Architekturentwürfen entfaltete er eine sehr persönliche Variante des →Art Nouveau. Zu seinen Bauten gehören die ›Kirche der Sagrada Familia‹ (Baubeginn 1883), der ›Palacio Güell‹ (1885-89), die ›Casa Battló‹ und die ›Casa Milá‹ (Baubeginn 1905).

Seine Stühle, Kabinettschränke und anderen Möbel sind Kompositionen aus üppig wuchernden, wirbelnden Schwüngen und Gegenschwüngen, die ineinander verschmelzen, jede Symmetrie kühn vermeidend. Sie lassen selbst die prächtigsten Arbeiten französischer Entwerfer wie E. →Gallé und L. →Majorelle zurückhaltend wirken. Seine Möbel scheint Gaudí ausschließlich für die Gebäude entworfen zu haben, deren Architekt er war. Die größte Sammlung seiner Arbeiten ist im Besitz der ›Amigos de Gaudí‹ in Barcelona.

Lit: J. J. Sweeny & J. L. Sert, *Antonio Gaudí,* New York und London 1960; R. Dalisi, *Antoni Gaudí-Möbel und Objekte,* Stuttgart 1981.

Gate-leg table, Ulme, mit Schnitz- und Drechseldekor, englisch, um 1700 (Victoria & Albert Museum, London)

A. Gaudí: Kabinettschrank, um 1900 (mit Genehmigung von Ediciones Poligrafos)

A.-R. Gaudreau: Kommode mit Goldbronzebeschlägen von J. Caffieri, 1739 (Wallace Collection, London)

Gaudreau oder **Gaudreaux, Antoine Robert** (um 1680-1751). Führender französischer Möbelkünstler des Rokoko. Gaudreau war Zeitgenosse und Konkurrent von Ch. →Cressent. Es ist wenig über ihn bekannt. Da er seine Möbel nicht signierte, sind sie schwer zu identifizieren. Von 1726 an arbeitete er ausschließlich für Ludwig XV., vor allem für die Ausstattung der Bibliothèque Royale und für die Tuilerien in Paris. Auch Madame Pompadour bevorzugte ihn für ihre Aufträge. Er schuf prunkvolle Möbel mit kunstvollen Bronzebeschlägen. Zu seinen besten Arbeiten gehören ein Münzkabinett, das er 1738 für die königlichen Gemächer in Versailles schuf und das von dort in die Bibliothèque Nationale in Paris gelangte, und eine Kommode, die 1739 für das Schlafgemach des Königs in Versailles angefertigt wurde und sich heute in der Wallace Collection, London, befindet. Beide Stücke wurden von oder in Zusammenarbeit mit den Gebrüdern →Slodtz entworfen. Die schönen Bronzebeschläge der Kommode stammen von J. →Caffieri. In einem weniger aufwendigen Stil sind zwei weitere erhalten gebliebene Arbeiten: ein niedriger Bücherschrank für das ›cabinet d'angle‹ des Königs in Versailles, der 1744 geliefert, aber später von J.-H. →Riesener verändert wurde (heute im ›cabinet des médailles‹ der Bibliothèque Nationale, Paris) und die ›commode à la Régence‹ für das Appartement des Dauphin in Fontainebleau (1745).

Lit: F.J.B. Watson, *The Wrightsman Collection: Furniture*, New York 1966.

Gaudy Dutch, engl. Heiter dekorierte Töpferware aus →Staffordshire, die um 1810-30 für den amerikanischen Markt zur Befriedigung eines regionalen Geschmacks hergestellt wurde (→Pennsylvania Dutch). Gewöhnlich Bauernkeramik, die in Unterglasurblau mit grellen, dicken Überglasurfarben bemalt ist und oft die in Derby und Worcester um 1780-1820 gefertigten Waren mit Imari-Mustern nachahmt.

Gauguin, Paul (1848-1903). Französischer spätimpressionistischer Maler, der auch als Töpfer arbeitete. In Zusammenarbeit mit E. →Chaplet begann er im Herbst 1886, Steinzeug herzustellen in der (trügerischen) Hoffnung, das kärgliche Einkommen, das er als Maler hatte, zu mehren. Seine Krüge, Vasen, Jardinières usw. waren von Hand modelliert (nicht auf der Scheibe gedreht) und mit Malereien oder Reliefauflagen dekoriert, oft mit bretonischen Frauen, ähnlich denen auf seinen Gemälden aus der Zeit in Pont-Aven. Die Formen sind sehr bildhauerhaft, gewöhnlich asymmetrisch, die Farben leuchtend mit einem wirkungsvollen Gebrauch von Weiß inmitten Orange-, Blau- und Brauntönen. Nach seiner Rückkehr von Martinique im Jahre 1887 schuf er mehrere Krüge und Vasen, die mit wundervoll modellierten menschlichen Köpfen, zuweilen in Form von Büsten, wie auch mit nackten Frauengestalten dekoriert waren. Anfang 1889 machte er mehrere Keramiken, bemerkenswert vor allem ein Krug in Form eines Selbstporträts (Kunstindustrimuseet, Kopenhagen), einige diesem ziemlich ähnliche Porträtvasen und wenige kleine Figuren. Gegen Ende seines letzten Aufenthaltes in Frankreich 1893-95 kehrte er letztmals zur Töpferei zurück: Figuren und Vasen, die stark von der primitiven Kunst von Tahiti beeinflußt sind. Nur siebenundfünfzig Stücke sind nachgewiesen. Sein Sohn *Jean* (1881-1961) war Modelleur und Chefdesigner bei der Porzellanfabrik →Bing & Grøndahl in Kopenhagen.

Lit: M. Bodelsen, *Gauguin's Ceramics*, London 1964.

Gauron, Nicolas François (tätig 1753-88). Porzellanmodelleur, der 1753 in →Mennecy (wo er die Figur einer Najade modellierte) und 1754 möglicherweise in → Vincennes arbeitete. 1758 wurde er Modellmeister in →Tournai, wo sein Hauptwerk eine allegorische Gruppe mit dem Erzbischof von Lüttich Charles d'Oultremont (1764) war. Nach vorübergehender Arbeit in Brüssel ging er zur Porzellanfabrik →Weesp, gründete dann eine Fayencemanufaktur in Lüttich, die er um 1770 verkaufte, und war 1773 in der Fabrik in →Chelsea beschäftigt. Seine letzte Tätigkeit ist in der Porzellanmanu-

P. Gauguin: Vase aus gebranntem Ton ›Hina im Gespräch mit Tefatou, dem Geist der Erde‹, nicht signiert, 1893-95 (Kunstindustrimuseet, Kopenhagen)

faktur Monplaisir in Brüssel 1787/88 nachgewiesen.

Lit: H. Nicaise in *Revue Belge d'archéologie et d'histoire l'art,* 1935.

Gebetsteppiche. Kleine Teppiche, auf denen die Muslime außerhalb der Moschee beten. Man erkennt sie an der vereinfachten Darstellung einer Nische, dem Hauptmotiv des Feldes, einer Nachbildung des Mihrabs, d.h. der Gebetsnische, die in der Moschee in der Qiblawand, der nach Mekka gerichteten Wand, liegt.

Gegenbach, Joseph →Canabas

Geigenmuster, Fidelmuster. Muster des 19. Jhs. für Besteckgriffe. Aus dem Stiel entwickelt sich ein breites, geigenförmiges Griffende, am Ansatz zur Höhlung des Löffels bzw. zu den Gabelzinken eine schulterartige Erweiterung. Das Geigenmuster ist entweder glatt oder mit einem →Fadendekor, manchmal auch mit einer Muschel verziert.

Gekämmte Ware, engl. ›combed ware‹. Mit verschiedenfarbigen →Schlickern überzogene Keramik; die Schlicker werden federartig mit dem Malhorn ausgezogen oder mit dem Pinsel ›ausgekämmt‹, so daß Muster entstehen, die den von Buchbindern benutzten marmorierten Papieren ähnlich sind. Diese Dekorierungsmethode ist seit frühester Zeit weit verbreitet, besonders auf Bauernkeramik.

Geländerdocke →Baluster

Gelbe Seto-Keramik →Mino-Keramik

Gemmen. Edel- oder Halbedelsteine, durch Steinschneider in →Kameo oder →Intaglio geschnitten. Intaglio-Gemmen wurden vor allem (und werden noch) für den Gebrauch als Siegel gemacht, aber sie scheinen auch schon von der Mitte des 15. Jhs. v. Chr. an in Kreta und im mykenischen Griechenland als Objekte persönlichen Schmucks angesehen worden zu sein.

Lit: P. Zazoff, *Die antiken Gemmen,* München 1983.

Gemusterte Doppelgewebe →Doppelgewebe-Teppiche

Genre pittoresque →Régence-Stil

Gentili da Faenza, Antonio (1519-1609). In Faenza als Sohn eines Goldschmieds geboren, zog er um 1550 nach Rom, wo er 1552 Meister wurde. Er war Prüfer der päpstlichen Münze von 1584 bis 1602, als er sich zugunsten seines Sohnes Pietro zurückzog. Man weiß, daß er zahlreiche liturgische Geräte in Silber ausgeführt hat; die einzigen dieser Art, die auf uns gekommen sind, sind ein silbervergoldetes Altarkreuz und zwei Kandelaber, die von M. →Sbarri begonnen, aber dann von Gentili fertiggestellt und 1582 von Kardinal Alessandro Farnese an St. Peter geschenkt wurden. Das Kreuz ist von Gentili signiert, aber ob der Altar seine Schöpfung oder eine von Sbarri ist, wird diskutiert. Ebenfalls von Gentili ist der silberne Bucheinband für das Stundenbuch des Kardinals Alessandro Farnese (heute Pierpont Morgan Library, New York), den Kardinal Odoardo Farnese um 1589 bei ihm bestellt hatte. Ein Messer, eine Gabel und ein Löffel mit figürlichen Griffen sowie ein Entwurf für einen Löffel von ähnlicher Form (Metropolitan Museum, New York) gehören zu den Werken, die ihm zugeschrieben werden.

Lit: W. Lotz, C.G. Bulgari, *Argentari, gemmari e orafi d'Italia,* Rom 1958; W. Gramberg in *Münchner Jahrbuch für Kunstgeschichte,* 32, 1980, S. 95-114.

Genua. Wie man aus Bruchstücken, die bei Erdarbeiten in der Stadt gefunden wurden, weiß, gleicht die genuesische Keramik in der Frühzeit in Stil und Technik derjenigen anderer mediterraner Länder, besonders der →spanisch-maurischen. →Majolika wurde im 16. Jh. produziert, kein Stück ist sicher zu belegen. Möglicherweise sind die Fliesenverkleidungen der Genueser Kirchen in der Stadt hergestellt worden (z.B. die Heiligen Johannes der Täufer und Georg in der Botto-Kapelle in S. Maria di Castello, um 1524). Die Töpferwaren lassen sich nicht leicht von denen aus →Albisola und →Savona unterscheiden. Eine

M. Sbarri und A. Gentili: silbervergoldeter Kandelaber mit von G.D. Bernardi geschnittenen Bergkristallmedaillons, 1561-82 (St. Peter, Rom)

Marke in Form eines Leuchtturmes, die auf vielen Stücken des späten 17. und frühen 18. Jhs. erscheint, wird zuweilen als Marke einer Genueser Töpferei angesehen. Einige andere Marken sind Genua zugeschrieben worden, wurden aber auch für andere Fabriken der Gegend beansprucht.

Lit: F. Marinot, *Ceramica e ceramisti di Liguria,* Genua 1979.

Genueser Seidenmanufakturen. Bereits im Mittelalter gegründet, erreichten sie zwischen 1670 und 1750 internationale Bedeutung, da sie die feinsten Seidendamaste und Samte Europas für Kleider- und Möbelstoffe herstellten. Die mit kühnen Granatapfelmotiven gemusterten Samte sind von prunkvoller Wirkung. Die in →Lyon, →Tours und →Spitalfields gewebten Nachahmungen fanden die Zeitgenossen minderwertiger, heute sind sie aber schwer von den Genueser Stoffen zu unterscheiden. Zahlreiche der dicken, reichen, meist schwarzen oder roten Samte sind in den Kirchenschätzen der Stadt erhalten.

Lit: Ausst. Kat. *Mostra delle Antiche Stoffe Genovesi dal Secolo XV al Secolo XIX,* Genua 1941.

Genueser Spitze. Genua ist als Herstellungsort hervorragender →Spitzen im 17. Jh. urkundlich gesichert. Bei dem ›punto di Genova‹, auch ›point de Gênes‹ genannt, handelt es sich um geklöppelte Formenschlagspitzen mit Stegen in Form eines Weizenkorns, dem ›point d'esprit‹, als besonderem Merkmal. Genua war auch bekannt für die Herstellung von Gold- und Silberspitzenbesatz, der im 18. Jh. sehr geschätzt war.

Geometrischer Stil →Griechische Töpferei

George, Jean (gest. 1765). Pariser Goldschmied, der 1752 Meister wurde und sich auf elegante emaillierte Dosen für Schnupftabak, Bonbons u. ä. spezialisierte. Man nannte solche Dosen manchmal nach seinem Namen ›Georgettes‹. Die überaus feine Emailmalerei, die den Hauptcharme dieser Dosen ausmachte, stammte von mehreren anderen Händen. Bei Georges Tod wurde das Geschäft von seinem Schüler *Pierre-François Matteis de Beaulieu* übernommen und blieb unter seiner Leitung bis nach 1791 bestehen.

Lit: A. K. Snowman, *Eighteenth Century Gold Boxes of Europe,* London 1966.

Georgian style. Oberbegriff für eine Vielzahl von Dekorationsstilen, die in England während der Regierungszeiten von Georg I., II. und III. bis zum Beginn des →Regency (d. h. während der Zeit von 1714-1811) beliebt waren, doch schließt der Begriff manchmal auch die Regency-Periode und die Regierungszeit von Georg IV. (1811-30) noch mit ein. Er deckt die englischen Versionen des späten →Barock, Rokoko und →Klassizismus ab, einschließlich →Chinoiserie und →Gothic Revival, und läßt sich auch anwenden auf viele rustikale Gegenstände (z. B. Keramik aus →Staffordshire und →Windsorstühle), die kaum von den internationalen Stilrichtungen beeinflußt wurden. In

Georgian style: Wandtisch, um 1726 (Temple Newsam House, Leeds)

der Architektur war die erste Hälfte dieser Periode von der Wiederbelebung des palladianischen Stils beherrscht (→Palladianismus), was wiederum auch Spuren bei den Möbelentwürfen hinterlassen sollte; z. B. gab es Bücherschränke mit Giebeln, die eine Palladiofassade nachahmten. Inspiriert von italienischen Eindrücken und gefördert von Aristokraten, die auf der ›Grand Tour‹ gewesen waren, brachte die Bewegung es auch mit sich, daß italienische Spätbarockmöbel in England nachgeahmt wurden. Es gab Anrichtetische mit Marmorplatten auf reichgeschnitzten Stützen, in denen Adler, Herkulesmasken, Muscheln, Sphingen und Putten vorkamen (z. B. die von W. →Kent signierten) und Piedestale in Form von Hermen (z. B. die von B. →Goodison). Andere beliebte Möbel wie die in England als →Fallfront bureaux bezeichneten Schreibtische, Stühle und kleine Tische auf geschwungenen Beinen und eine im Englischen als ›pier table‹ bezeichnete Art des Wandtischs mit →Gesso-Dekoration waren im Grunde nur kostspieliger verarbeitete Versionen der entsprechenden →Queen Anne-Möbel. Aus Frankreich kam der Rokokoeinfluß, zunächst bei Silber, durch P. de →Lamerie (Mitte der 30er Jahre) und dann bei den Möbelentwürfen durch M. →Lock, T. →Johnson und T. →Chippendale. Das französische Rokoko wirkte sich auch auf die Muster der in →Spitalfields gewebten Seiden aus. Deutscher Rokokoeinfluß wird nur sichtbar bei Porzellan, das in den Manufakturen von →Bow, →Chelsea und →Derby hergestellt wurde. Im allgemeinen jedoch scheint es,

Georgian style: silberne Sauciere von P. de Lamerie, London, 1736 (Privatsammlung)

Georgian style: silbervergoldeter Becher von Aymé Videau, London, 1743 (Privatsammlung)

daß die Engländer weniger vom reinen Rokoko kontinentaleuropäischer Ausprägung als vielmehr von der Rokokochinoiserie angezogen wurden. Sie entwickelten einen ausschließlich englischen Typus von Chinoiseriemöbeln, die gemeinhin bekannt sind als →Chinesisches Chippendale. Die Gegenströmung gegen das Rokoko verstärkte sich mit dem Aufkommen zweier neuer Stilrichtungen: des →›Gothic Revival‹, wie es von Horace Walpole und seinen Freunden propagiert wurde, und des durch J. →Stuart und R. →Adam eingeführten Klassizismus, der eine Parallele zum französischen →Louis-seize ist. Adams Einfluß war beherrschend; er erfaßte Möbel, Silber, Textilien (hervorragend die Teppiche von T. →Moore) und Metallgegenstände für den häuslichen Gebrauch. Die Porzellanmanufakturen bezogen ihre Vorbilder jetzt eher von →Sèvres und nicht, wie bisher, von →Meißen. In den 60er Jahren jedoch gewann →Wedgwood allmählich die Vorrangstellung mit seiner eleganten klassizistischen Ware, und noch vor dem Ende des Jahrhunderts war sie große Mode in Europa. Bei den Möbelentwürfen wurde von den späten 80er Jahren an eine Tendenz zu größerer Leichtigkeit und Einfachheit spürbar, als der →Hepplewhite- und der →Sheraton-Stil in Mode kamen. Die aufdringlicheren klassischen Dekorationsmotive verloren die Gunst des Publikums (allerdings nur, um sie in der Regencyperiode mit Macht zurückzuerobern).

Pierre Germain II

Thomas Germain

Georgian style: silberner Kerzenleuchter von John Carter, London, 1771-72 (Victoria & Albert Museum, London)

Gera. 1752 wurde in Gera eine *Fayencefabrik* gegründet, die bis 1780 existierte; sie stellte Vasen, Deckelkrüge usw. her, die mit Blumen auf einem feinen, weißen Fond bemalt waren. Die *Porzellanfabrik* fing 1779 mit Nachahmungen von →Meißen (und seiner Marke) an, stellte aber auch ansprechende kleine Stücke her, die mit Ansichten von Gera, Porträtmedaillons usw. dekoriert waren, zuweilen auf einem farbigen, meist aber auf einem →Holzmaserfond.

Lit: R. Graul u. A. Kurzwelly, *Altthüringer Porzellan*, Leipzig 1909; K. Hüseler, *Deutsche Fayencen*, Stuttgart 1956-58; A. Klein, *Deutsche Fayencen*, Braunschweig 1975.

Germain, Pierre II (1720-83). Französischer Silberschmied des Rokoko, geboren in Avignon, ausgebildet in Paris bei T. →Germain (aber nicht verwandt mit diesem) und später bei J.→Roettiers und N. →Besnier. Er machte 1744 seinen Meister. Seine größte Bedeutung liegt in den von ihm veröffentlichten ›Eléments d'Orfèvrerie‹ (Paris, 1748), einer einflußreichen Folge von Entwürfen für Silberarbeiten in einem verhaltenen Rokoko-Stil.

Lit: A. Marcel, ›L'orfèvre Pierre Germain dit le Romain‹ in *Mémoire de l'Académie de Vaucluse*, 1916, S. 229-260.

Germain, Thomas (1673-1748). Der beste französische Silberschmied des Rokoko und einer der Schöpfer dieses Stils. Er übertrug erfolgreich die übersprudelnden Einfälle der ›ornemanistes‹ auf das Material Silber. Voltaire feierte ihn in seinem Gedicht ›Les Vous et les Tu‹. Germain erwarb sich europäischen Ruf und hatte Kunden ebenso in England, Portugal und Rußland wie in Frankreich. Er war der Sohn von *Pierre Germain* (1645-84), einem zur Zeit Ludwigs XIV. bekannten Silberschmied, von dessen Werken aber nichts überkommen ist. Thomas Germain fing als Maler an, ging (1687) nach Rom und begann dort, als Goldschmied zu arbeiten, möglicherweise beeinflußt von G. →Giardini. Er war bei den Arbeiten am Altar für die Kapelle des hl. Ignatius in der Kirche Il Gesù beschäftigt, viel-

Th. Germain: Silberner Weinkühler, 1727/28 (Louvre, Paris)

leicht mit dem Ziselieren und der Vollendung der Bronzeornamente. Über seine römischen Jahre ist sonst nichts bekannt mit Ausnahme der Tatsache, daß er um 1697 als selbständiger Silberschmied tätig war. Von seinen Arbeiten aus diesen Jahren sind nur zwei Silberreliefs von 1700 in der Kathedrale von Sens erhalten. Aber die Erfahrung aus erster Hand mit dem römischen Barock war für seine spätere Entwicklung ebenso bedeutend, wie sie es für G.-M. →Oppenordt, der in der gleichen Zeit ebenfalls in Rom war, gewesen ist. Germain ging um 1706 nach Frankreich zurück und scheint sich zunächst auf kirchliches Silber spezialisiert zu haben (z.B. die silbervergoldete →Monstranz und das kupfervergoldete Altargerät für Notre Dame in Paris). 1720 wurde er ›maître‹ und 1723 ›orfèvre du Roi‹, gemeinsam mit N. →Besnier und C. II →Ballin. Von da an war er ständig mit königlichen Aufträgen beschäftigt, konnte aber auch für private Kunden arbeiten. Sein spektakulärstes Werk ist ein mit Windhunden, Jagdhörnern und Putten verzierter →Tafelaufsatz, den er 1730 für einen portugiesischen Auftraggeber machte (Museu Nacional de Arte Antiga, Lissabon). Seine Fähigkeiten als Handwerker und seine Originalität als Entwerfer zeigen sich ebenso an einigen kleineren Stücken, wie z.B. einem Paar →Weinkühler, die wie unregelmäßige Baumstämme geformt sind, an denen Schnecken und Weinblätter haften (1727-28, Louvre, Paris) wie auch an einem Paar Salzfässer, die mit realistisch modellierten Schildkröten und Schalentieren verziert sind (1734-36, Louvre, Paris). Er machte auch einfache →Wöchnerinnenschüsseln sowie elegant geschwungene Rokokoterrinen mit Artischocken oder Granatäpfeln als Knauf und Tabletts, die mit Ranken und kühn modelliertem Blattwerk eingefaßt sind. Bei Germains Tod ging die Aufsicht über die Werkstätten auf seinen vierten Sohn *François-Thomas* (1726-91) über. Dieser übernahm auch die Stellung als königlicher Hoflieferant und führte die Arbeiten an den großen Aufträgen, die sein Vater unvollendet gelassen hatte, fort (z.B. die kunstvolle Lampe für St. Geneviève, Paris, von 1744-54). Seine selbständigen Arbeiten sind in einem Stil ausgeführt, der dem des Vaters ähnlich ist, doch gab er seiner Phantasie größeren Spielraum. Außer Rokokobechern und -Terrinen von vorzüglicher Form machte er Kuriositäten wie Salzfässer, die von Indianerkindern mit Federkopfputz getragen werden, oder eine Keksdose in Form eines Schiffs für den König von Portugal (heute Museu Nacional de Arte Antiga, Lissabon). Er soll 60 bis 80 Arbeiter beschäftigt haben; seine Produktion war beträchtlich. François-Thomas schuf auch →Bronzes d'ameublements, z.B. 1757 ein Paar →Feuerböcke (Louvre, Paris). Im Jahre 1764 machte er jedoch Bankrott und verlor seine Stellung als königlicher Hoflieferant. Er erholte sich nie mehr von diesem Schlag.

Lit: G. Bapst, *Les Germains*, Paris 1887; H. Honour, *Goldsmiths & Silversmiths*, London und New York 1971.

François-Thomas Germain

Gerverot, Louis Victor (1747-1829). Einer der interessanteren →Arkanisten und Porzellanmaler im späten 18.Jh., die von Ort zu Ort reisten. Er fing als Porzellanmaler in →Sèvres an, zog dann nach →Niderviller, →Fulda, →Ludwigsburg, →Ansbach, →Höchst, →Frankenthal, →Offenbach, →Weesp (1771), →Schrezheim (1773-75) und →Oude Loosdrecht (um 1777-78). Anschließend ging er nach England, arbeitete für →Wedgwood im Jahre 1786 und unmittelbar danach für J. →Turner. Nach seiner Rückkehr richtete er eine ›Englische Steingut‹-Fabrik in Köln ein (1788-92). 1795 wurde er zum Direktor der Porzellanmanufaktur →Fürstenberg ernannt. Hier zog er Nutzen aus den Erfahrungen, die er auf seinen Reisen gemacht hatte, besonders in England. Er konnte die Fabrik während der Napoleonischen Kriege in Gang halten, wurde aber 1814 entlassen, weil er mit den Franzosen zusammengearbeitet hatte. Er war dann als Leiter der Töpferei Wrisbergholzen in Hannover tätig.

Lit: S.G. Davis in *Burlington Magazine* LI (1929), S. 227ff.

Gerzean-Keramik →Ägyptische Keramik

Gesichtsurnen. Ein nach einem menschlichen Kopf geformtes Tongefäß. Die eisenzeitliche Aschenurnen dieser Form sind in Europa und im Nahen Osten gefunden worden (Pommerellische Gesichtsurnenkultur von 750-400 v.Chr.). Dieser Typus kommt auch in anderen Kulturen, vom alten Peru bis zum alten Ägypten und Etrurien, vor. *Siehe auch* Hausurnen; Peruanische Töpferwaren; Kanopustopf.

Lit: H. Kühn, *Kunst Alt-Europas*, Stuttgart 1958.

Gessner, Salomon →Zürich

Gesso. Aus dem Italienischen stammende Bezeichnung für eine Mischung aus gebranntem Gips (plâtre de Paris) und Kleister und manchmal weiteren Materialien (Leinöl und Leim). Gesso diente vor allem Bildhauern für Gußformen, wurde aber seit dem Mittelalter auch für Möbeldekorationen verwendet. Wenn er in mehreren Lagen auf die Oberfläche von Möbeln aufgetragen wird, entsteht eine ausgezeichnete Grundlage für Reliefornamente und Vergoldung. Diese Technik verwendete man im 15. und 16.Jh. in Italien bei der Dekoration von →Cassoni und auch für kleinere Stücke (→Pastiglia). Im England des 17. und frühen 18. Jhs. war Gesso sehr beliebt für die Dekoration von Stühlen, Spiegelrahmen und besonders von Wandtischen, die mit komplizierten Bandwerkreliefs geschmückt wurden. Diese sind in der Weise bearbeitet, daß die erhabenen Teile nach dem Vergolden hell poliert wurden und der Grund matt blieb. J. →Moore wendete die Technik in dieser Form an. In England fügte man dem Gesso noch den Staub von geschabtem Pergament hinzu. Man hat Gesso auch anstelle von Holz verwendet, und zwar für feine Reliefs an Möbeln (vor allem für üppige Rokokoschnörkel, die sich leichter auf einer Drahtunterlage modellieren als in Holz schnitzen ließen). Gesso wurde ferner zu Bilderrahmen und Ähnlichem gegossen.

Gestochene Technik →Metallstickerei

Geweih-Möbel. Möbel aus Geweihen brachte der Hamburger Möbelfabrikant M. F. C. Rampendahl im 19. Jh. auf den Markt, und Frankfurt am Main ist dann das Zentrum für diese Art Möbel geworden. In England wurden sie von den Firmen Yetley und Silber & Fleming hergestellt. In den Vereinigten Staaten war Büffelhorn das Material für Sofas und Stühle.

Lit: S. Jervis in *Victoria & Albert Museum Yearbook*, Nr. 3, 1972.

Geweih-Kronleuchter. Geweihe zusammen mit einer Figur oder Halbfigur sind zu einem Kronleuchter zusammengesetzt, der an Ketten hängt. Vom Mittelalter bis ins 16. Jh. wurden Geweihe zu Hängeleuchtern, vornehmlich Kronleuchtern und ›Leuchterweibchen‹ verarbeitet, wobei der Glaube an magische Kräfte des Horns eine große Rolle spielte. Am berühmtesten ist der Leuchter von Veit Stoß von 1522 mit einem Drachen nach einer Zeichnung von →Dürer (Germanisches Nationalmuseum, Nürnberg).

Geyger, Johann Caspar →Würzburg

Gianantonio da Pesaro →Venezianische Töpfereien und Porzellanfabriken

Giovanni Giardini

Giardini, Giovanni (1646-1721). Der führende römische Goldschmied seiner Zeit, doch sind nur wenige seiner Werke erhalten, die meisten wurden während der napoleonischen Kriege zerstört. Als Entwerfer gehört er zu den Meistern des Spätbarock. Er hatte wahrscheinlich einen bestimmenden Einfluß auf spätere Rokokosilberschmiede, wie den in Rom ausgebildeten T. →Germain. Giardini wurde 1675 Meister und übernahm im folgenden Jahr zusammen mit einem Partner die Werkstatt des *Marco Gamberucci,* der Silbergeschirre an den Vatikan lieferte; 1680 löste er seine Partnerschaft, und sein Bruder *Alessandro* (geb. 1655) trat bei ihm ein. 1698 wurde er zum päpstlichen Bronzegießer ernannt. Seine überkommenen Arbeiten sind zum größten Teil für den kirchlichen Gebrauch bestimmt: ein prachtvoller Papststab, ›Ferula‹, von ungefähr 1696 (Victoria & Albert Museum, London); ein Tabernakel aus Porphyr, Silber, vergoldetem Kupfer und Bergkristall von 1711 (Kunsthistorisches Museum, Wien); ein Kruzifix (San Francesco, Matelica). Ein Weihwasserbecken aus Silber, vergoldeter Bronze und Lapislazuli (Minneapolis Institute of Art) wird ihm zugeschrieben. 1714 wurden 100 seiner Entwürfe, teils für profane, teils für sakrale Gegenstände, gestochen und als ›Disegni diversi ...‹ in Prag publiziert; sie wurden 1750 in Rom als ›Promptuarium Artis Argentaria ...‹ neu herausgegeben.

Lit: C. G. Bulgari, *Argentari, Gemmari e Orafi d'Italia*, Bd. 1, Rom 1958; H. Honour, *Goldsmiths & Silversmiths*, London u. New York 1971.

Gibbons, Grinling (1648-1721). Führender englischer →Barock-Bildhauer, berühmt vor allem für seine dekorativen Holzschnitzereien, obwohl er ebensoviel, wenn nicht mehr, in Marmor, Stein und Bronze gearbeitet hat. Man kennt Gibbons heute besonders durch seine außerordentlich fein geschnitzten Lindenholz→festons mit naturalistischen Blumen, Blättern und Früchten, die als Ornamente für getäfelte Interieurs, Bilderrahmen, Täfelungen über Kaminen u. ä. ausgeführt wurden. Ungeachtet seiner nahezu besessenen Sorgfalt für das Detail haben sie einen großzügigen, barocken Linienfluß und gehören zu den besten dekorativen Schnitzereien ihrer Zeit in Europa. Urkundlich gesicherte Exemplare befinden sich in Luton Hoo (früher in Cassiobury House, 1676-77), Windsor Castle (ab 1677), Burghley House (1682), Kensington Palace (1691-93), Hampton Court Palace (1691-96 und 1699-1710), Petworth Place (1692), Trinity College Chapel, Oxford (1693-94), ferner gehören dazu das Chorgestühl und der Lettner von St. Paul's Cathedral, London (1696-97).

Lit: D. Green, *Grinling Gibbons*, London 1964.

G. Giardini: Entwurf für einen Kandelaber, 1714

Giebel →Ziergiebel

Gierløf, Christian →Kopenhagener Fayence

Giese, Johann Ulrich →Stralsund

Giles, James (1718-80). Englischer →Hausmaler für Porzellan und Glas, von 1749 an als ›Chinaman‹ eingetragen, d.h. Porzellanverkäufer, und seit 1763 als selbständiger Porzellan- und Emailmaler. In seiner Londoner Werkstatt dekorierte er Stücke weißen Porzellans aus →Worcester und vermutlich auch aus →Bow, →Longton Hall und anderen Fabriken. 1776 scheint er Konkurs gemacht zu haben. Obwohl er seine Arbeiten nicht signierte, werden ihm zahlreiche Stücke zugeschrieben, vor allem Porzellan- und Glasgefäße, die sehr fein in Gold- oder →Emailfarben bemalt sind, oft monochrom mit Blumenmotiven oder Motiven aus der Antike wie →Bucrania, →Paterae usw.

Lit: R.J. Charleston in *The Connoisseur* CLXII (1966), S. 96-101.

Gillis, Antoine →Tournai

Gillot, Claude →Groteske; Watteau

Gillows. Die führende englische Möbelfirma des 18. und 19.Jhs. außerhalb Londons. Sie wurde 1727 oder wenig später von *Robert Gillow* (1703-73) in Lancaster gegründet. 1757 nahm er seinen ältesten Sohn *Richard* als Geschäftspartner in die Firma auf. Sein Sohn *Robert* ging 1776 nach London und leitete dort den Verkauf in Räumlichkeiten, die um 1765 in der Oxford Street erbaut worden waren und später von der Nachfolgefirma *Waring & Gillow* übernommen wurden. Die Firma bestand bis 1974, obwohl nach 1817 ihr kein Mitglied der Familie Gillows mehr angehörte. Der Hauptsitz blieb Lancaster. Zur weitgestreuten Kundschaft zählte der Adel Nordenglands und Schottlands, aber sie lieferte auch in den Süden. Ihr Exporthandel mit den Ostseeländern und Westindien war beträchtlich. Zwischen 1760 und 1770 begann sie als erste englische Firma, ihre Kastenmöbel zu signieren. Gillows wurde vor allem durch gefällige, gut verarbeitete und relativ preiswerte Möbel im späten →Georgian- und im →Regency-Stil bekannt. Im 19.Jh. arbeiteten namhafte Entwerfer für die Firma, zu denen T.E. →Collcutt und B.J. →Talbert gehörten. 1897 kaufte sie Collison & Lock auf und fusionierte kurz darauf mit S.J. Waring & Son. In den 30er Jahren des 20.Jhs. gehörten Serge Tschermajeff und P. →Follot zu ihren Mitarbeitern. *Siehe auch Abb. S. 604.*

Lit: A. Coleridge, *Chippendale Furniture*, London 1968.

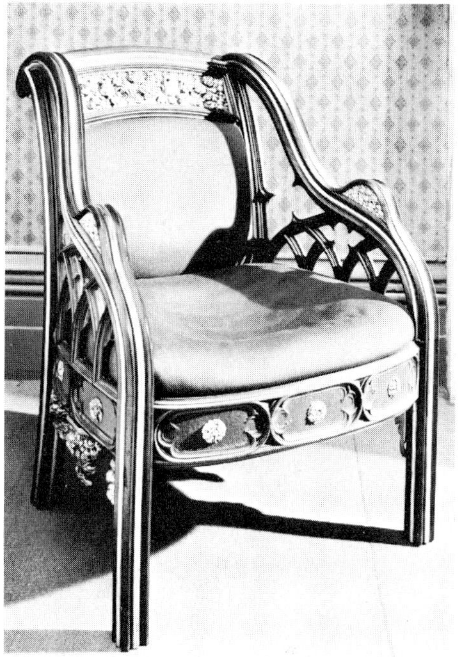

Gillows: Armsessel, aus Eaton Hall, um 1815

Gilze, Johann Christoph und **Ludwig** →Kassel

Gimson, Ernest William (1864-1919). Englischer Architekt, Designer und prominentes Mitglied des →Arts and Crafts Movement. Etwa ab 1884 wurde er stark von W. →Morris beeinflußt und lernte von ihm, wie man Stühle aus Eschenholz mit gedrechseltem Ornament anfertigt. 1895 gründete er mit einigen Handwerkern eine Werkstatt in den Cotswolds. Zu dieser Gruppe gehörten vor allem ein gewisser Sidney (1865-1926) und Ernest Barnsley (1863-

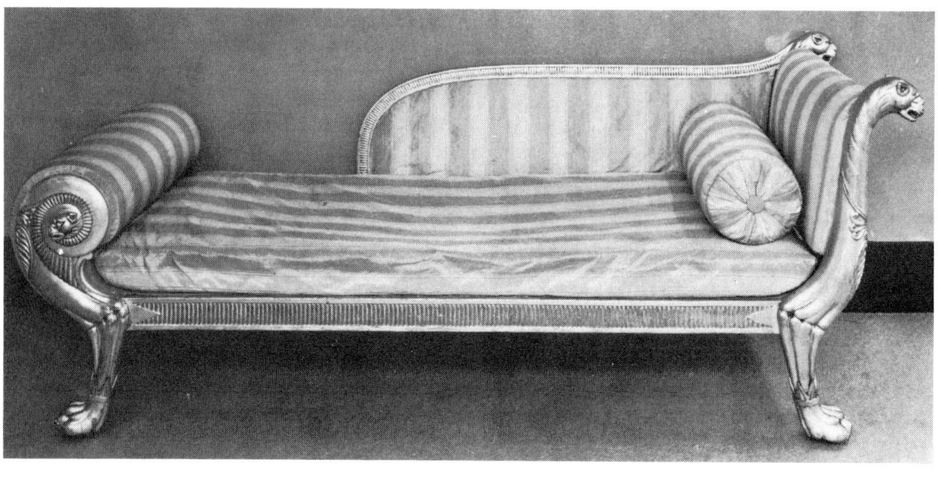

Gillows: Sofa aus geschnitztem, goldgefaßtem Buchenholz, 1805 (Victoria & Albert Museum, London)

E. W. Gimson: Kabinettschrank auf Untergestell, Ebenholz mit Perlmutteinlagen, um 1910 (Leicester Museum and Art Gallery)

1926). Auf materialgerechte Verarbeitung und gute handwerkliche Arbeit wurde größter Wert gelegt. Auch die Holzmaserung wurde mit in das Design einbezogen und durch fachmännische Bearbeitung voll zur Geltung gebracht. Die Möbel sind klar und elegant in der Linienführung und zum großen Teil mit →Intarsien dekoriert. Sie wirken zuweilen etwas zierlich und keineswegs wie Landhausmöbel.

Lit: M. Comino, *Gimson and the Barnsleys*, London 1980.

Ginoro-Porzellan →Doccia

Gioanetti, Vittorio Amedeo →Vinovo

Giovanni Maria (tätig um 1490-1515). Hervorragender Majolikamaler, der in →Castel Durante (und möglicherweise auch in →Faenza) arbeitete. Das früheste signierte Stück seiner Arbeiten ist ein Teller mit dem Wappen von Papst Julius II., datiert 1508, aber Stücke aus dem späten 15. Jh. werden ihm ebenfalls zugeschrieben. Zuerst hat er offenbar Teller mit ziemlich kleinen, figürlichen Darstellungen oder Büsten im Mittelfeld und mit Blattwerk auf den Rändern bemalt. Später spezialisierte er sich auf phantastische oder allegorische Darstellungen auf Tellern, deren Ränder sehr ansprechend mit →Grotesken dekoriert sind in einer eigenwilligen Palette mit reichem Gebrauch eines kräftigen Bernsteingelbs, klaren Grüns und dunklen Blaus. Die Figur eines Cupido mit verbundenen Augen taucht in seinen Arbeiten immer wieder auf.

Lit: C. Leonardi in *Rapporti Artistici fra le Marche e l'Umbria*, Perugia 1977; A. Klein, *Fayencen aus Europa*, Braunschweig 1980.

Giovanni Maria: Majolikateller, Castel Durante, um 1510 (Victoria & Albert Museum, London)

Giovanni da Verona, Fra (1457-1525). Einer der bekanntesten Meister der →Intarsia. Seine erste selbständige Arbeit ist gleichzeitig die beste, die von ihm bekannt ist: das Chorgestühl und die Altarleuchter der Kirche S. Maria in Organo, Verona, wo er 1494-99 tätig war. 1502 bekam er den Auftrag, Intarsientafeln für das Chorgestühl des Klosters Monte Oliveto Maggiore anzufertigen (34 dieser Tafeln befinden sich heute in einer Kirche von Siena), wobei ihm Fra Raffaele da Brescia assistierte. 1519-23 schuf er die Sakristeischränke von S. Maria in Organo in Verona. *Siehe auch Abb. S. 289, 506.*

Lit: A. Chastel in *Revue des Arts* III (1953), S. 141-154; E. Carli, *L'Abbazia di Monteoliveto*, Mailand 1961; L. Rognini, *Le tarsie di S. Maria in Organo*, Verona 1978.

Entwürfe für Girandolen von Th. Johnson, 1757

Girandole. Der Name stammt aus dem Italienischen und bezeichnet eigentlich eine Feuerwerksfigur. Im späten 17. Jh. wurde die Bezeichnung angewendet auf reich verzierte →Kandelaber mit geschliffenen Kristall- oder Glasgehängen, die eine Pyramide von Lichtreflexen hervorriefen. Im 18. Jh. verwendete man die Bezeichnung für Kandelaber wie auch für Armleuchter und Lüster mit oder ohne Kristallgehänge. Im England des 18. Jhs. wurden vor allem große, geschnitzte und vergoldete hölzerne Wandleuchter im Rokokostil als Girandolen bezeichnet.

›Girl in a swing‹-Porzellan. Zwei weiße Weichporzellanfiguren eines Mädchens auf der Schaukel (Victoria & Albert Museum, London, und Museum of Fine Arts, Boston), vermutlich 1749-54 hergestellt, und einige wenige verwandte Stücke in einem ähnlichen Scherben wie das Porzellan aus der ›Dreieck-Periode‹ der Porzellanfabrik →Chelsea, aber mit einem höheren Anteil von Bleioxid in der Zusammensetzung, die im allgemeinen als die Erzeugnisse einer anderen Fabrik in Chelsea angesehen werden. *Charles Gouyn,* Geschäftspartner von →Sprimont in Chelsea bis 1749, kann der Leiter dieses Unternehmens gewesen sein.

Lit: A. Lane und R. J. Charleston in *Transactions of the English Ceramic Circle* V (1962), S. 111-114.

›Girl in a Swing‹, Weichporzellan, vermutlich Chelsea, 1749-54 (Victoria & Albert Museum, London)

Giuliano da Maiano (1432-90). Wie viele andere Architekten der Frührenaissance begann Giuliano seine Laufbahn mit Einlegearbeiten (→Intarsia). Er und sein jüngerer Bruder Benedetto (1442-97), der Bildhauer, führten in Florenz eine gutgehende Werkstatt. Giuliano war in der Werkstatt von Francione (1428-95) ausgebildet worden. Sein erster wichtiger Auftrag war, für die Sakristei des Domes von Florenz eine Arbeit von Manetti zu vollenden. Die Vorlagen lieferte der Maler Baldovinetti. Die Arbeit wurde 1468 beendet und gilt als Meisterwerk der Renaissance-Holzkunst. (Eine Intarsientafel befindet sich im Museo dell'Opera del Duomo.) Ein weiteres Beispiel seiner Intarsienkunst ist die Tür des Audienzsaals im Palazzo Vecchio in Florenz, die er 1475-80 zusammen mit →Francione schuf. Von seiner Arbeit für den Dom in Pisa erhielt sich nur ein Stuhl von um 1470. 1487 begann er die Arbeit an dem von ihm entworfenen Chorgestühl des Domes von Perugia. Es wurde nach seinem Tod von Domenico Del Tasso fertiggestellt.

Lit: M. Tinti, *Il Mobilio Fiorentino,* Mailand–Rom 1928; L. Becherucci & G. Brunetti, *Il Museo dell'Opera del Duomo a Firenze,* Mailand 1969.

Giulio Romano (Giulio Gianuzzi) (1492-1546). Der große italienische Maler und Architekt des →Manierismus entwarf nicht nur Bildtepiche und Goldschmiedearbeiten, sondern auch Dinge aus allen übrigen Gebieten des Kunsthandwerks, vor allem für Angehörige der Familie Gonzaga in Mantua. So hat er z. B. eine Konfektdose in Form eines römischen Sarkophags, kostbare Urnen und eine Kanne in Form eines Delphins entworfen, in der in merkwürdiger Weise der Stil der van →Vianen vorweggenommen erscheint. Die Entwürfe müssen von großem Einfluß gewesen sein, auch wenn man keine Arbeiten kennt, die direkt auf sie zurückgehen.

Lit: J. F. Hayward, *Virtuoso Goldsmiths and the Triumph of Mannerism 1540-1620,* London 1976.

Giustiniani. Die Töpferei und Porzellanfabrik wurde in Neapel um 1760 von *Nicola Giustiniani* (1736-1815) aus Cerreto Sannita gegründet und stellte zunächst Steingut und Fayence her, die in →Emailfarben dekoriert wurden, sowie ansprechende Majolikafliesen (z. B. die Bodenfliesen in der Cappella S. Maria dei Miracoli in der Chiesa di Gesù delle Monache, Neapel). Zwei Fliesen mit Darstellungen von Phantasie-Ruinen sind signiert, eine weitere ist 1758 datiert (Landesmuseum Johanneum, Graz). Die Fabrik erlebte ihre Blütezeit unter der Leitung von *Biagio Giustiniani,* dem Enkel des Gründers, im frühen 19. Jh. (besonders nach Schließung der königlichen Porzellanfabrik von →Neapel 1821). Hergestellt wurden hübsche Haushaltsgegenstände, Figuren in zeitgenössischer Kleidung, lebensgroße Büsten, Gartenstatuen, Blumentöpfe usw., aber auch Biskuitreproduktionen von antiken Statuen. Am besten bekannt wurde die Fabrik durch ihre getreuen Kopien antiker Vasen und Übernahme der Formen und des Dekors, wie in dem großen ›Etruskischen‹ Tafelservice, Museo Duca di Martino alla Floridiana, Neapel. Von 1829 an wurde eine Art Porzellan hergestellt; 1848, kurz nach Biagios Tod, wurde das Unternehmen zahlungsunfähig und das Lager verkauft, aber zwei Söhne arbeiteten in beschränktem Rahmen weiter. *Michele Giustiniani,* ein Urenkel des Gründers, baute das Unternehmen erneut auf, zuerst gemeinsam mit einem Onkel, von 1870 an allein. Unter seiner Führung stellte die Firma vielerlei Gebrauchs- und Schmuckgegenstände her, darunter auch Nachahmungen von Renaissance-Majolika. Die Arbeiten gewannen bei internationalen Ausstellungen Preise. Aber durch eine zu große Ausweitung der Produktion erlitt das Unternehmen Schiffbruch und schloß kurz nach 1885. ›GIUSTINIANI‹ eingepreßt war die Hauptfabrikmarke.

Lit: L. Mosca, *Napoli e l'arte ceramica,* durchges. Ausg., Neapel 1963; M. Rotili, *La manifattura Giustiniani,* Benevent 1967.

Glamorgan Pottery →Swansea

Glanzgewebe, seidenes (Lüsterstoff). Ungenauer Terminus, der vom 14. bis zum späten 18. Jh. für schimmernde Seidengewebe benutzt wurde. Später verwendete man ihn für ›Taffeta lustré‹, einen Taft, der hergestellt wurde, indem man auf dem ausgebreiteten Gewebe unter

Glaskrug, Syrien, 2. Jh. (Kunstgewerbemuseum, Zürich)

Spannung einen syrupähnlichen Gummi aufstrich, der ihm einen glänzenden Schein verlieh, ein Verfahren, das wohl 1656 in →Lyon eingeführt und im 18. Jh. in großem Umfang angewandt wurde.

Glas. Ein hartes, meist durchsichtiges und oft durchscheinendes Material, das durch Verschmelzung von Siliziumverbindungen (in der Form von Sand, Kieselerde oder Quarz) mit Hilfe eines alkalischen Flußmittels (Pottasche oder Soda) und verschiedener anderer Substanzen wie Kalkstein oder Bleioxyd entsteht. In erhitztem Zustand ist die ›Glasschmelze‹ formbar und kann zu sehr langen Fäden ausgezogen oder mit der Pfeife geblasen werden, wobei die Blase dann mit besonderen Handwerkszeugen in eine Form gebracht oder in eine zerlegbare Holzform eingeblasen wird. Das Glas kann gefärbt werden durch den Zusatz von Metalloxyden. Nach Abkühlung der Glasschmelze zum eigentlichen Glas kann dann in verschiedenster Weise eine Verzierung erfolgen. Die Glasoberfläche kann entweder mit →Emailfarben bemalt werden, die durch eine zweite Erhitzung in einem Muffelofen mit dem Glas verhaften, oder mit sehr viel weniger dauerhaften Ölfarben, die nicht erhitzt werden müssen. Die Glasveredelung kann auch erfolgen durch →Glasschnitt oder →Glasschliff, →Diamantgravur, Sandstrahlgebläse und Ätzen.

Die Glasherstellung ist offenbar im östlichen Mittelmeergebiet erfunden worden, wahrscheinlich in Ägypten, wo um 2500 v. Chr. die ersten grob geformten Glasgegenstände entstanden und um 1500 v. Chr. in größerem Umfang hergestellt wurden. Glasgefäße dieses Zeitraums wurden mittels einer Sandkerntechnik geformt. Manchmal wurden farbige Musterfäden in die Grundmasse eingewalzt, mit häkchenartigen Werkzeugen verzogen und um den Sandkern gesponnen, der dann nach der Abkühlung entfernt wurde. So entstanden Gefäße mit Mustern, wie sie in Halbedelsteinen erscheinen. In dieser frühen Periode wurde – wie auch bis in jüngere Zeit im Fernen Osten – das Glas als Ersatz für Edel- oder Halbedelsteine angesehen. Doch die Entdeckung der Technik des Glasblasens in Syrien im 1. Jh. v. Chr. machte es zu einem der beliebtesten Materialien zur Herstellung nützlicher und schöner Haushaltsgegenstände, vor allem Behälter für Flüssigkeiten, Trinkgefäße etc. Von dieser Zeit an waren die meisten Glasgefäße, die im Nahen Osten und in Europa gemacht wurden, geblasen. Fast alle grundlegenden Methoden zur Verzierung von Gläsern durch Bemalung oder Schnitt wurden vor dem 4. Jh. v. Chr. entwickelt, vor allem in Syrien und Ägypten, und viele →Überfanggläser und besonders →Diatreta dokumentieren den erstaunlich hohen Stand technischer Fertigkeit in sehr früher Zeit. Glas mit Blattgolddekor (→Fondi d'oro), in der Art des späteren →Zwischengoldglases, wurde auch in römischer Zeit gemacht, wie u. a. das Medaillon mit dem Dreierporträt im Museum Brescia zeigt. Die Glaskunst wurde nach dem Untergang des Römischen Reiches im östlichen Mittelmeergebiet weiter gepflegt. Die Kunst der Emailmalerei auf Glas erreichte im 13. und 14. Jh. unter islamischer Herrschaft eine hohe Vollkommenheit, und die großen →Moscheenlampen, die seit dem frühen 14. Jh. gemacht wurden, gehören zu den Meisterleistungen der Glaskunst.

Die Technik der Herstellung von Glasgefäßen für den allgemeinen Gebrauch wurde während der Herrschaft der Römer nach Italien, Gallien

Gläserner Deckelpokal, Venedig, spätes 15. Jh. (Victoria & Albert Museum, London)

Gläserner Pokal im venezianischen Stil, 17. Jh. (Victoria & Albert Museum, London)

und in das Rheinland gebracht und überlebte den Untergang des Reiches. Allerdings ließ die Qualität des Glases nach dem 4. Jh. nach, und die Mehrzahl der Gefäße, die seit dieser Zeit entstanden, waren in technischer Hinsicht unvollkommen, von grünlicher oder bräunlicher Farbe, mit Bläschen und Schlieren im Glaskörper. Doch einige als →Fränkisches Glas bezeichnete Objekte des 5. bis 8. Jhs. sind von beträchtlichem ästhetischem Reiz. →Rüsselbecher-Trinkgefäße sind unter ihnen am bemerkenswertesten und verraten die technische Fertigkeit der Glasmacher. Grünes Gebrauchsglas, das seit dem Mittelalter in ganz Europa in der von den Herstellern des Fränkischen Glases begründeten Tradition gemacht wird, ist unter dem Namen →Waldglas bekannt. Seit dem 12. Jh. scheint gründeten Tradition. Seit dem 12. Jh. scheint mehr Aufmerksamkeit der Herstellung fein gefärbter Scheiben für den Gebrauch der →Glasmalerei (Farbfenster) gewidmet worden zu sein und weniger der von Gefäßen, die vor allem von den ärmeren Bevölkerungsschichten benutzt wurden (die Reichen tranken aus Bechern, die aus wertvollen Metallen gemacht waren).

Im 14. Jh. begannen die →Venezianischen Glashütten innerhalb Westeuropas eine vorherrschende Stellung einzunehmen, und im 15. Jh. wurden dort emailbemalte Gefäße höchster Qualität hergestellt. In Venedig wurde im frühen 16. Jh. die Kunst entdeckt, klares →Kristallglas zu machen, was das Interesse für Glasgefäße sehr verstärkte. Eine wichtige Glasindustrie wurde auch in →Altare bei Genua begründet. Handwerker aus Venedig (z. B. →Verzelini) und Altare verbreiteten die Kunst der Kristallglasherstellung bald über ganz Nordeuropa. Die zur Verfügung stehenden Ausgangsmaterialien unterscheiden sich leicht von Ort zu Ort, so auch das Glas hinsichtlich der Härte, Brillanz, Klarheit, was die Methoden der Verzierung beeinflußte. Ein hartes Kristallglas, das in Deutschland gemacht wurde, eignete sich ausgezeichnet für einen Glasschnittdekor, der von Künstlern wie →Hess, →Lehmann, →Schwanhardt, →Gondelach, →Schwinger u. a. angebracht wurde. Bezeichnenderweise wurde auch in Deutschland, vor allem in →Potsdam, eine besondere Form des Glasschnitts, der →Hochschnitt, entwickelt, während in den Niederlanden die Kunst der Diamantgravur zu einem Höhepunkt gebracht wurde durch Künstler wie M. T. R. →Visscher, F. →Greenwood und D. →Wolff, manchmal auf dünnwandigen Gefäßen, die aus England importiert wurden. In England wurde eine Art →Bleiglas sehr beliebt, das von George →Ravenscroft um 1675 erfunden wurde, und das ein ausgezeichnetes Material für fein geformte Weingläser, Leuchter usw. abgab. Eine neuartige Methode der

Gläserner Deckelpokal, Glashütte Kungsholm, 18. Jh. (National Museum, Stockholm)

Glasvasen, die 1851 bei der Londoner Weltausstellung von der österreichischen Firma W. Hofmann & Meyr gezeigt wurden

Gläserner Aschenbecher, entworfen von F. C. Carder, vor 1934, Corning Glass Works, Steuben Division (Museum of Modern Art, New York)

Glasveredelung, nicht mit figürlichem oder floralem Ornament, sondern mit geschliffenen Facetten, die das Licht reflektieren (Glasschliff) wurde im letzten Viertel des 18. Jhs. in England entwickelt und wurde bald sehr beliebt. Ähnliches Glas wurde auch in Irland gemacht und zwar in →Cork, →Waterford und an anderen Orten. Dieses Anglo-Irische Glas wurde im ganzen 19. Jh. in Europa und in den Vereinigten Staaten vielfach nachgeahmt. Die →Böhmischen Glashütten und auch die Glashütten Schlesiens waren im 19. Jh. von Bedeutung und stellten viel geschliffenes Farbglas und Überfangglas her.

Die erste große technische Entwicklung auf dem Gebiet des Glases seit der Erfindung des Glasblasens im 1. Jh. v. Chr. war der Prozeß der Herstellung von →Preßglas, indem man die Glasschmelze in eine Gußform fließen ließ, die die äußere Umwandung bestimmte und dann durch Hebeldruck einen Kolben in der Form der gewünschten inneren hineinpreßte. Dieser Prozeß wurde 1825 in den Vereinigten Staaten entwickelt und bald auch von den Industrieländern Europas übernommen. Ein Prozeß des mechanischen Blasens von Flaschen in die Form wurde 1887 in Castleford in Yorkshire entwickelt.

Die Mechanisierung der Glasindustrie im 19. Jh. und die Verbilligung des Produktes wurde begleitet von einer Wiederbelebung manueller Techniken zur Herstellung und Dekoration von sehr kostbaren Ziergläsern. In →Stourbridge wurde die Technik des Kameenschnitts nach römisch-syrischem Vorbild von einigen Künstlern wiederbelebt, vor allem von T. und G. →Woodall. Etwas später befaßten sich →Gallé und →Daum in Frankreich, sowie →Tiffany in den Vereinigten Staaten u. a. mit der Technik des Überfangglases zur Herstellung von Gefäßen, Lampen usw. im Stil des →Art Nouveau.

Im 20. Jh. war eine der wichtigsten technischen Errungenschaften die Schaffung verschiedener Arten von hitzebeständigem Glas, wovon →Pyrex am bekanntesten ist.

Obwohl die weniger zerbrechlichen Kunst-

Glaskanne, Glashütte Orrefors, um 1920 (Kunstgewerbemuseum, Zürich)

Glasschale von T. Wirkkala, durchscheinendes Kristallglas, Glashütte Iittala, Finnland, 1953 (Museum of Modern Art, New York)

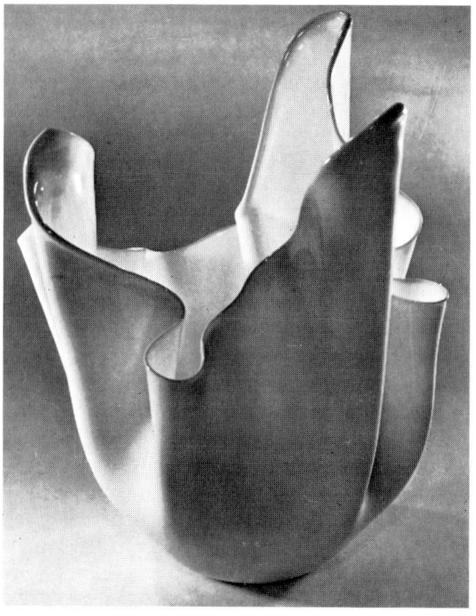

Glasvase von P. Venini, mundgeblasenes opakes weißes Glas, 1949 (Museum of Modern Art, New York)

stoffe das Glas zum Teil im täglichen Gebrauch ersetzt haben, ist das Schmuckglas immer noch beliebt und wird von bekannten zeitgenössischen Designern gestaltet.

Lit: F. Neuberg, *Ancient Glass*, London 1962; F. Rademacher, *Die deutschen Gläser des Mittelalters*, Berlin 1963; G. Weiß, *Ullstein-Gläserbuch*, Berlin 1966.

Glasgow. Eine Fayencefabrik namens *Delftfield* wurde 1748 gegründet und stellte Arbeiten her, die mit Blumen in chinesischer Manier in weichem Mangan, Limonengelb, Graublau, Blaugrün und dunklem Blauviolett auf einem ziemlich grauweißen Grund dekoriert waren. 1770 stellte sie die Produktion auf →Steingut um und schloß 1810. Eine andere von *John* und *Matthew P. Bell* 1842 in Glasgow errichtete Fabrik stellte →Parianware und vielerlei Tonwaren her. Der Betrieb wurde 1940 eingestellt.

Lit: J.A. Fleming, *Scottish Pottery*, Glasgow 1923; M. Archer in *The Connoisseur* CLXIII (1966), S. 16-22.

Glasgow School of Art. Eine Gruppe von Architekten und Designern, die mit der Glasgower Kunstschule verbunden waren und von denen sich besonders C. R. →Mackintosh, M. und F. →Macdonald und George Walton hervorgetan haben. Sie entwickelten eine ausgesprochen schottische und mitunter ziemlich puritanische Version des →Art Nouveau und verwendeten häufig →keltische Ornamente. Sie fanden internationale Anerkennung bei Ausstellungen in Lüttich (1895), Venedig (1899), Wien (1900) und Turin (1902) und übten einen belebenden Einfluß aus auf die Pioniere des →Industrial Design, vor allem in Deutschland und Österreich.

Glasmalerei. Die Kunst der Gestaltung von farbigen Glasfenstern für Kirchen und seltener für Privathäuser. Das Glas ist als Ganzes eingefärbt und/oder auf der Oberfläche bemalt. Gewöhnlich wurden die verschieden gefärbten und geformten Glasstücke durch ein bleiernes Rahmenwerk zusammengehalten. Anscheinend waren die Muster ursprünglich abstrakt, aber in der Mitte des 11. Jhs. kamen auch figürliche Darstellungen auf (z. B. fünf Fenster des Augsburger Domes. Im 12. und 13. Jh. erreichte die Kunst der Herstellung solcher Glasfenster ihren Höhepunkt in Frankreich (die Kathedralen von Chartres, Saint-Denis, Le Mans, Bourges, Chalons-sur-Marne, die Sainte-Chapelle in Paris) und England (die Kathedralen von Canterbury und York). Die Fenster wurden damals zusammengesetzt aus Stücken verschiedenfarbenen →Kronglases (bei dem man, um ein rubinrotes Glas zu erhalten, die farblosen Glasplatten mit einer dünnen Schicht roten Glases überzog), auf die Details wie etwa Gesichtszüge, ein Faltenwurf oder die Blätter einer Pflanze mit opaker schwarzer →Emailfarbe aufgemalt waren. Die Entwürfe lassen sich hauptsächlich zurückführen auf Illuminationen zeitgenössischer Handschriften. Die Wirkung ist reich und edelsteinartig, obwohl die einzelnen Szenen oft schwierig zu ›lesen‹ sind. Technische Fortschritte wurden im 14. Jh. erzielt, als größere farbige Glasplatten verfügbar waren und die Verwendung einer transparenten gelben Oberflächenfarbe, eines chemischen Derivates von Silbersulphid entwickelt wurde. Als Folge dieser Neuerung wurden die Fenster sehr viel lichter. Auch wuchs die Bedeutung des Malers ganz entscheidend, der Details mit Emailfarben hervorhob. Ab dieser Zeit verlor die Glasmalerei immer mehr ihre Eigenständigkeit und trat in engere Verbindung mit der Bildnis- und Freskenmalerei (so wurden im 15. Jh. in Italien Glasfenster allgemein von Bildnis- oder Freskenmalern entworfen, die dem anderen Werkstoff kaum Rechnung trugen). Im 15. Jh. ermöglichte die Neuentwicklung der Technik des Abschleifens von →Flachglasplatten, sehr feine Details in Weiß von einem farbigen Hintergrund abzusetzen. Schließlich, in der Mitte des 16. Jhs., wurde mit der Entdeckung transparenter Emailpigmente, die auf regelmäßige, farblose Glasplatten gemalt werden konnten, die Kunst der Glasmalerei völlig revolutioniert, da von nun an dem Künstler die mühselige Arbeit des

Glasmalerei, ein Krämer in seinem Laden, flämisch, 16. Jh. (Victoria & Albert Museum, London)

Zuschnitts der farbigen Glasstücke und deren Einpassung in den bleiernen Rahmen erspart blieben. Diese technischen Verbesserungen wurden nicht von einem entsprechenden künstlerischen Fortschritt begleitet – in der Tat war eher das Gegenteil der Fall, was zum Teil auch durch die sinkende Nachfrage nach bemalten Glasfenstern begründet war. Doch lassen sich reizvolle Arbeiten bis ins 16. und 17. Jh. hinein nachweisen.

Die frühe Geschichte bemalter Glasfenster war eng verknüpft mit den großen gotischen Kathedralen, in denen sie sowohl eine symbolische und didaktische als auch dekorative und rein praktische Funktion hatten. Ihr Charakter änderte sich grundlegend, als der frühe gotische Stil in den Flamboyant (mit seiner größeren Betonung des steinernen Maßwerks) und in England in den Perpendicular style (mit einem gesteigerten Bestreben nach Helligkeit) überging. Im 14. Jh. tauchten sie das erste Mal in Privathäusern auf: Heraldische Glastafeln wurden mitunter in Butzenscheibenfenster eingesetzt. Im 15. Jh. waren sie auch in deutschen, niederländischen, schweizerischen und englischen Häusern zu finden. Für Häuser und Schlösser waren Allegorien der Monate, religiöse und mythologische Themen wie auch Wappen beliebt. In der Schweiz wurde es damals zum weit verbreiteten Brauch, bemalte Glastafeln, gewöhnlich mit heraldischen Motiven, oft aber auch mit Porträts, als Gaben anläßlich besonderer Gelegenheiten (Hochzeiten usw.) zu verwenden. Die Sitte hielt sich bis ins 17. Jh. (und Bauern pflegten bis ins 19. Jh. gravierte Glastafeln zu ähnlichen Gelegenheiten zu verschenken). Dies belebte die Kunst der Glasmalerei in der Schweiz, die viele der besten Glasmaler des 16. und 17. Jhs. in Europa hervorbrachte (z. B. die →Murer, Lukas →Zeiner). Diese Glastafeln waren für die Betrachtung aus nächster Nähe bestimmt und wurden deshalb mit größter Sorgfalt und Liebe zum Detail ausgeführt. Aber der Wunsch nach und zugleich die Verfügbarkeit von größeren Tafeln farblosen Glases führte unweigerlich zu einer sinkenden Produktion in der Glasmalerei ab dem 17. Jh. – obwohl noch immer gute Arbeit geleistet wurde, vor allem in England von H. →Gyles und W. →Peckitt. Modern wurden bemalte Glasfenster wieder im →Gothic Revival, allerdings fast nur für Kirchen. 1827 richtete die Porzellanmanufaktur von →Sèvres ein Atelier für Glasmalerei ein und ließ so prominente Maler wie Ingres und Delacroix als Entwerfer für sich arbeiten (z. B. die Chapelle-Royale, Dreux). Andere Ateliers in Deutschland, Italien und England beschränkten sich hauptsächlich auf die Nachahmung mittelalterlicher Fenster und Gemälde. Mit sehr viel mehr Sachverstand griff W. →Morris diese Kunst wieder auf. Er richtete 1861 in London ein Atelier für Glasmalerei ein, wo Arbeiten sowohl für kirchliche als auch private Gebäude (für letztere meist mit Sujets aus der Arthussage oder Werken von Chaucer) nach Entwürfen der präraffaelitischen Maler Dante

Glasmalerei, Tafel mit Hans Wendel Scherer und seiner Frau, von H. C. Gallati, Schweiz, 1675 (Victoria & Albert Museum, London)

Gabriel Rossetti und Edward Burne-Jones ausgeführt wurden. In den Vereinigten Staaten wurden ansehnliche Glasmalereiarbeiten für Privathäuser von →La Farge und Louis Comfort →Tiffany hergestellt. Sehr beliebt wurden gemalte Glasfenster vor allem in Frankreich während des →Art Nouveau (S. →Bing gab Fenster nach Entwürfen von Bonnard und anderen führenden Malern in Auftrag). In neuerer Zeit wurden Glasmalereiarbeiten in Frankreich unter anderem nach Entwürfen von Fernand Léger, Henri Matisse, Georges Rouault usw. ausgeführt.

Lit: G. Marchini, *Vetrate italiane*, Mailand 1955; L. Grodecki u. a., *Le vitrail français*, Paris 1958; J. Baker, *English Stained Glass*, London 1960; J. G. Lloyd, *Stained Glass in America*, Jenkintown 1963; V. Beyer, *Stained Glass Windows*, Edinburgh 1964; A. C. Sewter, *The Stained Glass of William Morris and his Circle*, New Haven 1974.

Glasschliff. Die Bearbeitung von Glas durch an der Schleifbank rotierende Scheiben z. B. aus Eisen. Während beim →Glasschnitt die Darstellung in die Oberfläche eines Glaskörpers eingeschnitten und dieser so künstlerisch verziert wird, ist es das Anliegen des Glasschliffs, den Glaskörper als solchen in seiner Erscheinung wirkungsvoll zu steigern, indem das Lichtbrechungsvermögen des Werkstoffs erschlossen wird. Dies geschieht durch Facettierung (Kantenschliff), Steinelung (Steinelschliff), Mulden (Kugelschliff), Mugeln (Walzenschliff), Perlfriese u. a. Auch die Kombination verschiedener Schliffarten ist möglich.

Der Glasschliff wurde im letzten Viertel des 18. Jhs. zuerst in England ausgebildet, dessen weiches, bleireiches Kristallglas ein besonders hohes Lichtbrechungsvermögen besaß. Da englische Gläser bei Gebrauch rasch unansehnlich wurden, entwickelten kontinentale Hütten hartes Kaliglas, das sich ähnlich effektvoll schleifen ließ. Der Glasschliff wurde zum vorherrschenden Dekor der Biedermeierzeit und nach Erfindung des →Preßglases von der Mitte des 19. Jhs. an in billiger Massenware imitiert.

Glasschnitt. Die Verzierung von Glas durch einen in die Oberfläche eingeschnittenen Dekor. Der Schnitt erfolgt durch an der ›Schneidbank‹ rotierende Rädchen aus Kupfer verschiedener Größen. Die geschnittenen Stellen sind matt und werden so belassen, wenn sie mit der Durchsichtigkeit des Glaskörpers kontrastieren sollen (Mattschnitt). Sie können aber auch durch rotierende Scheiben aus Blei, Holz und Leder poliert werden (Blankschnitt). Beim Hochschnitt wird die Oberfläche des Glaskörpers so weit abgetragen, daß die Darstellung erhaben stehen bleibt. Beim Tiefschnitt liegt die Darstellung wie beim →Intaglio als negatives Relief tiefer als die Oberfläche.
Der Glasschnitt war, von der hochentwickelten →Glyptik übernommen, schon in der Antike bekannt gewesen, dann aber im Abendland durch den Niedergang der Glasherstellung in Vergessenheit geraten. Als diese in der Renaissance mit den venetianischen Gläsern und deren Nachahmungen wieder einen hohen Stand erreichte, hätte deren Dünnwandigkeit keinen Schnittdekor gestattet. Seine Wiedereinführung in die europäische Glaskunst war erst durch die Entwicklung dickwandiger Gläser in deutschen Hütten des späten 16. Jhs. möglich und wurde erneut, wie in der Antike, durch die damals erreichte Perfektion der Glyptik und hier besonders des Schnittdekors von Bergkristall begünstigt. Das früheste so verzierte Glas wird um 1590 datiert. Erstes Zentrum der neuaufblühenden Technik war Prag. Hier erhielt 1609 C. →Lehmann von Kaiser Rudolf II., dem größten Sammler geschnittener Edelsteinarbeiten, das ausschließliche Privileg für den Glasschnitt, das 1622 auf seinen Schüler G. →Schwanhardt d. Ä. überging. Der Glasschnitt verdrängte rasch das in sich farbig gemusterte oder bemalte Glas und war dann bis zum Ende des 18. Jhs. die vorherrschende Technik, die das Erscheinungsbild der europäischen Glaskunst bestimmte.

Weinkühler mit Glasschnittdekor, englisch, um 1825 (Victoria & Albert Museum, London)

Glass-Paperweights →Briefbeschwerer.

Glastonbury-Stuhl. Sammler-Bezeichnung für einen englischen →kurulischen Stuhl des 16. Jhs., aber mit gerader Rückenlehne, ähnlich dem Stuhl, den der letzte Abt der Wells-Kathedrale von Glastonbury benutzte.

Glasur. Glasartiges Material, das auf Stein, Ton oder Keramik aufgetragen wird. Die ältesten bekannten Beispiele sind die ägyptischen Steatitperlen von etwa 4000 v. Chr., die mit einer Soda-Kalk-Glasur überzogen wurden und →Ägyptische Fayence genannt werden. Eine Alkali-Glasur wurde in Mesopotamien um 3000 v. Chr. verwendet, aber es ist nicht erwiesen, ob von Ägypten übernommen, ebenso in Indien und auf Kreta. In Mesopotamien war sehr früh auch schon eine Bleiglasur bekannt, was aus einer Keilschrifttafel von 1700 v. Chr. hervorgeht. Bleiglasuren wurden auch zu Hellenistischer Zeit entwickelt und breiteten sich vom Nahen Osten her über Europa aus. In China waren Glasuren schon sehr früh bekannt, so konnten Scharffeuerglasuren auf Steinzeug der →Shang-Periode festgestellt werden.
Mit Glasuren werden Gefäße wasserundurchlässig gemacht, sie dienen aber auch ihrer Dekoration (nicht zu verwechseln mit dem →Gloss auf griechischer und römischer Keramik). Die Glasur wird aus Kieselerde hergestellt, die in den meisten für die Töpferei verwendeten Tonarten enthalten ist. Da der Schmelzpunkt von Kieselerde bei 1700° C liegt – weit über demjenigen aller Keramik –, muß irgendeine andere Substanz als Flußmittel zur Senkung des Schmelzpunktes verwendet werden, wie z. B. Natriumoxid, Kaliumoxid, Bleioxid, Kalziumoxid, Bariumoxid, Magnesiumoxid, Zinkoxid oder Aluminiumoxid. Die Glasuren werden nach den jeweils verwendeten Flußmitteln bezeichnet. Eine der am einfachsten aufzutragenden ist die →Bleiglasur: Das geformte Tongefäß wird mit Bleioxid in Pulverform, mit weißem Blei oder Bleiglanz überzogen und bei einer Temperatur von 750° C oder leicht darüber gebrannt. Die Glasur ist durchsichtig, wird aber durch Eisen (oft durch eisenhaltigen Ton) gelb oder braun, durch Kupfer grün, durch Kobalt blau und durch Mangan purpur oder braun. Sie kann auch durch den Zusatz von Zinn (wie z. B. bei →Majolika) undurchsichtig gemacht werden. Die Zinnglasur (→Fayence) wurde im 9. Jh. in Persien erfunden und gelangte über Spanien nach Europa. Da Blei sich bei einer Temperatur von 1150° C verflüchtigt, muß Keramik, die eine höhere Brenntemperatur benötigt, einem sogenannten Biskuit-Brand unterzogen werden, bevor die Glasur in einem zweiten Brand bei niedrigerer Temperatur aufgebrannt wird.

Alkalische Glasuren können ausschließlich auf hoch zu brennende →Keramik aufgetragen werden. Holzasche enthält alle Substanzen zur Herstellung solcher Glasuren, deren Entstehung (in China und Japan) einem Zufall zu verdanken sein soll: Als im Ofen Holzasche mit dem Ton in Berührung kam, entstand dadurch eine grün lüstrierende Glasur, die seitlich von den Gefäßen herablief. Sie wird als ›natürliche Glasur‹ bezeichnet, wenn sie nur einen Teil der Gefäßwand bedeckt und den Anschein erweckt, als sei sie in dieser Form zufällig entstanden (in Japan werden diese ›Zufallsprodukte‹ aber bewußt hergestellt, insbesondere bei Gefäßen für die →Teezeremonie). Eine Holzaschenglasur kann dadurch zustande kommen, daß die Oberfläche des Gefäßes vor dem Brand mit Holzasche bestreut wird. Eine →Salzglasur wird erzielt, indem Salz in das Feuer des Brennofens geschüttet wird und verdampft. Der Dampf verbindet sich mit der Kieselerde des Scherbens und bildet eine Glasur. Das Verfahren der Salzglasierung kann aber nur bei einer Masse angewandt werden, die bei etwa 1250°C hart brennt, wie z.B. →Steinzeug. →Feldspatglasuren (aus pulverisiertem Feldspat) schmelzen bei einer noch höheren Temperatur (1550°C) und sind auf →Porzellan(Hart-) zu finden. Sie wurden in früher Zeit in China entwickelt, in Europa aber erst im 18. Jh. angewendet.
Schlickerglasuren sind hiervon verschieden. Sie werden mit einem eisenhaltigen →Schlicker zubereitet, mit dem das bereits in dem Biskuit-Brand fertig gebrannte Gefäß überzogen wird. Im 19. Jh. wurden, besonders in England, Versuche unternommen, bleifreie Glasuren für niedrig gebrannte Töpferwaren herzustellen, um die giftigen Wirkungen bei der Verarbeitung des Bleis zu vermeiden: Als alternatives Flußmittel wurde u.a. Borax verwendet.
Als Folge von Unreinheiten der verwendeten Materialien oder von Temperaturschwankungen im Ofen können Glasuren (besonders Feldspatglasuren) springen oder netzartig reißen. Dieses →Craquelé wurde bewußt herbeigeführt und kontrolliert als Oberflächengestaltung im 12. Jh. in China und etwas später in Japan eingesetzt. Ähnlich kann man auf monochromen Glasuren andersfarbige Streifen und Flecken hervorbringen, eine Möglichkeit, die zur Herstellung von →Ochsenblut- und anderen →Flambé-Glasuren genutzt worden ist. Craquelé- und Flambé-Glasuren wurden in Europa und den Vereinigten Staaten seit dem späten 19. Jh. nachgeahmt. Gleichzeitig experimentierten Töpfer in der westlichen Welt mit →Kristallglasuren, die abstrakte Muster auf der Oberfläche von Töpferwaren und Porzellan hervorrufen.

Lit: D. Rhodes, *Clay and Glazes for the Potter*, London 1958; F. Singer und W. L. German, *Ceramic Glazes*, London 1960; H. Hodges, *Artifacts*, London 1964.

Glas, vor der Lampe geblasenes. Spielzeuge, Figuren, Ziergruppen und andere kleine Glasobjekte, aus leicht schmelzbaren Glasröhren und Glasstäben gefertigt, die über einer Glasbläserlampe geblasen, gebogen, gekniffen oder gezogen oder anderweitig von Hand bearbeitet werden. Objekte dieser Art sind manchmal sehr kunstvoll und zerbrechlich, etwa ein Glasschiff mit Takelage aus fein gezogenen Glasfäden (Victoria & Albert Museum, London). Die Herkunft dieser Objekte ist selten bekannt. Sie wurden im 19. Jh. auf Jahrmärkten in ganz Europa gemacht und verkauft.

Glier, Hans →Waldenburg

Glinitz. Eine kleine Manufaktur, 1767 von Zborowski in Schlesien hierher verlegt, die Fayence im Stil der benachbarten →Proskau-Manufaktur herstellte. Ab etwa 1780 ließ die Qualität nach. →Steingut wurde ab etwa 1830 produziert.

Glockenspeise, auch **Glockenbronze.** Legierung aus etwa vier Teilen Kupfer und einem Teil Zinn, ähnlich der →Bronze, aber mit etwas mehr Zinn. Obwohl hauptsächlich für Glocken gebraucht, sind doch gelegentlich Dekorationsgegenstände daraus gemacht worden; am berühmtesten ist der in verschlungener Form gegossene Leuchter aus Gloucester, um 1110 (heute im Victoria & Albert Museum, London).

Glomy, Jean-Baptiste →Verre églomisé

Gloss, engl., Glanz. Oberfläche von Töpferwaren, verschieden von einer →Glasur, der er nur äußerlich gleicht. Glanz wird erzielt durch Überziehen des Gefäßes mit feinstgeschlämmtem Ton, der das Mineral Illit enthält, und anschließendem Oxidationsbrand. Die griechischen ›schwarzglasierten‹ und die römischen ›rotglasierten‹ (z.B. →Arretinische Gefäße und →Terra sigillata) Töpferwaren haben diese Art des Überzugs.

Glot, Richard →Sceaux

Glyptik. Die Kunst des Gravierens oder Schnitzens von harten Edel- oder Halbedelsteinen in →Kameo oder →Intaglio, manchmal auch in plastischer Gestalt und im allgemeinen in kleinem Maßstab (bei Siegel und Schmuck) und in größerem, um Becher, Schalen und Krüge aus Achat, Lapislazuli, Chalzedon, Jaspis, Bergkristall usw. zu verzieren. Die Technik war seit prähistorischer Zeit bekannt. Die Härte des Materials machte den Einsatz von Schleifmitteln in Verbindung mit rotierenden Werkzeugen mit scharfen runden oder wie ein Rad geformten Köpfen notwendig. Sie wurden Anfang des 2. Jts. v. Chr. in Assyrien entwickelt und unterlagen in der Folge kaum wesentlichen Änderungen, mit Ausnahme der Art, in der sie angetrieben wurden (mit Hand- oder Fußpedal, später mit Wasserkraft). In den nachklassischen Zeiten erreichte die Glyptik in Bergkristall und Halbedelsteinen (→Pietre dure) ihren Höhepunkt im 16. Jh. in Italien: Valerio →Belli, G. →Bernardi, die Familien →Miseroni und →Saracchi. Im späten 16. Jh. übernahmen deutsche Steinschneider (z. B. K. →Lehmann) die gleiche Technik für den →Glasschnitt. Die chinesische Kunst des Jade-

Gobelin ›Ludwig XIV. besucht die Gobelins-Manufaktur‹, nach Entwurf von Ch. Le Brun, um 1667 (Schloß Versailles)

schnitts unterschied sich insofern, als die Werkzeuge, die als Träger der Schleifmittel dienten, aus Holz, Bambus oder Knochen waren und nicht aus Metall wie im Westen.

Lit: E. Kriss, *Meister und Meisterwerke der Steinschneidekunst in der italienischen Renaissance,* (1929) Wien 1975 (?).

Gmunden. Die in Gmunden bei Salzburg 1863 gegründete Töpferei stellte nichts von Bedeutung her, bis 1908 der Sohn des Eigentümers, *Franz Schleiss* (geb. 1884), der in der Kunstgewerbeschule Wien ausgebildet worden war, die ›Künstlerische Werkstätte Franz und Emilie Schleiss‹ als Kunstkeramikabteilung des Unternehmens einrichtete. 1910 wurde diese Werkstätte mit der in Wien von M. →Powolny gegründeten zusammengelegt. Unter der Firma ›Vereinigte Wiener und Gmundener Keramik G.m.b.H.‹ wurden Arbeiten in ansprechender Wiener Art des Jugendstils auf vielen internationalen Ausstellungen gezeigt.

Lit: F. Lipp in *Keramos* 24 (1964), S. 20-29; A. Klein, Fayencen aus Europa, Braunschweig 1980.

Gobelin. Gebräuchlicher Ausdruck für einen handgewirkten Bildteppich. →Wandteppich.

Gobelins, Manufacture des. Die abkürzende Bezeichnung für die ›Manufacture royale des meubles de la Couronne‹, die 1663 in Paris im Auftrag von Ludwig XIV. von Colbert gegründet wurde, der erklärte, daß die Zeit der privaten Auftraggeber vorüber sei und der König allein das künstlerische Leben des Reiches bestimmen solle. Um Möbel von fürstlicher Pracht für die verschiedenen königlichen Residenzen herzustellen, wurden rund 250 Handwerker – Wirker, Maler, Bronzegießer, Kunsttischler (vor allem D. →Cucci), Steinschneider, Gold- und Silberschmiede – unter der Leitung von Ch. →Le Brun angestellt, der zahlreiche Vorzeichnungen für alle möglichen Gegenstände lieferte. Die Manufaktur war auch als Kunstgewerbeschule bestimmt, und den Lehrlingen wurde Zeichenunterricht gegeben, bevor sie sich auf die einzelnen Handwerke spezialisierten. Nur wenige Stücke aus dieser Zeit sind erhalten: ein paar Schränke von Cucci, einige Paneele aus →Pietre dure-Mosaik und Wandteppiche (der →Gobelins-Wandteppich-Manufaktur), von denen einer den Besuch des Königs in der Manufaktur wiedergibt und die Breite ihrer Produktion zeigt: massive Silbervasen, Tische mit Platten aus Pietre dure-Mosaik, ein Ebenholzschrank mit Bronze und Lapislazuli eingelegt, einen Teppich und natürlich Wandteppiche, alle in dem üppigen Stil Ludwigs XIV. Nachdem Le Brun 1683 in Ungnade gefallen war, brach die Produktion solch reichen Mobiliars ab und hörte 1694 endgültig auf, als die Manufaktur wegen der finanziellen Schwierigkeiten des Königs geschlossen wurde. Nach der Wiedereröffnung 1699 wurden nur noch Bildteppiche hergestellt.

Lit: H. Jouin, *Charles Le Brun et les Arts sous Louis XIV,* Paris 1889; J. J. Guiffrey, *Comptes des bâtiments du roi sous la règne de Louis XIV,* Paris 1881-1901; R. A. Weigert, *Le style Louis XIV,* Paris 1945.

Gobelin, Wandteppich-Manufaktur. Die bedeutendste Wandteppich-Manufaktur des späten 17. und 18. Jhs., in der Stücke von technisch nie wieder erreichter Qualität hergestellt wurden. Ihr Name geht auf eine Familie Gobelin zurück, die seit 1440 eine Scharlachfärberei in einem Außenbezirk von Paris betrieb und nach der das Dorf später benannt wurde. Der Betrieb wurde vor 1607 in eine Wandteppich-Manufaktur umgewandelt. 1662 wurde er von Colbert im Auftrag der Krone übernommen, der dort Ch. →Le Brun und seine Wirker aus →Maincy einsetzte. Vier Wirkereien mit einem Flachwirkstuhl (→Bas-lis) und drei stehenden Wirkstühlen (→Haut-lis) entstanden dort. Das Grundstück umschloß Häuser mit kleinen Gärten für die Wirker und ihre Familien. In der Hauptsache arbeiteten sie für den König, hatten aber die Freiheit, auch Aufträge von privater Seite anzunehmen. Le Brun beaufsichtigte die Arbeit sehr gründlich, konservierte die fertiggestellten Kartons mit Öl (nicht mit Tempera wie bisher) und sah darauf, daß sie mit großer Treue kopiert wurden, abgesehen von kleinen Farbabänderungen. Nachdem die in Maincy angefangenen Arbeiten fertiggestellt waren, wurden als nächstes Zyklen der ›Vier Elemente‹, der ›Jahreszeiten‹ und der ›Geschichte Alexanders‹ gewirkt, von denen der letzte sich solcher Beliebtheit erfreute, daß acht weitere Exemplare gefertigt wurden. Die interessantesten Werke dieser Periode waren diejenigen, die den Großmut Ludwigs XIV. verherrlichten – ›Die Geschichte des Königs‹ in vierzehn großen Bildteppichen, und eine Serie der ›Zwölf Monate‹, von der jeder einen anderen königlichen Palast zeigt. Die Entwürfe, in Le Bruns recht pompösem klassischen Barockstil, sind so detailliert umgesetzt, mit Helldunkeleffekten und Schattierungen, daß man es in Öl kaum hätte besser machen können. 1683 wurde Le Bruns unumschränkte Macht beschnitten. Obwohl seine Kartons weiter benutzt wurden, entstanden nun neue Wandteppiche nach Bildern alter Meister, vor allem von Raffael, Giulio Romano und Poussin. Ein exotischer, üppiger ›Indien-Zyklus‹ folgt Gemälden der holländischen Künstler Albert Eckhout und F. Post. Infolge finanzieller Schwierigkeiten, beschleunigt durch den Dritten Eroberungskrieg gegen die Pfalz, schloß die Manufaktur 1694.

1699 wurde sie unter der Aufsicht des Oberbaudirektors mit einem künstlerischen Leiter, der verantwortlich für die Entwürfe war, wiedereröffnet. Es folgten Robert de Cotte (1699-1735), Jean-Baptiste Oudry (1735-55) und →Boucher (1755-70). Die Arbeit begann mit einer Serie von acht Portieren, die von Claude III →Audran in einem rokokoähnlichen Stil entworfen waren – jede mit einer antiken Gottheit unter einem fantastischen, luftigen Baldachin mit Blumengirlanden in einem reichen Ambiente, das durch Katzen und Papageien belebt ist. Mit der ›Geschichte des Don Quichote‹ (1714, nach Charles-Antoine Coypel) beginnt die Produktion von Bildteppichen, bei denen die figürlichen Szenen weniger Raum einnehmen als die üppigen →Alentours. Die besten dieser Art sind die Bildteppiche nach den ›Götterliebschaften‹ von Boucher (ab

Gobelin ›Götterliebschaften‹, von F. Boucher und J. Neilson, 1775-76 (Osterley Park, Middesex)

1758) mit Alentours des Blumenmalers Maurice Jacques (um 1712-84), die vor allem den englischen Auftraggebern gefielen, für die Stuhlbezüge en suite gewebt wurden (Osterley Park, Middlesex; Newby Hall, Yorkshire; Metropolitan Museum, New York). Es wurden aber auch viele Darstellungen mit vorgetäuschten, goldgeschnitzten Rahmen hergestellt, vor allem die reiche ›Geschichte Esthers‹ (nach Jean-François de Troy, 1737-40), die fünfzehnmal wiederholt wurde (Compiègne; Fontainebleau; Windsor Castle; Uffizi, Florenz; usw.). Der König wurde in dem Zyklus ›Die Jagden Ludwigs XV.‹ verherrlicht. Andere Serien entsprachen der Mode für Exotisches – die seltsame ›Türkische Gesandtschaft‹ (nach Charles Parrocel, 1731-34) und ›Nouvelles Indes‹ (nach François Desportes, 1737-41) mit halbnackten und wahrhaft edlen Wilden vor tropischen Hintergründen. Fast alle führenden französischen Maler waren beschäftigt, Kartons zu schaffen. Bildteppiche wurden die sehr teure Alternative zu Ölgemälden. In der Tat wurden kleinere Stücke mit Porträts und sentimentalen Genreszenen im Format von Staffeleibildern gewirkt, die von 1763 an jährlich in den Salons ausgestellt wurden. Um die Zartheit der Ölfarben in Seide wiederzugeben, wurden neue Farben eingeführt (viele von ihnen haben sich als nicht lichtecht herausgestellt), vor allem in der Zeit, als der schottische Meisterwirker *Jacques Neilson* (um 1718-88) zwischen 1768 und 1784 mit dem Färben beauftragt war. Neilson war ab 1750 Leiter der Flachstuhlwerkstatt und führte verschiedene technische Verbesserungen ein, um höhere Qualität und getreuere Reproduktionen ohne erhöhte Kosten zu erreichen. Unter seiner Führung kam die Werkstatt mit der Flachwirkerei an die Qualität der Haut-lis-Werkstätten heran und blieb dabei bedeutend billiger.

Kurz nach 1770 paßte die Manufaktur ihre Produkte etwas unsicher dem Klassizismus an. Unter der Leitung von *Pierre-François Cozette* (1714-1801), der eine Malerausbildung hatte, stellte die Haut-lis-Werkstatt einen Zyklus der ›Götterliebschaften‹ her, u.a. nach Kartons von Jean-Baptiste Pierre und Marie Vien mit in →Beauvais gewirkten Borten). Nach der Revolution 1794 begutachtete eine Jury die 321 gerade fertig gewordenen Bildteppiche und verurteilte 120 als reaktionär und 136 als frivol. Die Manufaktur erlebte unter Napoleon einen neuen Aufschwung, kurz vor der Revolution gewirkte Stücke wurden wiederholt (z.B. der Zyklus der ›Vier Jahreszeiten‹ nach Antoine Callet). Daneben wirkte man Portieren mit napoleonischen Devisen. Einer Serie kleiner Einsatzstücke für Ofenschirme liegen Kartons von J.L. →David zu Grunde. Die Produkte der Restaurationszeit und des späten 19.Jhs. schließen Nachahmungen von älteren Bildteppichen und einige religiöse Themen ein. *Chevreul,* Leiter des Labors von 1824 bis 1899 entwickelte eine Palette von mehreren hundert Farbschattierungen von Seiden, die getreue Kopien von Bildern alter Meister ermöglichte und solcher von zeitgenössischen Malern wie Ingres und Horace Vernet. Die Naturfarben wichen 1911 den synthetischen Farben, die eine noch breitere Farbskala möglich machten, in der Monets ›Seerosen‹ und Dekorationen von Odilon Redon und Jules Chéret kopiert werden konnten. Die Manufaktur arbeitet noch immer, aber nur noch im Auftrag des Staates.

Lit: M. Fenaille, *Etat Général des tapisseries de la Manufacture des Gobelins,* Paris 1903-25; R.A. Weigert, *French Tapestry,* London 1962; M. Jarry u. M. Dobry, *Gobelinstickerei. Vorlagen Material Arbeitsanleitung,* München 1976.

Gobelinstich. Ein halber Kreuzstich, der vom 14.Jh. an in der Stickerei vorkommt. Arbeiten dieser Art sind nicht zu verwechseln mit den Gobelin-Wandteppichen.

Goddard, John (1723-85). Er ging zusammen mit seinem jüngeren Bruder *James* in Newport, Rhode Island, bei J. →Townsend in die Lehre. Sein Name ist eng verbunden mit der Entwicklung eines für Newport charakteristischen Möbeltyps mit →Blockfront und flachen Muschelreliefs. Seine Möbel sind von englischen Vorbildern herzuleiten, haben aber doch einen unverwechselbar amerikanischen Charakter: Sie sind so durchdacht, gut gearbeitet und bescheiden wie Benjamin Franklins Prosa. Einige seiner Arbeiten sind erhalten geblieben und befinden sich im Metropolitan Museum, New York, im Du Pont Winterthur Museum, Delaware, und in der Rhode Island School of Design, Providence, Rhode Island. Der Unabhängigkeitskrieg brachte ihm den finanziellen Ruin. Er starb arm, aber seine Söhne *Stephen* (1764-1804) und *Thomas* (1765-1858) führten das Geschäft des Vaters bis zu Stephans Tod 1804 weiter. Ein Kartenspieltisch mit dem Etikett der Firma ist erhalten geblieben. Er kann dem →Hepplewhite-Stil zugerechnet werden, an dem sich die Arbeiten der Firma Goddard später orientierten. Stephens Sohn *John II* wurde ebenfalls Möbeltischler; er lebte bis 1843.

Lit: E.H. Bjerkoe, *The Cabinet Makers of America,* New York 1957.

Godefroid de Huy, auch **Godefroid de Claire** (um 1145-73). Von einem gewissen Godefroid

J. Goddard: Frisiertisch, Mahagony, um 1760-70 (Rhode Island School of Design)

Basis eines Kruzifixes nach Godefroid de Huy, Grubenschmelz 12. Jh. (Hotel Sandelin, St-Omer)

aus dem Kloster Neufmoûtier bei Huy wird um 1240 berichtet, daß er als Goldschmied unvergleichlich gewesen sei und daß er viele Altarschreine gemacht sowie für Könige gearbeitet hätte. Von zwei Schreinen für Notre Dame in Huy, heute verloren, heißt es 1274, daß Godefroid sie 1173 gefertigt hätte, und er wurde mit dem Goldschmied ›G‹ identifiziert, dem der Abt Wibald von Stavelot 1148 wegen des berühmten Remaclus-Altaraufsatzes schrieb, von dem nur Fragmente Maasländischen Emails erhalten sind (Museum für Kunsthandwerk, Frankfurt am Main). Er wird auch von Jean d'Outremeuse (1338-1400) in dessen ›Chronique en bref‹ erwähnt.
Eine Anzahl wichtiger Werke wurden Godefroid zugeschrieben – z. B. das Kopfreliquiar von Alexander, 1145 (Musée Cinquantenaire, Brüssel), und der Schrein von St. Heribert (Köln-Deutz), aber kein Werk stammt mit Sicherheit von seiner Hand.

Lit. P. Lasko, *Ars Sacra 800-1200*, Harmondsworth 1973; M.-M. Gauthier, *Emaux du moyen âge occidental*, Fribourg 1972.

Godenschüssel → Wöchnerinnenschüssel

Godronierung. Getriebene oder auch gegossene Randleisten in Form von runden oder länglichen, auch leicht verzogenen Buckeln bei Gefäßen aus Edelmetall und Zinn.

Godwin, Edward William (1833-86). Architekt, Designer und Befürworter einer Kleiderreform. Oscar Wilde nannte ihn den »größten Ästheten« unter den Möbeldesignern, die an der englischen Reformbewegung beteiligt waren. Wilde und James Whistler gehörten zu seinen Auftraggebern. Auf Godwin gingen besonders zwei Stilrichtungen des ausgehenden 19. Jhs. zurück: so die Wiederbelebung des → Queen-Anne-Stils und die sogenannten ›anglo-japanischen‹ Möbel. Seit 1862 stand er unter dem Einfluß der japanischen Kunst und stattete sein Haus in Bristol im – wie er meinte – japanischen Stil aus. Kahle Fußböden, kaum Teppiche, weiße Wände und als Dekoration japanische Holzschnitte und einige einfache Möbel im Queen-Anne-Stil des frühen 18. Jhs. Die Wirkung war sicherlich frappierend frisch und klar.
Nach 1868 wandte er sich mehr und mehr dem Entwurf von Möbeln, Tapeten, Teppichen und weiteren Einrichtungsgegenständen zu. Zusammen mit Whistler entwarf er die ›Butterfly Suite‹, eine Innenausstattung für die Pariser Ausstellung von 1878. 1884 erhielt er von Oscar Wilde den Auftrag, sein Haus in der Tite Street, Chelsea, neu auszustatten.
Godwins Entwürfe brachen mit dem Historismus des 19. Jhs. Seine Möbel wurden zwar als ›anglo-japanisch‹ bezeichnet, hatten aber mit wirklichen japanischen Möbeln nichts gemein. Godwin war auch nicht bestrebt, dem Handwerk wieder Geltung zu verschaffen (im Gegensatz zu W. → Morris und seinen Freunden). Bei seinen Entwürfen kam es ihm vor allem auf die Wirkung an.
Sein bevorzugtes Material war ebenholzfarben gebeiztes Holz im allgemeinen für rechteckige Felder von maschinengefertigter Regelmäßigkeit, die in Leisten gefaßt angeordnet wurden.

Lit: D. Habron, *The Conscious Stone*, London 1949; Alf Bøe, *From Gothic Revival to Functional Form*, Oxford 1957; E. Aslin, *Nineteenth Century English Furniture*, London 1962 und *The Aesthetic Movement*, London 1969.

Göggingen. Die Fayencefabrik (in der Nähe von Augsburg) arbeitete 1748-52 und stellte Zierkeramik und Gebrauchswaren (bemer-

E. W. Godwin: ebenholzfarben gebeizte Anrichte, ausgeführt von William Wall, um 1867 (Victoria & Albert Museum, London)

Godronierung, engl. Silber, spätes 17. Jh.

Goldene Rose, von Papst Clemens V. dem Fürstbischof von Basel übersandt, frühes 14. Jh. (Musée de Cluny, Paris)

kenswert sind →Enghalskrüge) her, die im Rokoko-Stil mit Mustern in Blau oder anderen Scharffeuerfarben dekoriert sind. Ein fein modelliertes Kruzifix von 1750 befindet sich im Maximilianmuseum, Augsburg. Bei der Schließung der Fabrik wurden die unfertigen Stücke von dem Direktor *Joseph Hackl* (gest. 1760) gekauft, der 1754 eine Fabrik in der Nähe von Friedberg gründete, wo ähnliche Gegenstände bis um 1768 gemacht wurden.

Lit: K. Hüseler, *Deutsche Fayencen*, Stuttgart 1956-58; A. Klein, *Deutsche Fayencen*, Braunschweig 1975; D. Krauss u. R. Simmenmachen, *Gögginger Fayencen*, Ausst. Kat. Göggingen 1982.

Gold. Seit sehr früher Zeit als das wertvollste Metall angesehen. Es wird an verschiedenen Stellen der Erde gefunden, sei es als Ader in Felsgesteinen, sei es in einer natürlichen Legierung mit Silber als →Elektrum oder auch als Blättchen, Staub oder in Klumpen. Gold hat eine einzigartige Dehnbarkeit (aus 1 g Gold läßt sich ein 3 km langer Draht von 0,006 mm Durchmesser ziehen), Hämmerbarkeit (man kann es zu Blattgold von 0,000125 mm Dicke schlagen) und Beständigkeit (es schmilzt bei 1063 Grad Celsius und behält sogar dann seine Eigenart). Diese Eigenschaften im Zusammenwirken mit seiner Seltenheit erklären den Wert, der dem Gold beigemessen wird, und die mystischen Kräfte, die man ihm früher zuschrieb. In reinem Zustand ist Gold viel zu weich und eher zu schwer zur Verarbeitung als Gerät, darum wird es zu diesem Zweck mit anderen Metallen in unterschiedlichem Verhältnis legiert (reines Gold hat 24 Karat, eine Halb- und Halblegierung hat 12 Karat; die besten gebräuchlichen Legierungen haben gewöhnlich 18 oder 22 Karat). Die Farbe des Goldes richtet sich nach der für die Legierung verwendeten Beimischung: Kupfer erzeugt eine rötliche, Silber eine blaßgrünliche Tönung; eine Mischung von Kupfer und Silber macht das Gold viel gelber als reines Gold, Platin läßt es silbrig aussehen (eine 25%-Platin- und 75%-Gold-Legierung ergibt 18karätiges Weißgold). Diese Farbvarianten sind von den Goldschmieden genutzt worden, um ästhetische Wirkungen zu erzielen, mitunter, indem verschiedene Gold-Legierungen an einem Stück zusammen verarbeitet wurden, wie etwa auch bei französischen Schnupftabaksdosen des 18. Jhs. Wie Silber kann man auch Gold formen oder durch →Gravieren, →Treiben oder →Emaillieren verzieren. Obwohl reines Gold gelegentlich für liturgische Gefäße und profanes Tafelgerät verwendet wurde (z. B. das Salzfaß von B. →Cellini), ist es in neuer Zeit meistens für Juwelierarbeiten, kleine Dosen u. ä. genutzt worden. An größeren Gegenständen erscheint Gold meist als →Vergoldung auf Metall, Holz oder Porzellan.

Lit: C. H. V. Sutherland, *Gold. Its beauty, power and allure*, London 1959; H. Pohl, *Gold*, Stuttgart 1958; E. Brepohl, *Theorie und Praxis der Goldschmiede*, Leipzig 1973; A. Lipinsky, *Oro, argento, gemme e smalti i technologia delle arti dalle origini alla fine del medievo 3000 v. Chr. bis 1500*, Florenz 1975; G. Schack, *Deutsche Goldschmiedekunst*, Hanau 1976.

Goldene Rose. Eine Vase mit einem goldenen Rosenzweig, die der Papst jährlich am Rosensonntag, dem vierten Fastensonntag, einem um die Kirche besonders verdienten Herrscher verlieh. Eine der frühesten auf uns gekommenen ist die, die Clemens V. am Anfang des 14. Jhs. dem Fürstbischof von Basel übersandte (Musée de Cluny, Paris); ein anderes hervorragendes Exemplar aus älterer Zeit ist das von Pius II. 1459 der Stadt Siena verliehene (Palazzo Communale, Siena). Zu den späteren gehört die ›Goldene Rose‹, die Pius VII. der österreichischen Kaiserin übersandte (Schatzkammer, Wien) und die, die Pius X. 1856 der Kaiserin Eugénie verlieh (St. Michael's Abbey, Farnborough).

Goldenes Hornware →Iznik

Goldglas →Fondi d'oro; Zwischengoldglas

Goldlegearbeit. Eine Stickereitechnik, bei der der Grund mit Goldfäden belegt wurde. Darauf wurden mit bunten Seidenfäden Ornamente, Architekturen und Figuren gestickt, wobei das Gold stellenweise durchschimmert wie der Goldgrund eines Bildes. Die Technik ist wahrscheinlich italienischer Herkunft und von der Mitte des 14. Jhs. an bis ins 18. Jh. angewendet worden, z. B. auf den Paramenten mit dem Leben Johannes' des Täufers, die von Paolo da Verona u. a. nach einem Entwurf des

A. del →Pollaiuolo gestickt worden sind (Museo dell'Opera del Duomo, Florenz).

Goldprägung. Schmucktechnik bei der Lederverarbeitung, insbesondere in der Buchbinderei. Die Zeichnung oder die Buchstaben werden gedruckt, geprägt oder in anderer Weise in die Oberfläche eingedrückt. Das Blattgold wird mit heißen Prägestempeln aufgetragen. Wenn kein Gold aufgetragen wird, nennt man die Technik Blinddruck und →Blindprägung. Goldprägung wurde im 15. Jh. in Italien eingeführt. Sie war keine europäische Erfindung, sondern wurde aus der islamischen Welt übernommen. In Marokko wurde sie bereits 1256 und in Persien um die Mitte des 14. Jhs. angewendet. (Das Vergolden von gepreßtem Leder mit flüssiger Goldfarbe ist eine andere Technik und wurde schon lange in Persien und Nordafrika praktiziert.) Die Technik der Goldprägung kam über Venedig kurz nach 1450 und über Neapel um 1475 nach Europa. Der islamische Einfluß aus dem Mittleren Osten war stark spürbar in Venedig, während der maurische und nordafrikanische Einfluß in Neapel vorherrschte. Der frühestes europäische lederne Bucheinband mit Goldprägung ist – soweit bekannt – um ein Manuskript von Strabos ›Geographia‹ (heute in der Bibliothèque Rochegude in Albi), das 1459 in Padua geschrieben und als Geschenk für König René von Anjou bestimmt war.

Goldschlägerei. Das Verfahren zur Herstellung von Blattgold. Reines Gold läßt sich wegen seiner relativen Weichheit zwischen Lagen von Goldschlägerhaut (Dickdarm der Rinder) durch Schlagen von Hand mit einem Holzhammer zu Folien von nur 0,000125 mm Stärke strecken. Sie dienen zum Vergolden von Skulpturen, Möbeln usw. In einem ähnlichen Verfahren wird auch Blattsilber hergestellt.

Gole oder **Golle, Pierre** (um 1620-84). Geboren in Holland, ließ sich um 1643 in Paris nieder und wurde einer der führenden Möbeltischler des →Louis-quatorze. Ab etwa 1653 arbeitete er bei der Manufacture des →Gobelins, und 1656 wird er als ›menuisier en ébène et ordinaire du Roi‹ erwähnt. Er spezialisierte sich auf prunkvolle Möbel mit reichem Schnitzdekor, Einlegearbeiten und floraler Marketerie und wurde dafür von dem Kardinal Mazarin gefördert und mit einer großen Zahl von Kabinett- und Schreibschränken, Tischen und anderen Möbelstücken für Versailles beauftragt. D. →Cucci und A.-Ch. →Boulle waren seine Konkurrenten. Einige seiner Stücke konnten identifiziert werden. Sein jüngerer Bruder Adriaan (gest. 1697) war Möbeltischler in Amsterdam und der Schwiegervater von D. →Marot. Sein Sohn Corneille ließ sich nach 1689 in London nieder und arbeitete als Möbeltischler für William III.

Lit: Th. H. Lunsingh Scheurleer in *The Burlington Magazine*, Juni 1980, S. 380-394.

Gomrun, Gombron oder **Gombroon ware.** Im 17. und 18. Jh. englische Bezeichnung für orientalische Frittenware (→Porzellan), die nach dem Hafen Gomrun (heute Bandar Abbas) am Persischen Golf genannt wurde, wo die Ostindische Kompanie eine Handelsstation hatte und von wo chinesische wie auch persische Keramik nach Europa versandt wurde. Der Ausdruck wird jetzt speziell für eine bestimmte Art persischer Keramik aus dem 16. und 17. Jh. (genauer Ursprung unbekannt) mit einem sehr harten, weißen und dünnen, fast durchscheinenden Scherben gebraucht. Verzierungen sind auf Krügen, Kannen, Kummen und Tellern unter der Glasur eingeritzt, zuweilen verbunden mit einem →Reiskorndekor und mitunter mit blauer und schwarzer Malerei.

Lit: Ausst. Kat. *Islamische Keramik*, Hetjens-Museum Düsseldorf 1973.

Gondelach, Franz (1663-1717). Führender deutscher Glasschneider des Barock, der 1695-1717 am Hofe des Landgrafen von Hessen-Kassel arbeitete. Er war ein Meister des ›Hochschnitts und schuf u. a. hervorragende Pokale, die er mit Porträts oder kunstvollen Darstellungen von Putti, Bacchanten etc. verzierte, die sich zwischen Muscheln und Akanthusblattwerk tummeln.

Lit: G. E. Pazaurek, *Franz Gondelach*, Berlin 1927.

Gondelsessel →Fauteuil en gondole

Goodison, Benjamin (gest. 1767). Einer der besten englischen Möbeltischler des frühen →Georgian style, aber seine Arbeiten waren nicht ganz so elegant wie die von W. →Hallet. Er spezialisierte sich auf teilvergoldete Mahagonimöbel – in seinen kühnen Entwürfen sich an Arbeiten von W. →Kent anlehnend – mit etwas schwerfälligen, aber effektvollen Orna-

Franz Gondelach: Glasflasche mit geschnittenem Dekor, um 1715 (Staatliche Kunstsammlungen, Kassel)

menten; sein Lieblingsmotiv waren gegenläufige Akanthusvoluten in einer Muschel, einer Krone oder einem Federbuschen zusammentreffend. Seit 1727 arbeitete er für den Hof. Einige seiner Stücke sind erhalten geblieben und befinden sich in Hampton Court und in Windsor Castle. Nach seinem Tod wurde seine Werkstatt bis 1783 von *Benjamin Parran* weitergeführt.

Lit: G. Beard in *Burlington Magazine*, Juli 1977, S. 479.

Gorbunowo. Russische Porzellanfabrik bei Moskau, um 1800-06 von einem Engländer mit Namen *Charles Milly* gegründet und später Eigentum von *A. Popoff.* Sie arbeitete bis 1872. Ihre beste Zeit war 1812-25, als sie mit den Erzeugnissen von →Gardner konkurrieren konnte. Sie nahm auch Gardners Stil an, vor allem in ihren Figürchen von russischen Bauern.

Gördes-, Türkischer- oder **Symmetrischer Knoten.** Der Knoten, der gewöhnlich für den Flor türkischer, kaukasischer, englischer und einiger persischer Teppiche benutzt wird. Er ist symmetrisch um zwei nebeneinanderliegende Kettfäden geschlungen. Er kann nicht bei besonders feinen, dicht geknüpften Teppichen angewendet werden.

Gördes-Teppiche →Türkische Teppiche

Gori, Lamberto Cristiano (1730-1801). Berühmtester →Scagliola-Künstler. Er lernte bei Don Enrico Hugford (1695-1771) in Vallombrosa. Hugford hatte die Scagliola-Arbeit von einer rein dekorativen zu einer malerisch-darstellenden Kunst entwickelt, wobei er sich auf pittoreske Veduten spezialisierte. Gori bediente sich anderer Motive – Blumenstücke, Porträts u.ä. – machte aber auch Tischplatten mit Einsatzbildern und manchmal Stilleben, die Trompe l'œils nahekamen. Er wurde sehr von Großherzog Pietro Leopoldo gefördert. Beispiele seiner Arbeiten befinden sich im Palazzo Pitti und im Opificio delle Pietre Dure, Florenz.

Gorovan →Persische Teppiche

Gotha. Die Porzellanfabrik wurde 1757 gegründet und zeichnete sich hauptsächlich durch die sehr feinen Dekore aus, zuerst im Rokokostil, aber dann mehr und mehr in klassizistischer Art. In ihren Formen lehnte sich die Fabrik hauptsächlich an →Fürstenberger Porzellan an. Kleine Kaffeeservice waren eine Spezialität. Die Fabrik bestand bis ins 19. Jh. Im späten 19. Jh. wurden weitere Porzellanfabriken in Gotha errichtet.

Lit: H. Scherf, *Thüringer Porzellan*, Leipzig 1980.

R

Gotha ab 1780

Gothic Revival, englische Neugotik. Die frühesten Zeugnisse des Gothic Revival in der dekorativen Kunst sind die unter dem Einfluß von Männern der High Church wie Lancelot Andrewes von etwa 1615 bis 1640 in England entstandenen Kelche im Stil des 15. Jhs. Sie dienten einem eminent ernsthaften Zweck, nämlich auf die Apostolische Nachfolge der Anglikanischen Kirche hinzuweisen. Der gotische Stil wurde dann erneut in England im 18. Jh. wiederbelebt, jedoch aus dekorativen und oberflächlich sentimentalen Gründen. Diese Wiederbelebung fing bei der Architektur an, hauptsächlich mit Gartengebäuden von sehr bescheidener Art, mitunter Pseudoruinen. B. →Langley veröffentlichte 1742 eine weltbekannte Serie von höchst unmittelalterlichen Entwürfen unter dem Titel ›Gothic Architecture Improved‹. 1750 fingen W. und J. Halfpenny an, ihre kleinen Baumusterbücher herzustellen mit Entwürfen für Sommerhäuser im gotischen und im chinesischen Stil und manchmal mit einer Mischung aus beiden. Die ersten Möbel in englischer Neugotik waren wahrscheinlich für solche Gebäude bestimmt. Zur Modeerscheinung wurde das Gothic Revival durch Horace Walpole in Strawberry Hill (1750-70), wo man einen Versuch der stärkeren Annäherung an die mittelalterliche Gotik unternahm. So lieferte z. B. das Grab eines Erzbischofs das Vorbild für eine Kamineinfassung, eine Fensterrose das Muster für eine Stuck-

Der ›extravagante Stil moderner gotischer Möbel und Dekorationen‹, aus Pugins ›The True Principles of Pointed or Christian Architecture‹, 1841

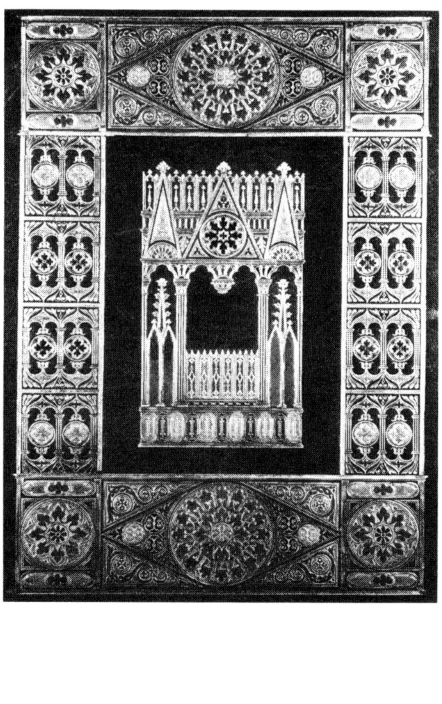

Neugotischer Bucheinband, französisch, um 1830 (Musée des Arts Décoratifs, Paris)

Gothic Revival: Sessel, englisch, um 1760 (Privatsammlung)

decke. Gotisches Maßwerk wurde auf Tapeten gedruckt, ein oktagonales Kapitelhaus wurde auf die Maße eines Wohnzimmers reduziert. In den 60er Jahren des 18. Jhs. brachten R. →Adam, T. →Chippendale u. a. gotisches Maßwerk, Zinnen und Krabben an Stühlen, Kabinettschränken, Bücherschränken u. ä. an. Diese Möbel hatten im übrigen ›normale‹ Formen im →Georgian style. Silberne Leuchter wurden auf ähnliche Art mit gotischen Motiven verziert. Auf dem europäischen Festland gab es vor dem Ende des 18. Jhs. kaum Äußerungen einer Wiederbelebung der Gotik, wenn man einmal absieht von dem bekannten, von G. D. Tiepolo freskierten Zimmer in der Villa Valmarana bei Vicenza, um 1757, und einer Reihe von Gartenhäusern in Deutschland und Frankreich. Im frühen 19. Jh. entwickelte Frankreich eine nationale Variante der Neugotik im sogenannten →Troubadour-Stil, und Italien folgte mit dem →Dantesken Stil. Möbel und Arbeiten in Silber und Bronze, die mit gotischen Motiven dekoriert waren – im Detail oft ›korrekt‹, doch stets falsch angewendet – wurden in den meisten europäischen Ländern bis in die 60er Jahre des 19. Jhs. hergestellt. Aber eine Reaktion gegen diese Art von Neugotik entstand in den 30er Jahren in England durch A. W. N. →Pugin, der gegen den Mißbrauch architektonischer Details protestierte und selbst Möbel, Kirchengerät und Schmuck entwarf, die streng auf mittelalterlichen Vorbildern basierten. Ihm folgten in England der phantasievollere W. →Burges und der puristischere W. →Morris und seine Anhänger. In Frankreich schlug E. →Viollet-le-Duc einen ähnlichen Weg ein, doch hinderte ihn das nicht daran, Interieurs für Eisenbahnwaggons im gotischen Stil des 15. Jhs. zu entwerfen.

Lit: Engelbert Kirschbaum, *Deutsche Nachgotik,* Augsburg 1930; K. Clark, *The Gothic Revival. An Essay in the History of Taste,* London 1928, durchges. Ausg. 1950; G. German; *Gothic Revival in Europe and Britain,* Cambridge, Mass. 1972; ders., *Neugotik. Geschichte ihrer Architekturtheorie,* Stuttgart 1974.

Gotik. In der Architektur der Stil, der durch den Spitzbogen, das Rippengewölbe und den Strebebogen gekennzeichnet ist – ein Stil, der zum erstenmal vollausgeprägt in der Abtei von St. Denis, 1140-44, erscheint. Die dekorativen Künste folgten diesem Übergang von der monumentalen, kompakten und ernsten →Romanik zu einem Stil, oder treffender einer Reihe von Stilen, deren Grundtöne Leichtigkeit, Transparenz und Kompliziertheit sind: Die Skulptur wird eleganter und weniger robust, die Malerei zunehmend komplizierter in der Komposition, und die verwendeten Farben erinnern an die von Edelsteinen. Es ist kein Zufall, daß viele der schönsten Äußerungen der gotischen Kunst auf dem Gebiet der →Glasmalerei liegen. Ein Vergleich zwischen romanischen und gotischen Schreinreliquiaren macht den Gegensatz der beiden Stile deutlich:

Gotik: Dornreliquiar, Gold, Goldemail und Edelsteinbesatz, französisch, spätes 14. Jh. (British Museum, London)

Die romanischen haben eine architektonische Festigkeit, die den Gedanken nahelegt, daß die Handwerker, die sie gemacht haben, ebensogut fähig gewesen wären, eine Kathedrale zu bauen, während die gotischen Miniatur-Qualität haben und in etwas verspielter Art die großen Konzeptionen der Baumeister von Amiens und Chartres nachahmen. Architekturmotive – der offene oder der Blendbogen mit Maßwerk, Zinnen, Krabben, hängenden Schlußsteinen – wurden als Verzierung von Gold- und Silberarbeiten sowie bei Holzschnitzereien ausgiebig angewendet. Sie folgten dabei der Entwicklung der Architektur von der relativen Einfachheit der Frühgotik des 12. und 13. Jhs. bis hin zur Kompliziertheit des Flamboyantstils des 15. und 16. Jhs. Entsprechend richteten sich die in Email oder in Relief dargestellten Figuren nach der Stilentwicklung der großformatigen Skulptur und Malerei. Der Unterschied zwischen Künstler (Architekt, Bildhauer oder Maler) und Handwerker (Bronzegießer, Silberschmied, Elfenbein- oder Holzschnitzer, Teppichwirker usw.) wurde zunehmend deutlich, nicht in der Qualität der Arbeiten, sondern in der Fähigkeit, stilistische Entwicklungen einzuleiten. Kein Handwerker der Gotik nimmt einen Platz ein, der in seiner historischen Bedeutung mit dem von →Godefroid de Huy in der Romanik zu vergleichen wäre.

Viele der schönsten erhaltenen Beispiele dekorativer Kunst der Gotik bestehen aus Metall. Viel silbernes Kirchengerät ist überkommen – Reliquiare, Monstranzen, Kelche, Patenen, Meßkännchen u.ä.; die Objekte sind reich gestaltet und oft mit Email verziert. Im Anfang der Gotik wurde die Grubenschmelz-Technik (›champlevé‹) beim Email in →Limoges und

Gotik: Die ›Studley Bowl‹, Silber vergoldet, englisch, spätes 14. Jh. (Victoria & Albert Museum, London)

Gotisches Ostensorium aus Voghera, Silber vergoldet und emailliert, 1456 (Castello Sforzesco, Mailand)

Gotischer Thron des Königs Martin von Aragon, Silber vergoldet, um 1400 (Kathedrale von Barcelona)

Gotische Seide aus dem Kloster Lüne, italienisch, spätes 14. Jh. (Museum für Kunst und Gewerbe, Hamburg)

andernorts noch angewendet, aber im 14. Jh. wurden transluzide Emails beliebter (einige der schönsten an dem von →Ugolino di Vieri geschaffenen Reliquiar in der Kathedrale von Orvieto). Silber- und Bronzegeräte für den profanen Gebrauch waren seltener, obwohl zeitgenössische Inventare eine Fülle davon in großen Häusern bezeugen. Erhaltene Stücke, wie französische →Schiffe und englische Salzfässer scheinen eher wegen des künstlerischen Werts ihrer kostbaren Formen als wegen ihres Materialwerts bewahrt worden zu sein. Ähnlich bei den Möbeln: Die meisten erhaltenen Stücke sind kostbar gearbeitet und wirken zeremoniell, z. B. der übermäßig mit Maßwerk und Krabben verzierte Silberthron König Martins von Aragon (Kathedrale von Barcelona), der englische Krönungsstuhl (Westminster Abbey) und der sogenannte Thron von Alfonso V. von 1470 (Museu Nacional de Arte Antigua, Lissabon). Von den sehr viel einfacheren, aber kaum weniger steifen und unbequemen Möbeln, die auf Bildern des 14. und 15. Jhs. erscheinen, sind sehr wenige Beispiele erhalten, und da der Geschmack sich bei Mobiliar sehr langsam wandelte, können diese wenigen leicht aus viel späterer Zeit stammen. Der gotische Palast oder das Haus des reichen Kaufmanns verdankten ihren Glanz nicht den hölzernen Möbeln, sondern den reichen Geweben, mit denen sie bedeckt waren, und dem massiven Silbergeschirr, daß darin ausgestellt

→Lucca und →Venedig zugeschrieben. Bei den Stickereien war England führend in Europa, und zwar durch die Herstellung von →Opus Anglicanum-Gewändern, die auf dem ganzen europäischen Festland berühmt waren.
In den dekorativen wie auch in den schönen Künsten begann die Gotik im Italien des 15. Jhs. der Renaissance zu weichen. Wesentlich länger hielt sie sich in Nordeuropa, wobei sie sich sogar reicher und raffinierter entwikkelte und besonders bei Kirchengeräten, bis tief ins 16. Jh. lebendig blieb.

Gotischer Schreibtisch, geschnitzt, Nußbaumholz, aus dem Kloster Wettingen, spätes 15. Jh. (Schweizerisches Landesmuseum, Zürich)

wurde. Truhen mit geschnitzten Reliefs von gewappneten Rittern, die unter gotischen Bögen stehen (z. B. die Truhen im Musée de Cluny, Paris) oder mit Reliefs von Rittern beim Turnier (Victoria & Albert Museum, London) waren gewiß immer selten. Kleinere Gegenstände des häuslichen Bedarfs, vor allem Elfenbeinkästchen, Spiegelrahmen und auch Kämme waren häufig geschnitzt und zeigten höfische Themen. Sie stammten entweder aus dem täglichen Leben (modisch gekleidete Paare, die Schach spielen oder mit Falknerei beschäftigt sind) oder allegorische Themen (z. B. die Erstürmung der Liebesburg). Die große Mehrheit der gotischen →Elfenbeinschnitzerei stellt jedoch religiöse Inhalte dar.
Die Kunst der Teppichwirkerei erreichte in der gotischen Zeit ihren Höhepunkt in Frankreich. Ihre Hauptzentren waren →Paris, →Tournai und →Arras. Die Inhalte waren religiös (Apokalypse von Arras), höfisch oder auf eine umständliche und heute verwirrende Art allegorisch (die Folge ›Dame mit dem Einhorn‹ im Musée de Cluny, Paris). Die Hauptzentren für Seidenstoffe waren in Italien: Ihre schönsten Erzeugnisse zeigen eine seltsame Mischung von europäischer Heraldik und orientalischen Motiven und werden – auf Grund sehr dürftiger Beweismittel – im allgemeinen

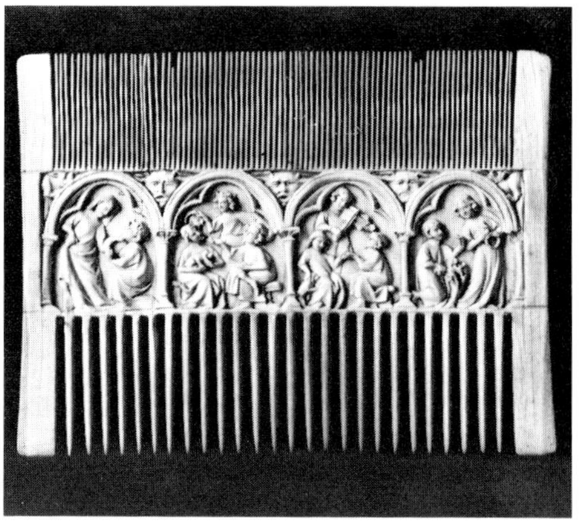

Gotischer Elfenbeinkamm, französisch, 14. Jh. (Museo Nazionale del Bargello, Florenz)

Gotzkowsky, Johann Ernst →Berliner Porzellan-Manufakturen

Gouda, Keramikfabrik ›Zuid Holland‹. Die Firma wurde 1898 gegründet und war eine der führenden Keramikfabriken Hollands, bis sie 1965 geschlossen wurde. Th. →Colenbrander arbeitete dort 1912/13 als Designer. Später wurde das Design von →De Stijl beeinflußt, und der Dekor wurde vorwiegend geometrisch.

Gouthière, Pierre (1732-1812/14). Berühmter →Fondeur-doreur unter Ludwig XVI., Spezialist für höchst kunstvoll ziselierte vergoldete →Bronzes d'ameublement und für jene äußerst eleganten Beschläge in Form von Blüten- und Blättermotiven, wie man sie bei J.-H. →Rieseners Möbeln findet. Er vervollkommnete (und erfand vermutlich) ein Verfahren des Quecksilbervergoldens, mit dessen Hilfe Teilen einer Goldbronze ein matter Schimmer verliehen werden konnte, der sie mit den hochglanzpolierten Teilen konstratieren ließ und die Gesamtwirkung beträchtlich erhöhte. 1758 wurde er ›maître-doreur‹, konnte sich aber erst 1770 einen Namen erwerben mit seiner Arbeit für Madame Dubarrys Schloß in Louveciennes. Seine Kunden waren säumige Zahler, weshalb er 1788 bankrott ging. Die Französische Revolution vervollständigte seinen finanziellen Ruin, und er starb in Armut. Seine Bronzen signierte er nur selten; die meisten mit seinem Namen signierten Objekte sind Fälschungen. Echte Exemplare – wie die ›Avignon‹-Uhr, Marie Antoinettes Wandleuchter in Fontainebleau und das Räuchergefäß des Duc d'Aumont in der Wallace Collection, London – sind äußerst rar. Er arbeitete vermutlich weniger

Gotischer Vorratsschrank, Eiche, englisch, 15.-16. Jh. (Victoria & Albert Museum, London)

P. Gouthière: die ›Avignon-Uhr‹, vergoldete Bronze, entworfen von L.-S. Boizot, Werk von P. Delunésy, 1771 (Wallace Collection, London)

häufig für Ebenisten, als man ursprünglich annahm; eine Zusammenarbeit mit Riesener ist nicht nachweisbar, während er mit an Sicherheit grenzender Wahrscheinlichkeit mit A. →Weisweiler zusammengearbeitet hat. *Siehe auch Abb. S. 114, 310.*

Lit: J. Robiquet, *Gouthière, Sa Vie – Son Œuvre,* Paris 1912.

Gouyn, Charles →Chelsea-Porzellanfabrik; ›Girl in a swing‹-Porzellan

Goyer, Jean (geb. um 1725-30). Sohn des Pariser Möbelschreiners *François Goyer* (gest. 1763). Er absolvierte zwar eine Lehre als Bronzegießer, wurde aber 1760 ›maître →ébéniste‹. Goyer spezialisierte sich auf Uhrengehäuse und beschäftigte illegal Bronzegießer in seiner Möbelwerkstatt. Seine beste Arbeit ist ein sehr großer, ungewöhnlicher Sekretär, den er zusammen mit A. →Dubois schuf und der sich heute in Waddesdon Manor, England, befindet.

Lit: S. Eriksen, *Early Neo-Classicism in France,* London 1974.

Grainger, Lee & Co. →Worcester

Grainger, William (tätig 1616). Englischer Zinngießer, berühmt, weil er einen von ihm gegossenen Zinnleuchter mit Reliefarbeit (der unter der Bezeichnung ›Grainger candlestick‹ bekannt ist) mit vollem Namen und der Jahreszahl 1616 signiert hat (Victoria & Albert Museum, London). Er war Meister der Pewterer's Company in London. Eine Zinnschale auf einem hohen Piedestal in der St. Mary's Church, West Sheffield, Berkshire, wird ihm zugeschrieben.

Granada-Keramik →Málaga

Granatapfelmotiv. Der Granatapfel gilt als Symbol für Fruchtbarkeit und Reichtum. Das Motiv kommt aus dem östlichen Mittelmeerraum, hält sich in der islamischen Zeit (vor allem auf Keramik und Textilien) und tritt in Westeuropa seit dem Mittelalter auf. Man findet den Granatapfel stark stilisiert vor allem auf Textilien. Als Relief, z. B. bei Holzschnitzereien, und vollplastisch, z. B. als Daumenauflage an Griffen oder Füßen von Silbergeräten vor allem im 17. Jh., ist er oft sehr naturalistisch dargestellt.

Lit: R. Reichelt, *Das Granatapfelmotif in der Textilkunst,* Berlin 1956.

Granite ware. Bezeichnung von zwei Arten englischer Töpfereiwaren im 19. Jh. (1) Mit →Bleiglasur in Blau oder Grau angespritzte Tonwaren, die Granit gleichen sollten und von →Wedgwood und mehreren Töpfereien in →Staffordshire hergestellt wurden. (2) Ein kräftiges, hartes, weißes Keramikerzeugnis, das strapazierfähig und deshalb für den Gebrauch z. B. an Bord eines Schiffes und für lange Transportwege gedacht war. Es wurde von der Fabrik in →Davenport und anderen Unternehmen seit etwa 1850 hergestellt.

Grassi, Anton →Wien

Gravierung, Gravur. Das Eingraben von Zeichnungen oder Schrift mit einem Stahlstichel in eine Metalloberfläche, sei es, um u. a. Gerät aus Silber oder Gold zu verzieren, sei es, um eine Platte, z. B. aus Kupfer, für den Druck zu bearbeiten (→Stich).

Gray, Eileen (1879-1976). Irische Architektin, Möbelentwerferin und Lackkünstlerin. 1907 ging sie nach Paris und arbeitete dort zunächst für den japanischen Lackkünstler Sagawara. Die ersten Arbeiten waren ausschließlich Unikate. Bei der Ausstellung der Pariser ›Union des Artistes Modernes‹ 1922 hatte sie mit ihren Exponaten so viel Erfolg, daß sie eine Werkstatt einrichten konnte, in der ihre Entwürfe ausgeführt wurden. Ihre Arbeiten kann man

E. Gray: Beistelltisch, um 1929 (Privatsammlung)

fast ausnahmslos dem →Art-Deco-Stil zuordnen. Sie entwarf Tische, die von lotosblütenförmigen Stützen getragen werden, Wandschirme mit figürlichem Dekor geschmückt oder aus einfarbigen, lacküberzogenen Rechtecken in Schachbrettmuster bestehend, und vieles mehr. 1927 begann sie mit Architektur- und Möbelentwürfen in äußerst eleganter und sparsamer moderner, von →Le Corbusiers Arbeiten beeinflußter Linienführung. Das gilt besonders für die Villa Roquebrune und ihre Innenausstattung (1927-29). Auf der Internationalen Pariser Ausstellung von 1937 zeigte sie in Le Corbusiers ›Pavillon des Temps Nouveaux‹ den Entwurf für ein anspruchsvolles Ferienzentrum.

Lit: S. Johnson, *Eileen Gray: Designer 1879-1976*, London 1979.

Grebner, Georg Friedrich (tätig 1718-41). Maler, möglicherweise →Hausmaler, der Arbeiten mehrerer deutscher Fayencefabriken dekorierte, vor allem →Nürnberg (1720-30), →Bayreuth (1731-33), →Öttingen-Schrattenhofen (1738-40) und Donauwörth (1741). Er malte Landschaften, florale Motive, Wappen usw., in Nürnberg meist in Blau, sonst überwiegend polychrom. Viele seiner Arbeiten sind signiert und datiert.

Lit: G.E. Pazaurek, *Deutsche Fayence- und Porzellan-Hausmaler*, Leipzig 1925; A. Klein, *Deutsche Fayencen*, Braunschweig 1975.

Greene, Charles Sumner (1868-1957). Amerikanischer Architekt, der in Pasadena, Kalifornien, tätig war und seit 1893 mit seinem Bruder *Henry Mather Greene* (1870-1954) zusammenarbeitete. Sie bauten vor allem Häuser für private Auftraggeber in einem Stil, der Einflüsse von Ph. →Webb und F.L. →Wright zeigte, aber im Laufe der Zeit eine persönliche Note bekam. Das Gamble House (1907-09) in Pasadena gehört zu ihren besten Entwürfen. Es dient heute als Museum für die Arbeiten der Gebrüder Greene. Für wohlhabendere Auftraggeber entwarfen sie jedes Detail der Innenausstattung. Die Möbel sind oft orientalisch – teils chinesisch, teils japanisch – beeinflußt. Sie erinnern zuweilen an die englische →Arts and Crafts-Bewegung, sind aber eleganter, auffallend aufwendig und im allgemeinen auch von besserer handwerklicher Qualität. Ihre wichtigsten Gebäude und Mobiliare stammen aus der Zeit vor 1910.

Lit: R.L. Makinson, *Greene & Greene. Furniture and related designs*, Santa Barbara 1979.

Green, John →Wrotham

Greenwood, Frans (1680-1762). Bedeutender Glasgraveur englischer Abstammung, der in Holland arbeitete. Angeregt durch Schabkunstblätter oder Stiche in Punktiermanier entwickelte er eine Technik des →Stippens auf Glas mit Hilfe eines Diamanten (→Diamantgravur). Seine Motive – Landschaften, Genreszenen, mythologische und Liebesszenen – entnahm er meist druckgraphischen Vorlagen.

Lit: W. Buckley, *Notes on Frans Greenwood*, London 1930.

Fr. Greenwood: Weinglas mit Diamantgravur nach Figuren von J. Callot, 1720 (Victoria & Albert Museum, London)

Grégoire, Gaspard (1751-1846). Ein angesehener Stoffmaler, geboren in Aix-en-Provence als Sohn eines Seidenhändlers. Er malte auf verschiedenen Seidenarten und ist am bekanntesten für kleine Porträts nach alten Meistern auf Samt (Musée des Tissus, Lyon).

Greif. Geflügeltes Fabelwesen antiker Mythologien mit dem Körper eines Löwen und dem Kopf und den Krallenfüßen eines Adlers, das durch die Sage von der Himmelfahrt Alexanders d. Gr. im Mittelalter Eingang in die christliche Ikonographie (→Greifenklaue) und in die abendländische Heraldik fand. Seiner mythischen Bedeutung entkleidet, wurde der Greif seit der Renaissance, unter Rückgriff auf Darstellungen der römischen Antike, zu einem beliebten Motiv der angewandten Kunst vor allem beim Dekor von Möbeln.

Greifenklaue. Im Mittelalter übliche Deutung und Bezeichnung von Hörnern exotischer Tiere, die man für Krallen des sagenhaften Vogels Greif hielt. In reichen Montierungen aus Edelmetall, deren Gestaltung meist auf das Vogelmotiv Bezug nahm, dienten sie als Reliquiare wie als Trinkgefäße, denen man heilsame Kräfte zuschrieb.

Greiner, Gotthelf →Limbach; Wallendorf

Greiner, Johann Georg, Johann Friedrich und **Christian Daniel** →Rauenstein

Grek-Kante →Mäander

Grendey, Giles (1693-1780). Bekannter Londoner Möbelschreiner und Sohn eines Bauern aus Gloucestershire. Er trat 1709 die Schreinerlehre in London an, wurde 1729 Zunftmitglied der Joiners' Company und 1766 Meister. Er betrieb allem Anschein nach ein gutgehendes Exportgeschäft. Eine prachtvolle rot lakkierte Innenausstattung stand bis 1935 im Schloß von Lazcano in Spanien (einige Stücke davon befinden sich heute im Victoria & Albert Museum, London, und im Metropolitan Museum, New York). Für den heimischen Markt fertigte er solide Möbel von guter handwerklicher Qualität an, aber auch besonders hochwertige Stücke in Mahagoni mit Volutendekor. Einige seiner Arbeiten sind signiert.

Lit: A. Coleridge, *Chippendale Furniture,* London 1968; S. Jervis in *Country Life,* 6. Juni 1974.

Grenier, Pasquier (gest. 1496). Führender Unternehmer und Wirker der Wandteppich-Manufaktur von →Tournai, der seit 1459 von Philipp dem Guten, Herzog von Burgund, sehr gefördert wurde. Für ihn stellte er eine besonders prächtige Serie der ›Geschichte Alexanders‹ her, gewirkt mit Woll-, aber auch mit Gold- und Silberfäden (zwei Stücke sind in Rom im Palazzo Doria Pamphili erhalten). Andere Serien sind ›Esther und Ahasverus‹ (Louvre, Paris; Musée Lorraine, Nancy), ›Der Schwanenritter‹ (Museum für angewandte Kunst, Wien; Katharinenkirche, Krakau) und ein Wandbehang mit Holzfällern bei der Arbeit im Wald (Musée des Arts Décoratifs, Paris). Für seine Kompositionen bezeichnend ist die dichte Füllung mit Figuren in reicher spätgotischer Gewandung. Seine Söhne, vor allem *Jean* (gest. 1518) erbten seine Kartons und setzten die Arbeit in der Manufaktur fort.

Lit: R.-A. Weigert, *French Tapestry,* London 1962.

Grenzau →Westerwald

Grès →Steinzeug

Grès de Flandres, franz. Flandrisches Steinzeug. Alter Name für →Rheinisches, insbesondere für →Raerener Steinzeug.

Greyhound jug, engl., Windhundkrug. Ein Keramikkrug mit einem Henkel in Form eines Windspiels, der im 19. Jh. in mehreren Fabriken in England wie in den Vereinigten Staaten hergestellt wurde; in Amerika bekannt als ›Hundehenkelkrug‹ (hound-handled pitcher).

Gribelin, Simon (1661-1731). Entwerfer; Hugenotte, Sohn eines Uhrmachers aus Blois, der sich um 1680 in London niederließ. 1686 wurde er Mitglied der Uhrmacher-Zunft. Seine Entwürfe wurden in ›A Book of Several Ornaments‹, London 1682, und ›Livre D'Estampes de Sim. Gribelin‹, London 1722, veröffentlicht. Obwohl seine Entwürfe hauptsächlich Uhren betrafen, bedeuteten sie Anregungen für die hugenottischen Silberschmiede in London – besonders für P. de →Lamerie und S. →Courtauld. In vielen ihrer Stücke wurden Verzierungen in seinem Stil und manchmal direkt nach seinen Vorlagen graviert.

Lit: C. Oman in *Apollo,* 1957, S. 218-221; Y. Hackenbrock in *The Connoisseur,* Juni 1968.

Gricc oder **Gricci, Giuseppe** (gest. 1770). Florentiner, einer der begabtesten und originellsten Porzellanmodelleure seiner Zeit. Er kam 1738 als Bildhauer nach Neapel, war seit der Gründung der Fabrik in →Capodimonte im Jahre 1743 dort Modellmeister und ging 1760 mit der Fabrik nach →Buen Retiro. Seine zwei Meisterstücke sind die Porzellanzimmer in Capodimonte (1757-59) und Aranjuez (1760-65) mit ihren vielen Reliefs von Chinesenfiguren und phantastischen Kronleuchtern. Eine signierte Madonna befindet sich im Metropolitan Museum of Art, New York. Figuren der →Commedia dell'Arte von großer Lebendigkeit und einer etwas weniger affektierten Eleganz als die seiner Zeitgenossen in Deutschland werden ihm zugeschrieben. Seine Figuren von Straßenhändlern, Fischern und sogar einige religiöse Darstellungen, vor allem eine große Pietà-Gruppe (Villa Floridiana, Neapel,

G. Grendey: Liegebett aus Buchenholz mit Gold- und Silberlackierung auf rotem Grund, 1730 (Victoria & Albert Museum, London)

und Museo Municipal, Madrid) sind eindrucksvoll. Seine Söhne *Carlos* (gest. 1795) und *Felipe* (gest. 1803) waren seine Nachfolger in Buen Retiro.

Lit: F. Stazzi, *L'arte della ceramica Capodimonte*, Mailand 1972; V. de Martini in *Civiltà dell'700 a Napoli 1734-1799*, Ausst. Kat. Neapel 1980.

Griechische Töpferei. Die Kunst, Ton auf der Töpferscheibe zu formen, wurde in der griechischen Welt etwa um 1800 v. Chr. entwickelt, →Kretisch-mykenische Keramik. Diese Arbeiten sind zuweilen mit frei wiedergegebenen Pflanzen und Meerestieren bemalt. In der Folgezeit verloren sich diese Motive; im 10. und 9. Jh. v. Chr. waren abstrakte, geometrische Dekorationen wie Kreise und Bänder, Zickzack, Dreiecke, Schachbrettmuster usw., manchmal mit schematisierten Tier- oder Menschenfiguren, die einzigen Ornamente, die in glänzend braunem Überzug auf den hellfarbenen Ton gemalt wurden, der sogenannte ›Geometrische Stil‹. Zu der Zeit wurden auch die Grundformen der Vasen entwickelt. Die Produktionszentren waren weit zerstreut, jedes mit besonderen Erzeugnissen, in Kleinasien, auf Rhodos, Chios, Zypern und anderen Inseln und natürlich in Athen. Im 8. Jh. kamen stark stilisierte Formen auf, figürliche Darstellungen, Vögel, Fische und Tiere. Im 7. Jh. waren die Vasen mit Figuren im sogenannten orientalisierenden Stil dekoriert. In Korinth machten die Töpfer Flaschen und Krüge in Form von Vögeln und Tieren. Attika wurde im 6. Jh. das Töpfereizentrum für Exportware, die für andere Regionen des Mittelmeeres bestimmt war. Vom frühen 5. Jh. an übte Athen einen beherrschenden Einfluß auf die sich entwickelnden Stile aus.

Die frühen attischen Arbeiten sind in der schwarzfigurigen Technik hergestellt, d. h. der Dekor wird mit →Schlicker dünn auf den fahlen Scherben aufgetragen, wobei das Rot des Schlickers als Schwarz oder Dunkelbraun aus dem Brand herauskommt. Die derart gemalten Figuren wurden mit eingeritzten Linien und dezenter weißer und roter Kolorierung hervorgehoben. Eine vollständige Umstellung in der Technik der Vasenmalerei kam um 530 v. Chr. mit der Einführung des naturalistischeren rotfigurigen Stils, d. h. die Figuren wurden in ihren Konturen und inneren Linien mit Schlikker auf dem rötlichen Scherben umrissen, sodann wurde der ganze übrige Scherben mit schwarzem Schlicker überzogen. Dieser Stil gewann zusehends an Beliebtheit, obwohl auch der schwarzfigurige Stil, vor allem für die panathenäischen Amphoren, noch angewendet wurde. Eine dritte, weißgrundige Technik kam im 6. Jh. auf, wobei die ganze oder ein Teil der Oberfläche mit einem kalkhaltigen, weißen Schlicker überzogen wurde, auf den die Figuren mit eingeritzten Details gemalt waren. Im späten 5. Jh. wurde diese Technik viel angewandt für ›Lekythen‹, die bei Leichenfeiern benutzt und oft in Temperafarben noch zusätzlich bemalt wurden, die heute meist verblaßt sind.

Die Namen mehrerer hervorragender Keramikmaler sind durch ihre signierten Arbeiten bekannt; anderen, stilistisch ausgewiesenen Stücken sind anonyme Bezeichnungen gegeben worden. Unter die berühmten Schwarzfigurenmaler sind der Nessos-(Kentauren-)Maler, der Gorgonen-Maler, Sophilos, Kleitias, alle aus der ersten Hälfte des 6. Jhs., Lydos (tätig um 560-540), der Amasis-Maler (tätig um 560), Exekias (tätig um 550-520) zu zählen. Rotfigurenmaler waren unter anderem Epiktetos (tätig um 520-490), Euphronios (tätig um 515-500), Euthymides (tätig um 520-500), der Kleophrades-Maler (tätig um 500-480), Makron (tätig um 495-480), der Brygos-Maler (tätig um 500-480), Douris (tätig um 500-470), der Berlin-Maler (tätig um 500-470), der Pan-Maler (tätig um 480-450), der Penthesilea-Maler (tätig um 460-440), der Niobe-Maler (tätig um 465-450), der Achilles-Maler (tätig um 460-430), Polygnotos (tätig um 445-430), der Meidias-Maler (tätig um 420-400).

Die von griechischen Töpfern verwandten Gefäßformen sind verhältnismäßig beschränkt. Die ›hydria‹ war als Wasserkanne gedacht, ›amphora‹, ›pelike‹ und ›stamnos‹ als Gefäße für Wein und andere Flüssigkeiten. Die verschiedenen ›krater‹ (Voluten-, Kelch-, Kolonetten- und Glockenkrater) wurden zum Mischen von Wein und Wasser verwendet. Der ›lebes‹, der von einem Ständer gehalten werden mußte, war ein Weingefäß. Der ›psykter‹ wurde als Weinkühler gebraucht; ›kylix‹, ›kantharos‹ und ›skyphos‹ dienten als Trinkgefäße; ›oinochoe‹ war ein Wein-, ›lekythos‹ ein Ölkrug. Das ›alabastron‹ enthielt Salbe oder Körperöl.

Lit: E. Buschor, *Griechische Vasen*, München 1940/1969; E. Simon, *Die griechischen Vasen*, München 1976.

Griemert, Hubert (geb. 1905). Keramikkünstler; 1947-54 hatte er ein Atelier in Schötmar, Lippe, und unterrichtete an der Staatl. Werkschule für Keramik in Höhr-Grenzhausen, lebt heute in Lauf b. Nürnberg. Seine Arbeiten zeigen eine Vorliebe für Gefäße mit verhältnismäßig großem Körper und engem Hals. Berühmt wurde er durch seine Kristallglasuren.

Lit: G. Reineking von Bock, *Meister der deutschen Keramik 1900-1950*, Ausst. Kat. Köln 1978.

Grieniger, Johann Georg →Berliner Porzellan-Manufakturen

Griffen, Smith and Hill pottery. Eine Fabrik in Phoenixville, Pennsylvania, die 1879-90 arbeitete und industrielle →Majolika mit dicken, reich kolorierten Glasuren über ziemlich üppigen Reliefdekoren (Ahornblätter, Blumenkohlköpfe, Muscheln, Seegras usw.) herstellte.

Grill, Andries (gest. 1665), **Anthony** (1600-75) und **Johannes** (1614-78). Augsburger Goldschmiede, die sich um 1631/34 in Amsterdam niederließen. Andries zog später nach Den Haag um, Anthony nach Schweden (1659). Sie arbeiteten im →Ohrmuschel-Stil.

Gripper Axminster →Axminster-Teppiche

Grisaille, franz. Monochrome Malerei, meist in verschiedenen Grautönen, gewöhnlich für ›trompe l'œil‹-Reliefs usw. angewandt.

Groff, Wilhelm oder **Guillielmus de Groff** (um 1680-1742). Bildhauer und Möbelentwerfer. Er wurde in Antwerpen geboren, ging um 1700 nach Paris und arbeitete ab etwa 1708 für die Krone. 1714 fertigte er in Paris eine Bronzestatuette von Max Emanuel, Kurfürst von Bayern, der ihn im folgenden Jahr nach München holte und zum Hofbildhauer ernannte. Groff schuf zahlreiche dekorative Skulpturen für die Innenausstattung und die Gärten der kurfürstlichen Schlösser. Er entwarf auch Möbel, ganz im französischen →Regence-Stil, z.B. ein →Bureau-plat im Schloßmuseum Berchtesgaden. *Johann Michael Höcker* stellte einige Möbel nach Groffs Entwürfen her.

Lit: H. Kreisel, *Die Kunst des deutschen Möbels,* Bd. II, München 1970.

Grohé, Guillaume (1808-1885). Deutscher Möbelschreiner in Paris. Im Zweiten Empire gehörte er dort zu den besten Herstellern von Möbelkopien aller Stilrichtungen. Er und sein Bruder *Jean-Michel Grohé* begannen 1827, sich in Paris als Kunsthändler zu betätigen, aber Guillaume stellte die Firma allmählich auf die Produktion von Möbeln um. Auf der Ausstellung von 1834 zeigten die Brüder Grohé Möbel im neugotischen (→Gothic Revival) und →Ägyptenmode-Stil, aber nach 1861 stellte Guillaume ohne seinen Bruder aus, der sich wahrscheinlich vom Geschäft zurückgezogen hatte. Er spezialisierte sich auf hochwertige Kopien von Möbeln des 18. Jhs. und beschäftigte dafür so qualifizierte Kunsthandwerker wie Liénard, der die Marketerien anfertigte, und Fannières, der für die Bronzebeschläge zuständig war. Im ›Figaro‹ hieß es 1884, daß seine Möbel denen von A.-Ch. →Boulle, J.-H. →Riesener und P. →Gouthière in der Qualität ebenbürtig seien. Zu seinen Auftraggebern gehörten Louis Philippe, Napoleon III. und Kaiserin Eugénie, die vor allem Kopien von Louis-seize-Möbeln von ihm bezog. 1862 begann er, auch Königin Viktoria zu beliefern. Einige seiner Möbel sind erhalten geblieben und befinden sich heute in Fontainebleau, in Compiègne und im Musée Carnavalet, Paris.

Lit: D. Ledoux-Lebard, *Les ébénistes-parisiens (1795-1870),* Paris 1965.

Grolier-Einbände. Französische Einbände des 16. Jhs. für *Jean Grolier,* Vicomte d'Agnisy (1479-1565), der seit 1510 Schatzmeister des Herzogtums Mailand und 1547-65 Generalschatzmeister Frankreichs war. Die Einbände datieren meist zwischen 1520 und 1540, obwohl einige auch später sind, etwa von 1555. Sie wurden von Pariser Buchbindern wie z.B. dem ›Atelier au trèfle‹ hergestellt. Ihr Entwurf entwickelt sich vom einfachen geometrischen Bandwerkmuster zu komplizierten kurvolinearen ineinander verwobenen Mustern, kombiniert mit Arabesken, häufig von Rollwerk gerahmt. Das Bandwerk ist oft farbig, meist schwarz oder rot. Spätere Grolier-Einbände nehmen den Stil der →Fanfare-Einbände des späteren 16. Jhs. vorweg, dagegen sind sie zurückhaltender als die gleichzeitigen →Maioli-Einbände.

Lit: H.M. Nixon, *Bookbindings from the Library of Jean Grolier,* London 1965.

Gropius, Walter →Bauhaus

Gros bleu →Fondporzellan

Großbreitenbach. Eine Thüringer Porzellanmanufaktur, 1778 durch Anton Friedrich von Hopfgarten gegründet, 1782 dann an Gotthelf Griener verkauft, der zehn Jahre zuvor die →Limbach-Porzellanmanufaktur gegründet hatte. Sie blieb bis 1869 im Familienbesitz der Grieners; ihre Produkte sind nur schwer von denen der Limbacher Manufaktur zu unterscheiden.

Grosso, Niccolò (tätig um 1500). Einer der wenigen identifizierbaren Eisenschmiede der Renaissance. Er war Florentiner und hatte den Spitznamen ›Caparra‹ (Vorauszahlung). Laut Vasari war er der Beste in seinem Beruf. Seine Meisterwerke befinden sich am Palazzo Strozzi in Florenz, z.B. eine sechseckige Laterne mit Fackelhaltern und Haltern für Fahnenstangen. Zahlreiche weitere schmiedeeiserne Arbeiten in Florenz werden ihm zugeschrieben.

Lit: E. Baccheschi u. S. Levy, *Ferri battuti italiani,* Mailand 1966.

Groteske. Phantasievolle Dekoration, komponiert aus kleinen, lose miteinander verbundenen Motiven, nicht unähnlich den →Arabesken, jedoch enthalten sie auch menschliche Fi-

N. Grosso: Laterne, Schmiedeeisen, um 1500 (Palazzo Strozzi, Florenz)

Groteskendekoration, entworfen von Raffael in den Vatikanischen Loggien, nach einem Stich von G. Savorelli und P. Camporesi

guren, Affen, Sphingen, Vögel, Fische u. ä. Die Groteske stammt ab von antiken römischen Dekorationen in Malerei oder Flachrelief, die in der Renaissance ans Licht kamen, z. B. in Neros Domus Aurea auf dem Esquilin. Diese Dekorationen waren jahrhundertelang begraben gewesen, und die unterirdischen Ruinen, in denen sie entdeckt wurden, waren in Italien allgemein als ›grotte‹ (Grotten) bekannt. Viele Frührenaissancekünstler (so etwa Filippino Lippi, Signorelli, Pinturicchio, Perugino) verwendeten einzelne Motive dieser jüngst entdeckten ›Grotesken‹, doch erst 1516 wurden sie von →Raffael in Kardinal Bibbienas ›stufetta‹ im Vatikan als vollständiges Dekorationsschema wiederbelebt. Sie wurden berühmt, als Raffael sie in den Vatikanischen Loggien (1518-19) durchgehend verwendete. Diese Grotesken sind zum großen Teil von Raffaels Gehilfen Giovanni da Udine ausgeführt worden, der später die Villa Madama in Rom in der gleichen Manier (1520-21) dekorierte. Innerhalb weniger Jahre zirkulierten in ganz Europa Grotesken-Stiche, vor allem die von Agostino Veneziano und E. →Vico.

Antike römische Dekorationen ›alla grottesca‹ bestanden gewöhnlich aus Tafeln oder Medaillons, die mit gemalten Szenen oder Gemmenbildern ausgefüllt waren. Es kamen bei Ausgrabungen Zimmerdecken ans Licht, bei denen derartige Dekorationen in einem Muster aus ineinandergreifenden Feldern angeordnet sind. Für Wanddekorationen jedoch setzten sich schmale Felder durch in der Art, wie sie Raffael für die Vatikanischen Loggien erfunden hatte. Dies hatte den Vorzug, daß die einigermaßen lockere Struktur der Groteskendekorationen gefestigt werden konnte, indem man die Ornamente symmetrisch zu beiden Seiten einer vertikalen Achse anordnete. Aus dem gleichen Grund führte man später das →Rollwerk ein, das sich allmählich vom umgebenden Rahmen ausbreitete und in die Zeichnung selbst eindrang. Auf diese Weise entstand ein festes Rahmenwerk, um das die phantasievollen Ornamente angeordnet werden konnten, wie bei den gestochenen Grotesken von J. A. →Du Cerceau, Cornelis du Bos und C. →Floris.

Nach 1530 etwa wurde der Einfluß der Arabesken auf die Grotesken zunehmend spürbar, z. B. bei den Groteskenstichen von Adrien Collaert, Lucas Kilian und Jean →Bérain, wo die Bewegung der linearen Muster an Arabesken erinnert. Das gilt besonders für die Muster, die entstehen, wenn die Linien sich kreuzen und eine Tendenz haben, innerhalb der Zeichnung polygonale Muster zu bilden.

Um die Mitte des 16. Jhs. hatten sich die Grotesken von Rom und Italien über das übrige Europa ausgebreitet, und während der folgenden 30 Jahre wurden sie so gut wie überall angebracht: an Majolika aus Urbino, Teppichen aus Beauvais, an Deckenmalereien von W. →Kent und natürlich auf zahllosen Stichen. Während des 18. Jhs. jedoch wurden die Bänder des Rollwerks zunehmend schlanker und gewundener, und die Rokokogrotesken von Entwerfern wie Claude Gillot (1673-1722) und H. →Salembier verzichten fast ganz auf Rollwerk oder irgendeine andere innere Struktur, so daß die Ornamente frei schweben und die Phantasie des Künstlers nicht mehr beengt ist.

Lit: F. Piel, *Die Ornament-Groteske in der italienischen Renaissance*, Berlin 1962; P. Ward-Jackson in *Victoria & Albert Museum Bulletin*, April und Juli 1967; N. Dacos, *La découverte de la Domus Aurea et la formation des grotesques à la Renaissance*, London-Leiden 1971; C.-P. Warnicke, *Die ornamentale Groteske in Deutschland 1500-1650*, Berlin 1979.

Groult, André (1884-1967). Französischer Innenarchitekt und Entwerfer von Möbeln, Me-

Groteskenentwurf von Cornelis Floris, 1554

rechtes Bild: Groteskenentwurf von Claude Gillot, aus seinem ›Livre de portière‹, frühes 18. Jh.

tallarbeiten usw. Seit 1910 zeigte er seine Arbeiten im ›Salon d'Automne‹ und bei diversen Ausstellungen der ›Artistes Décorateurs‹ in Paris. Dem Art Nouveau stellte er seinen ganz persönlichen Stil gegenüber, der vom Restaurations- und Louis-Philippe-Stil inspiriert war; er bevorzugte helle Hölzer, großzügig geschwungene Kurvierungen und üppige Polsterungen. Seine recht ausladenden und ziemlich kostspieligen Möbel wurden in mehreren Pavillons der Ausstellung von 1925 gezeigt. Sie lassen sich aus heutiger Sicht dem →Art-Deco-Stil zuordnen.

Lit: Les années ›25‹, Ausst. Kat. Musée des Arts Décoratifs, Paris 1966.

Grubenschmelz (Champlevé) →Email

Grue, Francesco Antonio (1618-73). Der Begründer einer Majolikamalerfamilie, die im

A. Groult: Armsessel, um 1925 (Musée des Arts Décoratifs, Paris)

→Istoriato-Stil in →Castelli arbeitete. Der Schwerpunkt lag auf großen Medaillons und Altarbildern neben den üblichen Dekorationsstücken und Gebrauchswaren. Sein Sohn *Carlantonio* (1655-1723) ist berühmt für seine Malereien auf Fliesen und den Carracci und Pietro da Cortona nachempfundenen Tellern. Dessen Söhne *Aurelio* (1699-1743) und *Liborio* arbeiteten in der Fabrik in Atri und später in Teramo. *Saverio Grue* (1731-99) war ein ausgezeichneter Landschaftsmaler. 1747 ging er von Castelli nach Neapel, arbeitete von 1753 bis 1756 in der Königlichen Majolikafabrik in →Caserta und von 1771 an in der Königlichen Porzellanfabrik in →Neapel.

Lit: L. Moccia in *Faenza,* XLVI (1960), S. 59-64, XLVII (1961) S. 87-89, LIII (1967), S. 55-57; R. Paparella Treccia in *Faenza* LXI (1975) S. 13-19; A. Klein, Fayencen aus Europa, Braunschweig 1980.

Grueby, William H. (1867-1925). Hervorragender amerikanischer Kunstkeramiker. 1894 machte er sich selbständig und gründete die *Grueby Faience Company,* die Fliesen und Platten in vielen Stilen – maurisch, chinesisch und italienische Renaissance – herstellte. 1898 begann er mit der eigentlichen Produktion, durch die er bekannt geworden ist: Vasen in kühner, bildhauerhafter Form, dekoriert mit matten Glasuren von sehr subtiler Struktur und Farbe, meist verschiedenen Grüntönen, aber auch Gelb-, Braun-, Blau- und, selten, Rottönen. Er befaßte sich hauptsächlich mit den Glasuren, während *George P. Kendrick* die Formen entwarf, beide unter dem Einfluß von A. →Delaherche und E. →Chaplet, deren Arbeiten in den Vereinigten Staaten ausgestellt waren. Die meisten Vasen sind mit modelliertem Blattwerk dekoriert, das an der Oberfläche zu hängen scheint. Wirtschaftlich gedieh die Fabrik niemals und ging 1908 in Konkurs.

Grueby Faience Co.: Vase, 1903 (The Art Museum of Princeton University, USA)

Ein neues Unternehmen, genannt die *Grueby Faience and Tile Company,* wurde hauptsächlich für die Fliesenfabrikation gegründet (wenn überhaupt, wurden nur wenige Vasen, nach 1911, hergestellt). Die Firma wurde 1919 von den *C. Pardee Works* aus Perth Amboy, New Jersey, erworben, die bis in die späten 1920er Jahre Fliesen in Grueby-Art herstellten.

Lit: M. Eidelberg, in *The Connoisseur,* Sept. 1973, S. 47-54.

Grüne Tonwaren →Seladon

Grünstadt. Eine 1801 in Grünstadt in der Pfalz gegründete Keramikfabrik, die mit Materialien und Formen aus →Frankenthal ein anfangs stark gelbliches Steingut herstellte (teilweise von Frankenthaler Modellen abgeformt), sich aber später auf bedruckte Waren wie die von →Spode und anderen englischen Fabriken spezialisierte. Die Fabrik besteht noch. Der Name oder die Initialen ›GBG‹ sind gewöhnlich Bestandteil der Marken.

Gu. Chinesisches bronzezeitliches Gefäß, klein, schmal, sehr elegant, wahrscheinlich ein Trinkgefäß. Es gleicht einem hohen Becher, der sich vom schlanken Ansatz nach einer Einziehung trompetenförmig nach oben erweitert; der obere Rand ist breiter als der Fuß. Während der späten →Shang- und frühen →Zhou-Zeit um 1300-1000 v. Chr. hergestellt.

Guadameci. Spanische Bezeichnung für fein gepunztes Schafsleder mit leuchtend gefärbten und vergoldeten komplizierten Mustern. Der Name leitet sich ab von der Stadt Gadames in Libyen. *Siehe auch* Korduanleder.

Guan-Ware. Kaiserliche Ware der Südlichen Song-Zeit (1128-1279) und später, mit dunklem Scherben und einer dicken opaken Glasur in verschiedenen Lagen, farblich von einem Braun-Grau bis zu Lavendel. Sprüngelung als dekorativer Effekt ist zuerst bei der Guan-Ware entwickelt worden, wobei die mehr blau getönten Stücke zu einem weiteren →Craquelé neigen als die bräunlich-grauen, früher Ko-yao genannt. Der dunkle Scherben ist oft an Lippe und Fuß durch die Glasur sichtbar. Schalen, Flaschen, Vasen, Teller usw., alle von einfacher ›klassischer‹ Form, wurden hergestellt. Im 18. Jh. nachgeahmt.

Lit: B. Gray, *Early Chinese Pottery and Porcelain,* London 1953.

Guangdong-Steinzeug. Chinesisches, in der Nähe von Kanton gemachtes Steinzeug mit einer dicken blauen Glasur, meist graugrün, weiß oder braun gestreift und gesprenkelt. Nachahmungen von →Chun- und →Yixing-Keramik wurden ebenfalls dort hergestellt.

Gubbio. Obwohl Töpferwaren in der umbrischen Stadt Gubbio seit dem 14. Jh. hergestellt worden sind, ist von einer Majolikaproduktion nichts bekannt, bis um 1490/92 Meister Giorgio (→Andreoli) und seine Brüder *Salimbene* und Giovanni ihre Fabrik eröffneten und Keramiken mit →Lüsterdekor herstellten, durch die sie berühmt wurden. Die Fabrik bestand noch unter dem Sohn von Giorgio bis etwa 1576 und ist die einzige in der Stadt, die

Gu, Bronze, Shang-Zeit (Art Museum, St. Louis)

Guéridon aus Buchsbaumholz, teillackiert, von A. Brustolon, um 1690-99 (Palazzo Rezzonico, Venedig)

urkundlich nachgewiesen ist. In →Urbino und anderswo hergestellte Waren wurden zwischen 1535 und 1555 zum Auftrag des Lüsters nach Gubbio gebracht. Die Kunst der Lüsterdekoration wurde in Gubbio in der Mitte des 19. Jhs. von *Giovanni Spinacci* (tätig 1853-76) wiederbelebt, der für seine Nachahmungen von Renaissance-Majolika auf verschiedenen internationalen Ausstellungen Preise erhielt.

Lit: E. Giovanoli, *Gubbio nella storia e nell'arte,* Città di Castello 1932; G. Liverani, *La maiolica italiana ...*, Mailand 1958; A. Klein, Fayencen aus Europa, Braunschweig 1980.

Guccio di Mannaia →Ugolino di Vieri

Gudenberg, Baron von →Rozenburg

Guéridon. Kleinmöbel, vor allem zum Abstellen von Kerzenleuchtern, z. B. in Form eines hohen runden Tischchens oder eines Balusters mit Dreifuß und Tragplatte. Bei englischen Exemplaren war der Plattenrand oft mit einer Galerie versehen. Guéridons aus der Zeit Ludwigs XIV. stellen häufig eine Negerfigur dar, die ein Tablett trägt. Daher nimmt man an, daß diese Tische nach dem berühmten maurischen Sklaven Guéridon aus dem 17. Jh. benannt wurden, der in provenzalischen Volksliedern verherrlicht wird.

Gui. (1) Ein Typus chinesischer Gefäße, die in der Bronzezeit während der späten →Shang, →Zhou und →Qin-Dynastien, aber nur noch selten nach 600 v. Chr., aus Bronze und Keramik hergestellt wurden. Es handelt sich um tiefe, runde Schalen mit ausladender Lippe und Fußring, gewöhnlich mit zwei Henkeln, manchmal mit vier, seltener ohne Henkel. In der mittleren Zhou-Zeit haben die Gefäße gewöhnlich drei kleine Füße und manchmal einen Deckel. *Abb. S. 258.*
(2) Ein Typus chinesischer Zepter aus Jade. Sie können entweder die Form einer langen flachen Scheibe haben, die an einer Seite zugespitzt ist, oder sie können sich oben in zwei Bögen teilen. Wahrscheinlich dienten sie als Amtsembleme oder als Rangabzeichen.

Guibert, Honoré (um 1720-91). In Avignon geboren, ließ er sich 1760 in Paris nieder. 1763 wurde er ›maître sculpteur‹; er spezialisierte sich auf geschnitzte Bilderrahmen und auf →Boiserien. Er schnitzte die Boiserien des Salon de compagnie im Petit Trianon (1766-67) und in der Opéra von Versailles (1768-69).

Lit: S. Eriksen, *Early Neo-Classicism in France,* London 1974.

Guichard, Johann Philipp →Magdeburg

Guido da Savino →Andries, Guido

Guillibaud, Jean-Baptiste →Rouen

Guilloche, franz. Ein fortlaufendes verschlungenes Muster, das aus Bändern besteht, die ein Geflecht bilden. Die Zwischenräume sind gewöhnlich mit Rosetten oder Halbkugeln ausgefüllt. Ursprünglich wurde die Guilloche in der klassischen Architektur als Verzierung des Frieses und später wieder, seit der Mitte des 16. Jhs., an Möbeln und Metallgeräten verwendet.

Guimard, Hector (1867-1942). Französischer Architekt und Designer. Er gehörte zu den führenden Persönlichkeiten der →Art-Nouveau-Bewegung, die manchmal von seinen Freunden ›Guimard-Stil‹ und von seinen Kritikern ›Metro-Stil‹ genannt wurde, da er Eingänge zu einigen Pariser Metro-Stationen entworfen hat (1910). Alle seine Entwürfe, ob für Gebäude, Metallarbeiten, →Linkrusta-Füllungen oder Möbel, sind durch ihre schlanken, ineinanderfließenden plastischen Formen gekennzeichnet und erinnern an Seetang. Dabei sind unter den Möbeln, die er für sein eigenes

Gui, Bronze, Zhou-Zeit (William Rockhill Nelson Gallery of Art, Kansas City)

Haus schuf (1902-12) und die heute zum großen Teil im Museum of Modern Art in New York stehen, einige bemerkenswert fortschrittliche Arbeiten. Vor allem gehört dazu ein asymmetrischer Schreibtisch, der in ›freier‹ Form gestaltet ist und den L-förmigen schon andeutet. Alle seine Entwürfe zeichnen sich durch Originalität und Qualität aus. Leider wurden sie von den industriellen Vermarktern des Art Nouveau mit wenig Einfühlungsvermögen kopiert. *Siehe auch Abb. S. 24.*

Lit: Ausst.Kat. *Hector Guimard,* Museum of Modern Art, New York 1970.

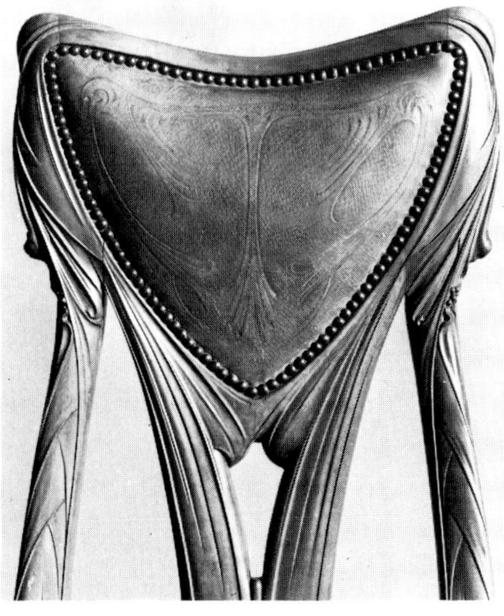

H. Guimard: Detail einer Stuhllehne, um 1900 (Musée des Arts Décoratifs, Paris)

Gumley, John (tätig um 1694-1729). Sehr erfolgreicher Möbelhersteller, auf Spiegel spezialisiert, der jedoch wohl eher Unternehmer als Kunsthandwerker oder Entwerfer war. Die ersten Nachrichten über ihn stammen aus dem Jahr 1694, als er »alle Arten von Kunsttischler-Arbeiten, wie japanische, indische und englische Kabinette, auch Spiegel, Tische, Konsoltische und Kommoden, Sekretäre, Schreibtische und Toiletten-Garnituren« offerierte. 1712 wurde sein Unternehmen von Richard Steele in ›The Spectator‹ gepriesen. Seinen größten Erfolg scheint er mit Glaswaren gehabt zu haben. 1703 lieferte er prächtige 12 Fuß hohe Spiegel mit heraldischen Sinnbildern und ornamentalen Appliken aus saphirblauem Glas für Chatsworth, die heute noch dort sind. 1705 eröffnete er eine Glashütte in Lambeth. Er scheint jedoch auch weiterhin Möbel aller Art geliefert zu haben, denn 1715 folgten er und J. →Moore G. →Jensen als Königliche Kunsttischler. Nach seinem Tod wurde sein Unternehmen von seinem Sohn *James* (gest. 1734) weitergeführt, der 1732 von Frederick Prince of Wales zum Hoftischler ernannt wurde.

Lit: R. Edwards u. M. Jourdain, *Georgian Cabinet Makers,* London 1955; H. Honour, *Cabinet Makers & Furniture Designers,* London u. New York 1969.

Gustavsberg. 1827 wurde in Gustavsberg auf der Insel Värmdö bei Stockholm eine Töpferei gegründet, die vielerlei Gebrauchs- und Zierwaren herstellte. Seit 1860 machte sie Knochenporzellan englischer Art, Figuren aus

Gustavsberg

J. Gumley: Spiegel in einem Rahmen aus geschnitztem und vergoldetem Holz, um 1715 (Hampton Court Palace)

→Parianware und farbig glasierte Majolika. Ende des 19. Jhs. wurde auch Steinzeug mit →Flambé-Glasur in die Produktion einbezogen. Der Maler *Gunnar Gunnarsson Wennerberg* (1863-1914), der in →Sèvres gelernt hatte, war von 1897 bis 1908 künstlerischer Leiter und stellte zunächst Nachahmungen der Jasperware von →Wedgwood mit modernen Dekorationen her; später entwarf er Eßgeschirre in einem vereinfachten Stil des Art Nouveau und entwickelte eine Technik der →Sgraffito-Dekoration, besonders für große Vasen und Urnen. Sein Schüler *Josef Ekberg* (1877-1945) machte von 1897 bis 1945 Entwürfe für die Fabrik, anfangs mit Blattornamenten im Jugendstil. Von 1917 an lieferte auch *Wilhelm Kåge* (geb. 1889), der die künstlerische Leitung übernommen hatte, Entwürfe, besonders für das in weichen Formen gehaltene schlichte Tafelservice von 1940. Er, Stig Lindberg (geb. 1916) und andere arbeiteten in der Fabrik kunstkeramisch. Gustavsberg ist jetzt eines der größten und bekanntesten Unternehmen für die Herstellung von Gebrauchsgeschirr und Zierkeramik in Schweden.

Lit: O. Pelka, *Keramik der Neuzeit,* Leipzig 1924; *Porzellan-Kunst, Sammlung Karl H. Bröhan,* Ausst. Kat., Schloß Charlottenburg, Berlin 1969, S. 132-134.

Gu Yue Xuan. Erlesen dekorierte chinesische Glaswaren, ab 1720 in der Glashütte des Kaiserlichen Palastes in Peking hergestellt. Ähnlich dekorierte Glaswaren von um 1750 sind manchmal mit der Bezeichnung *Gu Yue Xuan* (Alter Mondpavillon) versehen, daher der Name. Die Verzierungen sind sehr zart, oft floral in →Famille rose-Farben. Auch ähnlich dekoriertes Porzellan von um 1727-54 wird, in einer Ausweitung des Begriffs, mit der gleichen Bezeichnung benannt. Man nimmt an, daß möglicherweise der gleiche Künstler sowohl Glas auch als Porzellan verzierte. Gu Yue Xuan-Glas wurde auch noch im 19. Jh. hergestellt, die Porzellanproduktion jedoch wurde schon 1754 eingestellt.

H

Haargarn-Teppiche. Ein Typus der →Brüsseler-Teppiche.

Habaner Keramik. Ausdruck ungeklärter Herkunft, der eine Art bäuerischer Keramik bezeichnet, die in Mähren und Ungarn vom späten 16. Jh. an hergestellt wurde, ursprünglich, wie angenommen wird, von aus Deutschland eingewanderten Wiedertäufern. Die früheren Stücke haben durchbrochene Ränder in italienischem Stil, die späteren des 17. und 18. Jhs. sind heiter und effektvoll mit Blumen, Figuren, Tieren usw. dekoriert.

Lit: K. Layer, *Oberungarische Habaner Fayencen,* Berlin 1928; E. Meyer-Heisig, *Deutsche Bauerntöpferei,* München 1955; B. Kristinkovitch, *Haban Pottery,* Budapest 1962.

Habermann, Franz Xaver (1721-96). Führender deutscher Ornamentzeichner und Bildhauer, der in Augsburg tätig war. Er publizierte über 500 Entwurfsstiche für Möbel, Silber, Eisenbeschläge u. ä., für kirchlichen und profanen Gebrauch, für Kutschen, Orgeln und Altäre. In hohem Grade anfällig für Geschmacksänderungen, begann er im Stil des →Rokoko, um bei einer deutschen Version des →Louis-seize zu enden.

Lit: H. Kreisel, *Die Kunst des deutschen Möbels,* Bd. II, München 1970.

F. X. Habermann: Dekorationsentwurf, um 1770

Hacilar. Bemalte Keramik des 6. Jts. v. Chr. aus Hacilar in Südwestanatolien. Die Stücke sind von hoher technischer Qualität, und die Dekoration in rotem oder cremefarbenem →Schlicker zeigt kräftige und abwechslungsreiche Muster. Der rote Ocker ist der gleiche wie bei den Wandbildern von 6000-5500 v. Chr. in Çatal Hüyük.

Lit: J. Mellaart, *Excavations at Hacilar,* Edinburgh 1970; E. Uzunoglu in *The Anatolian Civilisations,* Bd. I, Ausst. Kat. Istanbul 1983.

Hackl, Joseph →Göggingen

Hackwood, William (gest. 1839). 1769-1832 Hauptmodelleur von →Wedgwood, dem vor allem die Reproduktionen antiker Büsten und Reliefs in →Basalt- und →Jasperware zu verdanken sind, aber auch einige große Reliefs (z. B. ›Aesculapius und Hygieia‹, 1791) und mehrere Porträtmedaillons einschließlich eines Medaillons von Josiah Wedgwood.

Hafnerware. →Bleiglasierte →Irdenware, im allgemeinen Fliesen, aber auch Gefäße, die von Hafnern (Ofensetzern) in Deutschland, Österreich und der Schweiz vom 14. Jh. an hergestellt wurden. Die Fliesen sind reliefiert geformt und mit grüner Glasur überzogen; nach 1500 wurden aber auch braune, gelbe und andere Farben verwendet. Die Dekorationen zeigen im allgemeinen biblische Szenen mit unverkennbar bäuerischen, schwergliedrigen Figuren. P. →Preuning stellte Waren in feinerer Qualität her. Als ›Schlesische Hafnerware‹ werden einige gut ausgearbeitete, zinnglasierte Schüsseln bezeichnet, von etwa 1550, mit Porträts oder Wappen auf farbigen Feldern. *Siehe Abb. S. 489, 599.*

Lit: E. Meyer-Heisig, *Deutsche Bauerntöpferei,* München 1955; R. Franz, *Der Kachelofen,* Graz 1969.

Hagenau →Straßburg

Hagi. Eine kleine japanische Töpferei bei Hagi, der Hauptstadt von Yamaguchi, die möglicherweise bereits vom frühen 16. Jh. an tätig war. Sie verdankt ihren Ruf der Arbeit eines koreanischen Töpfers, *Li Kyong* (später *Koraizaemon* genannt), der unmittelbar nach dem koreanischen Krieg von 1596 Nachahmungen koreanischer Waren und auch Teeschalen mit einer wolkigen lachsrosa Glasur machte. Die Fabrik war wohl auf ziemlich hellglasierte →Teezeremonienwaren spezialisiert. Sie arbeitete bis ins späte 19. Jh.

Lit: S. Jenyns, *Japanese Pottery,* London 1971; Ausst. Kat. *Japanische Keramik,* Hetjens-Museum Düsseldorf 1978.

Haig, Thomas →Chippendale, Th.

Hainhofer, Philipp →Kunstschrank

Halaf. Die feinste der frühen nahöstlichen Keramik, benannt nach Tell Halaf nahe der türkisch-syrischen Grenze, die aber auch anderswo gefunden wurde. Einige hochentwikkelte Stücke sind in Apachiya bei Mossul gefunden worden, vor allem Schüsseln (4500-4000 v. Chr.) von einem ausnehmend dünnen harten Scherben, dekoriert mit teppichähnlichen Mustern in Schwarz, Rot und Weiß auf einem chamoisfarbenen Grund. Stierköpfe, Doppeläxte und Malteser Kreuze waren ebenfalls verbreitete dekorative Motive, die möglicherweise von symbolischer Bedeutung waren.

Lit: H. Schmidt, Tell Halaf, Berlin 1943.

Halbfayence. Ausdruck für →Irdenware mit einer klaren →Bleiglasur über einer weißen →Engobe. *Siehe auch* Mezza-Majolika.

Hald, Edward →Orrefors, Rörstrand

Halfpenny, William (Michael Hoare, gest. 1755). Architekt und sehr produktiver Verfasser von Musterbüchern für Architektur, von denen mehrere Möbelentwürfe enthalten, einige im chinesischen oder gotischen Stil, manche in einem Mischstil aus diesen beiden, z. B. ›New Designs for Chinese Temples‹ (1750), ›Chinese and Gothic Architecture properly ornamented‹ (1752).

Hall chair. Englischer Stuhl, hergestellt vom frühen 18. Jh. an bis in die Mitte des 19., im allgemeinen aus Mahagoni mit massivem Sitz und Rücken, auf diesem in der Mitte häufig ein gemaltes Wappenschild, manchmal kunstvoll geschnitzt; aufgestellt in Eingangshallen und Korridoren.

Hall in Tirol. Glashütte, gegründet 1534 und in Betrieb bis ins 17. Jh. Herstellung von farbigen und farblosen Gläsern in venezianischer Art, verziert mit →Diamantgravur, Kaltmalerei und Vergoldung. Beispiele im Wiener Hofmuseum und im Bayerischen Nationalmuseum, München.

Lit: H. Heimer, *Die Glashütte zu Hall in Tirol*, München 1959; E. Egg, *Die Glashütten zu Hall und Innsbruck im 16. Jh.*, Innsbruck 1962.

Hallorenglas. Hohe zylinder- oder keulenförmige →Humpen, die mit Emailbildern der zweijährigen pfingstlichen Zeremonie der Salzwerker-Zunft in Halle an der Saale dekoriert waren. Sie zeigen ein Panorama der Stadt, das Zunfthaus, die Prozession und die Zunftwappen. Die Humpen wurden von 1681 bis um 1732 hergestellt.

Hallstattkultur. Kultur der späten Bronze- und frühen Eisenzeit in Mitteleuropa. Die erste Phase (12.-8. Jh. v. Chr.) überschneidet sich mit der →Urnenfeldkultur, und die zweite (8.-5. Jh. v. Chr.) geht der →Latènekultur voraus. Sie ist benannt nach einem Gräberfeld am Hallstätter See im Salzkammergut. In den Grabbeigaben von Waffen, Schmuck und anderen Gerätschaften zeigt sich die hochentwikkelte Bronze- und Eisenindustrie, und die bemalte, graphitierte und inkrustierte Keramik zeugt von verfeinerten Lebensgewohnheiten der Hallstattzeit. Manchmal wird die Begegnung von mittelmeerischen und nördlichen Strömungen vorweggenommen, die dann den →keltischen Stil kennzeichnen sollte, so z. B. der bronzene Kultwagen von Strettweg (im Steiermärkischen Landesmuseum, Graz), dessen schematisierte Figuren an die auf griechischer Töpferware des Geometrischen Stils (→Griechische Töpferei) erinnern.

Lit: K. Kromer, *Hallstatt: Prähistorische Kunst*, Wien 1963; W. Menghin, *Kelten, Römer und Germanen*, München 1980; *Die Hallstattkultur*, Ausst. Kat. Steyr 1980.

Hamada, Shoji (1894-1978). Töpfer, Pionier der modernen japanischen Keramik, der 1920 zusammen mit B. →Leach nach England zog, um dort gemeinsam in St. Ives in Cornwall eine Töpferei aufzubauen. Ton aus dieser Gegend verlieh mit seinen natürlichen Unreinheiten ihrem Steingut das ungekünstelte Aussehen der →Teekeramik. Sowohl Pinsel- als auch Wachsmalerei wurden als Dekorationstechnik angewandt. 1930 kehrte Hamada nach Japan zurück und wurde dort zum Anführer der Wiederbelebung des Töpferhandwerks. Zu seinen Anhängern gehörten Kenkichi Tominoto und Kanjiro Kawai. 1931 Werkstatt in Mashiko, 1955 ›Lebender Staatsschatz‹.

Lit: *Japanische Keramik*, Ausst. Kat. Hetjens-Museum Düsseldorf 1973.

Hamadan-Teppiche →Persische Teppiche

Hamburg. Eine Reihe hübscher, datierter Fayencearbeiten aus den Jahren von 1624 bis 1668, mehrere davon mit dem Wappen der Stadt Hamburg (oder dortiger Familien) dekoriert, sollen in Hamburg hergestellt worden sein, obwohl kein sonstiger Anhaltspunkt für das Bestehen einer Fabrik in der Stadt gegeben ist. Wahrscheinlich handelt es sich um portugiesische Fayencen, von Hamburg aus bestellt. Unter den Arbeiten sind große Krüge mit ungewöhnlichen, birnenförmigen Körpern und Schüsseln mit gezackten Rändern, dekoriert mit einer Mischung heraldischer und chinesischer Motive in einem kräftigen Blau und gelegentlich mit Tupfen von Gelb, Grün oder Rot auf einem weißen Grund, der oft gerissen ist. Eine um 1720/30 gegründete Fabrik war auf die Herstellung von Öfen spezialisiert, die zu den besten ihrer Zeit gehören, die anfänglich aus blauen und weißen Kacheln in holländischer Art hergestellt, dann aber aus großen Formstücken zusammengesetzt wurden.

Lit: K. Hüseler, *Deutsche Fayencen*, Stuttgart 1955; A. Klein, *Deutsche Fayencen*, Braunschweig 1975; ders., *Fayencen aus Europa*, Braunschweig 1980.

Hamburger Schapp →Schrank

Hammann, Johann Wolfgang →Wallendorf

Han. Chinesische Dynastie in der Zeit von 206 v. Chr. bis 220 n. Chr., die der turbulenten Zeit der Qin-Kaiser (221-206 v. Chr.) folgt. Sie kennzeichnet den größten Bruch in der Geschichte der chinesischen Kunst und Kultur.

Obwohl wenig hergestellt worden ist, was ästhetisch so befriedigend wäre wie die Bronzen der →Shang-Yin- und →Zhou-Dynastien, auf die die Künstler der Han-Zeit anscheinend mit ehrfurchtsvoller Sehnsucht zurückblickten, und obwohl die ganze Periode politische Stabilität vermissen ließ, wurden feste Grundlagen für die spätere Entwicklung der chinesischen Kunst gelegt. Die bemerkenswertesten Erzeugnisse dieser Zeit sind geschnitzte Reliefs. Im Kunstgewerbe – wobei die europäische Unterscheidung zwischen diesem und den bildenden Künsten für China nicht gültig ist – werden große Fortschritte auf dem Gebiet der Lackarbeiten, Textilweberei und Keramik gemacht. Lackdosen, Schalen und Tischplatten sind mit Blattranken von erlesenem Geschmack und Tieren, die ungewöhnliche Eleganz und Lebendigkeit in sich vereinen, dekoriert worden und zeigen die höchste Vollkommenheit in der Kunst der Lackmalerei. Vielfarbige Seidenstoffe wurden in komplizierten Techniken gewebt und haben einen erstaunlich breiten abstrakten und figürlichen Musterschatz. Bronze- und Keramikgefäße sind meist von sehr einfacher, untersetzter Gestalt. In der Form ist die Han-Keramik weniger abhängig von Metallarbeiten, als es die Shang oder auch die Zhou-Keramik ist, aber die Dekoration folgt oft der von eingelegter Bronze und gemaltem Lack mit sehr eleganten Arabesken verschlungener geometrischer oder tierischer Motive. →Mingqi der Han-Zeit schließen in großer Anzahl erhaltene kleine Modelle von Gebäuden, Tieren, Hausgerät usw. ein. Glasiertes Han-Steinzeug wurde manchmal ungenau ›Proto-Porzellan‹ genannt, aber dieser Ausdruck ist jetzt fallengelassen worden.

Hanap, franz. Bezeichnung für einen großen Deckelpokal aus Silber, manchmal ein Straußenei oder eine Kokosnußschale in Silber gefaßt. Der Hanap war vom 16. bis ins frühe 17. Jh. an der Tafel gebräuchlich.

Hanau. Eine der ersten und produktivsten deutschen Fayencefabriken, die in der Nähe von Frankfurt am Main von zwei Holländern 1661 gegründet wurde und bis 1806 arbeitete. Die frühen Arbeiten sind ziemlich grobe Nachahmungen der blauweißen →Delfter Fayence, lassen aber den glänzenden Delfter →Kwaart vermissen. Auch Mangan und andere →Scharffeuerfarben wurden gelegentlich verwendet; einige Stücke wurden auch in →Emailfarben und Gold überdekoriert, besonders von J. C. →Ripp zwischen 1708 und 1710. Der weiße Grund ist oft mit blauen Pünktchen gesprenkelt, eine dekorative Eigenart der Hanauer Erzeugnisse, die auch oft nach 1725 anzutreffen ist, als Chinoiserien im holländischen Stil, Landschaften und figürliche Darstellungen allgemein durch europäische florale Motive ersetzt wurden. Große Öfen mit vollplastischen Rocaillen wurden im 18. Jh. hergestellt.

Lit: E. Zehr, *Hanauer Fayencen,* Marburg 1913; K. Hüseler, *Deutsche Fayencen,* Stuttgart 1956; A. Klein, *Deutsche Fayencen,* Braunschweig 1975.

Hancock, Joseph →Sheffield Plate

Hancock, Robert (1730-1817). Kupferstecher, der auch in Mezzotintomanier (Schabkunst) arbeitete. Er ist vor allem durch seine Stiche bekannt, die häufig auf emaillierte Metall- und Porzellangegenstände übertragen wurden (→Umdruckverfahren). Hancock wurde in Burslem in Staffordshire geboren. Es scheint, daß er für die Emailmanufaktur →Battersea tätig war, bis diese 1756 ihren Betrieb einstellte. Er arbeitete dann für die Porzellanmanufaktur →Bow und fing 1757 an, der Porzellanmanufaktur →Worcester – einer deren Aktionäre er 1772-74 war – Drucke (Bildnisse Friedrichs des Großen) zu liefern. 1775 erhielt die Porzellanmanufaktur →Caughley von ihm Drucke, und danach scheint er als freischaffender Künstler gearbeitet zu haben. Seine Drucke von ländlichen Szenen sind in der Art der englischen Genremalerei der Mitte des 18. Jhs. gemacht und haben großen Charme.

Lit: C. Cook, *The Life and Work of Robert Hancock,* London 1948, w. Ergänzung 1955.

Handarbeitsteppich. Ein Teppich, dessen Grund aus Kanvas (Baumwollstramin) besteht, der mit Wolle, seltener mit Seide, in Kreuz- oder Zeltstich bestickt wird. Handarbeitsteppiche wurden gewöhnlich nicht professionell, sondern aus Liebhaberei hergestellt.

Han-Dynastie: Turm, Keramik mit irisierender grüner Glasur, 200 v.-220 n. Chr. (William Rockhill Nelson Gallery of Art, Kansas City)

Im 16. und 17. Jh. lagen den Mustern →türkische Teppiche zugrunde, im 18. Jh. waren Blumenmuster gebräuchlicher.

Handkühlstein. Eiförmiges Stück Marmor, Bergkristall, Halbedelstein, Glas oder anderes Material, das französische Damen des 18. Jhs. verwendeten, um ihre Hand kühl zu halten, bevor sie sie zum Kuß reichten. Auch in England wurden Handkühlsteine im späten 18. Jh. gefertigt.

Handwärmer, Wärmeapfel. Kleiner Metallbehälter zur Aufnahme glühender Holzkohle oder heißen Wassers zum Wärmen der Hand. Bei der verbreitetsten Art, die im späten Mittelalter in Frankreich, Deutschland und Italien, besonders in Venedig, hergestellt wurde, war die Kapsel für die wärmende Substanz umgeben von einer Metallhülle in durchbrochener und manchmal kostbar dekorierter Arbeit. Im Frankreich des 15. Jhs. glichen die Handwärmer oft Büchern; ihre Oberflächen trugen gravierte Inschriften.

Haniwa-Terrakottafigur, Japan, um 300-600 n. Chr. (Musée Guimet, Paris)

Haniwa. Frühgeschichtliche Zylinder aus →Terrakotta in Japan, die kreisförmig auf dem Grabhügel lagen. Zwischen 300 und 600 bekamen sie Menschenköpfe oder sind auch ganz als menschliche Figur mit einem erstaunlich lebendigen Ausdruck gebildet. Sie scheinen Krieger, Tänzer u. a. darzustellen, die an der Bestattungszeremonie teilnehmen.

Lit: S. Jenyns, *Japanese Pottery,* London 1971; Fumio Miki, *Haniwa,* New York und Tokyo 1974.

Hannong, Charles-François (1669-1739). Begründer einer wichtigen Familie von Fayence- und Porzellanfabrikanten. Er war spanischer Herkunft, in Maastricht in Holland geboren, und begann seine berufliche Karriere als Pfeifenmacher. 1709 ließ er sich in Straßburg nieder. 1721 gründete er mit J. H. →Wachenfeld die →Straßburger Fayence- und Porzellanfabrik. 1724 richtete er eine Niederlassung in Hagenau ein. 1732 folgte ihm an beiden Orten sein Sohn *Paul Antoine* (1700-60) nach, der von 1755 bis 1759 Eigentümer der Porzellanmanufaktur →Frankenthal war. Der Sohn von Paul Antoine, *Pierre Antoine* (1739 bis nach 1794), fing als Fabrikdirektor in Straßburg (1760-62) an, verkaufte die Straßburger und Hagenauer Fabriken an seinen Bruder Joseph und errichtete eine Fayencefabrik in →Vincennes (1765), und Porzellanfabriken in →Paris (1771) und in →Vinovo (1776). Nach seiner Rückkehr in das Elsaß versuchte er, die Porzellanherstellung in Hagenau (1783-84) wieder aufzunehmen und seine Schulden mit dem Erlös einer Porzellanlotterie abzutragen, blieb dann ohne Erfolg in der von ihm in Verneuil (1786) errichteten Steingutfabrik und beschloß 1794 seine berufliche Laufbahn als Direktor in →Sèvres.

Lit: J. Terrasson, *Les Hannong et leurs manufactures Strasbourg, Frankenthal,* Paris und Lausanne 1971; *L'œuvre de Hannong, Faïence de Strasbourg et Haguenau,* Ausst. Kat. Straßburg 1975.

›Hanover‹-Muster. Moderne Bezeichnung, die sich auf englisches Silberbesteck von ungefähr 1710 bis 1775 bezieht: Charakteristisch sind das leicht aufwärts gebogene Ende des Stielgriffs und eine auf dessen Vorderseite von oben nach unten allmählich verlaufende Rippe.

Hannoversch-Münden. *Carl Friedrich von Hanstein* gründete im Jahre 1737 oder vorher in Münden eine Fayencefabrik. Ihre bekanntesten Erzeugnisse sind Vasen mit einer zweiten, durchbrochenen Wandung und Teller mit durchbrochenem Korbflechtrand in ziemlich blassen →Scharffeuerfarben bemalt. Die Produktion umfaßte auch Terrinen, Bierkrüge und Figuren. Seit 1775 (als der Sohn des Gründers dessen Nachfolge angetreten hatte) wurde Steingut in englischem Stil hergestellt, das von 1793 bis zur Schließung der Fabrik im Jahre 1854 das Haupterzeugnis war. Produkte der Hanstein-Zeit sind mit drei Halbmonden gemarkt, darunter manchmal die Initialen des Malers.

Lit: O. Riesebieter, *Die deutschen Fayencen des 17. und 18. Jahrhunderts,* Leipzig 1921; A. Klein, *Deutsche Fayencen,* Braunschweig 1975.

Hansaschüsseln. Runde, flache Bronzeschalen ohne Fuß mit eingravierter meist biblischer oder allegorischer Dekoration, manchmal auch mit Inschriften entlang des Randes, aus dem 12. bis 13. Jh. Wahrscheinlich dienten sie zum Händewaschen. Obwohl sie sich vor allem in den hanseatischen Städten fanden, stammen sie doch wohl aus einem der Zentren der Bronzeverarbeitung: Aachen, Hildesheim, Köln.

Lit: J. Weitzmann-Fiedler, *Romanische gravierte Bronzeschalen*, Berlin 1981.

Hans von Reutlingen (tätig 1492-1524). Siegelschneider und einer der letzten herausragenden Goldschmiede der Gotik. Er arbeitete in Aachen und schnitzte Siegel für die Kaiser Maximilian I. und Karl V. Sein Meisterstück ist der silbervergoldete Kasten für das Reichsevangeliar mit kühn modellierten Figuren vor spätgotischem Maßwerk, der wahrscheinlich anläßlich der Krönung Maximilians I. 1500 gefertigt wurde (Weltliche Schatzkammer, Kunsthistorisches Museum, Wien). Eine Reliquienstatue des hl. Peter (um 1510), eine kunstvolle mit Edelsteinen besetzte Spange für einen Priesterrock (vor 1520) und eine →Monstranz befinden sich unter den Arbeiten, die im Aachener Domschatz sein Zeichen tragen.

Lit: E. G. Grimme, ›Der Aachener Domschatz‹ in *Aachener Kunstblätter*, 1972.

Hanstein, Carl Friedrich von →Hannoversch-Münden.

Harache, Pierre (gest. 1700). Einer der ersten und zugleich besten Silberschmiede, die als hugenottische Refugiés in England wegen religiöser Verfolgung um Asyl nachsuchten. Er stammte aus Rouen und wurde in London 1682 zur Goldsmiths' Company zugelassen. Nach 1688 beschäftigte ihn William III., dessen Monogramm auf einem hübschen goldenen Tablett erscheint (früher in den Sammlungen des englischen Königshauses und heute im Besitz des Herzogs von Braunschweig). Harache arbeitete im französischen Stil und verwendete sehr häufig figürliche Ornamente wie auch →Ausschnittarbeit; Beispiele sind: ein Weinkühler von 1697, der der Barber-Surgeons' Company, London, gehört; eine helmförmige Kanne, auch 1697, im Besitz der Vintners' Company und ein Paar außerordentlich hübsche Weinflaschen von 1699 im Eton College.

Lit: J. F. Hayward, *Huguenot Silver in England*, London 1959; J. Banister in *Country Life*, 10. Juni 1965.

Hardman, John (1811-67). Leiter einer Metallwerkstatt in Birmingham, vornehmlich bekannt durch seine Zusammenarbeit mit A. W. N. →Pugin. 1838 gründete er die Firma *John Hardman & Co.* Das Unternehmen verstand sich als eine Gesellschaft von ›mittelalterlichen Metallhandwerkern‹ und machte Objekte für kirchliche und profane Zwecke nach Entwürfen von Pugin, ausgeführt in reichem gotischem Stil entweder aus Silber oder aus E.P.N.S. (→Elektroplattieren), wobei das Silber oft mit Emails, Halbedelsteinen o. ä. verziert wurde. Seit den 40er Jahren des 19. Jhs. produzierte die Firma weiter Kirchengerät, darunter solches aus Messing (Leuchter und Grabdenkmäler), Stickereien, bleiverglaste Kirchenfenster. Sie führte auch Wanddekorationen aus. Auch bei Arbeiten am Parlamentsgebäude wurde sie zugezogen. Nach dem Tode Pugins im Jahre 1852 übernahm John Hardman Powell (1827-95) die Arbeit als ›chief designer‹. Aber auch nach Entwürfen anderer Architekten, vor allem von W. →Burges, wurden neugotische Metallarbeiten angefertigt. Im späteren 19. Jh. stellte die Firma schließlich nur noch Glasfenster her, so auch heute unter der Firmenbezeichnung ›John Hardman Studios‹.

Lit: Victorian Church Art. Ausst. Kat. Victoria & Albert Museum, London 1971.

Hardoy-Stuhl. Preiswerter Lehnstuhl, in der Form abgeleitet von dem Klappstuhl aus Holz und Segeltuch, den die italienische Armee 1942/43 in Nordafrika benutzte. Drei Argentinier haben ihn entwickelt: Antonio Bonet, Juan Kurchan und Jorge Ferrari-Hardoy. Er ist nicht zusammenklappbar und aus einem Metallrahmen konstruiert mit einem an den Ecken aufgehängten Ledersitz.

Harleian-Einbände. Hervorragende englische Bucheinbände des 18. Jhs. in der Art, wie sie für die Bibliothek von Robert und Edward Harley (1661-1724 und 1689-1741), 1. und 2. Grafen von Oxford, von verschiedenen Buchbindern angefertigt wurden, darunter *Thomas Elliot* und *Christopher Chapman.* Sie sind meist aus rotem Maroquin und haben breite Rolleinfassungen oder Rahmen aus Vielfachmustern von Einzelstempeln und üblicherweise ein großes, häufig rhombenförmiges Mittelstück.

Pierre Harache

P. Harache: zweihenkliges Silbergefäß mit Deckel, 1691 (Temple Newsam House, Leeds)

John Hardman & Co.: silberne Teekanne, entworfen von John Hardman Powel, Birmingham, 1861/62 (Victoria & Albert Museum, London)

Harlequin table. Englischer Tisch des späten 18. Jhs. Eine kunstvollere Ausführung des →Pembroke-Tisches mit einem kleinen Schubladensatz, der unter der Tischplatte verborgen ist und mit Hilfe von Gewichten heraufgeholt werden kann.

Harrach'sche Glashütte. Eine der bedeutendsten böhmischen Glasfabriken. Gegründet 1712 in Neuwelt (Nový Svět); beschäftigte 1803 hundert Glasschneider. Ab 1808 war *Johann Pohl* (1769-1850) Direktor, der das Unternehmen weiter vergrößerte und die Qualität der Produkte verbesserte, so daß es führend auf dem Gebiet des Biedermeierglases wurde. 1887 wurde die Fabrik an *Josef Riedel* verkauft, der bereits Besitzer der Glashütte Polaun war, die ihre Gläser in anderen Betrieben verzieren ließ. Unter seiner Leitung wurde das Unternehmen bald zu einem der führenden Hersteller von kostbarem Glas in Europa.

Lit: W. Spiegel, *Böhmische Gläser,* München 1976.

Harrison, John →Bennington Töpferei u. Porzellanfabrik

Hartford-Truhe →Connecticut-Truhe

Hartley, William →Leeds pottery

Hasenfellglasur. Schwarze Glasur, durchschossen mit Braun, Purpur oder Blauschwarz, z. B. auf →Jian-Ware.

Hash-dish. Ein im 18. und 19. Jh. in England gebräuchlicher Typ von Terrine aus Silber oder plattierter Ware. Das Gefäß hat einen geraden zylindrischen Körper mit dichtschließendem Deckel. Gelegentlich steht es auf einem Gestell mit Spiritusbrenner.

Hassuna. Einfach geformte, dickwandige, chamoisfarbene →Irdenware, manchmal mit gebrannter Oberfläche und manchmal mit gemalten oder eingeschnittenen geometrischen Verzierungen (einfacher als die auf →Hacilar-Keramik), die vom frühen 6. Jt. v. Chr. an in Hassuna im Irak hergestellt wurde. Ihr folgte die →Samarra-Keramik.

Hatschli-Buchara →Turkmenen-Teppiche

Häuer oder **Hoyer, Bonaventura Gottlieb** (1710-82). Dekorierte von 1724 an Porzellan in →Meißen.

Häufebecher oder **Satzbecher.** Bechertyp, dessen älteste Beispiele bereits im 14. Jh. erwähnt werden und der im 16. und 17. Jh. üblich war. Mehrere Becher (ein Satz) können ineinandergestellt werden, wobei jeder – von außen nach innen – kleiner als der vorige ist. Die Becher sind gewöhnlich aus Silber. →Solis machte sie populär.

Lit: H. Wentzel, *Becher,* in RDK, Bd. II.

Haupt, Georg (1741-84). Schwedischer Möbelschreiner, der in Stockholm als Sohn eines Nürnberger Zimmermanns geboren wurde. 1763 beendete er seine Lehre in Deutschland und arbeitete danach einige Jahre in Holland und Paris, möglicherweise für S. →Oeben. Ein 1767 von ihm signierter Sekretär befindet sich im Institut Géographique in Paris. Von Paris ging er nach London, und es ist urkundlich belegt, daß er dort 1769 einen Tisch nach einem Entwurf von William →Chambers ausführte. Im gleichen Jahr ging er nach Stockholm zurück. 1770 fertigte er für Gustav III. einen herrlichen Sekretär im →Louis-seize an, der sich in der Stockholmer Residenz befindet, und 1773/74 einen prächtigen Kabinettschrank, den Gustav III. dem Prinzen Condé für dessen Mineraliensammlung schenkte; er befindet sich heute im Musée Condé in Chantilly. *Siehe auch Abb. S. 556.*

G. Haupt: Kabinettschrank für eine Mineraliensammlung, 1774 (Musée Condé, Chantilly)

Lit: M. Lagerquist, *Georg Haupt, ébéniste du Roi,* Stockholm 1952; M. Lagerquist u. M. Jarry in *Revue de l'Art Français,* 1953; R. de Broglie in *Gazette des Beaux-Arts,* 1963, S. 2-16.

Hauré, Jean (tätig 1774-96). Französischer Bildhauer und Schüler von Jean-Baptiste II Lemoyne. Als ›entrepreneur des Meubles de la Couronne‹ überwachte er von 1784 bis zur Revolution die Herstellung der Möbel für die Krone, und zwar hauptsächlich die Arbeiten von G. →Beneman und J.-B.-Cl. →Sené. Außerdem machte er Entwürfe für die Residenzen, so z. B. für das Bett von Ludwig XVI. in St-Cloud. Das Wachsmodell eines Bettes für Thierry de Ville d'Avray befindet sich im Museum of Fine Arts, Boston.

Lit: F. J. B. Watson, *The Wrightsman Collection: Furniture,* New York 1966.

Hausmaler. Ein freischaffender Künstler, der Fayence oder Porzellan unabhängig von deren Hersteller in seiner eigenen Werkstatt bemalte, sich aber zwangsläufig auf den Dekor in →Emailfarben und Gold beschränken mußte. Einige wenige Stücke →Nürnberger Fayence wurden von Hausmalern im späteren 17. Jh. bemalt. Im frühen 18. Jh. wurde Augsburg ein wichtiges Zentrum für diese Arbeit, mitunter von Silberschmieden ausgeführt, die im Emaillieren geschult waren. Seit etwa 1725 wurde Fayence fast ausschließlich in der Fabrik bemalt, während die Hausmaler sich auf Porzellan konzentrierten. Die Fabriken versuchten gelegentlich, sie auszuschalten, indem sie den Verkauf weißen Porzellans verweigerten oder ihnen nur fehlerhafte oder sonst nicht einwandfreie Stücke überließen. Einige der feinsten Dekorationen auf deutschen Keramiken des 18. Jhs. sind das Werk von Hausmalern (*siehe* J. K. W. Anreiter von Zirnfeld, J. Aufenwerth, I. Bottengruber, A. O. E. von dem Busch, F. J. Ferner, G. F. Grebner, J. Heel, J. G. Heintze, J. Helchis, F. F. Mayer, J. F. Metzsch, D. Preissler, W. Rössler, J. Schaper, B. Seuter, F. A. Siebel, C. F. von Wolfsburg). Einige unabhängige holländische Maler dekorierten →Meißener, chinesisches und japanisches Porzellan und sogar Steinzeug aus →Staffordshire. In Frankreich dürften solche Dekorationen selten gemacht worden sein. In England gab es mehrere Porzellanmalerwerkstätten in der deutschen Art (*siehe* W. Absolon, T. Baxter, W. Duesbury, Giles und J. Randall).

Lit: G. E. Pazaurek, *Deutsche Fayence- und Porzellan-Hausmaler,* Leipzig 1925; H. Bosch, *Deutsche Fayencekrüge des 17. und 18. Jahrhunderts,* Mainz 1983.

Hausurnen. Aschenurnen, geformt wie ein Haus, die im eisenzeitlichen Europa und dem Nahen Osten gefunden wurden, *siehe auch* Gesichtsurnen. Eine Verbindung beider Typen, aus dem 4. Jt. v. Chr. stammend, ist kürzlich bei Tel Aviv entdeckt worden.

Lit: F. Behn, *Hausurnen,* Berlin 1924.

Haut-lis-Wirkerei. Eine Wirkerei, die auf einem senkrecht stehenden Wirkstuhl hergestellt wird, bei dem die Kettfäden um Rollen gewikkelt sind, die vertikal übereinander stehen. Der Weber überträgt die Hauptkonturen des →Kartons auf die Kettfäden, so daß er sich bei der fortschreitenden Arbeit mit den Schußfäden auf die Details und Farben des Musters beziehen kann. Diese Methode ist langsamer und bedeutend teurer als die Wirkerei auf Flachwirkstühlen (→Bas-lis-Wirkerei), hat aber meist höher qualifizierte Resultate.

Haviland. Name bekannter franco-amerikanischer Porzellanfabriken, die Haushaltswaren herstellten. *David Haviland* (1814-79) begann als Einzelhandelskaufmann in New York im Jahre 1839 und kam 1842 nach Frankreich, wo er in →Limoges die Fabrik Haviland et Cie. gründete, die Porzellan hauptsächlich für den Export nach den Vereinigten Staaten einschließlich großer Tafelservice für das Weiße Haus in den Jahren 1861 und 1880 machte. Die meisten Arbeiten waren in den verschiedenen Stilen des 19. Jhs. gehalten. 1873 errichtete die Firma ein Entwurfs- und Dekorationsatelier in Auteuil bei Paris, das 1881 nach Paris verlegt wurde. →Bracquemond, →Dammouse und auch →Chaplet waren dort beschäftigt, der letztere seit 1875. Chaplets Entwürfe waren stark von japanischen Keramiken beeinflußt. Das ›Atelier Haviland‹ stellte einige der besten französischen Kunstkeramiken der Zeit her. *Charles Field Haviland* (geb. 1842), der Sohn von Davids älterem Bruder Robert (geb. 1803, Gründer der Firma R. B. Haviland & Company in Augusta, Georgia, USA), kam schon als Kind nach Limoges, begann in der Fabrik seines Onkels zu arbeiten, heiratete in die Familie Alluaud dort ein und übernahm deren große Fabrik. 1870 gründete er die Firma Charles Field Haviland in New York.

Lit: Hans-Jorgen Heuser in *Keramos* 62 (1973), S. 3-33; *Céramique impressioniste, l'atelier Haviland de Paris-Auteuil 1873-1882,* Ausst. Kat. Bibliothèque Forney, Paris 1974-75; H. J. Heuser, *Französische Keramik zwischen 1850-1910,* München 1974.

Heal, Sir Ambrose (1872-1959). Englischer Möbeldesigner. Unter seiner Leitung entwikkelte sich das Möbelgeschäft seines Vaters zum fortschrittlichsten Unternehmen der Branche in ganz England; 1898 gab er seinen ersten Katalog von ›Heal's schlichten Eichenmöbeln‹ heraus. Die einfachen, soliden Möbel, im allgemeinen aus geräucherter und gewachster Eiche und manchmal verziert mit Ebenholz- und Zinneinlagen, sind von ansprechend neuartigem Reiz und erinnern an Arbeiten von Charles →Voysey. Von 1900 an entwarf er auch gediegene, aber selten aufsehenerregende Eichenmöbel für die Mittelklasse als preiswerte Alternativen zu den billigen ›Stil‹-Möbeln (Reproduktionen) und kostspieligen →Arts and Crafts-Stücken. In letzter Zeit hat sich die Firma zum führenden Londoner Import- und Einzelhandelsgeschäft für hochwertige moderne Möbel und Einrichtungsgegenstände entwickelt.

Lit: D. Joel, *Furniture Design Set Free,* London 1969.

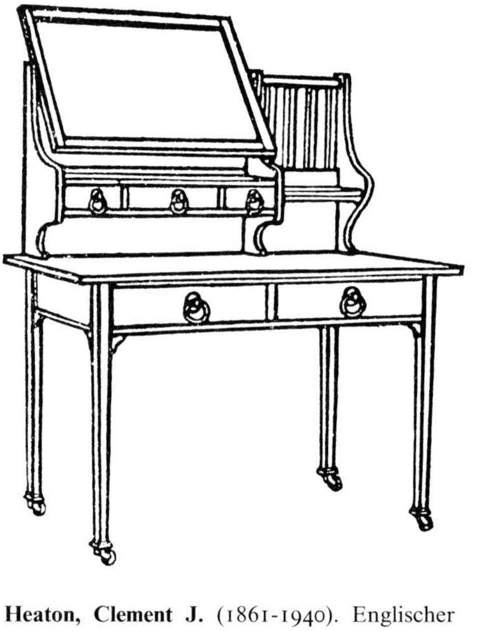

Heal & Son: Frisiertisch aus ihrem Katalog ›Simple Bedroom furniture‹, London 1899

Heaton, Clement J. (1861-1940). Englischer Designer für Glasmalerei, der aber auch in Metall arbeitete und als Emailleur tätig war. Heaton war eng mit Arthur →Mackmurdo verbunden, der ihm Emailentwürfe lieferte. Er gründete seine eigene Firma, *Heaton's Cloi-*

sonné Mosaics Ltd., die Schmuckplatten, Buchdeckel, Lampen u. ä. herstellte. 1893 wanderte er in die Schweiz aus und ließ sich in Neuchâtel nieder, wo er aufwendige Zellenschmelz-Mosaiken – nach Entwürfen von Paul Robert – ausführte; sie schmücken das monumentale Treppenhaus des Musée des Beaux-Arts. Zu seinen Arbeiten in der Schweiz gehören u. a. die Glasmosaiken für die Fassade des Historischen Museums in Bern, Dekorationen im Gerichtsgebäude in Lausanne, Glasfenster für die Kirchen in Neuchâtel und Chaux-les-Fonds. Er entwarf auch Relieftapeten, die in einem von ihm patentierten Verfahren angefertigt wurden. 1912 ließ Heaton sich in den Vereinigten Staaten nieder, wo er sich hauptsächlich mit Entwürfen für Kirchenfenster beschäftigte, späterhin tat er das in Zusammenarbeit mit seinem Sohn *Maurice* (geb. 1900), dem Glasfenster im Rockefeller Center, New York, und in den Gerichtsräumen des Bay County Building in Bay City zu verdanken sind. Maurice Heaton entwickelte 1947 eine neue Technik für das Emaillieren auf Glas.

Lit: C. H. Walker in *American Architect*, September 1929; *Craft Horizons XIV*, Mai 1954, S. 10-14.

Hedwigsgläser. Berühmte Gruppe von Gläsern des 11.-12. Jhs. in Becherform, verziert mit →Hochschnittdekor, von denen nur zwölf Exemplare bekannt sind (u. a. im British Museum, London; Rijksmuseum, Amsterdam). Die meisten von ihnen wurden in kirchlichen Schatzkammern als Reliquiare aufbewahrt, und einige haben Edelmetallfassungen des 13. Jhs. Der Becher im Besitz des Breslauer Museums ist mit dem Dekor eines Lebensbaumes versehen und soll sich im Besitz der hl. Hedwig befunden haben, die 1243 starb. Die Herkunft der Hedwigsgläser konnte nicht aufgeklärt werden, und man neigt jetzt eher zu Kiew (UdSSR) als zu Ägypten, wie früher angenommen wurde.

Lit: R. Schmidt in *Jahrbuch des Schlesischen Museums für Kunstgewerbe und Altertümer*, N. F. VI (1912), S. 53ff.

Heel, Johann (1637-1709). Goldschmied, Emailleur, Glasschneider, Dekorationsmaler und →Hausmaler. Er wurde in Augsburg geboren und ausgebildet und arbeitete seit 1668 in Nürnberg. Seine Ornamententwürfe, z. B. eine Folge mit dem Titel ›Johann Heels Goldschmidts-Büchlein‹, o. J., zeigen einen reich entwickelten Barockstil. Ähnlich gestaltete Glasschnittdarstellungen von Vögeln und Früchten auf Rubinglasgefäßen und Fayencemalereien, die mit den Initialen I.H. gezeichnet sind, werden ihm allgemein zugeschrieben.

Lit: W. B. Honey in *Burlington Magazine* LX (1932), S. 139.

Heemskerk, William Jacobsz van (1613-92). Tuchhändler, Dramatiker und Dichter aus Leiden, der außerdem ein bedeutender Glasgraveur war. Er dekorierte mehrere Flaschen und andere Glasgefäße mit Inschriften und kunstreichen kalligraphischen Mustern (ab 1648). Seine Arbeiten werden u. a. im Stedelijk Museum ›De Lakenhal‹, Leiden, im British Museum und im Victoria & Albert Museum, London, aufbewahrt.

Lit: J. G. van Gelder in *Oud Holland* LVII (1940), S. 181-191.

Heider, Maximilian von (geb. 1839). Deutscher Chemiker und Töpfer, der im späten 19. Jh. in Schongau am Lech die Firma *Max von Heider & Söhne* errichtete; seine Söhne waren *Hans* (1867-1952), *Fritz* (geb. 1868) und *Rudolph* (geb. 1870). Die Töpferei war auf →Steinzeug spezialisiert, zuweilen mit reliefierten Vogelköpfen oder Masken, bedeckt mit →Lüster oder farbigen Laufglasuren. Auch Fayencefliesen, Wandfontänen und Kaminstücke wurden produziert. Die Arbeiten wurden auf verschiedenen internationalen Ausstellungen gezeigt – Paris 1900, Dresden 1901, Turin 1902, St. Louis 1904 usw. Seit 1907 lehrte Maximilian von Heider an der Kunstgewerbeschule in Magdeburg. Der Sohn Rudolph war auch Bildhauer, die beiden anderen Maler, und alle drei wurden Lehrer an Kunstschulen.

Lit: R. Borrmann, *Moderne Keramik*, Leipzig 1902; Ausst. Kat. *Europäische Keramik des Jugendstils*, Hetjens-Museum Düsseldorf 1974.

Heinrici, Johann Martin (1711-86). Deutscher Maler und anerkannter →Piqué-Meister. Er fing als Porzellanmaler in →Meißen (1741-56) an, ging während des Siebenjährigen Krieges nach →Frankenthal und dekorierte zahlreiche Schnupftabakdosen mit eleganten Rokokomotiven in Gold und Perlmutteinlagen. 1763 kehrte er als Hofmaler nach Dresden zurück und war seit 1764 auch als Farben- und Porzellanchemiker in Meißen beschäftigt.

Lit: G. E. Pazaurek, *Deutsche Fayence- und Porzellan-Hausmaler*, Leipzig 1925.

Heintze, Johann Georg (geb. um 1707). Porzellanmaler in →Meißen, wo er unter J. G. →Herold von 1720 an ausgebildet, 1725 Geselle wurde und seit 1733 ein festes monatliches Gehalt bekam. Im Jahre 1745 ging er von Meißen weg und wurde 1748 unter dem Verdacht, →Hausmaler zu sein, gefangengesetzt. 1749 entfloh er, wurde in Prag erneut gefangengenommen, aber entkam abermals und erreichte Wien und vielleicht auch Berlin. Seine Dekorationen zeigen Landschaften, Hafenszenen, Schlachtenmalereien usw. Sie werden manchmal mit denen von C. F. →Herold verwechselt.

Lit: G. E. Pazaurek, *Deutsche Fayence- und Porzellan-Hausmaler*, Leipzig 1925; R. Rückert, Ausst. Kat. *Meißner Porzellan*, Nationalmuseum München 1966.

Heißwasserteller. Erfindung des frühen 19. Jhs. Aus Silber oder häufiger aus →Sheffield-Plate gemacht, ist das Gerät rund oder oval, hat zwei Griffe und einen verborgenen Verschluß zum Einfüllen des heißen Wassers (oder auch Hineinschieben eines Stückes heißen Eisens). Der Heißwasserteller diente zum Warmhalten der Speisen und wurde gewöhnlich en suite mit den Tellern für den Hauptgang hergestellt.

Helchis, Jacobus (tätig 1730-49). Porzellanmaler, möglicherweise →Hausmaler, der Arbeiten der →Wiener Porzellanmanufaktur mit großem Einfühlungsvermögen in einem ungewöhnlichen schwarzen monochromen Stil dekorierte, gelegentlich reliefiert mit gelben und rosa Nuancen. Sein Meisterstück ist eine Terrine mit Deckel, die an den Seiten mit einer Felslandschaft bemalt ist (British Museum, London). Er hat auch ein großes Tafelservice (heute zerstreut) dekoriert, von dem jedes Stück mit einer Landschaft bemalt ist. Er war 1747-49 an der Porzellanfabrik in Neudeck in Bayern (→Nymphenburg) als →Arkanist beschäftigt.

Lit: *Apollo* XLVIII (Oktober 1948), S. 79-82.

Hellenistische Keramik. Um 300 v. Chr. bis um 100 v. Chr. Sie ist bekannt für ihren Reliefdekor, der nach und nach die auf →griechischer Keramik übliche Malerei ersetzte. Diese Reliefarbeit ist getriebenen Metallarbeiten nachgeahmt, in einigen Fällen (z. B. Kalene-Schalen) dürften dieselben Formen benutzt worden sein. Die Reliefs wurden entweder zusammen mit dem Gefäß modelliert oder getrennt ausgeformt, im letzten Fall anschließend an die auf der Scheibe gedrehte Vase appliziert. Die letztere Methode wurde bei der sogenannten Pergamon-Keramik von etwa 200-100 v. Chr. angewandt, die erstere bei der sogenannten Megara-Keramik von etwa 100 v. Chr. Die Megara-Schalen waren nicht in Formen gepreßt oder gegossen, sondern das Ergebnis einer kombinierten Technik von Drehen und Formen in einem einzigen Arbeitsgang: Eine kreisrunde Form mit auf ihrer Innenseite eingedrücktem Dekor wurde auf einer Töpferscheibe befestigt. Sodann wurde von innen her der Ton gedreht, um die Schale zu formen. Nach Beendigung dieses (ersten) Drehvorgangs wurde der Reliefdekor an der Außenseite der Schale dadurch hergestellt, daß man mit den Fingern die Gefäßwand nach außen in die Vertiefungen der Form drückte. In einem zweiten Drehvorgang wurde die Innenseite des Gefäßes wieder geglättet, die Form entfernt und der Dekor abschließend überarbeitet. Die Oberfläche wurde schließlich mit einer Glasur überzogen, die im Reduktionsbrand schwarz wurde.

Lit: Schaefer, *Hellenistische Keramik aus Pergamon*, Berlin 1968.

Hellot, Jean →Sèvres

Helmhack, Abraham (1654-1724). Deutscher →Hausmaler, Glasmaler, Emailleur und Kupferstecher, geboren in Regensburg. Er verzierte Gläser mit →Schwarzlotdekor. Vier große Glasscheiben, an den Rändern mit religiösen Szenen in Kaltmalerei bemalt, die für eine Laterna Magica vorgesehen waren, sind im Besitz des Victoria & Albert Museums, London. Am bekanntesten ist er jedoch für seine Bemalung von Fayencen mit bunten →deutschen Blumen, die großflächig die Gefäße überziehen, wie etwa auf einem Enghalskrug des Germanischen Nationalmuseums, Nürnberg, der um 1690 entstand.

Lit: K. Pilz in *Keramos* 2 (1958), S. 23-33.

Helmkanne. Wasserkanne, die vom frühen 16. bis ins späte 18. Jh. verbreitet war. Sie hat einen ei- oder glockenförmigen Körper auf niedrigem Fuß und einen geschwungenen Griff und Ausguß. Sie erinnert an einen umgestülpten römischen Helm. Diese Kannen wurden an vielen Orten in Edelmetall, Zinn und Fayence hergestellt.

Heming, Thomas (tätig 1745-82). Berühmter englischer Goldschmied, der erstmals 1745, als er seine Meistermarke bei der Londoner Goldsmiths' Hall eintragen ließ, erwähnt wird. 1760 wurde er Hofgoldschmied von George III. Sein Kirchensilber ist sehr einfach (Abendmahlsgefäße für die königliche Kapelle in Windsor Castle; Trinity Church, New York; Christchurch, Williamsburg, Virginia). Charakteristischer für ihn sind seine silbervergoldeten Rokoko-Toilettengarnituren, jedes Stück mit elegant modellierten und ziselierten Blumen-, Muschel- und Wellenornamenten; bemerkenswert ist vor allem die für Prinzessin Caroline Mathilde, die er 1766 anfertigte (Det Danske Kunstindustrimuseum, Kopenhagen). Von 1773 bis 1781 arbeitete *George Heming*, vermutlich Thomas' Sohn, zusammen mit *William Chawner* in Thomas Hemings Werkstatt in der Bond Street. 1775 bekamen sie einen Auftrag von Katharina der Großen für zwei Speise- und zwei Dessertservice. Es heißt, daß sie etwa 400 Handwerker für diesen Auftrag beschäftigt hatten. (Das große Orloff-Service für Katharina die Große war soeben von J. →Roettiers fertiggestellt worden.) Man weiß, daß 38 Kandelaber von Thomas Heming in kaiserlich-russischem Besitz gewesen sind.

Thomas Heming

Lit: A. G. Grimwade in *The Connoisseur* 1956, Bd. CXXXVII, S. 175-178.

Hennell, David (1712-85). Londoner Silberschmied und Begründer einer Dynastie von

T. Heming: silberner Deckelpokal mit Weinlaubverzierung, 1753 (Sammlung David H. H. Felix, Philadelphia)

David und Robert Hennell

Silberschmieden, die noch heute besteht und unter dem Namen *Robert George Hennell* tätig ist. David Hennell ließ seine Meistermarke 1736 eintragen; 1763 ließ sein Sohn *Robert* (1741-1811) eine mit der des Vaters vereinigte Marke registrieren. David, der sich 1772 zurückzog, machte gutes einfaches Geschirr für Privathaushalte, gelegentlich mit diskreten Rokoko-Ornamenten. Robert machte schöne Stücke im Stil von →Adam. Seine Söhne *David* (geb. 1767) und *Samuel* (1778-1837) arbeiteten zusammen und verwendeten vereinigte Meistermarken bis 1802, als David sich zurückzog. Nach seines Vaters Tod nahm Samuel *John Terry* für zwei Jahre, 1814-16, zum Partner. David Hennells 1. Enkel *Robert* (geb. 1769) nahm *H. Nutting* 1809 zum Teilhaber, doch kam es nach einem Jahr zum Bruch. 1809 ließ Robert seine eigene Meistermarke eintragen. Er zog sich 1833 zurück, ihm folgte sein Sohn *Robert* (1794-1868) und schließlich sein Enkel *Robert* (um 1826-92).

Lit: P. Hennell, ›The Hennells Identified‹ in *The Connoisseur*, Dezember 1955, S. 260-66; ders. in *The Connoisseur*, Februar 1977, S. 79-86.

Henningsen, Poul (1894-1967). Dänischer Industrie-Designer, Architekt und Schriftsteller. Seine besten Entwürfe waren die für Beleuchtungskörper (ausgeführt von Poulsen & Co., Kopenhagen), angefangen mit dem ›PH Lampenschirm‹ für eine Tischlampe (1924) und gefolgt von verschiedenen ähnlichen Schirmen für Tisch- und Hängelampen, die noch heute hergestellt werden. Im Grunde bestehen all seine Lampenschirme aus drei oder mehr konzentrisch angeordneten transparenten und opaken Scheiben, die den Lichtstrahl weitergeben, verteilen und reflektieren.

Henri-Deux-Ware. In →Saint-Porchaire im 16. Jh. hergestellte inkrustierte →Irdenware, die im 19. Jh., als ihnen dieser Name gegeben wurde, in großem Umfang imitiert und gefälscht wurde.

Hentschel, Julius Konrad →Meißen

Hepplewhite, George (gest. 1786). Zwei Jahre nach seinem Tod wurde er durch die Veröffentlichung seines Buches ›The Cabinet-maker and Upholsterer's Guide‹ (1788, verbesserte Auflagen 1789 und 1794) bekannt. Zu Lebzeiten war er anscheinend als Möbelschreiner weniger erfolgreich und anerkannt als viele seiner Zeitgenossen. Er absolvierte seine Lehre bei →Gillows in Lancaster und ließ sich um 1760 in London nieder. Möglicherweise hat er nie eine eigene Werkstatt besessen. Es gibt auch kein einziges Möbelstück, das ihm mit Sicherheit zugeschrieben werden könnte. Aber schon bald nach der Veröffentlichung seines Buches, das eine Übersicht über das Möbelschaffen im klassizistischen Stil zwischen 1780 und 1785 gibt, wurde sein Name selbst für Nichtfachleute ein Begriff und ebenso bekannt wie der Th. →Sheratons, mit dem er oft in einem Atemzug genannt wird. Hepplewhites ›Guide‹ enthält etwa 300 Entwürfe für alle Möbelarten und verwirklicht in vorbildlicher Weise R.

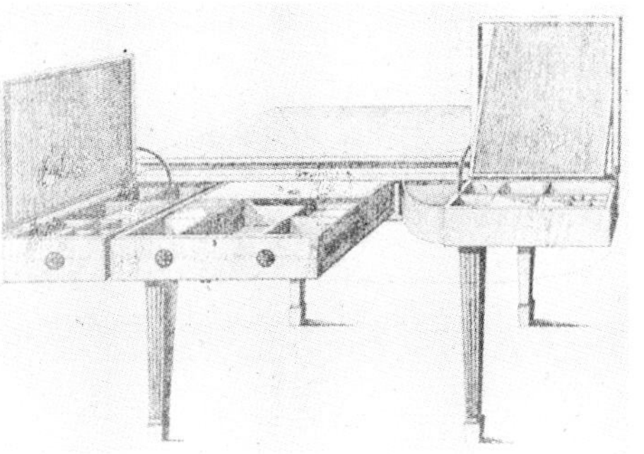

A. Hepplewhite: Entwurf für einen Arbeitstisch aus ›The Cabinet-maker and Upholsterer's Guide‹, London 1789

→Adams Forderung, Eleganz und Nützlichkeit zu verbinden. Er wurde hauptsächlich von Möbelschreinern außerhalb der Städte als Musterkatalog verwendet. Daher stammt ein großer Teil der Hepplewhite-Möbel von ländlichen Handwerkern und wurde wahrscheinlich erst angefertigt, als der Stil in London schon überholt war. Einige Entwürfe sind auch in Thomas →Shearers ›Cabinet-makers' Book of Prices‹ (1788) enthalten.

Einen neuen Stil hat Hepplewhite nicht geschaffen. In seinem Buch kodifiziert er lediglich das Möbelschaffen während der letzten zehn Jahre seines Lebens. Die Typen sind leicht abgewandelt und den technischen Möglichkeiten der durchschnittlichen Schreinerwerkstatt angepaßt. Seine Möbel sind einfach und gut durchdacht, dabei wirken sie äußerst elegant und vornehm. Die Konstruktion ist leicht, aber solide. Oft wird Satinholz mit Einlagen aus exotischen Hölzern verwendet. Charakteristisch für seine Kommoden ist die geschweifte Vorderfront. Sehr beliebt waren seine Stühle mit ovaler, herzförmiger oder schildförmiger Rückenlehne, meist mit geraden, sich verjüngenden Beinen. (Die schildförmige Rückenlehne ist übrigens nicht – wie vielfach behauptet wird – eine Erfindung von Hepplewhite.) Typische Schmuckmotive für die mittlere Sprosse der Rückenlehne sind auch die Prinz-von-Wales-Federn und die Weizenähren.

Lit: C. Musgrave, *Adam and Hepplewhite Furniture*, London 1966.

Herat-Teppiche →Persische Teppiche

Herculaneum →Liverpool

Hereke-Teppiche →Türkische Teppiche

Herend. Ungarische Fabrik, 1838 von *Moritz Fischer* (gest. 1880) gegründet, die seitdem Haushaltwaren und Zierkeramik in allen historischen europäischen und orientalischen Stilen herstellt. Sie sind sehr ansprechend und gut gearbeitet und deswegen sehr beliebt für repräsentative Zwecke und Staatsgeschenke, weshalb die Fabrik auch von der Krone sehr gefördert wurde. Sie ist heute ein staatliches Unternehmen.

Lit: G. Sikota, *Herend-Manufaktur der ungarischen Porzellankunst*, Budapest 1982.

Heriz-Teppiche →Persische Teppiche

Hermann, Jacob (um 1615-85). Abgesehen von G. B. →Soria der einzige bedeutende römische

Möbelkünstler des Barock, von dem Arbeiten identifiziert werden konnten. Er wurde in Deutschland geboren und ließ sich 1655 in Rom nieder, wo er als Giacomo Hermann oder Erman bekannt wurde. Er arbeitete für die Päpste Alexander VII. und Clemens IX. Seine Innenausstattungen waren mit ausgesprochen architektonischen Elementen ausgestattet. Nachgewiesen ist eine prächtige Ausstattung für ein Studierzimmer aus Ebenholz mit Lapislazuli-Säulen, Marmorintarsien und Malereien (signiert und datiert 1668). Sie enthält auch eine Uhr von Tomaso Pietro Campani, dem damals führenden römischen Uhrmacher. Kardinal Landgravio di Assia schenkte die Uhr Kaiser Leopold I.; sie befindet sich heute im Kunsthistorischen Museum in Wien.

Lit: A. Gonzalez Palacios in G. Lizzani, *Il Mobile Romano,* Mailand 1970.

Herman Miller Inc., Möbelfabrikant in Zeeland, Michigan. Dank *George Nelson* (geb. 1908), dem Chefdesigner, realisiert die Firma zur Zeit vor allem gutes modernes Möbeldesign. Nelson holte auch Ch. →Eames als Mitarbeiter in die Firma, der als Berater eine Reihe von Stuhltypen entwarf, so den heute berühmt gewordenen Stapelstuhl aus verformtem Kunststoff und den gepolsterten Liegestuhl mit verformter Sperrholzschale. Zu den neuesten Produkten der Firma gehört das ›Action Office‹, eine elegante Büroausstattung mit kompakten Schreibtischen, Schrankelementen und Konferenztischen aus einer Kombination von Holz, Kunststoff und blankem Gußaluminium. Die Serie wurde später durch eine Bibliotheksausstattung – Lesepulte und -tische sowie Arbeitsnischen – ergänzt, in der viele Ideen des ›Action Office‹ wiederkehren.

Lit: G. Nelson, *George Nelson on Design,* New York–London 1979.

Herme. Ursprünglich ein nach unten häufig schmaler zulaufender rechteckiger Schaft mit meist bärtigem Kopf. Diese Form besaß bei den Griechen unheilabweisende Bedeutung. Später ist die Herme nur noch Träger von Porträtköpfen mit Inschrift. In der Renaissance, im Manierismus und Barock wurde sie zu dekorativen Zwecken frei aufgestellt oder in der Architektur als figürlicher Gebälkträger wie →Atlanten verwendet.

C.F. Herold: Dekoration auf einer Meißener Porzellantasse und Untertasse, signiert und datiert 1750 (British Museum, London)

Herold oder **Heroldt**, **Christian Friedrich** (um 1700 bis um 1779). Deutscher Porzellanmaler. Er hat vermutlich zuerst in Berlin für Alexander Fromery, einen Hersteller von Emaildosen, gearbeitet. Von 1725 bis 1777 war er als Maler an der Porzellanmanufaktur →Meißen beschäftigt, obwohl er weiterhin Emaildosen für Fromery dekorierte und 1763 wegen seiner Tätigkeit als →Hausmaler gerichtlich verfolgt wurde. Einige wenige signierte Malereien, möglicherweise solche, die er auf eigene Rechnung ausführte, sind nachgewiesen (z.B. eine Tasse mit Untertasse, datiert 1750, im British Museum, London), viele andere müssen ihm aus stilistischen Gründen zugeschrieben werden. In Meißen betätigte er sich zunächst als

J.G. Herold: Dekoration auf einer Meißener Porzellanvase, signiert und datiert 1726 (Porzellansammlung, Dresden)

→Chinoiserien-Maler; ihm sind wahrscheinlich die Malereien zu verdanken, die schwarz oder rot gemalte Konturen haben. Vor allem ist er für seine Hafenszenen und ziemlich dunklen Figuren im Vordergrund bekannt, die die Hafenatmosphäre wirkungsvoll zum Ausdruck bringen. Seine Verwandtschaft mit J.G. →Höroldt ist nicht erwiesen, aber sie könnten Vettern gewesen sein.

Lit: G.E. Pazaurek, *Meissener Porzellanmalerei des 18 Jahrhunderts*, Stuttgart 1929; M. Hornig-Sutter in *Keramos* 57 (1972), S. 11-25; R. Rückert, Ausst. Kat. *Meissner Porzellan 1710-1810*, München 1966.

Herold, Johann Gregor →Höroldt, J.G.

Heron, Robert Methven →Wemyss ware

Herrebøe

Herrebøe. Die wichtigste Fayencefabrik in Norwegen wurde 1757 bei Friedrichshald gegründet, arbeitete aber erst seit 1762 in größerem Umfang. Sie ist vor allem für ihre blauweißen (selten polychromen) Tafelgeschirre bekannt, die im Rokokostil dekoriert sind, entweder mit Figuren oder, erfolgreicher, mit abstrakten Motiven von überschäumender Lebendigkeit und bedenkenloser Asymmetrie. Die besten Stücke sind mit den Initialen ›HF‹ signiert, wahrscheinlich für *Heinrich Christian Friedrich Hosenfeller* (1722-1801), einen Maler, der in Herrebøe arbeitete. Die Fayencefabrikation scheint 1772 eingestellt worden zu sein, die Fabrik schloß 1778.

Lit: I. Opstad, *Herrebøe Fajance Fabrique*, Borregaard 1959; L. Opstad in *Keramos* 58 (1972), S. 3-14.

Herrengrund-Gefäße. In Herrengrund in der Slowakei vom 17. bis 19. Jh. gefertigte Kupfergefäße in Form von Schalen, kleinen Pokalen und Dosen, meist vergoldet und mit getriebenen oder gravierten Ornamenten verziert und oft mit Inschriften versehen wie z.B. ›Eisen war ich, Kupfer bin ich, Gold bedekt mich‹. Sie nehmen Bezug auf die (angebliche?) Entstehung des Metalls: 1605 soll entdeckt worden sein, daß sich auf Eisen, das in die Abwässer des Kupferbergwerks von Herrengrund gelegt wurde, Kupfer ablagerte und sich mit ihm verband. Von den seltenen Datierungen stammt die älteste von 1652, die späteste von 1814.

Lit: F. Kirnbauer und R. Steiskal-Paur, *Herrengrunder Kupfergegenstände*, Wien 1959.

Hertel, Hans Georg (1580 bis um 1640). Führender Augsburger Möbelschreiner. Ein kunstvoll gefertigter Tisch ist mit seinem Zeichen versehen und 1626 datiert. Einlegearbeiten mit verschiedenen Hölzern, vergoldetem Messing, Hartzinn, Silber und eine Mosaiklandschaft aus →Pietre dure schmücken ihn (Schatzkammer der Residenz, München). Lucas Kilian (1579-1637), der die eingelegten gravierten Silbertafeln signierte, mag auch für den allgemeinen Entwurf verantwortlich gewesen sein.

Lit: H. Kreisel, *Die Kunst des deutschen Möbels*, Bd. I. München 1968.

C. Herter: Schlafzimmermöbel. New York, um 1865-80 (Metropolitan Museum of Art, New York)

Herter, Christian (1840-83). Er wurde in Stuttgart geboren und ging 1860 zu seinem älteren Halbbruder nach New York, der dort seit 1848 ansässig war. Zunächst arbeitete er als Silberentwerfer für →Tiffany, 1851 eröffnete er in der Mercer Street eine Möbelwerkstatt. Um 1866 gründete er mit seinem Bruder *Gustav* eine Firma. Nach einem Zwischenaufenthalt in Europa 1870 nach New York zurückgekehrt, kaufte er die Geschäftsanteile seines Bruders Gustav, der seinerseits nach Deutschland zurückging. Als einer der ersten amerikanischen Möbelschreiner löste er sich von den Stilen vergangener Epochen und schuf Möbel im zeitgenössischen englischen Stil mit gelegentlichen Anleihen ans Orientalische. Die Marketerie-Möbel, die er für den Eisenbahn-Magnaten Jay Gould anfertigte (1877-82) und die jetzt im Metropolitan Museum, New York, stehen, erinnern mit ihren kühnen einfachen Umrissen an die schönsten ›Arts and Crafts‹-Arbeiten.

Lit: *19th Century America: Furniture and Other Decorative Arts*, Ausst. Kat. Metropolitan Museum, New York 1970.

Hess. Frankfurter Glas- und Steinschneiderfamilie, aus Böhmen stammend. *Johann* Hess floh während des Dreißigjährigen Krieges nach Frankfurt am Main. Sein Sohn *Johann Benedikt I* (um 1636-74) und die Enkel *Sebastian* (gest. 1731) und *Johann Benedikt II* (1672-1736) dekorierten Gläser in der Art von Nürnberger Glasschneidern wie H. →Schwinger und G.F. →Killinger. *Peter* (1709-82), der Sohn von Johann Benedikt II arbeitete ab 1746 in Kassel als Edelsteinschneider im Dienst des Landgrafen von Hessen.

Lit: G.E. Pazaurek in *Der Kunstwanderer*, 1927, S. 95.

Hetsch, Gustav Friedrich →Kopenhagener Porzellanfabrik

Hetzendörfer, Simon →Amberg

Heubach. Die Porzellanfabrik wurde 1822 in Lichte bei Wallendorf in Thüringen gegründet und stand im Eigentum von Mitgliedern der Familie Heubach. Sie stellte nichts Erwähnenswertes her, bis im frühen 20. Jh. die Brüder Heubach, denen zu der Zeit die Fabrik gehörte, Schmuckkeramik etwa im Stil der Produktion von →Kopenhagen machten. Die Modelle wurden von mehreren Bildhauern entworfen, Vögel und Tiere von William Krieger (1877-1945), Otto Pech (1882-1950), Sigismund Wernekinck (1877-1921) und Paul Zeiller (1880-1915) und eine sehr spröde Pierrette von Wera von Bartels (geb. 1886).

Lit: O. Pelka, *Keramik der Neuzeit,* Leipzig 1924; L. Danckert, *Handbuch des Europäischen Porzellans,* München 1954/1978.

Heuglin, Johann Erhard II (1687-1757). Das wichtigste Mitglied einer protestantischen Familie von Silberschmieden in Augsburg, die profane Objekte herstellte. Sein Vater Johann Erhard I (1652-1712) gestaltete feine Schauteller, geschmückt mit Figurenwerk (Staatliches Kreml-Museum, Moskau; Diözesanmuseum, Freising). Johann Erhard II wurde 1717 Meister und scheint eine große Werkstatt eingerichtet zu haben für Trinkgefäße, Tee- und Kaffeeservice und Toilettengarnituren, dekoriert mit eingraviertem →Bandelwerk im französischen →Régence (z. B. Krug und Schüssel im Museum für Kunst und Gewerbe, Hamburg).

Lit: H. Seling, *Die Kunst der Augsburger Goldschmiede 1529-1868,* München 1980.

Heurtaut, Nicolas (geb. 1720), Pariser Tischler, der vorwiegend Stühle schuf; Zeitgenosse von L. →Delanois. Er wurde 1755 ›maître‹ und war noch nach 1771 tätig. Seine Stühle mit reichem Schnitzdekor sind zum Großteil mit Gobelinstoff gepolstert; einige Stücke befinden sich im Louvre, Paris, im Metropolitan Museum und in der Frick Collection, New York.

Lit: S. Eriksen, *Early Neo-Classicism in France,* London 1974.

Hewelke. Kleines Unternehmen, von dem Porzellankaufmann *Nathaniel Friedrich Hewelke* und seiner Ehefrau *Maria Dorothea* gegründet und geleitet; die beiden waren nach der Besetzung von Dresden durch preußische Truppen nach Italien geflohen und hatten sich 1757 in Udine niedergelassen. Von der venezianischen Regierung erhielten sie 1758 ein Monopol für 20 Jahre zur Herstellung von Porzellan. Sie begannen mit der Produktion in Udine, verlegten die Fabrik 1761 nach Venedig, schlossen die Fabrik wahrscheinlich alsbald und kehrten kurz nach 1763 nach Dresden zurück. (1764 wurden ihre Privilegien der Porzellanfabrik →Cozzi gewährt.) Die wenigen bekannten Stücke sind aus hartem Porzellan, gelblich in der Farbe und mit einer ziemlich matten, unebenen Glasur bedeckt; Teeservice, hübsch bemalt, und ein ansprechendes Reliefporträt (British Museum, London) stammen aus der Produktion dieser Fabrik.

Lit: F. Stazzi, *Porcellane italiane,* Mailand 1964; G. Weiss, *Ullstein-Porzellanbuch,* Berlin 1964/1975.

Highboy, Philadelphia, 18. Jh. (William Rockhill Nelson Gallery of Art, Kansas City)

Heylyn, Edward →Bow

Highboy. Amerikanische Variante des englischen →Tallboy, um 1770 aufgekommen und besonders in der Gegend um Philadelphia beliebt. Der Highboy besteht aus einem Kommodenaufsatz auf einem niedrigen Sockel oder auf einem tischartigen mit Schubladen. Letzterer wurde auch separat hergestellt und ist als →Lowboy bekannt. Die eleganteren Versionen haben geschwungene Beine, einen offenen Ziergiebel und Fialen. Die Bezeichnung stammt aus dem 19. Jh.

Hillebrand, Friedrich (gest. 1608). Der bedeutendste Angehörige einer Nürnberger Goldschmiede- und Kupferstecherfamilie. Er wurde 1580 Meister. Seine Spezialität waren Gefäße in Form von Vögeln (Schwäne, Papageien u. ä.), die mit Perlmutteinlagen verziert sind und bei denen oft Nautilusmuscheln den Körper bilden. Beispiele gibt es im Grünen Gewölbe in Dresden.

Lit: C. Hernmarck, *Die Kunst der europäischen Gold- und Silberschmiede 1450-1800,* München 1978.

Hirado-Porzellan. Japanisches Porzellan, das in Mikawachi bei Arita von der Mitte des 17. Jhs. an hergestellt wurde und ursprünglich nur für den Fürsten von Hirado bestimmt war. Es ist dem blauweißen →Arita-Porzellan ähnlich. Im frühen 19. Jh. wurde für die Unterglasurmalerei, oft Motive mit spielenden Kindern, ein eigenartiges, in Purpur gehendes Blau verwendet. Die besten Stücke stammen aus der Zeit von 1750 bis 1830.

Lit: S. Jenyns, *Japanese Porcelain,* London 1965; Ausst. Kat. *Japanische Keramik,* Hetjens-Museum Düsseldorf 1978.

Hiramaki. Japanische Lacktechnik: auf die im Rohlack angelegte Zeichnung wird Gold-, Silber- und Farbpulver aufgestreut, mit transparentem Lack überfangen und poliert.

Hirschvogel, Augustin (1503-53). Vielseitiger Nürnberger Handwerker, der wahrscheinlich 1531-36 in einer Werkstattgemeinschaft mit Hans Nickel und Oswald Reinhard Fayencen bemalte und auch als Radierer, Glasmaler, Medailleur und Kartograph tätig war. Er soll den ersten →Eulenkrug entworfen haben.

Lit: K. Schwartz, *Augustin Hirschvogel,* Berlin 1917; W. B. Honey in *Burlington Magazine* LXIX (1936), S. 111-119; A. Klein, *Deutsche Fayencen,* Braunschweig 1975.

Historienstil →Istoriato

Historismus. In Deutschland in den 1880er Jahren geprägter abschätziger Begriff, zunächst für die Beschäftigung mit ›Geschichte‹, den Problemen historischer Prozesse und Entwicklungen, der später analog für die hauptsächlich von Hegel beeinflußte Geschichtsphilosophie verwandt wurde. In der Folge bezeichnete er die Versuche des 19. Jhs., ältere Stilrichtungen in Architektur und angewandter Kunst wiederzubeleben, vor allem, wenn religiöse und gesellschaftliche Motive zugrunde lagen.Dies ging im Gefolge der Romantik und ihrer pluralistischen Einstellung zur Vergangenheit weit über eine Wiederbelebung der frühgriechischen Kunst und der Gotik hinaus und schloß byzantinische, frühchristliche und romanische Kunst, die italienische und französische Renaissance (Henri II.), den elisabethanischen und jakobitischen Stil Englands, das Zweite Rokoko in Deutschland usw. ebenso ein wie altägyptische, chinesische und islamische Kunst. Die Achtung vor dem ›Geist‹ eines Stils hatte eine neue Bemühung um historische Genauigkeit zur Folge. Dabei kamen den Entwurfszeichnern und Handwerkern eine wachsende Anzahl von Büchern mit detailgenauen und maßstabsgetreuen Illustrationen und umfangreicher werdende Sammlungen in den Museen zu Hilfe (diese, ebenso wie die später aufkommenden →Stilzimmer stellten ihrerseits eine weitere Erscheinungsform des Historismus dar). Das Victoria & Albert Museum in London wurde 1857 mit der speziellen Zielsetzung gegründet, das Niveau des zeitgenössischen Designs auf eine höhere Stufe zu heben (→Victorianischer Stil). So wurde das elegante, verspielte, fast frivole neugotische (→Gothic revival) Mobiliar ab 1830 von den mehr aus dem Geist der Gotik geschaffenen, ›ernsthafteren‹ Möbeln A. W. →Pugins und anderer abgelöst. Mittelalterliche Stile wurden bis Ende des Jahrhunderts vorgezogen, zum Teil aufgrund der Assoziationen von Christentum und Rittertum (z. B. die Innenausstattung Neuschwansteins für Ludwig II., 1869-86). In Deutschland erfreuten sich ab Mitte des 19. Jhs. Gegenstände im *altdeutschen Stil* des 15. und 16. Jhs., so z. B. Steinzeug aus →Siegburg und Glasgefäße aus der →Theresienthaler Hütte, einer großen Beliebtheit, wohl auch aus einer patriotischen Grundstimmung heraus. Parallel dazu fand man aber auch Geschmack am Zweiten Rokoko (→Rokoko). Anderswo kam die italienische Renaissance sehr in Mode, ebenso wie der Manierismus, – *siehe* Möbel von E. Barbedienne, L.-A.-A. Beurdeley, L. Frullini usw., Metallarbeiten von A. Cotelazzo, L. Falize, F.-D. Froment-Meurice, A. Vechte, C. Wagner usw., ›Venezianisches‹ Glas von A. Salviati, G. Bontemps und aus der Theresienthaler Kristallglasfabrik usw. Hier scheint jedoch nicht nur Interesse an der Geschichte eine Rolle gespielt zu haben, sondern auch die damit zusammenhängende Begeisterung für die handwerkliche Arbeit, die sich in Reaktion auf die Industrieproduktion entwickelte. Das resultierte z. B. auch in Imitationen von Keramik von B. →Palissy, der als das Urbild eines Handwerkers angesehen wurde. Man versuchte auch, mit frei nachempfundenem *Zweitem Rokoko* oder mit genauen Kopien nach berühmten Originalen es der Handwerkskunst des 18. Jhs. gleichzutun. (Von dem Schreibtisch Ludwigs XV. wurden mindestens sechs Kopien angefertigt, eine von P. und H. →Dasson, die sich heute in der Wallace Collection in London befindet, eine von Zweiner, heute im Schloß Herrenchiemsee.) Die Mehrzahl der historisierenden Gegenstände wurde jedoch in Fabriken mechanisch hergestellt, oft unter Verwendung von Ersatzmaterialien, z. B. gegossenem Guttapercha anstelle geschnitzten Holzes. Obwohl der Historismus schließlich von →Art Nouveau in Frankreich und Jugendstil in Deutschland abgelöst wurde, werden Reproduktionen vor allem von Möbeln, Keramik und Metallarbeiten des 18. Jhs. noch heute, z. T. in Massenproduktion, hergestellt.

Lit: H. Mundt, *Historismus,* München 1981.

Hitchcock- Stuhl. Benannt nach dem amerikanischen Stuhlfabrikanten Lambert Hitchcock (1795-1852) aus Hitchcockville, Connecticut. Der Stuhl wurde aber auch von anderen Produzenten im Osten der Vereinigten Staaten hergestellt. Er ist von einem der späteren →Sheraton-Modelle abgeleitet, von leichter Konstruktion mit gedrechselten Beinen, einem geformten oder Binsensitz, einer Rückenlehne aus Spindeln, gekrönt von einem ovalen gedrechselten Querholz, im allgemeinen schwarz oder grün bemalt mit aufschabloniertem Golddekor.

Hochgeprägte Einbände. Eine Bindeart des 19. Jhs., die sich aus der Wiederaufnahme der →Prägebindung zu Beginn des Jhs. entwickelte. An die Stelle einer Prägeplatte tritt eine Matrize, und das Leder wird vor, nicht nach der Bindung hochgeprägt. Ursprung und Entstehungszeit dieser Technik sind unbekannt. Sie trat in England um 1820 auf und wurde in der Jahrhundertmitte sehr beliebt. Man unter-

Hochgeprägter Einband, englisch, um 1840 (Victoria & Albert Museum, London)

scheidet drei Hauptarten: Kathedral-, Arabesken- und Graniermaschinentyp (dieser zeigt Muster aus sehr dünnen Linien von maschinengravierten Matrizen).

Lit: E. Jamieson, *English Embossed Bindings 1825-1850*, Cambridge Bibliographical Society, Cambridge 1972.

Hochschnitt. Technik des →Glasschnitts, bei welcher der Dekor erhaben im Relief stehen bleibt, im Gegensatz zum →Tiefschnitt. Schwieriges Verfahren, das schon in der Antike angewandt wurde und später, im 17. und 18. Jh., in Deutschland, vor allem von F. →Gondelach. *Siehe auch Abb. S. 673.*

Höchst. Als Fayencemanufaktur bei Frankfurt am Main im Jahre 1746 von dem Porzellanmaler A. F. von →Löwenfinck gegründet, der die Fabrik 1749 verließ. Seine Nachfolger waren *J. C. Göltz* und *J. F. Clarus.* Die Fayencen, in sehr lebhaften →Emailfarben bemalt, waren Gebrauchsgegenstände aller Art: besonders sorgfältig modellierte kleine Terrinen und Saucieren in asymmetrischen Formen, große Terrinen in Form von Möpsen, Truthähnen, Auerhähnen, Bärenköpfen, Krautköpfen usw. Birnenförmige Vasen und Teller mit Federmusterbordüren sind typische Erzeugnisse. Die Malerei ist stets von hoher Qualität. Einige besonders fein gemalte Stücke tragen die Signatur von *Johannes Zeschinger* (geb. 1723), der hier von etwa 1750 bis 1753 arbeitete und dann zu →Fürstenberg überwechselte. Die Porzellanherstellung wurde 1750 aufgenommen, die Herstellung von Fayencen 1758 aufgegeben. Tafelgeschirre waren ursprünglich in Form und Dekor mit reichem Rocaillemuster versehen, gingen um 1765 in klassizistische Formen und Dekore über und erreichten den Höhepunkt dieses Stils um 1780. Die Qualität der

Höchst

Hocker von Pelagio Palagi, 1835-40 (Palazzo Reale, Turin)

Porzellanmalerei ist derjenigen der Fayencebemalung ebenbürtig: Genredarstellungen nach Stichen von Chodowiecki und zahlreiche Szenen eines zeitgenössischen Spiels (großes Service, um 1772, Museum für Kunsthandwerk, Frankfurt am Main). Die bedeutendsten Porzellanschöpfungen sind wohl Figuren. Zu den früheren Stücken gehören die der →Commedia dell'Arte nach Modellen von *Simon Feilner,* bevor er 1753 nach Fürstenberg ging. Ein großer Tafelaufsatz ›Der chinesische Kaiser‹ und viele zusätzliche Chinesenfiguren sind wahrscheinlich das Werk von *Laurentius Russinger* (Modellmeister 1762 bis 1766), der auch einige gefällige Einzelfiguren und Gruppen in französischem Stil schuf. Unter Johann Peter →Melchior (Modellmeister 1767 bis 1779) wurden zahlreiche ausgesprochen sentimentale Schäferfiguren, einige mythologische Figuren (in Anlehnung an E.-M. →Falconet) und viele Porträtmedaillons in →Biskuit (darunter eines von Goethe) hergestellt. Nach dem Ausscheiden Melchiors im Jahre 1779 wurden Büsten im Stil der Antike und Einzelfiguren produziert; die Manufaktur machte aber bis zur Stillegung 1796 überwiegend Gebrauchsgeschirr. Ein Teil der Formen wurde später von

Glaspokal mit Hochschnittdekor, Schlesien, spätes 17. Jh. (Victoria & Albert Museum, London)

Höchst: Porzellanfiguren ›Tänzer und Tänzerin‹, vielleicht modelliert von J.F. von Lück, 1757/58 (Kunstgewerbemuseum, Berlin)

Daniel Ernst Müller in Damm bei Aschaffenburg erworben, der sie seit etwa 1840 nunmehr in Steingut ausgeformt hat. Die Formen gingen dann an F.A. Mehlem in Poppelsdorf bei Bonn über und 1903 an die Porzellanfabrik Dressel, Kistler & Co. in Passau und wurden bis 1942 benutzt. Seit 1966 sind weitere Kopien in der wiederbelebten Porzellanfabrik Höchst hergestellt worden.

Lit: K. Roeder u. M. Oppenheim, *Das Höchster Porzellan,* Mainz 1930; Ludwig Baron Döry, *Höchster Porzellan,* Ausst.Kat., Historisches Museum, Frankfurt am Main 1963; K.H. Esser – H. Reber, *Höchster Fayence und Porzellan,* Mainz 1964.

Hocker. Bis zum 19. Jh. gebräuchlichste Sitzgelegenheit; im Gegensatz zum Stuhl oder Sessel weder mit Rücken- noch mit Armlehnen ausgestattet. Die beiden Grundformen – Hocker mit vier geraden Beinen und Hocker mit zwei X-förmig gekreuzten Beinpaaren – wurden schon von den Ägyptern benutzt. Beispiele aus Korbflechtwerk, sich klar ableitend von frühen (prädynastischen) Rohr- und Binsenkonstruktionen, haben sich erhalten. Die Griechen übernahmen sie und nannten den Hocker mit geraden Beinen ›diphros‹, den mit gekreuzten Beinen ›diphros okladias‹. Auch die Römer verwendeten diese beiden Grundformen. Sie wurden auch im Mittelalter noch unverändert benutzt, aber im Spätmittelalter kam in Italien ein dreibeiniger Hocker mit rundem oder vieleckigem Sitz auf, der bis zum 17. Jh. gebräuchlich war (auch ›Strozzi‹-Hocker bezeichnet). Die Hocker späterer Zeiten (auch die Entwürfe der Designer des 20. Jhs.) sind Abwandlungen der beiden Grundtypen. Neuerungen treten nur im Dekor der Beine und in der Gestaltung des gepolsterten oder ungepolsterten Sitzes auf. *Siehe auch* Pliant und Tabouret.

Höcker, Johann Michael →Groff, W.

Hodgetts, William →Stevens and Williams

Hoentschel, Georges (1855-1915). Französischer Architekt, Innenausstatter und Töpfer. Nach dem Tod seines engen Freundes Jean →Carriès 1894 führte er dessen Kunsttöpferei weiter und stellte ähnliche Arbeiten mit matten Glasuren her, war aber viel unabhängiger von orientalischen Formen. 1900 entwarf er den Pavillon der ›Union Centrale des Arts Décoratifs‹ für die Pariser Weltausstellung von 1900.

Lit: Ausst.Kat. *Europäische Keramik des Jugendstils,* Hetjens-Museum Düsseldorf 1974.

Hoffmann, Josef (1870-1956). Österreichischer Architekt und Entwerfer, Gründer der Wiener

J. Hoffmann: Stuhl, 1903-06 (Musée des Art Décoratifs, Paris)

Hohlsaumarbeit, italienisch, um 1540 (Victoria & Albert Museum, London)

→Secession (1899) und einer der Pioniere des funktionellen Designs. Wie die Anhänger des →Art Nouveau ging er davon aus, daß Architektur, Innendekoration und Möbel eine überzeugende Einheit bilden sollen. Sein von →Mackintosh beeinflußter Stil war aber ausgeprägt funktionell und hob sich deutlich vom Art Nouveau ab. Seine Möbelentwürfe wurden zum Teil von M. →Thonet ausgeführt. Sie waren hauptsächlich für die von ihm entworfenen Häuser bestimmt, von denen vor allem das Palais Stoclet (1905-11) in Brüssel zu erwähnen ist. Für die →Wiener Werkstätte, zu deren Gründern (1903) er gehörte, entwarf er einfache und formschöne Metallarbeiten sowie Schmuckgegenstände. Seine Glasentwürfe wurden von der Firma J. & L. →Lobmeyr in Wien ausgeführt. 1920 schuf er ein Service exquisiter, fragiler Wein- und Champagnergläser in Tulpenform. Sie gehören zu den elegantesten Gläsern, die jemals gemacht wurden.

Lit: L. Kleiner, *Josef Hoffmann*, Berlin 1927; W. Neuwirth, *Das Glas des Jugendstils*, München 1973; D. Müller, *Klassiker des modernen Möbeldesign*, München 1980.

Hoffmann, Wilhelm →Spitze

Hogarth-Stuhl. Englischer Stuhl im →Queen Anne-Stil mit durch ein senkrechtes Mittelbrett geteiltem Rücken. Charakteristisch sind die geschwungene Form und die →Cabriole legs. Er ist häufig auf Bildern von Hogarth zu sehen, daher die Bezeichnung, die seit der Mitte des 19. Jhs. gebräuchlich ist.

Hohlsaumarbeit. Eine Arbeit, die seit spätestens 1460 bekannt ist, ein direkter Vorläufer der →Spitze. Aus Leinenstoff werden Fäden herausgezogen und die verbleibenden so zusammengestickt, daß geometrische oder andere Muster entstehen.

Holbein, Hans der Jüngere (1497/98-1543). Deutscher Maler und auch bedeutender Ent-

Holitsch

H. Holbein d. J.: Entwurf für einen Pokal, den Heinrich VIII. Jane Seymour schenkte, um 1536 (Ashmolean Museum, Oxford)

werfer. Er entwarf ab 1533 zahlreiche Goldschmiedearbeiten für Heinrich VIII. von England. Seine Entwürfe, von denen etliche erhalten sind, zeigen einen kunstvollen Renaissancestil, wobei →Akanthusblätter, →Arabesken, menschliche Köpfe sowie Putten erscheinen und üppiger Gebrauch von hängenden Perlen und Inkrustationen von Edelsteinen gemacht wird. Das einzige erhaltene nach Holbeins Entwurf gearbeitete Stück ist eine Bergkristallschale mit emaillierter Goldfassung, besetzt mit Perlen und Edelsteinen, von außerordentlicher Eleganz der Form trotz der Kompliziertheit ihrer Ornamente (Residenzmuseum, München). Noch kostbarer war der Pokal, den er für Heinrich VIII. als Geschenk für Jane Seymour entwarf; er war besetzt mit 30 großen Diamanten, wurde 1629 zerstört, ist aber durch zwei Zeichnungen bekannt (British Museum, London; Ashmolean Museum, Oxford). Holbein entwarf auch Glasfenster. Zehn seiner Entwürfe für Goldschmiedearbeiten wurden von Wenzel Hollar gestochen.

Lit: H. F. Hayward, *Virtuoso Goldsmiths and the Triumph of Mannerism 1540-1620*, London 1976.

Holbein-Teppiche →Türkische Teppiche

Holitsch. Eine im Jahre 1743 in Holitsch in Ungarn auf Wunsch von Franz von Lothringen, dem Gemahl Maria Theresias, gegründete Fayencefabrik. Unter kaiserlichem Schutz war die Fabrik bis 1827 in Betrieb. Sie ahmte die Erzeugnisse von Straßburg mit →Emailfarben oder →Castelli-Waren mit →Scharffeuerdekor nach. Ab 1786 produzierte sie Steingut.

Lit: J. Kybalorva, *Holitscher Fayence*, München 1970; A. Klein, *Fayencen aus Europa*, Braunschweig 1980.

Hölke, Friedrich →Pirkenhammer

Holland, Henry (1745-1806). Englischer Architekt, der für den Prinzen von Wales (späteren Georg IV.) tätig war und von ihm beauftragt wurde, Carlton House auszubauen und neu auszustatten (1783-85) sowie den Marine-Pavillon in Brighton (1786/87) zu errichten. Die Möbel ließ er – z.T. nach eigenen Entwürfen – von führenden englischen und französischen Möbelschreinern, wie A. →Weisweiler, anfertigen. Abgesehen von seinen Versuchen mit →Chinoiserien (Brighton Pavillon) arbeitete Holland in einer angereicherten und manchmal überladenen Art des →Adam-Stils, womit er den Weg zum Ornamentreichtum des →Regency wies. Sein Einfluß war beachtlich, besonders durch Th. →Sheratons Veröffentlichung seiner Entwürfe.

Lit: D. Stroud, *Henry Holland*, London 1968.

Holzmaserdekor (franz. décor bois). ›Trompe-l'œil‹-Dekor auf Porzellan und Fayence (besonders →Niderviller) des 18. Jhs., der Holzmaserung vortäuscht, mit ausgesparten Bildfeldern, die wie mit leicht an einer oder mehreren Ecken eingerollten Stichen bemalt sind.

Hone, Galyon (tätig 1492-1526). Glasmaler, der 1492 Meister der Antwerpener Gilde wurde und dann nach England übersiedelte. Dort wurde er zum Glasmaler des Königs ernannt und führte, als Nachfolger von B. →Flower, einen großen Teil der Farbfenster für die King's College Chapel in Cambridge aus. Das große Ostfenster ist sein Werk, es entstand nach Kartons von D. →Vellert.

Lit: H.G. Wayment, *The Windows of King's College Chapel* (in *Corpus Vitrearum Medii Aeri: Great Britain*, Supplementary Bd. 1), London 1972.

Honig-Vergoldung. Die gebräuchlichste Methode im 18. Jh., Golddekor auf Keramik, besonders Porzellan, anzubringen, häufig in

Holzmaserdekor, Tournai-Fayence, 19. Jh. (Musée des Arts Décoratifs, Paris)

→Sèvres angewendet. Blattgold wird in Honig zerrieben, mit einem Pinsel aufgetragen und durch leichtes Brennen befestigt. Diese Art der Vergoldung ist im Gebrauch dauerhaft, weich im Ton und dick genug, um mit Werkzeugen bearbeitet und ziseliert werden zu können. Sie ist der →Firnisvergoldung und →Lackvergoldung überlegen, da sie ›gebrannt‹ ist. Diese Technik war einer der ersten Beiträge Europas zur Fortentwicklung der Keramik in Ostasien.

Honiton-Spitze. Die früheste und beste englische →Spitze, die in Honiton zwischen 1620 und 1725 gemacht wurde. Es handelt sich um eine sehr zarte Klöppelspitze in der Art der →Brüsseler Spitze mit reizvollen Blumenmustern in Antwerpener Garn. Seit der Mitte des 19. Jhs. wurde in Honiton Maschinenspitze hergestellt, etwas später blühte aber die handgemachte Spitze wieder auf. Eine Eigenart des späten 19. Jhs. ist die Devonia-Spitze, bei der die Blütenblätter durch die Zwirnung der Fäden reliefartig auf dem Grund liegen.

Lit: B. Palliser, *History of Lace*, durchges. v. M. Jourdain u. A. Dryden, London 1902; P. Wardle, *Victorian Lace*, London 1968.

Hooked rugs. Bodenbeläge und Bettdecken, die im 18. und 19. Jh. in Amerika gemacht worden sind. Das Grundgewebe besteht aus handgesponnenem Leinen, später aus maschinengesponnener Baumwolle oder Sackleinwand. Den Flor bilden schmale Streifen aus wollenen (später baumwollenen) Lumpen, die auf der Vorderseite des Grundgewebes mit manchmal auch aufgeschnittenen Schlingen durchzogen sind. Reliefeffekte werden durch variierende Längen der Schlingen erreicht. Die Skala der Muster reicht von einfachen geometrischen bis zu anspruchsvollen Landschaften, Seestücken, Tieren oder Vasen mit Blumen. Die meisten erhaltenen Stücke stammen aus der Zeit von 1840 bis 1900. Der Name wird ebenfalls lose für zwei nordamerikanische Teppicharten verwendet: für Garnteppiche mit Flor aus verschiedenen Strähnen von zweifachem Garn, die durch das Leinen oder Doppelgewebe genäht sind, und für Flickenteppiche aus Leinen, Werg, Wolle, Stoff oder Baumwollsackleinwand, auf das Wollstoffreste genäht sind.

Lit: E. H. Ries, *American Rugs*, New York 1950.

Hoolart, G. H. (um 1716-72). Holländischer Glasgraveur, vielleicht mit der Frau von →Greenwood, einer geborenen Hoolart, verwandt. Er arbeitete in der Technik des →Stippens, wobei er glatte Stellen stehenließ, die als Schatten wirken.

Hope, Thomas (1769-1831). Ein einflußreicher Kunstmäzen und tonangebend in Stilfragen im England der →Regency-Periode. Seine Möbelentwürfe sind höchst eigenwillig. Er war acht Jahre in Griechenland und in den östlichen Mittelmeerländern gereist und begann Möbel zu entwerfen, weil er seiner Sammlung klassischer und klassizistischer Statuen und Objekte einen ihnen gemäßen Rahmen geben wollte. Seine archäologischen Neigungen ließen ihn antike Möbel getreuer kopieren als dies je zuvor erreicht wurde, außer von J. L. →David und N. →Abildgaard, die beide bezeichnenderweise Möbel nur für den eigenen Gebrauch entworfen haben. Hopes griechische Stühle mit Säbelbeinen und geneigter Rückenlehne sind direkt von griechischen Vasen kopiert. Es ist anzunehmen, daß er Percier und →Fontaine persönlich gekannt hat. Dennoch war er von ihren Möbel-Entwürfen, obwohl die den seinen sehr ähnelten, wenig beeinflußt. Zu Hopes bekanntesten Arbeiten gehören diejenigen im →Ägyptischen Geschmack, zu denen er von V. Denons ›Voyage dans la basse et la haute Egypte‹ (1802) angeregt wurde. Hope veröffentlichte seine Vorlagen unter dem Titel ›Household Furniture and Decoration‹ (1807). Sie hatten viel Einfluß auf den Stil und die Formgebung zeitgenössischer Möbel in England. Seine eigenen Möbel ließ

Honiton-Spitze mit maschinell hergestelltem Netzgrund, spätes 19. Jh. (Victoria & Albert Museum, London)

Th. Hope: gefaßter Holzstuhl im ›ägyptischen Geschmack‹, um 1805 (Sammlung Lord Faringdon, Buscot Park)

er vorwiegend von eingewanderten Handwerkern anfertigen, vor allem von Franzosen, von denen Decaix und Bogaert namentlich bekannt sind.

Lit: J. Harris, *Regency Furniture Designs,* London 1961; D. Watkin, *Thomas Hope and the Neo-Classical Idea,* London 1968.

Hoppenhaupt, Johann Michael (1709-1769). Deutscher Innenausstatter und Möbelentwerfer. Er wurde in Merseburg als Sohn des Bildhauers Johann Michael Hoppenhaupt (1685-1751) geboren, studierte in Dresden und Wien und war viel herumgekommen, als er sich 1740 in Berlin niederließ. Im gleichen Jahr bestieg Friedrich der Große den preußischen Thron, und Hoppenhaupt begann als Kabinettbildhauer am Berliner Schloß unter dem Hofarchitekten Knobelsdorff und dem ebenfalls für den Hof tätigen Bildhauer J.A. →Nahl zu arbeiten. Auch sein jüngerer Bruder *Johann Christian* (1719-86), mit dem er häufig verwechselt wird, war 1740 nach Berlin gekommen und wurde 1746 als Nachfolger von Nahl zum ›directeur des ornements‹ ernannt. Damit unterstand ihm die Ausstattung des Berliner Schlosses, das nicht mehr existiert, des Schlosses Sanssouci – wo er vor allem das Musikzimmer gestaltete –, des Potsdamer Stadtschlosses und des Neuen Palais in Potsdam. Zwischen 1751 und 1755 veröffentlichte J.M. Hoppenhaupt mit Hilfe des Kupferstechers J.W. Miel eine Anzahl Ornamentstiche und Entwürfe für Kaminverkleidungen, Sessel und →Boiserien mit überschäumendem Rokokodekor, für Kommoden mit gebauchter Vorderfront und für einige phantasiereiche und luxuriös-unpraktische →Konsoltische mit kleinen Musikanten und Chinesen, die recht unsicher auf den wilden Schwüngen der Stützen hocken. Hoppenhaupt hat sich möglicherweise von F. →Cuvilliés Entwürfen inspirieren lassen, vom französischen Rokoko hat er sich jedoch entfernt. Es ist nicht bekannt, ob seine Entwürfe jemals exakt ausgeführt wurden, dennoch beeinflußten sie Franz Xaver →Haberman in Augsburg und Thomas →Johnson in England. *Abb. siehe S. 328.*

Lit: A. Schreyer, *Die Möbelentwürfe Johann Michael Hoppenhaupts d. Ä. und ihre Beziehungen zu den Rokokomöbeln Friedrichs d. G.,* Straßburg 1932; H. Kreisel, *Die Kunst des deutschen Möbels,* Bd. II, München 1970.

Hoppesteyn, Rochus Jacobsz (gest. 1692). →Delfter Töpfer, Sohn des *Jacob Wemmertsz Hoppesteyn* (gest. 1671) und Eigentümer der Fayencefabrik ›Het Moriaenshooft‹ (Der Mohrenkopf), die mit mythologischen Szenen in italienischem Stil wie auch mit den üblichen Delfter →Chinoiserien bemalte Vasen herstellte, wobei ein helles, leuchtendes Rot und Gold wie auch die Blauweiß-Farbpalette verwendet wurden.

Lit: E. Neurdenberg in *Feestbundel Dr Abraham Bredius,* Amsterdam 1915; J.N. Bastert in *Bulletin Museum Boymans* (Rotterdam) VI, 1955, S. 33-36.

Horchheimer, Nikolaus (gest. 1583). Erster Nürnberger Zinngießermeister, der große Zinnschüsseln mit in Flachrelief gegossenen figürlichen Dekorationen machte. Diese Technik unterschied sich von der bei den Lyoner Zinngießern üblichen. Statt die Dekoration in Kupfer- oder Messingformen einzugravieren, ätzte Horchheimer sie in Metall- oder Steinformen. Das Ergebnis war ein ziemlich flaches Relief, das an Holzschnittechnik erinnert und später als ›Holzschnittstil‹ bekannt wurde. Horchheimers Mitarbeiter A. →Preissensin bediente sich der gleichen Technik. Große Zinnschüsseln in dieser Technik sind seltener als in der herkömmlichen Reliefgußtechnik. Die Dekorationen sind entweder abstrakt (z. B. Arabesken) oder stellen Szenen aus der Passion oder der klassischen Mythologie dar.

Lit: H.-U. Haedeke, *Metalwork,* London 1970.

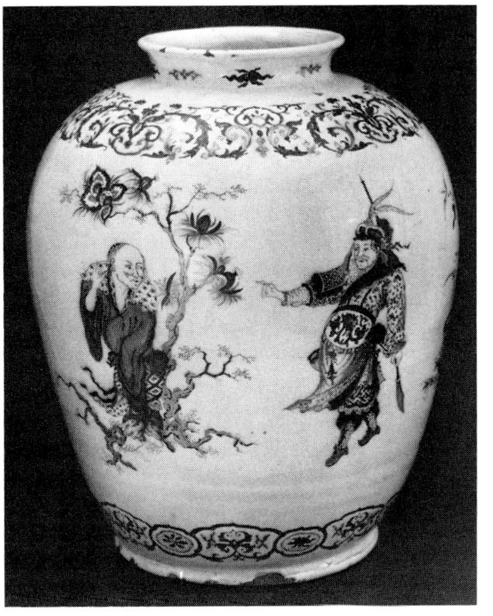

R.J. Hoppesteyn: Delfter Fayencevase, 1680-90 (Kunstgewerbemuseum, Berlin)

Hornick, Erasmus (gest. 1583). Flämischer Goldschmied und Entwurfszeichner eines höchst extravaganten →Manierismus. Er arbeitete wahrscheinlich von etwa 1540 bis 1550 in Antwerpen, wird aber zum erstenmal 1555, als er heiratet, in Augsburg erwähnt. 1559 ließ er sich in Nürnberg nieder, wo er mit W.

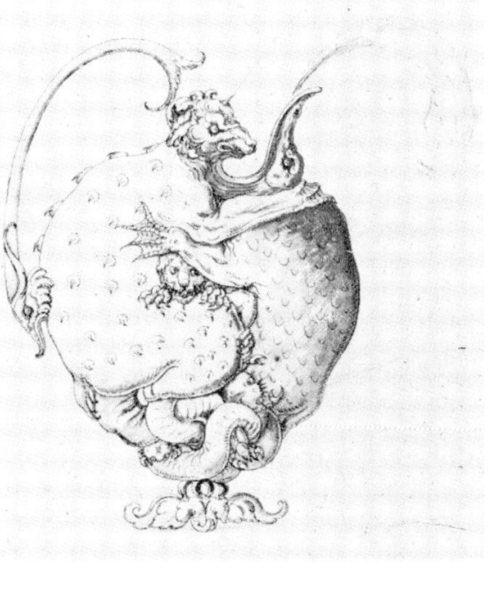

E. Hornick: Entwurf für eine Kanne, um 1560 (Victoria & Albert Museum, London)

→Jamnitzer und *Jacopo da Strada* – dem einige seiner Zeichnungen zugeschrieben worden sind – assoziiert war. Hornick wurde 1563 in die Nürnberger Goldschmiedezunft aufgenommen, verließ die Stadt aber 1566. 1582 wurde er ›Kammergoldschmied‹ bei Kaiser Rudolf II. in Prag, dem großen Förderer manieristischer Kunst. Seine Entwürfe, die er in mehreren Bänden veröffentlichte, sind in großer Zahl sowohl als Stiche wie als Zeichnungen erhalten. Viele sind Vorlagen für Schmuck, Medaillons u. ä., doch kommt Hornicks reiche Phantasie am besten zum Ausdruck in den Entwürfen für Vasen und andere Gefäße, die zur Ausführung in Halbedelsteinen, Bergkristall, exotischen Muscheln und Edelmetallen bestimmt waren.

Lit: J. F. Hayward, *Virtuoso Goldsmiths and the Triumph of Mannerism 1540-1620,* London 1976.

Höroldt, Johann Gregor (1696-1775). Hervorragender deutscher Porzellanmaler, dem der frühe Erfolg der →Meißener Manufaktur (besonders Vasen und Tafelgeschirre) weitgehend zu verdanken ist. Er kam 1720 als Vorsteher der Malerstube nach Meißen, nachdem er ein Jahr in Wien verbracht und dort die Technik mit →Emailfarben erlernt hatte. Er wurde vor allem wegen seiner Gewandtheit, blaue, rote und andere Farben aufzutragen, die im Brand eine fehlerlose Oberflächenbeschaffenheit erreichten, hoch geschätzt. 1723 wurde er zum Hofmaler ernannt und war von 1731 an ›Hofkommissar‹ mit einem festen Gehalt. Er entwickelte einen sehr individuellen Stil für →Chinoiserie-Darstellungen mit phantastischen, eigenartigen Figuren und nicht weniger phantasievollen Gebäuden und Bäumen. Er hat auch andere, neue Dekorationsarten eingeführt wie europäische Landschaften (um 1722), Hafenszenen (um 1730), europäische Blumen und Vögel in einem naturalistischen Stil (um 1737). Höroldt signierte wenige Stücke, aber viele sind ihm wegen ihrer Ähnlichkeit mit Radierungen, die er signiert hat, zugeschrieben worden. Wahrscheinlich befaßte er sich weniger mit der Malerei als vor allem mit Entwürfen und der Überwachung von Malerateliers. Typisch dafür war vielleicht eine Vase, die früher im Königlichen Schloß in Dresden stand (im Zweiten Weltkrieg zerstört), die mit ›Johann Gregorius Höroldt inven.‹, jedoch ohne das übliche ›fecit‹ beschriftet war. Mit dem wachsenden Einfluß von →Kändler in Meißen nahm seine Bedeutung ab; zu Beginn des Siebenjährigen Krieges 1756 floh er nach Frankfurt am Main, kehrte 1763 aber nach Meißen zurück und ging 1765 in den Ruhestand.

Lit: A. Schönberger, *Meissner Porzellan mit Höroldt Malerei,* München 1955; R. Behrends, *Das Meissner Musterbuch für Höroldt-Chinoiserien,* München 1978; R. Seyffarth, *Johann Gregorius Höroldt. Vom Porzellanmaler zum 1. Arkanisten d. Kgl. Porzellanmanufaktur Meissen,* Dresden 1981.

Horta, Victor (1861-1947). Belgischer Architekt und Designer. Er gehörte zu den Initiatoren des →Art Nouveau. Horta schuf Möbel für einige Brüsseler Häuser, die er selbst entworfen hatte. Charakteristisch für seinen Stil sind elektrische Beleuchtungskörper in Blütenform: Aufgerichtete oder geneigte Stengel münden in Büscheln mit metallenen oder gläsernen Blütenblättern, die kahle Glühbirnen nur dürftig verbergen. Details seiner Entwürfe wurden von der Industrie kopiert, die den Jugendstil kommerziell auswertete, von dem er selbst sich um 1905 abwandte. Seine weitere Laufbahn war dem Architektur-Unterricht gewidmet.

Lit: F. Borsi u. P. Portoghesi, *Victor Horta,* Brüssel 1970; *Pioneers du XXe siècle,* Ausst.Kat. Paris 1971.

Hosenfeller, Heinrich Ch. F. →Herrebøe

Hsing-yao →**Xing-yao**

Hsüan Chi →Xuanji

Hsüan-tê-Porzellan →Xuande

Hu. Bronzezeitliches chinesisches Weingefäß. Solche Gefäße wurden in der →Han-Zeit und weiter in späteren Epochen hergestellt. Sie können viereckig oder flach, kürbis- oder mondförmig sein, die letztere Form heißt ›Pienhu‹. *Abb. siehe S. 91.*

Huai-Stil. Chinesischer bronzezeitlicher Stil, der vom 6. Jh. v. Chr. bis zum Ende der Bronzezeit reicht. Der Terminus kommt von dem Namen des Flusses Huai, in dessen Nähe die ersten Funde gemacht wurden. Die Ornamente dieses Stils sind dichter und komplizierter als die der →Shang- und der frühen →Zhou-Zeit, deren Vorläufer er ist.

Huan. Chinesischer, ritueller Gegenstand aus Jade, der einer flachen Scheibe mit einem Loch in der Mitte gleicht, das beträchtlich größer als das einer Ringscheibe →Bi ist. Seine Verwendung ist unbekannt.

Huaud, Pierre (um 1612-80). Französischer Emailmaler, der sich 1630 in Genf niederließ und die Genfer Emailmalerschule mitbegründete. Er hatte drei Söhne, die das Handwerk ihres Vaters ausübten: *Pierre II,* genannt *Huaud l'aîné* (1647-1700), der einige Jahre für den Kurfürsten von Brandenburg tätig war, *Jean-Pierre,* genannt *Huaud le puiné* (1655-1723) und *Ami* (1657-1724). Sie alle spezialisierten sich auf Uhrgehäuse mit delikat gemalten Landschaften, mythologischen Szenen u. ä.

Lit: H. Clouzot, *Dictionaire des Miniaturistes sur Email,* Paris 1924.

Hubatsch, Hermann Hugo →Berliner Porzellanmanufakturen

Hubbard, Elbert (1856-1915). Er gründete eine Handwerkergemeinschaft, die *Roycrofters,* in East Aurora, N. Y., die auf den Grundsätzen von W. →Morris, den Hubbard 1894 bei einem Besuch in England kennengelernt hatte, basierte. Sie besaß eine sehr erfolgreiche Druckerpresse und Werkstätten für Metall- und Lederwaren sowie einfache Eichenmöbel (Bänke, Tische, Stühle u. ä.) von der unter der Bezeichnung ›Mission Furniture‹ bekannten Art. Von den Kunsthandwerkern, die hier tätig waren, sind *Dard Hunter* (1883-1966), *Karl Kipp* und *Frederik Kranz* die hervorragendsten. Hubbards Lehre und seine Vorstellungen von einer Gemeinschaft mögen einigen Einfluß auf F. L. →Wright gehabt haben. Hubbard und seine Frau waren 1915 unter den Opfern beim Untergang der ›Lusitania‹, doch die Roycraft-Werkstätten blieben bis 1938 bestehen.

Hubble, Nicholas →Wrotham

Huber, Patriz (1878-1902). Mitglied der →Darmstädter Künstlerkolonie, der Jugendstil-Textilien, -Silber, -Schmuck und einige bekannte Möbelstücke entwarf – Stühle und Tische mit schlanken Beinen, Schränke, sparsam mit flachen Ornamentfeldern verziert (Städtische Kunstsammlung, Darmstadt). Nach seinem Selbstmord wurden einige Möbelstücke durch das Atelier Patriz Huber in Berlin ausgeführt.

Lit. *Ein Dokument deutscher Kunst, Darmstadt 1901-76*, Ausst. Kat. Mathildenhöhe, Darmstadt 1976-77.

Hubertusburg. Sächsische Fayencefabrik, die 1770 von J. S. F. →Tännich gegründet wurde und ansprechende Vasen und Tafelgeschirre herstellte, die in →Emailfarben im späten Rokokostil dekoriert waren, von denen aber wenige bekannt sind. Sie litt unter der Konkurrenz von →Meißen, wurde dann dem Kurfürsten von Sachsen übergeben und kam unter die Leitung des Grafen Marcolini, der mit der Produktion von →Steingut begann, das die in großen Mengen von England importierte Ware nachahmte (Stücke wurden manchmal mit →Wedgwood gemarkt). Von 1814 bis 1835 wurde die Fabrik von der sächsischen Regierung betrieben, dann an einen Kaufmann aus Leipzig verkauft; 1848 wurde sie stillgelegt. Die Waren aus der Zeit von Tännich sind zuweilen ›HUBERTUSBURG T‹ oder ›H. T.‹ gemarkt. Die gebräuchlichen Marken des 19. Jhs. sind die eingeprägten Initialen ›K. S. ST. F.‹. Die eingepreßten Initialen ›W & M‹ stammen aus der Zeit nach 1840.

Lit.: K. Berling, *Die Fayence- und Steingutfabrik Hubertusberg*, Dresden 1909; K. Hüseler, *Deutsche Fayencen*, Stuttgart 1956; A. Klein, *Deutsche Fayencen*, Braunschweig 1975.

Huet, Christophe (gest. 1759). Französischer Rokokomaler, -stecher und -entwerfer. Er malte die bezaubernden →Singerie-Wanddekorationen im Château de Chantilly und die nicht weniger eleganten →Chinoiserien im Château des Champs. Seine Stiche, einschließlich einer Folge von Singerien, wurden ausgiebig als Vorlagen, sowohl für Intarsiendekorationen an Möbeln als auch für Porzellanmalerei benutzt.

Huet, Jean-Baptiste (1745-1811), Französischer Maler und Textilmusterentwerfer, Neffe von Ch. →Huet. Er zeichnete Tapeten für →Réveillon und wurde 1783 leitender Zeichner für die mit Platten bedruckten Baumwollstoffe der Manufaktur in Jouy von Ch.-Ph. →Oberkampf. Sein erstes Werk illustriert das Herstellungsverfahren der Baumwolle in einer Serie von Vignetten, die einfarbig auf weißem Grund gedruckt sind. Andere frühe Entwürfe zeigen Gruppen modisch gekleideter Figuren, die um Brücken, Brunnen, Säulen und andere Vergnügungsplätze in ›englischen Gärten‹ wandeln, zauberhafte Wiedergaben der künstlich rustikalen Atmosphäre, wie sie am Hof von Marie Antoinette herrschte. Eine ernstere Stimmung zeigt die ›Apotheose Ludwigs XVI.‹, die er, von den politischen Ereignissen überrascht, in das Thema ›Ludwig XVI. als Erneuerer der Freiheit‹ umwandeln konnte (gedruckt 1789). Deutlicher zeigen sich revolutionäre Sympathien (er war Hauptmann der Nationalgarde in Sèvres) in der ›Föderation‹ um 1793 mit eleganten Bürgerinnen im Tanz um die Ruinen der Bastille. 1802 zeichnete er die sehr volkstümliche Geschichte von ›Paul et Virginie‹, gab aber bald den Vignettentypus der Zeichnungen auf, der so eng mit den Gesamtentwürfen klassischer Architekturmotive und figürlicher Szenen in Oktogonen, Ovalen usw., z. B. ›Leda‹ und ›Cupido und Psyche‹, der Jouy-Manufaktur verbunden war. *Siehe Abb. S. 442.*

Lit.: Musée des Arts Décoratifs, Paris, *Les Nouvelles collections de J.-B. Huet*, Paris 1906; H. Clouzot, *Histoire de la manufacture de Jouy* ... Paris 1928.

Hügelurne. Chinesische Urnen, die in Bronze und Keramik während der →Han-Zeit hergestellt wurden. Zylindrische Gefäße auf drei Füßen, auf der Wandung Löwenmasken und Landschaftsszenen; auf dem konischen, hügelähnlichen Deckel Tier- und Jagdszenen. Die

E. Hubbard: ›Roycrofter‹ Eichenholzstuhl, um 1905-12 (The Art Museum of Princeton University)

bronzenen Hügelurnen, die als Räuchergefäße gedient haben können, haben durchbrochene Deckel. Ähnliche Urnen sind von manieristischen Goldschmieden in Europa nachgemacht worden.

Hugenottensilber. Silberarbeiten von oder im Stil von hugenottischen Refugiés, die sich nach der Aufhebung des Edikts von Nantes (1685) und in größerer Zahl nach 1688 in England niederließen. Ihr Stil ersetzte allmählich den während der →Restauration üblichen und um 1700 bei englischem Silber vorherrschenden holländischen Stil. Feierlich und monumental, sind ihre Arbeiten gekennzeichnet durch fortschrittliche Dekorationen, besonders Bänder und stilisierte Blätter in →Ausschnittarbeit, sowie durch den Gebrauch von gegossenen Ornamenten für Griffe, Knäufe und Ständer, oft in Gestalt von menschlichen oder tierischen Figuren. Die Hugenotten waren beeinflußt von den Entwurfsstichen P. →Du Cerceaus, J. →Bérains und J. →Le Pautres; aber sei es, daß sie meist von provinzieller und nicht von Pariser Herkunft waren oder daß sie den Geschmack simpler englischer Auftraggeber befriedigen wollten, sie arbeiteten in einem strengeren Stil als die führenden Louis-quatorze-Silberschmiede. Sie führten in England verschiedene neue Arten von Gefäßen ein, vor allem die →Helmkanne mit zugehörigem Bekken, die →Pilgerflasche, die Suppenterrine und die →Ecuelle. Die führenden hugenottischen Silberschmiede waren P. →Harache, P. de →Lamerie, S. →Pantin, Pierre Platel, Ph. →Rollos, D. →Tanqueray und D. →Willaume; zu ihren englischen Nachahmern gehörten G. und F. →Garthorne, A. →Nelme und B. →Pyne.

Lit: J. F. Hayward, *Huguenot Silver in England 1688-1727*, London 1959.

Hugo d'Oignies (tätig 1187-1238). Er begann vielleicht als weltlicher Goldschmied, arbeitete später aber hauptsächlich als ein Laienbruder in dem um 1190/1200 von seinem Bruder in Oignies bei Namur, Belgien, gegründeten Kloster. Er verwendete →Niello, nicht Email, und zeichnete sich durch seine zierlich geformten und gegossenen Arbeiten aus, vor allem durchbrochene Filigranarbeiten, die einen Eindruck von Laubwerk und sich windenden Ranken, eher gotisch als romanisch, vermitteln. Drei signierte Werke sind erhalten geblieben: ein Buchdeckel aus Silber und Niello von etwa 1230, ein Kelch mit Patene und ein Reliquiar, datiert 1238 (Trésor du Prieuré d'Oignies aux Sœurs de Notre Dame, Namur). Ein Bischofsstab aus vergoldeter Bronze (British Museum, London), ein Reliquienkreuz (Victoria & Albert Museum, London). Ein Phylakterion (Namur) und ein weiteres Reliquienkreuz (Musées Royaux, Brüssel) sind ihm zugeschrieben worden.

Lit: F. Courtoy, *Le trésor du prieuré d'Oignies ...*, Brüssel 1952; *Rhein und Maas: Kunst und Kultur 800-1400.* Ausst. Kat. Köln 1972.

Humble, Hartley, Greens & Co. →Leeds

F. Hund: Kaminschirm, 1736 (Würzburger Residenz)

Humpen →Deckelkrug

Hund(t), Ferdinand (um 1704-58). Deutscher Möbelschnitzer und Möbelschreiner des Rokoko. Er ließ sich 1743 in Würzburg nieder und arbeitete im Südflügel der Residenz unter der Leitung von Balthasar Neumann, der ihn einen ausgezeichneten Ornamentschnitzer nannte. Er war verantwortlich für die überschäumenden Rokoko-Schnitzereien im Parade-Audienzzimmer (1742) und fertigte Möbel mit Schnitzdekor an, zu denen →Konsoltische, Kaminschirme und →Guéridons (ein Paar befindet sich im Bayerischen Nationalmuseum, München) gehörten. 1751 trat er in den Dienst des Fürstbischofs von Speyer in Bruchsal. Auch hier schuf er Möbel für die Innenausstattung des Schlosses. Fast alle seine Arbeiten in den Schlössern von Würzburg und Bruchsal sind im Zweiten Weltkrieg zerstört worden.

Lit: H. Kreisel, *Die Kunst des deutschen Möbels*, Bd. II, München 1970.

Hunger, Christoph Conrad (tätig 1715-45). Ein Wander-→Arkanist aus Weißensee (Thür.), der als Goldschmied angefangen hatte, dann in →Meißen arbeitete, 1719 nach →Wien ging, dort →Höroldt in die Porzellanmalerei einführte, und an der Gründung der Porzellanfabrik →Vezzi in Venedig 1720 beteiligt war. 1737 arbeitete er am dänischen Hof, wirkte 1745 bei der Errichtung der Kaiserlichen Porzellanmanufaktur in →St. Petersburg mit. Er war wahrscheinlich ein kleiner Scharlatan, der weniger von der Porzellanherstellung verstand, als er vorgab, aber trotzdem irgendwie zur Weitergabe von Teilen des in Meißen entdeckten Geheimnisses beigetragen hat. Seine besondere, auch von anderen nachgeahmte Dekorationsweise bestand in der plastischen Auflage von Gold und durchscheinenden Emailfarben.

Lit: G. E. Pazaurek, *Deutsche Fayence- und Porzellan-Hausmaler*, Leipzig 1925.

Hunslett Hall pottery →Leeds

Hunt & Roskell →Storr, P.

Hunter, Dard →Hubbard, E.

Huquier, Jacques-Gabriel (1695-1772). Französischer Stecher und Ornamentzeichner. Sein ›Livre de differents fragments à l'usage de la serrurerie‹ von etwa 1740 enthält Entwürfe für schwungvolle schmiedeeiserne Rokokotreppengeländer und einige etwas zurückhaltendere Kandelaber, Laternen u. ä. Er publizierte auch Stiche mit phantasievollen Blumenmotiven, ähnlich denen von J. B. →Pillement. *Siehe auch Abb. S. 175.*

Lit: D. Guilmard, *Les maîtres ornemanistes*, Paris 1880.

Hurdals Werk. Norwegische Glashütte, die zwischen 1777 und 1809 Pokale, Karaffen, Leuchter usw., aus feinem →Bleiglas herstellte, meist in englischer Art. Ursprünglich stammten die Glasmacher aus →Nøstetangen. Später Spezialisierung auf dunkelblaue Glasgefäße, vor allem →Potpourrivasen, Zuckerstreuer, Salznäpfchen usw.

Lit: A. Polak in *Concise Encyclopaedia of Antiques*, Bd. IV, London 1958.

Hustin, Jacques und **Jacques-Dennis-Ferdinand** →Bordeaux

Hutch table, engl. Elisabethanischer Serviertisch – lang, schmal und mit einem Bord mit geschlossenen Fächern unter der Tischfläche; auf ziemlich untersetzten Beinen stehend.

Hvidt, Peter (geb. 1906). Dänischer Möbeldesigner, der zusammen mit Osla Mölgaard-Nielsen (geb. 1907) neue Methoden für die Serienproduktion von Möbeln entwickelte. 1950 entwarfen beide ein interessantes Tisch- und Stuhldesign, die ›Ax‹-Serie für die Firma Fritz Hansen. Bis dahin war Dänemark bekannt durch seine hochwertigen Möbel aus Holz; Hvidt verwendete als erster zusätzlich Metall und Kunststoff und führte die Verformung als neue Verarbeitungsmethode ein: Der Werkstoff wird unter Einwirkung von Dampf und Druck geformt. Hvidts Entwürfe wirken elegant und geschmeidig.

Hyalith. Dunkles siegellackrotes und manchmal tiefschwarzes →böhmisches Glas, das ab 1820 in verschiedenen Glashütten im südlichen Böhmen bei Graten hergestellt wurde, die im Besitz von *Georg Franz August Longueval Graf von Buquoy* waren. Vielleicht erfolgte die Herstellung um Wedgwoods ›rosso antico‹ und ›black basalt‹-Waren nachzuahmen.

Hyches, Richard →Sheldon, W.

I

Ichinyu →Raku

Ifield, Henry →Wrotham

Iga-Töpfereien. Eine Gruppe japanischer Töpfereien in der Provinz Iga (jetzt Präfektur Mie), die, wie die in der Nähe liegenden →Schigaraki-Töpfereien, damit begann, Gebrauchsgegenstände für die Bauern der Gegend herzustellen. Vom späten 16. oder frühen 17. Jh. an stellten sie →Teezeremonienstücke her, vor allem Blumenvasen mit einem grauen Scherben, dattelbraun glasiert und mit grünen Tupfen gesprenkelt. Sie sind oft im Scherben gesprungen, zeigen Risse und sind fast immer eigenartig verzogen, so daß sie ganz den Vorstellungen der japanischen Teemeister entsprachen.

Lit: S. Jenyns, *Japanese Pottery*, London 1971; Ausst. Kat. *Japanische Keramik*, Hetjens-Museum Düsseldorf 1978.

Imari-Porzellan: Flasche, um 1700 (Musée Guimet, Paris)

Igbo-Ukwu. Ein Dorf im östlichen Nigeria, wo sehr bemerkenswerte Bronzegefäße aus dem 9. und 10. Jh. und andere verzierte Gegenstände gefunden wurden, die in Muster wie handwerklichem Können vollendet sind. Einige Stücke sind wahre Kunstwerke des →Wachsausschmelzverfahrens. Die Legierung aus Kupfer, Zinn und einem großen Teil Blei ist unüblich, auch ist nicht bekannt, woher das Metall stammte und wie die ausnehmende Fertigkeit im Guß erreicht worden ist.

Lit: E. Eyo u. F. Willett, *Treasures of Ancient Nigeria*, New York 1980.

Igel. Deutsche Form eines Trinkgefäßes im 16. Jh., das sich nach oben keulenförmig erweitert und meist aus grünem →Waldglas gemacht wurde, oft mit gekniffenen ›Stacheln‹ verziert.

Ikat. Malaysische Bezeichnung für eine Methode des Färbens (→Farbstoffe) ähnlich der →Plangi-Technik, jedoch vor dem Weben entweder bei der Kette, dem Schuß oder gelegentlich bei beiden angewendet. Besonders in Indien wird die Bezeichnung auch für Moiré- und andere Effekte benutzt, so bei Stoffen aus dem 5. Jh. v. Chr., die in Ajanta gefunden wurden und einen Hinweis auf das Alter der Technik geben.

Lit: A. Bühler, *Ikat, Batik, Plangi*, Basel 1972.

Ilmenau. Die Porzellanfabrik Ilmenau in der Nähe von Weimar, 1777 gegründet, stellte Stücke her, von denen Goethe sagte, sie seien häßlicher als alles andere in der Gegend hergestellte Porzellan; 1782 wurde die Fabrik vom Herzog von Sachsen-Weimar übernommen. Die ansprechendsten Erzeugnisse sind Imitationen der Medaillons (hauptsächlich Porträts), die →Wedgwood aus der blauen →Jasperware gefertigt hatte. Sie wurden seit 1792 gemacht, nachdem die Fabrik an *Christian Nonne* verpachtet worden war, der sie 1808 kaufte. Unter dem Namen *Nonne und Roesch* bestand die Fabrik bis nach 1871. Im späten 19. und frühen 20. Jh. wurden weitere Porzellanfabriken in Ilmenau errichtet.

Ilmenau ab 1792

Lit: H. Scherf, *Thüringer Porzellan*, Leipzig 1980.

Imari-Porzellan. Europäische Bezeichnung für →japanisches Porzellan, das in →Arita zum Export hergestellt und vom Hafen von Imari vom 17. Jh. an verschifft worden ist. (Vor dem Export produziertes Arita-Porzellan wird Shaki-Imari genannt.) Es ist sehr reich dekoriert mit Blumen, Figuren, Schiffen usw. in dunklem Unterglasurblau, roten →Emailfarben und Gold, zuweilen mit Tupfen von Türkis,

Grün, Aubergine und Gelb. ›Brokat-Dekor‹ ist die Bezeichnung für einen dichten Blumendekor, der an reich gemusterten Seidenbrokat erinnert. Er wurde im 18. und 19. Jh. in China (→Chinesisches Imari) und in England in den Porzellanfabriken von →Derby, →Minton, →Spode und →Worcester nachgemacht. *Siehe auch Abb. S. 34.*

Lit: S. Jenyns, *Japanese Porcelain,* London 1965.

Impasto-Ware →Etruskische Töpferkunst

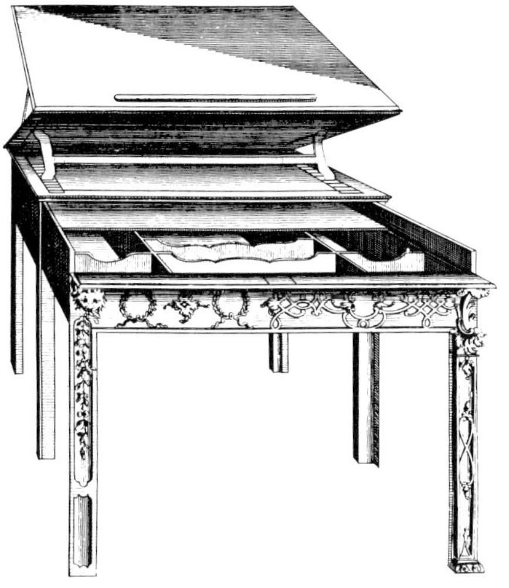

W. Ince & J. Mayhew: Zeichnung aus ›The Universal System of Household Furniture‹, 1759-62

Ince, William (tätig 1758-1802) und **Mayhew, John** (gest. 1811). Inhaber einer Möbel- und Polsterwerkstatt in London. Sie wurden bekannt durch ihre Veröffentlichung ›The Universal System of Household Furniture‹, die zwischen 1759 und 1762 in regelmäßigen Abständen erschien. Sie war nach dem Vorbild von Th. →Chippendales ›Director‹ aufgebaut und enthielt Entwürfe in einem ziemlich schwerfälligen Rokoko-Stil. Im Det Danske Kunstindustrimuseum, Kopenhagen, befindet sich ein Kabinettschrank von Ince und Mayhew, stilistisch eine etwas mißglückte Kombination von klassisch inspirierter Form und spärlichem gotischem Maßwerkdekor. Ince und Mayhew paßten sich ihrer Zeit an, sie entwickelten in den 1790er Jahren einen schlichten, klassisch inspirierten Stil und einige Jahre später eine etwas eleganter wirkende →Regency-Manier.

Lit: P. Ward-Jackson, *English Furniture Design,* London 1958; R. Edwards, *Hg. W. Ince, The Universal System of Household Furniture,* London 1960.

Indianermaske. Maske mit Kopfputz aus Federn. In Europa vom späten 17. Jh. bis ins frühe 18. Jh. hinein als Motiv für Möbeldekor verbreitet.

Indianische Blumen. Bezeichnung für hoch stilisierte, phantasievolle Blumenmotive, die der ostasiatischen Porzellanmalerei (besonders →Famille verte und →Kakiemon-Porzellan) entnommen waren. Von etwa 1725 an erschienen sie auf →Meißener Porzellan und wurden bald von den Porzellanmalern in Frankreich, Italien und England wie auch in Deutschland selbst aufgegriffen. In Frankreich wurden sie ›Fleurs des Indes‹ genannt. Jedes Motiv besteht aus Blütenzweigen, deren kräftig gezeichnete Umrisse mit leichten Schattierungen farblich ausgefüllt wurden. In Meißen wurden sie um 1740 von den naturalistischen →Deutschen Blumen (oder Natürlichen Blumen) verdrängt, die im einzelnen botanisch erkennbar, viel freier gemalt, fein koloriert und ohne harte Konturierungen sind. Indianische Blumen blieben auch weiterhin überall beliebt, in →Derby sogar noch in den 1770er Jahren.

Indische Teppiche oder **Mogul-Teppiche.** Meist großformatige Knüpfteppiche, deren Muster von den →persischen, besonders von den Herat- und Garten-Teppichen angeregt waren. Sie sind im Senneh-Knoten (→persischer Knoten) in Wolle auf baumwollenem Grundgewebe oft sehr fein geknüpft. Typisch sind Schattierungen innerhalb der einzelnen Farben – darunter besonders Weinrot –, naturgetreue Pflanzen, Blüten, Ranken, Stauden, aber auch Tier- und Menschendarstellungen. Die Blütezeit ist unter dem Kaiser Akbar (1542-1605). Später wird mehr für den Export nach Portugal (von Goa aus), im 18. und 19. Jh. vor allem für England gearbeitet. Exemplare sind in vielen Museen der Welt, u. a. im Österreichischen Museum für angewandte Kunst, Wien, und Victoria & Albert Museum, London, zu finden; die größte Sammlung besitzt das Jaipur Museum in Indien.

Lit: K. Chattopadhaya, *Carpets of India,* Bombay 1969.

Indiscret, franz. Gepolsterte Sitzbank aus drei miteinander verbundenen Polstersesseln, so daß sich drei Personen, einander halb zugewandt, unterhalten können. Dieses besonders weich gepolsterte Sitzmöbel war im Zweiten Kaiserreich sehr modern und ist charakteristisch für die Salons dieser Periode. *Abb. siehe S. 286.*

Induskultur. Zur Induskultur gehörige Keramikgefäße fand man in den Ruinenfeldern von Harappa, Chanhu-daro, Mohenjo-daro und an anderen Ausgrabungsstätten in Pakistan. Die Blütezeit dieser altindischen Kultur begann um 3000/2500 v. Chr. und dauerte etwa 1000 Jahre. Die wichtigsten Keramikfunde sind bis zu 100 cm hohe Vorratskrüge. Der Dekor besteht aus schwarzer Pigmentfarbe auf rotem Grund oder aus cremefarbenem →Schlicker in sich überschneidenden Kreisbögen mit Tier- und Blattmotiven. Nach dem Brand wurde die Glasur zu lackartigem Glanz poliert.

Lit: E. Machay, *Early Indus Civilizations,* London 1948; R. E. M. Wheeler, *The Indus Civilization* (1953), Cambridge 1968.

Industrial Design. Es gibt keine allgemeingültige Definition des Begriffs ›Industrial Design‹. Im engsten Sinne wird er als Synonym für ›Product Design‹ verwendet oder für das Design für Güter der industriellen Massenproduktion. In einem etwas weiteren Sinne wendet man die Bezeichnung auch für graphische und andere Entwürfe an, die etwas mit Massenproduktion zu tun haben, und für die Formge-

Indiscret, Zweites Empire (Ministère des Finances, Paris)

bung (das ›Styling‹) von z. B. Werkzeugmaschinen und Lokomotiven, die nicht in großer Menge hergestellt werden. Wie dem auch sei, eine Definition, die einfach auf dem Unterschied zwischen industrieller und handwerklicher Herstellung beruht – also zwischen der seriellen Herstellung von Reproduktionen, bei denen jede mit jeder andern in Form und Ausführung identisch ist, und dem individuellen Handwerkserzeugnis, das jeweils von der Hand, die es macht, abhängig ist – genügt nicht. Eine solche Definition würde notwendigerweise die Entwerfer, die für die frühen Industrieunternehmen wie z. B. →Wedgwood, →Oberkampf oder →Thonet tätig waren, einschließen, obwohl sie gewiß keine Industrial Designer im modernen Sinne des Wortes waren. In der Tat kann man von Industrial Design nicht sprechen, bevor die Produktion vollmechanisiert und das Stadium der Fließbandfertigung erreicht war. An diesem Punkt der Entwicklung wurde die Arbeit des Industrial Designers entscheidend wichtig, weil es während des Produktionsvorgangs keine Korrekturmöglichkeit mehr gab. Seine Arbeit war von nun an eng mit dem Produktionsprozeß verbunden. Die schwierige Aufgabe des Industrial Design war und ist, ein Modell oder eine Norm zu entwickeln, das bzw. die unendlich oft durch die Maschine reproduziert werden kann. Um den Anforderungen der Norm zu genügen, muß das Industrieerzeugnis als fertiges Produkt, das den ganzen Produktionsvorgang durchlaufen hat, entworfen und geplant werden. Es dürfen keinerlei zusätzliche Manipulationen mehr erforderlich sein. Darum muß das Design jeweils dem spezifischen Produktionssystem angemessen sein. Durch diese Definition würden jedoch die meisten, wenn nicht alle modernen Möbel vom Industrial Design ausgeschlossen bleiben, da sie nur zum Teil industriell nach einem Standardmodell hergestellt werden und das Anlegen der letzten Hand und eventuelles Polieren von Hand später kommen.

Das Industrial Design basiert auf den Theorien des →Funktionalismus. Als Beruf hat es seinen Ursprung im späten 19. und frühen 20. Jh., als der Ausdruck des Ungenügens an den Industrieprodukten sich wandelte von einer völligen Ablehnung zur Anerkenntnis, daß Maschinen durchaus benutzt werden können, um gute Arbeit herzustellen, wenn man sie nach ihren eigenen Gesetzen einsetzt (*siehe* William Morris, Viktorianischer Stil, Arts and Crafts Movement). Das Industrial Design wurde geboren in einer Zeit des Fortschrittsglaubens, und der ihm innewohnende Puritanismus wird erst jetzt allmählich durch eine fröhlichere, entspanntere Auffassung abgelöst. Während man zunächst Schönheit und technische Zweckmäßigkeit als unteilbar ansah, akzeptiert man heute, daß der künstlerische Anteil an einem Industrieerzeugnis nur teilweise mit seiner realen Brauchbarkeit zusammenhängt. Die Form sollte nicht nur Funktion ausdrücken, sondern auch psychologische und emotionale Werte verkörpern.

Obwohl die inhärenten ästhetischen Werte der genormten Produktion und der Industrialisation zuerst in England ausdrücklich diskutiert und geschätzt wurden, sind sie in der Praxis zuerst in Deutschland voll realisiert worden. P. →Behrens, R. →Riemerschmid und B. →Paul könnten beanspruchen, die ersten Industrial Designer im Sinne unserer Definition gewesen zu sein. Behrens entwarf 1898 Prototypen von Flaschen für die Massenproduktion und wurde 1907 Designer für die AEG, den großen deutschen Elektrokonzern. Riemerschmid und Paul entwarfen Möbel für die Massenproduktion, die ›Typenmöbel‹ genannt wurden; sie bildeten eines der frühesten Beispiele für genormte Produktion. 1907 wurde – auf Anregung von H. →Muthesius – der →Deutsche Werkbund gegründet. Er sollte die Qualität des Industrial Design fördern. Ihm folgte alsbald die Gründung verschiedener ähnlicher Institutionen in andern Ländern: Österreich (1910), Schweiz (1913), Schweden (1910-17) und England (1915). Aber erst nach dem Ersten Weltkrieg wurde Industrial Design – am →Bauhaus – anerkannt und gelehrt. Das Bauhaus markiert die volle Anerkennung der Maschine im Design. 1933 emigrierte der größte Teil des Lehrkörpers nach England und in die Vereinigten Staaten, aber die Bauhausideale wurden nach dem Zweiten Weltkrieg in →Ulm (Hochschule für Gestaltung) durch den ehemaligen Bauhausschüler M. →Bill wiederbelebt. Etwas später – 1951 – wurde in Darmstadt der Rat für Formgebung gegründet, der alle Bestrebungen fördert, die die bestmögliche Form deutscher Erzeugnisse sicherstellen.

In Großbritannien wurde 1915 die ›Design and Industries Association‹ zur Förderung eines hohen Standards des Design gegründet, aber erst 1930 entstand die ›Society of Industrial Artists‹ (heute ›Society of Industrial Artists and Designers‹), und erst damit erlangten die Designer eine eigene Berufsorganisation. Es gab keine Schule für Industrial Design, und bis zur Reorganisation des Royal College of Art im Jahre 1948 hatten die meisten britischen Industrial Designer eine Ausbildung als Architekt. Die Gründung des ›Council of Industrial Design‹ im Jahre 1944 bezeichnet einen entscheidenden Wendepunkt in Hinsicht auf staatliche Förderung. 1957 wurde der ›International Council of Industrial Design‹ in London gegründet.

In den Vereinigten Staaten gab es bis zu den 20er Jahren kaum eine Entwicklung im Industrial Design, trotz F. L. →Wrights Pionierleistungen und ungeachtet der Tatsache, daß fortschrittliche Methoden der Massenproduktion zuerst dort, und zwar schon in den 90er Jahren des 18. Jhs. (z. B. Eli Whitneys Waffenfabrik und die Fließbandproduktion bei Olive Evans Mehlmühlen), in großem Umfang angewendet wurden. Frühe Beispiele von Massenproduktion, wie die Singer-Nähmaschine, wurden 1851 auf der Londoner Ausstellung gezeigt und veranschaulichten den amerikanischen Ehrgeiz, »the number and quality of articles suited to the wants of the whole people« – wie es im Katalog hieß – zu erhöhen. Erst in den 30er Jahren unseres Jahrhunderts setzte sich Industrial Design als Beruf durch (siehe H. Dreyfuss, R. Loewy und W. D. Teague). 1938 begann das Museum of Modern Art in New York mit seinen sehr einflußreichen alljährlichen Übersichten über gutes Design. Im gleichen Jahr stellte es das Werk des Bauhauses aus und publizierte es auch. Um diese Zeit waren alle führenden Mitglieder des Bauhauses in Amerika, wo, dank ihrer Tätigkeit als Lehrer, die Bauhausideale rasch aufgenommen wurden: Gropius war in Harvard, Moholy-Nagy am Chicago Institute of Design, Kepes am Massachusetts Institute of Technology, →Mies van der Rohe am Illinois Institute of Technology in Chicago und Albers in Yale. 1944 entstand die ›Society of Industrial Designers‹ (später ›American Society of Industrial Designers‹ genannt) mit Teague als erstem Präsidenten. 1948 wurde die ›National Association of Schools of Design‹ und 1957 die ›Industrial Design Educational Association‹ gegründet.

Industriemajolika. Bezeichnung (aufgekommen im 19. Jh.) eines reich modellierten Steinguts, das mit dicker, meist aspikähnlicher farbiger Glasur (gewöhnlich →Bleiglasur) überzogen ist. Es wurde erstmals von →Minton hergestellt und auf der Weltausstellung 1851 in London gezeigt. Außerordentlichen Anklang fanden insbesondere große Objekte wie Blumenkästen und Schirmständer. Auch Wandbrunnen und große Figuren wurden in dieser Art hergestellt. Bald wurden ähnliche Waren auch anderwärts in England nachgemacht, in den Vereinigten Staaten von E. & W. →Bennett (seit 1853) und in Schweden in den Fabriken von →Rörstrand und →Gustavsberg (seit den 1860er Jahren).

Ingman, Elias Magnus →Rörstrand

Ingwerkrug. Chinesischer Porzellankrug mit einer weiten Öffnung mit Deckel und einem eiförmigen Körper, der nach unten leicht spitz zuläuft, oft mit Pflaumenblüten dekoriert. Die Krüge wurden mit Süßigkeiten, Ingwer und Tee als Neujahrsgeschenk gefüllt und, wenn sie leer waren, zurückgegeben.

Inka, Keramik und Textilien →Peruanische Keramik und Textilien

Innsbruck, Glashütte. Kleine Hütte, in der Nähe von Innsbruck vom Erzherzog Ferdinand (Sohn des Kaisers Ferdinand und jüngerer Bruder von Maximilian II.) gegründet, kurz nachdem er 1567 Herrscher von Tirol wurde. Es wurden vor allem Glasgefäße und Fensterglas für den Gebrauch des Erzherzogs hergestellt, doch stand auch Produktion für die Öffentlichkeit zum Verkauf. Der Handwerkerstab bestand zum Teil aus venezianischen Glasbläsern, und es wurden insbesondere klare Kristallgefäße im venezianischen Stil hergestellt, von denen einige aus der erzherzoglichen Sammlung im Schloß Ambras in den Besitz des Wiener Kunsthistorischen Museums übergingen. Unter diesen Objekten befindet sich auch ein Becher in einer kostbaren, edelsteinbesetzten Fassung, der angeblich vom Erzherzog selbst geblasen wurde.

Lit: E. Egg, *Die Glashütten zu Hall und Innsbruck im 16. Jahrhundert*, Innsbruck 1962.

Inrô, japan. Kleines mehrstöckiges Kästchen, dessen Fächer mittels einer Schnur, die durch seitliche Durchbohrungen läuft, zusammenge-

Inrô, japanische Lackarbeit von Shu-osai, frühes 19. Jh. (Victoria & Albert Museum, London)

halten werden. Es wurde an der Fortsetzung der Schnur von den Männern in Japan getragen, die keine Taschen in ihren Kleidern kennen. Das Kästchen wurde als Medizinbüchse, aber auch für Siegel oder andere Gegenstände benutzt. Große Erfindungskraft wurde auf den Lackdekor verwendet, vor allem im 18. und 19. Jh.

Intaglio. Reliefsteinschnitt, bei dem das Bild in den Stein eingeschnitten wird (Tiefschnitt, im Gegensatz zur →Kamee). Intaglio gibt es in Halbedelsteinen, Edelsteinen oder Glas.

Intarsia. Streng genommen bezeichnet das Wort ›Einlegearbeit‹ jeden Materials, z. B. auch des Marmors; man versteht darunter jedoch eingelegte Holzverzierungen. Aus dem Grundholz wird ein Muster ausgehoben und mit Plättchen aus verschiedenfarbigen Hölzern oder anderen Materialien wie Elfenbein, Horn usw. ausgefüllt. Die übrige Fläche bleibt undekoriert. →Certosina und →Marketerie sind Arten der Intarsia, aber das ist nicht ganz korrekt, da sie nicht eingelegt, sondern die gesamte Oberfläche solchermaßen dekoriert wird. Die eigentliche Intarsia ist ›tarsia pittorica‹, d. h. mit bildlichen Darstellungen. Sie ist zur Dekoration von Möbeln verwendet worden, besonders von Chorgestühl, Sakristeischränken u. ä. Nach Vasari bestand die Intarsierung aus »kleinen Holzstückchen, die, zusammengeleimt, in Holztafeln eingelegt und verschiedenartig gefärbt waren«. Die dazu benutzten Verfahren waren verschiedene: das Bräunen im Feuer oder das Tränken der Hölzer »mit in Wasser gekochten Farben oder mit eindringenden Ölen«, oder auch mit »Schwefelöl und destilliertem und arsenhaltigem Wasser«. 1462 beizten Cristoforo und Lorenzo Lendinara mit einem einfachen grünen Kräuteraufguß; aber die vielfältigen Techniken, von denen Vasari spricht, waren die, die Fra Giovanni da Verona um 1500 benutzt, wenn nicht gar erfunden hat.

Auffallend ist, daß eine große Zahl von Intarsiatoren der Renaissance Berühmtheit als Bildhauer und Baumeister erlangt haben: z. B. Giuliano da Maiano, Baccio d'Agnolo, Baccio Pontelli. Bedeutende Künstler haben Intarsien entworfen, vornehmlich Baldovinetti, Francesco di Giorgio, Signorelli, Piero della Francesca und Lorenzo Lotto.

Die ›tarsia pittorica‹ wurde im 14. Jh. in Siena von Giovanni Ammanati und Domenico di Nicolo de' Cori entwickelt. Siena blieb lange Zeit ein bedeutendes Zentrum der Intarsia; aber zur Reife ausgebildet wurde dieser Kunstzweig in Florenz, als Intarsiatoren aus dem Brunelleschi-Kreis sich der gerade entdeckten Linear-Perspektive bemächtigten. Sie schufen Städteansichten und Kompositionen stereometrisch konstruierter Räume, manchmal nach Zeichnungen Ucellos. Leider ist von diesen frühen Intarsia-Kompositionen so gut wie keine erhalten. Aber aus den folgenden Jahrzehnten existieren schöne Exemplare von Giuliano da Maiano, Baccio d'Agnolo, Domenico del Tasso u. a. – Künstlern, die zu einem großen Teil aus der Bottega des Francione hervorgegangen sind. Man vermutet, daß in Florenz in den Jahren 1460-70 etwa 84 holzverarbeitende Werkstätten existiert haben, von denen mehrere ›tarsia pittorica‹ hergestellt haben. Die perspektivischen Studien führten wie selbstverständlich zu den Trompe l'œil-Stilleben, die bald in Florenz heimisch wurden und in Meisterwerken der florentinischen Kunst, wie dem berühmten Studiolo in Urbino (Baccio Pontelli zugeschr.) und den vielleicht von noch höherem artistischem Können zeugenden Werken des Antonio Barili und des Fra →Giovanni da Verona kulminierten. Ebenso bemerkenswert sind die manchmal nach Entwürfen Piero della Francescas ausgeführten Wandtafeln von Cristoforo da Lendinara und seinem Bruder Lorenzo; auf gleicher Höhe die Arbeiten von Giovanni Maria Platina, Agostino De Marchi und Antonio Bencivenni. Am Ende des 15. Jhs. brachte die erreichte Beherrschung der Technik auch den Niedergang, wie die zu reiner Virtuosität entwickelten ›Schaustellungen‹ Giovanni Francesco Capodiferros beweisen, der immerhin nach den Entwürfen eines großen Malers, des Lorenzo Lotto, gearbeitet hat. In ähnlicher Weise malerisch aufgefaßt sind die Werke von Damiano Zambelli (gest. 1549) in S. Domenico, Bologna, und Francesco Zambelli, der für S. Lorenzo, Genua, eine Reihe von Wandtafeln zusammengestellt hat, in denen die Landschaften und Figuren die Architektur fast gänzlich verdrängt haben. In der Toskana jedoch wurde der alte Stil bis ins 16. Jh. beibehalten: z. B. Wandtafeln von Ambrogio und Nicolao Pucci, 1529 (Museo Nazionale, Lucca).

In der Mitte des 16. Jhs. verlor die ›tarsia pittorica‹ in Italien an Bedeutung. Die Wandbekleidungen des Fra Giovanni da Verona in der Stanza della Segnatura im Vatikan wurden unter Papst Paul III. (1534-50) entfernt. Nördlich der Alpen lebte sie fort in Holland, z. B. J. van →Mekeren, und Deutschland, z. B. im Wrangel-Schrank, 1569 (Kestner Museum, Hannover), und später, mit Marketerie zusammen verarbeitet, auf den Möbelstücken der J. F. →Spindler, A. und D. →Roentgen. In Italien kam sie mit J. →Revelli im 18. Jh. in Piemont noch einmal auf, und in größerem Umfang, aber in einer sehr gekünstelten Form im 19. Jh., hauptsächlich in Florenz, Perugia und Faenza, z. B. mit Monteneri und anderen. Der größte Teil der italienischen Einlegearbeiten auf Möbeln ist seit dem 17. Jh. meist vegetabilischer oder geometrischer Art und nicht malerisch, so daß man sie eher als Marketerie bezeichnen könnte (*siehe* van der Vinne, L. Prinotto, P. Piffetti, G. Maggiolini und G. M. Bonzanigo). Dasselbe gilt für Frankreich (*siehe* A. Ch. Boulle, J. H. Riesener und F. Oeben) und Deutschland. *Siehe auch Abb. S. 506, 634.*

Lit: M. Tinti, *Il Mobilio Fiorentino*, Mailand-Rom, 1928; Ch. Scherer, *Technik und Geschichte der I.*, 1891; G. Kossatz, *Die Kunst der I.*, 1954; L. Möller, *Der Wrangelschrank und die verwandten süddeutschen Intarsienmöbel des 16. Jhs.*, Berlin 1956; S. Colombo, *L'arte del legno e del mobile in Italia*, Busto Arsizio 1981.

Intarsia-Paneel von Fra Giovanni da Verona, um 1476 (Monte Oliveto Maggiore, Siena)

International Silver Company →Meriden Britannia Company

Iran →Persische Keramik

Irdenware. Einfache undichte, weil unglasierte, Tonware, deren Farbe durch den Brand – je nach Temperaturhöhe von 850 bis 1050 Grad, Tonverunreinigung, z. B. durch Eisen, Oxidation oder Reduktion – von gelblich-weiß bis braun, grau, rötlich variiert. Irdenware steht am Anfang der Keramikgeschichte, sie ist in allen Kulturen bis zur Gegenwart zu finden. *Siehe auch* Keramik.

Lit: A. Klein, *Keramik aus 5000 Jahren*, Düsseldorf 1979.

Ireson, Nathaniel →Wincanton, Fayencefabrik

Iribe, Paul (1883-1935). Französischer Karikaturist, Innenausstatter und Designer für Möbel, Tapeten, Textilien und Schmuck. Als Designer begann er im Stil des →Art Nouveau, fand aber bald eine unabhängige Art, die die spätere Entwicklung des →Art Deco beeinflußte. Seine besten Stücke sind bequeme, gut gepolsterte Stühle von einfacher, fließender Form mit feiner Schnitz- oder Einlegearbeit. Ab 1908 beschäftigte er P. →Legrain. 1914 ging er nach Amerika, wo er für Bühne und Film arbeitete und u. a. für Cecil B. de Mille Entwürfe machte. Nach seiner Rückkehr nach Frankreich im Jahre 1930 war er vor allem mit Schmuckentwürfen für Coco Chanel beschäftigt.

Lit: Les Années ›25‹ Ausst. Kat. Musée des Arts Décoratifs, Paris 1966.

Ironstone china, engl. Sehr zähe, porzellanartige Masse, die durch den Zusatz von glasartigen Eisensteinschlacken zu den üblichen Hartporzellanbestandteilen entsteht. 1813 erhielt *Charles James Mason* ein Patent für ›Ironstone china‹, das bis 1827 ausschließlich von seiner Fabrik in Staffordshire gemacht wurde; später wurde es von mehreren englischen und amerikanischen Fabriken fabriziert. Es war geeignet für Tafelgeschirre und auch für sehr große Gegenstände, wie Kaminstücke und riesige ›Vestibülvasen‹, etwa 150 cm hoch.

Lit: G. A. Godden, *Godden's guide to Mason's China and the Ironstone wares*, Woodbridge 1980.

Isabellino-Stil. Spanischer Möbelstil, der dem →Fernandino-Stil folgte. Er entspricht dem →Viktorianischen Stil in England und dem des →Zweiten Empire in Frankreich. Königin Isabella, die von 1833 bis 1868 regierte, hat dieser Stilepoche, die bis gegen Ende des Jahrhunderts andauerte, ihren Namen gegeben.

Der Schwerpunkt lag auf luxuriösen Polstermöbeln. Der Ornamentschmuck ist verschwenderisch, vor allem mit gewissermaßen müden Rokokoschnörkeln, obwohl auch manchmal mit neugotischen Arkaden, Krabben usw.

Iserlohner Dosen. Tabakdosen aus Messingblech, deren Böden und Deckel mit einem Stahlnegativ geprägt sind, und zwar mit allegorischen oder bäuerlichen Szenen oder auch – recht häufig – mit einem Idealporträt Friedrichs des Großen. Sie entstanden zwischen 1756 und 1777 in Iserlohn in Westfalen, doch wurden ähnliche Dosen auch an anderen Orten in Holland und Schweden hergestellt.

Lit: H. P. Lockner, ›Iserlohner Dosen‹ in *Kunst u. Antiquitäten, IV,* 1978.

Isfahan-Teppiche →Persische Teppiche

Islamische Keramik. Die glasierte Tonware, die im Vorderen Orient unter islamischer Herrschaft hergestellt wurde, hat eine überragende Bedeutung, auch in ihrem Einfluß auf Europa. Die Keramik der mittelalterlichen Blütezeit vom 9. bis 13. Jh. ist durch Grabungen in den verfallenen Städten Raqqa (Syrien), Fustat (Alt-Kairo) und Samarra (nahe Bagdad) zu Tage gekommen. Die meisten wichtigen frühen Stücke sind im Dekor deutlich von der chinesischen →Tang-Ware beeinflußt, was wohl aus dem Versuch zu erklären ist, die weiße und glänzende teure chinesische Ware durch Keramik mit →Zinnglasur über dünnem Ton zu ersetzen, eine Ware, die zuerst in Samarra und in Fustat im 9. Jh. produziert wurde. Diese Technik, später von Europa übernommen, hat die weitere Entwicklung der europäischen Keramik stark beeinflußt. Unabhängig davon blühte ein weiteres Zentrum unter den Samaniden (874-999) in Westturkestan, vornehmlich in →Samarkand, wo bedeutende Fayencen aus rötlichem und gelblichem Ton mit einem Überzug aus feingeschlemmtem Ton unter durchsichtiger Glasur oft in Braunschwarz auf weißem Grund mit kufischen Inschriften, manchmal stilisierten Vögeln, sehr selten auch menschlichen Figuren bemalt wurden. Hervorragend sind die aus Nischapur an der Karawanenstraße in den Fernen Osten, manchmal chinesische, indische, sassanidische und andere Motive verbindend. Die Keramik wurde ebenso wie die anderen Kunstzweige von dem politischen Wandel unter den türkischen Seldschuken (von der Mitte des 11. Jhs. an) berührt. Die Zeichnung wird lebendiger, die Details zarter (→Laqabi Ware). Unter dem Einfluß der chinesischen →Song-Ware versuchten die Orientalen eine Art weichen Porzellans,

Islamischer Fayenceteller mit Bleiglasur, aus Nischapur, Ostpersien, 9.-10. Jh. (Victoria & Albert Museum, London)

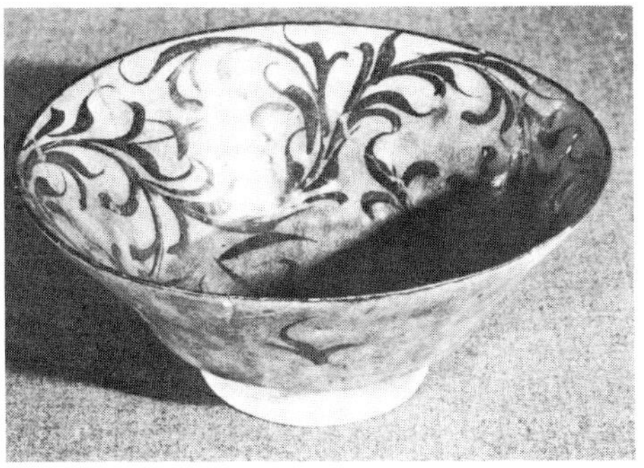

Islamische Keramik-Schüssel, schwarz unter türkisblauer Glasur bemalt, Kaschan, Persien, frühes 13. Jh. (Victoria & Albert Museum, London)

hauptsächlich in Rayy und Kaschan, herzustellen, monochrome Schalen und Trinkgefäße in Weiß, Kobaltblau, Aubergin, häufig auch Türkis, in der Art der →Seladonware mit Ritzdekor unter der Glasur verziert. Der Ton der sehr dünnen, durchschimmernden Gefäße ist manchmal fein durchstochen, die Löcher sind dann mit der durchscheinenden, alkalischen Glasur gefüllt. Die →Lüstertechnik wurde im 9. Jh. im Irak und in *Ägypten* erfunden, danach in Rayy wie Kaschan (auch in Rakka, Irak, und Rasapha, Syrien) und Kairo weiter entwickelt, von wo sie nach Spanien übermittelt wurde und im Bereich der →spanisch-maurischen Keramik, den Lüsterfayencen von →Málaga, später auch →Valencia eine weitere Blüte erfuhr. Im späten 10. Jh. begann die Macht der Abbasiden zu zerfallen, und die Töpfer aus Samarra und Bagdad zogen an den Hof der fatamidischen Kaliphen in Fustat, wo nun 200 Jahre lang feine Lüsterware erzeugt wurde. Hierbei blieben dekorative Eigenarten aus Samarra zum Teil erhalten, während sich gleichzeitig neue lokale Traditionen herausbildeten. In Persien betrieb man Unterglasurmalerei in Kobaltblau und Überglasurmalerei in →Emailfarben mit stilisierten, pflanzlichen Ornamenten, manchmal auch Tieren, Vögeln, seltener mit menschlichen Figuren. Nach dem Mongoleneinfall 1219 in Persien blieb nur Kaschan als wichtiges Zentrum bestehen. Mit den Mongolen kam eine weitere Welle chinesischen Einflusses (→Yuan) mit reicherem pflanzlichen und figürlichem Dekor. Die aufwendigste Ware ist mit Unter- und →Überglasurfarben (Minai) bemalt nach einem in dem ›Buch der Edelsteine und Parfüme‹ 1301 in Täbris beschriebenen Verfahren. Über die islamische Keramik des 14. und 15. Jhs. ist wenig bekannt, aber unter einer neuen Welle chinesischen Einflusses entstand wahrscheinlich in Syrien, Persien und Anatolien eine Blauweißware. Im frühen 16. Jh. wurde →Iznik zum bedeutendsten Zentrum für Fayencen im Orient. Die spätere im Iran hergestellte Ware *siehe unter* Persische Keramik.

Lit: C. K. Wilkinson, *Nishapur: pottery of the early Islamic period,* New York 1973; Ausst. Kat. *Islamische Keramik,* Hetjens-Museum Düsseldorf 1973.

Islamischer Stil. Die Religion, die auf der Verkündigung des arabischen Propheten Mohammed (570-632) beruht, inspirierte die Bildung eines ornamentalen Stils, der sich in der gesamten darstellenden Kunst bemerkbar macht, im profanen wie auch im sakralen Bereich, in der Architektur, beim Steinrelief, in der Kleinkunst wie bei Textilien, Metallarbeiten, Keramik, Holz- und Elfenbeinschnitzereien. Der Koran enthält für die Gläubigen Richtlinien für Einzelheiten des täglichen Lebens, stellt aber wenig präzise Regeln für die Künste auf, außer dem Verbot, Kultbilder zu schaffen. Obwohl dem Verbot der Darstellung des Propheten, seiner Nachfolger und anderer frommer Männer ausnahmslos nachgekommen wurde, gingen die Meinungen dahin auseinander, ob das Verbot sich auf die Darstellung eines menschlichen Wesens überhaupt bezog. Einige Muslime hielten jegliche naturalistische Malerei oder Schnitzerei selbst von Blättern oder Blumen für blasphemisches Eingreifen in die Vorrechte des Schöpfers, andere erlaubten die

Islamische Metallarbeit, das sogen. Taufbecken des hl. Ludwig, von Muhammad ibn az-Zayn, zwischen 1290 und 1310 (Louvre, Paris)

Darstellung von Tieren und Menschen, doch allgemein ohne Schatten. Die Tendenz der islamischen Kunst neigte zur Stilisierung und Flächigkeit und zu häufiger Anwendung von schöner Kalligraphie, sogar in Persien, wo die Verbote des Korans zeitweise lockerer gehandhabt wurden. Der künstlerische Stil entwikkelte sich im islamischen Bereich von der Halbinsel Arabien nach Syrien (das Kalifat wurde 661 von Medina nach Damaskus verlegt), Ägypten, entlang der nordafrikanischen Küste bis Spanien und über Anatolien bis an die Grenze von Byzanz. Der Ursprung der grundlegenden →Arabeskenmuster scheint im spätantiken Ornament, in gesprengten Palmetten und Akanthusblättern zu liegen, die gradweise zu einem flächigen Ornament umgeformt wurden. Andere Elemente kommen aus den eroberten Ländern hinzu (wie z. B. koptische Motive in Ägypten oder westgotische in Spanien). Bis in das 16. Jh. hat sich eine umfassende stilistische Einheit gehalten. Überragende islamische Kunstgegenstände scheinen für die Luxus liebenden Reichen der Hauptstädte von Samarkand, Bagdad, über Damaskus, Kairo bis Granada und Córdoba gemacht worden zu sein. Da aber manchmal sogar die erlesensten Objekte von einem Ende der islamischen Welt zum anderen transportiert wurden und die Handwerker, die sie herstellten, auch oft von Ort zu Ort wanderten, ist es zeitweilig schwer, Ursprungsort und Datum einzelner Stücke zu bestimmen. Metallarbeiten höchster Qualität, Bronzeschalen, Wasserkannen, Kerzenständer usw., kunstvoll mit Gold und Silber tauschiert, die im allgemeinen →Mossul zugeschrieben werden, sind auch in Persien und anderen Ländern hergestellt worden (islamische Handwerker ließen sich auch in Venedig nieder, →Azzimina). Hervorragende Beherrschung von Formen und Flächendekor zeichnen neben den islamischen Metallarbeiten auch die →Moscheeampeln aus Glas aus, Elfenbeinkästen des 10. und 11. Jhs. aus Spanien, Bergkristallkannen aus Ägypten und Persien und einige Keramikgattungen, vor allem die →persische Keramik, →Iznik-Fayencen und →spanisch-maurische Ware. Bei Textilien schließen die überragenden Leistungen islamischer Handwerker persische Seidenstoffe, spanisch-maurische Seiden und natürlich →persische und →türkische Teppichen ein.

Lit: E. Kühnel, *Islamische Kleinkunst*, München (1925) 1963; O. Grabar, *The Formation of Islamic Art*, New Haven und London 1973; J. M. Rogers, Islamic Art & Design 1500-1700, London 1983.

Isparta-Teppiche →Türkische Teppiche

Istoriato, Historienstil. Bezeichnung italienischer Majolika-Teller, die polychrom mit historischen, mythologischen, biblischen oder Genreszenen über die ganze innere Oberfläche bemalt sind und die weniger zum täglichen Gebrauch als zur Dekoration bestimmt sind. Vom Anfang des 16. Jhs. an trat der Stil an die Stelle der ornamentalen Phantasiemotive, die

Istoriato: Prunkschüssel aus dem Service der Isabella d'Este, Majolika, Castel Durante, um 1519 (Museum für Kunst und Gewerbe, Hamburg)

charakteristisch für die Erzeugnisse des 15. Jhs. sind. Die wichtigsten Zentren waren →Castel Durante und →Urbino, sie wurden aber an fast allen italienischen Manufakturen hergestellt, in →Pesaro, →Deruta, →Faenza, →Caffagiolo usw. Die bekanntesten Exponenten waren Nicola →Pellipario, →Fontana, →Patanazzi, →Avelli usw. Berühmte Künstler, wie T. →Zuccaro und B. →Franco, lieferten Entwürfe. Viele Teller waren mit Szenen nach →Raffael bemalt, von denen man im 19. Jh. fälschlich annahm, daß einige von ihm selbst bemalt worden seien. Der spätere Typ wird *secondo istoriato* genannt oder ›stile bello‹, ›Schöner Stil‹, und führte gegen Mitte des 16. Jhs. zu einer nüchterneren Malerei (→Compendiario). Im 18. Jh. wurde er in San Quirico d'Orcia und anderswo wieder aufgenommen und lebte im Neorenaissance-Geschmack mit z. B. Angelo Minghetti (→Bologna) und bis in unsere Tage mit Ferruccio Mangaroni aus →Pesaro fort.

Lit: G. C. Polidori, ›La decorazione ad ›istoriato‹ della maiolica italiana‹ in *Boll. d'Arte* 1960, S. 217; E. Golfieri, *d'Arte*, 1961, S. 185; G. Liverani, ›La fortuna di Raffaello nella maiolica‹ in M. Salmi Hg., *Raffaello, L'Opera. Le Fonte, La Fortuna*, Novara 1968, Bd. II, S. 691-708; T. Clifford u. J. V. G. Mallet, ›Battista Franco as a designer for Maiolica‹ in *Burlington Magazine*, June 1976, S. 387-403; A. Klein, Fayencen aus Europa, Braunschweig 1980

Iznik. Töpfereien in Iznik (dem alten Nicaea), etwa 70 km südöstlich von Istanbul, die die schönsten nachmittelalterlichen islamischen Keramiken hervorbrachten. Waren des 14. Jhs. mit Schlickermalerei werden Iznik zugeschrieben. Ebenso wird von den früher ›Miletus‹ genannten Waren des 14. und 15. Jhs. aus rotem Ton, die auf weißem Schlicker blauschwarz und grün bemalt und mit einer durchsichtigen Glasur überzogen sind, vermutet, daß sie dort entstanden sind. Der früheste Bericht von Iznik-Keramik stammt jedoch von 1489/90. Um 1490 bis 1520 wurden Blauweißwaren der ›Abraham von Kütahya‹ genannten Art ebenso dort hergestellt wie in Kütahya. Große Schalen und Schüsseln in Blau und Weiß mit Mustern aus fein gezeichneten Schnörkeln mit winzigen Blumen, genannt ›Goldenes Horn-Ware‹, stammen von 1520-30. Zur gleichen Zeit begann auch die Produktion der kühner dekorierten und typischeren Iznikware. Die Farbskala wurde reichhaltiger, Türkis, Blattgrün (Salbeigrün) und Manganpurpur kamen auf, die Malerei wurde freier, und an Stelle der Arabesken traten Kompositionen stilisierter Tulpen, Nelken, Rosen und anderer Blumen, die alle von einem Punkt ausgehen

Iznik: bemalte Tonschüssel, 16. Jh. (Musée de Cluny)

und mit geschweiften Stielen ein asymmetrisches, aber gut ausgewogenes Muster bilden. Zu den Erzeugnissen gehören auch Fliesen, die hauptsächlich zur Dekoration der Moscheen in Istanbul bis um 1620 in großen Mengen hergestellt wurden. Für Fliesen wie für Teller, Kannen usw. wurde um 1555 eine neue Farbpalette entwickelt mit einem leuchtenden Kupfergrün an Stelle des Blattgrüns und einem kräftigen Siegelwachsrot, das sich reliefiert aus der Oberfläche heraushebt (z. B. im Topkapı Sarayı Istanbul, um 1575). Die Haupterzeugnisse waren große Schüsseln mit flachen Rändern, die mit lockeren Blumengebinden bemalt sind, gelegentlich mit figürlichen Darstellungen und etwa seit 1600 mit Dreimastschiffen, die mit geblähten Segeln über das Wasser gleiten. Hinzu kamen Krüge, Kannen und Vasen. Es wird angenommen, daß die ehemals so bezeichnete ›Damaskus-Ware‹ aus Iznik stammt (möglicherweise auch aus Istanbul). Sie ist bemerkenswert wegen ihres Manganpurpurs, das die Fliesen in der Selimiye-Moschee in Damaskus, 1566, aufweisen. Im 17. Jh. fiel die Qualität nach und nach ab, die Bemalung wurde steifer und lebloser. Imitationen von Iznik-Waren, die sich eng an die Vorbilder anlehnten, wurden um 1630 in →Padua angefertigt. In der zweiten Hälfte des 19. Jhs. wurden Nachahmungen in Frankreich und anderswo hergestellt. Bis in die jüngste Zeit wurden die Iznik-Erzeugnisse der mittleren Periode fälschlicherweise Damaskus und die mit dem roten Pigment Rhodos zugeordnet, Bezeichnungen, die mitunter noch heute verwendet werden.

Lit: J. Carswell in Y. Petsopoulos (Hg.), *Tulips, Turbans and Arabesques*, London 1982; J. M. Rogers, *Islamic Art & Design 1500-1700*, London 1983.

J

Jack, George (1855-1932). Architekt und Möbelentwerfer. Er wurde in den Vereinigten Staaten geboren, studierte in Glasgow Architektur und wurde um 1880 Mitarbeiter von Ph. →Webb. Um 1890 übernahm er bei der Firma *Morris & Co* die Leitung der Abteilung für Möbelentwurf. In seinen Arbeiten ließ er sich vom →Queen Anne Revival inspirieren und entwarf Möbel mit reichem Dekor; als Schmuckelemente bevorzugte er intarsierte Blattmotive.

Jackson, John Baptist (um 1701 bis um 1780). Führender englischer Drucker und Entwerfer von →Tapeten. Er begann als Graveur, kam um 1726 nach Paris, wo er J. →Papillon begegnete und ein neues Verfahren für den ›chiaroscuro‹-Druck (Helldunkeldruck) entwickelte. Er zog nach Rom und Venedig und machte dort zahlreiche Drucke nach Titian, Veronese, Jacopo Bassano u.a. 1746 kehrte er nach England zurück, übertrug schon bald das ›chiaroscuro‹-Verfahren auf den Tapetendruck und errichtete eine Fabrik in Battersea. In einem 1754 veröffentlichten Buch greift er die Modewelle für chinesische Tapeten an und tritt für solche ein, die mit Motiven nach Gemälden von Claude Lorrain, Gaspar Poussin, Salvatore Rosa u.a. Landschaftsmalern bedruckt sind oder mit illusionistischen antiken Vasen und Statuen. Seine Versuche, seinen Landsleuten die chinesischen Tapeten abzugewöhnen, schlugen fehl, und er scheint wenig Erfolg mit seinen eigenen eher nüchternen gehabt zu haben. Nur einige Fragmente von seinen Tapeten sind erhalten – Stücke mit italienisierenden Landschaften, die von mehreren hölzernen Druckstöcken in zumindest acht Farbschattierungen gedruckt wurden (Victoria & Albert Museum, London). Er entwarf auch Tapeten mit reizvollen naturalistischen Blumen.

Lit: J. Kainer, *John Baptist Jackson...* Washington 1962.

Jacob, Georges (1739-1814). Eine der beachtenswertesten Persönlichkeiten in der Geschichte des französischen Möbels, als der letzte Möbelkünstler des 18. und der erste Möbelfabrikant des 19. Jhs. Sein Schaffen bildet den Übergang vom →Louis-seize zum →Empire. Er stammte aus Burgund, war bäuerlicher Herkunft und ging als junger Mann nach Paris. Seine Lehre soll er bei Louis →Delanois absolviert haben. Jacob wurde 1765 ›maître menuisier‹, der sich anfangs vor allem vom Rokoko anregen ließ. Aber schon bald eignete er sich den modischeren Louis-seize-Stil an und war zu Beginn der 1780er Jahre einer der führenden Pariser Hersteller von Sitzmöbeln. Zur Entwicklung des herkömmlichen Louis-seize-Sessels – rechteckig und mit reichgeschnitztem klassischem Ornament – scheint er entscheidend beigetragen zu haben. Er war einer der ersten Möbelschreiner, der vom goldgefaßten Holz zum Mahagoni überging. Charakteristisch für seine frühen Armsessel sind dreieckige Blattmotive an der Verbindung von Arm- und Rückenlehne, für seine späteren quadratisch gerahmte Rosetten am oberen Ende der Beine. Ebenfalls als erster verwendete er säbelförmig geschweifte Beine, und kurz vor der Revolution 1779 begann er, Stühle mit lyraförmiger Rückenlehne herzustellen. Beide Ideen, wie auch die Verwendung von Mahagoni, hatte er wahrscheinlich von englischen Möbelschreinern übernommen. Er fertigte u.a. auch Betten und – im Gegensatz zu anderen →›menuisiers‹ – gelegentlich Tische an. Seine Ornamentik ist zuweilen überladen. Ein Beispiel hierfür ist das berühmte Bett von 1782, das heute in der Münchner Residenz steht. Es ist reich mit geschnitzten Füllhörnern und fürstlichen Insignien geschmückt. Zum Schmuckdekor des Bettes gehörte ursprünglich die Marmorskulptur ›Cupido und Psyche‹, geschaffen von dem Bildhauer M.-C. Monnot

G. Jacob: Armlehnstuhl, Entwurf von Hubert Robert für die Meierei in Rambouillet, 1787 (Versailles, Schloß)

(der möglicherweise verantwortlich für den ganzen Entwurf war). Zu Jacobs Auftraggebern gehörten neben Marie-Antoinette und Angehörigen des Hochadels auch viele Ausländer. Seine interessanteste Arbeit für den Hof ist eine Sesselgarnitur für Marie-Antoinettes Meierei in Rambouillet (zur Zeit in Versailles). Sie ist nach einem Entwurf des Malers Hubert Robert im →Etruskischen Stil ausgeführt. Erwähnenswert ist auch eine Garnitur, bestehend aus Sesseln und Liegebett, die er für den klassizistischen Maler J.-L. →David nach dessen eigenem Entwurf kurz vor 1788 anfertigte. Diese Stücke gehören zu den ersten Nachahmungen griechischer und römischer Sitzmöbel, die für den Hausgebrauch geeignet waren. Die Polster waren aus roter Wolle, geschmückt mit schwarzen Palmettenmotiven. Ebenfalls nach dem Entwurf von J.-L. David fertigte er für den Herzog von Chartres (Sohn von Philippe Egalité) ein Mahagoni-Bett mit Goldbronzebeschlägen an. Die Stücke selbst sind verschollen, lediglich die beiden Gemälde Davids, ›Paris und Helena‹ und ›Brutus‹, die der Maler 1789 fertigstellte und die sich heute im Louvre befinden, vermitteln einen Eindruck, wie sie ausgesehen haben mögen.

Nach der Revolution war Jacob dem wirtschaftlichen Ruin nahe; allein der Graf von Artois schuldete ihm 85.000 Livres. Aber der Maler David protegierte ihn und machte ihn mit →Fontaine und Percier bekannt, deren Möbelentwürfe er während der Schreckensherrschaft für das ›comité de salut publique‹ ausführte. 1796 setzte er sich zur Ruhe und überließ seinen Söhnen *Georges II.* und *François-Honoré-Georges,* der sich später →Jacob Desmalter nannte, das Geschäft. 1800 kehrte er noch einmal in die Werkstatt zurück, um seinen Söhnen bei der Ausgestaltung der Appartements des Konsuls in den Tuilerien zu helfen. Als Georges II. starb, wurde Jacob Geschäftspartner seines Sohnes François-Honoré-Georges. Von da an hieß die Firma Jacob-Desmalter et Cie und belieferte Napoleons Residenzen mit den schönsten Möbeln. Die Entwürfe stammten zum großen Teil von Fontaine und Percier. In ihnen entfaltete sich die ganze kaiserliche Pracht. Sphingen stützen die Armlehnen der Sessel, Löwenköpfe schmücken Scherenstühle, die Goldbronzebeschläge der Kommoden stellen Motive aus der klassischen Antike dar, die Betten prunken mit Drapierungen aus kostbaren Stoffen und Schnitzornamenten in antiker Formsprache, die Füllhörner, Schwäne und pralle Blattmotive darstellen. Die schönsten Arbeiten lieferte die Firma Jacob-Desmalter für Schloß Malmaison, in dem Josephine Bonaparte, die spätere Kaiserin Josephine, residierte und wo sie noch heute stehen. Im Laufe der Zeit verwandelte sich die Werkstatt Jacob-Desmalter in eine Fabrik. Da die Schreinerzunft mit ihren strengen Regeln während der Revolution abgeschafft worden war, konnten sich Jacob und sein Sohn als ›ébénistes‹ und gleichzeitig als ›menuisiers‹ betätigen. Georges zog sich 1813 aus dem Geschäft zurück und starb im folgenden Jahr. Sein Vetter *Henri Jacob* (1753-1824), der 1779 ›maître menuisier‹ wurde, kopierte seinen Stil und profitierte von dem Namen Jacob, aber seine Arbeiten waren qualitativ nicht so hochwertig. Er signierte seine Möbel ›H. Jacob‹. *Siehe auch Abb. S. 323.*

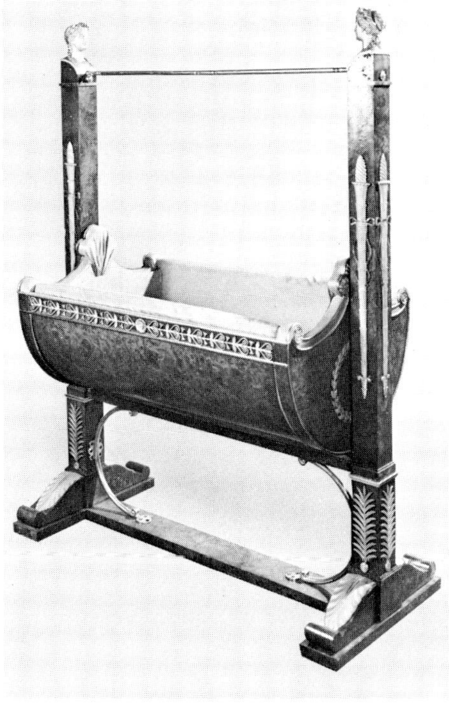

F. H. Jacob-Desmalter: Wiege des Königs von Rom, mit Goldbronzebeschlägen von P.-Ph. Thomire, 1811 (Louvre, Paris)

Lit: H. Lefuel, *Georges Jacob,* Paris 1923; F. J. B. Watson, *Louis XVI Furniture,* London 1960; D. Ledoux-Lebard in *Apollo,* Sept. 1964, S. 199-205.

Jacoba-Kannen. Hohe, schmale Steinzeugkrüge aus dem 15. Jh., die in Holland gefunden wurden. Man nannte sie dort *Jacobas Kannetjes* und nahm an, daß sie für oder von der Gräfin Jacoba von Bayern während ihrer Gefangenschaft bei Leiden im Jahre 1425 gefertigt worden sind. Wahrscheinlich handelt es sich um frühe →Siegburg-Waren.

Jacob-Desmalter, François-Honoré-Georges (1770-1841). Sohn von G. →Jacob, erlernte bei seinem Vater das Tischlerhandwerk. Er und sein Bruder *Georges II.* (1768-1803) übernahmen 1796 das Geschäft des Vaters und signierten ihre Arbeiten ›Jacob frères‹. 1803 nahm er den Namen Jacob-Desmalter an und gründete mit seinem Vater die Firma Jacob-Desmalter et Cie, von der die schönsten Empire-Möbel stammen. Weder der Tod seines Vaters noch die Restauration änderte viel an seinem Stil. 1825 übernahm sein Sohn *Georges-Alphonse* (1799-1870) die Firma und produzierte weiterhin Möbel im traditionellen Stil des Hauses, die jedoch mit der Zeit immer schwerer wurden. 1847 verkaufte er das Geschäft an die Firma →Jeanselme und zog sich ins Privatleben zurück. *Siehe auch Abb. S. 186, 187.*

Lit: H. Lefuel, *François-Honoré-Georges Jacob-Desmalter,* Paris 1925; S. Grandjean, *Empire Furniture 1800-1825;* London 1966.

A. Jacobsen: ›Schwan‹-Sessel, 1958 (Musée des Arts Décoratifs, Paris)

Jacobs, Lazarus und **Isaac** →Bristol-Glashütten

Jacobsen, Arne (1902-1971). Dänischer Architekt und Designer mit überaus eleganter, zurückhaltender Linienführung, der dem modernen internationalen Design Anregungen und Impulse gab. Während der 50er Jahre entwarf er formschöne Bestecke und Möbel. Seine bekanntesten Entwürfe sind der zierliche und auch vom ökonomischen Standpunkt interessante Stapelstuhl aus verformtem →Sperrholz auf einem Stahlrohrdreifuß oder auf Beinen aus schichtverleimten Holz (1953), der 1957 vollkommen aus verformtem Sperrholz hergestellt wurde; der elegante und berühmte ›Eier‹-Sessel, bestehend aus einer fiberglasverstärkten gepolsterten Kunststoffschale und einem drehbaren Metallfuß; und der in seiner Form ähnlich geschmeidige ›Schwan‹-Sessel mit dazugehöriger Sitzbank, den er 1958 für das S.A.S. Hotel in Kopenhagen entwarf. In späterer Zeit wurden seine Entwürfe zunehmend artifiziell, wie z.B. die Stühle mit hoher Rükkenlehne für das St. Katherinen-College in Oxford (1963). Zu seinen Entwürfen gehören auch Teppiche mit abstrakten Mustern und Baumwollstoffe mit floralem Design.

Lit: T. Faber, *Arne Jacobsen*, Mailand 1964.

Jacomo da Pesaro →Venezianische Töpfereien

Jacopo, Majolikamaler →Fattorini, J.

Jacquard-Webstuhl. Ein Handwebstuhl auf dem, nur von einem Mann bedient, in mannigfaltigen Techniken auch schwierige Muster gewebt werden können. Er wurde von *Joseph-Marie Jacquard* (1752-1834) aus Lyon um 1805 erfunden, kam aber erst um 1815 in Frankreich zur Anwendung und revolutionierte die Textilindustrie. Dieser Webstuhl übertraf alle anderen Erfindungen, indem die Nadeln und Haken von *Bouchier* (1725) und die Kardenkette von *Falcon* (1728) kombiniert wurden und der Zylinder von *Vancauson* (1745) durch ein Prisma und ein Lochkartensystem ersetzt wurde.

Jacquemart et Bénard. Führende Tapetenfirma zur Zeit der Revolution in Paris. 1791 als Nachfolgerin von →Réveillon gegründet, wurde zunächst im gleichen Stil weitergearbeitet, vor allem in der pompejanischen Manier. Bald wurden aber akutelle Motive eingeführt. Z.B. →Huet zeichnete eine pompejanische Tapete mit dem ›Altar der Freiheit‹ als Mittelmotiv; andere Tapeten zeigten die Freiheitsmütze, Binde und Waage der Justitia umgeben von Trikoloren. In der Kaiserzeit wurden schließlich →Bildtapeten (z.B. ›Die Parforcejagd‹) hergestellt, hauptsächlich spezialisierte man sich aber auf Stoffmuster und auf illusionistische Imitationen von drapierten Seidenvorhängen oder geknoteten Draperien, die von Kordeln mit Troddeln zusammengefaßt sind. Während der Restauration kamen neue, aktuelle Motive hinzu, darunter eine Tapete von 1825 mit dem bourbonischen Orden vom ›Saint Esprit‹. Der ältere Jacquemart starb 1804, ihm folgte sein Sohn, der die Firma bis 1840 mit großem Erfolg leitete.

Lit: H. Clouzot u. Follot, *Le Papier peint en France*, Paris 1935. H. Olligs (Hg.), *Tapeten. Ihre Geschichte bis zur Gegenwart*, Braunschweig 1969/70.

Jacques, Charles-Symphorien →Sceaux

Jade. Mineralogisch ungenauer Terminus für verschiedene harte Steinarten, vor allem für Nephrite (Kalzium-Magnesium-Sulfate) und oberflächlich ähnliche aber strukturell unterschiedliche dunkelgrüne oder smaragdgrüne Jadeite (ein Natrium-Aluminium-Silikat). Jade wurde seit prähistorischer Zeit in Gebieten, in denen sie vorkommt, sehr geschätzt (hauptäschlich im chinesischen Turkestan und Mittelamerika) und zu Amuletten, Zeremonialgeräten usw. verarbeitet. Sie fühlt sich sehr kalt an, ist so hart, daß man sie nicht mit Stahl schneiden kann, durchscheinend, klingt, wenn man sie anschlägt, läßt sich ölig glänzend polieren und reicht in den Farben von Weiß, das in China am höchsten geschätzt und Hammelfettjade (yangzhiyu) wegen seines fettigen, schmalzähnlichen Aussehens genannt wird, bis zu verschiedenen Schattierungen von Braun und Grün, von dem die sibirische, als Spinatjade (bocaiyu) bekannte, bedeutend ist. Chinesische Steinschneider haben sich bemüht, alle Eigenschaften der Jade voll auszunutzen. Die frühesten Beispiele sind rituelle Gegenstände aus neolithischer Zeit. Die Kunst der Jadebearbeitung fand in der →Shang-Yin-Zeit ihre Vervollkommnung. Jadeschnitzereien sind außerordentlich schwer zu datieren. Es scheint aber nach der Song-Zeit eine Tendenz gegeben zu haben, Jade besonders sorgfältig zu bearbeiten und die Kunstfertigkeit des Unterschneidens u.ä. immer mehr zu entfalten. Jadeite wurden in China nicht vor dem 18. Jh. bearbeitet, dann aber vor allem für Schmuckartikel verwendet. *Siehe auch Abb. S. 568.*

Lit: S.H. Hansford, *Chinese Carved Jades*, London 1968; P.F. Schneeberger, *The Baur Collections. Chinese jades and other hardstones*, Genf 1976.

Jagdteppiche →Persische Teppiche

Jahrmarktsartikel. Galanteriewaren des 19. und des frühen 20. Jhs. aus Keramik, kleine

Jade, Chinesische Scheibe oder Bi, Periode der ›Kämpfenden Reiche‹ 481-221 v. Chr. (William Rockhill Nelson Gallery of Art, Kansas City)

Schmuckporzellanwaren, Figuren oder auch kleine Dosen, die gewöhnlich mit etwas anstößigen Darstellungen dekoriert und für den Verkauf auf Jahrmärkten, Bazaren, Ständen in Seebädern usw. bestimmt waren. Sie wurden hauptsächlich von *Conta & Böhm* in Pössneck in Sachsen und vielleicht von *Springer* in Elbogen in der Tschechoslowakei nach englischen Vorbildern (fairings) hergestellt. Sie werden jetzt wieder auf den Markt gebracht.

Lit: W. S. Bristowe, *Victorian China Fairings*, London 1971.

Jakobitische Gläser. Englische Weingläser, die nach 1688 entstanden (und in größerer Anzahl nach 1745) und mit Porträts des älteren Thronprätendenten Jakob Eduard Stuart oder des jüngeren, Karl Edward, graviert sind. Noch häufiger tragen sie jakobitische Symbole (Rose, Eiche usw.). Vielfach gefälscht.

Jamnitzer, Wenzel (1508-88). Der größte deutsche Goldschmied des →Manierismus. Geboren in Wien, Angehöriger einer großen Familie von Gold- und Silberschmieden, zog vor 1534 mit seinem Vater *Hans* (gest. 1549) und seinem Bruder *Albrecht* (gest. 1555) nach Nürnberg. 1534 wurde er Bürger von Nürnberg und Meister der Nürnberger Goldschmiedezunft, 1543 wurde er zum Münz- und Siegelschneider der Stadt und 1552 zum städtischen Münzmeister ernannt, was seine Anerkennung als der Erste unter den Nürnberger Goldschmieden bedeutete. 1556 wurde Jamnitzer Mitglied des Großen Rats der Stadt und hatte danach zunehmend wichtige Ämter inne. Als ›Kaiserlicher Hofgoldschmied‹ diente er mehreren Habsburger Kaisern. Sein frühestes Werk ist der Merkkelsche →Tafelaufsatz im Rijksmuseum in Amsterdam. Er wurde um 1549 vollendet und hat seinen Namen nach einem Nürnberger Kaufmann, der ihn 1809 vor dem Einschmelzen bewahrte. Dieser Tafelaufsatz ist nahezu ein Kompendium der Goldschmiedekunst und zeigt Jamnitzers vollendete Meisterschaft im Modellieren, Treiben, Gravieren und Emaillieren sowie seine Eigentümlichkeit, Naturabgüsse von Insekten, Reptilien und kleinen Pflanzen zu verwenden. 1556 begann er einen noch größeren Tafelaufsatz für Kaiser Maximilian II. und vollendete ihn für Kaiser Rudolf

W. Jamnitzer: Kasten aus vergoldetem Silber, mit Edelsteinen besetzt, Nürnberg, um 1560 (Residenzmuseum, München)

II. Davon sind jedoch nur die vier Karyatiden aus vergoldeter Bronze (Kunsthistorisches Museum, Wien) erhalten. Um diese Zeit war M. →Zündt unter Jamnitzers Mitarbeitern. Der ›Kaiserpokal‹, den Jamnitzer 1564 für Maximilian II. anfertigte (Kunstgewerbemuseum, Berlin), ist weniger kompliziert als seine Tafelaufsätze und beispielhaft für deutsche Goldschmiedekunst der Spätrenaissance. Jamnitzers manieristische Tendenzen fanden ihren vollen Ausdruck in dem Schmuckkasten (um 1560) und in dem Nautiluspokal (um 1570) im Residenzmuseum, München, sowie in einem getriebenen Spiegelrahmen im Metropolitan Museum, New York. Am bekanntesten ist Jamnitzer jedoch für seine phantastischen und peinlich realistischen Ornamente aus Insekten, Muscheln und Reptilien – Gegenstücke in Silber zur Töpferkunst von B. →Palissy – wie sein Silberkasten im Kunsthistorischen Museum in Wien, das ungewöhnliche Becken im Louvre in Paris sowie die ebenso seltsame Platte und Kanne im Schatz der Kathedrale von Dubrovnik in Jugoslawien zeigen. Jamnitzers Sohn *Hans II.* (um 1538 bis 1603) wurde 1563 Meister der Nürnberger Goldschmiedezunft. Ihm wird (ebenso wie auch seinem Vater) eine Tischglocke, dicht besetzt mit Reptilien, Heuschrecken und anderen Insekten, zugeschrieben (British Museum, London). Albrechts Sohn *Bartel* (um 1548-96) wurde 1575 Meister und ist durch einige schöne Silberarbeiten bekannt, vor allem durch ein Paar Nautiluspokale, die von einer Meerjungfrau bzw. einem Tritonen getragen werden und die sich im Kasseler Museum befinden. Der Sohn von Hans II, *Christoph* (1563-1618; 1592 Meister) gehörte zur nächsten Generation. Viele seiner Arbeiten sind einfach, doch die kostbarer gearbeiteten Stücke, ausgeführt in einem Übergangsstil zwischen Manierismus und Barock, zeigen, daß er als Handwerker fast ebensogut wie sein Großvater war, z. B. ein Pokal in Form eines Engels mit ausgebreiteten Flügeln (1595, Rüstkammer, Moskau), eine phantastisch überladene Kanne mit Becken (Kunsthistorisches Museum, Wien) und ein reizvoller Tischbrunnen in Form eines Kriegselefanten (Kunstgewerbemuseum, Berlin).

Lit: J. F. Hayward, *Virtuoso Goldsmiths and the Triumph of Mannerism 1540-1620,* München 1976.

Ch. Jamnitzer: Silberkanne, Nürnberg, um 1600 (Kunsthistorisches Museum, Wien)

Jansenisten-Einbände. Französische Einbände des späten 17. Jhs., sehr schlicht und streng mit wenig Schmuck und Gold, ausgenommen die Deckelinnenseiten. Von Madame de Maintenon begünstigt, wurden sie am Hof Ludwigs XIV. hoch geschätzt, obwohl sie vom reichen und üppigen Louis-quatorze stark abweichen.

Japanische Keramik. Keramik gibt es in Japan seit der neolithischen Zeit (→Jomon-Keramik), aber erst um 200 v. Chr. wurde die Töpferscheibe eingeführt. (→Yayoi; Sue(ki)-Keramik; Haniwa). Waren der Nara- (645-784) und Heianzeit (785-1185) zeigen starken chinesischen und koreanischen Einfluß, und dieser hält durch die Geschichte der japanischen Keramik von der Kamakura- (1185-1333), Muromachi- (1333-1573), Momoyamazeit (1573-1614) bis zur Edozeit (1615-1868) und später an. Aber die besten und interessantesten japanischen Erzeugnisse lassen den chinesischen Ursprung kaum noch erahnen. Ihre individualistischste Charakteristik ist die vollkommen freie Dekoration, oft nicht mehr als eine Blume oder ein Blatt oder ein kalligraphischer Schnörkel, die zentrifugal angeordnet sind.
Die meisten Arbeiten sind mehr für dekorative Zwecke als für den täglichen Gebrauch vorgesehen, die üblichen Haushaltsgeschirre wurden gewöhnlich aus lackiertem Holz gemacht. Aber die für die Teezeremonie des Zen-Buddhismus bestimmten Krüge, Kummen, Tabletts, Weihrauchgefäße, Riechdöschen usw. sind stets aus Ton (nicht aus Porzellan) und stellen die Hauptkategorie der japanischen Keramik dar. Sie sind von äußerster Schlichtheit, ziemlich schwer, mit einer kunstvoll rauhen Oberflächenbearbeitung, also ganz anders als das von den Chinesen geschätzte Porzellan. Das Hauptproduktionszentrum war in →Seto, und der Ausdruck ›Seto-mono‹ wurde gleichbedeutend gebraucht für Tonwaren überhaupt. Die berühmtesten Typen der Produkte von Seto sind die weiße ›Shino-Ware‹ und die bläulichgrüne ›Oribe-Ware‹ (spätes 16. Jh. bis zum frühen 17. Jh) (*Siehe auch* Mino-Keramik; Karatsu-Ware; Raku-Ware; Ogata Kenzan). Seit ihrem ersten Erscheinen in der westlichen Welt im späten 19. Jh. haben die japanischen Teezeremonienkeramiken einen starken Einfluß auf die europäischen Kunsttöpfer ausgeübt. Porzellan wurde in Japan seit der frühen Edo-Periode (1615-1808), als 1616 ein Kaolinlager entdeckt wurde, in →Arita und später in →Hirasa, in Mikawachi und →Kutani hergestellt. Immer größere Mengen wurden nach Europa exportiert, wo die im →Kakiemon-Stil dekorierten Stücke im 18. Jh. besonders geschätzt waren, (→Imari-Porzellan). Die Anwesenheit von Amerikanern und Europäern in Japan in der Mitte des 19. Jhs. bestärkte die Japaner in der Überzeugung, daß der westliche Geschmack abscheulich sei, und entsetzliche Geschmacklosigkeiten wurden in den letzten Jahrzehnten des Jahrhunderts für den Export nach Europa und Amerika geschaffen, wofür besonders die in →Satsuma gefertigten Porzellane bekannt sind. Aber die Produktion der ausnehmend feinfühligen Keramiken zur Teezeremonie wurde für den eigenen Gebrauch fortgeführt.

Lit: S. Jenyns, *Japanese Porcelain*, New York 1965; S. Jenyns, *Japanese Pottery*, London 1971; Ausst. Kat. *Japanische Keramik*, Hetjens-Museum Düsseldorf 1978.

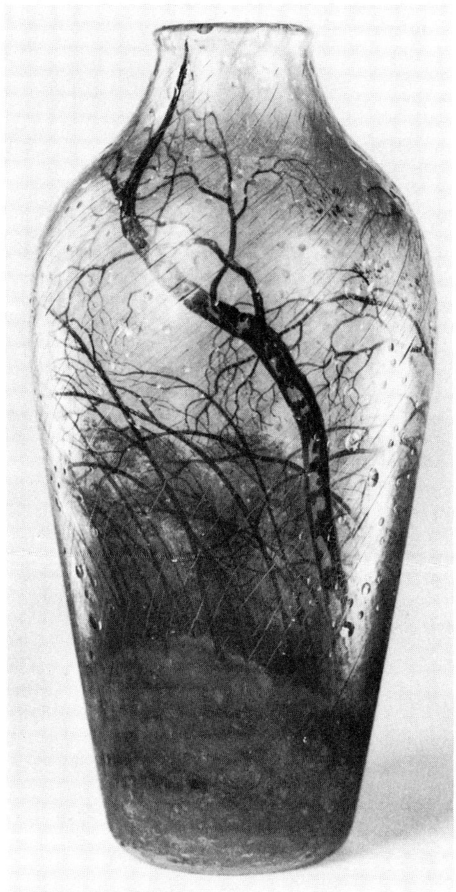

Japonismus: Glasvase von A. Daum, um 1885 (Musée des Arts Décoratifs, Paris)

Japonismus. Ein exotischer, seit dem 19. Jh. in Europa auftretender Stil, in dem meist indirekt japanische Kunstwerke imitiert werden. Obwohl seit dem 17. Jh. japanische Porzellane und Lackarbeiten importiert und ihre Muster von europäischen Künstlern und Zeichnern übernommen wurden, war kein japanischer Kult vergleichbar der →Chinoiserie entstanden. Japans Öffnung nach dem Westen erfolgte in den 50er Jahren des 19. Jhs.: Das entscheidende Handelsabkommen zwischen England und Japan wurde 1858 unterzeichnet, und seitdem häuften sich begeisterte Publikationen über dieses Land. Die ersten europäischen Ausstellungen japanischer Kunst fanden 1854 und 1862 in London statt. Die Importe von farbigen Holzschnitten, Lackarbeiten wie z. B. →Inrôs (Gürteltäschchen) und →Netsukes (Gürtelknöpfe), von Möbeln und grob glasierter →japanischer Keramik stiegen, ebenso wie die von Gegenständen, die ausschließlich für den europäischen Markt gemacht waren. Einige französische Keramiker wie z. B. A.-L. →Dammouse und J.-Th. →Deck gingen vom europäischen Stil zu freien Nachschöpfungen im japanischen Stil über, auch entstand eine große Anzahl von nachempfundenen, aber meist wertlosen Möbeln. In England entwarf E.W. →Godwin dann aber erfreulich klarlinige Tische und Schränke, die mehr als nur Imitationen japanischer Möbel waren und richtungsweisend für das Industriedesign des 20. Jhs. sein sollten.

Lit: Japonisme, Japanese influence on French Art 1854-1910, Ausst. Kat. Cleveland Museum of Art 1975; K. Berger, *Japonismus,* München 1980.

Jardinière. Tisch oder Ständer für Blumen und Pflanzen, gewöhnlich aus Metall, zuweilen aus Holz. Jardinièren aus Silber (mit Glasschalen) oder aus Porzellan wurden im 18. Jh. Bestandteil der festlich geschmückten Tafel.

Jarry, Jacques →Aprey; Sceaux

Jarves, Deming →Boston and Sandwich Glass Company

Jasperware. Fein gekörntes, hartes, etwas durchscheinendes →Steinzeug, das man durch Zusatz von Bariumsulfat zu dem gewöhnlichen Ton erhält; es wurde von →Wedgwood 1775 vervollkommnet. Es ist rein weiß, kann aber in vielen Farben getönt werden, von denen die berühmteste das Wedgwood-Blau ist. Für die frühesten Stücke wurde die Farbe mit der ganzen Masse gemischt (›solid jasper‹ genannt), aber nach 1777 wurde sie auf die Oberfläche leicht aufgetragen (›jasper dip‹ genannt); ausgeformte Relieffiguren wurden weiß belassen.

Lit: R. Reilly, *Wedgwood Jasper,* London 1972.

Jaune jonquil →Fondporzellan, Sèvres

Jeannest, Pierre-Emile →Elkington, G.R.; Minton's pottery

Jeanselme, Charles-Joseph-Marie (1827 bis nach 1871). Sohn von *Joseph-Pierre-François Jeanselme* (gest. 1860), erwarb 1847 die Firma →Jacob-Desmalter und entwickelte sie zu einer der größten Pariser Möbelwerkstätten in der Mitte des 19. Jhs. Sie belieferte königliche Residenzen mit zahlreichen Möbeln verschiedenster Stilarten, die von Boulle- bis zu Louis-seize-Nachahmungen reichten. 1863 nahm Charles Jeanselme den Ebenisten *Godin* als Geschäftspartner auf, der die Leitung der Firma übernahm, als sich Jeanselme 1871 zur Ruhe setzte. 1880 trat sein Sohn *Charles-Joseph-Henri* in die Firma ein. 1893 wurde das Haus →Lemarchand dazuerworben. Zwischen 1850 und 1860 gab es in Paris einen zweiten Möbelschreiner namens Jeanselme: *Pierre-Antoine,* genannt *Jeanselme der Jüngere.* Allem Anschein nach war er aber nicht mit Charles-Joseph-Marie verwandt.

Lit: D. Ledoux-Lebard, *Les ébénistes-parisiens (1795-1870),* Paris 1965.

Jenaer Glaswerk. Kännchen, um 1950 (Kunstgewerbemuseum, Zürich)

Jelly-Gläser. Gläser mit einem oder zwei Henkeln, die im 18. Jh. für Gelee, Eiercreme oder Sillabub (Getränk aus Sahne, Wein und Gewürzen) gemacht wurden. Eine spezifische Form scheint sich nicht entwickelt zu haben, doch wird die Bezeichnung meist auf Gläser mit großen, vasenförmigen Kelchen auf sehr kurzen Schäften angewandt.

Jenaer Glaswerk. Deutsche Fabrik, 1884 in Mainz gegründet, in der Glas für die Industrie, optische Gläser, Haushaltswaren usw. hergestellt wird. Zu den bemerkenswertesten Produkten gehören Tischgläser nach Entwürfen von W. →Wagenfeld (20er Jahre) und Küchengläser nach Entwürfen von Heinz Löffelhardt (50er und 60er Jahre). *Siehe auch Abb. S. 653.*

Jennens & Bettridge. Eine bedeutende englische Fabrik für →Papiermaché, die 1816 die Birmingham Manufaktur von *H. Clay* übernahm und bis 1864 tätig war. Einer der Angestellten, *G. Neville,* entdeckte 1831 ein Verfahren, schwarzes Papiermaché zu bemalen, verließ aber die Firma 1846. 1847 wurde ein Einlegedekor aus farbigem Glas, Schildpatt, Perlmutter, Elfenbein und manchmal auch aus Halbedel- und Edelsteinen patentiert. Auf der Großen Ausstellung 1851 zeigte die Firma eine Reihe von Gegenständen, angefangen von kleinen Dosen und Tabletts bis zu kunstvoll gearbeiteten Lehnstühlen, Pianofortes und Kinderbetten, mit viel symbolischem Dekor,

C.-J.-M. Jeanselme: Armsessel (Victoria & Albert Museum, London)

G. Jensen: Silberkanne, entworfen von Johan Rohde, 1925 (Kunstindustrimuseet, Kopenhagen)

der von dem Bildhauer John Bell entworfen war.

Lit: G. B. Hughes in *Concise Encyclopaedia of Antiques*, Bd. IV, London 1959.

Jensen, Georg (1866-1935). Dänischer Silberschmied und Begründer des – in Europa und den Vereinigten Staaten vielfach nachgeahmten – ›Jensenstils‹. Nach seiner Goldschmiedelehrzeit in Kopenhagen soll er M. →Ballins Zinn- und Silberwerkstatt eine Weile angehört haben. 1900 reiste er in Frankreich und Italien. Nach seiner Rückkehr nach Dänemark gründete er eine kleine Porzellanmanufaktur, die jedoch Schiffbruch erlitt. Er wandte sich darauf der Herstellung von Schmuck und Silbergerät zu. 1905 stellte er erfolgreich in Den Haag aus, und 1907 begann seine lange und fruchtbare Zusammenarbeit mit dem Maler *Johan Rohde*, mit dem er einen persönlichen Stil von überzeugender Einfachheit entwikkelte, der ihn berühmt machte. Sein Schmuck und einige seiner frühen Silberarbeiten sind im →Art Nouveau-Stil. Später zeichneten sich seine Schalen, Tee- und Kaffeekannen und andere Silbergegenstände für den häuslichen Gebrauch durch klare Umrisse, Ausgewogenheit und Solidität aus. Seine Messer haben kürzere Klingen und seine Gabeln kürzere und breiter angeordnete Zinken als üblich. Seine Gefäße haben oft die berühmte seidige Jensenoberfläche, die durch ›Vergüten‹ des Stücks entsteht, und zwar durch Eintauchen in Schwefelsäure und anschließendes Polieren, wobei eine leichte Oxydation zurückbleibt. Die Firma, die Jensen in Kopenhagen gründete, besteht noch und hat ihren Ruf für gutes, solides Silber von erlesener Einfachheit behalten. Jensens Sohn *Soren Georg Jensen* (geb. 1917) ist heute Chefdesigner. Beispiele von Jensens früheren Silberarbeiten aus der Zeit vor dem Zweiten Weltkrieg finden sich im Det Danske Kunstindustriemuseum, Kopenhagen, im Victoria & Albert Museum, London, und im Busch-Reisinger Museum, Harvard Universität, Cambridge Massachusetts.

Lit: W. Schwartz, *Georg Jensen*, Kopenhagen 1958.

Jensen, Gerreit oder **Gerrit** (tätig um 1680 bis 1715). Sein Name wurde manchmal anglisiert und in Johnson abgewandelt. Er war der bedeutendste anglo-holländische Kunstschreiner zur Zeit von William und Mary von England. Sein Schaffen prägte den →William and Mary-Stil entscheidend mit. Jensen war gebürtiger Flame oder Holländer und ließ sich 1680 in London nieder. Nach der Revolution von 1688 erteilte ihm die Krone wiederholt Aufträge. Er belieferte den Hof während der Regierungszeit von vier Herrschern, von Karl II. bis zu Königin Anna. 1715 zog er sich ins Privatleben zurück. Er gilt als der erste Kunstschreiner Englands, der es zu persönlichem Ansehen gebracht hat, dennoch war er nach seinem Tode gut zwei Jahrhunderte lang in Vergessenheit geraten. Die Möbel, die er für Karl II. angefertigt hat, sind nicht mehr auffindbar, aber einige seiner Arbeiten für William und Mary stehen noch heute in Windsor Castle und Hampton Court. Seinen Stil könnte man als holländische Variante des Louis-quatorze bezeichnen. Seine Arbeiten zeichnen sich durch besonders feine →Arabesken-Marketerie aus. Diese Technik der Metalleinlagen erinnert sehr an →Boulle-Marketerie. Man könnte ihn sogar als den ›englischen Boulle‹ bezeichnen, wären seine Arbeiten nicht weitaus bescheidener als die seines großen französischen Kollegen. Jensen stand in direkter Verbindung mit zeitgenössischen französischen Kunstschreinern, vor allem mit P. →Golle. Erfolg hatte er auch mit seinen Spiegel- und Lackarbeiten. In seinem späteren Werk tritt die Marketerie hinter der Lackarbeit zurück.

Lit: R. Edwards u M. Jourdain, *Georgian Cabinet Makers*, London 1955.

Jesuitenporzellan. Chinesisches Porzellan aus der Mitte des 18. Jhs., gewöhnlich monochrom dekoriert, mit religiösen Szenen, die von europäischen Stichen kopiert waren; allgemein wird angenommen, daß sie im Auftrag von Jesuiten-Missionaren für den Export nach Europa dekoriert worden sind, einen Nachweis dafür gibt es jedoch nicht.

Jever. Fayencefabrik in Jever (Oldenburg), 1760 von J. F. S. →Tännich gegründet; sie stellte hübsches Eßgeschirr (vor allem Terrinen in der Form von Schwänen), Figuren und Körbe mit durchbrochener Arbeit her, die in →Scharffeuerfarben (ohne Rot) bemalt waren. Nachdem Tännich nach →Kiel gegangen war, ließ die Qualität nach, die Fabrik schloß 1776. Der Name ›JEVER‹ wurde manchmal als Marke benutzt.

Lit: O. Riesebieter, *Die deutschen Fayencen des 17. und 18. Jahrhunderts*, Leipzig 1921.

Jiajing-Porzellan. Chinesisches Porzellan, das in der Regierungszeit des Ming-Kaisers Jiajing (1522-66) hergestellt wurde. Die besten Stücke gehören in die Gruppe der Blauweiß-Ware und haben ein Blau von besonderer Intensität. Bei vielfarbigen Stücken wird eine →Emailfarbe aus Eisensulfat eingesetzt, die im Muffelbrand (→Email) gebrannt wird. In dieser Periode verstärkte sich der Export nach dem Vorderen Orient und Europa erheblich.

Lit: H. Garner, *Oriental Blue and White*, London 1954.

Jian-Ware. Eine schwarze, grobe chinesische Ware, die im Süden der Provinz Fujian von der →Song-Zeit an hergestellt wurde. Bei den schönsten Stücken handelt es sich um Teebecher mit schwarzer Glasur, die manchmal mit Braun oder Blau gestreift (Hasenfell genannt) oder Blau gefleckt ist. Die Glasur sitzt dick kurz über dem Fuß, während sie am oberen Rand gewöhnlich dünn und tief braun ist und der rauhe Körper durch sie sichtbar wird. Jian-Ware ist viel nach Japan exportiert und zur →Teezeremonie gebraucht worden. Sie hat dort den Namen →Temmoku.

Ji'an-yao. Ein grobes, lederfarbenes chinesisches Steinzeug, das in der →Song-Zeit in Ji'an fu in Jiangxi gemacht wurde und wahrscheinlich auch anderswo in leichter Nachahmung von →Jian-Ware. Es ist gewöhnlich glasiert in einem gesprenkelten Braun oder doppelt glasiert in Braun und Gelb, um einen Schildpatteffekt zu erzielen.

Jiaqing-Porzellan. Chinesisches Porzellan, das in der Regierungszeit des Qing-Kaisers Jiaqing (1796-1821) entstanden ist. Ungestempelt sind diese Stücke sehr schwer von Porzellanen zu unterscheiden, die in der späteren →Qianlong-Periode entstanden sind.

Lit: Soame Jenyns, *Later Chinese Porcelain: The Ch'ing Dynasty (1644-1912)*, London, durchges. Ausg. 1971.

Jingdezhen. Stadt in der Provinz Jiangxi, die in der →Song-Zeit Zentrum der chinesischen Porzellanherstellung wurde und nach dem Kaiser Jingtai benannt ist. 1369 wurden dort die kaiserlichen Werkstätten errichtet, 1675 zerstört und 1683 wieder aufgebaut. Sie produzierten fast das gesamte feinste chinesische Porzellan seit der →Ming-Zeit (die einzige bedeutende Ausnahme bildet das weiße Porzellan von →Dehua und das rote Steinzeug von →Yixing). Seit dem frühen 18. Jh. führte man Methoden der Massenproduktion ein und stellte alles her – außer besonders wertvolle Stücke.

Johnson, Thomas (1714 bis um 1778). Englischer Möbelschreiner und Entwerfer des Rokoko. Er wurde in London geboren und ließ sich dort in den späten 1740er Jahren als selbständiger Handwerker nieder. 1755 veröffentlichte er seine erste Vorlagensammlung ›Twelve Gerandoles‹, 1756 und 1757 gab er in monatlichen Abständen weitere Entwürfe heraus. 1758 erschienen sie noch einmal als Buch unter dem Titel ›One Hundred and Fifty Designs‹. 1760 veröffentlichte Johnson ›A New Book of Ornaments‹, von dem nur noch ein Blatt erhalten ist. Einige weitere Blätter sind durch Reproduktionen aus dem 19. Jh. bekannt. Johnson entwarf keine Kasten- oder Sitzmöbel, sondern vor allem Schnitzvorlagen, wobei er sich auf →Girandolen, Spiegelrahmen, Konsoltische und Kerzenständer spezialisierte. Stilistisch sind die Entwürfe eng an französische Vorbilder angelehnt, jedoch z. T. so phantasievoll und überladen, daß es kaum möglich gewesen sein dürfte, sie jemals in Holz auszuführen. Dennoch finden sich Möbelstücke, die große Übereinstimmung mit Johnsons Entwürfen aufweisen, wie z. B. ein Kerzenständer, der sich im Victoria & Albert Museum, London, befindet. *Siehe auch Abb. S. 229, 329, 521.*

Lit: H. Hayward, *Thomas Johnson and the English Rococo*, London 1964.

Johnston, David (tätig 1836-45). Englischer Töpfer, der 1836 eine Fabrik am Quai de Bacalan in Bordeaux erwarb, die er mit *M. J. Viellard* betrieb; um 1839 beschäftigte er 400 Arbeiter und war auf blaubedruckte Waren englischer Art (Beispiele im Musée National de Céramique, Sèvres) spezialisiert. Er versuchte auch, Porzellan herzustellen, was zu seinem wirtschaftlichen Niedergang und 1845 zur Schließung der Firma führte. *Siehe auch* Bordeaux.

Th. Johnson: Entwurf für einen Kesselständer, 1757

O. Jones: Tapete, 1874 (Victoria & Albert Museum, London)

Jokei →Raku

Jomon-Keramik. Eine Gruppe sehr früher japanischer Keramik, die im Laufe von etwa 7000 Jahren bis zum 3. Jh. v. Chr. ungefähr in Zentral- und Südjapan und erheblich später auch im Norden hergestellt wurde. Die Gefäße wurden ohne Scheibe in Aufbautechnik gebildet und über offenem Feuer getrocknet. Die Masse ist rauh und grob. Viele Stücke sind mit Reliefs oder mit eingeritzten Ornamenten ansprechend verziert. Die eindrucksvollsten Stücke sind große, bis zu 60 cm hohe Dekkelvasen.

Lit: J. E. Kidder, *Prehistoric Japanese Arts: Jomon Pottery*, Tokyo 1968; Ausst. Kat. *Japanische Keramik*, Hetjens-Museum Düsseldorf 1978.

Jones, Owen (1809-74). Englischer Entwerfer, Schriftsteller und Architekt. Er reiste im Mittleren Orient (1833) und in Spanien (1834) und fand Geschmack an islamischer und spanisch-maurischer Kunst, die er durch seine Schrift ›The Grammar of Ornament‹ (1856) bekanntzumachen half. Jones legte – wie Ruskin – großen Wert auf Materialgerechtigkeit und fundiertes handwerkliches Können. Noch vor Morris trat er ein für stilisierte Muster (anstelle von naturalistischen Blumenbuketts) bei Tapeten und Textilien; er nahm den Art Nouveau vorweg, indem er vorschlug, historische Stile weniger als Material für Nachahmungen als vielmehr als Quelle der Inspiration heranzuziehen. Für seine Entwürfe (Möbel, Metallarbeiten, Teppiche, Textilien und Tapeten), in denen er seine Ideen darstellte, ist jedoch eine nüchterne Distanzierung von solchen Vorbildern kennzeichnend.

Joseph oder **Joseph Baumhauer** (gest. 1772). Deutscher Möbelschreiner, der sich in Paris niederließ und 1767 durch ein Dekret Ludwigs XV. ›maître‹ wurde. Er war ein ausgezeichneter Handwerker, aber seine Arbeiten wirken ein wenig schwerfällig. Seine schönsten

Möbel schuf er im Louis-quinze und Louis-seize. Er beherrschte die →Boulle-Technik und verwendete Schmuckfüllungen in →Pietra dura. Einige seiner Arbeiten befinden sich im Musée des Arts Décoratifs, Paris, in der Wallace Collection, London, und in der National Gallery, Washington, D.C.

Lit: F.J.B. Watson, *The Wrightsman Collection: Furniture,* New York 1966.

Joubert, François (tätig 1749-93). Französischer Silberschmied des Rokoko, der in Paris arbeitete und dort 1749 ›maître‹ wurde. Madame de Pompadour war unter seinen Gönnern. Eine prächtige Terrine von 1761/62 mit naturalistischem Rokoko-Ornament, in ihrer Verfeinerung Arbeiten von Th. →Germain vergleichbar, wird im Louvre, Paris, aufbewahrt.

Ju-Ware, Flasche mit in Kupfer gefaßter Lippe, Song-Zeit (Percival David Foundation of Chinese Art, London)

François Joubert

Joubert, Gilles (1689-1775). Einer der meistbeschäftigten Schreiner in der Zeit Ludwigs XV. Er war Zeitgenosse von A.R. →Gaudreau und Ch. →Cressent. Sein Stil war vollendet, aber im Grunde nur angepaßt und änderte sich kaum. Von 1748 an arbeitete er ununterbrochen für die Krone, nachdem er eine Kusine von Madame de Pompadours Lieblingsebenisten P. →Migeon geheiratet hatte. 1758 wurde er zum ›ébéniste ordinaire du Garde-Meuble de la Couronne‹ ernannt, aber erst im Alter von 74 Jahren, als J.-F. →Oeben 1763 starb, zum ›ébéniste du Roi‹. Er ließ viele der königlichen Aufträge von M. →Criaerd, Roger Lacroix (→Vandercruse) und anderen ausführen. Sein konservativer Stil kommt am besten in zwei Eckschränkchen zum Ausdruck, die er 1755 für die Privatgemächer Ludwigs XV. in Versailles angefertigt hat und die Gaudreaus Münzkabinett von 1738 ergänzen sollten. Sie zählen zu seinen besten Arbeiten und stehen jetzt in der Bibliothèque Nationale in Paris. Als Ludwig XVI. 1774 den Thron bestieg, wurde Joubert durch J.-H. →Riesener als ›ébéniste du Roi‹ abgelöst und setzte sich zur Ruhe. Seine Arbeiten sind schwer zu identifizieren, denn viele seiner Möbel, die dokumentarisch belegt sind, entstanden vor der Einführung der Stempelpflicht, und andere, für den Hof bestimmte Stücke, waren von dieser ausgenommen. Einige von Jouberts Möbeln befinden sich in der Wallace Collection, London, im Louvre, Paris, in der Frick Collection, New York, und im J. Paul Getty Museum, Los Angeles.

Lit: P. Verlet, *Le mobilier royal français,* Paris 1955; F.J.B. Watson, *The Wrightsman Collection: Furniture,* New York 1966.

Jungfernbecher, Silberner Doppelbecher von P. Christiensen Beyer, Norwegen, 1794 (Victoria & Albert Museum, London)

Jourdain, Francis (1876-1958). Führender Designer der 20er und 30er Jahre. Er war ein Sohn des in Belgien geborenen *Frantz Jourdain* (1847-1935), der das Gebäude des Pariser Warenhauses ›La Samaritaine‹ entworfen hatte. Zu Beginn seiner Laufbahn war er zunächst Maler, aber begann seit 1911 mehr und mehr, sich dem Kunsthandwerk zuzuwenden – Möbeln, Textilien, Tapeten und Keramiken. Für die Pariser Ausstellung von 1925 wurde er mit dem Entwurf des Rauchsalons und des Gymnastikraums für die Ambassade Française beauftragt. Im allgemeinen arbeitete er in einfachem und geradlinigem Stil und entwarf Möbel für preiswerte Massenproduktion.

Lit: L. Moussinac, *Francis Jourdain*, Genua 1955.

Jouy → Baumwollstoff mit Plattendruck; Ch.-Ph. Oberkampf

Ju-Ware. Eines der feinsten chinesischen Porzellane, das nur, wie man glaubt, etwa 20 Jahre lang (1107-1127) eigens für den nördlichen Song-Hof hergestellt wurde. Benannt ist es nach der Region in Henan, wo es zunächst entwickelt wurde (der Brennofen konnte jedoch nicht identifiziert werden). Der lederfarbene Steinzeugkörper ist mit einer sehr feinen, regelmäßigen, hellbläulichen (lavendel bis grauen) Glasur mit schwachem, weitmaschigem → Craquelé ähnlich zerbrochenem Eis überzogen. Die Formen – vor allem Schalen und Schüsseln – sind von äußerster Zierlichkeit und Einfachheit, sie sind nur selten dekoriert. Angeblich soll diese Ware die → Ding-Ware in der kaiserlichen Gunst abgelöst haben, doch läßt sich dies nicht beweisen. Heute ist sie äußerst selten, im Westen sind nicht mehr als vierzig Exemplare bekannt.

Lit: B. Gray, *Early Chinese Pottery and Porcelain*, London 1953.

Jue. Chinesisches bronzezeitliches Weingefäß, das während der Shang-Yin und frühen Zhou-Dynastie hergestellt wurde (um 1500-1000 v. Chr.). Es ist eiförmig, hat einen rinnenförmigen Ausguß, dem eine Daumenplatte das Gleichgewicht hält, und ruht auf drei dreieckigen, leicht nach außen gestellten Füßen. Zwei gegenüberliegende, mit Kappen bekrönte Aufsätze von unklarem Zweck oder Sinn überragen den Rand des Gefäßes. Die *jia-* und *jiao-*Gefäße sind verwandte Typen. Der *jia* hat einen breiten, runden oder rechteckigen Ausguß anstelle der langen Schnauze und der Daumenplatte. Der Körper ist größer und steht manchmal auf vier anstatt auf drei Füßen. Der *jiao* hat zwei Daumenplatten anstelle von Ausguß und Daumenplatte, und es fehlen die merkwürdigen, bekrönten Aufsätze. *Siehe Abb. S. 567.*

Jugendstil. Deutsche Variante einer internationalen Stilentwicklung (→ Art Nouveau in Frankreich, Modern Style in England, Stile Liberty in Italien), die sich in den Jahren um 1900 entfaltete und vor allem die verschiedenen Bereiche des Kunstgewerbes erfaßte. Sie ist zu sehen als eine Gegenbewegung zu industrialisierten und mechanischen Produktionsweisen, wie vorher schon das → Arts and Crafts-Movement in England. Außerdem wollten die Vertreter des neuen Stils die Formenwelt des Historismus hinter sich lassen, wenn auch in der Kunst des Jugendstils immer wieder eklektische Neigungen sichtbar werden und Rückgriffe auf die Spätgotik (so der Frühstil R. → Riemerschmids) vorkommen, ebenso ein Wiederaufleben klassizistischer und biedermeierlicher Tendenzen (etwa bei B. → Paul). Der Name Jugendstil leitet sich her von der in München begründeten Zeitschrift ›Die Jugend‹, die wie der ›Pan‹ in Berlin und ›Ver Sacrum‹ in Wien den neuen Stil propagierte. Jugendstil war in erster Linie Großstadtkunst: die bedeutendsten Zentren im deutschsprachigen Bereich waren Berlin, München, Wien (→ Sezession), wenn auch in kleineren Städten von Künstlerkolonien (→ Darmstadt, Mathildenhöhe oder Worpswede bei Bremen) und Kunstgewerbeschulen (Weimar; H. van de → Velde) Impulse ausgingen. Während in Frankreich und Belgien das Erscheinungsbild der Kunst um die Jahrhundertwende ganz wesentlich geprägt ist von floralen Formen, gibt sich der deutsche Jugendstil einerseits zurückhaltender und bürgerlicher, andererseits funktionaler. Augenfällig wird das besonders in der Architektur und Innenarchitektur, wo die vegetabilen Strukturen im französisch/belgischen Bereich Aufbau und Raumgefüge mitbestimmen (H. → Guimard, V. → Horta; in Spanien A. → Gaudí), während der Jugendstil in Deutschland sich auf diesen Gebieten meist auf die Dekoration der Oberfläche konzentriert, ohne formend in die Substanz einzugreifen. Eine entschiedenere Unterwerfung unter die Gestaltungsprinzipien des Jugendstils ist bei Möbeln, Goldschmiedearbeiten, Glas und Keramik zu beobachten, aber auch dort weniger im Sinne des floralen Art Nouveau, sondern eher auf der Suche nach gültigen, einem Gegenstand und seiner Aufgabe angemessenen Lösungen. Hierin schließt sich der deutsche Jugendstil eher der Arts and Crafts-Bewegung und der Schule von → Glasgow um Ch. R. Mackintosh an. Diese Tendenzen eines oftmals eher ästhetisierenden als von praktischen Gebrauchsbedürfnissen getragenen ›Funktionalismus‹ fanden besonders anschaulichen Ausdruck in den geometrisierenden Entwürfen für Möbel u. a. von J. → Hoffmann in Wien. Die Konzentration auf die Form konnte sich bis zur Ornamentfeindlichkeit steigern (Adolf → Loos) und leitete über zum puristischen und durchrationalisierten Gestaltungskanon der Künstler des → Bauhauses. Ein bezeichnendes Phänomen der Jugendstilkunst ist die Begründung zahlreicher Werkstätten, die ein breites Programm von Einrichtungs- und Gebrauchsgegenständen schufen; besonders bekannt sind die im Jahre 1898 gegründeten Vereinigten Werkstätten für Kunst und Handwerk in München (Mitarbeiter: P. → Behrens, H. → Obrist, R. → Riemerschmid, B. → Pankok, B. → Paul), die gleichzeitig entstandenen Dresdner Werkstätten für Handwerkskunst, die sich später mit den Werkstätten für Wohnungseinrichtungen in München zu den → Deutschen Werkstätten zusammenschlossen, sowie die 1903 von J. → Hoffmann und K. → Moser ins Leben gerufenen → Wiener Werkstätten. Das Programm dieser Unternehmen entsprach dem damaligen Anspruch, nicht nur vereinzelte Kunstwerke zu schaffen, sondern die gesamte Umwelt des Menschen künstlerisch zu gestalten.

Lit: Ein Dokument deutscher Kunst, Darmstadt 1901-

Jun-yao, Schüssel in Pflaumenblütenform mit lavendelblauer Craqueléglasur, Song-Zeit (Percival David Foundation of Chinese Art, London)

1976, Ausst. Kat. Mathildenhöhe, Darmstadt 1976/77; *Jugendstil floral funktional, in Deutschland, Österreich und den Einflußgebieten*, Kat. Bay. Nationalmuseum, Herrsching 1984.

Juhl, Finn (geb. 1912). Dänischer Architekt und Möbelentwerfer, der zusammen mit A. →Jacobsen, P. →Kjaerholm und H. →Wegner seit Ende der 40er Jahre tonangebend im dänischen Möbeldesign ist. Sein Stil ist zwar sehr zurückhaltend, doch wendet er sich deutlich von dem strengen Funktionalismus ab, den K. →Klint in Dänemark eingeführt hatte. Für ihn ist das Entwerfen von Möbeln ein Zweig der Bildhauerkunst, wobei freie Formen und abstrakte lineare Muster, hervorgerufen durch diagonal geführte Verstrebungen, ihr Spiel treiben. Die ausgesprochene Einfachheit und Feinheit erfordern schöne Hölzer und hervorragende Verarbeitung.

Jullien, Joseph →Sceaux

Jungfrauenbecher. Deutsche Variante eines Scherzbechers (Trinkspiel), die im 16. und 17. Jh. vorkommt. Er hat die Form einer jungen Frau in weitem Rock, die über dem Kopf eine bewegliche Schale trägt. Diese ist in der Weise aufgehängt, daß der Rock bei der zum Trinken umgestülpten Figur den oberen Becher für den Herrn und die kleinere Schale den unteren für die Dame bildet. Jungfrauenbecher wurden vornehmlich in Nürnberg hergestellt. *Abb. S. 304.*

Lit: Hans Wentzel, *Becher*, RDK II.

Jungfrauenlöffel. Ähnlich dem →Apostellöffel, jedoch mit einer weiblichen Büste am Stielende, wohl einer Darstellung der Jungfrau Maria.

Jun-yao. Glasiertes Steinzeug, benannt nach Junzhou in der Provinz Henan, einem der Bezirke, in dem es während der →Song-Periode hergestellt wurde. Es war eine der kaiserlichen Song-Waren, wurde aber bis weit in die →Ming-Zeit hinein gemacht. Es ist ziemlich starkwandig, mit dicker blauer Glasur überzogen, die von sehr blassem Lavendel bis zu einem intensiven Purpur reicht, manchmal mit Rot (durch Kupfer erzeugt) gesprenkelt oder gefleckt, ab und zu mit Sprüngen. Es gibt Schalen, Krüge, Flaschen und Räuchergefäße.

Lit: B. Gray, *Early Chinese Pottery and Porcelain*, London 1953.

Juvarra, Filippo (1678-1736). Größter italienischer Architekt seiner Zeit und einer der bedeutendsten Möbelentwerfer des italienischen Barock. 1714-35 arbeitete er in Turin als Hofarchitekt. Dort leitete er eine Gruppe talentierter Handwerker, die seine Entwürfe ausführten, unter ihnen P. →Piffetti. Einige seiner Entwürfe für →Konsoltische mit figürlichen oder Tierskulpturen, die aus eleganten C-Schwüngen herauswachsen, sind erhalten geblieben und werden in der Biblioteca Reale in Turin aufbewahrt.

Lit: V. Viale, *Mostra del Barocco Piemontese*, Kat., Turin 1963.

F. Juvarra: Entwurf für einen Konsoltisch, um 1730 (Biblioteca Reale, Turin)

Juwelendekor. Keramischer Dekor, der um 1781 in →Sèvres von *Cotteau* erfunden wurde. Emailfarben wurden tropfenweise aufgelegt und über Gold- oder Silberfolie geschmolzen. Ein ähnliches Verfahren ist bereits früher in Saint-Cloud und in Deutschland angewendet worden: Die plastische Auflage von Gold und Emailfarben war die besondere Dekorationsweise von →Hunger. Mitte des 19. Jhs. wurde der Juwelendekor u. a. von →Worcester wieder aufgenommen.

K

Kabarett. Drehbare, meist silberne Platte für Vorspeisen und Salate mit kleinen Fächern oder Schüsselchen aus Porzellan oder Kristall.

Kabinettschrank →Kunstschrank

Kabistan-Teppiche →Kaukasische Teppiche

Kachel. Im Gegensatz zur →Fliese, die Wand- und Bodenfliese sein kann, dient die Kachel dem Aufbau des Kachelofens. Diesen gab es im süddeutschen, südosteuropäischen und osteuropäischen Raum seit dem 14. Jh. In Deutschland lag die Herstellung in den Händen der Hafner. Die Entwicklung der Kachel ging von der Napfkachel und Topfkachel (14. Jh.) zur Nischenkachel (15. Jh.) und Reliefkachel (16. Jh.).

Lit: A. Klein, *Keramik aus 5000 Jahren/Ceramics of 5000 Years,* Düsseldorf 1979.

Kåge, Wilhelm →Gustavsberg

Kähler, Hermann August (1846-1917). Dänischer Töpfer, der nach seiner Tätigkeit in der Werkstatt des Bildhauers H. V. Biesen und in Keramikfabriken in Berlin und Zürich 1872 die Fabrik seines Vaters in Naestved übernahm. Hier begann er mit der Herstellung von Fayence und Baukeramik und machte bald Farb- und Glasurexperimente, besonders in der Technik der →Lüsterdekoration. Zu seinen bemerkenswertesten Arbeiten zählten mit →Scharffeuerfarben dekorierte Fayencevasen; die Farben bewegten sich von Kupferbraun zu einem tiefen Blauviolett und einem reichen roten Lüster, entweder gefleckt oder in Jugendstilart gemalt. Viele bekannte Künstler machten für ihn Entwürfe, darunter T. Bindesbøll und im Jugendstil O. →Eckmann. Karl Hansen Reistrup (1863-1929) fertigte Modelle für figürliche Darstellungen, besonders Tierköpfe.

Lit: Ausst. Kat. *Europäische Keramik des Jugendstils,* Hetjens-Museum, Düsseldorf 1974.

Kairener Teppiche. Feine wollene Knüpfteppiche vom späten 16. bis frühen 18. Jh., manchmal ›Türkische Hofmanufakturteppiche‹ genannt. Sie wurden in Kairo und wahrscheinlich auch noch in Istanbul und Bursa hergestellt. Der größte und am besten erhaltene aller türkischen Teppiche (der kürzlich entdeckte Medici-Teppich im Palazzo Pitti, Florenz) ist ein für etwa 1623 dokumentierter Kairener Teppich. In gleicher Technik wie die Mamlukenteppiche gemacht, unterscheiden sie sich auffallend in ihrer Zeichnung, die krummlinig, nicht rechtwinklig ist, mit Blumen und sich kräuselnden, fedrigen Blättern, vielblättrigen Rosetten, Palmetten und zarten Zweigen, symmetrisch angeordnet, aber ohne ein dominierendes zentrales Medaillon.

Lit: E. Kühnel u. L. Bellinger, *Cairene Rugs and Others Technically Related,* Washington 1955; A. Boralevi in *Hali* v Nr. 3, 1983.

Kairo, Keramik und **Teppiche** →Fustat-Keramik; Mamluken-Keramik und -Teppiche; Kairener Teppiche

Kaiserliches Gelb. Eine satte, goldgelbe Glasurfarbe, die durch Eisen mit einem kleinen Antimonzusatz hergestellt wird. Sammlername für eine chinesische, einfarbig gelbe Keramik von der Chenghua-Zeit an. Die besten Stücke stammen aus der Kangxi- und Qing-Zeit. Meißener Augustus-Rex-Vasen mit gelbem Fond ahmen diese Glasur nach.

Kaisin, Johann Jakob →Wiesbaden

Kakiemon, Sakaida (1596-1666). Einer der berühmtesten japanischen Porzellanhersteller und -maler, dem die Einführung der Überglasurmalerei in Japan im Jahre 1644 und der nach ihm benannte Dekorationsstil verdankt werden. Er war der Sohn des Töpfers *Ensai* (1574-1651), der mit der Unterstützung koreanischer Gehilfen Öfen in der Nähe von →Arita errichtet hatte. Seine Arbeiten sind nicht zu unterscheiden von denen seiner beiden Söhne (Kakiemon II und III), da keine Stücke gemarkt sind, aber es ist ziemlich unwahrscheinlich, daß die Qualität der Porzellanmasse und der mit seinem Namen verbundene Dekorationsstil bereits vor 1670, d. h. vor seinem Tod, ihren Höhepunkt erreicht hätten. Sein Porzellan hat einen hochfeinen, sehr glatten, milchweißen Scherben sowie eine fleckenlose Glasur und ist hauptsächlich mit Blumen und figürlichen Motiven in Orangerot, Grün, Blaulila, mitunter mit einem sehr sparsamen Gebrauch von Gelb, Türkis und Gold (und gelegentlich auch Unterglasurblau), bemalt. Die Malerei ist asymmetrisch und recht sparsam, wodurch der weiße Grund betont wird. Das berühmte →Wachtelmuster ist charakteristisch: ein Wachtelpaar, seitlich der Mitte angeordnet, umgeben von schlanken, asymmetrisch arrangierten Ranken stilisierter Pflanzen. Im frühen 18. Jh. war die Qualität dieser Stücke das Richtmaß für die europäischen Porzellanfabriken, und die Art der Dekoration wurde häufig nachgeahmt, besonders von den

Fabriken in →Bow, →Chantilly, →Chelsea, →Meißen, →Mennecy und →Worcester. Die Familie Kakiemon existiert noch.

Lit: S. Jenyns, *Japanese Porcelain*, London 1965; Ausst. Kat. *Japanische Keramik*, Hetjens-Museum Düsseldorf 1978.

Kalb, Johann →Westerwald

Kaliko. Glattes Baumwollgewebe, benannt nach der Stadt Calicut an der Südwestküste von Indien, von der es schon im 16. Jh. nach Europa exportiert und hier mit buntfarbigen Mustern bedruckt wurde. *Siehe* Chintz.

Lit: J. Irwin u. M. Hall, *Indian painted and printed fabrics [Calico Museum, Ahmedabad]*, Bombay 1971.

Kaltemail. Bezeichnung für Imitation von echter Emaillierung durch farbige Fassungen, wie z. B. von Holzskulpturen.

Kaltfarben oder **Kaltmalerei.** Malerische Dekoration von Keramik und Glas mit Farben, die nicht durch Brennen mit der Glasur verschmolzen werden, gewöhnlich Ölfarben oder Lackfarben. Sehr wenige Beispiele sind noch vorhanden, da ›kalte Farben‹ durch Gebrauch und Reinigen usw. sich schnell abnutzen. Einiges rote Steinzeug von Meißen könnte durch M. →Schnell mit Lackfarben und frühes →Bow-Porzellan mit Ölfarben ›kalt‹ bemalt worden sein.

Kaltprägung. Eine Verzierungstechnik, die in der Lederverarbeitung, insbesondere in der Buchbinderei, verwendet wird. Das Muster entsteht, indem kleine Metallstempel von Hand auf das gedämpfte Leder gedrückt werden. Neben dem →Lederschnitt war Kaltprägung die früheste Verzierungstechnik in der europäischen Buchbinderei. Um 1400 wurde sie vor allem in den Niederlanden, aber nicht in Deutschland, mit der Einführung von →Prägestempeln durch die viel weniger aufwendige Technik der Prägung unter der Presse verdrängt. Beide Techniken wurden ›blind‹, d. h. ohne Vergoldung, verwandt.

Kaltverformung. Technik der Metallbearbeitung: das Hämmern der Stücke, ohne daß sie erwärmt werden.

Kamakura-Zeit →Japanische Keramik

Kamares-Vasen →Kretisch-mykenische Keramik und Metallarbeit

Kambli, auch **Kambly, Johann Melchior** (1718-83). Bildhauer und einer der bedeutendsten Möbelkünstler des deutschen Rokoko. Er wurde in Zürich als Sohn eines Uhrmachers geboren und begann 1746 für Friedrich den Großen in Berlin und Potsdam zu arbeiten. Sein erstes und bekanntestes Möbelstück ist ein →Cartonnier im französischen Stil für das Schloß Sanssouci. Er entwickelte schon bald einen sehr persönlichen Stil und trug viel zur Entwicklung des ›Friederizianischen Rokoko‹ bei. Er gründete 1752 in Potsdam eine eigene Bronzegießerei und fertigte dort u. a. die von →Nahl entworfenen Konsoltische für das Bronzezimmer im Berliner Schloß (1754-55) an. Nach 1764 realisierte er die prunkvollen und phantasiereichen Bronzeentwürfe der Brüder →Spindler.

Lit: H. Kreisel, *Die Kunst des deutschen Möbels*, Bd. II, München 1970.

Kambodschanische Keramik →Khmer

Kamee. Als Hochrelief geschnittene →Gemme aus Edelstein, Halbedelstein oder Perlmutt, bei Nachahmungen auch aus gefärbtem Glas. Die z. B. für die Herstellung von Skarabäen bekannte Schmucktechnik erfuhr ihre größte Blüte in der römischen Kaiserzeit und war erneut in den Epochen der Renaissance und des Klassizismus besonders beliebt. Häufig finden sich Kameen aus Materialien mit zwei verschiedenfarbigen Schichten, wobei die obere im Relief geschnitten ist, die untere als Fond dient. Eine im umgekehrten Arbeitsgang, im Tiefschnitt, hergestellte Gemme wird als →Intaglio bezeichnet.

Kameenglas →Überfangglas

Kamelotte. Bezeichnung für kostbare orientalische Stoffe aus Angorawolle wie auch für europäische Nachahmungen, die seit dem 17. Jh. aus Wolle, Seide und Haaren (vor allem in Brüssel) hergestellt wurden und ihren farbigen Dekor z. T. durch Stoffdruck erhielten. Beliebt war eine moirierte (geflammte) Musterung. Im 18. Jh. fanden solche Stoffe vielfach auch für Bettvorhänge (→Betthimmel) Verwendung.

Kaminbock →Feuerbock

Kamingitter, Feuerschirm. Niedriger Metallschirm, der vor das Kaminfeuer gestellt wird, um der Feuersgefahr durch Funkenflug oder Herausfallen von brennenden Holzscheiten oder Kohlen zu begegnen. Seit dem 17. Jh. in Gebrauch.

Kaminplatte. Dicke Platte aus Gußeisen an der Rückwand einer Feuerstelle, dazu bestimmt, die Wand vor dem Feuer zu schützen und die Hitze in den Raum zu reflektieren. Sie wurden seit dem 16. Jh., meist in Flachrelief, gemacht und sind häufig mit heraldischen Motiven, biblischen oder mythologischen Szenen oder auch nur ornamental geschmückt.

Kaminschirm. Eine Stellwand, die vor zu großer Hitze des Kaminfeuers schützen soll. Die frühesten überlieferten Kaminschirme sind aus Flechtwerk, wie man sie auf einem Gemälde von 1420-30 sehen kann (›Jungfrau und Kind‹ von dem Meister von Flémalle in der National Gallery in London). Dieser Typ wurde in Frankreich vom Mittelalter bis zum späten 18. Jh. verwendet, ein erhaltenes Exemplar ist jedoch nicht bekannt. Eine kompliziertere Form mit Rahmen und Beinen kam im späten 17. Jh. in den Häusern der Oberschicht in Gebrauch und setzte sich im Lauf des 18. und 19. Jhs. durch. Die schönsten darunter hatten Rahmen aus geschnitztem und vergoldetem Holz und waren mit einem Teppich *(siehe Abb. S. 48)* oder mit Seide, die manchmal sogar bestickt war, bespannt und kamen von führenden Möbelherstellern wie G. →Jacob (Residenz, München) oder G.M. →Bonzanigo *(siehe Abb. S. 77)*. Bei einigen Schirmen kann die Bespannung wie ein Fensterladen hochgeklappt werden. Um den Teint vor der Glut des offenen Feuers zu schützen, hielt man im Frankreich des 18. Jhs. oft einen kleinen Schutzschild, einen ›écran à main‹, in der Hand, der manchmal mit figürlichen Szenen zierlich bemalt war.

Kammleiste. Mittelalterliches Abschlußornament, gewöhnlich aus regelmäßigen Blattmotiven am oberen Rand horizontaler Bauglieder.

Kanapee. Aus dem Französischen (canapé) übernommene Bezeichnung für ein dem Sofa ähnliches Sitzmöbel, von dem es sich darin unterscheidet, daß die Polsterung den Holzrahmen nicht vollständig verdeckt. Die Bezeichnung ›Canapé‹ kam gegen Ende des 17. Jhs. auf. Im 18. Jh. gaben die Möbelhändler jeder Variation solcher Sitzmöbel, wahrscheinlich um den Absatz zu steigern, einen anderen, exotisch klingenden Namen, dessen Bedeutung aber nicht immer ersichtlich ist (→Confident, →Causeuse, →Ottomane).

Ch. F. Kandler: silberne Kaffeekanne, London, 1739 (Kunstgewerbemuseum, Berlin)

Kandelaber. Großer, mehrarmiger Standleuchter. *Siehe auch Abb. S. 227.*

Kanditengabel. Eine Gabel zum Essen von kandierten oder Syrupfrüchten, mit Laffe an einem Ende und einer zweizinkigen Gabel am andern.

Kandler, Charles (tätig 1725-50). Der nach P. de →Lamerie beste und fruchtbarste Rokokosilberschmied in England. Sein Meisterwerk ist ein riesiger Weinbehälter von 1734 (Ermitage, Leningrad), nach einem Modell des Bildhauers Michael Rysbrack, ein gewichtiges Stück dionysischer Phantasie von mehr als anderthalb Meter Durchmesser, mit Puttenreliefs und viel Weinlaubornamentik am Becken. Es ruht auf angeketteten Panthern und hat Griffe in Form von trunkenen Mänaden. Kleinere Werke, wie der reichlich mit gegossenen oder in Treibarbeit ausgeführten Tritonen, Meerjungfern, Muscheln u.ä. verzierte Teekessel von 1727-37 (Victoria & Albert Museum, London), zeigen den Einfluß von französischen und deutschen Rokokosilberschmieden.

Kandelaber, vergoldete Bronze, von F. Ladatte, um 1770 (Palazzo Reale, Turin)

Charles Frederick Kandler

Kandler, Charles Frederik (tätig 1735-78). Seiner Abstammung nach deutscher und vor allem für den privaten Bereich sehr produktiver in London arbeitender Silberschmied. Vielleicht Sohn von Ch. →Kandler, dessen Meistermarke er 1735 übernahm.

Kändler, Johann Friedrich →Ansbach

Kändler, Johann Joachim (1706-75). Größter deutscher Porzellanmodelleur; ihm verdankt die →Meißener Porzellanmanufaktur viel von ihrem Erfolg, und viele von Kändler geschaffene Stücke wurden in ganz Europa imitiert. Unter B. Thomae (einem Schüler von Balthasar Permoser) in Dresden ausgebildet, kam er 1731 nach Meißen und war dort von 1733 bis 1775 Modellmeister, beaufsichtigte die anderen an der Fabrik beschäftigten Modelleure und fertigte selbst Modelle an. Er begann mit einer Reihe großer, wundervoll lebendiger Vögel und Tiere (einige über 1 m hoch) für das ›Japanische Palais‹ in Dresden. (Diese Tiere gehen fast alle auf Zeichnungen zurück, die er

J. J. Kändler: ›Pulcinello und Pantalone‹, Meißener Porzellan, um 1740 (Privatsammlung)

von den exotischen Vögeln und anderen Tieren im Moritzburger Zoologischen Garten anfertigte, daher auch ihr beispielloser Naturalismus und Sinn für Bewegung.) Andere großformatige Arbeiten, die er schuf, sind ›Der Tod des heiligen Franziskus Xaverius‹ (1738-40), eine Kreuzigungsgruppe 1743, eine Apostelserie (jede Statue 1 m hoch) und ein Leuchter mit Engeln für den Papst (1772-73). Solche Stücke waren natürlich für die allgemeine Produktion zu aufwendig, und er wurde gezwungen, sein außergewöhnlichstes Projekt – ein Denkmal für August III. von Sachsen: ein lebensgroßes Reiterstandbild mit allegorischen Figuren, ganz in Porzellan – aufzugeben, obwohl einige Teile davon bereits fertig waren. Er entwarf einige der am besten gearbeiteten Vasen der Manufaktur und war auch verantwortlich für die Entwürfe von Tafelservicen, besonders des Schwanenservices für den Grafen Brühl (1737-41). Hauptsächlich beschäftigte er sich mit dem Modellieren kleiner Figuren, die nach 1736 rasch vom Barock- zum Rokokostil übergingen, den er nach einem Besuch in Paris 1747 vorbehaltlos annahm. Seine Leistung war enorm – mehr als eintausend verschiedene Stücke insgesamt – Schauspieler der →Commedia dell'Arte, Türken, Chinesen, Jäger, Hirten, Bergleute, Höflinge, Götter sowie Göttinnen, Kesselflicker, Freimaurer, die →Affenkapelle, Papageien (Sittiche), Möpse usw. Obwohl es kleine Figuren sind, wurden sie nicht als Miniaturen konzipiert und haben nichts von Nippes-Figuren an sich. Den höfischen Liebhabern à la mode und den weniger eleganten Schäfern und Schäferinnen fehlt jede süßliche Dekadenz, sie lachen in aller Ungezwungenheit. Kändler hat allen seinen Figuren Leben eingehaucht (was seinen Nachahmern niemals gelungen ist). Viele Figuren gehen auf Stiche zurück (besonders nach →Boucher), aber er bearbeitete seine Vorbilder frei nach eigenen Vorstellungen und benutzte sie nur als Hilfen für seine schöpferische Erfindungskunst. Sein Prestige begann zu sinken, als er 1764 C. W. E. Dietrich unterstellt wurde. *Siehe auch Abb. S. 405.*

Lit: H. Gröger, *Johann Joachim Kaendler: der Meister des Porzellans, zur zweihundertfünfzigsten Wiederkehr seines Geburtsjahres,* Dresden 1956; R. Rückert, Ausst. Kat. *Meissner Porzellan 1710-1810,* München 1966.

Kanephore. Eine vornehme attische Jungfrau, die bei Prozessionen einen Korb und Opfergaben auf ihrem Kopf trug. Als →Karyatide in der Architektur und als architektonisches Element in Form von Bronzeappliken in der (klassizistischen) Möbelkunst vorkommend.

K'ang Hsi-yao →Kangxi-Porzellan

Kangxi-Porzellan. Chinesisches Porzellan aus der Regierungszeit des Kaisers Kangxi (1662-1722) aus der Qing-Dynastie. Die blau-weißen Porzellane hatten einen rein weißen Fond, die Bemalung war leuchtend saphirblau. Polychrome Stücke des in Europa als →Famille verte und Famille jaune bekannten Typs wurden in Mengen für den inländischen Gebrauch wie für den Export hergestellt. Die Dekorationen sind eher überladen, besonders auf den Exportwaren. Die schönsten Keramiken dieser Epoche sind die monochromen Vasen in

Kanephore, bronze-vergoldeter Beschlag, P. Gouthière zugeschrieben, an einem Schreibtisch von Weisweiler, 1784 (Louvre, Paris)

Kangxi-Porzellan: Kumme mit Ochsenblutglasur, um 1700 (Percival David Foundation of Chinese Art, London)

Kangxi-Porzellan: Schüssel mit Farben der Famille verte dekoriert, spätes 17. Jh. (Percival David Foundation of Chinese Art, London)

→Ochsenblut, Pfirsichblütenrot, verschiedenen Blautönen, in →Seladon sowie →Mirror black.
Lit: S. Jenyns, *Later Chinese Porcelain,* London 1965.

Kannelierung, Kannelur. Flache, gerundete Vertiefungen, die vertikal am Schaft einer Säule, eines Pilasters oder einer Fläche verlaufen.

Kanopustopf. Altägyptischer Gefäßtyp, der zur Aufnahme der Eingeweide bei Einbalsamierungen benutzt wurde. Er ist eierförmig mit einem in einem Menschenkopf endigenden Deckel und wurde von →Wedgwood in seiner ›rosso antico ware‹ mit schwarzen Dekorationen kopiert.

Kanton-Email. Chinesisches Maleremail auf Kupfer. Die Technik wurde im 18. Jh. aus Europa übernommen und seitdem in Kanton und wahrscheinlich auch anderwärts in China bis auf den heutigen Tag angewendet, vor allem für den Export nach Europa. Vasen, Schalen, Schüsseln, Kästchen u. ä. wurden im 18. Jh. im Farbschema der →Famille rose emailliert; später, vor allem im 20. Jh., wurde das Farbschema der →Famille verte sehr beliebt z. B. für Aschenbecher, Streichholzschachtelhüllen u. ä. Die Schmuckmotive waren Blumen, doch kommen auch figürliche Szenen, manchmal nach europäischen Stichen, vor.
Lit: M. Jourdain u. R. S. Jenyns, *Chinese Export Art,* London 1950.

Kaolin oder **Porzellanerde,** Grundbestandteil des Hartporzellans, von dem es etwa 40-50% der Masse bildet. Es ist ein weißer Ton, der durch die Einwirkung des Wassers auf feldspathaltige Granite entsteht. Er wurde in China im 7. oder 8. Jh. entdeckt. Ein französischer Jesuitenmissionar, François Xavier d'Entrecolles, brachte die ersten Proben 1712 nach Europa. Die ersten Lager, die in Europa gefunden wurden, waren in Aue, Sachsen (in →Meißen verwendet), in Passau (in →Wien, →Ludwigsburg usw. verwendet), in St. Yrieix (in →Sèvres verwendet) und in St. Austell, Cornwall (in →Plymouth verwendet). In den Vereinigten Staaten wurde das erste Kaolin in Virginia sowie in North Carolina gefunden (→Unaker).

Kapuzinerbraun →Fondporzellan

Karabagh-Teppiche →Persische Teppiche

Kara Dagh-Teppiche →Persische Teppiche

Karaffe. Flasche mit Stöpsel, oft aus geschnittenem oder geschliffenem Glas, in der bei Tisch Wein (auch Wasser) serviert wird.

Karaman-Teppiche →Türkische Teppiche

Karatsu. Mehr als 200 Öfen, die weit gestreut auf der Insel Kiuschu an der Tschuschima-Straße, die Japan von Korea trennt, lagen und eine kurze Zeit die produktivsten in ganz Japan waren. Obwohl sie bereits früher entstanden sein sollen, sind sie urkundlich erst seit dem späten 16. Jh. nachgewiesen. Sie wurden von koreanischen Einwanderern und Gefangenen aus den Kriegen von 1592-1614 errichtet, die neue Techniken mitbrachten, vor allem die fußbetriebene Töpferscheibe, sowie verschiedene Arten chinesischer und koreanischer Keramik. Ihre Arbeiten haben eine ziemlich grobe Struktur, bedeckt mit Holzaschen-, undurchsichtig weißen oder auch eisenbraunen →Glasuren, im allgemeinen ohne Dekor, zuweilen frei bemalt mit Landschaften, Nadelbäumen oder Bambussträuchern. Die meisten Stücke waren für den Haushalt bestimmt, aber einige wurden auch von Teemeistern erworben. Nur wenige Öfen scheinen auf Stücke für die →Teezeremonie spezialisiert gewesen zu sein. Die Produktion fiel Mitte des 17. Jhs. ab, viele Öfen wurden aufgegeben, und andere gingen auf die Porzellanherstellung über.
Lit: S. Jenyns, *Japanese Pottery,* London 1971; Ausst. Kat. *Japanische Keramik,* Hetjens-Museum, Düsseldorf 1978.

Karcher, Nicholaus →Ferarra, Teppichmanufaktur; Florentiner Bildteppiche

Karl X.-Stil →Restauration

Karlsruher Majolika. 1901 wurde von dem Großherzog von Hessen-Darmstadt eine Töpferei in Karlsruhe gegründet mit Wilhelm Süs als Direktor (bis 1914). Süs hatte vorher eine Töpferei in Cronberg aufgemacht, um Waren im Stil der italienischen Renaissance herzustellen. Der Maler Hans Thoma dekorierte einige frühe Stücke aus Karlsruhe und 1910 wetteiferte die Manufaktur mit den Produkten von →Cadinen. 1927 übernahm sie der Staat. Die

Karolingisch: gravierter Bergkristall, Kristallscheibe König Lothars II., wahrscheinlich lothringisch, 855-69, in einer Bronzefassung des 15. Jhs. (British Museum, London)

bemerkenswertesten Erzeugnisse waren die von M. →Laeuger, der dort von 1921 an, wie der Maler Erwin Spuler von 1931-64, tätig war.

Lit.: Karlsruher Majolika, Ausst. Kat. Badisches Landesmuseum, Karlsruhe 1979.

Kärner, Theodor →Nymphenburg

Karolingischer Stil. In der Regierungszeit Karls des Großen wurden durch eine Reihe von Feldzügen und eine geschickte Politik die romanischen und germanischen Völker zu einem abendländischen Imperium zusammengefügt. Das bewußte Wiederaufgreifen antiker Traditionen, heute als ›Karolingische Renaissance‹ bezeichnet, führte zu einer Kultursynthese, die für die folgenden Jahrhunderte bestimmend war und in Spuren noch heute wirksam ist. Die Eroberung Italiens, die engen Kontakte zu Rom und die Berührung mit den hochzivilisierten Arabern in Spanien hatten eine bewußt betriebene Kulturpolitik zur Folge. Ohne Ansehen der nationalen Herkunft versammelte Karl die führenden Geister der Zeit an seinem Hof. Zielstrebig wurden in den Schreibschulen und Schreibstuben der Klöster die verderbten, schwer entzifferbaren Schriften der Goten, Langobarden und Merowinger sowie die alten Majuskelschriften durch die Einführung der allgemein verbindlichen ›karolingischen Minuskel‹ reformiert. Kodizes und Evangeliare wurden mit gemalten Miniaturen versehen, die den Text mit ihren verschlungenen Initialen illustrierten und in manchen Fällen, so in der Bibel von S. Paolo fuori le mura, in der Viviansbibel und im Lotharevangeliar wegen ihrer minutiösen Darstellungsweise Zeugnisse der zeitgenössischen Tracht und Bewaffnung sind. Die wertvollen Bücher wurden wegen ihrer vorwiegend liturgischen Verwendung kostbar ausgestattet. Die Einbände sind häufig mit szenisch verzierten Goldblechen oder vergoldeten Kupferblechen mit eingelegten Emailplättchen und gefaßten Edelsteinen kaschiert. Im Zentrum finden sich szenisch reliefierte und ursprünglich bunt bemalte Elfenbeinplatten, so beim ›Evangeliar aus Gandersheim‹. Figürliche Darstellungen, Reliefs und Treibtechniken sowie der Ranken- und Akanthusblätterdekor verraten nichts mehr von der germanischen Tierornamentik oder von dem anglo-karolingischen Stil des Tassilokelches. Goldschmiedearbeiten werden in hervorragender Weise auf den Reliquiaren dieser Zeit überliefert. Kodizes, Reliquienbehälter sowie

Karolingisch: Ziborium König Arnulfs von Kärnten, Gold, Edelsteine und Perlen, wahrscheinlich in Reims gefertigt, um 1890 (Residenzmuseum, München)

anderes liturgische Gerät sind in den Kirchenschätzen auf uns gekommen und verdeutlichen Lebensgefühl und technisches Vermögen der Karolingerzeit, die in allen Bereichen der geistigen und materiellen Kultur spürbar sind.

Lit: W. Braunfels, *Karl der Große. Lebenswerk und Nachleben,* Düsseldorf 1965-67; W. Köhler u. F. Mütherich, *Die Karolingischen Miniaturen,* Berlin 1971.

Kassel Fayence

Kassel Porzellan

Karton. Maßstabgetreue Vorzeichnung für einen Bildteppich. Für die Umsetzung auf dem Flachwirkstuhl (→Bas-lis) muß der Karton die Komposition spiegelverkehrt wiedergeben wie bei den Raffael-Kartons (Victoria & Albert Museum, London), auf denen die Gestalten alle Linkshänder zu sein scheinen.

Kartusche. Schildartige, in der Spätrenaissance aufkommende und besonders im Barock und Rokoko beliebte Schmuckform in Gestalt eines flachen oder gewölbten Feldes für die Aufnahme von Inschriften, Wappen, Emblemen u.ä. mit einem im jeweiligen Zeitstil ornamentierten Rahmen.

Karyatide. Als Säule verwendete plastische weibliche Figur: ein Architekturmotiv, das gelegentlich an Möbeln, vor allem in Gestalt von Bronzebeschlägen, auftritt. *Siehe auch* Kanephore.

Kaschani. Von der persischen Stadt Kaschan abgeleitete Bezeichnung für persische und indische Fliesen des 16. und 17. Jhs. mit Unterglasurmalerei.

Kaschan-Keramik →Islamische Keramik; Mina'i-Keramik; Fliesen

Kaschan-Teppiche →Persische Teppiche

Kaschgar-Teppiche →Turkmenen-Teppiche

Kaschmir. Hohe, längliche, achteckige Vase mit Deckel, gewöhnlich in →Scharffeuerfarben dekoriert. Eine Spezialität der →Delfter Fabriken im frühen 18. Jh., die aber anderswo, besonders in Nord- und Mitteldeutschland, nachgemacht wurde.

Kasel. Das bei der katholischen Meßfeier von dem Priester über →Albe und Stola getragene Meßgewand in Form eines ärmellosen, mit einem Ausschnitt für den Kopf versehenen Überwurfs. Sie war im frühen Mittelalter als ›Glocken-Kasel‹ halbrund geschnitten, erhielt in der Gotik Schlitze für die Arme und wurde im Barock seitlich bis zur Schulter aufgeschnitten. Vorder- und Rückseite wurden nur mehr durch Bänder verknüpft. Seit 1957 ist wieder die Form der Glocken-Kasel erlaubt und seitdem üblich geworden. Die jeweilige Farbe der Kasel wird durch die für die kirchlichen Festtage vorgeschriebenen liturgischen Farben bestimmt. Während die frühe Kasel nur durch die Art des Stoffes und den durch seine Fülle bestimmenden Faltenwurf wirkte, wurde seit der Gotik ihr Erscheinungsbild den Zeitstilen folgend durch Kostbarkeit der Stoffe und reiche Bestickungen zu prächtiger Wirkung gesteigert, die ihren Höhepunkt im Barock und Rokoko erreichte. *Siehe Abb. S. 556.*

Kassel. In Kassel gab es vier Keramikfabriken: (1) Eine 1680 gegründete Fayencefabrik, die 1724 von *Johann Christoph Gilze* und 1735 von seinem Sohn *Ludwig* übernommen wurde. Sie stellte Blauweiß-Ware in der Art von →Delft und →Hanau her, in den 1760er Jahren auch bunt bemalt. Der Betrieb wurde 1786-88 eingestellt. (2) Eine 1786 von dem Landgrafen von Hessen, Friedrich II., mit Hilfe des Arkanisten Nikolaus Paul (→Weesp) errichtete Porzellanfabrik. Sie machte Kaffee- und Teegeschirre in Blauweiß. Hauptsächlich aber war sie bekannt geworden durch ihre Figuren. Sie schloß 1788. (3) 1771 gründete der Hofkonditor Simon Heinrich Steitz ein Unternehmen. Es machte Steingut, besonders Vasen und Figuren, manchmal auch in Nachahmung englischer →Agateware und →Steinguts englischer Art. Der Betrieb schloß 1862. (4) 1772 richtete Le Fort eine Steingutfabrik ein, die bis 1805 arbeitete.

Lit: G.E. Pazaurek, *Steingut: Formgebung und Geschichte,* Stuttgart 1927; S. Ducret, *Die landgräfliche Porzellan-Manufaktur Kassel 1766-88,* Braunschweig 1960; A. Klein, *Deutsche Fayencen,* Braunschweig 1975; M.

Kartusche von G.-M. Oppenordt, um 1730

Wienert, *Kasseler Porzellan*, Ausst. Kat. Kassel–Düsseldorf 1980.

Kastentisch. Typ eines deutschen Tisches des 15.-17. Jhs. mit einem Kasten unter der Platte, den man von der Seite öffnet (durch Türen) oder von oben (indem die Tischplatte gehoben oder zur Seite geschoben wird). Manchmal befindet sich eine Schublade unter dem Kasten. Er wurde nach dem 17. Jh. weiter als bäuerliches Möbel angefertigt.

Kastrup →Kopenhagener Fayence

Katalonische Glashütten. Eine Reihe von Glashütten, die in römischer Zeit in Katalonien entstanden, auch noch während des frühen Mittelalters existierten, jedoch wenig bemerkenswerte Gläser herstellten und erst durch die Importe von venezianischem Glas zu einer besseren Produktion angespornt wurden. Ihr Kristallglas ist meist gelblich, die Fäden des →Latticino sind oft von einem grauen Weiß, und im 16. Jh. sind die Formen oft noch phantastischer als die venezianischen. Die Emailbemalung, vor allem diejenige aus Barcelona, greift oft Motive des Nahen Ostens auf, symmetrische Vogelpaare oder stilisierte Bäume, laufende Tiere und →Arabesken. Nach dem 16. Jh. wurden kaum mehr bedeutende Objekte produziert.

Lit: José Gudiol Ricart, *Los Vidrios Catalanes*, Barcelona 1941; Alice Wilson Frothingham, *Spanish Glass*, London 1964.

Katalonische Töpfereien waren im 15. bis 16. Jh. berühmt für ihre Fliesen, die diejenigen von →Valencia mit Dekorationen in violettgetöntem Blau auf Weiß, aufgetragen mit Hilfe von Schablonen, nachahmten. Stücke im Kloster von Santa Cruz, dem Archäologischen Museum von Barcelona, dem Victoria & Albert Museum, London, usw. können in die Zeit 1502-60 datiert werden. Einige Stücke →Lüsterware, gleichfalls derjenigen von Valencia ähnlich, aus dem 16.-17. Jh. werden mitunter für katalonisch angesehen, ebenfalls (aber mit größerer Gewißheit) blauweiße →Apothekengefäße aus Fayence und Teller, die in bäuerischem Stil mit Tieren und Figuren bemalt sind. Im 17. und 18. Jh. scheinen polychrome Stücke (wobei ein bräunliches Orange und ein kräftiges Grün vorherrschen), dekoriert mit Soldaten, Schiffen usw., in dem Gebiet hergestellt worden zu sein.

Kaukasischer Teppich (tscherkessisch), Wolle, Ende 18. oder Anfang 19. Jh. (Victoria & Albert Museum, London)

Kathedralstil. Eine im frühen 19. Jh. in der Buchbinderei beliebte Schmuckform, die in →Blind- oder →Goldprägung gotische Architekturformen nachempfand.

Kato Shirozaemon →Toshiro

Kato, Tokuro (geb. 1899). Insbesondere durch seine Shino- →Teekeramik in moderner dynamischer Gestaltung berühmter japanischer Meister der Gegenwart. Er hat eine Werkstatt in Nagoya und ist Verfasser eines umfassenden Keramiklexikons.

Lit: Gendai no toji, Tokyo 1975 ff. (Bd. 6).

Kaukasische Teppiche. Verschiedenartige Teppichgruppen entstanden in dem Gebiet zwischen dem Schwarzen und dem Kaspischen Meer. Sie unterscheiden sich von Gruppe zu Gruppe in Technik (Knüpftechnik, Flachgewebe, Stickereien) und Mustern. Auf den meisten von ihnen aber kommt ein Hakenmotiv – ähnlich einem schlanken, eckigen J – wie eine Art Leitmotiv vor. Die Teppichherstellung in dem genannten Gebiet erstreckt sich über eine lange Zeit, und obwohl die ältesten erhaltenen Stücke Motive enthalten, die an den prähistorischen, skythischen Tierstil erinnern, sind sie nicht vor dem 16. bzw. 17. Jh. entstanden. Diese Motive, manchmal mit starkfarbigen Blüten- und Blattformen zusammen, finden sich auf Knüpf- und Wirkteppichen, bemerkenswert sind die großen *Drachen-Teppiche* (Beispiele im Metropolitan Museum of Art, New York; Museum für Islamische Kunst, Berlin). Ein anderer Typus trägt ein Gittermuster aus diagonalen Bändern, die das Feld in

Kathedralstil-Einband, um 1830 (Victoria & Albert Museum, London)

Engelbert Kayser

Rauten teilen, darin starre, stilisierte Blüten und Blattmotive und manchmal kleine abstrakte menschliche und tierische Figuren in stark kontrastierenden Farben. Die *Kuba-Teppiche* sind ähnlich, haben aber keine Gittermuster. Ihre Motive sind auf die Feldmitte bezogen und gehen, mehr oder weniger sichtbar, von einem oder mehreren Punkten der Hauptachse aus. Spätere Teppichgruppen mit Mittelmedaillons, Jagdszenen und Gartenmustern gehen, zwar sehr vereinfacht, auf den Einfluß der →persischen Teppiche zurück. Gartenszenen und ziemlich strenge, eckige Muster kommen auf den *Kazaks* (darin steckt unser Wort Kosak) vor. Sie haben ein sehr langes Vlies. Die frühesten erhaltenen Stücke stammen aus dem 18. Jh. Die *Tschitschis,* Nomadenteppiche, lassen sich an ihren gewichtigen Borten erkennen mit Sternrosetten, Knospen und Ranken, die in parallelen Streifen angeordnet sind und mittlere, getreppte Medaillons umranden. *Sumak-Teppiche* gehören zu den Flachgeweben (mit vielen locker heraushängenden Fäden auf der Rückseite). Sie haben im allgemeinen geometrische Muster und stammen aus dem 19. Jh., obwohl ein Beispiel aus dem 15./16. Jh. bekannt ist. Im Schirwan-Gebiet, möglicherweise dem Entstehungsort der Drachen-Teppiche des 17. Jhs., sind feine, aber meist kleine *Medaillon-Teppiche* bis in den Anfang des 20. Jhs. hinein geknüpft worden. Andere Gegenden im Kaukasus, in denen Teppiche hergestellt wurden, sind Baku (in der Knüpfung kommt Kamel- und Ziegenhaar vor), das Dagestan-Gebiet und Derbend (häufig mit Sternmotiven und diagonal gestreiften Borten), Kabistan (Kette und Schuß bestehen aus Baumwolle oder aus einem Gemisch von Wolle und Baumwolle, das Vlies ist kurz) und die Provinz Karabagh. Auch heute noch entstehen im Kaukasus Teppiche von guter Qualität mit traditionellen Mustern.

Lit: K. Erdmann, *Der Orientalische Knüpfteppich,* Tübingen 1955; ders. *Siebenhundert Jahre Orientteppich,* Herford 1966; U. Schürmann, *Teppiche aus dem Kaukasus,* Braunschweig 1964.

Kawai, Kanjiro (1890-1966). Töpfer, Pionier der modernen japanischen Keramik zusammen mit →Hamada und →Tomimoto.

Lit: Ausst. Kat. *Japanische Keramik,* Hetjens-Museum, Düsseldorf 1978.

E. Kayser: Zinntablett, Köln, um 1898 (Kunstgewerbemuseum, Berlin)

Kayser, Engelbert (1840-1911). Eigentümer der bedeutendsten deutschen Zinngießerfirma des späten 19. und frühen 20. Jhs. Die Firma hatte ein Entwurfsstudio in Köln und ihre Fabrik in Oppum bei Krefeld; sie stellte seit 1896 Waren in einer hochentwickelten Version des Jugendstils her. Kayser gewann Preise bei verschiedenen internationalen Ausstellungen – Paris 1900, Düsseldorf 1902, St. Louis 1904. Seine Erzeugnisse gehören zu den besten Beispielen für in Massenproduktion hergestellte Jugendstilwaren.

Lit: H. U. Haedeke, *Zinn,* Braunschweig 1963.

Kazak-Teppiche →Kaukasische Teppiche

Keiser oder **Keizer, Aelbregt Cornelisz de** (gest. 1667). Eigentümer einer →Delfter Fayencefabrik und von 1642 an Mitglied der Delfter St. Lukasgilde. Ihm werden besonders fein gemalte, polychrome Arbeiten mit gutgestalteten →Chinoiserien-Dekoren zugeschrieben. Da aber die Marke (›A K‹ als Monogramm) auch von *Adriaenus Koeks* benutzt worden sein könnte und sicherlich auch von anderen Töpfern nachgeahmt worden ist, sind seine Arbeiten nicht sicher zu identifizieren. Sein Sohn *Cornelis* (gest. 1684) war gleichfalls Töpfer und Mitglied der Lukasgilde; zwei seiner Töchter waren mit den Brüdern *Adriaen* und *Jacobus Pijnacker,* bekannten Töpfern, verheiratet.

Lit: C. H. J. de Jonge, *Delfter Keramik,* Tübingen 1969.

Kelch. Bei der Messe verwendetes liturgisches Weingefäß bestehend aus Schale (Kuppa), dem Fuß und dem beide verbindenden Knauf (Modus). Neben dem für den zu konsekrierenden Wein bestimmten Meßkelch gibt es den Speisekelch (Ciborium, auch Ziborium) als Gefäß für die Hostien. In der englisch-reformierten Kirche wird der liturgische Kelch als →Communion cup, in der evangelischen Kirche als Abendmahlskelch bezeichnet. Im profanen Bereich versteht man unter Kelch vor allem ein Glas mit glockenförmigem Körper auf hohem Standfuß.

Kelim. Ein orientalisches Flachgewebe, gewirkte oder gestickte Teppiche im Gegensatz zu den Knüpfteppichen. Die Kelims sind älter als die Knüpfteppiche. Die Muster reichen von den verschiedensten originären Erfindungen bis zu Knüpfteppichimitationen. Die Sumaks (→Kaukasische Teppiche) sind ähnlich, wenn auch etwas komplizierter in der Herstellungstechnik.

Lit: Petsopoulos, *Der Kelim,* München 1980.

Keller, Sebastian →Lunéville

Kellerthaler, Hans (um 1562-1611). Goldschmied aus Dresden, der 1585 Meister wurde und die Silberplatten für den Schmuckschrank der Kurfürstin Sophie v. Sachsen schuf (Grünes Gewölbe, Dresden). *Daniel Kellerthaler* (um 1575 bis um 1651), auch aus Dresden, über dessen Verwandtschaftsbeziehung zu Hans Kellerthaler aber nichts bekannt ist, wurde 1608 Meister. Seine silbervergoldete Wasserkanne mit passendem Becken (Grünes

Gewölbe, Dresden) ist ein herausragendes Beispiel barocker Silberarbeit zu ihrer üppigsten Zeit.

Lit.: J. Menzhausen, *Das Grüne Gewölbe,* Leipzig 1968.

Kellinghusen. Lager guten Tons in der Nähe von Kellinghusen in Schleswig-Holstein ließen mehrere Töpfer im späten 18. Jh. dort Fayencewerkstätten errichten; fünf sind urkundlich nachgewiesen. Die erste wurde 1763 gegründet, mehrere existierten noch im 19. Jh., von denen eine bis 1860 arbeitete. Sie stellten gute, in →Scharffeuerfarben – gewöhnlich mit Blumen – bemalte bäuerische Keramik her, darunter auch Figuren.

Lit.: K. Hüseler, *Die deutschen Fayencen,* Stuttgart 1956; A. Klein, *Deutsche Fayencen,* Braunschweig 1975.

Kellinghusen Behrens 1763-82

Kels, Hans d. J. (tätig 1546 bis um 1570). Augsburger Holzschnitzer, der für die Familie Fugger arbeitete und wahrscheinlich im Jahre 1546 Türen und Rahmen für Schloß Donauwörth schnitzte (heute Bayerisches Nationalmuseum, München). Die Hermenpilaster sind die frühesten in Süddeutschland. Zusammen mit Thomas Heidelberger von Memmingen arbeitete er an dem geschnitzten und mit Intarsien verzierten Sakristeischrank der Abteikirche von Ottobeuren. Ihm zugeschrieben werden auch einige Schränke in einem frühen manieristischen Stil.

Lit.: H. Kreisel, *Die Kunst des deutschen Möbels,* Bd. 1., München 1968.

Kelsterbach. Die in Königstädten bei Kelsterbach (Hessen-Darmstadt) 1758 gegründete Fayencefabrik zog 1760 nach Kelsterbach um und wurde 1761 vom Landgrafen Ludwig VIII. von Hessen-Darmstadt übernommen. Sie stellte gute, im allgemeinen blauweiße Gebrauchswaren her. Von 1761-68 wurde auch Porzellan gemacht (vor allem Figuren nach Modellen von P. A. Seefried, der in Nymphenburg gearbeitet hatte und stark von F. →Bustelli beeinflußt war), ebenso von 1789-1802 (hauptsächlich Kopien von Figuren aus anderen Fabriken). Von 1802 an war Steingut der Haupthandelsartikel. Die Fabrik schloß nach 1823.

Lit.: K. Roder, *Das Kelsterbacher Porzellan,* Darmstadt 1931; K. Hüseler, *Die deutschen Fayencen,* Stuttgart 1956; A. Klein, *Deutsche Fayencen,* Braunschweig 1975.

Kelsterbach 1789-1802

Keltischer Stil. Als Heimat der Kelten sind die Landschaften zwischen Mittelfrankreich und der oberen Donau anzunehmen. Sie breiteten sich allmählich über den Kontinent aus, von Britannien und Irland bis zur iberischen Halbinsel, nach Norditalien und ans Schwarze Meer und bewirkten seit dem 5. Jh. v. Chr., allmählich die →Hallstattkulturen ablösend, einen Umbruch in der Kunst und im Kunsthandwerk. Die neue Kulturepoche wird als Latènezeit bezeichnet. Obwohl von mediterranem und orientalischem Metallgerät beeinflußt, zeigt die keltische Kunst eine bemerkenswerte Homogenität. Neben der Neigung zu kompliziert verschlungenen Ornamenten, die ganze Oberflächen von Bechern, Schwertern, Schmuckgegenständen u. ä. bedecken, ist sie

Keltischer Stil: Bronzespiegel aus Birdlip, 1. Jh. n. Chr. (Gloucester City Museum)

gekennzeichnet durch die Tendenz zu stilisieren. Masken und Ornamentik vermitteln den Eindruck eines mythisch-magischen Gestaltungsprinzips. Naturalistische griechische Motive wurden zu Rauten und Spiralen umgeformt, die griechischen Vorbilder der geprägten Gold- und Silbermünzen abstrahiert. Werke wie die in Parsberg, Bayern, gefundene bronzene Maskenfibel des 5. Jhs. v. Chr. (Germanisches Nationalmuseum, Nürnberg) oder der in Amfreville gefundene Helm aus der Mitte des 4. Jhs. v. Chr. (Louvre, Paris), wie auch der im 1. Jh. n. Chr. entstandene Bronze-

Der Schrein der St. Patricks-Glocke, Silber, vergoldete Bronze und Edelsteine, irisch, 1091-1105 (National Museum of Ireland, Dublin)

spiegel aus Birdlip (British Museum, London) lassen die Fertigkeit der Kelten in der Metallbearbeitung erkennen, die zu den verschiedenen Zeiten auch die Verwendung von Bernstein, Koralle, Email, Glasfluß und Silber als Einlagen für den Dekor kennt. Von höchstem handwerklichem Können zeugen weiter die Masken-, Tierkopf- und Vogelfibeln, drahtförmig aus Bronze und Eisen gestaltet, die auf der Töpferscheibe hergestellte Keramik, mit kurvolinearer Ornamentik in den Ton geritzt oder eingestempelt, später auch mit Bemalung, sowie Glasschmuck- und Gefäße. Ihre Keramik ist weniger eindrucksvoll: Becher mit langen Tüllen, konische Gefäße und Fußschalen, manchmal in ähnlicher Weise wie die Metallarbeiten dekoriert.

Die hervorragendsten Leistungen der keltischen Kunst Britanniens und Irlands sind die Handschriftenilluminationen des 7. Jhs., die, wie auch die auf den Inseln entstandenen Metallgegenstände, durch Missionare wiederum Einfluß auf das Festland nahmen, wofür der Lindauer Buchdeckel, der wahrscheinlich in der Nähe von St. Gallen entstanden ist (Pierpont Morgan Library, New York), und der Tassilokelch von 777 aus süddeutsch-alemannischem Gebiet (Benediktinerstift Kremsmünster) Beispiele sind.

Die Schmuckmotive keltischer Kunst wurden im späten 19. und frühen 20. Jh. wieder aufgenommen, vor allem von den Künstlern und Kunsthandwerkern der →Glasgow School.

Lit: W. Menghin, *Kelten, Römer und Germanen,* München 1980; *Die Kelten in Mitteleuropa,* Ausst. Kat. Hallein 1980.

Kempe, Samuel →Plaue an der Havel

Kendrick, George P. →Grueby, W. H.

Kent, William (1684-1748). Englischer Architekt, Innenausstatter und Möbelentwerfer. Er begann seine Laufbahn als Maler, wandte sich aber unter dem Einfluß von Lord Burlington um 1730 der Architektur zu. Seine pompösen Interieurs mit den prunkvollen Kaminverkleidungen aus Marmor sind reich mit Stuckornamenten, Wandmalereien und vergoldeten Schnitzereien dekoriert und bilden einen auffallenden Kontrast zu den strengen Fassaden im Stil Palladios. Bei seinen Entwürfen für Treppenhäuser und auch Kaminverkleidungen wurde er von Inigo Jones angeregt. 1744 veröffentlichte John Vardy einen Band mit dem Titel ›Some Designs of Mr Inigo Jones and Mr William Kent‹. Seine Möbelentwürfe sind an italienische Vorbilder angelehnt – er hatte zehn Jahre in Italien gelebt – und wirken durchweg massiv und schwer: Wandtische mit dicken, volutenförmig geschwungenen Stützen, dekoriert mit steifen Blattgirlanden, Masken und Putti; Stühle mit überaus reichen Schnitzornamenten an Armlehnen und Beinen; ein Bett, dessen Kopfende von einer gigantischen Muschel – Kents Lieblingsornament – überragt wird; Sockel mit vergoldeten Früchtegirlanden und Akanthusblättern. Sein Einfluß war bedeutend. Seine schönsten Möbel sind im Kensington Palast, London, in Houghton Hall und Chatsworth.

Lit: G. Beard in *Burlington Magazine,* Dez. 1975, S. 867-871.

Kenzan, Ogata Shinsei genannt (1663-1743). Einer der berühmtesten japanischen Töpfer, auch Kalligraph, Dichter, Maler und Lackierer. Er war der Sohn eines reichen Kaufmanns aus Kyoto und hatte eine gute Erziehung erhalten. Sein erster Lehrer war der Töpfer Honami Koho (1603-1684), ein Enkel von H. →Koetsu; er soll auch bei →Ninsei Unterricht genommen haben und arbeitete sicherlich mit Ninseis Sohn Seiemon zusammen. Er baute seinen ersten Ofen 1687/88, ließ seine Gefäße wohl von anderen Töpfern drehen und beschränkte sich auf das Dekorieren und, besonders in seinen späteren Jahren, auf das Bemalen von Porzellan- und anderen Keramikgefäßen, die außerhalb seiner eigenen Werkstatt gemacht worden waren. Sein Stil war anfänglich beeinflußt von seinem älteren Bruder *Korin* (gest. 1716), einem gefeierten Maler, mit dem er manchmal beim Dekorieren von Tonwaren in einer sehr gewagten Art zusammenarbeitete (gewöhnlich lederfarbenes Steinzeug, bemalt in monochromem Braun mit sehr sparsamen Pinselstrichen). Der größere Teil seiner Arbeiten ist niedrig gebrannte →Irdenware, das in weichen Braun-, Schwarz- und Blautönen mit einem besonderen, weißen →Schlicker, den er entwickelt hatte, bemalt ist. Die Dekorationen zeigen schneebedeckte Landschaften, Kiefern und Bambusstauden im Schnee, Blumen und Gräser. Aber er führte auch reichere Dekorationen aus mit Blumen in →Emailfarben. In seinen letzten Jahren schrieb er ein Buch über die Herstellung von Keramik, ›Edo Densho‹, das von B. →Leach ins Englische übersetzt wurde. Der Name Kenzan ging (wie die von anderen bekannten japanischen Töpfern) vom Meister auf den Lieblingsschüler über, und so bekam Leach, der bei *Kenzan VI.* gelernt hatte, den Titel *Kenzan VII.*

Lit: B. Leach, *Kenzan and His Tradition,* London 1966; S. Jenyns, *Japanese Pottery,* London 1971; Ausst. Kat. *Japanische Keramik,* Hetjens-Museum Düsseldorf 1978.

Keramik. Mit dem Begriff Keramik können alle Gegenstände aus gebranntem Ton bezeichnet werden, sei es nun Irdenware, Steinzeug oder Porzellan (obwohl manchmal Porzellan als eine hiervon zu unterscheidende Substanz betrachtet wird, ist es doch nur eine Untergat-

Keramik: Schale, Mesopotamien, um 4000 v. Chr. (Louvre, Paris)

Keramik: Mykenisches Gefäß, um 1500 v. Chr. (Archäologisches Museum, Athen)

tung). Ton ist ein natürliches Produkt, das aus der Verwitterung von feldspathaltigem Gestein (d. h. Granit und Gneis) entstanden ist; chemikalisch ausgedrückt ist es hydriertes Aluminiumsilikat. Aber es wird niemals ohne Verunreinigungen wie Alkali, Eisenoxid usw. gefunden. Die besten Erden, besonders →Kaolin (oder Porzellanerde), sind nur an einigen wenigen Stellen der Erde gefunden worden, wie in China, der Ukraine, Europa und im Süden der Vereinigten Staaten. Zweitrangige Tone, z. B. der gewöhnliche *rote Ton* (zur Herstellung von Irdenware), sind sehr weit verbreitet. Die Porzellanerden enthalten weniger Fremdstoffe, sind aber auch weniger elastisch als die zweitrangigen Tonarten.
Der Keramikerzeugung ist wahrscheinlich die →Korbflechterei vorausgegangen. So gab es in den vorkeramischen Kulturen Perus verschiedene Arten des Korbflechtens. Bei den Pueblo-Indianerstämmen im Südosten der Vereinigten Staaten waren mit Ton verdichtete Flechtkörbe die Vorstufe der Keramik. Es gibt jedoch keinen exakten archäologischen Nachweis dafür, daß die Keramik sich aus der Flechtkorbkultur entwickelt hat. In Japan begann man um 8000 v. Chr., als man sich von Fischen, Jagen und Sammeln von Wildpflanzen ernährte, Tonklumpen zu Gefäßen zu kneten und sie im offenen Feuer zu brennen.
Die Keramik ist eines der vier Merkmale der jungsteinzeitlichen Kultur (neben der Haustierhaltung, dem Anbau von Kulturpflanzen und der Herstellung von geschliffenen Steinwerkzeugen). Wegen ihrer Zerbrechlichkeit trat die Keramik erst dann an die Stelle widerstandsfähigerer Materialien, z. B. von →Leder, als die Seßhaftigkeit begann. Das war aber nicht überall der Fall, die Bewohner von Jericho z. B. verwendeten zwischen 8000 und 5000 v. Chr. ausschließlich Steingefäße und keine Keramik. In Jarmo, einer landwirtschaftlichen Ansiedlung im Zagros-Gebirge im westlichen Irak kleidete man schon um 6500 v. Chr. die Vorratsgruben mit Ton aus, der an Ort und Stelle gebrannt wurde. Zu Beginn des 6. Jts. v. Chr. begann man in der gleichen Gegend, hauptsächlich in →Hassuna und →Halicar, im Süden der Türkei, Gefäße aus Ton herzustellen (→Samarra-Tonwaren und Halaf). In Unterägypten und im Donautal war die Keramik seit Mitte des 5. Jts. v. Chr. heimisch (→Bandkeramik; Cucuteni), in China (→Seladon) und wahrscheinlich auch in Südostasien (→Ban Chiang) und in Indien (→Industal-Keramik) seit Mitte des 4. Jts. v. Chr. und in Mexiko, Peru und dem östlichen Teil Nordamerikas seit Beginn des 2. Jts. v. Chr.
Da der Ton als solcher eine gestaltlose Masse ist, hat er keine typischen Formen. Die äußere Gestalt, von der wir annehmen, sie sei typisch für die Keramik, kommt von der Verarbeitung, nicht vom Material her. Und die Nachbildung von Gefäßen aus anderen Materialien hat für die keramische Gestaltung stets vorrangige Bedeutung gehabt. Die Formen von geflochtenen Körben, ledernen und der Natur entnommenen Behältern, z. B. ausgehöhlte Kürbisse, wurden alle nachgemacht, später sogar auch solche aus Metall. Die frühe minoische Keramik z. B. imitierte Becher aus Holz bis hin zur Bemalung, die Holzmaserung vorzutäuschen versucht. Flechtkörbe dienten häufig als Vorbilder sowohl für die Gestaltung als auch für den Dekor (z. B. Becher aus der ägyptischen Jungsteinzeit). Auch Gegenstände aus Leder wurden nachgebildet, besonders die sonst unverständliche, weil unpraktische Form des schmalen, engen griechischen Weinbehälters, der unten spitz zuläuft und den ziegenledernen Weinschlauch zum Vorbild hat. Von vorgeschichtlicher Zeit an hatten Metallarbeiten einen grundlegenden Einfluß auf Keramikformen (z. B. der Bronzeeimer der Hallstattzeit, der für lange Zeit die vorherrschende Form der prähistorischen Keramik in der westlichen Welt war; der einfache Kupferkochtopf, ursprünglich ein Requisit der römischen Armee, war der Prototyp eines Gebrauchsgegenstandes in Gallien und Britannien; erheblich später dienten Silbergegenstände der Renaissancezeit und andere Arbeiten aus edlen Metallen als Vorbild für Majolika, und in ähnlicher Weise wurde Silber der Barockzeit von →Böttger, dem Erfinder des echten Porzellans in Europa, in Keramik nachgebildet).
Verfahren zur Herstellung von Keramik:
Die natürliche und vermutlich früheste keramische Gestaltung geschah durch Eindrücken des Daumens in den Tonklumpen und das Verdünnen der Wandung des sich bildenden Gefäßes durch den fortlaufenden Druck von Daumen und Finger. In dieser Technik hergestellte Stücke werden auch Druck- oder Quetschkeramik genannt. Sie war üblich in Jungsteinzeitlichen Kulturen und ist noch heute in Gebrauch, z. B. für →Raku-Teeschalen.
Der spiralartige Aufbau ist eine andere Jungsteinzeitliche Methode, ähnlich dem spiralartig geflochtenen Korb und bekannt von der nordamerikanischen Keramik her. Wurstartig

geformter Ton wird in Spiralform zu einem Topf aufgebaut, indem jede neue Lage fest in die darunterliegende eingedrückt wird und die Rillen zugeschmiert werden. Die hierdurch entstandene unebene Oberfläche wird dann durch Schlagen mit einem Holz geglättet, wie in der prähistorischen Zeit in China und auch heute noch, seit 3000 Jahren unverändert, bei den Sindh-Töpfern im Kulturbereich des Indus. Abschließend kann das Stück noch mit einem naßen Tuch geglättet werden.
Das Ausformen kam erst spät in Gebrauch, obwohl das Gießverfahren schon in der Eisenzeit den Töpfern in Palästina bekannt war. Teilweise wurde auch die griechische Keramik in einer gebrannten Tonform ausgeformt, die über einem Holzkern hergestellt worden war.
Die Töpferscheibe war die einzige Neuerung, die vor Einführung moderner industrieller Methoden die Keramikherstellung verändert hat. Aber auch Drehen ist ein altes Verfahren, das schon in der Zeit vor 3000 v. Chr. in Mesopotamien bekannt gewesen sein dürfte. Von der Töpferscheibe zu unterscheiden ist der Drehtisch, auf dem ein Gefäß ›aufgebaut‹ wird. Erst die Töpferscheibe ermöglichte die Technik des ›Drehens‹, d. h. des Gestaltens des plastischen Tons durch eine rasch drehende Bewegung. Die Aufgabe der Töpferscheibe besteht darin, einen in der Mitte der Scheibe aufgesetzten Klumpen Ton durch die zentrifugale Kraft exakt um seinen Mittelpunkt zu drehen. Wenn das Rad mindestens hundert Umdrehungen in

Keramik: Skyphos, Griechenland, um 490-480 v. Chr. (Louvre, Paris)

der Minute macht, bedarf der Ton nur eines ganz leichten, führenden Drucks durch die Hand des Töpfers, um jede von ihm gewünschte rundlaufende Form zu erhalten. So lenkt der Töpfer lediglich die Kräfte, die dem Ton durch die sich drehende Scheibe Gestalt verleihen. Die Scheibe wird üblicherweise von Hand oder mit dem Fuß in die drehende Bewegung gesetzt und darin durch die eigene Drehkraft, wie ein Kreisel, gehalten. Die Einführung dieses Verfahrens führte im allgemeinen zu kunstvollerer Oberflächengestaltung mit erhabenen wie ausgehöhlten Verzierungen und zu solchen Verfeinerungen wie tief eingeschnittenen, verschwenderisch profilierten Rändern, auch zu einer Betonung der Form. Das Zurücktreten der Malerei in China ist weitgehend dieser Erfindung zuzuschreiben, die wiederum zeitlich mit der Entwicklung feiner Glasuren in Zusammenhang steht.
Wenn ein Gefäß geformt ist, muß es getrocknet und gebrannt werden. Tonerden werden formbar, wenn sie mit Wasser vermengt werden. Sie behalten jede ihnen gegebene Form, wenn sie an der Luft oder künstlich, je nach den klimatischen Bedingungen, getrocknet sind. Ist der Ton ›lederhart‹ (d. h. er enthält noch 3-15% Wasser), kann er durch Ritzen, Schneiden oder Drehen bearbeitet werden. Das Gefäß kann auch geglättet werden, um die Porosität herabzusetzen, gewöhnlich dann, wenn es vorher in →Schlicker getaucht oder mit Schlicker (aus demselben, aber verfeinertem Ton) bemalt worden ist. Ist der Ton noch härter geworden (d. h. 3% Wassergehalt), kann er in einem Ofen oder auch im offenen Feuer gebrannt werden. Bei Temperaturen von 450° bis 700 °C zersetzt sich der Ton unter Verlust seines chemisch gebundenen Wassers und ist dann etwa mit einem mittelharten Stein zu vergleichen. Ist die Brenntemperatur höher, so wird der Ton dichter und weniger porös. Solche hohen Temperaturen wurden bei der frühen Keramik kaum erreicht, die selten über 1000 °C gebrannt wurde. Auch wegen Verunreinigung können manche Tonarten einer sehr hohen Brenntemperatur nicht standhalten. Im Brennprozeß (manchmal in einem zweiten Brand) kann die Oberfläche der Keramik mit einer →Glasur überzogen werden.

Keramik: Amphora, Griechenland, um 800 v. Chr. (Archäologisches Museum, Athen)

In der Geschichte der europäischen Keramik ist die rot- und schwarzfigurige Keramik als eine einzigartige, originär mittelmeerische Erfindung zu werten (siehe →griechische, →hellenistische, →etruskische, →römische Keramik). Alle anderen Entwicklungen kamen mittelbar oder unmittelbar aus dem Osten. Mit dem Zerfall des weströmischen Reiches hörte auch die umfangreiche Produktion gut gedrehter Keramik mit Ausnahme weniger Gebiete in Gallien, dem Rheinland und Italien auf. Die Geschichte der mittelalterlichen und späteren Keramik ist weitgehend die Geschichte des Einflusses aus dem Osten, sei es unmittelbar aus China, sei es mittelbar über die →islamische Keramik. →Chinesische Tonwaren und Porzellan kamen im 9. Jh. nach Bagdad und wurden während des ganzen Mittelalters in den Nahen Osten exportiert (gleichwohl kamen sie bis zum 17. Jh. nur in Einzelstücken nach Europa, bis zur Gründung der Holländisch-Ostindischen Kompanie 1609 sowie der Britisch-Ostindischen Kompanie 1631). Schönes gesprenkeltes Steinzeug aus der →Tang-Zeit und cremefarbenes Porzellan, das im 9. Jh. in den Mittleren Osten eingeführt worden ist, verleiteten zur Nachahmung der Oberfläche und des weißen Scherbens und führten zu der Erfindung einer undurchsichtigen Zinnglasur (→Fayence). Diese war allerdings eine nur unzulängliche Imitation. Ihre große Bedeutung lag in den neuen Möglichkeiten, die sie für die Bemalung bot: Die Farben auf der ungebrannten, glasierten Oberfläche verliefen im Brand nicht, wie dies bei Farben der Fall war, die unmittelbar auf den Scherben aufgetragen und dann von dem schmelzenden →Blei überzogen wurden. Die spätere Entwicklung der Keramik in Europa kann weitgehend an der Verbreitung der islamischen Technik der Zinnglasur verfolgt werden, zuerst in Spanien, wo die →spanisch-maurische Keramik die beste in Europa im 15. Jh. war, dann in Italien, wo daraus die →Majolika entstanden ist, und von wo die Entwicklung dann weiter nach Norden führte. Seit dem 15. Jh. wurde besonders im Rheinland Steinzeug von hervorragender Qualität hergestellt. Im 16. Jh. wurde in Frankreich von B. →Palissy überragende bleiglasierte Keramik gemacht, die viele Nachahmer gefunden hat. Seit dem 16. Jh. wuchsen die Bestrebungen, Porzellan zu erzeugen. Weichporzellan wurde noch vor dem Ende des 16. Jh. von der Porzellanfabrik der →Medici gefertigt. Hartporzellan dagegen wurde erst mit der Errichtung der Manufaktur →Meißen im frühen 18. Jh. produziert.

Die einzige spätere nachhaltige Entwicklung war die Erfindung des →Steinguts in England im späten 18. Jh., das bei den Tafelservicen sehr rasch die Fayence verdrängte und die Voraussetzungen für eine sehr breite Skala industrieller keramischer Produkte im 19. Jh. schuf.

Lit: A. Rieth, *5000 Jahre Töpferscheibe*, Konstanz 1960; H. Hodges, *Artifacts*, London 1964; R.J. Charleston (Hrsg.), *World Ceramics*, London 1968; D. Green, *Pottery Materials and Techniques*, London 1972; A. Klein, *Keramik aus 5000 Jahren*, Düsseldorf 1979.

Keramikmarken. Eine Vielzahl unterschiedlicher Marken – eingepreßt, eingeritzt, gemalt oder gedruckt – wurden und werden für die verschiedensten Zwecke auf Keramiken angebracht. Chinesische Porzellantöpfer markten ihre Stücke mit vier oder sechs Zeichen, nämlich dem Namen des Kaisers, dem Jahr oder der Periode, in der das Stück hergestellt wurde, oder – besonders häufig seit dem 17. Jh. – mit der Kaisermarke früherer Perioden, denen das Stück gleichkommen sollte. In Europa signierten einige griechische Keramikmaler und – seltener – Töpfer ihr Werk. Die römischen Töpfer roter samischer Gefäße oder →Terra sigillata kennzeichneten oft ihre Produkte durch Einpressen eines Stempels in den noch ungebrannten Ton (daher die Bezeichnung Preßmarke). In der Folgezeit scheinen in Europa keine Marken auf Keramiken angebracht worden zu sein. Erst im 16. Jh. wurden wenige schöne Stücke italienischer Majolika mit dem Namen des Malers oder, häufiger, mit einem Zeichen oder Monogramm versehen, deren genaue Bedeutung selten festgestellt werden konnte. Im späten 16. Jh. begann die Porzellanfabrik der →Medici, ihre Erzeugnisse mit einer Fabrikmarke in Unterglasurblau zu versehen. Spätere Marken können in drei Gruppen gegliedert werden, die bezeichnen: (1) die Werkstatt, aus der das Stück stammt; (2) den Namen eines Malers, Modelleurs oder anderen Arbeiters, der für das Stück mitverantwortlich war; (3) den Eigentümer.

(1) Einige Fayencemanufakturen (besonders →Delft) markierten im 17. Jh. ihre Erzeugnisse mit Marken oder Monogrammen, die gelegentlich von konkurrierenden Unternehmen nachgemacht wurden. 1680 wurde der vergebliche Versuch unternommen, die Marken, die in Delft auf roten Steinzeugteekannen angebracht wurden, zu registrieren. Aber erst 1764, als die Leistungen der Delfter Töpfer bereits nachgelassen hatten, konnte Einvernehmen darüber erzielt werden, alle Delfter Produkte mit registrierten Marken zu versehen. Die systematische Benutzung einer Fabrikmarke begann 1724 in →Meißen, als die gekreuzten Schwerter aus dem sächsischen Wappen auf fast allen Erzeugnissen angebracht wurden. Die meisten der bekannten Prozellanfabriken des europäischen Festlandes folgten, wobei jede ein auf sie hinweisendes Kennzeichen, oftmals aus dem Wappen des Schutzherrn, zu erhalten bestrebt war, während einige wenige sich Marken zulegten, die bewußt der Meißener Schwertermarke ähnlich waren. In England gab sich als erste die Manufaktur von →Chelsea ein eingeritztes Dreieck, sodann einen Anker als Fabrikmarke. Die anderen englischen Fabriken hatten bis um 1760 keine festen Marken (abgesehen von Nachahmungen der Marken von Meißen und Chelsea). 1766 wurden die französischen Porzellanfabriken gesetzlich verpflichtet, behördlich registrierte Marken anzubringen, wobei aber nicht alle dieses Gebot befolgten. Die führenden deutschen und einige französische Fayencefabri-

ken schlossen sich der Übung der Porzellanfabriken an und kennzeichneten ihre Erzeugnisse. In England dürfte J. →Wedgwood die Markierung für alle Produkte eingeführt haben. Mit der Entwicklung des Urheberrechts im 19. Jh. nahm die Zahl der Fabrikmarken zu, während gleichzeitig die Nachahmung von Marken zeitgenössischer Unternehmen nachließ. Gleichzeitig begann aber die Fälschung von Marken auf alten Stücken, denen das Interesse der Sammler galt, zuzunehmen.
(2) Mit der Ausnahme der Signaturen von →Hausmalern (die sich nicht von denen anderer Maler unterscheiden), dürften alle anderen Marken und Zeichen auf Porzellan und Fayence auf die für einzelne Arbeitsgänge zuständigen Fabrikarbeiter zurückgehen: Sie sind im allgemeinen nicht aufzuschlüsseln, sondern für den inneren Betriebsablauf bestimmt (z. B. um einen für Fehler in der Produktion verantwortlichen Arbeiter herauszufinden). Es ist selten möglich, ihre genaue Bedeutung festzustellen. Die Zeichen, die man auf Porzellanfiguren des 18. Jhs. findet, dürften von →Bossierern eingeritzt sein. In der Porzellanmanufaktur →Sèvres versahen Maler und Vergolder ihre Stücke immer mit ihren Initialen oder Zeichen.
(3) Marken von Eigentümern – wenn man einmal von volkstümlicher Keramik mit auf den Eigentümer bezogenen Beschriftungen absieht – sind vergleichsweise ungewöhnlich. Dazu gehören die Hinweise auf Sèvresporzellan aus der Zeit der Restauration auf bestimmte Schlösser, für die das Porzellan bestimmt war, und – weit bekannter – die Johanneum-Inventarnummern, die mit dem Stahl in den Boden der chinesischen und Meißener Porzellane aus dem Johanneum in Dresden eingeschliffen wurden (seit 1721), von denen viele 1919-20 verkauft worden sind. Die Marke ›AR‹ – Augustus Rex –, mit der bereits vor dem Brand zahlreiche Meißen-Porzellane gekennzeichnet wurden, dürfte anzeigen, daß das Stück für den König bestimmt war.

Lit: W. Chaffers, *Marks and Monograms on Pottery and Porcelain,* London 1968 (15. Ausg.); W. B. Honey, *European Ceramic Art,* London 1952.

Kerbschnitt. Einfache Schnitztechnik des Mittelalters, meist für kreisförmige Ornamente, aber auch etwa für Schuppen- und Rankenmuster verwendet und in der Volkskunst bis ins 17. Jh. zu finden. Sie wurde mit dem Stechbeitel und Hohlmeißel ausgeführt.

Kermanschah-Teppiche →Persische Teppiche

Kerr, W. H. →Worcester

Kerbschnitt, Dekor auf einer englischen Eichentruhe aus dem 13. Jh. (Victoria & Albert Museum, London)

Kerzenständer →Guéridon

Kesselständer. Kleiner Tisch für einen Heißwasserkessel, häufig mit einer Platte, die von einer Galerie umgeben ist. Zuweilen trägt er einen kastenförmigen Behälter, der mit Metall ausgekleidet ist und der eine Öffnung für die Tülle des Kessels aufweist. Im allgemeinen besitzt er auch eine herausziehbare Platte, um die Teekanne abzustellen. *Abb. siehe S. 302.*

Kette. Bei Geweben bezeichnet man damit die festen, manchmal auch dickeren Fäden, die in der Längsrichtung auf dem Webstuhl befestigt werden, um als strukturelle Grundlage für die oft dünneren →Schußfäden zu dienen, die sie durchkreuzen und damit das Gewebe bilden.

Khiwa-Teppiche →Turkmenen-Teppiche

Khmer-Keramik. Ihre Brennöfen waren von um 879 bis 1350 in Gang, ihre Blütezeit aber liegt wahrscheinlich um die Zeit der großen Tempelbauten in Angkor und anderswo in Kambodscha und Nordost-Thailand (d. h. 11.-12. Jh.). Eine abwechslungsreiche Vielfalt von Formen und Glasuren wurde hier entwickelt, wie z. B. Töpfe in Gestalt eines Elephantenkopfs oder wie z. B. eine reiche schokoladenbraune Glasur. Wenig, wenn überhaupt, wurde die Khmer-Keramik von China beeinflußt, noch wirkte sie ihrerseits auf die spätere südostasiatische Töpferkunst ein.

Lit: R. M. Brown, *The Ceramics of South-East Asia,* Kuala Lumpur 1977.

Khotan-Teppiche Turkmenen-Teppiche

Kian-Ware. Eine chinesische →braun-glasierte Ware, die in Jizhou in der Provinz Jiangxi und auch anderwärts in Fujian gefertigt wurde. Sie ähnelt →Jian Ware, ist aber gröber. Schalen in der Farbe wie gesprenkeltes Schildpatt (durch eine Technik doppelter Glasierung) wurden auch produziert.

Kidderminster-Teppich →Doppelgewebe

Kidderminster, Teppichmanufakturen. Die ersten bedeutenden Teppichmanufakturen in England, die am Anfang des 17. Jhs. gegründet wurden, wenn nicht noch früher. Sie spezialisierten sich vor allem auf widerstandsfähige, einfache und billige kleinere und größere Teppiche. Seit 1753 stellte die Manufaktur von Pearsall and Brown doppelt gewebte Teppiche her. Die Produktion der →Brüsseler Teppiche begann 1749 im Wettbewerb mit der →Wilton-Teppichfabrik. 1825 wurde der →Jacquard-Knoten eingeführt. Diese Industrie nahm rasch an Volumen zu, 1807 gab es 1000 Webstühle, 1837 bereits mehr als 2000. Aber die stilistisch unerhebliche Ware blieb auf dem Niveau von Gebrauchsteppichen. Ab 1878 wurden die →Axminster Spulenteppiche hergestellt.

Lit: C. E. C. Tattersall u. S. Reed, *A History of British Carpets,* Leigh-on-Sea 1966.

Kiefernholz. Das weißlich-gelbliche Holz der Kiefer (pinus) ist von mittelharter bis weicher

Beschaffenheit. Es wurde seit dem 17. Jh. von englischen Möbelschreinern verwendet, besonders für Stücke, die vergoldet werden sollten, auch als Kernholz für den Korpus furnierter Möbel.

Kiel. 1763 gegründete, bekannte Fayencefabrik, die bis 1766 dem Herzog von Holstein gehörte und von J. S. F. →Tännich aus Straßburg bis 1768/69, sodann von *Johann Buchwald* aus →Eckernförde bis 1771/72 geleitet wurde. Sie stellte feine weiße Stücke her, die in →Emailfarben (selten →Scharffeuerfarben) im Rokokostil dekoriert waren, wie Teller und Schüsseln (mitunter mit durchbrochenem Korbflechtrand oder gebogten Rändern), →Bischofsbowlen, Blumentöpfe, Wandfontänen usw. Gelegentlich wurden richtige Nachahmungen Straßburger Terrinen gemacht. Viele Stücke, besonders diejenigen von J. und A. →Leihamer, zeichnen sich durch die hohe Qualität ihres malerischen Dekors aus. Obwohl die Fabrik bis 1788 arbeitete, wurde nach 1772 keine qualitätvolle Keramik mehr hergestellt.

Lit: K. Hüseler, *Die Kieler Fayence-Manufakturen,* Flensburg 1923; R. J. Charleston in *Faenza* L (1964), S. 84-93; A. Klein, *Deutsche Fayencen,* Braunschweig 1975.

Kiel Tännich und Kleffel

Killinger, Georg Friedrich (gest. 1726). Nürnberger Glasschneider, nachweisbar ab 1694. Er dekorierte zahlreiche Pokale mit sehr fein geschnittenen Landschaften, Jagdszenen und Wappen, wobei er seine Arbeiten oft signierte (gute Beispiele im British Museum und im Victoria & Albert Museum, London).

Lit: R. Schmidt, *Das Glas,* Berlin u. Leipzig 1922: E. Meyer-Heisig. *Der Nürnberger Glasschnitt des 17. Jahrhunderts.* Nürnberg 1963.

King's pattern. Ein englisches Muster des frühen 19. Jhs. für silbernes Eßbesteck: Der Stiel zeigt eine Muschel am taillierten Stielende und ist oberhalb davon ebenfalls mit einem Muschelmotiv dekoriert. Etwas schlichter ist das sogenannte ›Queen's pattern‹, ohne die Muschel am Stielende und ohne Dekorationen auf der Rückseite.

Kinuta-Glasur. Dicke blaugrünliche Glasur feinster Qualität, zu finden bei →Seladon der Südlichen Song, angeblich nach einer schlegelförmigen Vase mit dieser Glasur benannt.

Kipp, Karl →Hubbard, E.

Kirchner, Johann Gottlob (geb. um 1706). Von 1727-28 Modelleur sowie von 1730-33 Modellmeister an der Porzellanmanufaktur in →Meißen. Er soll die Fabrik auf Grund von Streitigkeiten mit J. J. →Kändler, der ihm als Modellmeister folgte, verlassen haben. Während seiner ersten Zeit modellierte er eine Tischfontäne (Metropolitan Museum, New York) und begann die Serie der großen Tiere für das ›Japanische Palais‹ (fortgesetzt von Kändler). In seiner zweiten Zeit in Meißen entwarf er Heiligenfiguren, ein Uhrgehäuse und Bettlerfiguren. Eine große Statue des heiligen Petrus, die für die Kapelle des ›Japanischen Palais‹ bestimmt war, könnte von ihm sein, obwohl sie Kändler zugeschrieben wird, der wahrscheinlich an einigen Modellen von Kirchner weitergearbeitet hat. Nachdem er Meißen verlassen hatte, wirkte er wohl als Bildhauer und Maler in Berlin.

Lit: C. Albiker, *Die Meissner Porzellantiere im 18. Jahrhundert,* Berlin 1959; J. Handt u. H. Rakebrand, *Meissner Porzellan des 18 Jahrhunderts,* Dresden 1956; R. Rückert, Ausst. Kat. *Meissner Porzellan 1710-1810,* München 1966.

Kirkcaldy pottery →Wemyss ware

Kirman. Herstellungsort islamischer Keramik im östlichen Iran im 17. Jh. Gefäße aus hochgebrannter Irdenware mit seladonartiger Glasur und weißer Bemalung, →Sgraffito unter blauer Glasur oder blau-rot-olivgrüner Bemalung auf weißem Scherben mit transparenter farbloser Glasur mit ostasiatischem Einfluß (→Persische Keramik).

Lit: Ausst. Kat. *Islamische Keramik,* Hetjens-Museum Düsseldorf 1973.

Kirman-Teppiche →Persische Teppiche

Kir-sehr-Teppiche →Türkische Teppiche

Kitaoji Rosanjin (1883-1959). Kalligraph, Studiotöpfer und Meisterkoch. Ein bedeutender Frühmeister der modernen japanischen Keramik. Schuf vielfarbig bemaltes Steinzeug, u. a. Gefäße für sein eigenes Restaurant.

Lit: Ausst. Kat. *Japanische Keramik,* Hetjens-Museum Düsseldorf 1978.

Kjaerholm, Poul (geb. 1929). Führender dänischer Möbeldesigner der 50er und 60er Jahre, der ausschließlich für die industrielle Fertigung arbeitet. Er verwendet häufig Metallrahmen, gewöhnlich rechteckiges Stahlgestänge, das er mit natürlichem Material wie Rohrgeflecht, Leder, Schiefer, Holz, Segeltuch und Kordeln kombiniert. Seine Entwürfe stehen zwar im Gegensatz zur handwerklichen Tradition der modernen dänischen Möbelkunst, zeichnen sich aber durch ihre Eleganz und ihre bis ins Detail durchkonstruierte, hervorragende Verarbeitung aus, so daß sie wie handwerklich gefertigt aussehen.

P. Kjaerholm: Stuhl aus Stahl und Korbgeflecht, 1957 (Kunstindustrimuseet, Kopenhagen)

Klapptisch. Raumsparender Tisch mit Seitenteilen, die, mit Scharnieren befestigt, hochgeklappt werden können. Die hochgeklappten Teile werden durch ausschwenkbare Stützen oder auch durch →Konsolstützen gehalten. *Siehe auch* Schmetterlingstisch, Gate-leg table, Handkerchief table, Pembroke-Tisch.

Klassizistischer Schreibtisch von D. Roentgen, um 1780-90 (Badisches Landesmuseum, Karlsruhe)

Klassizismus. Der Antirokokostil, der sich in den 50er Jahren des 18. Jhs. langsam durchzusetzen beginnt und um 1770 in ganz Europa Eingang gefunden hat. Abgeklärt, zurückhaltend und zuweilen recht kühl charakterisiert ihn in den dekorativen Künsten der Hang zu schlichten geometrischen Formen, der sparsame Gebrauch griechischer und römischer Architekturornamente, maßvolle Farben und eine Vorliebe für lineare, flache statt reicher, plastischer Dekoration. Man imitiert die klas-

Klassizistischer Mahagony-Schemel. Entwurf: Hubert Robert, ausgeführt von G. Jacob, 1787 (Schloß Versailles)

sische Antike nicht um ihrer selbst willen, sondern mehr, um dem Rokoko einen rationaleren und edleren Stil entgegenzusetzen. Obwohl an Beispielen griechischen und römischen Mobiliars kein Mangel herrscht – man kennt es von Vasen- und Wandmalereien, von Bildhauerarbeiten und den in Pompeji ausgegrabenen Objekten – sind echte Kopien vor dem letzten Jahrzehnt des 18. Jhs. (einzelne Stücke gezeichnet von J. L. →David in den späten 1780er Jahren und von N. A. →Abildgaard um 1800) bemerkenswert selten. Dasselbe gilt für Metallarbeiten und Keramiken (abgesehen von →Wedgwoods Imitationen griechischer Vasen), auch wenn Silberschmiede zuweilen ihre Entwürfe antiken Töpfereien nachgearbeitet und Porzellankünstler häufig antike Skulpturen kopiert haben. Offenbar unabhängig voneinander entwickelten England und Frankreich den Stil etwa zur gleichen Zeit, und der größte Teil dessen, was an Bemerkenswertem in den dekorativen Künsten hervorgebracht worden ist, ist in diesen beiden Ländern entstanden (*siehe* Louis-seize und Georgian style) oder unter ihrem Einfluß. Ein amerikanischer Kunsttischler wie →St. Badlam und der Silberschmied P. →Revere etwa bezogen ihre Anregungen von englischen Vorbildern und Musterbüchern. Die Einwirkung R. →Adams machte sich über den Architekten Cameron auch in St. Petersburg und weiter in den →Tula Metallwerken geltend. – Im deutschen Möbelentwurf war der französische Einfluß vorherrschend (der größte Teil der führenden Pariser Ebenisten waren Deutsche), ebenso in Italien, wo er sich selbst in den Werken eines G. M. →Bonzaniga zu erkennen gibt. Die französischen Musterstiche von J. Ch. →Delafosse, R. de →Lalonde, J.-Fr. →Neufforge u. a. waren weit verbreitet. →Sèvres beherrschte die deutschen und österreichischen Porzellanfabriken. Aber von den 1770er Jahren an gerieten diese und die Keramikmanufakturen anderer europäischer Länder – von Spanien bis Rußland und selbst Frankreichs – unter den strengen Einfluß der elegant einfachen Tafelservice und dekorativen Stücke der Wedgwood-Fabrik. – In Rom entstand in den späten 60er Jahren eine ziemlich unabhängige Version des Klassizismus. Hier war der anführende Genius G. B. →Piranesi – auf Grund sowohl seiner gestochenen Ansichten des alten Rom als auch sei-

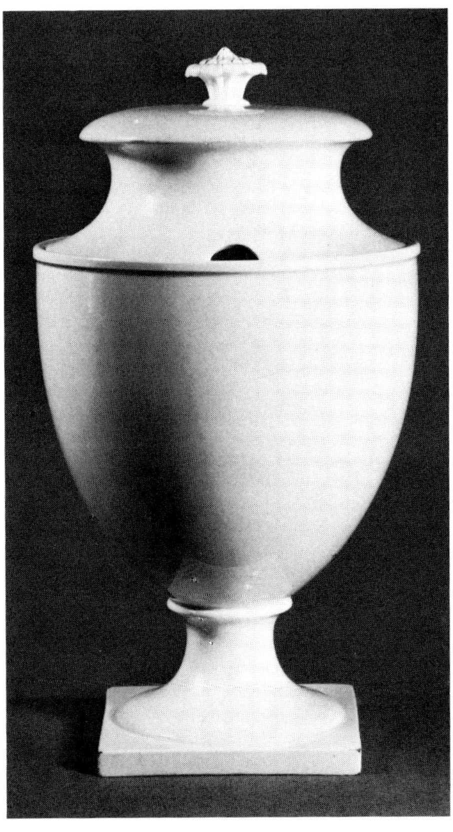

Klassizistische Terrine, Wedgwood Pearlware, spätes 18. Jh. (Victoria & Albert Museum, London)

Klassizistischer Silberleuchter von Benjamin Smith und Digby Scott, London 1806-07 (Victoria & Albert Museum, London)

ner Möbelentwürfe – und der überragende Kunsthandwerker war der Silberschmied L. →Valadier. Diese reichere Variante des Stils wurde von dem Mailänder G. →Albertolli übernommen, der Stiche kraftvoller klassischer Ornamentik veröffentlichte, und von dem führenden italienischen Marketeriekünstler G. →Maggiolini. Piranesi war auch weitgehend verantwortlich für die Einführung der →Ägyptenmode, die für den Klassizismus ähnliches bedeutete, wie die Chinamode für das Rokoko. Für die Kunsthandwerker des frühen französischen 19. Jhs. aber bezog die Anwendung der ägyptischen Motive ihren Sinn von Napoleon her, sie war emblematisch zu verstehen und trug dazu bei, den Klassizismus in das →Empire umzubilden.

Lit: H. Honour, *Neo-classicism,* Harmondsworth 1968; *The Age of Neo-Classicism,* Ausst. Kat. Burlington House und Victoria & Albert Museum, London 1972.

Klauen- und Kugelfuß. Im 18. Jh. gebräuchliche Form für Möbelfüße, angeblich orientalischen Ursprungs (chinesische Bronzen). Die ursprüngliche Drachenklaue wurde in Europa durch eine Adlerklaue ersetzt. In England verdrängte der Klauen- und Kugelfuß den Keulenfuß.

Klenze, Leo von (1784-1864). Architekt und Entwurfszeichner, ausgebildet in Berlin, der kurzzeitig (1803-04) in dem Büro von Percier und →Fontaine in Paris arbeitete, 1816 zum Architekten von Ludwig I. von Bayern ernannt wurde, sich in München niederließ und so eine ähnliche Position wie →Schinkel in Berlin innehatte. Eher weniger kühn als Schinkel in seinen Möbelentwürfen blieb er im wesentlichen dem Geist des →Empire treu, obwohl manche seiner Gebäude auf Wunsch des Königs im Rundbogenstil errichtet wurden. Die lange handwerkliche Tradition der Holzschnitzerei in Bayern aufgreifend verwandte er oft geschnitzte Ornamente – Adler, Kränze, Palmetten usw. – im Kontrast zu der glatten Oberfläche typischer →Biedermeier-Möbel. Nach seinen Entwürfen angefertigte Stühle und Tische befinden sich in der Münchner Residenz.

Lit: V. Schaefer, *Leo von Klenze. Möbel u. Innenräume,* München 1980.

Klinger, Johann Gottfried (1711-81). Porzellanmaler, der 1726-46 in →Meißen arbeitete, wo er die Schattierung bei Blumen oder Insekten, um eine ›trompe l'œil‹-Wirkung zu erzielen, eingeführt haben soll. 1746 arbeitete er an der Porzellanmanufaktur →Wien, seit 1750 bis zum Ende seiner Laufbahn als Obermaler. Er befaßte sich auch mit den Techniken der Porzellanherstellung.

Lit: R. Rückert, Ausst. Kat. *Meißner Porzellan 1710-1810,* München 1966.

Klint, Kaare (1888-1954). Dänischer Möbelentwerfer, der Sohn des bekannten Architekten *P. V. Jensen Klint.* Um 1916 schuf er einen völlig neuen Kastenmöbeltyp. Er entdeckte die Schönheit von ungebeiztem Naturholz, von ungefärbtem Leder und naturfarbenen Textilien. Grundlage seines Designs waren die einfache Form, die Wirtschaftlichkeit und die systematische Erforschung funktioneller Formen, genannt →Ergonomie. 1924 gründete er die Möbelklasse an der dänischen Kunstakademie und wurde deren erster Leiter. Der Boom für skandinavische Möbel der 20er und 30er Jahre ist vor allem dem Designer Klint, aber auch dem Lehrer und Theoretiker zu verdanken.
Bevor er die bekannte Anrichte – seinen wahrscheinlich besten Entwurf – ausführte, stellte er ergonomische Untersuchungen über die durchschnittlichen Ausmaße von Geschirr und Besteck in einem dänischen Haushalt an. Dann schuf er ein Möbel, in dem sich auf kleinstem Raum die größtmögliche Geschirrmenge unterbringen ließ. Er war sich aber auch im klaren darüber, wie viel die Erscheinung eines Möbels zum Gefühl der Behaglichkeit beiträgt. So erwarten die meisten Menschen, daß ein Stuhl nicht nur robust genug ist, um das Gewicht des menschlichen Körpers zu tragen, sondern daß man es ihm auch ansieht.
Die klare Schönheit seiner Möbel beruht vor allem auf der Wirkung der gewachsten und polierten Oberflächen des nicht gefirnißten

K. Klint: Teakholzliegestuhl, 1933 entworfen

Klauen- und Kugelfuß eines englischen Mahagonitischs, um 1740 (Victoria & Albert Museum, London)

Holzes und ihrer hervorragenden Konstruktion. Seine Entwürfe wurden von der Firma Rudolf Rasmussens Snedkerier, Kopenhagen, ausgeführt. Sie waren nicht billig und daher auf die Käufer der Mittelschicht beschränkt. Seine schönsten Entwürfe zeichnen sich vor allem durch sorgfältig durchdachte Einfachheit, materialgerechte Verarbeitung und wohltuendes Understatement aus.

Lit: Ulf Hard af Segerstad, *Modern Scandinavian Furniture*, London 1964.

Klipfel, Karl Just Christian →Berliner Porzellanmanufakturen

Klismos →Stuhl

Klöppelspitze →Spitze

Kloster-Veilsdorf 1760-97

Kloster Veilsdorf. Führende Thüringer Porzellanfabrik, die 1760 von Prinz Friedrich Wilhelm Eugen von Hildburghausen gegründet wurde. Die Tischgeschirre ahmten →Meißen nach, waren aber oft sehr gut mit naturalistischen Blumen, von Vorhängen umrahmten Landschaften, Vögeln, Genre-Szenen in der Art von Teniers und Schäferszenen nach Watteau bemalt. Unter den Figuren gab es Schauspieler der →Commedia dell'Arte (ähnlich denen von →Fürstenberg), Götter und Göttinnen. Nach dem Tod des Gründers 1797 wurde die Fabrik verkauft; sie ist seitdem als Privatunternehmen betrieben worden.

Lit: H. Scherf, *Thüringer Porzellan*, Leipzig 1980.

Knibisornament. Dekoration von salzglasiertem →Steinzeug: Dicke, eingekerbte Zickzackbänder, die mit hölzernen Werkzeugen in den Ton, wenn er die Härte von Leder hat, eingedrückt werden. Sie wurde gerne im 18. Jh. bei →Westerwälder Steinzeug angewandt.

Knochenasche →Knochenporzellan

Knochenporzellan, engl. Bone china. Porzellanart mit einem Zusatz von Knochenasche, die von rein weißer Farbe ist. *Thomas Frye* aus Bow erhielt 1748 ein Patent für die Verwendung von Knochenasche, obwohl die Idee ein Jahrhundert früher in Deutschland aufgekommen war und Knochenasche als Zugabe bei →Milchglas mindestens seit Mitte des 17. Jhs. bekannt war. 6 bis 7 Jahre später, als Frye sein Patent erhalten hatte, wurde sie in →Sèvres verwendet. In England breitete sich die Herstellung von Knochenporzellan schnell von →Bow aus auf andere Weichporzellanfabriken aus, vor allem auf →Lowestoft, →Chelsea und →Derby. Später wurde in England eine Mischung mit →Kaolin und Speckstein verwendet. Diese Masse, überzogen von einer →Bleiglasur, wurde von →Spode in Stoke-on-Trent und von Barr in →Worcester im späten 18. Jh. eingeführt und war dann im 19. Jh. die englische Standardmasse, die noch heute verwendet wird. Dadurch hatte England in der Geschichte der europäischen Keramik eine besondere Stellung eingenommen. Knochenporzellan ist weicher als Hartporzellan, dauerhafter und billiger in der Herstellung als Weichporzellan. (Knochenasche wurde auch bei englischem →Steingut als Zusatz verwendet).

Knole settee. Englische Bezeichnung für ein Sofa mit hoher Rückenlehne und ausklappbaren Armstützen. Es verdankt seinen Namen dem ersten Exemplar seiner Art, das zu Beginn des 17. Jhs. in Knole Park stand. In den 1920er und 30er Jahren war es bei der Ausstattung englischer Landhäuser erneut sehr beliebt.

Knoll Associates. Amerikanische Einrichtungs- und Möbelfirma, 1938 von dem deutschen Einwanderer *Hans Knoll* (1914-55) gegründet. Heute bestehen in der ganzen Welt Tochtergesellschaften, die unter dem Namen *Knoll International* zusammengeschlossen sind. Hans Knoll wollte »einen einheitlichen klassisch-zeitgenössischen Stil« schaffen, passend zur modernen Architektur, und sicherte sich die Vermarktung der Entwürfe führender Designer und Architekten. 1943 heiratete er *Florence Schust*, eine geborene Schweizerin, die mit E. →Saarinen die gleiche Schule besucht und am Illinois Institute of Technology unter L. →Mies van der Rohe Architektur studierte hatte. Sie überredete Mies, Saarinen und H. →Bertoia, mit ihren Entwürfen zum Produktionsprogramm der Firma Knoll Associates beizutragen.

Lit: R. Wurman, *Forty Years of Design. Knoll International*, New York, 1979; E. Larrabee u. M. Vignelli, *Knoll Design*, New York 1981.

Knöller, Johann Georg →Bayreuth

Knorpelwerk →Ohrmuschelstil

Knütgen, Anno (gest. um 1590). Eines der bekanntesten Mitglieder einer Töpferfamilie, die in →Siegburg von 1425 an tätig war. Obwohl es keine signierten Stücke gibt, werden einige der besten Siegburger Steinzeugarbeiten in der Mitte und im späten 16. Jh. als Arbeiten aus seiner Werkstatt angesehen, darunter einige gebauchte Vasen mit Tüllen für Kerzen, →Pilgerflaschen und →Ringkrüge wie auch die üblichen Produkte, z. B. Schnabelkannen.

Ch. Knütgen: Schnabelkrug, salzglasiertes Steinzeug, Siegburg 1591 (Kunstgewerbemuseum, Köln)

Er hat vermutlich den Bildhauer F. → Track beschäftigt. Um 1590 verzog er mit seinen Söhnen *Bertram* und *Rütger* nach Höhr im Westerwald, soll aber damals schon sehr alt gewesen und bald danach gestorben sein. Von seinen Verwandten signierte *Peter Knütgen* einige Stücke (hauptsächlich Krüge) in den 60er Jahren des 16. Jhs., ebenso *Christian* eine Reihe hübscher Stücke (vor allem Schnabelkannen) aus den Jahren zwischen 1568 und 1605. *Siehe auch Abb. S. 516.*

Lit: O. von Falke, *Das rheinische Steinzeug,* Berlin 1908; K. Strauss, *Alte deutsche Kunsttöpfereien,* 1923; E. Klinge, Best. Kat. *Siegburger Steinzeug,* Hetjens-Museum, Düsseldorf 1972.

Ko-Ware. Veraltete Bezeichnung eines blassen, bräunlich-grau glasierten Typs von →Guan-Ware mit einem dichten Netz von Sprüngen (→Craquelé) sowie für Longquan →Seladon.

Kocx oder **Koeks, Adrianus** (gest. 1701). Folgte S. van →Eenhorn als Eigentümer der Töpferei ›De Grieksche A‹ in →Delft (1686-1701). Er stellte viele der anspruchsvollsten Stücke der Delfter Fayence her, darunter hohe, pagodenförmige →Tulipières, die in Blau und Weiß mit →Chinoiserien dekoriert waren. Chinesische Dekormotive wurden oft sehr genau imitiert und auch oft auf Vasen von europäischer Form angebracht. Seine Fabrikmarke ›AK‹ als Monogramm wurde von zeitgenössischen Töpfereien in Delft und sogar in China kopiert und ist häufig auf Fälschungen des 19. Jhs. zu finden.

Lit: C. H. J. de Jonghe, *Delfter Keramik,* Tübingen 1969.

Kokosnußpokal, wahrscheinlich englisch, 16. Jh. (Victoria & Albert Museum, London)

Koetsu, Honami. Japanischer Töpfer, neben den Angehörigen der Raku-Familie der bedeutendste Töpfer der →Raku-Keramik, daneben auch Maler, Kalligraph und Holzschnitzer. Er stammt aus einer ›Samurai‹-Familie von erblichen Schwertschärfern, schmiedete Schwerter, stellte Eisen- und Lackarbeiten her. Mit dem Maler *Soatsu* arbeitete er zusammen an verschiedenen Bildern, das berühmteste darunter ist die Tierrolle im Museum von Hakone. Einige Lackarbeiten werden ihm zugeschrieben, darunter der Schreibkasten im kaiserlichen Museum in Tokio, weiter eiserne Teekessel und Bambusvasen. Am bekanntesten ist er aber durch seine Raku-Teeschalen, von denen eine mit dem Namen *Fujisan* für die schönste in Japan gehalten wird (Slg. des Grafen Sakai). Diese Teeschalen wurden von den Teemeistern besonders gelobt und in späteren Perioden imitiert. 1615 zog sich Koetsu auf ein Gut in Takagamine zurück, wo er eine Art von Kolonie für Handwerker der verschiedenen Künste, mit denen er sich beschäftigte, gründete.

Lit: S. Jenyns, *Japanese Pottery,* London 1971.

Kohlenbehälter. Für einen Platz neben dem Kamin bestimmt. Gewöhnlich gab man ihm ein schmückendes Aussehen, um den praktischen Zweck zu tarnen. Der Behälter kam mit dem vermehrten Verbrauch von Kohle für die häusliche Heizung in England im frühen 18. Jh. auf, wo ein Exemplar in Kupfer von 1715 bekannt ist. Man begann, sie in den verschiedensten Materialien herzustellen, in Holz, Messing, lackiertem Metall und selbst Papiermaché, es erhielten sich aber keine Beispiele von vor dem 19. Jh. Ebenso kam eine Fülle von Formen vor, Urnen, Kasten, Nautilus-Muscheln und die verschiedensten historischen Stile, griechisch, gotisch, italienische Renaissance. Das rechteckige ›Purdonium‹, erfunden von Mr. Purdon in der Mitte des 19. Jhs., mit einem Einsatz aus Blech für die Kohle, war sehr praktisch und fand weite Verbreitung.

Kok, J. Jurian →Rozenburg

Kokosnußpokal. Prunkpokal, bei dem das eigentliche Gefäß, die Kuppa, aus einer Kokosnußschale besteht, die, oft sehr reich beschnitzt, in vergoldetem Silber oder Kupfer gefaßt ist und von einem ebenfalls silbernen Schaft mit verbreitertem Fuß getragen wird. Er war im 16. und 17. Jh. in Europa verbreitet.

Lit: R. Fritz, *Die Gefäße aus Kokosnuß in Mitteleuropa, 1250-1800,* Mainz 1983.

Kölner Töpfereien. Sie begannen ihre Tätigkeit im frühen Mittelalter mit der Herstellung hochgebrannter, unglasierter →Irdenware. Ih-

Kölner Steinzeugkrug, um 1525-50 (Victoria & Albert Museum, London)

ren künstlerischen Höhepunkt erreichten sie um 1520-1600, als sie schönes salzglasiertes →Steinzeug in einem grauen Ton herstellten, das durch Überzug mit eisenhaltigem Lehm eine gesprenkelte Oberfläche in Braun und matten Gelbtönen erhielt (in England, wo es sehr beliebt war, hieß es →Tiger ware und ist oft in Silber montiert worden). →Bartmannkrüge waren eine Spezialität, im allgemeinen nur mit einem kleinen Bild (oft mit einem Wappen) unterhalb des bärtigen Kopfes dekoriert. Weitere Erzeugnisse sind große Kugelkrüge, in aufgelegtem Relief mit gotischen Eichenblätterranken oder Weinlaub dekoriert, und, viel seltener, Krüge in der Form von Eulen und Hunden. Nach Streitigkeiten zwischen den Töpfern und den städtischen Behörden von Köln scheinen Ende des 16. Jhs. die Töpfereien nach Frechen verlegt worden zu sein, wo Bartmannkrüge sogar bis ins 18. Jh. gemacht wurden. Von den verschiedenen Kölner Fayencefabriken ist nur eine von Interesse, die von E. Cremer in den letzten Jahren des 18. Jhs. errichtet wurde. Sie stellte Krüge und Schüsseln her, gewöhnlich mit religiösen Darstellungen in →Scharffeuerfarben bemalt.

Lit: O. von Falke, *Das rheinische Steinzeug*, Berlin 1908; G. Reineking von Bock, *Kunstgewerbemuseum der Stadt Köln, Steinzeug*, Köln 1971.

Kommode. Seit der Mitte des 16. Jhs. wurden →Truhen und Reisetruhen gelegentlich unterhalb des durch einen Deckel nur von oben zugänglichen Raumes mit kleinen Schubladen versehen. Daraus entwickelte sich im Laufe des 17. Jhs. die Kommode. Das französische Wort ›commode‹ – bequem – deutet darauf hin, daß die Kommode eine bequemere Aufbewahrungsmöglichkeit bietet als eine Truhe. Als dekoratives Möbel wurde sie dem höheren Schubladenschrank vorgezogen, da ihre Oberkante mit dem Sockel der Wandbekleidung abschloß und so die Wirkung von Bildteppichen, verspiegelten oder bemalten Wänden nicht beeinträchtigte. Sie ist möglicherweise eine Erfindung des französischen Hofebenisten Guillemard oder von A.-Ch. →Boulle, der auf jeden Fall viel zu ihrer Entwicklung beigetragen hat. Die früheste Ausführung, entstanden um 1700, steht auf hohen Beinen und hat nur zwei Schubladen. Während der →Régence kam die Kommode mit niedrigen Beinen und drei oder mehr Schubladen auf und wurde bald ›commode à la Régence‹ genannt. Bei den frühen Exemplaren sind die Trennungen zwischen den Schubladen sichtbar, sie wurden als dekoratives Moment in den Entwurf mit einbezogen. Während der Louisseize-Periode wurde die Vorderseite als dekorative Einheit betrachtet: Die Schubladen wurden nun innen auf Laufleisten geführt. Für bestimmte Kommodentypen kamen verschiedene Bezeichnungen auf: Die ›commode en console‹ hat verhältnismäßig hohe Beine und nur eine Schublade, sie war bestimmt, unter

Kommode mit Lackfeldern von Demoulin in vergoldeten Bronzerahmen von J. Caffiéri (Musée de Tours)

einem Wandspiegel zu stehen; die ›commode à encoignures‹ hat zu beiden Seiten einer Reihe übereinanderliegender Schubladen offene Regalborde oder einen geschlossenen Schrankteil; bei der ›commode à vantaux‹ sind die Schubladen hinter Türen verborgen; die ›demi commode‹ ist klein und schmal und gehört unter einen Wandspiegel; die ebenfalls kleine ›petite commode‹ stammt aus dem späten 18. Jh., sie hat hohe Beine und mehrere Reihen übereinanderliegender Schubladen (*siehe auch* Chiffonnière). In England wurden die Kommoden nach der Gestaltung ihrer Vorderfront kategorisiert, z. B. →bombé, →break-front und →serpentine. Vom 19. Jh. an wurde die Bezeichnung ›commode‹ in England auch für einen Nachtstuhl verwendet.

König, Alfred Otto →Meißen

Königsberg. Eine Fayencefabrik wurde 1772 in Königsberg in Ostpreußen von *Johann Eberhard Ludwig Ehrenreich* (1722-1803) gegründet, die Waren im Rokokostil, ähnlich denen von →Marieberg und →Stralsund (obwohl häufiger blauweiß als polychrom), wo Ehrenreich vorher gearbeitet hatte, herstellte. Nachdem er sich 1788 zurückgezogen hatte, wandte sich die Fabrik der Herstellung von Steingut zu, das in blassem Gelb oder bläulichem Purpur koloriert ist. Sie bestand bis 1811. Eine andere Fabrik, die 1775-85 in Blüte stand, stellte Nachahmungen von Keramiken von →Wedgwood einschließlich der schwarzen →Basaltmedaillons (ein Porträt von Kant ist das bemerkenswerteste Stück) und auch Steinzeug mit marmorierten Achat- oder dunkelbraunen Glasuren her. Fayence wurde mit einem eingepreßten ›HE‹ gemarkt, das Datum wurde hinzugefügt; Steingut wurde mit einem eingepreßten ›K‹ gemarkt, mitunter mehrmals auf einem Stück, und zum Teil datiert. Die Erzeugnisse der zweiten Fabrik sind zuweilen ›frères Collin à Königsberg‹ gemarkt.

Commode à vantaux von G. Beneman, um 1786 (Schloß Fontainebleau)

Lit: G. E. Pazaurek, *Steingut , Formgebung und Geschichte,* Stuttgart 1927; A. Klein, *Deutsche Fayencen,* Braunschweig 1975.

Konsole. Aus der Wand vorkragender Sockel aus Stein oder Holz mit kurzem, im jeweiligen Zeitstil geformten Unterteil.

Konsoltisch, Entwurf von J. Chr. Hoppenhaupt

Konsoltisch. Wandtisch, meist mit Marmorplatte über einer oder mehreren Stützen, die im Gegensatz zur Konsole auf dem Fußboden aufsitzen. Als mit der Wand verbundene Möbel waren Konsoltische unter hohen Wandspiegeln im Rokoko wichtige Akzente plastischer Raumgestaltung. Sie waren nicht be-

Commode à encoignures von J. F. Leleu, 1772 (Wallace Collection, London)

Konsoltisch, entworfen von T. Johnson, 1758

Kopenhagen ab 1775

stimmt, frei im Raum zu stehen. *Siehe auch Abb. S. 31, 377.*

Konsular-Diptychon. Zwei schmale, längliche Elfenbeintäfelchen, zusammenklappbar wie die Seiten eines Buches und auf den Außenseiten in Flachreliefschnitzerei mit Bildnissen eines römischen Konsuls verziert. Die Innenseiten sind ausgehöhlt, um eine dünne Wachsschicht aufzunehmen, auf die mit einem Griffel eine Mitteilung geschrieben werden konnte. Ein Gesetz von 384 n. Chr. sicherte den amtierenden Konsuln das ausschließliche Recht, »ihre Namen und Porträts, geschnitzt in vergoldete Elfenbeintäfelchen, als Geschenk an die Provinzen, Städte, Magistrate, Senate und das Volk« zu schicken. Der Brauch, solche Täfelchen zu verschenken, erhielt sich, bis 541 das anachronistische Amt des Konsuls in dem des Kaisers aufging. Ungefähr 50 Exemplare von Konsular-Diptychen sind erhalten; das früheste ist das des Probus (406) im Museum von Aosta. Die Diptychen sind unterschiedlich in Größe und Pracht, je nach dem Rang der Empfänger. Stilistisch reichen sie vom Spätrömischen bis zum Byzantinischen. Die aufwendigsten sind mit ganzfigurigen Porträts geschmückt, die den Konsul sitzend auf dem römischen Faltstuhl (sella curulis, →Kurulischer Stuhl) zeigen, in seiner rechten Hand die ›mappa circensis‹ – das Tuch, das als Signal für die Eröffnung von Spielen in die Arena geworfen wurde – unter seinen Füßen die Darstellung eines Ereignisses in der Arena oder eine Anordnung von Geldbörsen als symbolisches Versprechen von Großzügigkeit. Einfachere Beispiele weisen geschnitzte Medaillons mit Porträtköpfen oder Inschriften in Laubwerkrahmen auf. Nahe verwandt mit den Konsular-Diptychen sind die religiösen Diptychen, bei denen auf den Außenseiten der beiden Täfelchen religiöse Szenen eingeschnitzt sind, während die Innenseiten die Namen der Lebenden und der Toten tragen, für die während der Abendmahlsfeier gebetet wurde.

Lit: W. Fr. Vollbach, *Diptychon (Elfenbein)* in RDK, Bd. IV; R. Dellbrueck, *Die Consulardiptychen und verwandte Denkmäler,* Berlin 1926-29.

Kontur-Gemälde, Figuren-Tafel. Im Englischen als ›Dummy board figures‹ bezeichnet. Darstellungen von Männern, Frauen oder Kindern, auf eine dünne Holztafel gemalt und dann ausgeschnitten, um eine möglichst lebensnahe Wirkung zu erzielen. Sie wurden wahrscheinlich in den Niederlanden erfunden, aber im späten 17. Jh. auch in England als Kaminschirme benutzt. Mitte des 18. Jhs. waren sie als Dekorationen sehr beliebt, wobei man sie im Hinblick darauf, daß sie Schatten werfen, gewöhnlich vor einer Wand aufstellte. Mädchen mit Besen, sitzende Damen, elegant gekleidete Herren sowie Hausierer gehörten zu den bevorzugten Figuren. Um die Mitte des 19. Jhs. und später wieder zwischen 1920 und 1939 hat man in England zahlreiche Imitationen gemacht.

Kopenhagener Fayence. Im 18. Jh. gab es drei bekannte Fayencefabriken in Dänemark. Die erste, in der Store Kogensgade, Kopenhagen, wurde 1722 gegründet und erhielt im gleichen Jahr das Recht zur Aufnahme der Produktion. In ihrer besten Zeit, unter der Leitung von *Johann Ernst Pfau* (1727-49) stellte sie gute blauweiße (selten polychrome) Stücke her, die der →Delfter Fayence in der Struktur wie auch im Muster ähnlich sind. Eine überschäumende Art des Rokokostils wurde für Dekore nach 1750 angewandt, als *Christian Gierløf* Eigentümer der Fabrik wurde und die Leitung übernahm. Das Unternehmen schloß um 1770. 1755 wurde eine Fayencefabrik in *Kastrup* auf der Insel Amager durch den dänischen Hofarchitekten *Jacob Fortling* gegründet, der einen Maler aus Straßburg beschäftigte. Zunächst wurden heiter bemalte Stücke in →Straßburger Art hergestellt, aber nach 1772 hauptsächlich industrielles →Steinzeug und später →Steingut nach englischem Stil; die Fabrik wurde um 1814 geschlossen. Eine dritte Fabrik wurde 1763 in *Østerbro* errichtet. Das Werk mußte 1769 schließen, seine Erzeugnisse sind schwer zu identifizieren.

Lit: E. Hannover, *Pottery and Porcelain,* London 1924; J. Ahlefeldt-Lauwig u. A. M. Steinle, *Fajencer og stengods fra Kastrup,* Kopenhagen 1977.

Kopenhagener Porzellanfabrik. Mitte des 18. Jhs. wurden in und bei Kopenhagen verschiedene Versuche unternommen, Porzellan herzustellen; aber erst 1774 gründete *Frantz Heinrich Müller* eine private Gesellschaft (mit der Königin als Hauptaktionärin), der 1775 das Privileg zur Porzellanherstellung gewährt wurde. 1779 wurde die Fabrik vom König von Dänemark übernommen und *Königlich-Dänische Porzellanfabrik* genannt. Die Produkte zeigen einen feinen, harten Scherben; die früheren Stücke sind stark von →Sèvres und →Berlin beeinflußt. Das wichtigste Erzeugnis des 18. Jhs. ist das berühmte *Flora Danica*-Tafelservice mit 1602 Stücken, von denen jedes mit einer botanisch genauen Wiedergabe einer dänischen Pflanze von J. C. Bayer nach J. C. Oeders Buch über die dänische Flora bemalt ist. Das Service wurde 1790 für die Kaiserin Katharina II. von Rußland begonnen, aber erst 1802 (nach ihrem Tod) fertiggestellt und befindet sich jetzt in Schloß Rosenborg in Kopenhagen. Ein kleineres, 1781 hergestelltes, mit Vögeln dekoriertes Service (Det Danske Kunstindustrimuseum, Kopenhagen) ist von weitaus minderer Qualität. Die Fabrik fertigte

Kopenhagen: *Teller aus dem Flora Danica-Service, 1790-1802 (Rosenborg Slot, Kopenhagen)*

viel blauweißes Eßgeschirr und war auf sehr elegante Frühstücksservice, jedes mit 10 bis 14 Stücken (für 2 bis 4 Personen), spezialisiert; diese Service wurden in mit Seide ausgeschlagenen Mahagonikästen verkauft. Die Figuren imitieren meist deutsche oder französische Vorbilder, aber es gibt auch eine ganze Serie eigener Entwürfe, z. B. norwegischer Bauern und Bergleute. Um 1800 wurden sehr große Vasen, Spiegelrahmen und Säulen gemacht. Zu Beginn des 19. Jhs. ging es der Fabrik schlecht, sie erlebte aber wieder einen Aufschwung unter der Leitung von *Gustav Friedrich Hetsch*, Direktor von 1828-57. Die besten Stücke dieser Jahre sind Miniaturreproduktionen von Skulpturen von Thorvaldsen, die seit 1835 angefertigt wurden. Wiederum folgten schlechte Zeiten. Das Unternehmen wurde 1868 von der Krone verkauft und 1882 mit der Alumina-Fabrik vereint, behielt aber seinen ursprünglichen Namen. Die nun folgende Blütezeit ist zum großen Teil dem Architekten und Maler *Arnold Krog* (1856-1931) zu verdanken, der 1885 zum künstlerischen Leiter ernannt wurde und verschiedene Künstler an die Fabrik brachte; er selbst dekorierte auch Porzellan und entwarf Modelle. Er war auf Unterglasurmalerei in einer Farbskala leicht rauchiger Blau- und Grautöne spezialisiert, die von da an typisch für Kopenhagener Porzellan wurde. Stücke aus der Zeit sind entweder mit japanischen Motiven oder in einem vollendeten →Art Nouveau dekoriert, einige Vasen in einfacher chinesischer Form erzielten ihre Wirkung durch abstrakte Muster, die durch →Kristallglasuren hervorgerufen wurden. Zahlreiche Figuren wurden gemacht, Bauernfiguren nach Modellen von Christian Thomsen (1860-1921), Vögel, Tiere und Fische nach Modellen von K. C. T. Kyhn (geb. 1880), T. C. Madsen (1880-1965) und anderen. Ähnliche Figuren werden noch heute hergestellt, zusammen mit einfachem, modernem Eßgeschirr und den Werken von Kunstkeramikern, die bei der Fabrik, die heute zu den bemerkenswertesten in Europa gehört, angestellt sind. Durch ihre ganze Geschichte hindurch hat sie als Marke das Motiv von drei Wellenlinien in Unterglasurblau benutzt. *Siehe auch* Bing & Grøndahl-Porzellanfabrik.

Lit: B. L. Grandjean, *The Flora Danica Service*, Kopenhagen 1950; B. L. Grandjean, *Kongelik Dansk porcelain 1775-1884*, Kopenhagen 1962; J. Braun, *The Royal Copenhagen Porcelain Manufactury 1775-1975*, Kopenhagen 1975.

Köper. Ein Gewebe, bei dem die Schußfäden in jeder Reihe über zwei oder mehr Kettfäden und unter einem oder mehr Kettfäden laufen. Die Bindungspunkte verschieben sich aber von Reihe zu Reihe um einen Kettfaden, wodurch diagonale Grate entstehen und damit ein Fischgräten- oder Rautenmuster. Die meisten Köperbindungen sind Schuß-Kompositbindungen, d. h. die flottierenden Schüsse bilden die Oberfläche. Durch Verschiebung der Bindungspunkte kann ein ›gebrochener‹ Köper‹, ein Mehrgrat-, Spitzgrat- oder Rautenköper entstehen.

Köpping, Karl (1848-1914). Deutscher Künstler, der zunächst Chemie studierte, sich dann aber der Malerei und Radierung zuwendete. Nach einigen Jahren in Paris wurde er 1890 Mitarbeiter an der Berliner Akademie. Kurz danach fing er an, sich mit Glas zu beschäftigen, indem er hauchdünn geblasene Gefäße von großer Eleganz und Zerbrechlichkeit entwarf, die *Friedrich Zitzmann* in Wiesbaden für ihn anfertigte. Das Studium von Glasuren japanischer Keramik ermöglichte es ihm, sehr ungewöhnliche Farbzusammenstellungen bei transluziden Gefäßen zustandezubringen. Ab 1896 war Köpping Mitherausgeber der deutschen Jugendstilzeitschrift ›Pan‹.

Lit: G. E. Pazaurek, *Kunstgläser der Gegenwart*, Leipzig 1925.

Koptischer Stil. Die Kopten waren ägyptische Christen, die sich nach dem Konzil von Chalcedon im Jahre 451 von der Ostkirche abspalteten. Sie errichteten im 6. Jh. ihre eigene Hier-

Kopenhagen: *Porzellanhündchen von Erik Nielsen, 1900 (Bröhan-Museum, Berlin)*

K. Köpping: Kelchglas, Wiesbaden, um 1896 (Kunstgewerbemuseum, Berlin)

archie, verbündeten sich mit den Arabern gegen den byzantinischen Kaiser und bewahrten auf diese Weise ihre bis auf den heutigen Tag bestehende kirchliche Unabhängigkeit. Sie entwickelten in ihrer Kunst früh einen eigenen Stil, der, obwohl anfangs von hellenistischer und byzantinischer Kunst geprägt und später durch die islamische Kunst beeinflußt, dennoch einmalig und individuell ist. Viele Beispiele aus sehr früher Zeit sind überkommen, darunter Bauten, illuminierte Handschriften, Bucheinbände, Bronzen, Glas, Keramik u.a. Auf dem Gebiet der angewandten Künste sind die Textilien am interessantesten. In Leinen, Seide oder Wolle gewebt, mit gestickten oder gemalten Verzierungen, reichen sie im Format von großen Wandbehängen (z.B. der wollene Teppich aus dem 5.-6. Jh. in der Dumbarton Oaks Collection, Washington D.C.) und Brükken in Fadenschlingenflor bis zu kleinen, rechteckigen Tüchern aus Leinen oder Seide, die offenbar als Besatz an kirchlichen oder weltlichen Gewändern dienten. Die erhaltenen Textilien lassen sich selten genau datieren, obwohl das Vorhandensein heidnischer Figuren,

Koptisches Tuch, ›Vulkan, Mars und Venus‹, 3.-4. Jh. (Victoria & Albert Museum, London)

die aus der hellenistischen Kunst übernommen sind, eine frühe Datierung nahelegen. Es scheint, daß die bemerkenswertesten Textilien im 5. und 6. Jh. entstanden sind. Sie sind von kühner Einfachheit und haben eine begrenzte Farbskala bei eindringlicher Zeichnung, die menschliche und tierische Gestalten einbezieht.

Lit: L. Kybalova, *Coptic Textiles,* London 1967; A. Effenberger, *Koptische Kunst,* Wien 1975/76.

Koralle. Sedimentgestein (ähnlich dem Kalk- oder Sandstein) gebildet aus den kalkhaltigen Knochengerüsten von Meerestierchen, die in warmem Salzwasser in Kolonien leben. Man unterscheidet zwei Arten: aleyonarische Korallen und riffbauende Korallen, jedoch werden nur Edelkorallen, die ersterem Typ angehören, zu dekorativen Zwecken verwendet. Sie kommen im Mittelmeer und in der Nähe der Kanarischen Inseln, Malaysien und Südjapan vor und sind entweder rosa *(Engelshaut)* oder rot *(Lachsfarbe).* Schon seit der Bronzezeit wurden Korallen für Amulette usw. (u.a. in der Latène-Zeit) und später dann auch für Schmuckstücke und kleine Ziergegenstände verwendet. Im 17./18. Jh. beließ man sie gern in ihrer natürlichen verzweigten Form, gab ihnen metallene Fassungen und stellte sie in ›Kunstkammern‹ aus. Zentren der Verarbeitung sind Marseille, Leghorn und Trapani, wo es auch ein Korallenmuseum gibt.

Lit: G. Tecione, *Il coralle nella storia e nell'arte,* Neapel 1965.

Korbflechterei. Eines der ältesten Kunsthandwerke und zu hoher Blüte bereits in den neolithischen Kulturen entwickelt. Die frühesten erhaltenen Stücke sind um 5000 v.Chr. im Zweistromland hergestellt worden in seitdem weitgehend beibehaltenen Formen. Die frühesten europäischen Korbflechtereien, geborgen aus einem Schweizer See, wie auch in Peru gefundene, stammen aus der Zeit um 2500 v.Chr.

Bei der einfachsten Technik der Korbflechterei – heute noch in verschiedenen Teilen der Welt angewandt – werden Binsen, Gras oder andere Pflanzenfasern zu einem Seil gedreht (man verwendet auch Spanisches Rohr) und spiralförmig zu der gewünschten Form, meist rund oder oval, gewickelt. Jede Lage wird dann mit der nächst oberen mit einem Faden aus ähnlichem Material zusammengenäht. Körbe werden seit prähistorischer Zeit auch aus zu langen Streifen geflochtenen Fasern gemacht, die übereinander gewunden und mit Palmgarn zusammengenäht werden. Eine weitere, wahrscheinlich die späteste und heute die bekannteste Technik ist das Korbweiden- oder Stabgeflecht. Hierbei werden Binsen oder Ruten um ein Korbweidengerüst geflochten.

Korbflechterei ist der Mattenherstellung verwandt. Die einfachste Ausführung einer Matte entsteht, indem einzelne Bündel von Binsen oder Flachs nebeneinandergelegt und mit Fäden aus dem gleichen Material zusammengefügt werden, entweder in Abständen, so daß die Binsen- oder Flachsbündel deutlich zu se-

hen sind, oder so dicht zusammen, daß die Fäden die Oberfläche und die Binsen nur den füllenden Kern bilden. Auch können im rechten Winkel zueinander liegende Binsen miteinander verwebt werden, was ausschließlich mit der Hand geschieht.
Es ist wahrscheinlich, wenn auch nicht bewiesen, daß die Korbflechterei älter als die Weberei und die Töpferei ist. Zweifellos haben die Muster, die auf ganz natürliche Weise durch die verschiedenen Arten des Flechtens entstanden, einen starken und lang anhaltenden Einfluß auf den Dekor der Keramik ausgeübt. Seit prähistorischer Zeit gibt es keine Fortentwicklung in der Technik des Korbflechtens, trotz gelegentlicher Verwendung von synthetischen Fasern.

Lit: Encyclopedia of World Art, New York–London 1960, Bd. II; H. Hodges, *Artifacts*, London 1964.

Korbmöbel. Möbel aus biegsamen Weidenruten oder Schößlingen, wie sie auch für Korbwaren verwendet werden, gab es schon sehr früh. Hocker aus Korbgeflecht wurden im Alten Ägypten zumindest seit dem 3. Jt. v. Chr. hergestellt, und erhaltene Stücke sind in der Form deutlich von früheren (vordynastischen) Rohr- und Binsengeflechten abgeleitet. Auf einer Reliefschnitzerei der späten Kaiserzeit ist ein Korbstuhl aus dem Alten Rom abgebildet (Rheinisches Landesmuseum, Trier). Korbstühle ohne Armlehnen und mit runder Sitzfläche, wie sie noch heute angefertigt werden, gehen vermutlich ebenso wie andere Möbeltypen auf Ursprünge noch vor dem Mittelalter zurück. Aufgrund des vergänglichen Materials sind jedoch keine Beispiele von vor dem 19. Jahrhundert erhalten. Ein Feuerschirm aus Korbgeflecht ist auf einem Bild der Jungfrau mit dem Kind von dem Meister von Flémalle von um 1420-30 dargestellt (National Gallery, London). 1898/99 gab die Heywood Brothers & Wakefield Company einen Katalog ihrer Korbmöbel heraus. Auch in Indien und im Fernen Osten waren sie weit verbreitet, über ihre Geschichte ist jedoch wegen der schlechten Haltbarkeit des Materials kaum etwas bekannt.

Kordeltechnik → Metallstickerei

Kordenbusch, Georg Friedrich → Nürnberg

Korduanleder. Ältere Bezeichnung für → Leder von hoher Qualität, besonders für große Bespannungen aus geprägtem Leder, das gewöhnlich bemalt und vergoldet und als Wanddekoration anstelle von Teppichen bestimmt war. Leder hatte den Vorzug, zug- und feuchtigkeitsbeständiger zu sein als Wandteppiche und auch von Insekten kaum befallen zu werden. Solche Bespannungen wurden in Córdoba seit dem 9. Jh. angefertigt, doch seit dem 14. Jh. waren die Niederlande das Hauptzentrum der Herstellung. Sie wurden allerdings auch an anderen Orten gemacht. Mit der aufkommenden Beliebtheit von → Papiertapeten und → Chintz im frühen 18. Jh. kamen Ledertapeten allmählich aus der Mode. In Spanien bezeichnete man nur Ledertapeten oder -behänge aus gegerbtem Ziegenleder als ›córdobane‹, während solche aus Schafsleder ›guadameci‹ (nach der libyschen Stadt Gadames) genannt wurden.

Koreanisches Steinzeug und **Porzellan.** Obwohl die koreanische Keramik einen starken chinesischen Einfluß zeigt, ist sie selten ohne ausgeprägte nationale Charakterzüge. Die frühesten Stücke, zu denen Gefäße und naturalistische Figurinen gehören, hat man in Gräbern aufgefunden. Sie stammen aus der Silla-Dynastie (57 v. Chr.-935 n. Chr.) und sind aus hartem grauen → Steinzeug. Während der Koryo-Dynastie (918-1392) werden porzellanähnliche Stücke, vor allem Seladon, hergestellt, die denen im China der gleichen Zeit nahekommen. Die Stücke des 12. Jhs. sind oft von überragender Qualität. Einige von ihnen haben eine bestimmte Glasur, die ›Königsfischer‹-Glasur, manchmal mit Unterglasurmalerei in Braun; bei den schönsten ist die Wandung durchbrochen oder durch aufgepreßte Reliefs bereichert. Sehr berühmt ist *punch'ong* (japan. *mishima*), Steinzeug gewöhnlich für den häuslichen Gebrauch (z. B. große Weinkrüge), mit schwarzem oder weißem Schlicker dekoriert und mit Seladonglasur überzogen. Es wurde während der gesamten frühen Yi-Dynastie (1392-1910) hergestellt. Auch weißes Porzellan und braun glasierte Ware sind in beschränktem Maß gemacht worden. Die Produktion der feineren Stücke scheint in der Yi-Dynastie aufgegeben worden zu sein. Die etwas rustikale, braunglasierte Keramik erweckte das Interesse auch der japanischen Teemeister, die sie als → Teegerät benutzten. Andere Erzeugnisse die-

Koreanische Seladonvase, 12. Jh. (Temple Newsam House, Leeds)

Koromandel-Lackarbeit: Wandschirm, 18. Jh. (Victoria & Albert Museum, London)

ser Periode umfassen kraftvoll bemaltes Porzellan mit Unterglasurblau oder noch bemerkenswerter in Rostbraun und Kupferrot.

Korinthische Keramik →Griechische Keramik

Korinthische Ordnung →Säulenordnungen

Koromandelholz →Ebenholz

Koromandel-Lackarbeiten. Seit dem 17. Jh. in Mittel- und Nordchina hauptsächlich für den Europaexport hergestellte Gegenstände aus Holz mit dicker Auflage von Kreidegrund, der mit Lack überzogen ist. Der Dekor ist mit dem Messer eingeschnitten, die Lackschicht an diesen Stellen bis auf den Kreidegrund entfernt und dieser dann farbig bemalt oder auch vergoldet. Die Bezeichnung wird von der Koromandel-Küste an der Ostseite Vorderindiens hergeleitet, dem einstigen Umschlagplatz im Ostindienhandel. Zu den schönsten Exemplaren gehören große zwölfteilige Stellschirme (→Paravent), 2,50 m hoch und bis zu 6 m breit, aus dem späten 17. und frühen 18. Jh., die mit üppigen Blumenlandschaften bemalt sind. (Bedeutend kleinere, mit Blumen und Vögeln sparsam bemalte Stellwände wurden für den chinesischen Markt hergestellt.) In Europa wurden zu Beginn des 18. Jhs. die Einzelteile solcher Stellwände dazu benutzt, ganze Wände zu verkleiden (Bayreuth, Eremitage). Kleinere Stücke wurden zur Dekoration von Schränken, Spiegelrahmen usw. verwendet. Englische Imitationen, →Bantam Work genannt, haben sich niemals richtig durchgesetzt. Hervorragende Nachahmungen stammen aus den Werkstätten G. →Dagly in Berlin und M. →Schnell in Dresden.

Lit: M. Jourdain und R. S. Jenyns, *Chinese Export*, London 1950; W. Holzhausen, *Lackkunst in Europa*, Braunschweig 1959; H. Huth, *Lacquer of the West*, Chicago 1971.

Korpus. Der ›Körper‹, die Grundstruktur eines Möbelstücks, auf die das Furnier aufgebracht wird.

A. Kothgasser: Ranftbecher in Transparentmalerei, Wien, um 1830 (Victoria & Albert Museum, London)

Kosta. Schwedische Glasfabrik, gegründet 1742 in Kosta, Småland. Abgesehen von einigen hübschen Trinkgläsern des späten 18. Jhs. wurde wenig Bedeutendes produziert, und erst im 20. Jh. wurde die Fabrik eines der wichtigsten Unternehmen auf dem Gebiet des Tischglases, zusammen mit →Orrefors. *Elis Bergh* (geb. 1881), *Ewald Dahlskog* (geb. 1894) und *Edvin Ollers* (geb. 1888) waren als Designer tätig.

Kothgasser, Anton (1769-1851). Führender österreichischer Glasmaler. Er begann bei der →Wiener Porzellanmanufaktur als Dessinmaler und arbeitete auch als Glasscheibenmaler. Er bemalte zahlreiche Becher in transparenten Emailfarben mit sehr feinen romantischen Landschaften.

Lit: R. von Strusser, *Die Einschreibebüchlein des Wiener Glas- und Porzellanmalers Anton Kothgasser (1769-1851)*, Karlsruhe o. J. (um 1978).

Kowsch. Russisches bootsähnlich geformtes Gefäß mit kurzem flachen Griff, das zum Austeilen von Getränken dient. Es besteht im allgemeinen aus Silber, manchmal aber auch aus Hartholz wie z. B. Maserholz. Es war bis ins 19. Jh. in Rußland allgemein verbreitet.

Koyama, Fujio (1900-75). Japanischer Keramikhistoriker und Töpfer, der bedeutende wissenschaftliche Publikationen über chinesische und japanische Keramik herausgab, u. a. ›Keramik des Orients‹, Tokyo, Würzburg, Wien 1959.

Lit: Ausst. Kat. *Japanische Keramik*, Hetjens-Museum Düsseldorf 1978.

Kraakporselein. Chinesisches Blauweiß-Porzellan aus der späten Ming-Zeit (Wanli) und der frühen Qing-Dynastie, mit Feldern von sich wiederholenden oder teilweise wiederholenden Mustern dekoriert. ›Kraak‹ ist die holländische Bezeichnung der Karacke oder portugiesischen Galeone, ein Schiffstyp, der im Ostindienhandel eingesetzt war. 1603 wurde eine mit Porzellan beladene Karacke aufgebracht. Das hiernach benannte Kraak-Porzellan ist das erste chinesische Porzellan, das in größeren Mengen nach Europa gekommen ist; es wurde späterhin in →Delfter Fayence nachgeahmt.

Kranz, Frederick →Hubbard, E.

Krause, Jakob (geb. 1526 oder 1527 in Zwikkau, gest. 1595 in Dresden). Der bedeutendste Buchbinder des 16. Jahrhunderts im deutschen Sprachgebiet, in Paris und Augsburg ausgebildet. Seit 1566 arbeitete er für den Kurfürsten August von Sachsen in Dresden (seit 1575 festbesoldeter Hofbuchbinder).

Lit: Ch. Schmidt, *Jakob Krause*, Leipzig 1923; I. Schunke, *Leben u. Werk Jakob Krauses*, Leipzig 1945.

Krautstrunk, auch **Warzenbecher** genannt. Die deutsche Bezeichnung für einen gebauchten Glasbecher, der mit Nuppen besetzt ist und an einen Kohlstrunk erinnert; aus grünem Waldglas seit dem 15. Jh. hergestellt.

Kretisch-mykenische Keramik und **Metallarbeit.** Keramik der Bronzezeit im ägäischen und kontinentalen Griechenland lehnte sich anfänglich sowohl in der Form als auch in der Verzierung an Metallarbeiten (und auch Hartstein-Gefäße) an, obwohl sie den feinsten erhaltenen Gold- und Silberarbeiten selten in der künstlerischen Vollendung gleichkommt, z. B. den Silberschalen der Kykladen von 2500

Kowsch, Silber, russisch, um 1740

v. Chr., den Silbertassen mit ziselierter Verzierung von 1700-1550 v. Chr. oder den berühmten Vapheio-Goldtassen von 1500 v. Chr. (Nationalmuseum, Athen). Erste bemerkenswertere Stücke kretischen oder minoischen Ursprungs folgten der Einführung der Töpferscheibe (wahrscheinlich von Kleinasien her) um 2000-1700 v. Chr. Diese sogenannten *Kamares-Vasen* (nach dem Grabheiligtum, wo sie zuerst gefunden wurden) sind von feiner Qualität, manchmal nur eierschalendünn, verziert mit kühnen, geschwungenen, abstrakten oder organischen Mustern in Weiß, Rot oder Gelborange auf schwarzem Grund, manchmal auch mit aufgesetztem floralen Relief-Ornament. Zur gleichen Zeit wurde auf dem griechischen Festland die *minysche Keramik* (2200-1400 v. Chr.) hergestellt, eckig metallisch in der Form, dekoriert in Grau, Schwarz oder Gelb mit einer glänzenden Oberfläche. Spätere kretische Töpferwaren ragen durch ihre naturalistischen, vor allem Meeres-Motive heraus (Fische, Polypen, Delphine, Seesterne, Korallen, Schwämme usw.), gemalt in einem feinen, glänzenden Schwarz, Rot und Weiß auf hellem Grund, genannt *Meeresstil.* Riesige (bis zu einem Meter hohe) Vorratskrüge und kleine, elegante Kelchgläser auf dünnem Stiel mit sparsamer Dekoration, bekannt als ›ephyreische‹ Kelchgläser, gehören der späten mykenischen Keramik an (1500-1200 v. Chr.).

Lit: A. Furumark, *The Mycenean Pottery,* Stockholm 1941; D. E. Strong, *Greek & Roman Gold and Silver,* London 1966; F. Schachermeyr, *Die minoische Kultur des alten Kreta,* (1939) Stuttgart–Berlin 1980; H. Matthäus, *Die Bronzegefäße der kretisch-mykenischen Kultur,* München 1980.

Kreuz. Eines der ältesten Ornamente mit symbolischer Bedeutung, das schon seit prähistorischer Zeit in vielen Kulturen bekannt war. Im Alten Ägypten galt ein Kreuz, genannt *Ankh,* das aus einem T, gekrönt von einer Schlinge, gebildet wird, als Symbol des Lebens; oft sind Götter und Pharaonen mit diesem Zeichen in den Händen dargestellt. Auch die *Swastica,* ein Kreuz, dessen Arme alle in dieselbe Richtung weisend im rechten Winkel abgebogen sind, läßt sich auf sehr frühen Ursprung zurückführen; verwendet wurde es als dekoratives Motiv, manchmal mit Symbolgehalt (vermutlich als Sonnensymbol), vor allem in Indien. Ein Kreuz wurde auch zum zentralen christlichen Symbol, als Kaiser Konstantin es im frühen 4. Jh. als Sinnbild des ›Triumphs über den Tod‹ einführte. Seit dieser Zeit wurden Kreuze als liturgische Gegenstände hergestellt, um während des Gottesdienstes neben (nicht auf) dem Altar aufgestellt und bei Prozessionen mitgetragen zu werden. Man unterscheidet zwei Haupttypen: (1) Das lateinische Kreuz mit einem langen vertikalen Balken und einem kürzeren Querbalken, der ersteren in dessen oberer Hälfte schneidet. Dieses Kreuz bewahrte die Bedeutung des ›Triumphs‹ seiner frühen konstantinischen Vorgänger. Oft wurde es äußerst kunstvoll gearbeitet und mit Gold und Edelsteinen geschmückt (genannt *crux gemmata*), wie auf der Vorderseite (nicht Rückseite) das Lothar-Kreuz. (2) Das griechische Kreuz mit gleichlangen Armen, befestigt auf einem kurzen Griff, so wie es in der byzantinischen Kunst ab dem 5. Jh. vor allem auf Elfenbeinarbeiten dargestellt wurde, versinnbildlichte die thaumaturgische Kraft Christi und wurde für Segnungen verwendet. Altarkreuze – also Kreuze, die auf dem Altar stehen sollten – wurden ab dem 9. Jh. in der Östlichen Kirche und ab dem 11. Jh. in der Westlichen üblich. Ab dem frühen 11. Jh. wurden Kreuze mit Gravuren, Relief- und vollplastischen Schnitzereien der Figur des gekreuzigten Christus versehen. Diese sogenannten Kruzifixe verdrängten allmählich die crux gemmata oder das einfache Kreuz. Sowohl Altarkreuze als auch Kruzifixe wurden gewöhnlich von zwei, später sechs Kerzenleuchtern flankiert, die dazu passend gefertigt wurden, z. B. die von →Sbarri und A. →Gentili für St. Peter in Rom gefertigten. Nach der Reformation wurden Altarkreuze und Kruzifixe aus den protestantischen Kirchen verbannt, erst im 19. Jh., und auch dann nur in bestimmten Zweigen der protestantischen Kirche wurden sie wieder eingeführt. Die christliche Kirche entwickelte verschiedene Kreuztypen, manchmal in Verbindung mit Heiligen – z. B. Andreas-Kreuz, Antonius-Kreuz –, manchmal im Prozeß der dekorativen Entwicklung – z. B. Kleeblatt-Kreuz.

Kreuzschraffierte Ware →Persische Keramik

Kreuzstich. Ein Stickstich, der aus zwei sich rechtwinklig kreuzenden Stichen besteht. Mit ihm stellt man die sogen. ›gros point‹-Stickerei her.

Krinolinengruppe. Moderner Ausdruck für eine Porzellangruppe mit einer Dame im Reifrock, im allgemeinen von einem nach der Mode gekleideten Kavalier begleitet. Solche Gruppen wurden zuerst von J. J. →Kändler in der Porzellanmanufaktur →Meißen modelliert und bald überall, in →Nymphenburg, →Wien usw., nachgeahmt.

Kristall →Bergkristall

Kristallglas. Klares farbloses Glas, das durch ein Verfahren hergestellt wurde, welches schon die Römer benutzten – dem Glassatz wurde zum Entfärben Mangan zugesetzt – und das im 15. Jh. von den →venezianischen Glashütten wiederentdeckt wurde. Dort nannte man es ›vetro di cristallo‹ wegen seiner Ähnlichkeit mit Bergkristall. Das Verfahren wurde von Venezianern wie G. →Verzelini nach England gebracht, erreichte auch die →böhmischen Glashütten, →Hall in Tirol, →Lüttich usw. In Deutschland werden drei Arten unterschieden: *Bleikristall* mit 18-33% Bleioxyd, *Halbbleikristall* mit 5-18% Bleioxyd und *Böhmisches Glas,* das ein bleifreies Kalisilikat-Glas ist.

Kristallglasur. Matte Glasur für Keramik aller Art einschließlich Porzellan. Sie besteht aus großen Zink- oder Kalkkristallen, die dadurch entstehen, daß man den Ofen, in dem die

Stücke gebrannt worden sind, sehr langsam abkühlen läßt. Solche Wirkungen wurden wahrscheinlich zuerst zufällig erzielt, wie die Flecken, die entstehen, wenn eine Glasur mit einem Farbstoff überladen ist. Diese physikalischen Vorgänge wurden dann, besonders in Europa vom späten 19. Jh. an, von Töpfern und Keramikchemikern, wie von H. Seger in der →Berliner Porzellanmanufaktur, ausgewertet, um ein Verfahren für abstrakte Glasurdekore zu finden.

Krohn, Pietro →Bing & Grøndahl

Krog, Arnold →Kopenhagener Porzellanfabrik

Kronglas. Ein Flachglas (etwa Fensterglas), das dadurch entsteht, daß man durch schnelle Drehung der Glasmacherpfeife ein aufgeblasenes Quantum Glas (Külbel) abplattet. Der mittlere, nabelförmige Teil, mit dem man die Scheibe während der Arbeit anheftete, wird Ochsenauge genannt.

Kröning, Töpferei. Hauptzentrum niederbayerischer →Hafnerware.

Krönken →Rörken

Kronleuchter. Ein von der Zimmerdecke hängender Beleuchtungskörper aus Metall für Öllampen oder (später) Kerzen. Zunächst hatte er die Form einer Krone, wie es romanische Exemplare im Aachener Münster und Hildesheimer Dom zeigen, später, in der Gotik, nahm er die Gestalt einer zentralen Säule und/oder Kugel an, von der aus Arme in den Raum ragen, die Kerzen tragen. Die schönsten erhaltenen Exemplare stammen aus dem 17. und 18. Jh., sie sind gewöhnlich aus Messing, selten aus Silber. Ähnliche Beleuchtungskörper aus Glas oder Kristall werden →Lüster genannt. *Siehe Abb. S. 374.*

Krug, Ludwig (um 1488/90-1532). Führender Nürnberger Goldschmied, der auch einmal mit Dürers Vater zusammengearbeitet hat. Er wurde 1484 Goldschmiedemeister und war von 1494-1509 Nürnberger Münzmeister. Einen kostbar gearbeiteten Deckelpokal kennt man durch eine Zeichnung in einem Inventar des Domschatzes von Halle a. d. Saale, heute Hof- und Stiftsbibliothek, Aschaffenburg. Auf Grund dieser Zeichnung ist Krug eine Reihe außerordentlich qualitätvoller Gefäße des frühen 16. Jhs. zugeschrieben worden: ein Pokal, der mit →Perlmutt-Kameen besetzt ist, im Kunstgewerbemuseum Budapest, einer, der sich früher im Kreml in Moskau befand, ein eiförmiger Pokal im Kunstgewerbemuseum, Berlin, ein weiterer, der von der Figur einer Frau am Brunnen gekrönt ist, im Kunsthistorischen Museum, Wien, sowie Schiffe im Schatz von S. Antonio, Padua, und im Germanischen Nationalmuseum, Nürnberg.

Lit: H. Kohlhaussen, *Nürnberger Goldschmiedekunst des Mittelalters und der Dürerzeit*, Berlin 1968.

Kruzifix →Kreuz

Ku →Gu

L. Krug: Zeichnung für einen Deckelpokal, um 1526 (Hof- und Stiftsbibliothek, Aschaffenburg)

Kuan-Ware →Guan-Ware

Kuan-tung →Guangdong

Kuba-Teppiche →Türkische Teppiche

Kubatscha. Herstellungsort →persischer Keramik in der Provinz Dagestan, nördlich des Kaukasus. Weißliche Irdenware mit schwarzer Bemalung unter türkisblauer Glasur.

Lit: Ausst. Kat. *Islamische Keramik*, Hetjens-Museum, Düsseldorf 1973.

Kuei →Gui

Kugelfuß →Klauen- und Kugelfuß

Kuhmilchkrug. Kleiner Milchkrug in Form einer Kuh, deren Schwanz als Henkel und deren Maul als Ausguß dienen; er wird durch eine Öffnung an der Unterseite gefüllt, wird gewöhnlich in Keramik oder Porzellan, seit Mitte des 18. Jh. auch in Silber hergestellt und kommt in Holland und England vor.

Kula-Teppich →Türkische Teppiche

Kumme. Henkellose, tiefe Schale.

Kunckel, Johann (1630-1703). Führender deutscher Glaschemiker und Glasmacher seiner

Zeit. Aus einer schon im 15. Jh. erwähnten hessischen Glasmacherfamilie stammend, wurde er in der Nähe von Rendsburg (Schleswig-Holstein) geboren und erlernte dort das Handwerk eines Glasmachers. Seine Laufbahn begann jedoch als Chemiker im Dienst des Herzogs Franz Carl von Lauenburg, und nach einer Zeit der Wanderschaft, während der er auch Holland besuchte, wandte er sich der Alchemie zu und wurde im geheimen Laboratorium des Kurfürsten von Sachsen in Dresden angestellt. 1677 veröffentlichte er die ›Chymische Anmerkung‹, eine Abhandlung, die zwar wissenschaftlich fundiert ist, jedoch auch seinen Glauben an die Möglichkeit des Goldmachens aus Grundmaterialien verrät. Nach einer kurzen Lehrtätigkeit in Wittenberg wurde er vom Großen Kurfürsten nach Potsdam berufen, wo er Leiter der →Potsdamer Glashütte wurde (1678). Im folgenden Jahr veröffentlichte er eine Abhandlung über das Glasmachen, ›Ars vitraria experimentalis‹, die eine Übersetzung von A. →Neris ›L'Arte Vetraria‹ enthält, mitsamt den dazugehörigen Kommentaren, die in England von Christopher Merrett herausgegeben worden waren. Das Werk enthält zudem auch viele praktische Informationen, die aus seiner persönlichen Erfahrung stammen. Er stellte sein Wissen und Können ganz in den Dienst der Potsdamer Glashütte und erzeugte dort, nach anfänglichen Schwierigkeiten, ein feines klares →Kristallglas. Sein Hauptverdienst ist jedoch die Wiedererfindung des Goldrubinglases, aus dem Vasen, Trinkgefäße u. a. gemacht werden konnten. Nach dem Tod des Großen Kurfürsten im Jahr 1688 hatte er mit finanziellen und auch anderen Schwierigkeiten zu kämpfen. 1693 wurde er nach Stockholm berufen, war dort Professor und Bergrat und wurde vom König von Schweden als ›Kunckel von Löwenstern‹ geadelt. Nach fünf Monaten kehrte er wieder nach Deutschland zurück und widmete den Rest seines Lebens der Chemie, verfaßte eine Analyse des Urins (1696) und bereitete andere Studien vor, die 1716 posthum unter dem Titel ›Laboratorium chymicum‹ erschienen sind.

Lit: H. Maurach, *Johann Kunckel*, Berlin 1933.

Kungsholm Glasbruk: Deckelpokal, 18. Jh. (Nationalmuseum, Stockholm)

Künersberg

Künersberg. 1745 von einem erfolgreichen Bankier, *Jakob Küner* (1692-1764), in der Nähe von Memmingen errichtete Fayencefabrik. Sie erzeugte Gebrauchs- wie auch dekorative Keramik (darunter Figuren) im Rokokostil, die in →Scharffeuerfarben oder (bemerkenswerter) in →Emailfarben bemalt und goldgehöht sind. Deckelkrüge, schlanke →Enghalskrüge, Teller mit gewellten Kanten, gut modellierte Vasen und Platten wurden hergestellt. Die Malerei ist oft von hoher Qualität, besonders Vögel, Insekten und naturalistische Streublumen. Die Fabrik wurde vermutlich um 1767 geschlossen.

Lit: J. Miedel, *Künersberg und seine Fayencefabrik*, Memmingen 1929; K. Hüseler, *Deutsche Fayencen*, Stuttgart 1956; A. Klein, *Deutsche Fayencen*, Braunschweig 1975.

Kungsholm Glasbruk. Erste bedeutende schwedische Glashütte, 1676 von einem Italiener gegründet, der sich aber als Betrüger erwies und 1678 nach England floh. Danach Verwaltung durch schwedische Aristokraten. Frühe Produkte zeigen venezianischen Einfluß, darunter sehr schöne große Pokale mit Schäften, die in der Form des königlichen Monogramms und der Krone sehr kunstvoll gearbeitet sind. Barocke Muster blieben in Mode, bis die Hütte 1815 schloß. Nachahmungen wurden von den *Skånska Glasbruket* in den Jahren 1691-1762 hergestellt.

Lit: A. Pollak in *Concise Encyclopaedia of Antiques* IV, London 1959.

Kunstfasern →Chemiefasern

Kunstkeramiker. Töpfer, der in traditioneller Weise und in beschränktem Umfang mit wenigen Gehilfen oder auch alleine arbeitet, im Gegensatz zu dem in einer Fabrik beschäftigten Töpfer. Die Bezeichnung ist gewöhnlich den im 19. und 20. Jh. arbeitenden Keramikern vorbehalten, die die industrielle Entwicklung der Keramikherstellung ablehnten. Die meisten Kunsttöpfer waren Franzosen, Engländer und auch Amerikaner. Die Franzosen, z. B. E. →Chaplet und A. →Dammouse, begannen im Renaissance-Stil. Die früheste englische Gruppe, R. W. →Martin und seine Brüder, waren hauptsächlich vom →Rheinischen Steinzeug beeinflußt. Von den 1860er Jahren an wuchs der Einfluß der →japanischen Keramik, insbesondere der groben Keramik für die →Teezeremonie, stetig an und ist noch immer sehr bedeutend (B. →Leach, L. →Rie und W. →Saite Murray). P. →Gauguin ist der bekannteste Künstler, der Kunstkeramik gemacht hat. Die französischen Töpfer J. L. →Artigas, E. →Lachenal und A. →Methey waren ihrerseits eng mit berühmten Künstlern verbunden. Zu den hervorragenden Kunstkeramikern in Deutschland zählen E. →Balzar-Kopp, R. →Bampi, J. Bontjes van →Beek, O. D. →Douglas Hill, P. →Dresler, O. →Lindig, M. →Laeuger und G. →Marcks.

Lit: A.W. Coysh, *British Art Pottery,* Newton Abbot 1976.

Kunstschrank oder **Kabinettschrank.** Ein Schaumöbel des 16.-17. Jhs. mit vielen Schubladen oder Fächern für Schreibsachen oder Wertgegenstände, mehr seines reichen Aussehens als seiner Nützlichkeit wegen geschätzt. Vorgänger ist der spanische Schreibschrank →Vargueño. Dieser wurde von Spanien aus in der Mitte des 16. Jhs. in Deutschland eingeführt. Bald bildeten sich architektonische Formen, an manieristische und barocke Kirchenfassaden erinnernd, heraus, besonders in Augsburg, wo die prächtigsten Beispiele im frühen 17. Jh. – manchmal Augsburger Kabinette genannt – hergestellt wurden, vor allem von Ulrich →Baumgartner. Die Verbindung von Holz, Metallen und Halbedelsteinen, manchmal auch Malerei auf Pergament, setzte die Zusammenarbeit mehrerer Handwerker voraus. Ein Augsburger Kaufmann, Philipp Hainhofer, agierte als Koordinator bei einigen der berühmtesten Exemplare, z. B. dem Pommerschen Kunstschrank (zerstört), der 1631 für den Herzog August von Braunschweig-Wolfenbüttel, oder dem, der 1632 für Gustav Adolph (Uppsala Universitets Konstsamling) gearbeitet wurde. Die Produktion solch kostbarer reich verzierter Stücke wurde durch den Dreißigjährigen Krieg unterbrochen. *Siehe Abb. S. 102, 480.*

Lit: H. Kreisel, *Die Kunst des deutschen Möbels,* Bd. 1, München 1968.

Kabinettschrank auf geschnitztem Gestell mit Schildpatt- und Ebenholzfurnier und Marmorfüllungen die mit biblischen Szenen bemalt sind, Antwerpen, um 1650 (Rijksmuseum, Amsterdam)

Kunststoffe. Im wesentlichen synthetisch aufgebaute Stoffe, die verformbar sind. Der erste Kunststoff (Zellulosenitrat oder Zelluloid) wurde 1862 von dem Engländer Alexander Parkes entwickelt. Er wird noch immer in begrenztem Ausmaß – vor allem für Tischtennisbälle und Brillengestelle – verwendet. Zelluloseazetat wurde 1894 patentiert; gegenüber Zellulosenitrat hat es den Vorzug, daß es nicht brennbar ist. Man verwendet es heute für die Herstellung von Filmen, Besteckgriffen und Kugelschreiberhülsen. 1897 folgte das Kasein; man konnte es einfärben und als Kunsthorn für die Herstellung von Knöpfen verwenden. Bei der Herstellung von Zellulose und Kasein wurden auch organische Stoffe verwendet. Der erste vollsynthetische Kunststoff war ein Kunstharz (Phenolformaldehyd oder Bakelit); er wurde von dem belgischen Chemiker Baekeland entwickelt und 1907 patentiert. Dieser Kunstharz war das erste Material, das bei Erwärmung durch Druck verformbar war und zum Isolieren elektrischer Leitungen verwendet wurde. Das 1926 entwickelte Urea-Formaldehyd konnte durch Farbzusatz koloriert werden, ebenso das 1935 entwickelte Melamin-Formaldehyd (z. B. Formica), das heute zur Beschichtung von Oberflächen und zur Herstellung von Plastikgeschirr genommen wird.

Mit der Entdeckung weiterer Kunststoffe in den 30er Jahren (Polyvinyl-Chlorid-PVC, Polyterephthalsäureester, Acryl und Nylon) wurde der Grundstein für die moderne Kunststoffindustrie gelegt. Alle diese Materialien sind thermoplastisch, d. h. sie sind bei Erwärmung verformbar und gewinnen nach dem Erstarren ihre ursprünglichen Eigenschaften wieder. Die Kunststoffproduktion – und besonders die der Thermoplaste – hat sich seit 1945 verzehnfacht. In intensiven Versuchen entwickelte man immer differenziertere Kunststoffe. Der Tag scheint nicht mehr fern, an dem man Materialien mit Eigenschaften nach den Forderungen und Wünschen der Designer entwickelt.

Kunststoff-Haushalteimer von G. Colombini, 1954, hergestellt von Kartell-Samco, Mailand (Museum of Modern Art, New York)

Küchengeräte aus durchsichtigem biegsamen Kunststoff, Entwurf von Earl S. Tupper, 1945-56, hergestellt von der Tupper Corporation, USA (Museum of Modern Art, New York)

Zur Zeit werden Kunststoffe jedoch noch vorwiegend als Ersatz für traditionelle Materialien verwendet. So hat das Design für Kunststoffprodukte bisher nichts wesentlich Neues gebracht. Die Entwürfe für den glasfiberverstärkten Kunststoff-Stuhl von Ch. →Eames und für die Tulpen-Serie von E. →Saarinen sind trotz ihres raffiniert einfach und modern anmutenden Erscheinungsbildes der Tradition verhaftet. Auch bei der Verwirklichung von Robin Days sehr erfolgreichem Polypropylen-Stuhl mußte man einen Kunststoff finden, der sich für die Ausführung des Designs eignete, denn Day war bei seinem Entwurf nicht etwa von den Eigenschaften des Materials ausgegangen. Die Entwürfe von W. →Wagenfeld (ein Kunststofftisch für die Flugzeuge der Lufthansa) und von G. →Colombini (Haushalts- und andere Gegenstände aus Kunststoff für die Firma Kartell in Mailand zeigen jedoch viel Gespür für das Material und den Herstellungsprozeß. Sie gehören bis heute zu den besten auf dem Kunststoffsektor.

Lit: A. J. Gatt, *Plastics and Synthetic Rubbers*, Oxford 1970; H. B. Hollander, *Plastics for artists and craftsmen*, London 1972.

Kupfer. Das erste vom Menschen verarbeitete Metall; es kommt (wie Gold) gelegentlich in Klumpen in ziemlich reinem Zustand vor und kann ohne Verhüttung geformt werden. Schon früh wurde es jedoch auch aus Erzen herausgeschmolzen. Unlegiert läßt sich Kupfer nicht mit befriedigendem Ergebnis in eine Form gießen, man kann jedoch Kupferplatten durch Hämmern in kaltem Zustand zu Gefäßen und anderen Dingen verarbeiten. Gegenstände aus Kupfer gibt es seit der Bronzezeit. Da aber Kupfer leicht korrodiert, sind Gefäße für die Aufbewahrung oder Bereitung von Speisen meist mit einem anderen Material, gewöhnlich Zinn, ausgekleidet worden. In fortgeschritteneren Kulturen hat man Kupfer meist als ein minderwertiges Metall betrachtet, das aber

Kunststoff-Stuhl von V. Panton, 1967 (Musée des Arts Décoratifs, Paris)

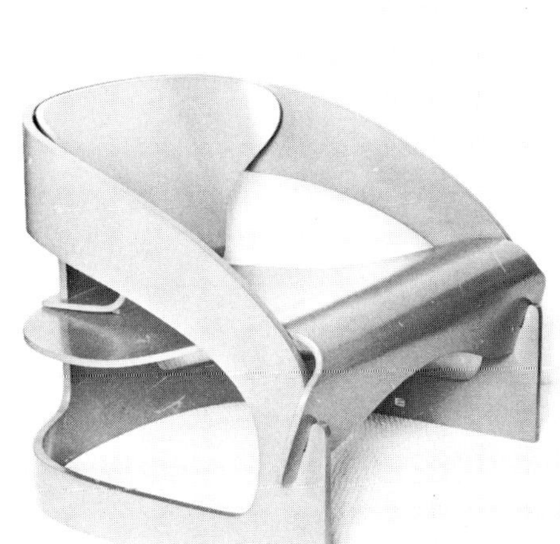

rechtes Bild: Kunststoff-Stuhl von J. Colombo, 1963 (Musée des Arts Décoratifs, Paris)

vorzüglich für die Feuervergoldung geeignet war. Durch die Erfindung seiner Versilberung (→Sheffield Plate) wurde dem Werkstoff ein weiterer Bereich als Ersatz für Gegenstände aus massivem Silber erschlossen. Kupfer wurde auch in großem Umfang als Träger für →Emailmalerei benutzt.
Kupfer ist in den Legierungen für die bessere aus unedlen Metallen hergestellte Ware enthalten: Es wird mit Zinn legiert, damit →Bronze, mit Zink, damit →Messing entsteht, und mit Nickel und Zink wird aus Kupfer Nickel- oder →Neusilber, das für →elektroplattierte Ware benutzt wird. Man kann Kupfer auch mit →Gold legieren und dieses farbig tönen. Siehe auch →Herrengrund-Gefäße und →Iserlohner Dosen.

Lit: L. Aitchison, *A History of Metals*, London 1960; G. Wills, *The Book of Copper and Brass*, Feltham 1969; H. H. Haedeke, *Metalwork*, London 1970.

Kürbisbecher. Pokal des 16.-17. Jhs., dessen Schale und Deckel von unregelmäßig eiförmiger Gestalt sind und an einen Kürbis erinnern. Häufig ist die Schale auf einen Schaft in Form eines knorrigen Baumstamms montiert. Kürbisbecher waren in Nordeuropa einschließlich Englands beliebt. H. →Brosamer und V. →Solis veröffentlichten Entwürfe für diese Art Pokale.

Kurdistan-Teppiche →Persische Teppiche

Kurfürstenhumpen. Deutsche Variante eines Glashumpens (→Deckelpokal) aus dem 15. und 16. Jh. Er ist groß, hat eine zylindrische Form und ist mit den Figuren des Kaisers und der sieben Kurfürsten in Email geschmückt.

Kurulischer Stuhl. →Faltstuhl mit Armstützen, aber ohne Rückenlehne, entsprechend der ›sella curulis‹, dem Amtssessel höherer Beamter im Alten Rom. Aus ihm entwickelte sich der mittelalterliche Faltstuhl mit x-förmig gekreuzten Beinen.

Kusnetzoff. Inhaber einer großen Anzahl im frühen 19. Jh. errichteter russischer Töpfereien und Porzellanfabriken, die etwa zwei Drittel der gesamten russischen Keramikindustrie ausmachten. Diese Fabriken stellten alle üblichen Handelswaren des 19. Jhs. her, hauptsächlich Nachahmungen der typischen westeuropäischen Waren, aber auch ansprechende Figuren russischer Bauern, wie sie die Porzellanfabrik →Gardner produzierte, die im Jahre 1891 von dem Kusnetzoff-Konzern übernommen wurde.

Kußtafel →Paxtafel

Kütahya-Keramik. Blauweiße anatolische Keramik von um 1490-1520 mit starker Ähnlichkeit zu einer ›Abraham von Kütahya‹ genannten Art aus Iznik aus der gleichen Zeit. Spätere Waren, von denen nur Stücke aus dem 18. und 19. Jh. bekannt sind, sind völlig anders und gleichen in nichts dem, was in Iznik hergestellt wurde. Es handelt sich um kleine dünnwandige Gefäße aus weißem Steingut, die mit blassen Farben (Gelb, Grün und Hellblau) zierlich bemalt und mit einer durchsichtigen Glasur überzogen sind. Ebenso sind Fliesen erzeugt worden (St. Jakobskirche, Jerusalem). In der Mitte des 19. Jhs. wurde Keramik aus Iznik nachgeahmt.

Lit: J. Carswell in: Y. Petsopoulos (Hrsg.), *Kunst und Kunsthandwerk unter den Osmanen*, München 1982; J. M. Rogers, *Islamic Art & Design 1500-1700*, London 1983.

Kutani. Eine kleine, private japanische Fabrik in Kutani Mura, West Honschu, von der Feudalfamilie Maeda im späten 17. Jh. gegründet. Die Fabrik arbeitete ausschließlich für diese Familie. Die Malerei wurde wahrscheinlich in der ›Malerstraße‹ (aka-e machi) in →Arita ausgeführt. Die Stücke sind mit sehr kühnen Entwürfen von Pflanzen, Tieren, Landschaften oder Textilmustern in einer reichen Palette von gelben, grünen, dunkelpurpurnen und blauen →Emailfarben dekoriert. Einige Stücke sind mit Gelb und Purpur auf einem blaugrünen Grund bemalt. Rotes Email und – selten – Unterglasurblau wurden ebenfalls verwendet. Die Entwürfe zeigen den Einfluß des chinesischen Porzellans wie auch der Arbeiten der Porzellanfabriken in Arita, die in der Folge die Waren von Kutani nachahmten. Die ursprüngliche Fabrik hat wahrscheinlich nur in den Jahren um 1670 bis um 1680 gearbeitet. Die Porzellanherstellung wurde jedoch in Kutani 1823 durch Iidaya-Hachiroemon wieder aufgenommen, der während einiger Jahre Leiter einer Fabrik war, die frühere Erzeugnisse, darunter auch Stücke mit Golddekorationen auf einem fest haftenden roten Schmelzfarbenfond, herstellte.

Lit: S. Jenyns, *Japanese Porcelain*, London 1965; Ausst. Kat. *Japanische Keramik*, Hetjens-Museum Düsseldorf 1978.

Kuttrolf. Deutsches Vexierglas, oft aus →Waldglas, mit einem Hals, der aus ineinander verschlungenen dünnen Röhren besteht, die in einer gemeinsamen Mündung enden.

Ku Yüeh Hsüan →Gu Yue Xuan

Kwaart, holländ., Glanz. Klare →Bleiglasur, die auf die Zinnglasur von in →Delft und (seltener) auch anderswo im 17. und 18. Jh. hergestellten Fayencen aufgetragen und mit der Zinnglasur gebrannt wurde, um letzterer mehr Glanz zu verleihen. Kwaart entspricht der →Coperta auf der italienischen Majolika.

Kwabornament →Ohrmuschelstil

Kyhn, K. C. T. →Kopenhagener Porzellanfabrik

Kyoto. Studio-Töpfereien um Kyoto bilden eine sehr interessante Gruppe der japanischen Werkstätten der Edo-Zeit (1615-1867). Das Hauptzentrum lag in Awata, wo die zwei berühmtesten Maler →Ninsei und →Kenzan und ihre Nachfolger arbeiteten. Der Ausdruck ›Kyomizu-Keramik‹ wird auf die Erzeugnisse von Öfen – eher kleine Kunstwerkstätten als Fabriken – in den Distrikten von Kyoto, genannt Kyomizuzaka und Gojo-zaka, bezogen. Einige von diesen stellten Porzellan, meistens in Nachahmung der Arbeiten der chinesischen

Ming-Zeit, wie auch bemalte Irdenware in japanischer Tradition her. Viele dieser Arbeiten sind gemarkt: darunter sind einige von Okuda

Kyoto: Wassergefäß für die Teezeremonie von Kiyomizu Rokubei VI., gelbliches Steinzeug mit Bemalung in Eisenbraun und Gold, 1970 (Museum für Kunst und Gewerbe, Hamburg)

→Eisen, der auf die Nachahmung chinesischer Stücke spezialisiert war, →Mokubei, auch ein gewandter Nachahmer chinesischer Waren, und Ninami →Dohachi, bekannt für seine farbig bemalten →Teezeremonienstücke. Unter anderen ausgezeichneten Töpfern sind mehrere Mitglieder der Familie Rokubei – der Gründer *Rokubei I* (1737-99), Hersteller von Keramiken für die Teezeremonie im koreanischen Stil und von unglasierten Stücken, sein Sohn *Rokubei Seisa* (gest. 1860), der auf die Nachahmungen chinesischen blauweißen Porzellans spezialisiert war, und sein Sohn *Rokubei Shoun* (gest. 1883), der durch seine mit Krabben dekorierten Teekannen berühmt wurde. Im weiteren Umkreis von Kyoto wurde auch →Raku-Keramik hergestellt. Noch heute werden Töpfereien in der Gegend betrieben.

Lit: S. Jenyns, *Japanese Pottery*, London 1971; Ausst.-Kat. *Japanische Keramik*, Hetjens-Museum Düsseldorf 1978.

L

Labhardt, Christoph (um 1641-95). In der Schweiz gebürtiger Stein- und Glasschneider, der am Hof des Landgrafen Carl von Hessen in Kassel arbeitete. Mit Hilfe wasserbetriebener Schleifräder und -scheiben führte er barocke →Hochschnittarbeiten in Glas sowie in →Bergkristall aus, manchmal auch vollplastische Figuren. Er war ein sehr vielseitiger Kunsthandwerker, der sowohl kraftvolle als auch feinste Motive zu gestalten wußte. Ein Kästchen im Schloß Rosenborg, Kopenhagen, ist ein bemerkenswertes Beispiel seiner Kunst. Verschiedene andere Mitglieder seiner Familie arbeiteten in Kassel als Steinschneider, vor allem sein Sohn *Johann Christoph* (1695-1742) und sein Enkel *Johann Christoph II* (1741-1814), der auch in London tätig war.

Lit: R. Hallo in *Altes Kunsthandwerk* I (1927), S. 181-204.

Lacca contrafatta. Italienische Nachahmung orientalischer Lackarbeiten, bei denen der Dekor aus ausgeschnittenen Drucken besteht, die auf die Oberfläche eines Gegenstands, z. B. eines Wandschirms, geklebt und dann lackiert werden. Hauptsächlich sind solche Arbeiten im venetianischen Bereich, aber auch anderenorts während des 18. Jhs. gemacht worden. ›Lacca‹ wird im Italienischen für jeden gemalten und lackierten Dekor auf Möbeln gebraucht wie auch für die echten ostasiatischen Lackarbeiten und die europäischen Nachahmungen.

La-Chapelle-des-Pots. Irdenware wird in La Chapelle-des-Pots bei Brizambourg (Département Charente-Inférieure in Frankreich), ununterbrochen seit dem 14. Jh. hergestellt. Die interessantesten Arbeiten stammen aus dem 16. Jh. und kündigen in ihrer Technik schon das Werk von B. →Palissy an, der aus der Gegend gebürtig ist: kühn modellierte Stücke aus einem blassen, harten Scherben mit einer grünen Glasur, auf der kleine Tupfen von Gelb und Braun aufgebracht sind. Sie sind von Fragmenten bekannt, die die Zuschreibung einiger sehr schöner Stücke aus dem 16. Jh. im Louvre, z. B. →Pilgerflaschen mit Löwenmasken und dem Wappen des Anne de Montmorency, Connétable von Frankreich, an La-Chapelle-des-Pots gestatten. Diese Töpfereien sind nicht zu verwechseln mit denen in La-Chapelle-aux-Pots nahe →Beauvais, wo wahrscheinlich ähnliche Erzeugnisse im 16. Jh. hergestellt worden sind.

Lit: M. J. Ballot, *Bernard Palissy et les fabriques du XVIe siècle,* Paris 1924.

Lachenal, Edmond (1855-1930). Französischer Töpfer, der als Angestellter von J.-Th. →Deck anfing, Vorstand seiner Entwurfsabteilung wurde und 1887 in Châtillon-sous-Bagneux eine eigene Fabrik gründete. Er machte zuerst japanisch inspiriertes Steinzeug, für das er bei internationalen Ausstellungen Preise bekam. Er stellte auch Porzellan und Fayencen her, die mit Vögeln, Blumen usw. im Stil des →Art Nouveau bemalt waren, auch kleine Figuren, von denen einige gemeinsam mit A. Rodin ausgeführt wurden. Sein Sohn *Raoul* (geb. 1885) war gleichfalls Töpfer, der auf Steinzeug mit →Flambé-Glasuren spezialisiert war.

Lit: A. Lesur u. Tardy, *Les poteries et les faïences françaises,* Paris 1957-60; Ausst. Kat. *Europäische Keramik des Jugendstils,* Hetjens-Museum Düsseldorf 1974.

Lack, Lackmalerei. Wasserfester Firnis orientalischen Ursprungs. Man unterscheidet zwei Arten, bei denen die Experten nicht ganz einig sind, welche als ›echter‹ Lack bezeichnet werden soll. Der feinere, wahrscheinlich frühere, wird aus dem Saft des Baumes ›Rhus vernicefera‹ hergestellt (er stammt aus China und wurde später in Japan eingeführt), eine graue, syrupähnliche Flüssigkeit, die ihre Molekulareigenschaften an der Luft verändert durch die Fähigkeit zu polymerisieren. So könnte man von dem ersten bekannten Plastikprodukt sprechen. Früher wurde der Saft durchgeseiht und die überflüssige Feuchtigkeit durch Erhitzen verdampft. Er wird mit oder ohne Farbzusatz auf Holz, Stoff, Leder o. a. Material aufgetragen. Das geschieht in vielen Schichten, von denen jede trocknen muß, bevor die nächste aufgetragen werden kann. Die Schichten bilden dann einen harten Überzug,

E. Lachenal: Steinzeugschüssel, um 1914 (Musée des Art Décoratifs, Paris)

Roter Lackthron des Kaisers Qianlong (Victoria & Albert Museum, London)

in den man Reliefs schnitzen kann. Lacke von zwei oder mehr Farben können miteinander kombiniert werden, manchmal in verschiedenen Lagen, so daß erst beim Schnitzen die darunterliegende Farbschicht sichtbar wird. Die Technik, kleine Lackobjekte herzustellen, ist in China am Anfang des 4. Jhs. v. Chr. entwickelt und von den Japanern übernommen worden. Schalen, Vasen, Dosen, Truhen und Stellwände sind seit dem 16. Jh. in Mengen nach Europa exportiert worden. In dieser Zeit kamen die qualitätvolleren Gegenstände aus

Kommode mit Lackmalerei in Grün und Gold, Venedig um 1740 (Palazzo Rezzonico, Venedig)

Japan und hatten meist Golddekor auf schwarzem Grund (*siehe auch* Aventuringlas). Die Chinesen stellten den geschnittenen →Koromandellack (benannt nach der Koromandelküste, von der die Gegenstände nach Europa verschifft wurden) und den →Lack burgauté her.
Ein anderer, ebenfalls wasserunlöslicher Lack wird aus dem Sekret des Lackinsekts ›Coccus lacca‹ hergestellt, das in Indien beheimatet ist.

Für die Gewinnung werden die Larven in kochendes Wasser geworfen. Die durch Verdunstung konzentrierte Lösung wird dann zu Blättern ausgewalzt, die beim Erkalten erhärten und in Alkohol wieder gelöst werden können, um als Firnisüberzug mit oder ohne Farbzusätze zu dienen. Die Substanz wird Schellack genannt und ist ein wichtiger Bestandteil vieler europäischer Lackimitationen, die seit dem frühen 17. Jh. und in großem Maß im 18. Jh. verwendet wurde. Dieser Lackersatz hat nur wenig Eigenschaften des echten Lacks, z. B. ist er nicht ganz wasserfest. Den besten aus Frankreich stammenden Schellack nennt man ›Vernis Martin‹ nach G. →Martin und seinen Brüdern, die ihn entwickelt haben. Eine andere Nachahmung hat sich noch weiter von dem ostasiatischen Ursprung weg entwickelt, die im 18. Jh. in Italien hergestellte →Lacca contrafatta.
Weitere europäische Imitationen sind aus Gummilack, Kernlack oder Muschellack. Zur Dekoration von Holzgegenständen – Möbeln, kleinen Kästchen, Bürstengriffen, Tabletts usw. – wurden zahlreiche Schichten aufgetragen, wobei verschiedene Farben verwendet wurden, vor allem Schwarz, Dunkelgrün, Siegellack-Rot (eine englische Spezialität) und gelegentlich auch Gelb. Die Verzierungen wurden mit Goldleim umrissen, mit einer Mischung aus Gummiarabicum und Sägemehl in Schichten aufgebaut und dann koloriert, geglättet und mit Metallstaub vergoldet. Schließlich wurde die gesamte Oberfläche poliert. Die feinsten Exemplare solcher Arbeiten sind sehr schwer von echten Lackarbeiten zu unterscheiden, obwohl die Dekorationen – gewöhnlich, aber nicht ausnahmslos →Chinoiserien – doch

Penwork-Dekor, englischer Kabinettschrank, frühes 19. Jh. (Victoria & Albert Museum, London) Gesamtansicht und Detail

Uhrgehäuse mit Lackmalerei (Gehwerk von Thomas Windmills) (Moniz Galvaos Collection, Lissabon)

Lackvase mit vergoldeter Fassung, Paris, 1745-49 (Louvre, Paris)

Chinesisches Lackpaneel mit Lackimitation von Pietro Messa, 1737 (Palazzo Reale, Turin)

die wahre Herkunft verraten. Mit einer anderen Art von Lackmalerei wurden Metallgegenstände verziert – Blechdosen, Tabletts, Teekannen usw. Hierfür wurde verzinntes Eisenblech (französisch tôle) mit schwarzem Asphaltlack überzogen, unter Hitzeeinwirkung getrocknet und mit Gold und Farben verziert. In →Bilston in Staffordshire im späten 17. Jh. und später in →Pontypool wurde diese Technik zuerst entwickelt. Im 18. und 19. Jh. war sie in ganz Europa sehr verbreitet, ab etwa 1740 auch in Nordamerika, wo man die Arbeiten ›Toleware‹ oder ›Tolerware‹ nannte. Solche Gegenstände waren normalerweise entweder mit Chinoiserien oder mit farbenfrohen Blu-

Lackpaneel an einer Kommode montiert von R. Dubois, um 1765 (Wallace Collection, London)

menbouquets verziert und konnten so schnell nicht mit echten orientalischen Lackarbeiten verwechselt werden.

Lit: W. Holzhausen, *Lackkunst in Europa*, Braunschweig 1959; K. Herberts, *Das Buch der ostasiatischen Lackkunst*, Düsseldorf 1959; B. von Ragué, *Geschichte der japanischen Lackkunst*, Berlin 1967; R. Goepper, *Kunst und Kunsthandwerk in Ostasien*, München 1968. H. Huth, *Lacquer in the West*, Chicago–London 1971; H. Garner, *Chinese Lacquer*, London 1979

Lack burgauté. Chinesische schwarze Lackarbeiten, eingelegt mit Perlmuttstückchen in kunstvollen Mustern. Ihr Ursprung liegt wahrscheinlich in der →Qianlong-Periode, nicht der Kangxi, wie man früher annahm. Die spezielle Dekorationsmethode wurde später zur Verzierung von Porzellan übernommen.

Lackvergoldung. Verfahren zur Aufbringung von Golddekor auf Keramik (häufig beim →Böttger-Porzellan verwendet). Zerriebenes Blattgold wird mit Lackfirnis gemischt und mit einem Pinsel aufgetragen. Es ist haltbarer als das frühere Verfahren der →Firnisvergoldung.

Lacroix, Roger →Vandercruse, R.

Lacy glass. Amerikanische Bezeichnung für ein →Preßglas mit spitzenartig die Oberfläche überziehendem Reliefmuster, vor allem Perlenmotive, Blattwerk, Arabesken. Hauptsächlich zwischen 1830 und 1850 hergestellt.

Ladatte (Ladetti oder **Ladetto), Francesco** (1706-87). Piemontesischer Bildhauer, der sowohl kleine dekorative Arbeiten und Möbelbeschläge als auch großfigurige Statuen und Reliefs geschaffen hat. In Turin geboren, kam er 1718 noch als Kind nach Paris, wo er eine Lehre durchmachte und 1729 den Preis der Akademie für Bildhauerei gewann. Darauf ging er nach Rom, kehrte aber 1732 nach Turin zurück, um im Auftrag des Hofes Bronzebeschläge von großer Eleganz für die Möbel von P. →Piffetti auszuführen. Er ging noch einmal nach Paris zurück (1737-43), wurde Mitglied der Akademie und stellte im Salon aus. 1744 machte er sich wieder nach Turin auf und wurde dort zum offiziellen Bronzebildhauer des Königs bestellt. Den Rest seines Lebens verbrachte er in Turin. Seine späteren Arbeiten umfassen Kerzenständer und mehrarmige Leuchter (Palazzo Reale, Turin), ein prächtiges goldbronzenes Schreibzeug (Sammlung Fila, Biella) und eine mit reichem figuralen Schmuck verzierte →Carteluhr (1755; Palazzo Reale, Turin) – alle in dem delikaten französischen Rokoko, mit dem er groß geworden war und dem er noch lange treu blieb, als es in Frankreich schon überholt war. *Siehe auch Abb. 309.*

Lit: J. Fleming in *The Connoisseur*, CXLII (1958), S. 152-153; L. Mallé in *Essays in the History of Art Presented to Rudolf Wittkower*, London 1967, S. 242-54.

M. Laeuger: Majolikaplatte, 1930 (Badisches Landesmuseum, Karlsruhe)

F. Ladatte: Goldbronzene Carteluhr, 1774 (Palazzo Reale, Turin)

Ladgvardina Ware →Mina'i-Keramik

Ladik-Brücken →Türkische Teppiche

Laeuger, Max (1864-1952). Deutscher Kunstkeramiker, Innendekorateur und Architekt, der an der Kunstakademie in Karlsruhe, an der er später lehrte (1885-98), ausgebildet wurde. Als Töpfer war er bekannt für einfache, an orientalische Formen erinnernde Vasen, die er in einer beschränkten Farbskala (Schwarz und Weiß auf Grün; Gelb und Grün auf Blau) mit stilisierten Blumen, besonders langstieligen Tulpen, die auf der Pariser Weltausstellung im Jahre 1900 sehr bewundert wurden, dekorierte. Er stellte auch sehr feine Keramikfliesen und andere Wanddekorationen für Kirchen und besonders für Innenräume, die er selbst entworfen hatte, her. Von 1921 an war er an der Karlsruher Majolika-Manufaktur beschäftigt. Viele seiner Arbeiten aus den folgenden Jahren sind figürlich und bildhauerhaft, z. B. eine große Wandfontäne von 1925 mit nackten, weiblichen Figuren in Blau und Weiß für die Stadthalle in Mülheim an der Ruhr, eine Platte von 1930 mit einer nackten weiblichen Gestalt in hohem Relief (Badisches Landesmuseum, Karlsruhe). Er schrieb auch über die Kunst des Töpferns und übte einen wesentlichen Einfluß auf die Entwicklung der Kunstkeramik in Deutschland aus.

Lit: Max Laeuger, Ausst. Kat. Mannheim 1964-65; E. Klinge, *Deutsche Keramik des 20. Jh.*, Hetjens-Museum Düsseldorf 1978.

Laggioni. Italienische (ligurische) Bezeichnung für Wandfliesen, die in den Töpfereien von →Genua, →Albisola und →Savona gemacht wurden. Sie wurden manchmal zu Bildern zusammengesetzt und leiten sich ohne Zweifel von den →Azulejos her.

La Granja. Spanische Glashütte, im Jahr 1728 unter königlichem Patronat von einem Katalanen, Buenaventura Sit, in der Nähe des königlichen Palastes von La Granja de San Ildefonso gegründet. Am Anfang vor allem Herstellung von Spiegeln, aber auch von Gefäßen in katalanischem Stil nach venezianischer Art. Ab 1740 bewirkten französische, schwedische und deutsche Handwerker eine Produktion von Geschirren, die nur noch wenig spanische Merkmale hatten und die allgemeine europäische Entwicklung mitmachten. Die Hütte ging 1829 in Privatbesitz über und stellte nur noch sehr einfache Gläser her.

Lit: Alice Wilson Frothingham, *Spanish Glass*, London 1964.

La Granja: Glasbecher, 18. Jh. (Museo Artes Decorativas, Barcelona)

Lajoue, Jacques de (1686-1761). Französischer Maler und Ornamentist, einer der überragenden Repräsentanten des Rokokostils. Die nach seinen Zeichnungen gemachten Stiche (oft von J.-G. →Huquier gestochen), die zahlreiche Brunnen, phantastische Kolonnaden, Balustraden und weite, in bewegten Schwüngen auf und ab flutende Treppen umfassen, haben einen großen Einfluß auf die Zeichner von Baumwolldrucken, Marketerien usw. ausgeübt.

Lit: D. Guilmard, *Les maîtres ornemantistes, 2 Bde.*, Paris 1880-81.

Lakabi ware →Laquabi ware

Lake. Färbemittel, das sich von Pigmenten und Farben unterscheidet. Sie entsteht beim Färbvorgang, wenn ein →Beizmittel verwendet wird, um die Farbe zu festigen. Die Lake (Farbe und Beizmittel zusammen) bildet sich

R. Lalique: Glasvase, 1900-10 (Musée des Arts Décoratifs, Paris)

dann in den Fasern des Stoffs. Da sie eine beständige Lösung ist, ist auch die Farbe beständig. Die gleiche Farbe kann verschiedenfarbige Laken ergeben, je nach dem Beizmittel, das ihr zugesetzt wird.

Lalique, René (1860-1945). Führender französischer Juwelier und Glaskünstler des →Art Nouveau. Er eröffnete 1885 in Paris eine Werkstatt und belieferte später S. →Bings Laden ›L'Art Nouveau‹ mit Schmuck: seine Armbänder, Ketten, Gürtelschnallen, Schmuckkämme usw., bei denen die Fassung der Steine ebenso wichtig ist wie die Steine selbst (die oft nur Halbedelsteine sind), sind eine Reaktion auf die Vorliebe des 19. Jhs. für große geschliffene Steine. Er bevorzugte asymmetrische Muster und arbeitete mit all den Motiven, die den Art Nouveau-Künstlern lieb waren, mit Libellen, Käfern, Pflanzen, mit geschmeidigen weiblichen Akten, welkenden Blumen usw. Nach 1902 entwarf er vor allem Glas: zuerst Parfumflakons, dann Vasen, Uhren, Beleuchtungskörper, Statuetten, Scheiben und Einsätze für Möbel aus durchsichtigem Kristallglas mit eingeschnittenen Mattglasmustern von Blumen, Tieren und Figuren. 1909 gründete er eine eigene Glasfabrik in Combes-la-Ville, 1921 eine zweite in Wingen-sur-Möder.

Lit: S. Barten, *René Lalique – Schmuck und Objets d'art. 1890-1910.* Œuvrekat., München 1976.

Lalonde, Richard de (tätig 1780-90). Französische Ornamentenstecher, der um 1780 sein Werk ›Cahiers d'Ameublement‹ veröffentlichte. Es enthielt zahlreiche Entwürfe für Stühle, Kommoden, Türrahmen, Tische, Kaminverkleidungen usw. in einer verfeinerten, etwas feminin anmutenden Variante des Louis-seize, obwohl manchmal auch in einem strengeren, von antiker Klassik inspirierten Stil bei reichlicher Verwendung von antiken Ornamenten wie Liktorenbündel, Helme usw. Eine Kommode von J. →Stöckel in Fontainebleau geht auf einen dieser Entwürfe zurück. Da der Band als praktische Anleitung für Möbelschreiner gedacht war, enthielt er Konstruktionspläne, Profile im Querschnitt und Detailansichten der Schnitzornamente. Ein Band mit ansprechenden Entwürfen für Eisengitter im

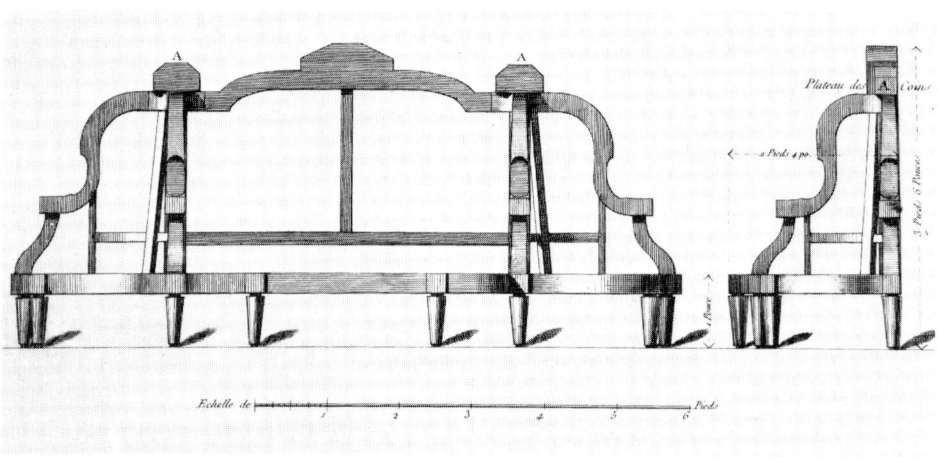

R. de Lalonde: Entwurf für ein Confident, um 1780

klassischen Stil mit zurückhaltenden Rokokoschnörkeln wurde 1789 unter dem Titel ›Differentes Grilles pour les Châteaux, les Chœurs et les Chapelles de Communion‹ veröffentlicht, war aber bereits überholt als er erschien. Sein ›Cahier d'Orfèvrerie‹ (1789) entsprach eher der damaligen Mode und enthielt Entwürfe für Haushaltssilber in einem einfachen, beinahe nüchtern zu nennenden klassischen Stil. *Siehe auch Abb. S. 67.*

La Mancloa oder **Florida Töpferei und Porzellanmanufaktur.** Gegründet 1817 durch Ferdinand VII. in der Nähe von Madrid, 1850 geschlossen. Zunächst wurde hier der Grundstock von →Buen Retiro verwendet, später wurden zeitgenössische französische Waren und auch im →Umdruckverfahren dekoriertes Steingut hergestellt.

Lambert & Rawlings. Ein Londoner Silberschmiedebetrieb aus der Mitte des 19. Jh., gegründet von *Francis Lambert* (gest. um 1841) und *William Rawlings* (gest. um 1862). 1842 nahm die Firma wahrscheinlich Teile von Rundell, Bridge and Rundell (→Rundell, Philip) in sich auf. Sie stellte alle Arten von Kirchen- und Haushaltgeräten her, von denen einige Stücke auf der ›Great Exhibition 1861‹ ausgestellt waren (z. B. eine Weinkanne, heute Victoria & Albert Museum, London). Das Unternehmen bestand unter dem Namen *Harman & Lambert* bis ins 20. Jh.

Lambeth potteries. Errichtet in London um 1665. Sie stellten Fayence (→Delftware) her, die in der Anfangszeit den früheren Erzeugnissen von →Southwark und den zeitgenössischen von →Bristol ähnlich ist. Im 18. Jh. stellten sie einige sehr ansprechende blauweiß mit →Chinoiserien dekorierte Stücke her. Die Erzeugnisse von Southwark sind oft irrigerweise Lambeth zugeschrieben worden.

Lit: A. Ray, *English Delftware Pottery*. London 1968; M. Archer in *The Connoisseur* April 1971, S. 238-246.

Lambrequin-Ornament

Lambrequin. Ursprünglich zungenförmig ausgeschnittener, mit Quasten versehener Gewandsaum, dessen Grundform im Spätbarock von den dekorativen Künsten als besonders beliebtes und stilistisch kennzeichnendes Ornament übernommen und als Behangmuster reich variiert wurde.

Lamé. Ein Stoff mit Schußfäden aus Metallgarn.

Lamellé. Französischer Name einer Art von Lederverzierung: durch meist in geometrischen Mustern eingeschnittene Schlitze sind schmale Silber- oder andere Metallstreifen hindurchgezogen.

Lamerie, Paul de (1688-1751). Der bekannteste englische Silberschmied seiner Zeit, aus dessen Werkstatt einige der schönsten Silberobjekte des Rokokos hervorgegangen sind. Aber seine Schaffensfreude war so unerschöpflich, daß manche der Gegenstände, die seine Marke tragen, keineswegs von höherer Qualität sind als die einiger seiner Zeitgenossen. Als Sohn von Hugenottenflüchtlingen in 's Hertogenbosch in Holland geboren, nahmen seine Eltern ihn früh mit nach London, wo sie sich 1691 endgültig niederließen. 1703 kam er in London zu dem hugenottischen Silberschmied P. →Platel in die Lehre. 1712 erhielt er seinen Freibrief von der ›Goldsmiths' Company‹; er machte sich selbständig und eröffnete einen Laden in der Windmill Street. 1716 wurde er zum Goldschmied des Königs bestellt. Zu Anfang arbeitete er in den beiden Stilen, die im frühen 18. Jh. in England populär waren: im gänzlich schmucklosen →Queen Anne und im Stil der →Hugenotten, mit viel Godronierung, mit ausgeschnittenem und schwerem gegossenem Dekor. Das eindrucksvollste Stück dieser frühen Periode ist wahrscheinlich der Weinkühler aus dem Jahre 1719, heute im Minneapolis Institute of Arts. Ein ähnliches Stück, datiert 1726, befindet sich in der Ermitage in Leningrad. Das einfachere Silbergeschirr, das in sei-

Paul de Lamerie

P. de Lamerie: silberner Weinkühler, 1719 (Minneapolis Institute of Arts)

ner Werkstatt fortlaufend hergestellt worden ist, hält sich an Vorbilder aus dem frühen 18. Jh. – Humpen, Tee- und Kaffeekannen, Silbertabletts, Abendmahlsgefäße – und ist oft mit Gravierungen geschmückt. Eines seiner Silbertabletts könnte von Hogarth graviert sein (Victoria & Albert Museum). Aus den 30er Jahren stammen seine gegossenen und mit erhabenem Schmuck versehenen Rokokogeschirre von betonter Eigenart, wie z. B. der Deckelpokal (1737) der ›Fishmongers' Company‹, London, in dem das Rokokoornament mit Naturformen gepaart ist, die an Arbeiten des 16. Jhs. erinnern, oder mit Motiven, die möglicherweise von Silbergegenständen im →Ohrmuschelstil inspiriert sind. In der Zeit von 1739-42 schuf er einige sehr reich dekorierte Stücke, die dem französischen Rokokosilber nahestehen, z. B. Kanne und Gießbekken in der Sammlung der Viscountess Galway. Der größte Teil seiner Arbeiten aus den späten 40er Jahren ist spärlich mit Rokokomotiven geschmückt. Teekessel und Brotkorb aus dem Jahre 1745 (Metropolitan Museum, New York) sind gute Beispiele für die Werke dieser Periode. *Siehe auch Abb. S. 224, 552.*

Lit: P. A. S. Phillips, *Paul de Lamerie*, London 1935; J. F. Hayward, *Huguenot Silver in England 1688-1727*, London 1959.

Lamour, Jean (1698-1771) Der führende französische Meister des Rokoko-Schmiedeeisens und einer der großartigsten Metallkünstler schlechthin. Er wurde in Nancy geboren und übernahm dort 1720 von seinem Vater das Amt des ›serrurier de la ville‹; seine große Chance wurde ihm durch Stanislaus Leszyński gebo-

P. de Lamerie: silberne Toilettengarnitur (Ashmolean Museum, Oxford)

ten, der 1738 das Herzogtum Lothringen übernahm und die bedeutendsten Aufträge an ihn vergab: Treppengeländer, Balkon- und Torgitter, so für das Hôtel de la Ville, und sein Hauptwerk, die Gitter und Geländer der Place Stanislas (1751-59). Die Eleganz und Feinheit, die kein anderer Metallkünstler je erreicht hat, und die schöpferische Phantasiefülle aller seiner Werke versetzen in Erstaunen. Selten wiederholt er ein Motiv, und doch ist das Ganze in seinen heiteren Variationen von einer wie spontan entstandenen Einheitlichkeit. Selbstverständlich hatte er eine Anzahl von Gehilfen zur Seite, von denen einige mit Namen bekannt sind. Es scheint, daß er sich nach Stanislaus' Tod im Jahre 1766 mit einem stattlichen Vermögen zurückgezogen hat, um sich ganz seiner Gemäldesammlung zu widmen.

Lit: C. Cournault, *Jean Lamour,* Paris 1903; O. Höver, *Wrought Iron,* London 1962.

Lampas. Ein gemustertes Gewebe mit Schußflottierung (Abschnitte des Garns laufen zum mindesten über zwei Fäden zwischen den Bindungspunkten), abgebunden durch eine Bindekette, zusätzlich zur Hauptkette und zum Grundschuß (aus Leinwand-, Körper-, Damastbindung usw.), äußerlich dem Damast ähnlich, aber schwerer. Lampas ist der korrekte Name für die meisten, gewöhnlich aber ungenau mit →Brokat bezeichneten Stoffe und könnte auch durchwirkter Stoff genannt werden. Viele der besten Möbelstoffe des 18. Jh. sind in Seiden-Lampas ausgeführt.

Lancaster Glass Works. Amerikanische Glashütte, 1849 in New York gegründet, in der Schüsseln und Krüge mit →Lily-pad-Dekor hergestellt wurden, wie auch Gefäße für den Gebrauch in Apotheken usw. Der Betrieb wurde um 1900 geschlossen.

Lancastrian pottery →Pilkington's Royal Lancastrian pottery

Landberg, Nils →Orrefors

Lanfrey, Claude-François →Niderviller

Lange Lyzen, engl. Long Elizas. Holländische Bezeichnung für in die Länge gezogene weibliche Figuren, die im 18. Jh. auf chinesischem Porzellan erscheinen und in →Worcester in den 60er Jahren des 18. Jhs. nachgeahmt wurden.

Langette (1) In der Ornamentik ein U- oder zungenförmiges Element, das gewöhnlich, aneinandergereiht, in einem Fries oder Band auftritt, das man Langettenband oder Zungenmuster im Gegensatz zur →Arkadendekoration nennt.
(2) Ein dichter Schlingenstich als Randbefestigung von Zacken- oder Bogenkanten.

Langevin, Louis →Nantes

Langley, Batty (1696-1751). Englischer Ornamentstecher und Autor zahlreicher Vorlagenwerke für Bauherren, Schreiner, Gärtner usw. Meist arbeitete er mit seinem jüngeren Bruder *Thomas* (geb. 1702) zusammen, der Zeichner und Kupferstecher war. Sein Werk ›The City and Country Builder's and Workman's Treasury of Design‹, London 1740, das 1741, 1750 und 1756 in erweiterter Form neu aufgelegt wurde, enthält Entwürfe für Möbel, Eisengitter, Kircheninventar wie Kanzeln, Altäre und Taufbecken sowie architektonische Details. Die meisten seiner Möbelentwürfe sind ausgesprochen →palladianisch, andere wurden ohne Genehmigung aus europäischen Vorlagenwerken kopiert, so z. B. ein Frisiertisch von J. J. →Schübler, eine Uhr von Friedrich Lauch (tätig 1720-60) und sechs elegante Rokokotische aus N. →Pineaus ›Nouveaux Dessins de Pieds de Tables‹. In seinem Vorlagenwerk ›Ancient Architecture restored and improved...‹, 1742, das unter dem Titel ›Gothic Architecture improved by rules and proportions in many grand designs of columns, doors, windows...‹ 1747 neu aufgelegt und bekannter wurde, bewies er größere Eigenständigkeit. Er entwarf und systematisierte neugotischen Dekor, von dem sich anscheinend Schrank- und Stuhlschreiner zu Entwürfen in einem abenteuerlich wirkenden ›gotischen‹ Stil anregen ließen, der überladen war mit Krabben, Spitzbögen und Rosetten.

Lit: P. Ward-Jackson, *English Furniture Designs of the Eighteenth Century,* London 1958.

Langlois, Pierre oder **Peter** (tätig 1760). Französischer Möbeltischler, der sich um 1759/60 in London niederließ und der hervorragendste Repräsentant der Möbelkunst des Louis-quinze und Louis-seize außerhalb Frankreichs war. Seine Marketerie-Kommoden mit Goldbronzebeschlägen stehen den schönsten Arbeiten der Pariser Möbelkünstler nur wenig nach und gehören zu den besten Arbeiten zeitgenössischer Londoner Kunsttischler wie W. →Vile und J. →Cobb. Einige seiner Stücke befinden sich heute in Woburn Abbey, im Fitzwilliam Museum, Cambridge, und im Metropolitan Museum, New York. Ganz verschieden vom Stil seiner Kommoden sind ein Paar geschnitzte und vergoldete, zusammenlegbare Spieltische in Syon House und einige gefaßte und vergoldete Wandtische, die früher in Audley End standen und ihm zugeschrieben werden. Sie sind dem Adamschen Stil verwandt.

Lit: P. Thornton u. W. Rieder in *The Connoisseur* Dez. 1971, S. 283-88; Febr. 1972, S. 105-12; W. Rieder in *The Connoisseur* Sept. 1974.

Lang-yao →Ochsenblut

Lannuier, Charles-Honoré (1779-1819). Möbelkünstler, der 1803 in die Vereinigten Staaten auswanderte und New Yorks bester Möbelschreiner wurde. Sein Zeitgenosse und Rivale war Duncan →Phyfe. Seine Lehre hatte er in Frankreich, wahrscheinlich bei seinem älteren Bruder *Nicolas,* absolviert, der im Louis-seize-Stil arbeitete. Nicolas war 1783 ›maître ébéniste‹ geworden, eine seiner Kommoden befindet sich im Musée des Arts Décoratifs in Paris. Lannuier entwickelte einen durchaus persönlichen Stil, den man als ›New Yorker Empire‹ bezeichnen könnte. Die Formensprache seiner Möbel geht zwar auf die des Directoire, des

Konsulats und des Empire zurück, wirkt aber leichter und graziler. Seine Auftraggeber stammten hauptsächlich aus New York und dem Hudson-Tal. Es existiert noch eine erstaunlich große Anzahl von Stücken, die sein Meisterzeichen oder sein Etikett tragen. Einige davon befinden sich im Metropolitan Museum of Art, New York.

Lit: Charles F. Montgomery, *American Furniture: The Federal Period in the Henry Francis du Pont Winterthur Museum,* New York–London 1967.

Lanz, Johann Wilhelm →Straßburg; Frankenthal

Lapierre, Arnaud →Montauban

Lapislazuli. Ein tief ultramarinblauer Halbedelstein, der hauptsächlich aus Lazulith und den goldenen Einsprengseln des Pyrits besteht. Er ist ganz leicht durchscheinend. Die Kunsthandwerker der Renaissance und des Manierismus (allen voran J. →Bylivclt) verfertigten Ziergefäße aus ihm, benutzten ihn zu →Pietre dure-Arbeiten und gelegentlich als Möbelschmuck.

Läppen. Ein Verfahren zur Verhinderung der Abnutzung der am meisten gefährdeten Ränder und Ecken bei →Sheffield Plate. Vornehmlich Thomas Boulton und Samuel Roberts haben verschiedene Methoden zu ihrer Verstärkung entwickelt. Die meist angewandte ist die, Ränder und Ecken mit U-förmig ausgeschnittenem Silberdraht zu verkleiden.

Laqabi- oder **Lakabi-Ware.** Eine Gruppe islamischer Keramik des 12. Jhs., die nach Rayy oder Kaschan lokalisiert wird. Technisch unterscheidet sie sich von anderen durch eine mehrfarbige Glasurmalerei, deren einzelne Farben durch schmale Stege oder eingeritzte Linien voneinander getrennt sind. Die Glasurfarben sind direkt auf den weißen Grund aufgetragen. Der Dekor besteht oft aus Vögeln, vor allem aus Pfauen, die von pflanzlichen Motiven oder Schlingenornamenten, seltener Inschriften über Rankengrund gerahmt sein können.

Lit: Ausst. Kat. *Islamische Keramik,* Hetjens-Museum Düsseldorf 1973.

La-Rochelle. Von mehreren Fayencefabriken des 18. Jhs. in La-Rochelle war nur eine einzige von Bedeutung. Sie arbeitete von 1749 bis 1789 und stellte ansprechende Fayencen her, die mit Vögeln, Blumensträußen, Insekten usw. in kräftigen →Scharffeuerfarben mit vorherrschenden Blau- und Gelbtönen dekoriert waren, eigentlich im Stil von →Nevers (obwohl die Dekore auch von →Rouen, →Moustiers und →Straßburg entlehnt wurden). Einige Vasen sind mit in Relief aufgelegten Blumen und Muscheln verziert. Fabrikmarken sind nicht bekannt, aber mitunter wurden der Name der Fabrik und verschiedene Initialen und Monogramme verwendet.

Lit: G. Musset, *Les faïences rochelaises,* La-Rochelle 1888; G. Fontaine, *La Céramique Française,* Paris 1946; J. Giacomotti in *Cahiers de la Céramique...,* 1968 Nr. 42-43, S. 92-113.

Lasalle, Philippe de (1723-1805). Führender Lyoner Seidenentwerfer und Seidenfabrikant. Er lernte Malerei bei François →Boucher in Paris und entwickelte einen sehr anmutigen, ornamentalen Stil, der Charme und Eleganz des →Rokoko in sich vereinte und mit dem frühen →Louis-seize der Möbel hervorragend harmonisierte. In seinen Mustern kommen oft naturalistische Vögel und Blumenbouquets mit diskret verwendeten Schleifen, Girlanden und manchmal auch Vasen vor in der Farbenpracht eines frischen Maimorgens. Als Lieferant zahlreicher seidener Einrichtungsstoffe für Versailles und Fontainebleau wurde er von Ludwig XVI. geadelt. Er arbeitete auch für den russischen und spanischen Hof, wurde aber durch die Französische Revolution ruiniert. *Abb. siehe S. 352.*

Lit: E. Pariset, *Histoire de la fabrique Lyonnaise,* Lyon 1901; P. Thornton, *Baroque and Rococo Silks,* London 1965.

Latène-Kultur. Kultur der zweiten Phase der Eisenzeit in Europa, anschließend an die →Hallstatt-Kultur, benannt nach einer Siedlung am Nordende des Neuenburger Sees (Schweiz), die sich vom 5.-1. Jh. v. Chr. auf das Gebiet zwischen Rhein und Marne konzentrierte. Die geschwungenen und verflochtenen Muster auf Töpfer- und Metallarbeiten aus La-Tène (z. B. auf dem bronzenen Krug aus Dürrnberg von um 425 v. Chr. – Carolino Augusteum, Salzburg), manchmal mit Korallen und Zellenschmelzemail (z. B. bei dem Krug von Basse-Yutz aus dem 4. Jh. – British Museum, London), manchmal mit ziselierten Menschenköpfen und klassischer Ornamentierung (z. B. bei Bronze- und Gold-Arbeiten aus Waldalgesheim – Rheinisches Landesmuseum, Bonn), verweisen auf Verbindungen sowohl zum skythischen →Tierstil als auch zum griechischen ›geometrischen Stil‹ (→Griechische Töpferwaren). In der späteren Kombination dieser Tendenzen mit noch anderen – südlichen, nämlich orientalisierenden, und nördlichen, nämlich nicht-figurativen – Elementen sollte sich ein eigener →keltischer Stil herausbilden, als dessen erste Phase man die Latène-Kultur ansehen kann.

La-Rochelle: Fayenceterrine (Musée d'Orbigny, La-Rochelle)

P. de Lasalle: Wandschirm mit Seidenbespannung um 1780 (Schloß Fontainebleau)

Lit: P. Jacobsthal, *Early Celtic Art* (1944), Oxford 1969; N.K. Sandars, *Prehistoric Art in Europe*, Harmondsworth 1968; W. Menghin, *Kelten, Römer und Germanen*, München 1980.

Laternenuhr. Englische, einer Laterne ähnelnde Tischuhr (lantern clock, zwischen 1620 und dem frühen 18. Jh.) in Metallgehäuse, bekrönt von einer Glocke in Halbkugelform. Ähnliche Uhren kommen auch im deutschen Biedermeier vor.

Laterza. Keramikzentrum in der Provinz Tarent vom 16. bis 18. Jh. Die Dekorationen sind einfach in Weißblau, mitunter auch in anderen Farben. Die Maler Angelo Antonio D'Alessandro und Leonardo Anton Andriuzzo arbeiteten hier.

Lit: N. Vacca, *La ceramica salentina*, Lecce 1954; G. Donatone, *La maiolica di Laterza*, Bari 1980.

Latticinio-Glas, Latticino-Glas. Eine Hohlform, an deren Innenwand in regelmäßigen Abständen dünne weiße Glasstäbe stehen, wird mit klarer Glasmasse ausgegossen, mit der sich die Stäbe durch Rollen auf einer weichen Unterlage eng verbinden. Beim Blasen eines Gefäßes aus dieser Masse bildet sich durch kunstvolles Schwingen der Glasmacherpfeife ein phantasievoll verschlungenes Netz weißer Fäden im farblosen Glas. (Bei dem schon in der Antike bekannten Fadendekor wurden die ›Fäden‹ beim Blasen auf das Gefäß aufgebracht.) Gläser, die mit diesem Dekor versehen sind, kamen um 1535 in Gebrauch und wurden von Biringuccio in seinem Werk *De la pirotechnica* (1540) beschrieben. Sie blieben bis ins späte 18. Jh. in Gebrauch, als sich G. →Briati auf sie spezialisierte. Im 19. Jh. wurden sie wiederbelebt und als →Vetro da trina (Spitzenglas) bezeichnet – ein Ausdruck, der im Jahr 1849 aufkam.

Lit: L. Zecchin, ›Fortuna d'una parola sbagliata‹ in *The Journal of Glass Studies*, 1968, S. 110-113; A. Polak, ›Venetian Renaissance Glass. The Problem of dating vetro a filigrana‹ in *The Connoisseur*, Aug. 1976, S. 270-77.

Lattimo →Milchglas

Latz, Jean-Pierre (um 1691-1754). Einer der besten →ébénistes des Louis-quinze, jedoch nicht sehr bekannt, da er seine Arbeiten selten signierte. Latz wurde in Deutschland geboren und ging 1719 nach Paris, wo er sehr erfolgreich arbeitete. 1741 wurde er zum ›ébéniste privilégié du Roi‹ ernannt. 1749 wurde er gerichtlich belangt, weil er auf seinem Grundstück Metallbeschläge gegossen und bearbeitet hatte. Zu diesem Zeitpunkt befanden sich 236 Uhrgehäuse in verschiedenen Fertigungsstadien in seiner Werkstatt. Eine Inventarliste, die nach seinem Tod angefertigt wurde, gab außer anderen Möbelstücken 170 Uhrgehäuse an, was darauf schließen läßt, daß er sich auf Uhren spezialisiert hatte. Zwei besonders schöne von ihm signierte Standuhren sind erhalten geblieben. Eine, in ›première-partie‹- →Boulle-Marketerie, datiert 1744, mit überschäumenden Rokoko-Goldbronzebeschlägen, befindet

Laternenuhr, englisch, von David Bouquet (gest. 1665) (Victoria & Albert Museum, London)

sich im Cleveland Museum of Art; die andere, mit Holzmarketerie und Goldbronzebeschlägen, steht in Waddesdon Manor, Buckinghamshire. Eine kleine Anzahl von ihm signierter Kommoden, Eckschränkchen und Schreibtische ist bekannt, weitere Möbel werden ihm zugeschrieben.

Lit: H. Hawley in *The Bulletin of the Cleveland Museum of Art* LVII (1970), S. 203-59.

Laub- und Bandelwerk. Ein aus dem für den Spätbarock charakteristischen →Akanthusornament entwickeltes und dieses ablösendes Rahmenmotiv aus Blüten und mäanderartig verschlungenen Bändern, das um 1720 auf allen Gebieten der angewandten Kunst zu einem dominierenden Ornament ausgebildet war.

Laufendes Rund. Ornamentband, das aus Kreisen besteht, die durch Tangenten miteinander verbunden sind.

Läufer. Lange, schmale Teppiche, gewöhnlich im Orient dafür gemacht, an den Langseiten eines Hauptteppichs in einem Zelt oder Raum zu liegen. In Europa und Nordamerika in Korridoren, Hallen usw. gebraucht.

Laufleiste. Teil einer in der Renaissance gebräuchlichen Gestaltung von Tisch- oder Stuhlfüßen, die später auch für kleinere Möbel Verwendung fand: horizontal am Boden verlaufende Leiste, die Vorder- und Hinterbeine verbindet.

Laurence Vitrearius. Erster urkundlich nachgewiesener englischer Glasmacher. Er kam aus der Normandie und ließ sich um 1226 in Dyers Cross, Pickhurst (Surrey) nieder. Um 1240 lieferte er farbiges Glas für Westminster Abbey.

Lauschaer Glas. Thüringisches Glas, seit 1595 in Lauscha erzeugt und vom 18. Jh. an wegen der kleinen Glasfiguren und ›Spielzeuge‹, die aus Glasstangen und -röhren vor der Lampe geblasen wurden, bekannt. *Siehe* Nevers.

Lausitzer Kultur. Nordillyrische Kultur um 2000 bis um 750 v. Chr., die hauptsächlich der jüngeren Bronzezeit angehört. Sie weist bauchige Gefäße mit abgesetzter Schulter und einschwingendem Hals, graffitierte Schalen, z. T. vor dem Brande poliert, Buckelgefäße und Gesichtsurnen auf.

Lit: H. Kühn, *Die Kunst Alteuropas*, Stuttgart 1954; W. Menghin, *Kelten, Römer und Germanen*, München 1980.

Laveno. 1856 wurde in Laveno am Lago Maggiore von Technikern der keramischen Werke Richard in Mailand, S. Cristoforo, eine Keramikmanufaktur gegründet. 1893 zur Società Ceramica Italiana umfirmiert, stand sie bis 1916 unter der Leitung von Tommaso Bassi und Antonio Casanova. Die Arbeiten im →Art Nouveau ähneln denen von G. →Chini und Richard-Ginori in →Doccia. Mitunter sind sie mit ›Liberty‹ gemarkt. Berühmt sind die mit Stempeln dekorierten Stücke. Bemerkenswert sind noch die Geschirre von Guido Andlovitz (geb. 1900) und Antonia Campi. In Laveno Mombello gibt es ein Museum mit Keramik von Laveno.

Lavjardina ware →Mina'i-Keramik

Law, Thomas →Sheffield Plate

Lay, Philipp Friedrich →Offenbach

Lazulite, engl. Blaugetönte →Parianware.

Leach, Bernard Howell (1887-1979). Führender englischer →Kunstkeramiker. In Hongkong als Sohn britischer Eltern geboren, begann er in England als Maler und Stecher, ging 1909 nach Japan und lernte die Töpferei unter Ogata Kenzan VI (dem letzten der von O. →Kenzan gegründeten Linie). 1920 kehrte er nach England zurück und errichtete die Töpferei Leach in St. Ives mit S. →Hamada, der später nach Japan zurückkehrte, wo er der führende Töpfer wurde. Obwohl er manches der mittelalterlichen sowie auch der englischen Töpferkunst des 17. Jhs. (besonders die

B. H. Leach: Gefäß, um 1924 (Victoria & Albert Museum, London)

Lebensbaummotiv auf einem indischen bemalten Baumwollstoff, 18. Jh. (Victoria & Albert Museum, London)

→Schlickermaltechnik) verdankt, ist Leach vor allem von den japanischen →Raku-Keramiken inspiriert worden. Sein Werk zeigt Tafelgeschirre wie auch gefällige Blumenvasen in einfacher, kraftvoller Form, die ihre dekorative Wirkung durch die Feinheit ihrer Glasuren und die gelegentlich in kühnen Spritzern aufgetragenen oder eingeritzten Motive erlangen. Er glaubte, daß »Töpfe, wie alle Kunstformen, etwas über den Menschen aussagen«. Durch seine Arbeiten und Schriften (vor allem ›A Potter's Book‹, 1940) hat er die japanische Auffassung von dem Töpfer als einem Künstler und nicht einem bloßen Handwerker in Europa weitgehend verbreitet, zusammen mit der Ansicht, daß ein handgedrehtes Gefäß mit einer ungleichmäßigen Oberflächenstruktur technisch vollendeten Stücken »überlegen« ist, gleich, aus welchem keramischen Material diese bestehen, ob hand- oder maschinengearbeitet, ob griechisch, aus dem 18. Jh. oder modern. Obwohl er sich von dem →Industrie-Design abwandte, haben seine Arbeiten einen gewissen Einfluß auf industrielle Designer gehabt.

Lit: B. Leach, *A Potter's Work*, Bath 1967. C. Hogben, Hg., *The Art of Bernard Leach*, London 1978; B. Leach, *Beyond east and west*, London 1978.

Lebensbaum-Motiv. In der Mythologie vieler Völker ist der Baum Symbol der schöpferischen Kraft des Universums. Darstellungen solchen Sinngehalts durch blühende Bäume finden sich schon früh in der chinesischen Kunst, wurden von der indischen und persischen Miniaturmalerei und Textilkunst übernommen und in Form eines einzelnen floral-ornamentalen Baumes als Darstellung verselbständigt. Dem europäischen →Chinoiserie-Geschmack des 18. Jhs. angepaßt, wurden in Indien im Auftrag englischer Faktoreien mit dem Lebensbaummotiv bedruckte dekorative Behänge und Bettüberdecken hergestellt, die besonders in England und im englischen Nordamerika sehr beliebt waren.

Lit: J. H. Philpot, *The Sacred Tree in Religion and Art*, London 1897; J. Irwin in *Burlington Magazine*, XCVII (1955), S. 106-14; E. O. James, *The Tree of Life*, Leiden 1966; R. Cook, *The Tree of Life, Symbol of the Centre*, London 1974.

Le Brun, Charles (1619-90). Französischer Maler und Entwurfszeichner, der eigentliche Schöpfer des →Louis-quatorze. Nach seiner Malerausbildung bei Simon Vouet studierte er von 1642-46 in Rom: durch die Begegnung mit Nicolas Poussin und Pietro da Cortona wandelte sich sein Stil mehr zum klassizistischen Hochbarock. Im Jahre 1648 war er an der Gründung der ›Académie Royale‹ beteiligt und verdrängte wenig später Vouet von seinem Platz als führender Maler Frankreichs. 1658 wurde ihm die Leitung der →Maincy Wandteppichmanufaktur übertragen, 1663 übernahm er die Stelle des ersten Direktors der Manufacture des →Gobelins. In dieser Manufaktur malte er nicht nur Kartons für Bildteppiche, sondern lieferte auch Entwürfe für Goldschmiede, Ebenisten, Bronzekünstler usw., deren Arbeit er überwachte und an deren kunsthandwerkliche Geschicklichkeit er höchste Anforderungen stellte. Diese Gegenstände, die den zur Prachtentfaltung des ›grand siècle‹ passenden Hintergrund abgegeben und Versailles zum Leitstern des fürstlichen Geschmacks in ganz Europa gemacht haben, verraten seine Liebe zum üppigen Prunk, die aber durch eine gleichsam anerzogene klassische Zucht in Schranken gehalten wird und alle Übertreibungen vermeidet. Nach dem Tode seines Gönners Colbert, 1683, fiel er beim König in Ungnade. *Siehe Abb. S. 238.*

Lit: Charles Le Brun, Ausst. Kat. Versailles 1963.

Le Corbusier, Charles-Edouard Jeanneret, genannt (1887-1965). Einer der brillantesten und einfallsreichsten modernen Architekten. In den 20er Jahren begann er, zusammen mit *Charlotte Perriand* und seinem Bruder *Pierre Jeanneret*, Möbel zu entwerfen. Während seines Studiums in Deutschland 1910 bei P. →Behrens hatte ihn H. →Muthesius mit seinen Ideen über Architektur und Design beeindruckt. Für die Pariser Ausstellung von 1925 schuf Le Corbusier den ›Pavillon de l'Esprit Nouveau‹ und stattete ihn mit den einfachsten →Thonet-Stühlen aus. Im gleichen Jahr veröffentlichte er ›L'art décoratif d'aujourd'hui‹

Le Corbusier: Armsessel, bekannt als ›siège grand comfort‹, 1926 (Musée des Arts Décoratifs, Paris)

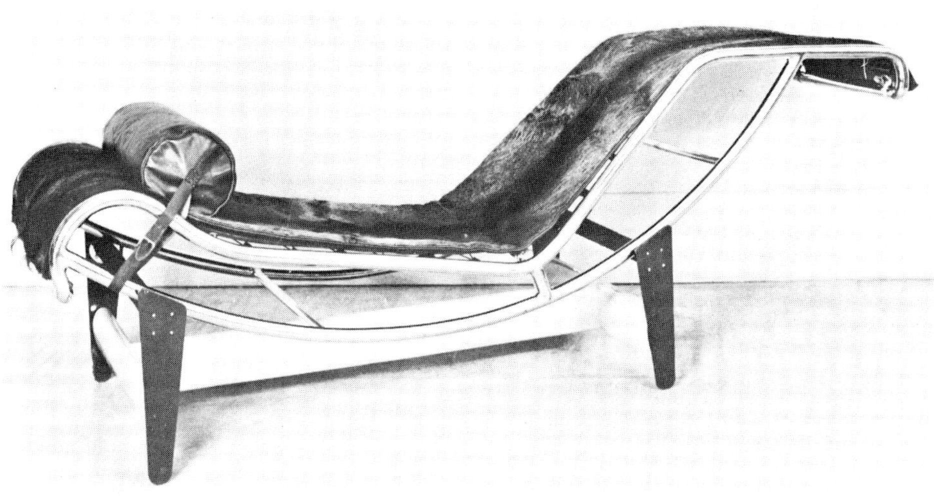

Le Corbusier: Chaiselongue, bekannt als Cowboy-Stuhl, 1927 (Musée des Arts Décoratifs, Paris)

und verkündete, daß die dekorativen Künste, das Kunsthandwerk im herkömmlichen Sinne, durch die Industrialisierung überflüssig geworden seien. Man solle vielmehr das zeitgenössische Äquivalent in der standardisierten Massenproduktion suchen.
1926 begann er mit seiner Mitarbeiterin Charlotte Perriand Stühle, Tische und Einbauschränke zu entwerfen, die dem neuen Wohnungszuschnitt angemessen waren. Auf dem Salon d'Automne von 1929 stellte er einige Möbel aus, u.a. Stühle aus Stahlrohrrahmen mit Polsterkissen, einen drehbaren Schreibtischstuhl mit elastisch wippender Rückenlehne und straff gespannten Lederstreifen als Armstützen und die berühmte Chaiselongue, die als Cowboy-Stuhl bekannt geworden ist. Le Corbusier war der Meinung, daß die Wohnungseinrichtung auf drei Kategorien von Möbeln reduziert werden könne: Kastenmöbel, Tische und Stühle zum Arbeiten oder Ausruhen. Er nahm den Kastenmöbeln ihren angestammten Platz auf dem Fußboden, hängte sie an die Wand oder baute ganze Schrankwände. Er vertrat als einer der ersten die Ansicht, daß serienmäßig produzierte Objekte den handgefertigten in bezug auf Schönheit und Zweckmäßigkeit nicht nur ebenbürtig, sondern sogar überlegen sein können. Das erklärt die Faszination, die Thonets Stühle und einfache Industrieprodukte wie Laborgläser und schlichte Caféhausgläser auf ihn ausübten. Le Corbusier war aber ebensosehr Traditionalist wie Revolutionär. Seinen ›siège grand comfort‹ (Fauteuil), einen Stahlrahmen mit gewaltigen, reckteckigen Polsterkissen, leitete er vom englischen lederbezogenen Clubsessel ab. Le Corbusier betonte stets, daß seiner Mitarbeiterin Charlotte Perriand das Hauptverdienst für die gemeinsamen Möbelentwürfe zukomme. Natürlich ist es schwierig, festzustellen, wie groß ihr Beitrag zu den Entwürfen tatsächlich war. Aber ihre späteren Arbeiten, die sie in den 30er Jahren allein gestaltete, sind viel weniger originell und lassen eine Vorliebe für ländliches Handwerk und rustikale Möbel erkennen, während Le Corbusier eindeutig Industrieprodukten den Vorzug gab. Aber auch ihm gelangen keine großen Entwürfe mehr, nachdem Charlotte sein Atelier verlassen hatte. Die 1929 ausgestellten Möbel scheinen die Frucht einer perfekten Zusammenarbeit zu sein.

Lit: J. L. Sert u. C. Perriand in *Aujourd'hui*, März 1956. R. de Fusco, *Le Corbusier designer, i mobili del 1929*, Mailand 1976.

Le Creusot Glashütte → Verrerie de la Reine

Lecreux, Nicolas → Tournai

Leder. Tierhaut, die durch Öl-, Weiß- oder Lohgerben geschmeidig und haltbar gemacht wird. Die unpräparierte Haut, die steif und brüchig ist und schnell fault, besteht aus drei Schichten: der Epidermis mit Pelz oder Haaren, dem Corium, das zu Leder verarbeitet werden kann, und einem Fett- oder Fleischgewebe. Schon in der Altsteinzeit wurden Häute als Bekleidung verwendet, und es scheint, daß der Prozeß der Lederverarbeitung in der Neusteinzeit entwickelt worden ist. Im vordynastischen Ägypten (vor 5000 v. Chr.) war Leder mit Sicherheit in Gebrauch für Kleidungsstücke, Sandalen, Taschen und Flaschen. Bei Griechen und Römern und während der gesamten römischen Kaiserzeit ist es viel benutzt

Lederkästchen, Basel, spätes 14. Jh. (Kunstgewerbemuseum, Berlin)

worden. Grabfunde koptischer lederner →Bucheinbände stammen aus dem 4. Jh. n. Chr. In sehr früher Zeit wurde die libysche Stadt Gadames zu einem Zentrum der Lederherstellung aus weißgegerbtem Ziegenfell. (Der Name dieser Stadt lebt in dem spanischen Wort ›guadamecí‹ = Ledertapeten fort, obwohl damit Schafsfell und nicht Ziegenfell gemeint ist.) Die spanische Stadt →Córdoba (daher das Wort →Korduan für weiches Leder)

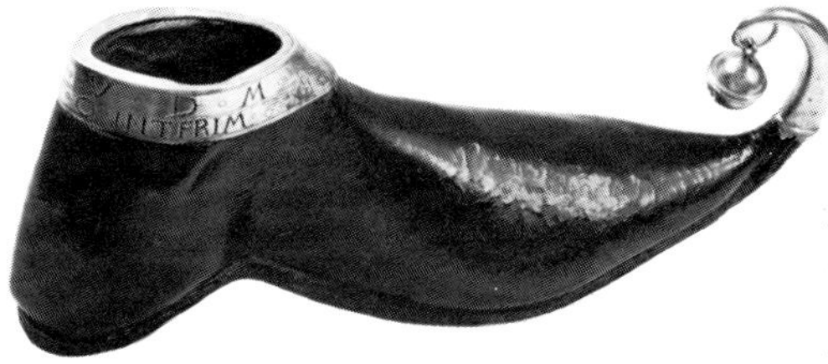

Ledernes Trinkgefäß mit gravierter Silbermontierung, Norddeutschland, um 1548 (Victoria & Albert Museum, London)

wurde im 8. Jh. berühmt für die Produktion eines sehr feinen Leders, das zuerst weiß war, dann aber rot gefärbt und manchmal mit Blattgold oder -silber belegt wurde. Im 14. Jh. vervollkommnete man hier die Dekorationstechniken des Punzierens und Bemalens. Aber schon 1305 waren maurische Lederhandwerker von Spanien in die Niederlande ausgewandert, die am Ende des 16. Jhs. zum Hauptzentrum der Herstellung feiner Leder mit Reliefschmuck und Bemalung wurden. Sie dienten als Ledertapeten, Tischbedeckung usw., wie auch für kleinere Objekte. Der größte Teil des sogen. Spanischen Leders ist in der Tat niederländisch. Die Produktion von Ledertapeten wurde vom Anfang des 18. Jhs. an aufgegeben. Die Grundtechniken der Lederverarbeitung, die im 11. Jh. in Spanien aufgekommen waren, haben bis zum 19. Jh. wenig Änderung erfahren.

Verarbeitungsprozesse: Es gibt drei Verfahren zur Vorbereitung der Bearbeitung: das älteste ist das Fettgerben (Sämisch- oder Chamoisgerberei), bei dem die Haut mit Fett behandelt wird; das Weißgerben, das mit Alaun und Kochsalz vorgenommen wird; und das zuletzt aufgekommene Rotgerben, bei dem die Rohhaut in eine Lohe getaucht wird, die ursprünglich aus den pflanzlichen Gerbstoffen von Gallâpfeln und Eichenrinde gewonnen wurde, dann später aus den Gerbblättern der Sumachpflanze. Die Häute der verschiedenen Tiere – gewöhnlich Ziegen, Schafe oder Kälber – ge-

Detail einer ledernen Degenscheide für Cesare Borgia, italienisch, um 1500 (Victoria & Albert Museum, London)

Detail einer Ledertapete, gepreßt und vergoldet, Spanien oder Niederlande, 17. Jh. (Victoria & Albert Museum, London)

ben Leder von verschiedener Qualität und erfordern verschiedene Behandlungsarten, von denen manchmal zwei miteinander kombiniert werden, z. B. das Weißgerben mit der Fettgerberei.
Nachdem das Leder so vorbereitet worden war, konnte es gefärbt werden. Danach wurde es über einen Rahmen aus Holz oder anderem Material gespannt, in die Form von Behältern (Flaschen, Kannen, Kübel usw.) genäht oder genagelt, oder aber man formte es durch das →Cuir Bouilli-Verfahren, auch durch Auswalzen dünner Schichten, die über einen festen inneren Kern gespannt wurden (gewöhnlich bei leichten Gegenständen, wie Scheiden, angewendet). Die Oberflächenmuster erhielt man durch Punzieren, durch leichtes Schraffieren, durch →Lederschnitt oder das Pressen des feuchten Leders auf eine geschnitzte Holzform. Ornamentmotive konnten mit metallenen Punzen auf die Oberfläche aufgebracht werden (→Blindpressen). Im 16. Jh. wurde aus dem Orient die Handvergoldung eingeführt: sie wurde mit erhitztem Werkzeug unter Einprägung von Blattgold in die blindgepreßte Musterung bewirkt und bei Bucheinbänden, bei kleinen Kästen usw. verwendet.

Lit: G. Gall, *Leder im europäischen Kunsthandwerk*, Braunschweig 1965; G. A. Bravo u. J. Trupke, *10.000 Jahre Leder*, Basel u. Stuttgart, 1970; J. W. Waterer, *Spanish Leather*, London 1971.

Lederschnitt. Durch Schneiden (nicht Prägen oder Drucken) eines Musters in die Oberfläche verziertes Leder. Die eingeschnittenen Linien werden gewöhnlich mit einer beinernen oder hölzernen Spitze vertieft und geweitet. Diese Technik, neben der →Kaltprägung die früheste in Europa, wird hauptsächlich in der Buchbinderei und im deutschen Sprachgebiet angewandt.

Lit: F. A. Schmidt-Künsemüller, *Corpus der gotischen Lederschnitteinbände aus dem deutschen Sprachgebiet*, Stuttgart 1980.

Ledertapeten →Leder; Korduanleder

Leeds pottery. In den Jahren nach 1750 wurde in der Nähe von Leeds eine Fabrik errichtet, die in dem folgenden Jahrzehnt vielfältige Erzeugnisse herstellte, hauptsächlich solche, die →Whieldon nachgeahmt waren, mitunter in →Emailfarben in der Werkstatt von Robinson und D. →Rhodes dekoriert. Von 1776 an wurde *William Hartley* die beherrschende Persönlichkeit in dem Humble, Green & Co. (von 1781 bis 1820 Hartley, Greens & Co.) firmierenden Unternehmen. Es begann bald mit der Herstellung von →Steingut, für das es bekannt ist, ähnlich dem von →Wedgwood, aber mit einer weniger gleichmäßigen Glasur, die allgemein dann eine schlüsselblumengelbe oder blaßgrüne Tönung zeigt, wenn sie dick läuft. Ausgeformter und besonders durchbrochener Dekor wurde häufiger. Von den späten 80er Jahren ab wurde auch →Pearlware mit einer leicht bläulichen Glasur hergestellt. Die Dekorationen wurden in Emailfarben oder im →Umdruckverfahren in Rot oder Schwarz ausgeführt. Unter den Erzeugnissen finden

Leeds-Pearlware: Pferd, frühes 19. Jh. (Temple Newsam House, Leeds)

sich vielerlei Gebrauchswaren und dekorative Keramik, die in Form und Dekoration zwischen bäuerlichem Stil und den elegant klassizistischen, ziemlich bewegten Figuren und sehr hübschen großen (bis zu 45 cm hohen) Pferden, die für die Auslagen von Sattlern und Getreidehändlern bestimmt waren, variieren. Bis zu den Revolutionskriegen wurde ein ausgedehnter Exporthandel mit dem Kontinent geführt. (Viele Waren wurden in Emailfarben in Holland dekoriert.) Das ursprüngliche Unternehmen machte 1820 Konkurs, aber die Produk-

Leeds-Steingut: Tafelaufsatz, spätes 18. Jh. (Temple Newsam House, Leeds)

tion ging mit Unterbrechungen unter mehreren Eigentümern bis 1878 weiter. Von 1888 an reproduzierte die Firma *Slee's Modern Pottery* die Waren des 18. Jhs., speziell die Vasen mit durchbrochenem Dekor, zum Teil unter Verwendung der originalen Formen und Muster, aber in einem an Gewicht leichteren Material und mit einer leuchtenderen und glatten Glasur. Die alte Keramik von Leeds ist selten gemarkt, aber der Stadtname (manchmal unter Zusatz des Namens Hartley Greens & Co.) wurde zuweilen eingepreßt, wobei die Buchstaben bei den späteren Stücken viel ebenmäßiger eingepreßt sind als bei den alten. Waren von der *Hunslet Hall* pottery, dem lokalen Hauptrivalen von Hartley, Greens & Co. (betrieben schon vor 1792 von Petty und Rainforth) sind mit einem eingepreßten ›Rainforth & Co.‹ versehen.

Lit: D. Towner, *The Leeds Pottery*, London 1963.

Leerdam. Königlich Niederländische Glasfabrik, die nach der Berufung von *P. M. Cochius* als Direktor (1915) bekannt für die Herstellung von hochwertigem Kunstglas und gutem modernen Tischglas wurde. Das Werk hat eine Reihe bekannter Designer beschäftigt, darunter den Architekten Karel Petrus Cornelis de Bazel (1869-1923), Christiaan Johannes Lanooy (1881-1948), Joris Johannes Christiaan Lebeau (1878-1945), Cornelis de Lorm (1875-1942) und A. D. →Copier, der vor allem für die künstlerische Leitung verantwortlich war, seit er 1917 dem Mitarbeiterstab als Designer beitrat. Zu den jüngeren Designern gehören Sybren Valkema (geb. 1916), dessen Werk stark von der abstrakten Plastik beeinflußt ist, Floris Meydam (geb. 1919), Willem Heesen (geb. 1925), Gerald Jacobus Thomassen (geb. 1926), der sich auf Tischglas spezialisierte, Jacobus Franciscus Linssen (geb. 1936) und Brigitte Altenburger (geb. 1942). Der Fabrik ist eine Glasschule mit Glasmuseum angegliedert.

Lit: Glasschool Leerdam Ausst. Kat. Stedelijk Museum, Amsterdam 1947.

Le Febvre oder **Le Febure, François** (tätig 1635-57). Pariser Goldschmied, der zwei kleine, aber einflußreiche Bücher über Entwürfe für graviertes und getriebenes Silber veröffentlichte: ›Livre de fleurs et de feuilles pour servir de l'art d'orfèvrerie‹ (1635; mit sechs Blättern) und ›Livre de feuilles et de fleurs utiles aux orfèvres‹ usw. (1657; mit zehn Blättern).

Lit: D. Guilmard, *Les maîtres ornemantistes, 2. Bde.*, Paris 1880-81.

Le Gaigneur, Louis Constantin (tätig 1815-16). Französischer Möbeltischler, der sich vermutlich nach der Revolution in London niederließ. Dort war er um 1815 Besitzer der ›Buhl Manufactory‹ in der Queen Anne Street 19, Edgware Road. Ein sehr schöner Schreibtisch mit ›contre-partie‹-Marketerie im Stil von A.-Ch. →Boulle, der sich in der Wallace Collection in London befindet, wurde ursprünglich der Louis-quatorze-Periode zugeordnet, bis man seine Signatur auf einem Paar ähnlicher Tische in Windsor Castle entdeckte. Es ist auch bekannt, daß er Schreibzeuge für Carlton House angefertigt hat.

Légaré, Gédéon (um 1615-76) Pariser Goldschmied, der seine Werkstatt im Louvre mit seinem Schwager *Pierre Bain*, einem Emailkünstler, teilte. Stiche seiner Entwürfe sind unter dem Titel ›Livre de Feuilles d'Orfèvrerie‹ o. J. veröffentlicht worden. Sein Verwandter, *Gilles* (geb. um 1610), der auch eine Werkstatt im Louvre hatte, gab wahrscheinlich 1663 ein ›Livre des ouvrages d'Orfèvrerie‹ heraus, das Entwürfe für Siegel, Ringe, Halsketten und andere Schmuckstücke enthielt. Er war ein Hugenotte und verließ Frankreich nach der Aufhebung des Edikts von Nantes (1685); aber 1692 wurde eine weitere Serie seiner Entwürfe, ›Nouveau livre d'ornements‹, veröffentlicht, wovon jedoch nur die Titelseite bekannt ist.

Lit: D. Guilmard, *Les maîtres ornemantistes, 2. Bde.*, Paris 1880-81.

Legrain, Pierre (1889-1929). Führender Pariser Möbelschreiner, Innenarchitekt und einer der Protagonisten des →Art Deco. Nach seinem Studium an der Ecole des Arts Appliqués in Germain Pilot arbeitete er von 1908 bis 1914 im Atelier von P. →Iribe, mit dem er die Inneneinrichtung für Jacques Doucets Wohnung schuf. 1917 begann er, Bucheinbände für Doucet zu entwerfen und 1925 wurde er mit der Innenausstattung von Doucets berühmtem Studio in Neuilly beauftragt. In den 20er Jahren entwarf er eine große Anzahl von Möbeln. Er bevorzugte kostbare oder ungewöhnliche Materialien und verwendete ein Minimum an geometrischem Dekor. Viele seiner Stücke – besonders die Hocker mit kurviertem Sitz, auf einer Mittelstütze ruhend – zeigen starken afrikanischen Einfluß. Er entwarf auch ein großes Klavier in einem gläsernen Gehäuse.

Lit: L. Thornton in *The Connoisseur* CLXXIX (1972), S. 166-69; P. Garner in *The Connoisseur* Juni 1975, S. 130-37.

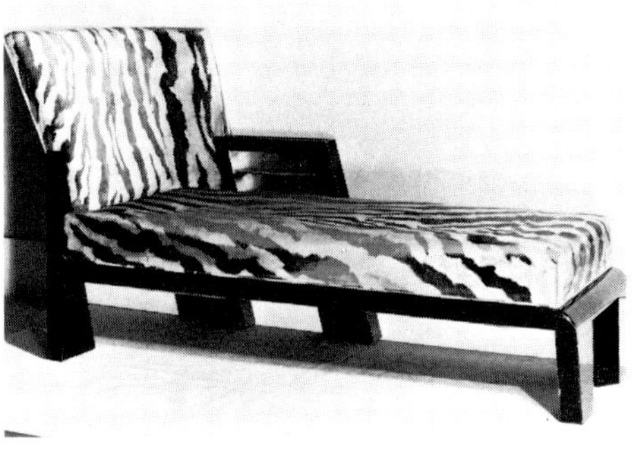

P. Legrain: Chaiselongue, um 1925 (Musée des Arts Décoratifs, Paris)

Lehmann, Arno (1905-73). Töpfer, der seine Werkstatt 1933 in Berlin und 1949 in Salzburg hatte. Er war ein genialer Gestalter und in seinen Gefäßen und Skulpturen rational und mystisch zugleich.

Lit. E. Klinge, Kat. *Deutsche Keramik des 20. Jhs.*, Bd. II, Hetjens-Museum Düsseldorf 1978.

Lehmann, Caspar (um 1565 bis 1622). Deutscher Edelstein- und Glasschneider. Er wurde in Uelzen geboren, begann seine Laufbahn im Dienst von Herzog Wilhelm V. von Bayern und wurde 1588 an den Hof Kaiser Rudolfs II. nach Prag berufen, der ihn 1595 – als Caspar Lehmann von Löwenstern – in den Adelsstand erhob. Abgesehen von einer kurzen Zeit in Dresden (1606-08), wo er für den Kurfürsten von Sachsen arbeitete, verbrachte er den Rest seines Lebens in Prag. 1601 ernannte Rudolf II. ihn zum ›Kaiserlichen Kammer-Edelgestein und Glasschneider‹, 1609 wurde ihm das Monopol für den Glasschnitt in den habsburgischen Ländern zuerkannt. Obwohl er nicht, wie manchmal behauptet wird, der erste Künstler war, der die Technik dieser Glasveredelung mit Hilfe des Schneidrads ausführte (er hat selbst erklärt, daß er das Glasschneiden schon in seiner Jugend lernte), spielte er eine wichtige Rolle bei der Übertragung der Technik des Edelsteinschnitts auf das Glas. Es ist nur eine einzige Arbeit von ihm erhalten, ein signierter und datierter (1605) Becher mit allegorischen Darstellungen in der Wiener Sammlung Schwarzenberg. Einige sehr schöne geschnittene Glastafeln werden ihm zugeschrieben, drei davon sind im Besitz des Victoria & Albert Museums, London. Lehmann vererbte sein Privileg für den Glasschnitt an G. →Schwanhardt.

Lit: R. Schmidt, *Das Glas*, Berlin u. Leipzig 1922; W. B. Honey, *Glass: A Handbook*, London 1946.

Lehn ware →Pennsylvania Dutch style

Lei. Bronzezeitliches chinesisches Weingefäß, das in der →Shang- und Yin-Dynastie und der frühen →Zhou-Zeit hergestellt wurde. Seine Form ist gewöhnlich rund, mit weit ausladenden Schultern, kleinen Ringhenkeln und einem hohlen Fuß. *Siehe Abb. S. 568.*

Leihamer, Abraham (1745-74). Norddeutscher Fayencemaler, der in den Fabriken in →Kiel, →Stockelsdorf, →Eckernförde, →Rörstrand und →Marieberg arbeitete und auf sehr feine, kleine Landschaften und zarte →Chinoiserien in der Art von J. B. →Pillement (z. B. Ofen von 1773 im Museum für Kunst und Gewerbe, Hamburg) spezialisiert war. *Siehe Abb. S. 593.*

Lit: A. Klein, *Deutsche Fayencen*, Braunschweig 1975.

Leinen. Ein aus Fäden, die aus den Fasern der Flachspflanze (Linum usitatissimum) gewonnen werden, gewebter Stoff. Er war bereits in neolithischer Zeit in Ägypten bekannt (→Weben), wo Stücke von bemerkenswerter Feinheit hergestellt wurden. Die Griechen haben wenig Flachs verwendet. Die Römer importierten ihr bestes Leinen aus Ägypten, obwohl Flachs auch in Norditalien angebaut wurde. Die Qualität des Leinens beruht zum großen Teil auf der Behandlung nach dem We-

Leinenstickerei von Abigail Pett, spätes 17. Jh. (Victoria & Albert Museum, London)

ben, vor allem auf dem Bleichprozeß, der die Textur ebenso wie das Weiß beeinflußt. Aus diesem Grund war im 18. Jh. das holländische Leinen (das hauptsächlich in Haarlem hergestellt wurde) das beliebteste. Da dem Leinengarn die Elastizität der Baumwolle und der Wolle fehlt und es dazu neigt, bei stärkerem Zug zu zerreißen, ist es nicht leicht, es maschinell zu weben. Erst 1850 wurde ein Leinenwebstuhl erfunden, mit dem man diese Schwierigkeit überwand.
Einen Stoff mit Leinenkette und Baumwollschuß nennt man →Barchent, einen mit Leinenkette und Kammgarnschuß Halbwollzeug (diese beiden Namen werden manchmal auch anderem Garngemisch gegeben).

Leinenbindung Die früheste, einfachste und üblichste Webart (→Weben). Die Grundbindung besteht aus Kett- und Schußfäden, die abwechselnd im rechten Winkel über- und untereinander laufen. Ist die Zahl der Kett- und Schußfäden gleich, spricht man von Leinengewebe; herrschen die Kettfäden vor und bedekken die Schüsse, spricht man von Kettseitengewebe; herrschen die Schüsse vor, so daß sie die Kettfäden verdecken, von Wirkerei. Der Terminus kann auch auf grobe Gewebe wie Segeltuch und Mattengewebe mit 2 oder 3 zusätzlichen Schüssen erweitert werden.

Leinenstickerei. Stickarbeit mit farbenfroher feiner Wolle auf weißem oder beigem Leinengrund, meist große Blumenmuster, die indische bedruckte Baumwollstoffe zum Vorbild haben. Vor allem für →Betthimmel oder Vorhänge im späten 17. Jh. und frühen 18. Jh. in England angefertigt. Bei den frühen Stücken sind die Muster dichter und derber, die späteren sind meist mit locker angeordneten Blütenzweigen überzogen. *Abb. siehe S. 359.*

Leistler, Carl (tätig um 1800-50). Eigentümer einer Möbelfabrik, die sein Vater Matthias Leistler 1794 in der Wiener Vorstadt Gumpendorf gegründet hatte. Mit seiner Firma trat Leistler die Nachfolge des wichtigen Möbelbetriebs von Joseph Danhauser an. In Partnerschaft mit M. →Thonet produzierte er 1842-49 Zweites Rokoko-Möbel, vor allem für das Palais Liechtenstein in Wien (1843-46), und arbeitete in anderen Stilen, z. B. Gotik und Renaissance. Leistler zeigte Möbel in den drei genannten Stilen auf der Weltausstellung 1851 in London.

Lit: B. Mundt, *Historismus,* München 1981.

Lelarge, Jean-Baptiste (1743-1802). Mitglied einer alten Kunsttischlerfamilie; 1775 wurde er ›maître menuisier‹. Er war einer der besten Stuhlschreiner des Louis-seize und führte seine Werkstatt auch während der Revolutionszeit und während des Directoire weiter. Sein Stil blieb jedoch relativ konservativ. Einige seiner Stühle stehen im Louvre, Paris, in der Wallace Collection, London, im Metropolitan Museum, New York, und im Museum für Kunst und Gewerbe, Hamburg.

Lit: F. J. B. Watson, *The Wrightsman Collection: Furniture,* New York 1966.

Ch.-J. Lemarchand: Schreib- und Toilettentisch, um 1810 (Musée des Arts Décoratifs, Paris)

Leleu, Jean-François (1729-1807). Pariser Möbelschreiner, der zu den wenigen Möbelkünstlern des Louis-seize gehörte, die gebürtige Franzosen waren; die meisten anderen kamen aus Deutschland. Er begann seine Laufbahn in J.-Fr.→Oebens Werkstatt und hoffte, sie nach Oebens Tod übernehmen zu können, doch sein Rivale J.-H. →Riesener stach ihn aus. 1764 wurde er ›maître ébéniste‹. Sein größter Auftraggeber war der Prinz von Condé, aber er arbeitete auch für den Hof und besonders für Madame Dubarry und Marie-Antoinette. Bei all seiner Vielseitigkeit fehlte ihm Rieseners Einfallsreichtum und dessen technische Erfindungsgabe. Dennoch schuf er erlesene Möbel. Sie strahlen Würde aus und wirken z. T. monumental, ihre Verarbeitung ist hervorragend. Die meisten seiner Möbel sind mit →Marketerieornamenten dekoriert, gelegentlich verwendete er aber auch Sèvres-Porzellanplatten und lackierte Füllungen.
1780 trat sein Schwiegersohn *Charles-Antoine Stadler* als Partner in sein Geschäft ein und führte es bis 1811. Leleu zog sich 1792 aus dem Berufsleben zurück. Die Revolution hat er anscheinend unbeschadet und ohne finanzielle Verluste überstanden. Einige seiner Arbeiten befinden sich im Louvre, Paris, in der Wallace Collection und im Victoria & Albert Museum, London, in Waddesdon Manor und in der Frick Collection, New York. *Siehe Abb. S. 328.*

Lit: F. J. B. Watson, *The Wrightsman Collection: Furniture,* New York 1966.

Lely, Johannes van der (tätig 1683-1749). Holländischer Silberschmied in Leeuwarden, der Enkel, Sohn und Vater hervorragender Silberschmiede. Er arbeitete in einem reichen Louisquatorze, wahrscheinlich beeinflußt durch D. →Marot, unter Verwendung lebendig modellierter Blumenreliefs und reicher →Akanthusmotive. Ein Hauptwerk von ihm ist das Reliquiar des hl. Ignatius (Fries Museum, Leeuwarden).

Lit: J. W. Fredericks, *Dutch Silver,* Den Haag 1952.

Lemarchand, Charles-Joseph →Lemarchand, Louis-Edouard

Lemarchand, Louis-Edouard (1795-1872). Einer der besten Möbelschreiner während der →Restauration. Sein Vater, *Charles-Joseph Lemarchand* (1759-1826), war einer der letzten →›ébénistes‹ des ›ancien régime‹ (er wurde 1789 ›maître‹ und wirkte in Saint Cloud), dessen Laufbahn durch den Machtwechsel nicht unterbrochen worden war: Auch während des Empire konnte er erfolgreich weiterarbeiten. Seine Möbel sind einfach in der Form und sparsam mit Bronzebeschlägen dekoriert. 1817 zog er sich vom Geschäft zurück, das nun sein Sohn weiterführte. Louis-Edouard war erst 1815, nach der Beendigung seiner Ausbildung und seiner Militärzeit, in die Firma seines Vaters eingetreten. Er erhielt zahlreiche Aufträge von Karl X. und von Louis Philippe, für den er Möbel in einer etwas schwerfälligen Variante des Empire anfertigte. Er imitierte auch Möbel von A.-Ch. →Boulle (ein Beispiel befindet sich in Versailles) und kopierte Lackmöbel des 18. Jhs. Seine bekannteste Arbeit ist der Ebenholzsarg, in dem Napoleon 1840 von St. Helena in den Invaliden-Dom überführt wurde. 1846 nahm er *André Lemoyne* als Geschäftspartner auf, der die Werkstatt weiterführte, als er sich 1864 zur Ruhe setzte. 1893 ging das Geschäft auf Ch.-J.-M. →Jeanselme über.

Lit: D. Ledoux-Lebard, *Les ébénistes parisiens (1795-1870),* Paris 1965.

Lemire, Charles-Gabriel genannt **Sauvage** (1741-1827). Fayence- und Porzellanmodelleur, geboren in Lunéville, von 1759 an in →Niderviller tätig. Er begann mit Figuren im Stil von P.-L. →Cyfflé, ging aber bald zu einem streng klassizistischen Stil über (z. B. nackte Gottheiten). Sein Hauptwerk ist eine allegorische Gruppe, die an Marie Antoinettes Aufenthalt in Straßburg auf ihrer Hochzeitsreise 1770 erinnert (Musée d'Unterlinden, Colmar). Aber er gestaltete auch religiöse Darstellungen, z. B. eine große Madonna mit Kind, 1784, die im Musée National de Céramique de Sèvres steht. 1781 errichtete er eine Zeichen- und Modellierschule in Niderviller und zog 1800 nach Paris, wo er hauptsächlich als Bildhauer von großformatigen Werken in Marmor arbeitete.

Lemonnier, Louis-François (tätig 1737-76). Angesehener Pariser Buchbinder, der mit seinem Sohn *Jean-Charles-Henri* (tätig 1757-72) etliche der schönsten französischen →Mosaik-Einbände schuf. Mehrere ihrer Arbeiten zeigen →Chinoiserieschmuck von feinster Erfindung. Beide arbeiteten für den Herzog von Lavallière, einen der prominentesten damaligen Büchersammler.

Christoph Lencker

Lencker, Christoph (gest. 1613). Er war Angehöriger einer berühmten Augsburger Goldschmiedefamilie. 1575 wurde er als Geselle in die Augsburger Zunft aufgenommen, 1610

C. Lencker: silbervergoldete Schale, Augsburg, spätes 16. Jh. (Kunsthistorisches Museum, Wien)

zum Münzwardein bestallt. Sein Hauptwerk ist eine prachtvolle silbervergoldete Schale mit reichem erhabenem und gegossenem Schmuck im manieristischen Stil, mit Szenen aus dem Mythos der Europa (Kunsthistorisches Museum, Wien). Sein Gehilfe war der Sohn *Zacharias* (gest. 1612), der Schöpfer eines Reliefs mit dem Christusknaben und Engeln (Kunsthistorisches Museum, Wien). Sein jüngerer Bruder *Johannes* (1570-1637) wurde vor 1593 in Augsburg zum Meister ernannt, 1616 zum Münzwardein und war mit Ausnahme einer Unterbrechung von 1631-32 dreizehn Jahre lang Bürgermeister der Stadt.

Lit: J. F. Hayward, *Virtuoso Goldsmiths and the Triumph of Mannerism 1540-1620*, London 1976; J. F. Hayward, in *Burlington Magazine*, Juli 1979, S. 373-375; H. Seling, *Die Kunst der Augsburger Goldschmiede 1529-1868*, München 1980.

Lencker, Hans (1523-85). Manieristischer Goldschmied und Verfasser von Schriften über perspektivische Darstellung in Nürnberg, wo er 1549 in die Zunft und 1550 in die Bürgerschaft aufgenommen wurde. Zu seinen Werken, ausgezeichnet durch ihr feines transluzides Email, gehören der Silbereinband des Gebetbuchs Maximilians I. (Staatsbibliothek, München), ein Paar Untersätze und ein Schreibkasten mit allegorischen Figuren in Relief (Schatzkammer der Residenz, München). Sein Bruder *Elias* (gest. 1591), zuerst 1562 in Nürnberg festgestellt, machte Silbermontierungen für →Straußeneipokale (Kunstgewerbemuseum, Berlin), ein Modell des Kalvarienbergs (um 1575, Grünes Gewölbe, Dresden) und eine Buchstütze mit Figuren in Relief (um 1590, Kunsthistorisches Museum, Wien).

Lit: M. Bachtler in *Anzeiger des Germanischen Nationalmuseums*, 1978.

Lenzburg. Zwei Töpfereien standen in Lenzburg (Schweiz) im 18. Jh. in Blüte. Eine von *Marcus Hünerwadel* 1762 gegründete Fabrik stellte mit Jagdszenen und Blumen dekorierte Tafelgeschirre im Stil von →Künersberg und →Straßburg her. Sie schloß 1767. Eine zweite Töpferei wurde 1774 von *Hans Jacob Frey* (1745-1817) gegründet. Sie war auf Fayenceöfen spezialisiert, die mit Landschaften in Rokoko- oder Louis-seize-Umrahmungen dekoriert waren. Sie gehören zu den besten ihrer Art. Die Fabrik stellte auch Tafelgeschirre in einer an Straßburg erinnernden Bemalung her. 1796 mußte sie aus wirtschaftlichen Gründen schließen.

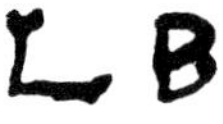

Lenzburg

Lit: S. Ducret, *Die Lenzburger Fayencen und Öfen des 18. u. 19. Jahrhunderts*, Aarau 1950; A. Klein, *Fayencen aus Europa*, Braunschweig 1980.

Leonardo di Ser Giovanni (tätig 1358-71). Er war der führende Florentiner Goldschmied seiner Zeit und einer ihrer ungewöhnlichsten Künstler überhaupt – durchaus würdig, neben seinen großen Malerzeitgenossen Lippo Vanni, Agnolo Gaddi und Spinello Aretino genannt zu werden. 1361 wurde ihm die Leitung der Gieß- und Vergoldungsarbeiten an den silbernen, biblische Szenen darstellenden Relieftafeln auf der linken, der Epistelseite des großen Silberaltars im Dom von Pistoia übertragen. Diese Reliefs gehen wahrscheinlich auf Entwürfe von Pietro Leonardo (um 1357) zurück. (Die Vorderseite des Altars war in diesem Jahr vollendet worden.) 1366 erhielten Leonardo di Ser Giovanni und Betto di Geri den Auftrag für ein Dorsale, das aber später in den Johannes dem Täufer gewidmeten Silberaltar des Baptisteriums, Florenz, eingefügt wurde (Museo dell'Opera del Duomo). 1367 wurde

Leonardo di Ser Giovanni: Detail aus dem Silberaltar des Baptisteriums, Florenz, mit Geschichten Johannes des Täufers, um 1370 (Museo dell'Opera del Duomo, Florenz)

ihm die Ausführung der Evangelienseite des Pistoieser Altars übertragen. Vermutlich war er in diesem Falle ebenso als entwerfender wie als ausführender Künstler tätig: die 9 Relieftafeln dieser Seite stellen Szenen aus dem Leben Johannes des Täufers dar und sind 1371 vollendet worden.

Lit: G. Passavant in *Pantheon* 1966, S. 10-22; L. Becherucci u. G. Brunetti, *Il Museo del'Opera a Firenze*, Mailand o. J. (1970).

Leopold, Johann Gottlieb →Proskau

Le Pautre, Jean (1618-82). Französischer Ornamentstecher des Barock, Bruder des Baumeisters Antoine Le Pautre (1621-91) und Vater des Entwurfszeichners des frühen Rokokos, *Pierre Le Pautre* (um 1648-1716). Er war einer der Schöpfer des →Louis-quatorze und teilte seines Meisters Ch. →Le Brun Neigung zum Vornehm-Klassischen und zur würdevollen Pracht. Seine gestochenen Entwürfe, von denen mehr als zweitausend bekannt sind, geben einen einzigartigen Überblick über den Stil; sie zeigen Grotesken und Hermen, massige skulpturale Kaminsimse, geschnitzte und vergoldete Möbel, Betten mit wuchtigen Baldachinen und reich geschmückte Zimmerdekken. Er ersetzte das leichte, flache Ornament seiner manieristischen Vorgänger, z. B. des J. A. →Du Cerceau, durch plastisch hervortretende monumentale Menschen- und Tiermotive, die oft eher erdrückend wirken, aber nicht des Ausdrucks und des Rhythmus ermangeln. Die auf antike Prototypen zurückgehenden Gefäße werden mit barockem Phantasiereichtum völlig umgestaltet: er überzieht sie mit Nymphen und Satyrn, mit sprießenden Blumen und prallen Früchten und in sumpfiger Fülle wucherndem Blattwerk, das so dramatische Formen annimmt, daß die menschlichen Figuren davon erdrückt zu werden scheinen. In seinen späteren Werken ging er zu leichteren, anmutigeren Formen über, die seinen Nachfolger J. →Bérain vorausahnen lassen. Nur wenige seiner Entwürfe, wenn überhaupt einer, haben bis ins Detail ausgeführt werden können; trotzdem aber haben sie auf zahlreiche Kunsthandwerker anregend gewirkt. Sein Sohn, *Pierre Le Pautre*, arbeitete von 1699 bis zu seinem Tode als technischer Zeichner und Entwerfer in Versailles und für andere königliche Schlösser unter J. Hardouin-Mansart. Er spielte eine bedeutende Rolle bei dem Übergang vom Louis-quatorze zum Rokoko und war einer der ersten, die in ihren Entwürfen mit der Strenge und Symmetrie des Louis-quatorze brachen.

Lit: D. Guilmard, *Les maîtres ornemantistes*, 2 Bde., Paris 1880-81; P. Jessen, *Der Ornamentstich*, Berlin 1920.

Leroy, Louis →Marseille

Les Islettes. Fayencefabrik, die im Bois d'Epense (Meuse) bei Lunéville, Frankreich, 1785 gegründet wurde und zunächst Stücke in grober Nachahmung von →Straßburg herstellte, mit Malereien von Hennen, Blumen, →Chinoiserien usw. in leuchtenden Farben, auch einige →Lunéville imitierende Figuren. Während der Revolution und des Kaiserreichs wandte sie sich der Herstellung von →Faïence patriotique zu. Sie bestand fort bis Mitte des 19. Jhs. Eine Fabrikmarke ist nicht bekannt, aber die Erzeugnisse tragen manchmal Aufschriften.

Lit: E. Tilmans, *Faïence de France*, Paris 1954; M. Ernould-Gandouet, *La Céramique en France au XIXe siècle*, Paris 1969.

Lessore, Emile Aubert (1805-76). Französischer Maler und Lithograph (Schüler von Ingres), der sich der Dekorierung von Töpferwaren und Porzellan zuwandte. Er hat für die Fabrik Laurin in Bourg-la-Reine in der Nähe von Paris, in →Sèvres und in England in der Firma →Minton gearbeitet. Er war eng mit den →Wedgwood-Werken verbunden, für die er seit Ende der 1850er Jahre arbeitete, zunächst in England, sodann in seiner eigenen Werkstatt in Fontainebleau (die Fabrik schickte ihm Kisten undekorierter Waren aus England). Er bemalte Teller und Schüsseln, als ob sie aus Leinwand seien, in einem freien Stil mit Figuren von Nymphen, Cupidos usw.

Lestrade, David →Montauban

Lesum

Lesum. 1755 in Lesum bei Bremen von *Johann Christoph Vielstich* (1722-1800) errichtete Fayencefabrik, die vielfältiges Gebrauchsgeschirr herstellte, das mit →Scharffeuerfarben bemalt war. Terrinen in Form von Vögeln und Tieren, durchbrochene Körbe, zylindrische Deckelkrüge und Ofenkacheln sind die hauptsächlichen Erzeugnisse. Die Produktion endete im Jahre 1800.

Lit: W. Gerhold in *Jahrbuch der bremischen Sammlungen*, 1911; K. Hüseler, *Deutsche Fayencen*, Stuttgart 1956-58.

Lethaby, William Richard (1857-1931). Englischer Architekt, Entwurfszeichner und Schriftsteller. Seine architektonische Ausbildung erhielt er durch Norman Shaw, war aber gleichzeitig von W. →Morris und Ph. →Webb beeinflußt. Er entwarf nicht nur Möbel – sei es in einem abgewandelten →Chippendalestil, sei es mehr bäuerlich mit ziemlich plumper Blumenmarketerie in ungebeizten Hölzern –, sondern er entwarf auch Töpferwaren (für →Wedgwood), Metallarbeiten und Stickereien. Bedeutender als diese Tätigkeit war der Einfluß, den er vor allem auf die →Arts and Crafts-Bewegung ausübte, und von 1900 an als Lehrer für Entwurf am Royal College of Art, London, an dem er die Botschaft von William →Morris predigte.

Lit: *W. R. Lethaby*, Ausst. Kat., Tate Gallery, London, 1932; B. G. Burrough in *The Connoisseur* CLXXIII (1970), S. 33-37.

Levasseur, Etienne (1721-98). Pariser Möbelschreiner, der in A.-Ch. →Boulles Werkstatt ausgebildet und 1767 ›maître‹ wurde. Er spezialisierte sich auf das Kopieren und Restaurieren von Boulle-Möbeln und fertigte auch eigene Entwürfe in Boulle-Technik an. Er war einer der ersten französischen ébénistes der Mahagoni, zum Teil mit Messingeinlagen, verwendete. Einige von seinen Entwürfen scheinen den Empire-Stil schon vorweggenommen zu haben. – Arbeiten von Levasseur befinden sich im Louvre, Paris, und in der Wallace Collection, London. Seine Werkstatt wurde von seinem Sohn *Pierre-Etienne* und von seinem Enkel, bekannt als *Levasseur jr.*, bis zur Zeit von Louis-Philippe weitergeführt.

Lit: F. de Salverte, *Les ébénistes du XVIIIe siècle*, Paris, durchges. Ausg., 1964.

Levavasseur, Jacques-Nicolas und **Marie-Thomas-Philémon** →Rouen

Li. Bronzezeitliches chinesisches Gefäß zur Aufnahme von Nahrungsmitteln. Solche Gefäße wurden während der →Shang- und Yin-Dynastie, der frühen →Zhou-Zeit und wohl auch noch später hergestellt. In der Form, die vielleicht von neolithischer Keramik abzuleiten ist, bestehen sie aus drei zusammengestellten, zur Mitte hin offenen konischen Gefäßen, die oben mit einem gemeinsamen breiten runden Rand abschließen.

Lian. Bronzezeitliche chinesische Kosmetikdose in Zylinderform, die in der →Huai-Zeit und vielleicht auch später noch hergestellt wurde. Manchmal ist sie mit Gold- oder anderen Metalleinlagen verziert.

Libbey Glass Company →New England Glass Company

Liberty, Sir Arthur Lasenby (1843-1917). Eine wegweisende Figur des →Art Nouveau, der englische Gegenspieler und Vorläufer von S. →Bing. Er eröffnete 1875 einen Laden, ›East India House‹, in der Regent's Street in London und handelte dort mit orientalischen und →Japonerie-Artikeln, mit Möbeln, Schmuck usw. in islamischer Volkskunst, aber auch in einer Vielzahl historisierender europäischer Stile. Sehr bald vertrieb er auch Erzeugnisse des →Arts and Crafts Movement. Von 1884 an beriet ihn E. W. Godwin und ermutigte ihn zur Teilnahme an dem Kreuzzug für eine Reform der Bekleidung. C. F. A. →Voysey wurde als Textilentwerfer angestellt. 1889 eröffnete Liberty eine Filiale in Paris, die dazu beitrug, den englischen Art Nouveau in ganz Europa bekannt zu machen (in Italien wird der Jugendstil noch heute Stile Liberty genannt). Von 1894 an brachte er Art Nouveau-Silber mit keltischen Motiven, das er ›Cymric‹ nannte, auf den Markt und von 1903 an Gerät in einer neuen Art von hoch silberhaltigem Zinn, das den Namen ›Tudric‹ erhielt, beides von der Birminghamer Firma William Hair Haseler (1870-1927) hergestellt. Sein erklärtes Ziel war es, »nützliche und schöne Dinge zu einem Preise« herzustellen, »der sie für alle Klassen erschwinglich machte«. Auf diese Weise wurde er, auch wenn er selbst nicht zu den Entwurfszeichnern gehörte, zum Vermittler zwischen W. →Morris und Sir A. →Heal. 1913 wurde er geadelt. Die Firma besteht noch heute und hat in jüngster Zeit viele ihrer Art-Nouveau-Stoffe wieder in ihr Produktions-Programm aufgenommen.

Lit: J. Laver, *The Liberty Story*, London 1959; S. Bury in *Architectural Review*, CXXXIII (1963); A. Adburgham, *Liberty's: A Biography of a Shop*, London 1975.

Lichtschere. Ein seit dem Ende des 17. Jhs. gebrauchtes Gerät zum Stutzen des Kerzendochts; es ähnelt einer Schere mit einer links offenen Büchse auf der unteren Klinge, in die der der oberen Klinge aufgesetzte Deckel den Docht drückt. Schönere Exemplare waren aus Silber und hatten einen Ständer, der im 17. Jh. ein aufrechtstehender Halter war, im frühen 18. Jh. aber meist Tablettform annahm.

Liebeslöffel. Hölzerne Löffel mit breiten, gewöhnlich durchbrochenen Griffen, in die durchbohrte Herzen eingeschnitzt sind. Allgemein verbreitet in Wales; aber man findet sie auch in Skandinavien und in der Schweiz.

Liebesvogel-Daumenrast. Beliebter Typ einer →Daumenrast oder -ruhe an Zinnkannen, in Form von zwei miteinander schnäbelnden Vögel.

Lieutaud, Balthazar (gest. 1780). Französischer Ebenist und anerkannter Spezialist in der Herstellung von Uhrgehäusen, insbesondere von sehr prunkvollen und monumentalen Gehäusen für (meist von Berthoud oder Robin gebaute) Regulatoren. Er wurde 1749 ›maître-ébéniste‹. Seine ersten Gehäuse – gewöhnlich mit violinförmigem Mittelteil – folgen dem Stil des Rokoko. Typischer sind seine späteren – in der Regel hohen und sich nach oben leicht verjüngenden – Louis-seize-Gehäuse mit ihren schweren klassizistischen Beschlägen in der Manier von J. Ch. →Delafosse und häufig bekrönt von einer eindrucksvollen Skulpturgruppe aus vergoldeter Bronze von Bildhauern wie J. →Caffieri: so etwa der in Versailles befindliche Bodenstand-Regulator aus Ebenholz mit der Darstellung Apollos und seines Wagens als Bekrönung. Seine besonders geglückten Uhrgehäuse arbeitete er wiederholt mit nur geringfügigen Abänderungen nach. Bisweilen arbeitete er zusammen mit F. →Duhamel (1723-1801), etwa an dem berühmten Regulator-Gehäuse, das sich heute im Conservatoire Nationale des Arts et Métiers, Paris, befindet. Seine Witwe führte bis 1784 oder später sein Geschäft weiter.

Lit: F. de Salverte, *Les ébénistes du XVIIIe siècle*, durchges. Ausg., Paris 1964.

Lignum vitae. Holz von grünlich-bräunlicher oder grünlich-schwarzer Färbung. Es kommt vom Guajakbaum (Guajacum), der in Südamerika heimisch ist, und wurde im 17. Jh. besonders von holländischen Möbelschreinern verwendet.

Liktorenbündel. Bündel aus Stäben, in deren Mitte sich eine Art Axt befindet, deren Schneide heraussteht. Amtszeichen im Römischen Reich, das im Empire und im Neoklassizismus faschistischer dekorativer Kunst wieder verwendet wurde.

Lille. Im 18. Jh. arbeiteten in Lille mehrere Fayencefabriken. Die früheste begann 1696 und war bis 1802 in Betrieb, eine andere (die auch Weichporzellan herstellte) wurde 1711 von *Barthélémy Dorez* gegründet und arbeitete

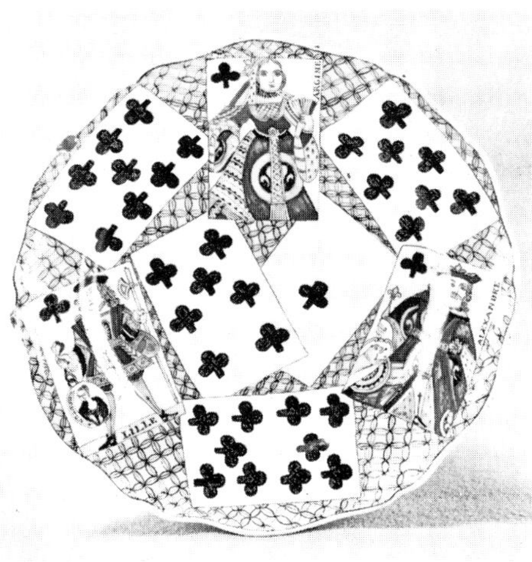

Lille: Fayenceteller mit ›Trompe l'œil‹-Dekor, spätes 18. Jh. (Musée des Beaux Arts, Lille)

bis um 1820, eine dritte (1740 bis nach 1772) war auf die Herstellung von Fliesen spezialisiert. Wenige Waren wurden gemarkt, aber die allgemein Lille zugeschriebenen Stücke sind blauweiße und polychrome Tafelservice in dem für →Rouen typischen ›style rayonnant‹ oder nach Dekoren von →Delft, einige eigenartige Krüge in Form von Frauengestalten (ziemlich ähnlich den →Toby jugs) und ein bekannter Tragaltar mit der Kreuzigungsszene (Musée National de Céramique de Sèvres). 1773 wurde eine Steingutfabrik von *William Clarke* aus Newcastle gegründet, der zwei Jahre später nach Montereau zog und Teilhaber eines mit der Fabrik in →Creil vereinigten Unternehmens wurde. Eine Fabrik, die dem →Pariser Porzellan ziemlich ähnliches Hartporzellan herstellte, fing 1784 unter dem Schutz des Dauphins an und arbeitete bis 1817. (Eine Marke, Lille 1767 unter einer Krone, kopiert von einem Teller aus Lille im Museum von Sèvres, wurde ausgiebig auf modernen Fälschungen ungewisser Herkunft angebracht.) Die Fayence blieb ungemarkt, allerdings gibt es einige Stücke mit der Aufschrift des Stadtnamens. Weitergehende Vermutungen über andere Marken sind spekulativer Art. Für Weichporzellan konnte keine Marke sicher festgestellt werden, aber Hartporzellan wurde gewöhnlich mit einem Delphin gemarkt, oft so unscharf gemalt, daß er fast unkenntlich ist.

Lit: J. Houdoy, *Histoire de la céramique lilloise,* Paris 1869; H. P. Fourest u. J. Giacomotti, *L'Œuvre des faïenciers français du XVIe à la fin du XVIIIe siècle,* Paris 1966; A. Klein, *Fayencen aus Europa,* Braunschweig 1980

Limbach

Limbach Porzellanmanufaktur. 1772 von *Gotthelf Greiner* gegründet, stellte sie in den folgenden zwei Jahrzehnten Eßgeschirre nach →Meißener Vorbild her (auch die Meißener Marke wurde bis 1787 imitiert) sowie ziemlich unbeholfene kleine Statuetten mit hübschen mit Blumen bemalten Kleidern. 1792 übergab der Gründer das Unternehmen seinen fünf Söhnen.

Lit: H. Scherf, *Thüringer Porzellan,* Leipzig 1980.

Lime-Glass, engl., Kreideglas. Obwohl bereits im 17. Jh. in Böhmen und Schlesien dem Glas Kreide zugesetzt wurde, wird die Bezeichnung ›lime-glass‹ allgemein nur auf ein Glas angewendet, das als leichterer Ersatz für das Bleiglas 1864 von William Leighton in einer Glashütte in Wheeling, West Virginia, entwickelt wurde und vor allem für Flaschen verwendet wird.

Limoges

Limoges. 1736 wurde in Limoges eine Fayencefabrik errichtet, die während einiger Jahre die üblichen Gebrauchswaren herstellte. Die Hauptlagerstätte für →Kaolin und Ton in Frankreich befindet sich in Saint-Yrieix bei Limoges, wo das in →Sèvres verwendete Kaolin von 1768 an gewonnen wird. Das begünstigte sicherlich die Errichtung einer Hartporzellanfabrik unter dem Schutz des Grafen von

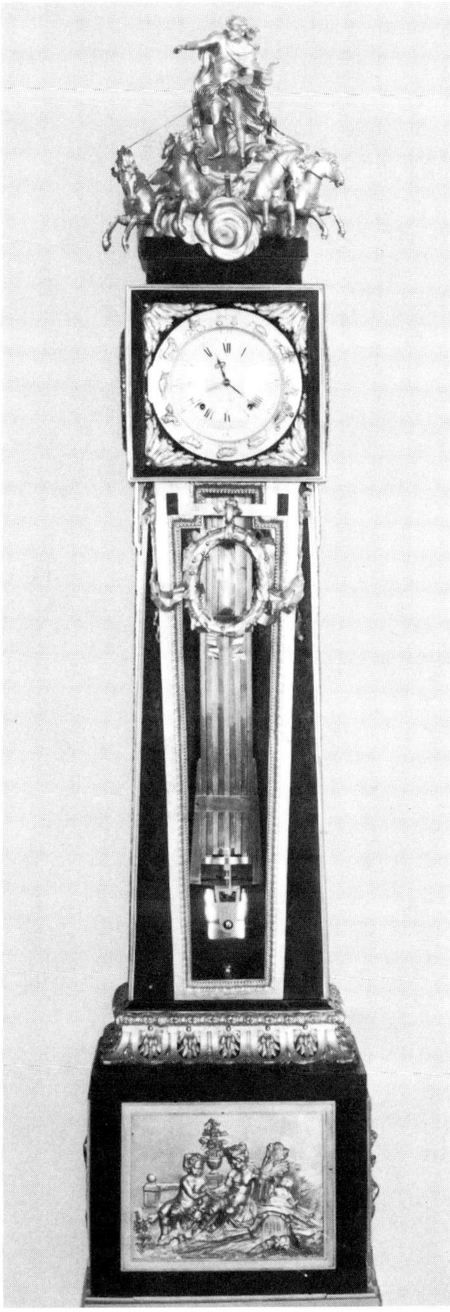

B. Lieutaud: Bodenstand-Regulator, um 1770 (Schloß Versailles)

Artois (Bruder Ludwigs XVI.) im Jahre 1771; diese Fabrik wurde vom König 1784 als eine ›Manufacture Royale‹ erworben in der Absicht, daß sie weißes Porzellan zur Dekorierung in Sèvres liefern sollte (was sich jedoch in der Praxis nicht zufriedenstellend entwickelt zu haben scheint). Ihre Erzeugnisse gleichen den einfacheren Stücken von Sèvres und denen der →Pariser Fabriken. Nach der Revolution wurden mehrere Fabriken (→Haviland) in Limoges errichtet, das seitdem das Hauptzentrum für die Porzellanherstellung in Frankreich, insbesondere von Eßgeschirren, ist.

Lit: M. Ernould-Gandouet, *La Céramique en France au XIXe siècle,* Paris 1969; J. d'Albis u. C. Romanet, *Porzellan aus Limoges,* Tübingen 1982.

Limoges ware →Worcester

Limosin oder **Limousin, Léonard** (um 1515 bis um 1576). Der hervorragende und originellste der →Limosiner Emailmaler und der einzige, der Limoges verlassen hat und an den Hof gegangen ist. Von Franz I. gefördert, wurde er von Heinrich II. zum ›valet de chambre‹ und zum ›émailleur peintre du Roi‹ (1548) ernannt. Er begann unter dem Einfluß von →Dürer (18 Passionsszenen, 1532; Musée de Cluny, Paris), übernahm aber sehr bald den höfischen Manierismus der Schule von Fontainebleau. Er war ein ausgezeichneter Porträtist und malte verschiedene Bildnisse von Franz I., schuf einige sehr schöne Werke kirchlicher Kunst, bes.

L. Limosin: Altartafel in Maleremail für die Sainte Chapelle, Paris 1553 (Louvre, Paris)

das Altargemälde der Kreuzigung für die Sainte Chapelle, Paris (1553; heute im Louvre), bemalte aber auch profane Gegenstände, Pokale und Schalen. Ein Verwandter, *Jean Limousin* (gest. nach 1646), der auch in Limoges arbeitete, lieferte Platten, Schüsseln, Spiegel und sogar Löffel in der Technik des Maleremails (→Email), mit manieristischen Figurenszenen in leuchtenden Farben auf schwarzem Grund. (British Museum, London, Louvre, Paris usw.)

Lit: E. Rupin, *L'Œuvre de Limoges*, Paris 1890; P. Verdier, *The Walters Art Gallery: Catalogue of the Painted Enamels of the Renaissance*, Baltimore 1967.

Limosiner Email. Die erste Schule der Limosiner Emailmalerei (→Email) entstand um die Mitte des 12. Jhs. unter dem Einfluß von →maasländischem Email. Abt Wibald von Stavelot hatte der Abtei von Solignac bei Limoges im Jahre 1134 maasländische Emailarbeiten geschenkt. Die Limosiner Emailmalerei blühte bis ins 14. Jh., zunächst in mönchischen, später dann in Laienwerkstätten. Limosiner Emails wurden in großem Umfang exportiert, und zwar vor allem Kerzenleuchter, Reliquiare, Kruzifixe, Ostensorien u.ä., wie sie heute in ganz Europa in Kirchenschätzen und in den bedeutenden Museen der Welt zu finden sind. Man hatte die Grubenschmelztechnik (→Email) übernommen sowie ein Farbschema, das dem der maasländischen Schule ähnlich war, d.h. mit Blau, gelblichem Grün und Weiß, jedoch mit wesentlich mehr Rot. Die Wiedergabe von Figuren ist bei weitem nicht so ausdrucksstark wie die auf maasländischen Emails. Limoges war das produktivste Zentrum für kirchliche Emails (Werke der weltlichen Kunst sind zuerst keine oder fast keine entstanden). Das allgemeine künstlerische Niveau war hoch, obwohl Limoges sich keiner Künstler vom Range →Godefroy de Huys oder →Nikolaus von Verduns rühmen konnte. Nach einer kurzen Pause wurde Limoges im späten 15. Jh. ein Zentrum der Herstellung von Maleremail und blieb während des ganzen 16. Jhs. darin führend. Die hervorragendsten Limosiner Emailmaler waren die →›Monvaërni‹, N. oder J. →Penicaud, L. →Limosin, P. →Reymond, J. de →Court, P. →Courtois, H. Poncet und Colin Noylier. Sie waren vor allem mit Arbeiten für den weltlichen Gebrauch beschäftigt, wobei die manieristischen Werke die interessantesten sind. Limosiner Emails beider Epochen, der frühen und der späteren, wurden im 19. Jh. in größtem Umfang gefälscht, vor allem in Frankreich; täuschend ähnliche Imitationen stammen von E. →Samson.

Lit: M. M. Gauthier, *Emaux limosins champlevés des* XIIe, XIIIe *et* XIVe *siècles*, Paris 1950; M.-M. Gauthier, *Emaux du moyen âge occidental*, Fribourg 1972.

Linck, Franz Konrad (1732-1793). Bildhauer, der von 1762-66 an der Porzellanmanufaktur →Frankenthal Modellmeister war und danach bis 1775 weiterhin Modelle und Entwürfe lieferte. Er war auf mythologische und allegorische Figuren und Gruppen von einer zurückhaltenden Eleganz im Rokokostil spezialisiert, z.B. eine ›Apotheose auf Kurfürst Karl Theodor‹ (Musée de Cluny, Paris), Allegorien der Monate, Jahreszeiten und Erdteile, Figuren des ›Okeanos‹ und der ›Thetis‹.

Lit: M. Sauerlandt, *Deutsche Porzellanfiguren*, Köln 1923.

Lindberg, Stig →Gustavsberg

S. Lindenast: kupfervergoldeter und emaillierter Pokal, Nürnberg, um 1500 (Victoria & Albert Museum, London)

Lindenast, Sebastian (um 1460-1526). Mitglied einer der führenden Nürnberger Handwerkerfamilien, die von der Mitte des 15. bis zur Mitte des 16. Jhs. das Monopol auf alle in der Stadt zu fertigenden vergoldeten und versilberten Kupferwaren hatte. Er war ein Zeitgenosse und lebenslänglicher Freund der Bildhauer Peter Vischer und Adam Kraft. Sein berühmtestes Werk ist das ›Männleinlaufen‹, eine an der Außenseite der Nürnberger Liebfrauenkirche angebrachte Uhr mit beweglichen Figuren. Unter den Werken hervorragender Qualität, die Lindenast zugeschrieben werden, befinden sich eine kupferversilberte und vergoldete Statuette des hl. Jacob d. Ä. und eine von einer Hirschstatuette überragte Schale aus versilbertem Kupfer (Germanisches Nationalmuseum, Nürnberg), sowie ein Burgpokal, der kupfervergoldet und emailliert ist (Victoria & Albert Museum, London).

Lit: H. Kohlhaussen, *Nürnberger Goldschmiedekunst des Mittelalters und der Dürerzeit*, Berlin 1968.

Lindig, Otto (1895-1966). Kunstkeramiker, der 1913-15 unter H. van der →Velde an der Staatlichen Kunstgewerbeschule in Weimar studierte und am Weimarer Bauhaus 1919 Lehrling, 1922 Geselle bei G. →Marcks war. 1930 übernahm er die Bauhaustöpferei als privaten Betrieb. Er arbeitete hauptsächlich in hartgebranntem Ton: große Wasserkrüge, Kaffeekannen usw., bauchig, mit weitem Hals und vorspringenden Lippen oder Ausguß.

Lit: G. Reineking von Bock, *Meister der Deutschen Keramik 1900-1950,* Ausst. Kat. Köln 1978.

Lindslee, Thomas →Wincanton

Lindstrand, Viktor →Orrefors

Lindström, Karl und **Nils Erik** →Rörstrand

Linearbandkeramik →Bandkeramik

Ling. Kleine chinesische Glocke aus der Bronzezeit, im Querschnitt elliptisch, mit einem Griff. Es ähnelt einer Schweizer Kuhglocke.

Linkrusta. Patentierter Name einer abwaschbaren Papiertapete, die von 1877 an von dem Linoleum-Fabrikanten *F. Walton* hergestellt worden ist. Sie entsteht, in dem Leinölsäure auf erhaben gearbeitete Papierbahnen aufgetragen wird (*siehe auch* Linoleum). Linkrusta dient der Imitation von Faltwerk- oder anderen Arten von Holztäfelung, von Ledertapete oder flacher Stuckarbeit. Die interessantesten Fabrikate stammen aus der Zeit um 1900 und tragen abstrakte Reliefs im →Art Nouveau-Stil von H. →Guimard.

Linnell, John (1729-96). Äußerst talentierter und modebewußter englischer Möbelentwerfer und -schreiner. Sein Vater *William Linnell* (gest. 1763) begann seine Laufbahn als Bildhauer und baute sich im Laufe der Jahre eine florierende Möbelwerkstatt und Polsterei am Berkeley Square, London, auf. William Linnells interessanteste Arbeiten, die etwa 1752 entstanden, nehmen das →Chinese Chippendale vorweg. Dazu gehören das aufsehenerregende Bett (im Victoria & Albert Museum, London) und die Schlafzimmereinrichtung für Badminton House, Glocestershire, die er – wie angenommen wird – nach Entwürfen seines Sohnes John anfertigte. John Linnell machte noch drei weitere stilistische Phasen durch, er wurde vom barocken Stil W. →Kents (Möbel mit vergoldeten skulpturalen Schnitzereien, etwa in Form von Nixen, in Kedlestone House) von dem R. →Adams (Arbeiten in Shardeloes, Buckinghamshire, und in Osterley Park, Middlesex) und vom →Regency-Stil (Arbeiten in Woburn und Uxbridge House, London) beeinflußt. Er beschäftigte Chr. →Furlohg und G. →Haupt. Während seiner letzten Schaffensperiode arbeitete JohnLinnell eng mit dem Architekten H. →Holland zusammen. *Siehe Abb. S. 126.*

Lit: H. Hayward u. P. Kirkham, *William and John Linnell. Eighteenth Century London furniture,* London 1980.

Linoleum. Ursprünglich der Handelsname für einen Bodenbelag, den sich 1860 *Frederick Walton* in England patentieren ließ, dann aber für jeglichen Bodenbelag aus grobem Jutegrundgewebe verwendet, der mit einer festigenden Ölschicht oder ähnlichem Material auf der Oberfläche überzogen ist. Bodenbeläge aus grober Leinwand mit Schichten von Ölfarbe bemalt sind zuerst im frühen 17. Jh. in England gemacht worden. 1754 begann ein gewisser Nathan Smith in Knightsbridge ein widerstandsfähiges Material herzustellen mit einem Grundgewebe aus starkem Jutegarn und einem Überstrich aus einem Gemisch von Harz, Pech, Bienenwachs und Leinöl u.a. Dieses wurde 1844 durch ein Gemisch aus Kautschuk und Korkmehl, das auf die Jute aufgebracht wird, ersetzt. Waltons Linoleum war in der Herstellung bedeutend billiger und hatte eine abriebfeste Oberfläche, die aus verfestigtem Leinöl, Harz und Gummi bestand. Das meiste moderne Linoleum ist nach diesem Verfahren hergestellt, freilich haben die synthetischen Stoffe begonnen, das Leinöl zu ersetzen. Das billigere Linoleum hat aufgedruckte Muster in Ölfarben, die sich mit der Zeit abnutzen, das teurere hat eingelegte Muster und ist haltbarer.

Lit: Walton, *The Infancy and Development of Linoleum Floor Cloth,* London 1925.

Linthorpe pottery. Eine bei Middlesbrough, Yorkshire, 1879 von einem dortigen Landbesitzer, *John Harrison,* zusammen mit *Henry Tooth* als Leiter und Ch. →Dresser als künstlerischem Direktor errichtete Fabrik. Die Erzeugnisse wurden aus dem dortigen Ton mit dicken, verschiedenfarbigen Glasuren hergestellt. In den ersten Jahren wurden die Entwürfe von Dresser geliefert, einige nach eigenen Vorstellungen, andere von der japanischen und präkolumbisch-peruanischen Keramik inspiriert. Auch nach dem Weggang von Dresser und Tooth 1882 fuhr die Fabrik in der bisherigen Produktion bis Ende des Jhs. fort, stellte aber auch einfache, hübsche Teekannen usw. her. Ebenfalls nach Entwürfen von Dresser arbeitete die *Bretby Art Pottery,* die 1882-87 unter der Leitung von Tooth und William Ault stand, sowie die *Ault Pottery,* Swadlincote, die von 1887 bis zu Beginn des 20. Jhs. von Ault betrieben wurde. Eine große Sammlung von Stücken aus Linthorpe befindet sich in dem Memorial Museum, Middlesbrough.

Lit: J. R. A. Le Vine, *Linthorpe Pottery,* Middlesbrough 1970; R. Dennis u. J. Jesse, *Christopher Dresser,* Ausst. Kat. Fine Arts Society, London 1972.

Lion Cachet, Carel Adolph (1864-1945). Holländischer Holzschnitzer und Möbelentwerfer des →Art Nouveau, der seine Laufbahn 1897 in Vreeland bei Utrecht begann. Er verwendete seltene Hölzer wie etwa →Palisander und →Koromandel und schuf Einzelmöbel und Innenausstattungen – besonders für die großen Passagierdampfer – in einer reichverzierten Variante des Art Nouveau.

Lipper, Wilhelm Ferdinand (vor 1742-1800). Deutscher Architekt und Möbelentwerfer, der als Nachfolger von Johann Conrad Schlaun mit der Innenausstattung der Residenz von Münster beauftragt wurde. Seine Arbeiten waren vom →Rokoko und vom →Zopf-Stil beeinflußt. Sein jüngerer Bruder *Clemens Lipper,* Pfarrer an der St. Johann-Kirche in Osnabrück, betätigte sich als Amateur-Architekt und entwarf Kirchenmöbel im Zopfstil.

Lit: K. Bussmann, *Wilhelm Ferdinand Lipper,* Münster 1972.

Lisieux. Französische Fayencefabrik, die Mitte des 17. Jhs. Fliesen – ›carreaux de Lisieux‹ – herstellte, die mit stilisierten Blumen, Blattwerk, Lilien usw. in Weiß, verschiedenen Blautönen und Gelb dekoriert waren. Die Außenlinie jeden Musters war vertieft (wahrscheinlich mit einem Metallstempel eingedrückt), um das Ineinanderlaufen der verschiedenen kolorierten Glasuren zu vermeiden. Bleiglasierte Waren, darunter Giebelendstücke, wie sie auf den Dächern in der Normandie benutzt wurden, sind in Lisieux seit dem 16. Jh. hergestellt worden.

Lit: E. Deville, *La céramique du pays d'Auge,* Paris 1927.

List, J. G. →Pirkenhammer

List, Johann Georg Friedrich →Durlach, Mosbach

Lithophanien. Bildliche Darstellungen, oft nach berühmten Gemälden alter Meister, die auf Porzellan als Tiefreliefbilder eingelassen sind. Wenn Licht hindurchfällt, erscheinen die dünneren Stellen der Porzellanplatte hell, die dickeren als Schatten. Die Lithophanie soll von dem *Baron de Bourgoing* im Jahre 1827 erfunden worden sein. Lithophanien wurden in →Meißen von 1828 an und an der Porzellanmanufaktur →Berlin um 1827-50, aber auch in →Gotha und →Plaue, von den Fabriken in →Minton und →Copeland in England und auch in →Worcester hergestellt, wo *Grainger Lee & Co.* 1829 eine Lizenz zur Herstellung erhalten haben. In Toledo, Ohio, USA, ist ein Museum der Lithophanie gewidmet, ›The Blair Museum of Lithophanies‹.

Lithyalin →Egermann, Fr.

Littler, William (1724-84). Englischer Töpfer und Porzellanfabrikbesitzer in Staffordshire, Geschäftspartner von *Aaron Wedgwood* in Brownhills, wo er salzglasiertes Steinzeug fertigte, dann Eigentümer und Leiter der Porzellanfabrik →Longton Hall etwa von 1750 bis zu deren Schließung 1760. Später war er Leiter der Töpferei *Baddeley & Fletcher* in Shelton.

Littler's blue, engl. Eine tiefblaue, nach William Littler benannte Glasur, die manchmal auf salzglasiertem Steinzeug zu finden ist. Im 18. Jh. wurde sie von vielen englischen Töpfern verwendet.

Liverpool. Hier wurde im frühen 18. Jh. (erstes datiertes Stück 1716) eine Fayencefabrik errichtet, die blauweiße Waren, ähnlich denen von →Bristol und →Lambeth, herstellte; 1760 waren es zwölf derartige Fabriken, die offensichtlich stark im Export nach den Kolonien engagiert waren. Eine Spezialität waren Punschbowlen, manchmal sehr groß und oft innen mit Schiffen und an der Außenseite mit

Liverpool: Fayence-Punschbowle, 1766 (Victoria & Albert Museum, London)

Schiffstrophäen bemalt. Einige Arbeiten waren in →Emailfarben in ungewöhnlichen Farbschattierungen (dunkles und helles Purpur, Grün, Braunrot, leuchtendes Blau und Gelb) dekoriert, den sogenannten ›Fazackerley colours‹, die nach einem gewissen *Thomas Fazackerley* und seiner Ehefrau genannt sind, deren Namen auf einigen in diesen Farben bemalten Krügen erscheinen. Spätestens seit 1756 wurde viel im →Umdruckverfahren dekoriert, besonders in dem Unternehmen von J. →Sadler & Green. Unter den Töpfereien waren die von den Penningtons berühmt. *James Pennington* stellte seit 1769 Steingut und Fayence (›English →Delftware‹) her und soll die Fabrik von *Copperas Hill* 1773-74 geleitet haben; sein Bruder *John* (gest. 1786) folgte ihm in dieser Stellung nach. Sein Bruder *Seth* war Teilhaber einer Töpferei in *Shaw's Brow* etwa um 1776-99, danach Alleininhaber bis 1805. *Zacharias Barnes* (1743-1820) lieferte an J. Sadler Fliesen, um sie im Umdruckverfahren dekorieren zu lassen, und stellte auch Fayence her. Er machte Porzellan mit einem schweren, gelblichen Scherben und einer fleckigen Glasur.
Mehrere kleine Porzellanfabriken standen in Liverpool nach der Mitte der 1750er Jahre in Blüte, z. B. die von *William Ball,* der etwa seit 1755 in der Ranleigh Street in Liverpool bedrucktes, in Emailfarben übermaltes Porzellan herstellte. Am bekanntesten ist die Fabrik von *Richard Chaffers* (gest. 1765), die ähnliche Erzeugnisse wie →Worcester hervorbrachte; sie waren aber im allgemeinen in der Form und in der Masse (sie enthielt Steatit, wie die Erzeugnisse von William Ball) minderwertiger. 1796 wurde die 1794 von *Richard Abbey* (vorher Angestellter von Sadler & Green) gegründete Fabrik von *Worthington Humble and Holland* übernommen und *Herculaneum* genannt. Dieser Betrieb wurde hauptsächlich mit Personal aus Staffordshire geführt und stand bis 1841 in Blüte, stellte Steingut, →Basaltware und →lüstrierte Keramik her, die im Stil der Fabrik von →Wedgwood und anderer Unternehmen in →Staffordshire gehalten waren. Die Erzeugnisse von Herculaneum waren nach

1833 mit dem eingepreßten oder (gewöhnlich in Rot) gemalten Firmennamen gemarkt.

Lit: F.H. Garner, *English Delftware*, London 1948; A. Smith, *An Illustrated Guide to Liverpool Herculaneum Pottery*, London 1970.

Lobate Style →Ohrmuschelstil

Lobmeyr, J. & L. Bedeutende Wiener Glashandelsfirma, gegründet 1822 von *Josef Lobmeyr* (1792-1855), einem Glaser aus Grieskirchen bei Linz. International wurde die Firma unter der Leitung von *Josef* (1828-64) und *Ludwig* (1829-1917), den Söhnen des Gründers, bekannt. Letzterer scheint die führende Rolle bei der Entwicklung der Firma gespielt zu haben, hat selbst Entwürfe geliefert und von den führenden Künstlern Wiens Entwürfe bestellt, darunter dem Architekten Theophil von Hansen (1813-91). Ludwig, der zu den bedeutenden Persönlichkeiten des damaligen Wien gehörte, stand in einer engen Verbindung mit dem Österreichischen Museum für angewandte Kunst, das 1864 gegründet wurde. Das meiste von der Firma veredelte Glas stammte von der Glashütte Meyr in Südböhmen, die *Wilhelm von Kralik* gehörte, der eine Tochter von Lobmeyr heiratete. Die Produktion umfaßte viele kunstvolle Stücke im zeitgenössischen böhmischen Stil und auch in historisierenden Stilrichtungen. Zu den bemerkenswertesten gehören die Trinkgläser, Karaffen usw., die von vornehmer und manchmal auch strenger Einfachheit sind. Ludwig Lobmeyr zog sich 1902 aus dem Unternehmen zurück, und die Leitung ging in die Hände seines Neffen *Stefan Rath* (1876-1960) über, der Künstler der Wiener →Sezession als Entwerfer einsetzte, vor allem J. →Hoffmann, der 1910 in der Firma eine leitende Position übernahm. Die Firma ist noch heute tätig.

Lit: S. Rath, *Lobmeyr*, Wien 1962; *150 Jahre österreichische Glaskunst: Lobmeyr 1823-1973*, Ausst.Kat. Wien 1973; W. Neuwirth, *Orientalisierende Gläser von J. und L. Lobmeyr*, Wien 1981.

Lock, Matthias oder **Matthew** (tätig um 1724-69). Möbelentwerfer, der maßgeblich an der Einführung des französischen →Rokoko in England beteiligt war. Er absolvierte seine Lehre bei dem Londoner Holzschnitzer Richard Goldsaddle und veröffentlichte 1740 ›A New Drawing Book of Ornaments‹, eine der ersten Ornamentensammlungen mit Rocaille-Motiven, die in England erschien. In seinen zahlreichen Publikationen – vor allem in ›Six Sconces‹ (1744), ›Six Tables‹ (1746) und ›A New Book of Ornaments ...‹ (1752 zusammen mit H. →Copland herausgegeben und 1768 mit einigen Änderungen neu aufgelegt) – interpretierte er die französische Rocaille in freizügiger und typisch englischer Manier. Als Schmuckmotive verwendete er vor allem C-Schwünge, Masken, Vögel, geflügelte Drachen und Wasserkaskaden. Seine Entwürfe, von denen sich einige im Victoria & Albert Museum, London, und im Metropolitan Museum, New York, befinden, sind z.T. auch von A. →Palladio und R. →Adam beeinflußt. Um 1752 arbeitete er für Th. →Chippendale als Entwerfer und Möbelschreiner. Einige ihm zugeschriebene Arbeiten, die er für Hinton House, Somerset, anfertigte, sind heute im Victoria & Albert Museum, London. Sie haben jedoch nicht die Eleganz und Leichtigkeit, die seine Entwürfe auszeichnen.

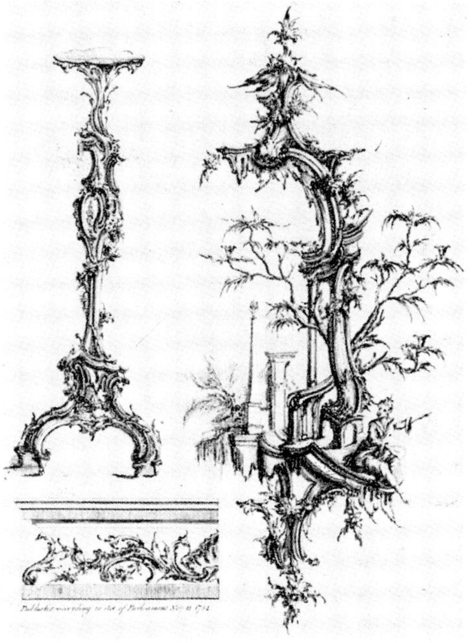

M. Lock und H. Copland: Abbildung aus ›A New Book of Ornaments‹, 1752

Lit: P. Ward-Jackson, *English Furniture Designs of the Eighteenth Century*, London 1958; A. Coleridge, *Chippendale Furniture*, London 1968.

Lodi. Lodi war bereits im 16. Jh. für seine geschickten Töpfer bekannt (ein gewisser Alberto Catani aus Lodi wurde nach →Mantua gerufen, als die Gonzaga versuchten, Porzellan zu machen). Im folgenden Jh. war der Ruf von Lodi keinesfalls geringer als der von Faenza, wie z.B. die außergewöhnlichen Vasen im →Istoriato-Stil von Pietro Pomis zeigen. Die wichtigsten Werkstätten waren die der Cappellotti (tätig von 1641 bis 1787) und der Ferretti (tätig von 1725 bis 1810, später unter anderen Eigentümern), die blauweiß, mitunter polychrom dekorierte Keramik in Nachahmung der Arbeiten von →Rouen, →Moustiers und →Straßburg herstellten, die ›alla Rouen‹ oder auch ›alla Berain‹ genannt wurde. Die Ferretti hatten zwei sehr befähigte Töpfer, Antonio Casali und Filippo Antonio Callegari, die beide nach →Pesaro gingen. Giorgio Giacinto Rossetti arbeitete in Lodi bis 1737, dann in →Turin. Außer den Arbeiten ›alla Rouen‹ wurden auch schönes, weißes Küchengeschirr und mit religiösen Darstellungen bemalte Platten in einem typisch italienischen Stil hergestellt.

Lit: G. Russo Perez, *La maiolica antica de Lodi*, Mailand 1932; Countess Terni di Gregory in *The Connoisseur* XCIII, 1934, S. 158ff; G. Liverani, *Italienische Majolika*, Köln 1960; A. Novasconi, S. Ferrari u. S. Corvi, *La Ceramica Lodigiana*, Mailand 1964.

Lodovico, Maestro →Venezianische Töpfereien

Loetz, Witwe. Glashütte in Klostermühle, Südböhmen, benannt nach der Witwe von *Jo-*

hann Loetz. Eine der bedeutendsten Glashütten des späten 19. Jhs., die bei der Brüsseler Ausstellung von 1888 und der Pariser Weltausstellung von 1889 Preise gewann. Kurz vor 1900 wurde dort mit der Herstellung sehr schöner, wenn auch manchmal außergewöhnlich geformter irisierender Glasgefäße nach Art von L. C. →Tiffany's ›Favrile‹ Glas begonnen. Sie sind, vom Art Nouveau beeinflußt, mit federartig gekämmten Motiven oder mit einem Netzwerk rankenartiger Linien verziert. Zu den späteren Produkten der Jahre um 1915 gehören Gefäße, die dem Stil der →Wiener Werkstätte folgen, entworfen von H. Bolek, M. →Powolny und anderen.

Lit: Glas aus der Sammlung des Kunstgewerbemuseums Zürich, Zürich 1969.

Loewy, Raymond (geb. 1893). In Paris geboren, ist er an der Pariser Universität und der Ecole de Lanneau zum Ingenieur ausgebildet worden. 1919 begann er als Modezeichner in New York; 1926 zeichnete er die Karosserie für das Hupmobile von General Motors und wurde 1929 als künstlerischer Direktor von der Westinghouse Electric Company berufen. Im selben Jahr eröffnete er, zum Teil als Folge des an ihn ergangenen Auftrags der englischen Firma Gestetner, das Gehäuse für einen Vervielfältigungsapparat zu entwerfen, ein eigenes Entwurfsbüro. Seine Zeichnung für den ›Coldspot‹-Kühlschrank der Firma Sears Roebuck (1932) war eines der frühen und maßgebenden Beispiele dafür, welche Vorteile sich auch für das Marketing ergeben konnten, wenn man das →Industrial Design in die Herstellung von Konsumgütern einbezog. Von 1938 bis 1962 arbeitete er für Studebaker und entwarf für diese Firma das ›Avanti‹-Modell.
Die Firma Loewy, in den Vereinigten Staaten wahrscheinlich die größte ihrer Art, erhielt den Namen Raymond Loewy/William Snaith Inc., als William Snaith, bis dahin Betriebspartner, Präsident wurde und Loewy den Vorsitz der Gesellschaft übernahm. Eine europäische Tochtergesellschaft, *Compagnie de l'Esthétique Industrielle,* befindet sich in Paris. Loewy hat ›The Locomotive: Its Esthetics‹ (1937), ›Never leave Well Enough Alone‹ (1951) und ›Industrial Design‹ (1979) veröffentlicht.

W. Loetz: Glasvase, um 1900 (Kunstgewerbemuseum, Zürich)

Lohr am Main. Deutsche Glashütte, gegr. 1688 von *Johannes Wenzel* (gest. 1696). Produktion von Tischglas und Leuchtern. 1698 Übernahme durch Kurfürst Lothar Franz von Schönborn, der sie zur Spiegelfabrik umbildete, die Spiegel hoher Qualität (ein großer Teil in Schloß Pommersfelden erhalten) herstellte.

Lit: H. Kreisel, *Die Kunst des deutschen Möbels,* Bd. II, München 1970.

Loir, Alexis (1640-1713). Führender Goldschmied und Entwurfszeichner (Meister 1669) des →Louis-quatorze. Von seinen Metallarbeiten ist keine erhalten; seine gestochenen Entwürfe für die verschiedenartigsten Objekte, wie Wagen, Rollstühle, Fächer, Guéridons, Kohlenpfannen usw., halten sich an den klassischen Barockstil des Ch. →Le Brun.

Lolling chair. Amerikanischer Armlehnstuhl des späten 18. Jhs. Der Sitz ist im allgemeinen niedrig, Sitz und Rückenlehne sind gepolstert, letztere hoch und mit schlangenförmiger Bekrönung. Auch als *Martha-Washington-Stuhl* bekannt.

Lomonossow, Porzellanfabrik →Sankt Petersburg, Porzellanmanufaktur

Longquan →Seladon

Longton Hall. Longton Hall war die erste Porzellanfabrik in →Staffordshire; sie wurde von einem Steinzeugtöpfer, William Littler, von etwa 1750 bis 1760 betrieben und stellte dekorative wie auch Gebrauchskeramik in einem ziemlich schweren Weichporzellan her, ähnlich dem von →Chelsea. Schüsseln, Saucieren, Teekannen und kleine Terrinen mit einem überlappenden Blattmusterdekor waren eine Spezialität. Die frühesten Figuren (bekannt als ›Schneemänner‹-Figuren und gelegentlich →Derby zugeschrieben, bis ihre wirkliche Herkunft festgestellt worden ist) sind ziemlich plump und mit einer schwach durchscheinenden, dicken Glasur bedeckt. Spätere Figuren haben die verschiedensten Vorbilder, salzglasiertes Steinzeug, →Meißener Porzellan und sogar italienische Bronzen, obwohl einige Modelle eigene Schöpfungen waren, z. B. eine Bri-

Longton Hall

Longton Hall: ›Europa‹, Porzellan, um 1758-60 (Temple Newsam House, Leeds)

tannia, eine Marktfrau, die Butter anbietet, und ein Schauspieler. Gebrauchswaren wurden gelegentlich mit topographischen Malereien dekoriert, die französischen Stichen entnommen waren, oder wurden, manchmal von John →Sadler and Green in Liverpool, bedruckt. Einige Arbeiter gingen 1758 nach Derby, und es wird oft vermutet, daß W. →Duesbury die Vorräte und die technische Einrichtung für Derby erwarb, als Longton Hall 1760 schloß.

Lit: B. Watney, *Longton Hall Porcelain,* London 1957; H. Tait in *The Connoisseur,* Juni 1971, S. 108-116

Longueval, Georg Franz August, Graf von Buquoy →Hyalith

Loos, Adolf (1870-1933). Bedeutender österreichischer Architekt, der bei der Entwicklung des →Industrial Design eine wichtige Rolle spielte. Er wurde in Brünn in Mähren geboren, studierte in Dresden und verbrachte die Jahre zwischen 1893 und 96 in den Vereinigten Staaten. Nach Europa zurückgekehrt, ließ er sich in Wien nieder, wo er unter den Einfluß des Architekten Otto Wagner (1841-1918) geriet und für verschiedene Zeitschriften schrieb, wie ›Das Kunstblatt‹, ›Die Zeit‹, ›Die Waage‹ usw. Er entwarf einfache funktionelle Möbel, Glas und andere Haushaltsgegenstände, doch von größerer Bedeutung waren seine Artikel, in denen er sich gegen den Gebrauch von Ornamenten und sogar von geschwungenen Formen wandte. Sein berühmtester Artikel ›Ornament und Verbrechen‹ aus dem Jahr 1908 wurde in viele Sprachen übersetzt. Er stand im Gegensatz zu J. →Hoffmann und den →Wiener Werkstätten, doch war er in der Praxis weniger kompromißlos als in der Theorie und hatte eine Vorliebe für reiche Materialien.

Lit: L. Münz u. G. Künstler, *Adolf Loos,* London 1966; D. Müller, *Klassiker des modernen Möbeldesign,* München 1980.

A. Loos: Trinkgläser, ausgeführt von Lobmeyr, um 1930 (Kunstgewerbemuseum Zürich)

Lotto-Teppiche →Türkische Teppiche

Lotus ware →Belleck; Knowles, Taylor & Knowles Company

Louis, Jean-Jacques →Ludwigsburg

Louis-Philippe. Der während der Regierungszeit des Königs Louis Philippe in Frankreich herrschende Stil (1830-48). Er setzt den schwerfälligen, überladenen und ausgeprägten bürgerlichen Stil der →Restauration fort. Der am Anfang noch neben ihm allgemein verbreitete →Troubadour-Stil kommt langsam aus der Mode zugunsten sorgfältigerer Imitationen von gotischen und Renaissancemöbeln. Die führenden Kunsttischler sind →Jacob-Desmalter und →Lemarchand, die beide eine eher schwerfällige Version des →Empire aufrechterhalten. Die besten Silberschmiede sind →Fauconnier und →Froment-Meurice. Diese Zeit erlebt auch eine Rückkehr zu Moden und modischen Stoffen des 18. Jhs., z. B. zum ›Damas Pompadour‹, der 1835 verkauft wird, und zu spitzenbehängten Toilettentischen, genannt ›Toilettes Pompadour‹.

Louis-Philippe: Textil-Entwurf von Chenavard und Stark, um 1830 (Musée des Arts Décoratifs, Paris)

Louis-Philippe: ›Bureau‹ (Château de Chantilly, Chambre du duc d'Aumale)

Louis-quatorze. Eine Vielzahl von Stilen ist nach Monarchen benannt worden; aber keiner von ihnen ist so eng mit der Persönlichkeit des namengebenden Herrschers verbunden wie der des Louis-quatorze. Seine Anfänge liegen vermutlich bei den ausgesuchten Neigungen des prachtliebenden Kardinals und allmächtigen Ersten Ministers Mazarin, der schon zur Zeit der Regentschaft für den minderjährigen Ludwig XIV. die französischen Industrien förderte und hervorragende ausländische Kunsthandwerker, wie P. →Golle und D. →Cucci, ermutigte, sich in Frankreich niederzulassen. Als 1661 der junge Monarch die Regierung übernahm, zeigte er selbst größtes Interesse an der Einrichtung und Dekoration der verschiedenen königlichen Residenzen, vornehmlich von Versailles, für das Unsummen ausgegeben wurden. Die Residenzen wurden zu symbolischen Hintergründen des Ruhms seiner Herrschaft stilisiert, zur Feier und Darstellung des Reichtums und der Macht des Königtums. Nie zuvor waren die dekorativen Künste in einem solchen Maße und so wirksam zu Propagandazwecken verwendet worden. Zur Seite stand dem König sein fähiger Minister Colbert, der, weitgehend an der Gründung der 1664 ins Leben gerufenen ›Manufacture Royale des Meubles de la Couronne‹, bekannt als ›Les →Gobelins‹, mitbeteiligt, diese Werkstätten unter der Leitung von Ch. →Le Brun ausschließlich damit beschäftigte, die kostbaren Inneneinrichtungen für die königlichen Schlösser zu schaffen. Colberts protektionistische Wirtschaftspolitik – er begründete den Merkantilismus – verhalf auch anderen französischen Industriezweigen zur Blüte – der Keramik- und Glasfabrikation, der Seidenweberei usw. – und machte Frankreich auf dem künstlerischen Sektor unabhängig und für die europäische Mode vorbildlich. So führte beispielsweise eine Bestellung großer Spiegel für Versailles zur Gründung der →Saint Gobain Glasmanufaktur, in der ein neues Verfahren zur Herstellung von Spiegelglas angewendet wurde, das die aus Glas geblasenen venezianischen Spiegel nach und nach nicht nur in Frankreich, sondern in ganz Europa aus der Mode brachte.

Der Louis-quatorze-Stil ist gekennzeichnet durch üppigen Reichtum, der aber durch klassische Züge in Schranken gehalten wird: die Formen sind massig, die Farben gebrochen. Das Ganze spiegelt vollendet die Grandeur und feierliche Steifheit des Hofes Ludwigs XIV. wider. Selbstverständlich kamen für Versailles nur die teuersten Materialien in Betracht: seltene Hölzer, Pietre Dure, Schildpatt, Japanlack, Gold und Silber (letzteres vor allem für Möbel). Aber viel vom Überschwenglichen und Schwellenden des Barock wurde zurückgedrängt. Ein deutlicher Wechsel trat ein, als Le Brun 1683 die Leitung der Gobelins-Manufaktur abtreten mußte. Sein Nachfolger, J. →Bérain, ging zu leichteren Formen und einem weniger prunkvollen Stil über, der bereits etwas von der →Régence und dem frühen →Rokoko ahnen ließ. Infolge der europäi-

Louis-quatorze: silbervergoldete Schenkkanne von N. Delaunay, Paris 1697 (Kathedrale, Poitiers)

Louis-quatorze: silbervergoldeter Kronleuchter (Musée des Art Décoratifs, Paris)

schen Kriege war eine Krise über das Land hereingebrochen, und so wurde nach 1693 die Verwendung kostbarer Materialien für Möbel aufgegeben: das für Versailles gemachte massive Silbermobiliar wurde eingeschmolzen und vieles davon durch orientalische Lackmöbel ersetzt, die den Hof sehr wenig kosteten, konnten sie ja durch die neu gegründete ›Compagnie de l'Orient‹ importiert werden. Der genialste Ebenist der Epoche war A.-Ch. →Boulle. Er schuf die mit einer Art Furnier aus Schildpatt und Messing bedeckten Prunkmöbel, die infolge ihrer künstlerischen und technischen Vollendung den massiven Silbermöbeln an Pracht und kostspieligem Aussehen kaum nachstanden. Ein Aufwands-Edikt gegen die Benutzung von Silbergeschirr, 1709, gab den Fayence-Manufakturen von →Rouen und →Nevers wie der Verwendung von Zinnwaren neuen Auftrieb. Die für den königlichen Gebrauch entworfenen Gegenstände waren meist mit symbolischen, an den Herrscher gemahnenden Motiven dekoriert, mit dem Monogramm LL, mit dem Kopf des Apoll im Strahlenkranz usw. Für die Dekoration von Möbeln und Silber wurden klassische Architekturmotive verwendet. Die besten Fayencen waren mit →Chinoiserien oder im →Style rayonnant bemalt oder, wie in →Moustiers, mit Behangmustern in der Art des Jean Bérain. Später gewann die Mode der →Bizarren Seiden noch mehr an Boden.

In dieser Epoche wurde das französische Design vorbildlich für ganz Europa. Die in Frankreich hergestellten Möbel, Seiden, Silbergegenstände und Bildteppiche nahmen ihren Weg nach London und Stockholm und an die deutschen Fürstenhöfe. Aber der Einfluß des Louis-quatorze hätte sich in Nordeuropa nicht so schnell durchgesetzt, hätte nicht die Aufhebung des Edikts von Nantes, 1685, die protestantischen Handwerker und Ornamentisten in so großer Zahl zur Auswanderung gezwungen: so wanderte z. B. D. →Marot über Holland nach England aus. Zahlreiche →Hugenottensilberschmiede und Seidenweber fanden Asyl in London, während die Teppichwir-

Louis-quinze: Kommode, wahrscheinlich von C. Cressent, um 1730, nach Entwurf von N. Pineau (Wallace Collection, London)

Louis-quatorze: Kabinettschrank mit Boulle-Marketerie und silbervergoldeten Beschlägen (Louvre, Paris)

ker sich in Holland und Deutschland niederließen.
Eine Reaktion auf die erstarrte Förmlichkeit des Louis-quatorze machte sich um 1720 in Frankreich, im Werk J. →Le Pautres und anderer Entwurfszeichner bemerkbar, und schon vor des Königs Tod, 1715, nahm die angewandte Kunst eine Wendung zur →Régence.

Louis-quinze. Das →Rokoko in seiner französischen Ausprägung. Es kündigte sich schon um 1700 an, erreichte im ›style Rocaille‹ seine Entwicklungsmöglichkeiten um 1725-50 und war lange vor des Königs Tod, 1774, schon wieder überholt. Ludwig XV., der 1715 als Minderjähriger den Thron bestieg und 1723 zur Ausübung seiner Herrschaft kam, übte wenig unmittelbaren Einfluß auf den Stil aus: es war Mme de Pompadour, die die besten Kunsttischler, Silberschmiede, Porzellanhersteller (→Sèvres) förderte. Der Stil verrät in einem gewissen Umfang dieses zunehmende Gewicht der Frauen im sozialen Leben, den Hang zu kleineren, intimeren Räumen, zum Ungezwungenen und Spontanen im Umgang. Von seiner besten Seite zeigt er sich in J.-A. →Meissonniers und N. →Pineaus bewußt asymmetrischem ›Genre pittoresque‹, in dessen wirbelnden Schnörkeln und hingestreuten Blüten; vollendete Ausführung wird ihm in den nach Fr. →Bouchers Entwürfen gewirkten Bildteppichen der →Gobelins-Wandteppich-Manufaktur zuteil; von der lebendigsten Frische ist er in den gemalten Blumen der Fayencen aus →Marseille und →Straßburg; in den bronzebeschlagenen Möbeln von Ch. →Cressent, J.-Fr. →Oeben und B. II van →Risenburgh, oder in Silberarbeiten des T. →Germain erfährt er dagegen die üppigste Ausarbeitung. Die wunderlichste Phantastik entwickelt er in den →Chinoiserien des J. B. →Pillement. Alle diese Werke teilen die unklassische, aber doch kluge und gemäßigte, ausgewogene Eleganz, das Vergnügen an glänzenden Oberflächeneffekten, das Vorherrschen flüchtiger C-Schnörkel über die gerade Linie und eine äußerste Sensibilität für lichte Farben und zarte Gewebe. Das charakteristische Möbel des Louis-quinze ist die von Cressent entwickelte Kommode auf hohen Beinen, mit geschweifter Vorderfläche und den allein dem Schmuck dienenden →Ormolu-Beschlägen, die sich wie die Ranken exotischer Kletterpflanzen über die Fläche hinziehen, ohne Rücksicht auf die Un-

Louis-quinze: Bildteppich aus der ›Geschichte der Psyche‹, nach Entwurf von F. Boucher, Beauvais, 1741 (Quirinal, Rom)

terteilung der Schubladen. Zu den hervorragenden Ebenisten gehörten A. R. →Gaudreau, P. →Migeon (Spezialist für kleine und sehr erlesene Stücke), Oeben (der mit sehr reicher →Marketerie arbeitete), B. II van Risenburgh, G. →Joubert und B. →Lieutaud. Die schönsten vergoldeten Bronzebeschläge stammen von J. →Caffieri. Die Stühle wurden bequemer und eleganter und von ›menuisiers‹ wie J.-L. →Cresson und J. B. →Tilliard in plastischen

Louis-quinze: vergoldeter Bronzebeschlag auf einer Kommode, C. Cressent zugeschrieben (Wallace Collection, London)

Louis-quinze: geschnitzter und vergoldeter Konsolentisch (Louvre, Paris)

Blumen- und Rocaillemotiven geschnitzt. Daneben wurden neue Typen von Sitzmöbeln geschaffen und mit angemessenen Namen belegt, z. B. →Causeuse oder Marquise, Bergère und →Chaise en cabriolet und die Duchesse (→Chaiselongue).

Die Silberschmiede dieser Epoche standen den Möbeltischlern nicht nach; aber nur wenige ihrer Werke sind erhalten. H.-N. →Cousinet war der beste, auch wenn ihm die unerschöpfliche Erfindungsgabe T. Germains abging. Die Porzellan-Manufakturen von →Chantilly, von

Louis-quinze: Schreibzeughalter, Weichporzellan, um 1755 (Victoria & Albert Museum, London)

→Mennecy und →Sèvres produzierten das köstlichste ›Pâte-tendre‹-Geschirr, Statuetten, →Bidets und →Bourdalous in Rokokoformen mit dem Dekor schwebender Blütenzweige. Ähnlich naturalistische Blumen erscheinen auf den nach Entwürfen des J. →Revel u.a. in →Lyon gewebten Seiden. Die schönsten Bildteppiche der →Gobelins-Wandteppich-Manufaktur stammen aus der Zeit, in der →Oudry und →Boucher die Hauptentwürfe lieferten. Pompöse historische Szenen kamen aus der Mode und wurden in weitem Umfang durch Landschaften oder mythologische Szenen in reich geschmückten Rahmenfeldern ersetzt.
Ein Wandel des Geschmacks machte sich um 1750 bemerkbar, als Reaktion auf die Übertreibungen des Rokokos (vielleicht in einer Zeit militärischer Niederlagen und finanzieller Krisen auch aus Sehnsucht nach der Grandeur und dem Glanz des →Louis-quatorze). Aber die Stilübergänge waren fließend, und mancher Kunsthandwerker, wie etwa der Ebenist R. →Vandercruse oder der Silberschmied J. →Roettiers, waren durchaus fähig, je nach Wunsch des Auftraggebers im einen oder andern Stil zu arbeiten, sowohl im Louis-quinze als auch im →Louis-seize.

Louis-seize. Der zur Regierungszeit Ludwigs XVI. herrschende Stil setzt in den 50er Jahren ein und ist 1774, im Jahre der Thronbesteigung Ludwigs XVI., voll ausgebildet. Seine Anfänge sind eine Reaktion gegen das Freizügige und Frivole des Rokoko, zum Teil vielleicht auch erwachsen aus dem sehnsüchtigen Verlangen nach dem Glanz und der Herrlichkeit der Zeit Ludwigs XIV. (Bezeichnend ist, daß für die Ausstattung der Möbel wieder →Boulle-Marketerie, →Pietre Dure und figürliche Bronzebeschläge bevorzugt werden.) Aber das Louis-

Louis-seize: vergoldeter Bronze-Wandleuchter (Musée des Arts Décoratifs, Paris)

seize spiegelt auch ein Bedürfnis nach Stabilität und allgemein gültigen Maßstäben wider, die einen Stil – so J.-J. →Bachelier – »weniger anfällig für modische Schwankungen« sein ließen. Dieser neue Stil – ruhig, zurückhaltend und zuweilen etwas pedantisch – zieht den frei gezeichneten Schnörkeln reine geometrische Formen vor, die ausgebauchten Flächen werden wieder gerade, die Schwingung bei den Stuhlbeinen und sogar Löffel- und Gabelgriffen beseitigt: die verschlungenen, gewundenen Blatt- und Blumenranken räumen den aus der antiken Architektur übernommenen Ornamentmotiven das Feld, der vitruvianischen →Volute, dem →Mäander, der →Palmette, dem →Anthemion und →Bukranion. Im Gegensatz zum Ornamentalen aber wird die Form griechischer und römischer Möbel selten

Louis-seize: Kommode von J.H. Riesener, 1782 (Louvre, Paris)

Louis-seize: Uhr, vergoldete Bronze und Sèvres-Porzellan, vielleicht von Thomire & Robin, 1788 (Musée des Arts Décoratifs, Paris)

kopiert. Schon die frühesten bekannten Louis-seize-Möbel (um 1757 für Lalive de Jully angefertigt; Musée Condé, Chantilly) sind sehr schlicht und streng; im allgemeinen aber entwickelt der Stil sich langsam, und viele Kunsttischler, die im Louis-quinze gearbeitet haben, übernehmen das Neue oder arbeiten gewandt in beiden Stilen, obwohl der neue in den 70er und 80er Jahren zunehmend strenger wird. In den 70er Jahren beginnen Fr. J. →Bélanger, J. D. Dugourc und G. →Jacob mit der Entwicklung des bewußt an die Antike angelehnten →Etruskischen Stils, der dann in das →Directoire oder die erste Phase des →Empire überleitet. Ein ähnlicher Prozeß läßt sich im übrigen Kunstgewerbe feststellen, obwohl die Rokokomerkmale hier langsamer zurückgetreten sind, wie etwa bei den nach Entwürfen Ph. de →Lasalles gewebten →Lyoner Seiden. In der →Gobelins-Wandteppich-Manufaktur werden die Bildteppiche mit breiten Rahmenfeldern, wie François Bouchers ›Amours des Dieux‹, durch große figürliche Darstellungen feierlicherer Begebenheiten ersetzt. →Sèvres Porzellan-Vasen nehmen mit der Zeit strengere Umrisse an. Beispiele für die Porzellan- und Terrakotta-Statuetten der frühen Stilphase sind E.-M. →Falconets Modelle für Sèvres, die gefühlvollen Gruppen von P.-L. →Cyfflé, sowie die delikat sinnenfreudigen Figuren von Clodion und Marin. Der strengere und bewußt klassische Stil der 70er und 80er Jahre zeichnet dann die Modelle von L.-S. →Boizot aus. Falconet entwirft auch für die Silberschmiede R.-J. →Auguste und den jüngeren Fr.-Th. →Germain. Die nach den Entwürfen von →Huet oder in der →Oberkampf-Manufaktur gedruckten Baumwollstoffe, auch die bei →Reveillon hergestellten Tapeten sind sehr viel weniger klassisch als sentimental.

Das Louis-seize ist das goldene Zeitalter der französischen Möbelkunst: Nie zuvor und auch später nicht hat man soviel Geld für Möbel ausgegeben wie damals. Die führenden Pariser Ebenisten sind zum größten Teil Deutsche oder deutscher Herkunft, z. B. G. →Beneman, M. →Carlin, J.-Fr. →Oeben, J.-H. →Riesener, F. → Schwerdfeger, A. →Weisweiler. (David →Roentgen hat nie in Frankreich gearbeitet, obwohl er der Pariser Zunft beigetreten ist.) Aber daneben gibt es auch zahlreiche hervorragende in Frankreich geborene Kunsttischler, wie z. B. R. →Dubois, J.-Fr. →Leleu (Ch. →Topino und R. →Vandercruse fremder Herkunft); Franzosen sind auch die tonangebenden ›menuisiers‹: J. B. →Boulard, N.-Q. →Foliot, G. →Jacob, J. B. →Lelarge und der jüngere →Sené. Der überragende Bronzekünstler ist Pierre →Gouthière. Größte Bedeutung kommt in dieser Zeit den Möbelentwerfern zu, und bezeichnenderweise sind viele der auffallend klassizistischen Möbel von Malern und Architekten, wie Louis-Joseph Le Lorrain und J.-L. →David, entworfen worden. Letzterer zeichnet Entwürfe für Jacob. Stichwerke mit Möbelzeichnungen erscheinen in so großer Zahl wie nie zuvor: als frühestes das von J.-Fr. →Neufforge, nach ihm werden die Entwürfe von Dugourc, dem jüngeren Boucher, J. →Roubo und J. Ch. →Delafosse veröffentlicht. Zeichnungen für Silber veröffentlicht J.-Fr. →Forty, für Stickereien P. →Ranson, während H. →Salembier klassizistische Ornamententwürfe für jede Art von Verwendung liefert. Dieser Überfluß an gestochenen Musterbildern trägt natürlich zur europäischen Verbreitung des Stils bei. Überdies führen die Franzosen Möbel, Porzellan, Textilien, Silber usw. in alle europäischen Länder aus, und mancher in Frankreich geschulte Kunsthandwerker wandert aus, so Pierre →Langlois nach England.

Lourdet, Simon →Savonnerie Teppichmanufaktur

Louvre, Teppich-Werkstatt →Savonnerie Teppichmanufaktur

Louvre, Wandteppich-Werkstätten →Pariser Wandteppichmanufakturen

Love seat →Settee

Lowdin, William →Bristol, Porzellanmanufakturen

Löwenfinck, Adam Friedrich von (1714-54). Einer der berühmtesten Porzellan- und Fayencemaler. Er begann im Jahre 1727 als Lehrling in →Meißen, zunächst als Blumenmaler, später als Maler von →Chinoiserien. 1736 ging er nach →Bayreuth und soll von hier aus nach →Chantilly übergesiedelt sein (um einer offiziellen Aufforderung zur Rückkehr nach Meißen zu entgehen). Im Jahre 1740 arbeitete er in →Ansbach und kam 1741 nach →Fulda, wo er zum Hofmaler ernannt wurde, war aber bereits 1745 in Weisenau. 1746 gründete er die Porzellanmanufaktur in →Höchst, die er verließ, um 1749 in Koblenz (erfolglos) den Versuch einer Fabrikgründung zu unternehmen. Schließlich war er von 1750-54 Leiter der Zweigfabrik Hagenau der Manufaktur →Straßburg. Löwenfinck soll sich in Meißen auf das Malen natürlicher Blumen (→Deutsche Blumen) verlegt haben, deren Verbreitung auf deutschen Fayencen ihm zu verdanken ist. Die von ihm gezeichneten Entwürfe in den Meißener Archiven lassen erkennen, daß er einen eigenen Stil für Chinoiseriedekore entwickelt hat, der sich von dem Stil des J.-G. →Herold klar unterschied und mehr von Japan als von China beeinflußt war. Die ihm zugeschriebenen Chinoiserie-Dekore waren Gegenstand heftiger Kontroversen. Von ihm könnten auch die Ideen für die Terrinen in Form von Vögeln und gewisse Tafelgeräte im Rokokostil stammen, wie sie in Höchst und Straßburg hergestellt und später von vielen anderen Fabriken nachgeahmt worden sind. Zwei seiner Brüder, *Christian Wilhelm* (gest. 1753) und *Karl Heinrich* (1718-1754), waren gleichfalls Porzellan- und Fayencemaler wie auch seine Ehefrau *Maria Seraphia Susanna Magdalena Schick* (1728-1805), die er 1747 geheiratet hatte. Sie war seine Nachfolgerin in Hagenau, heiratete dort wieder und wurde erneut Witwe. Von etwa 1763 bis 1795 leitete sie die Fayencemanufaktur →Ludwigsburg.

Lit: O. Seitler in *Keramos* 11 (1961), S. 22-29; L. L. Lewin in *Keramos* 13 (1961), S. 57-80; 15 (1962), S. 18-20; 16 (1962), S. 36-44; A. Klein u. R. H. Wark in *Keramos* 38 (1967) S. 3-21; A. Klein ›Die Farbgebung im Werk von Friedrich Adam von Löwenfinck‹ in *Pantheon* 1961, 1; ders. ›Die Zeichnung bei Adam Friedrich von Löwenfinck‹ in *Keramos* 1967, S. 38.

Löwenick, Peter →Siegburg

Lowestoft: Porzellankrug, um 1765 (Victoria & Albert Museum, London)

Löwentatzenfuß. Bei Möbeln – und besonders bei Stühlen – seit der Renaissance bis Anfang des 18. Jhs. und erneut im 19. Jh. verwendete Fußform.

Lowestoft. 1757 gegründete Porzellanfabrik, die Weichporzellan in ähnlicher Qualität wie →Bow – und wie in Bow unter Verwendung von →Knochenasche – herstellte. Sie war auf die Produktion von einfachen Geschirren mit unterglasurblauem Dekor (gemalt oder gedruckt) eingerichtet, im allgemeinen mit →Chinoiserien in Anlehnung an die Dekore von →Worcester-Porzellan. Nach 1770 sind einige Erzeugnisse auch mit →Emailfarben bemalt worden. Viele Stücke tragen Inschriften wie ›A trifle from Lowestoft‹ oder den Namen des Eigentümers – einige Platten wurden auch mit dem Namen und dem Geburtstag eines Kindes beschriftet. Es wurden ebenso Kinder- und Tierfiguren gemacht. Die Fabrik wurde um 1800 geschlossen, ihr Leiter, *Robert Allen,* setzte aber seine Arbeit als Porzellanmaler (mit einem Muffelofen) fort. Eine chinesische Teekanne, die er bemalte und signierte, scheint zu der Annahme geführt zu haben, daß die große Anzahl →chinesischer Export-Wappenporzellane (gelegentlich immer noch, besonders in den USA, irreführend als ›Oriental Lowestoft‹ bezeichnet) in Lowestoft gemacht worden sei.

Lit: G. A. Godden, *The Illustrated Guide to Lowestoft Porcelain,* London 1969; C. Spencer, *Early Lowestoft,* Mersham 1981.

Loyal, Charles →Saint-Clément

Loyet Gérard (tätig 1466-95). Goldschmied und Siegelschneider aus Lille im Dienst Karls des Kühnen, Herzogs von Burgund, der das einzig erhaltene Werk in Auftrag gab: ein goldenes, emailliertes Reliquiar mit Statuetten des hl. Georg und des knienden Herzogs (1466-71, Domschatz, Lüttich). Nach Berichten arbeitete Loyet vier lebensgroße Silberstatuen, von denen zwei Karl den Kühnen darstellten, 1477-78 für Maria von Burgund. 1477 wurde er

J. Luce: Teller, um 1925 (Musée des Arts Décoratifs, Paris)

Italienische Seide, 15. Jh., wahrscheinlich aus Lucca (Musée des Arts Décoratifs, Paris)

zum Meister an der Münze von Antwerpen ernannt.

Lübbers, Georg Nicolaus →Stockelsdorf

Lucas, John Robert →Nailsea Glashütte

Lucca, Seidenmanufakturen. Seit römischer Zeit war Lucca für die Produktion von Wollstoffen bekannt. Im 13. Jh. wurde die Stadt ein bedeutendes Zentrum der Seidenweberei. Möglicherweise konnte sie nach dem Fall des Hauses Hohenstaufen 1266 Vorteil ziehen aus einem Zustrom süditalienischer Weber, die Neapel verlassen hatten.

Im 14. Jh. wurden Seidenstoffe aus Lucca in ganz Europa berühmt und doch weiß man kaum, wie sie aussahen. Eine große Gruppe von Seidenstoffen des 14. Jhs., auch solche mit chinesischen Motiven wie dem fliegenden Phönix, wird gewöhnlich Lucca zugeschrieben, obwohl keine Sicherheit besteht, daß sie dort entstanden sind. Die Muster sind freier als alle sonstigen früheren auf europäischen Textilien, jedes Muster besteht aus mindestens drei Motiven, die sich diagonal wiederholen, nicht wie bisher vertikal. Einige sehr ähnliche Seidenstoffe, etwas dichter gemustert mit eher gröberen Motiven, werden meist →Venezianischen Seidenmanufakturen zugeschrieben. Die Produktion von goldgestickten Bändern für liturgische Gewänder, die mit übereinander angeordneten Szenen religiösen Inhalts gewebt waren, wie mit Darstellungen der Verkündigung, der Auferstehung und der Himmelfahrt, begann im frühen 15. Jh. in Lucca, aber auch in Florenz und Sienna. Daneben wurden Samte gewebt. 1421 hatte dieser Herstellungszweig einen solchen Umfang angenommen, daß getrennte Webergilden für einfarbige und gemusterte Samte gegründet wurden. Die gemusterten Samte des späten 15. und 16. Jhs. ähneln den anderen italienischen Samten mit schweren Granatapfelmotiven usw. Lucca blieb bis ins späte 18. Jh. ein bedeutendes Zentrum der Seidenproduktion und setzte seinen beträchtlichen Handel mit einfarbigen, moirierten und geblümten Samten fort.

Luce, Jean (1895-1964). Entwerfer von Keramik und Glas, der sich erstmals auf der Pariser Ausstellung 1925, auf der er Fayence und Porzellan zeigte, das in zurückhaltender Weise im Stil des →Art Déco bemalt war, einen Namen schuf. Er war Eigentümer eines Geschäfts in Paris, das Glas, Porzellan und Fayence von hoher Qualität verkaufte.

Lück oder **Lücke, Johann Christoph Ludwig von** (um 1703-80). Bildhauer, Elfenbeinschnitzer, Porzellanmodelleur und Arkanist, der erstmals 1728/29 als Modellmeister in der Porzellanmanufaktur →Meißen erwähnt wird, wo er die Statuette von August dem Starken in Rüstung und andere kleinere Figuren entwarf. 1750/51 war er an der Porzellanmanufaktur in →Wien; dort schuf er Modelle von Kinderfiguren als Allegorien der vier Jahreszeiten. Dann ging er als Arkanist nach →Fürstenberg. 1754/55 gründete er die Fayencefabrik in →Schleswig. Danach dürfte er hauptsächlich als Elfenbeinschnitzer gearbeitet haben. Es gibt noch zwei andere Porzellanmodelleure gleichen Namens, die vermutlich Verwandte waren: *Karl Gottlieb von Lück* (gest. 1775), wahrscheinlich ein Sohn, arbeitete von 1766-1775 als Modelleur in →Frankenthal, wo er einige der besten Figuren, Jäger, Familiengruppen und besonders den kleinen Chinesenpavillon mit chinesischen Dienern, schuf; *Johann Friedrich von Lück* (gest. 1797), vielleicht ein Sohn oder Neffe, arbeitete in Meißen als Bossierer, möglicherweise auch in →Höchst, und von 1758-1764 als Modelleur in Frankenthal. Als Vorsteher der Bossierer kehrte er nach Meißen zurück. Keine Arbeiten können ihm mit absoluter Sicherheit zugeschrieben werden, aber bei mehreren Figuren wird angenommen, daß sie von seiner Hand stammen.
Siehe Abb. S. 275, 522.

Lit: M. Sauerlandt, *Deutsche Porzellan-Figuren*, Köln 1923.

Lüdicke, Karl Friedrich →Rheinsberg

Ludwigsburg ab 1758

Ludwigsburg. 1756 gegründete Porzellanmanufaktur, die 1758 von Herzog Carl Eugen von Württemberg als »notwendiges Attribut des Glanzes und der Würde« eines Fürsten übernommen wurde. Sie begann 1759 unter dem Arkanisten J.J. →Ringler, der bis 1799 ihre Leitung innehatte. Die Qualität des Scherbens ließ anfänglich zu wünschen übrig und war niemals rein weiß, daher mehr für Figuren als für Vasen und Geschirre geeignet. Letztere waren fast unterschiedslos Nachahmungen der Schöpfungen anderer Manufakturen, wenngleich manchmal recht ansehnlich bemalt. Figuren, die zu den besten ihrer Zeit gehören, waren Erzeugnisse der Manufaktur unter der künstlerischen Leitung des Obermalers G.F. →Riedel. Einige Modelle in einem zurückhaltenden Rokokostil wurden von Hofbildhauern entworfen, besonders von Domenico Ferretti und J.C. →Beyer, der von etwa 1764-67 die Aufsicht über die Modellierwerkstatt führte. Jean Jacques Louis (1703-1772), seit 1762 Vorsteher der Bossierer, modellierte einige große Vögel, Tiergruppen, Gärtner, Jäger, die Dame am Spinett, eine entzückende Gruppe als Satire auf ›Die hohe Frisur‹ der damaligen Mode und, vielleicht am bemerkenswertesten, eine Reihe winziger Jahrmarktbuden mit Schaustellern usw. Seit Anfang der 1770er Jahre wurden Figuren mehr sentimentalen und klassizistischen Charakters geschaffen. Und in den 1790er Jahren entwarf der betont klassizistische Bildhauer Johann Heinrich von Dannecker (1758-1841) die Modelle. In dieser Zeit kündigte sich der Niedergang der Manufaktur an. Von 1806-1816 kam nochmals ein Aufschwung, als Arbeiter aus Frankreich den →Empirestil mitbrachten. Die Manufaktur schloß 1824 ihre Pforten. Gleichzeitig mit der Porzellanmanufaktur, aber von ihr getrennt, wurde eine Fayencefabrik errichtet; 1763 ging sie in das Eigentum des Herzogs von Württemberg über, der die Witwe von A.F. von →Löwenfinck mit ihrer Leitung beauftragte. Der Betrieb hielt sich in bescheidenem Umfang und stellte Eßservice her, die mit hübschen Blumen bemalt sind (eine große Büste des Herzogs Carl Eugen stellt eine Ausnahme dar). 1795 wurde sie mit der Porzellanmanufaktur zusammengelegt. 1776 begann eine Abteilung der Fayencefabrik mit der Herstellung von Steingut; sie wurde seit 1784 als ein selbständiges Unternehmen betrieben. *Siehe auch Abb. S. 43, 65.*

Lit: *Alt-Ludwigsburger Porzellan,* Ausst.Kat. Schloß Ludwigsburg 1959; A. Klein, *Deutsche Fayencen,* Braunschweig 1975; P. Lahnstein u. M. Landenberger, *Das Ludwigsburger Porzellan und seine Zeit,* Stuttgart 1978.

Ludwigsburg: Porzellanfigur, 1765 (Württembergisches Landesmuseum, Stuttgart)

Lumello, Giovanni →Vinovo

Lund, Benjamin →Bristol, Porzellanmanufakturen

Lünette. Halbkreisförmiges Bogenfeld, das mit figuralem oder abstraktem Dekor ausgefüllt sein kann.

Lunéville. 1731 von *Jacques Chambrette* gegründete Fayencefabrik, die Eßgeschirre in Anlehnung an →Straßburg, →Niderviller und →Sceaux, sowohl in den Formen als auch der Bemalung, herstellte. Im allgemeinen wurde eine unreine weiße Zinnglasur verwendet, die Farben waren eher beißend und kräftig und die Malerei weniger sorgfältig ausgeführt. Diese Erzeugnisse lassen sich nicht von denjenigen der Fabrik →Saint-Clément unterscheiden, die gleichfalls im Eigentum von Chambrette stand. Die bekanntesten und eigenwilligsten Produkte waren Figuren – große Fayencelöwen und -hunde, für Hauseingänge und Gärten bestimmt, und kleine Figuren aus Pfeifenton nach Modellen von P.L. →Cyfflé aus der Zeit von etwa 1752 bis zur Errichtung seiner eigenen Werkstatt im Jahre 1766, gleichfalls in Lunéville. Nach dem Tod von Chambrette 1758 ging der Betrieb auf seinen Sohn und Schwiegersohn über und erhielt die Bezeichnung ›Manufacture Royale‹. Sie nahmen die Produktion von Steingut in englischem Stil auf, gerieten aber bald in finanzielle Schwierigkeiten. So mußten sie die Fabrik 1788 an Sebastian Keller und seinen Geschäftspartner verkaufen, dessen Nachkommen sie während des ganzen 19.Jhs. fortführten. Gelegentlich wurden auch frühere Modelle, besonders die großen Löwen und Hunde, neu ausgeformt. Gebräuchliche Marke war der Firmenname, eingepreßt, oft unter Hinzufügung von Initialen.

Lit: G. Haug, *Lunéville, Saint-Clément, Niderviller,* Paris 1973; A. Klein, *Fayencen aus Europa,* Braunschweig 1980; Faïences françaises, Ausst.Kat. Paris 1980.

Lung Ch'üan →Longquan

Lunula. Halbmondförmiger Hostienträger in der →Monstranz.

Lurçat, Jean (1892-1966). Französischer Maler und Entwerfer von Wirkteppichen. Er lernte in Nancy unter V. →Prouvé, begann in einem →Art-Nouveau-Stil (Bucheinbände)

Lüster: Detail eines englischen geschliffenen Glas-Kronleuchters, um 1815 (Victoria & Albert Museum, London)

und ließ sich dann 1912 in Paris als Maler nieder. Seine Wirkteppichentwürfe beginnen in den 30er Jahren mit ›Les Illusions d'Icare‹ 1936 für die →Gobelins und einer großen Serie für →Aubusson, bedeutend der ›Hühnerhof‹, ›Ernte‹ (1939), ›Winter‹ (1940), ›Freiheit‹ (1942), ›Der Mann‹ (1945), ›Die vier Elemente‹ (1946). Teilweise von den →Pariser Wandteppichen des 14. Jhs. beeinflußt, vor allem von der ›Apokalypse von Angers‹ und teilweise von präkolumbianischen Textilien, führt er seine Richtung auf die frühesten Prinzipien der Weberei zurück, übernimmt grobes Material, reduziert die Farbskala drastisch und gestattet den Wirkern einen gewissen Spielraum in der Wahl der Farbschattierungen.

Luristan-Bronzen. Unbekannt bis in die 1930er Jahre, als man sie im zentralen Zagrosgebirge zwischen Iran und Irak in größerer Anzahl entdeckte. Es sind gewöhnlich →Finiale, Pferdegeschirre usw. von 1000 bis 700 v. Chr., gegossen im →Wachsausschmelzverfahren in kräftigen eigenartigen Formen: menschliche und tierische Gestalten miteinander verbunden und eine in die andere übergehend. Sie mögen eine Verwandtschaft mit dem →Tierstil aufweisen. *Siehe auch* Urartu.

Lit: P. R. S. Moorey, *Ancient Bronzes from Luristan*, London 1974.

Lüster. Vom franz. ›lustre‹, Kronleuchter, hergeleitet. Im 16. Jh. waren die kunstvoller gearbeiteten Hängeleuchter mit →Bergkristalltropfen geschmückt, im 17. Jh. mit reich facettierten Kristallgehängen, die das Kerzenlicht reflektierten: man nannte sie ›chandeliers de cristal‹. Seit dem Ende des 17. Jhs. wurde das kostspielige Kristall oft durch geschliffenes Glas ersetzt und die Bezeichnung ›lustre‹ – wie noch heute – auf Hängeleuchter schlechthin angewendet, auch auf solche ohne Kristall- oder Glasgehänge.

Lüsterdekor. Ein metallisch schillernder Überzug, vor allem auf →islamischer Keramik, auf →spanisch-maurischer Ware und auf →Majolika. Seine Farbstoffe bestanden aus Metalloxiden (blasses messingartiges Gelb aus einer Silber-, kräftiges Rubinrot aus einer Kupferverbindung), die, mit feinem Ocker vermengt, auf die schon glasierte Oberfläche der Keramik aufgetragen und dann bei ziemlich niedriger Temperatur (800 °C. etwa) und unter Einwirkung reduzierender Dämpfe im Muffelofen aufgebrannt wurden. Eine dicke Schicht dieses Farbstoffs ließ das Gefäß wie aus brüniertem Kupfer erscheinen, dünnere Schichten brachten zarter schillernde Farbwirkungen hervor. Im allgemeinen aber wurde der Lüsterdekor mit Unterglasurmalerei kombiniert. Die Technik des Lüsterdekors ist vermutlich im 7. oder 8. Jh. von ägyptischen Glasmalern erfunden, und im 9. Jh. von Keramikmalern in Bagdad übernommen und vervollkommnet worden. Am Ende des 10. Jhs. treffen wir die besten Töpfer aus Bagdad am Hof der Fatimiden in Kairo an, von wo die Technik im 13. Jh. nach Spanien (vor allem →Malaga) und im späten 15. oder frühen 16. Jh. weiter nach Italien (Hauptzentren: →Deruta und →Gubbio) vermittelt worden ist. Im 16. Jh. aber scheint die Lüsterware aus der Mode gekommen zu sein, außer in Spanien, wo sie seit dem 17. Jh., wenn auch in recht grober Manier, beständig hergestellt worden ist. Das alte Verfahren wurde im 19. Jh. in England, besonders durch →De Morgan, in Italien durch →Cantagalli wiederbelebt. Der Herstellungsprozeß ist äußerst kompliziert, und schon →Piccolpasso behauptete in seiner im 16. Jh. verfaßten Abhandlung über die Töpferkunst, daß nur 6 Prozent aller gebrannten Stücke zufriedenstellend ausgefallen wären.

Ein im 18. Jh. hauptsächlich in England bei →Wedgwood und anderen Töpfereien in →Staffordshire entwickeltes Verfahren, das auch von den Manufakturen in →Leeds, Sunderland, →Swansea und →Tyneside übernommen wurde, verlieh den Stücken ein sehr viel härteres und weniger subtiles, metallähnliches Aussehen. Silberlüster erzielte man durch Platinsalze; goldenen, kupferartigen, Rosa- oder Rubinlüster durch Gold. Der perlmuttartige Lüster, der in der Mitte des 19. Jhs. als Dekor der →Worcester- und →Belleekware aufkam, wurde aus Wismutnitrat gewonnen. Resist-Lüster wurde im frühen 19. Jh. in England, vor allem in der Töpferei von →Davenport, entwickelt, der eine Schablonentechnik unter Verwendung von Wachs und nachfolgendem Überpinseln mit Lüster patentiert wurde. Die Zeichnungen wurden auch auf der Glasur mit einer Schutzbeize (Honig, Glyzerin oder Firnis) angebracht, die dann abgewaschen oder im Ofen verbrannt wurde.

Lit: A. W. Frothingham, *Lustreware of Spain*, New York 1951; R. Ettinghausen, ›Notes on the lustre ware of Spain‹

in *Ars Orientalis* I (1954); J. Bedford, *Old English Lustreware,* London 1965.

Lutma, Johannes (um 1585-1669). Silberschmied, der, geboren in Friesland (Deutschland), in Emden und Paris ausgebildet wurde und von 1620 an in Amsterdam tätig war. Er war von A. van →Vianen beeinflußt, dessen →Ohrmuschelstil er imitiert und weiterentwickelt hat: Sein Dekor hat ähnlich fließende, fischartige Formen bei genauerer Einhaltung der Symmetrie und einer noch größeren Weichheit im Modellieren. Besonders charakteristisch für ihn sind eine merkwürdige kleine Schüssel, aus deren aufgewirbelten Randvoluten ein Monstrum (Hummerkörper mit Schildkrötenkopf) hervorkommt, und eine Wasserkanne mit einem sich überschlagenden Delphin als Henkel (1641 und 1647; beide Rijksmuseum, Amsterdam). Aber er konnte ebenso fein in einem nüchternen Stil arbeiten (z.B. Wasserkanne und Schüssel, 1655, Amsterdams Historisch Museum). Die Chorschranke aus Messing in der Nieuwe Kerk, Amsterdam, ist sein Werk; auch war er Medaillenschneider.

Lit: J.W. Fredericks, *Dutch Silver,* Den Haag, 1952.

Johannes Lutma

Lütticher Glashütten. Verschiedene Glashütten wurden in und um Lüttich im späten 16. Jh. und im frühen 17. Jh. gegründet, doch die erste wirklich bedeutende erst 1638 durch die Brüder *Henri* und *Léonard Bonhomme,* die keine Glasmacher, sondern Unternehmer waren und die Herstellung von Glas in den Niederlanden mehr oder weniger monopolisierten. Es wurden kostbare Gefäße in venezianischer Art hergestellt, zudem aber auch sehr viel Gebrauchsglas in der Tradition des →Waldglases, jedoch von verbesserter Qualität. Lüttich blieb bis heute eines der wichtigsten Zentren der Glasherstellung. Die berühmte Glashütte von →Val-Saint-Lambert wurde 1825 in einem Vorort von Lüttich gegründet.

Lit: F. Pholien, *La verrerie au pays de Liège,* Lüttich 1889; H. van Heule in *Annales du 1er congrès des ›Journées internationales du verre‹,* Lüttich 1958, S. 133-43.

J. Lutma: silberne Wasserkanne, Amsterdam, 1647 (Rijksmuseum, Amsterdam)

Lütticher Möbel →Aachener Möbel

Lyncker, Anton →Den Haag

Lynn-Gläser. Bezeichnung für eine Gruppe von englischen Glasgefäßen des späten 17. bis frühen 18. Jhs. mit horizontalem Rippenmuster. Früher wurde angenommen, daß sie in Norwich entstanden sind, doch heute werden sie Glashütten in oder bei Kings Lynn in Norfolk zugeschrieben.

Lyon, Seidenmanufakturen. Seit dem frühen 18. Jh. die berühmtesten und besten in Europa. Sie bestimmten den europäischen Geschmack, und ihre Muster wurden auf dem ganzen Kontinent kopiert. Lyon war vor 1466, als Ludwig XI. dort seine eigene Seidenindustrie gründete, eines der Hauptzentren für den Handel mit italienischer Seide. Aber wegen Feindseligkeiten zwischen den französischen und italienischen Kaufleuten wurde die Herstellung nach →Tours verlegt. 1536 wurde in Lyon ein neuer Anfang gemacht, und schon bald entstanden einfarbige und sehr einfach gemusterte Stoffe in Mengen. Die Produktion von reichen figürlichen Seidenstoffen begann im frühen 17. Jh. Um 1660 waren mehr als dreitausend Webmeister in Lyon tätig und überflügelten Tours in der französischen Seidenherstellung. Von Colbert verordnete Schutzmaßnahmen (Einfuhrverbot für ausländische Seidenstoffe von 1667) unterstützten die Industrie. In dieser Zeit sind wohl Barockmuster ähnlich den italienischen gewebt worden. Die Mode der →Bizarren Seiden kommt möglicherweise aus Lyon. Aber letztlich war es J. →Revel, der um 1730 Lyon zur führenden Modestadt machte, als unter ihm die flachen Muster den naturalistisch abschattierten Zeichnungen von Früchten und Blumen wichen. Ihm folgte als führender Zeichner Ph. de →Lasalle, der für die Pernon-Manufaktur arbeitete und nicht nur den französischen Hof, sondern auch die Kaiserin von Rußland und den Sultan in der Türkei mit Möbelstoffen der höchsten Qualität belieferte (bis zu der Zeit hatte man sich auf Kleiderstoffe beschränkt). Beim Ausbruch der Revolution waren 20000 Weber in der Seidenindustrie von Lyon beschäftigt, 1799 waren es nur noch 2000. Aber unter der verschwenderischen Gönnerschaft Napoleons erholte sich die Industrie, die von da an mit dem →Jacquard-Webstuhl arbeitete, und produzierte Seide im Empirestil (die besten von J. →Bony gezeichnet) für die verschiedenen kaiserlichen Residenzen. Viele Aufträge waren 1815 noch nicht abgewickelt und die Seiden wurden mit leicht abgewandelten Mustern (unter Auslassung der napoleonischen Devisen) von den wieder eingesetzten Bourbonen übernommen. In der Mitte des 19. Jhs. produzierten die Manufakturen hauptsächlich groß geblümte Seiden und wiederholten Muster des 18. Jhs. in den verblaßten Farben, die die Originale inzwischen angenommen hatten. In den 20er Jahren unseres Jhs. begann die Manufaktur von Bianchini-Férier *Raoul Dufy* (1877-1953) zu beauftragen, Muster für Seiden zu entwerfen; diesem Beispiel folgten verschiedene andere zeitgenössische Manufakturen. Vor kurzem hat diese Industrie auch Nylon und synthetische Stoffe in ihr Programm aufgenommen, ist aber immer noch berühmt für ihre Seidenstoffe und stellt viele der besten Erzeugnisse Europas her. *Siehe Abb. S. 126.*

Lit: E. Pariset, *Histoire de la fabrique lyonnaise*, Lyon 1901; P. Thornton, *Baroque & Rococo Silks*, London 1965.

Lyon, Töpfereien. Seit etwa 1510 soll in Lyon von italienischen Töpfern Fayence hergestellt worden sein. Nur ein gemarktes Beispiel ist bekannt (British Museum, London, datiert 1582), hingegen eine verhältnismäßig große Gruppe von Tellern und Krügen des späten 16. Jhs., die nach wenig guten manieristischen Entwürfen (manchmal in Lyon erschienenen Büchern entnommen) im →Istoriato-Stil grell bemalt sind, wird im allgemeinen Lyon zugeschrieben. Die Produktion bemalter Fayencen wurde um 1733 wieder aufgenommen, als *Joseph Combe* eine Fabrik eröffnete, die mit dem Privileg einer ›Manufacture Royale‹ ansehnliche Produkte hervorbrachte, die den Erzeugnissen von →Moustiers ähnlich sind. Im 18. Jh. gab es noch weitere Fabriken in der Stadt, deren Produkte selten voneinander unterschieden werden können. Eine Spezialität dürften Gegenstände mit Abbildungen von Heiligen und Inschriften gewesen sein (z. B. Name und Geburtstag des Eigentümers unter gleichzeitiger Abbildung seines Namenspatrons), sogenannte ›faïences patronymiques‹.

Lit: C. Damiron, *La faïence de Lyon*, Paris 1926; J. Chompret, *Les faïences françaises primitives d'après les apothicaireries hospitalières*, Paris 1946; H. P. Fourest u. J. Giacomotti, *L'Œuvre des faïenciers français du XVIe à la fin du XVIIIe siècle*, Paris 1966; Cl. Frégnac, *Europäische Fayencen*, Fribourg-Stuttgart 1976; A. Klein, *Fayencen aus Europa*, Braunschweig 1980.

Lyoneser Einbände. Französischer Einbandstil des späteren 16. Jh., der seinen Namen von den Einbänden vieler in Lyon gedruckter Bücher erhielt. Mehrfarbiger Dekor mit vollflächigem Bandwerk, das eingefärbt, lackiert oder emailliert wurde. Elisabethanische englische Einbände sind häufig so gearbeitet, mit schweren Mittel- und Eckstücken.

M

Mäander. Geometrisches Ornament aus gebrochenen oder einander überschneidenden horizontalen und vertikalen Linien, die sich in der Weise wiederholen, daß ein fortlaufendes Band entsteht, z. B. der Zinnenmäander. Es gibt Mäander, bei denen sich mehrere Bänder kreuzen, perspektivische Mäander (z. B. im Mausoleum der Galla Placidia, Ravenna) und andere kompliziertere Formen. Eine Sonderform ist der aus Spiralen oder Wellenformen gebildete →Spiralmäander.

Mäander

Maasländische – Schmelz- und Metallkunst. Die erste große Schule westeuropäischer Emailmaler blühte im 12. Jh. im Gebiet der Maas. Dort wurde die Technik des Grubenschmelzes (→Email) angewendet, die wahrscheinlich in der Folge der Kreuzzüge von Byzanz übernommen worden war. Die Hauptwerkstätten lagen in Lüttich und Huy, die überragenden Künstler waren →Godefroid de Huy und →Nikolaus von Verdun (Altar in Klosterneuburg bei Wien), die Hauptauftraggeber die Äbte Suger von St. Denis und Wibald von Stavelot, der 1134 der Abtei von Solignac bei Limoges Emailarbeiten aus dem Maastal und 1165 seinem eigenen Kloster einen Tragaltar schenkte (Musée des Beaux Arts, Brüssel). Die ausgeführten Gegenstände reichten von kleinen Schmelzplatten bis hin zum Ambo, sie umfaßten Reliquiare, Reliquienkästen, Tragaltäre usw. Die bevorzugten Farben waren verschiedene Blaus, gelbliche Grüns und sehr viel Weiß. Die Kompositionen laufen in ihrer dekorativen Farbmusterung auf Vereinfachung hinaus, während die Figuren oft sehr ausdrucksstark und eindringlicher sind als die der Emails aus →Byzanz und der →Limosiner Schule. Zuweilen sind die Emailarbeiten der Maasschule mit getriebenen Skulpturen kombiniert, die ihre Herkunft von den berühmten Metallkünstlern des Gebietes deutlich zu erkennen geben, wie z. B. der 1170-80 entstandene Kreuzfuß im Musée de Ville, Saint-Omer. Hugo d'Oignies war der letzte bekannte Künstler der Maasschule, wenn er auch in →Niello, nicht in Email, arbeitete. Der Stil der Emailmalerei des Maasgebietes wurde in Troyes und an anderen Orten übernommen und regte die Limosiner Schule an.

Das Maastal war im 12. Jh. auch ein bedeutendes Zentrum für die Herstellung liturgischer und profaner Gegenstände aus Bronze: Kruzifixe, →Aquamanilen, Leuchter usw. Ein Meisterwerk unter ihnen ist das von *Rainer von Huy* 1107-18 gegossene Taufbecken (Bartholomäuskirche, Lüttich). Kleinere Objekte sind oft den gleichzeitig hergestellten des Rheingebietes verwandt, so daß es selten möglich ist, ihre Herkunft mit Gewißheit zu bestimmen. *Siehe auch Abb. S. 101.*

Lit: S. Collon-Gevaert u. a., *Art Roman dans la Vallée de la Meuse*, Brüssel 1962; *Rhein und Maas Kunst und Kultur 800-1400*, Ausst. Kat. Köln und Brüssel 1972; M.-M. Gauthier, *Emaux du moyen âge occidental*, Fribourg 1972.

Maasschule: Emailtafel vom Alton Towers Triptychon, 12. Jh. (Victoria & Albert Museum, London)

Maastricht. Die Keramikfabrik ›De Sphinx‹ wurde von Petrus Regout (1801-78) gegründet, stellte u. a. Keramik mit →Umdruckdekor her und wurde Hollands führende Manufaktur im 19. Jh. Auch C. A. →Lion Cachet lieferte um 1910 einige Designs.

Macdonald, Margaret (1865-1933). Formgestalterin, Kunstschlosserin und Stickerin, Ausbildung in der →Glasgow School of Art. Ihr Stil ist dem von C. R. →Mackintosh ähnlich, den sie 1900 geheiratet und dem sie assistiert hat. Ihre Mitarbeiterin war ihre Schwester *Frances* (1874-1921), eine Kunstschlosserin, die 1899 ein anderes Mitglied der Glasgower Schule, den Möbelzeichner *J. Henry McNair*, heiratete.

Lit: T. Howarth, *Charles Rennie Mackintosh and the Modern Movement*, London 1952.

Macé, Jean (um 1602-72). Der führende französische Kunsttischler seiner Zeit. Kein Möbelstück hat sich erhalten. Ausgebildet in Middelburg, ließ er sich um 1620 in Paris nieder und wurde 1641 ›ébéniste du Roi‹. Er spezialisierte sich auf Einlegearbeiten mit farbigen Hölzern, besonders für Wandvertäfelungen und Fußböden, die er in verschiedenen französischen Schlössern einschließlich Versailles ausführte, wo sein Sockel für das königliche Bett nach seinem Tod vollendet wurde. Ihm folgte A.-Ch. →Boulle als ›ébéniste du Roi‹.

Macheleid, Georg Heinrich →Volkstedt

Mackintosh, Charles Rennie (1868-1928). Einer der hervorragendsten schottischen Architekten und Entwerfer, der Begründer der →Glasgow School of Art, einer der führenden Köpfe der internationalen →Art Nouveau-Bewegung. Er wurde in Glasgow geboren, absolvierte und beendete dort 1889 sein Architekturstudium. 1897 entwarf er die Glasgower Kunstschule einschließlich der Innenausstattung. Sein Stil war völlig neuartig und wurde als revolutionär empfunden. Zu seinen weiteren Arbeiten gehören die Teesalons der Miss Cranston (1897-1910) und einige Privathäuser. Um 1890 entwarf er die ersten Möbel für seinen eigenen Gebrauch und machte bald darauf weitere Entwürfe für die Glasgower Möbelfirma Gutherie and Wells. Seine Entwürfe für das Kunsthandwerk – von Möbeln bis zum Besteck – gehörten fast ausschließlich zu den von ihm gebauten Häusern und Innenausstattungen. Seine Möbelentwürfe wurden von E. W. →Godwin beeinflußt, in den Farben ließ er sich wahrscheinlich von Whistler inspirieren. Mackintoshs Möbel waren die Antwort auf die Ideen von W. →Morris und der ihm nahestehenden →Arts and Crafts-Bewegung. Sie zeigen wenig Liebe zum handwerklichen Detail und noch weniger zur natürlichen Schönheit der Hölzer. Mackintosh strich seine Möbel weiß an und schmückte sie mit Farben, die an Edelsteine erinnern, u. a. verwendete er amethystfarbene Glasstücke. Als Dekor bevorzugte er Blumen, die aussehen, als seien sie japanischer Herkunft und als hätten sie ihr

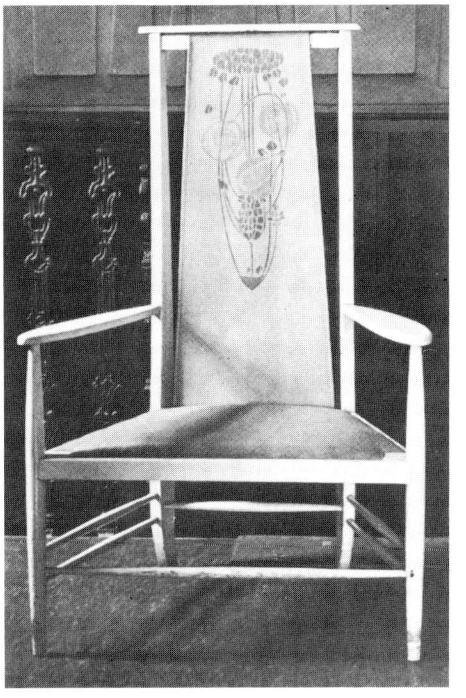

C. R. Mackintosh: Armlehnstuhl aus bemaltem Holz mit Schablonenzeichnung auf der Kanvas-Rückenlehne, 1901/02 (Mackintosh-Sammlung der Glasgower Universität)

Rankenwerk einem keltischen Handschriftenmaler zu verdanken. Sein Design ist eine Kombination von geraden Linien und sehr flachen Kurven, wobei die gerade Linie vorherrschend bleibt. Seine Möbel wirken seltsam unberührt und stehen in einem verblüffenden Kontrast zu den robusten Arbeiten der Arts and Crafts-Bewegung und zu den saftig-üppigen, ja beinahe sinnlich-ausschweifenden Formen des französischen Art Nouveau. Mackintoshs Arbeiten fanden wenig Anerkennung in England und Schottland. Auf dem Kontinent wurden sie jedoch als erfrischend und neuartig empfunden und wirkten besonders in Österreich und Deutschland befruchtend auf das Design. Mackintosh stellte 1899 auf der Biennale in Venedig, 1900 in Wien und 1902 in Turin aus. Er verließ Glasgow 1914 und verbrachte den Rest seines Lebens in London. 1916 renovierte er ein Haus in Northampton und entwarf hierfür eine neue Innenausstattung. Aber jetzt wirkten seine Arbeiten wie nicht gelungene →Hoffmann-Imitationen. Seine letzten Lebensjahre wurden von finanziellen Schwierigkeiten und Krankheit überschattet, und er widmete sich hauptsächlich der Malerei. Erst in den 50er Jahren, als eine Wiederbelebung des Art Nouveau begann, gewannen seine Arbeiten nennenswerten Einfluß auf das Design. *Siehe auch Abb. S. 64.*

Lit: T. Howarth, *Charles Rennie Mackintosh and the Modern Movement*, London 1952; F. Alison, *Charles Rennie Mackintosh as a designer of chairs*, London 1974; R. Billcliffe, *Mackintosh Furniture*, London 1983.

Mackmurdo, Arthur Heygate (1851-1942). Englischer Architekt und Formgestalter, einer der Begründer des →Art Nouveau. Er beginnt als Architekt, unternimmt eine Italienreise mit Ruskin (1874) und ist mit W. →Morris befreundet. 1882 gründet er die *Century Guild,* eine Gruppe von Künstlern und Kunsthandwerkern, deren Ziel es ist, »alle Kunstzweige in die Sphäre des Künstlers, und nicht weiter in die des Händlers zurückzugeben. Das würde das Bauen, die Dekoration, die Glasmalerei und die Bildhauerei erneuern«. Als Organ der Gilde gibt er die Zeitschrift ›The Hobby Horse‹ (1884) heraus. Ein Jahr zuvor ist sein Buch über ›Wren's City Churches‹ (1883) mit dem revolutionären Titelblatt, der ersten Zeichnung des Art Nouveau, erschienen. In einer dieser sehr ähnlichen Manier zeichnet er Stoffmuster, mit Kurven wie Peitschenschlingen, mit windgebeugten Blumen und dahinwelkenden Blättern. Außerdem entwirft er Möbel in einem Morris verwandten Stil. Nach 1904 widmet er sich ausschließlich Plänen für eine Sozialreform und eine Reform des Geldwesens.

Lit: N. Pevsner, *Architektur und Design*, München 1971.

Madeley, Porzellanfabrik →Randall, John

Madjid-Teppiche. Türkische →Gebetsteppiche mit weißem Grund, deren Muster durch das europäische Zweite →Rokoko beeinflußt sind. Benannt nach dem Sultan Abd-el-Madjid (reg. 1839-61).

Madrider Wandteppich-Manufaktur. Sie wurde 1720 von Jacob van der Goten aus Antwerpen nahe bei der Kirche S. Barbara gegründet. Die ersten Erzeugnisse waren →Verduren, dann folgte ein Don Quichote-Zyklus (um 1735), eine ›Geschichte des Cyros‹ (um 1745) und eine Serie rustikaler flämischer Szenen nach Teniers (um 1750). Um 1765 wurden höher qualifizierte Arbeiten gemacht mit Zyklen aus dem Alten Testament nach →Kartons des italienischen Malers Corrado Giaquinto. Der Ruhm der Manufaktur basiert aber auf Bildteppichen, die nach Kartons von *Goya* zwischen 1774 und 1791 entstanden sind. Die ersten acht davon (1774/75) zeigen Szenen mit Jagden, Angeln und Wettschießen. Den Rest bilden die ›Sitten und Gebräuche‹, Szenen aus dem zeitgenössischen Leben (vor allem ländlichen Charakters): ein Krawall von Betrunkenen vor der Taverne, seltsame Gruppen von Tölpeln, großköpfigen Kindern, eine gewaltige Szene mit Männern in langen Mänteln und Frauen in hohen Mantillas, die eine eigentümlich finstere Atmosphäre ausstrahlen, eine Gruppe Jugendlicher, ein mephistophelischer Arzt usw. Obgleich ihnen die volle Kraft von Goyas verletzendem Protest fehlt (der besonders in den ›Caprichos‹ zum Ausdruck kommt), sind diese Bildteppiche stark durch eine eigentümliche Mischung von Menschenfeindlichkeit und Humanismus, sozialer Satire und schwarzem Humor geprägt, die ihnen einen einmaligen Platz in der Geschichte der sonst so streng höfischen Gobelinkunst zuweist. Die Manufaktur schloß 1835.

Lit: H. Göbel, *Wandteppiche*, Leipzig 1923-34; E. Lafuente Ferrari, *La tapiceriá en España*, 1943.

Madsen, T. C. →Kopenhagener Porzellanfabrik

Mafra. 1854 in Caldas de Rainha in Portugal errichtete Töpferei, die hauptsächlich durch ihre täuschend ähnlichen Nachahmungen von B. →Palissy bekannt geworden ist.

G. Maggiolini: Kommode mit Intarsien aus Palisander, Ebenholz und anderen Hölzern, 1790 (Castello Sforzesco, Mailand)

Magdeburg. Drei Keramikfabriken in Magdeburg. Die erste wurde 1754 von *Johann Philipp Guichard* (1726-98) gegründet und begann mit Fayencegeschirren, deren Korbflechtbordüren denen von →Hannoversch-Münden ähnlich sind. Seit 1786 spezialisierte sie sich auf Steingut im englischen Stil, für das sie in Deutschland der größte Hersteller wurde. Der Betrieb wurde 1839 eingestellt. Die 1791 von *Johann Heinrich Wagener* errichtete Fabrik machte Öfen im klassizistischen Stil. 1799 gründete *Elias Karl Rousset* eine Steingutfabrik, zusammen mit *Georg Schuchard,* der sie 1806 übernahm; sie blieb bis 1865 Familienbesitz.
Lit: G.E. Pazaurek, *Steingut: Formgebung und Geschichte,* Stuttgart 1927; A. Klein, *Deutsche Fayencen,* Braunschweig 1975.

Maggiolini, Giuseppe (1738-1814). Bedeutender italienischer Kunstschreiner seiner Zeit. Er zeichnete sich weniger durch seine Entwürfe als durch sein handwerkliches Können aus. Seine Arbeiten wirken vor allem durch den reichen →Marketeriedekor. Maggiolini wurden ursprünglich allzu kritiklos alle intarsierten italienischen Möbel des ausgehenden 18. Jhs. zugeschrieben. Einige Stücke konnten jedoch nachgewiesen werden, da sie seine Signatur tragen. Er arbeitete zu Beginn seiner Laufbahn als Schreiner für das Zisterzienserkloster S. Ambrogio della Vittoria in seinem Heimatort Parabiago bei Mailand. 1771 begann er, in Mailand bzw. für Mailänder Auftraggeber zu arbeiten. Zu ihnen gehörten der österreichische Generalgouverneur Erzherzog Ferdinand und später der napoleonische Vizekönig Eugène Beauharnais. Entwürfe für seine Marketerien ließ er sich von dem Maler Appiani (1754-1817) und dem Architekten Levati (1739-1828) anfertigen. Die Motive waren als →Trophäen angeordnete Musikinstrumente, Schnörkelverzierungen aus →Akanthuslaub, Blumenbuketts, verschlungene Bänder oder Efeuranken. Außerdem verwendete er für seine Intarsien auch die strengeren Ornamente der antiken Architektur. Es ist nicht ausgeschlossen, daß er auch G. → Albertollis Vorlagenstiche benutzt hat. Sein Sohn *Carlo Francesco* (1758-1834) führte das Geschäft mit Cherubino Mezzanzanico (gest. 1866) weiter, der die Werkstatt später erbte. Dessen Sohn G.A. Mezzanzanico veröffentlichte eine Maggiolini-Biographie, ›Vita di Giuseppe Maggiolini di Parabiago‹, Mailand 1878. Maggiolinis eigentlicher Nachfolger war jedoch G. Maffezoli aus Cremona. Beispiele seiner Möbelkunst befinden sich im Palazzo und im Museo Civico in Mailand.
Lit: G. Morazzoni, *Giuseppe Maggiolini,* Mailand 1953.

Magot, franz. Ursprünglich Bezeichnung für einen grotesken schwanzlosen Affen, im 18. Jh. für eine orientalische groteske Figur, besonders in Porzellan. Später wurde das Wort in verächtlichem Sinne für Exportporzellan des 19. Jhs. benutzt.

Mahagoni. Das dunkle, harte, feingemaserte Holz des Swietenia Mahagoni-Baumes, der in Zentralamerika und Westindien zu Hause ist. Seine guten Eigenschaften wurden 1595 von einem Zimmermann auf Sir Walter Raleighs Schiff entdeckt. Aber erst zu Beginn des 18. Jhs. wurde Mahagoni in großen Mengen von Jamaika nach Europa eingeführt und dort für die Möbelproduktion verwendet. Bis Ende des 18. Jhs. waren Mahagonimöbel nur in England gebräuchlich, wurden dann in Frankreich populär und – in Verbindung mit dem Empire – von den übrigen europäischen Ländern aufgenommen. Die Färbung variiert von rötlich bis dunkelbraun; die Maserung tritt nie sehr stark hervor, außer beim →Acajou moucheté. Die Härte des Holzes schützt Mahagoni vor Holzwürmern.

Mahmud a-Kurdi →Azzimina-Arbeiten

Maigelein. Niedrige runde oder ovale Schale aus →Waldglas ohne Fuß mit gerippter oder rautenförmiger Wandung, oft mit leicht eingezogenem Rand und hochgezogener Mitte.

Mailand
F. Clerici

Mailand, Fayencefabriken. Im 18. Jh. gab es in Mailand drei bekannte Fayencefabriken: *Felice Clerici* (1745-88) bemalte seine Fayencen in Blau, Rot und Gold auf einem feinen weißen Grund, in Anlehnung an japanisches (→Imari) und chinesisches Porzellan. *Pasquale Rabati,* ein früher bei Clerici tätiger Maler, eröffnete 1756 ein Konkurrenzunternehmen (das von seiner Witwe und seinem Sohn bis etwa 1830 fortgeführt wurde). Er machte Dekore von →Meißen nach, besonders Malereien in freigehaltenen Feldern auf einem blauen Fond. Ferner gab es eine Fabrik in der Vorstadt Santa Cristina (um 1775-82), von der einige mit →Chinoiserien oder Blumen bemalte Stücke bekannt sind.
Lit: C. Baroni, *Saggio sulle antiche ceramiche di Milano,* Mailand 1931; A. Klein, *Fayencen aus Europa,* Braunschweig 1980.

Mailänder Bildteppichwirkerei. Eines der frühesten Zentren italienischer Bildteppichwirkerei: Sie wurde 1455 von Francesco Sforza begründet und von einem burgundischen Wirker geleitet. Eine berühmte Serie von ›Monatsdarstellungen‹ (Museo del Castello Sforzesco, Mailand) wurde 1503 von einem mailändischen Wirker in →Vigevano ausgeführt. Der Mailänder Wirkerei selbst wird der Bildteppich der ›Überbringung des Pompejushauptes an Cäsar‹ (1. Viertel des 16. Jhs.; Musée des Arts Décoratifs, Paris) zugeschrieben. Antonio di Bazola ist von 1533-37 in Mailand bezeugt; er könnte die nach Entwürfen Bernardino Luinis gefertigte ›Geschichte Johannes d. T.‹ (Domschatz, Monza) geschaffen haben. Außerdem wird im frühen 16. Jh. eine Teppichserie des ›Marienlebens‹ erwähnt.
Lit: M. Viale Ferrero, *Arazzi italiani del Cinquecento,* Mailand 1961; M. Valsecchi, *Gli arazzi dei mesi di Bramantino,* Mailand 1968.

Maincy, Wandteppichmanufaktur. 1658 von dem französischen Finanzminister Nicolas Fouquet gegründet, um Wandteppiche für seinen eigenen Palast unter der künstlerischen Leitung von Ch. →Le Brun wirken zu lassen.

Nur einige →Portièren sind erhalten, die vor der Entmachtung Fouquets entstanden sind, mit der die Fabrik schloß. Le Brun und seine Wirker wurden dann von Colbert übernommen und begründeten die bedeutendste Manufaktur, nämlich die →Gobelins-Wandteppichmanufaktur in Paris.

Lit: R.-A. Weigert, *French Tapestry*, London 1962.

Maioli-Einbände. Französische Einbände des 16. Jhs., um 1550-60 für Thomas Mahieu (lat. Maiolus), den Sekretär von Katharina de'Medici, angefertigt. Obwohl die Bände vielleicht vom ›Atelier au trèfle‹, das →Grolier belieferte, stammen, ist der Dekor der Maioli-Einbände meist reicher, mit gestanzten und vergoldeten Gründen und punktierten Zonen, die das farbige Bandwerk hervorheben.

Lit: G. D. Hobson, *Maioli, Canevari and others*, London 1926.

Majolika. Bezeichnung für die italienische →Fayence; der Name kommt wahrscheinlich aus einer Entstellung des Namens Mallorca her, von wo um 15. Jh. →spanisch-maurische Keramik nach Italien eingeführt wurde. *Siehe auch* Protomaiolica, Mezzamajolika.

Ein Kapitel in den ›Tre Trattatelli dell'Arte del Vetro e del Mossaico‹, einem Werk, das dem 1337 geborenen Benedetto di Baldassare Ubrichi zugeschrieben wird, ist der ›maiolica‹ gewidmet. Aber die berühmteste Abhandlung über Majolika ist die von C. →Piccolpasso von 1556-57.

Die Bezeichnung Majolika wird auch für zinnglasierte Töpferware (Fayence) anderer europäischer Provenienz verwendet, aber sie sollte italienischen Erzeugnissen und ihren unmittelbaren Nachahmungen vorbehalten bleiben. Die hauptsächlichsten Herstellungsorte waren *(siehe dort):* Bologna, Cafaggiolo, Castel Durante, Castelli, Deruta, Faenza, Florenz, Gubbio, Montelupo, Padua, Pavia, Pesaro, Pisa, Urbino, Venedig. *Siehe auch Abb. S. 31.*

Lit: G. Ballardini, *Corpus della maiolica italiana*, Rom 1933-38; G. Liverani, *La Maiolica italiana*, Mailand 1957; G. Conti, *L'Arte della Maiolica in Italia*, Mailand 1973; A. Klein, *Fayencen aus Europa*, Braunschweig 1980.

Majorelle, Louis (1859-1926). Sohn des Möbelschreiners *Auguste Majorelle*, der in Nancy ansässig war und vorwiegend Kopien von Möbeln des 18. Jhs. herstellte. Louis wurde von Millet in Paris als Maler ausgebildet, kehrte aber 1879, als sein Vater gestorben war, nach Nancy zurück, um die Möbelwerkstatt seiner Familie dort weiterzuführen. 1880 begann E. →Gallé in Nancy die ersten Möbel im →Art-Nouveau-Stil herzustellen. Majorelle nahm den neuen Stil sofort auf und war um 1900 bereits zum führenden Fabrikanten von Art-Nouveau-Möbeln in Frankreich, wenn nicht in ganz Europa, avanciert. Er hatte seine Werkstatt auf Serienproduktion umgestellt und soll sie wie einen »großen Industriekonzern organisiert« haben. Der Fortschritt lag darin, daß Luxusmöbel nun zu einem Preis produziert werden konnten, der auch für die Mittelklasse erschwinglich war.

Seine Möbel sind nicht so phantasievoll wie die von Gallé, haben dafür aber andere Vorzüge. Das Design ist ausgewogen in den Proportionen, und das Schnitzornament scheint organisch aus der Form herauszuwachsen. Einige seiner Möbel befinden sich im Museum der Schule von Nancy und im Musée des Arts Décoratifs in Paris.

Lit: P. Juyot, *Louis Majorelle, Artiste décorateur maître ébéniste*, Nancy 1927; Y. Rambosson in *Mobilier et décoration*, Juli 1933.

Majolika: Krug und Becken von Thomas Allen für Minton & Co., um 1862 (Victoria & Albert Museum, London)

Makartstil. Stil einer reichen, überladenen Innendekoration mit historisierenden Möbeln, schweren Vorhängen, Palmen usw. und dem sogenannten Makartbukett – getrocknete Blumen, Pfauenfedern usw. in einer Vase. Der Stil hat seinen Namen von dem österreichischen Maler Hans Makart (1840-84), dessen Atelier in dieser Weise eingerichtet war.

Makkum. Fayencefabrik in Makkum in Friesland, die Haushaltswaren in Nachahmung von →Delft, jedoch etwas gröber, und insbesondere Fliesen machte. Sie wurde 1675 von *Freerk Jans Tichelaar* gegründet und wird heute noch von seinen Nachfahren betrieben. Eine andere Fabrik, allerdings nur für Fliesen,

L. Majorelle: Mehrzwecktisch aus Mahagoni und vergoldeten Bronzebeschlägen, Nancy, 1902 (Musée des Arts Décoratifs, Paris)

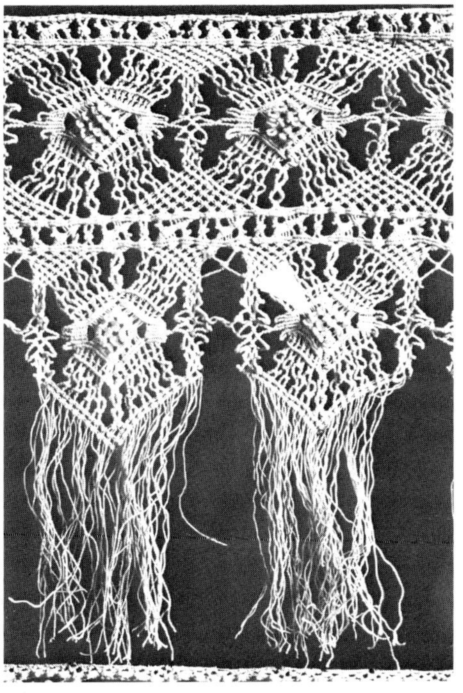

Makramee-Fransen, italienisch, spätes 16. Jh. (Victoria & Albert Museum, London)

die von Angehörigen der Familie *Kingma* geleitet wurde, arbeitete von der Mitte des 17. Jhs. bis 1835. Beispiele befinden sich im Rijksmuseum, Amsterdam.

Lit: N. Ottema, *Friesche Majolica*, Leeuwarden 1920; A. Klein, *Fayencen aus Europa*, Braunschweig 1980.

Makramee. Fransen aus geknotetem Faden oder Kordel, ähnlich den sehr kunstvollen Endigungen von türkischen Handtüchern (türkisch: mahrama = kleines Handtuch für das Bad).

Lit: D. Z. Meilach, *Macramé. Creative Design in Knotting*, London 1971.

Malachit. Leuchtender, sehr auffallender und kostbar wirkender kupfergrüner Schmuckstein, im allgemeinen mit hervorstechender schwarzer Maserung. Er wird hauptsächlich in Rußland gefunden und ist vielfach von P. C. →Fabergé verwendet worden. Große Fundsteine sind selten, trotzdem sind Tischplatten und Säulen aus ihm hergestellt worden. Er ist opak, wird aber zuweilen, wenn er dünn geschliffen und auf Hochglanz poliert ist, leicht durchscheinend.

Málaga. Frühester bedeutender Mittelpunkt der Herstellung lüstrierter →spanisch-maurischer Fayencen. Sie sollen hier schon während des 12. Jhs. gemacht worden sein, aber in Málaga gefundene Fragmente aus dieser Zeit sind wahrscheinlich ostmittelmeerischer Herkunft. Vermutlich sind die Werkstätten von persischen Töpfern etwa in der Mitte des 13. Jhs. gegründet worden. Schon bald danach kam es zu einem regen Export nach Ägypten, Sizilien und (seit 1303) England. Obwohl es zahlreiche zeitgenössische Hinweise auf die Töpfereien gibt, konnten doch ihre Erzeugnisse nicht gesichert nachgewiesen werden. Eine Schale in der Islamischen Abteilung der Staatlichen Museen, Berlin, hat ein gemaltes Zeichen auf der Unterseite, das einige (aber nicht alle) Sachkenner als das arabische Wort für Málaga gelesen haben. Es wird weitgehend angenommen, daß die schönsten Stücke mit Lüsterdekor aus dem 13. Jh., die heute noch erhalten sind, von hier stammen, da Málaga für diese Art von Waren weitberühmt war. Zahlreiche Fliesen befinden sich noch an ihrer ursprünglichen Stelle im Eingang zu dem Cuarto Real de Santo Domingo in Granada, und fünf über 1 m hohe Vasen mit flügelförmigen Henkeln in dem Museo Arqueológico Nacional, Madrid; Instituto de Valencia de Don Juan, Madrid; in der Alhambra, Granada; Museo Nazionale, Palermo; Ermitage, Leningrad. Diese Vasen tragen gewöhnlich den Namen ›Alhambra-Vasen‹ nach der ähnlichen Form einer Vase, die den Bereich der Alhambra niemals verlassen hat, jedoch wahrscheinlich später zu datieren ist (sie wird allgemein dem späten 14. Jh. zugeordnet, zusammen mit einer ähnlichen im National Museum von Stockholm). Manchmal werden diese Vasen, allerdings ohne überzeugenden Nachweis, einer Töpferei in Granada zugeschrieben. Sie gehören zu den schönsten Keramiken Europas, in meisterlicher Beherrschung des Mediums Ton gestaltet und prächtig mit Blattwerk sowie islamischen Arabesken und kufischen Schriftzeichen in Goldlüster und tiefem Blau verziert. Im frühen 15. Jh. dürften die Töpfereien in Málaga die Herstellung von Lüsterwaren eingestellt haben. Sie

Málaga (?): lüstriertes Steingut, sogenannte ›Alhambravase‹, 13. Jh. (Museo Nazionale, Palermo)

machten noch bis zur Mitte des 16. Jhs. Fayence. Nach der Eroberung durch das Katholische Königspaar im Jahre 1487 wichen die befähigteren Töpfereien vermutlich von Málaga nach →Paterna aus.

Lit: A. W. Frothingham, *Lustreware of Spain*, New York 1951; A. Klein, *Fayencen aus Europa*, Braunschweig 1980.

Malagodi, Giovanni Battista (1729-97). Einer der wenigen bekannten italienischen Kunstschmiede. In Modena, wo er auch geboren ist, führte er zahlreiche außerordentlich schöne eiserne Tore, Gitter und Balkongeländer aus, in elegantem Rokoko mit lebendigem Ranken- und Blattwerk, z. B. Civico Ospedale, Palazzo dell'Università, Palazzo Montellari, Palazzo Sabatini usw.

Malériat, Leopold →Sinceny

Malewitsch, Kasimir (1878-1935). Führender russischer Maler, der einen rein abstrakten Stil schuf und diesen als Suprematismus bezeichnete, ausgehend von dem Gedanken, daß das Supremat des Fühlens in den visuellen Künsten am vollkommensten durch einfachste visuelle Formen ausgedrückt werden könne. Da er sich ebenfalls für die dekorativen Künste interessierte, bemalte er um 1915 auch Porzellan in diesem Stil. Als Direktor des INCHUK (Institut für Künstlerische Kultur) in Petrograd, 1922-29, entwarf er ein bemerkenswert unpraktisches Teeservice für die Staatliche Porzellanmanufaktur (ehemals Kaiserliche Manufaktur von →Sankt Petersburg), deren kunstverständiger Direktor sein Schüler Nicolai Suetin war. Dieser hatte mehr Erfolg, als er Porzellan in traditionellen Formen, das zum Teil noch aus der Zeit vor der Revolution stammte und unverziert geblieben war, mit suprematistischem Dekor versah.

Lit: I. Franke, ›Russisches Porzellan mit Suprematistischem Dekor‹ in *Keramos* 78 (1977), S. 23-30.

Mallet-Vase, engl., Schlegelvase. Chinesische Vase ähnlich einem Schlegel mit abgeflachten Schultern und engem Hals, manchmal mit zwei Henkeln in der Form eines Drachens oder Fisches.

Malling jugs. Englische Fayencekrüge in gesprenkeltem Blau, Purpur und Braun in Nachahmung →Rheinischen Steinzeugs, manchmal in Silber montiert, benannt nach einem früher in der Kirche von West Malling in Kent befindlichen Krug unbekannter Herkunft. Solche Krüge wurden möglicherweise in London hergestellt.

Malteser Spitze. Eine seidene Klöppel→spitze, die seit 1833 ursprünglich von der Ciglia-Familie auf Malta hergestellt wurde. Es wurden schwarze und weiße Spitzen gemacht; die frühen sind oft von sehr hoher Qualität. Häufig ist das Malteser Kreuz in das Muster geklöppelt. Aber Spitzen mit ähnlichen Mustern sind auch in Frankreich, England oder Irland gemacht worden.

Mamluken-Keramik. Töpfer, die vor den mongolischen Invasionen aus Persien und Mesopotamien geflohen waren, ließen sich unter der Mamlukenherrschaft in Ägypten und Syrien nieder. Ihre Erzeugnisse sind in Blau- und Schwarzunterglasur dekoriert, oft mit runden Medaillons, die dekorative Inschriften einschließen, oder mit in einfacher Sgraffito-Technik eingeschnittenen Linien und niedrigem Relief, gewöhnlich unter einer gelblich-braunen Bleiglasur.

Mamlukenteppiche. Knüpfteppiche des 15. und 16. Jhs., ähnlich, jedoch zu unterscheiden von zeitgenössischen türkischen Teppichen. Sie sind eng verbunden mit der Mamlukenherrschaft in Ägypten und Syrien (1260-1520), obwohl viele Stücke aus der Zeit nach der osmanischen Eroberung stammen. Sie wurden hauptsächlich in Kairo (daher auch der Name ›Kairener Teppiche‹) hergestellt, z. B. der für das 16. Jh. dokumentierte Teppich im Palazzo Pitti in Florenz. Die Muster sind gradlinig (z. B. große Oktogone), aber sie wechseln ab. Die Farben sind gewöhnlich Blau und Grün auf rotem Untergrund.

Lit: E. Atil, *Renaissance of Islam: Art of the Mamluks*, Ausst. Kat. Washington, D.C. 1981; A. Boralevi in *Hali* v Nr. 3, 1983.

Manara, Baldassare (tätig 1529-46). Bekannter Majolikamaler in →Faenza, der mehrere schöne Teller im →Istoriato-Stil signierte, z. B. den ›Triumph der Zeit‹, etwa um 1535 (Ashmolean Museum, Oxford) und eine mit einer Schlachtenszene bemalte Schüssel (British Museum, London). Manaras Stil war von →Urbino sowie von →Castel Durante, den beiden großen Zentren für den Istoriato-Stil, beeinflußt.

Lit: C. Grigioni, ›Documenti relativi alla famiglia Manara‹ in *Faenza* XX 1932, S. 175-176; J. Chompret, *Répertoire de la maiolique italienne*, Paris 1939.

Mandarinen-Porzellan. Veraltete Bezeichnung für →chinesisches Exportporzellan, das in Kanton bemalt worden ist, im allgemeinen mit überladenem Dekor von Figuren und Blumen in Emailfarben auf weißem Grund.

Mangan. Purpurfarbe, vor allem als Scharffeuerdekor von Fayencen verwendet.

Manheim, Glashütte →Stiegel, H. W.

Manicus, Frederick (1740-85). Holländischer Silberschmied; er arbeitete in Amsterdam und ist vor allem durch seine eleganten klassizistischen Stücke bekannt, z. B. hohe, schlanke Kerzenleuchter in Form korinthischer Säulen. Sie wirken ebenso elegant und edel wie gleichzeitiges französisches oder englisches Silber, weichen im Stil aber etwas von diesen ab.

Lit: J. H. Fredericks, *Dutch Silver*, Bd. II, Den Haag 1960.

Manieristischer Stil. Eine höchst geistreich-verspielte Abwandlung des →Renaissance-Stils, die sich zuerst in florentinischen und römischen Gemälden der 20er Jahre des 16. Jhs. bemerkbar macht, dann unmittelbar auf das Kunsthandwerk übergreift und sich nach Nordeuropa ausbreitet. Den Stil charakterisiert die Vorliebe für weichflutende und elegant geschraubte Formen, die Freude an edlen und halbedlen Materialien und ziemlich grellen, wenig natürlichen Farben, gepaart mit dem Geschmack an geistreichen und bizarren, komplexen und ambivalenten Kompositionen und an jeglicher Art bildnerischen Witzes. Er ist allem voran und ausschließlich ein höfischer Stil. Die menschlichen Figuren, deren Körperlichkeit zu einer fast widernatürlichen Eleganz verdünnt ist und die gewöhnlich nackt – die weiblichen, zur Hervorhebung ihrer Nacktheit, mit komplizierten Haartrachten – und in verspannten, auf sexuelle Erregung anspielenden Posen dargestellt sind, wuchern wie nie zuvor und nie mehr nachher auf allen häuslichen Gegenständen – auf geschnitzten Möbeln, silbernen Schalen und Kannen wie auf Löffel- und Gabelstielen, auf bronzenen Kaminböcken, dekorierten Majolikatellern, Bildteppichen usw. –, während die Vorliebe für Bronzestatuetten in den kleinfigurigen Meisterwerken von Giovanni Bologna und A. de Vries einen neuen Höhepunkt erreicht. Im Liebesakt eng umschlungene Menschenpaare bilden nicht selten den Schaft von Silber- oder Halbedelsteinschalen. Figuren spielen eine hervorragende Rolle in der →Grotesken-Dekoration und werden mit →Rollwerk kombiniert, einem für diesen Stil, vor allem in Nordeuropa, charakteristischen Kennzeichen. Sinnenhaft und zerebral zugleich, fand – und findet – der Stil hauptsächlich bei kultivierten Hedonisten Anklang und gedieh an allen führenden Höfen des 16. Jhs. – in Rom, Florenz (Medici), Mantua (Gonzaga), in Fontainebleau und Paris (Franz I.) und in Prag (Rudolph II.). Seine äußerst schnelle Verbreitung verdankte er zum einen den Künstlern, die fortwährend von Hof zu Hof wechselten, zum andern der vermehrten Herstellung und dem freieren Umlauf von Stichwerken. Zahlreiche Maler, u.a. →Giulio Romano, →Perino del Vaga, →Polidoro da Caravaggio, G. B. Rosso und Fr. →Salviati zeichneten Entwürfe für Silbergegenstände. Die Architekten W. →Dietterlin, A. →Du Cerceau und H. V. de →Vries veröffentlichten Möbel- und Ornamentstiche, die für vielerlei Gegenstände verwendet werden konnten. Entwurfszeichnungen für Silber

Manieristischer Stil: Deckelpokal von A. Schweinberger, 1602/03 (Kunsthistorisches Museum, Wien)

Manieristischer Stil: Kabinettschrank, Walnuß, Mitte 16. Jh. (The Frick Collection, New York)

wurden auch von E. →Vico und verschiedenen Deutschen veröffentlicht, vor allem Georg Wechter (tätig um 1574) und Jonas Silber (tätig 1570-90).

Die meisten namhaften Maler des Manierismus lieferten →Kartons für die Bildteppiche, die in →Brüssel, →Florenz, →Fontainebleau und →Paris ebenfalls gewirkt wurden. Sie alle übten auch einen starken Einfluß auf die →Limosiner Emailmaler aus, so auf J. de →Court, P. →Courtois, L. →Limosin und P. →Reymond, und auf die Majolikamaler in →Faenza, →Lyon und →Urbino (wo die Manufakturen →Fontana und →Patanazzi sich auf oft extravagant geformte Gefäße spezialisierten, die sie mit eleganten Grotesken dekorierten). Die Möbel, meist reich mit figürlichem Flachrelief geschmückt, zeigten selbstverständlich den Einfluß der manieristischen Bildhauer, und einer der hervorragenden französischen Kunsttischler, H. →Sambin, war gleichzeitig Bildhauer. Charakteristisch für den Stil sind geschnitzte Möbel ohne Gold- und Farbfassung. Eine seiner Hauptschöpfungen war der in architektonischer Form angelegte Kabinettschrank mit Giebelaufsatz; aber auch ein auf das alte Rom zurückgehender Tischtyp mit zwei oder drei reich mit Figuren und Blattwerk geschmückten Holz- oder Marmorstützen wurde wieder aufgenommen (Farnese-Tisch, Metropolitan Museum, New York).

Seinen bedeutendsten Ausdruck im Kunsthandwerk aber fand der Manierismus in den Metallarbeiten. Einer der hervorragenden

Bildhauer des 16. Jhs., B. →Cellini, war in erster Linie Goldschmied, und sein für Franz I. gefertigtes Salzfaß enthält im Kern in seiner erlesenen Kunstfertigkeit, dem ›gelehrten‹ Symbolismus und dem sinnlichen Reiz, der Material und Dekoration (nackte Figuren) innewohnt, die Ideale seiner Auftraggeber. Einer der charakteristischen Gefäßtypen dieses Stils ist die Wasserkanne mit reich getriebenem, ovoidem Körper, grotesk gebogener Lippe und einem Henkel in Form sich windender Schlangen oder eines nackten Akrobaten. Sie wurden auch aus Zinn gemacht, vor allem von Fr. →Briot, oder aus zinnglasierter Irdenware. Aber viele der erlesensten manieristischen Goldschmiedearbeiten finden sich unter den höchst durchgebildeten, emaillierten Montierungen von Pokalen und Schalen aus Halbedelsteinen, aus →Lapislazuli, Chalzedon, Achat und →Bergkristall (z. B. die für Rudolf II. ausgeführten; heute im Kunsthistorischen Museum in Wien).
Die manieristische Freude am Bizarren, verbunden mit dem Kult des Schauderns und der Leidenschaft für alles Grottenwesen, gab Anlaß zur Entstehung von Gegenständen, auf denen es von schlüpfrigen Kriechtieren wimmelt. Vor allem B. →Palissy und W. →Jamnitzer führten sie in Keramik und Silber aus. Vom letzteren ausgehend und von italienischen Ornamentstichen angeregt, entwickelte P. van →Vianen in Prag den →Ohrmuschelstil, der ein Verbindungsglied zwischen Manierismus und Barock ist.

Manisses, Töpferei →Valencia

Mannheimer Gold. Legierung aus Kupfer, Zink und Zinn im frühen 18. Jh., die Silber ähnlich sieht.

Mannlich oder **Männlich, Jacob** (tätig 1625-46). Er war der erste einer bedeutenden deutschen Goldschmiedefamilie und arbeitete hauptsächlich in Augsburg und Troppau. Sein Sohn *Heinrich I* (um 1625-98) wurde 1658 Meister in Augsburg; er schuf Haushalts- wie Kirchengerät. Ein anderes Mitglied der Familie, *Daniel* (1625-1701), ließ sich 1650 in Berlin nieder und wurde 1665 zum Hofgoldschmied ernannt. Nach seinem Tod folgte sein Sohn ihm in diesem Amt. Heinrichs Sohn, *Johann Heinrich* (1660-1718), arbeitete in Augsburg; Werke von ihm sind im Braunschweiger Museum und im Grünen Gewölbe in Dresden. Dessen Sohn *Heinrich II* soll in England für Georg II. gearbeitet haben.
Lit: H. Seling, *Die Kunst der Augsburger Goldschmiede 1529-1868*, München 1980.

Daniel Mannlich

Manno di Bastiano Sbarri →Sbarri

Mantua. Vom 15. Jh. an sind Töpfereien in Mantua nachweisbar, wo auch von den Gonzaga erfolglose Versuche zur Porzellanherstellung unternommen worden waren (→Lodi). Gemarkte in →›bianco sopra bianco‹ dekorierte Majolikaarbeiten sind bekannt. Die Fliesen aus den Gemächern der Isabella d'Este im Schloß von Mantua (jetzt im Victoria & Albert Museum, London) wurden wahrscheinlich in →Pesaro hergestellt.

Mantuanische Teppichwirkerei. Teppichwirker waren in Mantua im 15. Jh. tätig. Der ›Verkündigungsteppich Ryerson‹ (um 1500; Art Institute, Chicago) trägt das Wappen der Gonzaga, das auf mantuanische Herkunft schließen läßt. Der Stil klingt an Vorbilder aus dem Kreise des Mantegna an. Trotzdem hält man ihn für ferraresisch. Nicola Carcher wechselte 1539 von der Bildteppichwirkerei in Ferrara nach Mantua über, um den dortigen Werkstätten neue Impulse zu geben. 1545 wurde er von Cosimo I. berufen und richtete in Florenz eine Wirkerei ein. Um 1553 kehrte er nach Mantua zurück, starb aber schon 1556. Keines seiner Werke ist mit Sicherheit identifiziert. Die berühmten ›Giuochi di putti‹ (um 1545; Museo del Duomo und Museo Poldi Pezzoli, Mailand, und Fondazione Gulbenkian, Lissabon) stehen unter dem Einfluß des →Giulio Romano und sind auch mit dem Wappen der Gonzaga versehen; aber auch sie werden für ferraresisch gehalten. Dasselbe gilt für die ›Storie di Mosè‹ (Museo del Duomo, Mailand), die aus dem Besitz des Herzogs Guglielmo Gonzaga von Mantua stammen.
Lit: W. Braghirolli, *Sulla manifattura degli arazzi in Mantova*, Mantua 1881; M. Viale Ferrero, *Arazzi Italiani del Cinquecento*, Mailand 1961.

Manufacture Royale des Meubles de la Couronne →Gobelins, manufacture des

Manwaring, Robert (tätig 1760-70). Londoner Möbelschreiner, der mehrere Ornamentsammlungen, hauptsächlich für Stühle, veröffentlichte: ›The Carpenter's Compleat Guide to … Gothic Railing‹, London 1765; ›The Cabinet and Chair -Maker's Real Friend and Companion …‹, London 1765; ›The Chair-Maker's Guide‹, London 1766. Aufgrund seiner Entwürfe wurde ihm eine Anzahl Stühle zugeschrieben, u. a. ein sehr ausdrucksvoller rustikaler Stuhl, der sich im Victoria & Albert Museum, London, befindet und ein Chinoiserie-Stuhl im Metropolitan Museum, New York.
Lit: A. Coleridge, *Chippendale Furniture*, London 1968.

Manzana-Pissarro, Georges (1871-1961). Französischer Maler, Sohn von Camille Pissarro, der ihn ausgebildet hat. Er ist am bekanntesten für seine kunstgewerblichen Arbeiten wie Glasmalereien und Wandteppiche, bei denen er exotische Motive bevorzugte.

Marchand, James →Derby

Marchand-mercier. Der ›marchand-mercier‹ gehörte einer Unterabteilung einer der großen Pariser Gilden an und handelte in Möbeln und Kunstwerken verschiedenster Art. Er vereinigte in sich die modernen Rollen des Kunsthändlers und des Innenarchitekten und übte durch seine Kontrolle über die entwerfenden und ausführenden Kräfte, die ihm unterstanden, großen Einfluß auf Geschmack und Mode aus. (Die Gildevorschriften verboten es den ›marchands-merciers‹, eigene Werkstätten zu besitzen, sondern sie waren verpflichtet, au-

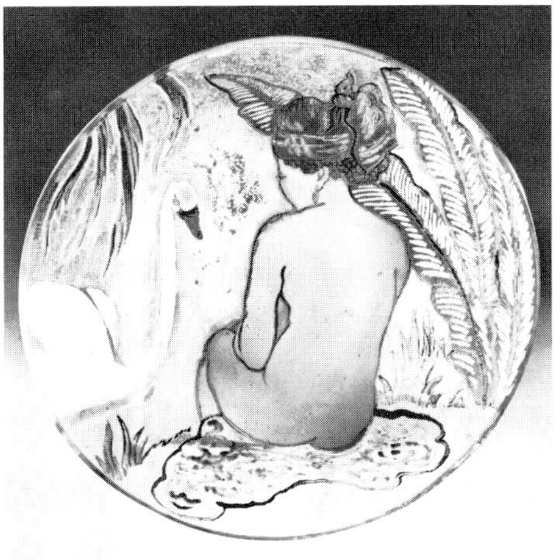

G. Manzana-Pissarro: bemalter Glasteller, um 1913 (Musée des Arts Décoratifs, Paris)

Marieberg

ßenstehende, unabhängige Kunsthandwerker zu beauftragen.) Moden, wie das Dekorieren von Möbeln mit Platten aus Sèvres-Porzellan, gehen fast mit Gewißheit auf die ›marchands-merciers‹, und nicht auf die Handwerker, Entwerfer oder Auftraggeber zurück. Im 18. Jh. wie heute saßen und sitzen die namhaften Pariser ›marchands-merciers‹ im Quartier Saint-Honoré. Zu den bekanntesten zählten *Lazare Duvaux*, dessen ›Livre Journal‹ 1748-1758 veröffentlicht wurde, *Simon-Philippe Poirier* (gest. 1785) und sein Nachfolger *Dominique Daguerre*.

Lit: P. Verlet, ›Le commerce des objets d'art et les marchands-merciers à Paris au XVIIIe siècle‹ in *Annales*, Januar-März 1958; F. J. B. Watson in *L'Œil*, Sept. 1967, S. 12-21.

Marcion, Pierre-Benoit (1769-1840). Neben G. →Jacob bedeutendster französischer Möbelkünstler des Empire. 1798 begann er hochwertige Mahagonimöbel mit reichem Goldbronzedekor herzustellen. Wegen der verschwenderisch verwendeten Ornamente aus dem altägyptischen Kulturkreis hatte man seiner Pariser Werkstatt den Beinamen ›Aux Egyptiens‹ gegeben. 1809 begann er in Zusammenarbeit mit →Jacob-Desmalter das Grand Trianon in Versailles für Napoleon neu auszustatten. Einige seiner Arbeiten befinden sich noch heute in Versailles und in Schloß Malmaison. 1815 geriet er in finanzielle Schwierigkeiten, da die Möbel, die er während der Regierungszeit Napoleons für die Krone angefertigt hatte, nicht bezahlt worden waren. 1817 gab er seine Möbelwerkstatt auf.

Lit: D. Ledoux-Lebard, *Les ébénistes parisiens (1795-1870)*, Paris 1965.

Marcks, Gerhard (1889-1981). Bekannter Bildhauer und auch Kunsttöpfer, der 1910 für die →Schwarzburger Porzellanmanufaktur Tiere modellierte, von 1919 bis 1924 Formmeister der Töpferwerkstatt des →Bauhauses in Weimar war und 1920 die Bauhaus-Töpferei in Dornburg gründete. Sein bemerkenswertester Schüler war O. →Lindig. Bis 1933 unterrichtete er noch an der Kunstgewerbeschule von Halle. Seine Keramiken – sowohl Gefäße als auch Kacheln – fallen vor allem durch ihr expressionistisch gemaltes Dekor auf, daneben entwarf er aber auch Gebrauchsgegenstände für die industrielle Herstellung. Nach 1945 war er hauptsächlich als Bildhauer tätig.

Lit: G. Reineking von Bock, *Meister der deutschen Keramik 1900-1950*, Ausst. Kat. 1978.

Marcolini, Graf Camillo (1736-1814), Direktor der →Meißener Porzellanmanufaktur von 1774 bis 1813, als ihre Leistungen stetig zurückgingen. Trotz ihrer Neuerungen, wie →Biskuitfiguren und Nachahmungen der →Jasperware war die Manufaktur 1799 verschuldet. Er wurde schließlich 1813 entlassen. Die unter seiner Leitung hergestellten Gegenstände tragen den Stern unter den Parierstangen der gekreuzten Schwerter der üblichen Meißenmarke.

Lit: R. Rückert, Ausst. Kat. *Meissner Porzellan 1710-1810*, München 1966.

Mare, André →Süe, L.

Marieberg. Führende schwedische Fayencefabrik, 1758 auf einer Insel vor Stockholm von Johann Ludwig Eberhard Ehrenreich (1722-1803) errichtet. Ihre Erzeugnisse in überschwenglichem Rokokostil sind heiter mit Rocaillen und Blumen in →Emailfarben (gelegentlich auch in Unterglasurblau, aber selten – wenn überhaupt – in anderen →Scharffeuerfarben) dekoriert. Eines der anziehendsten Produkte (offensichtlich nirgends sonstwo gemacht) ist ein Tafelaufsatz in der Form einer Deckelvase, die auf einer von einem kleinen Chinesen begangenen Wendeltreppe steht. C. →Precht (1761-65) machte Entwürfe für Terrinen usw. Geäderter Marmor, gewöhnlich in Schwarz, Grau und Weiß, gelegentlich aber auch in Rot, Gelb und anderen Farben, der durch Mischung von Oxiden mit der Zinnglasur zustande kam, ist ein für diese Manufaktur eigentümlicher Farbdekor. Ehrenreich ging 1766 nach →Stralsund. Seit diesem Jahr wurden auch →Umdruckdekore angewandt, in verstärktem Maße dann seit 1769, als einfachere und klassischere Formen bevorzugt wurden. Von 1766 bis 1769 wurde Weichporzellan (u.a. mit Schilfrohrdekor versehene Eiercremebecher), das den Erzeugnissen von →Mennecy ähnlich war, produziert, von 1769 bis 1777 ein Aufsehen erregendes, nicht durchscheinendes, weiß glasiertes Hybridporzellan (härteres Weichporzellan mit zinnhaltiger Gla-

Marieberg: Fayenceterrine, von Per Akermark dekoriert, um 1765 (Victoria & Albert Museum, London)

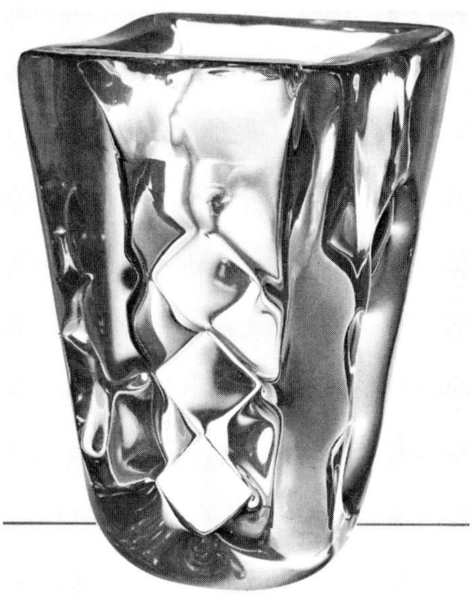

M. Marinot: *Vase aus farblosem Kristallglas mit eingepreßtem Dekor, 1934 (Victoria & Albert Museum, London)*

sur) und 1777 Hartporzellan. Ferner wurde →Steingut erzeugt. 1782 kaufte →Rörstrand die Manufaktur, die 1788 geschlossen wurde.

Lit: C. Hernmarck, *Marieberg*, Stockholm 1946; A. Klein, *Fayencen aus Europa*, Braunschweig 1980.

Marinot, Maurice (1882-1962). Französischer Glasmacher. Er begann als Maler und stand mit den Fauves in Verbindung, doch bereits 1911 beschäftigte er sich in Troyes mit Glasarbeiten. Sein Arbeitsgebiet war mehr das Kunstglas als das Gebrauchsglas, wobei Schalen und Flaschen im Vordergrund stehen, die mit großem Einfühlungsvermögen in die plastische Form modelliert sind. Die Gefäße sind entweder farblos oder farbig (er kannte einen technischen Trick, eine Schicht farbigen Glases zwischen zwei farblose Schichten zu legen), manchmal emailliert, doch meist – und das in zufriedenstellender Weise – mit frei gezeichneten Figuren geätzt. Er setzte ›Unvollkommenheiten‹ wie Luftbläschen und Sprünge dekorativ ein. Sein schlechter Gesundheitszustand zwang ihn, 1937 die Arbeit mit Glas aufzugeben.

Lit: R.J. Charleston in *The Victoria & Albert Museum Bulletin*, Vol. 1, Nr. 3, 1965.

Marketerie. Dekoratives Furnier, wird auf das Kernholz des Möbelkorpus aufgebracht. Es besteht aus verschieden geformten Plättchen aus Holz oder anderen Materialien wie Metall oder Elfenbein und wird mosaikartig zu geometrischen oder Blumenmustern, zu Arabesken oder figürlichem Dekor zusammengesetzt. Marketerie nur in geometrischen Mustern bezeichnet man als →Parketerie. Die Marketerie kommt aus Deutschland und Holland und fand zu Beginn des 17. Jhs. in Frankreich (→ébéniste) und um 1765 in England Eingang. Marketerie ist zu unterscheiden von Einlegearbeit oder →Intarsia, obwohl diese Bezeichnungen oft sehr ungenau gebraucht werden. *Siehe auch Abb. S. 74, 406, 444, 498.*

Lit: W.A. Lincoln, *The Art and Practice of Marquetry*, London 1971.

Marklöffel. Ein Löffel mit langer, schmaler Laffe zur Herauslösung des Marks aus dem Knochen. Gewöhnlich hat er Laffen an beiden Enden von jeweils verschiedenen Breiten. Diese Art Löffel ist im frühen 18. Jh. aufgekommen.

Marmorierte Keramik. Keramik, die dick geäderten, farbigen Marmor vortäuscht. Sie wird hergestellt entweder durch Verwendung verschiedenfarbiger Tonerden oder durch Überziehen der Oberfläche mit zwei- oder mehrfarbigem →Schlicker oder durch Färben der Glasur mit verschiedenen Metalloxiden.

Maroquinleder →Saffian

Marot, Daniel (1663-1752). Architekt und Entwerfer, wurde in Paris geboren, aber verbrachte die längste Zeit seines Lebens in Holland und England. Er veröffentlichte zahlreiche Ornamentstiche für Möbel und ganze Innenausstattungen und entwickelte eine sehr persönliche Variante des →Louis-quatorze. Sein Vater *Jean Marot* (um 1619-79) war ebenfalls Architekt und veröffentlichte ›L'Architecture française‹ in zwei Bänden, die im allgemeinen als der ›große Marot‹ und der ›kleine Marot‹ bekannt sind. P. →Golle war Daniels Onkel. Vor seiner Flucht nach Holland (er war Hugenotte) im Jahre 1685, soll er in A.-Ch. →Boulles Werkstatt gearbeitet haben. In Holland war er für Wilhelm von Oranien tätig und war verantwortlich für die Innenausstattung der königlichen Residenz Het Loo. Als Wilhelm nach England ging, folgte er ihm und arbeitete nun in Hampton Court. Die barocke Note des →William and Mary-Stils geht auf ihn zurück. 1698 kehrte er nach Holland zu-

Marketerie, Detail eines Schreibtisches von J.F. Spindler, um 1767 (Schloß Sanssouci, Potsdam)

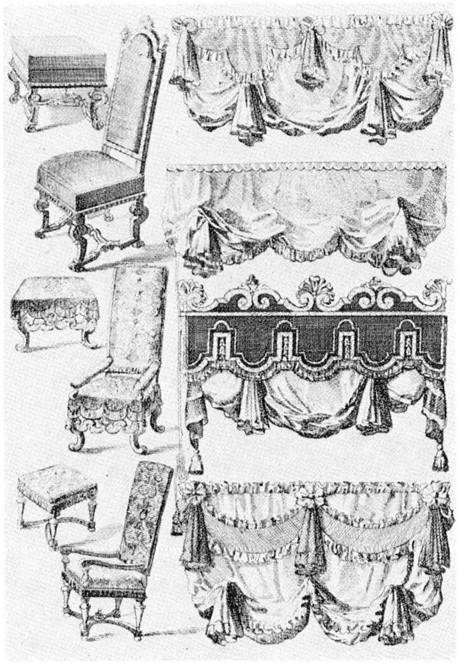

D. Marot: Entwürfe für Stühle, Hocker und Schabracken, um 1690-1702

rück und verbrachte dort den Rest seines Lebens. Seine Ornamentsammlung wurde 1702 veröffentlicht. Das Schuylenberg Haus in Den Haag, das 1715 entstand, war seine erste Arbeit als Architekt.

Lit: M. D. Ozinga, *Daniel Marot*, Amsterdam 1938; H. Honour, *Cabinet Makers and Furniture Designers*, London u. New York 1969.

Marquand & Co →Ball, Tompkins & Black

Marquise →Causeuse

Marseille. Eine der besten Gruppen französischer Fayencetöpfereien des 18. Jhs. Die erste Fabrik von Bedeutung bestand von 1679 bis 1733 in Saint-Jean-du-Désert; sie wurde von J.→Clérissy aus Moustiers geleitet, später von seiner Witwe und seinem Sohn Antoine. Ihre Erzeugnisse sind von denen aus →Moustiers kaum zu unterscheiden. Ein Töpfer aus dieser Werkstatt, *Joseph Fauchier*, übernahm 1711 eine Werkstatt in Marseille. Er stellte reich bemalte Teller, Figuren und Kruzifixe her und, mit besonderem Erfolg, Wandbrunnen, die aufwendig mit Putten und Göttern modelliert waren. Nach seinem Tod 1751 wurde die Fabrik von einem Neffen gleichen Namens geleitet. Andere bekannte Fabriken waren diejenigen der Veuve →Perrin (tätig 1748-1793), des *Louis Leroy* (1749-78), des *Joseph Gaspard Robert* (um 1750-93) und des *Antonine Bonnefoy* (1762-1815). Ihre Erzeugnisse, deren Herkunft, falls nicht gemarkt, schwer voneinander zu unterscheiden ist, sind in einer zurückhaltenden Art des Rokokostils bemalt, in der die üppigen Schwünge der Rocailleformen leicht provinzielles Aussehen erhalten haben. Sie sind hauptsächlich wegen ihrer sehr ausdrucksvoll in Farben gemalten Dekore bekannt, Gruppen saftiger Fische und Schalentiere, leicht gebundene Blütenzweige in frischen Farben (nach der Natur und nicht nach Stichvorlagen gemalt), kleine Landschaften, Seestücke, ländliche Idylle sowie zerbrechlich-zarte Chinoiserien nach Vorbildern von J. B. →Pillement. Alle strahlen sie eine gewisse Heiterkeit, die Leichtigkeit mittelmeerischer Lebensart aus, wodurch sie sich von den strenger modellierten und dichter bemalten Erzeugnissen der Fayencefabriken im Norden Frankreichs unterscheiden. Diese Ausstrahlungskraft verschwindet nach den 1770er Jahren, als die Bildmotive in leblosen Umrissen erstarrten. Es gab keine Fabrikmarke, aber mehrere Initialen, z. B. ›V. P.‹ für Veuve Perrin und ›R‹ für Robert.

Marseille, Saint-Jean-du-Désert: Fayenceteller, spätes 17. Jh. (Musée National de Céramique, Sèvres)

Lit: E. Fabre, *Die französischen Fayencen des Mittelmeergebiets*, Köln 1965; *Faïences françaises*, Ausst. Kat. Paris 1980.

Marseillemuster. In →Meißen gebräuchliche Reliefbordüre für Teller und Schüsseln, die aus jeweils alternierenden, länglichen, von reliefierten Rocaillen eingerahmten Paneelen und dem reliefierten sogenannten Spalierdekor besteht. Es wurde etwa 1743 von J. J. →Kändler eingeführt.

Marsh, William (tätig 1775-1810). Berühmter Londoner Möbelschreiner des Regency. Zu seinen Kunden gehörte der Prinz von Wales, den er mit Möbeln für den Brighton Pavilion belieferte, und die Familie Whitebread, für die er Aufträge für Southill ausführte. 1790 gründete er eine Werkstatt, in die er zunächst einen Geschäftspartner aufnahm, 1795 trat ein weiterer Partner, *Thomas Tatham* (1763-1818), der ältere Bruder von Ch. H. →Tatham, in die Firma ein, die von da an Elward, Marsh & Tatham hieß, später nur Marsh & Tatham und schließlich Tatham & Bailey.

Lit: R. Edwards u. M. Jourdain, *Georgian Cabinet-Makers*, London 1955.

Martelé. Ungleichmäßige (aber nicht matte) Oberfläche, die Kupfer, Silber usw. durch Hämmern gegeben wird. Im Mittelalter war die Unebenheit zufällig, später wurde sie als Mittel der Dekoration eingesetzt, vor allem von →Art Nouveau-Künstlern.

Martha Gunn. Weibliche Abwandlung des →Toby jug. Martha Gunn war im 18. Jh. durch ihr öffentliches Baden in Brighton am Ärmelkanal bekannt geworden.

Martha-Washington-Stuhl →Lolling chair

Martin, Guillaume (gest. 1749). Einer von vier Brüdern, der die europäische →Lackmalerei aufs höchste vervollkommnete. Nach ihm wird sie ›vernis Martin‹ genannt. Seine Brüder hießen *Etienne-Simon* (gest. 1770), *Julian* (gest. 1783) und *Robert* (1706-66). Guillaume und Etienne-Simon Martin erhielten 1730 (erneuert 1744) das Alleinrecht, Imitationen von chinesischen und japanischen Reliefiackarbeiten herzustellen. Am bekanntesten wurden sie durch ihren einfarbigen oder Goldstaub-Vernis Martin, eine Bezeichnung, die bald alle ähnlichen französischen Lacke erhielten. Vernis Martin wurde aus ›Cipolin‹ genanntem, knoblauchhaltigem Lack, einem Schellack, entwickelt. Er ist außerordentlich glänzend, von besonders feiner Oberfläche und reicht farblich von Perlgrau, Lila, Blaßgrün zu einem Preußischblau, manchmal unter der Oberfläche goldgefleckt. Die einzelnen Lackschichten wurden bis zu vierzigmal aufgetragen und jede einzelne Schicht zwischendurch poliert. Wandverkleidungen, Wagen, Kommoden, Tische, Stühle usw. und eine Menge kleiner Gegenstände, darunter auch Fächer, Schnupftabaksdosen, Etuis usw., wurden mit Lack verziert. Zu den erhaltenen Arbeiten der Gebrüder Martin gehören die Wandverkleidungen der Räume des Dauphin in Versailles von 1749. Ob man kleinere Objekte Martin oder anderen Meistern, die nach der gleichen Methode arbeiteten, zuschreiben soll, ist schwer zu entscheiden. Roberts Sohn *Jean-Alexandre* (1739 bis nach 1791) arbeitete für Friedrich d. Gr. in Sanssouci und in Potsdam. Er wurde dort 1760 zum ›vernisseur du Roi‹ ernannt.

Lit: H. Racinais, *Un Versailles inconnu, les petits appartements des Rois Louis XV et Louis XVI au Château de Versailles*, Paris 1950, S. 41 ff.

Martin, Robert Wallace (1843-1923). Er und seine Brüder *Charles Douglas* (1846-1910), *Walter Frazer* (1859-1912) und *Edwin Bruce* (1860-1915) waren bekannte englische Kunsttöpfer. Robert Wallace war Schüler an der Lambeth School of Art unter John Sparkes und begann, wie sein Mitschüler und lebenslanger Freund G. →Tinworth, mit Arbeiten für die →Doulton Pottery, wenn auch weder er noch einer seiner Brüder bei dieser Firma angestellt waren. Er arbeitete auch als Bildhauer unter J. B. Philip für das Albert Memorial, Kensington Gardens in London, und unter Pugin's Assistenten an den Houses of Parliament, was seine Vorliebe für neugotischen und Groteskendekor bei Keramik bestärkte. 1873 errichtete er in Fulham ein Atelier zur Herstellung salzglasierten Steinzeugs. 1877 verzog er in ein größeres Atelier in Norwood Green, Southall, Middlesex. Die Brüder arbeiteten eng zusammen und schufen Keramiken von wahrhaft mittelalterlich-kraftvoller Aussage, wobei sich ein- und derselbe Dekor niemals wiederholte: Krüge in Anlehnung an deutsches Steinzeug des 16. Jhs. oder in der Gestalt grimassenschneidender menschlicher Gesichter, Tabaktöpfe in der Form von Eulen, groteske Schachfiguren usw. Seit den 1890er Jahren lassen gemalte Blumen einen leichten Einfluß des →Art Nouveau erkennen. Das Unternehmen schloß 1914.

Lit: M. Haslam, *The Martin brothers potters*, London 1978.

Maschhad-Teppiche →Persische Teppiche

Maschinell gedrehte Dekore. Eine Art regelmäßiger, schraffierter Dekore (kariert oder rautenförmig), die mittels Drehen auf einer Drehbank auf Metall und Keramik angebracht werden.

Maser, John →Pennsylvania Dutch Style

Maserholz →Wurzelholz

Maserholzbecher. Trinkgefäß oder -schale aus durch unregelmäßiges Wachstum feingemasertem Holz, besonders Ahorn, doch auch Nußbaum oder Buche, gewöhnlich mit einem Rand und einem Fuß aus Silber versehen. Solche Gefäße, auch in Form von Doppelpokalen, waren im späten Mittelalter sehr geschätzt – vor allem im nördlichen Europa –, da man ihnen giftabwehrende Kraft zuschrieb, und blieben bis ins frühe 16. Jh. in Benutzung. Die Fassungen waren mitunter reich ornamentiert.

Maserung, künstliche. ›Trompe l'œil‹-Malerei an Möbeln oder Täfelungen oder an sonstigen Holzarbeiten, die das Aussehen einer anderen, gewöhnlich schöneren und teureren Holzart nachahmt. In England mindestens seit dem 16. Jh. angewendet.

Maskaron. Menschen- oder Fratzengesicht als Ornament in der Baukunst, besonders im Barock, und im Dekor z. B. von Gefäßen.

Mason, Charles James (1791-1856). Englischer Töpfer, Sohn von Miles Mason (gest. 1822), der in Lane Delph, →Staffordshire, eine Fabrik betrieb, die ähnliche Töpfereiwaren herstellte wie →New Hall. Seit 1813 produzierte er

Gebrüder Martin: Vase, salzglasiertes Steinzeug, um 1866 (Victoria & Albert Museum, London)

Ch. J. Mason: ›ironstone‹, Obstschale, frühes 19. Jh. (Victoria & Albert Museum, London)

in Fenton sein patentiertes →Ironstone China, von Tellern für Eßgeschirre und ausgeformten Krügen, die unterglasurblau im →Umdruckverfahren dekoriert wurden, bis hin zu großen Vasen für Kamine, die er mit japanischen Motiven in reichen, glanzvollen Farben bemalte. Bis 1829 war er mit seinem Bruder *George Miles Mason* (1789-1859) assoziiert in der Firma G. M. & C. J. Mason, dann C. J. Mason & Co. 1848 ging die Fabrik in Konkurs und wurde 1851 von Francis Morley gekauft. Gebräuchliche Fabrikmarken waren ›MASON‹ oder ›MASON'S PATENT IRONSTONE CHINA‹ oder ›MASON'S CAMBRIAN ARGIL‹; sie kommen eingepreßt vor oder in Blau gemalt.

Lit: R. Haggar u. E. Adams, *Mason Porcelain & Ironstone 1796-1853*, London 1977.

Masse. (1) Grundstoff, aus dem ein keramischer Körper – ohne Berücksichtigung der Glasur – besteht. Der Ausdruck wird meistens gebraucht, um Porzellan zu beschreiben; so spricht man von Hartporzellanmasse oder Weichporzellanmasse. *Siehe auch* Pâte de verre. (2) Harte, glasartige Masse (Glasmasse), gewöhnlich unterlegt mit gefärbtem Hintergrund, die zur Imitation von Edelsteinen dient. *Siehe auch* G. F. Stras(s).

Massenproduktion. Die maschinelle Herstellung identischer Produkte in großer Menge. Seit der industriellen Revolution (→Industrial Design) gehört die Entwicklung der Methoden der Massenproduktion zu den Faktoren, die für den Charakter des Designs ausschlaggebend geworden sind. Ihre Techniken erfordern einen strengen Herstellungsplan und die Aufteilung der Arbeit. Jeder Arbeitsgang muß hochspezialisiert sein, aber gleichzeitig müssen die hergestellten Produkte für Tausende von Menschen mit oftmals sehr verschiedenartigem sozialem und kulturellem Hintergrund annehmbar sein. Eine so geartete Herstellung von Gegenständen bedeutet einen totalen Bruch mit den Methoden des Kunsthandwerks. Durch die Massenproduktion sind in Jahrhunderten entwickelte Traditionen endgültig vernichtet worden, und die Aufteilung der Arbeit hat zur Heranbildung des professionellen Designers für die Kunstindustrie geführt, der die Rolle des individuell gestaltenden einzelnen Kunsthandwerkers übernommen hat. Der Industrie-Designer ist in dem Augenblick in Erscheinung getreten, in dem die Produktionssysteme das Stadium der vollen Mechanisierung und des Fließbandes erreicht hatten. Denn an diesem Punkte war jede Möglichkeit aufgehoben, während der Herstellung Änderungen an den Produkten vorzunehmen, und so wurde der Formgeber allmächtig. Er schuf das Modell oder Standardmuster, das maschinell unendlich vervielfältigt werden konnte und dessen Anfertigung, am Ende des Fließbandes angekommen, vollkommen abgeschlossen war.
Im 19. Jh. wurden für die Massenproduktion Maschinen verwandt, die die vorher mit der Hand gemachten Produkte und Ornamentmotive in beliebiger Menge vervielfältigten, und man bemühte sich wenig um die Aufdeckung der der maschinellen Produktion innewohnenden Qualitäten. Ein großer Teil der Ästhetiker war der Maschinen- und Massenproduktion abhold, obwohl das rasch anwachsende städtische Wirtschaftsleben ohne die Unterstützung der Maschine gar nicht existieren konnte. Die von einem Reformer wie W. →Morris geforderte Rückkehr zum Bäuerlichen und zur Handarbeit war im voraus zum Scheitern verurteilt; und Entwerfer und Architekten (vor allem F. L. →Wright in seiner öffentlichen Erklärung über ›The Art and Craft of the Machine‹, 1902) begannen am Anfang des 20. Jhs., der Massenproduktion positiv gegenüberzustehen. 1907 erklärte Theodor Fischer vor dem neu gegründeten →Deutschen Werkbund: »Zwischen Werkzeug und Maschine gibt es also keine feste Grenze ... Es sind nicht Massenproduktion und Arbeitsteilung, was einem Verhängnis gleichkommt, sondern der Umstand, daß die Industrie ihr Ziel ›Qualitätsarbeit‹ aus den Augen verloren hat ...«.
Heute nehmen die Industrie-Designer die Probleme der Massenproduktion hin und empfinden ihre wirtschaftlichen und technischen Zwänge als Ansporn und Herausforderung. Aber sie ist auch eine Herausforderung im sozialen Sinne, denn sie führt zu dem Paradox einer wohlhabenden Gesamtheit, die sich einer Menge von Standardprodukten bedient. Die Massenproduktion hat zweifellos einer Mehrheit größere Auswahlmöglichkeiten an die Hand gegeben – aber nicht, ohne einen Preis dafür zu fordern.

Massier, Clément (um 1845-1917). Französischer Töpfer, Sohn eines Töpfers aus Vallauris. Er hatte ein Atelier in Golfe Juan in der Nähe von Cannes, wo er Keramiken mit →lüstrierter Glasur schuf.

Masters, G. →Elton, Sir Edmund Harry

Mathsson, Karl Bruno (geb. 1907). Führender schwedischer Designer der 30er Jahre. Er experimentierte, wie A. →Aalto, mit schichtverleimtem Holz und schuf Entwürfe für die Serienproduktion. Mathsson ist zwar international weniger bekannt, aber seine Möbel sind ebenso elegant und fließend in der Linie wie die von Aalto.

Mattern, Carl Maximilian (1705-74). Möbelschreiner in Würzburg. Eine Bodenstanduhr, 1741 vollendet, ist sein frühestes und ein Schreibschrank von 1745 wohl das feinste der verschiedenen Möbelstücke, die er für die Residenz von Würzburg lieferte. Die Möbel waren schwer in der Form, aber sie zeichnen sich durch virtuose Handwerksarbeit, besonders in der →Marketerie und Intarsia, aus.

Lit: H.-P. Trenschel u. Chr. v.d. Mülbe, *Meisterwerke fränkischer Möbelkunst. Carl Maximilian Mattern (1705-1774)*, Würzburg 1982.

Mattierung. Eine matte Oberfläche oder die Herstellung einer solchen, besonders auf Silber, mittels kleiner Punkte, die mit einem Mattiergerät, dem ›mattoir‹, eingestochen, oder kleiner Kreise, die eng beieinander auf die Oberfläche gepunzt werden.

Matusch oder **Matouche, Johann** (tätig 1701-31). Möbelschreiner böhmischer Abstammung, der von 1701 an in Ansbach tätig war. Er wurde 1715 zum markgräflichen Hofschreinerei-Inspektor ernannt und bildete zwei der talentiertesten deutschen Möbelschreiner seiner Zeit aus. Es waren F. →Plitzner und M. →Schumacher, der ihm 1737 als Hofebenist nachfolgte. Die einzige Arbeit, die nachweisbar von ihm stammt, ist ein Schreibschrank mit →Boulle-Marketerie, den Plitzner 1723 begann und den er 1725 vollendete. Jedoch werden ihm zahlreiche Möbel zugeschrieben, u.a. Spieltischchen mit sehr schöner →Marketerie.

Lit: H. Kreisel, *Die Kunst des deutschen Möbels*, Bd. II, München 1970.

Maucher, Johann Michael (1645-1700). Hervorragender deutscher Elfenbeinschnitzer des Barock, Spezialist für aufwendig gearbeitete und üppig mit Menschen und phantastischen Tieren in Hochrelief dekorierte Schalen und Vasen. *Siehe Abb. S. 406.*

Lit: W. Klein, *Die Elfenbeinschnitzer-Familie Maucher ...*, Gmünd 1933.

Maureske →Arabeske

Maya-Keramik →Mittelamerik. Keramik

Mayener Ware →Badorfer Ware

Mayer, Franz Ferdinand (tätig um 1745-70). Bekannter →Hausmaler in Preßnitz in Böhmen, wahrscheinlich Leiter einer kleinen Werkstatt. Er bemalte (oft fehlerhafte) Einzelstücke →Meißener Porzellans mit Schäfer-, Jagd- oder Genreszenen nach Stichvorlagen. Die Tellerränder dekorierte er oft mit vier losen Blütenzweigen. Einige signierte Stücke aus seiner Hand sind bekannt (Victoria & Albert Museum, London), viele andere werden ihm zugeschrieben.

Lit: G.E. Pazaurek, *Deutsche Fayence- und Porzellan-Hausmaler*, Leipzig 1925.

Mazarinblau. Dunkelblaue Überglasurfondfarbe, in →Chelsea von 1758-1769 und in →Derby auf Porzellan in Nachahmung des Königsblau (gros bleu) von Sèvres verwendet (→Fondporzellan). Der Ausdruck Mazarinblau erscheint in zeitgenössischen Inseraten von Erzeugnissen aus Chelsea. Der Zusammenhang mit Kardinal Mazarin liegt im dunkeln. In Frankreich bezieht sich die Bezeichnung ›bleu Mazarin‹ auf eine (manchmal gesprenkelte) Glasur, die auf Porzellanen der Qing-Dynastie zu finden ist.

Mazarine. Flache durchbrochene Platte aus Silber oder Sheffield Plate, die in eine Schüssel eingelegt wird, um den darauf servierten gekochten Fisch vom Sud zu trennen.

Mazzucotelli, Alessandro (1865-1938). Italienischer Meister der Eisenschmiedekunst des →Art Nouveau. In Lodi geboren, studierte er zuerst Architektur; dann zwang ihn die Armut, wie sein Vater Eisenschmied zu werden. 1895 eröffnete er eine eigene Werkstatt in Mailand, die 1902, als er an der Gründung des Istituto Superiore di Arti Decorative in Monza mitbeteiligt war, mit Erfolg arbeitete. Im selben Jahr gewann er ein Diplom der Turiner Ausstellung, den ersten der vielen Preise, mit denen er ausgezeichnet werden sollte. Ein Besuch in Paris, London und den Niederlanden, 1903, brachte ihn in engere Verbindung mit dem nordeuropäischen Art Nouveau, der später seinen Stil beeinflussen sollte. Er schmiedete höchst komplizierte Eisengitter, Balkon- und Treppengeländer und Beleuchtungskörper, mit reichem Blütenwerk sowie zuweilen gespenstischen Schmetterlingen und Libellen.

Lit: R. Bussaglia, *Mazzucotelli: The Italian art nouveau artist of Wrought Iron*, Mailand 1971.

McIntire, Samuel (1757-1811). Architekt, Bildhauer und Holzschnitzer aus Salem, Massachusetts. Fast alle seine Arbeiten stammen aus der Zeit nach 1782, als der Unabhängigkeitskrieg beendet und Boston von Salem als Handwerkszentrum überflügelt worden war. 1795 begann er an seinem größten Auftrag, Derby Mansion (das inzwischen zerstört wurde), zu arbeiten. Er hat anscheinend nicht nur die Kaminverkleidungen (jetzt im Metropolitan Museum, New York) und Türrahmen geschnitzt, sondern auch die Möbel, wie auch bei anderen Aufträgen. Ein Beispiel ist die berühmte Lemon-Kommode von 1796, die sich heute im Museum of Fine Arts in Boston befindet. Die Möbel von Derby Mansion sind in einem leichten, zeitgenössischen, von →Hepplewhite-Vorlagen (1872) beeinflußten Stil ausgeführt. Bei den Türrahmen und Kaminverkleidungen ließ er sich eher von R. →Adams Vorlagen leiten. Sein Sohn *Samuel Field McIntire* führte das Geschäft nach dem Tode seines Vaters weiter.

Lit: C.F. Montgomery, *American Furniture of the Federal Period in the Henry Francis du Pont Winterthur Museum*, New York/London 1967.

Mearne-Einbände. Englische Bucheinbände in üppigem →Restaurationsstil, nach *Samuel Mearne* (gest. 1683), Hofbuchbinder Karls II., benannt. Mearne erlernte die Buchbinderei von Jeremy Arnold, betätigte sich aber auch als Verleger, Drucker und Buchhändler und hat vielleicht seine Buchbinderei nur beaufsichtigt. Keiner der aufwendigen Bände unter

Mahagonisofa aus Salem, Massachusetts, mit Schnitzarbeiten, die McIntire zugeschrieben werden (Henry Francis Dupont Winterthur Museum, Winterthur, Delaware)

seinem Namen konnte ihm persönlich zugewiesen werden.

Mechelner Spitze. Die Stadt Mecheln hat den besten Ruf für flämische →Spitzen des 17. Jhs. Es sind aber keine gesicherten Stücke erhalten. Der Terminus wird gewöhnlich für eine Klöppelspitze verwendet, die seit 1720 hergestellt wird, oft mit reizenden Rokokomustern, deren Umrisse mit einem eingelegten Faden betont sind. Muster und Netzgrund, gewöhnlich aus sechseckigen Maschen gebildet, werden gleichzeitig gearbeitet. Diese Spitze wurde sehr beliebt und oft an anderen Orten kopiert.

Lit: P. G. Trendell, *Victoria & Albert Museum, Guide to the Collection of Lace,* London 1930; B. Palliser, *History of Lace,* durchges. von M. Jourdain u. A. Dryden, London 1902.

Medaille. Flache, meist kreisrunde Scheibe, in der Regel aus Metall mit gegossenem oder geprägtem Reliefdekor auf der Vorderseite (Avers) und auf der Rückseite (Revers), der an Personen und an wichtige Ereignisse erinnert oder religiöse, allegorische, symbolische Inhalte darstellt. Medaillen sind daher oft von historischem und, als Werke der Kleinplastik, von hohem künstlerischem Wert. Sie unterscheiden sich von Gedenkmünzen zu Ehren von Personen und zur Erinnerung an Ereignisse durch höheres Relief, bei Ausformung in Edelmetall durch höheren Feingehalt, vor allem aber dadurch, daß sie keine currente Münzen sind. Eckige Metallscheiben, die den gleichen Zwecken wie Medaillen dienen, werden als Plaketten bezeichnet. Sie sind meist nur einseitig gegossen bzw. geprägt.

Medici

Die Kunst der zunächst im Gußverfahren in Bronze hergestellten Medaillen begann, wohl im Rückgriff auf übergroße Münzprägungen der römischen Kaiserzeit, als ein neuer Kunstzweig mit Werken von frühlingshafter Schönheit in Burgund am Hof des Herzogs von Berry und in der italienischen Frührenaissance (Medaillen Pisanellos, 1438, anläßlich des Konzils von Ferrara). Er entfaltete sich vom 16. Jh. an, nachdem an die Stelle des Gusses die Prägung getreten und durch sie eine weit größere Vervielfältigungsmöglichkeit gegeben war. Damit war eine Entwicklung eingeleitet, die im Zeichen des gesteigerten Persönlichkeitskultes und als Mittel propagandistischer Wirkung im Barock ihren Höhepunkt und im 18. Jh. ihre größte Breite erreichte. Medaillen wurden nun systematisch gesammelt und in eigenen Medaillenkabinetten unerreichbare Originale durch Siegellackabgüsse ersetzt. Nach einem um 1830 beginnenden Niedergang erlebte die Kunst der Medaille von Frankreich ausgehend erneut eine Blüte gegen Ende des 19. Jhs.

Medaillon, buchstäblich: große Medaille. Der Terminus bezeichnet in der Architektur und in der Schmuckkunst hervortretende runde, ovale oder elliptische ornamentale Motive, besonders solche, die figürliche Gegenstände einrahmen. Bei den Beschreibungen persischer Teppiche wird der Ausdruck für die betonten Zentralmotive jedes beliebigen Umrisses verwendet.

Medici-Porzellanfabrik. Erste europäische Porzellanfabrik, die Weich→porzellan hergestellt hat, von dem sich Beispiele bis heute erhalten haben. Der Architekt, Bildhauer und Zeichner Bernardo Buontalenti versuchte bereits vor 1568, in Florenz Porzellan zu machen,

Medici: Porzellan-Flasche, 1575-87 (Louvre, Paris)

aber erst die von Großherzog Francesco I. de'Medici gegründete Porzellanfabrik konnte zwischen 1575 und 1587 Porzellan herstellen. Es war eine durchscheinende Frittenporzellanmasse aus weißem Ton von Vicenza, weißem Sand, pulverisiertem Kristallgestein sowie kalziniertem Blei und Zinn, überzogen von einer sahnig-dicken →Bleiglasur, die nach der Bemalung und dem ersten Brand aufgetragen wurde. Die Masse ähnelt eher undurchscheinendem Glas als echtem Porzellan. Der Scherben wirkt graustichig oder gelblich, ist allgemein blau bemalt (manchmal hell glänzend, manchmal ziemlich grau) oder mit manganfarbenen Umrissen; auch von einem Stück mit Grau und Gelb wird berichtet. Gelegentlich sanken Stücke im Brand zusammen, nur wenige waren ohne Brandrisse. Für die Gefäßformen gaben Majolika und Silberarbeiten das Vorbild ab. Einige wenige sind mit klassischen Grotesken bemalt, wie auf der Majolika von →Urbino, aber die meisten zeigen Bäume, Tiere, Vögel und figürliche Darstellungen unverkennbar chinesischen Ursprungs. Nur 59 Stücke von Medici-Porzellan sind heute bekannt, die meisten gemarkt mit den sechs Kugeln aus dem Wappen der Medici oder, häufiger, der Kuppel des Domes von Florenz in Unterglasurblau.

Lit: G. Liverani, *Catalogo delle porcellane dei Medici*, Faenza 1936; U. Middeldorf in *Firenze e la Toscana dei Medici ..., Palazzo Vecchio committenza ...*, Ausst. Kat. Florenz 1980, S. 181-186.

C. Meigh: ›Minster Jug‹ (Münsterkrug), Steinzeug, 1842 (Victoria & Albert Museum, London)

Meeresstil →Kretisch-mykenische Keramik und Metallarbeit

Mege, Antoine →Aprey. Er arbeitete auch in →Moustiers.

Mehrfachgewebe-Teppiche →Doppelgewebe-Teppiche

Meigh pottery. Um 1780 von *Job Meigh* errichtetes Unternehmen, der die Fabrik von Old Hall in Hanley, Staffordshire, die bisher weiße, salzglasierte Keramik hergestellt hatte, angliederte. Er nahm später seine Söhne *Job* und *Charles* als Partner auf. 1822 erhielt der jüngere Job eine Medaille von der Society of Arts für eine neuartige Glasur für das Innere von einfachen Kochtöpfen; sie trat an die Stelle der bisher verwendeten →Bleiglasur, die sich in Verbindung mit Essig und anderen Substanzen zersetzte und dadurch Speisen vergiften konnte. Seit 1843 gehörte die Fabrik Charles Meigh (tätig 1842-51), der als einer der ersten den allgemein aufkommenden Zeitgeschmack des →Gothic Revival ausnützte, indem er 1842 seinen ›Minster jug‹ (Münsterkrug) aus Steinzeug als Gebrauchsmuster registrieren ließ (er war von figuralen Reliefs in Nischen umgeben und erwies sich als ein außerordentlich beliebtes Stück). Nicht weniger erfolgreich war er mit seinen Modellen im Stil der Neorenaissance. Für seinen Krug mit bacchischen Szenen aus dem Jahre 1847 erhielt er eine weitere Medaille der Society of Arts. Auf der Weltausstellung 1851 in London zeigte er viele Erzeugnisse aus Porzellan, Parianware und Steinzeug und wurde mit einer Medaille ausgezeichnet für ein Paar 1 m hohe, goldverzierte Steinzeugvasen, die mit Ansichten des Kristallpalastes und Porträts der Königin Victoria und des Prinzgemahls Albert bemalt sind (Victoria & Albert Museum, London).

Meillonas. 1759 von Hugues de Marron, Seigneur von Meillonas, in seinem Schloß in Bourg-en-Bresse, Frankreich, gegründete Fayencefabrik. Ihre Erzeugnisse waren zunächst

Vase in Mei-ping-Form mit ›mirror black‹-Glasur, Qing-Dynastie, spätes 17. Jh. (Percival David Foundation of Chinese Art, London)

im Rokokostil mit →Scharffeuerfarben bemalt (zwischen 1763 und 1766 einige von Protais Pidoux, der vorher in →Aprey als Maler gearbeitet hatte). Später ging sie zu Nachahmungen von →Moustiers über. Der Gründer wurde 1794 hingerichtet. Die Fabrik fabrizierte noch bis 1830 Haushaltswaren. Es gab keine Fabrikmarken.

Lit: E. Milliet, *Notice sur les faïences artistiques de Meillonas,* Bourg-en-Bresse 1877; H.P. Fourest u. J. Giacomotti, *L'Œuvre des faïenciers français du XVI*^{e} *à la fin du XVIII*^{e} *siècle,* Paris 1966; A. Klein, *Fayencen aus Europa,* Braunschweig 1980.

Meiping. Eine der klassischen chinesischen Vasenformen: Balusterform mit breiten Schultern und sehr engem Hals. So benannt, weil in der Vase ein blühender Pflaumenzweig (Mei) stehen sollte. Sie kam im 10. Jh. oder noch früher auf.

Meißen
Kurschwerter ab 1725

Meißen
Besitzmarke von König August II. und König August III. bis 1733

Meißen
Merkurstab um 1723

Meißen
Punktzeit 1763-74

Meißen. Die erste und während eines halben Jhs. führende Porzellanmanufaktur Europas. Sie setzte hohe Maßstäbe, denen überall, selbst in China, nachgeeifert wurde. 1710 als Königlich Sächsische Porzellanmanufaktur von August dem Starken, Kurfürst von Sachsen und König von Polen, in Meißen bei Dresden gegründet, bestanden ihre ersten Erzeugnisse aus dem feinen, außerordentlich harten roten Steinzeug, das der Leiter der Manufaktur, J. F. →Böttger, entwickelt hatte. In der Form folgten sie barocken Silberarbeiten und wurden mit Reliefornamenten (→Akanthusblättern, Löwenköpfen usw.) oder eingeschnittenen Linien verziert oder mit Lackfarben oder (nicht sehr befriedigenden) →Emailfarben bemalt. Einige wenige, vielleicht sogar die ansprechendsten Stücke sind entweder poliert oder gemuschelt (d. h. mit der Schleifscheibe eines Glasschneiders facettenartig geschnitten), ein Verfahren, das der Schönheit des Materials, vergleichbar einem harten Stein, sichtbaren Ausdruck verleiht. Das rote Steinzeug wurde schrittweise ersetzt durch das weiße Hartporzellan, dessen geheimnisvolle Zusammensetzung Böttger 1708 entdeckt hatte; seine Entdeckung hat er aber erst 1709 offengelegt. Die ersten weißen Erzeugnisse – die 1713 zum Verkauf gelangten – waren im allgemeinen in Form und Dekor der Fayence ähnlich: Vasen mit durchbrochenem Gitterwerk, Teekannen und Tassen mit reliefierten Pflaumenblütenzweigen, Figuren von Zwergen (nach Stichen von J. →Callot) und Heiligen sowie Nachformungen einer chinesischen ›Blanc de Chine‹-Figur der Göttin Guanyin (die auch in Steinzeug ausgeführt wurde), sowie orientalische Pagoden mit grimassenschneidenden Gesichtern. Die Böttgerzeit ist vor allem als Versuchsstadium und für die technische Fortentwicklung von Bedeutung.

Meißen: Vase, Rotes Böttgersteinzeug (Porzellansammlung, Dresden)

Vom künstlerischen Standpunkt aus begann die große Zeit der Manufaktur im Jahre 1720 mit der Einstellung des Malers J. G. →Herold. Er vervollkommnete die Malerei, indem er für die Bemalung des Porzellans eine breitere Farbenpalette, als sie bisher bestanden hatte, entwickelte und die Herstellung von Modellen mit glatten Oberflächen förderte, um diese mit Bildern bemalen zu können. Für etwa fünfzehn Jahre wurden die Leistungen der Manufaktur von den Malern bestimmt. Sie zeigen eine erstaunliche Vielfalt von →Chinoiserien, Landschaften mit zartest gemalten Bäumen, minuziös wiedergegebenen Hafenszenen und eine weite, phantastische, glanzvoll gemalte Flora. In größerem Umfang als zuvor wurden Figuren hergestellt, besonders einige gefällige Barockfiguren von Heiligen, sowie mehrere Tiere und Vögel von J. G. →Kirchner. Erst mit der Berufung von J. J. →Kändler zum Modellmeister im Jahre 1733 übertraf der Einfluß der Modelleure die Bedeutung der Maler. Seit den späten 1730er Jahren dürfte Kändler die künstlerische Linie der Manufaktur bestimmt haben. Mit einigen Gehilfen, besonders J. Fr. →Eberlein und P. →Reinicke, entwarf er zahlreiche große und kleine Figuren sowie Tiere und Vögel. Unter seiner Verantwortung entstanden die Entwürfe für das berühmte Schwanenservice, das in den Jahren 1737-41 für den Direktor der Manufaktur, Graf Brühl, geschaffen wurde. Jedes Teil dieses Services ist in Relief mit Schwänen, Schilfgras, Binsen und anderen Wassermotiven verziert, während die Terrinen aus einer wahren Orgie von Rocaillebögen bestehen, aus denen heraus Schwäne,

Meißen: ›Storch mit Fisch‹, Porzellan, Modell von J. J. Kändler, 1732 (Porzellansammlung, Dresden)

Delphine, Nereiden und Meerjungfrauen ausgelassen herausstreben. Sein Einfluß, wenn auch nicht seine Hand, kann an vielen Vasen und an Tafelzubehör erkannt werden, die weit mehr als vor seiner Zeit unter bildhauerischen Gesichtspunkten gestaltet wurden. Durch seine Einwirkung vollzog sich auch eine Wandlung im Stil der Malerei: die ziemlich starren →Indianischen Blumen, der ostasiatischen Malerei entlehnt, wichen den freier wiedergegebenen naturalistischen (natürlichen) Blumen, den →Deutschen Blumen, die für die Verzierung ungleichmäßiger Flächen geeigneter waren. Nach der Natur modellierte Blumen wurden eingeführt, gleichzeitig für die Dekoration von Vasen usw., besonders die ›Schneeballvasen‹, von denen einige für Ludwig XV. 1741-42 angefertigt wurden. Die Mode der Porzellanblumen verbreitete sich von Meißen aus über ganz Europa.

Die große Zeit der Manufaktur fiel mit der Blüte des →Rokoko zusammen, die ihren vollendeten Ausdruck in dem zerbrechlich fein modellierten Meißner Porzellan gefunden hat. Tafelgeschirre und Ziergegenstände wurden nach allen Teilen Europas und außerhalb Europas exportiert; die Manufaktur hatte Agenten in 32 deutschen Städten sowie in Paris, Amsterdam und Warschau. Ihre Erzeugnisse wurden in großem Umfange nachgemacht. Aber die Besetzung von Dresden durch Friedrich den Großen im Jahre 1756 verlangsamte

Meißen
Marcolini-Zeit
1774-1814

N = 346
W

Meißen
ehemals königliche
Sammlung Johanneum

Meißen: Porzellan-Teekanne, Modell von J. J. Kändler, 1739 (Irwin Untermyer Collection, New York)

die Produktion und führte zum Ende ihrer Blütezeit. Der Zeitgeschmack änderte sich, und das Rokoko kam aus der Mode (Winckelmanns große ›Geschichte der Kunst des Altertums‹, 1764 in Leipzig veröffentlicht, enthielt einen scharfen Angriff auf die Frivolität des zeitgenössischen figürlichen Porzellans). 1763 wurde die vollständige Neuordnung der Manufaktur eingeleitet; im folgenden Jahr wurde *C. W. E. Dietrich* (1712-74), Lehrer der Malkunst an der Akademie in Dresden, zum künstlerischen Leiter berufen. Herold verließ die Manufaktur 1765, und der französische Bildhauer V. M. →Acier wurde neben Kändler zum Modellmeister bestellt. Vergeblich waren die Versuche, in der Herstellung von Modellen im frühen →Louis-seize →Sèvres gleichzukommen. Nun verschwanden Rundungen und Rocaillen bei den Tafelgeschirren, Figuren verloren mehr und mehr ihren lebendigen Ausdruck und fielen ab zu einfältig lächelnder Sprödigkeit. Der französische Stil kam zu einem größeren Erfolg unter dem Grafen C. →Marcolini, seit 1774 Leiter der Manufaktur, und *Johann Elias Zeissig,* genannt *Schönau* (geb. 1737), der in Paris unter dem Einfluß von Greuze gelernt hatte, als künstlerischer Leiter. Eßgeschirre wurden mit Landschaften, Porträts oder sentimentalen Szenen bemalt (bei einem Service jedes Stück mit einer jeweils anderen Darstellung aus Goethes ›Die Leiden des jungen Werther‹) und schlicht umrahmt. Die Produktion umfaßte auch →Biskuitfiguren von Allegorien und Göttern der Antike. Die Manufaktur überstand die Napoleonischen Kriege nur unter Mühen. 1833 bis 1870 lebte der Rokokostil wieder auf, als zahlreiche ausdrucklose Schäferinnen in Spitzenkleidern und mit Blumen geschmückt produziert wurden. In den 1870er Jahren wurden einige amüsante Figuren nach zeitgenössischen Vorbildern gemacht, Schönheiten in üppiger Badekleidung und Soldaten in Stiefeln und Pickelhauben. Der Jugendstil (→Art Nouveau) fand Eingang in den 90er Jahren des vergangenen Jahrhunderts: das Frühstückservice mit dem Krokus-Muster aus dem Jahre 1896, entworfen von Julius Konrad Hentschel (1872-1907), der auch einige lebensnahe Figuren modellierte; feine Teller in Weiß und Gold von H. van de →Velde (1904); Tiere und Vögel nach Modellen von Clemens Paul Walther (1876-1933) und anderen; Figuren von Wintersportlerinnen von Alfred Otto König (geb. 1871) und Tänzer und Musiker von P. →Scheurich. Vom 19. Jh. an werden bis heute Figuren und andere Modelle des 18. Jhs. in laufender Produktion neu ausgeformt. Seit 1945 heißt die Firma ›VEB‹ (d. h. Volkseigener Betrieb) Staatliche Porzellan-Manufaktur Meißen, unter unveränderter Beibehaltung der unterglasurblauen gekreuzten Schwerter als Fabrikmarke, die erstmals 1724 verwendet wurde. Keine andere Marke hat soviele Nachahmungen durch andere Fabriken gefunden. Andere Zeichen auf Meißener Porzellan sind eingepreßte Zahlen als Formnummern (entsprechend dem 1763 angelegten Formenverzeichnis); Initialen in Unterglasurblau, wahrscheinlich von Malern stammend; eingeritzte Zeichen vermutlich von Bossierern; die Buchstaben ›AR‹ als Monogramm in Unterglasurblau für Augustus Rex, offensichtlich Stücke, die für die königliche Sammlung bestimmt waren; Zahlen und Buchstaben, eingeschnitten mit der Schleifscheibe in Stücke, die einstmals in der königlichen Sammlung im Johanneum, die 1919-1920 teil-

Meißen: Porzellangruppe, Modell von J. J. Kändler, 1739-43 (Porzellansammlung, Dresden)

Meißen
auf defekten Stücken,
die an Hausmaler
verkauft wurden

Meißen: Porzellan-Schüssel mit ›Deutschen Blumen‹, 1745-50 (Victoria & Albert Museum, London)

J.-A. Meissonier: Entwurf für einen Kerzenleuchter, 1728

weise veräußert wurde, gestanden haben. *Siehe auch Abb. S. 270, 310, 636.*

Lit: R. Rückert, *Meissner Porzellan 1710-1820,* München 1966; O. Walcha, *Meissner Porzellan,* Gütersloh 1975; *Meißener Porzellan,* Ausst. Kat. Wien 1982.

Meissonnier, Juste-Aurèle (um 1693-1750). Einer der führenden Rokoko-Entwerfer und, neben Nicolas →Pineau, der Schöpfer des ›Genre pittoresque‹, der zweiten, phantastischeren und antiklassischeren Phase des Rokoko in Frankreich. Arbeitete auch als Architekt, Maler und Silberschmied. Von seinen Werken sind außer Ornamentstichen (datiert 1723-35) sehr wenige erhalten. Dem Menschen Meissonnier wird nachgesagt, er sei »présomptueux et mégalomane« gewesen; und in diesem schwierigen Charakter wie auch im Ausgefallenen seiner Rokoko-Version sind wohl die Gründe dafür zu suchen, daß unter seinen Auftraggebern mehr Ausländer als Franzosen gewesen sind. Dennoch scheint er es zu Wohlstand gebracht zu haben, denn er hat eine wertvolle Sammlung schöner Möbel und Bilder besessen.
Er wurde in Turin geboren, wo sein Vater, ein Provenzale, Goldschmied und Bildhauer war und wahrscheinlich unter der Leitung des F. →Juvarra am Hof arbeitete. 1720 ging Meissonnier nach Paris, vielleicht zusammen mit Juvarra, der 1719-20 Lissabon, London und Paris besuchte. In der französischen Metropole faßte er sehr schnell Fuß, denn schon 1725 übernahm er von J. →Bérain das Amt des ›architecte-dessinateur de la Chambre et du Cabinet du Roi‹. Bis 1735 arbeitete er praktisch als Silberschmied. Von seinen Bauten ist nur ein Haus in Bayonne erhalten, heute Chambre de Commerce. Die für Auftraggeber in Polen und Portugal entworfenen Innenräume existieren nicht mehr. Und so gründet sich sein Ruf allein auf die Stichserien von 120 Architektur-, Innenarchitektur-, Möbel-, Silber- und Bronzeentwürfen. Der Grundton aller dieser Zeichnungen ist eine sprühende Asymmetrie. Die besten Entwürfe fertigte er für Silber- und Bronzeobjekte, besonders für →Kandelaber mit schwungvollen, blumenübersäten →Voluten, die auf den Zeichnungen wie die Blätterteigkringel eines genialen Kochs wirken. Streng dreidimensional in der Auffassung, erfordert jeder Entwurf eines Leuchters etwa, um die Form verständlich zu machen, drei von verschiedenen Standpunkten aus gesehene Zeichnungen. Einer der Entwürfe für einen Leuchter (1734; Musée des Arts Décoratifs, Paris) wurde von Claude Duvivier ausgeführt; ein anderer diente in →Meißen als Vorlage für Leuchter des berühmten Schwanenservices. Seine Möbelentwürfe verraten seine Neigung, Holz als einen Ersatz für im Guß formbares Metall anzusehen: er zeichnete die Beine der Tische und Stühle in dicken, wie aus einer zähen Flüssigkeit gestalteten Kurven. Die innenarchitektonischen Entwürfe wirken zuweilen überladen. Sie wurden weniger direkt nachgeahmt, als daß sie als Anregung für viele Rokokokünstler und -handwerker dienten, die ihnen in der handwerklichen Ausführung eine leichtere, verspieltere Eleganz gaben. Da der Geschmack am Rokoko-Stil schon gegen 1745 nachzulassen begonnen hatte, warf man Meissonnier in Nachrufen das Aufgeben der Symmetrie vor und beschuldigte ihn sogar, diese Mode angeführt zu haben. *Siehe auch Abb. S. 169.*

Lit: F. Kimball, *The Creation of the Rococo,* Philadelphia 1943; D. Nyberg (Hg.), *Œuvre de Juste-Aurèle Meissonier,* New York 1969.

Meisterpunze. Die vom Zinngießer – aber auch vom Plattner (Waffenschmied) – auf seine Arbeit mittels einer Punze eingeschlagene Marke. Ihr entspricht die ›Meistermarke‹ des Silberschmieds. In manchen Gegenden und zu verschiedenen Zeiten wurde die Anbringung dieser Meisterpunze von den Zünften gefordert. Zuweilen waren es auch die Zünfte selbst, und nicht der einzelne Meister, die die Marke einschlugen.

J. van Mekeren zugeschrieben: Kabinettschrank mit ›Trompe-l'œil‹-Marketerie, um 1700 (Rijksmuseum, Amsterdam)

Mekeren, Jan van, (um 1690 bis um 1735). Führender holländischer Möbelschreiner. Charakteristisch für sein Schaffen sind Kabinettschränke mit feinen Blumenintarsien. Die →Marketeriefelder zeigen Vasen mit Blumensträußen, die im Vergleich zu den Arbeiten seines großen Zeitgenossen A. Ch. →Boulle wie naturgetreu gemalter Dekor wirken. Die Motive gleichen den Stilleben alter holländischer Meister und sind bis ins Detail technisch perfekt ausgeführt.

Melchior, Johann Peter (1742-1825). Bildhauer und wohlbekannter Porzellanmodelleur in →Höchst (1767-79), →Frankenthal (1779-93) und →Nymphenburg (1797-1822). In Nymphenburg war er zusammen mit D. →Auliczek Modellmeister. Er begann in einem E.-M. →Falconet ähnlichen Stil, aber die meisten seiner Werke sind gefühlsbetonter, vor allem seine zahllosen Kinderfiguren. Aus der Höchster Zeit sind seine Schäferfiguren weit bekannt. Er machte auch ausgezeichnete Reliefporträts, die in →Biskuit gefertigt wurden (das bekannteste stellt Goethe dar, der persönlich mit ihm befreundet war). Seine späteren Werke sind im klassizistischen Stil gehalten.

Lit: F. H. Hofmann, *Johann Peter Melchior 1742-1825*, München 1921; O. M. Oppenheim, *Johann Peter Melchior als Modellmeister in Höchst*, Frankfurt 1957; E. Kramer in *Keramos* 56 (1972), S. 3-68.

Melort, A. →Stippen

Mendlesham-Stuhl. Englischer Stuhl vom Typ des →Windsor-Stuhls mit Stabkonstruktion, massivem Sitz aus Ulmenholz und gedrechselten Beinen, von dem es heißt, daß er erstmals von Daniel Day aus Mendlesham, Suffolk, hergestellt wurde.

Mengaroni, Ferruccio →Pesaro

D.V.

Mennecy

Mennecy. 1734 in Paris gegründete, 1748 nach Mennecy überführte und 1773 nach Bourg-la-Reine verlegte Porzellanfabrik. Nach 1753 war sie durch gesetzliche Bestimmungen zum Schutz der Porzellanfabrik →Vincennes in ihrer Tätigkeit stark behindert (z. B. war die Verwendung von Golddekor verboten). Es wurde ausschließlich Weich→porzellan in guter Qualität und in den Farbtönen von dunklem Elfenbein bis zu milchigem Weiß hergestellt, das

Mennecy: Spucknapf in Weichporzellan, um 1750 (Musée des Arts Décoratifs, Paris)

J. E. Mennicken: Steinzeugkrug, Marke I. E. (für Jan Emens), Raeren, spätes 16. Jh. (Hetjens-Museum, Düsseldorf)

glänzend mit →Emailfarben, darunter einem hervorragenden Purpurrosa, bemalt ist. Anregungen wurden zuerst von →Saint Cloud, dann von Vincennes übernommen. Hergestellt wurden hauptsächlich Teeservice, Kaffeekannen, Senftöpfe, kleine Vasen, Messergriffe und kleine Dosen, in einem zurückhaltenden Rokoko elegant modelliert und anfänglich im →Kakiemonstil, später mit naturalistischen Blumen staffiert. Manchmal sind sie mit dornigen Rosen im Relief verziert. Unter den figürlichen Darstellungen befindet sich ein unbemalter Flußgott nach einem Modell von N. Fr. →Gauron, Burschen in offenem Hemd und Schauspieler der →Commedia dell'Arte in eleganter Haltung. Es ist zweifelhaft, ob die Fabrik nach etwa 1780, als sie zur Produktion von Steingut in der Art von →Wedgwood übergegangen war, noch Porzellan hergestellt hat. Die Fabrikation wurde 1806 eingestellt.

Lit: G. Fontaine, *La céramique française*, Paris 1946; W. B. Honey, *French Porcelain of the 18th Century*, London 1950.

Mennicken, Jan Emens (tätig 1566-94). Bedeutendstes Mitglied einer Töpferfamilie in →Raeren. Sie stellte hübsche, große Steinzeugkrüge her, die mit klassischen (später religiösen) Szenen in Relief verziert waren. In der Signatur seiner Arbeiten ließ Mennicken vielfach den Zunamen weg und zeichnete einfach mit ›Jan Emens‹; andere Mitglieder seiner Familie, vermutlich nahe Verwandte, sind *Peter* und *Wilhelm* oder *Wynant*, die gleichfalls nur mit ihrem Vornamen signierten. *Baldem Mennicken* (tätig 1575-84) und dessen Sohn *Jan Baldems* stellten auch Feinsteinzeug her. Von *Johann Mennicken* ist bekannt, daß er um 1595 von Raeren in den Westerwald übersiedelte, wo um 1615 zwei andere Töpfer des gleichen Familiennamens, *Leonhard* und *Wilhelm*, gearbeitet haben.

›menuisier‹, franz. Möbelschreiner, im Unterschied zum →›ébéniste‹. Der ›menuisier‹ fertigte hauptsächlich kleinere Möbel und Stühle aus unfurniertem und geschnitztem Holz an. Der ›ébéniste‹ stellte hauptsächlich furnierte Möbel her. Obgleich ein ›maître‹ der ›corporation des menuisiers-ébénistes‹ (Schreinerzunft) ursprünglich beide Techniken ausführen durfte, wurde in der Praxis die Unterscheidung zwischen ›menuisier‹ und ›ébéniste‹, die Mitte des 17. Jhs. aufkam, bis zur Revolution und der Auflösung der Zünfte beibehalten. In anderen Ländern wurden keine analogen Unterscheidungen gemacht. Inwieweit der ›menuisier‹ die Stühle usw., die er lieferte, tatsächlich selbst anfertigte, ist ungewiß. Im Frankreich des 18. Jhs. waren an der Herstellung eines Stuhles gewöhnlich vier Handwerker beteiligt, die jeweils ihre eigene Werkstatt hatten: der ›menuisier‹ machte den Rahmen, der ›sculpteur‹ (Schnitzer) lieferte den Schnitzdekor, der ›doreur‹ (Vergolder) faßte oder vergoldete ihn, und der ›tapissier‹ (Polsterer) polsterte ihn.

Mercury twist stem. Der Schaft eines Trinkglases mit einem oder zwei außergewöhnlich großen →Airtwists. Dekormotiv, das in der Mitte des 18. Jhs. in England verbreitet war.

Merowingischer Stil. Der Kunststil der Merowinger in Zentraleuropa, speziell zwischen Loire und Rhein, verband im 5.-8. Jh. antikrömische mit germanisch fränkischen und anderen, vor allem byzantinischen und keltischen Elementen. So ist der bemerkenswerte bronzene Thron Dagoberts I. (623-38, Louvre, Paris), dessen als →Monopodien ausgebildeten Beine knurrende Löwen darstellen, auf einen antik-römischen →Kurulischen Stuhl zurückzuführen. Rücken und Arme sind mit Verzierungen nach keltischer Art durchbrochen, wurden aber wahrscheinlich erst im 9. Jh. oder

Merowingisch: Tassilokelch, vergoldetes, versilbertes und nielliertes Kupfer, um 777 (Benediktinerstift, Kremsmünster)

sogar später angefügt. Der berühmte bronzene, versilberte und vergoldete Kelch mit Niello (Benediktinerstift Kremsmünster), der zwischen 777 und 788 von Herzog Tassilo III. gestiftet wurde, stammt aus süddeutsch-alemannischem Gebiet, vielleicht Salzburg, weist aber zugleich angelsächsisch-keltische Einflüsse auf. Mit diesem Kelch in Verbindung gebracht hat man den etwas späteren Rückendeckel des Lindauer Evangeliars (Pierpont Morgan Library, New York) aus vergoldetem Silber mit Granaten und Email. Unter den erhaltenen Meisterwerken der dekorativen Kunst aus merowingischer Zeit sind auch ein Bronzeornament mit einem Reiter aus dem 6. Jh. aus Bräunlingen (Landesmuseum, Karlsruhe), gemeißelte Grabsteine des 7. Jhs. und verschiedene persönliche Ziergegenstände. Alle sind sie von hoher künstlerischer Qualität.

Lit: W. Holmquist, *Kunstprobleme der Merovingerzeit*, Stockholm 1939; G. Haseloff, *Der Tassilo-Kelch*, München 1951.

Merrymen plates. Englische Fayenceteller, in Sätzen zu sechs Stück staffiert, von denen jedes mit dem Text einer Zeile aus einem sechszeiligen Knüttelvers bemalt ist: ›What is a mery man / Let him doe all what he kan / To entertayne his gess / With wyne and mery jest / But if his wife doth frown / All meryment goos downe‹. Die Sätze sind zwischen 1684 und 1742 datiert, vermutlich wurden sie in London gemacht. Die frühesten könnten das Werk eines eingewanderten holländischen Töpfers sein. Aus ähnlichen Tellersätzen ist einer (datiert 1697) sechszeilig bemalt, ein anderer (von 1711), bekannt unter dem Namen ›Dienerserie‹ (servant series), mit Versen beschrieben, die

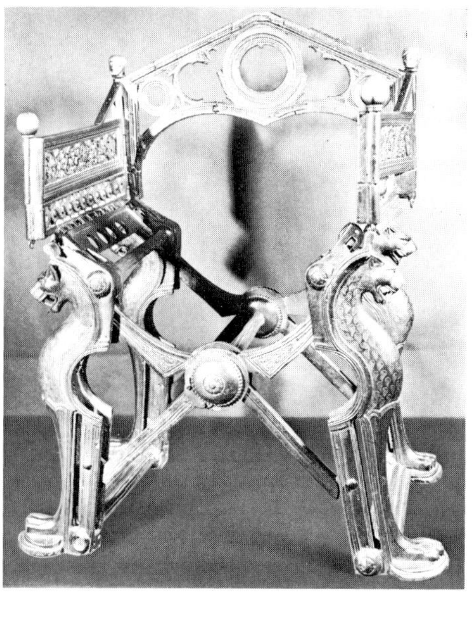

Merowingisch: Bronzethron König Dagoberts, 9. Jh. (Louvre, Paris)

sich auf die Teller selbst beziehen und mit den Worten enden: ›My grate fault is I can't be mended‹.

Lit: F. H. Garner, *English Delftware*, London 1948.

Mesched. Herstellungsort →persischer Keramik um 1600, eine Irdenware mit hellem Scherben, blau und schwarz bemalt und dekoriert mit Ranken, Blütenstauden und Fabelwesen, in denen sich chinesischer Einfluß bemerkbar macht.

Lit: Ausst. Kat. *Islamische Keramik*, Hetjens-Museum Düsseldorf 1973.

Messing. Eine Goldfarbene Legierung von →Kupfer und →Zink (70 bis 90% Kupfer, ein größerer Anteil an Zink ergibt ein gelberes Metall), die sich gießen und somit formen und auf Hochglanz polieren läßt. Messing gibt es seit der Antike, obwohl viel später als Bronze. Im Mittelalter wurde es häufig für dekorative oder Gebrauchsgegenstände verwendet, und die Stadt Dinant in Belgien wurde durch solche Erzeugnisse – oft als →Dinanderie bezeichnet – berühmt. (*Siehe auch* Mossul-Metallarbeiten.) Später verwendete man Messing in ganz Europa vielfach für Gefäße, Beleuchtungskörper – Kerzenhalter, Lüster usw. – und Möbelbeschläge, vor allem für Schubladengriffe.

Lit: ›Dinanderie‹ im RDK, Bd. IV; R. u. R. F. Gentle, *English Domestic Brass 1680-1810 and the history of its origins*, London 1975; P. N. u. H. Schiffer, *The Brass Book*, Exton (Penna) 1978.

Metallfaden. Ein feiner Draht wurde dicht mit Seide umwickelt und umdreht und war im 16. und 17. Jh. für Handarbeiten sehr beliebt.

Metallstickerei. Eine Stickerei mit Gold- oder Silberfäden. Man unterscheidet zwei Techniken: Die *Anlegetechnik*, bei der die musterbildenden Hauptfäden mit Seidenfäden auf dem Grund festgestickt werden, und die *Gestochene Technik*, bei der die Fäden durch den Grund geführt und so auf der Rückseite sichtbar werden. Man unterscheidet auch zwei Arten von Reliefarbeit: Bei der *Kordeltechnik* werden die Metallfäden auf vorher gestickten Leinen- oder Baumwollfäden angebracht, bei der kühneren *Sprengtechnik* über Pergament- oder Pappstücke, die in der gewünschten Form ausgeschnitten sind, gestickt.

Methey oder **Metthey, André** (1871-1920). Französischer Kunsttöpfer, der als Bildhauer begonnen hatte. Nachdem er als Preis für seine Zeichnungen den ›Traité de céramique‹ (Abhandlung über die Keramik) von Garnier erhalten hatte, fand er den Weg zur Töpferei. Trotz großer physischer und wirtschaftlicher Schwierigkeiten (ähnlich, wie es lange zuvor Bernard →Palissy ergangen war), schuf er sich eine eigene Werkstatt. Im ›Salon des Indépendants‹ 1901 stellte er eine Reihe von Keramiken aus, die er in der Art der ›Fauves‹, mit denen er freundschaftlich verbunden war, bemalt hatte. Es gelang ihm, bekannte zeitgenössische Maler – Renoir, Bonnard, Denis, Valtat, Derain, Rouault, Vlaminck, Van Dongen – dazu zu bewegen, seine Keramiken zu bemalen, die er im ›Salon d'Automne‹ 1907 ausstellte. Danach bemalte er seine Keramiken selbst, zunächst mit →Bleiglasur, seit 1908 mit →Emailfarben. Seine Formen sind einfach, die Farben hell, die Zeichnung kräftig, entfernt beeinflußt von italienischer Majolika, von Iznik, Persien und der französischen Hafnerkeramik des 18. Jhs. Seit 1903 arbeitete er in Asnières bis zu seinem Tod an Lungenschwindsucht.

Lit: H. Clouzot, *André Methey 1871-1920*, Paris 1922.

Metropolitan slipware. Eine bestimmte Art von →Schlickerkeramik, wahrscheinlich aus London, wo viele Stücke aufgefunden wurden. Der rötliche irdene Scherben ist ziemlich grob mit stilisierten Blumen mit Schlicker aus dem Malhorn verziert und manchmal mit puritanischen Sprüchen beschriftet. Es sind Schalen, Trinkbecher, Krüge und Nachtgeschirre, von denen eines (Hanley Museum) die Aufschrift trägt: ›Earth I am et tes most tru disdan me not for so are you‹.

Lit: B. Rackham and H. Read, *English Pottery*, London 1924.

Mettlach. Eine Manufaktur für glasiertes Steinzeug, gegründet 1809 von Jean-François Boch (später →Villeroy & Boch). Sie ist auch heute noch in Betrieb und ist beachtenswert wegen ihrer historisierenden Erzeugnisse des späten 19. Jahrhunderts und später der Art Deco-Waren.

Lit: A. Post u. T. Thomas, *Mettlacher Steinzeug (1885-1903)*, Saarwellingen 1976; *Mettlach: Art Deco Keramik*, Ausst. Kat. Mettlach 1981.

Metzsch oder **Metsch, Johann Friedrich** (gest. 1766). Deutscher →Hausmaler, 1731 erstmalig erwähnt, als er unbemaltes Porzellan der →Meißener Manufaktur kaufte. Er arbeitete in Bayreuth, wo er seit 1735 offenbar ein kleines Atelier zur Bemalung von Tassen und Schalen unterhielt, die er gelegentlich ringsher-

A. Methey: Steinzeugvase, um 1910 (Musée National de Céramique, Sèvres)

um mit Landschaften, meist aber mit Blumenkörben in Rocailleumrandung, →Chinoiserien oder mythologischen Szenen bemalt hat. Figürliche Darstellungen sind allgemein rot, purpur oder schwarz monochrom und von polychromen Blumen umrandet. Nach 1751 war er bei der Porzellanmanufaktur →Fürstenberg tätig, ohne daß seine dortigen Arbeiten hätten identifiziert werden können.

Lit: G.E. Pazaurek, *Deutsche Fayence- und Porzellan-Hausmaler*, Leipzig 1925.

Meure, Peter →Archambo, Peter

Meyer, Christoffel Jansz. Holländischer Glasgraveur des 17. Jhs., der in Den Haag tätig war und sich auf allegorische Motive spezialisierte, vor allem auf großen Gläsern. Bevorzugte die Technik des Schraffierens.

Meyer, Friedrich Elias (1723-85). Bildhauer, als Modelleur unter Johann J. →Kändler in →Meißen tätig, sodann, bis zu seinem Tod, Modellmeister in →Berlin. Wenn ihm auch einige Figuren zugeschrieben werden, so ist doch über seine Meißener Tätigkeit wenig bekannt. In Berlin machte er Entwürfe für Tafelservice und Figuren, darunter einige sehr hübsche große Chinesen und viele graziöse mythologische und allegorische Darstellungen. Von 1766 bis 1772 arbeitete sein Bruder *Wilhelm Christian* (1726-86) mit ihm.

Lit: M. Sauerlandt, *Deutsche Porzellanfiguren*, Köln 1923; E. Köllmann, *Berliner Porzellan*, Braunschweig 1966.

Mezzamajolika, Halbfayence. (1) Bezeichnung für italienische Fayencen mit →Bleiglasur und andere italienische Keramiken, die Vorläufer der echten Majolika mit Zinnglasur waren. Diese Unterscheidung ist allerdings irrig, da Zinn auch in der weißen Glasur vieler früherer Keramiken enthalten ist.

(2) Italienische →engobierte Keramik mit Bleiglasur. Vom 14. Jh. an wird sie, oft mit →Sgraffito-Dekoration, auch als ›bianchetto‹ (›weiße Schminke‹) bezeichnet.

Streng genommen gibt es keine Halbfayencen.

Lit: G. Liverani, ›Una nota sulla »mezzamaiolica«‹ in *Faenza* LXIII (1977), S. 99-107.

Mezzarisa, Francesco di Antonio (gest. um 1575). Eigentümer einer bekannten Majolikafabrik in →Faenza, die von 1527 an arbeitete und nach seinem Tod bis 1587 weitergeführt wurde. Mezzarisa fertigte zunächst Waren im →Istoriato-Stil; 1540 beschäftigte er einen Gehilfen, um ›weiße Ware‹ herzustellen (d.h. →Bianco di Faenza); um 1545 exportierte er diese Erzeugnisse nach Genua. Sein Atelier griff als eines der ersten die Mode des Bianco di Faenza auf, das er in einer Abwandlung des →Compendario-Stils überladener (und weniger ansprechend) als die Schöpfungen von V. →Calamelli dekorierte.

Lit: G. Ballardini in *Miscellanea di Storia dell'Arte in onore di I. B. Supino*, Florenz 1933; C. Liverani in *The Connoisseur* CXL (1957), S. 160-63.

Mies van der Rohe, Ludwig (1886-1969). In Deutschland geborener Architekt und Designer. Er war der letzte und größte Exponent des ›Internationalen Modernen Stils‹ und schuf einige der besten Möbelentwürfe im ›modernen‹ Design. 1936 wurde er Nachfolger von W. →Gropius als Leiter des →Bauhauses und emigrierte 1938 in die Vereinigten Staaten, wo er prägenden Einfluß auf die Architektur nahm. Am Institute of Technology von Illinois in Chicago erhielt er eine Professur. Seine bedeutendsten Möbelentwürfe stammen aus den 20er Jahren. 1926 entwarf er seinen freitragenden Stahlrohrstuhl, der noch heute die einfachste und klarste Verwirklichung dieses Stuhltyps darstellt – obgleich M. →Stam als erster

Mies van der Rohe: freitragender Stahlrohrstuhl, 1926 (Victoria & Albert Museum, London)

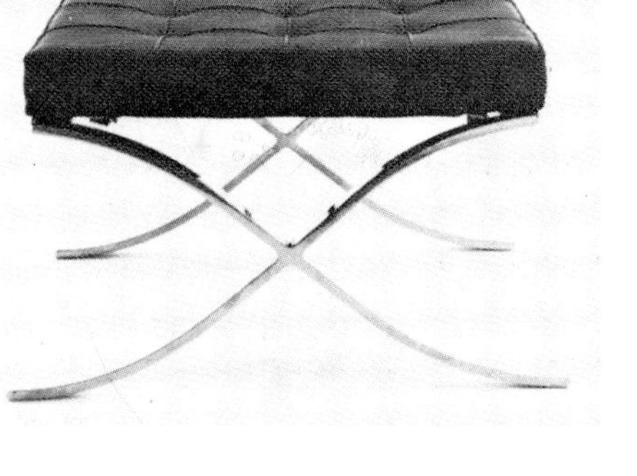

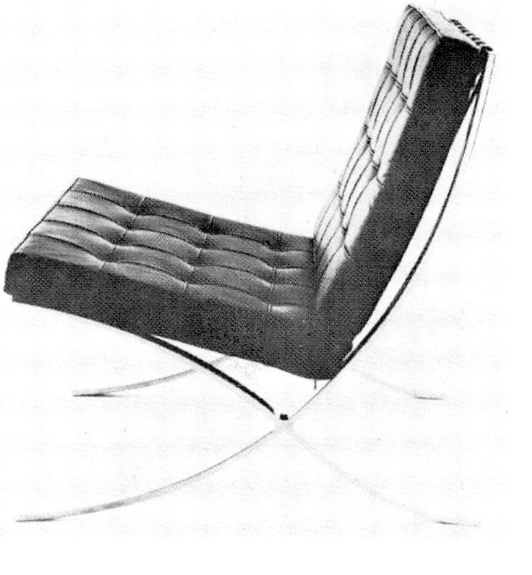

Mies van der Rohe: Barcelona-Stuhl und Hocker, 1929 (Musée des Arts Décoratifs, Paris)

schon 1924 beim Entwurf eines Stahlrohrstuhls das Prinzip des elastischen, freitragenden Stahlrohrrahmens angewandt hatte. Mies van der Rohes Entwurf gewann international Anerkennung und wurde viel kopiert (M.L. →Breuer). 1930 schuf er einen ebenso eleganten Stuhl aus verchromtem Stahl, den ›Brno-Stuhl‹. Seinen berühmtesten Stuhl, den ›Barcelona-Stuhl‹, entwarf er für die Internationale Ausstellung in Barcelona von 1929. Er besteht aus einem elegant geschwungenem verchromtem Stahlrahmen und zwei rechteckigen, losen schwarzen Lederkissen. Dieser Stuhl ist, wie Mies van der Rohes Architekturentwürfe, bis ins Detail durchgearbeitet. In seiner unnachahmlichen Eleganz und Proportion ist er zu Recht zu einem modernen Klassiker geworden, der noch heute (von →Knoll Associates) produziert wird. Die Fertigung dieses Stuhles, der zwar wie perfektes Industriedesign aussieht, erfordert großes handwerkliches Können. Seine Vorfahren sind der antike →kurulische Stuhl und der mittelalterliche →Faltstuhl, dessen gekreuzte Stützen hier im Profil verwendet werden. 1947 entwarf er einen Stuhl, der in einem einzigen Arbeitsgang herzustellen war. Er wurde nie produziert.

Lit: L. Glaeser, *Mies van der Rohe: Furniture and drawings. Complete catalogue,* New York 1977; W. Blaser, *Mies van der Rohe – Möbel und Interieurs,* Stuttgart 1980.

Migeon, Pierre II (1701-58). Berühmtestes Mitglied einer französischen Möbelkünstlerfamilie, die von *Pierre I* (geb. um 1670), dem Vater von Pierre II, begründet wurde. Pierre II, der das Familienunternehmen 1739 übernahm, ist anscheinend nie ›maître‹ geworden – was sicherlich mit seinem calvinistischen Glauben zusammenhing – und konnte daher nur mit einer Sondergenehmigung Mitglied der Zunft werden. Er stellte vor allem Kleinmöbel und genial konstruierte Verwandlungsmöbel her und bevorzugte ›Spiegelfurniere‹ (→Marketerie in einfachen geometrischen Mustern) aus Palisander oder Tulpenholz und Lackplatten. Er war einer der ersten Ebenisten, der seine Möbel mit Mahagonifurnier schmückte. 1740 begann er, mehr und mehr für den Hof zu arbeiten und erfreute sich vor allem der Gunst der Madame Pompadour. Sie soll ihm – wie d'Argenson berichtet – eine Pension von 3000 Francs ausgesetzt haben, weil er ihr einen besonders schönen →Nachtstuhl angefertigt hatte. Er betätigte sich außerdem als Möbelhändler und verkaufte die Arbeiten angesehener Handwerkerkollegen wie M. →Criaerd, Roger Lacroix und R. →Dubois. Einige von ihm selbst angefertigte Stücke befinden sich im Louvre und im Musée des Arts Décoratifs, Paris. Sein Sohn *Pierre III* (1733-75) wurde 1761 ›maître‹, hat sich aber hauptsächlich als Händler betätigt.

Lit: F.J.B. Watson, *The Wrightsman Collection: Furniture,* New York 1966.

Mihrab. Gebetsnische in der Moschee, die die Richtung nach Mekka anzeigt. Ihre vereinfachte Darstellung findet sich auch auf den →Gebetsteppichen und kommt gleichfalls auf Marmorplatten und in der islamischen Fliesendekoration vor.

Milas-Teppiche →Türkische Teppiche

Milchglas (Lattimo). Opakweißes Glas, unter Zusatz von Zinnoxyd hergestellt. Es ist weiß und durchscheinend und wurde im 15. Jh. zuerst in Murano hergestellt, gleichzeitig mit der Entwicklung der Zinnglasur für die Majolika. In Venedig und schon viel früher an anderen Orten wurden Versuche gemacht, das Lattimo als optischen Ersatz für Porzellan zu verwenden, daher auch der Name ›porzellana contrafatta‹ (nachgemachtes Porzellan). Noch im 18. Jh. wurden z.B. in Potsdam (→Potsdamer Glas) und Basdorf solche Porzellanimitationen unter dem Namen ›Porzellanglas‹ entwikkelt. Ähnliche Waren wurden auch in Böhmen und Holland und in den Hütten von Bristol in England hergestellt.

Lit: L. Zecchin, ›Fortuna d'una parola sbagliata‹ in *The Journal of Glass Studies* 1968, S. 110-113.

Milde, Arij de (tätig 1680-1706). Eigentümer einer Fabrik, die das beste rote Steinzeug in →Delft herstellte. Sie war spezialisiert auf Teekannen, die sehr geschmackvoll mit Pflaumenblütenzweigen und anderen exotischen Motiven, die an das rote →Yixing-Steinzeug erinnern, reliefiert sind.

Lit: C.H.J. de Jonge, *Delfter Keramik,* Tübingen 1969.

Mildnergläser. →Zwischengoldgläser, meist in glatter zylindrischer Form, nach *Johann Joseph Mildner* (1764-1808) benannt, der in der böhmischen Glashütte Gutenbrunn wirkte. Typisch für diese Gläser sind die eingesetzten Medaillons mit eingravierter Gold- (außen) und Silberverzierung (innen) auf rotem Grund. Die Medaillons zeigen auf der Außenseite meist religiöse Themen oder Porträts, auf der Innenseite meist Inschriften. Die Medaillons wurden in eine Vertiefung eingesetzt, die zuvor ausgeschliffen worden war.

Lit: G. Pazaurek, *Gläser der Empire- und Biedermeierzeit,* Leipzig 1923; I. Schlosser, *Das Alte Glas,* Braunschweig 1965.

Milès →Solon, M.-L.-E.

Millefioriglas: Becher, Alexandria, 2.-1. Jh. v. Chr. (Kunstgewerbemuseum, Zürich)

Millefiori-Glas. Glas, das innerhalb seiner Masse verziert ist, ähnlich wie →Mosaik-Glas, aber auf andere Weise hergestellt und von unterschiedlichem Aussehen. Scheiben von verschiedenfarbigen Glasröhren oder -stäben werden in klares, geschmolzenes Glas eingeschlossen, so daß sich Muster aus blumenähnlichen runden Platten ergeben. Zwar ist die Bezeichnung italienisch, doch die Technik war schon 100 v. Chr. in Alexandria und später im antiken Rom bekannt. Im 16. Jh. lebte sie in Venedig und dann in Böhmen wieder auf und wurde gerne für Briefbeschwerer angewendet.

Mille-fleurs-Wandteppiche. Eine große Gruppe innerhalb der Wandteppiche mit schön gekleideten Figuren vor einem Grund mit vielen Pflanzen in frischen Farben und gelegentlich kleinen Tieren und Vögeln. Über ihren Ursprung ist wenig bekannt, außer daß sie im späten 15. und frühen 16. Jh. in Frankreich hergestellt wurden. Man hat versucht, sie der →Tournai-Wandteppichmanufaktur zuzuschreiben, wahrscheinlicher sind es aber Arbeiten von Wanderwirkern der Loire-Gegend. Die schönste und berühmteste Serie ist die der ›Jungfrau mit dem Einhorn‹ (Musée Cluny, Paris), eine Allegorie nicht gesicherter Bedeutung, die eine vornehm gekleidete Dame zeigt, ein weißes Einhorn (das Symbol der Keuschheit) und einen zahmen Löwen mit zahlreichen lebendig gezeichneten, possierlichen Kaninchen, Hunden, Füchsen und anderer Kreatur auf einem Grund von unzähligen Blumen. Kein anderer Bildteppich hat eine so geheimnisvolle Faszination wie dieser, aber viele sind von guter Qualität, z. B. die ›höfischen Szenen‹ mit eleganten Höflingen, die spinnen und Schafe hüten (Louvre, Paris), ›Hofleben‹ (Musée de Cluny, Paris), der ›Aufbruch zur Jagd‹ (Art Institute, Chicago), ›Die Jagd auf das Einhorn‹ (Metropolitan Museum, New York) und einige Bildteppiche mit religiösen Szenen, vor allem die ›Engel mit den Marterwerkzeugen‹ (Musée des Tapisseries, Angers).

Lit: R.-A. Weigert, *French Tapestry*, London 1962.

Miller, Karl →Union Porcelain Works

Mina'i-Keramik. Über der Glasur bemalte →islamische Keramik seldschukischer Zeit, die in Iran im 12. und frühen 13. Jh. vor allem in *Rayy* vor dem Mongoleneinfall 1224 hergestellt wurde, daneben aber auch in *Kaschan* und *Sava*. Mina'i bedeutet emailliert. Die Gefäße, seltener Fliesen, sind über elfenbeinweißer, manchmal auch türkisfarbener Glasur mit Blau, Grün, Braun, Schwarz und Ziegelrot bemalt und durch einen zweiten Brand fixiert, dann stellenweise vergoldet. Dargestellt sind oft Hof-, Legenden- oder Jagdszenen ähnlich denen der persischen Miniaturmalerei. Einige dieser Meister scheinen auch die Mina'i-Keramik bemalt zu haben. Eine nicht ganz so verfeinerte, etwas spätere, aber verwandte Keramik ist die sogen. ›Ladgvardina‹-Fayence, die über Kobaltblau kalt bemalt ist. Sie wurde in der Gegend von Sultanabad im späten 13. und 14. Jh. hergestellt. Ihr Dekor ist gewöhnlich nicht figürlich.

Ming. Die auf die mongolische →Yuan-Dynastie folgende nationalistische Dynastie, die in China von 1368-1644 regierte. Trotz der meist strengen politischen Isolierung sind einige kunsthandwerkliche Techniken aus dem Westen eingeführt worden (vor allem die →Email-Technik des ›Cloisonné‹). Im späten 15. Jh. stellte sich das chinesische Kunsthandwerk mehr und mehr auf den Handel mit →chinesischen Exportporzellanen ein; auch Lackarbeiten wurden eigens für den europäischen Markt hergestellt. Dabei läßt sich eine Tendenz zu wachsender Sorgfalt der Verarbeitung beobachten, was bei den Metallarbeiten, den Stoffen und den mit Perlmutt eingelegten Lackarbeiten allmählich zu einem überladenen Prunk führte. Jingdezhen wurde zu dem Mittelpunkt der Keramikproduktion. Das Porzellan verdrängte die Töpferwaren aus den Haushalten der Mandarine. Die besten Stücke, unter ihnen einige sehr reizvolle und feine →Blauweiß-Porzellane, datieren in die frühe Ming-Zeit, von chinesischen wie westlichen Kennern als das feinste Porzellan angesehen, das es je gab. Xuande-Porzellan ist vielfarbig und blauweiß dekoriert, wie es auch Chenghua ist. Die dann folgende Zeit wird durch die Einführung der →doucai- und →wucai-Techniken, des weißen →Dehua-Porzellans (blanc de chine), des roten und braunen →Jixing-Steinzeugs, des →Wanli-Blauweiß und des Exportporzellans, bekannt als →Swatow-Ware und →Kraakporselein, charakterisiert. Im Gegensatz zu der mannigfalti-

Ming-Dynastie: Bett aus Rosenholz (Philadelphia Museum of Art)

Ming-Dynastie: Vase aus Porzellan, in Doucai-Farben bemalt, Chenghua-Zeit, 1465-87 (Percival David Foundation of Chinese Art, London)

Minton: Porzellanteller, bedruckt mit blauen Passionsblumen, 1850 (Victoria & Albert Museum, London)

gen und manchmal vielfarbig dekorierten Keramik sind die Möbel zurückhaltend einfach und nüchtern.

Lit: A. M. Joseph, *Ming Porcelain,* London 1971; R. H. Ellsworth, *Chinese furniture ...,* New York 1971; D. Lion-Goldschmidt, *Ming Porcelain,* London 1978.

Ming Ch'i →Mingqi

Minghetti, Angelo (1821/30-1885). Er war Italiens führender Exponent des →Historismus auf dem Gebiet der Keramik, vergleichbar A. →Cortellazzo für Silber und L. →Frullini und anderen für Möbel. Er begann in Bologna als Innenarchitekt und später als Keramikrestaurator. Dann arbeitete er in einer keramischen Fabrik in Imola, bevor er 1858 in Bologna seinen eigenen Brennofen errichtete. Er stellte Teller usw. her, die so vollkommen in der Art von Urbino, Faenza und anderen Werkstätten des 15. Jhs. dekoriert waren, daß viele Arbeiten als echte Renaissance-Stücke gekauft wurden. Sogar seine Marke ›M‹ war in Veröffentlichungen über frühe italienische Majolika vermerkt! Er fertigte auch Platten und große baukeramische Stücke an, wie →Karyatiden usw. und Büsten im Stile der Familie Della →Robbia, vor allem in den Jahren zwischen 1870 und 1885. Nach seinem Tod wurde die Fabrik von seinem Sohn Gennaro (gest. 1925) weitergeführt.

Lit: G. Corona, *La ceramica all'esposizione industriale italiana del 1881 in Milano,* Mailand 1885.

Minton um 1800-16

Mingqi. Chinesische Begräbnisware, dafür vorgesehen, dem Toten ins Grab mitgegeben zu werden. Obwohl schon früher hergestellt, haben sich Mingqi-Stücke der Han-Dynastie als erste beachtenswerte Beispiele erhalten. Es gibt zwei Arten: (1) Miniaturisierte Wiedergaben in Ton von den Dingen, die den Abgeschiedenen umgeben oder ihm gehört haben – Haus, Tiere, Möbel usw.; (2) Gefäße in natürlicher Größe und Gerät für die Darbringung von Speiseopfern.

Minneteppich. Sammelbezeichnung für Bildteppiche des 15. Jhs., auf denen höfische Liebesszenen dargestellt sind.

Minoische Keramik →Kretisch-mykenische Keramik und Metallarbeit

Mino-Keramik. Japanische Keramik, die nördlich von Nagaya von Töpfern aus →Seto im späten 16. und frühen 17. Jh. hergestellt wurde. Seit Beginn machte man →Teekeramik. Dorther stammt die etwas verwirrend *Gelbes Seto* genannte Keramik (Gefäße mit eingeritzten Pflanzenmotiven und blaß lederfarbener oder gelber mit Grün gefleckter Glasur), das *Schwarze Seto* (vor allem Teeschalen mit intensiv schwarzer, glänzender Glasur), *Shino* (sehr grob gemachte Stücke mit rötlichem Scherben, der mit einer dicken, gesprüngelten grau-weißen Feldspatglasur überzogen und mit wenigen Strichen meistens an Blätter erinnernd in Braun und Blau kühn bemalt ist) und *Oribe* (die farbigste dieser Keramiken, mit einem bizarren, braunen Dekor und verschiedenfarbigen Glasuren auf lachsrosa Grund, nach dem Teemeister Oribe-no-Sho Shigenari, 1544 bis 1615, benannt). Früher nahm man an, daß diese vier Keramikgruppen nacheinander entstanden seien, aber anscheinend sind doch verschiedene Gruppen gleichzeitig in einem Brennofen gebrannt worden. Die schönsten Stücke stehen am Anfang der Produktion, aber reizvolle Stücke – vor allem Flaschen mit brauner oder schwarzer Glasur, oft mißverständlich *Alte Seto-Keramik* genannt – wurden noch im späten 17. und 18. Jh. gemacht. Die Produktion von Blauweiß-Porzellan ist im frühen 19. Jh. eingeführt worden. Der Bezirk produziert heute noch den größten Teil des Exportporzellans von Japan.

Lit: R. Fujioka, *Shino and Oribe ceramics,* Tokyo 1977; Ausst. Kat. *Japanische Keramik,* Hetjens-Museum Düsseldorf 1978.

Minton's pottery and porcelain factory. 1796 von *Thomas Minton* (1765-1836), dem angesehenen Erfinder des →Willow-Musters, in Stoke-on-Trent, Staffordshire, gegründet. Sie be-

Minton: Porzellan-Tafelaufsatz mit Figuren aus Parianware, ausgestellt auf der Weltausstellung in London 1851 (Zeichnung)

Minton: Vase mit ›Watteau‹-Szenen, um 1862 (Victoria & Albert Museum, London)

gann mit der Herstellung von →Irdenware, machte 1798 bis um 1811 Weichporzellan und seit 1821 Hartporzellan. Frühe Erzeugnisse sind mit Mustern ähnlich wie in →Derby oder mit einfachen Blütenzweigen verziert. Nach der Einstellung des französischen Töpfers *Léon Arnoux* (1816-1902) als künstlerischem Leiter wurden die Dekore reicher. Die Produktion umfaßte eine Reihe historischer Stile und Techniken – →Henri-Deux-Ware, italienische →Majolika des 16.Jhs., Modelle von →Sèvres im Louis-seize-Stil –, alle Stücke skrupellos gemarkt, in der Absicht, die Leistungsfähigkeit des Unternehmens unter Beweis zu stellen, wobei die Täuschung des Kunden in Kauf genommen wurde. Andere Erzeugnisse waren Majolika, →Pâte-sur-Pâte-Vasen und Platten von M. L. →Solon, gut gestaltete Figuren und Tafelaufsätze aus →Parianware, einige keramische Monstren (Brunnen von über 9 m Höhe und ein vollständiges Treppenhaus) sowie eine Unzahl reich verzierter, sehr eigenwilliger ›künstlerischer‹ Tafelgeschirre. Seit etwa 1845 arbeitete Pierre-Émile Jeannest (1813-1857) als Modelleur. 1854 wurde A.-E. →Carrier-Belleuse Modellmeister. Er ging später als Direktor nach →Sèvres. In den 1890er Jahren wurde der Stil des →Art Nouveau erfolgreich eingeführt. Die Fabrik stellt noch heute qualitätvolles Porzellan her. *Siehe auch Abb. S. 645.*

Lit: E. Aslin u. P. Atterbury, *Minton 1798-1910*, Ausst.Kat. London 1976.

Minysche Keramik →Kretisch-mykenische Keramik und Metallarbeit

Miotti, Vincenzo (tätig 1711-47). Glasmacher aus Murano, der sich auf die Verzierung von opakweißem Glas (Lattimo) spezialisierte, oft in Nachahmung von Porzellan. Es existieren datierte Exemplare seiner Arbeiten (1731-47). Die Glashütte Miotti – genannt ›Al Gesù‹ – wurde Anfang des 16.Jhs. gegründet und stand zuerst unter der Leitung von Antonio Miotti (ab 1542), dem seine Söhne und sein Neffe folgten (Bastian 1543-94, Alvise 1553-99, Daniele 1618-73). Die Blütezeit hatte das Unternehmen im 18.Jh. unter Vincenzo Miotti und seinen Söhnen.

Lit: L. Zecchin, ›I Muranesi Miotti‹ in *Journal of Glass Studies*, XIII (1971), S. 77.

Mirror black. Seit der Kangxi-Zeit hergestelltes chinesisches Porzellan mit leuchtender schwarzer Glasur, manchmal zusätzlich vergoldet. In China heißt es ›wujin‹. Mirror black sollte man nicht mit dem schwarzgrundigen ›Famille noire‹-Porzellan verwechseln.

Miseroni, Familie. Eine der bedeutendsten Gruppen von Edel- und Halbedelsteinschneidern und -graveuren an der Schwelle zum 17.Jh. Sie stammte aus Mailand, wirkte aber hauptsächlich in Nordeuropa, besonders für den Kaiserlichen Hof in Prag. Die ältesten waren *Girolamo* (geb. 1520/30) und sein Bruder *Gasparo*, die für Cosimo I. in Florenz tätig waren. Drei Söhne Girolamos zeichneten sich als hervorragende Kunsthandwerker aus: *Giulio* (1559-93), der von 1582 an in Spanien arbeitete, *Ottavio* (gest. 1624), seit 1588 Hofedelsteinschneider bei Rudolf II. in Prag, und *Giovanni Ambrogio*, der von 1598 an ebenfalls für Rudolf II. arbeitete. Ottavios Sohn *Dionysio* (gest. 1661), von 1623 an für den Hof tätig, schuf einige der schönsten Steinschnittarbeiten, die heute im Kunsthistorischen Museum, Wien, sind: ein aus einem 10 cm hohen Smaragd geschnittenes Ölgefäß und die 1653 für Kaiser Ferdinand III. gearbeitete, 115 cm hohe Bergkristall-Pyramide. Dionysio war offizieller Edelsteinschneider am Kaiserlichen Hof und Schatzmeister. Sein Sohn *Ferdinand Eusebius* (gest. 1684) übernahm diese Ämter. Auf einem Gruppenporträt des böhmischen Malers Karel Skreta (Rudolphinum, Prag) sind die Mitglieder der Familie mit einigen ihrer Werke dargestellt.

Lit: R. Distelberger in *Jahrbuch der Kunsthistorischen Sammlungen in Wien* LXXI (1975) S. 79-192; idem LXXIV (1978).

Mishima →Koreanisches Steinzeug und Porzellan

Mitra. Kopfbedeckung eines Bischofs oder Abts der katholischen Kirche bei kirchlichen Zeremonien. An der Spitze tief eingebuchtet, wird sie so getragen, daß sie vorn und hinten eine spitzbogenförmige Kontur zeigt. Sie wird aus den gleichen Materialien wie der übrige Ornat hergestellt, ist oft bestickt und manchmal mit Edelsteinen geschmückt.

›Mitte und Ecken‹-Einbände. Bucheinbände des späten 16.Jhs. mit versenkten Einlagen.

Mittelamerikanische Keramik. Schon ab etwa 1500 v.Chr. scheinen in Mexiko Gebrauchswaren hergestellt worden zu sein. Dieses frühe Geschirr und die Vorratstöpfe waren manchmal mit eingeritzten Ornamenten oder mit Schlickermalerei verziert. Auch Figürchen (meist weibliche) wurden schon früh, wahrscheinlich für die Verwendung bei Fruchtbarkeitsriten modelliert. Mit dem Entstehen höherer Kulturen (Zapoteken, Mixteken, Olmeken usw.) entwickelte sich dann eine Vielfalt verschiedenster keramischer Formen und Dekorationsstile – alles Aufbaukeramik, da die Töpferscheibe im präkolumbianischen Amerika unbekannt war. Noch vor dem 7. Jh. v. Chr. wurden in der Gegend um Teotihuacán feinste Waren, besonders Dreifußvasen und andere Gefäße hergestellt, die nach dem Brennen mit stilisierten Mustern aus farbigem Stuck in Blau-, Grün- und Rosaschattierungen, aufgetragen wie Zellenschmelz, verziert wurden. Die Maya ergänzten vor allem während ihrer Hauptzeit (4.-8. Jh.) einfarbige Waren mit äußerst lebendig mehrfarbig verzierten, zylinderförmigen Vasen, deren Dekor gewöhnlich in erzählenden Szenen oder fortlaufenden Darstellungen von Prozessionen oder anderen Zeremonien bestand, schwarz umrissen und rot, gelegentlich auch türkis koloriert auf lederfarbenem Grund. Auch modellierten die Maya Kartenspieler, manchmal in Form von Ballspielern. Zu ihren späteren Produkten (etwa um 1100-1200) gehören zwei bestimmte Typen, nämlich bei sehr hohen Temperaturen gebrannte Waren mit glänzend glasierter Oberfläche, bekannt als ›fein-orange‹, und die sogenannte →Plumbateware mit einer matten, glasurartigen und manchmal orange und olivgrün gesprenkelten Oberfläche. Die Tolteken (9.-15. Jh.) entwickelten cremefarbene Waren mit rotem Dekor (genannt *Matlatzinca*) und, noch typischer, lederfarbene Waren mit orangem Dekor und parallelen Wellenlinien versehen (genannt *Mazapan*). Eine einzigartige Variante der Plumbateware, eingelegt mit Perlmutter-Mosaik, wurde in Tula gemacht. Die Totonaken der Golfregion fertigten sowohl sehr lebendige Tänzerfiguren mit lachenden Gesichtern (was in der mittelamerikanischen Kunst sehr selten ist) als auch eine Vielfalt verschiedener Gefäße, geschmückt mit geometrischen oder Tiermustern in weißem, braunem oder schwarzem Schlicker auf orangefarbigem Grund. Bemerkenswert sind die Waren der Mixteken (10.-15. Jh.) wegen der hohen Qualität ihrer Bemalung, die Ähnlichkeit mit der ihrer Kodizes aufzeigt. Ab dem 14. Jh. wurden dünnwandige und gut gebrannte Waren, normalerweise bemalt mit rituellen Motiven wie etwa Totenschädeln, von doppelkegelförmigen Trinkbechern bis zu riesigen Kohlenpfannen und lebensgroßen menschlichen Figuren, von den Azteken hergestellt. Unter den späteren mittelamerikanischen Töpferwaren ragen vor allem diejenigen aus Coclé in Panama aus dem 14. und 15. Jh. hervor, unter anderem die verschiedensten Schüsseln, Flaschen, Töpfe und andere Gefäße, überzogen mit einem weißlichen Schlicker, auf den in Schwarz, Rot, Purpur, Blau und Grün stilisierte Krokodile, Schlangen, Krebse, Vögel usw. mit kühner Hand gemalt sind. Auch Krüge in der Form von Tieren, Fischen oder Menschen gehören zu diesen Erzeugnissen.

Lit: G. H. S. Bushnell u. A. Digby, *Ancient American Pottery*, London 1956; G. H. S. Bushnell, *Ancient Arts of the Americas*, London 1965.

Mixteken-Keramik →Mittelamerikanische Keramik

Mochaware. Eine Art von →Irdenware, die dem Mocha-Stein (Moosachat) ähneln soll, einem milchfarbenen Quarz mit moosartigen Flecken in Grau und Rötlich-Braun. Sie wurde erstmals in England in den 1780er Jahren hergestellt, während des 19. Jhs. auch in Frankreich und den Vereinigten Staaten, hauptsächlich zur Verwendung in Wirtshäusern und einfachen Wohnungen. Die Gegenstände wurden mit farbigen Streifen eines besonders zubereiteten →Schlickers staffiert. Der Eindruck von Moos wurde erzielt, indem man auf den feuchten Scherben ›Mocha-Tee‹ (eine Mischung von Tabakaufguß in abgestandenem Urin und Terpentin) auftropfen ließ, der sofort moos-, farnbaum- oder federartig aussehende Gebilde hervorrief.

Mochica-Keramik →Peruanische Keramik

Mogul-Kunst. Die höfische Kunst der islamischen Herrscher Indiens. Babur, der erste Kaiser, regierte von 1526-30; ihm folgte Humayun, der die Zeit von 1540-54 im Exil am Hof von Schah Tahmasp in Täbris verbrachte. Dort entwickelte er eine Vorliebe für persische Kunst, die er dann nach seiner Rückkehr in Vorderindien einführte. Unter seinem Sohn Akbar (1556-1605) blühten die Künste, vor allem die Weberei, Jadeschnitzerei und Metallbearbeitung. Es bildete sich ein Stil heraus, der islamische und hinduistische Elemente in sich vereinte. Persische Teppiche wurden in großen Mengen eingeführt, ebenso wurden persische Knüpfer angesiedelt. Die Technik des Teppichknüpfens war in Indien nicht heimisch, aber Agra, Fatehpur und Lahore wurden jetzt florierende Zentren, und ein charakteristischer Mogul-Stil entwickelte sich: Muster mit realistisch dargestellten Tieren und anderen Gestalten (z. B. der ›Widener Carpet‹, um 1625, National Gallery, Washington D.C.) oder Blumen- und Blattmotiven, manchmal nur eine einzige blühende Pflanze vor einem leuchtenden tief-dunkelroten Hintergrund, der von Zypressen gerahmt ist. Unter Dschahangir (1605-28) und Schah Dschahan (1628-58), Erbauer des Tadsch Mahal, wurden viele Arbeiten von erlesener Qualität auch in gravierter und eingelegter wie emaillierter und niellierter Metallarbeit vor allem aus Silber, Messing und Kupfer, auch Gold, ausgeführt (→Bidriware), und es entstanden Schnitzereien aus Elfenbein, Jade und anderen harten Steinen. Bemalte, bedruckte und/oder gefärbte Baumwollstoffe erreichten im Design ebenfalls hohe Qualität und wurden nach Europa exportiert. (*Siehe auch* Kaliko, Chintz und Dhurrie). Der Einfluß des durch Händler und Missionare vermittelten europäischen Kunstgewerbes wurde mit der Zeit zunehmend stärker. Die Qualität der Hofwerkstätten scheint während der Regierung Aurangzeps (1658-1707) abgenommen zu haben. Die Tradition der Mogul-Kunst hat sich in den Radschputen-Staaten, vor allem in Dschaipur gehalten, wo gute Seidenstoffe und Teppiche bis in das 19. Jh. gemacht wurden.

Lit: The Indian Heritage: Court Life and Arts under Mughal Rule, Ausst. Kat. London 1982.

Mogul-Teppiche →Indische Teppiche

Mohammedaner Blau. Bezeichnung für das in China ›Hui ts'ing‹ genannte, schönste Blau auf Mingporzellanen, hergestellt aus Kobalt, das aus Westasien eingeführt und mit einheimischen Farbstoffen gemischt wurde.

Lit: A. Klein, ›Mohammedaner Blau auf chinesischem Porzellan und dessen Verwendung‹ in *Festschrift für Peter Wilhelm Meister*, Hamburg 1974, S. 225.

Mohammedanische Waren →Blauweiß-Porzellan

Mohn, Samuel (1761-1815). Deutscher Porzellan- und Glasmaler, geboren bei Merseburg, tätig in Weissenfels, Halle (1802), Berlin (1803 und 1806), Leipzig und Stettin (1804) und Dresden (ab 1809). Er begann als →Hausmaler von Porzellantassen (meist Manufaktur →Berlin), die er mit Silhouettenporträts auf weißem oder rosa Grund dekorierte. Ab 1806 widmete er sich dann in erster Linie der →Glasmalerei und bemalte Trinkgläser mit Städteansichten (vor allem Dresden), Landschaften usw. und bediente sich dabei der Technik der Transparentmalerei. Sein Mitarbeiter war unter anderem sein Sohn *Gottlob Samuel* (1789-1825), der im Stil des Vaters begann und sich durch feingemalte Sträuße naturalistischer Blumen auf Glasbechern auszeichnete. 1811 ließ er sich in Wien nieder, wo er im Auftrag des Kaisers und der kaiserlichen Familie Glasfenster bemalte. (Das Bemalen von Glasgefäßen gab er 1820 auf). Zu Gottlob Samuels bedeutendsten Arbeiten gehören Porträts mit neugotischen Architekturmotiven für die neugotische Franzensburg in Laxenburg, einer kaiserlichen Sommerresidenz bei Wien, wo er seine letzten Jahre verbrachte. Die Beliebtheit seiner Gläser bei Sammlern hat zu täuschenden Nachahmungen geführt.

Lit: G. E. Pazaurek, *Gläser der Empire- und Biedermeierzeit*, Leipzig 1923; F. Novotny (Hg.), *Romantische Glasmalerei in Laxenburg*, Wien 1962.

S. Mohn: Glasbecher, Maleremail, um 1811/12 (Victoria & Albert Museum, London)

Moiré. Stoffe, bei denen ein Ton-in-Ton wellenförmiger Effekt durch das Pressen von Kettrippen (meist bei schwer gerippten Stoffen in Leinenbindung) entsteht. Moiré-Muster werden auch als gewässertes Muster (engl. watered) bezeichnet.

Moiré-Tapeten. Gemalte oder gedruckte Tapeten die →Moiré-Seiden imitieren.

Mokett, Mokette, Moquette, Buntplüsch. Ein Stoff, hergestellt wie Samt (mit geschnittenem und ungeschnittenem Flor) aus derber Wolle oder Leinen, gewöhnlich für Möbelstoffe oder Teppiche. Seit dem Mittelalter in verschiedenen europäischen Ländern gefertigt, vor allem in den Niederlanden. Der Ausdruck deckt →Brüsseler- und →Wilton-Teppiche ab.

Mokubei, Aoki (1767-1833). Der berühmteste japanische Keramiker seiner Zeit. Seine Arbeiten wurden außerordentlich geschätzt. Er begann als Gießer. Nachdem er aber ein chinesisches Werk über Keramik, das ›Taoshuo von Zhu Yan‹, gelesen hatte, wandte er sich 1801 in Kyoto der Keramikherstellung zu. 1807 leitete er in Kanazawa eine Werkstätte mit 100 Arbeitern, in der er Nachahmungen von chinesischem Porzellan herstellte. 1809 wieder in Kyoto, arbeitete er dort bis zum Ende seines Lebens. Seine Keramik in chinesischem Stil umfaßt →Seladon und Emailfarbenporzellan, gleichzeitig Töpferware, vor allem →Teekeramik. Daneben war Mokubei Maler.

Lit: Ausst. Kat. *Japanische Keramik*, Hetjens-Museum Düsseldorf 1978.

Mokume, japan., Holzansicht. Lack- und Metallarbeiten, deren Oberfläche wie Holzmaserung aussieht.

Mola, Gaspare (1567-1640). Norditalienischer Metallkünstler – Goldschmied, Medailleur, Stempelschneider und Waffen- und Rüstungsschmied –, geboren in Coldrè bei Como, ausgebildet in Mailand. Bevor er sich in Rom niederließ, arbeitete er in Florenz und Modena. 1625 war er Münzenschneider an der päpstlichen Münze. Seine auf uns gekommenen Werke – alle im Stil des späten Manierismus – umfassen ein Schwert (Musée de l'Armée, Paris), einen silbernen Schild mit Helm (Museo Nazionale, Florenz) und eine sehr schöne vergoldete, mit rotem Jaspis eingelegte Silberplakette, die kurz nach 1601 zur Feier der Einsetzung des Gregorianischen Kalenders entstanden ist (Collezione Cini, Venedig). Obwohl später hauptsächlich als Medailleur bekannt, scheint er doch bis zu seinem Tode auch mit Goldschmiedearbeiten beschäftigt gewesen zu sein. Er war auch Kunsthändler.

Lit: J. F. Hayward, *Virtuoso Goldsmiths and the Triumph of Mannerism 1540-1620*, London 1976.

Molitor, Bernhard (gest. 1833). Möbelschreiner deutscher Herkunft, der sich 1773 mit seinem Bruder *Michael* (1734-1810) in Paris niederließ und zu den besten Möbelkünstlern des →Directoire und des →Empire zählte. Er machte durch Zeitungsanzeigen auf sich aufmerksam, in denen er ein neues Mittel gegen Holzwürmer und einen von ihm entworfenen Fußwärmer anpries. Diese ›chauffrette à la Comtesse‹ hatte die Form eines Bücherstapels und wurde bei Kirchen- und Theaterbesuchen benutzt. Molitor wurde 1787 ›maître‹ und erhielt verschiedene Aufträge des Hofes. Nach der Revolution arbeitete er gelegentlich für Napoleon und schuf während dieser Zeit seine besten Arbeiten. Trotzdem scheint er nicht recht anerkannt worden zu sein. Da er nur wenige seiner Möbel signierte, ist es schwierig, seine Arbeiten zu identifizieren. Bis zu einem gewissen Grad scheint sein Schaffen von A. →Weisweiler beeinflußt worden zu sein, aber seine besten Stücke, wie die Stühle mit den Greifenköpfen, die sich im Musée Marmottan, Paris, befinden, orientieren sich deutlich am Empire.

Lit: D. Ledoux-Lebard, *Les ébénistes parisiens (1795-1870)*, Paris 1965.

Mombaers, Corneille →Brüssel, Töpfereien

Mönchskappen-Krug. Chinesischer Krug mit Tülle und Deckel, der vom frühen 15. Jh. an gemacht wurde. In der Seitenansicht gleicht er der Kopfbedeckung, die buddhistische Mönche im Winter tragen.

Mondovì. Im 17. und 18. Jh. gab es in Mondovì Töpfereien, doch ist über ihre Erzeugnisse bis ins frühe 19. Jh. nichts bekannt. Die Namen F. Peretti und Randazzo sind 1808 erwähnt, Benedetto Musso (1782-1849) gründete in der napoleonischen Zeit eine Fabrik für englisches Steingut mit einer Zweigfabrik in Savona, die in der Zeit von 1823/26-1894 bestand. Die Erzeugnisse des frühen 19. Jhs. aus dieser Fabrik und anderen Fabriken in Mondovì sind hübsch mit heiteren Farben in bäuerlichem Stil dekoriert. Verschiedene Marken wurden verwendet, z. B. ›MM‹ eingedrückt. Der Name Musso wird gewöhnlich voll als Marke angegeben. 1897 wurde die Fabrik von Musso der Società Ceramica Richard in Mailand und damit auch der Firma Richard-Ginori in →Doccia einverleibt.

Lit: G. Buscaglia, *La ceramica monregalese dell'800*, Albisola 1972; C. Baggioli, *La ceramica vecchia Mondovì*, Cuneo 1973.

Monnoyer, Jean-Baptiste (1636-99). Französischer Maler, der zwei Bände Blumenornamente zum Gebrauch für dekorative Künstler veröffentlichte: das ›Livre de Fleurs Propre Pour Peintres et Brodeurs‹, mit zu Girlanden geflochtenen naturalistischen Blumen, und das ›Livre de Plusieurs Corbeilles de Fleurs‹, mit gefüllten Blumenkörben. Ihr Einfluß gibt sich in vielen französischen Stickereien des späten 17. Jhs. zu erkennen.

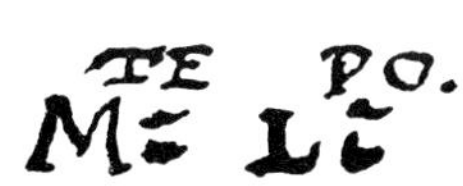

Montelupo

Monopodium lat., Einfuß. Von Formen der römischen Antike abgeleitete Stütze für Stühle

Montelupo: Majolikaschüssel, um 1625 (Victoria & Albert Museum, London)

und Tische, die von klassizistischen Möbelentwerfern wiederbelebt wurde: Kopf und Körper eines Tieres mit einem einzigen Bein und Fuß.

Monstranz. Schaugefäß, das dazu dient, die geweihte Hostie auf dem Altar auszustellen oder in Prozessionen zu tragen. Sie entstand nach der Einführung des Fronleichnamsfestes (1264) und war vom 14. Jh. an in der abendländischen Kirche voll im Gebrauch. In der Form dem Ostensorium (→Reliquiar) angeglichen, ist sie im allgemeinen aus Silber oder Gold und oft geschmückt mit Edelsteinen, Email usw. Die Hostie, sichtbar hinter Glas oder Kristall, wird durch einen Halbmond, genannt die Lunula, gehalten. Mittelalterliche Monstranzen haben gewöhnlich die Form eines zylindrischen Glasbehälters in einem Architekturrahmen mit gotischem Maßwerk, Fialen usw. In der Renaissance wurden sie als ein klassischer ›tempietto‹ gearbeitet. Später, im Barock, ist die Hostie wie von dem Strahlenkranz der Sonne umgeben. *Siehe Abb. S. 39, 643.*

Montauban. Mehrere Fayencefabriken in Montauban machten im 18. Jh. ähnliche Produkte wie andere südfranzösische Töpfereien dieser Zeit, z. B. →Moustiers. Die bekanntesten waren 1761 von *David Lestrade* und 1770 von *Arnaud Lapierre* errichtet worden; sie bestanden bis 1811 bzw. bis 1820. Beispiele aus ihrer Produktion können nicht mit Sicherheit nachgewiesen werden. Fabrikmarken sind unbekannt. Ein einziges Stück soll mit ›Montauban en Quercy 1799‹ bezeichnet sein.

Lit: E. Forestié, *Les anciennes faïences de Montauban, Ardus, etc.*, Montauban, durchges. Ausg. 1929.

Monteith. Englischer Typ eines Weinglaskühlers in Form eines Kübels, meist aus Silber oder Glas, mit eingekerbtem Rand zum Halten der Gläser, die, mit den Kelchen nach unten, in das im Gefäß befindliche Wasser gehängt wurden. Zum ersten Mal erwähnt 1683 von Anthony à Wood, der den Namen von einem Schotten stammen läßt, welcher einen Mantel mit ausgezacktem Rand getragen habe.

Lit: G. E. Lee, *Monteith Bowls*, Byfleet 1978.

Montelupo. Mehrere im 14. Jh. zwischen Florenz und Pisa errichtete Töpfereien, die in enger Zusammenarbeit mit den Töpfereien in →Florenz hübsche Majoliken herstellten. Seit dem 17. Jh. spezialisierten sie sich auf bäuerliche Gebrauchsware, locker in lebhaften Farben (vorherrschend ockergelb) mit Tieren, umherstolzierenden Soldaten usw. bemalt. Die Stadt ist heute noch Mittelpunkt eines bäuerlichen Töpfereigewerbes.

Lit: G. Cora, *Storia della maiolica di Firenze e del contado, secoli XIV e XV*, Florenz 1973; *Ceramique antiche di Montelupo*, Ausst. Kat. Villa Guiccardini, Sesto Fiorentino 1973; A. Klein, *Fayencen aus Europa*, Braunschweig 1980.

Montpellier. Die 1570 von *Pierre Estevé* errichtete (und 1596 von seinem Sohn *Jean* zusammen mit *Pierre Ducoin* weitergeführte) Fayencefabrik dürfte →Apothekengefäße in hübschem →Bianco di Faenza hergestellt haben. Im frühen 17. Jh. machten andere Werkstätten mit Blumen und Früchten anziehend bemalte Apothekengefäße für zwei örtliche Hospitäler. Im 18. Jh. gab es mehrere Fayencefabriken, von denen die bekannteste Jacques *Ollivier* (1674-1743) gehörte. Sie nannte sich seit 1725 ›Manufacture Royale‹ (geschlossen 1766). Ihre Erzeugnisse haben keine Marken und sind schwierig von denen anderer südfranzösischer Töpfereien, z. B. →Moustiers und →Marseille, zu unterscheiden. Bei den Montpellier zugeschriebenen Fayencen ist Manganpurpur vorherrschend. Die Produktion ging bis ins 19. Jh.

Lit: H. P. Fourest u. J. Giacomotti, *L'Œuvre des faïenciers ...*, Paris 1966; A. Klein, *Fayencen aus Europa*, Braunschweig 1980.

Monvaërni-Werkstätte (Ende 15. Jh.). Name, unter dem man früher die Gruppe von Künstlern zusammenfaßte, die für das Wiederaufleben des →Limosiner Emails am Ende des 15. Jhs. verantwortlich war. Etwa vierzig Beispiele ihrer Arbeiten sind bekannt (Musée des Arts Décoratifs und Louvre, Paris, und an anderen Orten). Sie sind in der Technik des Maler→emails gefertigt und gehen gewöhnlich auf Drucke von →Schongauer, →Dürer u. a. zurück (manchmal finden sich in einem Stück Elemente verschiedener Drucke vereinigt). Im Vergleich mit den Werken der späteren Meister L. →Penicaud, L. →Limosin und →P. Reymond erscheinen sie ziemlich primitiv; und es kann kaum bewiesen werden, daß sie einer einzigen Werkstatt entstammen.

Lit: E. Rupin. *L'Œuvre de Limoges*, Paris 1890; P. Verdier, *The Walters Art Gallery: Catalogue of the Painted Enamels of the Renaissance*, Baltimore 1967.

Mooleyser, Willem (tätig 1666-97). Bedeutender holländischer Glasgraveur, der in Rotterdam arbeitete. Mehrere seiner Gläser sind von ihm signiert, darunter auch sehr schöne →diamantgravierte, die mit Blumen, figürlichen Motiven und Inschriften verziert sind. Eines dieser Trinkgläser (Victoria & Albert Museum, London) enstand anläßlich der Krönung von William und Mary als Herrscher von England.

Lit: F. W. Hudig in *Oud Holland* XLIII (1926), S. 221 H. E. van Gelder, *Glas en ceramiek*, Utrecht 1955.

Moore, Bernard →Flambé-Glasur

Moore, James (gest. 1726). Einer der führenden englischen Möbelschreiner seiner Zeit. Ab 1714 arbeitete er mit John →Gumley zusammen, der sich vor allem um die geschäftlichen Belange der Firma kümmerte. 1715 traten Moore und Gumley die Nachfolge des Hofschreiners →Jensen an. Moore spezialisierte sich auf prächtige, reich geschnitzte Möbel und Stücke mit vergoldetem →Gesso-Dekor, die er z. T. nach Entwürfen von W. →Kent anfertigte. Er lieferte u. a. Möbel für den Kensington Palast, für Cannons und Blenheim. Sein Name wird 1708 zum erstenmal urkundlich erwähnt; 1714 stattete er den Blenheim-Palast für die Herzogin von Marlborough aus und belieferte 1716 Sir J. Vanbrugh und N. Hawksmoor. Seine stuckierten Möbel sind zum großen Teil signiert.

Lit: H. Honour, *Cabinet Makers & Furniture Designers*, London und New York 1969; G. Beard in *Burlington Magazine* Juli 1977, S. 479-485.

Moore, Thomas (tätig 1756-78). Englischer Teppichknüpfer, der 1756 zuerst erwähnt wird, als er einen Preis der Royal Society of Arts für handgeknüpfte Teppiche gewann. Seine Manufaktur in der Chiswell Straße, Moorfields in London, hatte sich auf Teppiche von besonders guter Qualität spezialisiert. Einige scheinen nach persischen Vorbildern entworfen zu sein, aber alle heute bekannten sind nach Vorlagen von R. →Adam (Syon House, Middx., 1769; Osterley Park, Middx., 1755 und 1778; Saltram House, Devon; Harewood House, Yorks., usw.) entworfen. Die Farben sind leuchtend, die Muster neoklassisch mit vielen Palmetten, gräzisierenden Borten, Girlanden usw., genau wie die Muster der Stuckdecken, unter denen sie lagen.

Lit: C. E. C. Tattersall u. S. Reed, *A History of British Carpets*, Leigh-on-Sea 1966; W. Heffard in *Burlington Magazine* Dez. 1977, S. 840-848.

Moorfields Teppichmanufaktur →Moore, Th.

Moreen, engl. Ein Gewebe aus Wolle oder Wolle mit Baumwolle mit starker Moirierung, als billige Imitation von →Moiré hergestellt. Im 18. Jh. viel für Vorhänge und Möbelstoffe verwendet.

Morel-Ladeuil, Léonard →Elkington, G. R.

Morelli, Alessio →Greene, J.

Mores, Jakob d. Ä. (1578 bis um 1609). Hamburger Goldschmied, eine Zeit auch im Dienst des dänischen Hofes, der berühmt ist für sein ›Kleinodienbuch des Jacob Mores‹ (Staatsbibliothek, Hamburg), die wichtigste Zusammenstellung von Entwürfen von Goldschmiedearbeiten um 1600. Nur wenige seiner Werke in Gold und Silber haben sich erhalten.

Morgan, William de →De Morgan, W.

Morley, James →Nottingham

Morratxa →Almorratxa

Morris, George Anthony →Bonnin and Morris

Morris, Joshua. Englischer Wandteppichwirker und Besitzer einer Werkstatt in Soho in

W. Morris: Spaliermuster-Tapete, 1862 (Whitworth Art Gallery, Manchester)

London, die zwischen 1720 und 1730 einige sehr ansprechende Seiden- und Wollteppiche herstellte, deren Muster aus großen Rokokovasen, reich mit voll erblühten, naturalistischen Blumen nach Vorlagen des französischen Blumenmalers *Adrien de Clermont* gefüllt, bestehen. Er verfertigte auch einige Wandbehänge mit →Chinoiserien und beauftragte Hogarth, eine Vorlage für einen Wandteppich zu machen.

Lit: H.C. Mariller, *English Tapestries of the Eighteenth Century,* London 1930.

Morris, William (1834-96). Englischer Formgestalter, Kunsthandwerker, Dichter und politischer (sozialistischer) Theoretiker, die führende Figur in den dekorativen Künsten des viktorianischen Zeitalters. Nach einer gutbürgerlichen Erziehung (Marlborough und Oxford) begann er als Architekt im Atelier von E.G. Street, wo er Ph. →Webb traf, wandte sich aber 1856 der Malerei zu. Versuche, das Haus einzurichten, das er mit E. →Burne-Jones in London teilte (1857-59), und ›Das Rote Haus‹, das Webb für ihn baute (1860), zeigten ihm, daß »alles Kunstgewerbe sich im Zustand völliger Entartung befand«, – wie er später schrieb –, »... und folglich ging ich 1861 mit dem Hochmut des jungen Mannes daran, all das zu reformieren: ich gründete eine Art von Firma, um Einrichtungsgegenstände herzustellen«. Dieses Unternehmen war *Morris, Marshall, Faulkner & Co.,* das sich sofort als ein finanzieller Erfolg erwies, die bescheidenen Londoner Werkstätten gegen größere eintauschte, 1875 als *Morris & Co.* reorganisiert wurde und 1881 nach Merton Abbey hinauszog. Die Firma bestand bis 1940. Morris begann mit Stickereien (die er oft eigenhändig ausführte) und wandte sich dann der Herstellung von Tapeten (1862), buntem Glas, bedruckten und gewebten Textilien, Teppichen, Vorlegern, Wandbehängen und Möbeln zu. Die Tapeten wurden bei Jeffrey & Co. gedruckt, die ersten Textilentwürfe von verschiedenen Firmen. 1880 richtete er in Hammersmith eine Werkstatt für Knüpfteppiche ein: 1881 wurden in Merton Abbey Webstühle zur Anfertigung von Wandbehängen und Stoffen aufgestellt, und ab 1883 produzierte er dort bedruckte Textilien. Sein letztes Unternehmen war die *Kelmscot Press,* 1890 gegründet zur Herstellung vorzüglich gedruckter Bücher. In jedem dieser Bereiche handhabte er meisterhaft die Fertigungstechniken, und keiner seiner Entwürfe wurde ausgeführt ohne die eingehende Beschäftigung mit der jeweiligen Materie wie zum Beispiel dem Gebrauch von Pflanzenfarben. Mit einer genialen Begabung für die Musterzeichnung, einem seltenen Einfühlungsvermögen in die Formen der Natur – in die Wendung eines Blattes, die Beziehung zwischen Blume und Stengel – und einem unerschöpflichen Reichtum an Imagination entwickelte er zahllose Blüten- und Blattmuster, die bei aller bewußten Ausgewogenheit und Geschlossenheit völlig natürlich erscheinen. Nach den ersten Versuchen der 60er Jahre mit zartbunten, zierlichen Mustern ging er nach und nach zu dem sehr viel üppigeren, dichteren

W. Morris: Compton-Tapete, 1896 (Whitworth Art Gallery, Manchester)

Stil seiner reifen Zeit über: Auf Tapeten und Stoffen und den – zusammen mit Burne-Jones entworfenen – Wandbehängen erscheinen nun die in verschwenderischer Sommerfülle miteinander verschlungenen Päonien und Rosen, Pimpernelle und Kaiserkronen, Weidenzweige und Geißblattranken. In einem gewissen Umfang war Morris von Stoffen des 16. und 17. Jhs. inspiriert, so wie er sich für seine Teppichentwürfe auch auf Anregungen orientalischer Vorbilder stützte; trotzdem drückte er allem, was er in die Hand nahm, den Stempel der eigenen starken Persönlichkeit auf mit dem Ergebnis, daß keines seiner Werke je zu einer saftlosen Nachahmung von Naturformen oder historischen Stilen wurde. Außer einigen wenigen Stücken für den eigenen Gebrauch, entwarf er keine Möbel, obwohl in den von Webb und George →Jack für Morris & Co. entworfenen sein Einfluß ebenso zu spüren ist wie in der Keramik von W. →De Morgan.
In vielen seiner Theorien ist er zum Propheten des 20. Jhs. geworden, mehr als Ruskin, dem er verpflichtet war. Er predigte das Evangelium der Kunst für die Massen und fragte: »Was haben wir überhaupt mit Kunst zu schaffen, wenn nicht alle daran teilnehmen können?« Seiner Lehre ist es zu danken, daß der Entwurf für das einfache Wohnhaus und seine Einrichtung zu einer lohnenden Aufgabe geworden ist. Aber seine Feindschaft gegen die Maschine, verbunden mit dem Glauben, daß »wahre Kunst vom Volk und für das Volk« gemacht sein muß, »als eine Beglückung für den Hersteller und den Nutznießer«, brachte ihn in eine unhaltbare Situation: Die wundervollen handgearbeiteten Produkte seiner Firma waren viel zu teuer für das einfache Volk und unvermeidlich dazu geschaffen, »die schweinische Habgier der Reichen« zu befriedigen. Um den Konflikt zu lösen, zog er sich in die poetischen Träume von einer Zukunft zurück, in der die Maschine sich selbst überlassen und das mittelalterliche Zunftwesen wieder hergestellt werden würde. Auf dem Weg in dieses unwirkliche Paradies begleiteten ihn die Anhänger der →Arts and Crafts-Bewegung. Aber das Wesentliche seiner Botschaft ging auf den Kontinent über, wurde von Männern, wie van de →Velde aufgegriffen und übte über ihn einen vitalen Einfluß auf die ersten Schritte des →Industrie-Designs des 20. Jhs. aus. *Siehe auch Abb. S. 665.*

Lit: P. Thompson, *The Work of William Morris,* London 1967; A. C. Sewter, *The Stained Glass of William Morris,* New Haven u. London 1974; L. Parry, *William Morris Textiles,* London 1982.

Morris-Stuhl. Englischer Armsessel, der um die Mitte des 19. Jhs. aufkam. Die Armlehnen sind gepolstert, Sitz und Rückenlehne haben Kissen. Durch ein Scharnier am Gestell ist der Rücken verstellbar.

Mörser. Ein Gefäß, in dem harte Stoffe mit einem Stößel zerstampft oder zerrieben werden. Daher ist die Form gewöhnlich kübelähnlich mit gerundetem Boden, das Material hart: Marmor, Bronze, Glockenmetall. Mörser waren bis zum 18. Jh. in ganz Europa allgemein in Gebrauch, vor allem bei Drogisten und Apothekern.

Mortimer & Hunt →Storr, P.

Mortlake-Wandteppichmanufaktur. Bedeutendste Manufaktur in England, 1619 mit flämischen Wirkern gegründet. Die ersten Erzeugnisse waren ein Zyklus der ›Geschichte von Venus und Vulkan‹ nach Zeichnungen des 16. Jhs. 1623 erwarb der spätere König Karl I. Kartons von →Raffael mit der ›Apostelgeschichte‹ für die Manufaktur, von der zahlreiche Kopien hergestellt wurden, mit Bortenmustern des künstlerischen Leiters *Francis Cleyn* (gest. 1658). Andere Zyklen dieser Periode umfassen zwei Darstellungen der ›Monate‹ und der ›Geschichte von Hero und Leander‹. In der Qualität rivalisieren sie mit gleichzeitigen Stücken aus Frankreich und Flandern. Mit dem Nachlassen der königlichen Schutzherrschaft in den Jahren unmittelbar nach dem Bürgerkrieg verfiel der Standard. Während des Protektorats wurde der Zyklus mit dem ›Triumph Caesars‹ nach Vorbildern von Mantegna begonnen (jetzt in Hampton Court). In der Zeit der Restauration arbeitete die Manufaktur mit den Vorkriegskartons weiter, und eine neue Serie von ›Spielenden Kindern‹ in italienischer Manier kam hinzu. Diese Arbeiten sind von mindererer Qualität als die aus der Zeit vor dem Bürgerkrieg. Charakteristisch sind ihre sehr einfachen Borten. Um 1760 gingen die Wirker auseinander, einige traten in die →Soho-Manufaktur ein, andere, vor allem Francis Poyntz und Stephen Demag arbeiteten selbständig weiter. Das Mortlake-Zeichen – ein weißes Schild mit rotem Kreuz – blieb bis 1703, als die Manufaktur schloß, in Gebrauch.

Lit: H.C. Mariller, *English Tapestries of the Eighteenth Century,* London 1930; H. Göbel, *Wandteppiche,* Leipzig 1923-34.

Mosaik. In der Porzellanmalerei deutsche Bezeichnung für einen bestimmten Typ von →Schuppenmuster-Dekoration, der von der Mitte des 18. Jhs. an in →Meißen, →Berlin usw. verwendet und in England in →Worcester imitiert worden ist.

Mosaik-Einbände. Bucheinbände mit gemaltem, eingelegtem oder üblicherweise aufgelegtem Dekor. Die Technik des Auflegens von feingeschärften, verschiedenfarbigen Lederarten auf die Lederdecke wurde mit reicher Wirkung von französischen Buchbindern wie A.-M. →Padeloup und L. Fr. →Lemonnier angewandt. Mit Einlagen aus zitronengelbem, hellgrünem oder rotem Leder haben Buchbinder des Barock üppigste Effekte erzielt, die mit der Zartheit und dem Raffinement der gleichzeitigen →Spitzenmuster-Einbände stark kontrastierten.

Lit: L.M. Michon, *Les Reliures Mosaïquées du XVIIIe Siècle,* Paris 1956.

Mosaik-Glas. Glas, das innerhalb seiner Masse verziert ist mit farbenfrohen rechtwinkligen Mustern in verschiedenartigen Formen und

Größen (nicht kreisförmigen wie bei dem →Millefiori-Glas). Früheste Funde von Mosaik-Glas aus Mesopotamien und dem Iran datieren bis auf das 15. Jh. v. Chr. zurück. Hohe Vollendung erreichten auch die Römer in dieser Technik, vor allem in Alexandria zwischen 200 v. Chr. bis 100 n. Chr. Im 18. Jh. wurde es in Venedig wiederbelebt, nun aber als ›Murrino‹ bezeichnet.

Mosbach nach 1806

Mosbach. Fayencefabrik in Baden, gegründet unter dem Schutz des pfälzischen Kurfürsten von *Pierre Berthevin* (aus →Marieberg), betrieben von J. S. F. →Tännich (1774-81), sodann von *Johann Georg Friedrich List* von der Fayencefabrik →Durlach (1781-87). Sie stellte die üblichen Haushaltswaren her, die frühen Erzeugnisse im Stil von →Straßburg, die späteren in Anlehnung an Durlach. In den letzten Jahren des 18. Jhs. wurde die Fayenceproduktion zugunsten von Steingut aufgegeben, das offenbar das Haupterzeugnis der Fabrik bis zu ihrer Schließung im Jahre 1836 geblieben ist.

Lit: Mosbacher Fayencen 1770-1836, Ausst. Kat. Städt. Reiss Museum, Mannheim 1971; A. Klein, *Deutsche Fayencen,* Braunschweig 1975; E. Brücke-Schwab, *Mosbacher Fayencen,* Mosbach 1981.

Moscheelampe. Glasgefäß in Vasenform (neben Metall- und Keramiklampen) mit weit ausladendem Hals, bauchigem Körper, der flach oder konisch ausläuft, dazu bestimmt, in einer Moschee (oder einem Moscheehof) aufgehängt zu werden. Am Körper dienen meist drei oder sechs Ösen zur Befestigung von Ketten. Genau genommen handelt es sich nicht um eine Lampe sondern um einen Behälter, in den eine Öllampe eingesetzt wird. Die Form scheint im späten 13. Jh. entwickelt worden zu sein (ein Exemplar im Metropolitan Museum, New York, ist kurz nach 1286 zu datieren). Die meisten hervorragenden Glaslampen sind in Syrien während des 14. und 15. Jhs. entstanden. (Spätere Exemplare stammen aus Ägypten und sind etwas gröber.) Das Glas ist oft bräunlich oder grünlich getönt,

Moscheelampe, emailliertes Glas, 14. Jh. (Louvre, Paris)

manchmal blasig. Die Lampen sind mit Ranken, Blüten, mitunter Wappen und großen Inschriften in Emailfarben bemalt. Viele tragen Inschriften aus dem Koran, die symbolisch auf ihre Funktion hinweisen, wie: »Gott ist das Licht des Himmels und der Erde, Sein Licht ist wie eine Nische mit einer Ampel, eine Lampe aus Glas, das Glas ist wie ein strahlender Stern«. Die besten Moscheelampen gehören zu den Meisterwerken der Glaskunst, besonders der Emailmaler. Im 19. Jh. sind viele Versuche gemacht worden, sie in gleicher Güte nachzuahmen. Die bemerkenswerteste Sammlung außerhalb Ägyptens befindet sich im Victoria & Albert Museum, London.

Lit: G. Wiet, *Lampes et bouteilles en verre émaillé,* Kairo 1929; C. J. Lamm, *Mittelalterliche Gläser und Steinschnittarbeiten aus dem Nahen Osten,* Berlin 1929-30; W. B. Honey, *Glass: A Handbook,* London 1946.

Moser, Kolo (Koloman) (1868-1918). Österreichischer Maler und Zeichner des →Art Nouveau; Gründungsmitglied der Wiener →Sezession (1897) und, zusammen mit Joseph →Hoffmann, der →Wiener Werkstätte (1903). Ausgebildet in der Wiener Akademie (1886-92) und der Kunstgewerbeschule (1892-95), erhielt er 1899 an dieser eine Professur. Hauptsächlich war er Maler und Buchillustrator, entwarf aber auch Schmuck, Glasgegenstände, Textilien und Möbel. Seine Stoffe mit verschlungenen Blatt- und Vogelmustern gleichen denen von A. H. →Mackmurdo. Die Möbel sind geradlinig in der Form und denen Hoffmanns nicht unähnlich, wie etwa das von ihm entworfene und von Portois & Fix, Wien 1900, ausgeführte Buffet (Museum für angewandte Kunst, Wien).

Lit: W. Fenz, *Kolo Moser,* Salzburg 1976; D. Müller, *Klassiker des modernen Möbeldesign,* München 1980.

Moser, Ludwig (1833-1916). Glasschneider und Kaufmann, der 1857 eine Kristallglasfabrik in Karlsbad und Meierhöfen, Nordböhmen, gründete. Er beschäftigte die besten Graveure, z. B. Johann F. Hoffmann, Josef und Julius Urban. Gegen 1900 produzierte die Firma (damals L. Moser & Söhne genannt) →Überfangglas, vor allem mit verlaufendem Überzug aus violettem und grünem Glas und emailliertem, vergoldetem und graviertem Ornament. Nach 1900 standen die Erzeugnisse ausgesprochen unter dem Einfluß des französischen →Art Nouveau-Glases.

Moskau-Porzellan →Gardner-Porzellanfabrik

Mossul-Metallarbeiten. Seit seldschukischer Zeit war Mossul (heute im Nordirak) ein bekanntes Zentrum für die Herstellung minutiös eingelegter (tauschierter) und ziselierter Metallgeräte. Der arabisch-spanische Reisende Ibn Sa'id erwähnte im 13. Jh. lobend diese Arbeiten. Bis in das späte 15. Jh. scheinen Werke in hervorragender Qualität gemacht worden zu sein. Das früheste sicher datierbare Stück ist eine vor 1220 entstandene Kanne von Ibrahim ibn Mawaliya (Louvre, Paris). Der Dekor umfaßt menschliche Figuren, Vögel und Vierfüßler ebenso wie reines Ornament. Auf vielen

Mossul-Kerzenleuchter, Messing, eingelegt mit Silber und Gold, frühes 14. Jh. (William Rockhill Nelson Gallery of Art, Kansas City)

islamischen Metallarbeiten kommt eine sitzende Figur, die eine Mondsichel trägt, vor, so daß man eine Zeitlang fälschlich annahm, es handle sich bei der Darstellung um das Stadtwappen von Mossul, eine Art Provenienzstempel. Der Ruf der Stadt für gute Metallarbeiten war so groß, daß Handwerker, die wohl auch an anderen Orten arbeiteten, ihre Gegenstände als Mossulbürger signierten. Dokumentarisch gesicherte Exemplare aus Mossul sind selten (schöne Beispiele im British Museum, London; Staatliches Museum für Völkerkunde, München u. a.).

Lit: M. S. Dimand, *A Handbook of Muhammadan Art*, New York 1947; D. Barrett, *Islamic Metalwork in the British Museum*, London 1949; E. Kühnel, *Islamische Kleinkunst*, 2. verb. Auflage, Braunschweig 1963.

Mossul-Teppiche →Persische Teppiche

Moulin, César →Apt

Moulins. Mehrere Fayencewerkstätten – die erste wurde 1730 gegründet, eine weitere 1757 von dem Maler Louis Dubourg – stellten im 18. Jh. in Moulins Keramik im Stil der nahegelegenen Töpfereien von →Nevers, aber auch unter den Einflüssen von →Rouen und von →Sinceny, her. Nur wenige Stücke sind gemarkt. Unter den im allgemeinen Moulins zugeschriebenen Stücken befinden sich recht ansprechende, wenn auch betont rustikale →Chinoiserien in →Scharffeuerfarben aus den 1750er Jahren. Auf weißem Grund mit volkstümlichen Inschriften und Darstellungen von Heiligen bemalte Stücke scheinen das Haupterzeugnis der Zeit von etwa 1760 bis zum Ende des Jhs. gewesen zu sein. Einige Stücke tragen in Rot die Bezeichnung ›à moulins‹.

Lit: R. de Quirielle, *Les faïences de Moulins*, Moulins 1922; H. P. Fourest u. J. Giacomotti, *L'Œuvre des faïenciers français du XVIe à la fin du XVIIIe siècle*, Paris 1966; A. Klein, *Fayencen aus Europa*, Braunschweig 1980.

Mountmellick-Stickerei. Eine Art von Weißstickerei, die in weißer geknitterter Baumwolle auf starkem Satinköper ausgeführt wird, meist Früchte-, Blumen- und Blattwerkmuster, zuerst um 1830 in Mountmellick in Queen's County in Irland gemacht und als Lokalindustrie in den 80er Jahren des 19. Jhs. durch Mrs. Millner wieder belebt.

Moustiers. Eine der bedeutendsten und einflußreichsten Gruppen französischer Fayencewerkstätten, deren Erzeugnisse sowohl in Spanien und Italien als auch in Frankreich nachgeahmt wurden. Die Stadt, etwa 75 km nordöstlich von Marseille, liegt in einer an Tonvorkommen reichen Gegend. Die bekannteste Werkstätte wurde von A. →Clérissy (gest. 1679) gegründet und begann mit der Herstellung von →Irdenware. Aber schon sein Sohn Pierre (gest. 1728) ging zur Fayenceproduktion über, die unter der Leitung seines Sohnes Antoine II und seines Enkels Pierre II weiter betrieben wurde, bis dieser das Unternehmen 1783 an Joseph Fouqué (1714-1800) verkaufte. Bis 1852 stand es unter der Leitung seiner Nachkommen. Die frühesten Fayencen (aus der Zeit von etwa 1680 bis 1710) hatten hübsche, einfache Formen, ziemlich ähnlich denen von →Rouen und →Nevers, und waren in Scharffeuerblau bemalt mit bildlichen Darstellungen – oft nach Stichen von Antonio Tempesta (1555-1630), seltener nach Frans Floris (1518-1570) – delikat umrandet von zart gemalten →Lambrequins und →Ferronneries. Einige der besten Stücke wurden von G. →Viry dekoriert. Die Produktion umfaßte große Schüsseln, Apothekengefäße sowie rechteckige Paneele. Die bekanntesten Erzeugnisse stammen aus den Jahren von etwa 1710-40, große und kleine Platten, achteckig, mit wellenförmigem Rand oder rund, Helmkannen, Wöchnerinnenterrinen, Kaffeekannen und große Wandbrunnen. Sie sind in einem weichen Blau auf einem sehr zarten, milchig-weißen oder manchmal auch blaßrosa-weißen Fond mit Grotesken und Arabesken nach Stichen von J. →Bérain bemalt.

Moustiers

Moustiers: Fayencekrug, frühes 18. Jh. (Musée des Arts Décoratifs, Paris)

1738 wurde eine andere Fabrik von J. →Olerys gegründet, der in →Alcora die Kunst des Malens mit →Scharffeuerfarben (allerdings ohne Rot) gelernt hatte, die er in Moustiers weiter ausübte. Einige Erzeugnisse dieser Fabrik (z. B. Wandplatten) sind unmittelbare Nachahmungen von Alcora. Die meisten greifen dortige Motive auf (z. B. stilisierte Blüten von Nachtschattengewächsen). Die interessantesten und ursprünglichsten sind große Teller, die mit phantastischen Figuren und Tieren bemalt sind. Die einzelnen Darstellungen stehen in keinem Zusammenhang und sind formlos, meist wohl dem Zufall überlassen, angeordnet. In den 1770er Jahren führte die Fabrik von Jean Baptiste Ferrat (gegründet 1718) den Emailfarbendekor im Stil von →Straßburg und →Marseille ein. Eine andere Fabrik, 1779 von Jean Gaspard Féraud errichtet, dekorierte ihre Erzeugnisse mit figürlichen Darstellungen und naturalistischen Blumen in einer Auswahl ungewöhnlich weicher Scharffeuerfarben. Diese Fabrik bestand bis 1874. In Moustiers wird auch heute noch Fayence in großen Mengen hergestellt. *Siehe auch Abb. S. 54.*

Lit: H. J. Reynaud, *Faïences anciennes de Moustiers*, Bern 1961; A. Klein, *Fayencen aus Europa*, Braunschweig 1980; J. Mompeut, *Les faïences de Moustiers du XVIIIe siècle à nos jours*, Aix-en-Provence 1980.

Mucha, Alfonso Maria (1869-1939). Maler, Graphiker und Entwerfer des →Art Nouveau, geboren in Mähren, ausgebildet in München, Wien und Paris. In Paris sind seine besten Sachen entstanden. 1894 verband er sich mit Sarah Bernhardt und beriet sie hinsichtlich ihrer Theaterproduktionen, ihrer Kleider und Juwelen. Er entwarf einen Schmuckladen für Georges Fouquet in Paris (1901; heute abgerissen) und einige sehr aufwendige Schmuckstücke, z. B. ein Armband in Form einer beunruhigend realistischen Schlange. Nach seinen Entwürfen ausgeführte Tische und Stühle haben die Form von naturalistischen Baumstämmen. Außerdem zeichnete er sorgfältig ausgearbeitete figürliche Tapetenpaneele, die in 12 Farben gedruckt wurden und stilistisch den Plakaten nahestehen, für die er berühmt war. Nach 1903 widmete er sich hauptsächlich der Malerei.

Lit: B. Reade, *Art Nouveau and Alphonse Mucha*, London 1963; *Alfons Mucha* 1860-1939, Ausst. Kat. Mathildenhöhe Darmstadt, München 1980.

Mudejar. Dekorativer Stil innerhalb der spanischen Kunst, der von Muslimen im christlichen Spanien oder auch von Christen, die in der spanisch-islamischen Tradition arbeiteten, entwickelt wurde. Der Stil ist in der Architektur am bekanntesten, (so z. B. der Alcázar in Sevilla aus dem 14. Jh.). Der Terminus wird aber auch auf spanisch-maurische Keramik, Teppiche und Möbel mit ähnlichen Ornamenten angewandt.

Muffelfarben →Emailfarben

Mühlendyck, Wim →Balzar-Koppe, E.

Müller, Albin (1871-1941). Jugendstil-Architekt und -Designer, der als Möbelentwerfer begann und später, 1893-97, auch ganze Innenausstattungen für eine fabrikmäßige Herstellung entwarf. Er lehrte 1900-06 an der Kunstgewerbeschule Magdeburg, dann verband er sich mit der →Darmstädter Künstlerkolonie und war dort von 1907-11 Lehrer für Raumkunst. Er entwarf Zinnkrüge und Kerzenleuchter für E. Hueck. Möbel, Keramik, Glas sind gradlinig und von ziemlich strenger Form.

Lit: Ein Dokument deutscher Kunst, Darmstadt 1901-76, Ausst. Kat. Mathildenhöhe, Darmstadt 1976-77.

Müller, Daniel Ernst →Höchst

Müller, Ferdinand →Nyon

Müller, Frantz Heinrich →Kopenhagener Porzellanfabrik

Muller, Michael (gest. 1682). Glasmaler, der in Zug in der Schweiz tätig war und sich auf kleine Bildmedaillons (meist religiöse Darstellungen) spezialisierte, die er in transparenten Emailfarben auf Glasscheiben malte – eine Technik, zu deren frühesten Meistern er gehörte. Er wurde vor allem von Barockmalern Nordeuropas beeinflußt.

Münchner Wandteppich-Manufaktur. Die erste Manufaktur wurde von dem Flamen Hans (Jan) van der Biest (gest. 1618) aus Brüssel 1604 eingerichtet, um Wandteppiche für die kurfürstliche Residenz herzustellen. Am bekanntesten ist die Serie ›Die Taten des Pfalzgrafen Otto von Wittelsbach‹, 1604-15, nach Kartons von Peter Candid, heute noch in der Residenz. Die Serie wurde 1618 von der Pariser Manufaktur des François de la Planche und Marc de Comans wiederholt. Diese Stücke befinden sich auf der Burg Trausnitz in Landshut. Die erste Münchner Wandteppich-Manufaktur schloß 1615. 1718 gründete Kurfürst Max Emanuel erneut eine Manufaktur mit Wirkern aus Paris. Ihre künstlerische Blütezeit erlebte sie nach 1765, als die Franzosen Jacques Santigny und Joseph Chedeville die Leitung übernommen hatten. Die Mehrzahl der Kartons lieferte der Hofmaler Christian Winck, dem die Münchner Bildteppiche ihre feingetönte Farbgebung und zarte Lichtbehandlung verdanken. 1803 wurde der Betrieb eingestellt. 1908 wurde erneut eine Manufaktur gegründet, die noch heute arbeitet.

Lit: B. Volk-Knüttel, ›Wandteppiche für den Münchener Hof nach Entwürfen von Peter Candid‹ in *BNM Forschungshefte* 2, München–Berlin 1976.

Münzbecher, Münzhumpen. Ein vornehmlich in Nord- und Ostdeutschland gefertigtes Silbergefäß mit eingelassenen Münzen. Ein vom 16. bis 18. Jh. hergestellter Typ wurde im 19. Jh. nachgeahmt.

Münzglas. Trinkglas mit einer Geldmünze im Nodus, der die Schale (Cuppa) mit dem Fuß verbindet. Die frühesten bekannten Exemplare stammen vom Beginn des 18. Jhs. Das Glas ist natürlich nicht notwendig so alt wie die darin eingebettete Münze.

Murano →Venezianisches Glas

Murer, Christoph (1558-1614) und **Josias Murer** (1564-1630). Brüder und bedeutende Glasmaler, die in Zürich tätig waren und sich auf kleine heraldische und allegorische Scheiben spezialisierten. Sie waren außerordentlich geschickte Kunsthandwerker, die Landschaften in feinster Manier ebenso wie reich ausgeschmückte, prächtige Wappen mit der gleichen Meisterschaft gestalteten.

Murray, Keith (geb. 1892). Englischer Architekt und Industriedesigner. In den 1930er Jahren entwarf er bei →Wedgwood Eßservice von verblüffend einfacher Eleganz. Er entwarf auch Vasen und Tafelgläser für die Firma Stevens & Williams in Brierley Hill, Stourbridge. *Siehe Abb. S. 661.*

Muschelkamee →Kamee

Muschelpokal →Nautiluspokal

Muschelwerk. Muscheln gleichendes Dekorationsmotiv, sehr beliebt im Rokoko. Es wird auch Muschelornament genannt, um es von Kompositionen mit richtigen Muscheln zu unterscheiden (z.B. an den Wänden der Sala terrena in Schloß Pommersfelden).

Musikteller. Dessertteller, bemalt mit den Texten und Noten eines Liedes, das am Ende einer Mahlzeit gesungen wurde. Erstmals im späten 17. Jh. in →Delft gemacht, dann nacheinander in →Moustiers, →Nevers, →Rouen usw. und in großem Umfang im 19. Jh. gefälscht.

Lit: O.E. Ris-Paquot, *La céramique musicale et instrumentale,* Paris 1889.

Muskau und **Triebel.** Kleinere sächsische Töpfereien, die vom 16. bis 19. Jh. →Steinzeug mit eingeschnittenem Dekor herstellten, oft mit →Rheinischen Erzeugnissen, denen von →Creussen und aus dem →Westerwald verwechselt. Zur Unterscheidung ist der Bandhenkel charakteristisch – ein glatter, breiter Handgriff in der Form eines Bandes. Einige Stücke sind mit eingesetzten kleinen Quarzsteinen dekoriert.

Mustertuch. Ein gesticktes Tuch, ursprünglich mit den verschiedensten Stichen und Motiven bestickt, um als Vorlage zu dienen. Seit dem 16. Jh. wird der Terminus auch für ein Tuch mit den unterschiedlichsten Stichen gebraucht, das die Fähigkeit der meist jungen Stickerin zeigen soll. Die frühesten erhaltenen Mustertücher stammen aus dem 2. Viertel des 17. Jhs. Sie sind mit farbiger Seide auf Leinengrund mit geometrischen Mustern, stilisierten Vögeln, Blumen usw. bestickt. Die von Kindern gestickten Tücher des frühen 18. Jhs. tragen die Buchstaben des Alphabets, religiöse Texte, den Namen der Stickerin und das Datum der Fertigstellung.

Muthesius, Hermann (1861-1927). Deutscher Verfechter des modernen Stils in Architektur und Industrie-Design. 1896-1903 der deutschen Botschaft in London zugeteilt, um englische Wohnverhältnisse zu erforschen, war er tief beeindruckt von den neuen Entwicklungen in Architektur und Kunsthandwerk (vor allem vom Werk eines Mannes wie Charles F.A. →Voysey). Nach Berlin zurückgekehrt, wurde er zum Referenten des Preußischen Handelsministeriums für die Kunstgewerbeschulen ernannt, und in dieser Eigenschaft hielt er 1907 einen freimütigen Vortrag, in dem er den →Historismus des deutschen Handwerks und der deutschen Industrie verdammte. Diese Rede rief einen Sturm der Entrüstung hervor, sie führte aber zur Bildung des →Deutschen Werkbundes. Muthesius' Ziel war es, den wahren Stil des Maschinenzeitalters durch die Anwendung englischer (auf W. →Morris zurückgehender) Gestaltungsgrundsätze auf die Industrie zu schaffen.

Lit: N. Pevsner, *Wegbereiter moderner Formgebung,* Hamburg 1957.

Mutz, Richard (1872-1931). Töpfer, der 1896 die Töpferei seines Vaters *Hermann Mutz* (1845-1913), eines Marinemalers, in Altona bei Hamburg übernahm. Er machte →Art-Nouveau-Steinzeug in Anlehnung an japanische Keramik, das er mit reichgefärbten, freifließenden Glasuren versah. 1902 zog er nach Berlin, wo er 1904 ein Atelier und Verkaufsgeschäft einrichtete. Dort schuf er Steinzeugfiguren nach Modellen von Ernst Barlach (1870-1938) sowie Gefäße, wie er sie bereits in Altona hergestellt hatte.

Lit: K. Reutti, *Mutz-Keramik,* Ausst. Kat. Hamburg 1966; G. Reineking von Bock, *Meister der Deutschen Keramik 1900-1950,* Ausst. Kat. Köln 1978.

Mykenische Keramik und mykenische Metallarbeit →Kretisch-mykenische Keramik und Metallarbeit

N

Nabeschima-Porzellan →Arita-Porzellan

Nachtstuhl. Seit dem 15. Jh. gebräuchliche transportable Toilette. Ein Stuhl mit einem Kasten, der einen Topf enthielt und dessen (Deckel-)Sitz gewöhnlich üppig mit Samt und Seide gepolstert und mit vergoldeten Nagelköpfen geschmückt war. Im 18. Jh. wurde er meist furniert und bald durch den Nachttisch mit dazugehörigem Nachttopf ersetzt.

Nahl, Johann August (1710-85). Deutscher Entwerfer, Bildhauer, Schnitzer und Möbelschreiner des →Rokoko. Er ist vor allem durch die Ausstattung der Schlösser von Berlin und Potsdam bekannt, die er 1741-46 im Auftrag von Friedrich dem Großen ausführte. Sein sprühender, lebhafter Stil übertrifft das französische Rokoko an Eleganz und Phantasie. Zu seinen berühmtesten Arbeiten gehören das Musikzimmer im Potsdamer Stadtschloß und die Goldene Galerie in Schloß Charlottenburg. Seine Möbel wirken schwer im Vergleich zu seinem Stuckdekor. Nachdem Nahl 1754 nach Kassel berufen worden war, trat J. M. →Hoppenhaupt seine Nachfolge an.

Lit: F. Bleibaum, *Johann August Nahl ...*, Leipzig 1933; H. Kreisel, *Die Kunst des deutschen Möbels*, Bd. II, München 1970.

Nähspitze →Spitze

Nähtisch. Kleiner niedriger Arbeitstisch mit aufgeteilten Fächern für Nähutensilien, zuweilen mit einem Stoffbeutel unter der Platte zum Aufbewahren von Handarbeiten. Seit dem späten 18. Jh. bekannt und vor allem im Biedermeier beliebt.

Nailsea, Glashütte. Gegründet von *John Robert Lucas,* der zunächst in der Glashütte Limekiln, Bristol, tätig war, wo Flaschen hergestellt wurden. 1788 errichtete er in Nailsea, etwa 8 Meilen westlich von Bristol, Öfen und 19 Hütten für die Glasarbeiter. 1793 wurde er Partner seines Schwagers *Edward Homer,* zusammen mit *William Chance,* dessen Sohn *Robert Lucas Chance* den Betrieb eine Weile leitete. Die Glashütte begann mit der Herstellung von Kronglas (Fensterglas). In einem zweiten Betrieb in Stanton Wick, der bis 1815 tätig war, wurden schwarze Flaschen hergestellt. Ab 1844 erzeugte man dünne Glasplatten als Fensterglas und ab 1860 gewalztes Tafelglas. Flintglas wurde nicht produziert. Nebenher stellte man auch Krüge, Vasen, Nudelhölzer usw. aus schwarzem Flaschenglas mit weißen Flecken, Spritzern oder Streifen her. Ab 1844 machte man Kronglas oder Tafelglas mit farbigem Dekor. Von den Glasbläsern wurden vielleicht auch kleine kuriose Glasgegenstände gemacht (›Friggers‹), die jedoch, da sie nicht bezeichnet sind, nicht von denen anderer englischer oder amerikanischer Glashütten unterschieden werden können. Die Glashütte wurde 1873 geschlossen.

Lit: H. Chance in *The Connoisseur* CLXV (1967), S. 168-72; K. Vencent, *Nailsea Glass*, Newton Abbot 1974.

Namban. Japanische Stellschirme, Lackarbeiten und Keramik, dekoriert mit westlichen oder christlichen Motiven wie Malereien mit portugiesischen Galeonen, ihrer Besatzung und ihren Passagieren bei der Landung in Japan. Namban kam mit der Einführung des Christentums im frühen 16. Jh. auf, und die meisten Namban-Künstler waren Konvertiten. Es verschwand mit dem Beginn der Verfolgungen um 1638. Am bedeutendsten sind die Namban-Stellschirme. In Osaka gibt es ein Namban-Museum.

Lit: *Namban*, Ausst. Kat. Musée Cernuschi, Paris 1980.

Nancy, Schule von. Entwerfer und Kunsthandwerker, die sich um E. →Gallé gruppierten.

Nachtstuhl, Toulouse, um 1750 (Musée Dupuy, Toulouse)

Dazu gehörten u.a. die Gebrüder →Daum, L. →Majorelle und V. →Prouvé, die zu den hervorragendsten Vertretern des französischen →Art Nouveau zählen, dessen Zentrum, was die Glas- und Möbelproduktion angeht, von 1880 bis zu Gallés Tod (1904) Nancy war. Die Ideen der Mitglieder der Schule von Nancy waren originell, aber durchaus nicht revolutionär; in ihren Arbeiten wird vor allem die Verwandtschaft von Art Nouveau und →Rokoko deutlich. Ihr Stil ist durch üppigen, übertriebenen floralen und figürlichen Dekor gekennzeichnet. Sie verwarfen maschinelle Hilfsmittel und die funktionellen Theorien der eher nüchtern veranlagten und avantgardistischen Jugendstil-Designer anderer europäischer Länder. Mit ihrem Schaffen klang das 19. Jh. aus; die Arbeiten von Ch. R. →Mackintosh, H. van de →Velde und J. →Hoffmann markieren den Beginn des 20. Jhs.

Lit: Nancy 1900. Ausst. Kat. Münchner Stadt-Museum, 1980.

Nantes, Baumwollstoffdruckereien. Die erste Stoffdruckerei wurde 1758 von *Louis Langevin* gegründet, hielt sich aber weniger als 20 Jahre. Eine weitere Druckerei gründete *Aristide Petitpierre* um 1760, sie existierte fast 100 Jahre und produzierte gedruckte Baumwollstoffe in der berühmten Art der Jouy-Manufaktur von →Oberkampf mit Mustern wie ›Panurge auf der Laterneninsel‹, ›Das Lieblingsschaf‹, ›Die schottischen Schäfer‹ und ›Robinson Crusoe‹.

Lit: B. Roy, *Une capitale de l'indiennage; Nantes,* Nantes 1948; *Toiles de Nantes,* Ausst. Kat. Paris 1978.

Nantgarw. 1813 in Nantgarw in Südwales von W. →Billingsley gegründete Porzellanfabrik, die ein glasig durchscheinendes, unechtes Porzellan mit einer dicken, weichen Glasur herstellte. Ein Teil der Produktion wurde in Malerwerkstätten in London bemalt und vielleicht nur für diesen Zweck hergestellt (da europäisches Porzellan zu dieser Zeit nicht zu bekommen war). Im Oktober 1814 wurde die Fabrik nach →Swansea verlegt, aber Billingsley und sein Mitinhaber William Weston Young kehrten 1817 nach Nantgarw zurück, wo ersterer bis 1819, letzterer bis 1822 arbeitete. Vermutlich betätigten sie sich dann als Maler und weniger in der Porzellanherstellung. Die Fabrikmarke ist ›NANT-GARW‹ mit ›C. W.‹ darunter, eingepreßt. C. W. ist die Abkürzung für ›China Works‹. Fälschungen tragen diese Marke oft in Rot.

Lit: E. Morton Nance, *The Pottery and Porcelain of Swansea and Nantgarw,* London 1942; W. D. John, *Nantgarw Porcelain,* Newport 1948.

Nara-Keramik. Japanische Keramik der Nara-Zeit (672-780), in der während der letzten Periode nach 710 die Hauptstadt Nara südl. von Kyoto gegründet wurde. In dieser Zeit stand der Hof in engem Kontakt mit und unter starkem Einfluß der chinesischen Kultur der Tang-Zeit. Man hat viel darüber diskutiert, ob verschiedene in Japan gefundene Keramiken (vor allem die mit einer gesprenkelten ›Dreifarbenglasur‹, →Sancai) japanisch oder chinesisch seien. Heute nimmt man allgemein das erstere

Nautiluspokal in vergoldeter Silberfassung mit Edelsteinen, deutsch, 16. Jh. (Kunstgewerbemuseum, Berlin)

an. Die besten Stücke sind in den Schosoin in Nara durch die verwitwete Kaiserin Komyo gekommen, die den persönlichen Besitz ihres Gatten, des Kaisers Schomu, dem Erhabenen Buddha stiftete. Es sind wohl die ersten durch diesen Umstand erhaltenen intakten Stücke. Darunter befinden sich die frühesten ganzglasierten japanischen Gefäße, vor allem Bettelschalen und Deckelgefäße von großer Einfachheit und Raffinesse.

Lit: Ausst. Kat. *Japanische Keramik,* Hetjens Museum Düsseldorf 1978.

Nardon →Penicaud, L.

Naschiji, japan., Birnengrund. Mit Gold und Silber gesprenkelte Lackarbeiten, die der Schale von Birnen gleichen sollen. Wenn Gold und Silber unregelmäßig gesprenkelt ist, heißen sie ›muranaschiji‹.

Natternzungen-Kredenz. Die sogenannten Natternzungen (in Wirklichkeit fossile Haifischzähne, die aber für versteinerte Schlangenzungen gehalten worden sind) werden schon im frühen 13. Jh. erwähnt. Ihre Bestimmung ist noch unsicher: Der mittelalterlichen Volksmeinung nach sollten sie vor übler Nachrede schützen oder aber vor Gift in den Speisen warnen. Im 13. Jh. montierte man sie auf einen Fuß, vom 14. Jh. an in Salzfässer. Im 15. und 16. Jh. sind die Natternzungenaufsätze oder -kredenzen entstanden, die in reichen silbernen

Das ›Burghley-Schiff‹: Nautilusmuschel, in Silber montiert, teilweise vergoldet, von Pierre le Flamand, Paris, 1482-83 (Victoria & Albert Museum, London)

oder vergoldeten Montierungen die Haifischzähne, Korallenäste und Edelsteine tragen. Erhaltene Exemplare im Grünen Gewölbe, Dresden, in der Schatzkammer des Deutschen Ordens und im Kunsthistorischen Museum, Wien.

Lit: E. Kris, *Goldschmiedearbeiten des Mittelalters, der Renaissance und des Barock*, Wien 1932; W. Berger, ›Fossile Haifischzähne als Material mittelalterlicher Goldschmiedearbeiten‹ in *Unsere Heimat*, 21, Wien 1950; E. v. Philippovich, *Kuriositäten, Antiquitäten*, Braunschweig 1966.

Nautiluspokal. Ein Pokal, der aus einer Nautilusmuschel (große, leicht irisierende Muschel aus dem Indischen Ozean) in kostbarer, ihre Herkunft aus dem Meer andeutender Goldschmiedefassung besteht. Die kostbarsten sind die des deutschen Manierismus (Ende 16., Anfang 17. Jh.). Den damals sehr seltenen Muscheln wurde reinigende Kraft zugeschrieben. Sie dienten aber auch als Scherzgefäße, da sie scheinbar leer waren, die inneren Windungen aber mit Wein gefüllt werden konnten. Die Muschel kam zuerst aus dem China des 16. Jhs., dort als Schmuckgegenstand verwandt, nach Europa.

Navaho-Teppiche. Kühn gemusterte Teppiche, die von den Navaho-Indianern Neu Mexikos, Arizonas und Utahs gewebt werden. In der Mitte des 19. Jhs. bemerkten weiße Händler die Handfertigkeit der Navaho-Frauen bei der Herstellung von Wolldecken (ursprünglich von den Spaniern gelernt) und ermutigten sie, Teppiche für den Verkauf herzustellen. Die ersten Exemplare waren stark von europäischen Mustern beeinflußt, und die Wolle, die verarbeitet wurde, war oft von den Händlern, die sie lieferten, nach Erfindung der Anilinfarben synthetisch gefärbt. Mit dem wachsenden Interesse im 20. Jh. an ursprünglichem Handwerk wurden die Navahos überredet, traditionelle Muster zu weben und nur einheimische, vegetabile Farben sowie ungefärbte schwarze, braune und weiße Wolle zu nehmen.

Lit: L. A. Amsdon, *Navajo weaving*. Its technic and its history, Glorieta, New Mexico 1974; H. P. Mera, *Navajo Textile Arts*, New York 1975.

Nazca-Keramik und **-Textilien** →Peruanische Keramik; Peruanische Textilien

Neapel ab 1771

Neapel, Königliche Porzellanmanufaktur. 1771 von Ferdinand IV. von Neapel gegründet. Sie verwendete eine durchscheinende, glasige weiße Masse, die derjenigen aus der Frühzeit von →Capodimonte glich. Der frühe, ziemlich dürftige Rokokostil wurde in den 1780er Jahren durch den klassizistischen Stil abgelöst. Domenico Venuti (1745-1817), Sohn eines berühmten Archäologen, wurde 1779 Direktor der Manufaktur. Große Tafelservice für diplomatische Geschenke wurden angefertigt, besonders das aus 282 Teilen bestehende, König Georg III. von England 1787 übereignete

Königliche Porzellanmanufaktur Neapel: Teller, spätes 18. Jh. (Earl Spencer Collection, Althorp)

Königliche Porzellanmanufaktur Neapel: Zuckerschälchen aus dem Etruskischen Service, 1785-87 (Royal Collection, Reproduktion mit höchster Erlaubnis I. M. der Königin von England)

›Etruskische Service‹ (heute in Windsor Castle), mit Suppentellern, Terrinen und Konfitürentöpfen, das griechischen Vasen und Tellern nachempfunden und mit griechischen und etruskischen Vasendekoren bemalt ist. Auf anderen Speiseservicen sind Ansichten von Neapel und seiner Umgebung, bäuerliche Szenen usw. als Dekor angebracht. 1781 wurde *Filippo Tagliolini* (1745-1808) aus Wien zum Modellmeister bestellt. Sein Meisterwerk ist eine Biskuitgruppe ›Jupiter im Kampf mit den Titanen‹ (Museo di Capodimonte), ein zu einem etwa 1,5 m hohen Berg sich auftürmendes Gewühl von Figuren, die Verzweiflung und Schmerz ausdrücken. Er modellierte auch Miniaturfiguren antiker Statuen und einige sehr liebenswerte Figuren im Kostüm des späten 18. Jhs. Unter der Herrschaft Napoleons ging die Fabrik 1807 in das Eigentum einer französischen Firma über und stellte Eßgeschirre im Empirestil her sowie einige schöne Büsten von Angehörigen der Familie Murat, ferner Nachahmungen antiker Marmorplastiken. Von 1782 an umfaßte die Produktion auch Steingut, vielleicht auf Veranlassung von Acton und Sir William Hamilton, wobei dieselben Modelle wie für die Porzellanherstellung verwendet wurden. Die Manufaktur schloß ihre Tore 1821. Die Marke der Jahre 1771-1807, ein gekröntes ›N‹, wurde in der Mitte des 19. Jhs. rechtswidrig auf Porzellan der Fabrik in →Doccia angebracht.

Lit: A. C. Perrotti, *La porcellana della Real Fabbrica Ferdinandea,* Neapel 1982.

Neapel, Töpfereien. Urkundlich ist die Tätigkeit von Töpfern in und um Neapel im 15. und 16. Jh. nachgewiesen. Die sehr feinen →Fliesen in der Kapelle Seggianni Caracciolo del Sole in S. Giovanni a Carbonara, Neapel, sind wahrscheinlich in Neapel um 1450 hergestellt worden. Auch die →Apothekengefäße mit den Wappen von Alfons von Aragón, jetzt im Museum von Capodimonte, dürften hier gemacht worden sein. Von der Mitte des 16. Jhs. an gab es in Neapel mehrere Majolikafabriken, die hauptsächlich mit Töpfern aus →Castelli arbeiteten. Luca Iodice (tätig 1539-45) war bekannt für seine Bodenfliesen, z. B. den Boden in der Kapelle Raviviana, S. Caterina a Formello, von 1539 (jetzt Istituto d'Arte, Neapel). Apothekengefäße und andere Arzneibehälter aus dem 17. Jh. sind in einem kühnen barocken Stil mit religiösen, selten mit mythologischen, Szenen dekoriert. Im 18. und 19. Jh. existierten mehrere Majolikafabriken; bekannt war vor allem die der Familie →Giustiniani und diejenige von →Caserta. Zu den zahlreichen kleineren privaten Töpfereien gehörten auch die der Familie Massa, die die Fliesen für das Kloster S. Chiara, Neapel (1740-42), lieferte und die der Familie Del Vecchio, die ab 1785 Steingut in englischer Art herstellte.

Lit: G. Donatone, *Maioliche napolitane della spezeria Aragonese di Castelnovo,* Neapel 1970; ders. *La Maiolica napolitana dell' età barocca,* Neapel 1974; ders. ›Contributo sulla maiolica napolitana del XVI secolo‹ in *Antichità Viva* (XV, 3), 1976, S. 36; A. Gonzáles-Palacios in *Civiltà del '700 a Napoli 1734-1799,* Ausst. Kat., Neapel 1980.

Neapel, Wandteppich-Manufaktur. Sie wurde 1737 von Karl III. von Bourbon, König von Neapel, gegründet (der zugleich Gründer der Porzellanmanufaktur in →Capodimonte war) mit Wirkern der →Florentiner Wandteppich-Manufaktur unter der Leitung von *Domenico De Rosso* und *Giovanni Francesco Pieri,* der Florenz nach dem Tod des letzten Großherzogs de' Medici verließ. Ihr frühestes Erzeugnis war ein 1739 vollendetes Porträt des Gründers (Capodimonte). Der erste große Bildteppich einer Serie der ›Vier Elemente‹ wurde 1743 fertiggestellt. Das Hauptwerk, ein Zyklus von Illustrationen zu ›Don Quixote‹, wurde in Auftrag gegeben, um die zwölf Bildteppiche der →Gobelins-Manufaktur zu übertreffen, die ein Geschenk von Ludwig XV. an den napolitanischen Gesandten waren, der sie an Karl III. weitergab. Unter der Leitung von *Pietro Duranti* (der in Rom arbeitete, bevor er nach Neapel umsiedelte, um dort eine Hochwirkstuhl-Werkstätte einzurichten) entstanden dreizehn Don Quixote-Wandteppiche und vier →Sopraporten nach Kartons von Giuseppe Bonito, die Rahmenborten der Gobelins-Manufaktur genau imitierend; sie waren 1762 fertiggestellt (Palazzo del Quirinale, Rom). Eine weitere Serie von mindestens 28 Stücken mit Sopraporten und schmalen Pfeilerstreifen wurden nach Kartons verschiedener napolitanischer Künstler gewirkt (1767-79). Von den Serien seien noch folgende erwähnt: ›Die vier Elemente‹ (1763), ›Die Geschichte von Cupido und Psyche‹ (1783-6) und ›Das Leben Heinrichs IV. von Frankreich‹ (1791). Die Manufaktur schloß 1799.

Lit: N. Spinosa, *L'Arazzeria Napoletana,* Neapel 1971.

Neapel, Reale Laboratorio delle Pietre Dure. Der Betrieb wurde 1737, nachdem der letzte Medici gestorben war, von Karl III. von Bourbon mit Handwerkern des Florentiner großherzoglichen Opificio (→Florentiner Mosaik) gegründet. Sein erster Leiter, Francesco Ghinghi (1689-1762), war ein Schüler von →Foggini. Auf ihn folgten Gaspero Donnini (gest. 1780) und Giovanni Mugnai (gest. 1805). Ihre ersten Erzeugnisse, z. B. die nach Entwürfen des Gennaro Cappella (gest. 1777) geschaffenen Tische mit Florentiner Mosaik (heute Museo della Reggia, Caserta, und Palazzo Cinese, La Favorita, Palermo), unterscheiden sich nur wenig von den Florentiner Arbeiten. Die sogen. Jahreszeitentische (1753-63; Prado, Madrid) zeichnen sich durch ihre Bronzebeschläge aus, die von Giacomo Ceci (gest. 1755) aus Portici und seinem Sohn Carlo geschaffen worden sind. Ungewöhnlich und ein Meisterwerk italienischer Möbelkunst ist ein ovaler Tisch aus versteinertem Holz mit Amethystrand (Palazzo dei Normanni, Palermo). Das letzte bekannte Werk des Unternehmens ist eine sehr große Tischplatte, 1805 nach dem Entwurf Mugnais geschaffen, die aber 1844 umgearbeitet worden ist.

Lit: *A. González Palacios,* ›The Laboratorio delle Pietre Dure in Naples 1738-1805‹, in *The Connoisseur,* Oktober 1977, S. 119ff.; ders. in N. Spinosa (Hg.), *Le arti figurative a Napoli nel Settecento,* Neapel 1979; ders. in *Civiltà del '700 a Napoli 1734-1799,* Ausst. Kat. Neapel 1980.

Neatby, William James (1860-1910). Englischer →Art Nouveau-Designer aus Leeds. In den 1890er Jahren kam er nach London, wo er Leiter der Architekturabteilung der Töpferei →Doulton in Lambeth wurde. Hier entwarf er ausgezeichnete Fliesenpaneele für Außen- und Innenwände von Gebäuden im Stil des Art Nouveau, mit stark präraffaelitischen Anklängen, die Winter Gardens in Blackpool (1896), das Everard Building in Bristol (fertiggestellt 1901) und sein Meisterwerk, die Fleischabteilung in Harrod's Department Store in South Kensington, London (1901-05).

Lit: J. Barnard in *The Connoisseur* CLXXV (1970), S. 165-171.

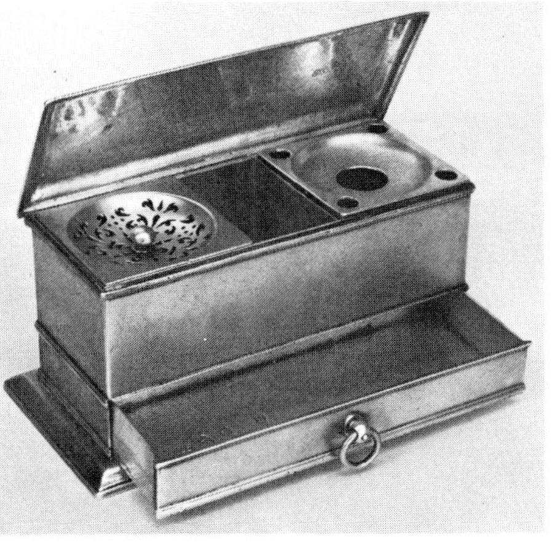

A. Nelme: silbernes Schreibzeug, London 1717 (City Art Gallery, Manchester)

Nécessaire. Ein tragbares Behältnis für persönliche Gegenstände, die, etwa auf einer Reise, benötigt werden. Es enthält gewöhnlich Toiletten- und Nähutensilien, Zahnstocher, Eßbesteck und zuweilen auch Kochgeschirr. Die frühesten waren klein, in Taschenformat, und oft kunstvoll ausgestattet, z. B. in Chagrinleder mit Silberfassung. Größere konnten Kasten- oder Kofferform haben.

Nef, franz., Schiff. In Frankreich und England Bezeichnung für Behälter in Schiffsform, zumeist aus Silber. Im späten Mittelalter wurden Serviette, Messer und Löffel des Hausherrn darin aufbewahrt. Im 16. Jh. dienten sie, besonders in Deutschland und der Schweiz, als Tafelaufsatz; aus manchen konnte man trinken: ›Trinkschiffe‹. Viele waren prunkvoll gearbeitet und naturgetreue Kopien voll ausgerüsteter Segelschiffe, mit reichem Emailschmuck versehen und kleinen Figuren von Seeleuten bevölkert.

Lit: C. Oman, *Medieval Silver Nefs,* London 1963

Nehou, Louis-Lucas de →Perrot, Bernard und Saint-Gobain

Nehracher, Matthias →Zürich

Neilson, James oder **Jacques** →Gobelins-Wandteppich-Manufaktur

Anthony Nelme

Nelme, Anthony (tätig 1672-1722) Silberobjekte, die die Marke Anthony Nelmes tragen, sind in großer Zahl auf uns gekommen, und alle sind von hoher Qualität. Sonst aber weiß man fast nichts über ihn, außer daß er 1672 Lehrling bei Richard Rowley in London gewesen ist, daß er 1679 die Freisprechung durch die Goldschmiedezunft erhalten hat, 1717 zu ihrem vierten Vorsteher und fünf Jahre später zu ihrem zweiten ernannt worden ist. 1685 eröffnet er seinen Laden am Amen Corner in London, 1691 einen zweiten in der Foster Lane. Offenbar war er einer der führenden Londoner Silberschmiede seiner Zeit und wahrscheinlich Inhaber einer großen Werkstatt. Am Anfang arbeitet er im Stil der →Restauration der 60er Jahre, z. B. Zuckerstreuer (1683; Manchester City Art Gallery). Aus dem Jahre 1694 stammen die beiden reich durchgebildeten und prunkvollen Altarleuchter der St. Georgskapelle in Schloß Windsor *(Abb. siehe S. 669).* Viele von Nelmes späteren Arbeiten, wie die Pilgerflasche (1717) in Chatsworth *(Abb. siehe S. 476),* sind stilistisch dem →Hugenottensilber eng verwandt. Die reizvollsten Stücke aber sind die, die er in den letzten fünfzehn Jahren seines Lebens in einem strengen, schlichten →Queen Anne-Stil geschaffen hat. Es gibt kaum einen Silberschmied, der das Bedürfnis dieser Zeit nach gediegenem, einfachem, echtem sowie anspruchslos wirkendem Silbergeschirr so erfüllt hat wie er. *Siehe auch Abb. S. 495.*

Lit: J. F. Hayward, *Huguenot Silver in England 1688-1727,* London 1959.

Nelme, Francis (tätig 1719-59). Sohn von A. →Nelme, der ihn 1721 zum Partner nimmt. Er führt seines Vaters Unternehmen fort und arbeitet nach dessen Vorbildern, ist aber bekannt für ausgefallenere Stücke, z. B. einen emaillierten Goldpokal aus dem Jahre 1731 (Louvre, Paris). Die Dekoration stammt aus späterer Zeit.

Nephrit →Jade

Neri, Antonio (1576-1614). Florentiner Priester, der ab 1602 unter dem Patronat von Don Antonio de'Medici mit Glas experimentierte und ihm ein Buch über die Glasmacherkunst, ›L'Arte Vetraria‹, widmete (1612). Er begann in Florenz und Pisa mit Nachahmungen von Edelsteinen und Halbedelsteinen aus Glas. 1604 ging er nach Amsterdam, um dort den Wissenschaftler Emmanuel Ximines zu besuchen, und arbeitete in einer Glashütte. Sein Buch, das größtenteils auf den Resultaten seiner eigenen Experimente in der Glasmacherei basiert, blieb bis ins 19. Jh. ein Standardwerk und wurde ins Lateinische, Englische, Deutsche, Französische und Spanische übersetzt. Kommentierte Ausgaben wurden in England von Christopher Merrett veröffentlicht (1662) und in Deutschland von J. →Kunckel.

Lit: W. E. S. Turner in *Additional Papers of the VI. International Congress on Glass,* Washington, D. C., 1962.

Nestfell, Johann Georg (1694-1762). Deutscher Möbelschreiner. Er wurde in Alsfeld, Hessen, geboren, arbeitete in Schloß Wiesentheid für den Reichsgrafen Rudolf Franz Erwein von

J.G. Nestfell: Lesepult, 1724 (Schloß Wiesentheid)

Schönborn (den Neffen des Kurfürsten Lothar Franz) und wurde um 1724 zum Hofschreiner ernannt. Er war ein Meister spätbarocker Möbelkunst. Seine Arbeiten zeichnen sich durch kostbare →Marketerien aus. Zu seinen bekanntesten Stücken gehören Bücherschränke (1725) und ein Lesepult für Schloß Pommersfelden (1730). Er beteiligte sich auch an der Innenaustattung von Kirchen und schuf das Rokoko-Chorgestühl für die Empore der Abteikirche von Banz mit Einlegearbeiten in Ebenholz, Elfenbein, Horn, Perlmutt, Silber und Zinn. Zu seinen Arbeiten gehören auch astronomische Instrumente.

Lit: H. Kreisel, *Die Kunst des deutschen Möbels*, Bd. II, München 1970.

Netzglas →Venezianisches Glas

Netzstickerei oder **Netzarbeit.** Eine dekorative Durchbruchsarbeit (keine echte Spitze). Ein Netzgrund trägt die Stickerei, die aus Baumwolle oder Schappseide besteht und mit einer Hakennadel durch die Maschen gefädelt wird. Ursprünglich aus dem Mittleren- oder Fernen Osten kommend, wird sie in Europa (in Sachsen und in der Schweiz) seit der Mitte des 18. Jhs. hergestellt. Seit 1829 wird sie in Limerick in Irland gemacht, wo um 1840 ein maschinell gesponnenes Netz als Grundmaterial benutzt wurde.

Lit: Marie Schuette, *Alte Spitzen*, 4. Auflg. Braunschweig 1963.

Neuber, Johann Christian (1735-1808). Sächsischer Gemmenschneider und Goldschmied, wurde 1762 in Dresden ansässig, arbeitete von 1767 an für den Hof und wurde 1780 zum Hofjuwelier ernannt. Obwohl er auch große Stücke, wie Tischplatten, Sockel und ein Kaminsims, geschaffen hat, ist er bekannt geworden für seine erlesenen kleinen Dosen mit in Gold gefaßten Schmucksteinen, denen manchmal kleine Heftchen in einem Geheimfach beigegeben sind, die Art und Herkunft der Steine verzeichnen. Sie sind unter dem Namen ›Neuberdosen‹ bekannt.

Neufforge, Jean-François (1714-91). Flämischer Entwerfer aus Lüttich. Er ließ sich 1738 in Paris nieder und veröffentlichte dort sein Vorlagenwerk ›Receuil élémentaire d'Architecture‹ in 8 Bänden, erschienen von 1756-80. Die Bände, die 1765 und 1768 herauskamen, enthalten die frühesten Möbelentwürfe im →klassizistischen Stil, die in Frankreich veröffentlicht wurden. Sie sind solide, schwer, geradlinig, mit klassischen und zum Teil ägyptischen Motiven dekoriert und greifen zuweilen auf →Boulle-Techniken zurück. Seine Tische und →Kommoden wirken ungewöhnlich niedrig und in die Länge gezogen, und die Stühle haben kurze, gedrungene Beine. Seine Arbeiten beeinflußten die Entwicklung des →Louis-

J.-F. Neufforge: Entwürfe aus dem Vorlagenwerk ›Recueil élémentaire d'Architecture‹, 1756-80

seize und inspirierten vor allem →Boucher, →Delafosse, →Dugourc und →Lalonde.

Lit: S. Eriksen, *Early Neo-Classicism in France*, London 1974.

Neuglatt →Berliner Porzellanmanufakturen

Neugotik →Gothic Revival

Neurenaissance →Historismus

Neuromanik →Historismus

Neusilber, Nickelsilber, German silver. Eine Legierung – 52% Kupfer, 26% Zink, 22% Nickel –, die dem Silber ähnlich sieht, mit leichtem Stich ins Graue, und die auf das chinesische →Packtong oder Packfong zurückgeht, das aber eine etwas andere quantitative Zusammensetzung und eine gelblichere Farbe hat und in China zumindest schon im 18. Jh. in Gebrauch gewesen ist. Packtong wurde in Europa zuerst 1776 von Engström analysiert, worauf 1824 die Neusilberherstellung in Berlin, 1825 in Wien einsetzte. In England wurde es zwischen 1840 und 1847 von →Elkington entwickelt und als Kern für E.P.N.S., d.h. →elektroplatierte oder galvanisch versilberte Ware, verwendet; es ist aber auch auf vielerlei andere Weise gebraucht worden.

Nevers, Fayencewerkstätten. Die erste dieser bedeutenden Werkstätten in Frankreich wurde 1588 von den Brüdern Augustin, Baptiste und Dominique *Conrade* aus →Albisola zusammen mit *Jules Gambin* (oder *Giulio Gambini*), einem italienischen Töpfer, der in Lyon gearbeitet hat, gegründet. Das Unternehmen wurde gefördert von Lodovico Gonzaga, einem italienischen Glücksritter, der das Herzogtum Nevers erworben hatte. 1603 erhielten die Gebrüder

Nevers: Blumentopf, Fayence, bemalt in Persischblau, um 1670 (Victoria & Albert Museum, London)

Conrade ein Monopol für 30 Jahre. Ihre Erzeugnisse lehnen sich ganz und gar an italienische an, einschließlich hübscher Teller, Krüge, Pilgerflaschen usw. im →Istoriato-Stil. Obwohl die Töpfereien in Nevers noch hauptsächlich von Italienern oder Töpfern italienischer Herkunft betrieben wurden, eigneten sie sich in der Mitte des 17. Jh. mehr und mehr einen eigenen Stil an, der französische Auffassungen übernahm. Entwürfe für Keramik im Istoriato-Stil waren beeinflußt von Poussin und Vouet, die manchmal unmittelbar kopiert wurden. Aber ein mächtigerer Einfluß kam aus Ostasien. Die Formen chinesischer Vasen wurden sorgfältig nachgemacht (bereits schon 1644) und oft mit heiteren →Chinoiserien verziert, die ebenso auf Krügen und Vasen in barocken Formen zu finden sind. In der Farbpalette waren verwischte Blaufarben, weiches Orange, Olivgrün und helles Gelb vorherrschend. Nach der Mitte des 17. Jh. wurde die chinesische Blauweiß-Malerei zusehends beliebter, und in den 1670er Jahren wurde →Mohammedaner Blau verwendet. Die Qualität der Malerei ist ausnehmend hoch, die Gruppen eleganter Chinesen, die durch exotische Landschaften schlendern, die man auf vielen Stücken findet, gehören zu den besten Chinoiserien des 17. Jhs. Mit dem Ende des 17. Jhs. hat Nevers seine führende Rolle an →Rouen und →Moustiers verloren. Obwohl weiterhin sehr produktiv, wurde der Dekor mehr und mehr rezeptiv. Die interessantesten der späteren Stücke sind grob, aber manchmal lebhaft bemalte Eßgeschirre mit Heiligenbildern oder anderen volkstümlichen Darstellungen bis hin zu Symbolen und Emblemen der Französischen Revolution am Ende des 18. Jhs., als Nevers einer der Hauptorte für die Herstellung von →Faïence patriotique wurde. Die Zahl der Töpfereien in der Stadt ging Ende des 18. Jhs. stark zurück. In der Mitte des 19. Jhs. ahmte die Fabrik *Ristori* Keramik des 17. Jhs. nach. In Nevers gibt es auch heute noch Fayencefabriken. Fabrikmarken wurden nicht verwendet, obwohl verschiedene Initialen und Inschriften gefunden worden sind.

Lit: S. de Plas, *Les faïences de Nevers et du centre de la France du XVIe au XIXe siècle*, Paris 1979; A. Klein, *Fayencen aus Europa*, Braunschweig 1980; M. Tabouret, *La faïence de Nevers et le miracle lyonnais au XVIe siècle*, Paris 1981.

Nevers: Fayencekrug, Bemalung nach Michael Dorigny, um 1650-60 (Louvre, Paris)

Nevers, Glashütte. Im Jahr 1566 (als Lodovico Gonzaga Herzog von Nivernais wurde) von italienischen Glasmachern errichtet, deren

Glas im Stil von Nevers: ›Urteil des Paris‹, 1777 (Musée des Arts Décoratifs, Paris)

Nachkommen sie offenbar noch bis ins 18. Jh. hinein betrieben. Ab 1595 Spezialisierung auf kleine Glasfiguren und ›Nippes‹, die vor der Lampe geblasen oder mittels spezieller Werkzeuge in erhitztem Zustand gekniffen oder gezogen wurden, oft über einen Kern aus Kupferdraht. Die in dieser Weise hergestellten religiösen Figuren und Gruppen, Tiere, kunstvollen Landschaften mit Bäumen, Blumen und mit menschlichen Figuren, werden allgemein ›verre de Nevers‹ genannt, obwohl es nur selten möglich ist, die Produkte von Nevers von denen zu unterscheiden, die in Rouen, Bordeaux, Marseille, Venedig, Spanien, Deutschland und England entstanden.

Lit: J. Barrelet, *La Verrerie en France*, Paris 1954; A.-J. Held in *Cahiers de la céramique* 20 (1960), S. 294-310.

Neville, George. Ein Angestellter der Birminghamer Firma →Jennens & Bettridge, der 1831 ein Verfahren zum Bemalen von schwarzem →Papiermaché entdeckte. Er soll seine Werke mit einer Windenblüte gezeichnet haben, von der ein Blatt herabgebogen und in einer kontrastierenden Farbe gemalt ist. Im Jahre 1846 assoziierte er sich mit einem Mr. Alsager und produzierte im eigenen Betrieb, mit gutem Erfolg, Papiermaché.

Newcastle, Glashütten. Newcastle und benachbarte Orte am Fluß Tyne wurden im 17. Jh. zu einem Zentrum der Glaskunst, als sich dort ausländische Handwerkerfamilien niederließen, vor allem die Familien *Tysack*, *Henzell* (oder Henzey), die aus Lothringen kamen, und die Familie *Dagnia* aus →Altare. Im Jahr 1648 gründeten Onesiphorus, Edward und John Dagnia eine Glashütte, die ab etwa 1684 ›Closegate Glasshouse‹ hieß. Sie stellten →Bleiglas her in einem Stil, der heute noch mit ›Newcastle‹ bezeichnet wird. Ab 1731 wurde die Glashütte ›Dagnia-Williams Glassworks‹ genannt. Später wurde dort ein glänzendes →Kristallglas hergestellt, das vor allem von holländischen Glasgraveuren sehr geschätzt wurde, wie z. B. von D. →Wolff. Diese Gläser und die emailbemalten Gläser der →Beilby in Newcastle (vielleicht in der Glashütte Dagnia-Williams entstanden) geben einen Hinweis auf die Typen der Gläser, die in dieser Gegend gemacht wurden. Die authentischen von Newcastle haben einen hohen Schaft in der Form von Balustern und Knäufen, dazu gewölbte und abgestufte Füße, oder auch einen geraden Schaft, oft in Verbindung mit →Airtwist-Dekor. Die Qualität der Gläser ließ im 19. Jh. nach, und die Newcastle Glashütten verlegten sich nun hauptsächlich auf →Preßglas-Imitationen von →Glasschliff.

Lit: E. S. Godfrey, *The Development of English Glassmaking 1560-1640*, Oxford 1975.

Newcomb College pottery. Kunsttöpferei, die 1895 im Newcomb College (Mädchenabteilung der Tulane University), New Orleans, USA, in Konkurrenz mit der →Rookwood Pottery errichtet wurde. Die Produkte, meist Vasen, wurden von Töpfern gedreht und von den Schülerinnen bemalt. Das College begann 1897 seine Erzeugnisse auf den Markt zu bringen und erhielt eine Bronzemedaille auf der Pariser Weltausstellung von 1900. Die Formen waren der ostasiatischen und der bäuerischen Keramik entlehnt. Dekorative Motive – beschränkt auf die Fauna und Flora der Südstaaten – waren anfänglich eingeritzt und blau und grün getönt. 1900 kam eine breitere Palette matter Glasuren in Gebrauch. Die Werkstatt wurde 1930 geschlossen.

Lit: R. Judson Clark (Hg.), *The Arts and Crafts Movement in America 1876-1916*, Ausst. Kat. Art Museum, Princeton University, Art Institute of Chicago und andere, 1972-73.

New England Glass Company. 1817 von *Deming Jarves* und seinen Partnern in Cambridge,

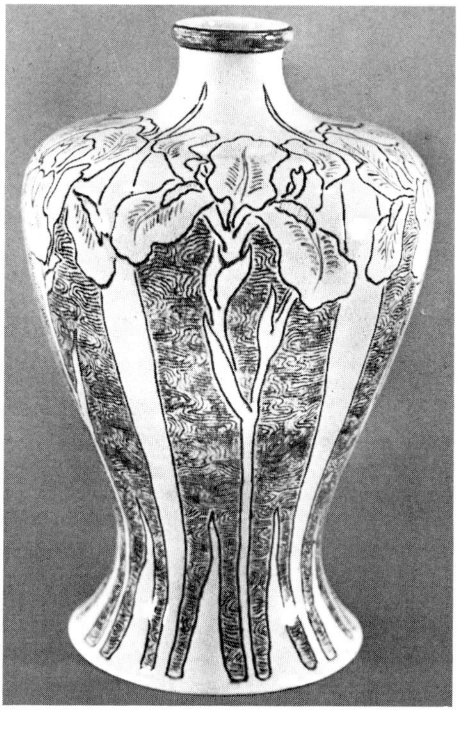

Newcomb College Pottery: Vase, dekoriert von Mary G. Sheerer (Cincinnati Art Museum)

New England Glass Company: Gefäß aus Amberina-Glas, um 1885 (Privatsammlung)

Massachusetts, gegründet. (Jarves zog sich 1823 aus dem Unternehmen zurück und gründete die Boston and Sandwich Glass Company). Die New England Glass Company begann mit der Herstellung von durchsichtigem →Bleiglas, das nach englischer Art geschliffen wurde, doch es wurde auch geblasenes und Preßglas gemacht. In den Jahren um 1850 wurde die Glashütte für ihre kunstvollen →Überfanggläser im böhmischen Stil bekannt. Es wurden auch →Millefiori-Briefbeschwerer hergestellt. Ein Glasgraveur deutscher Herkunft, *Louis Vaupel,* wurde zwischen 1856 und 1885 beschäftigt, der mit dem Schneidrad sehr feine Stücke schuf, meist mit Jagdszenen dekoriert. Ein anderer Mitarbeiter, *Joseph Locke,* entwickelte verschiedene Farbgläser, die patentiert wurden: ›Amberina‹, (1883) und ›Pomona‹ (1885). Auch wurde ein charakteristisches Peachblow-Glas hergestellt – Weiß in Rot übergehend –, ebenso →Agata. Das Unternehmen wurde 1878 von *William T. Libbey* gekauft, dessen Sohn *Edward Libbey* es 1888 nach Toledo, Ohio, verlegte, wo es heute noch unter dem Namen *Libbey Glass Company* tätig ist.

Lit: Libbey Glass, Ausst. Kat. Toledo Museum of Art, Toledo, Ohio, 1968; L.W. Watkins in *Journal of Glass Studies* XII (1970), S. 149-64.

New Hall

New Hall. 1781 in New Hall, Staffordshire, errichtete Porzellanfabrik, die anfänglich

New Hall: Porzellan-Teekanne, um 1810 (Victoria & Albert Museum, London)

Hartporzellan in Nachahmung chinesischen Exportporzellans herstellte und mit gut gemalten Gruppen chinesischer Würdenträger in exotischen Landschaften dekorierte. Seit 1791 wurden einfachere Muster verwendet, vor allem einzelne Blumenzweige in Farben der →Famille rose, die bis ins 19. Jh. hinein beliebt waren. Seit etwa 1812 machte die Fabrik ein Porzellan, das eher an Knochenporzellan als an echtes Hartporzellan erinnert.

Lit: D. Holgate, *New Hall and its Imitators,* London 1971.

Neyris-Teppiche →Persische Teppiche

Nickelsilber →Neusilber

Nicola da Guardiagrele (tätig 1413-55). Irrtümlich Nicola Galluzzi genannt. Goldschmied und Bildhauer in den Abruzzen. Seine frühen Werke sind in einer verschlungenen Gotik (Ostensorium, Francavilla al Mare, 1413) gearbeitet; die Nüchternheit wie der klassizistische Stil seiner späteren Werke setzt seinen Besuch in Florenz 1422-36 voraus. Der Einfluß der Türen des Florentiner Baptisteriums von Ghiberti wird in seinem Prozessionskreuz in Silber, Email und Niello von 1434 (Museo Diocesano, Aquila) und in der Vorderseite seines Altars in Silber und Email von 1433-47 (Dom, Teramo) offenbar. Seine letzte und vielleicht nicht von ihm beendete Arbeit ist das Prozessionskreuz in Silber und Email, das er 1451 für S. Giovanni in Laterano, Rom begonnen hat.

Nicolo del Pelliccaio →Pellipario, N.

Nicolò da Urbino →Pellipario, N.

Niculoso, Francisco (gest. 1529). Italienischer Töpfer, vermutlich in Pisa geboren und möglicherweise in Faenza ausgebildet, der sich 1498 in Triana, einem Vorort von Sevilla, niederließ, wo er große Paneele im Stil der italienischen Renaissance bemalte. Sein frühestes datiertes Werk ist eine Grabplatte aus dem Jahre 1503 in der S. Anna-Kirche in Triana. Im Jahre 1504 schuf er zwei Altarvorsätze für Kapellen im Alcázar von Sevilla (von denen die ›Heimsuchung‹ in der Kapelle der Katholischen Könige erhalten ist) sowie Fliesenpaneele über einem Torbogen in S. Paula in Sevilla mit bemerkenswerten Verzierungen, in die glasierte Reliefs in der Art des Della →Robbia (nach Pedro Millán) eingelassen sind. 1509 erhielt er den Auftrag, alle Altäre in der Kathedrale von Sevilla mit Antependien zu versehen (heute zerstört). Sein Meisterwerk (wenn auch sehr stark beschädigt) ist ein großes Altarbild aus dem Jahre 1518 im Kloster Santa María de Tentudía in der Sierra Morena. Es gibt ein ansprechendes von ihm signiertes Fliesenpaneel der Heimsuchung im Rijksmuseum, Amsterdam. Seine Entwürfe dürften auf zeitgenössische Stiche zurückgehen, besonders auf solche von Zoan Andrea, Giovanni Antonio da Brescia und Nicoletto Rosex da Modena, mit deren Grotesken seine religiösen Darstellungen umrahmt sind.

Lit: A.W. Frothingham, *Tile Panels of Spain.* New York 1969; A. Klein, *Fayencen aus Europa,* Braunschweig 1980.

Niderviller: Fayence, Holzmaserdekor mit ›Trompe-l'œil‹-Stich, 1773 (Palais Rohan, Straßburg)

Niderviller 1770-93

Niderviller (Niederweiler). 1754 von Baron Jean Louis de Beyerlé bei Saarburg in Lothringen gegründete Fayence- und Porzellanfabrik, die mit den Arbeitern aus der Manufaktur →Straßburg auch deren Rokokostil übernahm. Die ersten Fayencen hatten einen elfenbeinfarbenen Ton und waren, in einer etwas weicheren Palette als in Straßburg, zart mit Blumen und Figuren bemalt. Ein Rosarot und ein Dunkelpurpur waren vorherrschend. Zu ihren Erzeugnissen zählen Schüsseln und Teller mit durchbrochenem Flechtwerkrand, Terrinen mit Deckeln in der Gestalt plastisch modellierten Gemüses und Potpourris mit durchbrochenen, feinst bearbeiteten Deckeln, alle im reichstem Schmuck schwingender Rocaillen. Seit 1765 wurde auch Porzellan gemacht, bis 1768 aber nur in bescheidenem Umfang. 1770-71 wurde das Unternehmen an den Grafen Adam Philibert de Custine verkauft. Zu diesem Zeitpunkt etwa dürfte die Herstellung von Fayencen mit →Holzmaserungsdekor, für den die Fabrik berühmt ist, begonnen haben. Fayence- und Porzellanfiguren nach Modellen von →Lemire und, nach 1780, auch von →Cyfflé, kommen denen von →Sèvres gleich. In den 1770er Jahren fand das →Louis-seize sowohl bei Schmuck- als auch bei Gebrauchswaren Eingang. Nach der Hinrichtung des Grafen de Custine 1793 erwarb der Fabrikleiter Claude-François Lanfrey das Unternehmen, in dem er bis zu seinem Tod 1827 hauptsächlich Steingut und einfache Fayencen herstellte. Im späteren 19. Jh. machte die Fabrik, unter Verwendung der originalen Formen, Ausformungen von Modellen des 18. Jhs. Sie ist heute noch in Betrieb.

Lit: G. Haug, *Lunéville, Saint-Clément, Niderviller,* Paris 1973; A. Klein, *Deutsche Fayencen,* Braunschweig 1975.

Niederer, Roberto (geb. 1928). Glaskünstler, in Neapel geboren, jedoch Schweizer Nationalität mit Werkstätten in Zürich und Kalabrien. Er spezialisiert sich auf geblasenes Glas, das nach traditioneller Methode entsteht, meist ziemlich dick und manchmal mit beabsichtigten Unregelmäßigkeiten der Oberfläche – z. B. ein Satz von Karaffen mit gemaserter Oberfläche, die durch die Holzform, in die sie geblasen wurden, entstand.

Niedermayer, Johann Josef →Wien

Niello. Eine schwarze Masse aus Silberstaub, Blei, Kupfer, Schwefel und oft Borax, die zum Füllen von in den Metall- oder Silbergrund eingravierten Verzierungen verwendet und bei Hitze eingeschmolzen wird. Auch Bezeichnung für eine in dieser Technik verzierte Silberplakette. Niello unterscheidet sich vom schwarzen Email in seiner metallischen, nicht gläsernen Konsistenz. Niello wurde für dekorative Objekte im Alten Ägypten, in der bronzezeitlichen Ägäis, im Mittelalter und in der italienischen Frührenaissance (besonders in Florenz, Maso →Finiguerra) verwandt. Im 19. Jh. war es auch in Rußland sehr verbreitet und als *Tulaarbeit* bekannt.

Nierentisch. Tisch mit nierenförmiger Platte, der als Schreib- oder Toilettentisch diente; kam zunächst in Frankreich im Louis-quinze auf (auch ›Bohnentisch‹ genannt) und wieder in den 50er Jahren des 20. Jhs.

Nieuwenhuis, Theodore (1866-1951) Holländischer Art Nouveau-Designer, Schüler des Architekten P. J. H. Cuypers. Er arbeitete in Amsterdam, entwarf eine Reihe von Inneneinrichtungen für Wohnhäuser und wurde 1908 zum Direktor einer der Hauptwerkstätten für angewandte Kunst ernannt. Er hatte die übliche Vorliebe für geschwungene Linien, zusammengerollte Schlangen, Pfauenfedern usw., benutzte sie aber mit Zurückhaltung: seine Werke gehören zu den gemäßigten dieses Stils. Er entwarf auch Keramiken für die De Distel-Fabrik, Amsterdam.

Nikolaus von Verdun (tätig 1181-1205) Goldschmied und Meister des Grubenemails der →Maasschule. Er war einer der größten Kunsthandwerker des Mittelalters und als Künstler ebenso bedeutend wie je ein Maler oder Bildhauer. »In der Entwicklung des frühen gotischen Stils gehörte er zur Avantgarde« (Panofsky). Vermutlich war er eine Generation jünger als →Godefroid de Huy: 1181 ist er zum ersten Mal erwähnt in der Inschrift, die er (wohl nach Vollendung) seiner großen Folge von →Emailmalereien in Klosterneuburg bei Wien beigegeben hat. Man nimmt an, daß er 1150 geboren ist. Sein Meisterwerk in Klosterneuburg, ursprünglich die Bekleidung eines Ambo, wurde später, um 1330, in einen Altaraufsatz (Breite 5 m, Höhe 1,10 m) verwandelt, der mit seinen 51 kupfernen Grubenschmelztafeln das bedeutendste auf uns gekommene Beispiel mittelalterlicher Emailkunst überhaupt ist. Er befindet sich noch am ursprünglichen Platz. Die Farben sind leuchtendes Rot, Blau, Türkis, Grün und Weiß, die Figuren stehen auf einer Höhe mit der schönsten romanischen Buchmalerei. Es bestehen wohl kaum Zweifel daran, daß er identisch ist mit jenem Nicolaus de Verdun, der 1205 auf dem sogen. Marienschrein (im 19. Jh. restauriert) der Kathedrale von Tournai genannt wird: auf ihm ist den getriebenen Figuren der Vorrang eingeräumt vor den Emails, die nur als Rahmung dienen. Unter den zahlreichen ungezeichneten Werken, die ihm zugeschrieben werden, kann der in den frühen 1180er Jahren begonnene goldene Schrein der Hl. Drei Könige im Kölner Dom am ehesten für ihn beansprucht werden. Die schwer beschädigten Reliquiare des hl. Anno in Siegburg und des hl. Albinus in St. Pantaleon in Köln (vollendet 1186) wie die

Nikolaus von Verdun: Emailtafel aus dem Altaraufsatz des Chorherrenstifts Klosterneuburg bei Wien, 1181

kleine Schmelzplatte des Bischofs Bruno von Köln (Art Institute of Chicago) weisen Verwandtschaften mit seinem Werk auf, können aber ebenso von einem seiner Nachfolger stammen. Der ihm oft zugeschriebene Trivulzio-Leuchter im Mailänder Dom geht freilich deutlich auf eine andere Tradition zurück.

Lit: E. Castelnuovo, *Nicolaus di Verdun*, Mailand 1966; P. Lasko, *Ars Sacra 800-1200*, Harmondsworth 1972; M.-M. Gauthier, *Emaux du moyen-âge occidental*, Fribourg 1972.

Nîmes, Töpferei →Sigalon, Antoine

Ninsei, Nonomura Seiemon (tätig 1649-57), genannt Ninsei nach 1655. Töpfer und Keramikmaler, der im 17. Jh. in der Nähe von Kyoto gearbeitet hat und von den Japanern allgemein als ihr größter Keramikkünstler betrachtet wird. Geburts- und Todesjahr sind unbekannt (einige Forscher legen den Tod frühestens in das Jahr 1658 und spätestens in das Jahr 1705), aber vier von ihm signierte und datierte Stücke stammen aus der Zeit von 1649 bis 1657. Wahrscheinlich war er der erste Töpfer, der die früher ausschließlich bei Porzellan angewandte Technik der →Emailfarbenmalerei auf Irdenware übertrug; und er war sicher der erste, der sich von dem chinesischen Vorbild löste und eine eigenständige japanische Malerei entwikkelte. Er war in der Tat der Begründer der japanischen Keramikkunst in der Edo-Periode (1615-1867). Ihm verdankte man den Geschmack an besonders verzierter und verfeinerter →Teekeramik und, soweit bekannt ist, machte er nichts anderes. Diese Gefäße haben eine dünne Gefäßwand mit einer gleichmäßig →craquelierten Glasur und sind üppig mit weichen Farben bemalt. Ninsei dürfte eine metallisch-schwarz-grüne Glasur sowie eine perlweiße Glasur mit einem rosa Schimmer erfunden haben. Seine Malerei ist überkultiviert und steht in äußerstem Gegensatz zu den einfachen, beinahe rustikalen Formen der Schalen und anderen Gefäße. Stücke aus seiner Hand waren von Anfang an hoch geschätzt und wurden zahlreich nachgemacht und gefälscht. Er hatte vier Söhne und mehrere Schüler, darunter Ogata →Kenzan, der mit einem der Söhne Ninseis zusammenarbeitete.

Lit: S. Jenyns, *Japanese Pottery*, London 1971; Ausst. Kat. *Japanische Keramik*, Hetjens-Museum Düsseldorf 1978.

Nischapur →Islamische Keramik

Nizzoli, Marcello (1887-1969). Italienischer Maler, Bildhauer, Bühnenbildner und Industriedesigner. In den fünfziger Jahren schuf er zwei inzwischen klassische Industrieentwürfe: die Olivetti-Schreibmaschine ›Lettera 22‹ (1954) und die Necchi-Nähmaschine (1956). Nizzoli hatte schon vor 1954 zahlreiche hervorragende Entwürfe für Olivetti gemacht. Die ›Lettera 22‹ vereinigte alle Vorzüge des Hermes-Modells ›Baby‹ und der ›Patria‹ von Max →Bill. Weitere Arbeiten sind der Schreibcomputer ›Tetractys‹ (1957) für Olivetti und die elektrische Nähmaschine ›Supernova Julia‹ (1960) für Necchi.

Nogaret, Pierre (1720-71). Bekannter Stuhlmacher aus der französischen Provinz. Geboren in Paris, arbeitete aber in Lyon. Er spezialisierte sich auf aus Buchsbaum geschnitzte Ornamente.

Noguchi, Isamu (geb. 1904). Bildender Künstler und Designer japanisch-amerikanischer Herkunft. Er wurde in Los Angeles geboren, verbrachte seine Kindheit in Japan und kehrte 1918 in die Vereinigten Staaten zurück. Zunächst studierte er Medizin und hielt sich in den Jahren 1927/28 in Paris auf, wo er mit den Bildhauern Brancusi, Calder und Giacometti befreundet war. Von 1929 bis 1931 war er in Tokio als Keramiker tätig. Danach ging er über Europa wieder in die Vereinigten Staaten. Anfang der 40er Jahre gelangen ihm einige kühne avantgardistische Möbelentwürfe von extrem organischen Formen. Seine bekanntesten Arbeiten sind Lampenentwürfe: kugelförmige, zylindrische, spiralförmige usw. Drahtgestelle, die mit weißem Papier überzogen sind und unmittelbar dem Boden aufruhen.

Noke, Charles John (1858-1941). Als Keramikmaler und -modelleur ausgebildet in der →Worcester porcelain factory und seit 1889 für die →Doulton pottery and porcelain Company tätig, deren künstlerischer Leiter er von 1914-36 war. Er entwickelte zwei Arten schwerer →Irdenware namens ›Holbeinware‹ (1895) und ›Rembrandtware‹ (um 1898) und verwandte →flambierte Glasuren.

Nonesuch chest. Englische Bezeichnung für einen Truhentyp des 16. Jhs. mit →Marketeriedekor, Phantasiegebäude darstellend. Man nahm ursprünglich an, daß die Truhen in England entstanden waren, es stellte sich aber heraus, daß sie aus Danzig, vielleicht auch aus Flandern, importiert wurden. Die Bezeichnung ›Nonesuch‹ hat nichts mit dem Nonesuch-Palast von Heinrich VIII. zu tun, sie bedeutet lediglich ›unvergleichlich‹.

Nonne, Christian →Ilmenau; Volkstedt

Nonni, Francesco (1885-1976). Er war in erster Linie Graphiker, lebte in Faenza und arbeitete 1919/20 für Majolikafabriken der Umgebung, für die er Statuetten von Tänzern und exotischen Figuren einschließlich eines orientalischen Gefolges modellierte. Einige davon wurden 1925 auf der berühmten Kunsthandwerk-Ausstellung in Paris gezeigt und bewundert. Sie gehören zu den besten Beispielen von italienischen Art Deco-Keramiken.

Lit: G.C. Bojani, ›Le Ceramiche di Francesco Nonni‹ in *Faenza* LXII (1976) S. 118-123.

Nördliches Seladon →Seladon

Norman, Samuel (tätig 1746-67). Londoner Möbelschreiner, der sich selbständig machte, nachdem er seine Lehrzeit (1746-53) bei dem Holzbildhauer, Schnitzer und Vergolder Thomas Woodin beendet hatte. 1755 heiratete er die Tochter des erfolgreichen Möbelschreiners *James Whittle* und eröffnete gemeinsam mit dem Schwiegervater eine Möbelwerkstatt. 1758 wurde das Geschäft durch eine Werkstatt für Kabinettschränke und eine Polsterei erweitert und Mayhew eine Zeitlang als dritter Partner aufgenommen. Als Whittle 1759 starb, führte Norman die Firma weiter, die noch im gleichen Jahr völlig niederbrannte. 1760 übernahm er die Werkstatt von *Paul Saunders*, der sich auf Polsterarbeiten spezialisiert hatte, erhielt Aufträge von der Krone und wurde zum ›Yeoman Arrasworker‹ ernannt. 1762 wurde er königlicher ›Master Carver‹ und fertigte Spiegelrahmen für Schloß Windsor an. Norman war einer der bekanntesten Kunstschreiner Londons und arbeitete auch für wohlhabende Privatkundschaft. Trotzdem ging er 1767 in Konkurs. Bisher wurden erst wenige Stücke aus seiner Werkstatt identifiziert, von denen ein Bett mit reicher Rokoko-Schnitzerei in Hopetoun House, Schottland, und Spiegelrahmen in Woburn Abbey die schönsten sind. Urkundlich erwähnt sind verschiedene →Girandolen »mit Schafen im chi-

Nonesuch-Truhe (City of Birmingham Museum & Art Gallery)

J. Northwood: die ›Pegasus-Vase‹, geschnittenes Kameenglas, 1882 (The Smithsonian Institution, Washington, D. C.)

nesischen Geschmack«. 1764 hat er unter der Leitung von Robert →Adam in Moor Park und für andere Adam-Kunden, besonders Sir Lawrence Dundas in Aske und Arlington Street, London, gearbeitet.

Lit: P. A. Kirkham in *Burlington Magazine*, CXI (1969), S. 501-13.

Northamptonshire-Spitze →Bedfordshire

Northwood, John (1836-1902). Glasschneider, dem die erfolgreiche Wiederbelebung des →Kameenschnitts in England zu verdanken ist. Er wurde in Wordsley in Staffordshire geboren und ging dort in einer Glashütte in die Lehre, die der Familie Richardson gehörte. Um 1860 gründete er seine eigene Werkstatt. Sein erstes bedeutendes Werk, die Elgin-Vase, die er 1873 schuf (Birmingham City Art Gallery), bestand aus durchsichtigem Flintglas, das im Flachrelief die Reitergruppe des panathenäischen Frieses des Parthenon zeigt. 1873-76 fertigte er eine Kopie der Portlandvase (→Überfangglas) – zum erstenmal im gleichen Material wie das Original. Später entstanden einige andere Kameengläser, z. B. die Pegasusvase (1882, Smithsonian Institute, Washington). Gleichzeitig leitete er zusammen mit seinem Bruder *Joseph* (1839-1915) eine Glasmanufaktur. Sein Sohn *John* (geb. 1870) widmete sich ebenfalls dem Kameenschnitt und war viele Jahre Direktor und technischer Leiter von →Stevens & Williams. Sein Neffe *William Northwood* (1858-1937) war ebenfalls ein engagierter Kameenglasschneider.

Lit: G. W. Beard, *Nineteenth Century Cameo Glass*, Newport, Mon., 1956.

Norton, John, Luman und **Julius** →Bennington Porzellanfabrik

Norwegische Wandteppichmanufakturen. Seit dem 9. Jh. sind in Norwegen Wandteppiche hergestellt worden. Einige Fragmente aus dieser Zeit und aus dem 11. Jh. sind erhalten. Das erste erhaltene Stück von Bedeutung ist ein Wandteppich aus Wolle auf leinener Kette, gewirkt um 1180 (Kunstindustrimuseet, Oslo). Er stellt die Monate April und Mai dar (der letztere in Gestalt eines schlanken Ritters zu Pferd) und wurde für die Baldishol-Kirche in Hedmark gemacht. Seine vereinfachten Figuren haben die Vitalität romanischer Emaillearbeiten, und die Farben sind kaum weniger leuchtend. Im 16. Jh. gab die Ankunft von norddeutschen und dänischen Wirkern den Manufakturen einen neuen Aufschwung. Zahlreiche neue kleine Werkstätten mit stehenden Wirkstühlen wurden errichtet. Die besten Produkte gehören in das 17. Jh., recht große Stücke mit biblischen Szenen, naiv erzählend, in leuchtenden Farben, ohne auch nur den geringsten Versuch zu modellieren oder zu schattieren. Sie sind erstaunlich wenig von der Barockmalerei beeinflußt, aber wunderbar lebendig und dekorativ. Eines der schönsten zeigt ›Die klugen und die törichten Jungfrauen‹, steife Dorfmädchen mit geometrisch gemusterten Kleidern, die klugen ihre brennenden Lampen schwingend, die törichten Taschentücher haltend, alle dicht nebeneinander aufgereiht innerhalb eines Zickzackrahmens, der manches den Borten orientalischer Teppiche verdankt. *Abb. siehe S. 438.*

Lit: H. Göbel, *Wandteppiche*, Leipzig 1923-34.

Nosseni, Giovanni Maria (1544-1620). Italienischer Architekt und Bildhauer, der sich 1575 in Torgau, Sachsen, niederließ und 1583 nach Dresden übersiedelte. Im Auftrag von Kurfürst August von Sachsen fertigte er 1575-86 eine besonders kunstvoll gearbeitete Garnitur von zwölf Stühlen an, von der noch sieben erhalten sind. Sie befinden sich im Museum für Kunsthandwerk, Dresden. Diese mit Vergoldungen, Schnitzereien und Einlegearbeiten aus Halbedelsteinen dekorierten Stühle gehören zu den prunkvollsten Möbeln der deutschen Spätrenaissance. In seinen späteren Jahren betätigte sich Nosseni hauptsächlich als Architekt und Bildhauer.

Nøstetangen, Glashütte. Bedeutendste norwegische Glashütte, 1741 in Nøstetangen in der Nähe von Drammen von Christian VI. von Dänemark und Norwegen gegründet. Zuerst wurde die Glashütte vor allem vom Hof in Kopenhagen gefördert. Es wurden Glasarbeiter aus Thüringen beschäftigt, und man richtete sich am Anfang nach deutschen Vorbildern. 1753 wurde der Betrieb reorganisiert und 1755 wurde durch englische Handwerker das →Bleiglas eingeführt. Während der besten Zeit, 1760-70, wurden zwei Arten von Glaswaren hergestellt: Gefäße aus Natronkalkglas, im Ton zwischen Rosarot und Purpur, ziemlich grob gearbeitet, oft mit Verunreinigungen, und

Norwegischer Wandteppich, ›Die klugen und törichten Jungfrauen‹, spätes 17. Jh. (Kunstindustrimuseet, Oslo)

im allgemeinen nach dem Muster deutscher Gebrauchsgläser; sowie Bleiglasgefäße hoher Qualität, wie Karaffen, Pokale usw., im englischen Stil mit venezianischem Einschlag, oft mit Rokokodekor graviert. Es wurden auch reizvolle →Lüster gemacht, mit vielen farbigen Glasanhängern, die ihnen ein unwirkliches Aussehen geben (drei davon in der Kirche von Kongsberg, 1759-66). Die Hütte wurde 1777 geschlossen und die meisten Glasmacher wurden vom →Hurdals Werk übernommen.

Lit: A. Polak, *Nøstetangen*, Oslo 1966.

Nottingham. Frühestens im 13. Jh. entstandene Töpfereien, die grüne sowie auch braune →bleiglasierte →Irdenware herstellten. Im 16. und 17. Jh. wurden mehrhenklige Trinkbecher gemacht. Ihren Ruf verdanken die Töpfereien aber zumeist der Herstellung →salzglasierten →Steinzeugs seit etwa 1690. James Morley aus Nottingham, der zu den 1693 von J. →Dwight wegen Verletzung seines Steinzeugpatents verklagten Töpfern gehörte, gab im letzten Jahrzehnt des 17. Jhs. eine Beschreibung solcher Erzeugnisse heraus. Das früheste bekannte Stück aus Steinzeug ist 1700 datiert (Privatsammlung; ein 1703 datierter Krug befindet sich im Victoria & Albert Museum, London). Stücke aus dem frühen 18. Jh. sind dünn gewandet, leicht und haben einen grauen Scherben. Sie sind mit einem verdünnten, eisenhaltigen Ton überzogen, der eine warme, braune Tönung und eine ungewöhnlich zarte Salzglasur ergibt. Unter den Erzeugnissen finden sich →Posset pots, zylindrische Trinkkrüge, große und kleine Henkelkrüge, Teekannen und glokkenförmige Tassen, die mit eingeritzten Linien verziert und gelegentlich mit stilisierten Blumen in →Schlicker bemalt wurden. Gegen die Mitte des 18. Jhs. wurde der Dekor offensichtlich üppiger, dafür aber weniger ansprechend. Deckelkrüge in der Form von Bären mit abnehmbarem Kopf als Trinkgefäße wurden in der Mitte des 18. Jhs., wie in →Staffordshire, gemacht. Im späten 18. Jh. ließen die Leistungen der Töpfereien zusehends nach; sie sollen 1803 geschlossen worden sein.

Lit: A. Oswald, R. J. C. Hildyard u. R. G. Hughes, *English Brown Stoneware 1670-1900*, London 1983.

Nottingham-Spitze. Ab Mitte des 19. Jhs. in Nottingham maschinell hergestellte ›Spitze, weitgehend, aber nicht ausschließlich, in Imitation verschiedener handgemachter Spitzenarten. Sie war billig und wurde oft für Vorhänge usw. im spätviktorianischen England genommen.

Nove

Nove. Die erste von mehreren Majolika-, Steingut-, Weichporzellan- und Porzellanfabriken in Nove bei Bassano wurde 1728 von *Giovanni Battista Antonibon* (gest. 1738) gegründet, dessen Nachkommen (zunächst sein Sohn Pasquale) die Fabrik bis ins späte 19. Jh. weiterführten. Unter den Arbeiten zu Anfang und Mitte des 18. Jhs. sind ansprechende Majolikateller und Terrinen, darunter solche in Form eines Fisches usw. bemerkenswert, die in leicht rustikalem Rokokostil modelliert und mit →Scharffeuerfarben dekoriert waren. In dem Jahrzehnt von 1750-60 (sicherlich vor 1762) begann die Herstellung von Hybridporzellan (Weich→porzellan); Teekannen, Tassen usw. sind von zarter, einfacher Form und oft sehr gut bemalt, zuweilen mit Figuren in typisch venezianischen Maskenkostümen. Statuetten sind allgemein im späten Rokokostil gehalten, kopieren aber auch gegen Ende des 18. und Anfang des 19. Jhs. Statuen von Canova. Nach 1786 arbeitete der Bildhauer Domenico Bosello als Modelleur für die Fabrik. Ähnliche Statuetten wurden vom späten 18. Jh. an in Steingut gemacht, das auch für Gebrauchsgeschirre verwendet wurde. Die besten Geschirre sind von Giovanni Maria Baccin (1744-1815) mit Szenen à la Watteau dekoriert. Baccin übernahm die Leitung der Fabrik von Antonibon von 1774 an (eingepreßte Marke: ›G M‹ über einem ›B‹, mit einem in roter Emailfarbe gemalten Stern). Ein Verwandter, Gerolamo Baccin, arbeitete gleichfalls in der Fabrik, später auch unter Francesco Parolin, der die Porzellanmanufaktur von Antonibon von 1781 bis 1802 gepachtet hatte, und in der Folge unter Giovanni Baroni und seinem Sohn Paolo (1802-1825). Aus Porzellan wurden Statuetten und andere feine Stücke gefertigt (Kaffeetassen usw.) Der Maler Giovanni Marcon (1771-1830), von dem einige signierte Stücke bekannt sind, arbeitete hier. Im 19. Jh. wurden viele andere Fabriken in Nove errichtet, das bis heute eines der Hauptzentren der italienischen Keramikproduktion ist.

Lit: E. Biarati in *Faenza* LXI (1975), S. 26-29; A. Klein, *Fayencen aus Europa*, Braunschweig 1980.

Nove: Steingutgruppe der Fabrik Antonibon-Pasolin, 1782-1802 (Museo Civico, Bassano del Grappa)

Nuppen. Bezeichnung für ziemlich große Tropfen aus Glas, die auf die Oberfläche von Glasgefäßen aufgeschmolzen und zu verschiedenen Formen wie Warzen, Dreiecken oder Dornen ausgezogen wurden. Daher der Name ›Nuppenbecher‹ für ein in dieser Weise verziertes Trinkglas, dessen Fertigung im 15. Jh. aufkam.

Nürnberg

Nürnberger Keramik. In der Mitte des 16. Jhs. war Nürnberg ein bedeutender Mittelpunkt der Herstellung von Öfen aus ausgeformten, grau oder schwarz →bleiglasierten Kacheln. Die →Hafnerware von Paul →Preuning und anderen stammt gleichfalls von dort. Zwischen 1530 und 1536 scheint A. →Hirschvogel in Nürnberg Fayencen hergestellt zu haben, wenn auch keine seiner Arbeiten gemarkt ist. Eine Anzahl schöner bedeutender Fayencen des 16. Jhs. kann mit gutem Grund Nürnberg zugeschrieben werden (Beispiele vor allem im Germanischen Nationalmuseum, Nürnberg; dort auch ein Teller mit der Darstellung der ›Jungfrau mit dem Kind‹ in Blau, datiert 1530). Stücke aus dem späteren 16. und frühen 17. Jh. kommen ebenfalls aus Nürnberg. Im 18. Jh. wurde in der Stadt erneut Fayence hergestellt. Eine von zwei Kaufleuten 1712 errichtete

Werkstatt hatte eine vielfältige Produktion, besonders →Enghalskrüge, zylindrische Trinkkrüge und Schüsseln, bemalt in Blau (oft auf einem hellblauen oder grauen Untergrund) und manchmal mit →Scharffeuerfarben grün, gelb, mangan und rot. Viele sorgfältiger bemalte Stücke tragen den Namen der Maler, besonders von Georg Friedrich Kordenbusch (gest. 1763), der möglicherweise Mitinhaber der Werkstatt war. Dargestellt wurden Vasen mit Blumen, Landschaften der Umgebung, biblische und mythologische Szenen. Erzeugnisse dieser Werkstatt wurden auch von →Hausmalern, von denen mehrere in Nürnberg arbeiteten, bemalt. Nach etwa 1770 ging es mit dem Unternehmen und der Qualität seiner Erzeugnisse rasch abwärts, wenngleich es noch bis etwa 1840 in Betrieb blieb.

Lit: A. Klein, *Nürnberger Fayencen*, Darmstadt 1961; ders., *Deutsche Fayencen*, Braunschweig 1975.

Nürnberger Glas. In der Mitte des 16. Jhs. wurde in Nürnberg eine Glashütte gegründet, die Gefäße in venezianischer Art herstellte. Die eigentliche Bedeutung als ein Zentrum der Glasveredelung erlangte die Stadt Nürnberg jedoch erst im 17. Jh., vor allem durch die Tätigkeit von Johann →Schaper und der Familie →Schwanhardt.

Lit: R. Schmidt, *Das Glas*, Berlin 1922; E. Meyer-Heisig, *Der Nürnberger Glasschnitt des 17. Jhs.*, Nürnberg 1963.

Nylon →Chemiefasern

Nymphenburg. Eine der wichtigsten deutschen Porzellanmanufakturen des 18. Jhs., gegründet 1747 in Neudeck bei München unter dem Schutz des bayerischen Kurfürsten. Ihre Produktion war gering, bis nach 1753 der →Arkanist J. J. →Ringler eintraf. 1761 wurde sie in ein neues Gebäude unmittelbar beim kurfürstlichen Sommerschloß Nymphenburg verlegt, wo sie sich noch heute befindet. Die frühesten Erzeugnisse waren wegen der unzulänglichen Porzellanmasse wenig befriedigend, aber seit 1757 hatte man ein Porzellan von besonderer Feinheit mit weißer Farbe zur Verfügung, das gerade im Bereich des figürlichen Porzellans die höchsten Leistungen ermöglichte. Einmalig sind die unübertrefflichen Rokokofiguren von F. A. →Bustelli, der von 1754 bis 1763 Modellmeister war. Während dieser Zeit stellte die Manufaktur auch Stockgriffe und kleinere Dosen her und beschäftigte Goldschmiede, um letztere zu montieren. Geschirre und Warmhaltevorrichtungen aus dieser Zeit sind ansprechend und oftmals recht gut bemalt, zeigen aber wenig eigenschöpferische Ideen und sind oft Erzeugnissen anderer Manufakturen nachempfunden. Auf Kosten von →Meißen profitierte Nymphenburg vom Siebenjährigen Krieg, der wesentlich zur Ausweitung des Exports beitrug. Aber Mitte der 1760er Jahre traten finanzielle Schwierigkeiten auf, 1767 wurde das Personal von 200 auf etwa 80 Arbeiter zurückgenommen, und die Qualität der Erzeugnisse fiel mehr und mehr ab. 1764 trat D. →Auliczek die Nachfolge von Bustelli an, was sich bei dem figürlichen Porzellan in einem ziemlich steifen, klassizistischen Stil bemerkbar machte. Eine Wiederbelebung trat mit J. P. →Melchior ein, der von 1797-1810 Modellmeister und Inspektor war. Reliefierte Porträtmedaillons, Büsten und Figuren aus der klassischen Antike waren bemerkenswerte Erzeugnisse dieser Zeit. Tafelgeschirre lassen den Einfluß des Empire-Stils von →Sèvres erkennen, im frühen 19. Jh. wurden Figuren nach Modellen der führenden bayerischen Bildhauer Franz und Ludwig Schwanthaler angefertigt. Das schönste Erzeugnis dieser Zeit war das ›Onyx Tafelservice‹ für Ludwig I. aus dem Jahre 1835, das mit Statuen nach Vorbildern aus der Münchener Antikensammlung bemalt ist. 1862 endete die staatliche Periode, und die Manufaktur wurde von Ferdinand Scotzniovsky gepachtet, der ausschließlich Gebrauchsgegenstände herstellte. Mit Albert Bäuml begann 1888 ein Neuanfang. Im frühen 20. Jh. gab es gutes Jugendstilgeschirr, einige eindrucksvolle Vögel und Tiere nach Modellen von Theodor Kärner (geb. 1885), der von 1905-1918 in der Manufaktur arbeitete, und Figuren in zeitgenössischen Kostü-

Nymphenburg erstmals 1755

Nymphenburg: Porzellan-Pekinese, Modell von Th. Kärner, 1912 (Sammlung Karl H. Bröhan, Berlin)

Nymphenburg: Porzellan-Kühlgefäß, um 1755-60 (Victoria & Albert Museum, London)

men von P. →Scheurich und J. →Wackerle. Die Manufaktur arbeitet heute noch, macht Dekorations- und Gebrauchsporzellan von hoher Qualität und formt Modelle des 18. Jhs. neu aus. *Siehe auch Abb. S. 103.*

Lit: F. H. Hofmann, *Geschichte der bayerischen Porzellan Manufaktur Nymphenburg,* Leipzig 1922; Staatliche Porzellanmanufaktur Nymphenburg, *200 Jahre Nymphenburg,* München 1948. G. P. Woeckel, *Die Tierplastik der Nymphenburger Porzellan-Manufaktur,* Best. Kat. 1905-20, München 1978.

Nyon

Nyon. Neben →Zürich die beste Porzellanfabrik in der Schweiz. Sie wurde etwa 1780 von *Ferdinand Müller* gegründet, seit 1781 zusammen mit *Jacob Dortu* (1749-1819) betrieben, der in →Berlin, →Marseille und →Marieberg gearbeitet hatte und von 1809-1813 Direktor der Fabrik war. Die Erzeugnisse sind aus einwandfreiem Hartporzellan, anziehend, aber einfach bemalt, gewöhnlich in Nachahmung von →Paris. Sehr gefällig sind Tassen, Kaffeekannen usw. mit Schmetterlingen oder Blumenzweigen. In den letzten Jahren der Tätigkeit von Dortu beschränkte sich die Fabrik auf die Herstellung von Steingut und die Nachahmung von Steinzeug von →Wedgwood. Sie arbeitete bis 1860.

Lit: A. de Molin in *Gazette des Beaux Arts* XXXIII (1905), S. 210ff.; E. Pelichet in *Faenza* XXXIV (1948), S. 35-37; E. Pelichet, *Merveilleuse porcelaine de Nyon,* Paris 1974.

Nymphenburg: ›Kaffeegruppe‹, Modell von F. Bustelli, 1756 (Residenz-Museum, München)

O

Obeliskpokal, engl. ›steeple cup‹. Ein englischer Prunkpokal des frühen 17. Jahrhunderts, mit einem Deckel versehen, der von einem Obelisken oder einer kirchturmähnlichen Spitze bekrönt wird.

Oberg, Thure → Arabia

Oberkampf, Christophe-Philippe. Textilzeichner, bahnbrechender Industrieller. Gründer einer Fabrik in Jouy, die ihren Produkten den Namen ›toiles de Jouy‹ gab. Er wurde in Weisenbach, Bayern, als Sohn eines Färbers geboren, der kurz nach 1740 ein neues Druckverfahren für Blau auf weißer → Baumwolle erfand. Zu dieser Zeit war in Frankreich das Herstellen und Bedrucken von Baumwolle allgemein streng untersagt, aber Oberkampf kam nach einer Zeit als Wanderlehrling zu einer privilegierten Pariser Baumwolldruckerei. Ein Bankier, der 1758 erfuhr, daß das Verbot der Baumwollverarbeitung bald aufgehoben werden sollte, veranlaßte ihn und seinen Bruder *Frédéric,* sich mit einer Fabrik in Jouy-en-Josas selbständig zu machen, wo im März 1760 die ersten nach Entwürfen Oberkampfs gedruckten und gefärbten Baumwollstoffe herauskamen. Das Unternehmen hatte sofort Erfolg. 1764 gründete er eine neue und größere Fabrik in Jouy, daneben wurde ein Verkaufsraum in Paris eröffnet. 1783 wurde die Fabrik ›Manufacture royale‹. Oberkampf, der 1770 eingebürgert worden war, kaufte das Geschäft seinen Partnern ab und wurde vermögend. Durch kluge Zeichnung patriotischer Fonds und nicht weniger kluge Übernahme republikanischer Devisen als Dekor seiner Stoffe überlebte er die Revolution und machte unter Napoleon und dem Kaiserreich ein noch größeres Vermögen. Seinen Erfolg verdankte er verschiedenen Umständen: der Nähe seiner Fabrik zu Versailles, von wo die Beamten des Hofes sie leicht besichtigen konnten, seinem scharfen Blick für Geschmacksänderungen, seiner Beharrlichkeit, hochqualifiziertes Material zu benutzen (er fing an, die beste Baumwolle aus Indien über England zu importieren), seiner Bereitschaft, neue Techniken zu übernehmen (kurz vor 1770 den Plattendruck (→ Baumwolle mit Plattendruck), um 1805 den Walzendruck (→ Baumwolle mit Walzendruck)), industriellen Produktionsmethoden und auch seinen guten persönlichen Verbindungen. Hinzu kamen die hervorragenden Leistungen seines Meisterentwerfers J. B. → Huet. Hauptsächlich stellte er geblümte Kleiderstoffe her. 1775 begann er mit vollendeten Möbelstoffen für die königlichen Paläste, einige wurden sogar mit bis zu acht Druckstöcken hergestellt. 1781 entstanden die Möbelstoffe, mit denen sein Name am engsten verbunden ist, Stoffe mit Szenen in Vignetten wie ›Die Jahreszeitenfolge‹ oder ›Ländliche Feste‹, die in Blau oder Rot auf weißem Grund gedruckt waren. Nach seinem Tod erbten Verwandte seinen großen Konzern und verkauften ihn 1820. Er ging dann durch mehrere Hände, machte schließlich bankrott und wurde 1843 aufgelöst.

Lit: H. Clouzot, *Histoire de la manufacture de Jouy...,* Paris 1928.

C.-P. Oberkampf: ›toile de Jouy‹, mit Szenen der Herstellung von ›toiles de Jouy‹ von J.-B. Huet, 1783 (Musée des Arts Décoratifs, Paris)

Obrisset oder **O'Brisset, John** (tätig 1705-28). Ein nach London zugewanderter französischer Kunsthandwerker, der bekannt ist für seine kleinen Dosen aus gepreßtem Horn oder Schildpatt, die Reliefbildnisse tragen.

Lit: P. A. S. Phillips, *John Obrisset, Huguenot, Carver, Medallist,* London 1931.

Obrist, Hermann (1863-1927). Schweizer Bildhauer und Art Nouveau-Designer. Nach dem Studium der Naturwissenschaften in Heidelberg arbeitete er ab 1888 an der Kunstgewerbeschule Karlsruhe. 1892 eröffnete er eine Stickereiwerkstatt in Florenz, die 1894 nach München verlegt wurde. Dort nahm er an der Gründung der ›Vereinigten Werkstätten für

Kunst im Handwerk‹ teil (1897), die er später als Direktor leitete. Er entwarf auch Möbel, aber seine Hauptbedeutung liegt in den aus vegetabilischen Formen entwickelten Stickereientwürfen: Bekannt ist sein Zyklamenentwurf, in dem Wurzeln und Stengel der Pflanze in einem einzigen verschlungenen Linienschwung zusammengeschlossen sind, den ein Zeitgenosse ›den Peitschenhieb‹ nannte.

Lit: W. C. Behrend, *Der Kampf um den Stil im Kunstgewerbe und in der Architektur,* 1920; R. Schmutzler, *Art Nouveau,* London 1964; *Hermann Obrist,* Kat. Ausst. Bern 1967.

Obsidian. Säurebeständige, glänzende dunkle oder schwarze Glaslava oder vulkanischer Stein von unterschiedlicher Zusammensetzung. Wenn er gebrochen wird, zeigt er eine durch Streifen oder Kurven gekennzeichnete Oberfläche. Im alten Mexiko und im Nahen Osten wurden Spiegel aus ihm gemacht, außerdem wurde er in weitem Umfang zu Schmuckstücken und der Verzierung kleiner häuslicher Geräte verarbeitet.

Ochsenblut, franz. ›sang de bœuf‹. Eine glänzende tief- bis karminrote Porzellanglasur, die chinesische Töpfer seit der →Kangxi-Zeit bei einfarbigen Gefäßen einsetzten. Im 19. Jh. wurde sie in Europa imitiert. Die Farbe entsteht durch einen Kupferzusatz in der Glasur und gleicht vor allem an den Stellen, an denen sie dicker aufgetragen ist wie an Schulter und Fuß einer Vase, geronnenem Ochsenblut. Die reizvolle Unregelmäßigkeit der Glasur ist der Grund für die schwierige Fabrikation. Sie muß in reduziertem Brand hergestellt werden, der mit einer starken Oxydation abschließt. Verlängert man den Oxydationsprozeß, entsteht eine hellere Farbe, die Pfirsichblütenglasur genannt wird. Sie ist seltener als das ›sang de boeuf‹ und kommt nur bei kleinen Gefäßen vor. In China wird das so glasierte Porzellan mit ›lang-yao‹ bezeichnet.

Ochsenkopfhumpen →Fichtelgebirgsgläser

Odiot, Jean-Baptiste-Claude (1763-1850). Ein französischer Silberschmied des →Empire, Leiter einer Werkstatt, die mit der des M.-G. →Biennais rivalisierte, gelegentlich aber auch mit ihm zusammenarbeitete. Der Stil seiner Silberarbeiten ist dem des Biennais ähnlich, obwohl die gelungensten gediegener wirken und sich pedantischer an das Vorbild der Antike halten. Anders als Biennais, entstammte er einer Familie von Silberschmieden, war im Handwerk herangewachsen und wurde 1785, als er seines Vaters Werkstatt übernahm, als Meister in die Pariser Zunft aufgenommen. Im Jahre 1792 diente er in der Republikanischen Armee und entkam so dem Terror. In der Zeit des Kaiserreichs war er viel für Napoleon beschäftigt, wurde offizieller ›orfèvre‹ der Mme. Mère und schuf 1811 mit P.-Ph. →Thomire zusammen die Wiege für den König von Rom (Kunsthistorisches Museum, Wien). Im Range eines Oberst kehrte er 1814 in die Armee zurück. Aber nach der Restauration wurde er Goldschmied Ludwigs XVIII., der ihm den Orden der Ehrenlegion verlieh; er arbeitete weiter im Stil des Empire. 1827 zog er sich in den Ruhestand zurück und überließ die Firma seinem Sohn *Charles,* von dem sie 1868 an dessen Sohn *Jean-Baptiste* (1828-1912) überging.

Lit. H. Bouilhet, *L'Orfèvrerie française aux 18ᵉ et 19ᵉ siècles,* Paris 1910; S. Grandjean, *L'Orfèvrier du XIXᵉ siècle en Europe,* Paris 1962.

Jean-Baptiste-Claude Odiot

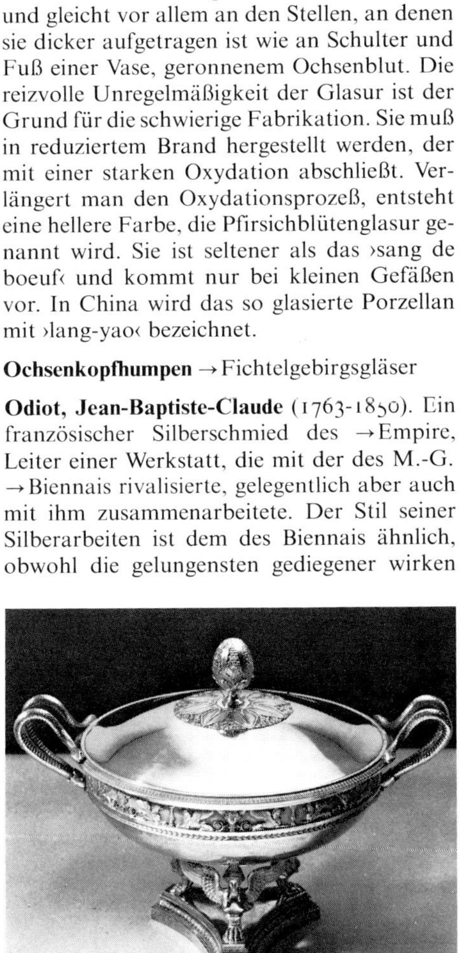

J.-B.-C. Odiot: silbervergoldete Terrine, 1815-25 (Sammlung Odiot, Paris)

Oeben, Jean-François (um 1721-63). Bedeutendster Möbelkünstler des 18. Jhs., dessen Wirken in die Übergangszeit zwischen dem Louis-quinze und dem Louis-seize fällt. Er verstand sich auch auf die Bearbeitung von Metall, war technisch sehr begabt und spezialisierte sich auf ›meubles à secrets‹ und ›meubles à surprises‹. Diese kompakten, raffiniert ausgeklügelten Mehrzweckmöbel waren mit allerlei Beiwerk ausgestattet und kamen um 1750 in Mode, als man begann, sich in kleineren, intimeren Räumen wohlzufühlen.

Oeben war gebürtiger Deutscher; er ließ sich zwischen 1741 und 1749 in Paris nieder und heiratete die Nichte von R. →Lacroix. 1751 begann er, in der Werkstatt von Charles-Joseph Boulle (Enkel von Ch.-A. →Boulle) zu arbeiten. Er erfreute sich der Gunst von Madame de Pompadour und wurde 1754 zum →›ébéniste du Roi‹ ernannt, aber erst 1761 zum ›maître ébéniste‹. Zu seinen Mitarbeitern gehörten J.-H. →Riesener und J.-Fr. →Leleu. Trotz seines großen Erfolges starb er mittellos. Seine Witwe führte die Werkstatt weiter und benutzte seinen Meisterstempel. 1767 heiratete sie Riesener, der die Werkstatt seit Oebens Tod geleitet hatte. Da Oeben erst kurz vor seinem Tod ›maître‹ wurde, ist anzunehmen, daß der größte Teil der Möbel, die Oebens Meisterzeichen tragen, z. T. oder ganz von Riesener stammen. Typisch für Oebens Möbel sind neben den technischen Raffinessen sehr kostbare →Marketerien; die bildhaften Blumenmotive und die von Bändern umschlungenen Blumenkörbe sind naturalistisch bis zum ›trompe-l'œil‹-Effekt. Einige kleine Tische mit Blumenmarketerie befinden sich im Residenzmuseum, München, und im Rijksmuseum, Amsterdam. Gegen Ende seines Lebens verwendete er in besonderem Maße geometrische Marketerie mit Kubenmustern. Ein Sekretär aus dieser Periode befindet sich im Louvre, Paris. Seine kostbarste Arbeit ist das 1760 in

J.-F. Oeben: Marketerie-Sekretär mit Frontklappe, um 1760 (Schloß Nymphenburg, München)

Auftrag gegebene und als ›bureau du Roi‹ bekannte Zylinderbureau für Ludwig XV., das sich in Versailles befindet und das ihn berühmt machte. Er war nicht nur verantwortlich für den Entwurf dieses ungewöhnlich prächtigen und kostbaren Möbels, er hatte auch den komplizierten Mechanismus des Zylinderbureaus erfunden. Erst einige Jahre nach dem Tod Oebens, 1763, wurde das ›bureau du Roi‹ von Riesener vollendet, dessen Stempel es trägt. Oebens jüngerer Bruder *Simon François Oeben* (gest. 1786) war ebenfalls ›ébéniste du Roi‹; seine Schwester heiratete →Carlin. Eine seiner Töchter war die Mutter von Eugène Delacroix; ob allerdings ihr Ehemann Charles Delacroix der Vater des Malers ist, erscheint fraglich.

Lit: R. Stratman, *Der Ebenist Jean-François Oeben*, Heidelberg 1971; R. Stratman, *›Der Ebenist Simon Oeben‹* in *Aachener Kunstblätter* XLII (1972), S. 262-81.

Œil de perdrix, franz., Rebhuhnauge. Ein Porzellandekor, der erstmals und hauptsächlich in →Sèvres benutzt wurde. Er besteht aus einem sich wiederholenden Muster von Punkten in Gold oder Emailfarben, die von einer Reihe kleinerer Punkte kreisförmig umgeben werden, und dient der farblichen Gestaltung eines sonst weiß gelassenen oder mit anderen Mustern, z. B. Gitterwerk, bemalten Fonds. Dieselbe Bezeichnung wird auch verwendet für verschiedene Arten von Spitzendekoren mit auffallenden Punkten in den Maschen als Fonddekor.

Offenbach. Fayencemanufaktur bei Frankfurt am Main. Sie wurde 1739 von *Philipp Friedrich Lay,* (gest. 1762), der vorher in →Hanau gearbeitet hatte, gegründet. Ihm folgte sein Sohn bis 1765. Sie produzierte hauptsächlich Eßge-

Offenbach

schirre mit Blumen, Vögeln oder figürlichen Darstellungen in einem etwas derben Stil mit →Scharffeuerfarben bemalt. 1807 schloß die Manufaktur.

Lit: K. Hüseler, *Deutsche Fayencen*, Stuttgart 1956; A. Klein, *Deutsche Fayencen*, Braunschweig 1975.

Öham, Paulus d.J. (gest. 1671). Nürnberger Zinngießer, tätig ab 1634. Er ist bekannt für Teller mit figürlichem Relief, zum Beispiel ein Auferstehungsteller im Kunstgewerbemuseum, Köln.

Ohrensessel. Gepolsterter Armlehnsessel mit hoher Rückenlehne, die in nach vorn gerichtete Seitenflügel mündet; sie schützen den Kopf des Benutzers vor Zugluft. Erstmals in England im späten 17. Jh. hergestellt, gehörte er bis zur Mitte des 18. Jhs. zur Ausstattung des eleganten Salons und wurde weiter während des ganzen 18. und 19. Jhs. gefertigt. Die ursprüngliche Ausführung wurde im 20. Jh. wieder aufgenommen und modernisiert, z. B. von A. →Jacobsen.

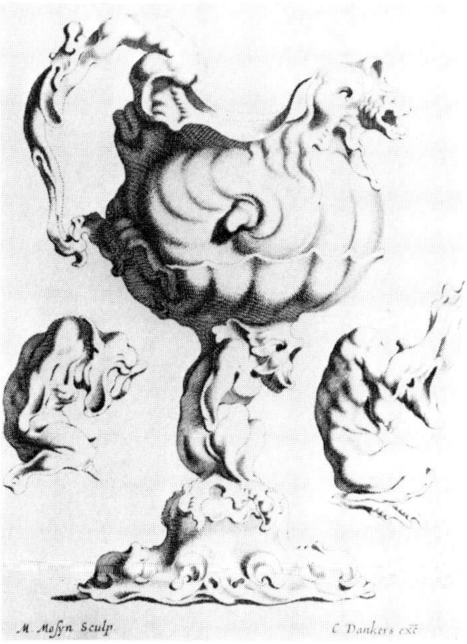

Ohrmuschelstil, Entwurf von M. Mosyn, um 1650

Ohrmuschelstil. Im Englischen ›Auricular style‹, auch ›Lobate style‹, im Holländischen ›Kwabornament‹ und im Deutschen auch ›Knorpelwerk‹ genannt. Holländischer Silberstil des 17. Jhs., charakterisiert durch seltsame, gleitende gekrümmte Formen, ähnlich den Formen im Innern einer Muschel oder denen der Ohrmuschel. Auch phantastische Motive, wie Delphine, deren Schwänze allmählich in gekräuseltes Wasser übergehen, und Wasserwirbel, die sich in Gesichter von grinsenden Ungeheuern oder in gekrümmte, nackte Gestalten verwandeln, kennzeichnen den Ohrmuschelstil. Das Silber ist so zart und glatt verarbeitet, daß es in flüssigem Zustand zu sein scheint. Dieser Stil wurde von holländischen manieristischen Stichwerken und deutschen Silberarbeiten ausgehend zuerst von P. v. →Vianen vor 1607 voll entwickelt und 1614 von seinem älteren Bruder und einem Neffen übernommen. Auch Thomas →Bogaert, J. →Lutma und Michiel Esselbeeck (1611-71) wären zu erwähnen. M. Mosyn veröffentlichte um 1650 in Amsterdam eine Reihe von Entwürfen für Geschirre im Ohrmuschelstil. Motive dieses Stils finden sich auch im geschnitzten Ornament holländischer und deutscher Möbel des 17. Jhs., wesentlich beeinflußt durch das Werk ›Neues Zitatenbuch‹ (um 1650) des Frankfurter Kunstschreiners Friedrich Unteusch.

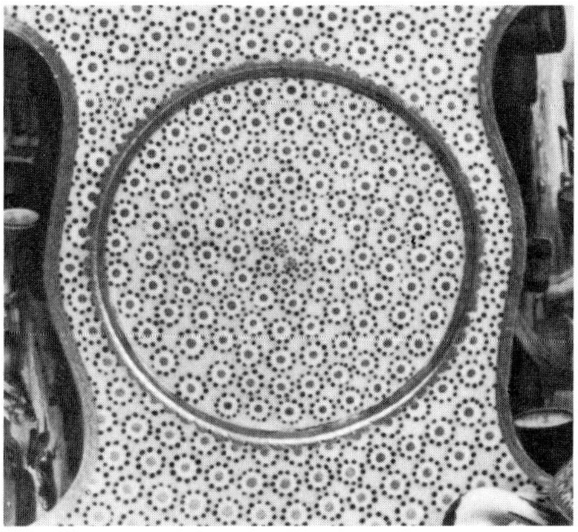

›Œil de perdrix‹, Dekor auf Sèvres-Porzellan, 1766 (Victoria & Albert Museum, London)

Lit: W. K. Zülch, *Entstehung des Ohrmuschelstils*, Heidelberg 1932.

Okawachi →Arita Porzellanfabriken

Olbrich, Joseph Maria (1867-1908). Österreichischer Architekt (Schüler Otto Wagners) und Entwurfszeichner des →Art Nouveau, einer der Begründer der Wiener →Sezession, deren Sitz er entwarf: sein erster und berühmtester Bau (1898). Dann berief ihn der Großherzog von Hessen in die →Darmstädter Künstlerkolonie, für die er das Ernst Ludwig-Haus, einen Atelierbau, und viele der Künstlerhäuser entwarf. Den Rest seines Lebens verbrachte er in Darmstadt. Er entwarf auch, und hauptsächlich für die Künstlerkolonie, Möbel, Tafelsilber, Lampen, Metallarbeiten und vielerlei häusliche Ausstattungs- und Schmuckgegenstände. 1906 zeichnete er Autozubehör für Opel. Mit seinen Entwürfen wirkte er vor allem dem Naturalismus entgegen, zugunsten einer abstrakten Ornamentik aus fließenden Linien und unregelmäßig gerundeten Formen; bei Möbeln und Silber zog er die klare Form der Oberflächendekoration vor. Und wahrscheinlich übte er über seine Freunde Peter →Behrens und Josef →Hoffmann einen gewissen Einfluß auf das moderne Kunsthandwerk aus. Beispiele seiner Möbel und Einrichtungsgegenstände befinden sich im Hessischen Landesmuseum, Darmstadt.

Lit: *Joseph Maria Olbrich*, Ausst. Kat. Darmstadt 1967; H. Kreisel und G. Himmelheber, *Die Kunst des deutschen Möbels*, III, München 1973.

Old English-Muster. Englischer Löffel- und Gabeltyp mit schlichtem, flachem Griff, der gegen das Ende zu leicht verbreitert und ein

Omega Workshops: Wollflor-Teppich, 1914 (Victoria & Albert Museum, London)

wenig gebogen ist. Er kam in der Mitte des 18. Jhs. in Gebrauch.

Olerys, Joseph (1697-1749). Bekannter südfranzösischer Töpfer, der, in Marseille geboren, in der Werkstatt von P. →Clérissy in →Moustiers ausgebildet wurde. Er soll in Marseille von 1723-26 eine kleine Fayencefabrik betrieben haben. 1726-27 kam er zur Fayencefabrik in →Alcora. 1737 kehrte er nach Frankreich zurück und errichtete zusammen mit seinem Schwager *Jean Baptiste Laugier* (1688-1765) in Moustiers eine Werkstatt, in der er die Techniken, die er in Spanien kennengelernt hatte, besonders die →Scharffeuermalerei, anwandte.

Lit: A. Klein, *Fayencen aus Europa*, Braunschweig 1980.

Ölfleckenglasur. Chinesische schwarze Glasur, silbrig gepunktet, die aus Eisen gewonnen wird. Sie ist eine Neuerung der Song-Dynastie für →Jiang-Ware, sehr bewundert von den japanischen Teemeistern. Sie ist kürzlich von deutschen Kunstkeramikern wieder aufgenommen worden, besonders von J. Bontges van →Beek, Christine Atmer de Reig und Horst Kerstan.

Olifant. Eine veraltete Form des Wortes ›Elefant‹, die heute nur noch auf ein mittelalterliches, aus einem Elefantenzahn geschnitztes Horn angewendet wird. Solche Hörner sind vielfach mit reichen Schnitzarbeiten oft nach islamischen Vorbildern versehen.

Olivier, Jacques →Montpellier

Ollivier, François →Aprey

Omega Workshops. Ein kurzlebiges Unternehmen, das 1913 in London von dem Kunstkritiker *Roger Fry* mit dem doppelten Ziel gegründet worden war, das Niveau des kunsthandwerklichen Entwurfs zu heben und außerdem so begabte junge Künstler wie z. B. Duncan Grant, Vanessa Bell, Wyndham Lewis und Henri Gaudier-Brezska zu unterstützen. In vielerlei Hinsicht war dieser Versuch von W. →Morris inspiriert. Aber Fry mangelte es an Morris' Geschäftssinn, und er setzte für die Omega-Erzeugnisse lächerlich niedrige Preise an. Außerdem beharrte er unklugerweise auf Anonymität und stieß damit einen Teil der Künstler vor den Kopf, die sich schon nach drei Monaten wieder von ihm trennten. Auch unterschätzte er den Hang der englischen Käufer zu handwerklicher Gediegenheit. Das Unternehmen quälte sich durch die Kriegsjahre fort und wurde 1920 aufgegeben. Die Produktion erstreckte sich auf Möbel, Textilien und Keramik. Aber die besten Erzeugnisse waren die in →Wilton hergestellten Teppiche und die in Frankreich bedruckten Möbelstoffe mit vorzüglichen, in leuchtenden Farben hervortretenden Flächenmustern.

Lit: I. Anscomb, *Omega and after, ...*, London 1981.

Onslow-Muster. Dekoration englischer Löffel oder Gabeln aus der Mitte des 18. Jhs., deren Stiel an der Laffe in eine strahlenförmige Riefelung ausläuft und am andern Ende zu einer Spirale aufgerollt ist.

Opalglas. Moderne Bezeichnung für ein durchscheinendes weißlich-trübes Glas, ähnlich dem Milchglas, das vor allem im 19. Jh. in Frankreich hergestellt und dort ›opale‹ oder ›en couleurs opales‹ genannt wurde. Die besten Opalgläser wurden in →Baccarat, →Saint-Louis und →Choisy-Le-Roy gemacht. Auch bläuliche, rosa und grüne Töne kommen vor.

Lit: Y. Amie, *Opalines françaises de XIX siècle*, Paris 1950.

Opaque twist stem, engl. Der Schaft eines Trinkglases, eingelegt mit einer oder mehreren Spiralen aus opakweißen oder gefärbten Glasfäden, in der gleichen Technik wie das venezianische →Latticinio Glas gemacht. Dieser Schaftdekor war in England und Holland seit der Mitte des 18. Jhs. verbreitet.

Oppenheim, Mayer (tätig 1755-89). Englischer Glasmacher, der 1755 in London ein Patent zur Herstellung von rubinrotem Glas erhielt, 1764 ebenfalls in Birmingham. Er gründete um 1760 in Birmingham eine Glashütte. Später scheint er sich in Frankreich niedergelassen zu haben, wo er 1789 ein Patent für eine verbesserte Methode der Glasherstellung erwarb.

Oppenordt, Gilles-Marie (1672-1742). Führender →Régence-Ornamentist, ein gewandter und produktiver Entwerfer, dessen Zeichnungen einen weitreichenden Einfluß ausgeübt haben. In Paris als Sohn eines Ebenisten holländischer Herkunft geboren, besuchte er dort von 1692-99 die Akademie und entwickelte einen hochbarocken, von Bernini und Borromini beeinflußten Stil, der ihm in Frankreich wenig Wohlwollen eintrug, es sei denn in seiner Anwendung auf sakrale Objekte. Mehr und mehr unter den Einfluß von P. →Le Pautre geratend, wechselte er zum frühen Rokoko über: 1714 begann er mit dem Entwurf von Innendekorationen. Philippe d'Orléans förderte ihn lebhaft und ernannte ihn 1715 zum Hofarchitekten. An die virtuos weiterentwickelten Rokokoformen eines Juste-Aurèle →Meissonnier und Nicolas →Pineau wagte er sich nie heran. Zu seinen Lebzeiten war er hauptsächlich als Entwerfer von Innendekorationen bekannt; nach seinem Tode veröffentlichte J.-G. →Huquier drei Sammelbände mit Zeichnungen für Paneele, Kartuschen, Zierleisten, Konsolen, Uhrgehäuse, Leuchter, Kamingesimse usw., die als der Petit, der Moyen und der Grand Oppenordt bekannt sind (1748). *Siehe Abb. S. 313.*

Lit: D. Guilmard, *Les maîtres ornemantistes*, 2 Bde., Paris 1880-81; Fiske Kimball, *The creation of the Rococo*, Philadelphia 1943; E. Berckenhagen, *Die französischen Zeichnungen der Kunstbibliothek Berlin*, Berlin 1970.

Opus anglicanum. Englische mittelalterliche kirchliche Stickereien vor allem des 13. und 14. Jhs., die die feinsten dieser Zeit in Europa waren und den größten Beitrag Englands zu der damaligen Textilkunst bilden. Ihr überragendes Verdienst scheint 1246 von Papst Innocenz IV. ›entdeckt‹ worden zu sein, der so von den liturgischen Gewändern der englischen Bischöfe beeindruckt war, daß er goldene Stickereien für seine Meßgewänder und Kaseln über die einschlägigen Londoner Händler bestellte (sie sind zu dieser Zeit wohl öfter von unabhängigen Meistern als von Mönchen oder Nonnen gemacht worden). Einige spätere Päpste bestellten ebenfalls kunstvolle Gewänder bei englischen Stickern (wie das von 1288 im Museo Communale, Ascoli Piceno in Italien; oder jene, die 1309 von Papst Clemens V. der Kathedrale von S. Bertrand de Comminges geschenkt wurden), und ihrem Beispiel folgten zahlreiche Auftraggeber, vor allem in Frankreich und Spanien. Das Opus anglicanum unterscheidet sich von den gleichzeitigen Arbeiten in Europa (die manchmal als Kopien gearbeitet wurden) mehr in Qualität und Stil als in der Technik. Das Grundgewebe war aus Seide oder Satin, auf das im →Plattstich mit Goldfäden die Hintergründe gestickt wurden; die Figuren wurden dann in Seide in feinem Spaltstich gestickt, der in der Richtung wechselt und so die Illusion einer Modellierung hervorruft (z. B. weiße Seidenstickerei in konzentrischen Kreisen, die die Rundung einer Backe bilden). Jedes Detail wurde mit erstaunlich minutiöser Perfektion ausgeführt. Stilistisch ähneln die Stickereien der gleichzeitigen englischen Buchmalerei, in einigen Fällen wurden die Vorlagen von Miniaturmalern gemacht. Dekorative Motive wie Säulen und Arkaden sind von zeitgenössischen frühenglischen, häufiger noch von dekorativen Architekturstilen übernommen worden. Die wenigen Beispiele des 13. Jhs. haben einen eher ernsthaften Charakter mit überlangen, asketischen Figuren in Ranken (z. B. die Clare-Kasel im Victoria & Albert Museum London; das Ascoli-Meßgewand im Museo Communale in Ascoli Piceno ist reicher, ihm liegen wahrscheinlich Zeichnungen zu Grunde, die vom Papst, der dieses Gewand bestellte, geschickt worden waren). Im 14. Jh. entwickelte sich ein reicherer Stil, die Figuren sind zahlreicher und gedrängt und sind mit dem Grundmuster verbunden. Auf der Syon-Kasel (im Victoria & Albert Museum, London) enthalten 15 miteinander verbundene Vierpässe Szenen aus dem Neuen Testament und Heiligenfiguren, während die Zwischenräume mit geflügelten Seraphinen bestickt sind. Eine nur wenig spätere Kasel (Museo Civico, Bologna), vielleicht die schönste von allen, ist mit dem Martyrium des hl. Thomas Becket und vielen neutestamentlichen Szenen bestickt, jede in einem reich geschmückten gotischen Bogen, mit Engelsfiguren in den Zwikkeln, die Räuchergefäße halten oder auf Musikinstrumenten spielen. Gegen Mitte des 14. Jhs. wurde der Dekor so überladen, daß er die Figuren zu überwuchern begann. Ungefähr zur gleichen Zeit begann die Qualität der englischen Stickereien nachzulassen, obwohl sie sich weiter der Gunst des Kontinents erfreuten und sich gut mit gleichzeitigen europäischen Arbeiten vergleichen lassen. Im 15. Jh. wurden die Motive für den Schmuck der Kaseln und Chormäntel einförmig. Lilien, Kronen, Sterne und Seraphine mit gefiederten Leibern und spitzigen Flügeln auf Rädern sind meist ausgeschnitten und auf einen einfarbigen Samt aufgenäht. Figürliche Sujets, weit grober gestickt als bisher, wurden nur noch für Goldverbrämungen benutzt, die Figuren selber wurden oft ›unterlegt‹ (gepolstert, um einen Reliefeffekt zu erhalten) und die Hintergründe mit dicken Goldfäden gearbeitet. Die kirchliche Stickereikunst endete in England mit der Reformation. *Abb. siehe S. 448.*

Lit: Opus Anglicanum, Ausst. Kat., Victoria & Albert Museum, London 1963; A. G. J. Christie, *English Medieval Embroidery*, London 1938.

Opus florentinum. Florentinische mittelalterliche Stickereien hauptsächlich des 13. und 14. Jhs. Obwohl weniger berühmt als das →Opus anglicanum, sind sie nicht nur sehr bedeutend, sondern auch von seltener Schönheit: Die Entwürfe sind vielfach von den größten Künstlern geliefert worden. Leider können sie in den meisten Fällen nicht identifiziert werden, wie z. B. der Schöpfer des Chormantels für Papst Benedikt XI. (1303/4; S. Domenico, Bologna). Die Opus florentinum-Stickereien sind in alle europäischen Länder ausgeführt worden, vor allem nach Frankreich und Spanien, wo einer der schönsten Chormäntel mit der Inschrift ›Geri di Lapo rachamatore me fecit in Florentia‹ noch heute erhalten ist (S. Maria de la Seo, Manresa, Katalonien). Das beste, noch in Florenz befindliche Exemplar ist der von Jacopo Cambi für S. Maria Novella geschaffene Chormantel mit der Darstellung

der Marienkrönung zwischen Heiligen unter einer gotischen Arkade (Palazzo Pitti).

Lit: E. Ricci, *Ricami italiani antichi e moderni,* Florenz 1925; Marie Schuette, Sigrid Müller-Christensen, *Das Stickereiwerk,* Tübingen 1963.

Opus teutonicum oder **germanicum.** Ein Ausdruck, der in spätmittelalterlichen (vor allem italienischen, nicht deutschen) Inventaren zu finden ist und wahrscheinlich Stickerei aus weißem Leinengarn auf weißem Leinengrund bezeichnet. Solche Stickereien scheinen überall in Deutschland gemacht worden zu sein, obwohl erhaltene Exemplare aus Norddeutschland stammen, von denen das berühmteste im Kloster Lüne bei Lüneburg aufbewahrt wird.

Oribe-Keramik →Mino-Keramik

›Opus anglicanum‹: Detail der Syon-Kasel, farbige Seide, Silber- und Goldfäden auf Leinen, englisch, spätes 13. Jh. (Victoria & Albert Museum, London)

Oribe-no-Sho Shigenari → Mino-Keramik

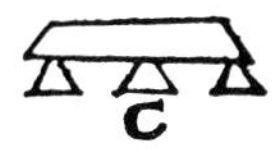

Orléans

Orléans. Im späten 17. Jh. gab es eine Fayencewerkstatt, von der nur wenige Erzeugnisse bekannt sind (ein polychromer Bacchus-Weinbrunnen, datiert 1668, befindet sich im Museum von Orléans). Eine 1753 gegründete und 1767 als ›Manufacture Royale de porceleyne de Orléans‹ bezeichnete Fabrik machte sowohl Weich- als auch Hartporzellan. Nur wenige Erzeugnisse sind nachgewiesen, z. B. Porzellanfiguren in der Art von → Mennecy und Töpferwaren im englischen Stil, besonders Tafelgeschirre in → Agateware. Mehrere andere Fabriken arbeiteten im späten 18. und frühen 19. Jh. in Orléans.

Lit: J. Giacomotti, *Faïences françaises*, Fribourg 1963.

Ormoulu. Dekorationen, besonders Möbelbeschläge, aus gegossener, ziselierter und feuervergoldeter Bronze. Die Benennung ist allgemein den durch → Feuervergoldung vergüteten Stücken des 18. Jhs. und späterer Zeit vorbehalten. Die schönsten wurden in Frankreich ausgeführt, vor allem von P. → Gouthière; in England stammen die besten aus der Manufaktur von M. → Boulton.

Orrefors. Schwedisches Glaswerk, gegründet 1898 bei Kalmar. Seit 1915 Herstellung von dekorativen Glaswaren, wobei als Hauptentwerfer *Simon Gate* (ab 1916) und *Edward Hald* (ab 1917) tätig waren, denen 1929 *Viktor Lindstrand* folgte. Hald hatte unter Anleitung von Matisse gemalt und nach seinen künstlerischen Anweisungen (1933-44) produzierte die Fabrik hervorragendes Zierglas, das zum besten in ganz Europa gehört. Typisch sind dickwandige Gefäße mit tief eingeschnittenem Dekor. Tischgläser wurden in einem Zweigwerk in Sandvik gemacht, meist einfach geschliffen, in der Farbe dunkelgrün oder rauchbraun. Nach dem Krieg entwickelte Sven → Palmquist eine neue Glasart, das ›Ravennaglas‹ – schwere und oft farbige Gefäße mit nichtfigürlichen Mustern eingelegt. *Nils Landberg* (geb. 1907) hat ausgezeichnete Trinkgläser, Lampen und auch dekoratives Glas entworfen, vor allem Schalen aus stahlblauem, extrem dünnem Kalkkristallglas.

Lit: A. Polak, *Modern Glass*, London 1962; C. Hernmarck, *Orrefors*, Orrefors 1951.

Orrefors: Glasvase, graviert von K. Rössler, entworfen von E. Hald, um 1930 (Victoria & Albert Museum, London)

Osier-Muster, Teller mit Altozierrand, Meißen, vor 1737

Orvieto. Entstehungsort einiger der frühesten (13.-15. Jh.) italienischen Majolikagefäße (hauptsächlich Schüsseln, Kummen und Krüge), die ziemlich roh getöpfert und manchmal recht plump in der Form sind. Sie sind bemalt in Manganpurpur und Grün über einer ziemlich dünnen Zinnglasur mit gotisch stilisiertem, oftmals sehr lebhaftem Blattwerk, Tieren und figürlichen Darstellungen. Personen und Porträtköpfe, die Kronen tragen, in Umrißzeichnung und in dunklem Purpur kräftig kreuzschraffierte Fonds scheinen ein typischer lokaler Dekor zu sein. Im übrigen gleichen die Töpferwaren von Orvieto den zu gleicher Zeit in anderen Teilen Italiens gefertigten Majoliken. Die Bezeichnung ›Orvieto-Majolika‹ wird manchmal zu Unrecht unterschiedslos allen Stücken aus der Frühzeit der Majolika gegeben.

Lit: G. Liverani in *Faenza* XXV (1937), S. 3ff; G. Liverani, *Five Centuries of Italian Majolica*, New York u. London 1960; A. Klein, *Fayencen aus Europa*, Braunschweig 1980.

Osier auch **Ozier-Muster,** franz., Korbweide. Reliefiertes fortlaufendes Korbflechtmuster zur Verzierung von → Meißener Porzellan, das später von vielen anderen europäischen Manufakturen nachgemacht wurde. Das früheste war vermutlich von J. G. → Herold um 1735 entworfen und erstmals für das Sulkowsky-Service benutzt worden. Es heißt ›Ordinairozier‹ oder Sulkowsky-Muster und wird gebildet aus je vier voneinander durch radiale gerade Rippen aufgeteilte Felder, die auf den äußeren Tellerrand beschränkt sind. Das Muster ›Altozierrand‹ stammt aus derselben Zeit und wird ebenfalls als Randdekor verwendet: Es ist ein gleichmäßiges Flechtwerkmuster mit radialen Rippen. Das ›Altbrandensteinmuster‹ (seit etwa 1740) hat Paneele, die in Gruppen zu je drei mit geschweiften Rippen aufgeteilt sind. Das ›Neuozier‹-Muster aus dem Jahre 1742 hat einen glatten inneren Rand und einen äußeren Flechtwerkrand, aufgeteilt in vier Gruppen mit S-förmigen Rippen. Das Brühlsche Allerlei-Muster ist eine Verbindung von Flechtwerk mit Blumen, Muscheln usw.

Lit: R. Rückert, Ausst. Kat. *Meissner Porzellan 1710-1810*, München 1966.

Osmond, Robert (gest. 1789). Bronzeziseleur; wurde 1746 ›maître-fondeur‹ in Paris und scheint auf Uhrgehäuse, insbesondere für →Cartel-Uhren spezialisiert gewesen zu sein. Exemplare dieser Arbeiten sind u. a. im Musée Nissim de Camondo in Paris und im Nationalmuseum in Stockholm erhalten. Seine Verwandtschaft mit *Louis-Charles Osmond* und *Jean-Baptiste Osmond,* die 1757 bzw. 1764 ›maître-fondeurs‹ wurden, ist nicht nachweisbar, der erstere könnte allerdings sein Sohn gewesen sein.

Lit: S. Eriksen, *Early Neo-Classicism in France,* London 1974.

Ostensorium →Reliquiar

Østerbro →Kopenhagener Fayence

Osterleuchter. Ein großer, freistehender, meist über zwei Meter hoher Leuchter für die Osterkerze, die in der katholischen Liturgie im 5. Jh. aufkam, doch sind keine Beispiele aus dieser Zeit erhalten. Gewöhnlich hat er die Form einer skulptierten Säule, die in vielen Fällen auf einem Tier steht, z. B. der Osterleuchter der Niccolò d'Angelo und Pietro Vassalotto von 1150-1200 in S. Paolo fuori le Mura in Rom.

Ostindienkompagnie-Porzellan →Chinesisches Exportporzellan

Ott & Brewer Company. Die Porzellanfabrik wurde 1863 in Trenton, New Jersey, USA, unter der Firma *Bloor, Ott & Booth* errichtet, produzierte hauptsächlich Steingut und firmierte seit 1871 Ott & Brewer. Mit Hilfe von William Bromley, der in der Fabrik in →Belleek in Irland gearbeitet hatte, war sie das erste amerikanische Unternehmen, das ›Belleek ware‹, die sehr beliebt war, herstellte. Sie machte auch →Parianware.

Lit: 19th Century America: Furniture and other Decorative Arts, Ausst. Kat. Metropolitan Museum, New York 1970.

Öttingen-Schrattenhofen. Fayencemanufaktur, die 1735 in Öttingen in Bayern gegründet und 1737 in den Park des Fürsten Albrecht Ernst von Öttingen-Öttingen in Schrattenhofen verlegt worden ist. Die bekanntesten Erzeugnisse waren Walzenkrüge in einem recht überschwenglichen Rokokostil, welche mit →Scharffeuerfarben bemalt waren. Es wurden auch braune Waren, wie in →Ansbach und →Bayreuth, hergestellt. Seit dem späten 18. und in das 19. Jh. hinein wurde Steingut als Stapelware gefertigt.

Lit: K. Hüseler, *Deutsche Fayencen,* Stuttgart 1956; A. Boyer in *Keramos 19* (1963), S. 3-21.

Ottomane. Aus dem Türkischen abgeleitete Bezeichnung des späten 18. Jhs. für eine lange, niedrige gepolsterte Sitzbank, in England auch ›Turkey sofa‹ genannt. Die französische Bezeichnung ist ›canapé‹ (→Kanapee).

Ottonischer Stil. Kunststil, der in Deutschland zwischen 950-1050 unter Otto dem Großen (Regierungszeit 936-973) und dessen Nachfolgern, vor allem Heinrich II. (Regierungszeit

Ottonischer Stil: Lotharkreuz, 985-91 (Domschatzkammer, Aachen)

1002-1024), Verbreitung fand. Diese Periode deutscher Vorherrschaft in Europa war zugleich die erste einer spezifisch deutschen Kunst, obwohl starke byzantinische Einflüsse (Otto II. heiratete Theophanu, die Tochter des byzantinischen Kaisers Romanus II.) vermischt mit frühchristlichen, karolingischen und nördlich keltischen Elementen deutlich spürbar sind. Die erlesensten der heute noch erhaltenen Werke ottonischer Malerei sind wohl die illuminierten Handschriften. Die herausragenden Arbeiten der dekorativen Kunst lassen sich bestimmten Personen zuordnen: Otto dem Großen – die Kaiserkrone aus Gold, Email, Edelsteinen und Perlen von 961/62 (Weltliche und Geistliche Schatzkammer, Wien); Otto II. – die sogenannte Basilewski-Situla von um 983 (Victoria & Albert Museum, London; *Abb. siehe S. 573*); Mathilde, Äbtissin von Essen – das goldene, mit Edelsteinen besetzte Altarkreuz von 973-82 und das von 973-1011 (Schatz des Münsters, Essen), mit denen das berühmte Lotharkreuz aus Gold, Juwelen, Perlen und Email von 985-91 (Domschatzkammer, Aachen) in Beziehung steht; Egbert, Erzbischof von Trier – der tragbare Altar und Reliquienschrein der Sandale des hl. Andreas aus Gold, Juwelen, Perlen, Glas und Email von 977-93 (Domschatz, Trier); →Bernward von Hildesheim – die berühmten Bronzetüren, die Bronzesäule und das silberne Kruzifix des Hildesheimer Doms und die silbernen Kerzenleuchter aus St. Magdalenen, Hildesheim. Bedeutend, wenn auch die einzelnen Tafeln recht klein sind, sind auch das goldene Antependium von Heinrich II. von 1020, das 1950 wieder am ursprünglichen Ort angebracht wurde (Domschatzkammer, Aachen), und dasjenige des Baseler Münsters von etwa 1020, ebenfalls in Verbindung mit Heinrich II., (Musée de Cluny, Paris). Der prächtige Sternenmantel Heinrichs II. und der Umhang der Kaiserin Kunigunde, beide von 1020 (Dom-

Oettingen-Schrattenhofen

J.-B. Oudry: Gobelins-Wandteppich aus dem Zyklus ›Jagden Ludwigs XV.‹, 1733-46 (Uffizien, Florenz)

schatz, Bamberg), sind Meisterwerke der Stikkerei mit hohem Seltenheitswert.

Lit: H. Jantzen, *Ottonische Kunst*, München 1946; E. Kubach und V. H. Elbern, *Das frühmittelalterliche Imperium*, Baden-Baden 1968; P. Lasko, *Ars Sacra 800-1200*, Harmondsworth 1972.

Ottweiler. Fayence- und Porzellanmanufaktur in der Nähe von Saarbrücken, 1763 unter dem Schutz des Prinzen Wilhelm Heinrich von Nassau von E. D. →Pellevé gegründet, der die Fabrik 1767 verließ und mehrere französische und deutsche Nachfolger hatte. In der Frühzeit wurde Fayence (von der nur wenige Stücke festgestellt werden konnten) und Porzellan hergestellt. Zu den Erzeugnissen gehören Tafelgeschirre, die mit mythologischen Szenen und Darstellungen aus der →Commedia dell'Arte im Rokokostil mit Emailfarben oft recht attraktiv bemalt sind, vielfach nach Stichvorlagen von J. E. Nilson. Von den Figuren konnten nur wenige identifiziert werden. In der Zeit von 1784 bis zur Schließung der Fabrik 1794 war Steingut das Haupterzeugnis. Rohmaterialien und Formen wurden von →Saargemünd übernommen. Das Steingut ist nicht gemarkt. Porzellan trägt manchmal die Marke ›N. S.‹ (Nassau-Saarbrücken) mit oder ohne Jahresangabe.

Lit: K. Hüseler, *Deutsche Fayencen*, Stuttgart 1956; E. Kessler-Slotta, *Ottweiler Porzellan*, Saarbrücken 1980.

Oudenarde, Wandteppichmanufakturen. Oudenarde in Flandern wurde im 15. Jh. Zentrum der Wandteppichwirkerei und war im 16. Jh. sehr produktiv. Erst im 17. Jh. begannen die Manufakturen mit denen von →Brüssel zu rivalisieren. Sie zeichneten sich durch Möbelbezüge aus, machten aber auch Wandteppiche mit Landschaften, →Verduren und figürliche Bildteppiche nach Kartons von D. Teniers und anderen flämischen Künstlern. Im späten 17. Jh. emigrierten viele Wirker nach Frankreich, und die Manufakturen haben sich davon nie mehr richtig erholt. Die letzten Manufakturen arbeiteten noch bis 1787.

Oudry, Jean-Baptiste (1686-1755). Größter französischer Tiermaler seiner Zeit. Er wurde 1726 Maler der →Beauvais Wandteppichmanufaktur und 1734 ihr Direktor. Er machte Entwürfe für die Bildteppiche wie ›Die neuen Jagden‹ (1727), ›Ländlicher Zeitvertreib‹ (1730), ›Komödien von Molière‹ (1732), ›Die Metamorphosen des Ovid‹ (1734), ›Elegante Verduren‹ (1735) und ›Fabeln von La Fontaine‹ (1736). Er entwarf auch die fröhlichen ›Jagden Ludwigs XIV.‹ (1733-46), die in der →Gobelins-Wandteppich-Manufaktur gewirkt wurden. Als berühmter Tier-, Landschafts- und Porträtmaler bestand er darauf, daß die Farbnuancen seiner Entwürfe von den Wirkern der Bildteppiche genau wiedergegeben würden.

Nicolas Outrebon II

Outrebon, Nicolas I (tätig 1703-15), **Nicolas II** (gestorben 1779), **Jean-Louis-Dieudonné** (tätig 1772-91). Familie führender Pariser Silberschmiede. Nicolas I wurde 1703 Meister; sein Sohn, Nicolas II, 1735. Er arbeitete für Fr.-Th. →Germain. Nicolas' II Sohn, Jean-Louis-Dieudonné, meldete 1772 sein Meisterzeichen an. Beispiele für das Werk aller drei befinden sich im Louvre, Paris.

Ozier →Osier

P

Packtong, Packfong. Eine in China aufgekommene Legierung aus Kupfer, Zink und Nickel, die dem Silber ähnelt, aber einen leichten Stich ins Gelbliche hat. Das europäische Äquivalent dazu (mit gering veränderten Anteilen der Grundelemente) wird →Neusilber genannt. Es ist der indischen Legierung →Tutenag ähnlich. Packtong wird zuerst im 18. Jh. erwähnt, ist aber wahrscheinlich sehr viel früher in Gebrauch gewesen und anscheinend in der Provinz Yunnan zuerst hergestellt worden. Die chinesischen Kunsttischler haben es häufig für Scharniere benutzt.

Lit: A. Bonnin, *Tutenag and Paktong*, Oxford 1924; W. D. John, *Paktong*, Newport, Mon. 1970.

Padeloup, Antoine-Michel (1685-1758). Einer der berühmtesten französischen Buchbinder des 18. Jhs. Er war seit 1733 Hofbuchbinder Ludwigs XV. und entwickelte einen Einbandtypus mit großen Einlagen von rotem, grünem und zitronengelbem Leder in Form von Ranken- und Blumenmustern.

Padouk oder **Paduk.** Das auffallend rote Holz des laubreichen Pterocarpus-Baumes, der in Burma wächst, eine Art Rosenholz. Es wurde im 18. Jh. zuweilen von englischen Möbelschreinern benutzt.

Padua. Im 15. und 16. Jh. Herstellungsort eines ungewöhnlichen Typs von Keramik mit →Sgraffito-Dekor, mit weiten Feldern, aus denen der →Schlicker ausgekratzt worden ist, um einen Untergrund für den eigentlichen Dekor (meist Blattmotive) zu schaffen. Hierdurch entsteht der Eindruck eines reliefierten Dekors, ähnlich der Keramik der chinesischen →Song-Dynastie. Eine spätere Werkstatt produzierte um 1630 einige auffällige Nachahmungen von türkischer →Iznikkeramik, Teller, die mit einzelnen Bündeln von Nelken, Tulpen und Schilfblättern bemalt und von wellenförmigen Rändern umgeben sind. Manchmal sind die Stücke mit einem Kreuz, der Jahreszahl und ›a padoa‹ gemarkt.

Lit: B. Rackham in *Burlington Magazine* LXVIII (1936), S. 113-114; G. Liverani, *Five Centuries of Italian Maiolica*, London 1960; A. Klein, *Fayencen aus Europa*, Braunschweig 1980.

Pagano, Matio (wirkte 1530-59). Autor einiger der frühesten Musterbücher für →Durchbrucharbeit, →Reticella und →Spitzen, alle aus Venedig: *Giardinetto nuovo di punti tagliati*, 1542 (8. Ausg. 1558); *Ornamento delle belle et virtudiose donne*, 1543 (5. Ausg. 1554); *Il specchio di pensieri delle belle et virtudiose donne*, 1544 (4. Ausg. 1550); *Lhonesto essempio*, 1553 (2. Ausg. 1556); *Specchio di virtu*, 1554; *La gloria e l'honore de punti tagliati et punti in aere* (5. Ausg. 1563); *Trionfo di virtu*, 1559 (3. Ausg. 1568). Die Entwürfe sind unfigürlich oder zeigen Blumenmuster und halten an dem geometrischen Raster der Durchbrucharbeit fest, obwohl die späteren Bände, wie die Titel anzeigen, für Arbeiten in →Punto in aria wie auch für ältere Arten von Arbeiten ohne hinterfangenden Grund bestimmt waren.

M. Pagano: Entwurf einer Spitze, aus ›Gloria de punti tagliati‹, 1554

Lit: A. Lotz, *Bibliographie der Modelbücher*, Leipzig 1933.

Pagode oder **Pagodenfigur.** Ursprünglich ein ostasiatisches Götterbild; seit dem 18. Jh. die →Chinoiserie-Parodie einer solchen Figur, die meist mit dickem Bauch, am Boden sitzend und grinsend, dargestellt ist.

Pailletten. Metall- oder Glasplättchen als Dekoration auf Textilien.

Paillons, franz. Die in einfache geometrische Formen geschnittenen Flitterplättchen aus Gold, Silber oder farbigem Material, die in das durchsichtige Email von Dosen, Etuis usw. eingelassen sind.

Paiva, José Francisco de (1744-1824). Portugiesischer Architekt und Möbelentwerfer, der in Oporto tätig war. Viele seiner Arbeiten, vor allem Stühle, Uhrgehäuse, Bücher- und Kabinettschränke sind erhalten geblieben. Einige seiner Arbeiten gehen auf französische Entwürfe zurück. Die meisten jedoch sind nach Vorlagen von Th. →Chippendale und G. →Hepplewhite angefertigt oder zumindest nach ihren Ideen konzipiert. Zu den von ihm selbst entworfenen Möbeln gehören einige prächtige Kommoden, die in der Karmeliter-Kirche von Oporto stehen, und ein hoher Schrank mit Ziergiebel in der Kirche S. Martinho do Lordelo de Ouro in Oporto.

Lit: M. H. Mendes Pinto, *José Francisco de Paiva*, Lissabon 1973.

Palace bowl, engl. Händlername für eine Art chinesischer Porzellanschale mit gerundeter Wandung und leicht ausschwingendem Rand, hergestellt ab der Chenghua-Periode (1465-87).

Palagi, Pelagio (1775-1860). Maler, Bildhauer, Architekt und Entwerfer. Er wurde in Rom ausgebildet und wirkte an der Neuausstattung des Quirinalpalastes für Napoleon (1812) mit. 1815 ließ er sich in Mailand nieder und ging 1832 nach Turin. Dort wurde er mit der Umgestaltung der Innenausstattung der königlichen Residenzen beauftragt. Außerdem vertraute man ihm die zeichnerische Ausbildung von Architekten und Entwerfern an. Die Möbel, die er für die Residenz der Racconigi entwarf, variierten im Stil von ›etruskisch‹ bis neugotisch. Sie wurden von Gabriele Capello (tätig um 1832-73) ausgeführt, der auch die zwischen 1834 und 1840 entstandenen Entwürfe für den Palazzo Reale in Turin verwirklicht hatte. Die Stücke sind aufwendig und prächtig und von hervorragender handwerklicher Qualität. Charakteristisch für den Dekor sind üppig geschnitzte Figuren, zum Teil aus dem Themenkreis der Mythologie. Einen besonders schönen Tisch aus vergoldeter Bronze entwarf er für das Ratszimmer im Palazzo Reale von Turin; er wurde 1836 in Mailand gegossen. Die Möbel von Palagi befinden sich noch heute im Palazzo Reale in Turin und im Castello di Racconigi.

Lit: Pelagio Palagi artista e collezionista, Ausst. Kat. Bologna 1976.

Palermo →Sizilianische Töpfereien

Paliotto. Umlaufende Bekleidung eines Altars (auf allen vier Seiten), unterschieden von einem →Antependium, das nur die Vorderseite abdeckt. Der berühmteste Paliotto aus Goldplatten und vergoldeten Silberplatten mit Email und Halbedelsteinen ist der von →Vuolvinius gefertigte in S. Ambrogio, Mailand.

P. Palagi: Sessel, 1836-40 (Palazzo Reale, Turin)

Platte in der Art von B. Palissy, bleiglasierte Irdenware, spätes 16. Jh. (Louvre, Paris)

Palisander. Hartes, rötlich-violett gefärbtes Holz, z. T. mit schwarzer oder brauner Maserung des Dalbergia-Baumes, das seit dem 18. Jh. von Südamerika und Westindien nach Europa exportiert wird. Englische Möbelschreiner benutzten es gern für Einlegearbeiten, besonders im Kontrast zu →Satinholz. Im 19. Jh. war es weit verbreitet, vor allem während des →Regency, als auch ganze Möbel aus Palisander hergestellt wurden. In der gleichen Zeit war dieses Holz auch in Frankreich beliebt. Eine schwarzgetönte Palisanderart aus Indien wurde gern von chinesischen Möbelschreinern verwendet.

Palissy, Bernard (um 1510 bis um 1590). Französischer Töpfer und eine der farbigsten Persönlichkeiten in der Geschichte der Keramik. Er war ein scharfer Beobachter der Natur und widmete sich begeistert dem Studium der Reptilien. Ihre glatten Formen und ihre schmutzig aussehende Färbung inspirierte ihn zu einem neuen Keramiktyp. Er war in Agen geboren, lernte bei einem Glasmaler und reiste durch ganz Frankreich, bevor er sich in Saintes niederließ. Hier begann er um 1539 seine zahllosen Versuche, in einem Ofen im eigenen Haus eine damals neuartige Keramik herzustellen. Ab 1548 entstanden seine ›naturgetreuen Nachbildungen‹, Teller in der Form kleiner Tümpel mit naturalistisch modellierten Nattern, Schnecken, Eidechsen und Insekten, im Innern und auf dem Rand, alle mit farbigen Glasuren überzogen, wobei ziemlich glitschige Grün-, Grau-, Braun- und Blautöne vorherrschten. Wie sein deutscher Zeitgenosse, der Goldschmied W. →Jamnitzer, machte er Abdrücke von toten Reptilien, die er als Modelle benutzte. Er fertigte auch andere Töpferwaren, die unter dem Namen ›terres jaspées‹ bekannt sind – Teller, Krüge, Vasen usw. mit reliefiertem Dekor von biblischen und mythologischen Szenen und Glasuren verschiedener Färbung. Sein Gönner, der Connétable de Montmorency, beauftragte ihn 1555, eine keramisch gestaltete Grotte für sein Schloß in Écouen zu bauen. In dieser Zeit wurde Palissy als Hugenotte in Bordeaux gefangengesetzt, aber auf Veranlassung des Connétable wieder freigelassen. Infolge seiner Ernennung durch den König zum ›inventeur des rustiques figulines du Roi‹ war er vorübergehend vor Verfolgungen sicher. 1563-64 ging er nach La-Rochelle, wo er seine ›Recepte Véritable par laquelle tous les hommes de France pourront apprendre à multiplier leurs thrésors‹ und einen Entwurf für eine Grotte schuf, den er Katharina von Medici überreichte. Sie beauftragte ihn 1566, den Plan in den Tuilerien in Paris auszuführen. In der Zeit der Bartholomäusnacht floh er von Paris nach Sedan, von wo er um 1576 zurückkehrte und seinen ›Discours admirable de la nature des eaux et fontaines‹ veröffentlichte, in dem er ausführlich seine Tätigkeit als Töpfer beschrieb. 1586 wurde er der Häresie beschuldigt und verbrachte den Rest seines Lebens in der Bastille von Bucy. Die einzigen auf uns überkommenen Arbeiten, von denen man weiß, daß sie von Palissy selbst stammen, sind Bruchstücke aus der Grotte in den Tuilerien, die 1878 ausgegraben wurden und sich heute im Louvre befinden. Seine naturgetreuen Nachbildungen und andere Arbeiten scheinen bereits zu seiner Zeit in großem Umfang nachgemacht worden zu sein. Die Zuschreibung einzelner Stücke an ihn ist nur auf Grund qualitativer Maßstäbe möglich. Auch im 19. Jh. wurden die bekanntesten Schöpfungen, besonders die ›naturgetreuen‹ Stücke, in großem Umfang nachgemacht und gefälscht, von Ch. →Avisseau und der Familie Landais in Tours, Georges Pull in Paris und der Töpferei →Mafra.

Lit: L. Audiot, *Bernard Palissy*, Paris 1868 (Repr. Genua 1969); M. J. Ballot, *La céramique française: Bernard Palissy et les fabriques du XVIe siècle*, Paris 1924; G. de Rothschild & G. Grandjean, *Bernard Palissy et son école ...*, Paris 1952.

Palladianismus. Der von den Werken und vor allem den Veröffentlichungen des *Andrea Palladio* (1508-80) angeregte Baustil, der unter *Inigo Jones* (1573-1652) in England seinen Einzug hielt, seit der Mitte des 17. Jhs. sehr stark auf Frankreich und die übrigen nordeuropäischen Länder einwirkte und im frühen 18. Jh. von Lord Burlington (1694-1753) und Colen Campbell (1673-1729) neu belebt wurde. Palladio, vor allem Architekt, hat, soweit bekannt, keine Möbel entworfen. Aber die englischen Möbel des frühen 18. Jhs. sind in einem Stil gefertigt, den man für die Ausstattung eines neupalladianischen Hauses als passend empfand: Sie wirken ziemlich wuchtig und sind reich mit Giebeln, Gesimsen, Löwenmasken und -klauen, mit Akanthusblättern, Stoffgehängen usw. geschmückt, die auf die Bauornamentik oder aber die antike Bildhauerei zurückgehen. Zuweilen gibt sich der Einfluß italienischer Barockmöbel zu erkennen, im allgemeinen aber sind diese Möbel strenger und gemäßigter im Stil. Der Schützling Lord Burlingtons, W. →Kent, war vermutlich der bedeutendste Entwerfer. Ein anderer Architekt und Mitarbeiter Kents, John Vardy (gest. 1765), entwarf Möbel in einem sehr ähnlichen Stil (Zeichnungen im Victoria & Albert Museum) und veröffentlichte ›Some Designs of Mr. Inigo Jones and of Mr. William Kent‹, London 1744, ein Werk, das eine nachhaltige Wirkung ausübte. William Jones (gest. 1757) gab in ›The Gentleman's or Builders' Companion‹, London 1739, Entwürfe für Spiegelrahmen mit Ziergiebeln in der Art Kents heraus, denen die von B. →Langley veröffentlichten klassischen Entwürfe ähnlich sind. Zu den Kunsttischlern, die Möbel in diesem Stil ausgeführt haben, gehören →Goodison, →Grendy und →Vile.

Palmette

Lit: G. M. Ellwood, *Möbel und Raumkunst in England 1680-1800*, Stuttgart o. J.; H. Honour, *Meister der Möbelkunst von der Renaissance bis heute*, München 1972; P. Ward-Jackson, *English Furniture Designs of the 18th Century*, London 1958.

Palmette. Fächerförmiges, von einem Palmblatt abgeleitetes Ornament der antiken griechischen Kunst mit betonter Mittelachse und ihr symmetrisch zugeordneten Blättern, das durch die Renaissance und dann vor allem wieder durch den Klassizismus ein bevorzugtes Dekormotiv wurde. *Siehe auch* Anthemion.

Palmquist, Sven (geb. 1906). Schwedischer Glasgraveur und Designer, der seine Lehrzeit in der Schule absolvierte, die der Glasmanufaktur →Orrefors angegliedert ist, bei der er dann ab 1928 angestellt war. Zwei Typen von farbigem Glas sind ihm zu verdanken: ›Kraka‹ und ›Ravenna‹ – meist sehr schwere Stücke mit eingelegten abstrakten Mustern in leuchtenden Farben.

Lit: Venini-Murano, Orrefors Glas, Ausst. Kat. Kestnermuseum, Hannover 1957.

Panache, franz. Federbusch, wie man ihn häufig als Bekrönung der vier Eckpfosten eines Himmelbetts des 18. Jhs. verwendete.

Panelled chest. Engl. Truhe des 16. und frühen 17. Jhs., eine Rahmenkonstruktion mit Füllungen, die von einem Schreiner hergestellt wurde, im Gegensatz zur altertümlichen →›boarded chest‹ (Bohlentruhe), die von einem Zimmermann hergestellt wurde.

Pankok, Bernhard (1872-1943). Deutscher Jugendstil-Entwurfszeichner und Graphiker. Er arbeitete von 1892-1902 in München, wo er an der Zeitschrift ›Jugend‹ mitwirkte, sich an der Gründung einer Kunstgewerbewerkstatt beteiligte (Vereinigte Werkstätten für Kunst im Handwerk) und Möbel in einer etwas schwerfälligen Version des Jugendstils entwarf. 1902 zog er nach Stuttgart um und war dort, von 1913-17, Direktor der Staatlichen Kunstgewerbeschule.

Lit: S. Günther, *Interieurs um 1900. B. Pankok, B. Paul u. R. Riemerschmid als Mitarbeiter d. Vereinigten Werkstätten f. Kunst im Handwerk*, München 1971; *Bernard Pankok 1872-1943*, Ausst.Kat. Stuttgart 1973.

Pannemaker, Willem P. →Brüsseler Wandteppich-Manufakturen

Pantin, Cristalleries de. Französische Glashütte, gegründet 1851. Zu den besten Erzeugnissen dieser Hütte gehören einfache, noble Karaffen und Trinkgläser der Jahre um 1900, die nach Entwürfen von →Berlage entstanden.

Pantin, Simon (gest. 1731). Einer der hervorragenden hugenottischen Silberschmiede in London. 1701 meldete er sein Meisterzeichen bei der ›Goldsmiths' Hall‹ an und eröffnete eine Werkstatt in der St. Martin's Lane. Seine Meistermarke – ein Pfau mit seinen Initialen – findet sich auf vielem silbernem Haushaltsgerät im einfachen →Queen-Anne-Stil, mit einem Mindestmaß an Verzierung hugenottischer Herkunft (z.B. Teekanne, 1705, Victoria & Albert Museum, London; Wasserkanne im Jesus College, Oxford). Eine schöne Terrine, sein Beitrag zu einem großen Eßservice für die Zarin Katharina von Rußland, 1725/26, befindet sich in der Ermitage, Leningrad. Seine Werkstatt wurde 1731 von seinem Sohn *Simon Pantin* (gest. 1733) übernommen, dessen Witwe sie bis zur Übernahme durch den Sohn *Lewis Pantin* (1739) fortführte.

Lit: J.F. Hayward, *Huguenot Silver in England*, London 1959.

Papiermaché-Stuhl, frühes 19. Jh. (Victoria & Albert Museum, London)

B. Pankok: Vitrine aus Mahagoni- und Kirschholz, 1901 (Kunstgewerbemuseum, Berlin)

Pap-boat, engl. Silberner oder irdener Breinapf in Form eines Bootes, aus dem man, vor allem im 18. Jh., kleine Kinder fütterte.

Papiermaché, Pappmaché. Ein Material, das aus Papierbrei mit Leim, Kreide, manchmal auch Gips oder Ton hergestellt wird. Es wird nach dem Modellieren getrocknet und kann eine glänzende Politur nach dem Bemalen oder Lackieren erhalten. Wahrscheinlich orientalischen Ursprungs. Es trat in Europa im 17. Jh. auf und wurde 1672 in England eingeführt. 1772 ließ sich H. →Clay (gest. 1812) aus Birmingham eine Methode patentieren, mit der er Blätter von speziell behandelten Papieren unter Hitze zusammenklebte, um feste, hitzebeständige Platten zu erhalten. Sie bildeten eine hervorragende Unterlagen zum Lackieren und Bemalen, aus denen man Teetabletts u.a. herstellen konnte. Zuerst nannte man dieses Erzeugnis ›Papier-Ware‹, 1816 gab ihr die Firma *Jennens and Bettridge* in Birmingham die Bezeichnung ›Papiermaché‹. Um 1830 wurde eine verbesserte Art von Charles Bielefeld patentiert. Diese und eine andere, weniger haltbare Version waren in England im 19. Jh. sehr beliebt, in den Vereinigten Staaten etwas weniger (wo in Litchfield, Connecticut, produziert wurde). Oft verschönerte man Pappmaché mit →Perlmutteinlagen. Man machte daraus kleine Haushaltsgegenstände und leichte Tische und Stühle. *Siehe auch Abb. S. 98.*

Lit: S.P. De Voe, *English papier mâché of the Georgian and Victorian Periods*, London 1971.

Papier peint. Name, der im späten 17. Jh. in Frankreich den →Tapeten mit gedruckten Mustern gegeben wurde zur Unterscheidung von den bis dahin üblichen einfarbigen Tapeten. J. →Papillon benutzte den korrekteren Namen ›papiers de tapisseries imprimés‹.

Papillon, Jean (1661-1723). Führender Pariser Tapetenhersteller. Er begann 1688 ›Papiers de tapisserie‹ (Papier peint) in Bahnen zu drukken, die an der Wand ein fortlaufendes Muster bildeten. Seine Tapeten wurden mit sehr großen hölzernen Druckstöcken gedruckt und von Hand überarbeitet und koloriert. Er stellte auch eine wasserbeständige Glanztapete her in einem ähnlichen Herstellungsverfahren wie dem der →Flockentapeten. Sein Hauptanliegen war aber, den Status der Tapeten, die billigen Ersatz für Wandteppiche darstellten, aufzuwerten, damit sie auch in wohlhabenden Häusern angemessene Verwendung finden konnten. Nach seinem Tod führte sein Sohn *Jean Baptiste Michel* (1696-1776) die Manufaktur bis ungefähr 1740 weiter und publizierte 1766 den ›Traité Historique et Pratique de la Gravure en Bois‹, ein Buch, das die lange, nicht immer ganz genaue Geschichte der Tapetenherstellung in Frankreich beschreibt. Vater und Sohn stellten Tapeten mit Streifen- und Rautenmustern her, mit fließendem Blattwerk, andere mit gerahmten Bildern und einige mit großen bildhaften Kompositionen, die eine ganze Wand füllten. Sie sind durch die Stiche des Sohnes bekannter als durch die noch vorhandenen wenigen und fragmentarischen Exemplare (abgesehen von verschiedenen unsicheren Zuschreibungen anderer Tapeten).

Lit: H. Clouzot u. C. Follot, *Histoire du Papier Peint en France,* Paris 1935.

Pappmaché →Papiermaché

Paracas-Keramik und **-Textilien** →Peruanische Keramik; Peruanische Textilien

Parasole, Isabetta Catanea (tätig 1595-1616). Die Verfasserin einer Reihe von Musterbüchern für →Spitzen, die weite Verbreitung gefunden haben und in Rom veröffentlicht worden sind: ›Specchio delle virtuose donne‹, 1595; ›Studio delle virtuose dame‹, Rom 1597; ›Fiori d'ogni virtù‹, Rom 1610 (6. Aufl. 1636, unter anderem Titel; ›Gemma pretiosa delle virtuose donne‹, Rom 1615.

Paravent. Französischer Ausdruck für eine *Stellwand* aus zwei oder mehr mit Scharnieren verbundenen Teilen, auch *Spanische Wand* genannt. Der Paravent ist orientalischen Ursprungs und scheint eine chinesische Erfindung des 2. Jhs. zu sein. Von China übernahm ihn Japan im 8. Jh. In China war er aus Holz und beweglich, lenkte den Lichteinfall, verhinderte Zugluft und ermöglichte es, sich zurückzuziehen. In Japan gab es ortsfeste und bewegliche Paravents, aus Papier in Holzrahmen, oft mit Landschaften und figürlichen Szenen bemalt, manchmal von namhaften Künstlern. Die japanischen Falt-Stellwände (genannt *byobu*) bestehen gewöhnlich aus Paaren von zwei bis sechs klappbaren Teilen. In Europa hingen in mittelalterlichen Burgen Teppiche von der Decke oder waren in Rahmen gespannt als Schutz gegen Zugluft. Der faltbare Paravent scheint hier nicht vor dem 16. Jh. aufgetaucht zu sein, zu welchem Zeitpunkt der direkte Handel mit China und Japan einsetzte. Die frühesten erhaltenen europäischen Beispiele stammen aus dem späten 17. Jh. und bestehen, gleich denen aus Japan, aus sechs Teilen, jedoch sind sie robuster. Die großen Paravents, verziert mit →Koromandel-Lackarbeit und →Lackmalereien, die im 17. und 18. Jh. im Orient (hauptsächlich in China) hergestellt wurden, scheinen ausschließlich für den europäischen Markt bestimmt gewesen zu sein. Sie wurden in Europa imitiert. Andere europäische Stellwände bestanden entweder aus bemaltem Holz oder aus einem hölzernen Rahmen mit einer Bespannung aus Leder, Teppich, Seide (manchmal bestickt, *siehe Abb. S. 352*), bedruckter Baumwolle oder anderen Textilien. Es wurden auch chinesische Tapeten oder in europäischer Art mit Mustern bemaltes Papier oder Leinwand verwendet. Gelegentlich waren die Rahmen aus geschnitztem Holz oder nach der Mitte des 18. Jhs. aus schlichtem Mahagoni. Einige französische Exemplare wurden von bekannten ›menusiers‹ oder seltener ›ébénistes‹ gestaltet (z. B. von J.-G. →Canabas, im Musée Nissim de Camondo in Paris). Sie wurden passend zum übrigen Mobiliar entworfen. Im 19. Jh. wurden Paravents in orientalischen oder verschiedenen historisierenden Stilen dekoriert, oder auch mit ausgeschnittenen Farbdrucken geschmückt. Im späten 19. Jh. wurden auf Grund der Begeisterung für japanische Kunst Faltschirme oft von bekannten Künstlern geschaffen, z. B. Bonnards »Straßenszene« (1899, vier lithographierte Teile) und Odilon Redons »Roter Schirm« (1906), drei Teile, Rijksmuseum Kröller-Müller, Otterlo). Auch im frühen 20. Jh. noch entstanden sehr eindrucksvolle Zierparavents in Lackarbeit, beispielsweise nach Entwürfen von E. →Gray und J. →Dunand. *Siehe auch* Kaminschirm.

Lit: J. W. Adams, *Decorative folding screens in the West from 1600 to the present day,* London 1982; M. Komanecky, *The Folding Image: Screens by Western artists of the Nineteenth & Twentieth Centuries,* Ausst. Kat. National Gallery, Washington, D.C. 1983/4.

Parianware. Englisches, weißes, dem Hartporzellan nahekommendes Erzeugnis mit einer leicht körnigen Oberfläche und dem Aussehen reinweißen Bildhauermarmors. Es wurde hauptsächlich für Büsten und Figuren benutzt, gelegentlich auch für Schmuckteller und Vasen und manchmal für Hemdenknöpfe und Schmuck (letzterer wurde von der Königin Victoria sehr geschätzt). Parianware wurde erstmals 1844 von Copeland (→Spode) hergestellt. Im folgenden Jahr beauftragte die Art Union of London, in ihrem Bemühen, sowohl das industrielle Kunstgewerbe zu fördern als auch das Interesse der Öffentlichkeit zu wekken, Copeland, eine Anzahl von Figuren nach Werken führender zeitgenössischer Künstler anzufertigen. Andere Fabriken, besonders →Minton, →Wedgwood und →Worcester, folgten dieser Entwicklung und stellten ähnliche Keramiken her. In der Weltausstellung 1851 in London zeigten einige Fabriken ihre Erzeugnisse aus Parianware, auch ›Skulpturenporzellan‹ genannt, von denen einige lebensgroß waren (diese wurden in einzelnen Teilen ausgeformt). Ähnliche Waren wurden auf dem europäischen Kontinent hergestellt, ebenso in den Vereinigten Staaten von der →Bennington Pottery usw.

Lit: C. u. D. Shinn, *The Illustrated Guide to Victorian Parian China,* London 1917.

Pariser Porzellan (Fabrik in der rue Popincourt): Waschbecken und Kanne, um 1790 (Victoria & Albert Museum, London)

Paris, Töpfereien und Porzellanfabriken. Seit der Mitte des 17. Jhs. und in zunehmender Zahl im 18. Jh. (1789 waren es 14) gab es Fayencefabriken in Paris. Keine dürfte einen eigenen Stil entwickelt haben. Am interessantesten war wahrscheinlich die Fabrik von *Digne,* der einige Stücke aus dem frühen 18. Jh. in der Manier von →Rouen zugeschrieben werden und die um 1675 von François Dezon gegründet wurde, sowie die Fabrik von *Louis-François Ollivier* in der rue de la Roquette, die kurz vor und während der Revolution Öfen herstellte und in →Überglasurfarben bemalte (ein Ofen in der Form der Bastille, der 1790 dem Nationalkonvent übergeben wurde, befindet sich jetzt im Musée Carnavalet, Paris). Keine der Porzellanfabriken hat vor dem späten 18. Jh. mit der Produktion begonnen. Nachdem das Monopol von →Sèvres, mit der Aufhebung der Schutzgesetze 1766 und 1770, erloschen war, wurden zahlreiche Fabriken errichtet, die Hartporzellan in der Art von Sèvres herstellten. Die produktivste unter ihnen dürfte die Fabrik *La Courtille,* rue Fontaine-au-Roy, sein, die 1771 von *Jean Baptiste Locré de Roissy* (der in Leipzig gearbeitet hatte) gegründet und seit 1774 von *Laurentius Russinger* aus →Höchst geleitet wurde. Obwohl ihre Erzeugnisse unter dem Namen ›Deutsches Porzellan‹ bekannt waren, ist wohl nur im ersten Jahre in deutschem Stil gearbeitet worden. Später wurde im Louis-seize gemalt, und die von L.-S. →Boizot für Sèvres modellierten →Biskuitfiguren sollen von der Fabrik einfach nachgemacht worden sein. Sie war bis etwa 1840 in Betrieb. Die meisten anderen bekannten Fabriken in Paris standen unter dem Schutz von Mitgliedern der königlichen Familie oder auch anderen Persönlichkeiten. Ihre Erzeugnisse sind oft recht attraktiv, besonders Tafelservice des späten 18. Jhs. mit Blumendekor, verraten aber nur selten einen eigenen Stil. Zu den Pariser Fabriken gehören ferner die Fabrik in *Clignancourt* gegründet 1771 unter dem Schutz des Comte de Provence (später Ludwig XVIII.) und bis 1798 in Betrieb; die Fabrik im *Faubourg Saint Denis,* 1771 von P. A. →Hannong gegründet, seit 1779 unter dem Schutz des Comte d'Artois und in Betrieb bis 1828; Die Fabrik in der *rue Thiroux,* etwa 1775 unter dem Schutz von Marie Antoinette gegründet und trotz wiederholten Eigentümerwechsels tätig bis nach 1869; die Fabrik am *Pont-au-Choux,* die seit etwa 1765 Steingut im englischen Stil herstellte und 1777 mit der Erzeugung von Porzellan begonnen hatte; die Fabrik in der *rue de Bindy,* gegründet 1780 unter dem Schutz des Duc d'Angoulême (von hier stammt das Kornblumenmuster, auch ›Angoulême-Muster‹ genannt), die nach mehreren Betriebsverlegungen 1829 die Produktion einstellte; die Fabrik in der *rue Popincourt,* gegründet 1782, die in der Zeit des Directoire und des Empire eine gewisse Bedeutung erlangte und bis 1835 arbeitete; die Fabrik in der *rue Amelot,* 1784 von François-Maurice Honoré gegründet und seit 1786 unter dem Schutz des Duc d'Orléans, in Betrieb bis nach 1798; die Fabrik in der *petite rue Saint-Gilles,* gegründet 1785 unter dem Schutz der Duchesse d'Angoulême, später im Verbund mit anderen Unternehmen bis 1867 (vornehmlich dem des Pierre-Louis Dagoty [1771-1840], das bis 1807 die führende Werkstatt in Paris war und die Kaiserin Josephine und den kaiserlichen Hof in Versailles und Compiègne belieferte). Das Unternehmen in der *rue de Crussol,* 1789 von dem Engländer *Christopher Potter* gegründet, und die Fabrik in der *rue des Récollets,* die etwa 1793 bis 1825 von *Desprez* geleitet wurde, der früher in →Sèvres gearbeitet hatte und auf Porzellankameen spezialisiert war, für die er die →Jasperware von →Wedgwood zum Vorbild nahm.

Paris La Courtille

Paris Clignancourt

Paris Rue Thiroux

Paris Rue Popincourt

Lit: X. de Chavagnac u. A. de Grollier, *Histoire des manufactures françaises de porcelaine,* Paris 1906; P. Alfassa, J. Bloch, J. Chompret u. a., *Repertoire de la faïence française ...,* Paris 1935; Regine de Plinval de Guillebon, *Paris Porcelain 1770-1850,* Fribourg 1972.

Pariser Emailarbeiten. Unter dieser Bezeichnung faßt man eine Gruppe von →Emailarbeiten um 1400, die in Paris und wahrscheinlich in Nordfrankreich und Flandern ausgeführt worden sind, zusammen. Zu ihr gehören einige der frühesten Exemplare in Silber- oder Tiefschnittemail (u. a. Tragaltar des Museo Poldi-Pezzoli, Mailand, bei dem diese Technik mit der des Grubenschmelzes kombiniert ist). Mit Ausnahme einer prachtvollen silbernen Prunkkanne im Nationalmuseet, Kopenhagen, um 1330-40 – vielleicht dem schönsten auf uns gekommenen Stück mittelalterlichen profanen Silbers –, sind alle bekannten Pariser Emailarbeiten sakrale Gegenstände. Dazu gehören: eine Patene des Jahres 1333 (Nationalmuseet, Kopenhagen), ein Klappaltärchen

Pariser Emailschmuck auf einer silbernen Prunkkanne, um 1330-40 (Nationalmuseet, Kopenhagen)

(Kunsthistorisches Museum, Wien), ein Triptychon (Namur, Kathedrale), ein Kruzifix (Collezione Carrand, Museo Nazionale, Florenz), ein Bischofsstab (Köln, Dom) und der ›Royal Gold Cup‹ aus der Zeit um 1380 (British Museum, London). Das mit Email überzogene Silberrelief ist manchmal so hoch, daß die Fleischteile der Figuren oder gar die ganzen Figuren ohne Schmelzüberzug und unkoloriert geblieben sind. Die Zeichnung, von großer Eleganz und Klarheit, steht unter dem Einfluß der Pariser Buchmalerei des frühen 14. Jhs. Im späten 14. und frühen 15. Jh. wurden in den Pariser Werkstätten einige sehr schöne Goldemails *en ronde bosse* ausgeführt, vor allem das Dorn-Reliquiar mit kleinen emaillierten Figuren von Gottvater, Heiligen und Posaunen blasenden Engeln, das sich über einer turmartigen gotischen Basis erhebt (British Museum, London), das ›Goldene Rössel‹, (1403, Schatzkammer Altötting), das Reliquiar Sixtus' V. (Montalto) und das Reliquiar des Hl. Geist-Ordens (Louvre, Paris).

Lit: U. Middeldorf in *Gazette des Beaux Arts*, 6. Folge LV (1960), S. 231-244; M.-M. Gauthier, *Emaux du moyen âge occidental*, Fribourg 1972.

Pariser Wandteppich-Manufakturen. In der Mitte des 13. Jhs. gegründet. Die frühesten erhaltenen Arbeiten sind die Wandteppiche der ›Apokalypse von Angers‹, die nach Kartons von J. de →Bondolf in der Manufaktur von N. →Bataille Ende des 14. Jhs. hergestellt worden sind. Die aufeinanderfolgenden Katastrophen, die Schlacht von Agincourt 1415, die Pest von 1418 und die Besetzung von Paris durch die Engländer 1420, ließen das luxuriöse Handwerk zum Erliegen kommen. Es wurde in Frankreich erst wieder um 1460 neubelebt, aber nun in →Arras und →Tournai. In der Mitte des 16. Jhs. wurden einige Bildteppiche besonders hoher Qualität hergestellt, vor allem die ›Geschichte des hl. Mamas‹ (Kathedrale von Langres; Louvre, Paris), die zwischen 1543 und 1545 von *Pierre Blasse* gewirkt wurden, nach Kartons von Jean Cousin d. Ä., in einem manieristischen ›Horror vacui‹ mit einer Überfülle von eleganten verzerrten Figuren und phantastischen Architektur-Hintergründen. Heinrich IV. förderte 1598 den Wiederaufbau der Industrie, indem er flämische Wirker bewog, sich in Paris anzusiedeln, die Herstellung von Seide in der Provence förderte und 1601 den Import von →Verduren verbot. Werkstätten für Bildteppiche wurden im Faubourg Saint-Antoine, im Faubourg Saint-Germain und beim Louvre errichtet. 1607 haben *François de la Planche* aus Antwerpen und *Marc de Comans* aus Brüssel wohl die besten aller dieser Werkstätten im Faubourg Saint-Marcel, genannt die ›boutique d'or‹, eröffnet. Die berühmtesten Erzeugnisse datieren aus der Regierungszeit Ludwigs XIII. – ›Die Geschichte Konstantins‹ nach Rubens (Philadelphia Museum of Art, Philadelphia), ›Szenen aus dem Alten Testament‹ nach Simon Vouet, ›Die Apostelgeschichte‹ nach Raffael (Musée Gobelins; Louvre, Paris) und ›Die Geschichte Ottos von Wittelsbach‹ nach Peter Candid (1618, Burg Trausnitz, Landshut). Die Unruhen der Fronde legten diese Unternehmungen lahm. 1662 wurde die königliche →Gobelins-Wandteppich-Manufaktur gegründet. Die anschließende Geschichte der Wandteppich-Wirkereien in Paris ist unter diesem Stichwort beschrieben. Private Wandteppich-Manufakturen sind im 17. und 18. Jh. in Paris von geringem Interesse.

Lit: H. Göbel, *Wandteppiche*, Leipzig 1923-34; R.-A. Weigert, *French Tapestry*, London 1962.

Parisot, Pierre oder **Peter** →Fulham Knüpf- und Bildteppich-Manufaktur

Parker, Georg →Stalker, J.

Parkettarbeit. Geometrische Einlegearbeit aus verschiedenfarbigen Hölzern oder aus Plättchen der gleichen Holzart, bei denen die Richtung der Maserung wechselt. *Siehe auch* Marketerie.

Parodi, Filippo (1630-1702). Genueser Barockbildhauer, von dem es heißt, er habe dekorative Schnitzereien ausgeführt und Möbel hergestellt, obwohl ihm nur wenige Stücke zugeschrieben werden können, darunter der reich geschnitzte Rahmen eines Pfeilerspiegels mit Tisch in der Form einer Quelle mit trinkenden Hunden, darüber Narziß (Villa Durazzo/Faraggiana, Albisola) und ein kaum weniger phantastischer, reich geschnitzter Rahmen eines Pfeilerspiegels mit Tisch, jetzt im Palazzo Rosso, Genua. Vielleicht kann er mit den Möbeln zusammengebracht werden, die er für die Familie Brignole 1679-80 gemacht haben soll. Sie sind manchmal (irrtümlich) Domenico

F. Passarini: Entwurf für einen Konsoltisch, einen Leuchter u.a., 1698

Parodi (1658-1703) zugeschrieben worden, *siehe Abb. S. 38*. Filippo Parodi war in den frühen 80er Jahren des 17. Jhs. in Venedig tätig, als A. →Brustolon sich seiner Werkstatt anschloß.

Lit: E. Gavazza, ›Documenti per Filippo Parodi‹ in *Arte Lombarda* 1981, S. 29-37; A. Gonzales-Palacios in *Storia dell'Arte Italiana* III, Bd. IV, Turin 1982.

Parthische Keramik und Textilien. Die parthische Kunst (Persien, 250-224 v. Chr.) ist eine Übergangskunst mit nicht immer eindeutigem Charakter. Seiden mit Medaillon-Mustern nahmen →byzantinische und →sassanidische Seiden vorweg, und die Keramik aus glasierter →Quarzfrittenware, die in den westlichen parthischen Provinzen und in Syrien erzeugt wurde, läßt die alkalische glasierte Keramik der islamischen Zeit vorausahnen.

Lit: R. Girshman, *Iran: Parther und Sassaniden,* o.O. 1962; M. A. R. Colledge, *Parthian Art,* Salem N. J. 1977.

Passarini, Filippo (um 1638-98). Italienischer Ornamentist und Verfasser der ›Nuove invenzioni d'ornamenti, d'architettura e d'intagli diversi‹, Rom 1698, die Entwurfszeichnungen für Haus- und Kirchenmöbel und für Metallarbeiten usw. in einem üppigen und zuweilen phantastischen Barockstil umfassen. *Siehe auch Abb. S. 39.*

Lit: P. Jessen, *Der Ornamentstich,* Berlin 1920.

Passavant, Claude (tätig 1755-60). Ein gebürtiger Basler, der in Straßburg arbeitete, dann nach England übersiedelte und eine Serge-(Stoff)fabrik in Exeter gründete. 1755 kaufte er die →Fulham Teppichmanufaktur auf und verlegte sie nach Exeter. Die hervorragende Qualität seiner Arbeiten zeigen die wenigen erhaltenen markanten Knüpfteppiche (z. B. im Victoria & Albert Museum, London) mit kühnen Rankenornamenten und einem Spaniel auf einem Kissen mit Quasten in der Mitte.

Lit: W. G. Thomson, *A History of Tapestry,* London 1930; C. E. C. Tattersall u. S. Reed, *A History of British Carpets,* Leigh-on-Sea 1966.

Paßglas. Zylindrisches deutsches Trinkglas des späten 16. und des 17. Jhs. mit horizontalen Glasringen verziert, die in gleichmäßigen Abständen aufgelegt sind. Diese ›Pässe‹ markieren das Quantum an Flüssigkeit, das beim – gemeinsamen – Trinken in einem Zug bewältigt werden mußte. Eine Sonderform ist mit spiraligen Fäden verziert, die in bestimmten Abständen eingekerbt sind.

Pastenglas →Crystallo-céramie

Pastiglia, ital. Formmasse, mit der in der italienischen Renaissance Möbel, besonders aber kleine hölzerne Kästen, reliefartig überzogen wurden, die als billiger Ersatz für solche aus kostbaren Metallen dienten. ›Pastiglia‹ war mit Ei gebundener Gips oder Bleiweiß, die man noch weich auftrug, mit Hohlformen zum Relief formte und dann hart werden ließ. Danach

Pastiglia: Kästchen, italienisch, Ende 15. Jh. (Victoria & Albert Museum, London)

wurde die Masse bemalt oder vergoldet. Die Pastigliadekoration überzieht meist die gesamte Außenfläche eines solchen Kästchens. Zur Ausformung des Reliefs wurden vermutlich metallene Matrizen verwendet, denn die Dekorationen sind oft außerordentlich delikat und scharf geschnitten. Zur Verzierung eines Kästchens oder gar eines einzelnen Feldes innerhalb seines Gesamtschmucks wurde eine große Zahl solcher Matrizen benötigt, da alle Dekorationsteile, die Figuren, Tiere, Pflanzen, Wappen, Waffen usw., mit einer eigenen kleinen Hohlform geprägt wurden. Solche Pastiglia-Reliefdekorationen sind manchmal den von der Künstlerfamilie der →Embriachi ausgeführten Beinschnitzereien vergleichbar. Außerdem sind sie, wenn auch kleinformatiger, den Renaissance-Stuckreliefs auf Truhen und →Cassoni, auf Bilder- und Spiegelrahmen verwandt. Im 14. und frühen 15. Jh. trat das Relief ziemlich kräftig hervor, im späten 16. und 17. Jh. wurde es delikater, feiner und schärfer im Detail. Die noch vorhandenen Stücke sind von ungewisser Herkunft, werden aber für venezianisch gehalten, obwohl ihre Ähnlichkeit mit gewissen zeitgenössischen →Waffeleisen nach Umbrien verweist.

Lit: W. L. Hildburgh in *The Antiquaries Journal,* Bd. XXVI, 1946, Nr. 3, 4.

Pastille burner. Englische Bezeichnung einer →Cassolette oder eines Parfümbrenners. Im allgemeinen wird die Bezeichnung nur angewendet für den englischen Typ, z. B. für einen von ca. 1820-50 aus Porzellan, der die Form eines kleinen strohgedeckten englischen Landhauses hat.

Pastose Bemalung. Sächsische Technik der Glasdekoration, besonders bei Biedermeiergläsern. Verzierungen, Zeichnungen usw. wurden mit weißer →Emailfarbe in Relief auf gewöhnlich farbiges Glas aufgebracht. Nach dem Brand wurde das Glas mit Gold, Silber oder/und Farben bemalt und dann erneut gebrannt.

Patanazzi. Eine bekannte Majolikawerkstatt der Familie Patanazzi in →Urbino, die etwa von 1580 bis 1625 arbeitete; die Namen einiger Mitglieder sind bekannt: Antonio, Alfonso, Francesco, Vincenzo. Es waren die letzten, die die Reliefkunst ›all urbinate‹ beherrschten. Die Majoliken waren denen von →Fontana ähnlich. Bekannt sind die Teller im →Istoriato-Stil nach Zeichnungen von Battista Franco. Die Dekorationen aber sind gedrängter angelegt und die Formen reicher modelliert (mitunter verwirrend), während kleinere Gegenstände wie Tintenfässer, Vasen und Pokale einen etwas extravaganten Sinn für Phantasie zeigen.

Lit: G. Liverani, *La maiolica italiana ...,* Mailand 1957; G. Liverani, *Five Centuries of Italian Maiolica,* London 1960; B. Rackham, *Italian Maiolica,* London 1962; A. Klein, *Fayencen aus Europa,* Braunschweig 1980.

Patchwork. Eine reizvolle, bäuerliche Textiltechnik, die hauptsächlich bei Steppdecken und Bettüberdecken angewendet wird: kleine Stücke verschiedenster Farben und Muster werden an den Seiten zusammengenäht und bilden gewöhnlich ein geometrisches, manchmal aber auch figürliches Muster.

Pâte dure →Porzellan

Pâte-sur-pâte-Dekor. Ein mühevolles, aufwendiges Verfahren, Porzellan reliefartig zu dekorieren. Es wurde in →Sèvres in der Mitte des 19. Jhs. entwickelt und hier und in →Minton von M. L. →Solon vollendet gehandhabt. Die Dekore werden mit →Schlicker auf den noch ungebrannten Scherben von Gefäßen und Platten nacheinander in mehreren Schichten aufgetragen (jede Lage muß vor dem nächsten Auftrag getrocknet sein), dann mit Modelliereisen nachgearbeitet und danach glasiert und gebrannt.

Lit: B. Mundt, ›Pâte-sur-pâte‹ in *Berliner Museen,* N. F. XXIII, 1973.

Pate-de-Riz. Andere Bezeichnung für →Pate-de-verre. In der Glashütte →Saint-Louis jedoch auch für einen graustichigen Typ des →Opalglases verwendet.

Pâte-de-verre. Pulverisiertes, meist gefärbtes Glas, das mit Bindemitteln versetzt und in einer Form gebrannt wurde. Die schon im alten Ägypten wahrscheinlich bereits in der 18. Dynastie (1570 v. Chr.) für kleine Objekte verwendete Technik wurde von dem französischen Bildhauer *Henri Cros* (1840-1907) neu entwickelt, um große Reliefs gestalten zu können, und wurde dann für die Herstellung von Glasgefäßen ab 1898 von A. L. →Dammouse und F. →Décorchemont übernommen.

Patene. Ein flacher Teller, auf dem in der katholischen Messe das eucharistische Brot ›geopfert‹ und auf den die geweihte Hostie gelegt wird. Die Patene ist immer aus Gold oder Silber und gehört zum Kelch: Gewöhnlich ist sie rund und in der Mitte rund oder vielpassig vertieft. *Siehe Abb. S. 106.*

Patera. Ein kleines, flaches, rundes oder auch ovales Ornament, in das häufig stilisierte Akanthusblätter eingearbeitet sind; es wurde zwischen 1770 und 1830 viel an Silber, Möbeln usw. angebracht.

Paterna. Töpfereien, die vom 14. Jh. bis in das 15. Jh. hinein in der Nähe von Valencia gear-

Patene, englisches Silber, 1350, aus der Hamstall Ridware Church, Staffs (Victoria & Albert Museum, London)

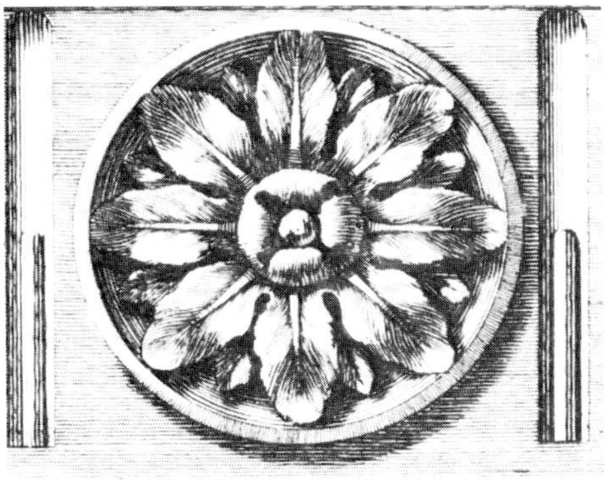

Patera

beitet haben. Sie machten Teller, Schüsseln, Platten und Krüge aus Fayence, sehr grob in Grün und Dunkelpurpur (manchmal fast Schwarz) bemalt. Die frühen Stücke sind mit stilisierten Pflanzen dekoriert, die späteren mit Fischen, Vögeln, Tieren oder Menschenköpfen und ornamentalen kufischen Schriftzügen. Der allgemeine Eindruck ist eher gotisch als islamisch. Einige Stücke sind mit Wappen und Rittern beim Turnier bemalt. →Lüsterware wurde im späten 15. Jh. hergestellt, sie ist von der Lüsterware aus Valencia kaum zu unterscheiden.

Lit: M. Gonzalez Marti, *Ceramica de levante español,* Barcelona 1944; R. A. Barbera, *La ceramica medievale de Paterna,* Madrid 1979; A. Klein, *Fayencen aus Europa,* Braunschweig 1980.

Patina. Die natürliche oder künstlich erzeugte Wirkung der Oxydation auf Bronze, die deren Oberfläche grün werden läßt; oder, in weiterem Sinne, jeder auf Bronzeobjekte, vor allem Statuetten, aufgetragene abschließende Überzug außer der Vergoldung. Der Terminus wird in übertragenem Sinne auch auf die Oberflächenbeschaffenheit alter Möbel, alten Silbers usw. angewendet.

Paul, Bruno (1874-1968). Deutscher Maler und Designer. Er war einer der Begründer der →Deutschen Werkstätten, für die er 1906 erste praktische, schlichte und behagliche Möbel von meist geradliniger Form entwarf, unter gelegentlicher Verwendung einer Art von Jugendstilkurve, die für die Serienherstellung gedacht waren und als Typenmöbel oder Aufbaumöbel bezeichnet wurden. Gleichzeitig war er ein Mitarbeiter der Zeitschrift ›Jugend‹, die der deutschen Stilrichtung des →Art Nouveau den Namen gab. Als Leiter der Berliner Kunstgewerbeschule (1907) und als Direktor der Vereinigten Staatsschulen für freie und angewandte Kunst, Berlin (1924-33), übte er einen großen Einfluß auf die Entwicklung des →Industrie-Designs in Deutschland aus.

Lit: J. Popp, *Bruno Paul,* München o. J.; S. Günther, *Interieurs um 1900: B. Pankok, B. Paul u. R. Riemerschmied als Mitarbeiter der Vereinigten Werkstätten für Kunst im Handwerk,* München 1971.

Pavia. Im 15. Jh. sollen in Pavia glasierte Töpferwaren, einige mit →Sgraffito-Dekorationen, hergestellt worden sein. Man hatte angenommen, daß die Familie des Meisters Giorgio →Andreoli aus Pavia stammt, aber das hat sich jetzt als irrig herausgestellt. Im späten 17. Jh. wurden glasierte Töpferwaren mit Sgraffito-Dekorationen von der Familie Cuzio hergestellt. Der bekannteste war Antonio Maria Cuzio, Geheimschreiber; seine Brüder Giovanni Brizio (gest. 1677), Domherr, und Antonmaria (gest. 1699) waren gleichfalls beachtenswerte Töpfer. Beispiele für ihre Arbeiten stehen im Museum in Pavia, im Louvre in Paris und im Victoria & Albert Museum in London. Im frühen 18. Jh. gab es mehrere gutgehende Fabriken, von denen die besten wahrscheinlich die der Guanciroli waren und der Brüder Mauro und Antonio Cantu, denen jetzt die Marke ›FC‹ (früher Clara Formenti zugeschrieben) gegeben wird. Sie waren überragend in Stücken, die im →Rouen-Stil in Blau dekoriert waren.

Lit: Maioliche di Lodi, Milano e Pavia, Ausst. Kat. Museo Poldi Pezzoli, Mailand 1964.

Paxtafel, Kußtafel. Eine meist silberne Tafel mit einem Handgriff auf der Rückseite und Darstellungen aus dem Evangelium oder Szenen aus dem Leben von Heiligen in verschiedenen Techniken (graviert, nielliert) auf der Vorderseite. Solche Paxtafeln wurden zu besonderen Anlässen den Gläubigen zum Kuß gereicht, womit meist die Gewährung eines Ablasses verbunden war.

Payne, Roger (1739-97). Der führende englische Buchbinder des späten 18. Jhs. Er führte jede Einzelheit seiner Einbände selbst aus, auch den Schnitt der Prägestempel. Seine Arbeiten sind von erlesenem Geschmack. Berühmt sind die Einbände, die er für den Rev. Mordaunt Cracherode machte.

Pearlware. Eine englische, verbesserte Art des →Steinguts, mit einem höheren Anteil von Flint und weißem Ton in der Masse sowie mehr Kobalt in der Glasur, um dem cremefarbenen Aussehen entgegenzuwirken. Sie wurde erstmals von →Wedgwood entwickelt und bald von anderen Fabriken übernommen, so von →Spode (1783), →Leeds (späte 1780er Jahre) und →Swansea (um 1800).

Peche, Dagobert (1887-1923). Österreichischer Designer, der der →Wiener Werkstätte eng verbunden war. Als Architekt ausgebildet, zeichnete er 1912 die ersten Entwürfe für Keramiken und Teppiche. 1915 trat er in die Wiener Werkstätte ein und war von 1917-19 deren Filialleiter in Zürich. Dann kehrte er nach Wien zurück und entwickelte einen dem →Art Deco sehr nahestehenden Stil, jedoch mit betonterer Hervorhebung des Kunstgewerblichen und Handgemachten und mit einer sehr eigenen Phantasie. Seine bemerkenswertesten Entwürfe sind die für Silber: kannelierte Vasen, die aussehen, als seien sie aus Papier gefaltet, oder ein phantastischer Tabakskasten, der von einer blumengeschmückten Gazelle bekrönt ist.

Lit: H. Ankwicz-Kleehover, *Dagobert Peche,* Ausst. Kat., Wien 1923.

Peking bowl. Typ einer chinesischen Schale, die zuerst in Peking von europäischen Sammlern erworben wurde, die aber dort nicht gemacht wurde. Innen einfach weiß, außen dekoriert mit auf opak karmesinroten, rosa, lavendelfarbenen, gelben oder blauen Grund gesetzten Rollwerk-Mustern, die weiße Medaillons, gemalt in Farben der →Famille rose, umgeben. Die besten Stücke gehören der Qianlong-Periode an, aber sie wurden durch das ganze 19. Jh. gemacht, besonders unter Daoguang (1821-50).

Peckitt, William (1731-95). Der einzige bedeutende englische Glasmaler seiner Zeit. Er wirkte in York, wo er für die Kathedrale alte Glasfenster restaurierte und neue malte. Zu seiner Arbeit gehören biblische Szenen und einige kleine Medaillonporträts (Victoria & Albert Museum, London), die mit transparenten Emailfarben gemalt sind, jedoch die Schattierungen und die plastische Modellierung der Gemälde, nach denen sie entstanden, beibehielten. Er entwickelte eine Palette schöner klarer Farben, vor allem ein scharlachfarbenes Glas, das fast so durchscheinend ist wie Rubinglas. Diese Farbtöne treten wohl am besten in seinen Rundscheiben mit abstrakten geometrischen Motiven in Erscheinung.

Lit: J. A. Knowles, *The York School of Glass Painters*, London 1936.

W. Peckitt: Graviertes Glas, York, 1780 (Victoria & Albert Museum, London)

Pecs. Töpferei in Fünfkirchen (jetzt Pecs), Ungarn, von Vilmós Zsolnay (1828-1900) im Jahre 1855 gegründet. Sie begann sehr bescheiden, hatte aber 1883 schon 450 und bis 1900 1000 Arbeiter. Die früheren Erzeugnisse waren Steinzeug im traditionellen, ungarischen, bäuerlichen Stil. In den 1870er Jahren steigerte sie die Qualität ihrer Produkte, besonders eine Nachahmung der →Iznikkeramik, genannt ›Ivoir-Fayence‹, die, mit →Scharffeuerfarben bemalt, eine Porzellanglasur erhielt. Sie stellte auch →Lüsterware im Stil der italienischen Neorenaissance her, sowie in den 1890er Jahren Keramik im Stil des →Art Nouveau, vielfach von J. Rippl-Ronal entworfen. Seit dieser Zeit nahm Industrie- und Baukeramik einen großen Teil der Produktion ein. Vilmós Zsolnay fand in seinem Sohn Miklos (1857-1925) einen Nachfolger. Das Unternehmen ist heute ein Staatsbetrieb.

Lit: K. Csány, *Geschichte der ungarischen Keramik, der Porzellane und ihre Marken*, Budapest 1954; Ausst. Kat. *Europäische Keramik des Jugendstils*, Hetjens-Museum Düsseldorf 1974.

Peg tankard. Typ einer englischen Silberkanne, die im späten 17. Jh. aufgekommen und bei öffentlichem Umtrunk gereicht worden ist. Im Inneren sind Stufen angebracht, um den Anteil jedes einzelnen zu markieren.

Pein, Georg (1775-1834). Ornamentist und Lehrer der Perspektive und der Bauornamentik an der Wiener Akademie. Er veröffentlichte zwei Bände ›Ideen zur äußeren und inneren Verzierung der Gebäude‹, Wien 1809 und 1811, mit Entwürfen für Öfen und kleinere Objekte, wie Kerzenleuchter, in einer klassizistischen Manier, die sich eng am Rande des Biedermeiers bewegte.

Lit: P. Jessen, *Der Klassizismus im Ornamentstich*, Berlin 1924.

Peintre-doreur. Französische Bezeichnung für den Handwerker, der für die Bemalung und Vergoldung von Holzteilen der von den →›menuisiers‹ hergestellten Möbel verantwortlich war. Er gehörte einer eigenen Zunft an, die neben der der ›doreurs sur métaux‹ bestand, denen die Vergoldung der Metallteile oblag.

Pelikan, Franz Anton (1786-1858). Bedeutendstes Mitglied einer Familie böhmischer Glasgraveure aus Meistersdorf-Ulrichsthal. Zu seinen besten Arbeiten gehören geschnittene Glaspokale mit Jagdszenen und Porträts. Vier von seinen Söhnen wurden von ihm ebenfalls als Glasgraveure ausgebildet: *Anton, Joseph, Franz* und *Emanuel*.

Lit: G. E. Pazaurek, *Gläser der Empire- und Biedermeierzeit*, Leipzig 1923.

Pellatt, Apsley (1791-1863). Besitzer der Falcon-Glashütte in Southwark, London, die im 17. Jh. gegründet und von seinem Vater (gleichen Namens) um 1790 gekauft worden war. Unter seiner Leitung wurden die vielfältigsten Arten von Glas hergestellt, besonders aber dekoratives Glas. 1819 führte er die französische Methode der Kameeninkrustation in England ein, verbesserte sie noch und ließ sie patentieren. Bei dieser Technik, die in Frankreich auch →›cristallo-céramique‹ oder ›sylphides‹ genannt wird, glaste man aus weißer Paste geformte Kameen ein. Anwendung fand das Verfahren vor allem bei Flaschen, Briefbeschwerern und Anhängern. 1831 erhielt er das Patent zur Herstellung der eingeglasten Pasten. Später widmete er sich vor allem der Nachahmung alter Gläser, besonders in venezianischer und islamischer Art, und hatte viel Erfolg mit der Wiederbelebung der verschiedenen Techniken des venezianischen gefärbten Glases. Bei der Londoner Weltausstellung von 1851 zeigte er u. a. einen →Kandelaber von über 6 m Höhe und einen anderen aus weißem, rubinrotem und blauem Glas ›im Stil der Alhambra‹ sowie viele geschliffene, geschnittene und mattierte

Flakon im Stil von A. Pellat mit eingeglaster Paste (Prinzessin Charlotte), 1810-20 (Victoria & Albert Museum, London)

Trinkgläser, Karaffen, Flakons usw. Er hielt Vorlesungen über die Geschichte und Praxis der Glasherstellung und publizierte 1849 in London das Werk ›Curiosities of Glass Making‹.

Lit: H. Wakefield, *Nineteenth Century British Glass*, London 1961; B. O'Looney, *Victorian Glass*, London 1973.

Pelletier, John (tätig um 1690-1710). Einer der führenden englischen Möbelschreiner des Barock. Seine Arbeiten im Louis-quatorze lassen auf eine französische Abstammung schließen. Er spezialisierte sich auf hochwertige Schnitzarbeiten und vergoldete Stücke. In Hampton Court befinden sich einige →Torchèren, die mit Sicherheit von ihm stammen (1700/01). Ein paar Tische und Kaminschirme dort werden ihm ebenfalls zugeschrieben.

Lit: R. Edwards and M. Jourdain, *Georgian Cabinet-Makers*, London 1955.

Pellevé, Etienne Dominique (tätig 1750-76). Töpfer und Maler, Sohn und Gehilfe von *Denis Pierre Pellevé*, von 1734-50 Leiter der Fabrik von →Sinceny und seit 1750 in →Saint Denis-sur-Sarthon. Er versuchte, 1753 eine Fayencefabrik in Dangau zu errichten, wurde 1757 Leiter einer Fabrik in Lüttich und war nacheinander in der Porzellanherstellung tätig in →Ottweiler (1763-67), →Etiolles (1768-70) und anderen kleinen Fabriken. Zahlreiche gefällig bemalte Fayencen und Porzellane tragen seine Initialen.

Pellipario

Pellipario, Nicolò oder **Nicola,** auch **Nicolò da Urbino** oder **Nicolò del Pelliccaio** (um 1466-1540/47). Größter italienischer Majolikamaler. Die Frage seiner Identität und seines Namens ist nicht geklärt, die Experten bevorzugen jetzt mehr den Namen ›Nicolò da Urbino‹. (Der Name Pellipario kommt auf den Stücken mit dem Monogramm von Nicolò nicht vor. Wegen dieser Frage *siehe* B. Walker in Report & Studies in the History of Art, National Gallery Washington 1968, S.94-105). Seine Tätigkeit begann in →Castel Durante, wo er um 1510-15 den noch neuen →Istoriato-Stil auf zahlreichen Tellern und Schüsseln entwikkelte, die mit seinerzeit sehr gefragten mythologischen Szenen bemalt sind, vor allem das Service mit siebzehn Teilen, das im Museo Correr in Venedig steht, und das Tafelservice für Isabella d'Este (um 1519), das zerstreut ist. Diese Teller sind charakterisiert durch lebhafte Figuren, kräftig gezeichnet, durch weite umbrische Landschaften und ausgezeichnete architekturale Details, die an Bramante erinnern. Ihm werden auch Teller zugeschrieben, die mit Porträtbüsten modisch gekleideter Damen (gelegentlich auch Herren) bemalt sind und Inschriften tragen wie *Silvia Bella, Alda la bella e galanta,* daher ›bella‹ genannt werden. Er benutzte eine frische Farbenskala mit vorherrschenden Grün- und Blautönen. 1528 ging er nach →Urbino, wo sein Sohn *Guido* (bekannt als Guido Durantino oder Guido da Castel Durante) die Fabrik →Fontana gegründet und den Namen Fontana angenommen hatte. Hier benutzte Nicolò eine wärmere Palette, beherrscht von Gelb und Orange, und verließ sich weniger auf seine eigene Phantasie als auf Stiche nach Raffael.

Lit: O. von Falke in *Die Majolikasammlung Alfred Pringsheim II*, Den Haag 1923; B. Rackham, *Italian Maiolica*, London 1952; G.C. Polidori, ›Niccolo Pellipario e le »belle« di Pesaro e di altiore‹ in *Studi artistici urbinati*, 1953; J.R. Rasmussen, ›Zum Werk des Majolikamalers Nicolo da Urbino‹ in *Keramos*, 58, 1972, S.51-64; C. Leonardi in *Rapporti artistici fra le Manche e l'Umbria* Perugia 1977, S.81; A. Klein, *Fayencen aus Europa*, Braunschweig 1980.

Pelte. Ornamentmotiv in der Form eines römischen Schildes.

Pembroke-Tisch. Kleiner englischer Tisch. Er steht auf vier Beinen und hat rechteckige (auch abgerundete) Seitenteile, die hochgeklappt auf Konsolstützen ruhen. Die eleganteste Form eines Klapptisches. Er wurde von der Mitte des 18. Jhs. an hergestellt und vermutlich nach einer Countess of Pembroke benannt. Form und Konstruktion wurde für den Sofa-Tisch übernommen. *Siehe Abb. S. 464.*

Pendelfenster. Meist rundes oder ovales Glaspaneel in der Tür einer Bodenstand- oder Wanduhr, durch das man die Bewegung der Pendellinse beobachten kann.

Pendule en socle. Französische →Bodenstanduhr, die seit Beginn des 18. Jhs. gebaut

Pembroke-Tisch, Satinholz mit Ebenholzeinlagen, englisch, um 1800 (Victoria & Albert Museum, London)

Sofatisch von J. u. A. Semfell, 1809 (Temple Newsam House, Leeds)

wird. Das Uhrgehäuse, in dem sich das Pendel befindet, wird von einem Postament getragen und ist von diesem abnehmbar. Die englische Bezeichnung lautet ›pedestal clock‹.

Pénicaud, Léonard oder **Nardon** (um 1470-1543). Führender Meister des →Limosiner Maleremails, in dessen Werkstatt die Kunst der farbigen Emailmalerei vervollkommnet wurde. Sein Hauptwerk ist eine Kreuzigung (1503; Musée de Cluny, Paris). Der größte Teil von seinen frühen Malereien ist nach zeitgenössischen Stichen kopiert. Sein jüngerer Bruder *Jean* (tätig 1510-40) bediente sich einer reicheren Palette und verwendete mehr Aufmerksamkeit auf das Detail, auf die Haare und auf die Blumen im Vordergrund seiner Malereien. Noch drei weitere Mitglieder der Familie Penicaud waren bedeutende Emailmaler: *Jean II* (tätig 1530-88) war ein Meister der →Grisaille und schuf neben weltlichen Arbeiten, zu denen einige schöne Porträts zählen, auch sakrale Objekte wie Reliquiare. *Jean III* und *Pierre* arbeiteten am Ende des 16. Jhs. unter dem manieristischen Einfluß der Schule von Fontainebleau.

Lit: J. J. Marquet de Vasselot, *Les émaux limousins, ...*, Paris 1921.

Pennewitz, David →Plaue an der Havel

Pennsylvania Dutch Style: Truhe, 1765-1800 (The Henry Francis Du Pont Winterthur Museum, Winterthur, Delaware)

P. Penicaud: Maleremailplatte der ›Juno‹, spätes 16. Jh. (Louvre, Paris)

der, Möbel, Silber, Marketerie usw. in einem Adam verwandten, aber gewagteren und kapriziöseren Stil.

Perlmutt, Perlmutter. Die irisierende Schicht im Schaleninnern von vielerlei Arten von Mollusken. Schon sehr früh ist Perlmutt zur Dekoration von Metallarbeiten und Schmuck verwendet worden, besonders aber in der Renaissance und später. Seit dem 17. Jh. hat man Möbel damit eingelegt, im 19. Jh. vor allem →Papiermaché-Mobiliar.

Lit: G. E. Pazaurek, *Perlmutter*, Berlin 1937; H. Grünn, *Perlmuttkunst in alter und neuer Zeit*, Wien 1963.

Perlmuttglasur →Böttger-Lüster

Pennsylvania Dutch style. Begriff der amerikanischen Volkskunst: Dekorstil deutscher Einwanderer in Pennsylvania zwischen 1750 und 1850. Kühn, heiter und von unterschiedlicher Qualität, vereinigt er englische und deutsche bäuerliche Stile in sich. Bevorzugte Motive sind Herzen, Tulpen, Lebensbäume, Papageien, Pfauen und endlose Variationen von geometrisch geteilten Sternformen. Die Darstellungen bewegen sich innerhalb eines bestimmten Schemas und werden zur Verzierung aller Arten von Möbeln, Keramiken, Nadelarbeiten (besonders Bettdecken und Stickteppichen), ›Frakturschriften‹ und illuminierten Handschriften verwendet. Garderoben, Tellerregale und Truhen für die Mitgift mit ihren großen, heiter gemalten Bildern, umrandet von gesprenkelten oder punktierten Einfassungen, lassen den Stil am besten erkennen. Er findet sich aber auch auf kleineren Gegenständen, z. B. auf gedrehten hölzernen Eierbechern, Gewürzdosen und Zuckerschälchen. Derartige Erzeugnisse tragen auch den Namen ›Lehn ware‹, nach *Joseph Long Lehn* (1798-1892) der darauf spezialisiert war.

Lit: H. J. Kauffman, *Pennsylvania Dutch American Folk Art*, New York 1964; E. A. Barber, *Tulip Ware of the Pennsylvania-German Potters*, Philadelphia 1922, New York 1970; J. G. Shea, *The Pennsylvania Dutch and their Furniture*, New York 1980.

Percier, Charles →Fontaine

Pergamon-Teppiche →Türkische Teppiche

Pergolesi, Michelangelo (gest. 1801). Italienischer Ornamentist, der sich vor 1770 in England niederließ und unter R. →Adam arbeitete. Er veröffentlichte ›Original Designs‹ (1777-1801), Entwürfe für Decken, Wandfel-

Pendule en socle, französisch, spätes 18. Jh. (Louvre, Paris)

La Veuve Perrin: Terrine, zweite Hälfte des 18. Jhs. (Musée des Arts Décoratifs, Paris)

Perlstab, auch **Astragal.** Klassisches Dekorationsmotiv, bestehend aus runden oder länglichen Perlen, abwechselnd mit dazwischen liegenden Scheiben.

Perlstickerei. Farbige Glasperlen werden zum Schmuck von Textilien in Verbindung mit oder als Ersatz für Stickerei aus Seide und Wolle verwendet. Die Technik wurde zuerst von den Kopten in Ägypten angewandt. In Europa wurde sie im späten 16. und 17. Jh. große Mode, besonders in England für kleine Objekte des häuslichen Gebrauchs wie Dosen, Spiegelrahmen usw., und im 19. Jh. wieder für Stuhlbezüge, Bilder und vor allem für Geldbeutel. In beiden Perioden waren die Muster denen von Stickereien in anderen Techniken verwandt.

Perrin, Pierrette, bekannt als La Veuve (Witwe) Perrin, (gest. 1793). Leiterin der überragenden Fayencemanufaktur in →Marseille, die sie 1748 von ihrem Ehemann geerbt hatte und bis zu ihrem Tode weiterführte. Die Stücke mit der Marke (›VP‹ als Monogramm) gehören zu den besten Erzeugnissen von Marseille: Teller, Krüge und gebauchte Rokokoterrinen mit über die Oberfläche gestreuten Blumenzweigen bemalt, große Terrinen für ›bouillabaisse‹ mit Deckeln, deren Knauf aus Fischen gebildet ist oder die mit Landschaften bemalt sind.

Lit: H. J. Reymond, *Faïences anciennes de Marseille XVIIe et XVIIIe siècle*, Bern 1964; E. Fabre, *Die französischen Fayencen des Mittelmeergebietes*, Köln 1965.

Perroquet. Französischer Stuhl des späten 17. Jhs., ähnlich dem →Pliant, aber mit Rükkenlehne.

Perrot(to), Bernard(o), (gest. 1709). Führender französischer Glasmacher seiner Zeit. Er war gebürtiger Italiener (stammte vielleicht aus →Altare) und ein Neffe von *Giovanni Castellano,* der 1647 in →Nevers eine Glashütte gründete. Im Jahre 1666 wurde er in Frankreich naturalisiert und erhielt damals das erste von mehreren Patenten für die Glasherstellung. Ab etwa 1672 war er in Orléans tätig und gründete dort eine Glashütte. Er stellte einfaches ›verre de fougère‹ her, jedoch auch feines Glas – ein Kristallglas (›façon de Venise‹), ein durchsichtiges rotes Glas, ein Milchglas (›façon de porcelaine‹), das vor allem für Figuren Verwendung fand, ein Achatglas und Imitationen von antiken →Kameen. Derartige Objekte, wie ein Paar Delphine aus Milchglas (München, Bayerisches Nationalmuseum) und ein roter Tischaufsatz aus Glas (Paris, Musée des Arts Décoratifs), beweisen seine Vorliebe für üppige barocke Formen. Er erfand ein Verfahren der Reliefformung, wie er es z. B. in seinem Porträt von Ludwig XIV. (Musée Historique d'Orléans) anwandte. Seine bedeutendste Leistung war jedoch die Erfindung des Gußverfahrens für Flachglas, die 1688 von *Louis-Lucas de Nehou* in Tourlaville (Normandie) ausgewertet wurde und später auch von der Glashütte →Saint-Gobain, wo man nach diesem Verfahren Spiegelglas herstellte.

Lit: J. Barrelet, *La Verrerie en France*, Paris 1954; J. Barrelet in *Cahiers de la céramique* 36 (1964), S. 254-285.

Perry, Edward. Inhaber einer bedeutenden Manufaktur in Woverhampton, die im frühen 19. Jh. mit Lack bemalte Gegenstände aus Metall und →Papiermaché herstellte.

Persische Keramik. Einige der schönsten frühen Keramiken wurden in Persien geschaffen (*siehe auch* Islamische Keramik). Die Entwicklung litt aber unter den Einfällen der Mongolen und konnte sich bis zum 16. Jh. nicht mehr ganz erholen, abgesehen von dem architekturalen Dekor in Moscheen, Schulen, Palästen usw. unter Timur, seinen Söhnen und deren Nachfolgern. Schöne Beispiele solcher Fliesen und Keramikmosaiken stammen aus dem 15. Jh., meist bemalt in Kobaltblau, Manganpurpur, Gelb und Grün. Sie sind mit Inschriften oder Arabesken oder mit beiden verziert, dabei sind die →Arabesken oftmals so dekorativ verschnörkelt, daß die Inschriften kaum gelesen werden können. Zahlreich sind auch die durchbrochenen Dekore. Unter den persischen Keramiken des 15. Jhs. befinden sich große Schüsseln mit schwarzem Dekor auf weißem →Schlicker, wobei die Zeichnung in das Schwarze eingeritzt ist, unter einer durchsichtigen, türkisfarbenen Glasur. Es gibt ferner

B. Perrot: Delphin, Milchglas, um 1700 (Bayerisches Nationalmuseum, München)

eine Art bäuerliche Keramik, die als ›kreuzschraffierte‹ Ware bekannt ist. Sie stammt vermutlich aus dem Norden und Nordwesten Persiens. Die Masse ist rot, die Verzierungen beschränken sich auf schwarze Linien und Kreuzschraffuren, bemalt in Blauschwarz und Grün auf einem weißen Schlickergrund unter einer durchsichtigen Glasur.

Die frühesten noch erhaltenen Blauweiß-Keramiken stammen aus dem 15. Jh. und wurden vermutlich in Mesched und Kirman, einige Zeit Zentren für diese Art von Keramik, gemacht. Ob Persien oder China die erste Blauweiß-Keramik hergestellt hat, ist unbekannt, aber sie wurde sicherlich in Persien bereits im 14. Jh. gemacht (Blauweiß-Gefäße, deren Formen unter den chinesischen Keramiken unbekannt sind, sind auf persischen Miniaturen des ausgehenden 14. Jhs. abgebildet). Indessen ist ostasiatischer Einfluß in der persischen Keramik unter den Safaviden augenscheinlich, und spätere Schöpfungen verraten vielfach chinesische Stile.

Neben der Blauweiß-Keramik können die Keramiken aus der Zeit der Safaviden und Kadjaren (16.-19. Jh.) in fünf Hauptgruppen eingeteilt werden: Gomrun-Keramik, →Kubatscha-Keramik, →Lüsterkeramik, polychrome und monochrome Keramik. Die Lüstertechnik dürfte im späten 14. Jh. aufgegeben worden und erst im späten 17. Jh. wieder aufgelebt sein. In späterer Zeit war der Lüsterdekor auf Blumen- und Pflanzendarstellungen beschränkt, wobei der Grund weiß belassen wurde.Die Glasur ist entweder farblos oder tiefblau. Der Lüster ist dunkel-rot-braun oder grünlich mit einem Anflug von Kupfer. Polychrome Keramiken des 17. Jhs. finden sich in allen Farben, vom stumpfen Rot bis zum Blau, Dunkelgrün und Braun, mit einer Zeichnung, die oft chinesische Einflüsse der →Mingzeit wiederspiegelt. Schließlich wurde vom 16. bis zum 18. Jh., hauptsächlich in Kirman, vielfältige monochrom glasierte Keramik, in Anlehnung an chinesische →Seladonkeramik, hergestellt. Die Farben gehen von Seladon, Gelb und Hellbraun bis zum Zinnoberrot und Tiefblau. Verzierungen sind reliefiert oder weiß gemalt oder durch die farbige Glasur hindurch in den weißen Scherben eingeschnitten.

Lit: A. U. Pope (Hg.), *A Survey of Persian Art* (1938-39), London und New York 1964-67; A. Lane, *Later Islamic Pottery*, London (von R. Pinder Wilson durchges. Ausg.) 1971, Ausst. Kat. *Islamische Keramik*, Hetjens-Museum Düsseldorf 1973.

Persische Teppiche. Die Bezeichnung deckt die hinsichtlich Technik und Muster schönsten orientalischen Teppiche ab. Sie gilt gleichfalls für verschiedene Teppichgattungen, die von Nomadenstämmen geknüpft worden sind und für eine große Anzahl moderner Handelsware, die als Bodenbelag dient. Kette und Schuß bestehen aus Wolle, Seide oder Baumwolle, sie sind gewöhnlich im →Persischen Knoten geknüpft. Die frühesten bedeutenden Stücke datieren aus der Regierungszeit von Schah Tahmasp (1524-76), unter ihnen der berühmte →Ardebil-Teppich. Entgegen den älteren →türkischen Teppichen mit geometrischen, stark stilisierten Mustern zeigen sie eine Fülle von naturalistischen, sich überlagernden Ranken- und Blütenmotiven, manchmal zusätzlich mit Vögeln und anderen Tieren, die von Hofmalern oder unter ihrem Einfluß entworfen worden sind. Ihre raffinierte und verfeinerte Geschmacksrichtung unterscheidet sie von allen anderen orientalischen Teppichen.

Im 16. Jh. sind verschiedene Gruppen von Teppichen entstanden. Bei einer dominiert ein großes Mittelmedaillon, an dem in der Längsrichtung des Teppichs Moscheelampen ›aufgehängt‹ sind. Auf den sogen. *Jagdteppichen* sind jagende Reiter auf blumigen Wiesen dargestellt (bemerkenswerte Beispiele im Victoria & Albert Museum, London; Poldi Pezzoli Museum, Mailand; Residenzmuseum, München). Eine der Gruppen wurde wohl für den Hof geknüpft; auf ihr kommen komplizierte Medaillonmuster mit Tierfiguren vor (Metropolitan Museum, New York u. a.). Alle diese Teppiche scheinen in Nordwestpersien, wahrscheinlich in Herat oder in der Umgebung der Stadt entstanden zu sein.

Als 1598 die Hauptstadt unter Schah Abbas von Qazwin nach Isfahan verlegt wurde, begann eine weitere Periode überragender künstlerischer Aktivität. Für den Palast und für andere Bauten in der neuen Hauptstadt wurden prachtvolle Stücke geknüpft. Die Tendenz geht zu einfacheren und deutlicheren Kompositionen als zur Zeit von Schah Tahmasp, aber der Gesamteindruck ist oft reicher. Eine neue Art sind die *Vasen-Teppiche* (wahrscheinlich in Kirman geknüpft) mit aufsteigendem Rankenmuster und Blüten, die aus unauffälligen Vasen wachsen. Eine besonders kostbare Gruppe in seidener Knüpfung mit Ranken, Blüten und Tiermotiven war wohl für kaiserliche Geschenke hergestellt worden. Viele solcher Teppiche wurden exportiert. Die frühesten (meist ›Brücken‹), die im Westen auftauchten, kamen aus Polen und sind unter dem Namen *Polen-Teppiche* bekannt (früher wurde wegen eingestickter Wappen fälschlicherweise angenommen, sie seien in Polen hergestellt). Eine weitere Gruppe mit seidener Knüpfung hat ein Grundmuster aus großen →Palmetten, die weitgehend in späteren Jahren imitiert worden sind, sie sind allgemein unter dem Namen *Schah Abbas-Teppiche* bekannt. Zwei weitere bedeutende Gruppen scheinen unter der Regierung von Schah Abbas in Nordpersien entstanden zu sein – die *Baum-Teppiche*, bei denen stilisierte Bäume das Hauptmotiv bilden, und die *Garten-Teppiche*, deren Muster auf dem Plan eines persischen Gartens beruht mit Beeten von stilisierten Blumen und Bäumen, die durch Kanäle voneinander getrennt sind. In *Kaschan* (nördlich von Isfahan) wurden seit dem 16. Jh. Teppiche in Seidenknüpfung mit naturalistischen Blüten- und Blattmotiven und sehr lebendig gezeichneten Tieren hergestellt. →*Gebetsteppiche*, manchmal mit Knoten aus feinem, seidig glänzenden Ziegenhaar mit reichem Blütendekor und schmalen Zypressenbäumen auf jeder Seite der Nische wurden im Süden, wahrscheinlich in der Gegend von Schiraz, geknüpft (wenige erhaltene Exemplare sind aus der Zeit vor dem 18. Jh.). Aus dem 17. Jh. stammen Teppiche mit kleinen Figuren von Matrosen in Schiffen, die sogen. *Portugiesen-Teppiche,* die in Südpersien geknüpft wurden. Weniger komplizierte, aber sehr ansprechende Teppiche sind in den verschiedensten Teilen Persiens von nomadischen Stämmen geknüpft worden, wichtig darunter die *Afscharen* (einschließlich gröberer Gebetsteppiche aus Schiraz), *Bachtiari* (mit starkfarbigen, strengen Blüten und geometrischen Motiven) und die *Gaschgai* (Kaschkai). Flach gewebte Teppiche wurden und werden in den verschiedensten Teilen von persisch Kurdistan hergestellt einschließlich →Senneh, wo seit dem 19. Jh. ebenfalls Knüpfteppiche gemacht werden. Von dort stammt der Ausdruck Senneh-Knoten.

Obgleich die feinsten persischen Teppiche im 16. und 17. Jh. geknüpft wurden, beweisen datierte Stücke, daß noch in den letzten Jahren des 18. Jhs. Arbeiten von hoher Qualität entstanden sind. Frühe Muster wurden im 19. Jh. weiter geknüpft, verloren aber, vor allem nach 1850, als die Knüpfer hauptsächlich für den Export nach Europa arbeiteten, etwas von ihrer Ursprünglichkeit. Die Einführung der Anilinfarben um 1870 hatte einen noch offensichtlicheren schädlichen Einfluß auf die Farbskala. 1934 erließ die iranische Regierung ein Gesetz, das den Export von minderwertigen Teppichen verbot. Die bedeutendsten Teppich-

Persischer Teppich, Seidenknüpfung, aus Kaschan, 16. Jh., Safawiden-Periode (Metropolitan Museum of Art, New York)

Persischer Teppich, Seidenknüpfung, Schah Abbas-Typ, Zentralpersien, 17. Jh. (Museo degli Argenti, Palazzo Pitti, Florenz)

zentren sind heute Heriz (gleichfalls ein Sammelgebiet für Teppiche, die *Bakhschayesch, Gorovan* und *Sarab*), Sultanabad (heute Arak, mit Lilihan u. a. Orten in der Umgebung), Täbriz (wo die Teppichproduktion im späten 19. Jh. wieder auflebte) und die Hauptstadt Teheran. Zwei europäische Firmen, Hotz u. Söhne und Ziegler u. Co., richteten 1850 Manufakturen in Sultanabad ein.

Eine große Zahl von Ortsnamen werden zur Unterscheidung alter und moderner persischer Teppiche gebraucht. Manchmal sind sie Hinweise auf Herkunftsstädte und Bezirke, manchmal auf Muster. Unter ihnen *Bidschar* (solide, feste Teppiche mit Herati-Muster, die auch *Sarakhs* genannt werden), *Ferahan* (mit stilisierten Blütenmotiven), *Hamadan* (ursprünglich, mit Knoten aus Ziegen- und Kamelhaar, starkfarbige Rauten, daneben eine große Anzahl moderner Marktware und preiswerte Teppiche einschließlich der *Mossul-Teppiche* genannten Gruppe), *Herat* (seit dem 16. Jh. bekannt für recht feste Teppiche und Ursprungsort des Herati- auch Fischmusters), *Isfahan* (Vasen-Muster, die aber nicht ausschließlich in Isfahan geknüpft sind), *Dschotschaghan* (Entstehungsort verschiedener Teppichgattungen der Safaviden-Zeit, vom frühen 19. Jh. an Teppiche mit kleinen Rauten- und Blütenmustern), *Kara Dagh* (Vermischung mit kaukasischen Motiven), *Kermanschah* (Medaillonmuster, Ranken- und Blütenmuster), *Chorassan* (seit dem frühen 19. Jh., leuchtende Farben, menschliche Figuren, Tiere und Vögel zwischen Blütenranken), *Kirman* (wahrscheinlich Entstehungsort des Vasenmusters aus dem 17. Jh., seit dem 18. Jh. werden Teppiche mit naturalistischeren Ranken- und Blütenmotiven als sonst üblich hergestellt, im späten 19. Jh. kommen menschliche Figuren und viele Vögel hinzu, seit 1937 entfernte Aubusson-Imitationen), *Maschhad* (reiche Farben, Blüten- und Tiermotive), *Neyris* (einige Ähnlichkeit mit →turkmenischen Teppichen), *Serabend* (charakteristische Muster aus Reihen birnförmiger Palmwedel-Motive, den Botehs, in alternierenden Richtungen), *Saruk* (seit dem späten 19. Jh., vielfarbig, mit samtartiger Struktur) und *Sautschbulak* (dichte Knüpfung, robuste, stark kurdisch beeinflußte Gattung).

Lit: K. Erdmann, *Der orientalische Knüpfteppich,* Tübingen 1955; ders., *Siebenhundert Jahre Orientteppich,* Herford 1966; E. Gans-Ruedin, *Der Persische Teppich,* München 1978.

Persischer Knoten, auch **Sehna-, Senneh-** oder **unsymmetrischer Knoten** genannt, obwohl dieser Knoten nicht in dem Dorf Senneh (Sehna) benutzt wird. Die meisten persischen, zentralasiatischen, indischen und chinesischen Teppiche sind mit diesem Knoten geknüpft. Er ist eher eine Schlinge als ein Knoten, da der Faden nur einen Kettfaden umschlingt und unter dem daneben liegenden verläuft. Er wird für Teppiche mit sehr kurzem Flor benutzt.

Peruanische Textilien. In den Küstentälern Perus wurden schon ab 3000 v. Chr. Baumwollfasern zu Geweben verflochten, noch bevor dort Töpferwaren hergestellt wurden. Frühe Beispiele von 2000 v. Chr. aus dem Chicama-Tal zeigen geometrische Motive aus miteinander verzahnten Vögeln und Tieren. Eine Art Litzen-Webstuhl, der noch vor 1500 v. Chr. gebräuchlich wurde, ermöglichte die Produktion großer Stücke (eines mißt 7x60 m) in einer Vielzahl verschiedenster Webarten mit figurativen Mustern von Menschen, Tieren und Monstern. Sowohl Baumwolle als auch Wolle (Alpaka, Lama und Vikunja), gelegentlich auch beide kombiniert, wurden verwendet; die vorherrschenden Farben waren verschiedene Rot-, Blau- und Gelbtöne, gewonnen aus Mischungen von Pflanzenfarben. Viele Beispiele – große rechteckige Umhänge, Hemden, Lendentücher usw. – stammen von Mumien, die sich in dem trockenen Sand eines Begräbnisfeldes auf der Halbinsel Paracas erstaunlich gut erhalten haben (die wichtigste Sammlung befindet sich im Museo Nacional, Lima). Die meisten sind zwischen dem 5. Jh. v. Chr. und 5. Jh. n. Chr. zu datieren. Die frühesten, als *Paracas*-Textilien kategorisierten Textilien zeigen rechtlinige Motive entsprechend der geometrischen Struktur des Gewebes in ungefähr zwölf verschiedenen Farben. Darstellungen mit kurvigen Linien von immer lebendigeren menschlichen Wesen und Tieren, die zwar gewöhnlich recht klein sind, aber in Farbvariationen von bis zu 190 verschiedenen Schattierungen wiederholt wurden, kennzeichnen spätere Stoffe im *Nazca*-Stil. Manchmal wurden auch zusätzlich Stickereien angefügt, vor allem an den Kanten großer Umhänge, doch verloren diese mit der Verfeinerung der Webtechniken des figurativen Designs an Bedeutung. In stilistischer Hinsicht folgt die spätere historische Entwicklung der Textilien jener der

→peruanischen Töpferei: Stücke im *Tiahuanaco*-Stil (um 100 v. Chr. bis 1100 n. Chr.) zeigen abstrakte (vielleicht symbolische) Motive, während des *Chimu*-Königreichs (14. Jh. bis Mitte 15. Jh.) waren (geometrisch stilisierte) Tiere kennzeichnend, unter den *Inka* (13. Jh. bis 1532-34) schließlich wurden die Motive zu geometrischen Mustern standardisiert. Auch nach der spanischen Eroberung 1532-34 wurden nach wie vor Stoffe im Stil der Inka gewebt, jedoch wurden allmählich auch europäische Blattmuster übernommen.

Lit: J. B. Bird u. L. Bellinger, *Paracas Fabrics and Nazca Needlework*, Washington 1954; H. Disselhoff, *Geschichte der Altamerikanischen Kulturen*, München 1967; R. d'Harcourt, *Textiles of Ancient Peru* (1934), Seattle 1974.

Peruanische Töpferwaren gehören zu den edelsten ihrer Art in Südamerika und stellen eine bedeutende präkolumbianische Kunstform Amerikas dar, obwohl sie nicht auf der Töpferscheibe gedreht waren, da diese zu jener Zeit dort noch nicht bekannt war. Keramik um 3100 v. Chr. ist in Kolumbien gefunden worden, solche um 2700 v. Chr. in Südecuador; die frühesten, noch sehr einfachen peruanischen Stücke jedoch stammen aus der Zeit um 2000 v. Chr. (in Huaca Prieta im Tal von Chicama gefunden). Flaschenkürbisgefäße der gleichen Periode, die mit eingeritzten Mensch- oder Tiergesichtern geschmückt sind, beeinflußten anscheinend die folgende Herausbildung keramischer Formen und Dekorationen. Um 1800 v. Chr. wurden in Kotosh im Hochland graue Waren hergestellt, in die geometrische Muster eingeritzt und die nach dem Brennen in Rot, Gelb oder Weiß bemalt wurden. Bedeutende Entwicklungen setzten dann kurz nach 1000 v. Chr. mit der Verbreitung des *Chavín*-Stils ein (benannt nach einem Tempel am östlichen Abhang der Anden). Charakteristisch für diesen sind kürbisförmige Gefäße mit einer merkwürdigen bügelförmigen Schnauze, die zugleich als Henkel diente – eine Form, die sich bis zur Zeit der spanischen Eroberung mehr als zwei Jahrtausende später erhielt. Verziert waren diese Gefäße u. a. mit Katzenköpfen, die wahrscheinlich religiöse Bedeutung trugen und überhaupt typisch für die Chavín-Kunst sind. Nach 500 v. Chr. entfaltete sich in den nördlichen und Zentralanden die Kunst der ausgesparten (passiven) oder Negativmalerei mit farbigem Schlicker (für den Brennvorgang wurde Wachs auf die vom Schlicker ausgesparten Teile der Gefäßoberfläche aufgebracht). Die bedeutendsten Beispiele dieses Deckmitteldekors auf äußerst kunstvoll geformten Gefäßen stammen aus dem oberen Santa-Tal und sind im *Recuay*-Stil gehalten, der auch die Töpfer an der Küste beeinflußte. Einem anderen Typus, genannt *Cupisnique* (nach dem Tal, wo er zuerst gefunden wurde), aus der langen Periode zwischen 900 und 200 v. Chr. gehören die einfarbigen, gewöhnlich dunklen Gefäße an, die in einer Vielfalt verschiedenster Formen modelliert wurden – sei es als Häuser, Tiere, menschliche Köpfe oder auch ganze Figuren (z. B. in Form einer ihr Kind stillenden Mutter) – und ›Bild-Gefäße‹ genannt wurden. Eher rohe kürbisförmige ›Bild-Gefäße‹ aus rotem Ton, in offenen Brennöfen gebrannt und in einem bestimmten lokalen Stil, genannt *Salinar*, wurden im oberen Chicama-Tal produziert. Ihren Höhepunkt erreichte die Töpferkunst in der Zeit der *Mochica*-Herrschaft im nördlichen Peru (um 300 v. Chr. bis 700 n. Chr.). Damals wurde ein dünnwandiger Körper entwickelt, Gefäße wurden ausgeformt, die Formgebung wurde wirklichkeitsgetreuer, überraschend vor allem bei den sowohl einer Norm entsprechenden wie streng charakterisierten menschlichen Köpfen. Lebendige Götter- und Menschenszenen wurden in Rot und Schwarz auf den weißen Grund kugelförmiger Gefäße gemalt. Andere Stilrichtungen entstanden in Südperu, benannt nach (a) einem großen Begräbnisfeld auf der Halbinsel *Paracas* (um 1400-400 v. Chr.) und (b) nach einer Kultur, die im *Nazca*-Tal blühte (um 500 v. Chr. bis 540 n. Chr.). Dabei lag die Betonung eher auf Vielfarbigkeit, weniger auf naturgetreuer Darstellung. Die abgerundeten Standflächen dieser Gefäße deuten darauf hin, daß diese wohl auf einem Untergrund aus losem Sand stehen sollten. Zunächst hatte man nach dem Brennen Farbpuder auf die eingeritzten Zeichnungen aufgetragen, nun aber entwickelten die Töpfer von Nazca eine neue Technik, die es ermöglichte, mit bis zu zwölf Farben verzierte Stücke zu brennen. Viele der Gefäße sind der menschlichen Gestalt nachgebildet, wobei aber nur grobe Konturen von Kopf, Rumpf und Beinen modelliert, Einzelheiten nur schematisch aufgemalt wurden. Die wichtigsten dekorativen Motive sind stilisierte Tiere, Pflanzen und aus den Körperteilen verschiedener Tiere zusammengesetzte Figuren. Noch stilisiertere Naturformen und offensichtlich abstrakte Ornamente kennzeichnen die Keramik des *Tiahuanaco*-Stils (benannt nach einem Zeremonienzentrum hoch in den bolivianischen Anden), der wahrscheinlich in Folge der Ausdehnung eines religiösen Kults (um 100 v. Chr. bis 1100 n. Chr.) in einem großen Gebiet einschließlich des Moche-Tals verbreitet war. Im Königreich der *Chimu* im Norden, das ab Mitte des 14. Jhs. bis zur Eroberung durch die Inka in voller Blüte stand, wurden einige der unter den Mochica herausgebildeten Keramikformen einschließlich der ›Bild-Gefäße‹ wiederbelebt, allerdings ohne die frühere Manier der figürlichen Bemalung. Besondere Vorliebe genossen schwarze und rote Waren mit Reliefdekor und polierter Oberfläche, die den Anschein mattierten Silbers oder Kupfers hat. Völlig andere Gefäße – kugelförmig, am Hals grob verziert und in Weiß, Schwarz und Rot bemalt – stellten zur selben Zeit Töpfer in *Chancay* am unteren Passamayo-Fluß her. Im Reich der *Inka* schließlich, das im frühen 13. Jh. gegründet wurde, sich allmählich durch die Zentralanden und nach Chile ausweitete, bis es endlich 1532-34 von den Spaniern erobert wurde, wurde die Töpferei, wie auch alle anderen Künste, stan-

Peruanische Keramik, Mochica-Kultur, Gefäß (Privatsammlung)

dardisiert. Gefäße waren von guter Qualität, gewöhnlich mit geometrischen Motiven bemalt und dann poliert. Bemerkenswert ist der →Aryballos oder Wasserkrug mit schmalem Hals, spitz zulaufender Grundfläche und zwei Henkeln, die niedrig an den kugelförmigen Körpern angesetzt sind, so daß der Krug auf dem Rücken des Trägers festgeschnallt werden konnte. Nach der spanischen Eroberung beschränkte sich die Produktion auf grobe Gebrauchswaren.

Lit: G. Bushnell u. a., *Ancient American Pottery*, London 1956; A. Sawyer, *Ancient Peruvian Ceramics*, New York 1966.

Pesaro. Majolikafabriken arbeiteten in Pesaro seit 1480-90 (wenn nicht früher), aber Beispiele für ihre Arbeiten sind nicht nachgewiesen. Fliesen aus den Gemächern der Isabella d'Este im Schloß von Mantua (jetzt im Louvre, Paris; Victoria & Albert Museum, London, usw.) können möglicherweise in Pesaro hergestellt worden sein. Eine Fabrik im Eigentum der Familie *Lanfranco* (oder Lanfranchi) aus Gabicce war in der Zeit von 1540-66 tätig und stellte Keramik im →Istoriato-Stil her, die nach Art der Fabrik →Fontana in Urbino bemalt wurden. Eine bemerkenswerte Arbeit ist u.a. ein großes für einen Mönch, Andrea da Volterra, hergestelltes Service (British Museum und Victoria & Albert Museum, London; Museo Civico, Bologna usw.). Die Majolikaproduktion ging vom späten 16. Jh. an zurück. Ein bedeutenderes Unternehmen wurde 1763 von *Antonio Casali* und *Antonio Callegari* aus Lodi gegründet, das →bleiglasierte Keramik, Imitationen chinesischen und europäischen Porzellans, herstellte wie auch Krüge und Schüsseln, die den →Groteskenstil von Urbino im 16. Jh. wieder in ihren Dekoren aufnahm. Im 19. Jh. gab es mehrere gutgehende Fabriken. Nach 1860 führte *Terenzio Bertozzini* (1816-1901) eine Fabrik in der Villa Imperiale und später in der Stadt, die Vasen im Istoriato-Stil, Majoliken mit →Lüster und irisierender Glasur in Nachahmung des Maestro Giorgio di Gubbio und der alten Werkstätten von Pesaro herstellte. 1899 gründete Oreste Ruggieri eine Manufaktur, die von →Chini beeinflußte Arbeiten im Art Nouveau herstellte. Im 20. Jh. stellte Ferruccio Mengaroni (1875-1925) bekannte Imitationen her, die zum Teil als gelungene Nachbildungen der typischen historischen Majoliken des 16. Jhs. gelten.

Lit: G. B. Passeri, *Storia delle pitture in maiolica fatte in Pesaro e nei paesi circonvicini*, Venedig 1758; G. Ballardini, *Mastro Ferruccio Mengaroni, Maiolicaro di Pesaro*, Faenza 1929; G. Liverani, *La maiolica italiana*, Mailand 1958; G. Liverani, *Five Centuries of Italian Majolica*, New York u. London 1960; E. Baviati, ›Maioliche Casali e Callegari di Pesaro‹ in *Faenza* LXII, 1976, S. 61-64; L. L. Loreti, *Maiolica e terraglia di Pesaro ...*, Mailand 1978; A. Klein, *Fayencen aus Europa*, Braunschweig 1980.

Peterinck, François-Joseph →Tournai, Töpfereien und Porzellanfabrik

Peters, Tommaso Enrico (gest. 1852). Engl. Möbelschreiner, der von 1817 an in Genua lebte und in dem ehemaligen Kloster S. Brigida in der Via Balbi eine Werkstatt betrieb. Er signierte seine Arbeiten ›Peters Maker Genoa‹ – wobei er die englische Schreibweise von Genua beibehielt. Bei seinen frühen Arbeiten aus Mahagoni wurde er vom →Regency beeinflußt, aber schon in den Jahren 1821-25 stellte er →Empire-Möbel mit vergoldetem Dekor her. Er lieferte eine Garnitur von zwölf Sesseln, sechs Stühlen und einem Ruhebett für das Audienzzimmer der königlichen Residenz in Genua, als diese für Karl Albert von Savoyen-Sardinien (1831-49) neu ausgestattet wurde. Die Entwürfe zu diesen Stühlen stammten wahrscheinlich von Michele Canzio (1787-1868). Sie erinnern an die Empire-Möbel, die Gabriele Capello nach Entwürfen von P. →Palagi für den Palazzo Reale in Turin ausführte. Der Schnitzdekor an Peters' Arbeiten ist jedoch vergleichsweise schwerfällig. Möbel von Peters befinden sich auch im Palazzo Reale und im Castello Racconigi in Turin. 1849 ging er in Konkurs; seine Werkstatt wurde geschlossen.

Lit: E. Baccheschi in *Cultura figurativa e architetturica negli Stati del Re di Sardegna 1773-1861*, Ausst. Kat. Turin 1980.

Petersdorfer Glashütte. Im Jahr 1866 gründete *Fritz Heckert*, der einer deutschen Glasmacherfamilie entstammte, in Petersdorf bei Warmbrunn im Riesengebirge eine Glashütte. Bekannt wurde die Hütte vor allem wegen ihrer Glaswaren in historisierender Art, z. B. →Humpen mit Emailfarbenmalerei. Andere Stücke, wie die ›Jodhpur-Gläser‹, wurden nach indischen Metallarbeiten gestaltet. 1923 wurde die Hütte mit der Glashütte →Schreiberhau zusammengelegt.

Lit: B. Mundt, *Historismus,* Kat. des Kunstgewerbemuseums, Berlin, Bd. VII, Berlin 1973.

Petit, Jacob (1796-1865). Porzellanmaler, der seine Laufbahn in →Sèvres begann und, zusammen mit seinem Bruder *Mardochée,* 1830 eine Porzellanfabrik in Belleville und 1838 eine weitere in Fontainebleau erwarb. 1850 verlegte er letztere nach →Avon und kehrte 1862 nach Fontainebleau zurück. Er stellte reich bemalte Zier- und Gebrauchsgegenstände her (Warmhaltevorrichtungen in Gestalt menschlicher Figuren und üppig modellierte Uhrgehäuse waren seine Spezialität). Er machte auch Entwürfe im →Louis Philippe-Stil und gab den ›Recueil de décorations intérieures‹, Paris, 1830-31, heraus. Seine Erzeugnisse sind gelegentlich mit den Initialen ›J. P.‹ in Blau gemarkt.

Lit: X. de Chavagnac u. A. de Grollier, *Histoire des manufactures françaises de porcelaine,* Paris 1906; M. Ernould-Gandouet, *La Céramique en France au XIXe siècle,* Paris 1969.

Petit, Nicolas (1732-91). Seit 1761 ›maître →ébéniste‹. Er machte zunächst vorwiegend Lackarbeiten. In seinen späteren Werken entwickelte er einen schlichten klassizistischen Stil. Es gab noch einen anderen *Nicolas Petit* (1736-98), der 1765 ›maître ébéniste‹ wurde, dem er aber an handwerklichem Können weit überlegen war. Ihre Meisterstempel waren sehr ähnlich.

Petitpierre, Aristide →Nantes

Petit Point, franz., kleiner Punkt. Stickerei auf feinem Gewebe ebenso wie auf Leinwand in halbem Kreuzstich, vor allem für Kissen- und Stuhlbezüge verwendet. Eine Sticktechnik, die seit dem Mittelalter angewandt wird, aber erst seit dem 18. Jh. wirklich populär geworden ist.

Petri-Raben, Trude →Berliner Porzellanmanufakturen

Petrus Andreas →Faenza

Petuntse. Glasartig schmelzende, aus Feldspat bestehende Masse, wesentlicher Bestandteil des Hartporzellans, auch als ›weißer Porzellanstein‹ bezeichnet, der mit der Porzellanerde (Kaolin) bei sehr hoher Temperatur zu einem dichten und wasserundurchlässigen Scherben (→Porzellan) verschmilzt. In China wurde der ›Porzellanstein‹ pulverisiert und den Porzellanherstellern in Form von gepreßten kleinen ›Ziegelsteinen‹ (petuntse, chinesisch ›baidunzi‹) geliefert.

Petzolt oder **Petzoldt, Hans** (1551-1633). Nach W. Jamnitzers Tod (1585) der führende Goldschmied in Nürnberg. 1578 zum Meister ernannt, spielte er, wie Jamnitzer, eine bedeutende Rolle im Rat und in den Angelegenheiten der Stadt. Etwa vierzig seiner Werke, vornehmlich Pokale, sind auf uns gekommen. Abgesehen von zwei Reisen nach Prag, die auf Einladung Rudolfs II. erfolgten, verbrachte er sein Leben in Nürnberg. Einige seiner Werke folgten der Tradition W. Jamnitzers, z. B. Pokal im Royal Scottish Museum in Edinburgh; aber der bei weitem größere Teil weicht auffallend von dieser ab, wie etwa der ›Dianapokal‹, (1610-20; Kunstgewerbemuseum, Berlin), eines seiner an Umfang größten und eindrucksvollsten Stücke, dessen Einzelelemente sowohl dem frühen wie dem späten 16. Jh. verpflichtet sind. Ein silberner Doppelpokal im Rijksmuseum, Amsterdam, geht im Sinne der Neogotik um 1600, mit ihrem Rückgriff auf die Kunst der Dürer-Zeit, noch offensichtlicher auf den Stil der Nürnberger Goldschmiede des frühen 16. Jhs. zurück. *Siehe auch Abb. S. 161, 597.*

Lit: J. F. Hayward, *Virtuoso Goldsmiths and the Triumph of Mannerism 1540-1620,* London 1976.

H. Petzolt: Traubenpokal, silbervergoldet, Nürnberg, 1610-12 (Kunstgewerbemuseum, Berlin)

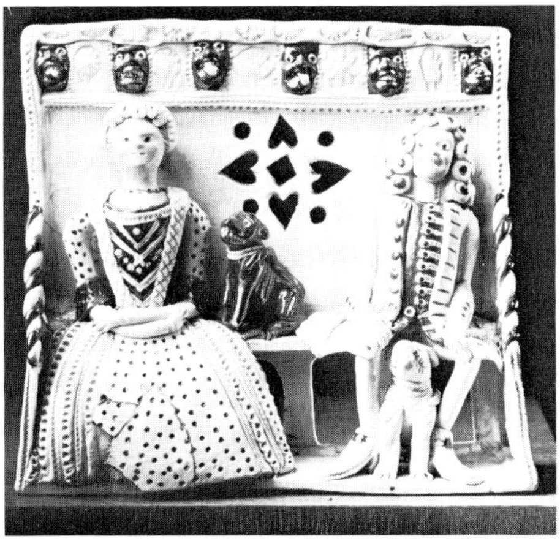

Pew group, Staffordshire, salzglasiertes Steinzeug, etwa 1745 (William Rockhill Nelson Gallery of Art, Kansas City)

Pew groups, engl., Kirchenbankgruppen aus →salzglasiertem Steinzeug, entstanden in der Mitte des 18. Jhs. in →Staffordshire. Reizvolle, naive Darstellungen von zwei oder drei kleinen, steifen Figuren auf einer Bank mit hoher Lehne. Einige dieser Schöpfungen werden T. →Astbury zugeschrieben, andere Aaron, dem Bruder von R. →Wood.

Pfalzer, Zacharias →Baden-Baden

Pfalz-Zweibrücken

Pfalz-Zweibrücken. Porzellanmanufaktur unter dem Schutz des Herzogs Christian IV. von Pfalz-Zweibrücken 1767 gegründet und von zwei Keramikern aus →Höchst geleitet. Sie arbeitete bis 1775 und stellte hauptsächlich Eßgeschirre her. Die einfacheren (technisch geringwertigeren) Erzeugnisse sind unterglasurblau bemalt, die besseren (aus höherwertigen Rohstoffen) polychrom mit Blumen und Landschaften staffiert. Es wurden auch Figuren geschaffen, von denen allerdings bis heute keine mit Sicherheit nachgewiesen werden konnten.

Lit: E. Heuser, *Die Pfalz-Zweibrücken Porzellanmanufaktur,* Neustadt-an-der-Hardt 1907.

Pfau, Johann Ernst →Kopenhagener Fayence

Pfau, Ludwig →Winterthur

Pfeifenton. Auch Bezeichnung für weißliche, insbesondere in →Lunéville, →Saint Clément und →Bellevue hergestellte Töpferware. Figuren blieben unglasiert, Gebrauchswaren wurden mit einer →Bleiglasur überzogen.

Pfeifenwerk. Dekoration aus parallel geführten konvexen Rundstäben, die einander berühren; das Gegenteil der Kannelierung. *Siehe auch* Godronierung.

Pfeiffer, Max Adolf →Schwarzburg

Pfeilerspiegel. Hoher, schmaler Wandspiegel – in England ›Pier-glass‹ genannt, in Frankreich ›Trumeau‹ –, der seinen Platz zwischen zwei Fenstern hatte. Vor allem im 18. Jh. beliebte Spiegelform, oft über einem →Konsoltisch.

Philadelphia Chippendale. Möbel von Kunstschreinern aus Philadelphia, die weitgehend nach dem ›Director‹ von Th. →Chippendale arbeiteten, z. B. →Affleck und →Randolph.

Philadelphia Porzellanfabrik →Bonnin and Morris porcelain factory

Pfirsichblütenglasur →Ochsenblut

Pfohl, Karl (1826-94). Glasgraveur, tätig in Steinschönau (heute Kamenický Šenov), einem Zentrum der Glasindustrie in Nordböhmen. Er spezialisierte sich auf das Gravieren von meist roten und blauen →Überfanggläsern. Viele solcher Gläser, meist die mit Pferdedarstellungen, werden ihm, nicht immer richtig, zugeschrieben. In späteren Jahren gravierte er nach Bildern alter Meister, vor allem von Rubens. Beispiele seiner Arbeiten werden in dem Museum für Glas und Luster in Kamenický Šenov aufbewahrt.

Photokeramik. Keramik, auch Glas u. a., mit einer Reproduktion dekoriert, die mit Hilfe einer photographischen Platte erfolgte, was voraussetzt, daß der Werkstoff vorher sensibilisiert wurde. Das Verfahren wurde 1855 in Frankreich erfunden.

Phyfe, Duncan (1768-1854). Bekanntester amerikanischer Kunsttischler. Er war außerordentlich erfolgreich und beschäftigte auf der Höhe seiner Laufbahn mehrere hundert Arbeiter in seinen New Yorker Werkstätten. Seine Familie kam um 1783/84 aus Schottland nach Amerika. 1792 arbeitete Duncan als Zimmermann in New York, 1794 wurde er schon als Kunstschreiner im New Yorker Handwerkerregister geführt. 1815 hatte er bereits drei nebeneinanderliegende Grundstücke erworben, in denen Werkstätten, Lager- und Verkaufsräume untergebracht waren. Anfangs arbeitete er im →Sheraton-Stil. Später hielt er sich an den →Directoire- und den →Empire-Stil. Um 1830 begann er, wuchtigere repräsentative Möbel herzustellen, wie die Kundschaft sie verlangte. Er selbst soll sie verächtlich als ›Metzger-Möbel‹ bezeichnet haben. Anscheinend

D. Phyfe: Nähtisch aus Mahagoni mit Marmorplatte und Bandeinlagen in Messing, um 1810-18 (The Henry Francis du Pont Winterthur Museum, Winterthur, Delaware)

war er zu zaghaft oder zu klug, den Neuerer zu spielen. Seine Entwürfe unterschieden sich wenig von denen der zeitgenössischen New Yorker Möbelschreiner, dennoch bezeichnete man bestimmte amerikanische Möbeltypen einer ganzen Epoche mit seinem Namen.
Phyfes Empire-Möbel können sich weder in der Gestaltung noch in der Ausführung mit denen von Ch.-H. →Lannuier messen. Dessen Produktion war allerdings auf einen kleinen Kreis beschränkt, während Phyfes Möbel für eine breite Käuferschicht bestimmt waren. Noch erhalten gebliebene Möbel, die Phyfes Etikett tragen, sind aber qualitativ hochwertig. Sie befinden sich im Museum of the City of New York und im Du Pont Winterthur Museum in Winterthur, Delaware. Er verarbeitete feinstes Mahagoniholz aus San Domingo. Seine Furniere sind makellos, die Schnitzarbeiten und Bronzebeschläge perfekt ausgeführt. Nach 1830 verschlechterte sich die Qualität seiner Möbel, er begann Rosenholz und andere billigere Hölzer zu verarbeiten.

Lit: E.H. Bjerkoe, *The Cabinet Makers of America*, New York 1957; C.F. Montgomery, *American Furniture of the Federal Period in the Henry Francis Du Pont Winterthur Museum*, New York und London 1967.

Pi →Bi

Picasso, Pablo (1881-1973). Im Bereich der angewandten Kunst hat Picasso hauptsächlich durch seine Keramik einen starken Einfluß ausgeübt. Wie kein anderer der hervorragenden Künstler seiner Generation, etwa Georges Braque, Henri Matisse und Fernand Léger, die die Töpferei als Ausdrucksmittel benutzt haben, hat er sich in der bildnerischen Gestaltung und Bemalung seiner Keramik verwirklicht. Er begann 1947 in der *Madoura-Töpferei* bei *Suzanne* und *Georges Ramié* in Vallauris, wo schließlich alle seine Keramiken hergestellt worden sind. Seine Arbeiten umfassen einmal eigene Schöpfungen: Figuren, Vögel, Köpfe usw. und manchmal Gefäße in diesen Formen, die er selbst modelliert und bemalt hat. Zum anderen gibt es Teller, Krüge usw. der üblichen Art, die von der Töpferei hergestellt und nur von ihm bemalt worden sind. Bei beiden Kategorien sollte aber unterschieden werden zwischen dem originalen Modell und den Repliken, die von der Madoura-Töpferei in beschränkter Auflage hergestellt wurden. Diese Keramiken sind ein Übergreifen von Picassos Werk in andere Medien hinein, und viele Motive seiner Gemälde, Zeichnungen usw. begegnen uns hier wieder: die Taube, der Faun, Minotaurus und Kentaur, Stierköpfe, der Künstler und sein Modell. Manchmal finden sich Anklänge an griechische Vasen oder peruanische Wassergefäße. Einige Eulen wecken die Erinnerung an die deutsche Töpferei des 16. Jhs., während die mit Eulen bemalten Teller die Schlickerware des 17. Jhs. ins Gedächtnis zurückrufen. Aber sie sind unwiederholbar gestaltet und spiegeln unverkennbar die Persönlichkeit, die Vitalität und den Witz Picassos wieder.

Lit: D.-H. Kahnweiler, *Picasso Keramik*, Hannover 1957.

Piccolpasso, Cipriano (1524-79). Italienischer Töpfer von →Castel Durante (heute Urbania), hauptsächlich bekannt durch seine Abhandlung über die Technik der Majolika ›Li tre libri dell'arte del vasaio‹, geschrieben zwischen 1556 und 1559. Es ist der früheste bekannte, in Europa geschriebene Bericht über die Töpferei (eine persische Abhandlung stammt aus dem Jahre 1301). Er wurde 1857 in Rom erstmals veröffentlicht. Die Übersetzung ins Französische durch Champfleury im Jahre 1860 dürfte nicht ohne Einfluß auf die französischen Kunsttöpfer gewesen sein. Die Urschrift des Manuskripts befindet sich im Victoria & Albert Museum, London.

Lit: C. Piccolpasso, *Li tre Libri dell'arte del vasaio*, Hg. B. Rackham u. V. van de Put, London 1934; A. Craiger Smith u. R. Lightbown (Hg.), *Cipriano Piccolpasso's Three Books of the Potter's Art*, London 1978; A. Klein, *Fayencen aus Europa*, Braunschweig 1980.

Pichler, Johann Adam (tätig 1709-30). Möbeltischler aus Tirol, ausgebildet 1709-15 in Paris auf Kosten des Kurfürsten Max Emanuel von Bayern, für den er dann in München hauptsächlich nach Entwürfen des Hofarchitekten Joseph Effner arbeitete (Beispiele in den Schlössern Nymphenburg und Schleißheim). In seiner Werkstatt, die Französische Hofkistlerei genannt, waren auf der Höhe ihrer Tätigkeit 18 Handwerker beschäftigt.

Lit: H. Kreisel, *Die Kunst des deutschen Möbels*, Bd. II, München 1970.

Pie-crust table. Engl. Tisch mit runder Platte, deren erhabener Rand bogenförmig ausgeschnitten ist, ähnlich einem Tortenrand. Im allgemeinen ruht die Platte, hochkippbar, auf einer Mittelstütze mit Dreifuß. Der Tisch wurde meist in Mahagoni angefertigt und war in England und in den Vereinigten Staaten um die Mitte des 18. Jhs. ein beliebtes Möbel, das seit dem Ende des 19. Jhs. häufig kopiert wird.

Pie-crust ware. Englische Pastetenplatten. Rötlich-gelbe Töpferware, die Gebäck vortäuscht. Von →Wedgwood und anderen Fabriken seit dem Ende des 18. Jhs. hergestellt, als infolge Mehlmangels Gebäck als Luxus galt.

Pied de biche. Französische Bezeichnung für eine Fußform von Möbeln, die häufig in Zusammenhang mit dem →cabriole leg verwendet wurde und einem Reh- oder Hirschhuf gleicht; seit 1690 gebräuchlich.

Piedestaltisch. Jeder Tisch, dessen runde oder viereckige Platte auf einer Mittelstütze, im allgemeinen mit Dreifuß, ruht. Kam zu Beginn des 18. Jhs. in England auf und ist seitdem populär.

Pien-hu →Hu

Pieri, Giovanni Francesco →Neapeler Wandteppichmanufaktur

Pierino del Vaga (Pietro Buonaccorsi) (1501-47). Florentiner Maler, der hauptsächlich in Rom gearbeitet hat. Er war ein höchst produktiver Schöpfer von Entwürfen für Goldschmiedearbeiten in einem reich mit skulpturalem Schmuck versehenen manieristischen Stil, dem des Fr. →Salviati ähnlich. Er lieferte auch Zeichnungen für Bergkristallschneider, bes. G. →Bernardi (Cofanetto [Schmuckkästchen] Farnese, Museo di Capodimonte, Neapel).

Lit: J. F. Hayward, *Virtuoso Goldsmiths and the Triumph of Mannerism 1540-1620*, London 1976.

Pietre dure. Italienische Bezeichnung für Halbedelsteine, wie Achat, Chalzedon, Jaspis, Lapislazuli usw., zur Unterscheidung von den verschiedenen Marmorarten. (Die Singularform des Wortes, ›pietra dura‹, sollte korrekterweise nur für eine Steinart allein und nicht, wie es außerhalb Italiens oft geschieht, für die Zusammenstellung mehrerer verwendet werden.) Auf Grund ihrer Härte müssen diese Steine mit ähnlichen Werkzeugen bearbeitet werden, wie sie auch beim Edelsteinschnitt zur Anwendung kommen. Kleinere Ausstattungsgegenstände, Petschafte und auch Schmuck sind schon in frühester Zeit aus solchen Materialien gefertigt worden. Im alten Rom hat man die Arbeitstechniken dann zu höchster Vollendung entwickelt; diese wurden in der italienischen Renaissance wieder aufgenommen, vornehmlich in Mailand und Florenz, wo der Großherzog 1588 eine Werkstatt für solche Arbeiten, das ›Opificio delle pietre dure‹, begründete, während andere italienische Meister in dieser Kunst (z. B. die Familie der →Miseroni) sie am Hofe Rudolfs II. in Prag und in Paris an der Manufacture des →Gobelins wiederbelebten. Aus den Steinen wurden große Vasen, Kannen, Schalen usw. geschnitten, die in prunkvolle Gold- und Emailmontierungen eines oft höchst extravaganten →manieristischen Stils gefaßt wurden (hervorragende Exemplare im Kunsthistorischen Museum, Wien, und in der Schatzkammer der Residenz, München). Gelegentlich machte man auch Statuetten oder gar lebensgroße Büsten aus verschiedenen Arten von ›pietre dure‹ (bemerkenswert eine Büste der Vittoria della Rovere mit Kleid und Schleier aus schwarzem flämischem Marmor und Inkarnat und Augen aus Chalzedon und Achat (Conservatorio ›La Quiete‹ bei Florenz). Vom 16. Jh. an wurden die zu Plättchen geschnittenen Steine zu gewöhnlich flachen, manchmal aber auch reliefierten Mosaiken verarbeitet, die als Schmuck von Kunstschränken, Tischplatten, →Antependien usw. verwendet wurden: solche Arbeiten werden ›commesso di pietre dure‹ oder →Florentiner Mosaik genannt.

Lit: A. Pampaloni Martelli, *Museo dell'Opificio Pietre Dure di Firenze*, Florenz 1975.

Piffetti, Pietro (um 1700-77). Einer der besonders hervorragenden italienischen Möbelkünstler. Er arbeitete zunächst in Rom und ließ sich 1731 in Turin nieder. Dort wurde er vom König von Sardinien zum Hofschreiner ernannt und arbeitete bis zu seinem Lebensende für die königlichen Residenzen. Zu Anfang seiner Laufbahn stand er unter dem Einfluß von F. →Juvarra, der ihm die Entwürfe für kirchliches Mobiliar und für die Barocksekretäre und Wandtische lieferte, die sich noch heute im königlichen Palast von Turin befinden. Nach einem Aufenthalt in Frankreich entwickelte Piffetti eine italienisch geprägte Variante des →Louis-quinze. Charakteristisch für seine Möbel sind überaus phantasievoll gestaltete Intarsien aus seltenen Hölzern, Perlmutt und Elfenbein. Seine größeren Arbeiten sind mit Goldbronzebeschlägen und vergoldeten Holzappliken geschmückt, häufig Menschen- oder Tierköpfe. Sie wurden z. T. von dem Bildhauer Fr. →Ladatte ausgeführt. Zu dem von ihm geschaffenen Kirchenmobiliar

Pietre dure: Jaspiskanne mit Gold- und Silbermontierung, wahrscheinlich von den Brüdern Saracchi, Mailand, 1570-80 (Residenzmuseum, München)

Pietre dure-Dekoration auf einem Ebenholz-Betpult, Entwurf von G. B. Foggini, Florenz 1706 (Palazzo Pitti, Florenz)

P. Piffetti: Marqueterie-Kabinettschrank, mit vergoldeten Bronzebeschlägen von F. Ladatte, 1731 (Palazzo Reale, Turin)

gehört der Altar der S. Filippo-Kirche in Turin.

Lit: H. Honour, *Cabinet Makers and Furniture Designers,* London u. New York 1969; M. Trionfi Honorati in *Antichità Viva,* 1977, S. 38-47.

Pilaster. Flacher Wandpfeiler oder halbrunde Säule, die, wenn sie in Verbindung mit andern Architekturmotiven auf Möbeln vorkommen, meist einer der klassischen →Säulenordnungen entspricht.

Pilgerflasche. Ein abgeflachter runder oder birnenförmiger Behälter mit Ösen auf der Schulter oder dem Körper zum Durchziehen einer Tragschnur. Die Form geht zurück auf die getrockneten Kürbisse, in denen Pilger ihr Trinkwasser mit sich trugen.

Pilgerzeichen. Abzeichen aus Blei, die im Mittelalter an den stark besuchten europäischen Kultstätten unter die Pilger verteilt worden sind. Berühmt sind die Muscheln von Santiago di Compostela, die im 19. Jh. in großem Umfang gefälscht wurden.

Pilkington's Royal Lancastrian pottery. Im Jahre 1892 von der *Familie Pilkington* (Eigentümer von Glasfabriken und Kohlengruben) in Manchester gegründete und von *William Burton* (vorher als Chemiker in der Fabrik von →Wedgwood) und dessen Bruder *Joseph* betriebene Fabrik. Sie begann mit der Produktion von Fliesen und stellte seit 1897 Schmuckvasen her, die 1900 auf der Weltausstellung in Paris gezeigt wurden. Die Vasen wurden bis 1903 entweder in der eigenen Werkstatt ausgeformt oder von dritter Seite gemacht und zur →Glasur in die Fabrik gebracht. Nach vielen Versuchen entwickelten die Brüder Burton eine neue, harte und durchscheinende Glasur und ein Verfahren für die →Lüsterdekoration. Die Produktion begann 1903 in größerem Rahmen. Entwürfe wurden von →Crane, →Day und →Voysey geliefert. Die Fabrik wurde 1938 geschlossen.

Lit: A.J. Cross, *Pilkington's Royal Lancastrian Pottery and Tiles,* London 1980.

Pillement, Jean Baptiste (1728-1808). Französischer Maler und der an phantastischen Einfällen reichste aller Rokokoornamentisten, der in Frankreich, Spanien, England, Polen, Österreich und Portugal gearbeitet hat. Als Sohn eines Textil-Musterzeichners in Lyon geboren, hat er selbst jedoch vermutlich nie Entwürfe für die Seiden der Lyoner Fabriken ge-

Pilgerflasche, Silber, von A. Nelme, 1715 (Chatsworth House, Derbyshire)

Piquéarbeit: Schnupftabakdose, Schildpatt-Piqué mit Silbereinlage, Frankreich, spätes 18. Jh. (Victoria & Albert Museum, London)

liefert. Er scheint seinen Anfang in der →Gobelins Wandteppich-Manufaktur in Paris genommen zu haben. Der große Einfluß auf Entwurf und Kunsthandwerk, der von ihm ausgegangen ist, hat sich über englische und französische Stichwerke verbreitet, die nach seinen Entwürfen angefertigt und von Seidenwebern, Baumwolldruckern, Porzellanmalern, Marketeriekünstlern usw. allgemein benutzt und nachgeahmt worden sind. Zu den besten zählen →Chinoiserieszenen mit hüpfenden, tanzenden, Purzelbäume schlagenden oder friedlich angelnden Chinesen, in deren Nähe Pavillons mit fernöstlichem Gitterwerk stehen. Andere stellen Phantasieblumen dar, winzigen Blüten von Moos und Flechten ähnlich, die aber vielfach vergrößert sind. Einige seiner Wandmalereien zeigen einen ähnlichen Stil, den er noch lange, nachdem in Europa das Rokoko dem Klassizismus gewichen war, beibehalten hat. In Frankreich bezeichnet der Terminus ›Le style Pillement‹ Rokoko-Chinoiserien im allgemeinen. *Siehe Abb. S. 126, 127.*

Lit: G. Pillement, *Jean Pillement,* Paris 1945; M. N. Benisovich in *Gazette des Beaux Arts* XXXIV (1952), S. 124.

Pinchbeck. Eine englische Kupfer-Zinklegierung mit einem besonders hohen Anteil an Kupfer, die der Londoner Uhrmacher *Christopher Pinchbeck* (tätig 1695-1732) erfunden hat. Die daraus hergestellten billigeren Uhrgehäuse, Schnupftabaksdosen usw. wurden vergoldet: war an den Ecken die Vergoldung abgegriffen, nahm man den Farbunterschied kaum wahr.

Pineau, Nicolas (1684-1754). Einer der führenden Rokokoornamentzeichner und, mit J.-A. →Meissonnier, der Schöpfer des ›Genre pittoresque‹, das mit der Asymmetrie seiner Schmuckformen, den verspielt wuchernden Ranken und C-förmigen Volutenschwüngen die zweite, zügellosere Phase des französischen Rokokos charakterisiert. Pinneau ist in Paris geboren und als Architekt ausgebildet worden (unter J. H. Mansart und Boffrand); er begann seine Laufbahn in Rußland (1716-26), wo er um 1720 Wandvertäfelungen für das Kabinett Peters d. Gr. in Peterhof entwarf. Nach Paris zurückgekehrt, wurde er zu einem der elegantesten Innenarchitekten der Epoche. Kontrastreichtum und gewollte Asymmetrie kennzeichnen den Stil seiner Innenausstattungen, in denen das Mobiliar, von Kunsttischlern wie Ch. →Cressent nach seinen anti-funktionalen Entwürfen ausgeführt, einen integrierenden Bestandteil bildet und den Gesamteindruck des Bewegten durch das vielfach reflektierte Licht und den schimmernden Glanz noch erhöht. Einen Teil seiner Entwürfe hat man schon zu seinen Lebzeiten gestochen und in Umlauf gesetzt. (In England wurde Th. →Langley zu seinem Plagiator.) Deshay veröffentlichte den Faksimiledruck einer Sammlung seiner Zeichnungen: ›Dessins originaux des Maîtres Decorateurs ... Nicolas et Dominique Pineau‹, Paris o. J. (1911). *Siehe Abb. S. 374.*

Lit: D. Guilmard, *Les maîtres ornamentistes,* 2 Bde., Paris 1880-81; F. Kimball, *The Creation of the Rococo,* Philadelphia 1943.

Pingsdorf. Ort bei Bonn, wo frühe rheinische Irdenware und Proto-Steinzeug vom 8. bis zum 13. Jh. gemacht wurde, ähnlich der Mayener und →Badorfer Ware. Die Gefäße haben eine handliche Form, sind dekoriert mit Gurtfächern oder bemalt in einem rötlichen Braun mit Linien, Kreisen usw., erinnernd an römische Keramik (z. B. Amphore im Römisch-Germanischen Museum in Köln).

Lit: U. Lobbedey in *Keramos* 27 (1965), S. 3-29; G. Reineking von Bock, Best. Kat. *Steinzeug,* Kunstgewerbemuseum Köln 1971.

Pinxton. Porzellanfabrik, von W. →Billingsley unter dem Schutz eines Landeigentümers, John Coke, in Derbyshire errichtet. Von 1796 bis 1801 produzierte sie durchscheinendes Weichporzellan (mit Knochenasche), hübsch mit Blumen im Stil von →Derby bemalt. Von 1804 bis 1813 stand sie unter der Leitung von *John Cutts,* der eine ziemlich grobe, fast undurchscheinende Porzellanware, manchmal mit Landschaften bemalt, machte. Die Fabrik hatte keine anerkannten Marken; in der Frühzeit wurden gelegentlich Großbuchstaben eingepreßt.

Lit: J. Haslem, *The Old Derby China Factory,* London 1876.

Piquéarbeit. Schildpatt oder Elfenbein, das mit kleinen goldenen oder silbernen Nägeln oder Stegen eingelegt ist und vornehmlich zur Herstellung von Schnupftabaksdosen, Etuis usw. verwendet wird. In Frankreich als ›Piqué d'or‹ bekannt. Die Schildpatt-Piquétechnik wurde zuerst in der Mitte des 17. Jhs. von einem neapolitanischen Goldschmied, *Laurentini,* entwickelt und kam bald auch nach Paris und London. In England stellte M. →Boulton Piquéarbeiten von den 1760er Jahren an auf fabrikmäßigem Wege her. *Siehe auch* Posé d'or.

Lit: H. C. Dent, *Piqué. A Beautiful Minor Art,* London 1923

Piranesi, Giovanni Battista (1720-78). Architekt, Entwerfer, Kupferstecher und einflußreicher Verfechter des Klassizismus. Er wurde in Venedig geboren, bekam dort eine Ausbildung als Architekt und ging 1740 nach Rom, wo er

G. B. Piranesi: Entwürfe für einen Konsoltisch, ein Uhrgehäuse, Urnen, Girandolen und Behälter, 1769

sich 1745 niederließ. 1756 erschien die erste einer Serie von Radierungen römischer Barockwerke, ›Le antichità Romane‹, die die Größe und Pracht der römichen Architektur auf eine völlig neue und dramatische Art und Weise darstellten. 1764 begannen die Arbeiten an seinem einzigen Bauwerk, der Kirche S. Maria del Priorato in Rom. Im gleichen Jahr entwarf er Möbel vor allem im Auftrag des Kardinals G. B. Rezzonico (des Neffen von Papst Clemens XIII.) für einen Raum des Quirinal-Palastes in Rom. Die Arbeiten selbst wurden zerstört, aber die Entwürfe finden sich in dem 1769 veröffentlichten Folioband ›Diverse maniere d'adornare i cammini ed ogni altra parte degli edifici‹. Der Band ist eine Vorlagensammlung für Tische, Stühle, Bilderrahmen, →Girandolen, Vasen, Uhrgehäuse, Kaminverkleidungen u. a., teilweise in überschäumender Rokoko-Manier, zum größten Teil aber im klassizistischen Stil mit antikisierenden Motiven wie →Palmetten, Löwen→monopodien, →Sphingen, →Bukranionfriesen usw. überladen. Auch ägyptische Ornamente gehörten zu seinem Repertoire; er benutzte sie für den Entwurf der Innenausstattung eines englischen Café-Hauses in Rom (heute zerstört). Zu den wenigen noch erhalten gebliebenen Arbeiten nach seinen Entwürfen gehören zwei Kaminverkleidungen (in Burghley House, England, und im Rijksmuseum, Amsterdam) und ein Paar Wandtische (im Minneapolis Institute of Arts und im Rijksmuseum, Amsterdam), die er für Kardinal G. B. Rezzonico entworfen hat. Sie wirken wie Stilübungen für die Anwendung antiker Motive, ihre Ähnlichkeit mit den Bronzemöbeln, die wenig später in Pompeji ausgegraben wurden, ist sicherlich reiner Zufall.

Lit: J. Wilton-Ely, *The Mind and Art of Giovanni Battista Piranesi*, London 1978.

Pirkenhammer. 1802 in der Nähe von Karlsbad (Karlovy Vary) in Böhmen von *Friedrich Hölke* und *J. G. List* aus Budstadt in Sachsen errichtete Porzellanfabrik. 1818 wurde sie von *Christian Fischer* aus Erfurt erworben, der die Qualität ihrer Erzeugnisse erheblich verbesserte. Sie waren bis in die Mitte des Jhs. im →Empire-Stil gehalten. Von etwa 1815 bis um 1845 war die Marke ein eingepreßtes ›F & R‹, von 1846 an bis 1853 ein eingepreßtes ›CF‹. Moderne Erzeugnisse sind mit gekreuzten Hämmern und manchmal auch dem Ortsnamen gekennzeichnet.

Lit: H. Meyer, *Böhmisches Porzellan und Steingut*, Leipzig 1927.

Pirot, Andreas →Würzburger Wandteppichmanufaktur

Pirota, Casa. Bekannte Majolikawerkstatt des frühen 16. Jhs. in →Faenza, wahrscheinlich im Eigentum der *Familie Pirotti*. Zwei große Schüsseln, eine datiert 1525 (Privatsammlung), die andere mit der Darstellung der Krönung Karls V. im Jahre 1530 (Museo Civico, Bologna), beide mit der Inschrift, daß sie in der Casa Pirota gemacht worden sind, gehören zu den hervorragenden Meisterwerken der Majolika. Viele andere Stücke, die mit einem überkreuzten Kreis markiert sind, können mit dieser Werkstatt in Zusammenhang gebracht werden, obwohl diese Marke auch anderwärts benutzt worden ist. Sie sind auf einem hell oder dunkelblau gefleckten Grund bemalt (›a →berettino‹).

Lit: C. Grigioni in *Faenza* XXV (1937), S. 38-42 und XXVI (1938), S. 133-135. G. Liverani, *Five Centuries of Italian Majolica*, New York und London 1960.

Pirotti, Familie →Pirota, Casa

Pisa. Die frühe Geschichte der Töpfereien in Pisa liegt im dunkeln. Aber mit der Eroberung der Balearen (Insel Mallorca u. a.) durch Pisa im 12. Jh. kommt die Bezeichnung ›maiolica‹ für italienische Fayencen auf. Pisa war ein blühender Hafen, den spanische und orientalische Waren passierten, und man war der Meinung, daß die in Pisa gefundenen frühen Töpferwaren, vor allem →›bacini‹ (große, tiefe Schüsseln), nicht an Ort und Stelle hergestellt, sondern importiert worden seien. Aber die Art der Form und auch der in Braun, Grün und Weiß gemalten Dekore läßt vermuten, daß die Stücke doch aus Pisa stammen und zwar aus der Mitte des 13. Jhs., z. B. die ›bacini‹ an S. Martino. Im 14. Jh. wurden solche Stücke von Pisa nach Ligurien, Korsika und in die Provence exportiert. Man sollte auch erwähnen, daß im späten 15. Jh. Fr. →Niculoso Pisano sich in der Nähe von Sevilla niederließ. 1587 erhielt Niccolo Sisti von Großherzog Ferdinand I. die Erlaubnis, die Herstellung von ›Majolica und Porzellan‹ in Florenz und Pisa fortzusetzen, aber es ist kein Porzellan von Sisti bekannt. Es glich vermutlich dem →Medici-Porzellan. Eine große Majolikavase mit Schlangenhenkeln, bemalt mit →Grotesken auf einem weißen Grund im Stil von Urbino, ist mit ›Pisa‹ gemarkt und trägt das Wappen Ferdinands. Stücke aus dem 17. Jh., die ›I.G.P.F.‹ gemarkt sind, wurden früher als aus Pisa angesehen, werden aber jetzt Padua zugeschrieben. 1841 wurde von der Familie Palme eine Fabrik für ›terra bianca‹ (›weiße Erde‹) gegründet, die 1887 von der Società Ceramica Richard in Mailand gekauft und mit der Fabrik von Richard-Ginori (→Doccia) vereinigt wurde.

Lit: G. Berti u. L. Tongiorgi, *Ceramica Pisana secoli XIII-XV*, Pisa 1977.

Pierre Platel

Pistolengriff. Der leicht gebogene, einem Pistolenkolben ähnliche Griff eines Tischmessers: die gebräuchlichste Form im ganzen 18. Jh., die in Silber, Keramik, Porzellan, Horn oder Holz vorkommt. Die Gabelgriffe dieser Zeit hatten zuweilen dieselbe Form, paßten aber meist mit den Löffelstielen zusammen.

Pitkin Glasshouse. Amerikanische Glashütte bei Manchester, Connecticut, die von *Captain Richard Pitkin* und seinen Söhnen 1783 gegründet wurde und bis um 1830 in Betrieb war. Herstellung von bernsteinfarbenen und grünen Flaschen.

Pitoin, Quentin-Claude (gest. 1777). Der ›fondeur-doreur‹, Gießer und Vergolder, wurde 1752 zum ›maître‹, 1763 zum Hoflieferanten ernannt. Viel mehr ist von ihm nicht bekannt; nur einige von ihm signierte Werke sind erhalten: für Madame Dubarry geschaffene →Feuerböcke (Louvre, Paris) und die für Marie Antoinette ausgeführten Kerzenleuchter, von denen sich zwei in der Wallace Collection in London befinden.

Lit: S. Eriksen, *Early Neo-Classicism in France*, London 1974.

Pittsburgh Flint Glass Works →Bakewell & Co.

Planche, François de la →Pariser Wandteppichmanufakturen

Plangi. Malayische Bezeichnung für am weitesten verbreiteten Strickfärbereitechnik (→Farbstoffe): Teile des fertigen Gewebes, die nicht gefärbt werden sollen, werden zusammengezogen und mit einer mit Wachs präparierten Kordel zusammengebunden. Sie ist nicht mit →Ikat zu verwechseln. Das Verfahren war in Afrika, den beiden Amerika wie auch in Südostasien bekannt. In Indien wird es *Bandanna* (von *bandhnu* in Hindi) genannt, obwohl der einfache gesprenkelte Bandanna-Effekt heute oft auf chemischem Weg erreicht wird.

Lit: A. Bühler, *Ikat, Batik, Plangi*, Basel 1972.

Plate. Englische Gattungsbezeichnung für geschmiedetes Silber- und Goldgeschirr, stammt vom spanischen ›plata‹, d.i. Silber. Nicht zu verwechseln mit →Electroplate (elektrolytisch versilberter Ware) oder →Sheffield Plate (Metall mit Edelmetallauflage).

Plateau, franz. In Frankreich und England gebräuchliche Bezeichnung für (1) einen Tafelaufsatz zum Schmuck des Tisches, auf niedriger Plinthe oder Fuß. Gewöhnlich besteht er aus einzelnen Teilen, die je nach Länge des Tisches auseinandergezogen oder zusammengestellt werden können; (2) eine flache Schale auf niedrigem Fuß, gewöhnlich aus Silber, z. B. eine niedrige →Tazza, ein Kredenz- oder Präsentierteller.

Platel, Pierre (tätig 1699-1719). Nach London zugewanderter französischer Hugenotten-Silberschmied, der 1699 in die ›Goldsmiths' Company‹ aufgenommen worden ist. Sein schönstes bezeugtes Werk ist eine goldene helmförmige Kanne mit Becken, das einen delikat gearbeiteten muschelförmigen Rand hat (1701; Chatsworth). Platel wurde von George, Prince of Wales, dem späteren Georg II., gefördert, dem er ein komplettes Service lieferte. Zahlreiche Stücke häuslichen Silbers von seiner Hand sind bekannt, z. B. ein sehr eleganter Doppelhenkelpokal (1705) im Ashmolean Museum, Oxford. Zu seinen Schülern zählte Paul de →Lamerie.

Lit: J. F. Hayward, *Huguenot Silver in England*, London 1959.

Plattstich. Stickerei, bei der Fäden auf den Stickgrund gelegt und dann durch kleine, fast unsichtbare Stiche festgehalten werden.

Plaue an der Havel. In Brandenburg gelegene, 1713 von dem aus →Meißen entwichenen *Samuel Kempe* errichtete Keramikfabrik. Machte Nachahmungen roten →Böttgersteinzeugs. Kempe wurde bald von *David Pennewitz* abgelöst, der das Unternehmen bis zu seiner Schließung um 1730 leitete. Es wurde auch Fayence hergestellt.

Lit: E. Zimmermann in *Monatshefte für Kunstwissenschaft* I (1908), S. 602 ff.; K. Hüseler, *Deutsche Fayencen*, Stuttgart 1956-58.

Plitzner, Ferdinand (1678-1724). Deutscher Möbelschreiner fränkischer Abstammung, der von →Matusch ausgebildet wurde. Da er das →Louis-quatorze vollendet beherrschte, ist anzunehmen, daß er sich auch in Paris aufgehalten hat. Von 1706 an betrieb er eine Werkstatt in Eyrichshof, wo er für Georg von Rotenhan, den Stallmeister des Kurfürsten Lothar Franz von Schönborn, arbeitete. 1709 trat er in die Dienste des Kurfürsten. Er wirkte an der Innenausstattung der Schlösser Gaibach und Pommersfelden mit, wobei das von ihm gestaltete Spiegelkabinett von Schloß Pommersfelden zu den Höhepunkten des Barock gehört. Eine große Anzahl von Plitzners Mö-

Pistolengriff, silbernes Messer von D. Willaume, 1700-10 (City Art Gallery, Manchester)

beln ist erhalten geblieben und befindet sich noch heute in Pommersfelden. Dazu gehören Konsoltische, Gueridons, Kabinettschränke mit feinen Schnitzarbeiten zum Ausstellen von Porzellan und Kommoden mit Elfenbeinintarsien, die durchweg französischen Einfluß zeigen. Seine letzte Arbeit, ein prächtiger Kabinettschrank mit →Boulle-Marketerie, konnte er nicht mehr vollenden. Sie wurde von Matusch fertiggestellt.

Lit: H. Kreisel, *Die Kunst des deutschen Möbels*, Bd. II, München 1970.

F. Plitzner: Kabinettschrank, um 1715-25 (Schloß Pommersfelden)

Plumbateware, engl., Bleisalz. Feine, hartgebrannte Irdenware, die vor der Eroberung Mittelamerikas an der pazifischen Küste nahe der Grenze zwischen Mexiko und Guatemala (und vielleicht anderswo) im 10.-12. Jh. gemacht wurde. Die glatte Oberfläche verdanken die Stücke der ungewöhnlichen Zusammensetzung des Tons und einer sorgfältigen Überwachung des Brands. Gewöhnlich sind sie von einer grauen, bleiernen Farbe, daher rührt der Name.

Plüsch. Ein geschnittener →Samt mit sehr langem Flor.

Pluviale. Kirchliches Gewand, das katholische Priester bei Prozessionen, Vespern usw. tragen. Es besteht aus einem halbkreisförmigen Stück Seide oder anderem Stoff, das wie ein Umhang über die Schulter gelegt und vorne über der Brust mit einer Schließe befestigt wird. Eine Kapuze – sie zeigt die Entwicklung aus dem antiken Wettermantel – dient seit ungefähr dem 14. Jh nurmehr der Zierde. Der Umhang wird häufig noch mit Stickereien und Juwelen zusätzlich geschmückt.

Plymouth

Plymouth. Die erste englische Porzellanfabrik, die Hartporzellan herstellte. Sie wurde von W. →Cookworthy (1705-80) gegründet, der auf den Ländereien von Lord Camelford →Kaolin entdeckt hatte und 1768 ein Patent erhielt, dieses Material zusammen mit →Petuntse zu verarbeiten. 1770 verlegte er die Fabrik nach Bristol und übertrug 1774 das Patent auf R. →Champion, der das Unternehmen 1782 stilllegte und das Patent an die →New Hall Factory verkaufte. Frühe Erzeugnisse haben eine dicke, ungleichmäßige Glasur: die bekanntesten sind Salzschalen in Form von Seemuscheln, Becher und schiffsförmige Saucieren, bemalt in Unterglasurblau, sowie ziemlich plumpe Figuren, die im allgemeinen von →Bow und →Longton Hall kopiert wurden. Viele Produkte sind nicht sehr sorgfältig gestaltet (Tassen haben schiefe Henkel usw.). Unter der Leitung von Champion wurden Masse und Glasur verbessert, aber die meisten Gegenstände sind wenig geglückte Nachahmungen von →Meißen, →Sèvres und →Derby, darunter zahlreiche nicht sehr geglückte Figuren, aber auch einige gefällige, reich bemalte Vasen.

Lit: F. S. MacKenna, *Cookworthy's Plymouth and Bristol Porcelain,* Leigh-on-Sea 1946; A.A. Cumming in *The Connoisseur* Jan. 1971, S. 10-15.

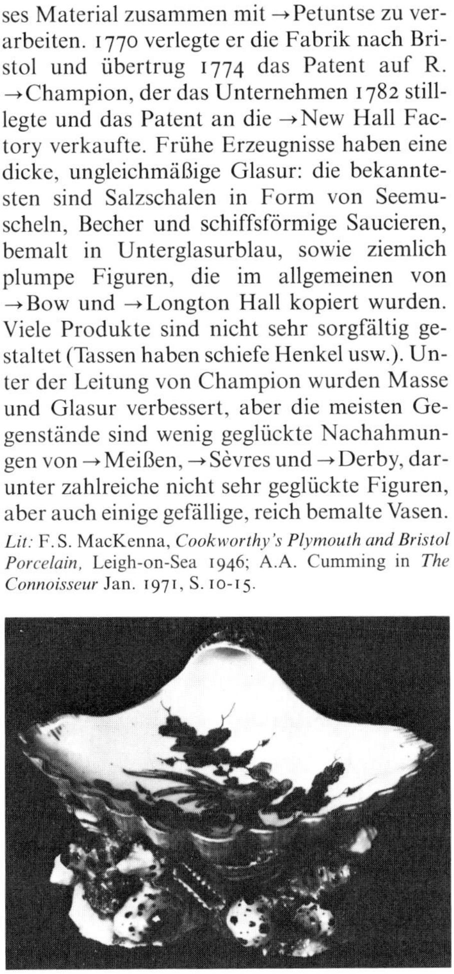

Plymouth: Porzellan-Salzschale, spätes 18. Jh. (Victoria & Albert Museum, London)

Pocock, William (1750-1835). Englischer Möbelschreiner, der in London als Zimmermann ausgebildet und 1782 Mitglied der Zunft wurde. Um 1786 gründete er eine große Baufirma in Leyton, Essex. Außerdem war er Möbelfabrikant mit Ausstellungsräumen in London (1802-24), der sich auf Verwandlungsmöbel, die damals als Patentmöbel bezeichnet wurden, spezialisierte. Als einziges Patent meldete er 1805 einen Eßtisch mit einem verborgenen komplizierten Mechanismus an, der mit Hilfe einer Kurbel die Verwandlung des Tisches in eine lange Tafel ermöglichte. In Inseraten pries er einen in der Höhe »verstellbaren Büro- oder Bibliothekstisch«, eine Patentmatratze und einen Rollstuhl mit verstellbarer Rückenlehne an, den er »Merlins Gichtstuhl« bezeichnete. 1824 stellte er die Möbelproduktion ein.

Lit: E.T. Joy in *The Connoisseur* CLXXIII (1970), S. 88-92.

Pohl, Johann →Harrach'sche Glashütte

Point d'Angleterre. Feinste Klöppel→spitze, die in Brüssel und anderen Orten in Flandern gemacht wurde; sie erhielt ihren Namen, als 1622 der Import von flämischer Spitze nach Frankreich verboten wurde. Hauptsächlich handelt es sich um florale Muster mit ›cordonnets‹ (z. B. Reliefrippen aus geflochtenen Fäden), die Blattwerk und Blütenblätter konturieren und nachträglich gearbeitet sind. Der Maschengrund ist meist sechseckig. ›Point d'Angleterre à Brides‹ ist eine Variante mit gezwirnten Stegen, die den Maschengrund verstärken.

Point Gros. Bezeichnung von Stickerei auf Stramin in →Kreuzstich.

Pointillé. Lederschmucktechnik, besonders in der Buchbinderei, die goldene Punkte anstelle von geschnittenen oder geprägten Linien verwendet. Sie kam etwa 1635 in Frankreich bei den →Fanfare-Einbänden auf.

Pokal. Kelchartiges deutsches Trinkgefäß, oft mit Deckel, auf hohem Schaft, aus Silber, Bergkristall oder Glas hergestellt. Gewöhnlich war er ein Prunk- oder Ziergefäß, das der Repräsentation oder zeremoniellen Zwecken diente.

Polen-Teppiche →Persische Teppiche

Polidoro Caldara da Caravaggio, bekannter als **Polidoro da Caravaggio** (gest. 1543). Italienischer manieristischer Maler, der Entwürfe für Becken, →Tazze und andere Objekte in einem phantastischen und sehr manieristischen Stil zeichnete, die aber zu phantasiereich waren, um Silberschmieden u. ä. als Vorbilder dienen zu können. Einfluß gewannen sie erst nach seinem Tode, als sie in Stichwerken weite Verbreitung fanden (Cherubino Alberti, 1582; Ägidius Sadeler, 1605). Es waren hauptsächlich Ornamentisten, die Anregungen zu Dekorationsmotiven aus ihnen bezogen. Nur einer seiner Entwürfe erfreute sich bis ins 18. Jh. bei den europäischen Silberschmieden, Bronzekünstlern und dekorativen Steinschneidern

Stickerei aus farbigen, goldenen und silbernen Fäden, von A. Pollaiuolo entworfen, 1466-80 ausgeführt (Museo dell'Opera di S. Maria del Fiore, Florenz)

großer Beliebtheit: ein Vasen- und Kannentyp mit eiförmigem Körper, reichem figürlichen Relief, Henkeln in Form sich windender Schlangen und, wenn als Kanne gezeichnet, mit grotesk geformten Rändern.

Lit: J. F. Hayward, *Virtuoso Goldsmiths: the Triumph of Mannerism 1540-1620*, London 1976.

Pollaiuolo, Antonio del (um 1431-98), einer der bedeutendsten Maler und Bildhauer der Frührenaissance, der aber zu seinen Lebzeiten einen ebenso großen, wenn nicht noch größeren Ruf als Goldschmied genoß. 1456 wurden er und zwei andere Künstler mit der Herstellung eines Silberkruzifixes für das Florentiner Baptisterium betraut, und 1457 erhielten er und Betto Betti den Auftrag, ein Reliquiar für das Baptisterium anzufertigen. Das gesamte Werk war 1459 vollendet und ist einer der Höhepunkte der Frührenaissancekunst (Museo dell'Opera di S. Maria del Fiore, Florenz). Der Tabernakel des Baptisteriums, der an Brunelleschis Laterne auf der Florentiner Domkuppel erinnert, enthält kostbare Statuetten und Silberreliefs. Ursprünglich funkelte er im Schmuck transluzider Emails, von denen die meisten heute abgeblättert sind. 1477 schuf Pollaiuolo ein Silberrelief für den Altar: ›Die Geburt Johannes des Täufers‹, das seinen Platz neben dem von →Leonardo di Ser Giovanni begonnenen Werk haben sollte. Das Relief befindet sich noch in situ. Von den andern für Pollaiuolo bezeugten Werken in Gold oder Silber ist keines erhalten. (Die von ihm 1465 für den Altar des Baptisteriums gefertigten Kerzenleuchter wurden 1539 eingeschmolzen.) Außerdem schreibt man ihm eine silberne Reliquienbüste des hl. Oktavian zu (Museo Diocesano, Volterra). Cellini zufolge gehen einzelne der Niellotafeln des M. →Finiguerra auf seine Entwürfe zurück. 1466 zeichnete er für das Florentiner Baptisterium die Entwürfe für die wohl schönste Serie gestickter Paramente, die auf uns gekommen ist (Museo dell'Opera di S. Maria del Fiore, Florenz). *Siehe auch Abb. S. 506.*

Lit: A: Sabatini, *Antonio e Piero del Pollaiuolo*, Florenz 1944; L. Becherucci u. G. Brunetti, *Il Museo dell'Opera del Duomo a Firenze*, Bd. II, Florenz 1970; L. D. Ettlinger, *Antonio e Piero Pollaiuolo*, London 1978.

Pomona Glas →New England Glass Company

Pompejanischer Stil. Ein Dekorationsstil, der auf die unter der Erde gefundenen Wandmalereien Pompejis (Ausgrabungsbeginn 1748) und Herculaneums (systematische Ausgrabung seit 1738) zurückgeht. Kennzeichnend für ihn ist die Verwendung illusionistischer raumausweitender Architekturmotive und die Vorliebe für ein trübes Terracotta-Rot, genannt ›Pompejanisches Rot‹. Der Stil kam im 18. Jh. auf und wurde bis zur Mitte des 19. Jhs. vor allem gern für Wanddekorationen, Tapeten, Polsterstoffe, bemalte Möbel und Keramik verwendet (vornehmlich auf den Waren der Königlichen Porzellanfabrik →Neapel und der →Wedgwood pottery). Auch in Pompeji gefundene Möbel wurden kopiert, bes. im 19. Jh.; aber diese Stücke unterscheiden sich nicht von dem klassizistischen Mobiliar, das nach römischen Vorbildern anderer Fundorte gearbeitet worden ist. Der Terminus wird unkorrekt auch für alle jene Arten von →Groteskenmotiven verwendet, die seit dem 16. Jh. in Italien allgemein verbreitet waren. Der pompejanische Stil ist nicht mit dem →Etruskischen Stil zu verwechseln.

Lit: P. Werner, *Pompeji und die Wanddekoration der Goethezeit*, München 1970.

Pontelli, Baccio (1450-92). Er arbeitete in den 1470er Jahren in Pisa – möglicherweise unter →Giuliano da Maiano – als Intarsienkünstler. Drei Tafeln im Dom von Pisa, ›Glaube, Hoffnung und Liebe‹, sind erhalten geblieben. 1479 ging er nach Urbino, wo ihm die berühmten Intarsia mit dem ›trompe l'œil‹-Effekt zugeschrieben werden. Die Vorlagen zu diesen Meisterwerken der →Intarsienkunst stammen mit großer Sicherheit von dem Architekten Francesco di Giorgio Martini. Die Arbeiten im herzoglichen Palast von Gubbio (heute im Metropolitan Museum von New York) zeugen ebenfalls von Pontellis brillanter Beherrschung kunsthandwerklicher Techniken. In späteren Jahren wandte er sich der Architektur zu.

Lit: R. Papini, *Francesco di Giorgio Martini, architetto*, Florenz 1946; P. Rotondi, *Il Palazzo Ducale di Urbino*, Urbino 1950; A. Chastel, ›Marqueterie et perspective au XVe siècle‹ in *Revue des Arts*, 1953, S. 141 ff.; G. de Fiore, *Baccio Pontelli*, Rom 1963.

Ponti, Gio (1891-1979). Italienischer Architekt und Designer, der als Verfechter des avantgardistischen Industrie-Entwurfs und vor allem der Standardisierung großen Einfluß ausgeübt hat. 1928 gründete er die Zeitschrift ›Domus‹, 1945 ›Stile Industria‹ und ist heute, fast im Renaissance-Sinne, ein auf allen Gebieten tätiger Designer – Keramiken, Möbel, Beleuchtungskörper, Schiffseinrichtungen und viele Gegenstände des häuslichen Gebrauchs. Er begann als Zeichner in der Porzellanfabrik Ginori (1923-38) (→Doccia) und erneuerte dort die gesamte Produktion. Für seinen ersten Montecatini-Bau in Mailand (1936) gestaltete er die gesamte Ausstattung vom Waschbecken bis zu den Türgriffen. Seine bedeutendsten neueren Entwürfe sind die Espresso-Kaffeemaschine ›La Pavone‹ (1949), Besteck für Krups (1951) und ein mit Armaturen ausgerüstetes Kopfende von Hotelbetten. Als sein bekanntester Möbelentwurf gilt der des ›Chiavari‹-Stuhls (1951), in dem ein verbreiteter, auf einheimische Traditionen zurückgehender Stuhltyp verfeinert und mit großem Geschick und Gespür für die Massenproduktion hergerichtet ist. Ebenso elegant ist sein ›Letizia‹-Stuhl – ein bequemer Faltstuhl mit Ledersitz und Messingfüßen.

Lit: P. Portughesi u. A. Pansera, *Gino Ponti alla manufattura di Doccia,* Mailand 1982.

Pontypoolware. Mit Lack bemalte Metallgegenstände, vor allem Tabletts, die den Erzeugnissen der →Pontypool-Manufaktur ähnlich sind, aber an anderen Orten wie z. B. in Birmingham hergestellt wurden, wo *John Taylor* (1711-75) seit 1738 solche Ware fabrizierte. Später lackierte er jedoch Gegenstände aus →Papiermaché und stellte Maleremail-Ware her. Auch *Wolverhampton* war ein Zentrum der Pontipoolware.

Pontypool. Ursprungsort der meisten verzinnten Eisengegenstände mit →Lackmalerei. *Thomas Allgood* (gest. um 1710) in Pontypool in Monmouthshire entdeckte 1660 ein Nebenprodukt der Steinkohle, das man als Firnis auf Objekten verwenden konnte, die aus dünn gewalzten Eisenplatten hergestellt wurden. Es scheint, daß er die erste Pontypool-Lackmanufaktur gründete, die von seinen Söhnen *Edward* (1681-1763) und *John* vergrößert wurde. Zu den hergestellten Gegenständen gehören Tabletts, Blechdosen, Tee- und Kaffeebüchsen, Kuchenkörbchen, Kerzenleuchter, Vasen usw. Lackiert wurde durch Auftragen zahlreicher Firnisschichten, von denen jede bei hoher Temperatur gebrannt werden mußte, was die Produkte teuer, aber auch haltbar machte. Für den Fond wurden verschiedene Farben wie Braun, eine Schildpattmusterung und Schwarz benutzt, auf dem dann der Golddekor, meistens aus →Chinoiserien oder Blumen, aufgemalt wurde. Edward Allgood zog sich 1760 zurück und übergab die Firma seinen drei Söhnen. Zwei seiner Söhne trennten sich und errichteten in der Nähe in Usk ein Konkurrenzunternehmen, das 1862 schloß. Ihre Produkte heißen *Uskware*. Zu den besten Pontypool-Gegenständen des späten 18. Jhs. gehören große Tabletts bemalt mit Landschaften, Hirtenidyllen und Jagdszenen, vor allem von *Benjamin Barker* und seinen Söhnen. Die Manufaktur schloß 1820, aber ein Mitglied der Allgood-Familie gründete eine Lackmanufaktur in Birmingham, die das Zentrum der Lackindustrie des 19. Jhs. in England wurde. Pontypool wurde der allgemein übliche Name aller mit Lack bemalten Metallarbeiten, sollte aber besser ausschließlich für die Produkte der Allgood-Manufaktur angewendet werden, die von höherer Qualität sind als alle übrigen. Nur der aufgemalte Dekor ist nicht so gut wie bei der französischen ›tôle peinte‹-Ware.

Lit: W. D. John u. A. Simcox, *Pontypool and Usk Japanned Wares,* Newport 1966.

Poole Pottery →Stabler, H.

Popeline (Poplin). Stoff aus Seide und Wolle, so genannt, weil er zuerst in der ›päpstlichen‹ Stadt Avignon gewebt wurde.

Popp, Johann Georg Christoph →Ansbach

Poppelsdorf. 1755 auf Veranlassung von Kurfürst Clemens August von Köln in der unmittelbaren Nähe von Bonn gegründete Fayencemanufaktur. Über ihre frühen Erzeugnisse ist nicht viel bekannt. Seit 1770 fertigte sie →Steingut. 1825 wurde sie von *Ludwig Wessel* erworben und ist heute noch tätig. Für das 18. Jh. ist keine Manufakturmarke bekannt. Auf dem Steingut des 19. Jhs. war ein Anker angebracht, manchmal zusammen mit einem ›B‹.

Lit: W. Schumacher, *Die Poppelsdorfer Porzellan- und Steingutfabrik von Ludwig Wessel in Bonn,* Bonn 1880; A. Klein, *Deutsche Fayencen,* Braunschweig 1975.

Porcellana, Alla. Ein zeitgenössischer Ausdruck (gebraucht von C. →Piccolpasso) für einen Dekorationsstil aus umlaufendem Ranken- und Blattdekor in Blau auf weißem Grund, der von der chinesischen Porzellanma-

Pontypool-Lack: Teemaschine, spätes 18. Jh. (National Museum of Wales, Cardiff)

Porringer mit Deckel, englisch, Silber mit Chinoiseriedekor, 1681 (Privatsammlung)

lerei des 15. Jhs. (wahrscheinlich durch die Vermittlung über persische Fayencen) für die italienische Majolika übernommen wurde.

Lit: A. Klein, *Fayencen aus Europa,* Braunschweig 1980.

Porringer, engl. Bezeichnung für einen kleinen Suppen- bzw. Breinapf mit einem oder zwei Henkeln, meist aus Silber oder Zinn, der in England und den Vereinigten Staaten vom frühen 17. bis ins späte 19. Jh. verbreitet war.

Porrón. Spanische gläserne Trinkflasche mit langer spitz zulaufender Tülle, aus der getrunken wird, ohne daß das Glas mit dem Mund berührt wird.

Porter's oder **Page's chair.** Englischer gepolsterter Armlehnstuhl mit Seitenflügeln und überwölbter Rückwand, die eine Nische bilden und so den Benutzer vor Zugluft bewahren. Herstellung seit der Mitte des 18. Jhs.

Portugiesische Keramik. Fayencen, insbesondere Fliesen (→Azulejos) wurden in Portugal seit dem 16. Jh. hergestellt. Über die Produktionsstätten dieser Zeit ist nichts bekannt. Im 17. Jh. fertigte eine Fabrik in Lissabon oder Braga ausnehmend ansprechende Blauweiß-Keramiken, Teller, doppelhenkelige Gefäße, →Enghalsflaschen, Krüge usw.; sie waren mit →Chinoiserien bemalt, die die Hersteller von den Fliesen, die gewöhnlich →Hamburg zugeschrieben werden, stark beeinflußt haben. Im 18. Jh. wurden in →Rato, Aveiro, Coimbra, Minagaia, Santo Antonio und Viana Darque Eßgeschirre aus Fayence hergestellt.

Lit: J. Queiroz, *Ceramica Portugueza* 1907, durchges. Ausgabe Lissabon 1946; J. M. dos Santos Simoes, *Azulejos arcaicos en Portugal,* Madrid 1945; A. Klein in *Keramos* 22 (1963), S. 7-12; ders. *Fayencen aus Europa,* Braunschweig 1980.

Portugiesen-Teppiche →Persische Teppiche

Porzellan. Man unterscheidet Hartporzellan, auch echtes Porzellan genannt, Weich- oder Frittenporzellan (franz. pâte tendre, engl. soft paste) und Knochenporzellan (engl. bone china).

(1) *Hartporzellan* · Kaolin, ein rein weißer plastischer Ton, wird geschlämmt und mit fein gemahlenem Quarz und Feldspat (im Verhältnis von etwa 50:25:25) zu einem Brei verrührt, längere Zeit gelagert und dann geknetet. Aus der nun bildsamen Masse können Gegenstände von Hand gedreht oder durch Gießen und Pressen in Gipsformen hergestellt werden. Wenn sie an der Luft ›lederhart‹ getrocknet sind, werden sie im ›Schrühbrand‹ bei etwa 900°-1000° geglüht und dadurch gehärtet und porös. In dem darauf folgenden ›Glattbrand‹ schmilzt der Feldspat, löst sich aus dem Quarz Kieselsäure und füllt und überzieht, mit ihr verglasend, das nicht geschmolzene ›Gerüst‹ aus Kaolin und Quarz. (In China nennt man anschaulich Kaolin die Knochen und Feldspat (Petuntse) das Fleisch des Porzellans.) Das Ergebnis ist ein rein weißer, zu höchster Dichte gesinterter Scherben, der mit Stahl nicht ritzbar und mehr oder weniger durchscheinend ist und, wenn angeschlagen, hell klingt. So gebranntes unglasiertes Porzellan wird als Biskuitporzellan bezeichnet. Zu glasierende Gegenstände werden nach dem Schrühbrand in die Glasflüssigkeit getaucht (seltener mit ihr besprengt), die aus den gleichen Stoffen wie die Grundmasse besteht, aber wesentlich mehr Feldspat enthält, deshalb leichter schmelzbar ist und glasähnlich wird. Im Glattbrand schmilzt die Glasurmasse gleichzeitig mit dem Flußmittel des Körpers und verbindet sich als untrennbare Auflage aufs innigste mit ihm. Hartporzellan kann mit Unterglasurfarben und mit Aufglasurfarben bemalt werden. Unterglasurfarben sind →Scharffeuerfarben. Sie werden nach dem Schrühbrand und vor dem Eintauchen in die Glasurflüssigkeit aufgetragen, verbinden sich im Glattbrand mit dem Scherben und sind nach ihm durch die darüber liegende Glasur dauerhaft geschützt. Im 18. Jh. wurde nur die kobaltblaue Bemalung beherrscht. Die mit Chromgrün wurde 1817 in Meißen entwickelt. Da bei der hohen Tempera-

F.A°

Portugiesische Keramik Aveiro

V

Portugiesische Keramik Vianna do Castello

Porter's Chair

Portugiesischer Fayencekrug, Lissabon, 17. Jh. (Museo de Arte Antiga, Lissabon)

tur des Glattbrands nur wenige Oxide beständig bleiben, ist die Palette möglicher Scharffeuerfarben auf Blau, Grün, Braun und Rosa beschränkt.

Beinahe lückenlos ist hingegen die Skala der möglichen Aufglasurfarben (→Emailfarben, →Schmelzfarben, →Muffelfarben), die als mehlfeines, in Terpentinöl angerührtes Pulver aus Metalloxiden und Glas mit einem niedrigen Schmelzpunkt auf den fertig glasierten Gegenstand aufgetragen werden. In dem nun folgenden Brand, bei dem der Gegenstand durch eine Muffel geschützt ist, entfalten sie Leuchtkraft und Glanz und backen bei etwa 900° auf die eben anschmelzende Glasur nur auf, werden also im Gegensatz zu den Unterglasurfarben relativ leicht beschädigt. Die chemisch-technische Entwicklung einer reichen Palette von Aufglasurfarben bereits in der Frühzeit europäischer Porzellankunst ist J.G.→Höroldt in →Meißen zu verdanken

Geschichte · Porzellan wurde in China vermutlich schon seit dem 7. Jh., wohl sicher seit dem 9. Jh. hergestellt und wurde in den auf die Tangzeit folgenden Stilperioden zu einem besonderen Medium ihrer künstlerischen Anliegen. In Japan wurde Hartporzellan erstmals 1616 in →Arita gebrannt. Nach Europa war chinesisches Porzellan seit dem 13. Jh. in vereinzelten Stücken gelangt – wo man es so benannte, da man seine Oberfläche dem Gehäuse der Schweinchenschnecke (lat. porcellus, ital. porcella) ähnlich fand –, seit dem frühen 17. Jh. in umfangreichen Importen. Es wurde Mode, Porzellan zu sammeln. Da man das Geheimnis seiner Herstellung zunächst nicht entdecken konnte – frühester Versuch war das →Mediciporzellan –, war die europäische Keramik bestrebt, in Fayencen und Weichporzellan (s. u.) eine höchstähnliche optische Erscheinung zu erzielen. Als J. F. →Böttger 1708/9 die Erfindung eines Hartporzellans gelungen war, das in seiner keramischen Struktur die des chinesischen übertraf, konnte →Meißen, trotz rigoroser Maßnahmen, nicht verhindern, daß sich die Kenntnis seiner Herstellung in wenigen Jahrzehnten durch wandernde →Arkanisten in Europa verbreitete, wobei für die Gründung von Manufakturen entscheidend war, daß Kaolin gefunden wurde. So konnte z. B. in →Sèvres, wo das Geheimnis seiner Herstellung seit 1761 bekannt war, die Erzeugung von Hartporzellan erst 1768, nach Entdeckung der Kaolinvorkommen bei St. Yrieix, beginnen.

(2) *Weichporzellan* · Weichporzellan ist dem echten Porzellan nur äußerlich ähnlich, da es bis zu 75% aus einer aus verschiedenen Mineralien zusammengeschmolzenen Fritte (daher auch die Bezeichnung ›Frittenporzellan‹) besteht, seiner Struktur nach also eher als Glas zu bezeichnen wäre. Nach ihrem Erkalten wird die Fritte aus Gründen der Plastizität und der Weißfärbung mit Gips und Kalk zu einer zähen Masse vermengt und die aus ihr geformten Gegenstände bei etwa 1200°-1300° gebrannt. Der durch diesen Brand erzeugte Scherben ist im Bruch nicht kristallin-muschelig, wie der des echten Porzellans, sondern eher wie Zucker aussehend. Die auf dieses Biskuit-Weichporzellan aufgetragene stark bleihaltige Glasurmasse entwickelt in dem nun folgenden zweiten Brand bei Temperaturen zwischen 1050° und 1150° einen zwar glasähnlichen, aber gegenüber der Feldspatglasur des echten Porzellans eher milden Glanz. Er erhöht die Leuchtkraft der vor dem Glasurbrand aufgetragenen Scharffeuerfarben, deren Palette wegen seiner relativ niedrigen Temperatur zudem umfangreicher ist als beim Hartporzellan. Eine Bemalung mit Schmelzfarben kann in einem dritten Brand bei etwa 900° erfolgen. Auch sie wirken leuchtender und weicher als Aufglasurfarben bei echtem Porzellan, weil in ihrer Zusammensetzung der Glasur ähnlicher und beim Brand in sie einsinkend. Wegen solcher optischen Vorzüge, wie auch seiner relativen Seltenheit wegen – die geringere Formbeständigkeit führte zu vielen Fehlbränden – wird Weichporzellan von vielen Sammlern hoch geschätzt. Weichporzellan wurde in Europa zuerst in der Werkstatt der →Medici in Florenz 1575-1587, dann vorübergehend 1673 in →Rouen, um 1675 in größerem Umfang in →Saint Cloud und seitdem in vielen europäischen Manufakturen (besonders Bow, Capodimonte, Chelsea, Derby, Mennecy, Vincennes-Sèvres, Worcester, *siehe dort*) bis zum Anfang des 19. Jhs., später wegen der giftigen Bleiglasur nur noch selten, hergestellt.

(3) *Knochenporzellan* · Knochenprozellan ist gleich dem Weichporzellan ein Surrogat für Hartporzellan. Es wurde und wird außerhalb Englands nur in Gustavsburg in Schweden hergestellt. Es wird so bezeichnet wegen seines, anstatt einer Fritte, hohen Anteils von Knochenasche (von Ochsen), die zusammen mit ›Cornish stone‹ (Feldspat) als starkes Flußmittel wirkt. Ein weiterer Bestandteil ist wegen seiner Plastizität reines Kaolin. Die aus der verrührten Masse ausgeformten Gegenstände verglasen im Biskuitbrand bei etwa 1300° und werden durchscheinend. Die dann aufgetra-

gene bleihaltige Glasurmasse verschmilzt in dem nun folgenden Brand bei Temperaturen um 1100° mit den Flußmitteln des Körpers zu einem besonders hohen Glanz. Knochenporzellan kann vor dem Glasurbrand und nach ihm bemalt werden. Die Temperatur des Brandes bei Aufglasurfarben liegt bei etwa 800°. Scharffeuerfarben und Aufglasurfarben sind optisch nur schwer zu unterscheiden und auf dem durchscheinend weißen Fond von einer im sonstigen Keramikdekor unerreichten Leuchtkraft.

Porzellanerde →Kaolin

Porzellanspitzen. Ein Porzellandekor, der in Meißen um 1764 von M.V. →Acier sowie in Straßburg von J.A. →Hannong (1766-81) eingeführt wurde. In flüssige Porzellanmasse eingetauchte Spitzen oder netzartig durchbrochene Gewebe wurden an noch nicht gebrannte Figuren usw. anmodelliert. Bei dem folgenden Brand verkohlten die textilen Fäden, aber ihre Formgebung blieb in Porzellan erhalten. Dieses Verfahren wurde sehr sparsam und delikat noch im 19. Jh. bei Figuren mit kunstvoll plissierten Röcken usw. angewandt.

Posamenten. Textile Randverzierungen: Borten aus Gold- oder Silberspitze, Flechten, Schnüre, bespannte Knöpfe, Fransen oder Quasten.

Posé d'or, franz. Bezeichnung für Schildpattarbeiten mit eingelegten ziselierten Goldmustern, die gewöhnlich Baldachine, Arabesken, Silhouetten u.ä. darstellen. Es ist oft mit →Piquéarbeit kombiniert und hauptsächlich für Schnupftabaksdosen u.ä. verwendet worden.

Pössenbacher, Joseph (1799-1873). Möbelfabrikant in München. Er war der Enkel des Matthaeus Pössenbacher, der um 1770 Möbel nach den Entwürfen von François Cuvilliés d.J. gefertigt hatte (Konsoltisch mit Widder-→monopodien, Bayerisches Nationalmuseum, München). Seine Firma lieferte Möbel für den Bayerischen Hof, z.B. die Ausstattung des königlichen Warteraums im Ostbahnhof in München (1864). Ein Besuch der Großen Ausstellung in London (1851) überzeugte ihn von der Notwendigkeit, die handwerkliche Tüchtigkeit in Deutschland zu verbessern. So war er einer der Gründer des Münchner Kunstgewerbevereins. Die Fabrik wurde von seinem Sohn Anton (1842-1920) übernommen, der Möbel für Neuschwanstein lieferte, und dann von seinem Enkel Heinrich (1877-1959) fortgeführt. Mit ihren Möbeln in den verschiedensten historischen Stilen folgte die Produktion dem allgemeinen Geschmack. Um 1890 nahm man auch den japanischen Stil als Vorlage.

Lit: H. Kreisel (G. Himmelheber), *Die Kunst des deutschen Möbels*, Bd. III, München 1973.

Posset pot, engl. Ein Gefäß für ›posset‹ (heiße gewürzte Sauermilch mit Ale oder Wein). In England im 17. und 18. Jh. hergestellt aus Ton, Steinzeug, Fayence oder Glas und mit Schlickerfarbe bemalt, allgemein von gerader oder Glockenform mit gebogenen Henkeln und einem Ausguß, bedeckt mit einem gewölbten Deckel. Die Stücke sind oft mit Inschriften dekoriert, wie ›The best is not too good for you‹. Die Bezeichnung wird manchmal unrichtig auf →Porringers angewendet.

Poterat, Edmé (1612-87). Gründer der Fayenceindustrie von →Rouen. 1644 erhielt er für die Dauer von fünfzig Jahren das ausschließliche Recht zur Fayenceherstellung in der Normandie (drei in seiner Fabrik hergestellte Beispiele, datiert 1647, befinden sich im Musée des Beaux Arts in Rouen). Sein Unternehmen in der rue d'Elbeuf ging auf seine Witwe über, dann auf seinen jüngeren Sohn *Michel* (gest. 1721) und 1726 auf *Charles Le Coq de Villeray*. Sein älterer Sohn *Louis* (1641-96) errichtete eine eigene Fabrik und erhielt 1673 das ausschließliche Recht zur Herstellung von Porzellan. Bekannt geworden ist er aber hauptsächlich als der Schöpfer des charakteristischen Dekors für die Bemalung der Fayencen von Rouen. Sein Weich→porzellan war offensichtlich das erste in Frankreich, wenn auch die Produktion sehr klein war und es deshalb nicht möglich ist, einzelne Stücke aus dieser Zeit mit

Potsdamer Glashütte: Pokal, um 1730-40 (Kunstgewerbemuseum, Zürich)

Sicherheit zu bestimmen. Nach seinem Tod, der durch bei der Porzellanherstellung verwendete Chemikalien verursacht worden sein soll, wurde die Fabrik in der rue du Pré von seiner Witwe und seinem Sohn weitergeführt, der sie 1720 an *Nicolas Fouquay* (1686-1742) verkaufte. Es gibt keine Marken.

Lit: H. P. Fourest u. J. Giacomotti, *L'œuvre des faïenciers du XVIe à la fin du XVIIIe siècle*, Paris 1966; A. Klein, *Fayencen aus Europa*, Braunschweig 1980.

Potiche. Französische Bezeichnung eines chinesischen oder japanischen Krugs oder einer Vase, allgemein gebräuchlich für eine kleine Deckelvase ohne Henkel.

Potichomania. Englische Bezeichnung aus der Mitte des 19. Jhs. für die zeitgenössische Manie, die Innenseiten von Glasgefäßen mit bunt bemalten Papieren oder Gelatineblättern zu versehen, um den Eindruck von Porzellan zu erwecken. 1855 boten mehrere Fabriken die für diese Technik nötigen Utensilien in ›The Illustrated London News‹ an. Hutton & Co., London, verkauften »neue Blätter von kleinen und mittelgroßen Figuren und Randdekoren für die etruskische Potichomania, Glasgefäße in klassischen und modernen Formen und alle Hilfsmittel zur Ausübung dieser neuen Kunst«. Im ›Foreign Depot‹ wurde dieser angesehene Zeitvertreib »in wenigen Unterrichtsstunden von einer Dame gelehrt«. Bücher mit Anleitungen sind von mehreren Herstellern herausgebracht worden.

Pot-à-Oille. Typ einer französischen Silberterrine für Kraftbrühe, die im 18. Jh. in Gebrauch gekommen ist. Sie ist fast kugelförmig und meist mit einem Ständer versehen.

Potpourri. Gefäß mit durchbrochenem Oberteil (und manchmal durchbrochenen Seiten) zur Aufnahme von wohlriechenden Blättern

Potpourri, Straßburger Fayence, um 1755-60 (Kunstgewerbemuseum, Berlin)

und Blüten. Wurde in → Meißen seit 1748 und später in vielen anderen europäischen Porzellan- und Fayencefabriken hergestellt.

Potschappel. Porzellanfabrik, die in der Nähe von Meißen in den 1870er Jahren von Carl Thieme unter dem Namen ›Sächsische Porzellanfabrik Carl Thieme‹ gegründet worden ist. Sie machte die hübschesten → Meißenfiguren aus dem 18. Jh. und sehr ansprechende Vasen nach, von denen einige mit ›Dresden‹ gemarkt sind.

Lit: L. Danckert, *Handbuch des Europäischen Porzellans*, München 1954/1984.

Potsdam

Potsdam. Um 1739 von *Christian Friedrich Rewend* (gest. 1768) in der Nähe von Potsdam gegründete Fayencefabrik, deren Produkte im Stil von → Delft gehalten wurden. Nach dem Tode von Rewend sank die Qualität, das Unternehmen arbeitete noch bis ins 19. Jh.

Lit: O. von Falke, *Alt-Berliner Fayencen*, Berlin 1923; K. Hüseler, *Deutsche Fayencen, Stuttgart 1956-58.*

Potsdamer Glashütte: Humpen mit vergoldeter Silbermontierung, um 1701 (Kunstgewerbemuseum, Berlin)

Potsdamer Glas. 1674 wurde in Drewitz bei Potsdam vom Großen Kurfürsten Friedrich Wilhelm von Brandenburg eine Glashütte gegründet, in der Kristallglas und Spiegelglas zu seinem Gebrauch hergestellt wurden sowie einfache Glaswaren zum Verkauf. 1678 wurde J. F. → Kunckel berufen, der die Glasmanufaktur des Kurfürsten auf der Pfaueninsel leitete. Kunckel stellte um 1680 feines durchsichtiges Kristallglas her, und 1687 wurde Martin Winters Berliner Glasschneide-Werkstatt angegliedert. Die frühen Produkte weisen noch Mängel auf (Rißbildung), die jedoch durch zusätzliche Beifügung von Kalk behoben wurden. Es wurden auch Gläser in Art der → Böhmischen Gläser gemacht. Außerdem wurde → Milchglas hergestellt und vor allem → Rubinglas. Die Formen fallen durch eine gewisse Schwere auf, doch sind die Gläser wegen ihres geschnittenen Dekors bemerkenswert, der auch oft an anderen Orten ausgeführt wurde, etwa von Fr.

→Gondelach in Kassel. Nach dem Tod des Großen Kurfürsten 1688 ließ die Qualität nach, vor allem aber nach Kunckels Weggang 1693. Die Glashütte blieb jedoch bis 1736 in Betrieb, wurde dann nach *Zechlin* verlegt, wo bis 1890 unter staatlicher Kontrolle Glas hergestellt wurde.

Lit: R. Schmidt, *Brandenburgische Gläser,* Berlin 1914; F.A. Dreier in *Jahrbuch Preussischer Kulturbesitz* VI., 1969, S. 210ff.; R. Schmidt, *Das Glas,* Berlin und Leipzig 1922.

Pouffe, 20. Jh.

Pouffe. Englische Bezeichnung des späten 19. Jhs. für ein großes freistehendes Polsterkissen, das als Sitzgelegenheit diente.

Powell, James →Whitefriars glasshouse

Powell, John Hardman →Hardman, J.

Powolny, Michael (1871-1954). Kunstkeramiker, geboren als Sohn eines Ofensetzers im österreichischen Judenburg, besuchte die Fachschule für Tonindustrie in Znaim und dann die Kunstgewerbeschule in Wien. 1906 errichtete er in Wien zusammen mit dem Graphiker *Berthold Löffler* (1874-1960) ein Atelier unter dem Namen ›Wiener Keramik‹. Powolny schuf Fayencefiguren, die im allgemeinen im Stil der Wiener →Sezession in Schwarz (gelegentlich auch in anderen Farben) bemalt sind. J. →Hoffmann und auch D. →Peche machten Entwürfe für das Atelier. Die Erzeugnisse tragen die Marke →›Wiener Werkstätte‹. 1912 wurde sein Atelier mit der Werkstatt eines seiner Schüler, *Franz Schleiss* (geb. 1884), unter der Bezeichnung *›Wiener und Gmundener Keramik-Werkstätte‹* zusammengelegt (→Gmunden). Er war Lehrer an der Kunstgewerbeschule, seit 1909 für Keramik und seit 1932 für plastische Gestaltung. Nach 1918 richtete er eine Werkstatt für Glasveredelung (Schleifen und Schneiden) ein, die für J.L. →Lobmeyr und andere Firmen arbeitete. Als Lehrer und Handwerker nahm er großen Einfluß auf die Entwicklung der angewandten Kunst in Österreich.

Lit: L.W. Rochowanski, *Wiener Keramik,* Wien 1923; F. Lipp in *Keramos* 24 (1964), S. 20-29; Ausst. Kat. *Europäische Keramik des Jugendstils,* Hetjens-Museum Düsseldorf 1974.

Powolny und Wiener Keramik

Prägerolle. Ein zylindrisches Gerät, das seit dem späten 15. Jh. für die Dekorationen auf Leder benutzt wurde und besonders in der Buchbinderei Anwendung fand. Mit Hilfe dieser Prägerolle wurden meistens die Ränder der Buchdeckel blind gepreßt, d.h. mit erhabener Darstellung im tiefgeprägten Grund.

Präkolumbianische Keramik und **Textilien** →Mittelamerikanische Keramik; Peruanische Töpferwaren; Peruanische Textilien

Präsentierteller. Servierplatte oder -teller, meist aus Silber. Die frühesten (17. Jh.) haben eine flache runde Platte mit Fuß, der zum Halten beim Servieren dient. Später haben sie drei oder mehr Füße zum Aufstellen und verschiedenartigste Formen, aber gewöhnlich einen ansteigenden profilierten Rand und oft ein Wappen im Mittelfeld. Die kleineren dienen auch als Visitenkartentablett.

Precht, Christian (1706-79). Einer der führenden Entwurfszeichner des Rokokos und berühmter schwedischer Silberschmied; bedauerlicherweise ist keines seiner Werke mit Sicherheit bekannt. Sein Vater, *Burchardt Precht,* ein bremischer Bildhauer und Möbeltischler, war 1674 nach Stockholm ausgewandert, um für Schloß Drottningholm zu arbeiten. Christian war 1721 bei einem Goldschmied in Stockholm in der Lehre und ging 1727 nach London, später nach Paris, Augsburg und Nürnberg; 1731 kehrte er nach Stockholm zurück. 1737 erhielt er, ohne Vermittlung der Zunft, die Genehmigung zur Führung eines Silberschmiedebetriebes, was bedeutete, daß er seine Erzeugnisse nicht mit einer persönlichen Marke versehen durfte. Deswegen sind sie heute sehr schwer zu identifizieren. Zahlreiche seiner Entwürfe werden im Nationalmuseum, Stockholm, aufbewahrt; sie zeigen Silbergegenstände in einem reich bewegten Rokoko, das auf französische Ornamentisten, wie J.-A.

C. Precht: Entwurf für eine Kaffeekanne, Mitte 18. Jh. (Nationalmuseum, Stockholm)

→Meissonnier, zurückgeht. Für einige zeitgenössische Arbeiten werden Entwürfe von ihm angenommen, so für eine sehr schöne Rokoko-Taufkanne mit Becken, die das Meisterzeichen des *Johan Colins* trägt und 1745 datiert ist (Schloß Eriksberg), und für eine 1764 von *Michael Astrom* ausgeführte Kaffeekanne (Nordiska Museet, Stockholm), da sie vom Stil anderer Werke dieser Meister stark abweichen. Außer als Silberschmied arbeitete Precht als Medaillenschneider, als Juwelier und Keramikentwerfer. 1738 lieferte er Zeichnungen als Vorlagen für die Herstellung von ›Export Porzellan‹ in China. Überdies könnten Entwürfe für die →Marieberger Fayencefabrik von ihm stammen, in der Krüge, Becken und Terrinen in Imitation von silbernen Rokokogefäßen hergestellt worden sind.

Lit: Gustaf Munthe, *Konsthantwerkaren Christian Precht*, Stockholm 1957.

Preissensin, Albrecht (gest. 1598). Einer der bedeutendsten Nürnberger Zinngießer – 1564 zum Meister ernannt –, der berühmt ist für seine großen Schüsseln mit figürlicher Dekoration in gegossenem Flachrelief, in der gleichen Technik, die auch sein Zeitgenosse Nicholas →Horchhaimer anwandte. Die Dekorationen wurden nicht eingeschnitten, sondern auf dieselbe Weise, in der Waffenschmiede ihre Werke mit →Intaglio-Dekorationen schmücken, in die metallene oder steinerne Gußform eingeätzt. Das Ergebnis war ein sehr flaches, an Holzschnitt erinnerndes Relief, darum später auch ›Holzstockmanier‹ genannt. Der Dekor besteht entweder aus abstrakten Mustern (z. B. →Arabesken), oder aus Szenen der Passion oder der klassischen Mythologie.

Lit: H.-U. Haedeke, *Zinn*, Braunschweig 1963.

P. und K. Preuning: Hafnerwaren-Krug, Nürnberg, um 1550 (Kunstgewerbemuseum, Köln)

Preissler, Daniel (1636-1733). →Hausmaler, dem eine Anzahl schöner Glas- und Porzellanmalereien zugeschrieben werden. Er arbeitete in Friedrichswalde in Schlesien und soll die →Schwarzlotmalerei in Böhmen eingeführt haben. Sein Sohn *Ignaz* (geb. 1676) war gleichfalls Hausmaler und 1729 in Breslau und von 1729-39 in Kronstadt in Böhmen tätig. Beide haben ihre Arbeiten nicht signiert; Schwarzlotmalereien in Rot und in Purpur monochrom und in Gold auf böhmischen und schlesischen Gläsern sowie auf chinesischem, →Meißener und →Wiener Porzellan werden ihnen zugeschrieben. Die Darstellungen umfassen Stadtansichten, Landschaften, mythologische Szenen, Jagdbilder und Schlachtenszenen bis hin zu phantastischen →Chinoiserien, manchmal mit barockem →Laub- und Bandelwerk-Dekor. Die meisten Dekore auf europäischem Porzellan hält man eher für Arbeiten von Ignaz als von Daniel, von dem man annimmt, daß er hauptsächlich Glas und chinesisches Porzellan bemalt hat. Die Schwarzlotmalereien wurden früher einem einzigen Maler namens Preussler zugeschrieben.

Lit: G. E. Pazaurek: *Deutsche Fayence- und Porzellan-Hausmaler* Leipzig 1925; R. von Strasser in *Journal of Glass Studies* XV (1973), S. 135-42.

Press. Alte englische Bezeichnung für einen Schrank, der zur Aufbewahrung von Kleidung, Büchern und Haushaltswäsche diente; wurde auch als ›clothes press‹ oder ›linen press‹ bezeichnet. Heute beschränkt sich die Bezeichnung auf einen Schrank aus dem 16. oder 17. Jh. mit einer größeren Abteilung unten und zwei kleineren Abteilungen oben, die durch Türen verschlossen sind. Die Bezeichnung ›press cupboard‹ ist eine Tautologie und wird häufig für einen Schrank aus dem 16. und 17. Jh. verwendet, der dem →›court cupboard‹ ähnlich ist; der ›press cupboard‹ ist jedoch höher.

Preßglas. Glasgefäße, die durch Einpressen der Glasmasse in eine Hohlform aus Eisen geformt werden. Amerikanisches Verfahren, das zuerst von der →New England Glass Company angewandt (1827) und bald von der Boston and Sandwich Glass Company nachgeahmt wurde. 1830 Übernahme durch englische Glashütten, vor allem in →Stourbridge und an der Tyneside, wo die Firma *Sowerby & Co.* in Gateshead ein führender Produzent wurde. Zuerst wurde das Pressen mit der Hand besorgt, doch 1864 wurde in den Vereinigten Staaten eine Presse patentiert, die durch Dampf betrieben wurde. Die frühesten Stücke entstanden in Nachahmung von farblosem geschliffenem Glas, doch wurden auch farbige Gefäße und Zierstücke in Form von Körbchen, Tieren, Vögeln usw. in großen Mengen hergestellt.

Preuning, Paul (tätig um 1540-50). Nürnberger Töpfer, stellte zusammen mit seinem Verwandten *Kunz Preuning* in →Hafner-Technik große Krüge her, die in horizontaler fortlaufender Anordnung mit reliefierten figuralen Darstellungen ansprechend dekoriert sind. Sie wurden mit farbigen Glasuren, vorwiegend in Grün, Blau, Gelb und Purpurbraun überzogen, die zum Schutz gegen ein Ineinanderlaufen während des Brandes durch Tonstege voneinander getrennt waren. Die beiden Töpfer wurden im Jahre 1541 wegen der gleichzeitigen Darstellung biblischer und weltlicher Szenen auf ein und demselben Gefäß verfolgt. Zur Familie Preuning, offenbar aber zu einer jüngeren Generation, gehörten auch *Andreas, Matthäus* und *Stefan.* Krüge mit Kruzifixen sowie mit Aufzügen von Trommlern und Pfeifern werden Kunz zugeschrieben; biblische Szenen und Brustbilder protestantischer Fürsten soll Paul gemacht haben; biblische Darstellungen zwischen floralen Ornamenten stammen wohl aus der Hand von Andreas. Bekannte Stücke befinden sich im Victoria & Albert Museum, London, im Kunstgewerbemuseum Köln sowie im Kunstgewerbemuseum Berlin. Früher wurde Hafnerware dieser Art unzutreffenderweise A. →Hirschvogel zugeschrieben.

Lit: A. Walcher von Molthein in *Kunst und Kunsthandwerk,* 1904, S. 486 ff., 1905, S. 134 ff.

Preussler, Daniel →Preissler, D.

Prie-dieu im Troubadour-Stil, frühes 19. Jh. (Musée Condé, Chantilly)

Prie-dieu, franz., Betstuhl. Häufig in Form eines Stuhles mit niedrigem Sitz und hoher Rükkenlehne, oben als Armstütze gepolstert. *Siehe auch Abb. S. 475.*

Prieur, Jean-Louis (tätig 1765-85). Französischer Bronzegießer, 1769 zum Meister ernannt, der sich selbst 1783 ›sculpteur, ciseleur et doreur du Roi‹ nannte. Er machte die Bronzebeschläge für die Krönungskutsche Ludwigs XVI. (nach Entwürfen von Fr.-J. →Bélanger); außerdem werden verschiedene goldbronzene

Prunts auf dem Stiel eines Glases von Ravenscroft, um 1675 (Victoria & Albert Museum, London)

Uhrgehäuse von ihm erwähnt. Heute aber ist er in der Hauptsache für seine Möbelentwürfe und andere dekorative Arbeiten bekannt. 1766 zeichnete er eine große Anzahl von Entwürfen für den polnischen Hof in Warschau, und viele seiner ornamentalen und anderen Entwürfe wurden in den Jahren nach 1780 in Paris gestochen.

Lit: S Eriksen, *Early Neo-Classicism in France,* London 1974.

Proskau. Schlesische Fayencemanufaktur, 1763 von dem Grafen Leopold von Proskau gegründet. Ihre Schöpfungen waren im Stil von →Straßburg mit →Emailfarben bemalt, jedoch in einer etwas gröberen Art. Der Gründer fand 1769 im Duell den Tod. Im folgenden Jahr wurde die Manufaktur von Johann Carl Graf von Dietrichstein erworben, der *Johann Joseph Reiner* als Leiter der Fabrik einsetzte, unter dem die höchst bemerkenswerten Terrinen in der Form von Früchten und Kohlköpfen sowie Figuren von Heiligen und Kindern entstanden. 1783 erwarb Friedrich der Große die Fabrik und verpachtete sie an ihren Leiter, *Johann Gottlieb Leopold,* der sie von 1782 bis 1812 betrieben hat. In dieser Zeit wurden Gebrauchsgegenstände und Vasen hergestellt, letztere manchmal nach Vorbildern griechischer Keramik. Seit 1793 wurde anstelle von Fayencen Steingut gemacht. 1812 wurde das Unternehmen an *J. K. Dickhut* verpachtet, der es 1823 kaufte. Seine Nachkommen hielten es bis 1850 in Betrieb. Produkte der Zeit von 1763 bis 1769 waren gewöhnlich mit ›P‹ gemarkt, diejenigen von 1770 bis 1783 üblicherweise mit ›DP‹. Später wurde der volle Name eingepreßt, obwohl bemalte Fayencen erneut mit ›P‹ gemarkt worden sind.

Lit: K. Hüseler, *Deutsche Fayencen,* Stuttgart 1956-8; A. Klein, *Deutsche Fayencen,* Braunschweig 1975.

Protomaiolica. Italienischer Begriff, 1934 im Streit über den Ursprung der italienischen Majolika von F. Waage eingeführt. Er bezeichnet einen Typ mittelalterlicher Keramik, der in

Korinth entdeckt wurde und enge Verwandtschaft mit der frühen italienischen Majolika (die die klassische römische Keramik abgelöst hat) und den im Mittleren Osten gefundenen Keramiken zeigt. Seither wurde zunächst angenommen, daß sie die östliche Vorgängerin der italienischen Majolika sei. Dann wurde vermutet, daß sie italienische Töpfer im Mittleren Osten hergestellt hätten. Erst nach der Entdeckung ähnlicher Keramiken auf Sizilien und im südlichen Italien, vor allem in Tavoliere und Castello di Lucera in Apulien (heute im Museo Civico, Lucera), kam man zu der Überzeugung, daß diese Keramik in Italien selbst gemacht und nach dem Orient exportiert worden ist. Sie dürfte nicht später als in der Mitte des 13. Jhs. in Erscheinung getreten sein. Der Scherben fällt ziemlich grob aus, aber die →Bleiglasur, die gewöhnlich nur auf das Innere von Tellern, Vasen usw. aufgetragen wurde, ergab durch Zusatz von 5% Zinnoxid einen ausgezeichneten Fond für die Bemalung mit Pflanzen, Tieren wie Vögeln und Fischen, menschlichen Figuren sowie Segelschiffen, die in Braun, Grün, Gelb und hellem Blau gemalt sind. Die frühe Majolika ist mit der Protomaiolica gleichzeitig, aber leicht unterschiedlich dekoriert und weniger farbenfroh.

Lit: D. Whitehouse, ›Le origine della maiòlica italiana‹ in *Colloqui del Sodalizio*, Nr. 5 Rom 1977, S. 53-61.

Protoporzellan. Bezeichnung für frühe (4. bis 3. Jh. v. Chr.) chinesische Keramik, z. B. aus →Yue, mit einer feldspathaltigen Glasur, für die eine hohe Brenntemperatur nötig war. Der Scherben ist feinkörnig, hart und von grauer Farbe.

Lit: B. Läufer, *The beginnings of porcelain in China*, Publication – Field Museum of Natural History, Chicago 1917.

Prouvé, Emile Victor (1858-1943). Französischer Bildhauer, Maler und Designer des Art Nouveau. Er arbeitete bei E. →Gallé, dem er im Stil mit seinen Möbel-, Schmuck- und Glasentwürfen eng verbunden blieb. Nach Gallés Tod, 1904, übernahm er dessen Unternehmen und damit weitgehend die Verantwortung für die Entwürfe der späteren Erzeugnisse (die mit Gallés Namen und, zur Unterscheidung von den zu des Meisters Lebzeiten entstandenen Entwürfen, mit einem Stern gezeichnet sind). 1905 ging er nach Deutschland, um sich mit der Arbeit des ›Münchener Werkbundes‹ zu befassen. Darauf veranstaltete er 1908/09 in Nancy einen Kongreß, auf dem das moderne deutsche Design erörtert wurde. Von 1918 an leitete er die Ecole des Beaux Arts in Nancy. Sein Sohn *Jean* (geb. 1901) war Architekt und hat außerdem einige der besten modernen französischen Möbel entworfen: bemerkenswert ein einfacher, eleganter und klarliniger Stuhl aus dem Jahre 1925.

Lit: M. Prouvé, *Victor Prouvé*, Paris 1958.

Prunts, engl. Auf ein Glasgefäß aufgebrachte Tropfen von geschmolzenem Glas, geformt zu einer Himbeere, einer Löwenmaske usw.

Psyche →Drehspiegel

Pueblo-indianische Töpferwaren. Sowohl Töpferei als auch Weberei und Korbflechterei wurden von den Eingeborenen des amerikanischen Südwestens betrieben (z. B. →Navaho-Teppiche). Im 19. Jh. belebten die Puebloindianer von Neu Mexiko und Nordostarizona die Keramikproduktion neu. Noch heute blüht dieses Handwerk vor allem im Pueblo Acoma, wo in Aufbautechnik hergestellte Tontöpfe in Schwarz und Orange auf weißem Schlicker mit geometrischen und stilisiert floralen Mustern verziert werden. Variationen der traditionellen Dekors und Techniken wurden von Maria Martinez (1887-1980) und ihrem Ehemann Juan (gest. 1942) aus dem Pueblo San Ildefonso eingeführt.

Lit: W. Haberland, *Nordamerika*, Baden Baden 1965.

Puente, span. Tischartiges Gestell, das als Untersatz für einen →Vargeño dient. Es ist mit zwei heruntergeklappten, herausziehbaren Stützen versehen, die die Schreibplatte des Vargeño halten.

Pugin, Augustus Welby Northmore (1812-52). Architekt und Entwurfszeichner. Er wurde zum leidenschaftlichen Vorkämpfer und Verfechter der Neugotik (→Gothic Revival) und übte einen nachhaltigen Einfluß auf den Geschmack der viktorianischen Zeit aus. Sein Vater, *Augustus Charles Pugin* (1762-1832), ein französischer Emigrant, ließ sich 1792 in London nieder. Sein Werk schließt einige Entwürfe für neugotisches Mobiliar ein, das dem →Troubadour-Stil nahekommt. Der Sohn begann als Fünfzehnjähriger in einem ähnlichen Stil: Er entwarf einen Satz Stühle für Schloß Windsor, die sich noch heute dort befinden. Außerdem belieferte er die Hofgoldschmiede →Rundell and Bridge mit Silberentwürfen. Schon in den frühen 1830er Jahren bestand er auf korrekter Nachahmung und Materialtreue. Er versuchte, seinen Möbeln das Ausse-

Kabinettschrank, Eiche, nach einem Entwurf Pugins für Abney Hall, Cheshire, um 1847 (City Art Gallery, Salford)

hen mittelalterlicher Möbel zu geben, während seine Vorgänger lediglich zeitgenössische Modelle mit gotischen Ornamenten dekoriert hatten, die überdies der Architektur entstammten und niemals für Möbel gedacht gewesen waren. Er gab verschiedene Bücher mit Entwürfen heraus, vor allem ›Gothic Furniture in the style of the 15th century‹ (1835) und ›Designs for Iron and Brass Work‹ (1836) und erläuterte seine Ansichten zu Möbeln und Dekoration wie zur Baukunst in ›The True Principle of Pointed or Christian Architecture‹ (1841). Der größte Teil seiner Möbel wurde für die von ihm entworfenen Häuser gefertigt und ist relativ schlicht. Die Grundstruktur des geschreinerten Stücks ist mit ungewöhnlicher Redlichkeit hervorgekehrt. Größere Extravaganz erlaubte er sich im Maßwerk und den Kriechblumen des 1836-37 für das Londoner Parlamentsgebäude entworfenen Mobiliars (die ›gotische‹ Schirmständer einschließen). Er entwarf gotische Keramik für →Minton, heraldisch geschmückte Tapeten für J. C. →Crace. Aus Vorbildern des 15. Jhs. entwickeltes Kirchengerät entwarf er für die Birminghamer Firma *John Hardman & Co.* Große Teile des Sakralgeräts und der Möbel waren natürlich für die von Pugin selbst entworfenen und gebauten Kirchen bestimmt. Beispiele seines Mobiliars finden sich im Victoria & Albert Museum, London. *Siehe auch Abb. S. 138, 244, 644.*

Lit: M. Trappes Lomax, *Pugin: a Medieval Victorian*, London 1933; P. Stanton, *Pugin*, London 1971.

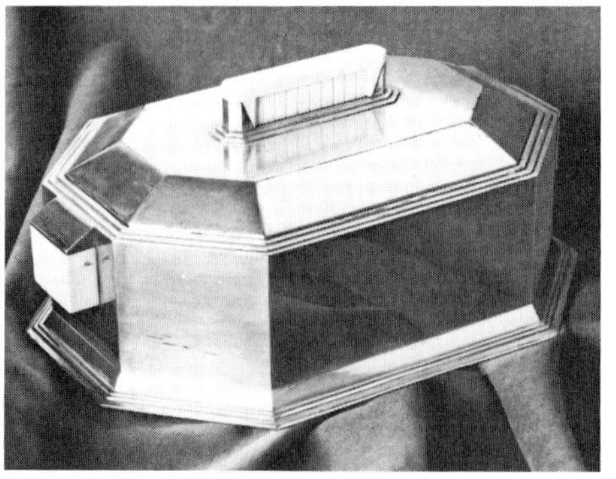

J. Puiforcat: silberne Suppenterrine, um 1925 (Musée de peinture et sculpture, Grenoble)

Puiforcat, Jean (1897-1945). Unter den Silberschmieden des →Art Deco, die auf der Pariser Weltausstellung 1925 ihre Werke zeigten, war er bei weitem der hervorragendste. Außerdem war er ein berühmter Sammler von Silber, vornehmlich des Louis-quinze und Louis-seize (große Teile seiner Sammlung befinden sich heute im Louvre). Und darüber hinaus war er ein sehr bekannter Sportler: Tennis-Champion, Mitglied der französischen Nationalmannschaft im Rugby und der olympischen Eishockey-Mannschaft. Sein Vater war Silberschmied; aber Jean arbeitete schon von 1922 an selbständig. 1925 steuerte er Silberobjekte zu J.-E. →Ruhlmanns ›Hôtel du Collectionneur‹ auf der Pariser Weltausstellung bei. 1926 schloß er sich der Gruppe ›Les Cinqs‹ an, zu der auch P. →Chareau und P. →Legrain gehör-

Punto in aria: Velum (Kelchtuch), italienisch, spätes 16. Jh. (Art Institute of Chicago)

ten, 1928 der Union des Artistes Modernes (U. A. M.), die René Herbst leitete und die Ch. →Perriand zu ihren Mitgliedern zählte. Diese Gruppe sonderte sich vom Art Deco ab. Puiforçats Silber war für den Luxusmarkt geschaffen und durch kostspielige Einfachheit ausgezeichnet. Aber trotz der bewundernswerten Strenge des Entwurfs und der schönen glatten Ausarbeitung ist es weit entfernt von aller ›Maschinen‹-Ästhetik. Einige seiner Werke werden im Musée des Arts Décoratifs, Paris, und im Metropolitan Museum, New York, aufbewahrt.

Lit: R. Herbst u. a., *Jean Puiforçat Orfèvre et Sculpteur,* Paris 1951.

Pull, Georges (1810-89). Deutscher Töpfer, der sich in Paris niedergelassen hatte. Seine 1856 gearbeiteten Imitationen von Werken B. →Palissys sind bewundernswert.

Punch'ong →Koreanisches Porzellan

Punct, Carl Christoph (gest. 1765). Bildhauer und Modelleur an der Porzellanmanufaktur →Meißen in der Zeit von 1761-65. Er ist bekannt durch seine Schäfer, allegorischen Kinderfiguren im Zeitkostüm und die Gruppe von Diana und Aktäon für Friedrich den Großen.

Lit: R. Rückert, Ausst. Kat. *Meissener Porzellan 1710-1810,* München 1966.

Punschbowle. Ein Gefäß aus Silber, Porzellan oder Steingut, das während des →Restoration style in England aufgekommen ist. Sie ist gewöhnlich groß und tief, ohne Randkehlung und steht auf einem flachen Fußring. Manchmal hat sie Henkel. Nach 1730 wurden diese Bowlen etwas aufwendiger und zuweilen mit getriebener Kannelierung dekoriert. Gegen Ende des 18. Jhs. fügte man ihnen einen Untersatz bei. Bemerkenswert sind die Keramikexemplare der →Bristol Töpfereien, die mit Schiffen bemalt sind.

Benjamin Pyne

Punto in aria. Die erste Art einer reinen Klöppel→spitze, die seit dem 15. Jh. in Venedig hergestellt wurde. Sie unterscheidet sich von den unmittelbaren Vorgängern wie →Durchbrucharbeiten, →Hohlsaum, →Netzstickerei und →Reticella (Doppeldurchbrucharbeiten) insofern, als sie aus einem einzelnen Faden entsteht und nicht von einer gewebten Unterlage hinterfangen wird. Trotzdem bewahren die Muster oft ihre geometrische Strenge.

Purdonium →Kohlenbehälter

Purpur des Cassius. Tiefkarmesinrotes Pigment für die Porzellan- und Fayencemalerei, um 1650 von *Andreas Cassius* aus Leyden entwickelt. Es wurde aus der Auflösung einer Goldmünze in Salpetersäure und Salmiak gewonnen und viel in Frankreich und Deutschland verwendet, besonders in →Meißen; es kam auch nach China, wo es die Grundlage für die Farbpalette der →Famille rose abgab.

Püsterich. Eine bronzene, manchmal irdene, hockende oder kniende Figur meist des hohen Mittelalters, deren Ursprung nachweislich auf die Antike zurückgeht und die bis in die Renaissance verwendet worden ist und in deren Gestalt »offensichtlich zäh das Urbild prähistorischer Fruchtbarkeitsidole« fortlebte. Sie diente als Feueranbläser: In die Glut gestellt, fachte sie mit dem aus dem Mund hervorgestoßenen Dampf des in sie gefüllten Wassers das Feuer an. Erhaltene Exemplare im Musée Romain, Avenches, im Kunsthistorischen Museum, Wien, in Sondershausen und an anderen Orten.

Lit: W. L. Hildburgh, ›Aeolipiles as Fire-blowers‹ in *Archaeologia or Miscellaneous Tracts relating to Antiquity* 94, Oxford 1951; I. Juncker, ›Der Feueranbläser von Aventicum‹ in *Zeitschr. f. schweiz. Archäologie u. Kunstgeschichte,* 21, 1961, Heft 2.

Puteux, Louis-François-Laurent (1780-1864). Einer der bedeutendsten Möbelschreiner der →Restaurations-Zeit, der sich auf Möbel in ›bois clair‹ mit eleganten Ebenholzeinlagen spezialisiert hatte, die er z. T. nach Vorlagen von Percier und →Fontaine anfertigte. Er verwendete auch Perlmutt für seine Einlegearbeiten. Um 1830 stellte er seine Werkstatt auf billigere Serienproduktion um. Eine seiner schönsten Arbeiten ist das Zylinder→bureau (um 1819) im Musée Carnavalet, Paris.

Lit: D. Ledoux-Lebard, *Les ébénistes parisiens (1795-1870),* Paris 1965.

Puzzle-Krüge. Gefäße mit einem durchlöcherten Hals, aus denen man nur trinken kann, wenn man die Flüssigkeit durch ein unauffälliges Röhrchen saugt, das vom Rand bis auf den Boden des Kruges reicht. Sie sind vom Mittelalter an bis ins 19. Jh. gemacht worden, vornehmlich aber im 17. und 18. Jh.

Pyne, Benjamin (tätig 1684-1724). Angesehener Londoner Silberschmied; von der Queen Anne gefördert, wurde er zu einem der besten Vertreter des mit ihrer Regierungszeit eng verbundenen Stils (→Queen Anne-Stil). Obwohl er zu den Silberschmieden gehörte, die dem Zustrom der Hugenottenhandwerker energisch entgegentraten, arbeitete er oft in ihrem Stil (→Hugenottensilber); vielleicht hatte er hugenottische Gesellen in der Werkstatt. Eine sechseckige Platte (1698; Victoria & Albert Museum, London), die seine Marke trägt, ist mit sehr schönen gravierten Zeichnungen nach Jean →Le Pautre geschmückt, die wahrscheinlich von einer französischen Hand stammen. Man kennt viele mit seiner Meistermarke versehene Stücke.

Lit: J. F. Hayward, *Huguenot Silver in England,* London 1959.

Pyrexglas. Glas mit großer thermischer Widerstandsfähigkeit, die durch einen hohen Bestandteil an Borax bei der Herstellung erzielt wird. Das Verfahren wurde 1908 von den →Corning Glass Works für die Herstellung von Lampen entwickelt, wird heute jedoch vor allem bei Küchengeschirr angewandt.

Pyxis. Kleiner Behälter, in dem die geweihte Hostie zu den Kranken getragen wird, meist eine runde Silberbüchse.

Q

Qianlong-Porzellan. Chinesisches Porzellan, das in der Regierungszeit des Kaisers Qianlong (1736-95) gemacht wurde. Imitiert wurden frühe Porzellane, vor allem der →Song-Zeit. Einige Stücke in der kaiserlichen Sammlung sind vom Kaiser selber mit Inschriften versehen worden, in denen er seine Bewunderung für Song-Porzellan ausdrückt. Blauweiß- und Vielfarben-Porzellan (vor allem der →Famille rose, ebenso wie der Famille verte, noire und jaune) wurden in Mengen hergestellt, wobei der Dekor zunehmend unruhiger wird. Gegen Ende der Periode verschlechtert sich auch die technische Qualität. →Lack burgauté wurde zum Dekor des Porzellans herangezogen.

Lit: S. Jenyns, *Later Chinese Porcelain: The Ch'ing Dynasty (1644-1912)*, durchges. Ausg., London 1971.

Qing. Die Mandschu-Dynastie, die auf die →Ming-Dynastie folgt und in China von 1644-1912 regiert, eine Zeit des anhaltenden wirtschaftlichen, politischen und seit der Mitte des 18. Jhs. auch kulturellen Verfalls. Die Neigung zur Verfeinerung, die sich in der vorhergehenden Ming-Zeit abzeichnete, verstärkte sich. Gleichzeitig verhinderte aber die konservative, ›klassizistische‹ Auffassung der chinesischen Künstler die Einführung neuer Ideen, um das Repertoire der überalterten Ornamente zu beleben, die sich mehr und mehr abnutzten. Die noblen Formen Ming-zeitlicher und noch früherer Gegenstände blieben unverändert, aber sie wurden gradweise von üppigem, herausgearbeitetem Dekor überwuchert. Das gleiche gilt für Bronzen und Textilien (ausgenommen Teppiche bis zum frühen 19. Jh.). Bis in die Mitte des 18. Jhs. wurden schöne Jadeschnitzereien hergestellt, obwohl auch hier wahrscheinlich der Hang zu ausgeklügeltem Dekor im traditionellen Rahmenwerk zu der Produktion von Monstrositäten führte. Glücklicherweise hat die Töpferkunst als letzte gelitten, bis in das beginnende 19. Jh. wurde sehr schönes Porzellan gemacht (vgl. Kangxi-Porzellan, Yongzheng-Porzellan und Qianlong-Porzellan). Während dieser Zeit stieg der Exporthandel beträchtlich, so daß man zwischen Objekten für den einheimischen Bedarf und solchen für Europa unterscheiden muß: →Chinesisches Exportporzellan, →chinesische Tapeten, →Kanton-Email, →Koromandel- und andere Lackarbeiten usw., die manchmal reizvoll sind, aber häufiger schlecht entworfen und minderwertig ausgeführt.

Lit: S. Jenyns, *Later Chinese Porcelain: The Ch'ing Dynasty (1644-1912)*, London, durchges. Ausg. 1977.

Qingbai-Porzellan. Eine große Gruppe von chinesischem Porzellan mit blaßblauer Glasur (das Wort bedeutet blauweiß), das in der →Song- und →Yuan-Zeit und weit in die Ming-Periode hinein hergestellt wurde. Das Porzellan wurde früher yingqing (= schattenblau) genannt, da sich die blaßblaue Glasur in den Vertiefungen intensiver zeigte. Die Gefäße sind oft kunstvoll modelliert (Vasen mit flötenförmigen Körpern und gelappte Schalen mit blattartigen Rändern), die der →Yuan-Zeit zeigen manchmal Medaillons oder Kartuschen mit Reliefdekor. Diese Ware hatte kein großes Ansehen in China und wurde hauptsächlich nach Südostasien und Indonesien, nach Persien und Europa exportiert.

Quaich. Typ einer schottischen, nicht sehr tiefen, runden Trinkschale mit zwei oder drei waagerecht angesetzten Henkeln. Sie bestand ursprünglich aus Holz (manchmal mit Silbermontierung), später aber aus Silber oder Zinn.

Quaich, Silber, 1701 (Museum of Scottish Art, Edinburgh)

Quartetto tables, engl. Vier kleine Tische, die so gearbeitet sind, daß man sie raumsparend untereinanderschieben kann. Die Idee geht vielleicht auf Th. →Sheraton zurück.

Quarti, Eugenio (1867-1931). Einer der bedeutendsten italienischen Möbelschreiner des →Art Nouveau. Nach einigen Wochen im Betrieb von C. →Bugatti gründete er 1888 eine eigene Werkstatt. Auf der Internationalen Ausstellung von Paris, 1900, gewann er einen Grand Prix für Möbel. Seine Möbel sind von hervorragender handwerklicher Qualität. Als Dekor verwendete er Einlegearbeiten aus Perlmutt und Silber, Schnitzornamente und Bronzeappliquen. Beim Entwurf von Innenausstattungen arbeitete er mit dem Architekten Giuseppe Sommaruga (1867-1917) zusammen, vor allem bei der Dekoration des Palazzo Castaglione in Mailand. 1906 plante er bereits, Möbel in Serie für Hotels zu produzieren. In seiner Fabrik stellte er nicht nur Möbel, sondern auch alle Arten von Einrichtungsgegenständen her. Er lieferte die Innenausstattungen für die

Villa Carosio (1908/09) und das Casino (1908) in Baveno und für das Grand Hotel (1925) von San Pellegrino Terme.

Lit: Eugenio e Mario Quarti. Dall'ebanisteria liberty all'arredamento moderno, Ausst. Kat. Mailand 1980.

Quarz-Frittenware →Ägyptische Keramik

Quecksilbervergoldung (Feuervergoldung). Ein Verfahren, das seit dem 1. Jh. zur Vergoldung von Metallen angewendet worden ist und heute noch gelegentlich benutzt wird. Auf den Gegenstand wird ein Amalgan, eine Legierung aus Quecksilber und Gold im Verhältnis 10:1, aufgetragen, dann wird er bei niedriger Temperatur im Ofen erhitzt, wobei das Quecksilber verdampft und das Gold als leichter Überzug zurückbleibt. Dieser Prozeß wird gewöhnlich so lange wiederholt, bis die Goldschicht dick genug ist, um zu einem harten Glanz gebrannt werden zu können. Eine Variation dieses Verfahrens, die Mattvergoldung, wurde in der Spätzeit des 18. Jhs. wahrscheinlich von P. →Gouthière erfunden.
Wegen der giftigen Quecksilberoxyddämpfe darf diese Technik nur unter strikter Einhaltung vorgeschriebener Maßnahmen angewandt werden. Im 18. Jh. sind viele Arbeiter an einer durch das Feuervergolden verursachten Quecksilbervergiftung gestorben. Für die Erfindung eines weniger oder nicht schädlichen Verfahrens sind viele und hohe Preise ausgesetzt worden, aber ohne Erfolg. Der Bronzekünstler A.-A. →Ravrio hinterließ ein Legat von 3000 Francs für denjenigen, der ein Mittel zum Schutz der Vergolder gegen die schädlichen Dämpfe finden würde.

Quedlinburger Wandteppich. Einer von den frühesten Wandteppiche Europas. Er stellt die ›Hochzeit Merkurs mit der Philosophie‹ dar, wurde um 1200 von der *Äbtissin Agnes II. von Quedlinburg* gemacht und ist heute noch dort in der Stiftskirche zu sehen. Das Muster ist mit Wollfäden auf die Kettfäden geknotet und dann geschnitten, um einen gleichmäßigen Flor zu erhalten, genauso wie ein orientalischer Knüpfteppich.

Queen Anne-Stil: silberne Teekanne von Anthony Nelme, London 1710 (Privatsammlung)

Lit: B. Kurth, *Die deutschen Bildteppiche des Mittelalters,* Bd. I, Wien 1936.

Queen Anne-Stil. Die Zeit der Herrschaft der Königin Anne (1702-14) brachte für die angewandten Künste nur sehr wenige Neuerungen. Die auffallendsten vollzogen sich in der Silberschmiedekunst, und sie rührten in der Hauptsache von →Hugenottenkünstlern her, die um 1700 in England das Übergewicht hatten. Die Liebhaberstücke standen ganz unter dem Einfluß Frankreichs, während die Silbergeräte für das Haus meist von größter Schlichtheit waren, ohne jegliche modellierte oder gravierte Dekoration. Die Vertraute der Königin, Sarah Herzogin von Marlborough, verlieh einem allgemeinen Empfinden Ausdruck, als sie den Wunsch äußerte, »die Dinge einfach und klar zu haben, sei es das Stück einer Holztäfelung, sei es das Gesicht einer Dame«; und ein einflußreicher Dichter der Zeit erklärte, es wäre sein höchster Ehrgeiz, »einen privaten Wohnsitz« sein Eigentum zu nennen, »der einheitlich gebaut, nicht klein und nicht zu groß« wäre und der nur Gegenstände enthalten sollte, die »nützlich, notwendig, schmucklos« wären.

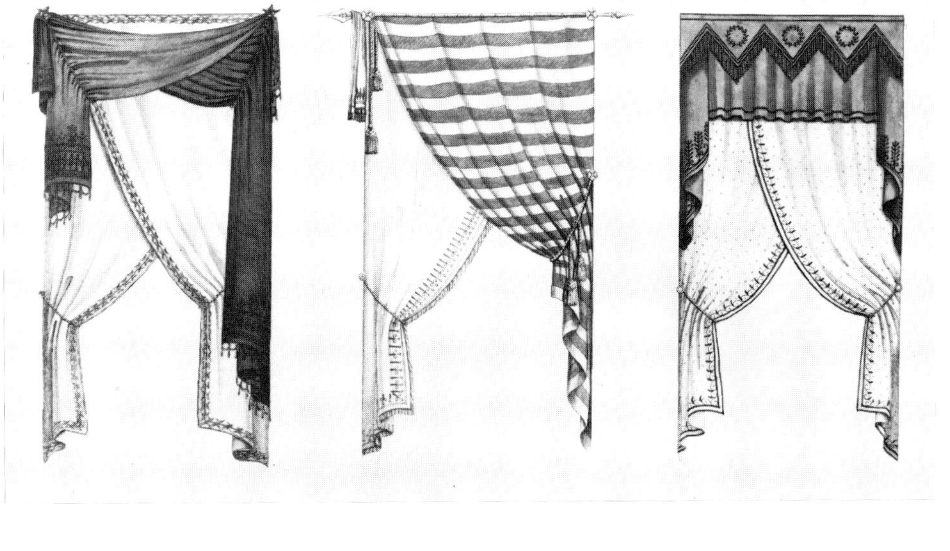

Entwürfe für Querbehänge, französisch, frühes 19. Jh.

Dieser Wunsch nach Einfachheit trug dazu bei, Schnitzereien und aufwendige Lackarbeiten aus dem Mobiliar zu verbannen und den Weg zum →Palladianismus des frühen →Georgian style zu ebnen. Dennoch wurden in den Seiden-Fabriken von →Spitalsfield Textilien gewebt, die an Reichtum alles bis dahin in England übliche übertrafen.

Am Ende des 19. Jhs. lebte der Queen Anne-Stil noch einmal auf: Norman Shaw begann um 1870, Häuser zu entwerfen, die von den roten Ziegelsteinbauten des späten 17. Jhs. inspiriert waren und die man als ›Queen Anne‹ zu bezeichnen pflegte, obwohl sie gewöhnlich auf eine frühere Zeit zurückgingen. Das führte nicht nur zum Sammeln von Möbeln und Silber aus dieser Zeit, sondern unvermeidlich auch zum Reproduzieren, vornehmlich von Stühlen und Tischen mit →Cabriole legs, die auch als ›Queen Anne legs‹ bezeichnet werden.

Queen's pattern →King's pattern

Queen's ware. Engl. Bezeichnung, die etwa 1765 dem verfeinerten, von *Booth* hergestellten →Steingut beigelegt wurde, das die Töpferei von →Wedgwood und später auch andere Töpfereien hergestellt haben. Es wird auch heute noch von Wedgwood gemacht. Queen's ware ist ein leichtes weißes Steingut mit einer dünnen hochglänzenden Glasur.

Querbehang. Eine Stoffbahn oder ein Brett, die als Abschluß über einem Fenster oder einer Türe angebracht sind, um Vorhangstange oder Jalousie zu verbergen. *Siehe auch* Lambrequin. *Siehe Abb. S. 495.*

Quimper. Bekannte bretonische Fayencefabrik, um 1690 in Loc Maria bei Quimper, Frankreich, gegründet. Vor 1743 war sie ziemlich bedeutungslos. In diesem Jahr kam sie unter die Leitung von *Pierre Paul Caussy* (gest. 1759) aus Rouen, der anfing, Waren in der Art von →Rouen herzustellen, die mit →Chinoiserien und mit Rokokomotiven in →Scharffeuerfarben auf einer ziemlich matten weißen Glasur bemalt waren. Sie blieb im Besitz der Familie bis ins 19. Jh. Seit 1872 wurden die Erzeugnisse des 18. Jhs. erneut ausgeformt. Ab dem gleichen Jahr wurden die Produkte mit ›HB‹ gemarkt.

Lit: M. J. Roullot, *Les faïences artistiques de Quimper,* Lorient 1980.

Quimper-Fayence: Weihwassergefäß, 18. Jh. (Musée des Arts Décoratifs, Paris)

R

Raab, Johann Philipp (1736-1802). Als Sohn eines Zimmermanns in Mainz geboren, wo er bis zu seinem Tode als Kunstschreiner arbeitete. Seine bekannteste Arbeit ist ein ungewöhnlich prächtiger Rokoko-Schreibschrank mit geometrischer Marketerie und hervorragend geschnitzten feinen Kapitellen (Badisches Landesmuseum, Karlsruhe). Der dazugehörige Entwurf ist signiert und datiert: 21. September 1764 (Kunstbibliothek, Berlin.) *Abb. siehe S. 498.*

Lit: Badisches Landesmuseum: Neuerwerbungen 1952-65, Karlsruhe 1966.

Raab, Johann Valentin (1777-1839). In Frankfurt geborener und wahrscheinlich in Frankreich ausgebildeter Kunstschreiner. Zwischen 1807 und 1812 war er damit beschäftigt, Empire-Möbel nach Entwürfen des Architekten Nikolaus Alexander Salins für die Residenz in Würzburg anzufertigen. Ein runder Tisch, getragen von Schwanenhälsen, hat sich u.a. erhalten (Residenz, Würzburg). Er fertigte später Möbel nach eigenen Entwürfen im Biedermeierstil, zum Beispiel ein Zylinderbureau (→Bureau) in Schloß Bad Homburg.

Lit: H. Kreisel (G. Himmelheber), *Die Kunst des deutschen Möbels*, Bd. III, München 1973.

Rabe, J. B. E. →Braunschweiger Fayencen

Rachette, Jean →Sankt Petersburg Porzellanmanufaktur

Raeren. Töpfereien in der Nähe von Aachen, die einige der besten Stücke braunen (später grauen) →salzglasierten Steinzeugs gemacht haben. Die frühesten Erzeugnisse aus den 1530er Jahren halten sich an →Kölner Vorbilder. Seit 1565 bis zum Ende des Jhs. wurden hervorragende Waren feinster Qualität produziert, besonders von J. E. →Mennicken und seinen Töpfern: große, kraftvoll modellierte Krüge mit geschnittenem Reliefdekor mit religiösen oder mythologische Darstellungen in einem Übergangsstil zwischen Gotik und Renaissance. Seit etwa 1587 ging man zu einer grauen Masse über, die eine feinere Modellierung ermöglichte, obwohl auch weiterhin noch der frühere braune Ton verwendet wurde. Die Produkte des 17. Jhs. sind besser ausgearbeitet, heute aber weniger gefragt. Im 18. Jh. wurden nur einfache Bierkrüge hergestellt. Seit etwa 1887 ahmte die Töpferei von Hubert Schiffer in Raeren Stücke des 16. Jhs. nach, die mit originalen Stücken aus der Zeit verwechselt werden. Nachbildungen und Nachahmungen wurden im späten 19. Jh. durch C. W. Fleischmann in Nürnberg hergestellt.

Lit: M. J. Philippe in *Connaissance des Arts* Mai 1967, S. 82-89; G. Reineking von Bock in *Keramos* IL (1970), S. 1-65 (für Nachahmungen); dies., *Kunstgewerbemuseum der Stadt Köln, Steinzeug*, Köln 1971; H. Lipper (Hg.), *Steinzeug aus dem Raerener und Aachener Raum*, Aachen 1977.

Raes, Jean →Brüsseler Wandteppich-Manufakturen

Raffael, eigentl. **Raffaello Santi** (1483-1520). Überragender Künstler der Hochrenaissance in Architektur und Malerei, der jedoch auch einen sehr bedeutenden Einfluß auf die dekorativen Künste hatte. Er entwarf die Kartons (voll. 1516) für eine der berühmtesten Serien von Bildteppichen, die je zur Ausführung gelangt sind, die ›Apostelgeschichte‹. Die Teppiche sind in →Brüssel gewirkt und später von vielen anderen Manufakturen kopiert worden. Aber noch nachhaltiger war wohl der Einfluß der →Groteskenmalereien, mit denen unter seiner Leitung ein Raum für den Kardinal Bibbiena im Vatikan ausgeschmückt worden ist, und ähnlicher Dekorationen in Stuck und Malerei in der Villa Madama, Rom. Diese Art von Dekorationen wurde sehr schnell von den Majolikamalern in →Urbino (→Raffael-Majolika) und von zahlreichen Ornamentisten des 16. Jhs. übernommen; sie blieben über das Ende des 18. Jhs. hinaus beliebt und waren in Italien als ›Raffaelleschi‹ bekannt. Aber Raffaels Einfluß auf die ›Maiolica Istoriata‹ war nicht geringer.

Lit: M. Salmi (Hg.), *Raffaello. L'opera. Le Fonti. La Fortuna*, Novara 1968 (bes. G. Liverani, *La fortuna di Raffaello nella maiolica)*.

Raffael-Majolika. Frühere Bezeichnung für Majolika im →Istoriato-Stil, die mit Darstellungen nach Raffael bemalt war. Irrigerweise hielt man Raffael selbst für den Maler einiger Stücke. *Abb. siehe S. 499.*

Raku. Diese japanische, ausnahmslos für die →Teezeremonie hergestellte Keramik wurde zuerst in der Umgebung von →Kyoto, später auch an anderen Orten hergestellt. Sie ist handgeformt, nicht gedreht, aus weichem Ton, leicht und niedrig gebrannt, meist mit einer dicken schwarzen oder auch tomatenroten →Bleiglasur überzogen, manchmal lachsfarben, grün, seltener weiß oder gelb gesprenkelt. Einige Stücke sind mit wenigen Pinselstrichen verziert in weißem →Schlicker, in Sepia oder Unterglasurblau. Die Mehrzahl wirkt aber nur

J. P. Raab: Bureau mit Marketeriedekor, 1764 (Badisches Landesmuseum, Karlsruhe)

durch ihre unregelmäßige Form, Oberfläche und Farbe. Das Wort Raku bedeutet Freude. Die Keramik hat ihren Namen von einem vielen frühen Stücken aufgeprägten Stempel, in den dieses Wort geschnitten war. Um 1580 wurde die Ware zuerst von *Chojiro* (1516-1592), dem Begründer einer Dynastie großer Raku-Meister, hergestellt. Sein Nachfolger war sein Gehilfe Jokei (1536-1656), von dessen Arbeiten nur wenige identifiziert werden konnten. Donyu (1599-1656) war der dritte und bedeutendste Raku-Meister. Er führte eine größere Vielfalt an Formen ein und eine rote Glasur, manchmal verwendete er für die Oberflächendekoration seiner Gefäße einen Kamm. Der vierte Raku-Meister war Ichinyu (gest. 1696), der dem Stil von Chojiro treu blieb, jedoch eine schwarze mit Rot belebte Glasur aufnahm. In der Folgezeit wurde dann der Titel von Meister zu Schüler, der manchmal auch der Sohn sein konnte, übernommen. Die Tradition reicht bis zur Gegenwart, wo *Kichizaemon, Raku XIV,* noch im Haus seiner Vorväter in Kyoto arbeitet. Gleichzeitig ist die Ware von anderen Töpfern hergestellt worden, am besten von H. →Koetsu, aber auch von unzähligen Amateuren (denn die Herstellung ist nicht sehr aufwendig) einschließlich einer Reihe von Teemeistern.

Lit: S. Jenyns, *Japanese Pottery,* London 1971; H. Riegger, *Raku,* London 1970; Ausst. Kat. *Japanische Keramik,* Hetjens-Museum Düsseldorf 1978.

Raffael-Majolika, Urbino (Werkstatt Fontana), nach einer Zeichnung von Raffael (Museo Nazionale, Florenz)

Rambusch, Johann →Schleswig

Ramsden, Omar (1873-1939). Englischer Silberschmied, der sich auf einzeln entworfene Repräsentationsstücke spezialisierte. Er und *Alwyn Charles Ellison Carr* (1872-1940) eröffneten 1897 eine Werkstatt in London. Ihr erster Auftrag war ein Amtsstab für die Stadt Sheffield, 1899 vollendet. In den folgenden Jahren produzierte die Werkstatt eine Vielzahl von dekorativen handgemachten Silberwaren und Objekte aus unedlen Metallen – alle unter dem Einfluß der →Arts and Crafts-Bewegung, viele mit Art Nouveau-Motiven geschmückt. Als ihr Hauptwerk gilt die silbervergoldete, mit Email überzogene →Monstranz der Kathedrale von Westminster (1907). Ramsden führte einen ansehnlichen Handel mit liturgischen, offiziell-städtischen und häuslichen Silbergeräten, meist in historisierenden Stilen (so dem elisabethanischen, Queen Anne oder Georgian style). Viele dieser Stücke tragen die Signatur: *Omar Ramsden me fecit.*

Lit: *Omar Ramsden 1873-1939; Centenary Exhibition of Silver,* City Museum, Birmingham, 1973. P. Cannon-Brooks in *The Connoisseur* April 1974, S. 250-57.

Randall, John (1810-1910). Englischer Porzellanmaler, der sich auf Vögel spezialisierte, zunächst im Stil des späten 18. Jhs. von →Sèvres arbeitete, dann nach und nach zu einem eigenen, peinlich genauen naturalistischen Stil fand. Er lernte bei seinem Onkel *Thomas Martin Randall* (1786-1859), der nach seiner Tätigkeit in →Coalport, →Derby und →Pinxton gemeinsam mit *Richard Robins* eine Porzellanmalerwerkstatt in Spa Fields, London, (in der M. →Webster und andere arbeiteten) betrieb und 1825 eine Weichporzellanfabrik mit einer Malerwerkstatt in Madeley in Staffordshire errichtete, wo er Modelle von Sèvres nachmachte. Seit etwa 1830 arbeitete John Randall in der Töpferei von →Rockingham, kehrte aber 1835 nach Staffordshire zurück, wo er als Maler in der Coalport Factory beschäftigt war, bis ihn 1880 das Nachlassen seiner Sehkraft zur Aufgabe der Arbeit zwang. Vasen, Teller usw. und eine von ihm bemalte Wandplatte befinden sich im Clive House Museum, Shrewsbury.

Raku-Keramik: Teeschale, Japan, 17.-18. Jh. (Musée Guimet, Paris)

Lit: M. Messenger in *Country Life* (1973), S. 11-14.

Randall, Thomas Martin →Randall, J.

Randolph, Benjamin (tätig um 1770). Führender amerikanischer Möbelschreiner. Er arbeitete in Philadelphia und wurde zum bekanntesten Exponenten des amerikanischen Chippendale-Stils. Seine Arbeiten waren weniger zurückhaltend und stärker vom Rokoko beeinflußt als die seines Zeitgenossen Th. →Affleck. Einige seiner Mahagonistühle gehören zu den schönsten Stücken amerikanischer Möbelkunst.

Lit: J. Downs, *American Furniture: Queen Anne and Chippendale Periods in the Henry Francis Du Pont Winterthur Museum*, New York 1952.

Ranftbecher. Vor allem in Wien beliebtes Becherglas des frühen 19. Jhs. mit konischem oder eingezogenem Körper und vorstehendem Gefäßboden, dekoriert im Biedermeierstil von →Kothgasser und anderen. *Siehe Abb. S. 334.*

Rankenornament. Ein Ornamentband aus Blättern, oft Rebblättern, und Ranken, das vielfach als Randverzierung von Holz- und Metallarbeiten und Keramiken verwendet wird.

Rannie, James →Chippendale, Th.

Ranson, Pierre (1736-86). Französischer Entwerfer von Ornamentmotiven, der reizvolle Blumenkompositionen im Louis-seize, denen von H. →Salembier ähnlich, für gestickte und gewirkte Stuhl- und Fußbankbezüge veröffentlichte und Entwürfe für seidenumhängte Betten. Die →Aubusson Teppich-Manufaktur führte Bildteppiche nach seinen Vorlagen aus. Ein Teil seiner Aquarellzeichnungen befindet sich im Musée des Arts Décoratifs, Paris. Seine Möbelentwürfe sind ziemlich phantastisch und waren praktisch kaum zu verwirklichen. *Abb. siehe S. 500.*

Lit: H. Clouzot, *P. Ranson*, Paris 1919.

Raqqa-Keramik →Islamische Keramik

Räscht Patchwork. Ein mosaikartiges →Patchwork, das im 18. und 19. Jh. in der persischen Stadt Räscht zu Blumenmustern aus kleinen

P. Ranson: Ornamententwürfe, spätes 18. Jh. (Musée des Arts Décoratifs, Paris)

farbigen Filzstücken mit farbigen Seidenkonturen zusammengenäht wurde. Die kleineren Musterteile sind in größere eingenäht, nicht appliziert. Diese Art von Patchwork ist in die Applikationstechnik übernommen worden, wobei die kleineren Teile auf dem Grundstoff aufgenäht sind.

Ratafia-Glas. Englisches Trinkglas aus dem 18. Jh. von langer, schlanker, leicht trichterförmiger Form, das nur eine geringe Quantität, 30-40 Kubikzentimeter, faßt. Man trank daraus den ›Ratafia‹, einen Fruchtlikör.

Rateau, Armand-Albert (1882-1938). Pariser Designer und Ausstatter eleganter Interieurs. Von 1905 bis 1914 leitete er das Ausstattungsstudio des Maison Alavoine. 1920/22 stattete er den Couture-Salon Jeanne Lanvin mit üppiger Eleganz aus. (Die Möbel befinden sich heute im Musée des Arts Décoratifs, Paris.) Anschließend übernahm er die Leitung des Einrichtungshauses *Lanvin-Décoration.* Zwar war er an der Pariser Exposition des Arts Décoratifs von 1925 beteiligt, stellte aber in den Salons nicht aus. Seine Entwürfe zeigen Einflüsse des Fernen Ostens und der römischen Bronzemöbel aus Pompeji.

Lit: *Les années »25«,* Ausst. Kat. Musée des Arts Décoratifs, Paris 1966.

Rato. Portugiesische königliche Fayencemanufaktur bei Lissabon, 1767 gegründet und von *T. Brunetto* aus Turin, später von Portugiesen geleitet. Sie stellte Eßgeschirre im Stil von →Savona, oft beeinflußt von Silberarbeiten, sowie Terrinen in der Gestalt von Vögeln und große Figuren her.

Lit: J. Queiroz, *Ceramica Portugueza,* 1907, durchges. Ausg., Lissabon 1948.

Rato

Rattenschwanz-Löffel Ein im späten 17. und frühen 18. Jh. in England gebräuchlicher Löffeltyp, dessen Stiel auf der Rückseite der Laffe in eine sich verjüngende Rippe ausläuft.

Ratti, Giovanni Agostino →Savona

Räuchern. Das Einwirken von Salmiakdämpfen, das dem Holz eine dunkle Farbe verleiht; kommt der natürlichen Verbräunung (Nachdunklung) am nächsten, die durch äußere Einflüsse entsteht. Das Räuchern geschieht in einem dicht geschlossenem Raum, in dem sich flache Schalen mit Salmiakgeist befinden. Fertige Möbelstücke (ohne Metallteile) werden dort freistehend aufgestellt. Je nach der Dauer des Räucherns erzielt man eine hellere oder dunklere Tönung. Besonders schön läßt sich Eichenholz räuchern.

Rauchfaß. Tragbares Räuchergefäß für kirchlichen Gebrauch (Thuribulum). Der Weihrauch bzw. das Räucherwerk wird über glühende Kohlen gestreut. Im allgemeinen hat das Rauchfaß die Form einer Kugel mit einem Standfuß und mit durchbrochenem Deckel, ist an drei oder vier Ketten aufgehängt und hat eine weitere Kette für den Deckel.

Rauenstein. 1783 von drei Mitgliedern der *Familie Greiner (Johann Georg, Johann Friedrich* und *Christian Daniel*) gegründete thüringische Porzellanfabrik, die im wesentlichen →Meißener Eßgeschirre nachahmte.

Lit: H. Scherf, *Thüringer Porzellan,* Leipzig 1980.

Rauter, Oskar →Ehrenfeld

Ravenna. Töpfereien in Ravenna sind urkundlich bereits 1526 nachgewiesen und werden auch von C. →Piccolpasso erwähnt. Nur ein einziges Stück ist bekannt, ›Ravenna‹ gemarkt und mit der Szene ›Arion bezaubert Delphine‹ auf einem graublauen Fond bemalt (Musée National de Céramique, Sèvres). Fragmente ähnlicher Stücke mit →Sgraffito- oder mit →Berrettino-Dekoren sind bei örtlichen Ausgrabungen entdeckt worden (Museo Nazionale, Ravenna).

Lit: F. Liverani u. G. L. Reggi, *Le maioliche del Museo Nazionale di Ravenna,* Modena 1976.

Ravenscroft, George (1632-83). Berühmtester englischer Glasmacher, der vor allem wegen der Erfindung des →Flintglases von Bedeutung ist. 1673 arbeitete er für die Londoner Glass Sellers Company, um einen englischen

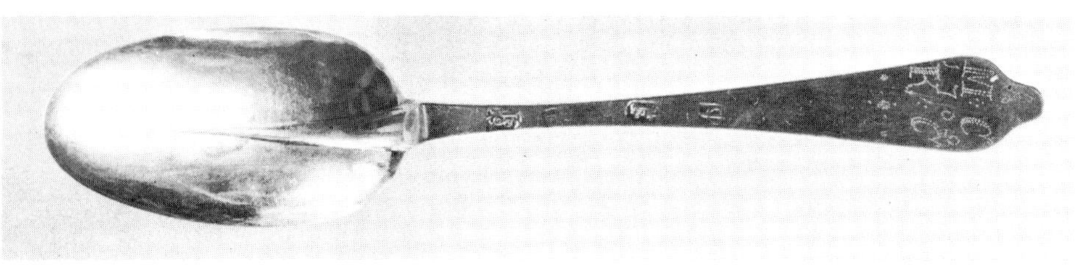

Rattenschwanzlöffel, Silber, englisch, um 1709

Ersatz für das venezianische Kristallglas zu finden. Die ersten Gläser neigten jedoch zur →Rißbildung, welche die Klarheit des Glases beeinträchtigte. Dieser Mangel wurde durch die Hinzufügung von Bleioxyd behoben. 1676 stellte Ravenscroft feine Krüge und Kelchgläser nach deutschem und venezianischem Vorbild her, jedoch brillanter, wenn auch schwerer als die venezianischen Gläser. Von 1677 an kennzeichnete Ravenscroft seine Arbeiten durch ein Glassiegel mit einem Rabenkopf (raven = Rabe). Die Gläser Ravenscrofts werden von englischen Sammlern sehr gesucht, wenn auch mehr wegen ihrer Seltenheit (es sind nur 25 Exemplare erhalten) und ihres historischen Wertes als wegen ihrer Schönheit.

Lit: R. J. Charleston in *Journal of Glass Studies* x (1968), S. 156-67; R. Rendel in *The Glass Circle* n. 2 (1975), S. 65; D. C. Watts, *ibid* S. 71.

Ravrio, Antoine-André (1759-1814) Französischer Bronzekünstler des Empire, der an künstlerischem Rang nur von →Thomire übertroffen wurde. Sein Vater war ein ›fondeur‹, die Mutter eine Schwester von R. →Vandercruse und Schwägerin von J.-F. →Oeben und J.-H. →Riesener. Als Bronzekünstler ausgebildet, erwarb er 1786 in Paris ein ›Marchand-mercier‹-Unternehmen, mit dem er sich auf Wandleuchter, Uhren, Lampen und Bronzebeschläge spezialisierte. Die Ebenisten G. →Jacob, G. →Beneman u. a. belieferte er mit Bronzebeschlägen. Er bekam Aufträge für die Krone, aber der Höhepunkt seines Schaffens fiel erst in die Zeit des Kaiserreichs. Er arbeitete für Napoleon in den Tuilerien, in Saint-Cloud, Fontainebleau, Compiègne und Rambouillet, aber auch für den Quirinal in Rom und das Schloß Stupinigi bei Turin. Auf der Pariser ›Exposition de l'Industrie‹, 1806, wurde er mit einer Silbermedaille ausgezeichnet. Zu dieser Zeit müssen in seinem Betrieb hundert und mehr Arbeiter beschäftigt gewesen sein. 1810 wurde er zum ›bronzier‹ des Kaisers ernannt. Seine Werke lassen sich schwer identifizieren, da er sie selten signiert hat, ausgenommen die Uhren, von denen sich Exemplare im Musée Massena, Nizza, in Fontainebleau, im Oberen Belvedere, Wien, im Stedelijk Museum, Lakenthal, befinden. Bei diesen Uhren hat er seinen ganzen Erfindungsreichtum darauf verwendet, das Zifferblatt zum Teil einer bildhauerischen Komposition zu machen, wie etwa zu einem Rad vom Wagen der Venus. Er hinterließ 3000 Francs für denjenigen, dem es gelänge, einen sicheren Schutz der Arbeiter gegen die schädlichen Dämpfe der →Quecksilbervergoldung zu erfinden. Der Betrieb wurde von seinem Adoptivsohn *Louis-Stanislas Lenoir* (1783 bis um 1840) fortgeführt, der in des Meisters Stil weiterarbeitete (z. B. Standleuchter in der Ermitage, Leningrad, signiert ›L. Ravrio fecit 1819‹).

Lit: J. Niclausse in *Gazette des Beaux Arts*, 1966, S. 25-36.

Rayon →Chemiefasern

Rayy-Keramik →Islamische Keramik; Mina'i-Keramik

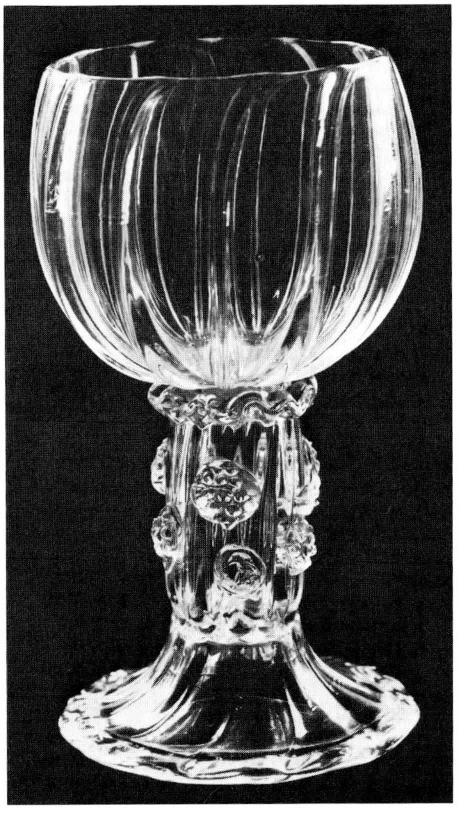

G. Ravenscroft: geripptes Glas mit hohlem Stiel, verziert mit Himbeer-Prunts, um 1675 (Victoria & Albert Museum, London)

Réchampi, franz. Ornament, das sich durch Vergoldung oder durch eine unterschiedliche Farbe von der Grundfarbe abhebt; z. B. ein goldgehöhtes Schnitzornament auf weiß oder grün gefaßtem Stuhl.

Rechaud, franz. Mit Holzkohle, Spiritus oder auch Kerze beheiztes Gerät aus Silber, Messing oder Porzellan zum Warmhalten der Speisen bei Tisch. In Deutschland auch Stövchen genannt.

Recuay-Keramik →Peruanische Keramik

Redware. Amerikanische Bezeichnung für in Nordamerika im 17. und 18. Jh. hergestellte einfache Haushaltsgegenstände.

Reed, Henry Gooding (1810-1901). Er war in den Vereinigten Staaten der Wegbereiter der elektrolytischen Versilberung (→Elektroplattieren) und damit der überseeische Gegenspieler von G. R. →Elkington in England und Ch. →Christofle in Frankreich. 1834 übernahm er mit drei Partnern eine kleine Fabrik in Taunton, Mass. 1840 erhielt die Firma den Namen ›Reed & Barton‹, unter dem sie berühmt wurde und noch heute arbeitet.

Lit: G. S. Gibb, *The Whitesmiths of Taunton: A History of Reed & Barton 1834-1943*, Cambridge, Mass. 1946.

Reed & Barton →Reed, H. G.

Régence-Stil. Die erste Phase des französischen Rokoko- oder Louis-quinze-Stils. Sie setzte um 1710 ein und endete um 1730, d. h. sie begann früher und dauerte länger als die Regentschaft Philipps von Orléans (1715-23).

J. A. →Watteau war der bedeutendste Künstler der Epoche; aber der Ebenist Ch. →Cressent war es, der in seinen Möbeln den Zeitstil zusammenfaßte: In der Form völlig anti-klassisch und bereits dem Rokoko verpflichtet, bewahrten sie doch noch etwas von der Grandeur und dem Adel des Louis-quatorze. Ihre üppige Prachtentfaltung stand in Einklang mit den reich vergoldeten Innenräumen, die G. M. →Oppenordt für den Regenten im Palais Royal und Vassé im Hôtel de la Vrillière (heute Banque de France) in Paris schuf. Andere für den Stil charakteristische künstlerische Produkte sind die Silbergegenstände von N. →Besnier und das →Saint-Cloud-Porzellan. Um 1730/35 räumte der Stil dem ›Genre pittoresque‹, der eigentlichen, beschwingteren Phase des französischen Rokokos, das Feld, deren Hauptrepräsentanten N. →Pineau und J. A. →Meissonnier waren.

Régence-Stil: Medaillenschrank des Herzogs von Orléans, wahrscheinlich von C. Cressent, um 1725 (Bibliothèque Nationale, Paris)

Régence-Stil: Standuhr (Musée des Arts Décoratifs, Paris)

Regency style. Eine moderne und nicht genaue englische Bezeichnung für den späten →klassizistischen Stil des ersten Drittels des 19. Jhs. in England. Tatsächlich sollte diese Bezeichnung dem Stil vorbehalten sein, der von 1811, als der Prince of Wales Regent wurde, bis 1820, als er als Georg IV. den Thron bestieg (oder 1830, als er starb), herrschte; aber solche Daten sind für die Kunst nicht streng verbindlich. Die Bezeichnung ›Regency‹ liefert gleichwohl ein nützliches Etikett für den Stil, der von den 1790er bis in die frühen viktorianischen 1840er Jahre in England die Vorherrschaft hatte. Die erste Reaktion auf die kostspieligen Verzierungen auf den Möbeln des R. →Adam und auf die etwas nüchterne Eleganz der von G. →Hepplewhite tauchte in den Werken von H. →Holland, C. H. →Tatham und von T. →Sheraton auf; und sie war verbunden mit dem Verlangen nach auf antiken Prototypen beruhenden Möbeln, die nicht lediglich mit antiken Motiven geschmückt sein sollten. Diese archäologisierende Tendenz erreichte ihren Höhepunkt in dem Mobiliar, das Th.

Regency: Entwurf für einen Bücherschrank aus Sheratons ›Encyclopaedia‹, 1805

Pierre-Louis Regnard

Louis Regnard

→Hope für sich selbst zeichnete. G. →Smith trug zur Verbreitung dieser Entwürfe bei, aber er befreite sie auch von viel archäologischer Pedanterie. In seinen Möbeln nähert sich das Regency dem →Empire, mit bezeichnenden Unterschieden allerdings – es fehlen die napoleonischen Embleme und jede Art von Symbolen: Vergoldete Bronzemontierungen sind selten, dafür gibt es häufig Einlegearbeiten aus Messing. Rein klassizistische Stücke, wie die von Hope und Smith, waren die Ausnahme: Der größte Teil der Möbel ahmte die Antike nur nach, mit Säbelbeinen, geschnitzten Akanthusvoluten, eingelegten Palmetten oder Löwenklauenfüßen. Im allgemeinen tendierte man zu größerer Solidität und Schwere. Wie Sir Walter Scott 1828 bemerkte: »Ein gewöhnlicher Stuhl in der gewöhnlichsten aller guten Stuben hat nun etwas von einem antiken Bronzeguß an sich – etwas von griechischer Gediegenheit, vereint mit Eleganz in den Formen. Der von vor zwanzig oder dreißig Jahren war auf vier spitz zulaufende, wacklige Beine gestellt, die aussahen wie vier Tabakspfeifen.« Mahagoni blieb das beliebteste Holz, aber auch Rosen- und Zebraholz, Amboina- und Ahornfurniere wurden viel benutzt, vor allem für kleinere Objekte (z. B. alle Arten von kleinen Tischen), die sowohl in den Häusern der mittleren, als auch in denen der oberen Klassen zunahmen. Figürliche Marketerie kam aus der Mode, und bemalte Möbel waren weniger verbreitet, während die →Lackmalerei ein Wiederaufblühen erlebte. Der bedeutendste Kunsttischler der Epoche war wahrscheinlich Th. →Chippendale d. J., obwohl schönes Mobiliar auch von →Gillows gemacht wurde. Im allgemeinen aber sank das Niveau des Handwerks, und in zunehmendem Maße wurden Möbel fabrikmäßig hergestellt. Der berühmteste Silberschmied in dieser Zeit war P. →Storr, aber neben ihm gab es andere kaum weniger tüchtige, z. B. B. →Smith. Sehr viel Silber war in einem ebenso streng klassischen Stil gefertigt wie das des französischen Empire. Im Jahre 1804 aber begegnen wir einem merkwürdigen Wiederaufleben des Rokokos, das sich um 1810 allgemeiner Beliebtheit erfreute. Die Textilentwürfe entstanden unabhängig von den Moden auf dem Kontinent: Reich geblümte Chintze scheinen die beliebtesten gewesen zu sein (einfache Streifenmuster sind sehr viel seltener). Die Formen des Porzellans waren von klassischer Schlichtheit und Eleganz; aber die gemalten Dekorationen auf den von →Derby, →Spode, →Wedgwood, →Coalport, →Rockingham und anderen Fabriken hergestellten Waren wurden zunehmend reicher und überladener, vornehmlich nach 1820.

Regensburger Seiden. Veraltete Bezeichnung für halbseidene (Seide und Leinen) Gewebe des späten 13. Jhs., von denen man eine Zeitlang irrtümlicherweise annahm, daß sie in Regensburg gewebt worden sind.

Regnard, Louis (gest. 1779) und **Pierre-Louis** (gest. 1771). Zwei französische Rokokosilberschmiede, Onkel und Neffe, die in Paris gearbeitet haben. Louis ließ sein Meisterzeichen 1733 eintragen, Pierre-Louis das seinige 1759. Louis scheint sich 1769 zurückgezogen zu haben. Pierre-Louis führte verschiedene Aufträge zu Ende, die Th. →Germain nach seinem wirtschaftlichen Zusammenbruch unvollendet gelassen hatte. Beispiele ihrer Arbeiten finden sich im Louvre, Paris.

Regulator. Uhr mit einem Quecksilber-Pendel der Art, wie sie der Engländer George Graham (1673-1751), Hersteller wissenschaftlicher Instrumente, erfunden hat: Das in einem Glasbehälter am unteren Ende des Pendels befindliche Quecksilber dehnt sich bei Temperaturan-

Regency: Lackschrank (Privatsammlung)

Reliefstickerei ›David und Bathseba‹, englisch, 1656 (Victoria & Albert Museum, London)

stieg aus und verlagert seinen Schwerpunkt, auf diese Weise die Ausdehnung der Pendelstange kompensierend; dadurch werden Abweichungen in der Zeitmessung auf wenige Sekunden pro Monat reduziert. Diese Uhren haben ein langes, schmales, oft reich verziertes Gehäuse mit einer Glastür vor dem Pendel. *Abb. S. 469.*

Rehn, Erick →Rörstrand

Reichsadlerhumpen →Adlerglas

Reimer, Hans (gest. 1604). In Mecklenburg geborener Goldschmied, der seine Ausbildung in Schwerin erhielt. Er ließ sich 1555 in München nieder, wo er Hofgoldschmied und Medaillenschneider Albrechts V. und Wilhelms V. wurde. In der Schatzkammer der Residenz in München sind zwei von ihm signierte Arbeiten: ein Prunkpokal, besetzt mit 36 großen Saphiren, (1563) und ein mit Edelsteinen verzierter Deckelkrug, der aus Walroßzahn geschnitzte Einlagen zeigt (1572). Verschiedene Werke mit ähnlich feiner Email- und Reliefdekoration in manieristischem Stil sind ihm zugeschrieben worden.

Lit: U. Krempel, in *Münchener Jahrbuch der bildenden Kunst* XVIII (1967), S. 126-31.

Reiner, Johann Joseph →Proskau

Reinicke, Peter (1715-1768). In Danzig geborener Bildhauer, der seit 1743 bis zu seinem Tod als Modelleur an der Porzellanmanufaktur →Meißen unter J.J. →Kändler arbeitete. Er hat verschiedene Porträtbüsten (unter anderen auch von Päpsten), Chinesenfiguren und die →Affenkapelle mitgestaltet. Seine eigenen Schöpfungen haben Türken, Chinesen, Heilige, Figuren der →Commedia dell'Arte (in Anlehnung an J. →Callot) und viele Tiere zum Gegenstand.

Lit: E. Zimmermann, *Meißner Porzellan*, Leipzig 1926; C. Albiker, *Die Meissner Porzellantiere im 18. Jahrhundert*, Berlin 1959; R. Rückert, Ausst. Kat. *Meissner Porzellan 1710-1810*, München 1966.

Reiseuhr. Federangetriebene Uhr mit relativ einfachem Metallgehäuse, die normalerweise in einem dazugehörigen Lederetui geliefert wurde, das sie auf Reisen vor Beschädigungen schützte. Diese Uhren wurden seit dem 16. Jh. hergestellt, aber die meisten auf uns überkommenen Exemplare zählen zu den vorwiegend in England und Frankreich seit Mitte des 19. Jhs. gefertigten sog. *carriage clocks*, die oben und auf den Seiten mit Glaspaneelen versehen sind.

Reiskorn-Dekor. Durchbrochener Porzellandekor, seit dem 12. Jh. in Südostasien, vor allem aber im 18. Jh. in China, besonders bei →Qianlong-Porzellan, angewandt. Der Gefäßkörper hat länglich-ovale Durchbrüche, in der Form von Reiskörnern, die von der das ganze Gefäß überziehenden, durchscheinenden Glasur gefüllt und geschlossen werden, so daß die früheren Öffnungen noch schwach

Reliquiar, Silber, teilvergoldet, von Oswald Ueberlinger, 1450 (Landesmuseum, Zürich)

durchscheinend erkennbar sind. *Siehe auch* Gomrunware.

Reliefdekor, aufgelegter. Dekorationstechnik auf Keramik des 18. Jhs. mit aufgelegten reliefierten Blumen, Blattwerk usw. Die Reliefs wurden in Hohlformen ausgedrückt und mit →Schlicker auf das Gefäß appliziert. Es gibt frühe Beispiele von J. →Astbury und Th. →Whieldon und in salzglasiertem Steinzeug von →Staffordshire; ein ähnliches Verfahren wurde beim →Rheinischen Steinzeug angewendet.

Reliefstickerei. Eine Nadelarbeit, bei der sich alle oder fast alle Darstellungsmotive vom wollenen oder baumwollenen Grundgewebe reliefartig abheben.

Reliquiar. Behälter zum Aufbewahren einer oder mehrerer Reliquien von Heiligen; gewöhnlich aus edlen Metallen gefertigt und mit sehr reichem Goldschmiedewerk und anderem Schmuck versehen. Wird die Reliquie zur Schau gestellt, geschieht dies in einem gläsernen Reliquiar, Ostensorium genannt. *Siehe auch Abb. S. 246, 525, 628.*

Lit: E. G. Grimme, *Form und Bedeutung des Reliquiars von 800 bis 1500*, Köln 1972.

Rémond, Félix (geb. 1779). Erfolgreichster Möbelkünstler der →Restaurations-Zeit, der wahrscheinlich von J.-H. →Riesener ausgebildet wurde. Seine erste bekannte Arbeit ist ein 1806 entstandenes →Nécessaire für die Kaiserin Josephine. Die Herzogin von Angoulême, die Herzogin von Berry und Mitglieder des Hauses Bourbon förderten ihn. Er war später der Geschäftspartner seiner Schwiegermutter, *Madame Morillon*, deren Tod (um 1833) und der Fall des Hauses Bourbon auch das Ende seiner glanzvollen Laufbahn besiegelten. Einige seiner Arbeiten befinden sich im Grand Trianon, Versailles, und im Musée des Arts Décoratifs, Paris.

Lit: D. Ledoux-Lebard, *Les ébénistes parisiens (1795-1870)*, Paris 1965.

Renaissance. Die Wiedergeburt antik-römischer Idealvorstellungen, unter deren Einfluß im 14. Jh. italienische Literatur und Malerei zu einer Wandlung ansetzten. In der Bildhauerei begannen diese Veränderungen um 1400, in der Baukunst von etwa 1420 an. Sie nahmen ihren Anfang in Florenz, breiteten sich nach und nach über Europa aus und verdrängten die Gotik. Da die Kenntnis der römischen Kunst fast ausschließlich auf Architektur und Bildhauerei beschränkt war, übernahm man die Dekorationsmotive hauptsächlich von den →Säulenordnungen und von römischen Sarkophagen, so →Akanthusblätter, →Trophäen, Rüstungen, →Urnen, →Sphingen, →Greife und andere Wesen aus der Mythologie, sowie vor allem Putten. Gleichzeitig führte ein neuer Glaube an die Würde des Menschen und ein neues Interesse an der sichtbaren Welt zu größerem Naturalismus in Malerei und Bildhauerei. Silberschmiede und Emailmaler standen noch auf einer Stufe mit Malern und Bildhauern. (Erst im 16. Jh. begannen sie, diese Stellung zu verlieren.) Führende Künstler schufen sowohl am Anfang ihrer Laufbahn als auch in späteren Jahren Werke der Kleinkunst: Brunelleschi war Silberschmied, Bildhauer und Baumeister zugleich, A. del →Pollaiuolo Silberschmied und Entwurfszeichner für Stickereien, Francia Goldschmied und Maler, und L. della →Robbia arbeitete ebenso in zinnglasierter Irdenware als auch in Marmor. Erst im Laufe des 16. Jhs. begann sich allmählich eine Kluft aufzutun zwischen Künstler und Kunsthandwerker. Bezeichnend ist, daß anscheinend keiner von den bedeutenden Majolikamalern (→Andreoli, →Avelli, →Fattorini, →Pellipario) sich je in irgendeiner anderen Kunstgattung betätigt hat, obwohl fast alle ihre Kom-

Renaissance: Reliquienkasten, Holz und Gips, bemalt und vergoldet, florentinisch, 14. Jh. (S. Martino a Mensola, Florenz)

Renaissance: Schrank mit Intarsiatafeln (Ausschnitt vom Feld links oben), vielleicht von Giovanni da Verona, um 1502 (Monte Oliveto, Siena)

positionen auf Stiche nach den Werken der führenden Maler der Zeit zurückgehen. Das gleiche gilt für →Niello-Meister (M. di →Finiguerra) und Elfenbeinschnitzer (B. degli →Embriachi).Die bekannten Maler freilich dekorierten Möbel, gewöhnlich die Kopfenden von Betten oder →Cassoni, mit Darstellungen religiöser oder mythologischer Szenen. Das geschnitzte Holzwerk solcher Möbel hatte meist architektonischen Charakter. Aber der größte Teil des Mobiliars italienischer Renaissancehäuser würde uns heute in seiner Konstruktion höchst einfach anmuten: Es waren meist Bänke und Tischgestelle, die bei besonderen Gelegenheiten mit reichen Stoffen bedeckt wurden. Die Metallarbeiten waren von der Skulptur oder Baukunst inspiriert, wie Schreibzeuge und Kaminböcke mit eingepaßten Statuetten, oder Laternen in Form von Renaissance-Tempeln, z. B. von N. →Grosso. Möbel- und Kleiderstoffe werden der Renaissance mehr infolge des Fehlens gotischer als der Verwendung klassischer Motive zugeordnet. Toskanische (→lucchesische oder florentinische) gemusterte Seiden waren jedoch von zeitgenössischen Malern beeinflußt. →Raffael lieferte die Kartons für Bildteppiche, die in →Brüssel gewebt wurden, und trug damit zur Einführung des Renaissance-Stils in Nordeuropa bei.

Renaissance: Detail des Silberkruzifixes von Pollaiuolo, bestimmt für das Florentiner Baptisterium, 1457-59 (Museo dell'Opera di S. Maria del Fiore, Florenz)

Renaissance: Ornamententwurf von Peter Flötner, 1533

Die Verbreitung dieses Stils innerhalb des Kunsthandwerks wurde hauptsächlich durch Stiche bewirkt. Da sie meist Ornamentstiche waren, beeinflußten sie nicht die Form, sondern die Oberflächendekoration, die zu verschwenderischer Fülle neigte, z. B. →Pastiglia, und zuweilen auf Möbel und Silber von gotischer Form angebracht wurde. Die schönsten deutschen Renaissanceentwürfe waren die für Silber. Sie wurden von führenden deutschen Malern gezeichnet, von →Dürer, →Altdorfer und →Holbein. Nürnberg wurde zum Hauptzentrum der deutschen Silberschmiedekunst, in dem M. →Zündt, V. →Solis, P. →Flötner, Ieronimus Hopf(f)er (tätig 1528-36) u. a. ihre Stichwerke veröffentlichten. Ein Stecher aus Fulda, H. →Brosamer, gab ein Buch mit Silberentwürfen heraus, das einen weitreichenden Einfluß hatte. Das im 16. Jh. in Nürnberg hergestellte Glas imitierte venezianische Vorbilder; und die dort geschaffenen Bronzen haben den der Renaissance eigenen Adel. In auffallendem Gegensatz dazu stehen die zeitgenössischen Töpferwaren des P. →Preuning u. a., die von der Renaissance kaum berührt scheinen. In Frankreich war A. →Sigalon ein fähiger Imitator der italienischen Renaissance-Majolika. Aber der französische Renaissance-Stil wandelte sich sehr bald zum Manierismus. In Spanien wurden die Renaissance-Motive vom frühen 16. Jh. an verwendet, aber meist in gotischer Fülle: Der überragende spanische Kunsthandwerker der Epoche war der Silberschmied J. →Arfe. Holbein führte die Renaissance in England ein; und im ganzen 16. Jh. holten sich die englischen Kunsthandwerker ihre Anregungen häufiger aus Deutschland und den Niederlanden als unmittelbar aus Italien.

Renaissance: Majolikateller, Castel Durante, frühes 16. Jh. (Musée de Cluny, Paris)

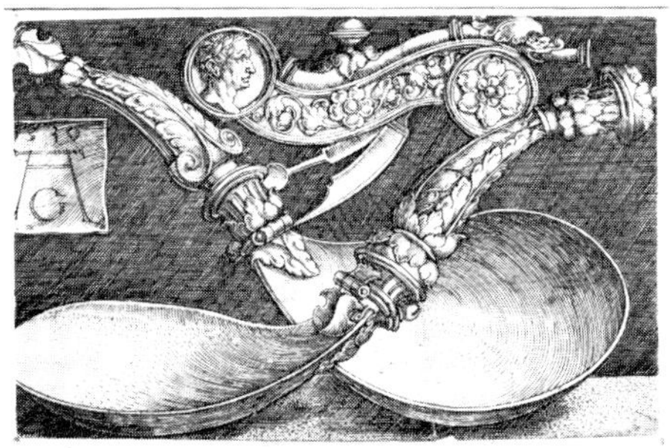

Renaissance: Entwurf für Löffel, von H. Aldegrever, 1539

Rendsburg. Fayencefabrik in Holstein, 1764/65 von einem Apotheker und Kaufmann gegründet. Sie produzierte ein umfassendes Angebot (enthalten in einem Preisverzeichnis von 1768) von Kerzenleuchtern und Schnupftabaksdosen bis zu →Bischofsbowlen und Terrinen in Form von Tieren und Vögeln. Die wenigen Stücke, die nachgewiesen werden konnten, sind mit →Scharffeuerfarben in Blau oder, seltener, polychrom mit →Chinoiserien bemalt. 1772 wurde die Herstellung von Fayencen zu Gunsten von Steingut aufgegeben. Die Fabrik ging 1784 in Konkurs. Unter neuer Leitung arbeitete sie erfolgreicher; mit Nachahmungen

Renaissance: Elfenbeinkamm, italienisch, 15.-16. Jh. (Museo Nazionale del Bargello, Florenz)

von →Wedgwood, darunter schwarze Basaltware und rotes Steinzeug, bestand sie bis 1818.

Lit: K. Hüseler, *Geschichte der Schleswig-Holsteinischen Fayence-Manufakturen im 18. Jahrhundert*, Breslau 1929; A. Klein, *Deutsche Fayencen*, Braunschweig 1975

Rennes. Die bekanntesten Töpfereien der Bretagne befinden sich in Rennes. Eine von Italienern betriebene Fayencefabrik, die Fliesen hergestellt hat, soll im 17. Jh. in Rennes existiert haben. Bedeutender sind aber zwei Fabriken des 18. Jhs. Die eine wurde von dem Florentiner *Forasassi* 1748 gegründet, sie hat wiederholt ihren Eigentümer gewechselt. Das bekannteste Stück aus ihrer Produktion ist ein großes Tintenzeug (Musée National de Céramique, Sèvres), blau bemalt mit chinesischen Blumen und Landschaften und signiert von *J. B. A. Bourgouin*, 1763, der seit 1756 an der Manufaktur arbeitete und 1775 ihre Leitung übernahm. Die andere Fabrik, in der rue Huë, arbeitete von 1749 bis 1774 oder später. Sie dekorierte ihre Erzeugnisse polychrom im Stil von →Straßburg. Die Fabrik, die *Jean Vaumont* 1820 gegründet hatte, wurde von seinen Nachkommen bis 1878 betrieben. Eine Fabrikmarke wurde nicht benutzt, aber Stücke mit Inschriften sind bekannt.

Lit: H. P. Fourest u. J. Giacomotti, *L'oeuvre des faïenciers français du XVIe à la fin du XVIIIe siècle*, Paris 1966.

Reserve. Der Teil eines Musters wird als ›reserviert‹ oder ›in Reserve‹ bezeichnet, der z. B. beim Färben von Textilien ungefärbt gelassen wurde (→Batik, →Farbstoffe). Der Ausdruck wird ebenso bei Keramik verwandt, *siehe* Fondporzellan.

Restaurations-Stil. Der französische Stil, der von der Wiedereinsetzung der Bourbonen, 1815, bis zur Julirevolution, 1830, herrschte.

Restauration: Sekretär (Musée Carnavalet, Paris)

Er brachte aber weder eine jähe Abwendung vom Stil des →Empire mit sich, noch wurden den Entwurfszeichnern und Handwerkern, die für Napoleon und seine Familie gearbeitet hatten, z. B. →Fontaine, →Jacob-Desmalter, →Odiot und →Rémond, öffentliche Aufträge entzogen. Der pseudo-antike Empire-Stil lebte weiter, wurde aber langsam schwerfälliger und gröber, etwa in den Möbeln →Lemarchands. Die Beliebtheit des →Troubadour-Stils, der sich nun durchgesetzt hatte, schien noch zu wachsen, und eine Anzahl von Kunsthandwerkern, vor allem →Bellangé und →Cahier, schufen sowohl in ihm wie im klassizistischen Empire. Napoleonische Embleme wurden natürlich vermieden: Die charakteristischen Ornamentmotive waren damals Schwäne, Lyren, Blumen und dicke Akanthusvoluten. Besondere Bourbonen-Symbole waren selten, nur

Restauration: Stuhl (Musée des Arts Décoratifs, Paris)

Restauration: Tapeten von Dufour und Leroy, 1820-25 (Musée des Arts Décoratifs, Paris)

Restoration style: Silberspiegel aus der ›Calverley-Toilettengarnitur‹, London 1683 (Victoria & Albert Museum, London)

Restoration style: Silbervase aus der ›Ashburnham-Garnitur‹, London 1675 (Victoria & Albert Museum, London)

→Jacquemart und Bénard stellten eine Tapete mit dem Emblem des Ordens vom Hl. Geist her. Ganz allgemein wurden die Farben leuchtender und greller, sowohl in den Teppichentwürfen von →Saint-Ange, den reich vergoldeten und dick bemalten Vasen und Geschirren der →Sèvres Porzellanfabrik als auch in den von →Dugourc und →Zuber ausgeführten →Bildtapeten. Die bemerkenswerteste Entwicklung im Silber war ein starkes Anwachsen des englischen Einflusses. Im Mobiliar machte sich als einzig ausgeprägter Stil der sogen. ›style duchesse de Berry‹ bemerkbar, für den die Verwendung hellfarbener Hölzer, wie Vogelaugenahorn mit fein eingelegten Arabesken aus dunklen Hölzern charakteristisch ist.

Restoration style. Die englische Bezeichnung für den Stil, der nach der Wiedereinsetzung Charles' II., 1660, aufkam, die für die Geschichte des englischen Lebens, der Sitten und ebenso des Kunsthandwerks einen Bruch bedeutete. Wie John Evelyn bemerkte, »führte er eine Verfeinerung des Lebensstils ein, die zu einer verschwenderischen und unerträglichen Prachtentfaltung wurde«. Das ging zum Teil auf die Royalisten zurück, die im Exil kontinentales Gebaren und fremde Sitten angenommen hatten. Aber diese neuen Moden wären vielleicht auf die höfischen Kreise beschränkt geblieben, hätte nicht 1666 ein Feuer in London zehntausende von Häusern mitsamt ihrem Mobiliar an massiven Eichentischen und Geschirrschränken, an unbequemen geschreinerten Schemeln und Bänken zerstört. Viele er-

rechtes Bild: Restoration style: Schlafstuhl mit verstellbarer Rückenlehne (Victoria & Albert Museum, London)

Restoration style: Lackkabinett auf Untergestell (Privatsammlung)

setzten ihre Verluste durch Möbel der neuesten Bauart, die leichter und eleganter und statt aus massiver Eiche mit Walnußholz furniert waren – und verhalfen ihnen zu einer allgemeinen Beliebtheit, die sich schnell über London hinaus in der Provinz ausbreitete. Der Haupteinfluß kam aus Holland: Von dort übernahm man Blumenmarketerie, Kommoden sowie Kabinettschränke auf gewundenen Beinen, Stühle mit Rohrgeflechtsitzen, Silber, das mit erhabenen Blumengirlanden (oder seltener, im →Ohrmuschelstil) geschmückt war, und zinnglasierte Irdenware, der aus →Delft ähnlich. Bis zur Zeit →Williams und Marrys (1688) war der französische Einfluß sehr gering, obwohl die weitverbreitete Orientmanie, die nun aufkam, möglicherweise von Frankreich ausgegangen war. Die englische Ostindien-Kompanie importierte in zunehmendem Maße indischen →Chintz und Pintados (gemalte und bedruckte Kaliko-Stoffe aus Indien), japanische →Lackarbeiten und chinesisches Porzellan. Die englischen Kunsthandwerker befriedigten das neue Verlangen nach Exotischem, indem sie →Chinoiserie-Szenen auf Silber gravierten und die Kunst der →Lackmalerei zu meistern lernten (das erste englische Handbuch der Lackmalerei wurde im Jahre der Flucht James' II. von →Stalker und Parker veröffentlicht). Die Einführung so exotischer Getränke wie Tee, Schokolade und Kaffee erforderte neue Typen von Gefäßen aus Fayence und Silber. Gleichzeitig machten neue Umgangsformen die Gabel zu einem wesentlichen Bestandteil des Tischbestecks. Die Entwicklung der englischen Glasherstellung durch G. →Ravenscroft trug dazu bei, silberne Weinpokale und Becher vom Tisch zu verdrängen, während silberne Kannen für Bier beibehalten wurden; und der allgemeine Wohlstand nahm solche Ausmaße an, daß Silbergefäße selbst in Schenken verwendet wurden. Das Bedürfnis nach Glanz und höfischer Pracht fand seinen Niederschlag in ganz mit Silber überzogenen Möbeln (heute noch in Knole und Schloß Windsor), in vielteiligen silbernen Toilettengarnituren und der in diesem Ausmaß noch nie erfolgten Vergoldung von Hölzern, besonders der üppig geschnitzten barocken Basen für Lackkabinettschränke. Aufwendige Lindenholzschnitzereien mit Früchten und Blumen von. G. →Gibbons u. a. tauchten auf Wänden und Bilderrahmen auf. Ein weiterer Anflug von Reichtum wurde den Innenräumen der Restoration durch die Wandbehänge und Polsterungen von →Mortlake und die mit →Plattstichstickereien geschmückten Bettbehänge hinzugefügt. Dem Bedürfnis nach größerem Komfort kamen die Ohrensessel, das sogen. Tagesbett und die →Chaiselongue entgegen. Aber viel provinziellem und billigem Mobiliar wurden natürlich die überlieferten Vorbilder zugrunde gelegt, die sich seit dem 16. Jh. kaum gewandelt hatten. Und die großen Schlickerschüsseln des Th. →Toft, die mit reizvollen Zeichnungen voll lebendiger bäuerlicher Naivität geschmückt waren, sind von fremdem und höfischem Einfluß ebenso unberührt geblieben wie die Landjunker, die James II. ins Exil getrieben und 1688 William und Marry willkommen geheißen haben.

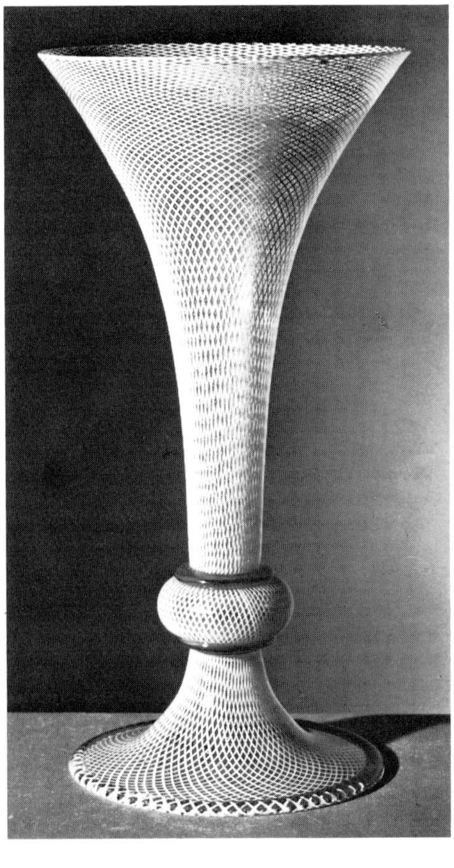

Reticello-Weinglas, venezianisch, 16. Jh. (Victoria & Albert Museum, London)

Retabel. Altaraufsatz, der als Rückwand des Altartisches mit diesem fest verbunden ist oder auf eigenem Sockel steht und mit Gemälden und Skulpturen geschmückt ist. In der Gotik wurde es zum Flügelaltar erweitert und auf eine Predella gestellt, einen Untersatz von etwa einem Drittel der Schreinhöhe, um die Flügel bewegen zu können, ohne den Altartisch abräumen zu müssen. Seit dem 16. Jh. setzte sich die feste Form wieder durch, wobei auf Flügel verzichtet wurde.

Reticella. Eine dekorative Handarbeit, wie →Durchbrucharbeit und →Hohlsaum in Leinenstoff, bei dem Kett- und Schußfäden ausgezogen und dadurch offene Felder geschaffen werden, in die ein Muster in freier Nadelarbeit eingearbeitet wird. Der Effekt ist ähnlich dem der →Spitze, deren Vorstufe sie ist, wenn auch mit geometrischem Muster.

Reticelloglas. Glas, das unter der Oberfläche mit einem spitzenartigen Netz opaker weißer Emailglasfäden verziert ist. Erstmals im frühen 16. Jh. in Murano gemacht, und seit dieser Zeit sehr beliebt.

Reutlingen, Hans von →Hans von Reutlingen

Reval. Eine kurzlebige, 1775 von *Karl Christian Fick*, Apotheker in Stralsund, gegründete estnische Fayencefabrik, die bei seinem Tod

1792 den Betrieb einstellte. Sie produzierte Eßservice, Vasen mit plastischem Dekor und Figuren, meist im Rokokostil. Diese sind mit →Emailfarben in einem kräftigen bläulichen oder gelblichen Grün und einem vorherrschenden bräunlichen Gelb bemalt. Unter den Figuren befinden sich einige gelungene Tiere. Mehrere Stücke sind mit naturalistischen Blumen von *Hermann G. Paul* bemalt.

Lit: E. Hannover, *Pottery and Porcelain*, London 1925; K. Strauss in *Cahiers de la céramique* 40 (1968), S. 262-69; A. Klein, *Deutsche Fayencen*, Braunschweig 1975; ders., *Fayencen aus Europa*, Braunschweig 1980.

P. Revere: silberne Teekanne, 1792/93 (Minneapolis Institute of Arts)

Réveillon, Jean Baptiste (gest. 1811). Führender Pariser Tapetenfabrikant zur Zeit Ludwigs XVI. Er begann um 1752 als Einzelhändler für französische und englische Tapeten. 1765 gründete er eine Fabrik im Faubourg Saint-Antoine und erwarb 1770 eine Papierfabrik in Courtalin-en-Brie. Er beschäftigte bedeutende Musterzeichner wie F. B. →Fay, J. B. →Huet, Lavallé-Poussin und spezialisierte sich auf klassizistische Tapeten, die eine billige Alternative zu den gemalten Dekorationen im sogenannten →Etruskischen Stil bildeten. Kurz vor 1790 stellte er einige sehr reizende Nachbildungen römischer Wandmalereien her. Ebenso brachte er Tapeten mit attraktiven Blumenmustern und Chinoiserien im Stil von Jean B. →Pillement heraus. Seit 1784 war seine Fabrik ›Hofmanufaktur‹. 1789 wurde sie von dem revolutionären Pöbel niedergebrannt; Réveillon zog nach England und stellte was ihm von seinem Geschäft geblieben war →Jacquemart und Bénard zur Verfügung.

Lit: H. Clouzot u. C. Follot, *Histoire du papier peint en France*, Paris 1935; *Trois siècles de papiers peints*, Ausst. Kat., Musée des Arts Décoratifs, Paris 1967.

Reval

Revel, Jean (1684-1751). Seit 1730 in Lyon führender französischer Musterzeichner für Seidenstoffe, maßgeblich für die Geschmacksrichtung der figurativen Seiden, die dann in ganz Europa bis zum späten 19. Jh. Mode waren. In Lyon geboren, begann er als Maler und nutzte für seine Seiden eine neue technische Entwicklung aus, die ›points rentrés‹ (zwischen benachbarten Farben ineinandergreifende verwischte Farbpartien), wodurch es ihm möglich wurde, den flachen Mustern realistische Schattierungen zu geben (sogar den Effekt der Beleuchtung von einer Seite zu erzielen) und damit eine Art von Augentäuschung zu erzeugen. Weit entfernt von botanisch getreuer Wiedergabe, sind seine saftigen Früchte und die dickblättrigen Blumen, die nach seinen Entwürfen in Seide gewebt wurden, so naturalistisch bildhaft wie jedes zeitgenössische gemalte Stilleben. Seine Seiden wurden hauptsächlich, wenn auch nicht ausschließlich, als Kleiderstoffe verwendet. Später im 19. Jh. wurde diese Technik vor allem von Ph. de →Lasalle auf Möbelstoffe übertragen.

Lit: P. Thornton, *Baroque & Rococo Silks*, London 1965.

Revere, Paul (1734-1818). Amerikanischer Silberschmied; er wurde berühmt durch die romantische Rolle, die er im Unabhängigkeitskrieg gespielt hatte und in der der Dichter Longfellow ihn unsterblich machte. Sein Silber machte einen Wandel durch vom schlichten frühen Georgian style vor dem Unabhängigkeitskrieg zu den neuesten englischen Formen danach. Das Templeman Teegerät von 1792/93 (Minneapolis Institute of Arts) ist dafür ein gutes Beispiel.

Lit: E. Forbes, *Paul Revere & the World he Lived in*, Boston, Mass 1942; H. J. Gourley, *The New England Silversmith*, Ausst. Kat. Providence, Rhode Island 1965.

Réverend, Claude und François. Erfolgreiche Kaufleute in Paris. Claude hatte in Delft gelebt und erwarb 1664 das ausschließliche Recht für die Herstellung von Fayence und Porzellan in und um Paris. 1666 überließ er seinem Bruder François seine Rechte. Dieser gründete eine Fabrik in →Saint-Cloud und belieferte zu Beginn der 1670er Jahre Versailles mit Fliesen und Vasen. 1674 übernahm Pierre Chicaneau die Fabrik. Die Erzeugnisse der Firma Réverend konnten nicht mit Sicherheit identifiziert werden.

Lit: G. Le Duc im Ausst. Kat. *Faïences françaises XVIe–XVIIIe siècle*, Paris 1980.

Rewend, Christian Friedrich →Potsdam

Reymond, Pierre (um 1513-84). Überragender Meister des →Limosiner Maleremails, der L.

P. Reymond: Maleremailscheibe, um 1560 (Musée P. Dupuy, Toulouse)

→Limousin an Können kaum nachstand und zu seiner Lebenszeit nicht weniger berühmt war. Er leitete eine große Werkstatt, und darum sind die Objekte, die seine Initialen tragen, von etwas wechselnder Qualität. Anders als Limousin, führte er nur wenige Emailgemälde aus. Seine Spezilität waren Kästen, Gefäße, Pokale, Salzfässer, Prunkkannen, Teller usw., die mit mythologischen Szenen in Grisaille und Fleischtönen auf dunkelblauem Grund bemalt waren. Vier weitere Mitglieder der Familie Reymond sind durch signierte Emails bekannt: *Martial I, Martial II, Jean* und *Joseph*.

Lit: W. Burger, *Abendländische Schmelzarbeiten*, Berlin 1930; P. Verdier, *The Walters Art Gallery: Catalogue of the Painted Enamels of the Renaissance*, Baltimore 1967.

Rheinische Glashütten-AG. Sie wurde 1865 in Köln-Ehrenfeld gegründet. Unter der Leitung von Oskar Rauter war sie zwischen 1881 und 1895 der führende Hersteller von Luxusglas in Deutschland.

Rheinische Töpfereien →Köln; →Raeren; →Siegburg

Rheinsberg-Töpferei. Seit 1762 in Betrieb, jedoch bis 1770 ohne viel Erfolg, als sie von *Karl Friedrich Lüdicke* (gest. 1797) aufgekauft wurde, der 1756 eine der nahegelegenen →Berliner Töpfereien gegründet hatte. Die frühen Erzeugnisse sind polychrom und ähneln denen von →Erfurt. 1786 begann man mit der Herstellung von cremefarbenem und anderem Steingut im englischen Stil, das bald zum Hauptprodukt, später, nach 1800, zum einzigen Produkt dieser Töpferei werden sollte. Waren aus der Zeit von Lüdicke sind durch die Buchstaben ›R. L.‹ im Monogramm gekennzeichnet. Bis 1866 wurde die Manufaktur noch durch dessen Familie geführt.

Rhodos-Ware. Irrige Bezeichnung für Töpferwaren aus →Iznik.

Rhyton. Ein Trinkgefäß aus Ton, Stein oder Metall (vornehmlich assyrischer, minoischer oder griechischer Herkunft) in Trompeten- oder Hornform, oft tiersymbolisch gestaltet (z. B. ganz oder teilweise als Stierkopf).

Ribbon back, engl. Ein Schnitzornament, das verschlungene und zu Schleifen gebundene

Ribbon back: englischer Mahagoni-Stuhl, um 1760 (Victoria & Albert Museum, London)

Bänder darstellt; kommt häufig als Motiv in der Rückenlehne von →Chippendale-Stühlen vor.

Riccio, Andrea Briosco, gen. (gest. 1532). Der berühmteste Kleinbronzen-Künstler der Renaissance. Geboren und tätig in Padua, machte er zuerst eine Goldschmiedelehre durch und arbeitete dann als Bildhauer unter Bartolommeo Bellano (gest. 1496/7). Sein Hauptwerk ist der große Osterleuchter im ›Santo‹ in Padua (1507-15) mit einer ungewöhnlichen Mischung heidnischer und christlicher Figuren und Reliefs. Obwohl Riccio noch verschiedene andere kirchliche Werke ausgeführt hat, gründet sich sein Ruf auf die Bronzestatuetten von Satyrn, Sphingen und bukolischer Themen (z. B. eines nackten Schäfers, der eine Ziege melkt; Museo Nazionale di Bargello, Florenz), die als Tintenfässer, Kaminböcke und Kerzenleuchter für den häuslichen Gebrauch bestimmt waren oder einfach als dekorative Statuetten dienten. Einige von ihnen gehören zu den schönsten und rührendsten Evokationen der antiken Welt, die die Renaissance hervorgebracht hat. Das lüstern Triebhafte in Haltung und Mienen der Satyrn reflektiert aufs vollkommenste des Renaissancemenschen Sehnsucht nach heidnischer Sinnenfreude. Die Qualität der Ausführung wird nur noch durch die Bronzen von Antico erreicht. Riccios Kleinbronzen sind vielfach von zeitgenössischen und späteren Bronzekünstlern kopiert worden, vor allem in Padua und Venedig.

Lit: L. Planiscig, *Andrea Riccio*, Wien 1927; J. Pope-Hennessy, *Italian Renaissance Sculpture*, London 1958.

Riccò, Antonio →Rom, Töpfereien u. Porzellanfabriken

Richard-Ginori →Doccia

Richardson, Benjamin →Stourbridge

Richardson, George →Wrotham

Richenbach, Johann (gest. 1486). Der bekannteste deutsche Buchbinder der spätgotischen Zeit (seit 1463 Kaplan in Geislingen). Er

Rhyton, Silber, 5. Jh. v. Chr. (Museo Civico, Triest)

schmückte seine Einbände außer mit den üblichen Stempeln und Rollen auch mit Inschriften, die mit Einzelstempeln hergestellt wurden (mit seinem Namen und dem Namen des Auftraggebers).

Lit: E. Kyriss, *Verzierte gotische Einbände im alten deutschen Sprachgebiet*, 4 Bde., Stuttgart 1951-1958.

Ricketts glasshouse. Zwei Glashütten in Bristol, die zum Teil oder ganz im Besitz der Familie Ricketts waren. Das *Phoenix glasshouse*, das im späten 18. Jh. hochwertiges geschliffenes Glas herstellte, gehörte mehreren Partnern, darunter *Jacob Wilcox Ricketts* und seinem Bruder *Richard*. Jacob und sein Sohn *Henry* erwarben im Jahr 1811 eine Glashütte, die als *Soapboilers' Glasshouse* bekannt ist und Flaschen herstellte. Die beiden Unternehmen wurden unter dem Namen *Henry Ricketts and Co.* zusammengeschlossen und arbeiteten bis 1923.

Ridgway, Job (1759-1813). Englischer Töpfer, Sohn von *Ralph Ridgway*, Eigentümer einer Töpferei in Chell bei Burslem; begann seine Tätigkeit in →Swansea und arbeitete anschließend in →Leeds. Mit seinem Bruder *George* (um 1758-1823) eröffnete er 1794 eine Werkstatt in Hanley, die er 1802 nach Cauldon Place, Shelton, verlegte. Er produzierte →Stone china und auch Porzellan. Nach seinem Tod wurde das Unternehmen von seinen Söhnen *John* (1786-1860) und *William* (1787 bis um 1865) weiterbetrieben. Das von ihm hergestellte ›Stone china‹, bekannt unter dem Namen *Cauldon ware*, war sehr beliebt und wurde in großem Umfange nach den Vereinigten Staaten ausgeführt; einige Muster wurden ausschließlich für diesen Zweck entworfen. 1830 machte sich William in Bell Bank selbständig, wo er eine ähnliche Produktion entfaltete. In beiden Fabriken wurde sowohl polychrom als auch blauweiß gemalt. Die Fabrik in Cauldon fertigte üppig vergoldetes Tafelporzellan und Gartenbrunnen. Das Unternehmen wurde später von der →Coalport China Company übernommen.

Lit: G.A. Godden, *Ridgway Porcelains*, London 1972.

Rie, Lucie (geb. 1902). Bekannte Kunsttöpferin, in Österreich geboren und an der Kunstgewerbeschule Wien ausgebildet. Kurz vor 1939 ging sie nach England und wurde stark von B. →Leach beeinflußt. Sie machte sehr einfach geformte und dekorierte Vasen und Gebrauchswaren in Steinzeug und ein gefälliges, dünnes, cremefarbenes rauhglasiertes Porzellan – alles von entschieden femininem Geschmack –. 1946-58 teilte sie ihr Atelier mit H. →Coper.

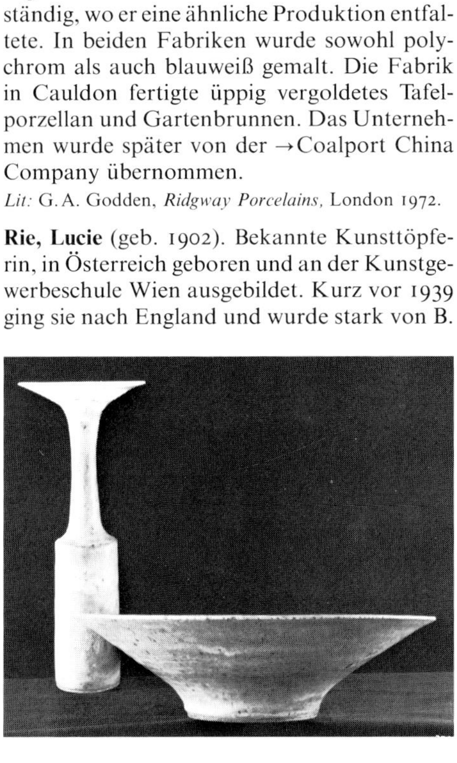

L. Rie: Schale und Flaschenvase, Steinzeug, 1967 (Victoria & Albert Museum, London)

Lit. M. Rose, *Artist Potters in England*, London 1955.

Riedel, Gottlieb Friedrich (1724-84). Porzellanmaler, Ornamentzeichner und Stecher. Geboren in Dresden und hier unter J.C. Fiedler und Louis de Silvestre, Direktor der Akademie, ausgebildet. Seit 1743 wirkte er als Maler an der Porzellanmanufaktur →Meißen. Nach einem Besuch von Paris im Jahre 1757 wurde er Vorsteher der Malerstube in →Frankenthal. Vermutlich gehen auf ihn die reichen Entwürfe zum Beispiel für Uhrgehäuse, Schreibzeuge und Tafelaufsätze zurück. Er malte auch in →Emailfarben auf Kupfer. Nach zwei Jahren verließ er Frankenthal und war von 1759 bis 1779 Vorsteher der Malerstube an der Porzellanmanufaktur →Ludwigsburg. Hier hat er wahrscheinlich die Zeichnungen von Vasen und Tafelservicen mit hervorragendem Reliefdekor im Rokokostil, ähnlich den Erzeugnissen von Frankenthal, entworfen; auch dürften die Modelle von Rokokofiguren während der ersten Jahre seiner Tätigkeit in Ludwigsburg von seinen Vorstellungen beeinflußt gewesen sein. Er war wohl für den allmählichen Übergang der Manufaktur zum klassizistischen Stil der späten 1760er Jahre verantwortlich. Seine Stichvorlagen, die er seit 1776 veröffentlicht hat, sind ganz in diesem Sinne gestaltet, z.B. die ›Sammlung von Feder-Vieh, besonders Hausgeflügel‹ (1776), Trophäen nach →Delafosse (1779) usw. Diese Zeichnungen dienten gelegentlich auch als Vorlagen für die Porzellanmalerei. 1779 ließ er sich in Augsburg nieder, wo er vorwiegend als Stecher arbeitete.

Lit: H. Christ, *Ludwigsburger Porzellanfiguren*, Berlin 1921.

Riedl, Josef →Harrach'sche Glashütte

Riemerschmid, Richard (1868-1957). Architekt, Maler und – neben Peter →Behrens und Bruno →Paul – einer der ersten Entwurfszeichner für die industrielle Massenproduktion in Deutschland. Er gehörte mit zu den Begründern der Münchener ›Vereinigten Werkstätten für Kunst im Handwerk‹, 1897, und entwarf Möbel, Bestecke, Glas, Keramik, elektrische Beleuchtungskörper usw., zuerst in einem sehr eigenwilligen und vereinfachten Jugendstil, jedoch ohne jedes naturalistische Ornament, und später in rein funktionellen, von H. van de →Velde inspirierten Formen. Ein von ihm 1899 entworfener Stuhl wird noch heute in den Vereinigten Staaten produziert (ein Exemplar befindet sich im Museum of Modern Art, New York). 1905 zeichnete er eine Möbelgarnitur für die maschinelle Herstellung, die von den →Deutschen Werkstätten in Hellerau bei Dresden ausgeführt wurde und die den ›Typenmöbeln‹ Bruno Pauls kurz vorausging. 1913-24 war er Direktor der Münchener Kunstge-

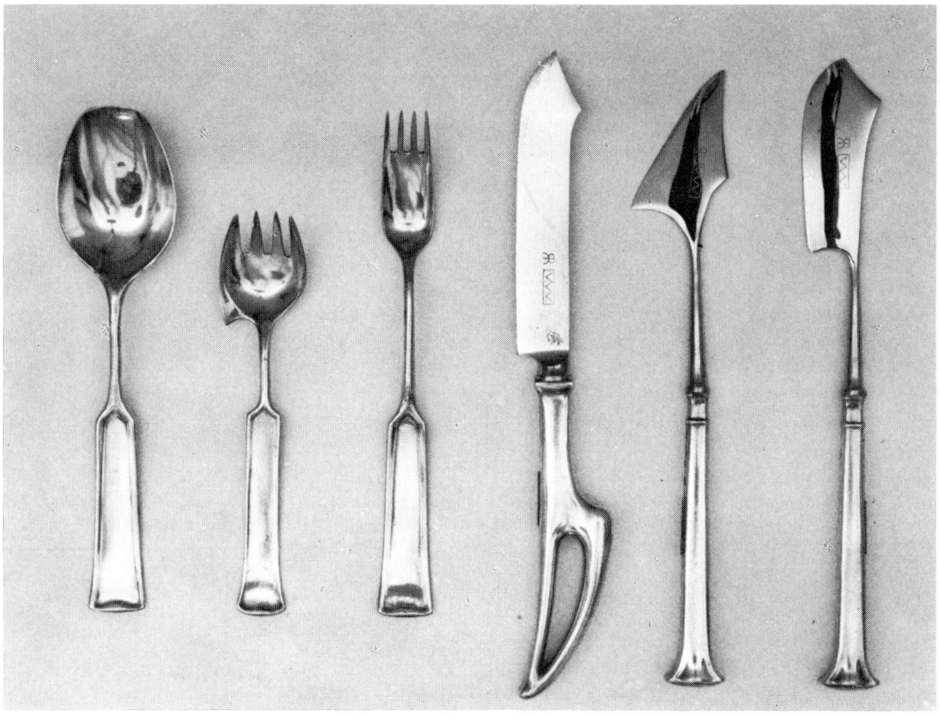

R. Riemerschmid: Silberbesteck, 1900 (Württembergisches Landesmuseum, Stuttgart)

werbeschule, von 1926 an leitete er die Werkschulen in Köln.

Lit: H. Thiersch ›in Memoriam Richard Riemerschmid‹ in *Baukunst und Werkreform* x (1957); *München 1869-1958*, Ausst. Kat., München 1958; H. Selig (Hg.), *Jugendstil*, Heidelberg-München 1959; S. Günther, *Interieurs um 1900, B. Pankok, B. Paul und R. Riemerschmid als Mitarbeiter d. Vereinigten Werkstätten für Kunst im Handwerk*, München 1971; Ausst. Kat. *Richard Riemerschmid 1868-1957, vom Jugendstil zum Werkbund*, München 1982.

R. Riemerschmid: Armstuhl, 1899 (Museum of Modern Art, New York)

Riesener, Jean-Henri (1734-1806). Bester Möbelkünstler des →Louis-seize, vielleicht überhaupt der beste, bestimmt aber der teuerste aller französischen. Außerordentlich vielseitig fertigte er alle Arten von Möbeln außer Stühlen und Polstermöbeln an. Seine Arbeiten zeichnen sich durch ihre exquisite handwerkliche Verarbeitung und durch ihre eleganten Formen aus. Die →Marketeriefelder und auch die glatten Furniere sind von unübertroffener Qualität; die Bronzebeschläge sind so befestigt, daß keine Schraube sichtbar ist, und sogar der Korpus wurde mit mehr Sorgfalt als allgemein üblich hergestellt. Riesener war gebürtiger Deutscher, ging als junger Mann nach Paris und begann 1754 in J.-F. →Oebens Werkstatt zu arbeiten. Als der Meister 1763 starb, übernahm Riesener die Leitung der Firma, worauf sein Rivale J.-F. →Leleu die Oebensche Werkstatt verließ und sich selbständig machte. 1767 wurde Riesener ›maître ébéniste‹ und heiratete im Jahr darauf Oebens Witwe. 1769 vollendete er den großartigen, 1760 bei Oeben in Auftrag gegebenen ›bureau du Roi‹ und brachte seine Signatur in der Marketerie an (heute in Versailles). Riesener stellte auch den von Oeben begonnenen Zylinderbureau (→Bureau) für Stanislas Lesczynski (Wallace Collection, London) fertig. Da er gezwungen war, weiter Oebens Stempel zu benutzen, bis er selbst Meister wurde (und da Oeben erst kurz vor seinem Tod begann, Stempel zu verwenden), sind viele Möbel, die Oebens Signatur tragen, tatsächlich unter der Leitung Rieseners fertiggestellt, wenn nicht gar angefertigt worden.

1774 wurde er Hofebenist Ludwigs XVI., unmittelbar darauf lieferte er eine Kommode mit Marketerie und Goldbronzebeschlägen für des Königs Schlafgemach in Versailles (Wallace Collection, London). Im folgenden Jahr stellte er eine noch kostbarere Kommode fertig (Musée Condé, Paris), und Sekretäre lieferte er am laufenden Band. Im Zusammenwirken mit

J.-H. Riesener: Bureau du Roi (Ludwig XV.), von Oeben 1760 begonnen, von Riesener 1769 vollendet (Schloß, Versailles)

dem deutschen Mechaniker *Merklein* fertigte er einige ›mechanische Stücke‹ an, so einen Tisch, der durch Knopfdruck in einen Frisiertisch, einen Schreibtisch oder einen Eßtisch verwandelt werden kann (heute im Metropolitan Museum, New York). Infolge der rigorosen Sparmaßnahmen, die 1784 getroffen wurden, erhielt er von der ›Garde-meuble‹ erheblich weniger Aufträge; er arbeitete jedoch weiterhin für Marie-Antoinette, so schuf er für ihre Zimmer in Fontainebleau Möbel mit Perlmutteinlagen, die sich noch heute im Schloß befinden, für ihre Appartements in St-Cloud einen herrlichen Sekretär und eine Kommode mit Lackfüllungen (1787) (beide Stücke befinden sich im Metropolitan Museum, New York).
Rieseners frühe Arbeiten lassen den gemäßigten Rokokostil Oebens erkennen, seine späteren sind durch einfache geradlinige Eleganz gekennzeichnet, die an Nüchternheit grenzt. Aber es gibt keine durchgehende stilistische Entwicklung, und in späteren Jahren griff er zuweilen auf sein früheres Stilvokabular zurück. Die Einfachheit dieser späteren Arbeiten mag eine Frage der Sparsamkeit wie der Ästhetik gewesen sein, die Furniere aus westindischem Mahagoni und die schmalen Goldbronzeeinlagen, die er in den 1780er Jahren bevorzugte, waren weit weniger kostspielig als florale Marketerie und skulptierte Bronze. Mit Sicherheit war er selbst sowohl für den Entwurf als für die Ausführung seiner Möbel verantwortlich – ein Portrait von Antoine Vestier (heute in Versailles) zeigt ihn mit Stift und Entwurfszeichnungen. Die Bronzebeschläge entstanden ebenfalls in seiner Werkstatt: Er nutzte damit sein Vorrecht, als ›ébéniste du Roi‹ nicht den strengen Zunftregeln zu unterliegen. Riesener überlebte die Revolution und wurde 1794 vom Direktorium beauftragt, die ›Insignien des Feudalismus‹, die königlichen Embleme also, von den Möbeln zu entfernen, die er und Oeben für Ludwig XVI. angefertigt hatten. Bei den Versteigerungen der königlichen Möbel kaufte er einen Teil der von ihm geschaffenen zurück. Er führte seine Werkstatt bis 1801. Aber die Arbeiten, die er während des Directoire und des Konsulats schuf, erreichten nicht die Eleganz und handwerkliche Vollendung seiner früheren Stücke. *Siehe auch Abb. S. 378.*

J.-H. Riesener: Kommode, 1784 (Louvre, Paris)

Lit: P. Verlet, *Möbel von H. Riesener,* Darmstadt 1955; ders. *French Royal Furniture,* London 1963; F.J.B. Watson, *The Wrightsman Collection: Furniture,* New York 1966.

Riessner & Kessel. 1892 in Turn-Teplitz in Böhmen unter dem Namen ›Amphora‹ gegründete Porzellanfabrik. Ihre Erzeugnisse wurden auf mehreren internationalen Ausstellungen (Chicago 1893, San Francisco 1893-94 und Antwerpen 1894) preisgekrönt. Keramikvasen in phantasievollen Formen des Jugendstils mit stilisierten Blatt- und Blumenmotiven waren eine Spezialität der Fabrik, daneben wurden auch Porzellanfiguren hergestellt.
Lit: Porzellan-Kunst, Sammlung Karl H. Bröhan, Ausst.Kat., Schloß Charlottenburg, Berlin 1969, S. 132-34.

Rietveld, Gerrit Thomas (1888-1964). Holländischer Architekt und Designer, Sohn eines Tischlers. Er arbeitete zunächst in einer konventionellen Manier und scheint erst 1916 mit modernen Bestrebungen in Berührung gekommen zu sein, als ihn der Architekt Robert van t'Hoff beauftragte, Möbel für sein bahnbrechendes Betonhaus ›Huis ter Heide‹ anzufertigen. Haus und Möbel waren von Frank L. →Wright inspiriert. Etwa 1917 entwarf er seinen ersten Stuhl, der aus einem Rahmengestell, das in rechten Winkeln zusammengesetzt ist, und aus vier Brettern – einem als Sitz, einem längeren als Rückenlehne und zwei kleineren als Armlehnen – besteht. Traditionelle Schreinertechniken wurden vermieden. Der Rahmen ist schwarz bemalt, die Schnittstellen weiß oder gelb, der Sitz blau und die Rückenlehne feuerrot. Die geraden Linien, die rechten Winkel und die Primärfarben erinnern an Bilder von Piet Mondrian, die aber erst später entstanden sind. Doch stand Rietveld seit 1917 mit ihm und anderen Mitgliedern der Gruppe ›de Stijl‹ in Verbindung. 1920 schuf er Möbel und Beleuchtungskörper für ein Haus in Maarsen; 1923 entstand ein asymmetrischer, ungewöhnlicher Stuhl für eine Ausstellung in Berlin. Rietvelds berühmtestes Gebäude, das Schröder-Haus in Utrecht, entstand 1924. Danach arbeitete er vorwiegend als Architekt und machte nur noch gelegentlich Möbelentwürfe. Zu seinen späteren Arbeiten gehören Stühle

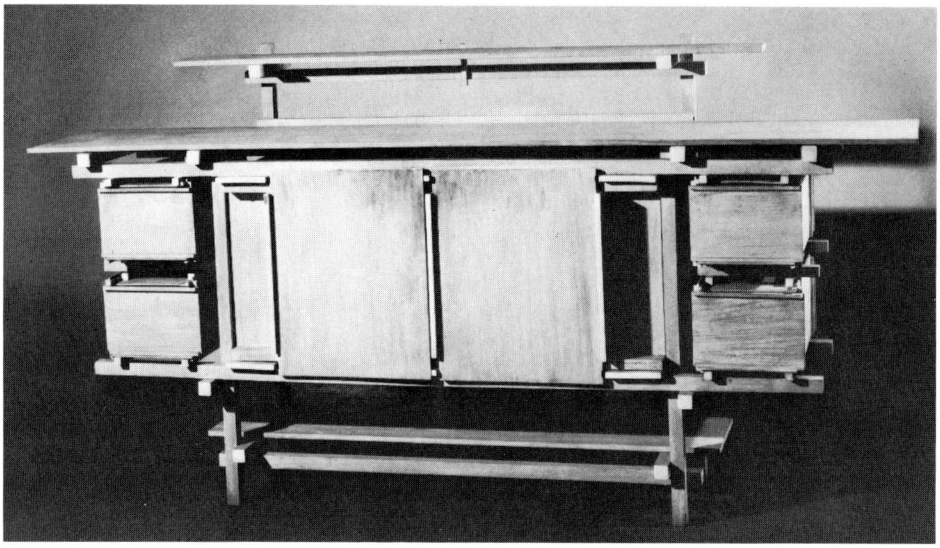

G. Rietveld: Anrichte 1919 (Privatsammlung)

aus verformtem →Sperrholz (1927), ein freitragender Stuhl (1934) und ein Armsessel mit runden Löchern in Sitz, Rückenlehne und Seiten (1942).

Rietvelds Möbel stellten alle Voraussetzungen, auf denen die Theorien des modernen Designs beruhten, in Frage – den Glauben an den Wert der Schlichtheit, der logischen Konstruktion und der materialgerechten Verarbeitung, und vor allem der Funktionalität. Rietvelds Möbel wirken wie abstrakte Skulpturen. Sie lösen nicht die Kontroverse zwischen Handwerk und Maschine – sie machen sie irrelevant.

Lit: T.M. Brown, *The Work of G.R. Architect,* Utrecht 1958; D. Baroni, *Ursprung des modernen Möbels, das Werk Rietvelds,* Stuttgart 1979.

Rinceau, franz. Geschnitztes, modelliertes oder gemaltes Laubwerk, wie es hauptsächlich von den Ornamentisten des 18. Jhs. zu Voluten aus akanthusähnlichen Blättern geformt worden ist.

Rinceau

Rindentuch →Tapa

Ringflasche oder **Ringkrug.** Ein dekorativer Gefäßtyp, Flasche oder Krug, mit einem ringförmigen Körper, der vom 16. Jh. an in den →Rheinischen Töpfereien, vornehmlich aus glasiertem Steinzeug, hergestellt worden ist; zuweilen findet man aber auch gläserne Ringkrüge.

Lit: Ausst. Kat. *Rheinische Töpferkunst,* Frechen 1966.

Ringler, Joseph Jakob (1730-1804). Einer der bedeutendsten →Arkanisten. In Wien geboren, begann er als Junge in der →Wiener Porzellanmanufaktur das Malen zu erlernen (um 1744). Dort soll er auch das Geheimnis der Porzellanherstellung einschließlich des Baus von Öfen durch Vermittlung der Tochter des Leiters der Manufaktur erfahren haben. Er setzte sein Wissen dann in die Praxis um, und zwar in →Höchst (1750), →Straßburg (um 1751), →Nymphenburg (1753-57) und schließlich →Ludwigsburg, wo er von 1759 bis 1802 Leiter der Manufaktur war. Seine Mitarbeiter an diesen Manufakturen gaben das Geheimnis weiter (z.B. Johann Benckgraff, der zusammen mit ihm in Höchst war, bei der Gründung der Manufakturen →Berlin und →Fürstenberg). Sein Sohn *Philipp Joseph* war seit 1775 Maler in Ludwigsburg.

Lit: F.H. Hoffmann, *Das Porzellan,*Berlin 1932; S. Ducret in *Keramos* 30 (1965), S. 3-47.

Ringuet Le Prince & Marcotte →Marcotte, L.

Ripp, Johann Caspar (1681-1726). Führender deutscher →Arkanist und Fayencemaler, der nach seiner Lehrzeit in Delft in →Frankfurt (1702-08), →Hanau (1808-10) und →Ansbach

Ringflasche, Steinzeug von A. Knütgen, Siegburg, um 1570 (Kunstgewerbemuseum, Berlin)

(1710-12) arbeitete. Ripp errichtete Töpfereien in →Nürnberg und →Bayreuth und war auch in →Braunschweig, →Zerbst und →Fulda tätig.

Lit: A. Klein, *Deutsche Fayencen*, Braunschweig 1975.

Rippl-Rónai, Jozsef (1861-1927). Ungarischer Maler und Designer, der 1887, nach einer Ausbildung in München, nach Paris ging, sich den Nabis anschloß und in die →Art Nouveau-Bewegung hineingezogen wurde. Nach seiner Rückkehr nach Ungarn war er hauptsächlich als Maler tätig, entwarf aber auch Vasen für die →Pecs-Töpferei (Fünfkirchen), Wandbehänge, Bucheinbände, Möbel und Inneneinrichtungen, zuerst in einer dem französischen Art Nouveau nahen Manier, später in einem von modernen ungarischen Strömungen beeinflußten Stil.

Risenburgh, Bernard II van oder **Vanrisamburgh** (um 1700-1765/67). Es sind auch andere Schreibweisen überliefert. Französischer Möbelkünstler, der mit die schönsten und elegantesten →Louis-quinze-Möbel schuf, gelegentlich mit klassizistischem Einschlag. Man nimmt an, daß er holländischer Abstammung war, aber in Paris geboren wurde, wo sein Vater Bernard I (gest. 1738), als Möbelschreiner arbeitete. Bernard I. wurde 1722 ›maître ébéniste‹, es sind aber keine Möbel von ihm bekannt. Für Bernard II. sind, seit 1957 die Signatur B.V.R.B. als sein Stempel identifiziert wurde, viele Möbel nachweisbar geworden. Er hat anscheinend ausschließlich für Pariser Möbelhändler gearbeitet, durch die seine Stücke an Louis XV., den Prinzen von Condé, Madame de Pompadour, deutsche Höfe und Privatkundschaft gelangten. Seit etwa 1730 war er ›maître ébéniste‹, seine früheste bekannte Arbeit stammt aus dem Jahre 1737, eine Kommode für das Kabinett der Königin in Fontainebleau (heute in Privatbesitz). Risenburgh spezialisierte sich auf Möbel mit schwarzen und goldfarbenen orientalischen oder imitierten japanischen Lackfurnieren oder →Marketerie mit naturalistischen Blumenmotiven im Rapport. Gelegentlich verwendete er →Vernis Martin und war der erste, der Möbel mit Platten aus Sèvres-Porzellan schmückte. An einem eleganten kleinen Tisch (heute im Louvre) verwendete er beides sehr effektvoll. Seine Goldbronzebeschläge sind von hervorragender handwerklicher Qualität. Man nimmt an, daß sie zum Teil von seinem Sohn *Bernard III* (gest. 1799) angefertigt wurden, der ebenfalls Kunsttischler war und das Geschäft seines Vaters bis zum Tod seiner Mutter (um 1775) weiterführte. Möbel von Bernard II befinden sich im Louvre, Paris, in der Wallace Collection, London, im Residenzmuseum, München, und im Metropolitan Musuem, New York. *Siehe auch Abb. S. 101.*

Lit: F.J.B. Watson, *The Wrightsman Collection: Furniture*, New York 1967.

Rißbildung. Ein feines Netzwerk von Rissen, die sich auf alten Gläsern zunächst nur als →Craqueluren auf der Oberfläche bilden, sich

B. van Risenburgh: Sekretär mit Fournier aus echtem Lack, um 1730-40 (Residenzmuseum, München)

dann in die Tiefe fortsetzen, die Transparenz mehr und mehr trüben und schließlich zum Zerfall führen können. Als Voraussetzung für diesen als ›Glaskrankheit‹ bezeichneten Prozeß wird ein Überschuß von Alkali in der Glasmasse angenommen, wodurch diese besonders empfindlich auf Feuchtigkeitsschwankungen reagiert. Bereits 1676 machte die ›Glass Sellers Company‹ in einem Bericht über Gläser von G. →Ravenscroft auf dieses Phänomen aufmerksam. Besonders gefährdet sind frühe brandenburgische Gläser (→Potsdamer Glas).

Roanne. Töpferware soll in Roanne an der Loire bereits im 16. Jh. hergestellt worden sein, aber die erste nachgewiesene Fayencetöpferei wurde 1632 von *Richard Teste* gegründet, andere folgten um 1650. Unter den Erzeugnissen des 17. Jhs. befanden sich Fliesen und große unbemalte Schüsseln. Um 1760 blühte die Fayenceindustrie wieder auf, so daß vor der Französischen Revolution neun Werkstätten Tischgeschirre und größere Gegenstände fertigten wie Öfen und Wandfontänen, die in Scharffeuerfarben ansprechend mit Blumen oder figürlichen Darstellungen bemalt sind. Während der Revolutionszeit und später wurden Fayencen mit patriotischen Darstellungen (→Faïence patriotique) staffiert. Von den Fayencefabriken war die *Faïencerie Sébastian Nicolas* die beste und am längsten tätig (1772-1866).

Lit: R. Mancey u. J. Broisin, *Faïence de Roanne. Histoire d'une recherche*, Paris 1982.

Robbia, Luca della (1399/1400-1482). Das bedeutendste Mitglied einer Familie von Florentiner Bildhauern, die als erste Bildwerke in Fayencetechnik ausgeführt und diesem Typ →zinnglasierter irdener Reliefs ihren Namen gegeben haben. Es sind meist Darstellungen der Maria mit Kind oder anderer religiöser Sujets (oft in Lebensgröße) in einem runden, halbrunden oder rechteckigen Rahmen, der wie ein Kranz oder eine Girlande aus festgewundenen Früchten (Apfelsinen, Zitronen usw.), Blumen und Blättern gebildet ist. Luca arbeitete auch in Marmor. Aber sein Neffe

A. della Robbia: Tondo der Maria mit Kind und dem Johannesknaben, Fayence, um 1500 (Museo Nazionale del Bargello, Florenz)

Andrea della Robbia (1435-1528) widmete sich ausschließlich der Arbeit in Fayence und schöpfte die Möglichkeiten dieses Mittels dekorativer Plastik voll aus. Er schuf zahlreiche Reliefs, von denen die berühmtesten die Wikkelkinder in der Fassade von Brunnelleschis Findelhaus in Florenz (1463-66) sind. Andrea hatte seinen Sohn *Giovanni* (1469-1529) zum Mitarbeiter und außerdem anscheinend eine ganze Anzahl anderer Werkstattgehilfen. Ein weiterer Sohn, *Girolamo* (1488-1566), ging nach Paris und beteiligte sich u. a. an der Innenausstattung des Château de Madrid. Er schuf Fliesen mit bildhaften Darstellungen usw. (Fragmente befinden sich im Musée National de Céramique, Sèvres). Della Robbia-Reliefs erlangten große Beliebtheit in der Mitte des 19. Jhs; aus dieser Zeit stammen zahlreiche Kopien und Fälschungen.

Lit: G. Cora, *Storia della maiolica di Firenze e del contado, secoli XIV e XV*, Florenz 1973, J. Pope-Henessy, *Lucca della Robbia*, London 1980.

Robert, Joseph Gaspard →Marseille

Roberts, Samuel →Sheffield Plate

Roberts, Thomas (tätig 1685-1714). Bedeutender Londoner Möbelschreiner, der Betten, Stühle, Kaminschirme u. a. für die königlichen Residenzen anfertigte. In Knole befinden sich einige prächtige goldgefaßte Stühle und Hokker, die ihm zugeschrieben werden. Typisch für seine Arbeiten sind Blattwerkarabesken an den Sitzrahmen der Stühle. Sein Nachfolger als Hofschreiner war *Richard Roberts* (tätig 1714-29), ein Sohn oder Verwandter, der 1717 eine Garnitur Nußholzstühle für Hampton Court lieferte, wo sie sich noch heute befinden.

Lit: R. Edwards u. M. Jourdain, *Georgian Cabinet-Makers*, London 1955.

Robins, Richard →Randall, J.

Robinson, Gerrard (1834-91). Holzschnitzer der hochviktorianischen Zeit. Er wurde in Newcastle-on-Tyne geboren, wo er fast bis zu seinem Lebensende tätig war. Seine gewaltigen Anrichten aus Eichenholz sind mit geschnitzten Sagengestalten überhäuft. Sie wirken wie Ungetüme, entsprachen aber dem Zeitgeschmack und brachten ihm bei den internationalen Ausstellungen des 19. Jhs. viele Preise ein.

Lit: R. W. Symonds u. B. B. Whineray, *Victorian Furniture*, London 1962.

Robinson, Thomas →Tijou, J.

Rocaille, franz. Eine muschelähnliche, durch viele Schwünge und Schnörkel gekennzeichnete asymmetrische Zierform der Mitte des 18. Jhs. Sie verbindet sich spielerisch auch mit naturalistisch gestalteten Blumen, Zweigen, Bäumen, chinesischen Motiven. Dieses Ornament wurde namengebend für die ganze Stilepoche des →Rokoko.

Lit: H. Bauer, *Rocaille, zur Herkunft und zum Wesen eines Ornament-Motivs*, Berlin 1962.

Roccatagliata, Niccolo (tätig 1593-1636). Bronzebildhauer genuesischer Herkunft, der hauptsächlich in Venedig gearbeitet hat. Die einzigen für ihn bezeugten Werke sind die Statuetten des hl. Georg und des hl. Stephan (1593) und zwei reich verzierte Leuchter (1594, 1598) in S. Giorgio Maggiore, Venedig, und eine sehr schöne Altargruppe, die er 1633 mit seinem Sohn geschaffen hat. Aber zahlreiche Statuetten, Kaminböcke und andere dekorative Bildhauerarbeiten werden ihm zugeschrieben.

Rockingham. Töpfereiwaren- und Porzellanfabrik auf dem Grundbesitz des Marquis von Rockingham in Swinton, Yorkshire. Seit etwa 1745 fertigte sie Töpferwaren. Unter dem Namen ›Rockingham Works‹ ist sie erst nach 1826

Rockingham

Rockingham: ›Rhinozeros-Vase‹, Knochenporzellan, 1830 (Victoria & Albert Museum, London)

bekannt geworden. Sie dürfte mit der Herstellung einfachen braunen Steinzeugs begonnen haben. Seit 1787 arbeitete sie mit der →Leeds Pottery zusammen, die ähnliche Waren herstellte. Zwei ihrer Gesellschafter, *John* und *William Brameld*, erwarben das Unternehmen im Jahre 1806 (die Produkte der folgenden 20 Jahre sind mit ihrem Namen versehen). Es wurde eine manganbraune Glasur – bekannt als ›Rockingham‹-Glasur – entwickelt. Zu den üblichen Tischgeschirren kamen →Cadogans (Teekannen) hinzu, die später auch von anderen Fabriken nachgemacht wurden. Porzellan scheint seit 1826 hergestellt worden zu sein, als Earl Fitzwilliam (Erbe der Ländereien von Rockingham) die Fabrik finanziell unterstützte und der Greif aus dem Familienwappen zur Fabrikmarke gewählt wurde. Das Unternehmen wurde 1830 königlicher Hoflieferant. In dieser Zeit entwickelte sich der reiche Stil des Zweiten Rokokos mit vielen floralen Mustern und manchmal in Anlehnung an die Erzeugnisse von →Coalport. Entzückende kleine Gefäße für Räucherstäbchen in der Form von Bauernhäusern und romantischen Burgen gehörten zur Produktion. Die Fabrik schloß 1842. *Siehe auch Abb. S. 107.*

Lit: A. u. A. Cox, *Rockingham Pottery & Porcelain 1745-1842*, London 1983.

Roed, Jørgen (1808-88). Dänischer Maler der Romantik, der auch hervorragendes und sehr reizvolles Mobiliar entworfen hat – griechisch inspiriert, erfrischend einfach in der Form und oft mit Motiven bemalt, die an attische Vasen erinnern (1840-45; Kunstindustrimuseet, Kopenhagen).

Roentgen, David (1743-1807). Größter und erfolgreichster deutscher Möbelkünstler des 18. Jhs. Obgleich er niemals in Frankreich gearbeitet hat, zählt man ihn gewöhnlich zu den französischen Möbelkünstlern, von denen viele im 18. Jh. gebürtige Deutsche waren, wie →Beneman, →Carlin, →Molitor, →Oeben, →Riesener, →Schwerdfeger oder →Weisweiler; sie hatten sich in Paris niedergelassen und der französischen Kultur angepaßt. Aber Roentgen gab seine Werkstatt in Neuwied bei Koblenz, die nach Betrieb und Größe eine Möbelmanufaktur war, nicht auf; er errichtete ein Lager in Paris, wie er es schon in Berlin und Wien besaß.

Somit war er der erste Möbelproduzent, der sein Geschäft auf internationaler Basis betrieb und ein Vorläufer der großen Luxusmöbelfabrikanten des 19. Jhs. Das typisch Deutsche an seinen Möbeln sind die massiven Formen, die bildhafte ›trompe l'œil‹-→Marketerie und die raffinierten technischen Spielereien – auf Knopfdruck springen Türen auf, und aus verborgenen Tiefen kommen Schubfächer nach oben. Einige Möbel haben sogar eingebaute Uhren, die zum großen Teil von *Peter Kinzing* (1745-1816) stammen. Roentgens aufwendige und großzügige Möbelstücke sind in ihrer beinahe architektonischen Monumentalität einzigartig.

D. Roentgen: Mahagonischrank mit Goldbronzebeschlägen, 1780-90 (Musée Nissim de Camondo, Paris)

Er war ein Sohn des sächsischen Möbelschreiners *Abraham Roentgen* (1711-93), der zwischen 1731 und 1738 eine Zeitlang in England arbeitete, 1750 in Neuwied eine Werkstatt eröffnete und dort elegante Möbel in einer zurückhaltenden Rokokovariante herstellte, die Einflüsse von Th. →Chippendale aufweist. Außerdem produzierte er Uhrgehäuse, Spieluhren, mechanisches Spielzeug und Möbel mit allerlei technischen Raffinessen und Geheimfächern. 1772 zog er sich vom Geschäft zurück, das sein Sohn David schon seit 1768 leitete. Der schnelle wirtschaftliche Aufschwung begann, als David Roentgen 1769 in Hamburg eine große Möbellotterie veranstaltete. 1774 besuchte er zum erstenmal Paris, 1779 kam er erneut mit mehreren Wagenladungen von Möbeln und richtete ein Lager ein. Marie-Antoinette und der einflußreiche, kunstverständige Baron Grimm protegierten ihn. Ludwig XVI. bezahlte für einen Schreibtisch eine aufsehenerregende Summe, die Angaben schwanken zwischen 80000 und 96000 Livres, und schuf für ihn das Amt des ›ébéniste-mécanicien du Roi et de la Reine‹. Im folgenden Jahrzehnt betrugen Roentgens Rechnungen für Möbel, die er der Krone geliefert hatte, knapp eine Million Livres – womit sogar Rieseners Einnahmen übertroffen wurden. Sein Erfolg erweckte den Neid der französischen Möbelschreiner, und sie zwangen Roentgen, in ihre Pariser Zunft einzutreten. 1789 wurde er ›maître‹ und signierte nun seine Möbel mit ›David‹. Er unternahm zahlreiche Geschäftsreisen nach Italien, in die Niederlande und nach Rußland (1783). Dort verkaufte er Katharina II. eine große Anzahl Möbel, darunter einige schwere Schreibtische mit neoklassizistischen Bronzeplatten in Basrelief, die sich noch heute in der Ermitage in Leningrad befinden. Sie werden von Säulen getragen und ruhen – wie klassische Tempel – auf einer Plattform, zu der Stufen hinaufführen. In den folgenden Jahren besuchte er Rußland noch sechsmal. 1791 ernannte Friedrich Wilhelm II. von Preussen ihn zum Hoflieferanten. Zu dieser Zeit war er bereits »der berühmteste Möbelkünstler Europas«. Aber die Französische Revolution ruinierte ihn. Sein Pariser Möbellager wurde beschlagnahmt, und Republikanische Truppen plünderten seine Werkstatt in Neuwied. Nur seine Lager in Kassel, Gotha und Altenburg blieben ihm erhalten. Er floh nach Berlin und kehrte erst 1802 nach Neuwied zurück. Dort versuchte er, sein Geschäft wieder aufzubauen, starb aber 1807. Obwohl Mitglied der Pariser Zunft, signierte oder stempelte er seine Möbel selten. Aber seine Marketerie ist leicht zu identifizieren durch die hochwertige Qualität der handwerklichen Arbeit und die Zusammensetzung aus unzähligen winzigen Plättchen von verschieden getönten Hölzern, die perspektivisch korrekte Zeichnung und ausgewogene Komposition von Blumenarrangements und figürlichen Darstellungen, deren Vorlagen zum großen Teil von *Januarius Zick* (1730-97) stammten. Roentgens Möbel erzielen heute Höchstpreise. *Siehe auch Abb. S. 323.*

Lit: H. Kreisel, *Die Kunst des deutschen Möbels,* Bd II, München 1970; H. Huth, *Abraham und David Roentgen und ihre Neuwieder Möbelwerkstatt,* München 1974; J. M. Greber, *Abraham und David Roentgen. Möbel für Europa,* Starnberg 1980.

Roettiers, Jacques (1707-84). Er gehörte zu einer großen wallonischen Familie, von der verschiedene Mitglieder sich einen Ruf als Münzmeister und Münzschneider erwarben. Sein Vater hatte an der Londoner Münze gearbeitet, war aber einige Jahre nach der Revolution (1688) nach Frankreich ausgewandert. 1731 versuchte Jacques, sich in England niederzulassen, kehrte aber 1733 nach Frankreich zurück und wurde im selben Jahr zum Hofgoldschmied (mit eigener Wohnung im Louvre) ernannt. 1737 folgte er seinem Schwiegervater N. → Besnier im Amt des ›orfèvre du Roi‹. Von ihm stammen einige der schönsten Silberobjekte des Rokokos, allen voran das ›Berkeley-Service‹, 1735-38, heute in der Sammlung Niarchos, Paris. In den 50er Jahren gab er den Rokokostil auf zugunsten des maßvollen und gediegenen ›goût grec‹, z. B. Leuchter von 1762-63 im Metropolitan Museum, New York. Von da an bis zu seinem Rücktritt arbeitete er in Partnerschaft mit seinem Sohn *Jacques-Nicolas* (geb. 1736). Dieser wurde 1765 ›maitre‹ und folgte 1772 seinem Vater im Amt des

J.-N. Roettiers: Silberterrine aus dem ›Orloff-Service‹, 1775 (Metropolitan Museum of Art, New York)

›orfèvre du Roi‹. Fast alle seine großen Arbeiten für die Krone sind zerstört. Eines seiner bedeutendsten auf uns gekommenen Werke ist das für Katharina II. geschaffene und von dieser 1775 ihrem Favoriten, dem Grafen Orloff, geschenkte vielteilige Eßservice. Im Gegensatz zum Berkeley-Service ist es von einer fast steifen Pomphaftigkeit und marmornen Monumentalität. Es wurde nach der Russischen Revolution zerstreut, einige Stücke davon finden sich heute im Metropolitan Museum, New York. Jacques-Nicolas trat 1777 in den Ruhestand; es scheint, daß er seine künstlerischen Fähigkeiten danach auf die Bildhauerei verwandt hat.

Lit: V. Advielle in *Réunion des Sociétés des Beaux-Arts des départments,* Bd. XII, 1888; S. Brault u. Y. Bottineau, *Les grands orfèvres,* Paris 1965; C. Corbeiller in *Metropolitan Museum Bulletin XXVII* (1969), S. 289-298.

Jacques Roettiers

Jacques-Nicolas Roettiers

Rogers groups. Amerikanische Gipsfiguren und -gruppen, die zwischen 1859 und 1893 in New York hergestellt und gegen Ende des 19. Jhs. gern als Salondekorationen benutzt wurden. Es sind größtenteils Reproduktionen von Werken des Bildhauers *John Rogers* (1829-1904), einige wenige stammen von ihm selbst. Etwas sentimental behandelte Motive aus dem Amerikanischen Bürgerkrieg und aus dem Alltagsleben sind typisch. Die New York Historical Society besitzt eine große Sammlung.

Rogerus von Helmarshausen (tätig um 1100). Der romanische Stil in Deutschland ist aufs engste mit dem Namen des Goldschmieds Rogerus aus der Abtei Helmarshausen verbunden, der 1100 einen silbernen Tragaltar mit → Nielloarbeiten für den Bischof Heinrich von Werl (1084-1127) geschaffen hat. Dieser Tragaltar ist den Heiligen Kilian und Liborius geweiht und befindet sich heute in der Schatzkammer des Paderborner Doms. Außer diesem Tragaltar ist kein gesichertes Werk seiner Hand bekannt, aber auf Grund von Analogien hat man ihm eine Anzahl anderer Arbeiten zugeschrieben, u. a. den Tragaltar der Abtei Abdinghof, dessen Seiten mit umlaufenden Szenen in bronzevergoldeter, durchbrochener Arbeit geschmückt sind (heute Franziskanerkirche, Paderborn); den Einband einer in Helmarshausen entstandenen Handschrift (Domschatz, Trier); ein Prozessions- oder Altarkreuz

J. Roettiers: Silberterrine aus dem ›Berkeley-Service‹, 1735-38 (Privatsammlung)

Rokoko: Spiegelentwurf von Th. Johnson, 1758

(Museum für Kunsthandwerk, Frankfurt a. M.) und die wahrscheinlich zu diesem Kruzifix gehörigen Kreuzesfiguren (St. Louis Art Museum, Missouri). Werke seines byzantinisierenden Stils glaubt man in ganz Niedersachsen gefunden zu haben, die nun seinen Werkstätten zugeschrieben worden sind: die kupfervergoldete Rückplatte des Altarkreuzes von St. Modoaldus (um 1107; Schnütgen-Museum, Köln); ein anderes Fragment einer ›Majestas Domini‹, bronzevergoldet und getrieben (ebd.) und das goldene Reliquienkreuz für die Kirche des hl. Dionysius in Enger (Kunstgewerbemuseum, Berlin). Vielleicht war Roger personengleich mit dem Presbyter Theophilus, dem Verfasser der ›Schedula diversarum artium‹, eines kunsttechnischen Lehrbuchs der Malerei, Glaserzeugung und -malerei und der verschiedenen Arten von Metallarbeiten.

Lit: Albert Ilg, ›Theophilus Presbyter, Schedula diversarum artium‹ in *Quellenschriften für Kunstgeschichte*, Bd. 7, 1874; P. Lasko, *Ars Sacra 800-1200*, Pelican History of Art, Harmondsworth 1972; Ausst. Kat. *Kunst und Kultur im Weserraum*, Corvey 1966.

Rohde, Heinrich Ludwig (1683-1755). Möbelschreiner in Mainz, ein Meister der Einlegearbeit. Einige seiner Möbel im Stil des Spätbarock sind erhalten geblieben und dokumentarisch belegt. Dazu gehören ein Tisch und ein Schreibtisch mit Klappdeckel, um 1725 (Schloß Pommersfelden); ein großer Schreibschrank mit Klappdeckel, der nach 1732 entstand (Burg Rheinstein), und eine kleine Kommode (Rheinisches Landesmuseum, Bonn).

Lit: H. Kreisel, *Die Kunst des deutschen Möbels*, Bd. II, München 1970.

Rohr. Streifen von gespaltenem Spanischem Rohr (eine Palmenart), erstmals um die Mitte des 17. Jhs. von der Malayischen Halbinsel nach Europa importiert, werden seither für das Rohrgeflecht von Stuhllehnen und -sitzen verwendet.

Rokoko. Der zierlich spielerische und elegante Dekorationsstil, der auf den →Barock folgte und dem →Klassizismus voranging. Von manchen wird er als die Endphase des Barocks angesehen, von andern als ein eigenständiger Stil, als die Reaktion gegen das pomphaft Feierliche des Barock. Charakteristisches Ornament und Formprinzip für Möbel, Gerät und Raumausstattung ist die →Rocaille mit ihren freigeführten S-förmigen Schwüngen; die mit viel Gold und Weiß abgesetzten zartglühenden Farben; die harmonische Zusammenstellung von naturalistischen Motiven wie blühenden Trieben und gegenständlichem Ornament, das oft an sich überschlagende Wellen erinnert; die Tendenz zur Asymmetrie; und, im Gegensatz zur tektonischen Form, die Vorliebe für ein schwebendes Gleichgewicht. Von →Chinoiserien und anderen exotischen Motiven wurde ausgiebig Gebrauch gemacht. Unähnlich andern Stilen bemächtigte sich das Rokoko zuerst des Kunstgewerbes und griff später auf Malerei, Skulptur und Baukunst über. Seinen bedeutendsten Ausdruck fand es in der Dekoration von Innenräumen, wie Boffrands Pavillon des Hôtel de Soubise (heute Archives Nationales) in Paris oder F. →Cuvilliés' Amalienburg im Nymphenburger Schloßpark, München. Viele Rokokoschöpfungen sind von sehr kleinem Format, z. B. Statuetten von F. A. →Bustelli. Der Stil ist in seinen ersten Anfängen in den späten 1690er Jahren in Frankreich zu beobachten: an den asymmetrischen Entwürfen des P. →Le Pautre und in den →Bizarren Seiden der Lyoner Webereien. Die erste Phase war ausschließlich französisch und wird oft als →Régence bezeichnet. Auf das übrige Europa griff er erst um 1730 über, als sich in Frankreich schon das →Louis-quinze mit seiner Neigung zum überschwenglich Bewegten, zum Verspielten durchgesetzt hatte. Und es waren diese übertrieben anmutenden französischen Rokokoentwürfe von J.-A. →Meissonnier, der von Franzosen kaum Förderung erfuhr, von J. B. H. →Toro und J. B. →Pillement, die außerhalb Frankreichs Einfluß gewannen. Die geschweiften Flächen, denen wir im französischen Mobiliar begegnen, sind östlich des Rheins und südlich der Alpen ins Extreme gesteigert worden: Die gebauchte (›bombé‹) Kommode etwa schwoll besonders in Venedig zu unförmige Korpulenz an. In Deutschland waren im allgemeinen die Möbelentwürfe von J. W. →Auvera, F. →Cuvilliés und F. X. →Habermann zwar extravaganter, selten aber selten mehr durchgearbeitet als die ihrer französischen Zeitgenossen. An dem Frankreich sehr aufgeschlossen gegenüberstehenden Hof Friedrichs II. in Berlin und Potsdam entstand 1740-60 unter der Leitung des Architekten Georg Wenzeslaus von Knobelsdorff (1699-1753) eine Sonderform des Stils, das sogenannte *Friderizianische Rokoko*, mit den Werken J. A. →Nahls sowie der Brüder →Hoppenhaupt, in deren Entwürfen Form und Oberflächenge-

Rokoko: Porzellangruppe ›Die Musikstunde‹, Frankenthal, um 1759, wahrscheinlich modelliert von J. F. von Lück (Badisches Landesmuseum, Karlsruhe)

staltung eine Einheit bilden. In anderen Teilen Deutschlands war allerdings eher eine Verbindung leichter Rokokomotive mit ziemlich schweren Möbeln die Regel (z. B. Möbel von C. M. →Mattern für die Residenz in Würzburg). Die Skandinavier, unter ihnen vor allem der Silberschmied und Entwurfszeichner Ch. →Precht, folgten dem französischen Geschmack vielleicht mit der größten Treue. Nur in England wurden die französischen Entwürfe eher herabgestimmt als übertrieben, obgleich es auch dort Ausnahmen gab (→Georgian style). Die Rokokoperiode fiel zusammen mit den Anfängen der europäischen Porzellanherstellung, und das Hartporzellan erwies sich als der ideale Träger des beschwingt Femininen und der preziösen Eleganz dieses Stils. Die bedeutendsten deutschen Porzellanmanufakturen, →Meißen, →Nymphenburg, →Höchst, →Frankenthal, →Ludwigsburg usw., setzten eine Flut von delikat bemaltem Tafelgeschirr in Umlauf, von Vasen und posenreichen Statuetten, die mit zum Besten gehören, was die Kunst dieses Jhs. hervorgebracht hat. Die Porzellanmanie nahm solche Ausmaße an, daß man ganze Räume mit Porzellanplatten auskleiden ließ, zum Beispiel die Kabinette von →Capodimonte und →Buen Retiro. Eine noch mehr übersteigerte Abart dieses Stils wurde in den Fayence-Manufakturen entwickelt, vor allem in →Alcora. Aber bei aller weitverbreiteten und vor allem in Hofkreisen herrschenden Popularität wurde der Stil von klassisch gesinnten Theoretikern streng kritisiert, unter deren Einfluß er seit den 1750er Jahren in Frankreich durch den →Louis-seize-Stil und in Deutschland durch den →Zopfstil, abgelöst wurde. In manchen Gegenden jedoch, vor allem in Spanien, Portugal und Venedig hielt sich das Rokoko noch bis in die 1790er Jahre. Im 19. Jh. lebte der Stil wieder auf, zunächst in England, wohl als eine Reaktion auf →Directoire und →Empire und die damit verbundenen Assoziationen zur Französischen Revolution und Napoleon. Seit 1804 verwandte P. →Storr und bald auch andere englische Silberschmiede gelegentlich das *Rocaillemotiv*. In den 1820er Jahren griffen englische

Möbelhersteller die Formen von Louis-quinze-Stühlen und -Sofas mit ihren geschwungenen Armlehnen und reichgeschnitzten Verzierungen, aber mit üppigerer Polsterung, wieder auf, wobei wohl →Gillows führend war. Die Porzellanfabrik in →Rockingham unter anderen stellte Ziergegenstände her, die vom Stil der Mitte des 18. Jhs. inspiriert waren, jedoch allgemein mehr Malerei- und Reliefschmuck und eine hellere Vergoldung aufweisen. Das französische Äquivalent, der *Style Pompadour,* ging aus dem →Louis-Philippe hervor und sprach angeblich vor allem das neureiche Bürgertum an. Louis-quinze-Möbel wurden bis zum Ende des Jahrhunderts von einer Reihe von Möbelherstellern, von A.-L. →Bellange bis L. →Majorelle, sowohl direkt kopiert als auch freizügig imitiert.

In Deutschland vollzog sich eine Wiederbelebung des Rokoko mit dem *Zweiten* und *Dritten Rokoko*, obwohl der Unterschied zwischen beiden nicht leicht zu bestimmen ist. Sie wurden vor allem von den Herrscherhäusern und den Oberschichten gefördert, wie z. B. mit den neu dekorierten Festräumen des Palais Liechtenstein in Wien (1842-47) mit Möbeln von C. →Leistler und M. →Thonet und der Ausstattung des Orangeriebaus in Potsdam für Friedrich Wilhelm IV. kurz nach 1850 in dem Stil, den Friedrich II. bevorzugt hatte. In Schloß Linderhof, das 1870-86 für Ludwig II. von Bayern gebaut und eingerichtet wurde, sind sogar die unauffälligsten Details Imitationen oder, seltener, Kopien des Louis-quinze, dem es sozusagen gewidmet war. In Deutschland wurde das Rokoko, mehr als in Frankreich und England, als ein historischer Stil empfunden, der für königliche Residenzen angemessen war (→Historismus). Trotzdem bestand auch in Deutschland ebenso wie in anderen Ländern in der zweiten Hälfte des 19. Jhs. eine weitverbreitete Nachfrage nach Möbeln, Glas, Metallarbeiten und Keramik (besonders Porzellanfiguren von Meißen und Höchst) im Stil des Rokoko. Diese Vorliebe hielt sich unvermindert bis in das 20. Jh., z. B. bei den Keramikverzierungen von →Cadinen im Kaiser-Friedrich-Bad in Wiesbaden von 1913.

Von Deutschland aus erreichte die Wiederbelebung des Rokoko die Vereinigten Staaten durch J.-H. →Belter, dessen Zeitgenossen und Rivalen in New York den Stil ebenfalls aufgriffen: Ch. A. →Baudouine, J. →Meek & Sons und A. Roux.

Lit: A. Schönberger u. H. Soehner, *Die Welt des Rokoko,* München 1959.

Philip Rollos

Rollos, Philip (tätig 1697-1721). Ein hugenottischer Silberschmied, der in London arbeitete und 1697 auf Befehl des Lord Mayors (Oberbürgermeister) Aufnahme in die ›Goldsmiths' Company‹ erlangte. Er zeichnet verantwortlich für verschiedene stattliche Silbergegenstände im →Hugenottenstil mit reichlicher →Godronierung, Aussägearbeit und gegossener figürlicher Dekoration: ein sehr großer Weinkühler, gefertigt 1699 für den 1. Herzog von Kingston (Ermitage, Leningrad), ein weiterer für den 1. Herzog von Marlborough (heute in Althorp), ein Paar →Feuerböcke, 1704, ehemals Sammlung des Herzogs von Portland, zwei Eiskübel (um 1715-20) in Ickworth House. Aber er hat auch vorzügliche kleinere und schlichtere Stücke gemacht.

Lit: J. F. Hayward, *Huguenot Silver in England,* London 1959.

rechtes Bild: Rokoko: Möbelentwurf von J. Wachsmuth, um 1760

Rokoko: Wiege, venezianisch, um 1750 (Privatsammlung)

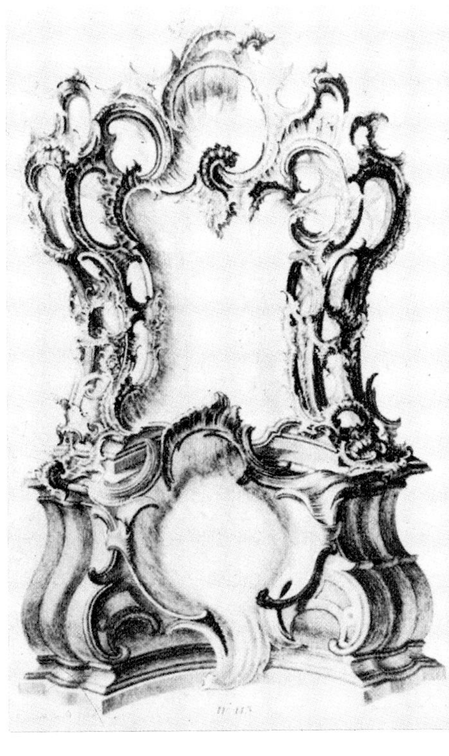

Rollwerk-Kartusche eines anonymen flämischen oder holländischen Zeichners, 16. Jh.

Rollwerk. Ein Ornamentmotiv aus Bändern, die an Ledergurte oder durchbrochene Schnitzereien erinnern und sich an ihren Enden aufrollen. Seine Herkunft ist unbekannt. Es taucht zuerst in dem langen, 1533-35 von →Rosso Fiorentino entworfenen Stuckfries für die Galerie Franz' I. in Fontainebleau auf. Wahrscheinlich geht es auf antike Motive zurück, die um einer gewandelten Ausdrucksspache willen von italienischen Renaissancekünstlern, wie Cosimo Tura, gekrümmt und hochgetrieben worden sind. Aber hauptsächlich verwendet wurde es in Nordeuropa, vornehmlich in den Niederlanden, wo zahlreiche Ornamentisten, vor allem *Cornelis Bos, Cornelis Floris,* Hans Vredeman de →Vries und W. →Dietterlin phantastische, in ihren gewalttätig verdrehten, verschlungenen Formen typisch manieristische Variationen dazu veröffentlichten. Häufig wurde es mit →Grotesken verbunden und blieb nicht ohne Einfluß auf die Entwicklung der Groteskendekoration. Französische Entwurfszeichner, z. B. *René Boyvin* und J. A. →Du Cerceau benutzten es mit Zurückhaltung. Auch im elisabethanischen England war es allgemein verbreitet. *Siehe auch* Beschlagwerk.

Lit: R. Hedicke, *Cornelis Floris,* 1913; P. Jessen, *Der Ornamentstich,* 1920; P. Ward-Jackson, ›Some main streams and tributaries in European ornament from 1500 to 1750‹ Part. I, in *Victoria and Albert Mus. Bulletin,* April 1967.

Rom, Bildteppichwirkerei. Sie wird zuerst um 1450 erwähnt, als Nikolaus V. den ›tapissier‹ Jacquet d'Arras von Siena, wo er seit 1447 arbeitete, nach Rom berief. Es scheint, als sei damals eine Serie der ›Schöpfung‹ gewirkt worden, von der bisher jedoch kein erhaltenes Stück identifiziert worden ist. 1558 berief Paul IV. Jan Rost aus Florenz, um ein Atelier einzurichten; aber das Projekt zerschlug sich. Erst 1627 kam es in Rom zur Einrichtung einer erfolgreichen Teppichwerkstatt – ein Privatunternehmen (→Barberini, Bildteppichwirkerei), das um 1683 wieder geschlossen wurde. Ein neuer Versuch zur Wiederbelebung dieser Kunst wurde im 18. Jh. von Clemens X. unternommen, der eine Manufaktur im ›Ospizio di S. Michele a Ripa‹ in Rom eröffnete. Sie wurde bis 1717 von dem Maler Andrea Procaccini und dem französischen Wirker Jean Simonet geleitet, dann, bis 1770, von Pietro Ferloni. Nach 1715 arbeitete dort für einige Jahre der aus der →Turiner Bildteppichwirkerei kommende Vittorio Demignot. Er war in Brüssel ausgebildet worden. Man stellte hauptsächlich Papstporträts und Bildteppiche religiösen Inhalts her, die nach Gemälden kopiert wurden. 1770 wurde Felice Cattomai zum Leiter ernannt; 1798 schloß der Betrieb. 1823 wurde er wieder eröffnet und 1870 von der italienischen Regierung übernommen. Er bestand bis 1926.

Lit: M. Ferrero Viale, in *Enciclopedia Universale dell' Arte,* Venedig-Rom 1958.

Rom, Töpfereien und Porzellanfabriken. Im 14. und 15. Jh. wurde in Rom Majolika erzeugt, die derjenigen von →Orvieto ähnlich war. Ebenfalls im frühen 16. Jh. wurde hier von Töpfern aus Faenza Majolika hergestellt, ohne daß derartige Erzeugnisse hätten nachgewiesen werden können. Mehrere Stücke, datiert von 1600 bis 1623 und mit Grotesken im Stil von →Urbino bemalt, werden als in Rom hergestellt bezeichnet (Victoria & Albert Museum, London; Ashmolean Museum, Oxford). Im 18. Jh. gab es zahlreiche Werkstätten: *Gregorio Cerasoli,* der seit 1745 Fayencen herstellte; *Filippo Cuccumos,* 1761-84 Porzellanmacher; *Antonio Riccò,* der 1779 Majolika fertigte; *Lanfranco Bosio,* seit 1780 Fabrikant von Steingut; *Antonio* und *Lorenzo Cialli,* die 1783 Steingut und seit 1784 Porzellan erzeugten; *Antonio Sieubert,* der 1790 Biskuitfiguren nach antiken Vorbildern gestaltete. Nur wenige Produkte dieser Werkstätten konnten identifiziert werden. Von 1759 bis 1769 arbeitete der Maler Carlo Coccorese aus Capodimonte für Filippo Cuccumos; ihm werden mehrere mit zwei spiegelbildlich verschlungenen ›C‹ gezeichnete Stücke zugeschrieben. Die Werkstatt von G. →Volpato ist die einzige, von der eine größere Anzahl gemarkter Stücke bekannt ist.

Lit: Il Settecento a Roma, Ausst. Kat. Rom 1959, S. 425-428.

Romanischer Stil. Begriff des 19. Jhs., der ursprünglich allein auf die Rundbogenarchitektur zeitlich zwischen Klassik und Gotik angewandt, später aber auf Malerei, Bildhauerei und die dekorativen Künste ausgeweitet wurde. Heute dient er allgemein zur Bezeichnung der Kunstperiode, die auf den →karolingischen und →ottonischen Stil folgte und der →Gotik voranging. Obwohl viele der stilistischen und anderen für die romanische Kunst charakteristischen Merkmale auch bereits im ottonischen Stil vorzufinden sind, ist doch ab Mitte des 11. Jhs. vor allem bei den Metallarbeiten und den dekorativen Künsten ein deutlicher Wandel spürbar. Der Akzent liegt nun nicht mehr auf dem klaren Fluß der Linien, sondern der kompakten Dichte der Massen, so z. B. bei den hohen, fast freistehenden Reliefs und der strengen linearen Bestimmtheit der Oberflächenmuster, die sorgfältig zum Rahmen in Bezug gesetzt sind, verbunden mit einer Tendenz zu Symmetrie und schwerem, fast bedrückendem Symbolismus. Die für die karolingische Epoche charakteristischen dünnen Goldreliefs mit den erhaben gebildeten gewichtslosen Figuren und zarten Filigranran-

Romanik: Kuppelreliquiar, Grubenschmelz, 1180-90 (Victoria & Albert Museum, London)

Romanik: elfenbeinerner Bischofsstab, englisch, 11.-12. Jh. (Victoria & Albert Museum, London)

ken wurden nunmehr durch soliden Bronzeguß und in Kupfer eingetieften Grubenschmelz (→Email) ersetzt: Der schimmernde, durchscheinende Zellenschmelz wich dem undurchsichtigen Grubenschmelz. Bedeutsam ist der Wechsel in der Art der Antikenübernahme (so scheinen z. B. die Figuren des bronzenen Taufbeckens von Reiner von Huy in Lüttich auf griechische Statuen des 5. Jhs. v. Chr. zurückzugehen). Themen der heidnischen Mythologie erscheinen sehr viel häufiger auf liturgischen und weltlichen Gegenständen, die im übrigen oft schwer voneinander zu unterscheiden sind (wie etwa bei dem Bronzeaquamanile, um 1125-50, des Aachener Münsters, das die Form eines Bacchuskopfes hat, der auf einem römischen Wasserkrug ruht). Auch der byzantinische Einfluß dauerte fort, vor allem zu Anfang des 12. Jhs. in der Folge des ersten Kreuzzuges (anläßlich dessen die Nordeuropäer zum ersten Mal in direkte Verbindung mit den Meisterwerken der antiken Kunst in Konstantinopel gekommen waren). Die romanischen Künstler übernahmen byzantinische Idealvorstellungen von menschlicher Würde, von formaler Ordnung und Disziplin, das Konzept der gesetzmäßigen Darstellung der menschlichen Figur wie auch den festgelegten Kanon der Ikonographie. Und dies trug zweifellos zur Schöpfung von Meisterwerken wie dem silbernen Kopfreliquiar des hl. Alexander bei, das der Abt Wibald 1145 von →Godefroid von Huy fertigen ließ und an Stavelot schenkte (Musée Cinquentennaire, Brüssel) – vielleicht dem ersten vollplastisch ausgeführten menschlichen Kopf seit der Antike, der ebenso ausdrucksvoll ist wie eine römische Porträtbüste. Es ist bezeichnend für die Epoche, daß dieses

Romanik: Nußholztruhe aus der Burg Valeria ob Sitten, Rhônetal, 12. Jh. (Landesmuseum, Zürich)

Romanik: Detail aus dem Bayeux-Teppich, Applikationsstickerei, 11. Jh. (Musée de la Tapisserie, Bayeux)

ausdrucksstarke Bild in Silber geschaffen, d.h. zu dem gezählt wurde, was wir heute Kleinkunst nennen. Und tatsächlich waren die Metallkünstler der Romanik bedeutende Künstler (→Rogerus von Helmarshausen und →Nikolaus von Verdun). Dennoch gab es auch andere, manchmal gegensätzliche Kunstströmungen, so z.B. den sogenannten *Zeichnerischen Stil* des frühen 12. Jhs., für den Arbeiten von →Eilbertus von Köln charakteristisch sind. Aus Silber oder Bronze sind viele der bedeutenden Werke romanischer Plastik gefertigt, und eine Reihe der schönsten romanischen Bilder sind Emailarbeiten. Die Metallkunst erreichte in der Zeit der Romanik einen Höhepunkt, der bis zur Renaissance kaum wieder erreicht worden ist.

Das schnelle Anwachsen von Wohlstand und Eigenständigkeit der einzelnen Klöster und Städte ließ regionale Schulen so wie z.B. die →Maas-Schule der Metall- und Emailarbeiter entstehen. Auch Köln wurde im 12. Jh. zu einem Kunstzentrum, wo emaillierte Reliquiare in der Form kreuzförmiger Kirchen gefertigt wurden (gute Beispiele die Kuppelreliquiare im Kunstgewerbemuseum, Berlin, und im Victoria & Albert Museum, London). Dennoch ist es schwierig, die Herkunftsorte vieler, auch der vollendetsten romanischen Objekte zu bestimmen. Der um 1200 entstandene großartige bronzene ›Trivulzio‹-Leuchter des Mailänder Doms mit seinen nackten Athleten, die sich abmühen, den sie wie Fangarme umschlingenden Voluten des Blattwerks zu entkommen, ist ebenso für mailändisch, wie für lothringisch oder englisch gehalten worden.

Wenn auch nicht alle dekorativen Künste des 11./12. Jhs. sich sinnvoll mit dem Begriff romanisch bezeichnen lassen, so doch die hervorragenden Textilien auch so abgelegener Gegenden wie Sizilien und Norwegen (→Sizilianische Seiden und →Norwegische Tapisserien), nicht zu vergessen den berühmten Wandteppich von Bayeux und die früheste erhaltene abendländische Tapisserie, den Gereonsteppich, beide 11. Jh.

Das Aufkommen der Gotik hatte nicht unmittelbar Einfluß auf die angewandte Kunst: Einige der schönsten Stücke romanischer Goldschmiedearbeit wurden von Abt Suger für St. Denis in Auftrag gegeben, wo die Gotik in der Baukunst etwa um 1140 begonnen hatte. Darunter befanden sich verschiedene Gefäße aus kostbaren Materialien, besonders eine Porphyrvase mit adlerförmiger Fassung (Louvre, Paris). Im späten 12. Jh. aber begannen die gotischen Architekturmotive auch in Metallarbeiten aufzutauchen, die Figuren verloren ihre lapidare Monumentalität, und die fließend bewegten Oberflächendekorationen verdrängten am Ende die hieratische Strenge der Romanik.

Lit: Geschichte der bildenden Kunst Bd. 1, K.M. Swoboda, *Die Epoche der Romanik,* München 1976.

Rombrich, Johann Christoph →Fürstenberg

Römer. Ein deutsches Weinglas, das seit dem 15. Jh. vor allem im Rheinland hergestellt wurde und das immer noch das typische Glas für weißen Rheinwein ist. Es wurde aus zartgrünem →Waldglas gemacht und – solange es noch becherförmig war – am Unterteil mit →Nuppen verziert. Später wurde die Schale halbkugelförmig und die Nuppen – manchmal in Form von Himbeeren – schmücken den Hohlschaft. Der Fuß verbreitert sich konisch nach unten und ist gerillt oder glatt. Der gerillte Fuß besteht aus einem lang ausgezogenen Glasfaden, der – über einen konischen Holzkern gelegt – zusammengeschmolzen wurde. Späte Exemplare haben einen gepreßten Fuß.

Römische Keramik. Bezeichnung für Keramik, die in verschiedenen Teilen des Römischen Reiches vom 1. Jh. v. Chr. bis zum 4. Jh. n. Chr. gefertigt wurde. Am bekanntesten sind die →Arretinischen Tonwaren und ihre Entsprechung in den römischen Provinzen: →Terra sigillata oder Samische Ware. Diese glänzende

Römer, deutsch, um 1620 (Kunstgewerbemuseum, Zürich)

Rookwood pottery: Vase, 1898 (Metropolitan Museum of Art, New York)

rote Keramik bot eine kostensparende Alternative zu Metallbechern, -schalen usw., von denen sie in Form und Dekor abgeleitet ist. Sie hat gewöhnlich eine Reliefverzierung (bei Ausformung des ganzen Gefäßes in einer Form). Aber in den Provinzen und in späterer Zeit gehen die oft sehr verfeinerten und delikaten Verzierungen nach und nach in abstrakte Formen über (wie auch auf den Münzen aus dieser Zeit), und in Nordeuropa erhielten die Verzierungen sogar einen leichten keltischen Einschlag. Die Technik der →Bleiglasur wurde aus Kleinasien übernommen und Mitte des 1. Jhs. n. Chr. nach Gallien weiterverbreitet, wo hübsche Krüge und andere Gefäße mit einer grünlichgelben Glasur in der Gegend von St. Remy-en-Rollat, Vichy und Gannat entstanden. Ähnliche bleiglasierte Waren sind im 3. Jh. im Rheinland und in England hergestellt worden. In den östlichen Provinzen des Römischen Reiches gab es vom 1. bis zum 3. Jh. n. Chr. Töpferwaren mit einer sehr glasigen, glänzend türkisblauen Glasur (ursprünglich in Ägypten entwickelt), die aus pulverisiertem Glas gewonnen wurde und heute ›glasierte Quarzfrittenware‹ genannt wird. Alle diese Produkte wurden vom Ort ihrer Herstellung in andere Teile des Reiches exportiert.

Lit: P. La Baume, *Römisches Kunstgewerbe,* o. O. 1964; B. Strong u. D. Brown (Hg.), *Roman crafts,* London 1976.

Römische Silberarbeiten. Prächtiges silbernes Tafelgeschirr, ziseliert und oft mit Reliefdekorationen versehen, ist aus der Zeit des Augustus und Tiberius erhalten und gehört zu den feinsten Stücken antiker dekorativer Kunst. Bemerkenswert sind vor allem die in Hildesheim gefundenen Silberwaren aus dem 1. Jh. v. Chr. (Antikenmuseum, Berlin) und die etwas späteren aus Boscoreale (Louvre, Paris). Die auffällige Kunstfertigkeit der realistischen Modellierung, mit der Ornamente, meist floral, doch manchmal auch figurativ, wiedergegeben sind, verweist auf hellenistischen Ursprung. Viele Stücke sind wohl im östlichen Mittelmeerraum hergestellt worden, so trägt eines, das in Dänemark gefunden wurde, die Signatur eines griechischen Künstlers. Daß diese Vorliebe für solch luxuriöses Geschirr noch bis ins 4. Jh. n. Chr. andauerte, zeigen Fundstücke aus Mildenhall in England (British Museum, London).

Lit: D. E. Strong, *Greek and Roman gold and silver plate,* London 1966.

Rookwood

Rookwood pottery. Werkstätte für künstlerische Keramik, 1880 in Cincinnati von *Mrs. Maria Nichols* (später Mrs. Storer) gegründet. Das Unternehmen wurde von Anfang an kommerziell betrieben. Der Maler *Albert R. Valentien* (1862-1925) wurde als Dekorierer gewonnen. Die Geschäftsführung war *William Watts Taylor* (1847-1913) anvertraut, der das Unternehmen erwarb, als sich die Gründerin nach ihrer zweiten Eheschließung 1890 zurückzog. Die Produktion umfaßte ausschließlich Dekorationsstücke, hauptsächlich Vasen und verzierte Krüge in einfachen, meist orientalischen Formen, die für ihre reichen grünen oder braunen Glasuren bekannt waren, besonders für die ›Tigerauge‹- →Kristallglasur, die 1884 entwickelt worden war. Die Malerei verrät oft japanischen Einfluß, denn der Künstler Kataro Shirayamandani war einige Zeit in der Fabrik tätig. Jedes Stück wurde gemarkt mit den Initialen des Malers und einem Symbol für das Herstellungsjahr. Die Arbeiten zogen auf der Pariser Ausstellung im Jahre 1890 internationales Interesse auf sich und wurden mit einer Goldmedaille ausgezeichnet. Auf der Weltausstellung 1900 in Paris wurden Stücke im Stil des Art Nouveau gezeigt; das Unternehmen ist heute noch in Betrieb.

Lit: H. Peck, *The Book of Rookwood Pottery,* New York 1968; ders., *Catalogue of Rookwood Art Pottery Shapes,* Kingston, N. Y. 1971.

Rörken oder **Krönken.** Norddeutscher Typ eines Deckelkrugs des 17.-18. Jhs. von schlanker, leicht konischer Form mit S-förmigem Henkel und flachem oder erhöhtem Deckel. Frühe Beispiele haben auch einen flachen Fuß.

Rörstrand

Rörstrand. Fayence- und Porzellanfabrik, in der Nähe von Stockholm 1725 von der schwedischen Handelskammer mit *Johann Wolff* als Leiter (bis 1728) gegründet. Wolff war ein Überläufer aus der Fayencefabrik in Kopenhagen. Er begann mit der Produktion von Blauweiß-Fayence, vergleichbar jener von →Kopenhagen, aber ebenso mit Dekoren, die →Rouen, →Delft, deutschen Fabriken und auch chinesischem Porzellan entlehnt waren. →Bianco sopra bianco, ein dichtes Weiß auf einem graustichigen Grund, wurde zur Spezialität des Unternehmens. Nach der Ernennung von *Anders Fahlström* zum Leiter im Jahre 1741 verbesserte sich die Qualität seiner Erzeugnisse. Die Dekore wurden jetzt in einem phantasiereichen Rokokostil ausgeführt. Aber die beste Periode begann etwas später, 1753, als *Elias Magnus Ingman* mit der Übernahme der Leitung das Unternehmen von Grund auf reorganisierte. Die volle Palette der →Scharffeuerfarben wurde jetzt zur Bemalung von Tafelservicen (besonders Terrinen, die mit Muscheldekor modelliert waren), großen Teetabletts, Öfen usw. eingesetzt. Es wurde auch in →Emailfarben, im Wettbewerb mit der Fayencefabrik →Marieberg, gemalt. Der Entwerfer *Erick Rehn* beschaffte für die Fabrik zeitgenössische französische Fayence, um sie als Vorbild zu verwenden, und führte in der Mitte des 18. Jhs. das ›Rehn-Muster‹ ein, ein zentrales Blumen- oder Früchtemotiv in Blau oder Mangan mit verschlungenem Blattwerk auf der Bordüre, das die Schwingungen des gebogten Randes von Tellern und Schüsseln wiederholte. Nach 1773 ging die Fayenceproduktion langsam zurück, nachdem die Fabrik begonnen hatte, Steingut im englischen Stil herzustellen (›Flint-porslin‹), das bis ins 19. Jh. hinein das Haupterzeugnis blieb. In den Jahren nach 1830 wurden auch Eßservice mit schwarzgedruckten Landschaften im englischen Stil gefertigt. Seit 1857 wurde Knochenporzellan und seit 1870 Hartporzellan hergestellt. Die Produkte entsprachen dem jeweiligen Stil des 19. Jhs., bis 1895 *Alf Wallender* (1862-1914) künstlerischer Leiter wurde und den Stil des Art Nouveau einführte. Er schuf Modelle für Vasen, die mit verhältnismäßig großen Blumen und Blättern im Relief verziert und in gedämpften Unterglasurfarben bemalt sind und zu den schönsten Schöpfungen des Art Nouveau gehören. Ähnliche Vasen wurden nach Entwürfen von *Anna Katarina Boberg* (geb. 1864), Karl Lindström (geb. 1865) und Nils Erik Lundström (1865-1960) modelliert. Die Fabrik machte auch Tierfiguren und Vögel. 1932 wurde sie nach Lidköping verlegt, wo sie jetzt ausgezeichnete Tafelgeschirre aus Steingut, Steinzeug und Porzellan herstellt, teilweise nach Entwürfen von *Edward Hald* vom →Orrefors Glaswerk. Ein Zweigbetrieb unter dem Firmennamen →Arabia wurde 1874 in der Nähe von Helsinki errichtet und 1916 verselbständigt.

Lit: A. Baeckstrom, *Rörstrand och dese tillverkninger,* Stockholm 1930; A. Klein, *Fayencen aus Europa,* Braunschweig 1980.

G. M. Roscher: Möbel- und andere Entwürfe, um 1750 (Bayerisches Nationalmuseum, München)

Rörstrand: Deckelvase in Fayence, um 1760 (National Museum, Stockholm)

Roscher, Georg Michael (tätig 1750). Deutscher Ornamentzeichner und Herausgeber einiger verwegener Rokokoentwürfe für verschiedene Ausstattungsgegenstände (wie Spiegelrahmen, Spiegelkonsolen, Leuchter, Uhrgehäuse usw.), die in Augsburg gestochen und herausgegeben worden sind.

Lit: H. Kreisel, *Die Kunst des deutschen Möbels,* Bd. II, München 1970.

Rose engine turned decoration, engl. Reliefdekor in Form von Korbflechtwerk, mittels einer Drehbank auf Töpferwaren und Porzellan angebracht. *Siehe auch* Maschinell gedrehte Dekore.

Rose, John →Caughley, Töpferwaren und Porzellan; Coalport & Coalbrookdale

Rose Pompadour. Eine dichte, helle rosarote Fondfarbe auf Porzellan von →Sèvres. Sie soll von dem Manufakturmaler *Xhrouet* erfunden worden und dort von 1757 bis etwa 1765 in Gebrauch gewesen sein. Ähnlich dem →Purpur des Cassius und der →Famille rose enthält das ›rose Pompadour‹ Gold. Verschiedene Fabriken, darunter auch →Chelsea und →Worcester, versuchten es nachzuahmen, wenn auch nur mit bescheidenem Erfolg. Die Bezeichnung wurde ihm offenbar erst nach dem Tod der Mme de Pompadour gegeben. Eine ähnliche Farbe auf englischem Porzellan des 19. Jhs. wurde ›rose du Barry‹ genannt, womit manchmal auch unzutreffenderweise das ›rose Pompadour‹ bezeichnet wird.

Rosenthal-Porzellan-AG. Einer der größten Produzenten von Geschirren (hauptsächlich Porzellan; die Gesellschaft betreibt aber auch Fabriken zur Herstellung von Tafelglas sowie von Silber und nichtrostendem Stahl). Die Firma wurde 1879 in Selb in Bayern von *Philipp Rosenthal* (1855-1937) gegründet und wird jetzt von seinem gleichnamigen Enkel geführt. Erst zu Beginn des 20. Jhs. zog sie die Aufmerksamkeit auf sich mit zeitgenössischen figuralen Darstellungen und, noch bemerkenswerter, mit Eßgeschirren in einer höchst vereinfachten Form des Art Nouveau, z. B. das Service ›Darmstadt‹ (1905) und das Service ›Donatello‹ (1907), beide von dem Fabrikgründer entworfen. Das Service ›Donatello‹ wurde unbemalt oder aber auch mit einem Blütenzweig in zurückhaltender Unterglasurmalerei geliefert (ein von der Fabrik gern benutzter Dekor). Andere Erzeugnisse waren traditioneller, einige mit Dekoren aus dem 18. Jh. Seit 1950 ist die Fabrik der ideenreichste Hersteller von Keramik und beschäftigt eine große Zahl von Designern, darunter so namhafte wie →Loewy, →Wagenfeld und →Wirkkala. 1960 eröffnete Rosenthal als erster einige ›Studio-Häuser‹, die heute in vielen europäischen Städten zu finden sind. Sie vertreiben die eigenen Erzeugnisse, aber auch solche anderer Fabriken, von Kunstkeramikern usw., die von einem Gremium von Künstlern und Kritikern, die die Firma beraten, geprüft worden sind. Obwohl sie daneben auch Keramik mit traditionellen Mustern herstellt, sind die meisten heutigen Erzeugnisse überraschend modern und bestechen mehr durch ihre Form als durch den Dekor.

Lit: A.-L. Leistikow-Duchardt, *Die Entwicklung eines neuen Stiles im Porzellan,* Heidelberg 1957; L. Danckert, *Handbuch des Europäischen Porzellans,* München 1954/84; B. Fritz u. H. Hilschenz (Hg.), *Rosenthal, 100 Jahre Porzellan,* Ausst. Kat. Hannover-Bremen-Köln 1982.

Rosset, Joseph (1706-86). Führender französischer Bildhauer und Elfenbeinschnitzer in elegantem Rokoko. Seine Arbeiten erstrecken sich von Schnupftabaksdosen und Tabakraspeln bis zu religiösen Statuetten (Hl. Therese, Louvre, Paris) und in zahlreichen Versionen ausgeführten Bildnisbüsten berühmter Männer wie Voltaire, Montesquieu, Rousseau und D'Alembert. Seine Söhne, *Jacques* (1741-1826) und *Antoine* (1759-1818), waren seine Gehilfen.

Rosenthal: Porzellanfiguren, Modelle von R. Marcuse, um 1914 (Sammlung Bröhan, Berlin)

Roßhaar. Ein Gewebe, das aus Roßhaaren mit Leinen- oder Baumwollkette gemacht ist. Steif, hart, aber sehr glatt, glänzend und haltbar. Seit dem späten 18. Jh. für Möbelpolster gebraucht. Meist ist es einfach schwarz, kann aber auch gestreift oder kariert sein.

Rössler, Wolf (um 1650-1717). Goldschmied und Stecher, tätig in Nürnberg. Er wird allgemein mit dem →Hausmaler identifiziert, der einige der besten Fayence-Dekorationen des späten 17. Jhs. mit den Initialen ›WR‹ signiert hat: Einige sind in →Schwarzlot gemalt, andere zeigen sehr reizvolle Landschaften in vielfarbiger →Emailmalerei (Kanne in der Franks Collection, British Museum, London).

Lit: H. Bosch, *Die Nürnberger Hausmaler,* Braunschweig 1984.

Rosso antico. Unglasiertes rotes Steinzeug von →Wedgwood in Nachahmung griechischer oder römischer Töpferwaren; in der Art von Basaltware oder mit schwarzen Figuren in Nachahmung griechischer schwarzfiguriger Vasen dekoriert.

Rosso Fiorentino eigtl. **Giovanni Battista Rosso** (1495-1540). Führender manieristischer Maler aus Florenz und, mit Primaticcio, einer der Begründer der Schule von Fontainebleau. Es scheint, daß er das →Rollwerk erfunden hat, das erstmals in dem von ihm für die Galerie von Franz I. in Fontainebleau entworfenen Stuckfries auftritt, 1533-35. Außerdem weiß man, daß er für Franz I. zahlreiche Silbergeschirre entworfen hat, die nicht erhalten sind, deren Stil wir aber aus den Stichen des René Boyvin kennen, die von ihnen angeregt, wenn nicht unmittelbar nach ihnen kopiert worden sind. Es gehören dazu u. a. höchst kunstvoll gearbeitete, auf Fröschen, Schildkröten oder Schalentieren ruhende Prunkschiffe, Salzfässer u. ä. mit einer Fülle monströsen, verdrehten und zuweilen unverhüllt erotischen figürlichen Schmucks (der Schaft eines Salzfasses z. B. ist aus zwei sich im Liebesakt windenden Figuren gebildet).

Lit: J. F. Hayward, *Virtuoso Goldsmiths and the Triumph of Mannerism 1540-1620,* London 1976.

Rost oder **Rostel, Jan** →Ferrara, Teppichmanufaktur; Florentiner Bildteppiche

Rotkehlchen-Eier. Eine gefleckte, opake, türkis und blaue →Glasur, die im frühen 15. Jh. in China entwickelt wurde. Das Türkis ist durch ein enges Sieb auf die einfarbig blaue Glasur geblasen.

Rotterdam. Die Herstellung von Fayence begann in Rotterdam um 1612 und ersetzte nach und nach im 17. Jh. die Fliesenproduktion von →Antwerpen. Fliesenbilder von Cornelis Boumeester (1652-1733) waren berühmt, insbesondere Ansichten von Rotterdam, Seestücke mit Schiffen und Walfangszenen usw. Die wichtigste Töpferei in Rotterdam war ›De Bloempot‹, (›Der Blumentopf‹), gegründet vor 1665 und 1691-1787 geleitet von der Familie Aelmis, vor allem von Jan Aelmis (1674-1755), der seinem Vater 1707 nachfolgte. Er lieferte 1716-19 Fliesen für die Pagodenburg im Nymphenburger Schloßpark, München, und 1731 die Falknereiszene für Schloß Falkenlust (bei Brühl). Die Werkstatt schloß 1873.

Lit: D. Korf, *Dutch Tiles*, London 1963.

Roubo, Jacob (1739-91). Französischer Möbelschreiner und Entwerfer, bekannt durch sein Handbuch ›Art du Menuisier‹ (Paris 1769-75), das im 18. Jh. am eingehendsten über die Techniken der Möbelherstellung informierende französische Buch. Die Zeichnungen wirken für die vom Klassizismus beeinflußte Zeit, in der sie entstanden, bereits veraltet.

Rouen. Die 1526 von Masseot →Abaquesne in Rouen gegründete Werkstatt gehört mit zu den frühesten Herstellern französischer Fayence im Stil italienischer Majolika. Von seinem Sohn wurde sie bis zum Ende des 16. Jhs. weiterbetrieben. Ein neuer Abschnitt begann 1644, als Nicolas Poirel für die Dauer von fünfzig Jahren das Monopol zur Herstellung von Fayence in der Normandie erhalten hatte und den Betrieb an E. →Poterat übertrug, in dessen Namen er möglicherweise das Monopol beantragt hatte. Die Fabrik von Poterat fabrizierte alles, von Platten bis zu Weinbehältern (Musée de Cluny, Paris), mit blauweißem Dekor (manchmal auch gelbem) im Stil von →Nevers. Sein Sohn Louis errichtete eine eigene Werkstatt, für die er 1673 die Berechtigung erhalten hatte. Er hat die Entwicklung des Stils, der mit dem Namen Rouen verbunden ist, maßgeblich beeinflußt: Seine Produktion umfaßte freizügig mit →Lambrequins und anderen stilisierten Ornamentmotiven in Blauweiß dekorierte Eßservice. Er erhielt auch ein Monopol für die Herstellung von Porzellan, hat aber offenbar nur ganz wenig produziert (einige Stücke aus Weichporzellan mit den Buchstaben ›A. P.‹ wurden – nicht unbestritten – seiner Werkstatt zugeschrieben). Als das Monopol von Poterat 1694 ausgelaufen war, wurden mehrere Werkstätten eröffnet, die Rouen zu einem der bedeutendsten Zentren der Fayenceherstellung in Frankreich machten. Da die Erzeugnisse nur selten gemarkt wurden, können sie voneinander kaum unterschieden werden. Die Werkstätten hatten offenbar alle einen gemeinsamen Stil und waren spezialisiert auf Krüge und andere Gefäße, die nach Vorlagen für Silberarbeiten geschaffen wurden. Teller wurden im →Style rayonnant dekoriert, aber auch mit Wappen der Aristokratie, die durch die Gesetze von 1709 gegen einen übertriebenen Luxus keine Silbergeschirre mehr benutzen durfte. Mit ihrem steifen Spitzendekor sind sie die besten Beispiele für die Fayence im Louis-quatorze. Üblicherweise wurden sie in Blau auf weißem Grund gemalt, aber auch ein stumpfes Indianerrot war im Gebrauch. Etwa nach 1720 wurde die volle →Scharffeuerfarbenpalette eingeführt, besonders für den exotischen floralen Dekor in der Art der chinesischen →Famille verte. *Paul Caussy* (gest.

Rouen: Fayence-Büste auf Sockel, um 1740 (Louvre, Paris)

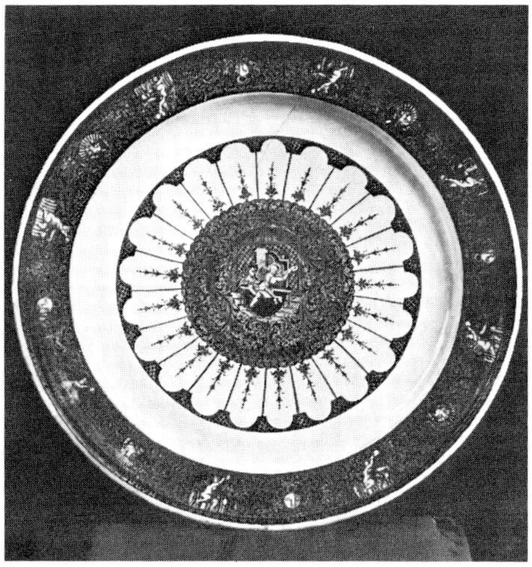

Rouen: Fayence-Teller im ›style rayonnant‹, frühes 18. Jh. (Louvre, Paris)

1731) soll den Gelb-Ockerfond entwickelt haben. Einige der besten Stücke sind von *Jean Baptiste Guillibaud* (gest. 1739) signiert. Andere Erzeugnisse, wie Krüge, Becken und →Wöchnerinnenschüsseln sind in einer Abwandlung des →Bleu persan-Stils von Nevers mit einem matten Fond und bunten Blumen bemalt. Einen wärmeren Eindruck vermitteln Teller, die mit →Indianischen Blumen und Felsen auf einem schwarzen Grund staffiert sind. Einige sehr eindrucksvolle große Gegenstände sind bekannt, wie ein Paar Erd- und Himmelsgloben auf mächtigen barocken Ständern aus dem Jahre 1725 (Musée Céramique, Rouen), überlebensgroße Büsten der vier Jahreszeiten (Louvre, Paris) und Apollo (Victoria & Albert Museum, London), vermutlich aus der Werkstatt von *Nicolas Fouquay,* dem Nachfolger von Louis Poterat. Sehr ansprechende Modelle wurden in den 1750er und 1760er Jahren im Rokokostil gemacht, oft mit verliebten Schäfern in reich verzierten Umrahmungen staffiert. Auch große Öfen und Fliesen gehörten zur Produktion. Große Apfelweinkrüge wurden in einer betont rustikalen Art des Rokoko bemalt. Seit etwa 1770 wurden, um Porzellan gleichzukommen, →Emailfarben verwendet, besonders in der Werkstatt der *Familie Levavasseur.* 1786 gab es in Rouen noch 18 Fabriken, die Produktion ging aber allmählich zurück, teils infolge der Konkurrenz durch englisches Steingut, das einige Fabriken, allerdings mit geringem Erfolg, nachmachten. Im Jahre 1807 waren noch vier Fabriken übriggeblieben, die einfache Haushaltswaren herstellten. Die letzte wurde 1847 geschlossen. Die Werkstätten des 17. und 18. Jhs. führten keine Marken, gelegentlich sind einzelne Bezeichnungen, vermutlich von Malern, festgestellt worden.

Lit: M.J. Ballot, *Nevers, Rouen et les fabriques du XVIIe et du XVIIIe siècles,* Paris 1924; *Trésors de la faïence de Rouen,* Ausst. Kat. Rouen 1952; H.P. Fourest u. J. Giacomotti, *L'Oeuvre des faïenciers français du XVIe à la fin du XVIIIe siècle,* Paris 1966; A. Klein, *Fayencen aus Europa,* Braunschweig 1980.

Round Glasshouse. Die erste Glashütte für die Herstellung von →Flintglas in Irland, gegründet um 1690 in Dublin von *Philip Roche.* Im frühen 18. Jh. wurden die verschiedenartigsten Gefäße aus geschliffenem Glas angezeigt. Die Firma wurde von dem ›Excise Act‹ von 1745 betroffen, der den Export von Glas verbot, und mußte 1755 schließen.

Lit: M.S. Dudley Westropp, *Irish Glass,* London 1920.

Rousseau, Eugène (1827-91). Bedeutender französischer Keramiker und Glaskünstler, der schon sehr früh unter den Einfluß der japanischen Kunst geriet. Mit einigen seiner Arbeiten versucht er sich in deren Nachahmung. Er schuf auch Jadeimitationen aus Glas. Zu seinen interessantesten Arbeiten jedoch gehören große und ziemlich schwere Glasvasen, die craqueliert und von farbigen Schwaden durchzogen sind – frühe Versuche, japanische Überlaufglasuren nachzuahmen. Im Jahr 1885 übergab er dann sein Atelier seinem Schüler *Ernest-Baptiste Leveillé,* der in einem ähnlichen, wenn auch plastischeren Stil arbeitete.

Lit: G.P. Weisberg in *The Connoisseur* Juli 1973, S. 210-13; H. Hilschenz, *Das Glas des Jugendstils,* München 1973.

Roussel, Pierre (1723-82). Pariser →›ébéniste‹, der 1745 Meister wurde und 1767 zu den führenden Kunsttischlern in Paris gehörte. Vier seiner Brüder waren →›menuisiers‹. Er arbeitete in allen Variationen des Louis-quinze und Louis-seize und verwendete sowohl Blumen- und Bild→marketerie (oft nach chinesischen Drucken), als auch geometrische →Intarsien, →Lackmalerei und einfache →Furniere. Werke von ihm finden sich im Musée Jacquemart-André in Paris.

Lit: F.J.B. Watson, *The Wrightsman Collection: Furniture,* New York 1966.

Rousset, Elias Karl →Magdeburg

Roycrofters →Hubbard, E.

Rozenburg. Fayence- und Porzellanfabrik, 1883 in Rozenburg bei Den Haag von Baron von Gudenberg zur Herstellung von Blauweißware im Stil von →Delft gegründet. Aus der frühen Produktion sind die Malereien im abstrakten Ornamentstil von →Colenbrander, der von 1884 bis 1889 in der Fabrik arbeitete, besonders bemerkenswert. *J. Juriaan Kok* (1861-1919), der von 1894 bis zu seinem Tod Fabrikdirektor war, reorganisierte das Unter-

E. Rousseau: Glasvase in Jade-Imitation, um 1885 (Musée des Arts Décoratifs, Paris)

nehmen, entwickelte eine Art sehr dünnes Eierschalenporzellan und schuf Entwürfe für Gefäße im Stil des Art Nouveau, mit einer Vorliebe für eckige und schlanke Formen. Die Bemalung, besonders von *J. Schellink* und *R. Sterken*, zeigt Pfauen, aufgeblühten Mohn, schlaff herabhängende Blütenrispen von Flieder und andere Motive aus dem reichen Schatz des Art Nouveau. *Siehe Abb. S. 134.*

Lit: H.W. Haase, *Rozenburg Keramik*, Ausst. Kat. Bremen 1976.

Rubati, Pasquale → Mailand, Fayencefabriken

Rubinglas. Rotgefärbtes Glas, das durch den Zusatz von Goldchlorid zur Fritte entstand. Zuerst von *J. Kunckel* in → Potsdam hergestellt (1679) und bald von verschiedenen anderen deutschen Glashütten nachgeahmt.

Rucker, Thomas (um 1532-1606). Schwertfeger in Augsburg. Für Kaiser Rudolf II. fertigte er einen ungewöhnlichen, reich dekorierten Thronsessel aus ziseliertem Stahl an. Der Sessel war früher Teil der Sammlung Kaiser Rudolfs II. in Prag und befindet sich heute in Longford Castle, Wiltshire. Der Dekor, ebenfalls aus Stahl, besteht aus etwa 120 figürlichen Reliefs, die von komplexem manieristischem → Rollwerk umrahmt sind, und aus vielen tragenden Figuren.

Lit: J.F. Hayward in *Zeitschrift für historische Waffen- und Kostümkunde* (1976) Heft 2 S. 85-98; ders. in *The Burlington Magazine*, Juni 1980 S. 428-432.

Rudolstadt. Eine Fayencemanufaktur, die 1721 von Daniel Christian Fleischauer, vorher Direktor der Fayencefabrik → Dorotheenthal, gegründet wurde. Die Manufakturen befanden sich später in einer Hand und produzierten auch ähnliche Erzeugnisse. 1791 wurde der Betrieb in Rudolstadt geschlossen. Nur wenige Stücke sind gemarkt. Die Volkstedt-Porzellanmanufaktur wird manchmal *Rudolstadt* nach ihrem Gönner Prinz Schwarzburg-Rudolstadt genannt.

Ruhlmann, Jacques-Emile (1879-1933). Der führende Pariser Innenausstatter und Möbeldesigner der 20er Jahre. Er hat den Trend der Zeit schnell erfaßt und wertete die dem Kubismus nahestehende Richtung des internationalen modernen Designs sehr geschickt kommerziell aus. Seine luxuriösen Möbel sind mondän, bequem und selbstbewußt modisch, für die Zeit ebenso charakteristisch wie Bubiköpfe und lange Zigarettenspitzen. Ruhlmann wurde in Paris geboren und begann seine Laufbahn als Maler. Seit 1901 entwarf er Möbel. Nach dem Ersten Weltkrieg gründete er mit *M. Laurent* eine Firma, die später durch eine ›maison de décoration‹ erweitert wurde. Bereits 1925 war sie mit ihren Werkstätten für ébénisterie, menuiserie, Spiegel, Polster- und Lackarbeiten das erste Einrichtungshaus in Paris, das wahrscheinlich die besten, mit Bestimmtheit aber die teuersten Möbel produzierte, die auf dem Markt waren. Ruhlmann war selber der Entwerfer aller Möbel, die in seinen Ateliers ausgeführt wurden. Von Anfang an hatte er eine Vorliebe für einfachste Form und teuerstes Material – Amboynaholz, Ebenholz aus Makassar und Elfenbein-Intarsien. Seine Farbzusammenstellungen glichen denen Whistlers, er verwendete gern Grautöne mit Silber und stellte mit Vorliebe Schwarz und Gold zusammen, die Farben russischer Zigaretten. Seine Schreibtische, Anrichten und Frisiertische sind von einer gewissen Leichtigkeit durch ihre fast unmerklich geschwungenen, sich verjüngenden Beine, die in kleinen Metall- (oft Silber) oder Elfenbeinfüßen enden. Mitunter scheinen diese Stücke vom Stil des 18. Jhs. inspiriert zu sein, während seine Stühle und Sofas eher dem ersten Empire Anregungen verdanken. Es ist auch bezeichnend, daß er seine Arbeiten mit einem Stempel versah, wie es im 18. Jh. üblich war. Obwohl er an der Entwicklung des Möbeldesigns im 20. Jh. keinen Anteil hatte, nahm er manches vorweg, und die hervorragende handwerkliche Qualität seiner Arbeiten hebt sich deutlich von der teuren Banalität der Nachahmungen ab. Einige seiner Arbeiten befinden sich im Musée des Arts Décoratifs und im Louvre, Paris, sowie im Victoria & Albert Museum, London.

Lit: F. Camard, *Jacques-Emile Ruhlmann*, Paris 1983.

J.-E. Ruhlmann: Anrichte, um 1925 (Louvre, Paris)

Rummer. Englisches Trinkglas des späten 18. und frühen 19. Jhs. mit weiter Schale auf kurzem Schaft. Wahrscheinlich war es zum Trinken von heißem ›toddy‹ – eine Art Punsch – bestimmt. Frühe Exemplare haben eine eiförmige Cuppa aus ziemlich dünnem Glas, spätere sind viel dicker, haben gerade Wände und stehen auf einem schweren, manchmal vierekkigen Fuß. Der Name stammt vom deutschen → Römer.

Rumpp, Johannes (tätig um 1740). Entwerfer und Ornamentstecher aus Augsburg, der um 1740 eine Kupferstichsammlung mit dem Titel ›Tischler oder Schreiner Riese‹ veröffentlichte. Sie enthält Entwürfe für Möbel, hauptsächlich Schränke und Schreibtische in einem klobigen deutschen Spätbarockstil, reich mit → Marketerie und Schnitzdekor verziert.

Rundell, Philip (1743-1827). Besitzer eines angesehenen und florierenden Londoner Silberschmiedebetriebes. Er wurde in Bath geboren, begann als Juwelier, ging 1767 nach London

Rummer, englisches Glas, um 1830 (Victoria & Albert Museum, London)

und wurde 1772 Teilhaber der Goldschmiede- und Juwelierwerkstatt von Theed & Picket, deren alleinige Leitung er 1786 übernahm. 1788 assoziierte er sich mit *John Bridge*, einem Mann, der mit seiner gewinnenden Art für den Umgang mit reichen und einflußreichen Kunden prädestiniert war. Die beiden wurden zu Hofjuwelieren und -silberschmieden bestallt, 1806 beschäftigten sie 1000 Angestellte; die bedeutendsten Aufträge für Tafelsilber scheinen allerdings durch unabhängige Künstler wie P. →Storr und B. →Smith außer Hause ausgeführt worden zu sein. Der Bildhauer William Theed, der zuvor als Modelleur für →Wedgwood gearbeitet hatte, wurde 1808, Storr 1811 Teilhaber der Firma, die unter dem Namen *Rundell, Bridge and Rundell* alle Arten von Tafelsilber, vom schlichtesten bis zum höchst aufwendigen, herstellte und zum Spezialisten für jene gewichtigen Repräsentationsstücke wurde, die während der letzten Jahre der Napoleonischen Kriege in Mode gekommen waren. Der größte Teil der Produktion war im Stil klassizistisch. Die Modelle stammten oft von hervorragenden Bildhauern,

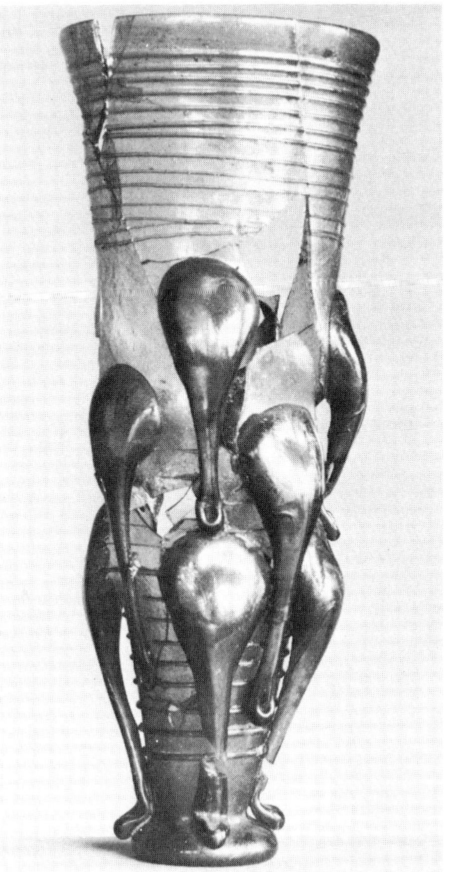

Rüsselbecher, fränkisches Glas, 5.-6. Jh. (Victoria & Albert Museum, London)

wie John Flaxman oder Francis Chantrey und Edward Hodge Baily (1788-1867). Aber gelegentlich erlag man auch dem Neu-Rokoko, vielleicht unter dem Einfluß der von französischen Emigranten mitgebrachten Stücke. Theed starb 1817, Storr zog sich 1819 von der Partnerschaft zurück. Bis zu Rundells Tod wurde der Stil beibehalten. 1842 wurde der Betrieb aufgelöst, und viele der Modelle für Gebrauchswaren verkauft, etwa an G.R. Collis, der sie für die Herstellung von →Sheffield Plate verwendete.

Lit: N.M. Penzer, *Paul Storr, the last of the Goldsmiths*, London 1954; S. Bury, ›The Lengthening Shadow of Rundell's‹ in *The Connoisseur* CLXI (1966), S. 79, 152, 218; C. Oman, ›Problem of artistic responsibility: the firm of Rundell, Bridge and Rundell‹ in *Apollo*, März 1966.

Ruskin Pottery →Taylor, W.H.

Rustic furniture, Entwurf für einen Gartenstuhl von M. Darley, 1754

Rüsselbecher. Großes konisches oder keulenförmiges Trinkglas mit langen, hohlen, aus der Wandung des noch weichen Glases herausgezogenen Ausbuchtungen verziert, die an Ele-

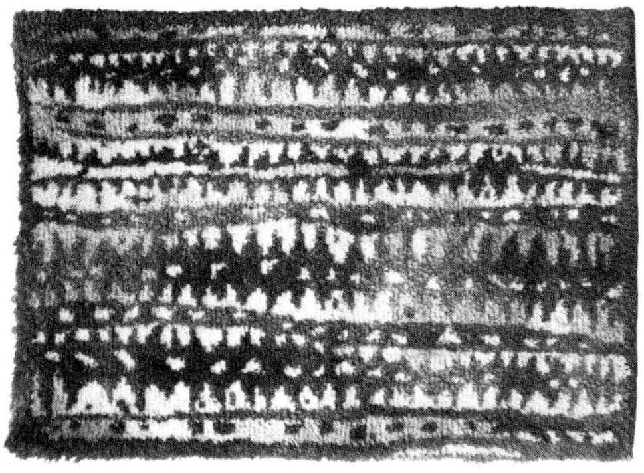

Rye, 1952 (Kunstindustrimuseet, Kopenhagen)

phantenrüssel erinnern. Im frühen Mittelalter wohl im Rheinland entstanden.

Russinger, Laurentius →Höchst

Rustic furniture, engl. Im weitesten Sinn rustikale Möbel für Land- und Bauernhäuser wie →Windsor-Stühle und Stühle mit →Leiterrücken (→Yorkshire-Stühle). Die Bezeichnung wird auch für einen bestimmten Möbeltyp verwendet, der gegen Ende des 18. Jhs. hauptsächlich in England hergestellt und als Gartenmöbel sowie für die Möblierung von Gartenpavillons benutzt wurde: Stühle und Tische aus so geschickt geschnitztem Holz, daß rauhe, unbearbeitete Klötze oder Wurzeln vorgetäuscht werden. Entwürfe dafür wurden in zahlreichen Vorlagenbüchern veröffentlicht; eines der bekanntesten ist ›A New Book of Chinese Designs‹, herausgegeben von Edwards und Darley (London 1754). *Siehe Abb. S. 533.*

Rye. Knüpfteppiche, die in Dänemark, Norwegen, Schweden und vor allem in Finnland als Bettdecken, Pferdedecken oder leichte Teppiche hergestellt wurden. Sie haben ein sehr dünnes Grundgewebe aus Wolle oder Leinen und ungewöhnlich lang heraushängende, eingeknotete wollene Fäden. Zwischen den einzelnen Knotenreihen liegen zehn bis zwanzig Schüsse. Einige Ryen sind einfarbig, andere haben geometrische oder stilisierte Blumenmuster. Dieses meist von Amateuren bis zum Ende des 19. Jhs. ausgeübte Kunsthandwerk ist vor kurzem wieder aufgelebt.

Saargemünd (Sarreguemines). Große Töpferei in Lothringen, gegründet um 1778 von *François-Paul Utzschneider* (1771-1844) und von ihm und seinen Nachkommen bis zum Ende des 19. Jhs. betrieben. Sie begann mit der Produktion von Steingut und Steinzeug im Stil von →Wedgwood. 1794 erwarb sie die Rohmaterialien und Modelle der Fayence- und Porzellanfabrik →Ottweiler. Im 19. Jh. machte sie Eßservice mit gedruckten Landschaften (im englischen Stil) und entfernt an italienische Majolika erinnernde Fayence. Um 1867 soll sie nicht nur die größte französische Fabrik für Industriekeramik (mit etwa 2000 Beschäftigten), sondern auch, nach →Minton, die für die Produktion von Steingut bekannteste gewesen sein. Nach 1870 wurde Saargemünd deutsch, und neue Fabriken wurden in Digoin (1876) sowie in Vitry-le-François (1900) gegründet.

Lit: Y. Brossard u. A. Jacob, *Faïences et porcelaines de l'Est. Sarreguemines,* Paris 1975.

Saarinen, Eero (1910-61), Sohn des finnischen Architekten *Eliel Saarinen,* der 1922 in die Vereinigten Staaten auswanderte. Eero Saarinen studierte Architektur und schuf nach dem Zweiten Weltkrieg die aufsehenerregendsten und kühnsten Bauten. Er war als Möbelentwerfer ebenso bedeutend wie als Architekt und beschritt zusammen mit Ch. →Eames, ausgehend vom →Kunststoff, einen völlig neuen Weg im Möbeldesign. Nun wurde z. B. ein Stuhl aus Kunststoff gepreßt wie die Karosserie eines Autos. Sein Werk faßte die Tendenz des Designs in der Mitte des 20. Jhs. zusammen, nämlich die Abkehr von geometrischer Kargheit und Rechtwinkligkeit und die Entwicklung freierer, organischer Formen. Wie Eames war Saarinen von der Ästhetik des Flugzeugs stark beeindruckt. Für seine Stühle scheinen die Gesetze der Schwerkraft aufgehoben, sie scheinen vom Erdboden abzuheben. 1940 entwarf Saarinen gemeinsam mit Eames einen Stuhl mit einer Sitzschale aus verformtem Sperrholz. 1948 folgte dann ein Armsessel, der sogenannte ›Schoßstuhl‹, aus gepreßtem Kunststoff. Er ist den gleichzeitigen Stühlen von Eames sehr ähnlich, aber der Sitz ist gepolstert und das Stahlrohrgestell ist leichter. Sein bekanntestes Design ist die weiße ›Tulpen‹-Tisch- und Stuhlserie. Die Sitzschalen der Stühle und Armsessel bestehen aus fiberglasverstärktem Kunststoff und ruhen auf einem schlanken Pilzfuß aus weißlackiertem Gußaluminium, grazil wie ein Blumenstengel. Die Form ist in hohem Maße organisch und außerordentlich – vielleicht sogar übertrieben – elegant. Der Fuß sollte ursprünglich aus Kunststoff hergestellt werden, was sich jedoch technisch als unmöglich erwies. Es gibt vielleicht keinen Entwurf, der die Verwendung von Kunststoff im Möbeldesign besser und eleganter löst. *Siehe auch Abb. S. 171.*

Lit: R. Spade, *Eero Saarinen,* London 1971.

E. Saarinen: Stuhl mit Sitzschale, fiberglas- und aluminiumverstärkter Kunststoff, 1957 (Museum of Modern Art, New York)

Sadler, John (1720-89). Er arbeitete als einer der ersten mit dem →Umdruckverfahren auf Porzellan, hat möglicherweise sogar dieses Verfahren entwickelt. Er wird erstmals 1756 zusammen mit seinem Partner *Guy Green* erwähnt in einer eidlichen Erklärung, wonach er »über 1200 Keramikfliesen mit verschiedenen Mustern« in Liverpool bedruckt habe. Er dekorierte Keramik aus mehreren Werkstätten, besonders von →Wedgwood. 1770 gab er seinen Beruf auf.

Lit: E. S. Price, *John Sadler, a Liverpool Pottery Printer,* West Kirby 1949.

Saffian oder **Maroquinleder.** Ursprünglich ein marokkanisches Ziegenleder; aber später gilt die Bezeichnung oft auch für Imitationen in Schaf- und Lammfell. Seit dem frühen 17. Jh. ist Saffian in der Buchbinderei verwendet worden, zuerst meist braun oder grün gefärbt, dann auch rot, schwarz oder blau. Im Verlauf des 17. Jhs. hat rotes Saffian beim Bucheinband dann das übliche braune Kalbsleder weitgehend ersetzt.

Sägeuhr. Relativ seltener, im 18. Jh. in Deutschland und Österreich hergestellter Uhrentyp. Die Uhr bewegt sich durch ihr Eigengewicht an einer sägeähnlichen Metallstange herunter, deren Zähne im Eingriff mit den Rädern des Uhrwerks stehen und dieses antreiben.

Saint-Amand-les-Eaux. Um 1700 wurde von *Pierre Joseph Fauquez* (gest. 1741) eine Fayencefabrik gegründet, die unter der Leitung der Familie Dorez (→Lille) florierte, bis sie 1776 geschlossen wurde. Eine zweite, wichtigere gründete er 1718 als Zweigbetrieb einer Fabrik in der Nähe von →Tournai, die er 1725 stillegte. Die Fabrik von Saint-Amand-les-Eaux wurde von seinem Sohn und seinem Enkel bis zur Französischen Revolution weitergeführt. Zunächst war →Rouen, anschließend →Straßburg das Vorbild für Form und Dekor der Tafelservice. Von etwa 1760 an wurde ein eigener →Bianco sopra bianco-Dekor in Verbindung mit unterglasurblauer oder manganfarbener Malerei von Landschaften, Blumen und figürlichen Darstellungen angewandt, meist auf Tellern und Schüsseln, gelegentlich aber auch bei größeren Stücken (z. B. der Wandbrunnen im Musée National de Céramique de Sèvres). Im späteren 18. Jh. waren sie manchmal auch mit →Emailfarben bemalt. Gegen Ende des Jhs. wurde →Steingut fabriziert. Unter dem Enkel des Gründers, *Jean Baptiste Joseph Fauquez* (1742-1804), wurde von 1771 bis 1778 schlicht bemaltes Weichporzellan in ziemlich bescheidenem Umfang erzeugt. *Maximilian Joseph de Bettignies* (gest. 1865), der nach der Revolution die Fabrik erworben hatte, nahm die Produktion von Porzellan auf und fälschte →Sèvres und andere Weichporzellane.

Lit: J. Houdoy, *Histoire de la céramique lilloise,* Paris 1869; R. Le Bacqz in *Cahiers de la céramique* 9 (1958), S. 41-47; J. Giacomotti, *Faïences françaises,* Fribourg 1963; M. Ernould-Gandouet, *La Céramique en France au XIXe siècle,* Paris 1969.

Saint-Amand-les-Eaux

Saint-Ange, Jacques-Louis de la Hamayde de (geb. 1780). Französischer Entwurfszeichner; er begann unter dem Einfluß von Ch. Percier (→Fontaine) und Alexandre Brongniart und arbeitete ab 1806, vielleicht auch schon früher, für →Sèvres. Nach 1814 wandte er sich hauptsächlich dem Textilentwurf zu und zeichnete zahlreiche Teppiche und einige Bildteppiche für die ›Garde Meuble de la Couronne‹. Seine Teppichentwürfe sind in der Dichte der Musterung und der Wahl der Motive – Schwäne, Blumen, Lyren usw. –, aber auch in ihrer gelegentlichen grellen Buntfarbigkeit charakteristisch für den Stil der →Restauration.

Saint-Clément. 1758 als Zweigbetrieb von →Lunéville gegründete Fayencefabrik, die ab 1762 selbständig von Charles Loyal gemeinsam mit dem Architekten Richard Mique und zeitweise (bis 1763) mit P. L. →Cyfflé geführt worden ist. Sie stellte weißes →Biskuit und bemalte Fayencefiguren nach Entwürfen von Cyfflé her. Bekannt geworden ist sie durch ihre mit →Emailfarben bemalten und vergoldeten Eßservice im Stil von →Sceaux. Ab 1772 ließ die Qualität der Erzeugnisse nach. Nach wiederholtem Eigentumswechsel ging die Fabrik 1824 an *Germain Thomas* über, dessen Nachfahren sie bis ins späte 19. Jh. leiteten. Die frühen Stücke wurden sehr selten gemarkt, eine einzige Blaumarke ›S C‹ ist nachgewiesen. Erzeugnisse des 19. Jhs. tragen blau schabloniert ›St Clement‹ oder eingepreßt ›St Ct‹.

Lit: H. Haug in *Archives Alsaciennes d'histoire de l'art* IX (1930) S. 160 ff.; H. P. Fourest u. J. Giacomotti, *L'Œuvre des faïenciers ...,* Paris 1966; M. Ernould-Gandouet, *La Céramique en France au XIXe siècle,* Paris 1969.

Saint-Cloud. Die frühe Geschichte der Fayence- und Porzellanherstellung in Saint-Cloud liegt im dunkeln. 1666 gründete François →Réverend eine Fayencefabrik, in der er holländische Töpfer beschäftigte. Um 1670 begann er, Versailles mit Fliesen und Vasen zu beliefern. Die Fabrik wurde 1674 von Pierre Chicaneau (gest. 1677) gemietet und 1683 von seiner Witwe und ihrem zweiten Mann, *Henri Charles Trou* (gest. 1700), erworben. Chicaneau hatte ein Verfahren zur Herstellung von Weich→porzellan entwickelt, nach dem von 1693 bis 1702 gearbeitet wurde. 1702 erhielt Berthe Coudray zusammen mit ihren Kindern aus der Ehe mit Chicaneau ein Privileg zur Herstellung von Porzellan und Fayence in Saint-Cloud. Ein Nebenbetrieb wurde in Paris, rue de la Ville-l'Evêque, errichtet, der von 1722 bis zu seiner Vereinigung mit dem Hauptbetrieb 1742 selbständig arbeitete. Die Erzeugnisse fielen hauptsächlich durch die Qualität des verwendeten Materials auf, durch den warmen Ton und den Seidenglanz ihrer Glasur (sie ist weniger glänzend als die Glasur von →Mennecy) sowie ihre vollendete Modellierung. Die Fabrik hatte eine umfassende Produktion: Marmeladegefäße, Butterdosen, Gewürzbehälter, Krüge in Form von Menschen und Vögeln, Teekannen mit drachenförmigen Henkeln und Ausgußtüllen, Potpourris mit vollendeten →Chinoiserien, Tassen und Unterteller, Terrinen, Stockgriffe, Messergriffe, Schnupftabaksdosen usw. Viele Stücke tragen

Saint-Cloud

Saint-Cloud: Eisbehälter, Weichporzellan, um 1710-20 (Musée des Arts Décoratifs, Paris)

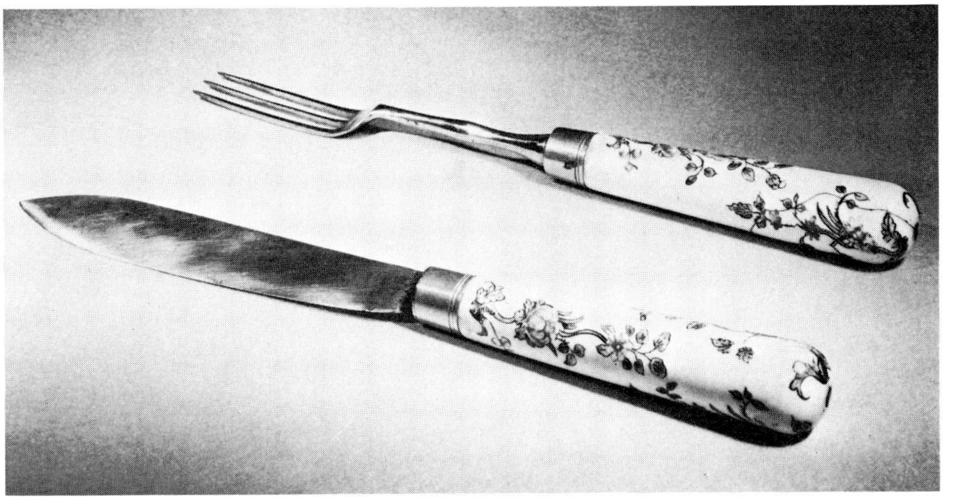

Saint-Cloud: Messer- und Gabelgriff, Weichporzellan, um 1740 (Musée des Arts Décoratifs, Paris)

einen Reliefdekor von Zweigen mit Pflaumenblüten, wie er auf Blanc de Chine (→Dehua) zu finden ist, oder ein ungewöhnliches Muster von schuppenartig sich überlappenden Blättern. Viele Stücke wurden in Silber montiert, was ihren juwelengleichen Wert hervorhebt. Die frühen Erzeugnisse sind entweder unbemalt oder unterglasurblau im →Lambrequin-Dekor fein bemalt. Goldhöhungen sind selten. →Emailfarben wurden, hauptsächlich nach 1730, für den →Kakiemon-Dekor benutzt. In dieser Zeit geriet die Manufaktur unter den Einfluß von →Meißen. Um 1750 fiel die Qualität der Erzeugnisse ab, die Fabrik wurde 1766 geschlossen.

Lit: P. Alfasssa u. J. Guérin, *Porcelaine française,* Paris 1932; W. B. Honey, *French Porcelain of the 18th Century,* London 1950; H. Jedding, *Europäisches Porzellan, Von den Anfängen bis 1800,* München 1970.

Saint-Cyr-Stickereien. Nadelarbeiten der Zeit Ludwigs XIV., die in einer merkwürdigen Mischung verschiedener Stiche ausgeführt sind: in →Kreuzstich und →Petit point mit Seide und Silberfäden. Außerdem wird der Name fälschlich für andere Stickereien aus der gleichen Zeit benutzt. Er leitet sich von der Klosterschule ab, die Mme de Maintenon 1684 im Schloß de Noisy eingerichtet und 1686 nach Saint-Cyr nahe Versailles verlegt hat. Ein gewisser *Lherminot* war von 1684-86 dort als Sticklehrer beschäftigt, ebenso sein Sohn von 1685-87 neben anderen berufsmäßigen Stikkern. Lherminot ist für eine Serie von Stickereien verantwortlich, die in Saint-Cyr gemacht und von Ludwig XIV. dem Straßburger Münster geschenkt wurden. Es ist wahrscheinlich, daß andere Stücke, die in den zeitgenössischen Inventaren Saint-Cyr zugeschrieben werden, eher Arbeiten von Lehrern und Spezialisten als die von Schülern sind.

Lit: F. J. B. Watson, *The Wrightsman Collection: Furniture,* New York 1966.

Saint-Germain, Jean-Joseph de (1719 bis nach 1787). Bronzegießer, der 1746 in Paris zum Meister ernannt worden ist. Sein Vater war Kunsttischler. Er stellte kunstvolle Uhrgehäuse her, manchmal nach Modellen von Bildhauern wie Pajou. Außerdem machte er Möbelbeschläge für Kunsttischler, vornehmlich für Fr. →Lacroix.

Lit: S. Eriksen, *Early Neo-Classicism in France,* London 1974.

Saint-Gobain, Glashütte. Bedeutendste französische Glashütte, berühmt wegen ihres Spiegelglases. Das Gußverfahren für Flachglas, das von G. B. →Perrot erfunden wurde, ist dort zuerst angewandt worden. Gegründet 1688 in Tourlaville, Normandie, von *Louis-Lucas de Nehou* und 1693 als ›Manufacture Royale des Grandes Glaces‹ nach Saint-Gobain, Picardie, verlegt. 1695 Zusammenschluß mit einem Unternehmen, das ursprünglich (1665) von Colbert in Paris gegründet wurde. Die sehr großen gegossenen und gewalzten →Spiegel dieser Glashütte ersetzten bald die kleineren geblasenen Spiegel aus Venedig. Bis zur Revolution hatte die Hütte das Monopol für Tafelglas (Fenster und Spiegel) und existiert heute noch als staatlicher Konzern.

Lit: E. Frémy, *Histoire de la Manufacture Royale des Glaces de France au XVIIe et XVIIIe siècles,* Paris 1909.

Saint-Jean-du-Désert →Marseille

Saint-Louis, Cristalleries de. Französische Glashütte, 1767 im lothringischen Munztal gegründet. Um 1782 Herstellungsbeginn von →Kristallglas in Nachahmung englischer Vorbilder. Bedeutendster Hersteller feinen Tischglases in Frankreich im 19. Jh. Ab 1839 auch Herstellung von farbigem Glas und etwas später von →Filigranglas nach venezianischer Art und von →Millefiori-Briefbeschwerern. Die Glaswaren der Mitte des 19. Jhs. sind bemerkenswert wegen ihrer ungewöhnlich einfachen Umrisse, die ihnen ein modernes Aussehen verleihen. Die Fabrik existiert heute noch.

Lit: J. Hollister, *The Encyclopedia of Glass Paperweights,* New York 1969.

Saint-Maur, Seidenmanufaktur. Eine Manufaktur der Zeit Ludwigs XIV., die von *Marcelin Charlier,* einem Weber aus Lyon, zuerst in Paris errichtet und dann nach Saint-Maur verlegt wurde. Ihre Geschichte ist dunkel, aber man weiß, daß dort →Damaste, →Lampas und sehr

Saint-Omer: Schokoladen-kanne, Fayence, um 1750-75 (Hôtel Sandelin, St-Omer)

teure →Samte hergestellt wurden. Sie lieferte kostbare Stoffe für Versailles, einschließlich von Portieren nach Entwürfen von J. →Bérain sowie weiße und goldene Brokate für die ›Große Gallerie‹.

Lit: P. Verlet, *French Royal Furniture*, London 1963.

Saint-Omer. 1750 von Georges Saladin gegründete Fayencefabrik. Sie wurde von einem Töpfer namens Jacques-Adrien Levesque (geb. 1728) geleitet und stellte bis etwa 1775 Töpferwaren in Anlehnung an →Rouen her, malte aber auch in eigener Fortentwicklung des →Bleu Persan von →Nevers sowie in →Bianco sopra bianco. Neben Eßgeschirren machte sie einige ansprechende große, mit →Chinoiserien bemalte Wandfontänen (Musée Hôtel Sandelin, Saint-Omer). Mit ›S O‹ und ›A Saint-Omer 1759‹ gemarkte Stücke sind nachgewiesen.

Lit: La faïence de Saint-Omer. Ausst.Kat. Saint-Omer 1976.

Saint-Porchaire. Eine wohl schon vor 1542 (in diesem Jahr wurden von ihr stammende Erzeugnisse in einem Inventarverzeichnis erwähnt) tätige Werkstatt, die wahrscheinlich der Ausgangspunkt für einen höchst eigenwilligen Typ →bleiglasierter Irdenware ist. Die Erzeugnisse haben mehr dekorativen Charakter als Gebrauchswert. Sie sind aus einer feingekörnten weißlichen Masse und mit verschnörkelten →Bandmustern verziert. Diese wurden zunächst durch Metallstempel in die noch weiche Masse eingedrückt, die Vertiefungen sodann mit kontrastierend gefärbtem Ton – rot, gelb und braun – gefüllt und das Ganze mit einer durchsichtigen Bleiglasur überzogen. Einige Erzeugnisse sind sehr sorgfältig im manieristischen Stil ausgearbeitet, einige wenige haben Reliefdekor mit Eidechsen, Fischen usw., offensichtlich B. →Palissy nachempfunden. Die einfachen, ausschließlich mit abstrakten Verzierungen versehenen Stücke werden allgemein der frühesten Zeit (1525-40) zugeschrieben, die kunstvoller gestalteten Erzeugnisse den folgenden Jahren. Einige aufwendig, aber weniger sorgfältig gestaltete Stücke stammen aus den Jahren um 1560. Viele Erzeugnisse tragen Wappen und Wahlsprüche, besonders den Salamander von Franz I. (1515-47), die verschlungenen Halbmonde der Diana von Poitiers und das Monogramm von Heinrich II. (1547-59). Die Stücke sind sehr weich und zerbrechlich, nur noch 64 insgesamt können heute nachgewiesen werden. Die Produkte von Saint-Porchaire waren allgemein als →›Henri Deux‹-Fayencen bekannt, die verschiedenen Herkunftsorten (Lyon, Beauvais usw.) zugeschrieben wurden. Ebenso zahlreich sind die Vermutungen über ihre künstlerischen Schöpfer, zu denen ein Schüler von Benvenuto Cellini, Girolamo della Robbia, und der Stecher Geoffrey Tory zählen. Seit 1864 sollen Nachahmungen in Oiron hergestellt worden sein (und heißen deshalb gelegentlich auch ›faïence d'Oiron‹). Erst 1888 wurde die Produktion wieder nach Saint-Porchaire zurückverlegt. Eine Fabrikmarke ist nicht bekannt. Während des 19. Jhs. wurden viele Nachahmungen hergestellt, z. B. von →Minton.

Lit: M. J. Ballot, *Bernard Palissy et les fabriques du XVIe siècle*, Paris 1924; M. Ernould-Gandouet, *La Céramique en France au XIXe siècle*, Paris 1969.

Saintes. Töpfereien in der Gegend von Saintonge, einem der Hauptzentren französischer →bleiglasierter Töpferware im 16. und 17. Jh. B. →Palissy arbeitete hier. In der Nähe liegt →La-Chapelle-des-Pots. Um 1730 wurde von *Louis Sazerac* und *Jacques Crouzat* aus Bordeaux eine Fayencefabrik gegründet, die letzterer seit 1733 und seine Nachkommen bis 1813 betrieben.

Lit: A. Lesur u. Tardy, *Les poteries et les faïences françaises*, Paris 1957-60; J. Giacomotti, *French Faience*, London 1963.

Saint-Porchaire: Salzgefäß, bleiglasierte Irdenware, um 1545-55 (Louvre, Paris)

Salembier, Henri (tätig um 1770-1820). Hervorragender Pariser Ornamentist, ein Meister im Entwurf von Blumenarabesken und -voluten, zuweilen mit Figuren, →Kartuschen u. ä. Sie waren als Vorlagen für Wandmalereien, Bildteppiche, Nadelarbeiten und Porzellandekore bestimmt. Zwischen 1777 und 1809 sind etwa dreißig Folgen seiner Ornamentstiche herausgegeben worden. Der Stil dieser Blatt- und Rankenornamente wurde im späten Louis-seize allgemein beliebt. Er entwarf auch Möbel, Vasen, Goldschmiedearbeiten usw., einige davon im Stil des →Directoire.

Lit: *Connaissance des Arts,* 93, Nov. 1959, S. 66-75.

Salinar-Keramik →Peruanische Keramik

Salviati, Francesco (1510-63). Führender Florentiner Maler des Manierismus, der als Goldschmied begonnen und auch neben seiner Malertätigkeit stets Entwürfe für Gold-, Silber- und Bronzegegenstände gezeichnet hat. Viele dieser Entwürfe sind erhalten; es sind frei gezeichnete Skizzen seiner Hand oder sehr sorgsam, oft in vielerlei Versionen ausgearbeitete Zeichnungen, die vermutlich in seiner Werkstatt für den Verkauf an Goldschmiede ausgeführt worden sind. Über das übliche Repertoire an antiken →Groteskenmotiven hinaus waren geflügelte Doppelhermen, nackte Figuren in erotischen Stellungen und mit Seegetier geschmückte Friese seine bevorzugten Themen. Unmittelbar nach seinen Entwürfen angefertigte Objekte kennt man nicht; aber seine Zeichnungen sind in den Niederlanden und in Italien viel nachgeahmt worden und dienten als Anregung für die Verzierung von zahlreichen Kästen, Vasen usw. in Gold, Silber und Bronze. Er entwarf auch Kartons für die →Florentiner Bildteppich-Manufaktur.

Lit: H. Bassmann, *Vorzeichnungen Francesco Salviatis,* Berlin 1969 (Diss.); J. F. Hayward, *Virtuoso Goldsmiths and the Triumph of Mannerism, 1540-1620,* London 1976.

Salviati, Glashütte. Venezianische Glashütte, die bei der Wiederbelebung der venezianischen Glasindustrie im 19. Jh. eine führende Rolle spielte. Gegründet 1866 als *Società Salviati e Compagni* (in dem Jahr, als Österreich Venedig abgab und die Stadt sich dem neuen Königreich Italien anschloß). Die Gründung durch *Dr. Antonio Salviati* (1816-90) erfolgte mit englischer Unterstützung, vor allem durch Sir Henry Layard, den Entdecker von Ninive, der später in Venedig lebte. Salviati war Rechtsanwalt, der sich aus Interesse für Mosaiken dem Glas widmete, vor allem wegen der Restaurierung der Mosaiken von San Marco. Ab 1859 war *Lorenzo Radi* sein Partner, und in diesen Jahren widmete er sich dem Verkauf von Mosaiken, für die sich auch das Ausland interessierte. Nach 1866 wurden von England verschiedene Aufträge für Mosaiken an Salviati vergeben, z. B. für die Hochaltarretabeln von Westminster Abbey (1867) und die Decke der Albert Memorial Chapel in Windsor Castle. In Deutschland wurden die Mosaiken in der Aachener Pfalzkapelle zwischen 1870 und 1875 ausgeführt. Im folgenden Jahr verließ Salviati seine englischen Geschäftspartner und gründete eine eigene Firma. Außer den Mosaiken produzierte Salviati auch Zierglas und Tischglas, vor allem im Stil der venezianischen Renaissance, und stellte sie auf allen Weltausstellungen des späten 19. Jhs. aus, nachdem solche Erzeugnisse 1867 in Paris großes Aufsehen erregt hatten. Er schuf ab 1870 auch Nachahmungen antiken römischen Glases. Salviati gehört noch heute zu den führenden venezianischen Glashütten.

Lit: G. Mariacher, *Vetri di Murano,* Mailand u. Rom 1967.

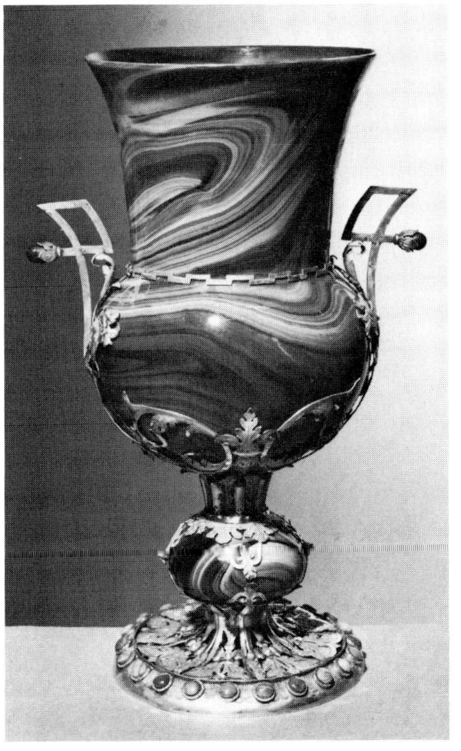

Schmelzglas-Vase von Antonio Salviati, um 1863 (Victoria & Albert Museum, London)

Salzfaß. Prunkvolle Salzfässer wurden vom Mittelalter bis ins späte 16. Jh. auf den Tafeln der Großen benutzt; ein Beispiel dafür ist das berühmte Gold-Email-Salzfaß von Benvenuto →Cellini. – Zu den Sonderformen englischer Salzfässer gehört das ›Scroll salt‹ des 17. Jhs., aus Silber oder Keramik, das auf dem breit umgebogenen Rand drei kleine, eingerollte →Voluten trägt, und das ›Trencher salt‹, ein kleines, rundes, ovales oder vieleckiges blockförmiges Salzfäßchen für eine Person mit einer ovalen oder runden Vertiefung für das Salz, das vom frühen 17. bis zum 18. Jh. aus Keramik oder Metall (meist Silber) gefertigt worden ist. *Abb. siehe S. 540.*

Salzglasur. Glasur mit einer porigen, rauhen, narbigen Oberfläche auf →Steinzeug. Auf die in dem Ofen stehenden Gefäße wird durch Abzugslöcher Salz geworfen, sobald die Höchsttemperatur erreicht ist. Die Hitze zerlegt das Salz (Kochsalz). Während das Chlor durch den Schornstein entweicht, verbindet sich das Natriumoxid mit der Kieselsäure in der Gefäßmasse, woraus die dünne Glasur entsteht.

Samadet. Fayencefabrik in den Landes südl. Bordeaux, die 1732 von dem *Abbé de Roquépine* gegründet wurde (1754 ging sie im Erbgang auf seinen Neffen über und wurde 1785 an *Jean Dyzes* oder *d'Yzes* verkauft). Sie stellte blauweiße und polychrome Ware her, ursprünglich im Stil von →Moustiers. Zu ihren Erzeugnissen gehören wahrscheinlich auch Teller, die mit großen Schmetterlingen bemalt sind (und auch →Bordeaux zugeschrieben werden). Sie arbeitete bis 1836, stellte aber nach der Französischen Revolution nur einfache Gebrauchswaren her. Eine Fabrikmarke ist nicht festzustellen, gelegentlich sind vollständige Namen und Daten angebracht.

Lit: J. Rouffet, *La faïencerie de Samadet et ses satellites régionaux au 18ᵉ et 19ᵉ siècles* Paris, 1973.

Samarkand-Teppiche →Turkmenen-Teppiche

Samarra-Keramik. Keramik des späten 6. und frühen 5. Jts. v. Chr., dekoriert mit Malereien von Vögeln, Fischen, anderen Tieren und Menschen in Rot oder Schwarz auf cremefarbenem Schlicker, die in Samarra im Irak erstmals ausgegraben und später an vielen anderen Orten aufgefunden wurde. Sie ersetzt die →Hassuna-Keramik, zu der sie einen beachtenswerten Fortschritt darstellt, und geht der Keramik von →Halaf voraus.

Sambin, Hughes (1515/20-1600/02). Französischer Architekt und Holzschnitzer. Ein großer Teil der schönsten französischen Möbel mit Schnitzdekor aus dem 16. Jh. wird ihm zugeschrieben (Louvre, Paris; Metropolitan Museum, New York; Victoria & Albert Museum, London), aber ihre Herkunft kann nicht dokumentarisch belegt werden. Es ist noch nicht einmal sicher, ob Sambin überhaupt Möbel geschaffen hat. Er arbeitete vorwiegend in Dijon, wo er 1548 die Dekoration für den Einzug Heinrichs II. vorbereitete und 1549 von der Zunft der Zimmerleute zum ›maître menuisier‹ ernannt wurde. In Dijon schreibt man ihm als Architekt eine Reihe von Gebäuden zu, u. a. das Milsand-Haus und das Hôtel Le Compasseur. 1853 wurde er für Arbeiten im Innern des Parlamentsgebäudes, in dem jetzt das Gericht untergebracht ist, bezahlt. Die sehr schöne Schnitzwand in der Kapelle stammt wahrscheinlich von ihm. Seinen Ruhm als Entwerfer verdankt er seinem 1572 erschienenen Kupferstichband mit Entwürfen für →Hermen, ›Œuvre de la diversité des Termes, dont on use en Architecture‹. Sie zeigen den Einfluß des italienischen Manierismus und der Schule von Fontainebleau. Hermen, die Sambins Entwürfen gleichen, finden sich an einer Anzahl von Schränken aus dem 16. Jh. *Siehe Abb. S. 608.*

Lit: E. Bonaffé, *Le meuble en France au XVIᵉ siècle*, Paris 1887; A. Castan, *L'Architecte Hugues Sambin*, Besançon/Dijon 1891; E. Prost in *Gazette des Beaux Arts*, 1892, I, S. 123-35; H. David, *De Sluter à Sambin*, Paris 1933.

Samische Ware →Terra sigillata

Samowar →Teemaschine

Samson, Emile (1837-1913). Berühmtester Hersteller von Porzellanreproduktionen, besonders von Sèvres, Meißen und chinesischem Exportporzellan des 18. Jhs. Er war äußerst geschickt und einfühlsam, seine Imitationen sind täuschend genau. Sein Vater Edmé Samson (1810-91) war als →Hausmaler auf romantische Szenen spezialisiert. Emile errichtete eine Fabrik in Montreuil, die noch heute unter der Leitung seines Enkels einen großen Stab von Handwerkern beschäftigt, die Fayence, Email, vergoldete Bronzemontierungen usw.

Salzfaß, Silber vergoldet, London, 1576 (Goldsmiths' Company, London)

Samadet: Essig- und Ölfläschchen, Fayence, 18. Jh. (Musée Pyrénéen, Lourdes)

Französischer Schrank, Mitte des 16. Jhs., H. Sambin zugeschrieben (Louvre, Paris)

sowie auch Geschirre und Figuren in Nachahmung von Erzeugnissen der besten Fabriken des 18. Jhs. herstellt. Alle ihre Fertigungen tragen eine der verschiedenen Samsonmarken (unterschiedliche Anbringung von ›S‹).

Lit: M. Ernould-Gandouet, *La Céramique en France au XIXe siècle,* Paris 1969.

Samt. Ein Gewebe aus →Seide mit Flor, der durch besondere Florkettfäden gebildet wird, die beim Weben über eingeführte Ruten laufen, wodurch der Faden Schlingen bildet. Werden die Schlingen aufgeschnitten, spricht man von einem ›geschnittenen Samt‹. Man nennt ihn ›ausgesparten‹ oder ›Dekor-Samt‹, wenn Teile des Grundes keinen Flor haben. Muster können gebildet werden, indem man Teile des Flors aufschneidet und andere unaufgeschnitten läßt. Bei dem sogen. ›Broderiesamt‹ hat der aufgeschnittene Flor die gleiche Höhe wie der unaufgeschnittene, kann aber auch kürzer sein. Im ›Velour ciselé‹ ist der geschnittene Flor höher als der ungeschnittene. Der ›Stufensamt‹ ist so gewebt, daß das Muster von zwei oder mehr Kettfäden in verschiedener Höhe gebildet wird. Die Technik der Samtherstellung ist wahrscheinlich von Persien nach Europa gekommen. Glatte Samte sind seit dem frühen 14. Jh. in Italien hergestellt worden, gemusterte seit der Mitte des 14. Jhs.

Lit: A. Latour in *CIBA Review* 96 (1953), S. 3442-3467; *Velvets East and West,* Ausst. Kat. Los Angeles County Museum, 1966.

Sancai, übersetzt ›dreifarbig‹. Ein chinesischer Ausdruck für →Steinzeug und →Porzellan, das meist mit dunkelblauen, türkisen und auberginen, manchmal auch mit andersfarbigen →Bleiglasuren überzogen ist, wobei durch Stege, die die einzelnen Musterteile wie beim Cloisonné (→Email) einfassen, verhindert wird, daß die einzelnen Farben ineinanderfließen. Diese Technik wurde zuerst bei der →Tang-Keramik, später bei dem →Ming-Porzellan angewandt. Das letztere nennt man dann ›Fahua‹. Die Stücke – Vasen, Kugelschalen, Blumentöpfe usw. – sind meist groß, und ihr Dekor ist kühn.

Sandstrahlmattierung. Verfahren zur Glasmattierung durch Behandlung mit einem Sandstrahl. Feine Sandkörner werden mit Druckluft gegen die Oberfläche des zu behandelnden Objekts geschleudert, wobei die Stellen, die nicht mattiert werden sollen, mit Leimpapier oder Klebestreifen abgedeckt werden. Das Sandstrahlgebläse wurde 1871 in Amerika erfunden, und wurde vor allem zur Mattierung von großen Tafelglas-Scheiben verwendet, die als architektonisches Dekorelement Verwendung fanden, wie auch für serienweise produziertes Tischglas.

Sanduhr. Ein angeblich im 8. Jh. von einem Mönch in Chartres erfundenes Zeitmeßinstrument, bei dem Sand durch eine schmale Öffnung von einem Glasbehälter in einen darunterliegenden zweiten rinnt. Die ersten Exemplare bestanden noch aus zwei am Halse miteinander verbundenen flaschenförmigen Gefäßen; seit Mitte des 18. Jhs. wurden die Sanduhrgläser in einem Stück geblasen. Die Gestelle wurden aus Holz, Metall, Elfenbein usw. gefertigt.

Sang, Andreas Friedrich (tätig 1719-47). Glasgraveur, bekannt für seine Landschaften, die von einer →Laub- und Bandelwerkbordüre umrahmt sind. Er arbeitete in Erfurt, Weimar und Ilmenau. Nach 1747 ließ er sich in Holland nieder, wo er Einfluß auf den einheimischen →Glasschnitt gewann.

Sang de bœuf →Ochsenblut

Sankt Gallen →Spitze

Sankt Petersburg 1762-96

П

Sankt Petersburg 1796-1801

Sankt Petersburg, Porzellanmanufaktur. Die Kaiserliche Manufaktur wurde 1744 gegründet; sie arbeitete ausschließlich für den kaiserlichen Hof, überdauerte die Revolution und ist heute ein Staatsbetrieb. Erster →Arkanist war C. K. →Hunger, der 1747 von einem Russen abgelöst wurde. 1762 folgte *Joseph Regensburg* aus Wien, gleichzeitig wurden erstmals Stücke in guter Qualität hergestellt. In den frühen 1760er Jahren wurden →Meißener Rokokomodelle für Figuren und Geschirre nachgemacht; unter dem Einfluß von Katharina II. ging man alsbald zum klassizistischen Stil über. Tafelgeschirre hatten →Sèvres zum Vorbild, sind aber aufdringlich bemalt. Die anziehendsten Erzeugnisse sind lebenswahre Figuren russischer Bauern von *Jean Rachette,* der von 1779 bis 1804 Modellmeister war. Im späteren 19. Jh. wurden ähnliche Figuren hergestellt; Geschirre, große Vasen usw. sind oftmals mit Szenen aus der russischen Geschichte bemalt. Da die Manufaktur kein gewerbliches Unternehmen war, behielt sie ihre qualitative Leistungsfähigkeit und war unabhängig vom Wechsel des Zeitgeschmacks. Nach der Revolution wurde sie in Staatliche Petrograder Porzellanmanufaktur umbenannt und ab 1925 in

Sankt Petersburg: Porzellanvase, um 1862 (Victoria & Albert Museum, London)

Lomonossow Porzellanfabrik. Bis 1929 wurden Teile aus ihrer Produktion von K. →Malewitsch und seinem Schüler N. Suetin in suprematistischem Stil dekoriert.

Lit: G. Lukomsky, *Russisches Porzellan,* Berlin 1924; D. Roche und I. Issaievitch, *Exposition de céramiques russes anciennes,* Ausst. Kat. Sèvres 1929; M. C. Ross, *Russian Porcelains,* Norman 1968.

Sankt Petersburg, Wandteppichmanufaktur. Sie wurde 1716 orientiert am Vorbild der →Gobelins-Wandteppichmanufaktur von Peter d. Gr. gegründet und arbeitete hauptsächlich mit französischen Wirkern. Unter Katharina d. Gr. nahm die Manufaktur noch einmal einen zweiten Aufschwung, ebenfalls mit französischen Wirkern. In beiden Perioden war sie fast ausschließlich mit Kopien französischer Wandteppiche der Gobelins-Manufaktur beschäftigt.

San Michele, Bildteppichwirkerei →Rom, Bildteppichwirkerei

Santa Barbara Wandteppichmanufaktur →Madrider Wandteppich-Manufaktur

Santa Cristina →Mailand

Sarab-Teppiche →Persische Teppiche

Saracchi, Familie. Sie stellte einige der hervorragendsten italienischen Goldschmiede und Steinschneider des 16. und frühen 17. Jhs., die in Mailand arbeiteten; aber die Erzeugnisse ihrer Werkstatt waren in ganz Europa hochgeschätzt und sie wurden für kaiserliche und fürstliche Schatzkammern in Deutschland und Italien erworben. Die bekanntesten Objekte sind Gefäße aus →Bergkristall mit figürlichem Schnittdekor in einem gemäßigten Manierismus. Fünf Brüder: *Giovanni Ambrogio* (von 1616 an im Dienste des Herzogs von Mantua), *Simone, Stefano* (gest. vor 1595), *Michele* und *Raffaello* (gest. vor 1595), und vier Söhne des Giovanni Ambrogio: *Gabriele* (von 1617 an Hofjuwelier des Herzogs von Mantua), *Pietro Antonio, Gasparo* und *Costanzo,* waren angesehene Künstler. Zuverlässig zugeschriebene Werke befinden sich im Museo degli Argenti, Palazzo Pitti, Florenz; im Residenz-Museum, München; im Kunsthistorischen Museum, Wien. *Siehe auch Abb. S. 475.*

Lit: R. Distelberger in *Jahrbuch der Kunsthistorischen Sammlungen in Wien* LXXI (1975) S. 95-164.

Sarakh-Teppiche →Persische Teppiche

Saratoga Glass Works →Mount Vernon

Sankt Petersburg: Zuckerdose, Löffel und Untertasse, Porzellan, um 1760 (Musée des Arts Décoratifs, Paris)

Sarpaneva, Timo (geb. 1926). Führender finnischer Industriedesigner der jüngeren Generation, die auf Alvar →Aalto und Kaj →Franck folgte. Seine Glasentwürfe, die von der Fabrik Iittala ausgeführt werden, haben eine mathematische Sicherheit der Linienführung und zeigen eine Vorliebe für ungewöhnliche Kombinationen rauchgrauer Farben.

Saruk-Teppiche →Persische Teppiche

Saryk-Teppiche →Turkmenen-Teppiche

Sassanidisches Silber und Textilien. Die sassanidische Dynastie (226-642) regierte das letzte

T. Sarpaneva: Glasvase der Iittala-Glaswerke, Finnland, 1961 (Victoria & Albert Museum, London)

Gebrüder Saracchi: Bergkristallkanne mit Goldfassung, Edelsteinen und Perlen, Mailand, um 1570-80 (Residenzmuseum, München)

große persische Reich vor der Eroberung durch die Moslems. Ihre Keramik ist unbedeutend, die Metallarbeiten jedoch, vor allem Silber mit kühnen Reliefmustern, und die Seiden sind bemerkenswert. Für gewebte Seiden wurde ein Stil mit Tieren und Jagdszenen in Medaillonform entwickelt, dessen Einflüsse sogar in China zu spüren waren und in nahöstlichen und europäischen Textilien noch bis ins 13. Jh. erhalten blieben.

Lit: R. Ghirshman, *Iran: Parther u. Sassaniden*, München 1962; K. Erdmann, *Die Kunst Irans zur Zeit der Sassaniden* (1943), Berlin 1969.

Satsuma. Ausgangspunkt zweier unterschiedlicher Typen japanischer Keramik: sehr einfache Töpferware, die selten außerhalb Japans angetroffen wird, und sehr auffällige zinnglasierte Waren, meist ausschließlich für den Export bestimmt. Die Töpfereien wurden im späten 16. Jh. in der Provinz Satsuma im Südwesten der Insel Kiuschu, wie auch die Töpfereien in →Karatsu, von Koreanern gegründet. Frühe Erzeugnisse ahmten oft unmittelbar chinesische und koreanische Keramik nach, sowohl einfache Gebrauchsware als auch Keramik für die →Teezeremonie, besonders schlichte Gefäße mit dicker, dunkelfarbiger, manchmal unregelmäßig verlaufender Glasur. Ein Teil dieser Töpfereien stellte seit dem frühen 17. Jh. Keramik her, die mit unterglasurblau oder rötlichbraun leicht gemalten Landschaften, Vögeln usw. dekoriert und mit einer sahnigen →Craquelé-Glasur überzogen sind. Von der Mitte des 17. Jhs. und in größerem Umfange nach 1795 wurden Stücke gelegentlich in →Emailfarben bemalt. Unter den Beispielen des frühen 19. Jhs. befinden sich zart dekorierte kleine Stücke wie Räuchergefäße, Weinflaschen usw. Satsuma-›Brokatware‹, einstmals in der westlichen Welt maßlos bewundert, ist craquelierte, cremefarbene Fayence, die reich in Gold und Emailfarben bemalt und manchmal mit Tee, Schwefelsäure oder Rauch ›künstlich alt‹ gemacht worden ist. Ihre Produktion begann in der Mitte des 19. Jhs. und wuchs seit 1870 stetig. Sie wird auch anderwärts in Japan nachgemacht.

Lit: S. Jenyns, *Japanese Pottery*, London 1971; Ausst. Kat. *Japanische Keramik*, Hetjens-Museum Düsseldorf 1978.

Satzbecher →Häufebecher

Säulenordnungen. Antike Architektursysteme, bei denen Säulen, Kapitelle, Architrave und Gesims aufeinander abgestimmt sind und so eine feste Ordnung bilden. Man unterscheidet die dorische, ionische, korinthische, toskanische oder Kompositordnung. Diese Ordnungen wurden zuerst 1540 von Sebastiano Serlio systematisch erfaßt. Für Möbel und kleinere Objekte (z. B. Kästchen in Tempelform, säulenförmige Kerzenleuchter) hat man sie seit der Renaissance angewendet, korrekt proportioniert und dekoriert freilich selten vor dem Ende des 18. Jhs.

Säulenuhr. Frühe Ausführung einer →Bodenstanduhr, die im Raum plaziert wurde und

Savignies: Schüssel, mit Schlicker dekoriert, 18. Jh. (Musée de la Vénerie, Senlis)

deshalb manchmal Zifferblätter an zwei oder an vier Seiten hat. Obwohl Bodenstanduhren vom frühen 17. Jh. an im allgemeinen an der Wand stehen, wurden Säulenuhren noch bis ins 18. Jh. hinein gebaut.

Saunders, Paul →Norman, S.

Saunier, Claude Charles (1735-1807). Möbelschreiner des Louis-seize, der äußerst anmutige zierliche Möbel schuf. Er wurde 1765 ›maître ébéniste‹ und spezialisierte sich auf schmale Konsoltische und Zylinderbureaus. Für diese verwendete er hauptsächlich helle Hölzer und schmückte sie mit Intarsien aus Ebenholz oder anderen dunklen Hölzern. Ein Beispiel ist der elegante Konsoltisch, der im Rijksmuseum, Amsterdam, zu sehen ist. Auch →Lack und →Vernis Martin verwendete er sehr wirkungsvoll.

Lit: F. de Salverte, *Les ébénistes du XVIIIe siècle*, durchges. Ausg., Paris 1964.

Sautschbulak-Teppiche →Persische Teppiche

Sauvage, Charles-Gabriel →Lemire, Ch.-G.

Savignies. Seit dem Mittelalter wurden in Savignies bei Beauvais Töpferwaren gemacht. Die frühen Erzeugnisse können jedoch von denjenigen der Töpfereien in →Beauvais nicht unterschieden werden. Als Maria von Modena, die Gattin Jakobs II. von England, im Jahre 1689 durch Beauvais reiste, wurden ihr in Savignies gefertigte Keramikstücke überreicht. Die Produktion des 18. Jhs. umfaßte mit Inschriften versehene, braun glasierte →Sgraffito-Waren (Schüssel im Musée National de Céramique, Sèvres) und wahrscheinlich auch mit →Schlicker kühn dekorierte Stücke. Fabrikmarken sind nicht nachgewiesen. Einige Stücke sind mit dem Namen des Ortes und des Malers bezeichnet.

Savona. Fast zur Gattungsbezeichnung gewordener Herkunftsort für ligurische Fayencen des 17./18. Jhs., die aber ähnlich auch in →Albisola und →Genua hergestellt wurden, wobei die Marken meist selten den Ort der Herkunft angeben. Einige Stücke sind von Töpfern signiert, von denen man weiß, daß sie hier gearbeitet haben, vor allem G. B. Chiodo,

Savona: Majolikaschüssel, 1750 (Victoria & Albert Museum, London)

G. A. Guidobono und G. →Boselli. Die Stücke des 17. Jhs. sind im allgemeinen in Blau auf perlweißem Grund oft mit →Chinoiserien bemalt; die des 18. Jhs. polychrom mit sehr lebhaften, skizzenhaften Entwürfen von Figuren, Landschaften usw. Einige wenige hervorragende Platten sind im malerischen Stil von →Castelli dekoriert. Im späten 18. Jh. wurde →Steingut produziert. 1795 wurde die Fabrik Folco von Sebastiano Folco (1772-1854) gegründet, die sich im 19. Jh. gut entwickelte und unter seinem Schwiegersohn Carlo Folco eine Blütezeit erlebte. 1823-26 eröffnete Benedetto Musso eine Filiale seiner Fabrik in →Mondovi bei Savona, die bis 1894 arbeitete. Verschiedene Marken werden Savona zugeschrieben, aber auch für andere ligurische Fabriken in Anspruch genommen.

Lit: G. Buscaglia, *La ceramica ligura all '800*, Albisola 1970; F. Marzinot, *Ceramica e ceramisti di Liguria*, Genua 1979; A. Klein, *Fayencen aus Europa*, Braunschweig 1980.

Savonarolastühle →Scherenstühle

Savonnerie-Teppichmanufaktur. Die bedeutendste europäische Teppichmanufaktur. Der Name Savonnerie wird oft lose und fälschlich mit anderen französischen Knüpfteppichen in Zusammenhang gebracht. Die Savonnerie-Manufaktur wurde 1627 von Ludwig XIII. gegründet, als er Pierre →Dupont (1577-1640) und seinem ehemaligen Gehilfen Simon →Lourdet (gest. 1671) ein königliches ›Privileg‹ für eine Knüpfteppichwerkstatt verlieh. Dupont war der Erfinder der ›tapis façon du Levant‹ und der Autor von ›La Stromatourgie, ou Traité de la Fabrication des Tapis de Turquie‹ (1632). Lourdet übernahm eine alte Seifenfabrik (savonnerie) am Quai de Chaillot in Paris. Aber Dupont und Lourdet zerstritten sich bald und Dupont arbeitete hauptsächlich in seinem eigenen ›atelier‹ im Louvre. Ihre Teppiche wurden zu dieser Zeit, gleichgültig ob in der Werkstatt von Dupont oder Lourdet entstanden, als Savonnerie-Teppiche bekannt. Bis 1768 arbeitete man hauptsächlich, wenn nicht ausschließlich, für den Hof. Die blühendste Periode war die erste Zeit der Regierung Ludwigs XIV. 1664 wurde das Privileg erneuert. Der bedeutendste Auftrag war die Bestellung einer prachtvollen Teppichserie für die Apollo-Galerie und die große Galerie im Louvre. Die Teppiche der letzteren wurden nie benutzt. Es handelt sich um rund 100 Stücke, die zwischen 1664 und 1683 hergestellt wurden. Diese großartigen Teppiche, wohl die feinsten, die jemals in Europa hergestellt worden sind, haben eine feste wollene Knüpfung im →Gördes-Knoten. Sie wurden auf stehenden Stühlen geknüpft. Sie waren außerordentlich teuer, da ein ausgelernter Arbeiter ein Jahr brauchte, um drei Quadratmeter eines ungemusterten Teppichteils zu knüpfen, und entsprechend länger für ein kompliziertes Muster benötigte. Obwohl Bodenteppiche das Hauptprodukt des Unternehmens waren, wurden dort aber auch Stoffe für Polstermöbel, Vorhänge sowie Wandbehänge hergestellt, auch mit bildhaften Darstellungen (z. B. Porträts, von denen die meisten aus dem späten 18. Jh. stammen). Die Zeichnungen wurden von Malern geliefert, unter denen viele, wie Blain de Fontenay, gleichzeitig für die königliche Manufaktur arbeiteten. Sie folgten den großen Stilrichtungen ihrer Zeit. Die Louis-quatorze-Teppiche sind reich mit barocken →Akanthusranken ornamentiert, mit klassischen und königlichen Emblemen, verschlungenen Bändern und C-Ranken auf einem Grund von dunklen, edlen Braun- und Schwarztönen. Zwischen 1690 und 1712 geriet die Manufaktur durch zwingende staatliche Sparmaßnahmen an einen Tiefpunkt. Später erholte sie sich wieder und stellte nach 1805 vor allem für Napoleon viele dicht geknüpfte Teppiche im →Empirestil her. 1825 vereinigte sie sich mit der →Gobelins-Wandteppichmanufaktur, womit ihre Unabhängigkeit zu Ende ging. Jedoch wurden unter König Louis Philippe und im 2. Kaiserreich eine Anzahl bedeutender Savonnerie-Teppiche hergestellt, bei denen die Qualität der Muster langsam abnahm. Aus Kostengründen gab man später in der Savonnerie auf, Bodenteppiche herzustellen, doch fuhr man fort, Wandteppiche zu knüpfen. Im frühen 20. Jh. entstanden Wandteppiche nach Bildern von Monet, Manet, Van Gogh und Odilon Redon. Beispiele sind im Mobilier National und im Louvre in Paris, im Metropolitan Museum in New York, im Philadelphia Museum of Art und im Waddesdon Manor in England ausgestellt.

Lit: P. Verlet, *The Savonnerie, its history*, London 1982.

Sawankhalok-Keramik. Thai-Keramik, die von 1300-1500 zunächst für den häuslichen Gebrauch und für Fliesen usw., später für den Export nach Südostasien, wie die ähnlichen Töpferwaren von →Sukhothai (es gab zwei Hauptstädte des Thai-Königreichs), hergestellt wurde. Südchinesischer Einfluß ist augenscheinlich, der wahrscheinlich eher durch Vietnam-Keramik übermittelt worden war, als durch unmittelbaren Kontakt. Sawankhalok-Keramik ist ein hartes, ziemlich grobkörniges →Steinzeug, oft mit einer dicken, glasigen Seladon-Glasur in der Farbe von einem bleichen Seegrün bis zu einem Türkisblau. Verbreitet ist ein schwarzer oder brauner Eisendekor, unterglasur in einem freien kalligraphischen Stil (aber ohne den weißen Schlicker, der für Sukhothai-Ware charakteristisch ist). Man findet ebenfalls monochrom gehaltene Glasuren (braun, schwarz oder weiß) mit eingeschnittenem Dekor.

Lit: W. Willetts, *Ceramic Art of Southeast Asia*, Singapur 1971; C.N. Spinks, *The Ceramic Wares of Siam* (1965), Bangkok 1971; R.M. Brown, *The Ceramics of South-East Asia: Their Dating and Identification*, Kuala Lumpur 1977.

Saxe ombré →Deutsche Blumen

Sazerac, Louis →Saintes

Sbarri, Mano di Bastiano (gest. 1578). Florentiner Gold- und Silberschmiedemeister, Schüler des B. →Cellini. Sein berühmtestes Werk ist die *Cassetta Farnese* (1543-61; Museo di Capodimonte, Neapel), ein Meisterwerk manieristischer Silberschmiedekunst, besetzt mit geschnittenen Bergkristallplatten von G.D. →Bernardi. 1561 wurde er von dem Kardinal Alessandro Farnese mit der Herstellung eines Silberkruzifixes und zweier Leuchter für St. Peter, Rom, betraut, aber sie waren noch nicht fertiggestellt, als er 1578 starb. So gab der Kardinal den Auftrag an A. →Gentili weiter, der sie 1581 vollendete (Sakristei, St. Peter). Aus Silber (ursprünglich wahrscheinlich nicht vergoldet) mit Bergkristalltafeln (von Bernardi und Muzio de Grandis), von Lapislazuli gerahmt, sind sie von der gleichen Großartigkeit und Plastizität wie die Cassetta Farnese. Ob sie eher eine Schöpfung Sbarris sind als Gentilis wird diskutiert. Die allgemeine Konzeption ist mutmaßlich von Sbarri, und er führte wahrscheinlich die Basen mit ihren michelangelesken Figuren aus.

Lit: W. Lotz, ›Antonio Gentili or Manno Sbarri?‹ in *Art Bulletin*, XXXIII, 1951, S. 260-62; J.F. Hayward, *Virtuoso Goldsmiths and the Triumph of Mannerism 1540-1620*, London 1976; J.F. Hayward in *Burlington Magazine* Juni 1977, S. 412; W. Lotz in *Burlington Magazine* Okt. 1977, S. 715.

Scagliola, oder **Stucco lustro.** Ein seit dem Altertum zur Imitation von Marmor und später von →Pietre Dure benutztes Material. Es besteht aus pulverisiertem Selenit, das auf den nassen Gipsgrund aufgebracht, durch Hitze befestigt und dann geschliffen wird. Scagliola

Sceaux: Fayenceterrine, um 1770-80 (Musée National de Céramique, Sèvres)

wurde meist für Säulen, Pilaster und andere Innenarchitekturglieder verwendet, bis man im 16.Jh., vornehmlich in Florenz, damit begann, ihre künstlerischen Möglichkeiten weiterzuentwickeln und z.B. Tischplatten daraus herstellte. Enrico Hugford und Lamberto Cristiano Gori benutzten sie zur Imitation von →Florentinischem Mosaik.

Lit: A. Pampaloni-Martelli, *Museo dell'Opificio delle Pietre Dure di Firenze*, Florenz 1975.

Sceaux. Kleine Töpferei und Porzellanfabrik bei Paris, zwischen Sèvres und Mennecy. Sie wurde (auf einem Grundstück, wo schon seit etwa 1735 getöpfert wurde) vor 1748 von *Jacques Chapelle* (geb. 1721) errichtet, der mit der Porzellanfabrikation begann, diese aber 1749 wegen des Monopols von →Vincennes einstellen mußte. In der Folge ging er zur Produktion einer Fayence über, die er ›faïence japonée‹ nannte und die mit ihren delikaten Formen und der feinen Bemalung mit →Emailfarben dem Porzellan in nichts nachstand. Einige Stücke sind von unübertroffener Schönheit, besonders ein Eßservice (Teile davon in dem Musée des Arts Décoratifs, Paris) mit Tellern mit natürlichen Blumen und frischen grünen Blättern auf der Bordüre. Potpourris, Blumenvasen, Teller usw. sind mit Landschaften, Vögeln, Putten und Hirtenszenen, manchmal im Stil von →Boucher, bemalt. Auch Figuren, im allgemeinen in Anlehnung an →Sèvres, wurden hergestellt. Porzellan

Sceaux

Scagliola-Tischplatte von Lamberto Cristiano Gori, 1768 (Museo dell'Opificio delle Pietre Dure, Florenz)

D. Schäffer: Schreibschrank, 1732 (Königliche Sammlung, Schloß Rosenborg, Kopenhagen)

wurde erneut gemacht, als die Fabrik 1763 in das Eigentum von *Joseph Jullien* (gest. 1774) und *Charles-Symphorien Jacques* (gest. 1798), der 1766 auch die Fabrik in →Mennecy übernahm, gelangt war. In beiden Fabriken wurden ähnliche Waren produziert. 1772 ging das Unternehmen in das Eigentum von *Richard Glot* über, der es bis zur Französischen Revolution betrieb und Waren im →Louis-seize von Sèvres herstellte. Hierzu gehören die meisten heute noch erhaltenen Stücke. Glot soll ein sehr geschickter Modelleur gewesen sein. Der Maler *Jacques Jarry*, der als Vogelmaler berühmt war und früher in →Aprey gearbeitet hatte, war um 1784 in Sceaux. Die Fabrik wurde bis nach 1810 betrieben, machte später aber nur einfache Gebrauchsware.

Lit: M. J. Ballot, *La céramique française: Nevers, Rouen et les fabriques du XVIIe et XVIIIe siècles*, Paris 1925; H. P. Fourest u. J. Giacomotti, *L'Œuvre des faïenciers français du XVIe à la fin du XVIIIe siècle*, Paris 1966.

Schachbrettmuster. Muster aus Vierecken, das einem Schachbrett gleichkommt. Es war ein vom 17. bis ins 19. Jh. hinein bevorzugtes Motiv für Einlegearbeiten.

Schadow, Johann Gottfried →Berliner Porzellanmanufakturen

Schäffer, Dietrich (tätig um 1732). Möbelschreiner aus Neyla in Thüringen, Hofschreiner Christians VI. von Dänemark. Der riesige Schreibschrank, den er für den König anfertigte, ist eines der prunkvollsten Möbelstücke des norddeutschen Barock. Auf Beinen in Gestalt von Wasser speienden Delphinen erhebt sich der gewaltige Aufbau des mit Schubladen eingefaßten Korpus, der von einer Figurengruppe mit der Apotheose des Königs bekrönt wird. Der Schrank entstand 1732.

Lit: H. Kreisel, *Die Kunst des deutschen Möbels,* Bd. II, München 1970.

Schah Abbas-Teppiche →Persische Teppiche

Schaper, Johann (1621-70). →Hausmaler, der Keramik und Glas bemalte. Er begann als Maler bunter Glasfenster in Nürnberg (um 1650; Meister bei den Glasern 1658) und Regensburg (seit 1664) und ist hauptsächlich durch seine Trinkgefäße bekannt. Er bemalte sie sehr geschickt mit kleinen Landschaften, die er bei Fayencen vorher mit einer Nadel in die Oberfläche eingeritzt hatte, in schwarzer Emailfarbe (→Schwarzlot). Sie sind in einem eigenartigen, der klassischen Antike entnommenen Stil gehalten und mit Bändern oder runden oder ovalen Rahmen eingefaßt. Gläser mit diesem Dekor werden ›Schapergläser‹ bezeichnet. Etwa ein Dutzend von ihm bemalter Fayencekrüge und ein einziger Teller sind nachgewiesen, aber viele unbezeichnete Stücke werden ihm zugeschrieben. Die größte Sammlung seiner Gläser befand sich früher im Schloßmuseum Berlin. Zu seinen Nachfolgern gehört J. L. →Faber.

Lit: G.E. Pazaurek, *Deutsche Fayence- und Porzellan-Hausmaler,* Leipzig 1925; K. Pilz in *Keramos* 23 (1964), S. 3-7; H. Bosch, *Die Nürnberger Hausmaler,* Braunschweig 1984.

Scharffeuerfarben. Farbpigmente, vor dem Glasurbrand auf Fayencen aufgetragen, die der hohen Temperatur standhalten, die notwendig ist, damit sie sich in die Glasur einschmelzen und mit der Oberfläche des Scherbens verbinden. Die Farbskala der Scharffeuerfarben ist beschränkt auf Kupferoxidgrün, Kobaltblau, Manganpurpur, Antimongelb und Eisenorange. Die Majolika und der größte Teil der Fayence wurden mit diesen Farben dekoriert, bis man im 18. Jh. z. T. auf die neuen Möglichkeiten der →Emailfarben (Schmelz- oder Muffelfarben) überging.

J. J. Scharvogel: Steinzeugvase, nach 1906 (Kunstgewerbemuseum, Berlin)

Scharvogel, Johann Julius (1854-1938). Kunstkeramiker, der seine Laufbahn in der Fayencefabrik →Villeroy & Boch, Mettlach, begonnen hatte. 1898 richtete er eine eigene Werkstatt in München ein, in der er →Steinzeug mit einer gesprenkelten Laufglasur herstellte. 1906-13 war er Direktor der Großherzoglichen Manufaktur in Darmstadt und kehrte dann nach München zurück. Seine Marke war ein stilisierter Vogel, manchmal mit den Initialen ›S.K.M.‹ (Scharvogel Keramik München).

Lit: Ausst. Kat. *Europäische Keramik des Jugendstils,* Hetjens-Museum Düsseldorf 1974; G. Reineking von Bock, *Meister der Deutschen Keramik 1900-1950,* Ausst. Kat. Köln 1978.

Schaukelstuhl. Ein Stuhl montiert auf gebogene Holzkufen, so daß der Benutzer ihn vorwärts und rückwärts schaukeln kann. M. →Thonet hat eines der elegantesten Modelle entworfen. In Europa war der Schaukelstuhl weniger populär als in den Vereinigten Staaten, wo im 19. Jh. zwei Modelle vom →Windsor-Stuhl abgeleitet wurden: der ›Boston rocker‹ und der ›Salem rocker‹ mit einer niedrigeren Rückenlehne.

Schelli, Jacob →Pennsylvania Dutch style

Schellink, J. →Rozenburg

Scherenstuhl. Mittelalterlicher Stuhl mit X-förmig gekreuzten Beinen, mit Armlehnen (Scherensessel) auch *Savonarola-Stuhl* genannt. Der spanische Typ, häufig mit Einlegearbeiten dekoriert, ist der Sillon de Caderas.

Scheurich, Paul (1883-1945). Bildhauer, Maler und Buchillustrator, in New York geboren und ausgebildet an der Berliner Akademie, wo er später Professor war. Er entwarf figürliche

J. Schaper: Glasbecher, bemalt in Schwarzlot, um 1660 (Victoria & Albert Museum, London)

Modelle für mehrere Porzellanmanufakturen, besonders →Berlin, →Meißen, →Nymphenburg und →Schwarzburg: Tänzer, Neger, Göttinnen in dem für die 1920er Jahre typischen Stil.

Lit: O. Fischel, *Paul Scheurich, Porzellan und Zeichnungen,* Berlin 1928.

Schichtverleimt →Sperrholz

Schick, Maria Seraphina Susanna Magdalena →Löwenfinck, A. Fr. von; Fulda

Schiff →Nef

Schiffer, Hubert → Raeren

K. F. Schinkel: Armsessel mit Lesepult, um 1820 (Schloß Monbijou, Berlin)

Schigaraki. Eine weit verstreute Gruppe von Töpfereien in der Präfektur Schiga, die zu den ›Sechs Alten Öfen‹ von Japan gehört (zusammen mit →Seto, →Tokoname usw.). Sie begann in der Kamakura-Zeit (1185-1338) mit der Herstellung von Gefäßen zur Aufbewahrung von Samen und für andere landwirtschaftliche Bedürfnisse. Von der Qualität des Tons her hatten die Gefäße eine rauhe Oberfläche, mit in der Masse eingeschlossenen Quarzteilchen, die die →Teezeremonienmeister hierauf aufmerksam werden ließen. Sie bestellten Keramiken für die Teezeremonie und förderten die Entwicklung von gesprenkelten Glasuren. Noch heute wird in Schigaraki Gebrauchskeramik hergestellt.

Lit: S. Jenyns, *Japanese Pottery,* London 1971; Ausst. Kat. *Japanische Keramik,* Hetjens-Museum Düsseldorf 1978.

Schildpatt. Ein hartes, brüchiges, durchsichtig braunes Material mit gelblichen Zeichnungen, das unter Wärmebehandlung geformt werden kann und einen hohen und bleibenden Glanz annimmt. Die beste Sorte kommt in dünnen Platten von der in tropischen Meeren lebenden Karetteschildkröte, *Chelonia imbricata.* In Europa wurde es zuerst von den Römern zu Möbelfurnieren verarbeitet. Dann nahmen A. Ch. →Boulle und seine Nachahmer es wieder für denselben Zweck. Sehr viel gebräuchlicher aber ist seine Verwendung für kleine Schachteln und Kämme oder, zusammen mit Ebenholz, für Furniere von Kästen und Spiegel- oder Bilderrahmen. Es wird vielfach vorgetäuscht mit gefärbtem Horn oder, seit dem 19. Jh., mit Zelluloid.

Scherenstuhl (Savonarola-Stuhl)

Schinkel, Karl Friedrich (1781-1841). Architekt, Maler und Entwerfer. Nach seinem Architekturstudium bei Friedrich Gilly und Reisen in Italien und Frankreich ließ er sich 1805 in Berlin nieder. Zu seinen frühesten authentischen Arbeiten gehören ein Bett mit einem Nachttisch, die er bereits 1804 für die Gemächer der Königin Luise im Charlottenburger Schloß entwarf, wo sie sich noch heute befinden. Sie sind deshalb so bemerkenswert, weil sie völlig von den zeitgenössischen Empiremöbeln abweichen. Mit ihren feinen hellen Furnieren scheinen sie den →Biedermeier-Stil der nachnapoleonischen Ära vorwegzunehmen. Schinkels beruflicher Aufstieg begann 1815 mit seiner Ernennung zum Geheimen Oberbaurat der preußischen Verwaltung für Öffentliche Arbeiten. Seine Arbeiten sind solide und einfach. Er versuchte – in seinen Bauten wie in seinem Möbelschaffen –, einen zeitgenössischen Stil zu entwickeln. Historische Stilelemente werden nicht ausgesprochen betont. Er verwendet zwar züngelndes Maßwerk und Spitzgiebel bei seinen Bauten im ›gotischen‹ Stil, Monopodien und Säulen für seine Entwürfe im klassischen Geschmack, ordnet aber das historische Stilelement dem Gesamtkonzept unter. Die Stühle, mit denen er 1818-21 das Stadtpalais des Prinzen August in Berlin ausstattete, sind zwar an den Empire-Stil angelehnt, weisen aber kaum eines seiner charakteristischen Merkmale auf. Noch eigenwilliger sind die Stühle, die er 1817 für Prinz Friedrich entwarf. Sie haben merkwürdig rund geformte Rückenlehnen und sind ganz besonders praktisch und bequem. Einige seiner Möbel sind erhalten geblieben und befinden sich in Schloß Charlottenburg und Schloß Monbijou in Berlin.

Lit: J. Sievers, *K. F. Schinkel: Die Möbel,* Berlin 1950; G. Himmelheber, *Biedermeiermöbel,* Düsseldorf 1978; *Karl Friedrich Schinkel, Architektur, Malerei, Kunstgewerbe,* Ausst. Kat. Berlin 1981.

Schiotling, Johannes (1730-99). Schwedischer Silberschmied, der sich 1762 in Amsterdam niederließ, wo er mit R. →Sondag in Rotterdam und F. M. →Simons in Den Haag konkurrierte. Sein Stil entwickelte sich von einem gemäßigten →Rokoko zu einem eleganten →Klassizismus, sehr gut nachvollziehbar an den beiden Leuchtern aus den Jahren 1766 und 1785 im Rijksmuseum, Amsterdam.

Lit: J. Verbeek, *Johannes Schiotling een Amsterdame Zilversmid (1730-99)*, Ausst. Kat. Rijksmuseum, Amsterdam 1976.

Schiraz-Teppiche →Persische Teppiche

Schirwan-Teppiche →Kaukasische Teppiche

Schlafstuhl. Gepolsterter Armlehnstuhl der →Restauration mit Ohrenbacken an der Rückenlehne, die in jeden gewünschten Winkel verstellbar ist. *Siehe Abb. S. 657.*

Schlaggenwald →Slávkov

Schleifkannen. Zinnkannen, die vom späten 15. Jh. an in einer oft ansehnlichen Größe (75 cm), reich verziert mit gravierten oder reliefierten Ornamenten, für die Zünfte hergestellt wurden. Gewöhnlich ist ein Zapfhahn in Höhe der Basis angebracht.

Schleiss, Franz →Powolny, M.; Gmunden

Schlesische Hafnerware →Hafnerware

Schleswig. 1755 von J. C. L. von →Lück gegründete Fayencefabrik, die er bereits im folgenden Jahr verließ. Bis 1758 wurde sie von einem Konsortium betrieben, als sie *Johann Rambusch* (gest. 1773) erwarb. Zu ihrer Produktion gehörten schwungvoll modellierte Rokokoterrinen, →Bischofsbowlen, korbförmige Schüsseln, Tabletts, Tischplatten und Tafelaufsätze ebenso wie das übliche Sortiment von Gebrauchsgeschirr, im allgemeinen manganviolett bemalt auf einem mattweißen Grund, manchmal auch in einem graustichigen oder gelblichen Grün, mit Blumen, Schäferszenen usw. Die Leistungen ließen seit 1773 nach, als die Fabrik durch Erbfolge auf *Friedrich Vollrath Rambusch* übergegangen war, der sie 1801 verkaufte. Der Betrieb wurde 1814 eingestellt. Stücke wurden selten mit dem Namen gemarkt, wiederholt aber mit ›S‹ über den Initialen des Malers, gewöhnlich manganfarben.

Lit: K. Hüseler, *Geschichte der Schleswig-Holsteinischen Fayence-Manufakturen im 18. Jahrhundert*, Breslau 1929; A. Klein, *Deutsche Fayencen*, Braunschweig 1975.

Schlichtig, Jean-Georges (1736 bis um 1782). Deutscher Kunstschreiner, ausgebildet in Paris, wo er 1765 seine ›maîtrise‹ erhielt. Er spezialisierte sich auf kunstvolle Einlegearbeiten in Perlmutt, Elfenbein usw. sowie auch in verschiedenfarbigen Hölzern, die oft figurative Szenen darstellen wie z. B. bei der Kommode für Marie Antoinette aus dem Jahr 1778 (Louvre, Paris). Beispiele seiner Arbeiten befinden sich auch im Musée Carnavalet, Paris.

Schlicker. Eine Mischung von feinem Ton und Wasser, ursprünglich dazu bestimmt, einen Scherben aus etwas gröberem Ton weniger porös zu machen – vor Einführung der →Glasur – und verschiedene Teile eines Gefäßes (z. B. Henkel, Ausguß) miteinander zu verbinden, solange der Ton noch weich ist. Schlicker wurde auch zur Verzierung benutzt, wobei es zwei Verfahren gibt: Das eine, bezeichnet als Schlickermalerei in →Barbotine-Technik, war in römischer Zeit und bei der ›slipware‹ (→Schlickerware) von Staffordshire im 17. Jh. weit verbreitet; hierbei wurde der Schlicker als Reliefdekor verwendet, es wurden Linien und Schnörkel gezogen sowie Punkte gesetzt, ähnlich wie ein Kuchen mit Zuckerguß verziert wird, monochrom oder in kontrastierenden Farben, meist weiß oder cremefarben auf einem dunklen Untergrund. Bei dem anderen Verfahren wird ein dünnerer Schlicker auf das Gefäß aufgetragen oder das Gefäß vollständig in den Schlicker eingetaucht. Seit dem 9. Jh. wurden derartige Erzeugnisse oft mit einer →Bleiglasur versehen. Sie dürften auch in der →Sgraffito-Technik dekoriert worden sein, indem vor dem Glasieren eine Zeichnung so tief in den Schlickerüberzug eingeritzt wurde, bis der dunklere Untergrund zutage trat. *Siehe Abb. S. 111.*

Schlickerware, engl. ›slipware‹. Bezeichnung für →bleiglasierte Töpferware, die vor dem Brand mit Relief aus Schlicker dekoriert worden ist. Sie wurde von römischen und von bäuerlichen Töpfern auf dem Balkan, in England, Frankreich und Skandinavien hergestellt. Die frühesten bekannten englischen Beispiele sind in Wrotham in Kent im frühen 17. Jh. gemacht worden. Sie sind ziemlich grob. In London im 17. Jh. hergestellte Teller tragen oft religiöse Inschriften, wie ›Bete und arbeite‹, ›Denke an Dein Ende‹ usw. Die ansprechendsten Stücke wurden von T. →Toft in →Staffordshire gemacht.

Lit: R. G. Cooper, *English Slipware Dishes 1650-1850*, London 1968.

Schmelzarbeiten →Email

Schmelzfarben →Emailfarben

Schmetterlingstisch. Klapptisch des 18. Jhs. in Amerika, der seinen Namen der Form der beweglichen Stützen für die aufklappbaren Seiten verdankt, die jedoch weniger Schmetterlingen als Ruderblättern gleichen. Die Beine sind im allgemeinen von einem Rahmen mit Schublade unter der Tischplatte ausgehend schräg nach außen gestellt.

Schmidt, Karl (1873-1948). Deutscher Möbelfabrikant, der an der Entwicklung des modernen Industriedesigns maßgeblich beteiligt war. Er begann seine Laufbahn als Kunsttischler; sein Schaffen ist von der englischen →Arts and Crafts-Bewegung beeinflußt worden. 1898 gründete er in Dresden eine Fabrik, in der er Möbel nach Entwürfen führender Architekten wie Bruno Taut und Bruno →Paul herstellte (→Deutsche Werkstätten). Er wollte vor allem gute und preiswerte Möbel in Serie produzieren.

Schmiedeeisen →Eisen

Schmuz-Baudiß, Theodor Hermann →Berliner Porzellanmanufakturen

Schnabelkanne. Gefäß mit schnabelförmigem Ausguß, vorkommend im alten Nahen Osten und in der Ägäis.

Schnabelkrug. Ein rheinischer Steinzeugkrug mit einem langen, schnabelförmigen Ausguß. Wurde zahlreich im späten 16. und frühen 17. Jh. in →Siegburg hergestellt. *Siehe Abb. S. 325.*

Schneeballvasen →Meißen

Schneider, Christian Gottfried (1710-73). Deutscher Edelstein- und Glasschneider, der in Warmbrunn, Schlesien, geboren wurde und dort tätig war. Von ihm sind keine signierten Arbeiten erhalten, doch sind viele schöne Beispiele des böhmisch-schlesischen Glasschnitts mit einem Pokal in Zusammenhang gebracht worden, der ihm zugeschrieben wird und figürliche Personifikationen der Kontinente darstellt (Berlin, Kunstgewerbemuseum).

Schnell, Martin (tätig um 1703-40). Deutscher Lackmaler. Er wurde in Dresden geboren und arbeitete 1703-09 in Berlin unter G. →Dagly. Danach kehrte er nach Dresden zurück und wurde von August dem Starken 1710 zum Hof-Lackmaler ernannt. Er blieb bis zu seinem Lebensende in Dresden und spezialisierte sich auf das Bemalen von Tabletts, die er mit kapriziösen →Chinoiserien dekorierte – eine Kunst, in der es ihm niemand gleichtat. Aber ebenso verzierte er größere Stücke, z. B. →Bureaus, mit sorgfältiger →Lackmalerei.

Lit: W. Holzhausen, *Lackkunst in Europa*, Braunschweig 1959; H. Kreisel, *Die Kunst des deutschen Möbels*, Bd. II, München 1970; H. Huth, *Lacquer in the West*, Chicago u. London 1971.

Schnelle. Hoher, schlanker, nach oben konisch zulaufender Trinkkrug, gewöhnlich gefertigt aus →Steinzeug; ein Erzeugnis rheinischer Töpfereien in →Köln, →Raeren, →Siegburg und dem →Westerwald im 16. Jh.; nach 1600 und bis zum 19. Jh. wurden nur wenige gemacht, bis dann alte Stücke nachgeahmt wurden.

Schofield, John (tätig 1776-94). Obwohl nie zur Goldschmiedezunft zugelassen, war er einer der bedeutendsten Londoner Silberschmiede seiner Zeit. 1776 wurde für ihn und *Robert Jones* eine gemeinsame, zwei Jahre später für ihn allein eine Meistermarke eingetragen. Seine Spezialität waren Essig- und Ölkännchen und Kandelaber in einem sehr eleganten Adam-ähnlichen Stil, der in seiner lebendigen Frische und technischen Meisterschaft fast so etwas wie eine Vorwegnahme des Regency-Silbers von Paul →Storr war.

Lit: R. Rowe, *Adam Silver*, London 1965.

Schönau, J. Elias Zeissig genannt →Meißen

Schnelle, Steinzeug, Siegburg, spätes 16. Jh. (Kunstgewerbemuseum, Köln)

M. Schnell: mit rotem und goldenem Lack gefaßter Stuhl, 1715-21 (Moritzburg bei Dresden)

Schongauer, Martin (1430-90). Einer der größten der spätgotischen deutschen Kupferstecher. Er war Sohn und Bruder von Goldschmieden und schuf einige wenige besonders schöne Entwürfe für Kirchengerät, die einen weitreichenden Einfluß ausübten: den eines Bischofsstabes und einen für ein mit verschlungenem Maßwerk verziertes Weihrauchfaß. Außerdem veröffentlichte er verschiedene Stiche gotischen Rankenwerks, die den gemalten, geschnitzten und schmiedeeisernen Dekorationen der gleichen Zeit nahestanden. Seine figürlichen Drucke wurden von den Meistern des →Limosiner Maleremails der →Monvaerni-Werkstatt als Vorlagen benutzt.

Schotenwerk. Einer Erbsenschote (manchmal mehr einem Blatt) gleichendes Ziermotiv, das vom frühen 17. Jh. an verwendet worden ist. Oft, aber irrtümlich, wird angenommen, Gr. →Gibbons habe seine Schnitzwerke mit einer wilden geöffneten Erbsenschote ›gezeichnet‹.

Schottische Teppiche →Doppelgewebe-Teppiche

Schouman, Aert (1710-92). Holländischer Glasgraveur und Mitarbeiter von Frans →Greenwood. Seine wenigen bekannten signierten Gläser sind nach eigenen Entwürfen geschaffen. *Siehe auch* Stippen.

Schramberg Töpferei →Villeroy & Boch

Schrank. Allgemeine Bezeichnung eines großen, geschlossenen aufrechten Behälters für Bücher, Kleidung, Geschirr usw. Ein Bücherschrank mit mehreren Fächern, zwei Türen und einem giebelförmigen Abschluß ist im Codex Amiatinus (Biblioteca Laurenziana, Florenz) aus dem frühen 8. Jh. dargestellt, geht aber wahrscheinlich auf ein Original aus dem 6. Jh. zurück. Dies war die grundlegende Form des mittelalterlichen Schranks, der anscheinend hauptsächlich in Kirchen und Klöstern zur Aufbewahrung von Büchern, Meßgewändern und liturgischen Gefäßen diente. Für private Inneneinrichtungen blieb bis ins 16. Jh. die →Truhe das allgemein gebräuchliche Möbel für die Lagerung und Aufbewahrung von Gegenständen (als →Bauernmöbel erhielt sie sich noch länger). Ab dem 16. Jh. jedoch wurden Schränke vermehrt hergestellt, entweder mit zwei Türen oder in zwei Geschossen mit vier Türen. Ihr Aussehen lehnte sich an die Architektur an, kunstvollere Exemplare aus dem 16. Jh. weisen geschnitzte Säulen oder Pilaster und oben ein Sims oder einen Giebel auf. Normalerweise werden Schränke ihrer Verwendung entsprechend in Kategorien geordnet, z. B. Bücherschrank, Geschirrschrank, Kleiderschrank, Schreibschrank usw. Form und Dekor jedoch wurden weniger von der Funktion als von zeitgenössischen Kunst-, vor allem Architekturstilen, geprägt. Dementsprechend folgen sie auch den allgemeinen Entwicklungstendenzen von der Renaissance zum Historismus des 19. Jhs. und dem Funktionalismus des 20. Jhs. In Deutschland bildeten sich im 17. und 18. Jh. verschiedene Lokalstile heraus. So hat der *Danziger Schapp*, der ab etwa 1680 hergestellt wurde, einen kräftig vorstehenden trapezförmigen Giebel. Der *Hamburger Schapp*, gewöhnlich mit Nußbaumfurnier, steht auf kugelförmigen Füßen, hat im Sockel zwei Schubladen, und drei Pilaster fassen die Türen des Hauptgeschosses ein. Ein vorkragendes reich profiliertes Gesims trägt in der Mitte ein geschnitztes Ornament. Der *Frankfurter Schrank* ist bemerkenswert wegen seines abgestuften oder gewinkelten Gesimses und der Verzierung seiner Türen mit Rundprofilen (daher auch der andere Name *Wellenschrank*).

Schraubflasche. Eine typische Form →Creussener Steinzeugs im 18. Jh. Der Körper ist vier- oder sechseckig mit engem Hals.

Schreiberhau. In Schreiberhau, Riesengebirge (heute polnisch), wurde seit dem 14. Jh. Glas gemacht. Eine neue Hütte, die *Gräflich Schaffgottsch'sche Josephinenhütte*, wurde 1840-42 in der Nähe in Marienthal vom Grafen Leopold Schaffgottsch gegründet. Unter der Leitung von *Franz Pohl* (1813-84) wurde sie zur bedeutendsten schlesischen Glashütte, in der mit Erfolg traditionelle Techniken für zeitgemäße Biedermeierformen angewandt wurden. Auch wurden die virtuosen Techniken des venezianischen Renaissanceglases nachgeahmt. Zu internationalem Ruhm kam das Unternehmen auf der Londoner Weltausstellung von 1851, wo – von riesigen Rubinglasvasen bis zu →Millefiori-Briefbeschwerern – die verschiedensten Gläser gezeigt wurden. Ab den 70er Jahren wurde viel emailliertes Glas hergestellt und in den 80er Jahren irisierendes Glas, nach 1900 wurden die Formen des Art Nouveau aufgenommen. 1923 wurde die Hütte mit der Petersdorfer Glashütte und mit *Neumann & Staebe* in Hermsdorf unter dem Namen *Jo-He-Ky-AG* zusammengelegt. Die Fabrik ist noch in Betrieb.

Lit: B. Mundt, *Historismus*, Kat. des Kunstgewerbemuseums, Berlin, Bd. VII, Berlin 1973.

Schreibtisch. Bezeichnung für verschiedene Ausführungen von Arbeitstischen mit Schubladen. Die Form mit zwei Schubladensockeln kam im späten 17. Jh. auf und wurde ab der Mitte des 18. Jhs. populär (Piedestal-Schreibtisch). Ist die Schreibplatte viereckig oder so groß, daß sich zwei Personen gegenübersitzen können, wird er in England ›Partner's desk‹ genannt.

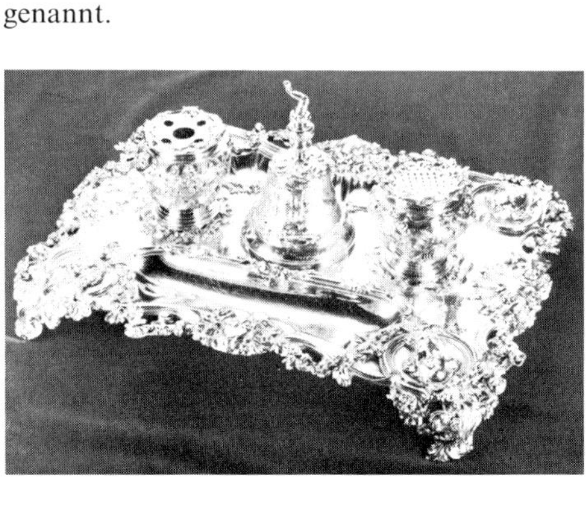

Schreibzeug, silbervergoldet, von P. de Lamerie, London, 1741 (Goldsmiths' Company, London)

J. J. Schübler: Entwurf für einen Tisch mit Mittelstütze nebst Stuhl, Augsburg 1720

Schreibzeug. Behälter für Tinte, Federn, Sand und andere Schreibutensilien. Die frühesten (spätes 17. Jh.) sind aus Silber, spätere auch aus Holz, →Ormoulu usw. gefertigt worden.

Schrezheim

Schrezheim. Fayencemanufaktur bei Ellwangen in Württemberg, gegründet 1752 von *Johann Baptist Bux* (1716-1800). Die interessantesten Stücke haben ungewöhnliche Ausmaße: ein Rokokoaltar mit vielen Engeln in der St. Antonskapelle in Schrezheim (um 1773-75) und eine Statue des heiligen Johannes Nepomuk (Mainfränkisches Museum, Würzburg). Terrinen in Form eines Eberkopfes, von Gemüse usw. sowie Fayencebilder in Rocaillerahmen wurden neben den üblichen Gebrauchswaren hergestellt. Die frühen Stücke sind mit →Scharffeuerfarben bemalt, die späteren mit →Emailfarben. Nach dem Tod des Gründers wurde die Manufaktur von seinem Sohn und seinen Schwiegersöhnen und dann von seinem Enkel bis 1852 weitergeführt.

Lit: H. Erdner & G. K. Nagel, *Die Fayencefabrik zu Schrezheim*, Stuttgart 1973; A. Klein, *Deutsche Fayencen*, Braunschweig 1975.

Schübler, Johann Jacob (1689-1741). Berühmter deutscher Möbelentwerfer des Barock. Außerdem war er Mathematiker, Architekt, Maler und Bildhauer. Seine wichtigsten Neuerungen auf dem Möbelgebiet erschienen in seiner Schrift ›Nützliche Vorstellung ...‹ 1730 in Nürnberg. Darin veröffentlichte er seine genialen Entwürfe für einen →Stummen Diener, für ein zusammenklappbares Bett sowie einen Kaufmannsschreibtisch mit polygonalem Grundriß, vorspringenden Buchstützen und Schreibflächen und einer drehbaren Trommel für die Aufbewahrung von Geschäftsbüchern und Korrespondenz. Viele seiner Möbelentwürfe ersticken in Schnörkeln und Verzierungen, und es fällt schwer, die interessanten mathematischen Berechnungen zu würdigen, die den Entwürfen zugrundeliegen. Seine Vorlagen für Betten, Kabinettschränke, Tische, Kommoden und Chaiselongues wurden erstmals um 1720 in Augsburg veröffentlicht und zwanzigmal neu aufgelegt. Sie waren allem Anschein nach weit verbreitet und wurden viel benutzt.

Lit: H. Honour, *Cabinet Makers and Furniture Designers*, London u. New York 1969.

Schuchard, Georg →Magdeburg

Schuh. Bei Möbeln Bezeichnung der Metallumhüllung eines Möbelfußes, gewöhnlich aus Goldbronze.

Schumacher, Martin (1695-1781). Deutscher Kunsttischler, der in Ansbach tätig war, Sohn von *Daniel Schumacher* (1663-1728), der – wie sein Vater – im Dienste des Markgrafen stand. Martin Schumachers frühestes belegtes Möbelstück stammt aus dem Jahr 1736. Es ist ein Kommodenschrank mit besonders schöner →Boulle-Marketerie, der von einer Uhr bekrönt ist. Schumacher wurde wahrscheinlich von J. →Matusch ausgebildet und als dessen Nachfolger 1737 zum Hofebenisten des Markgrafen von Ansbach ernannt. Dort arbeitete er bis 1778 für die markgräfliche Familie. *Abb. siehe S. 554.*

Lit: H. Kreisel, *Die Kunst des deutschen Möbels*, Bd. II, München 1970.

Schuppenmuster. Ein Schmuckmotiv aus schuppen- oder schindelartig sich überlappenden Kreisen: es gehört zu den Grundformen der Ornamentik und findet sich auf den ver-

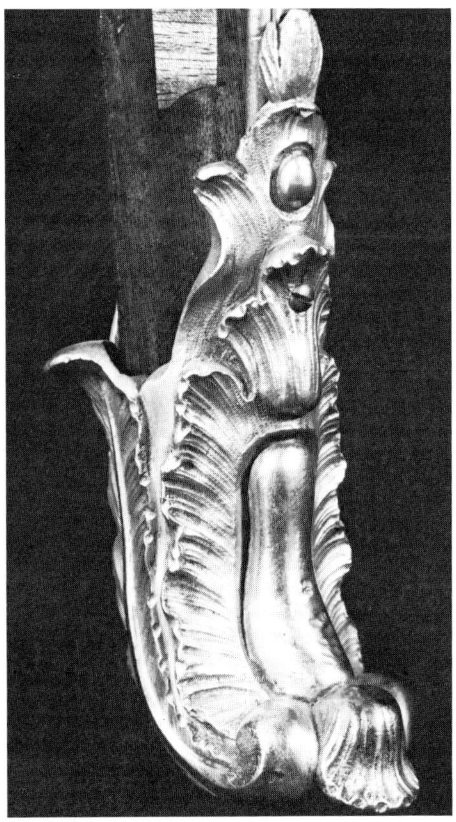

Goldbronzeschuh eines Möbels aus dem 18. Jh. (Schloß Versailles)

M. Schuhmacher: Kommodenschrank, 1736 (Schloß Nymphenburg, München)

schiedenartigsten Objekten in vielerlei Gegenden und Stilepochen. Mit einer Art von Schuppenmuster, ›Mosaiques‹ genannt, wurde von 1760 an in →Meißen und anderen deutschen Manufakturen Porzellan bemalt. In England war es die →Worcester Porcelain Factory, die von 1761 an das rosa Schuppenmuster als Umrahmung von →Reserven verwendete, und seit 1763 häufiger das blaue Schuppenmuster. Die englischen Porzellane, die diese Dekoration tragen, werden ›pink-scale‹ oder ›blue-scale‹ genannt (gelegentlich auch ›scale-pink‹ oder ›scale-blue‹).

Schuß. In Geweben der Faden, der von Seite zu Seite im rechten Winkel die →Kettfäden kreuzt. Durch die Schußfäden werden im allgemeinen die Muster gebildet.

Schüsselkreuz, Schüsselring. Durchbrochener Untersatz zum Warmhalten von Schüsseln. Sogenannte Schüsselringe waren als oft aufwendig gearbeitete Messinggüsse schon im 16. Jh. bekannt. Die Anfertigung eines solchen gehörte zu den drei Meisterstücken der Nürnberger Rotschmiede. Der englische Schüsselring des 18. Jhs. bestand innerhalb der durchbrochenen, oft silbernen Wandung aus zwei kreuzweise miteinander verbundenen Armen und einem Spiritusbrenner.

Schwalbenschwanz. Eine Schreinertechnik, um zwei Holzstücke im rechten Winkel durch keilförmige Zapfen und Nuten zusammenzufügen, die in jedes Stück eingeschnitten sind. Eine im 17. Jh. eingeführte Verfeinerung, die man Vorstoß oder übergreifende Kante nennt, macht es möglich, die Enden der Zapfen auf der einen Seite zu verbergen.

Schwammdekor und Spritzdekor. Durch Betupfen der Malfläche mit einem in Farbe getauchten Schwamm (schwämmeln) lassen sich bei Keramiken rasch wolkige oder fleckige Fonds aufbringen oder in Landschaftsdarstellungen Laubbäume andeuten. Ähnliche Effekte werden durch Stupfen mit einem stumpfen Pinsel erzielt. Beim Spritzdekor wird die Farbe vom Pinsel abgesprüht, man bezeichnet als solchen aber auch Bemalung von Keramik mittels der einen gleichmäßigen, deckenden Farbauftrag ermöglichenden Spritzpistole.

Schwanhardt, Georg (1601-67). Deutscher Glas- und Steinschneider, Schüler von K. →Lehmann in Prag, dessen Privilegien er 1622 erbte, als er sich in Nürnberg niederließ. Er war ein Meister des →Glasschnitts, den er oft mit der →Diamantgravur kombinierte. Seine Gefäße und Glasscheiben sind meist mit Portraits geschmückt oder mit Figuren in Landschaften von feinem barocken Rankenwerk umrahmt. Seine beiden Söhne, *Georg der Jüngere* (gest. 1676) und *Heinrich* (gest. 1693), sowie drei Töchter waren auch Glasschneider. Heinrich gilt als der Erfinder des Glasätzens. Eine geätzte Glasscheibe, datiert 1686, die im Besitz des Germanischen Nationalmuseums in Nürnberg ist, wird ihm zugeschrieben.

Lit: E. Meyer-Heisig, *Der Nürnberger Glasschnitt des 17. Jhs.*, Nürnberg 1963; K. Pechstein in *Anzeiger des Germanischen Nationalmuseums* 1979.

Schwarzburg. Kurzlebige Porzellanfabrik in Unterweißbach, im Fürstentum Schwarzburg-Rudolstadt, mit dem Namen ›Schwarzburger Werkstätten für Porzellankunst‹ wurde 1908 von *Max Adolf Pfeiffer* gegründet, der sie bis 1913 leitete, als sie mit der Fabrik in →Volkstedt fusionierte. Sie war spezialisiert auf Plastiken von Ernst Barlach (1870-1939), besonders auf seine stämmigen russischen Bauern. Auch P. →Scheurich, Otto Thiem und andere entwarfen Modelle. Die Plastiken von Barlach sind weiß gelassen, die anderen teils mit →Scharffeuer- teils mit →Emailfarben bemalt.

Lit: O. Pelka, *Keramik der Neuzeit*, Leipzig 1924.

Schwarzlot. Malerei auf Glas, Fayence und Porzellan in schwarzer →Emailfarbe, manchmal mit Eisenrot und Gold. Diese Art des Dekors wurde erstmals von Glasmalern angewendet, bevor sie auch auf Fayence übertragen wurde, vermutlich um 1660 von J. →Schaper in Nürnberg. Durch die →Hausmaler ist sie im späten 17. und frühen 18. Jh. allgemein bekannt geworden. *Siehe auch Abb. S. 56, 548.*

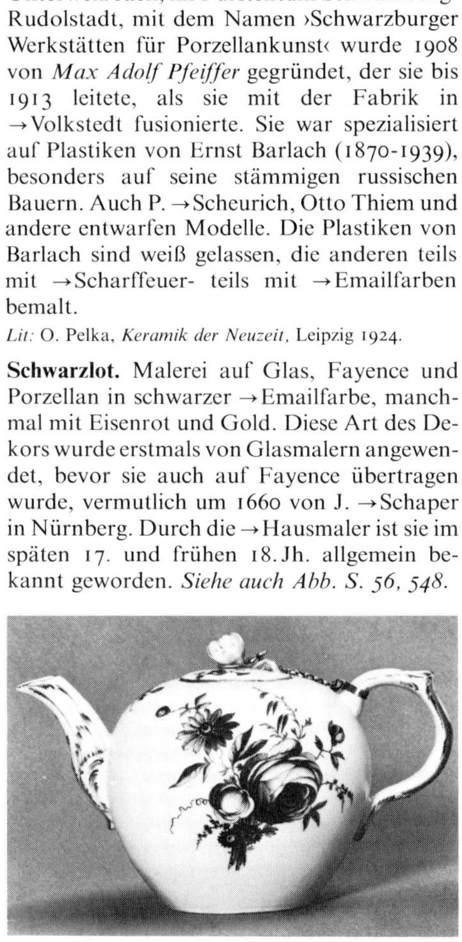

Schwarzlotdekor auf einer Teekanne der Manufaktur Berlin, um 1768 (Kunstgewerbemuseum, Berlin)

Schwarzstickerei. Stickereien, die vor allem in Spanien und im Elisabethanischen England in schwarzer Seide (manchmal auch mit Gold- und Silberfäden) auf weißem Leinen gearbeitet sind. Solche Stickereien wurden auf Gewänder genäht, für Kissenbezüge u. ä. verwendet.

Schwarzwälderuhr. Ein für den Schwarzwald charakteristischer Uhrentyp, mit dessen Herstellung einheimische Bauern-Handwerker im 17. Jh. begannen. Die ersten Exemplare waren ganz aus Holz gefertigt und mit einer ›Waag‹ versehen; um 1730 kamen ein vor dem Zifferblatt hängendes Pendel und ein Schlagmechanismus mit Glas- (später mit Metall-) Glocken auf. Das Uhrenschild ist groß, oben meistens halbkreisförmig gerundet und mit Blumenmalerei verziert. Zuweilen finden sich auch eingearbeitete Schnitzfiguren, die durch das Uhrwerk in Bewegung gesetzt werden. Mitte des 18. Jhs. begann die Produktion von Kuckucksuhren. Seit Anfang des 19. Jhs. wurden diese Uhren in großen Mengen aus dem Schwarzwald nach Frankreich und England exportiert; die Serienproduktion setzte um die Mitte des 19. Jhs. ein und dauert an bis auf den heutigen Tag.

Schweifwerk. Deutsches Ornament des späten 16. Jhs., das →Beschlagwerk, →Knorpelwerk und keulenähnliche Motive verbindet. Zusammen mit Masken, Fruchtgehängen und Elementen der →Groteske wird es *Schweifgroteske* genannt.

Schwerdfeger, Ferdinand (gest. um 1798). Deutscher Möbelschreiner, der sich um 1760 in Paris niederließ und dort gegen Ende des Ancien régime zu den führenden Kunsthandwerkern gehörte. 1786 wurde er ›maître ébéniste‹ und von Königin Marie Antoinette protegiert. Seine Möbel sind zwar etwas schwerfällig, aber von hoher Qualität. Es sind einfache Entwürfe mit schlichten Mahagonifurnieren, ein Beispiel ist die Kommode im Museum of Fine Arts in Boston. Sein berühmtestes Stück aber, ein Schmuckschrank, den er 1786 für die Königin anfertigte, ist durchaus nicht einfach zu nennen. Er ist reichlich mit Sèvres-Porzellanplatten, Perlmutt und Glasmalereien in Pompejanischer Manier und mit kunstvoll gearbeiteten vergoldeten Bronzebeschlägen dekoriert, die möglicherweise von P.-Ph. →Thomire stammen.

Lit: F. J. B. Watson, *Louis XVI Furniture*, London 1960.

Schwinger, Hermann (1640-83). Bedeutender Nürnberger Glasschneider, der im Stil von G. →Schwanhardt arbeitete und große Pokale mit fein ausgeführten mythologischen Szenen und heraldischen Motiven verzierte. Ein datiertes Exemplar aus dem Jahr 1681 ist im Besitz des Londoner Victoria & Albert Museums.

Lit: W. B. Honey, *Glass: A Handbook*, London 1946; E. Meyer-Heisig, *Der Nürnberger Glasschnitt des 17. Jhs.*, Nürnberg 1963.

Sciacca →Sizilianische Töpfereien

Scrutoire. Englische Bezeichnung aus dem 17. Jh. für ein Schreibpult in Kastenform, in dem Papier und Schreibutensilien aufbewahrt werden konnten; die spätere Bezeichnung →Escritoire wird für das gleiche Möbel gebraucht.

Sculpteur, franz., Bildhauer. Die Bezeichnung wurde auch für Handwerker verwendet, die den Schnitzdekor an Möbeln im Auftrag des →›menuisier‹ ausführten. Im 18. Jh. waren in Frankreich vier verschiedene Handwerker mit eigenen Werkstätten an der Herstellung eines Stuhles beteiligt: der ›menuisier‹, der den Rahmen anfertigte, der ›sculpteur‹, der die Schnitzarbeiten ausführte, der ›doreur‹, der die Vergoldungen anbrachte und der ›tapissier‹ der ihn polsterte.

Seal-top spoon. Der vom 15.-17. Jh. verbreitetste Typ englischer Löffel mit sechseckigem Stiel, der in einen kleinen petschaftähnlichen Baluster mit scheibenförmigem Abschluß ausläuft.

›Sechs alte Öfen‹ →Bizen; Echizen; Seto; Shigaraki; Tamba; Tokoname

Secrétaire, franz. Bezeichnung für verschiedene Typen von Schreibmöbeln, in denen man Papiere und Schreibutensilien verschließen kann. Die Bezeichnung wurde anfangs für den ›secrétaire en pente‹ oder auch ›bureau en pente‹ verwendet, einen freistehenden Schreibtisch mit schrägem Deckel, den man aufklappen und als Schreibplatte benutzen kann. Ein ›double secrétaire en pente‹ besteht aus zwei Sekretären, die Rücken an Rücken stehen, so daß sich zwei Personen gegenübersitzen und schreiben können; er wurde auch als ›secrétaire en dos d'âne‹ (Eselsrückensekretär) bezeichnet. Der ›secrétaire à cylindre‹, auch ›bureau à cylindre‹, ist seit Mitte des 18. Jhs. gebräuchlich; der zylinderförmige Deckel wird über die Schreibfläche und die kleinen Fächer an der

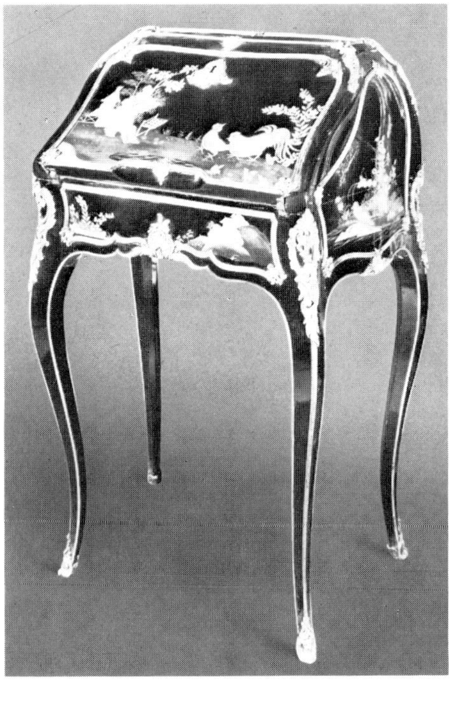

Secrétaire en pente von J. Dubois, um 1750 (Privatsammlung)

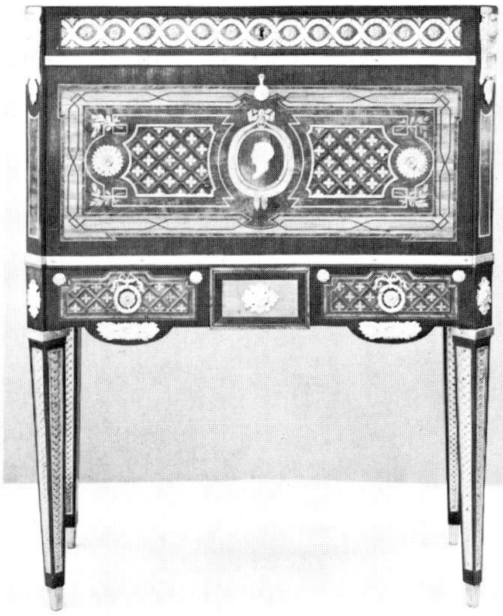

Secrétaire à abattant von G. Haupt, Stockholm, 1778 (Königliche Sammlung Tullgarn-Palast, Stockholm)

Hinterwand gezogen. Der ›secrétaire à abattant‹ (auch ›secrétaire en armoire‹ oder ›en tombeau‹, oder im Englischen ›writing cabinet‹) – der Aufsatzsekretär – kam im 17. Jh. auf und wurde in Frankreich im 18. Jh. sehr populär. Er steht wie ein Schrank an der Wand; man schließt ihn, in dem man die Schreibplatte in senkrechte Position bringt. *Siehe auch* Bureau, *auch Abb. S. 444, 508, 517.*

Secretary. Moderne englische Bezeichnung für einen Aufsatzsekretär (→Secrétaire) auf einem Untergestell oder einer Kommode. Die englische Bezeichnung ›secretary‹ deckt sich nicht mit dem französischen ›secrétaire‹. Im Englischen gibt es keine deutliche Unterscheidung zwischen ›secretary‹ und ›bureau‹.

Seddon, George (1727-1801). Der in Lancaster geborene Seddon wurde in London als Kunsttischler ausgebildet, wo er um 1760 eine eigene Werkstatt eröffnete. 1768 wurde er bereits als der bedeutendste Londoner Möbelfabrikant bezeichnet, seine Firma war eine der größten und bekanntesten der Stadt. In den 1780er Jahren beschäftigte er mehrere hundert Handwerker und führte ein großes Sortiment, wie durch die Verlustlisten bekannt wurde, die anläßlich von Bränden auf seinem Grundstück in den Jahren 1768 und 1783 aufgestellt wurden. 1785 wurde sein ältester Sohn *George* sein Geschäftspartner und 1788 sein jüngerer Sohn *Thomas* (gest. 1804). 1793 nahm er seinen Schwiegersohn *Thomas Shackleton* mit in die Firma auf, die bis etwa 1800 unter Seddon, Sons and Shackleton bekannt war. 1826 eröffneten Thomas und George Seddon eine Filiale im Londoner Westend, die bis Mitte des 19. Jhs. bestand. Das Unternehmen hatte einen großen Ausstoß, dennoch sind nur wenige Stücke bekannt, die ausnahmslos von guter Qualität sind. Mitte des 19. Jhs. benutzte die Firma Seddon Vorlagen von W. →Burges und *John Pollard Seddon* (1827-1906), der auch Keramiken und Möbel für die Firma →Morris entwarf. 1852 veröffentlichte er sein Buch ›Progress in art and architecture‹.

Lit: R. Edwards und M. Jourdain, *Georgian Cabinet Makers*, London 1955; A. Coleridge, *Chippendale Furniture*, London 1968.

Seefried, P. A. →Kelsterbach

Seetang-Marketerie oder **Endivien-Marketerie.** Moderne Bezeichnungen für einen typisch englischen Marketeriedekor des 17. und 18. Jhs.; sie bestand gewöhnlich aus Nußholz und geometrisch angeordneten Plättchen aus Ilex oder Buchsbaumholz. Es entstanden →Arabeskenmotive in kleinem Maßstab, die an Seetang oder Endivien erinnern; wurde häufig für die Vorderseiten von Uhrgehäusen verwendet.

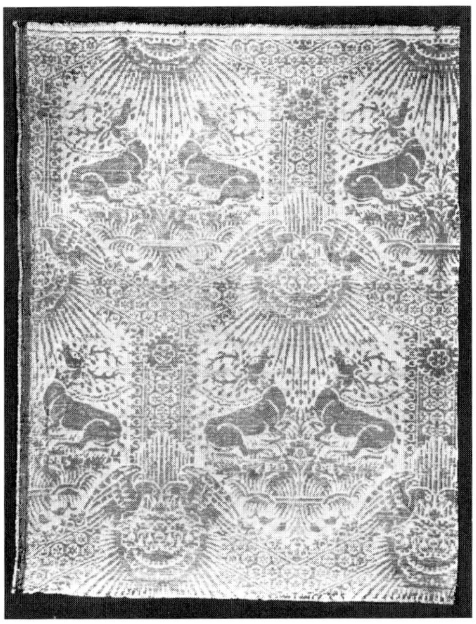

Seidenfragment, wahrscheinlich Lucca, 15. Jh. (Art Institute of Chicago)

Seidene Kasel, Florenz oder Lucca, 15. Jh. (S. Maria a Quinto, Sesto Fiorentino)

Byzantinischer Seidenstoff, Köperbindung, Detail der ›Kaiserlichen Jagd‹, spätes 8.-9. Jh., möglicherweise in Konstantinopel gewebt (Staatliche Museen zu Berlin, DDR)

Seger, Hermann → Berliner Porzellanmanufakturen; Flambéglasur; Kristallglasur

Séguin, M. → Vincennes

Sehna-Knoten → Persischer Knoten

Seide. Das Gespinst der Raupe des Maulbeerseidenspinners, des ›Bombyx mori‹. Bereits in sehr früher Zeit wurde in China Seide für Textilien verwendet. Die ältesten erhaltenen Stoffe stammen aus der Zeit um 1000 v. Chr. und bezeugen einen recht hohen Stand der → Webtechnik. Seit der Han-Dynastie (220 v. bis 202 n. Chr.) wurde Seide nach Europa exportiert. Die Römer führten nicht nur Seidenstoffe sondern auch Seidengarn ein, das manchmal mit → Leinen oder → Wolle vermischt wurde. Seidenwebereien sind im östlichen Mittelmeerraum im 2. Jh. v. Chr. zum er-

Seide, türkisch, 16.-17. Jh. (Musée des Arts Décoratifs, Paris)

sten Mal nachweisbar und wurden im 4. Jh. in Konstantinopel und Persien ausgebaut. Von der Mitte des 6. Jhs. an wurde Seide in Syrien erzeugt und gewebt (→Byzantinischer Stil), dann verbreitete sich ihre Kenntnis in Osteuropa, und ihre Verarbeitung erreichte im 10. Jh. einen Höhepunkt in Spanien und ebenso in Sizilien (→Spanisch-maurische Seiden, →Sizilianische Seiden), im 13. Jh. in →Lucca, →Venedig und →Genua. Im Mittelalter produzierten Italien und Spanien die schönsten europäischen Seidenstoffe (einfarbige und solche mit kühnen Mustern, von denen das →Granatapfelmuster in den verschiedensten Varianten das beliebteste war). Genua folgte mit schweren Seidenstoffen und Samten, die bis zum 18. Jh. als Möbelstoffe hergestellt wurden. Im späten 17. Jh. übernahm Frankreich die Führung der Seidenproduktion. Seine Seidenwebereien in →Lyon, die um 1730 die ersten naturalistischen Muster herausbrachten, übernahmen die Führung; die Vorbilder wurden in →Spitafield, →Stockholm und an anderen Orten für Seiden jeglicher Art übernommen. Ebenfalls in Frankreich wurden im 18. Jh. die meisten technischen Verbesserungen für die Aufbereitung und Weberei der Seide eingeführt.

Herstellungsprozeß. Nach dem Abtöten der Puppen werden die Kokons in heißem Wasser eingeweicht, daraufhin der Faden abgehaspelt. Dann wird er durch einen dem Spinnen ähnlichen Vorgang gezwirnt. Im 14. Jh., vielleicht auch schon früher, wurden in den Seidenma-

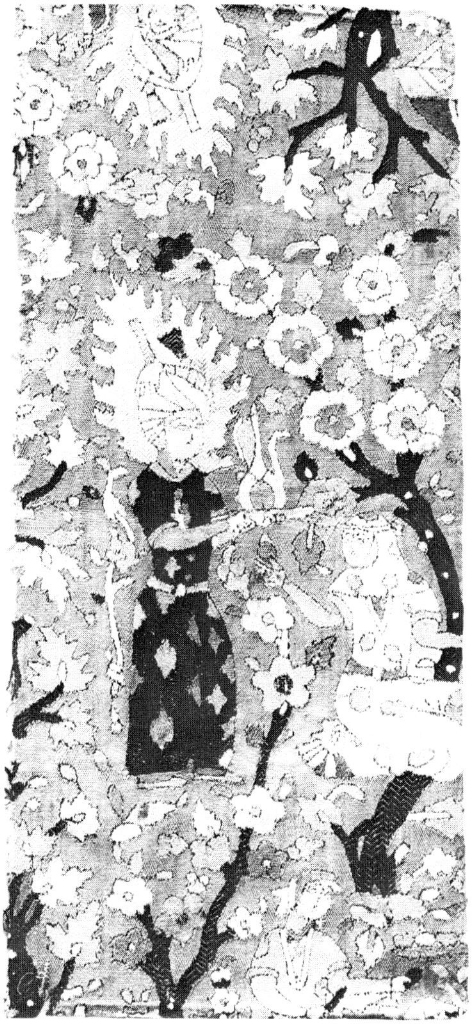

Seide, persisch, 17. Jh. (Musée des Arts Décoratifs, Paris)

Seidenbrokat, Teil eines Chormantels, wahrscheinlich Österreich, um 1750-75 (Kunsthistorisches Museum, Wien)

nufakturen von Lucca Wassermühlen erfunden, die den Spinnvorgang erleichterten, und ähnliche Mühlen wurden sehr bald in anderen oberitalienischen Zentren der Seidenindustrie eingeführt. Nach dem Zwirnen muß das Garn nur noch gebleicht und gefärbt werden, um es weben zu können. Die Entwicklungen des späten 18. Jhs. änderten nicht nur den Mechanismus der Webstühle, sondern auch die Raupenzucht und den Prozeß des Abhaspelns und Zwirnens. Italienische Wissenschaftler und Landwirte (vor allem Vincenzo Dandolo) entdeckten eine Veredelungsmethode der Raupenzucht, die zu weiter entwickelten wissenschaftlichen Methoden in Europa und (durch die Britische Ostindien-Kompanie) in Bengalen führte. Das Abhaspeln wurde verbessert, doch erst 1825 konnte eine von John Heathcote erfundene Maschine diesen Vorgang mechanisch ausführen. Die maschinelle Seidenzwirnung wurde durch die in Frankreich eingeführten Mühlen entscheidend verbessert und in England 1718 von John und Thomas Lombe aus Derby eingeführt.

Ebenso machte man große Fortschritte in der Behandlung der Abfallseide, den Fäden von beschädigten Kokons, die sich nicht fortlaufend abspulen lassen, oder aus Kokonrückständen nach dem Abhaspeln usw. (Manchmal nennt man diese Fäden Wildseide, da die Kokons, aus denen der Seidenspinner normalerweise herauskriecht, ähnlich beschädigt sind.) Hier muß der Faden genauso wie bei Flachs oder Wolle, gesäubert, gekämmt und bearbeitet werden. Ursprünglich wurde er mit Spinnrocken und -rad zu Garn gesponnen. Im späten 18. Jh. wurde dann die Maschinenspinnerei in England eingeführt; das Verfahren der Abfallseidenverarbeitung war kurz nach der Mitte des 19. Jhs. voll mechanisiert. Obwohl die Verarbeitung und Weberei mechanisiert werden konnten, wird die Rohseide immer noch hauptsächlich mit der Hand verarbeitet, und die Seidenraupenzucht kann nur dort bestehen, wo Handarbeit billig ist (vor allem im

Chinesische Seide, 18. Jh. (Victoria & Albert Museum, London)

Fernen Osten). Trotz der Konkurrenz der Kunstfaser bleibt Seide für Kleider und Möbelbezüge ein beliebtes Material.

Lit: O. von Falke, *Kunstgeschichte der Seidenweberei*, Berlin 1913; F. O. Howitt, *Bibliography of the Technical Literature on Silk*, London 1947; B. Klesse, *Seidenstoffe in der italienischen Malerei des 14. Jhs.*, Bern 1967.

Seifenkugel. Ein durchbrochen gearbeiteter Behälter in Kugelform und mit gewölbtem Fuß, zum Aufbewahren der Seife. Sie gehörte zur silbernen Toilettengarnitur des 18. Jhs.

Sekretär →Secrétaire

Seladon. Eigentlich Céladon nach dem Helden in Honoré d'Urfé's Schäferroman ›L'Astrée‹ aus dem frühen 17. Jh., dessen Kostümfarbe sanft graugrün war. Das Wort hat sich in Europa zur Bezeichnung für chinesisches →Steinzeug oder →Porzellan, das die Chinesen qingci oder grünes Steinzeug nannten, durchgesetzt. Es hat einen grauen bis bräunlichen Scherben und eine graugrüne, bei (minimum) 1200 °C aufgebrannte Glasur, die feldspathaltig ist und durch einen Eisenoxyd-Zusatz ihre grünliche Farbe erhält. Gewöhnlich unterscheidet man zwei Gruppen: das Nördl. Seladon und das Südl. oder Longquan-Seladon mit der →Yue-Keramik als Vorläufer. Das Nördl. Seladon wurde in der →Song-Zeit, bevor die Hauptstadt 1127 nach Hangzhou verlegt wurde, gemacht. Das Lung-chüan Seladon (aus Chekiang) ist während der Song-Zeit und später entstanden. Das Nördl. Seladon ist scheinbar nicht exportiert worden, wohingegen das Südl. Seladon weite Verbreitung fand. Seladon wurde in der Folgezeit in Japan, Korea, Thailand, Vietnam und Kambodscha (→Khmerkeramik) imitiert. Sehr ähnliche Tonwaren wurden auch von der Keramik-Manufaktur von →Sawankhalok in Thailand hergestellt. Der Dekor ist sparsam, meist auf Blumen, Vögel, Fische usw. in Unterglasurreliefs beschränkt, anfangs geritzt und geschnitten, später gestempelt. Im 18. Jh. sind solche Stücke in Frankreich oft mit Blattgold verschönt worden. *Siehe auch* Buckwheat celadon, *auch Abb. S. 680.*

Seladondose mit geschnittenem Dekor, bräunlich glasiert, Nördl. Seladon, Song-Zeit, 11.-12. Jh. (Percival David Foundation of Chinese Art, London)

Seltzer-Rank, Familie →Pennsylvania Dutch style

Semainier, franz. Regal mit sieben Brettern oder rechteckiges Kastenmöbel mit sieben Schubladen, für jeden Tag der Woche eine.

Semé →Semis

Semis, Semé. Ein Terminus aus der Heraldik, der auch für den Schmuck von Bucheinbänden benutzt wird, und zwar für ein rautenförmiges Muster aus kleinen gepunzten Ornamenten.

Sené, Jean-Baptiste-Claude (1748-1803). Bedeutendster Stuhlschreiner des Louis-seize neben G. →Jacob, der ihm als Entwerfer überlegen war. Tatsächlich entwarf er die Mehrzahl seiner Stühle nicht selber, sondern verließ sich auf Künstler wie etwa Gondouin und J.-D. →Dugourc. Sené stammte aus einer alten Schreinerfamilie (Werkstücke seines Vaters, Claude I [1724-92], befinden sich im Musée des Arts Décoratifs in Paris). 1769 wurde er ›maître‹, und um 1784 gehörte er, zusammen mit N.-Q. →Foliot Und J. B. →Boulard, zu den Hauptlieferanten des Hofes, ab 1785 als ›fournisseur de la Couronne‹. Die Aufträge für die Krone führte er unter der Leitung von J. →Hauré aus und arbeitete mit verschiedenen →›sculpteurs‹ zusammen, vor allem mit Vallois, Laurent, Alexandre Regnier und Guérin. Die Arbeiten für Marie-Antoinettes Schlafgemach in Fontainebleau, die er 1787 ausführte, gehörten zu den letzten größeren Aufträgen, die das Ancien régime erteilte. Charakteristisch für seine Arbeiten sind kannelierte Säulen, →Karyatiden und →Liktorenbündel. Er neigte dazu, seine Stühle mit dem Rücken an freistehende Säulen zu stellen, bevorzugte auch lyraförmige Rückenlehnen. Er mag dabei englischen Vorbildern gefolgt sein oder Jacob kopiert haben, den er auch in der Verwendung von Mahagoni nachahmte. 1785 lieferte er eine Garnitur schlichter Armsessel an die Académie de France. Trotz seiner Beziehungen zum Hof erhielt er auch nach der Revolution noch Aufträge, die allerdings weniger für repräsentative Zwecke bestimmt waren. So lieferte er z. B. zweihundert Schreibtische für Regierungsbeamte. Einige seiner Arbeiten befinden sich im Louvre und im Musée des Arts Décoratifs in Paris, im Victoria & Albert Museum, London, und im Metropolitan Museum, New York.

Lit: I. Verlet, *Le Mobilier royal français*, Paris 1945-55; F. J. B. Watson, *The Wrightsman Collection: Furniture*, New York 1966.

Senneh-Knoten →Persischer Knoten

Senneh- (Senne, Sehna-)Teppiche. Eine Gruppe →persischer Teppiche, die in dem Dorf Senneh (Sehna oder Sanadatsch) hergestellt werden. Die Teppiche, die öfter im →Gördes- als im Senneh- oder →persischen Knoten geknüpft werden, sind meist sehr kurz geschoren. Ziemlich dichte Herat- und Boteh- (Palmwipfel) Muster sind üblich.

Septfontaines →Villeroy & Boch

Serabend-Teppiche →Persische Teppiche

Serizawa Keisuke (geb. 1895). Japanischer Designer, besonders von Stoffen, die in Schablonentechnik bemustert wurden. Er war ein Führer der Volkskunstbewegung in Japan und ihr vornehmster Vertreter.

Lit: Sérizawa, Ausst. Kat. Grand Palais, Paris 1976.

Setoware: Teeschale, 17.–18. Jh. (Victoria & Albert Museum, London)

Serpentine front. Englische Bezeichnung für die im Rokoko gebräuchliche geschweifte Vorderfront von Möbeln, vor allem von Truhen, mit konvexer Wölbung in der Mitte und konkaver Schweifung an den Seiten; eine gemäßigte Variante der →Bombé-Form.

Serre papier →Cartonnier

Serrurier-Bovy, Gustave (1858-1910). Belgischer Entwerfer von Möbeln und Innenausstattungen des Art Nouveau, der in Lüttich ein Geschäft betrieb. Er besuchte 1884 England und war beeindruckt von den Arbeiten der →Arts and Crafts-Bewegung. 1894 verkündete er, daß er aus seinen Entwürfen »alle Reminiszenzen an vergangene Stilepochen und englische Stile« verbannt habe. Sein Stil war weniger skulptural als der seines Landsmannes V. →Horta und beeinflußte die Arbeiten von H. van de →Velde.

Lit: J.-G. Watelet, *Gustave Serrurier-Bovy architecte et décorateur 1858-1910,* Brüssel 1975.

Serviteur-fidèle, franz., treuer Diener. Bezeichnung des 18. Jhs. für einen kleinen Tisch mit beweglichen Stützen für Armleuchter, zu benutzen als Arbeits-, Lese- oder Nachttisch.

Seto. Eines der bedeutendsten Zentren der japanischen Keramik in der Provinz Owari, in der Nähe der Stadt Seto (12 km nordöstlich von Nagoya), das schon zu früher Zeit, nach der Überlieferung seit dem 9. Jh., existierte. Es ist vielleicht das berühmteste der →›Sechs Alten Öfen‹. Die frühesten Erzeugnisse, die den Töpfereien von Seto zugeschrieben werden, sind große, kugelförmige Krüge mit einer Aschenglasur, die aus der Heian-Zeit (898-1184) stammen, aber der viel früheren Sue-Ware ähnlich sind. In der Kamakura-Zeit (1185-1338) wurden chinesische Töpferwaren aus der →Tang- und →Song-Zeit nachgemacht, aber aus einem viel gröberen Ton und gewöhnlich mit einer braunen oder bräunlichgrünen Holzaschenglasur. Die gefälligsten Produkte, die sogenannte ›Blumen-Ware‹ von Seto, stammen aus dem 13. und 14. Jh. Es sind Vasen mit eingeritzten, stilisierten Blumen, die mit Aschen- oder Eisenglasuren überzogen sind. Stücke dieser Art wurden später in großem Umfange nachgemacht und gefälscht. Nach japanischer Überlieferung war →Toshiro der frühe große Meistertöpfer dieser Gegend, dessen Existenz allerdings heute angezweifelt wird. Von den späteren Erzeugnissen sind die Gefäße, besonders für die →Teezeremonie, aus braunem oder grauem Steinzeug am bekanntesten. Sie sind gelegentlich in Eisen- oder Kupferoxid bemalt und mit einer dicken, manchmal sehr stumpfen →Feldspatglasur überzogen. Die Produkte des 17. und 18. Jhs. sind schwer von den aus den Töpfereien in →Mino stammenden Erzeugnissen zu unterscheiden. Im 19. Jh. wurden in großem Umfang auch Küchengeschirre hergestellt – Fischplatten und Ölschüsseln –, die oft recht ansehnlich mit frei gemalten Vögeln, Landschaften usw. in Eisenschwarz oder Braun oder Unterglasurblau verziert sind. Auch →Blauweiß-Porzellan wurde in dieser Gegend gemacht. Für die unter den Namen ›Alte Seto-Ware‹, ›Schwarze Seto-Ware‹ und ›Gelbe Seto-Ware‹ bekannten Keramiken *siehe* Mino.

Lit: S. Jenyns, *Japanese Potteries,* London 1971; Ausst. Kat. *Japanische Keramik,* Hetjens-Museum Düsseldorf 1978.

Settee. Englische Bezeichnung für eine sofaähnliche Sitzbank mit Armlehnen für zwei oder mehr Personen. Es ist strenger in der Form als ein →Sofa und nur zum aufrechten

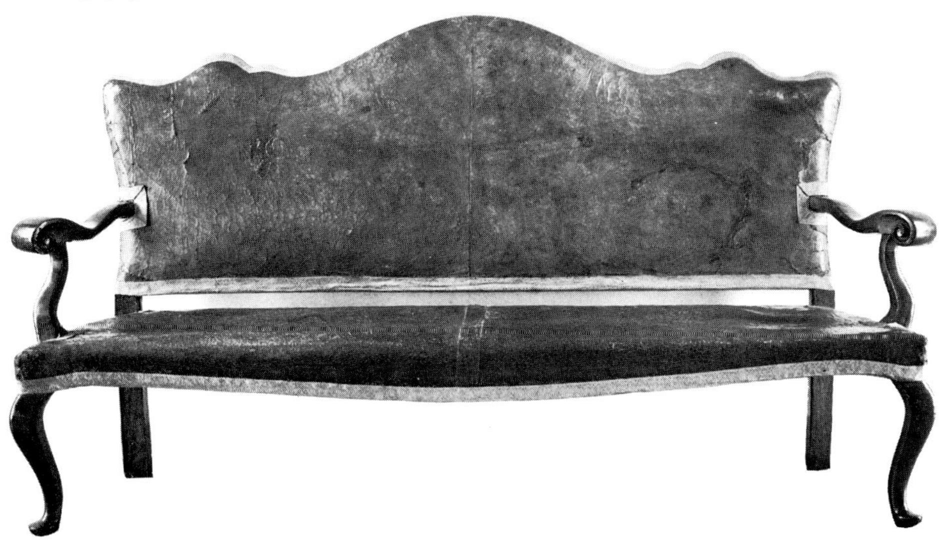

Settee, italienisch, frühes 18. Jh. (Fondazione Giorgio Cini, Venedig)

Settee, französisch, von L. Delanois, 1761-70 (Louvre, Paris)

Sitzen geeignet; die gerade Form läßt kein Anlehnen oder Entspannen zu. Es wurde zu Beginn des 17. Jhs. in England populär, aber im 19. Jh. vom Sofa verdrängt. Auch der ›love seat‹ ist eine Art Settee, es ist ein verbreiterter Armsessel für zwei Personen, ähnlich der französischen Causeuse. Das *Hall-Settee* ist ein vergrößerter Armsessel, wie man ihn in England im 18. und 19. Jh. in der Diele benutzte, mit einer Sitzfläche aus Holz. *Siehe auch Abb. S. 219, 670.*

Seuter, Bartholomäus (1678-1754). Angehöriger einer bedeutenden Familie von Augsburger Kunsthandwerkern, der als Goldschmied, Stecher, Seidenfärber und Majolikahändler tätig gewesen ist. Am bekanntesten aber ist er als →Hausmaler geworden, der →Nürnberger und →Bayreuther Fayencen und →Meißener Porzellan bemalt hat. Vor 1729 dekorierte er weißes Porzellan, das er in Meißen erwarb. Er arbeitete in Gold, →Schwarzlot und bunten Farben Blumensträuße, figürliche Szenen und →Chinoiserien. Die Figurenszenen umsäumt oft goldenes Bandwerk (eine Reihe C-förmiger Voluten mit einem Punkt im Zentrum jeden C's wird zuweilen als Nachweis für seine Autorschaft angesehen). Es scheint, daß er in seiner Werkstatt eine Anzahl von Gehilfen beschäftigt hatte. Überdies stach er Tafeln für J. W. Weimanns ›Phylanthus Iconographia‹ (Augsburg 1737), eine der Quellen für die →Deutschen Blumen auf Meißener Porzellan. Auch sein Bruder *Abraham* (1688/89-1747) war ein hervorragender Porzellanmaler und Spezialist für Chinoiserien in Gold.

Lit: G. E. Pazaurek, *Deutsche Fayence- und Porzellan-Hausmaler*, Leipzig 1925; S. Ducret in *Keramos* 37 (1967), S. 3-62.

Sevilla. Töpfereien entstanden in Sevilla im 11. Jh. während der Maurenherrschaft. Sie stellten Bekrönungen für Brunnen, Wasser- und Ölkrüge und doppelhenkelige Gefäße her. Von einer schönen Brunnenbekrönung aus dem Jahre 1039 (Museo Arqueológico, Madrid) abgesehen, sind die auf unsere Zeit überkommenen Stücke zeitlich schwer zu bestimmen. Wichtigste Produkte waren Fliesen aus der Zeit nach der Wiedereroberung durch die Christen im Jahre 1298 – einfarbige Fliesen, die zu Mosaiken zusammengesetzt werden konnten, wie zum Beispiel im Alcázar von Sevilla (1350-66), →Cuerda seca-Technik von der Mitte des 15. Jhs. an sowie Fliesen in der →Cuenca-Technik seit dem späten 15. Jh. Diese Fliesen wurden auch nach anderen Ländern Europas ausgeführt. Fliesenarbeiter aus Sevilla sollen in einer Töpferei in Granada beschäftigt gewesen sein, um am Ort Fliesen für die Alhambra herzustellen. Schüsseln und →Apothekengefäße mit Verzierungen, die denen auf in Cuerda seca-Technik hergestellten Fliesen ähneln, wurden Sevilla zugeschrieben. Als Dekore wurden abstrakte Muster oder Wappen verwendet. Im frühen 16. Jh. wurden der italienische Renaissance-Stil für große

Sevilla: Fliesen, mit Farbglasur dekoriert (›cuerda seca‹) 15. Jh. (British Museum, London)

Porzellanmanufaktur Sèvres: Maler- und Vergolderwerkstatt, 1823 (Sèvres-Teller, von C. Develly bemalt)

Porzellanmanufaktur Sèvres: Modellwerkstatt, 1823 (Sèvres-Teller, von C. Develly bemalt)

bildliche Darstellungen auf Fliesen von F. →Niculoso und, ziemlich später, die nördliche Renaissance in der Art von Christobal de →Augusta eingeführt. Fliesen wurden noch im 17. und 18. Jh. hergestellt.

Lit: A. Lane, *Victoria & Albert Museum: Guide to Tiles*, London 1939; A. Klein, *Fayencen aus Europa*, Braunschweig 1980.

Sèvres 1753

Sèvres 1778

Sèvres (oder **Vincennes-Sèvres**). Französische staatliche Porzellanmanufaktur, führend in der europäischen Porzellanmode von etwa 1760 bis 1815. Sie wurde 1738 im Schloß Vincennes mit Arbeitern aus →Chantilly gegründet und erhielt 1745 ein Monopol zur Herstellung von »Porzellan im Stil von Meißen, d. h. bemalt und vergoldet mit figürlichen Darstellungen«. Erzeugnisse dieser frühen ›Vincennes-Periode‹ bestanden aus Weich→porzellan (das bis 1768 ausschließlich und bis 1800 nur noch gelegentlich gemacht worden ist), aber von uneinheitlicher, meist geringerer Qualität, als sie Chantilly, →Mennecy und →Saint-Cloud hervorgebracht haben. Die Hauptproduktion lag auf Blumen, die in der Art von →Meißen an Drahtstielen oder vergoldeten Bronzerocaillen montiert oder auf Vasen, Kerzenhaltern, Krügen usw. angebracht waren. Die große Zeit der Manufaktur begann 1751 mit der Bestellung von J. J. →Bachelier zu ihrem künstlerischen Leiter. Im folgenden Jahr wurde Ludwig XV. Hauptaktionär (möglicherweise unter dem Einfluß der Madame de Pompadour, die sich gleichfalls finanziell beteiligt hatte). 1753 erhielt das Unternehmen den Namen ›Manufacture royale de porcelaine‹ in einem Erlaß, der die Privilegien festlegte und gleichzeitig verhindern sollte, daß irgendeine Fabrik in Frankreich Porzellan oder weiße, in der Art von Porzellan bemalte Fayence herstellte. Die beiden gekreuzten spiegelbildlichen ›L‹ des königlichen Namens, bisher bereits in der Fabrik verwendet, wurden jetzt offiziell zur Fabrikmarke unter Zusatz eines Buchstabens, der das Jahr der Herstellung anzeigt (so sagte das ›a‹ zwischen den gekreuzten ›L‹, daß das Stück 1753 gemacht worden war). Die Manufaktur wurde 1756 in ein neues Gebäude in Sèvres verlegt und 1759 von dem König als Hauptauftraggeber und als Hauptabnehmer übernommen. Seit 1758 wurde alljährlich ein Verkauf von Erzeugnissen der Manufaktur im privaten Speisesaal des Königs in Versailles abgehalten, wozu die Würdenträger des Hofes zum Kauf eingeladen waren. Tafelausstattungen der 1750er und 1760er Jahre waren in einem sehr zurückhaltenden Rokokostil gehalten, obwohl auch einige ausgesprochen bizarre Entwürfe aus der Manufaktur kamen, wie etwa der →›vaisseau-à-mât‹ und der Elefantenkandelaber nach einem Entwurf von J. L. →Duplessis. Die besten Stücke haben einen Fond in leuchtenden →Emailfarben, eine scharfe Abkehr von dem weißen Fond der frühen französischen Porzellane. Ähnliche Fondfarben wurden in Meißen verwendet, aber die

Vincennes-Sèvres: Deckelterrine mit Platte, Weichporzellan, 1753 (Musée des Arts Décoratifs, Paris)

Sèvres: ›Venus und Cupido‹, Biskuitporzellan, um 1765 (Victoria & Albert Museum, London)

in Sèvres von den Malern und den Farbenarkanisten entwickelten waren von unerreichter Gleichmäßigkeit in der Oberflächenstruktur. Berühmt sind das glänzende tiefe ›gros bleu‹, das seit 1749 verwendet wurde, das türkisfarbene →bleu céleste seit 1752, das ›jaune jonquil‹ seit 1753, ein Erbsengrün seit 1756. Alle vier Farben wurden von Jean Hellot (1685-1766), der als Maler und Farbenarkanist von 1745 bis zu seinem Tod in Sèvres gearbeitet hat, entwickelt. Schließlich kommt noch ein Rosa (später →›rose Pompadour‹ genannt) hinzu, das, 1757 erfunden, nach 1766 nur noch wenig verwendet wurde. Diese Farben sind mit minuziös ausgearbeitetem, dichtem Goldrocaillenwerk verziert als Umrandung für die weiß gebliebenen Reserven in Form von Medaillons und Paneelen, die mit Blumen, Vögeln oder figürlichen Darstellungen im Stil von Fr. Boucher bemalt sind. Der Glanz von Gold und Farbe verleiht diesen Stücken den Anschein von gediegenem Reichtum. Das Porzellan fällt in die Augen und läßt seinen Wert erkennen, ohne in Geschmacklosigkeiten abzugleiten. (Diese Weichporzellane gehören heute zu den teuersten in der Welt.) Figuren wurden zunächst wie in Deutschland bemalt, einige wurden auch weiß gelassen. Bei weitem am berühmtesten sind die →Biskuitfiguren und -gruppen aus einer Masse, die Bachelier vor 1753 erfunden hatte. Ob sie mythologische oder ländliche Sujets wiedergaben, immer ließen sie den Einfluß von Bouchers Rokokogemälden erkennen, bis 1757 E.M. →Falconet zum Modellmeister bestellt wurde, der eine mäßig klassizistische Stilrichtung einführte. Pigalle, Houdon und Clodion waren unter den Bildhauern, die Modelle für die Manufaktur entwarfen. Spätere Figuren wurden bestimmter klassizistisch, besonders solche aus der Hand von L.S. →Boizot, der von 1774-1802 Modellmeister war. Hartporzellan wurde seit 1768 produziert, nachdem →Kaolin- und Feldspatlager (→Petuntse) bei Saint-Yrieix entdeckt worden waren. Gleichzeitig ging die Herstellung von Weichporzellan nach und nach zurück. Dies hatte die Entwicklung einer neuen Palette von →Scharffeuerfarben zur Folge, darunter Braun, Schwarz, Schildpatt und ein neues Dunkelblau. Die Entwürfe für alle Erzeugnisse wurden dem →Louis-seize angepaßt. Die Formen wurden vereinfacht, Linien wurden begradigt, aber die Farbenpalette begann reicher zu werden, Gold wurde geradezu verschwenderisch verwendet, der sogenannte →Juwelen-Dekor wurde eingeführt, und die Malerei, insbesondere sentimentale und mythologische Szenen, gewann an Bedeutung. (Selbst nach Auslaufen des Privilegs von Sèvres im Jahre 1766 durfte keine andere französische Fabrik Porzellan mit farbigem Fond oder Golddekor versehen.) Mit Blütenzweigen fein bemalte Plaketten wurden seit etwa 1760 zur Verzierung von Möbeln hergestellt (M. →Carlin, B. →Risenburgh). Die Manufaktur beschäftigte eine große Zahl von Malern, die ihre Arbeiten mit Zeichen oder Initialen versahen. In den 1780er Jahren wurden einige Nachahmungen von →Jasperware in der Art von →Wedgwood hergestellt, teils um der Anglomanie entgegenzukommen, teils (in der Anfangszeit) um einem Rivalen Konkurrenz zu machen.

1793 wurde die Manufaktur zum Staatseigentum erklärt, anstelle des königlichen Monogramms wurden die Buchstaben ›R. F.‹ (République Française) verwendet. Die Formen königlicher Büsten wurden zerbrochen, und viel unbemaltes Porzellan wurde an Maler verkauft (darunter viele Engländer) und von die-

Sèvres um 1800-02

Sèvres 1824-28

Sèvres: Zuckerdose, Weichporzellan, bemalt von Elisa le Guay, 1761 (Musée de Manufacture de Sèvres)

Sèvres: Porzellan-›Kunstmöbel‹, ausgestellt auf der Weltausstellung in London 1851

rechtes Bild: Sèvres: Porzellanvase, bemalt mit Ansichten von Schloß Sanssouci b. Potsdam, von Robert, um 1805 (Château de Malmaison)

Sèvres 1845-48

Sèvres 1854

sen in ihren Werkstätten staffiert. Die Zahl der Arbeiter wurde stark reduziert und die Produktion nahezu stillgelegt. 1800 wurde *Alexandre Brongniart* (1770-1847) zum Leiter bestellt. Als begabter Verwalter und Wissenschaftler stellte er das Unternehmen rasch wieder auf die Beine. Er gab die umständliche und teuere Herstellung von Weichporzellan auf, entwickelte eine neue Zusammensetzung der Hartporzellanmasse und eine ganze Reihe von Farbpigmenten, wodurch die Herstellung von Stücken erleichtert wurde, die wie Ölgemälde farblich reich nüanciert waren (und oftmals Ölgemälde unmittelbar kopierten). Die Manufaktur hatte in Napoleon einen Förderer gefunden, für den einige der anspruchsvollsten Modelle entworfen wurden, hohe Vasen mit Allegorien auf seine Siege, Tafelaufsätze mit bemalten Porzellanplaketten, aufwendige Tafelservice. Die Formen wurden entweder der ägyptischen, griechischen und römischen Antike entlehnt oder der Geometrie (Zylinder und Kugel) entnommen. Die Bemalung war ausnehmend reich, mit viel Gold und szenischen Darstellungen. Die Architekten Percier und →Fontaine wurden mit Entwürfen beauftragt, Malereien wurden von so hervorragenden Künstlern wie J. B. Isabey ausgeführt. Mit solchen Stücken schuf die Manufaktur einen →Empire-Stil in der Keramik, der von fast allen anderen Porzellanfabriken nachgeahmt und noch lange nach den Niederlagen Napoleons lebendig blieb. Nach 1815 wurde die Malerei zunehmend aufdringlicher. In großen Mengen wurden Schmuckplatten hergestellt, die in der Art von Ölgemälden bemalt wurden.

Die Manufaktur wurde 1848 reorganisiert, die Maler, die Ölgemälde alter Meister kopierten, entlassen. Von dieser Zeit an wurde dem Porzellan selbst eine größere Beachtung geschenkt. Blassen, durchscheinenden Farben wurde (anstelle der undurchsichtigen) der Vorzug gegeben, um so die Qualität des Porzellanscherbens erkennen zu lassen. Einige Dekore aus dem 18. Jh. wurden wieder aufgenommen, Porzellane des 18. Jhs. aus Meißen und chinesisches →Eierschalenporzellan wurden nachgemacht. Die →Pâte-sur-pâte-Malerei wurde eingeführt und besonders von M. L. →Solon entwickelt. Die Fabrik wurde 1876 auf ein neues Gelände bei Saint-Cloud verlegt. Eine Kommission von Künstlern, Kritikern und Keramikern sollte Mittel und Wege zur Verbesserung der Produktion aufzeigen. Der damals bekannte Bildhauer A.-E. →Carrier-Belleuse wurde zum künstlerischen Leiter ernannt. Es wurden gut gestaltete Vasen mit reichem skulpturalen Schmuck, aber auch solche von einfachen Formen im chinesischen Stil mit geflammten Glasuren hergestellt. Japanischer Einfluß ist bei vielen Erzeugnissen deutlich sichtbar, besonders bei Eßgeschirren, die von A. →Dammouse und F. →Bracquemond bemalt sind. 1887 wurde T. →Deck Manufakturleiter, der erste Keramiker, der diese Stelle einnahm. Er entwickelte neue Materialien, so besonders eine Weichporzellanmasse und ein →Steinzeug für Architekturornamente. In den späten 1890er Jahren wurde der →Art Nouveau aufgenommen, und zahlreiche Arbeiten in diesem Stil wurden auf der Weltausstellung 1900 in Paris gezeigt, am bemerkenswertesten eine Tischdekoration mit 12 Figuren junger Tänzerinnen in langen Gewändern, die ihre Schleier über ihren Köpfen schwingen, nach Entwürfen von Agathon Léonard. Der Stil des → Art Deco wurde in den 1920er Jahren aufgegriffen (einige Stücke sind von dem Kunstschreiner J.-E. →Ruhlmann signiert). Im 20. Jh. hat die Manufaktur hauptsächlich Mo-

Sèvres: Porzellan-Teller, bemalt von A.-L. Dammouse, vor 1880 (Musée des Arts Décoratifs, Paris)

delle des 18. Jhs., oft in vereinfachter Form, hergestellt.
Nirgends wurde das Porzellan so sorgfältig und ohne Unterbrechung gemarkt wie in Sèvres seit 1753. Eine Ausnahme bilden die Biskuitfiguren, die bis 1860 keine Fabrikmarke trugen.

Lit: M. Brunet u. T. Préaud, *Sèvres. Des origines à nos jours*, Fribourg 1978.

Seymour, John (tätig um 1738-1818). Führender amerikanischer Möbelschreiner aus Boston, dessen Arbeiten vom →Federal style inspiriert waren. Er wurde in England geboren, verbrachte dort seine Lehrzeit und wanderte 1785 mit seinem Sohn und späteren Geschäftspartner *Thomas* in die Vereinigten Staaten aus. Seine Arbeiten sind stark von englischen Einflüssen geprägt und erinnern vor allem an die Entwürfe von G. →Hepplewhite und Th. →Sheraton. Sie zeichnen sich durch gute handwerkliche Verarbeitung und schöne Furniere aus und sind mit Bandeinlagen und intarsierten Pilastermotiven geschmückt.

Lit: V. C. Stoneman, *John and Thomas Seymour, Cabinetmakers in Boston*, Boston, Mass. 1959; C. F. Montgomery, *American Furniture: The Federal Period*, New York und London 1966.

Sezession. Eine Gruppe von Künstlern und Architekten, die sich von der konservativen Wiener Akademie trennte und eine neue Organisation ins Leben rief, die ›Wiener Sezession‹. Ihre namhaftesten Vertreter waren Gustav Klimt, K. →Moser, J. →Hoffmann und J. M. →Olbrich, der 1898 ihr Hauptquartier entwarf und baute und damit die Voraussetzungen für die Ausstellung ihrer Werke schuf. Obwohl in der Hauptsache auf Architektur und bildende Künste ausgerichtet, spielte die Sezession auch eine gewichtige Rolle in der Entwicklung des Kunstgewerbes in Österreich, denn viele ihrer Mitglieder zeichneten Entwürfe für Möbel, Metallarbeiten, Keramik, Textilien usw. Außerdem gab sie ausländischen Künstlern Gelegenheit zur Ausstellung ihrer Werke, vor allem C. R. →Mackintosh und anderen Mitarbeitern der →Glasgow School, die auf diese Weise dem mitteleuropäischen Publikum bekannt gemacht wurden. Mit dem Namen Sezessionsstil bezeichnet man nun den österreichischen →Jugendstil und den der Produkte der von Hoffmann und Moser gegründeten →Wiener Werkstätte. Die Sezession besteht noch; aber seit den 20er Jahren dieses Jhs. hat sie an der Entwicklung des Kunstgewerbes wenig Anteil gehabt.

Lit: R. Weissenberger, *Die Wiener Secession*, Wien 1972.

Sgabello, ital. Hocker oder Sitzbank in Italien. Außerhalb Italiens bezeichnet man damit im allgemeinen einen Hocker oder Stuhl aus dem 16. Jh. mit massiver, geschnitzter Rückenlehne, einer Sitzfläche aus Holz und geschnitzten Stützbrettern anstatt Beinen.

Sgabello, Walnußholz, venezianisch, 16. Jh. (Victoria & Albert Museum, London)

Sgraffito. Im Italienischen richtig ›Graffita‹ oder ›a sgraffia‹. Der Ausdruck ›sgraffiato‹ oder ›sgraffito‹ (ausgekratzt), stammt aus dem 19. Jh. Dekorationstechnik für →bleiglasierte Keramik, die in China ihren Ursprung hat und über Persien und Byzanz nach Europa gelangt ist. Geformte oder gedrehte Tongefäße werden mit weißem →Schlicker überzogen und dann gebrannt; sodann werden die Dekorationen auf der Oberfläche ausgekratzt, um den dunkleren Gefäßkörper darunter (auf dem mitunter →Scharffeuerfarben aufgebracht sind) sichtbar zu machen; sie werden dann in eine durchsichtige Bleiglasur getaucht und erneut gebrannt. Die bekanntesten Stücke dieses Dekorationstypus lassen sich unter den Produktionen aus →Bologna und →Ferrara finden, im 15. und 16. Jh., aber auch in der Emilia-Romagna und Norditalien – so z. B. →Imola, →Padua, →Pavia. Die Zuschreibung eines

Shaker-Schaukelstuhl, Mt Lebanon, New York, frühes 19. Jh. (Philadelphia Museum of Art)

Stückes an einen bestimmten Ort ist oft sehr schwierig. *Siehe Abb. S. 76.*

Lit: B. Rackham, ›Italian Maiolica and China‹ in *Transactions of the Oriental Ceramic Society,* 19, 1942-43, S. 10; ders. in *Faenza* 1952, 2, S. 30-34; G. L. Reggi u. G. Liverani, *La ceramica graffita in Emilia-Romagna,* Ausst. Kat. Modena 1971.

Shaker-Möbel. Ein nur in den Vereinigten Staaten vorkommender Möbeltyp, der auf die christliche Sekte der ›Shaking Quakers‹ zurückgeht, die 1747 in England und 1774 in den Vereinigten Staaten gegründet wurde, wo sie ihren Hauptsitz in New Lebanon, N.Y., hatte. Die Shaker-Möbel wirken durch ihre strenge, klare Linienführung leicht und elegant. Die guten Materialien, die vorbildliche handwerkliche Verarbeitung und das streng funktionelle Design ohne jegliches kaschierende Ornament sind eine Manifestation der Quaker-Ideale. Die Shakers errichteten Werkstätten in ihren Gemeinschaften und begannen früh mit kommerzieller Produktion. Schon gegen Ende des 19. Jhs. wurden ihre Arbeiten kopiert. Stühle – auch der Schaukelstuhl – sind die bekanntesten Shaker-Möbel.

Lit: A. D. u. F. Andrews, *Shaker Furniture,* New Haven 1937; *Die Shaker, Leben und Produktion einer Commune der Pionierzeit Amerikas,* Ausst. Kat. Neue Sammlung, München 1974.

Shang. Die erste mit Namen bekannte chinesische Dynastie, um 1600-1030 v. Chr. Aus dieser Epoche stammen zahlreiche erstaunlich vollendete und hochentwickelte Bronzegefäße zur rituellen Verwendung, die nicht mit dem →Wachsausschmelzverfahren, sondern mit der arbeitsaufwendigeren Methode des stückweise Ausformens angefertigt wurden, die Keramik- und metallurgischen Techniken verbindend. Sie sind von einer kaum wieder erreichten Qualität und zu keiner späteren Zeit in irgendeinem Land übertroffen worden. Die Formen sind einfach, robust, massiv, trotzdem oft außerordentlich elegant, vor allem die des →Jue und →Gu. Der Dekor, der manchmal fast die ganze Oberfläche bedeckt, ist reich und besteht zum großen Teil aus tierischen Motiven, die wahrscheinlich eine symbolhafte Bedeutung haben. Die Bronzen waren aus Beschreibungen und Abbildungen von chinesischen Handbüchern bekannt (eine Auswahl davon wurde 1851 von P. P. Thoms in England veröffentlicht), die ersten Originale kamen aber erst 1929 bei Ausgrabungen in Anyang (Henan) zu Tage und wurden im Westen zuerst in einer Ausstellung in London 1935/36 gezeigt. Viele sind dann nach und nach von europäischen, mehr noch von amerikanischen Museen erworben worden, vor allem von der Freer Gallery in Washington und der Nelson Atkins Gallery in Kansas City. Hauptformen sind außer dem Jue und Gu die →Fang yi, →Ding, Zun und →Yu.

In der Shang-Periode ist das →Steinzeug und die →Feldspatglasur aufgekommen. Das glasierte Steinzeug war dünn, mit eingeschnittenem oder geschnitztem Dekor. Aber die feinste Shang-Keramik ist von anderer Art: eine seltene weiße Ware, feinkörnig, zu beachtlicher Härte gebrannt, mit eingeschnittenem oder ge-

Shang: bronzenes Opfergefäß, Jia-Typus (William Rockhill Nelson Gallery of Art, Kansas City)

Shang: Bronzegefäß, Lei-Typus (William Rockhill Nelson Gallery of Art, Kansas City)

schnitztem Dekor gleich dem der Shang-Bronzegefäße.

Lit: B. Kalgren, *Yin and Chou Researches,* Stockholm 1935; K. E. Forster, *A Handbook of Ancient Chinese Bronzes,* Claremont, California 1949; W. Watson, *Ancient Chinese Bronzes,* London 1962; Wan-go Weng/Yang Boda, *Palastmuseum Peking,* München 1982.

Shang: Vogeldrache aus Jade (William Rockhill Nelson Gallery of Art, Kansas City)

Shearer, Thomas (tätig um 1788). Bekannt durch ›The Cabinet-maker's London Book of Prices‹, 1788: ein Handbuch für Möbelschreiner mit detaillierten Anleitungen zur Kostenberechnung. Fast alle Blätter dieses Werkes sind von ihm signiert. Shearers Veröffentlichung sollte nicht als Vorlagensammlung dienen, wurde aber dennoch in diesem Sinn benutzt – wie eine Anzahl von erhalten gebliebenen Möbelstücken beweist.

Lit: J. Hayward in *The Connoisseur,* Juni 1961.

Sheerer, Mary G. → Newcomb College pottery

Sheffield Plate. (1) Silberwaren, die in Sheffield, England, hergestellt worden sind; (2) Metallgegenstände, deren kupfernem Kern unter starkem Druck eine dünne Silberfolie aufgepreßt oder später aufgeschmolzen worden ist: ein billigerer Ersatz für massives Silber. Das Verfahren wurde um 1742 von *Thomas Boulsover* oder *Bolsover* (1704-88) aus Sheffield erfunden, der damit Knöpfe und andere kleine Artikel herstellte. Von etwa 1760 an begann man mit seiner Verwertung in größerem Umfang. Es scheint, daß als erster M. → Boulton die Möglichkeiten seiner Verwendung für Haushaltsgerät (Kaffee-, Teekannen usw.) erkannt hat, vorausgesetzt es gelänge, das Durchscheinen des Kupfers an abgegriffenen Stellen zu vermeiden: Er versah daher die der Abnutzung am meisten ausgesetzten Punkte, vornehmlich Ränder und Ecken, mit Bändern massiven Silberdrahts (als Läppen bezeichnet). Andere Verbesserungen zur Verstärkung der Ränder wie auch das Einsetzen von soliden Silberplatten wurden von *Samuel Roberts d.J.* entwickelt. Boultons' Sheffield Plate war von erstklassiger Qualität und wurde in großen Mengen hergestellt. Nach und nach verdrängte es das Zinngerät und erfreute sich allgemeiner Beliebtheit – außer in Sheffield gab es Manufakturen in London, Birmingham, Dublin, Paris und Berlin – bis etwa 1840, als die noch billigeren, aber auch weniger reizvollen elektrolytisch versilberten Waren aufkamen. 1852 gab es in Sheffield nur noch eine Metallwerkstatt, die Sheffield Plate herstellte. Sheffield Plate trägt gewöhnlich keine Meistermarke; nur Boulton (zwei Sonnen) und Samuel Roberts d.J. (eine Glocke) versahen ihre Arbeiten durchweg mit einer Marke. Samuel Roberts d.J. war Sohn eines Sheffield-Plate-Herstellers. Bis 1823 arbeitete er in Partnerschaft mit *George Cadman.* 1826 produzierte die Firma unter dem Namen Roberts, Smith & Co., 1834 als Smith, Sissons & Co. Von den zahlreichen andern Sheffield-Plate-Herstellern seien nur die folgenden erwähnt: *Thomas Bradbury* (1763-1838), der von 1795-1832 *Thomas Watson* als Partner hatte; *Joseph Hancock* (um 1711-91); *Thomas Law* (1717-75) und *Tudor & Leader,* der erste Großhersteller von Sheffield Plate von etwa 1760 bis 1783; von dann ab nannte die Firma sich *Tudor, Leader and Nicolson.* Nach *Thomas Leaders* Tod, 1797, trennten sich die Partner. Sir *Edward Thomason* (1769-1835) gründete 1793 ein Sheffield-Plate-Unter-

Sheldon Wandteppichmanufaktur: Detail eines Vorhangs, in Wolle gewebt mit Silber- und Goldfäden, frühes 17. Jh. (Victoria & Albert Museum, London)

nehmen in Birmingham, das nach seinem Tod auf *George Richmond Collis* überging, der 1842 verschiedene Modelle von →*Rundell, Bridge and Rundell* übernahm und in das Herstellungsprogramm seiner Firma eingliederte.

Lit: Frederick Bradbury, *History of Old Sheffield Plate*, London 1912; Edward Wenham, *Old Sheffield Plate*, London 1955.

Shekwan. Zahlreiche südchinesische Töpfereien in Shekwan in der Provinz Guangdong, die seit der Ming-Zeit Gefäße aus braunem Steinzeug herstellen, besonders große Krüge mit einer dicken, blau-, grün- und graugestreiften und -gesprenkelten Glasur. Sie arbeiteten weitgehend für den Export.

Sheldon, William (gest. 1570). Gründer der ersten wichtigen englischen Wandteppichmanufaktur, die auf seinen Liegenschaften in Barcheston (Warwickshire) und Bordesly (Worcestershire) kurz nach 1560 unter der Leitung von *Richard Hyches* (gest. 1612) arbeitete, der das Wirken von Wandteppichen in den Niederlanden erlernt hatte. Das Unternehmen wurde von seinem Sohn *Ralph Sheldon* (1537-1613) und seinem Enkel *Ralph dem Jüngeren* fortgeführt. Die Manufaktur lebte hauptsächlich von der Kundschaft des örtlichen Adels. Ihre bedeutendsten Produkte sind eine Serie von Kartendarstellungen der englischen Grafschaften (1588, Bodleian Library, Oxford) und eine ganze Reihe von kleineren Stücken wie Kissenbezüge, alle ziemlich grob mit steifen Figuren, kleinen Hirtenlandschaften, stilisierten Vögeln und Blumen, aber nicht ohne Charme (sie sind so gemütlich und unverfälscht wie elisabethanische Möbel). Auch einige Bildteppiche sind der Manufaktur zugeschrieben worden, ein ›Urteil des Paris‹ (Victoria & Albert Museum, London), vier Szenen aus der ›Geschichte Judäas‹ (eine im Birmingham Museum) und eine Serie der ›Vier Jahreszeiten‹, datiert 1611, in Hatfield House in Hertfordshire.

Lit: J. Humphreys, *Elizabethan Sheldon Tapestries*, London 1929.

Shelton pottery →Staffordshire

Sheraton, Thomas (1751-1806). Er gab der letzten Phase des englischen Möbels im 18. Jh. seinen Namen, dem Intermezzo mit eleganten und raffiniert einfachen Schöpfungen nach der →Hepplewhite-Ära, in dem sich das →Regency schon ankündigte und der geradlinige klassizistische Stil R. →Adams seinen Höhepunkt erreichte. Obwohl sich Sheraton als Möbelschreiner bezeichnete, ist es nicht wahrscheinlich, daß er jemals eine Werkstatt besessen hat, da nicht ein einziges Möbelstück von ihm bekannt ist. Seinen Ruhm verdankt er ausschließlich seinen Vorlagenwerken, besonders dem ›Cabinet-Maker and Upholsterer's Drawing-Book‹, das 1791-94 in Fortsetzungen veröffentlicht wurde. Eine kleine Anzahl von erhalten gebliebenen Möbeln läßt sich direkt von seinen Vorlagen ableiten. Diese ›book pieces‹, wie sie in England genannt werden, sind gewöhnlich vereinfacht oder auf andere Art und Weise abgewandelt.

Sheraton wurde in Stockton-on-Tees geboren und ließ sich um 1790 in London nieder. Er war eifriges Mitglied der Baptisten-Gemeinde und veröffentlichte neben seinen Möbelentwürfen religiöse Traktate und arbeitete Pläne für die Bekehrung der Dörfer in der Umgebung Londons aus.

Das ›Drawing Book‹ war speziell für den Handel bestimmt. Sein Zweck war praktischer Natur – Sheraton wollte Möbelschreiner mit den neuesten Tendenzen der Möbelgestaltung bekanntmachen. Sicherlich hat sich Sheraton auch mit den Louis-seize-Möbeln auseinandergesetzt, die kürzlich von Frankreich eingeführt worden waren, und mit den Arbeiten von H. →Holland in Carlton House.

Sheraton war zwar nicht der Schöpfer des Stils, der seinen Namen trägt, hat aber entscheidend dazu beigetragen, ihn zu formulieren. Die Entwürfe in seinem ›Drawing Book‹ sind von bemerkenswerter stilistischer Übereinstimmung. Ihnen allen gemeinsam ist eine einfache, z. T. strenge Linienführung, kombiniert mit flächi-

Stickvorlage aus J. Sibmachers ›Neues Modelbuch‹, Nürnberg 1601

gem Dekor (gemalt oder intarsiert) von erlesener Feinheit, wie die Bandeinlagen oder geometrischen Intarsien, die Arabesken und figürliche Motive zeigen. Viele Entwerfer früherer Perioden, besonders die des Rokoko, schienen sich geradezu zu schämen, Holz zu verwenden; Sheraton hingegen betonte die Vorzüge dieses Materials. Die Maserung der Hölzer wird sorgfältig herausgearbeitet, die Formgebung kommt Handwerkern, die mit Säge und Hobelbank arbeiten, sehr entgegen. Er verwendet klassische Ornamente (→Urnen, →Pateren und →Liktorenbündel) mit viel Phantasie. Seine Entwürfe sind elegant und fragil.

Sein zweites Vorlagenwerk, das ›Cabinet Dictionary‹ (1803), war weniger erfolgreich. Sein drittes Werk, ›The Cabinet-Maker, Upholsterer and General Artist's Encyclopaedia‹ (1805), wurde unvollständig veröffentlicht; nur 30 Teilabschnitte waren fertiggestellt, als Sheratons Geist sich verdunkelte. Die Entwürfe lassen den nach dem kurzen Frieden von Amiens wachsenden französischen Einfluß erkennen. Klassische Formen werden kopiert: der griechische Klismos (→Stuhl) steht Pate für den Stuhl mit säbelförmigen Beinen, und →Monopodien, →Löwentatzenfüße, Löwenköpfe, →Sphingen und Widderköpfe werden populäre Schmuckmotive des Regency. Nach Sheratons Tod wurde eine Auswahl von Blättern aus seinen drei Vorlagenwerken unter dem Titel ›Designs for Household furniture‹ (1812) veröffentlicht. *Abb. siehe S. 112, 503.*

Lit: R. Fastnedge, *Sheraton Furniture*, London 1962.

Sheveret. Englische Bezeichnung für einen kleinen Schreibtisch mit einem Aufsatz aus Schubladen, der mit Hilfe eines Griffes abgenommen werden kann, um 1790 gebräuchlich.

Shinoware →Mino-Keramik

Shirayamadani, Kataro →Rookwood pottery

Shoki-Imari →Imari

Shorleyker, Richard (tätig 1624). Der Autor von ›A schole house for the needle‹ (London 1624), ein Buch, das eine große Anzahl von Stickmustern von stilisierten, manchmal fast heraldischen Pflanzen enthält.

Shufu-Porzellan. Eine Gruppe chinesischen Porzellans, die in der →Yuan-Dynastie für den Hof der Mongolenherrscher gemacht wurde. Einige Stücke tragen die Schriftzeichen ›shufu‹ (Geheimer Rat). Diese Ware ist eine Weiterentwicklung der →Qingbai-Keramik der →Song-Zeit mit ähnlicher, aber mehr opaker, dicker, bläulich- oder grauweißer Glasur und reicher verziert. Schüsseln und Teller haben gekämmten, geritzten oder formgepreßten Dekor aus Blumen, Lotosblättern, Vögeln u.ä., manchmal auch die Schriftzeichen für Glück (fu), Reichtum (lu) und langes Leben (shu). Die Ware wurde fortlaufend bis zum Ende des 14. Jhs. gemacht.

Lit: B. Gray, *Early Chinese Pottery and Porcelain*, London 1953.

Sialk, Tepe. Siedlung des 6.-5. Jts. v. Chr. nahe dem heutigen Teheran, neben →Susa Fundort früher feinster Keramikarbeiten. Die Töpferwaren des 4. Jts. v. Chr. sind kunstvoll mit stilisierten Tieren bemalt, gefolgt von den einfarbig grauen oder roten Waren des 3. Jts. v. Chr. Später, im 1. Jt. v. Chr., wurde Tepe Sialk Mittelpunkt einer neuen Art von Keramiken – Gefäße, wahrscheinlich für den Gebrauch bei Ritualen bestimmt, in den verschiedensten Formen und lebhaft bemalt mit Tier- und geometrischen Ornamenten.

Sibmacher, Johannes (gest. 1611). Deutscher Ornamentzeichner, Autor der Bücher ›Schön Neues Modelbuch‹ (Nürnberg 1597) und ›Neues Modelbuch‹ (Nürnberg 1601), die zahlreiche komplizierte Mustervorlagen für Spitzen und gezogene Fadenarbeiten enthalten, manchmal mit Figuren in zeitgenössischen Kostümen, die vor geometrisch gemusterten Hintergründen stehen. Seine Musterbücher wurden weitgehend ausgebeutet, wie in Bolers ›The Needles Excellency‹, das 1648 eine 12. Auflage erlebte.

Sideboard →Anrichte

Siebel, Franz Anton (1777-1842). →Hausmaler, arbeitete in Wien und in Lichtenfels. Bekannt für seine Porträtsilhouetten, die er auf Glas und Porzellan malte. Seine Tochter *Klara* (geb. 1815) war ebenfalls Glasmalerin.

Siebenbürger Teppiche →Türkische Teppiche

Siegburger Steinzeug. Eine der wichtigsten Gruppen von Töpfereien rheinischen Steinzeugs seit dem 14. Jh., die seit dem 15. Jh. im Eigentum weniger Familien, unter anderen der Familie →Knütgen, standen. Die Erzeugnisse bestehen aus einem fast weißen →Steinzeug mit einer im allgemeinen dünnen, farblosen →Salzglasur. Die frühesten Produkte sind sehr schlanke, hohe Krüge und Behälter mit ringförmigen Henkeln und weiten, trichterförmigen Öffnungen, gelegentlich mit eingeritztem oder reliefiertem Dekor in gotischem Stil.

Siegburg: Steinzeugkrug, 15. Jh. (Victoria & Albert Museum, London)

→Sturzbecher waren eine im frühen 16. Jhs. beliebte Form. In der Mitte des 16. Jhs. wurden Waren mit Reliefdekor in Anlehnung an →Kölner Erzeugnisse hergestellt. Seit 1559 entwickelten sich typische Gefäßformen wie die →Schnellen und die →Schnabelkannen, von denen die besten Stücke aus der Werkstatt von A. Knütgen stammen. →Pilgerflaschen, →Ringflaschen und eulenförmige Krüge sind in der Produktion dieser Zeit zu finden. Die Dekorationsformen sind im Stil der deutschen Renaissance gehalten und die Motive dem Vorlagenbuch von V. →Solis und anderen entnommen. Um 1600 scheinen die Schnellen aus der Mode gekommen zu sein, sonst hat sich die Produktion im frühen 17. Jh. nur wenig geändert. Nach der Zerstörung der Stadt durch die Schweden 1632 ist die Siegburger Töpferei nicht mehr wiedererstanden. Im frühen 17. Jh. wurden einige Siegburger Modelle in Höhr im →Westerwald nachgemacht. 1822 begann Peter Löwenick (1787-1845) mit der Nachahmung von Erzeugnissen des 16. Jhs. *Siehe auch Abb. S. 551.*

Lit: O. von Falke, *Das rheinische Steinzeug,* Berlin 1908; G. Reineking von Bock, *Kunstgewerbemuseum der Stadt Köln: Steinzeug,* Köln 1971; E. Klinge, Best. Kat. *Siegburger Steinzeug,* Hetjens-Museum Düsseldorf 1972.

Siège courant. Stuhl, der in französischen Häusern des 18. Jhs. frei im Raum stand und keinen festen Platz hatte, im Gegensatz zum *Siège meublant,* der immer an der Wand stand und der, einer strengen Regel gemäß, nicht benutzt werden sollte, sondern einzig dekorativen Zwecken diente.

Siena. Aus Archiven ergibt sich, daß in Siena Töpfereien bereits im 13. Jh. bestanden haben, die seit dem 15. Jh. →Majolika herstellten. Unter den allgemein Siena zugeschriebenen Stükken gibt es einige sehr gefällige Majolikafliesen, die für zwei Gebäude in Siena um 1504-09 hergestellt wurden, für S. Caterina und den Palazzo Petrucci (heute im Victoria & Albert Museum, London, im British Museum, London, im Louvre, Paris, usw.), ferner einige Schüsseln und Apothekengefäße. Die hervorragenden Arbeiten der nächsten zehn Jahre sind die aus der Werkstatt des Maestro →Benedetto, der sich zwischen 1503-1540 in Siena niedergelassen hatte. Die Produktion wurde in Siena im 18. Jh. im Stil von →Castelli wieder aufgenommen, Schüsseln und Wandplatten, die mit biblischen Szenen von *Ferdinando Maria Campani* 1733-1747 bemalt worden sind (Campani ist der ›Raffael der Majolika‹ genannt worden), sind die interessantesten Produkte.

Lit: G. Liverani, *Italienische Majolika,* Köln 1960 (deutsche Ausgabe von *La maiolica italiana,* Mailand 1958); A. Klein, *Fayencen aus Europa,* Braunschweig 1980.

Sieubert, Antonio →Rom, Töpfereien und Porzellanfabriken

Sigalon oder **Syjalon, Antoine** (um 1524-90). Töpfer oder Eigentümer einer Töpferei in Nîmes, der seit etwa 1548 sehr ansprechende Fayence im italienischen Stil herstellte, darun-

Silberne Prunkkanne aus dem Boscoreale-Schatz, römisch, vor 79 n. Chr. (Louvre, Paris)

ter Teller, →Pilgerflaschen und →Albarelli, bemalt mit kühn stilisiertem Blattwerk, →Grotesken, Wappen und gelegentlich Porträts in einer Farbskala, in der ein tiefes Blau, Orange und Gelb vorherrschten. Eine Pilgerflasche, die im Metropolitan Museum, New York, ausgestellt ist, trägt die Bezeichnung ›NISME 1581‹. Die Töpferei wurde zwischen 1567 und 1573 geschlossen. Sigalon war Hugenotte, und eines seiner Stücke (in der Pierpont Morgan Collection, New York) ist mit einer Satire auf den katholischen Ritus dekoriert. Nach seinem Tod sollen seine Neffen die Töpferei bis 1620 fortgeführt haben.

Lit: H. P. Fourest u. J. Giacomotti, *L'Œuvre des faïenciers français du XVIe à la fin du XVIIIe siècle,* Paris 1966; A. Klein, *Fayencen aus Europa,* Braunschweig 1980.

Silber. Ein Edelmetall, das seit frühester Zeit an Wert nur hinter dem Golde rangiert. Es kommt rein vor oder als natürliche Goldsilberlegierung (im →Electrum) oder im Bleiglanz (Galena). Heute werden 80% des Weltbedarfs an Silber auf dem amerikanischen Kontinent gewonnen. Da es im Reinzustand zu weich ist, um zu Gegenständen verarbeitet zu werden, werden ihm andere Metalle zugesetzt, gewöhnlich Kupfer. Die Mengenverhältnisse der Legierung wechseln je nach Land oder Epoche (der engl. Sterling Standard beträgt 92,5% Feinsilber; der Britannia Standard, von 1697 bis 1719 obligatorisch, danach freigestellt, beträgt 95,8% Feinsilber). Nur um ein geringes weniger dehnbar, geschmeidiger und haltbarer als Gold (es schmilzt bei einer Temperatur von etwa 1000 °C), ist es auch weniger selten und darum sehr viel mehr als Material für Haushalts- und Kirchengerät jeder Größe verwendet worden: für kleine Becher und Teller bis zu großen Kerzenleuchtern, Altarantependien und gelegentlich auch Möbeln. Man dekoriert es mit →Gravierungen, Reliefarbeit, gegossenem Ornament oder →Email, das entweder unmittelbar auf der Oberfläche oder auf gesonderten Platten angebracht wird. *Siehe auch* Beschauzeichen, Meistermarken.

Lit: E. M. Link, *Ullstein Silberbuch ...,* Berlin 1968; E. Lipinsky, *Oro, argento ...,* Florenz 1975.

Silberner chinesischer Pokal auf niedrigem Fuß, Tang-Dynastie (618-906) (William Rockhill Nelson Gallery of Art, Kansas City)

Silbereinbände. Mit Ziselierung und Email geschmückte Silbereinbände waren schon im Mittelalter besonders für liturgische Werke beliebt, auch im 16. Jh. und später noch üblich. Besonders bekannt ist die Silberbibliothek des ersten Herzogs von Preußen, Albrecht von Brandenburg.

Lit: A. Rohde, *Die Silberbibliothek des Herzogs Albrecht in Königsberg*, Königsberg 1928.

Sillabub-Gläser. Englische Gläser des 18. Jhs., aus denen das Sillabub-Dessert gelöffelt wurde, eine Schaumspeise aus geschlagener Sahne oder Milch, mit Gewürzen versetzt. Die Gläser haben einen ziemlich weiten Kelch, wie ein →Jelly-Glas, und können ein oder zwei Henkel haben.

Sillon de Caderas →Scherenstuhl

Simm, Anton (1799-1873). Bekanntestes Mitglied einer böhmischen Glasschneiderfamilie, tätig in Gablonz. Er gravierte Glas mit Ansichten von Teplitz, Prag, Karlsbad u. a., daneben auch mit italienisierenden Landschaften, mythologischen Figuren, Wappen etc.

Lit: G. E. Pazaurek in *Der Kunstwanderer*, 1922/23, S. 50 ff., 76 ff.

Situla, Elfenbein, Mailand oder Reichenau, um 980 (Victoria & Albert Museum, London)

Simonet, Johann →Frankfurt am Main

Simons, François Marcus (1750-1828). Deutscher Silberschmied, der in Den Haag arbeitete und dort 1776 Meister wurde. Mehr als seine Rivalen J. →Schiotling und R. →Sondag war er vom französischen Empire-Silber beeinflußt. Seine Kunst stellt sich am besten in dem Speiseservice dar, das er 1803/04 für Louis, den Finanzminister Napoleons, gemacht hat (Rijksmuseum, Amsterdam). Da er eine große Werkstatt unterhielt, ist das Ausmaß seiner Produktion beträchtlich.

Sinceny

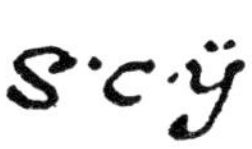

Sinceny ab 1775

Sinceny. Fayencefabrik bei Laon, wurde 1733 gegründet und von Dennis Pierre Pellevé, Vater von E. D. →Pellevé, aus Rouen bis 1742, sodann von *Leopold Malériat* bis 1775 betrieben. Erzeugnisse dieser Zeit im Stil von →Rouen sind ganz ansprechend, besonders Tafelgeschirre, die mit →Chinoiserien in →Scharffeuerfarben bemalt sind, und einige große Apfelweinkrüge. Auch wurde figürliche Keramik hergestellt, darunter eine Gruppe des heiligen Nikolaus mit drei Kindern (Musée National de Céramique de Sèvres). Von 1775 bis 1795 wurde durch Straßburger Maler mit →Emailfarben im Stil von →Straßburg dekoriert. Die Fabrik arbeitete bis 1864.

Lit: C. Sondée-Lacomber in *Cahiers de la céramique* 36 (1964), S. 224-251; H. P. Fourest u. J. Giacomotti, *L'Œuvre des faïenciers* ..., Paris 1966; A. Klein, *Fayencen aus Europa*, Braunschweig 1980.

Singerie. Französische Bezeichnung für Dekor, bei dem Affen die Hauptfiguren sind, oft in Menschenkleidern menschliche Handlungen nachäffend, wie z. B. jagen, rauchen, Karten spielen usw. In der europäischen Kunst kommen Affen zwar seit dem Mittelalter vor, aber die Mode der Singerie beginnt nicht vor dem Ende des 17. Jhs., sie erreicht ihre größte Popularität im 18. Jh., als sie in Verbindung mit der →Chinoiserie auftritt. J. Bérain war der erste Künstler, der Affen in seinen Dekorationen verwendete, der beste C. →Huet. Affenmotive wurden auf Wände, auf Porzellan und Fayencen gemalt, sie wurden eingewebt und eingelegt, gestickt und auf Textilien gedruckt. Um 1800 verschwinden sie und tauchen später im 19. Jh., als auf den künstlerischen Geschmack des 18. Jhs. zurückgegriffen wird, noch einmal auf.

Situla. Ein wie eine Kumme oder ein Eimer geformtes Gefäß, mit oder ohne Henkel. Ursprünglich römisch, wird der Ausdruck auch auf sorgfältig dekorierte Eimer der europäischen Eisenzeit angewandt. Das feinste Beispiel ist die Certosa-Situla aus dem 5. Jh. v. Chr. (Museo Civico, Bologna). Situla nennt man auch ähnlich geformte mittelalterliche liturgische Gefäße, von denen sich Beispiele in Silber, Elfenbein und Glas erhalten haben.

Sizilianische Seidenstoffe. Die Kunst der Seidenweberei wurde im 10. Jh. durch arabische Emire in Sizilien eingeführt und unter den Normannen weiterentwickelt. Die Fähigkeit der Zeichner und Weber (vielleicht Griechen) zeigt sich vor allem in dem Krönungsmantel des Kaisers des Heiligen Römischen Reiches, der in den königlichen Werkstätten in Palermo 1133/34 für Roger II. hergestellt wurde (Weltliche Schatzkammer in der Hofburg, Wien), vielleicht der schönste mittelalterliche Stoff. Der capeförmige Mantel aus scharlachroter Seide ist mit blauer Seide und Gold bestickt und mit Perlen besetzt. Zwei adossierte Löwen überfallen machtvoll zwei Kamele, eine kufische Inschrift am Rand bedeutet arabische Segenswünsche für Roger. Dokumente erwähnen, daß die Weber aus Palermo besonders auf →Diasperstoffe spezialisiert waren und ebenso

Sizilianische Seide, Krönungsmantel, Palermo, 1133/34 (Kunsthistorisches Museum, Wien)

auf reiche Goldborten. Viele andere Textilien, die den →spanisch-maurischen Seiden ähneln, mit Mustern aus Reihen gegenständiger Tiere, bes. Vögel (vor allem Pfauen), sind ohne hinreichenden Grund den Webern in Palermo zugeschrieben worden. Als Friedrich II. seine Hauptstadt 1226 nach Neapel verlegte, folgten ihm wahrscheinlich die Weber nach dort. Seidenmanufakturen hat es aber bereits an anderen Orten Süditaliens gegeben. Es ist kaum möglich zu sagen, wo süditalienische oder sizilianische Seiden dieser Periode gewebt worden sind, und es ist im allgemeinen schwierig, sie von den spanischen Seidenstoffen zu unterscheiden.

Lit: H. J. Schmidt, *Alte Seidenstoffe*, Braunschweig 1958; A. Santangelo, *Tessuti d'arte italiani*, Mailand 1959.

Sizilianische Töpfereien. Töpferwaren sind auf Sizilien offenbar seit frühester Zeit gemacht worden – während der griechischen Kolonisation, in der römischen und byzantinischen Epoche und zur Zeit der muselmanischen, staufischen und spanischen Herrschaft, wobei kein typischer Stil entwickelt worden ist. Die sizilianischen Töpfer waren unter den ersten, die zinnglasierte Keramik, Vorläufer der italienischen Majolika, herstellten, und im späten 16. Jh. wurden Majoliken in verschiedenen Orten der Insel gemacht. Palermo, Caltagirone, Sciacca und Trapani waren die Hauptzentren, Töpfereien gab es aber auch in Syrakus, Messina, Burgio di Agrigento und Collesano di Palermo. Diese Majolika war in einem Renaissance-Stil dekoriert, der von →Castel Durante und anderswoher entlehnt war. In der Komposition wie auch in der Dekoration war sie ziemlich grob, wobei ein mattes Orangegelb die Farbskala beherrschte. →Albarelli, deren Körper mehr als üblich eingezogen waren, gehören zu den bemerkenswertesten Erzeugnissen. Mit Ausnahme weniger gemarkter Stücke können die Arbeiten selten einem bestimmten Ort oder auch einer bestimmten Töpferei zugeschrieben werden. Von den Majolikaherstellern kennt man nur die Namen (z. B. Giovanni Battista Brame und Andrea Pantello di Palermo). Im späten 17. und im 18. Jh. sind die besten Stücke in Caltagirone und in Palermo hergestellt worden, wo etwa gegen Ende des 18. Jhs. der französische Dekorationsstil in →Emailfarben angewandt wurde. Fliesen mit floralen oder geometrischen Dekoren sind wahrscheinlich die gefälligsten Arbeiten des 18. Jhs. Die Produktion wurde in Palermo das ganze Jahrhundert hindurch fortgesetzt. 1761 gründete der Herzog Francesco di Sperlinga eine Keramikfabrik in der ›Villa Malaspina‹, die zwanzig Jahre lang arbeitete. Um 1780 errichtete der Baron Malvica eine Fabrik, die Majolika und Steingut für England herstellte. Vasen in klassischer Form, dekoriert mit ›Bacchanten‹, Girlanden usw., sind besonders bemerkenswert.

Lit: G. Brandaleone, *Storia della ceramica palermitana*, Palermo 1969; N. Ragona, *La Maiolica siciliana dalle origine all'ottocento*, Palermo 1975.

Skelettuhr. Uhr ohne Gehäuse, deren von allen Seiten sichtbares Werk – mit skelettartigen Rändern und zwischen durchbrochenen, kurvenförmigen Metallteilen angeordnet – in der Regel von einem Glassturz geschützt wird. Diese Uhren wurden seit Mitte des 18. Jhs. in Frankreich hergestellt und erfreuten sich seit etwa 1850 großer Beliebtheit in England.

Skillet. Mittelalterliche englische Bezeichnung für einen Schmortopf aus Steingut oder Metall, von gebauchter Form, mit drei oder vier Füßen und langem Griff, die heute gewöhnlich denen des frühesten Typs vorbehalten ist. Im 16./17. Jh. nannte man so auch die damals in Gebrauch kommenden geradwandigen Bratpfannen ohne Fuß.

Skythische Metallarbeiten →Tierstil

Slag Glas, engl. Glas in verschiedenen Farbtönen, mit einem Zusatz von Schlacke aus Eisengießereien u. a. Es wurde vor allem im 19. Jh. in den Vereinigten Staaten hergestellt, und eine Sorte wurde unter dem Namen →Agate Glass besonders beliebt.

Slávkov (früher **Schlaggenwald**). Die Porzellanmanufaktur in Böhmen wurde um 1800 gegründet. Bis 1842 stand sie im Eigentum von

Georg Lippert, unter dessen Leitung sie Waren im Stil des Zweiten →Rokoko herstellte.
Lit: L. Danckert, *Handbuch des Europäischen Porzellans,* München 1954/78.

Slee's Modern Pottery →Leeds pottery

Slip-top spoon. Englischer Löffeltyp mit sechskantigem Stiel, der schlicht in ein abgeschrägtes Ende ausläuft: sehr verbreitet vom Mittelalter bis in die Mitte des 17. Jhs.

Slipware →Schlickerware

Sloane, Sir Hans →Chelsea-Porzellanfabrik

Slodtz, Antoine-Sébastien (um 1695-1754). Sohn des Bildhauers *Sébastien Slodtz* (1655-1726), der die Tochter von D. F. →Cucci heiratete. Er war sehr produktiv als Entwerfer von Möbeln und Dekorationen für höfische Feste und Theateraufführungen. 1750 wurde er zum ›dessinateur de la Chambre du Roi‹ ernannt. Seine Entwürfe sind eindeutig dem Rokoko zuzuordnen. Die Kommode, die er für das Schlafgemach Ludwigs XV. in Versailles entwarf und die von A. R. →Gaudreau und J. →Caffieri ausgeführt wurde, befindet sich heute in der Wallace Collection in London. Der Tisch, den er 1739 für Versailles entwarf, steht noch dort wie auch andere Arbeiten. Sein Bruder *Paul-Ambroise* (1702-58) trat seine Nachfolge als ›dessinateur‹ an. Ihm folgte *René Michel,* bekannt als *Michel-Ange Slodtz* (1705-64), der als Bildhauer hervortrat.
Lit: F. Souchal, *Les Slodtz sculpteurs et décorateurs du roi (1685-1764),* Paris 1967.

Smaltino. Italienische Bezeichnung aus dem 16. Jh. für eine nahezu durchscheinende, blaßblaue oder ins Graue gehende Glasur auf Majolika (wie →Berrettino), insbesondere auf Stücken aus Venedig.

Smith, Benjamin (tätig 1791-1822). Londoner Silberschmied, der in einem dem seines großen Rivalen P. →Storr ähnlichen Stil gearbeitet hat und wie dieser viel für →Rundell and Bridge tätig gewesen ist. In seinen späteren Jahren, von 1802-07, hatte er *Digby Scott* zum Partner, 1809 *James Smaith* und von 1816 an seinen Sohn *Benjamin.* Er trat vor allem mit relativ kleinen Gegenständen hervor: Präsentiertellern und Tabletts mit delikat gearbeiteten Rändern aus durchbrochenen Weinranken, Zukkerdosen im griechischen Geschmack, eleganten Teeservicen usw. Im großen Format war er weniger erfolgreich als Storr, und Werke wie der Kerzenleuchter aus dem Jahre 1816 oder der seltsame Wellington-Schild aus dem Jahre 1822 mit seinen unzähligen Relieffiguren (beide Apsley House, London) sind von fast viktorianischer kleinteiliger Überladenheit. *Siehe auch Abb. S. 324.*
Lit: A. Grimwade in *The Connoisseur,* Juni 1960, S. 30.

B. Smith: Weinflaschen-Untersetzer, London 1810 (Goldsmiths' Company, London)

Smith, Benjamin d. J. (1793-1850). Londoner Silberschmied, der 1822 seines Vaters Betrieb übernahm. In den 1840er Jahren wurde ihm die Leitung der elektrolytischen Versilberungsarbeiten in →Elkingtons Firma in Moorgate, London, übertragen, die ihm jedoch 1849 wieder entzogen wurde. Seine Silberarbeiten, in einem organisch naturalistischen Stil, tragen manchmal galvanoplastische Naturabgüsse von Tieren.
Lit: A. Grimwade in *The Connoisseur,* Juni 1960.

Smith, George (tätig 1804-28). Führender englischer Möbelentwerfer des →Regency und Inhaber einer großen Kunsttischlerwerkstatt in London. Er machte den runden Eßtisch und die →Ottomane in England populär und übertrug den griechisch und ägyptisch beeinflußten Stil von Th. →Hope auf brauchbare Möbel. Auch wenn er weniger Wert auf archäologische Genauigkeit legte, hatte er eine Schwäche für →Monopodien, →Klauenfüße, säbelförmig geschwungene Beine und →kurulische Stühle. Bei seiner ersten Veröffentlichung, ›A Collection of Designs for Household Furniture and Interior Decoration‹ (1808), die u. a. auch Entwürfe im gotischen Stil und →Chinoiserien enthält, ist der Einfluß von Hope unverkennbar; bei seiner zweiten Publikation, ›A Collection of Ornamental Designs after the Antique‹ (1812), ist er noch ausgeprägter. Aber 1826, als er ›The Cabinet Maker and Upholsterer's Guide‹ herausgab, war der Einfluß Hopes verschwunden. Das Werk enthält Entwürfe im gotischen Geschmack, in französischen Stilarten des 18. Jhs. und in römischer, griechischer und ägyptischer Manier. Die meisten Entwürfe tendieren schon zum Pomp und zur Schwerfälligkeit viktorianischer Möbel.
Lit: C. Musgrave, *Regency Furniture,* London 1961; J. Harris, *Regency Furniture Designs 1803-1826,* London 1961.

Smyrna-Teppiche →Türkische Teppiche

Socci, Giovanni (tätig 1807-39). Italienischer Möbelkünstler des →Empire, der besonders durch seine Schreibtische, die sich verwandeln ließen, berühmt wurde. Es sind insgesamt fünf Exemplare bekannt, von denen zwei im Florentiner Palazzo Pitti stehen und eins im Château National de Malmaison in Rueil-Malmaison. Eines im Palazzo Pitti ist signiert und datiert 1807. Zwei sehr schöne Kommoden, die nachweisbar von ihm stammen, entstanden 1816/17. Die Goldbronzebeschläge schuf Andrea Fondelli. Eine dieser Kommoden steht im Palazzo Pitti, die andere in der Villa Petraia, Florenz. Es wurden ihm zwar zahlreiche wei-

Sofa und Stuhl von Leistler & Sohn, Wien 1851

tere Möbel im Palazzo Pitti zugeschrieben, die aber ebensogut von anderen florentinischen Kunstschreinern seiner Zeit (z. B. J. →Ciacchi) stammen könnten, die ihm ebenbürtig waren.

Lit: A. Gonzalez Palacios, ›Due ›comod‹ di Socci per Ferdinando III e altre note su arredi neoclassici toscani‹ in *Storia dell'Arte* 1977, S. 30-31, S. 191-197.

Sodaglas. Frühe Glassorte, die mit Natriumkarbonat als Flußmittel hergestellt wurde, und nicht mit Kaliumkarbonat. Es war sehr zerbrechlich, hatte keinen Klang und wurde vom Natronkalkglas überflügelt (→Glas).

Sofa. Dick gepolsterte lange Sitzbank, geeignet zum Zurücklehnen und Entspannen; bequemer als das englische →Settee, das es im 19. Jh. allmählich verdrängte.

Sofatisch →Pembroke-Tisch

Soho-Bildteppiche. Gattungsbezeichnung für englische Wandteppiche, die nach der Schließung der →Mortlake-Wandteppichmanufaktur 1685 entstanden, obwohl nur relativ wenige Wandteppiche im Londoner Soho-Bezirk selbst gemacht wurden. Die besten dieser Bildteppiche sind unter der Leitung von John →Vanderbank, dem Vorsteher der königlichen Kleiderkammer (Great Wardrobe) in London angefertigt worden. Die einzige Soho-Manufaktur von Bedeutung war die von J. →Morris. Einige reizvolle Bildteppiche, Bezüge für Stühle und kleine Sofas und Vorhänge sind Bildern von Watteau und anderen französischen Malern nachempfunden worden oder sind Kopien von diesen und tragen die Signatur eines gewissen ›Bradshaw‹. Neben Teppichfolgen im kontinentalen Stil wurden im 1. Viertel des 18. Jhs. charakteristische Wirkarbeiten in Anlehnung an chinesische und japanische Lackmalereien hergestellt, mit streifenartig versetzten Einzelszenen vor dunklen Fonds. Eine Manufaktur in der Poland Street in London arbeitete von 1890-1910 und stellte große figurative Stücke oft mit schottischen Motiven her.

Lit: H.-C. Mariller, *English Tapestries of the Eighteenth Century*, London 1930.

Soldani Benzi, Massimiliano (1658-1740). Führender Florentiner Bronzebildhauer des Spätbarock und Medailleur, spezialisiert auf kleine, dekorative Bronzen, Reliefs, Schmuckvasen usw. in einem überschwenglichen Barockstil. Machte auch kleine Kopien von antiken Statuen. Nach seinem Tod wurden seine Terrakottamodelle von der Porzellanfabrik in →Doccia gekauft, die von einigen Porzellanausformungen herstellte. *Siehe Abb. S. 160.*

Solis, Virgilius (1514-62). Deutscher Renaissance-Ornamentist und Stecher, dessen Nürnberger Werkstatt etwa 600 Ornament- und Figurenstiche entstammen. Sie wurden sehr viel als Vorlagen benutzt, und eine große Anzahl des auf uns gekommenen deutschen Renaissance-Silbers erinnert an sie. Die Entwürfe für Silberschmiede zeigen eine Vielfalt von Stilen: Kelche spätgotischer Form mit klassischer und →Groteskendekoration, Prunkkannen klassischen Umrisses mit reichem →Maureskenund →Rollwerkschmuck und einige bizarre Versuchsobjekte, die an die Arbeiten der

Soho-Bildteppich mit Chinoiserien, frühes 18. Jh. (Victoria & Albert Museum, London)

→Jamnitzer erinnern, wie die Prunkkanne in Form einer Schnecke. Seine Entwürfe dienten bis tief ins 17. Jh. hinein auch als Vorlagen für Stukkateure, Holzschnitzer und Möbelschreiner. Der Sohn (geb. 1551) arbeitete als Entwerfer und Maler für Rudolf II. in Prag.

Lit: J. F. Hayward, *Virtuoso Goldsmiths and the Triumph of Mannerism, 1540-1620,* London 1976.

Solitaire →Cabaret

Solon, Marc-Louis-Emanuel (1835-1913). Porzellanmaler aus Frankreich, einer der berühmtesten Beherrscher der →Pâte-sur-pâte-Technik, der von 1857 bis 1870 unter dem Pseudonym ›Milès‹ in →Sèvres und anschließend bis 1904 in England in der Fabrik von →Minton gearbeitet hat. Seine Malereien, gewöhnlich in Weiß auf dunklem Grund, gehen im allgemeinen auf klassische Themen der Malerei und der Plastik der Renaissance zurück. Er war weithin anerkannt und verlangte hohe Preise. In Paris gab er 1866 einen Satz von fünfzig Ornamentzeichnungen, ›Inventions décoratives‹, heraus. Nach seiner Übersiedlung nach England schrieb er zahlreiche Bücher über Keramik, darunter ›The Ancient Art of Stoneware in the Low Countries and Germany‹, 1892; ›Pottery Worship‹, 1898; ›A History and Description of Italian Maiolica‹, 1907; ›A History and Description of the Old French Faïence‹, 1903, alle in London veröffentlicht. Er brachte auch eine Sammlung englischer Keramik zusammen, die 1912 verkauft worden ist. Sein Sohn Léon Victor Solon (1872-1957) entwarf von 1900-09 für Minton Keramik im Stil des Art Nouveau, ging dann in die Vereinigten Staaten, wo er als Keramikdesigner und Innendekorateur arbeitete. Er schuf bemalte Skulpturendekore für das Museum of Fine Arts, Philadelphia.

Lit: E. Aslin u. P. Atterbury, *Minton 1798-1910,* Ausst. Kat. London 1976.

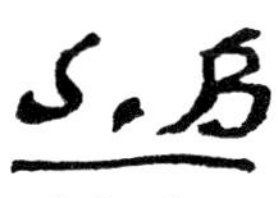

Sölvesborg

Sölvesborg. Schwedische Fayencefabrik, 1773 von Baron *Gabriel Sparre* (1724-1804) gegründet. 1776 wurde für ihre Produkte in der örtlichen Presse geworben. Der Vorsteher des Malerateliers, *Peter Åckermarck* (um 1731 bis um 1808), hatte vorher schon in →Marieberg und →Stralsund gearbeitet; seine Erzeugnisse erinnern an die Arbeiten dieser Manufakturen. Sie sind im allgemeinen in einem zurückhaltenden Rokokostil, unterglasurblau oder manganpurpur, gelegentlich auch in →Emailfarben, bemalt. Schwarzglasierte Teeservice, ähnlich denen, die mit der englischen Jackfield Pottery in Verbindung gebracht werden, gehörten zur Produktion. Der Gründer verkaufte die Fabrik 1792; sie wurde bei dem Brand der Stadt 1800 zerstört.

Lit: R. J. Charleston in *The Connoisseur,* CLIII (1963), S. 25-30; A. Klein, *Fayencen aus Europa,* Braunschweig 1980.

Sommer, Johann Daniel (1643 bis nach 1685). Wichtigstes Mitglied einer großen deutschen Holzschnitzer- und Möbelschreinerfamilie aus Künzelsau am Kocher, Württemberg. Er spezialisierte sich auf Möbel mit →Boulle-Marketerie, und man vermutet, daß er in Paris ausgebildet wurde, was allerdings nicht sehr wahrscheinlich ist. Seine bekannteste Arbeit war ein großer, nicht erhaltener Kabinettschrank im Charlottenburger Schloß in Berlin. Im Hohenlohemuseum in Schloß Neuenstein befindet sich eine von ihm signierte Tischplatte von 1666 mit feiner Intarsienarbeit. 1685 begann er, im Heidelberger Schloß zu arbeiten. *Johann Eberhard Sommer,* ein weiteres Familienmitglied, schuf den kostbaren Schnitzdekor der Wandverkleidungen im Spiegelkabinett von Schloß Weikersheim (1714-17) sowie Möbel für die hohenlohischen Schlösser Weikersheim und Neuenstein.

Lit: H. Kreisel, *Die Kunst des deutschen Möbels,* Bd. II, München 1970.

Sondag, Rudolph (1726-1812). Deutscher Silberschmied, der in Rotterdam arbeitete und dort 1746 Meister wurde. Wie J. →Schiotling in Amsterdam ging er von einem zurückhaltenden Rokoko zu einem eleganten Klassizismus über (Kästchen, 1766, Historisch Museum, Rotterdam; Suppenterrine 1786, Rijksmuseum, Amsterdam). Er fertigte auch sakrale Gefäße.

Song. Chinesische Dynastie von 960-1279, die auf die chaotische Zeit der nach der →Tang-

Song-Dynastie: Vase, Cizhou-Gruppe, porzellanähnliches Steingut (William Rockhill Nelson Gallery of Art, Kansas City)

Dynastie herrschenden ›Fünf-Dynastien‹ folgte. Obwohl es eine Zeit politischer Unruhen war, in der der Großteil des Reiches in den Händen von Barbaren lag, handelt es sich künstlerisch um ein klassisches Zeitalter, in dem auf dem Gebiet der Malerei, der Plastik und Keramik Objekte von unvergleichlichem Adel und Würde entstanden. Die Gefäßformen der Tang-Zeit werden bis zur äußersten Eleganz als dem Untergrund für die sinnlichsten Glasuren verfeinert. Diese undekorierten Waren spiegeln den subtilen Geschmack des Hofes wieder, besonders in der →Seladon-Ware, von der die schönsten Stücke aus dieser Zeit stammen. Stilistisch ähnlich ist die elfenbeinweiße →Ding-Ware und die nur von 1107 bis 1127 hergestellte wundervolle lavendelfarbene →Ju-Keramik. Gleich fein sind →Jun- und →Guan-Waren, während die →Jian- und →Qing-Waren einen volksnahen Geschmack reflektieren – volksnahe in dem Sinne, daß keine Verbindung zum Hof besteht. Der Ausdruck →Cihou-Ware wird für eine populäre Art gebraucht, die vor allem für ihre lebendige Dekoration, gemalt oder eingeschnitten, bekannt ist. Alle diese verschiedenen Keramiken zeigen die klassischen Qualitäten von Schlichtheit, von Nüchternheit und Zeitlosigkeit. Sie sind aber noch in einem anderen Sinn klassisch: Sie sind die Prototypen, auf die alle chinesischen Töpfer der folgenden Perioden wieder und wieder zurückgreifen. Die erste Song-Keramik erreichte Europa im späten 19. Jh. Seitdem hat sie auf die europäischen Keramiker (vor allem auf die Ateliers in Frankreich und England) ihren Einfluß ausgeübt. Malereien der Song-Zeit zeigen, daß die Grundtypen der chinesischen Möbel in dieser Periode vervollkommnet wurden, aber nur wenige Stücke sind erhalten.

Lit: N. Tregear, *Sung Ceramics*, London 1982.

Sonnenschein, Valentin →Zürich

Sonnenuhr. Instrument, das es ermöglicht, die Tageszeit auf Grund des durch die Sonne von einem Stab auf eine entsprechend markierte Oberfläche geworfenen Schattens zu bestimmen. Das primitivste dieser Geräte, ein auf einer waagrechten Oberfläche senkrecht aufgestellter Stab, war im 2. Jt. v. Chr. in Ägypten und Mesopotamien gebräuchlich. Kleinere, tragbare Sonnenuhren wurden seit dem 4. Jh. v. Chr. in Griechenland hergestellt und waren auch noch in späteren Epochen üblich. Die sog. ›neuen‹ Sonnenuhren, häufig mit einem Magnetkompaß als Richtungsweiser versehen, kamen im späten 15. Jh. in Gebrauch. Aus dem 16. Jh. stammende Exemplare, besonders die in Nürnberg gefertigten, besitzen oft ein schön verziertes Metallgehäuse.

Song-Dynastie: Schultertopf, Jian-Keramik, porzellan-ähnliches Steingut (William Rockhill Nelson Gallery of Art, Kansas City)

Sorgenthal, Konrad von →Wien

Soria, Giovanni Battista (1581-1651). Architekt und Intarsienkünstler, neben Jacob →Hermann einer der wenigen römischen Möbelschreiner des Barock, deren Werk identifiziert werden kann. Von Kardinal Scipione Borghese protegiert, schuf er sein bestes Werk zusammen mit Bernini während des Pontifikats von Papst Urban VIII. (Barberini) 1623-44. Zu seinen erhalten gebliebenen Arbeiten gehören zwei intarsierte Ruhebetten, die er 1620 für den Fürsten Borghese anfertigte, das reichgeschnitzte Chorgestühl des Petersdoms (1624-27, in Zusammenarbeit mit Bartolomeo de Rossi) und ein Bücherschrank für die Casa Barberini, der sich heute in der Bibliothek des Vatikans befindet.

Lit: A. F. Orbaan, *Documenti sul Barocco a Roma*, Rom 1920; O. Pollak, *Die Kunsttätigkeit unter Urban VIII, Bd. II, Wien 1931;* A. Gonzales Palacios in G. Lizzani, *Il Mobile Romano*, Mailand 1970.

Southwark. Im 17. Jh. führende englische Fayencefabrik, gegründet 1618 von dem Hamburger *Christian Wilhelm* (um 1595 bis um 1640), der 1628 ein über 14 Jahre laufendes Monopol für die Herstellung von Fayence erhalten hatte. Seine ziemlich schwer modellierten →Blauweiß-Waren wurden mit Motiven nach Mingporzellan dekoriert (darunter ein auf einem Felsen sitzender Vogel), sie waren Vorläufer der Erzeugnisse von →Delft der 1660er Jahre. Einige wenige Stücke sind ziemlich unbeholfen mit biblischen Darstellungen polychrom bemalt.

Lit: H. Tait in *The Connoisseur* CXLVI (1960), S. 36-40 und CXLVII (1961), S. 22-29; A. Klein, *Fayencen aus Europa*, Braunschweig 1980.

Song-Dynastie: Teller, Ting-Ware (William Rockhill Nelson Gallery of Art, Kansas City)

Southwark: Fayence-Schüssel, um 1635-40 (Victoria & Albert Museum, London)

Southwark (Philadelphia) porcelain factory →Bonnin and Morris porcelain factory

Spa, Lackwerkstätten. Lackmanufakturen, die in Spa, einem bekannten Badeort bei Aachen, heute Belgien, im 17. und 18. Jh. zu Ruhm gelangten. Ihre Produkte reichten von großen Schränken bis zu Schnupftabaksdosen, die, meist mit vergoldeten →Chinoiserien auf schwarzem Grund bemalt, als ›bois de Spa‹ bekannt wurden. Vor allem wurden sie von den vornehmen internationalen Badegästen gekauft, die nach Spa strömten, zur Kur und um die Spielsäle zu besuchen. So wurden diese Gegenstände über Europa verstreut, und heute ist es oft schwer, sie von Lackarbeiten anderen Ursprungs zu unterscheiden.

Lit: H. Huth, *Lacquer of the West*, Chicago/London 1971.

Spängler, J. J. →Derby

Spanischer Knoten. Der Knoten, der bei den spanischen Teppichen üblich ist. Entgegen den →Gördes- und →Senneh-Knoten ist er nur um einen Kettfaden, von Reihe zu Reihe alternierend, geschlungen, so daß die horizontalen und vertikalen Linien des Musters leicht gezackt erscheinen, während die Diagonalen gleichmäßiger als sonst sind.

Spanische Teppiche. Das Knüpfen von Teppichen folgte der arabischen Eroberung des westgotischen Spaniens im 8. Jh., wenn man auch nicht weiß, wann die ersten spanisch-maurischen Teppiche entstanden sind. Von kleinen Teppichen in Chinchilla und Murcia wird berichtet, aber die frühesten Beispiele haben sich erst aus dem 14. Jh. erhalten (Synagogenteppiche, Islamisches Museum, Berlin/DDR). Spanische Teppiche sind von denen des Nahen Ostens in ihrer Knüpftechnik unterschieden, aber ähnlich im Muster (abgesehen von Details, z. B. spanische Wappenschilde). Verschiedene große Wappenteppiche sind erhalten (Textile Museum, Washington, D.C.), wobei dieser Typ auch schon auf einem Wandgemälde des Papstpalastes in Avignon aus dem 14. Jh. dargestellt wurde. Andere spanisch-maurische Teppiche zeigen Muster, die kleinasiatische →Holbein-Teppiche nachahmen. →Alcaraz war das Zentrum der Teppichproduktion im 15. Jh. und blieb es bis zum 17. Jh. Später übernahm →Cuenca seine Stelle.

Lit: M. S. Dimand u. J. Maily, *Oriental Rugs in the Metropolitan Museum*, New York 1973; L. Mackie in *Textile Museum Journal* IV Nr. 4, 1977, und in *Hali* II Nr. 2, 1979.

Spanische Wand →Paravent

Spanisch-maurische Keramik. Mit →Lüster und Blau bemalte Keramik. Sie wurde vom 13.-15. Jh. im südlichen Spanien, besonders in →Málaga und →Paterna, und vom 15. Jh. an in →Valencia hergestellt. Als erste Keramiken mit künstlerischem Dekor, die in Europa seit der Antike gefertigt wurden, genossen sie weiten Ruf und gaben Anstoß zur Entwicklung der italienischen →Majolika. Unter den Gefäßen ist der →Albarello hervorzuheben. Die Lüstertechnik kam von Persien oder Ägypten; der Dekor zeigt europäische und islamische Motive und oft kufische Inschriften (die spanische Maler im 16. Jh. und später als rein dekorative, stilisierte Schriftzüge wiedergaben). Die verschiedenen Orte, in denen diese Keramik hergestellt wurde, sind in zahlreichen zeitgenössischen Dokumenten erwähnt, so daß die Herkunft der meisten noch vorhandenen Stücke bestimmt werden konnte.

Lit: M. G. Martí, *Ceramica del Levante español: siglos medievales*, 3 Bde., Barcelona 1944-52; A. W. Frothingham, *Lustreware of Spain*, New York 1951; R. Ettinghausen, ›Notes on the Lustre ware of Spain‹ in *Ars Orientalis* I (1954); A. Klein, *Fayencen aus Europa*, Braunschweig 1980.

Spanisch-maurische Seidenstoffe. Die Seidenraupenzucht und die Kunst der Seidenweberei wurden in Spanien im frühen 8. Jh. von den Arabern eingeführt, und schon bald wurden Rohseide und gewebte Stoffe in großem Ausmaß sogar bis in das östliche Mittelmeer exportiert. Im 10. Jh. war Almeria das bedeutendste Zentrum, aber Seide wurde auch in Malaga, Murcia, Sevilla, Granada und Saragossa gewebt. Über ihr Aussehen ist wenig Sicheres bekannt. Eine Gruppe von Seidenstoffen in juwelengleichen Farben und mit geometrischen oder arabesken Mustern (manchmal Tiere oder Vögel, seltener menschliche Fi-

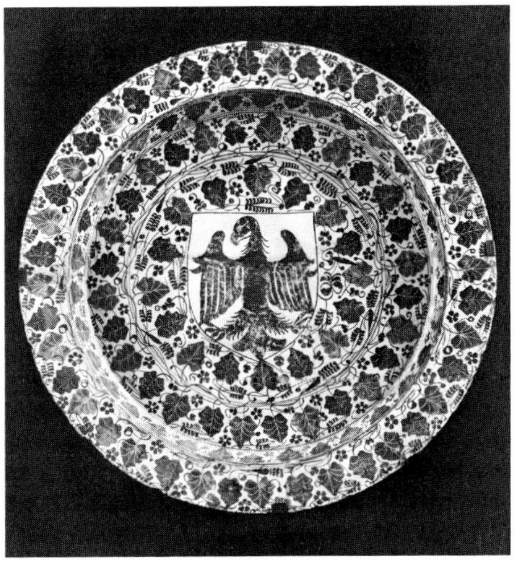

Spanisch-maurische Lüsterkeramik, Schüssel, wahrscheinlich Valencia, 15. Jh. (Louvre, Paris)

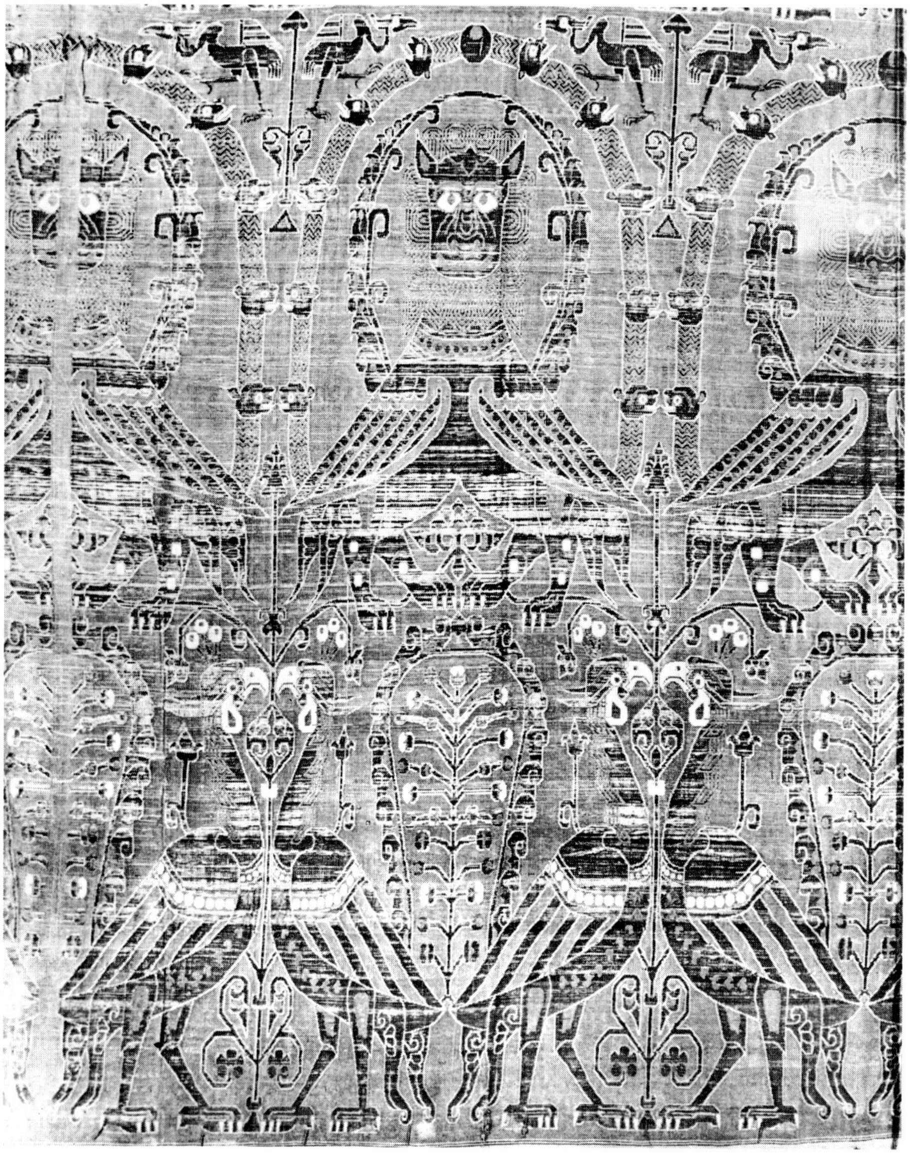

Spanisch-maurischer Seidenstoff, 12. Jh. (Museo Archeológico, Vich)

guren, und kufische Inschriften) ist Spanien zugeschrieben worden, aber es ist schwierig, solche Stoffe von den in Bagdad gleichzeitig hergestellten zu unterscheiden. Das Grabgewand von Robert von Anjou, König von Neapel (St- Sernin, Toulouse) aus dem 12. Jh. wird Spanien ebenso wie Sizilien zugeschrieben (→ Sizilianische Seidenstoffe). Sein Muster besteht aus Reihen von gegenständigen Pfauen und kleinen Gazellen, die durch Arabeskbäume getrennt sind. Spanische Seiden des 15. Jhs. im Mudejar-Stil zeigen eine eigene, sehr reizvolle Kombination von islamischen und gotischen Motiven.

Lit: O. von Falke, *Kunstgeschichte der Seidenweberei*, Berlin 1913; F. L. May, *Silk Textiles of Spain*, New York 1957.

Sparre, Baron Gabriel → Sölvesborg

Sparre, Louis → Finch, A. W.

Spechter. Eine weiter ausgearbeitete Form des → Krautstrunks, die im 16. und 17. Jh. beliebt war: Ein großer zylindrischer → Humpen mit Deckel und Fuß und regelmäßig verteilten → Nuppen auf der Gefäßwand.

Speckner, Lorenz (1598 bis nach 1669). Deutscher Töpfer, der seine Lehrzeit in Nürnberg verbracht haben dürfte, bevor er sich in → Creußen bei Bayreuth niederließ, wo er die Witwe des Steinzeugtöpfers *Georg Vest* heiratete. Er stellte seit 1618 Fayence von feiner Qualität her. Zu seinen Erzeugnissen gehören Vier- und Sechskantflaschen, Tassen, Trinkgefäße in der Form von Vögeln, Apothekengefäße, Teller und Schüsseln mit stilisierten floralen Motiven oder Wappen (selten Figuren) in hellem Blau auf einem reinweißen Scherben. Sein letztes nachgewiesenes Werk ist ein Apothekengefäß mit einem Ausguß (Det Danske Kunstindustrimuseum, Kopenhagen) aus dem Jahre 1668. Sein Sohn *Johannes Lorenz* (tätig 1639-73) und sein Enkel Georg Julius (geb. 1673) waren gleichfalls Töpfer in Creußen. Er bezeichnete mitunter seine Arbeiten mit seinen

L. Speckner: Vierkantflasche, Fayence, Creußen, 1618 (Museum für Kunst und Gewerbe, Hamburg)

Initialen oder mit seinem Monogramm, jeweils auf dem dekorierten Teil der Stücke, nicht auf der Unterseite.

Lit: R. Stettiner in *Der Cicerone* XV (1923); A. Klein, *Fayencen* RDK, Bd. VII, München 1979.

Spelter. Die englische handelsübliche Bezeichnung für →Zink, im allgemeinen für gegossene Objekte der angewandten Kunst wie Möbelbeschläge usw., die von der Mitte des 19. Jhs. an statt in Bronze in billigerem Ersatzmaterial hergestellt wurden. Ihre Oberfläche wurde oft nach einem von dem Berliner M. Geiss für Statuen erfundenen Verfahren bronziert; einige dieser Werke zeigte er auf der Londoner Weltausstellung von 1851.

Spengler, Adam →Zürich

Sperrholz und **gebogenes Sperrholz.** Drei oder mehr Holzlagen werden, mit der Faserrichtung

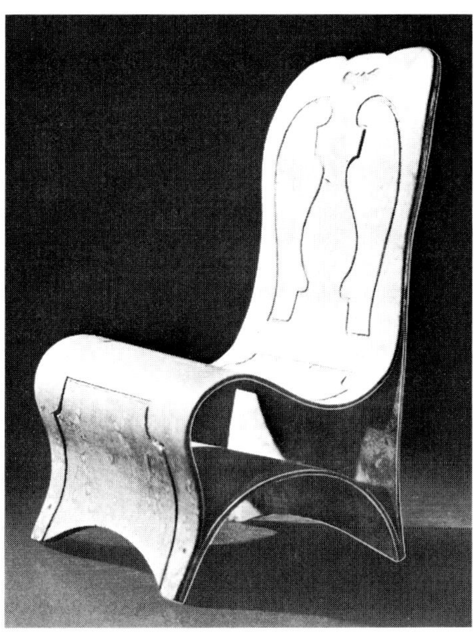

Stuhl aus gebogenem Sperrholz, Patent von Isaac Cole, 1874 (Museum of Modern Art, New York)

im rechten Winkel zueinander, verleimt, wodurch den Tafeln Stärke und Elastizität verliehen wird. Die Verformung geschieht dann unter heißem Dampf. Schichtverleimtes Holz wird in der Möbelherstellung seit dem 18. Jh. verwendet. (Die Eßtischstühle aus Mahagoni, die R. →Adam 1773 für Osterley Park anfertigte, sind ein frühes Beispiel.) Weitere Versuche auf diesem Gebiet machte der Amerikaner Samuel Gragg (1772 bis um 1855) gegen Anfang des 19. Jhs. 1808 ließ er sich in Boston einen ›elastischen‹ Stuhl patentieren. Zur Zeit des →Biedermeier verwendeten Tischler in Deutschland und Österreich verformtes Sperrholz für kurvierte Rückenlehnen von Sitzmöbeln. J. →Belter benutzte Sperrholztafeln für kunstvolle Schnitzereien. 1874 ließ sich Isaac Cole in New York einen Stuhl aus einem einzigen Stück Sperrholz patentieren, der die Entwicklung des 20. Jhs. vorwegzunehmen schien, als Alvar →Aalto und M. →Breuer mit viel Phantasie neue Möglichkeiten der Möbelgestaltung aus gebogenem Sperrholz fanden.

Lit: G. Candilis, *Bugholzmöbel,* Stuttgart 1980.

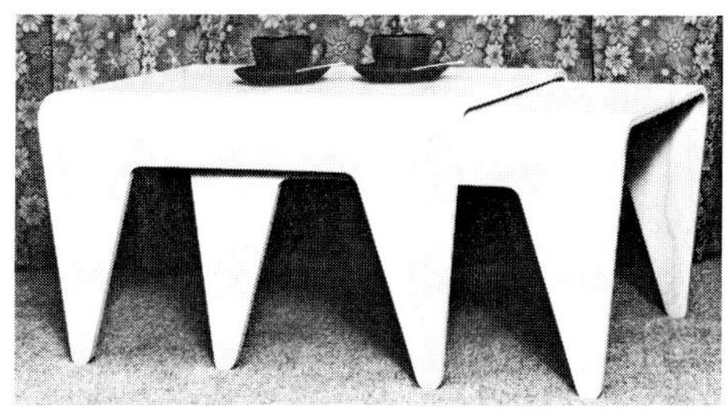

Sperrholztische von Marcel Breuer, 1935-37 (Isokon Furniture Company, England)

Sphinx. Mythisches Wesen, im alten Ägypten in Gestalt eines Löwen mit Männerkopf als Symbol des Königs, im antiken Griechenland als Löwin mit dem Kopf und der Brust einer Jungfrau. Seit der Renaissance vielfach in der dekorativen Kunst verwendet.

Spiegel. Die frühesten Spiegel waren polierte Metallplatten. Die Römer machten sie manchmal aus Glas, dem Blei oder anderes Metall hinterlegt wurde. Diese Machart wurde zum Teil im Mittelalter beibehalten. Während der Gotik waren Spiegel im allgemeinen klein (ob aus Metall oder Glas), oft in Elfenbeinrahmen gefaßt, verziert mit Reliefs nach höfischen Motiven. Konvex gewölbte Glasspiegel wurden im 15. Jh. in Nürnberg und anderen Orten Süddeutschlands hergestellt, wobei ihre Form von der geblasenen Glaskugel, aus der sie geschnitten wurden, resultierte. Die →venezianischen Glasmacher entwickelten um 1500 ein Verfahren, flache Spiegel herzustellen: Das Glas wurde in eine zylindrische Form geblasen, die dann der Länge nach aufgeschnitten und in eine geheizte Kammer gelegt wurde; dort wurde das Glas unter Erhitzung mit einem Holzinstrument flachgepreßt und mit einer Legierung aus Quecksilber und Zinn hinterlegt. Bis zur Mitte des 16. Jhs. waren venezianische Spiegel in ganz Europa so verbreitet, daß die Metallspiegel verdrängt wurden. Praktisch hatte Venedig bis ins späte 17. Jh. hinein das

Spiegel, mit geschnitztem und vergoldetem Holzrahmen, von Michel Herman (Musée Curtius, Lüttich)

Monopol auf Spiegel, wurde dann aber von Frankreich abgelöst, wo es in der Glashütte →Saint-Gobain gelang, sie aus gewalztem Glas herzustellen. Bei diesem Verfahren wurde das geschmolzene Glas in Eisenrahmen gegossen, gewalzt und schließlich glatt poliert. Dieses Vorgehen machte es möglich, viel größere und glattere Spiegel herzustellen. Spiegel wurden fast immer in Rahmen gefaßt, die in ihrer Form den verschiedenen Stilrichtungen folgten. Seit dem 18. Jh. wurden sie auch gelegentlich mit gravierten Mustern verziert. Die Größe und Form von Toilettenspiegeln, die ihren Platz auf den Toilettentischen hatten, war bedingt durch die Größe und Form der Perücken und Frisuren. *Siehe auch* Lohr *u. Abb. S. 259.*

Lit: G. F. Hartlaub, *Zauber des Spiegels,* München 1951; G. Wills, *English Looking Glasses,* London 1965; H. Comstock, *The Looking Glass in America,* New York 1968.

Spieltisch. Im frühen 18. Jh. wurde in England für das Kartenspiel ein Klapptisch (gaming table) hergestellt, dessen zweigeteilte Platte in geöffnetem Zustand, von einem ausschwenkbaren Bein gestützt, eine quadratische, mit Billardtuch bezogene Spielfläche bietet. An den Seiten befinden sich oft Vertiefungen für Kerzenhalter und Spielmarken. Der ›games table‹ ist ein kleiner Tisch, dessen Deckplatte als Spielbrett für Schach oder andere Spiele, oft in Einlegearbeit, markiert ist. Seit dem Mittelalter gebräuchlich, aber besonders im 18. Jh. beliebt.

Spinacci, Giovanni →Gubbio

Spindler, Johann Friedrich (1726 bis nach 1799) und **Heinrich Wilhelm** (1738 bis nach 1799). Deutsche Möbelkünstler aus Bayreuth und Söhne von *Johann* (1691-1770). Mit ihrem Bruder *Jacob* (1724-92) führten sie ab 1762 die →Marketerien der Wandverkleidungen in Schloß Fantaisie in Donndorf bei Bayreuth aus. 1764 gingen sie nach Potsdam, wo sie für Friedrich den Großen besonders schöne Möbel anfertigten, die vorwiegend mit floralen →Intarsien geschmückt sind, aber auch Elemente typisch deutscher Rokoko-Ornamentik aufweisen. Die Bronzebeschläge stammen zum großen Teil von J. M. →Kambli. 1776 gründeten die Brüder eine Werkstatt in Berlin, die 1799 noch in Betrieb war. *Siehe auch Abb. S. 396.*

Lit: H. Kreisel, *Die Kunst des deutschen Möbels,* Bd. II, München 1970.

Spiralmäander. Klassisches Ornament aus fortlaufenden oder auch gegenständigen Spiralen, gewöhnlich auf Friesen. Sehr verbreitet auf Möbeln des frühen →Georgian style.

Spiralmäander

Spitalfields Seidenwebereien. Im späten 17. Jh. in den Außenbezirken von London gegründet. (Etwas früher webte man bereits in Chelsea Seidenstoffe.) Zu Beginn waren es einfarbige Stoffe. Nach der Aufhebung des Ediktes von Nantes 1685 nahm diese Industrie einen großen Aufschwung durch zahlreiche eingewanderte hugenottische Weber. Im frühen 18. Jh. stellten die Webereien die verschiedensten Kleiderstoffe her: Samte, Damaste, besonders figürliche Seidenbrokate mit Gold- und Silberfäden. Die Industrie wurde unterstützt durch die gesetzlichen Verbote von 1701, aus Indien

Spieltisch, 1720-30 (Victoria & Albert Museum, London)

Kalikostoffe einzuführen, durch hohe Zölle auf bedruckte Baumwollstoffe (1712 und 1714) und ein Gesetz von 1720, das die Herstellung von bedruckten Baumwollstoffen verbot (aufgehoben 1774). Außerdem profitierte sie von den europäischen Kriegen, die den französischen Handel behinderten; vor allem der Spanische Erbfolgekrieg 1701-13 und der Siebenjährige Krieg 1756-63 ließen den Export steigen. Jedoch verfügte die Industrie nicht über genügend gute Entwerfer. Die meisten Muster waren stark von französischen Seiden beeinflußt, wenn auch nicht direkt kopiert. →Bizarre Muster wurden im frühen 18. Jh. bevorzugt und machten den Weg für üppige, naturalistische Blumenmuster in den 30er Jahren des 18. Jhs. frei und für elegante, klare Rokokomuster mit zarten Blumensträußen und Bändern in den 40er Jahren. Viele Muster sind erhalten (Victoria & Albert Museum), aber es ist kaum möglich, die Seiden, die in Spitalfields gewebt wurden, von denen des Kontinents zu unterscheiden (die aus die Mitte des 18. Jhs. verleugnen ihren englischen Ursprung am wenigsten). Zwischen 1770 und 1780 begann der langsame Verfall der Industrie, von dem sie sich nie wieder erholte. Andere englische Seidenwebereien gab es im 18. Jh. in Manchester, Macclesfield und Norwich, von deren Erzeugnissen wenig bekannt ist; die meisten englischen Seidenstoffe werden deshalb den Manufakturen von Spitalfields zugeschrieben, die zweifellos die größten waren.

Lit: J. F. Flanagan, *Spitalfields Silks of the 18th and 19th Centuries*, Leigh-on-Sea 1954.

Spitafields-Seide, entworfen von Maria Garthwaite, 1748 (Victoria & Albert Museum, London)

Spitze. Eine dekorative Durchbrucharbeit vor allem in Leinen, aber auch in Seide, aus Gold- oder Silberfäden, die zuerst im späten 15. Jh. in Italien und Flandern gemacht wurde. Sie diente als Besatz für liturgische und profane Gewänder, aber auch für bildliche Darstellungen. Es gibt zwei Haupttypen: die frühere Nähspitze und die Klöppelspitze. Die *Nähspitze* ist im wesentlichen eine Art Stickerei. Sie entwikkelte sich von der →Durchbrucharbeit, der →Filetstickerei zum →Hohlsaum und zur Doppeldurchbrucharbeit (*siehe auch* Reticella), aber während diese in oder auf einen gewebten Stoff gearbeitet werden, entsteht Nähspitze nur mit einem Faden und einer Nadel: Die Stickstiche erfolgen auf einem mit aufgezeichnetem Muster versehenen Papier oder Pergament, das nach Beendigung der Arbeit weggeschnitten wird. Die früheste Nähspitze, →Punto in aria, behält, obwohl sie eine völlig freie Spitze ist, die geometrische Musterung der Durchbrucharbeit bei. Seit dem frühen

J. F. Spindler: Kommode mit Marketerie und Goldbronzebeschlägen, um 1765 (Schloß Sanssouci)

Spitze, Point des Venise (Musée de Cluny, Paris)

17. Jh. werden Spitzen nach freien Zeichnungen gemacht. Die *Klöppelspitze,* die manchmal sehr ähnlich aussieht, wird mit zahlreichen Fäden, die auf die Klöppel gewickelt sind, geflochten und in vielfältiger Weise zusammengedreht. Bei den einfachen Arten wie bei der Honiton-Spitze werden rund 30 Klöppel benötigt, für die komplizierteren wie Chantilly, →Mechelner- und Valenciennes-Spitze usw. sind es mehr als einhundert Klöppel. Technisch ist die Klöppelspitze eine Weiterentwicklung des →Makramees. Möglicherweise ist die Technik in Italien entstanden, wurde aber in Nordeuropa, vor allem in Flandern vervollkommnet. 1808/09 führte *John Heathcote* (1783-1861) Maschinen zur Spitzenherstellung ein, die sich sehr rasch in den 40er Jahren des 19. Jhs. verbreiteten, und doch werden viele der feinsten Spitzen auch heute noch mit der Hand gemacht.

Die Terminologie der Spitze ist verwirrend, z. B. bedeutet ›point‹ Nadelstich oder Spitze. ›Point de Venise‹ ist daher Nähspitze aus Venedig oder eine andere Spitze gleichen Stils, aber Point d'Angleterre ist eine Klöppelspitze, die in Brüssel und in Flandern gemacht wurde. Die technischen Termini lassen sich (a) auf die Strukur des Spitzenstückes beziehen und (b) auf technische und stilistische Gruppen, die allgemein mit den Produktionszentren in Verbindung stehen.

(a) In einer Spitze sind die Hauptelemente des Musters (meist Blumen- oder Blattmotive, manchmal menschliche Figuren, Tiere, Urnen, Säulen usw.) aus vielen Fäden zusammengestickt, manchmal auch mit ›cordonnet‹ oder Kördelchen aus verschiedenen übernähten oder im Knopflochstich zusammengestickten Fäden konturiert. Diese Hauptelemente sind durch einfache oder mit ›picots‹ (kleine Schlingen) besetzte ›brides‹ (Stege, dünne Fäden oder Fadenbündel) miteinander verbunden, oder sie liegen auf einem gleichmäßigen Maschen- oder Netzgrund, den man ›fond‹ oder ›réseau‹ nennt. ›Modes‹, in der Rokokospitze virtuos ausgebildete Zierstiche oder Füllungen, können zwischen den Hauptelementen des Musters den ›fond‹ oder ›réseau‹ teilweise ersetzen.

(b) Verschiedene Spitzenarten sind nach den Städten oder Ländern benannt, aus denen sie stammen. Wenn dann aber die Spitzenmacher von einem Ort zu einem anderen wanderten, deuten die Namen wiederum nicht mehr auf

Spitze, Point d'Angleterre (Musée de Cluny, Paris)

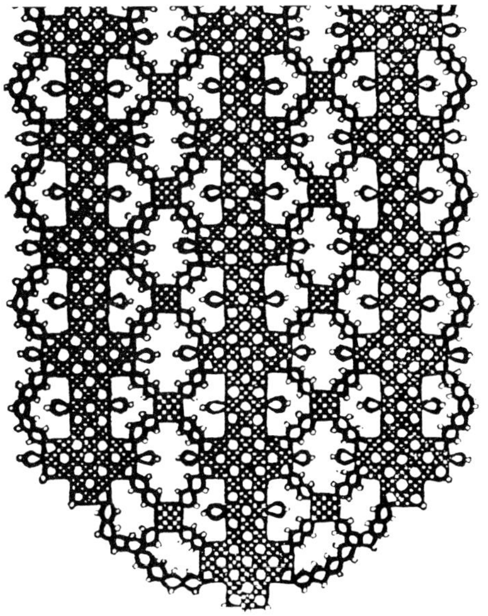

Spitzenentwurf aus ›Le pompe‹, 1557, von G. B. und M. Sessa

Spitzenentwurf aus ›Les singuliers et nouveaux pourtraicts …‹, 1587, von F. de Vinciolo

ihren Ursprungsort hin (z. B. ist die Mechelner Spitze in Brügge, Antwerpen, Löwen und Gent ebenso wie in Mecheln gemacht). Es gibt verschiedenste →venezianische Typen, alle sind Nähspitzen: ›gros point de Venise‹ mit barokken Hauptelementen in recht hohem Relief, das wie geschnittenes Elfenbein aussieht; ›plat point de Venise‹ mit ähnlich barocken Blumen und Blütenmotiven, vergleichbar dem oben erwähnten, aber ohne Reliefarbeit; ›point de Venise à réseau‹ mit gleichen Motiven, aber auf ›réseau‹ (Netzgrund), nicht durch ›brides‹ (Stege) miteinander verbunden; ›point de Venise à Rose‹, eine Miniaturversion des ›gros point de Venise‹. In Frankreich werden Spitzen dieser Art ›point de Colbert‹ genannt, in Spanien ›punto España‹. Eine deutliche Variante ist in Frankreich entwickelt worden, der ›point de France‹. Eine andere wichtige Nähspitzenart ist ›point d'Alençon‹ mit einem gleichmäßigen ›fond‹ und vielen ›modes‹. Die Hauptgruppen von Klöppelspitzen sind: →Binche, eine Spitze aus sehr feinen Fäden mit fünfeckigem Maschengrund, oft unauffälligen Mustern mit einem Wellenrand, der der Linie der Zeichnung folgt; →Mechelner Spitze, eine Ziernetzspitze mit eingelegtem, stärkerem Umrißfaden; Mailänder Spitze, eine barocke italienische Leinenschlagspitze mit Netzgrund, manchmal mit figürlichen Motiven; →Point d'Angleterre mit ›cordonnet‹-Umrandung der Binnenmuster; →Valenciennes-Spitze, eine Leinenschlagspitze mit rautenförmigem Netzgrund (›vrais réseau de Valenciennes‹) mit einem Muster meist aus Ranken und Blüten ohne ›cordonnet‹. Dresdner Spitze ist keine echte Spitze sondern Hohlsaum in Musselin. Von den vielen Orten, wo Spitzen und ähnliche Textilien angefertigt wurden, sind die wichtigsten *(siehe dort)*: Alençon, Antwerpen, Bedfordshire, Binche, Brüssel, Carrickmacross, Chantilly, Genua, Honiton, Malta, Nottingham, Valenciennes, Venedig und Youghal. Die heutige Produktion von Maschinenspitze ist sehr weit verstreut, eines der Hauptzentren liegt in St. Gallen in der Schweiz.

Bei den Mustern richteten sich die Spitzenmacher nach der zeitgenössischen Handarbeitssmode. Im 16. und 17. Jh. sind zahlreiche Musterbücher für die verschiedensten Arten von Durchbrucharbeiten erschienen, das erste von M. →Pagano (1542). Andere wichtige frühe Musterbücher sind: Pelliciolo, ›Fontana de gli esempli‹, Venedig um 1545; G. B. und M. Sessa, ›Le pompe‹, Venedig 1557 (5. Aufl. 1559) und Teil II 1560 (2. Aufl. 1562); Giovanni Andrea Valvassori, ›Ornamento delle belle et virtuose donne‹, Venedig nach 1567; Federigo de Vinciolo, ›Les singuliers et nouveaux pourtraicts et ouvrages de lingerie‹, Paris 1587 (13. Aufl. 1612, auch in Turin, Lyon, Straßburg, Basel, Montbéliard gedruckt); Cesare Vecellio, ›Corona delle nobili et virtuose donne‹, Venedig 1591 (17. Aufl. 1625); ›Studio delle virtuose dame‹, Rom 1597; ›Fiori d'ogni virtu‹, Rom 1610 (6. Aufl. unter anderem Titel 1636); ›Gemma pertiosa delle virtuose donne‹, Rom 1615; Jaques Foillet, ›Nouveau pourtraicts de point coupé‹, Montbéliard 1598,

Spitze, Gros point de Venise (Musée de Cluny, Paris)

›Muster von Klöppelspitzen‹, Montbéliard um 1600; Wilhelm Hoffmann, ›Neues vollkommenes Modelbuch‹, Frankfurt 1604 (erweiterte Auflage mit 600 Zeichnungen 1607); und die Arbeiten von H. →Sibmacher und I. C. →Parasole.

Lit: M. Dreger, *Entwicklungsgeschichte der Spitze,* Wien 1902; M. Schuette, *Alte Spitzen. Nadel- und Klöppelspitzen ...,* (1914) Braunschweig 1963; L. W. van der Meulen-Nulle, *Lace,* New York 1964; M. Simeon, *The History of Lace,* London 1979.

Spitzenmuster-Bucheinbände. Ein französischer Einbandstil des 18. Jhs., der die Spitzenbordüre (dentelle) des 17. Jhs. über die volle Deckelfläche ausbreitete und nur in der Mitte Raum für das Wappen freiließ. Die Kanten wurden mit einem welligen Muster geschmückt, wodurch der Spitzencharakter noch verstärkt wurde. J.-A. →Derome und Dubuisson arbeiteten in dieser Art.

Spitzenmusterseiden. Eine große Gruppe gemusterter Seidenstoffe, die zwischen 1685 und 1730 vor allem in Frankreich hergestellt wurden. Das Muster besteht aus stilisierten Blumenmotiven in der Mitte, umgeben von einem Rahmen mit Rautenmusterung, der manchmal Spitzen gleicht. Früher wurde fälschlicherweise angenommen, daß sie aus der Zeit Ludwigs XIII. stammen.

Lit: P. Thornton, *Baroque & Rococo Silks,* London 1965.

Spitzenschachtel. Eine Schachtel mit Inneneinteilungen für Spitzen. Der Name wird volkstümlich großen, flachen Schachteln gegeben, die (in England) aus dem späten 17. Jh. stammen und oft mit Einlegearbeiten verziert sind. Sie müssen aber nicht unbedingt für Spitzen bestimmt gewesen sein.

Split-turned ornament, engl. Kleine gedrechselte balusterförmige Spindeln, die vertikal gespalten und als Reliefdekor für Möbel verwendet wurden; gebräuchlich im 17. Jh.

Spode. Töpferei und Porzellanfabrik, 1776 in Stoke-on-Trent in Staffordshire von *Josiah Spode* (1733-97) gegründet, der das Töpferhandwerk bei T. →Whieldon gelernt hatte. Sie produzierte →Steingut und seit 1783 eine sehr feine →Pearlware, erheblich weißer als diejenige von →Wedgwood, mit einer seidenweichen Oberfläche, die einen ausgezeichneten Untergrund für unterglasurblaue Bemalung abgab. Unter dem Sohn des Gründers, Josiah II (1754-1827) festigte sie ihren Ruf für Pearlware, →Knochenporzellan (seit 1800) und →Stone china (seit 1805), Produkte, die mit unterglasurblauen Ansichten aus dem Orient oder Italien und mit Jagdszenen, wahrscheinlich den besten ihrer Art, im →Umdruckverfahren dekoriert sind. 1833 erwarb *W. T. Copeland* das Unternehmen, an dem er bereits seit 1813 beteiligt war, zusammen mit T. Garrett, das nunmehr Copeland and Garrett firmierte (heute W. T. Copeland & Sons Ltd). Die Produktion des 19. Jhs. umfaßte zahlreiche Figuren aus →Parianware (die erstmals hier gemacht wurde), gutgestaltete Tafelservice mit peinlich genau gemalten Landschaften,

Spode-Keramik, Weltausstellung London 1851

Blumen, Vögeln usw., eine Unmenge von Küchengeschirr und ausgefallene Dinge für die Benutzung im Garten. Die Fabrik arbeitet noch heute und ist eine der besten und produktivsten in England. Die Erzeugnisse sind mit dem eingepreßten oder gemalten Firmennamen bezeichnet.

Lit: L. Whiter, *Spode, a history of the family, factory and ware from 1733-1833,* London 1970.

Sprengtechnik →Metallstickerei

Sprimont, Nicholas (um 1716-71). Silberschmied und Porzellanhersteller und einer der führenden Vertreter des Rokoko in England. Es scheint, daß er ein Hugenotte flämischer Herkunft war und aus Lüttich eingewandert ist. Er hat mit Paul →Crespin gearbeitet, und man hält ihn für den Schöpfer des prunkvollen Tafelaufsatzes aus dem Jahre 1741, der sich heute in den Königl. Sammlungen, London, befindet und die Meistermarke Crespins trägt. 1742 ist er in die Londoner Goldschmiedezunft aufgenommen worden. Seine Werke sind reich mit Muscheln, Krebsen usw., wahrscheinlich Naturabgüssen, und mit delikat modellierten menschlichen Figuren und Delphinen verziert. Sie waren vor allem für Frederick Prince of Wales (gest. 1751) bestimmt und befinden sich noch heute in den Königl. Sammlungen. Von etwa 1745 an ist er an der →Chelsea Porcelain Factory beteiligt gewesen – bis 1749 in Partnerschaft mit *Charles Gouyn,* von 1750-56 unter der Schirmherrschaft des Herzogs von Cumberland, von 1756-69 war er ihr Besitzer. Einige Modelle der Manufaktur, besonders eine Büste des Herzogs von Cumberland, wie auch verschiedene an seine Silberarbeiten erinnernde Stücke, gehen auf ihn zurück.

Lit: H. Bellamy Gardner in *Transactions of the English Porcelain Circle* I (1928), S. 18-19; R. Ormond in *Country Life* CXLIII (1968), S. 224-26.

Spritzdekor →Schwammdekor

Spülkumme. Kleine henkellose Schüssel, die als Zubehör schön bemalter Tee- und Kaffeeservice für zwei Personen aus Porzellan im 18. Jh. zum Spülen diente, was wegen der Kostbarkeit des Geschirrs durch die Dame des Hauses gleich am Tisch vorgenommen wurde.

Stabler, Harold (1872-1945). Englischer Kunsthandwerker, Entwurfszeichner und Lehrer (Sir John Cass Technical Institute und Royal College of Art, London) in der →Arts and Crafts-Tradition. In seinem Atelier in Hammersmith stellten er und seine Frau Phoebe Schmuck, Emails und Steingutfiguren her. Er entwarf Kacheln für die Londoner Untergrundbahnstation St. Paul, Figuren für die →Worcester Porcelain Factory und mit der Hand zu formende und zu dekorierende Tischgeschirre für eine Töpferei in Poole, die er 1921 mitbegründet hatte (und die unter dem Namen *Poole Pottery Ltd* noch heute in Betrieb ist), sowie silberne Repräsentationsstücke und rostfreies Stahlgerät. Ein von ihm stammender Silberpokal mit elfenbeinernem Schaft und Emaildekorationen befindet sich im Musée des Arts Décoratifs, Paris.

Lit: J. Hawkins, *The Poole Potteries*, London 1980.

Staffordshire: Teedose, salzglasiertes Steinzeug, um 1740-60 (Victoria & Albert Museum, London)

Stafford. Töpferei in Stockton-on-Tees, errichtet 1824, firmierte von 1826 bis 1855 unter dem Namen William Smith & Co. Sie kopierte Erzeugnisse von →Wedgwood; 1848 erlangte Wedgwood eine gerichtliche Verfügung, wonach ihr die Herstellung von ›Queensware‹ mit der Marke ›Wedgwood‹ oder ›Wedgwood & Co.‹ untersagt wurde.

Staffordshire. Die größte Gruppe englischer Töpfereien, die vom 17. Jh. an bis heute in großem Umfange Gebrauchs- und Zierkeramik herstellten (im allgemeinen →blei- oder →salzglasiert, niemals zinnglasiert; auch, besonders seit dem frühen 19. Jh., bestimmte Arten von Porzellan). Ursprünglich produzierte sie ausschließlich für den englischen Markt; im

Staffordshire: Teedose, salzglasiertes Steinzeug, um 1740-60 (Victoria & Albert Museum, London)

späten 18. Jh. beeinflußte sie Keramikfabriken auf dem europäischen Festland und exportierte im 19. Jh. in alle Teile der Welt. Die Töpfereien liegen in dem county borough Stoke-on-Trent, einem Bezirk, der allgemein unter dem Namen ›The Potteries‹ oder ›The Five Towns‹ (nämlich Burslem, Stoke, Hanley, Tunstall und Longton, obwohl noch Longport, Fenton, Cobridge, Shelton, Lane Delph – jetzt Middle Fenton – und Lane End dazugehören) bekannt ist. Die ersten bemerkenswerten Erzeugnisse waren →Schlickerware von T. →Toft und anderen. →Steinzeug wurde erstmals im späten 17. Jh. von den Brüdern →Elers hergestellt und war bald das Haupterzeugnis, seit etwa 1710 mit einer Salzglasur, sowohl für Haushaltsgegenstände und Küchengeschirre als auch für Schmuckzwecke wie z. B. die →Pew groups (Kirchenbankgruppen). Die frühen salzglasierten Erzeugnisse sind mit eingeritztem und mit blauer Farbe ausgefülltem Dekor (›Ritzblau‹) oder mit ausgeformten und applizierten Reliefs von Tudorrosen, Zweigen mit Pflaumenblüten, nackten Kindern usw. verziert (Ausformungen wurden seit den 1740er Jahren vorgenommen). In der ersten Hälfte des 18. Jhs. dürften die Werkstätten von J. →Astbury und (seit 1740) von Thomas →Whieldon die besten gewesen sein; die Werkstatt von R. →Wood stellte anziehende Figuren aus dem Landleben und →Toby Jugs her, seit der Mitte des 18. Jhs. mit farbigen Glasuren. Eine geradezu revolutionäre Umwälzung der örtlichen Keramikproduktion führte J. →Wedgwood herbei, als er seit 1759 die schönsten in Staffordshire jemals geschaffenen Erzeugnisse herstellte und einen beträchtlichen stilistischen (klassizistisch) und technischen Einfluß auf die meisten anderen Fabriken ausübte. Er war im wesentlichen verantwortlich für die Entwicklung des →Steinguts, das erstmals von E. →Booth in Tunstall hergestellt

worden ist. Seit den späten 1760er Jahren war es ein Massenprodukt, das nach dem Kontinent ausgeführt, dort nachgemacht wurde und die Fayence außer Mode brachte. Etwas später begann J. →Spode gefällige Blauweiß-Ware zu produzieren, die gleichfalls viele Nachahmungen fand. Auf Spode geht zurück, daß in den Tonwaren- und Porzellanfabriken des 19. Jhs. der Ideenreichtum für die Gestaltung der Formen, der Vergoldung und der Malerei ständig gewachsen ist. Ihm ist es weitgehend zu verdanken, daß in Staffordshire die →Porzellanherstellung Eingang gefunden hat (obwohl Weichporzellan bereits in →Longton Hall und Hartporzellan in →New Hall gemacht wurden). 1805 begann die Erzeugung von →Stone china, die 1813 von →Mason aufgegriffen wurde. Später führten einige der größeren Unternehmen →Parianware in ihre Produktion ein. Aber die meisten der kleineren Fabriken waren, hauptsächlich im 19. Jh., darauf eingestellt, möglichst viele Haushaltswaren und reizend naive Figuren zur Zierde der Kaminsimse in den ländlichen Häusern herauszubringen: Hunde, wie Pudel und Spaniel, und eine Reihe von Persönlichkeiten des 19. Jhs., Königin Victoria, Prinz Albert, John Brown, General Gordon, General Booth, Garibaldi, W.C. Grace, Maria Marten usw.; sie wurden hauptsächlich in den Jahren von etwa 1840 bis 1900 gefertigt. Nach ihrer Ausformung wurden sie in heiteren Emailfarben bemalt und sparsam glasiert. Die Rückseite war im allgemeinen nicht ausgearbeitet und nur selten bemalt. Ähnliche Figuren wurden auch anderwärts, besonders in Schottland, gemacht.

Lit: W.L. Little, *Staffordshire Blue*, London 1969; P.D.G. Pugh, *Victorian Staffordshire Portrait Figures*, London 1970; A. Oswald, R.J.C. Hildyard u. R.G. Hughes, *English Brown Stoneware 1670-1900*, London 1983.

Stahl. Eisen mit einem geringen Gehalt an Kohlenstoff, dessen Anteil gegenüber den meisten gewöhnlich →Eisen genannten Legierungen geringer ist. Manchmal werden dem Stahl noch andere Metalle zugesetzt: Flußstahl enthält nicht mehr als 0,25% Kohlenstoff, ist aber dafür mit größeren Anteilen von anderen Metallen, wie Mangan, versetzt. Um Irrtümern vorzubeugen, wird der Terminus Stahl in neuerer Zeit nur solchen Legierungen vorbehalten, die höhere Kohlenstoffanteile als Flußstahl enthalten und die (im Gegensatz zu Schmiedeeisen) gehärtet und getempert werden können. Dieses Material ist seit 1400 v. Chr. in Ägypten und im Nahen Osten (später in Europa) für Waffen und Schneidewerkzeuge benutzt worden, für Rasierklingen, Messer, Sägen und Schwerter. Gelegentlich hat man auch dekorative Gegenstände daraus fabriziert, wie Kästen, kleine Büchsen und einzelne Schmuckgegenstände, die auf vielerlei Arten verziert worden sind: etwa durch das Kombinieren von Metallen aus unterschiedlichen Legierungen (Musterschweißen), oder auch durch →Damaszierung, durch Tauschierung (Einlegearbeit), →Ziselieren oder Ätzen. Ein hervorragendes Beispiel ist das Kästchen von Giuseppe de Vici aus dem Jahre 1567 (Kunsthistorisches Museum, Wien). Daneben wurde Stahl gelegentlich auch für Möbel verwendet, so z. B. bei dem um 1787 von J.-H. →Riesener für Marie-Antoinette gefertigten Schreibtisch und →Vide-poches (Versailles).
Bei ›rostfreiem Stahl‹ wird die Legierung durch Beifügung von Chrom rost- und fleckenfest gemacht. Er wurde von den 20er Jahren unseres Jahrhunderts an zum Material des Tischgeräts entwickelt.

Lit: L. Aitchison, *A History of Metals*, London 1960; H. Hodges, *Artifacts*, London 1964.

Staite Murray, William (1881-1962). Englischer Kunsttöpfer, der seit etwa 1919 in Kensington, später in Bray →Steinzeug herstellte. Verbindungen zu B. →Leach und S. →Hamada bewogen ihn, sich der japanischen Töpferei zuzuwenden und ihre Verfahren zu studieren. Seine bekanntesten Werke sind gefällige große Vasen, die an →Raku-Waren erinnern: einfach verziert mit gemalten oder eingeritzten Motiven und oft anspruchsvoll bezeichnet wie ›Vortex‹ (Wirbel), ›Cadence‹ (Tonfall) und ›Purple Night‹ (Purpurnacht).

Lit: M. Rose, *Artist Potters in England*, London 1955.

Stalker, John und **Parker, Georg** (tätig um 1688). Autoren des Buches ›A treatise of Japanning and Varnishing‹ (Oxford 1688), das beschreibt, wie man auf verschiedene Arten japanische Lackmalereien imitiert und das mit seltsamen Chinoiseriezeichnungen für die Verzierung von Möbeln, Bilderrahmen, Oberseiten von Bürsten usw. bebildert ist. Die Illustrationen haben über die Lackmalerei hinaus andere Gebiete der dekorativen Kunst beeinflußt.

Stam, Mart (geb. 1899). Holländischer Architekt und Designer. Als erster entdeckte er, daß

M. Stam: Freitragender Stuhl aus Stahlrohr und Stoff, 1926 (Victoria & Albert Museum, London)

die Stärke des Stahlrohrs es möglich macht, mit zwei freitragenden Stützen anstelle der vier Beine einen Stuhl zu unterfangen. Ein weiterer Vorteil war die Elastizität, die Leichtigkeit und die einfache Konstruktionsweise des Rahmens. Eine provisorische Konstruktion wurde von ihm 1924 aus geradem Stahlrohr und Stahlrohrwinkeln hergestellt, die aber noch nicht die Elastizität des 1926 konstruierten Modells mit gebogenem freitragendem Rahmen haben konnte. In diesem Jahr entwarf auch →Mies van der Rohe einen Stuhl mit freitragendem Stahlrohrrahmen. Stams Idee wurde schnell von anderen Designern aufgegriffen, besonders von Marcel →Breuer, dessen klassisch gewordener freitragender Stahlrohrstuhl aus dem Jahr 1928 stammt.

Stangenglas. Schlankes, hohes zylindrisches Trinkgefäß, wie eine Stange, gewöhnlich mit hohlem Fuß. Es wurde oft aus →Waldglas hergestellt. Frühe fränkische Exemplare des 5. und 6. Jhs. sind mit einfachen Glastropfen verziert, spätere deutsche Beispiele des 15. bis 17. Jhs. mit Nuppen oder mit Emailbemalung. Das *Keulenglas* des 15. und 16. Jhs. ist ein kleinerer Typ, der oft mit Glasfäden belegt ist.

Stauf. Ein im späten 15. und frühen 16. Jh. in Süddeutschland und der Schweiz verbreiteter Silberbecher mit glatter, oben ausschwingender Wandung.

Staurothek. Ein byzantinisches →Reliquiar in Form eines flachen Kastens, das zur Aufbewahrung von Teilen des hl. Kreuzes dient. Ein berühmtes Beispiel wird im Limburger Domschatz aufbewahrt.

Steatit. Chemisch: hydriertes Magnesiumsilikat. Ein in vielen Teilen der Welt vorkommender weicher Stein, der in Ostasien als Schnitzmaterial Verwendung findet. In England wird er in Cornwall gefunden und wurde zunächst als Ersatz für Feldspat von B. →Lund in Bristol und später von anderen Porzellanfabriken in →Bristol, →Worcester, →Liverpool, →Caughley und →Swansea benutzt. Porzellan, in dem Steatit enthalten ist, ist durchscheinend (manchmal mit einem leichten Anflug von Orange, wenn man das Stück gegen das Licht hält), hat eine fein strukturierte Oberfläche, ist hart und verträgt heißes Wasser.

Steckverbindungen: italienischer Stuhl des 16. Jhs. (Palazzo Davanzati, Florenz)

Steckverbindungen. Einfaches aus dem Mittelalter stammendes Konstruktionselement bei Hockern (später Stühlen) und Tischen, das noch heute in weniger entwickelten Teilen Europas und Amerikas verwendet wird. Als Sitz dient ein dickes Brett; die Beine bestehen aus drei oder vier stabförmigen Hölzern mit rundem oder polygonalem Querschnitt, deren obere Enden schräg durch das Sitzbrett gesteckt und durch Keile von oben verfestigt werden.

Stegkanne. Eine Schweizer Zinnkanne, die vom 17.-19. Jh. besonders in Bern hergestellt wurde, darum auch *Berner Stegkanne* genannt. Der tief angesetzte ansteigende Ausguß ist mit der Wandung durch einen waagrechten Steg verbunden.

Steigbügelgefäß →Peruanische Töpferwaren (Chavín-Stil)

Steingut, engl. ›cream-coloured earthenware‹ oder ›cream ware‹. Eine harte, →bleiglasierte →Irdenware, mit einem cremefarbenen Scherben, der Feuerstein (Flint) enthält. Das Herstellungsverfahren war eigentlich keine Erfindung, sondern mehr eine schrittweise Entwicklung anderer Techniken, besonders der von T. →Astbury, der der Masse Feuerstein zusetzte. Zuerst wurde Steingut in →Staffordshire von *Enoch Booth* aus Tunstall hergestellt, aber ein verbessertes Steingut wurde 1765 von →Wedgwood gefertigt, der es zu Ehren der Königin Charlotte ›Queen's ware‹ nannte. Es war dauerhaft, verhältnismäßig billig in der Herstellung, von leichtem Gewicht, so dünn wie Porzellan, konnte für durchbrochene Dekorationen verwendet werden und war eine ausgezeichnete Grundlage für →Umdrucke oder Bemalung. Steingut wurde bald auch von anderen englischen Fabriken (besonders →Leeds) nachgeahmt und in großem Umfang auf den Kontinent exportiert, wo weitere Imitationen in fast jedem Land hergestellt wurden, so daß die Fayencefabriken Absatzschwierigkeiten hatten und ebenso die Porzellanfabriken bedroht waren. Ein Töpfer von Wedgwood, John Bartlam, errichtete 1770 eine Fabrik zur Herstellung dieser Ware in South Carolina, USA; danach wurde die Produktion von Steingut von vielen anderen nordamerikanischen Töpfereien aufgenommen. Eine porzellanähnliche Ausführung wird →Pearlware genannt.

Lit: D. Towner, *Creamware,* London 1978.

Steinzeug, engl. ›stoneware‹, franz. ›grès‹. Töpferware, sehr hart, dicht, nachklingend, grau oder rötlich in der Farbe, nicht porös und nicht durchscheinend. Es wird hergestellt aus einer Mischung von Ton und Gestein als Flußmittel, meist Feldspat, hochgebrannt (bei einer Temperatur von 1200 °C bis 1400 °C), so daß die steinerne Substanz, nicht dagegen der Ton, schmilzt und letzteren glasartig verdichtet. Obwohl weder weiß noch durchscheinend ist es keramisch dem Porzellan verwandt. Steinzeug gab es erstmals während der Shang-Periode in China. In Europa dürfte jedoch – unabhängig hiervon – die Herstellung von Steinzeug um 1350 im Rheinland entwickelt worden sein, wo ein graues Proto-Steinzeug im 12. Jh. die →Badorfer, Mayener und →Pingsdorfer Ware zu ersetzen begann. Salzglasiertes Steinzeug folgte im 14. Jh. Die →Salzglasur kam in Gebrauch, da die →Bleiglasur hohe Brenntemperaturen nicht aushielt. Das Rheinland blieb während des Mittelalters bis ins 17. Jh. der Mittelpunkt der Steinzeugherstellung (siehe →Köln, →Raeren, →Siegburg, auch in Mitteldeutschland in →Freiburg, →Annaberg und in Franken in →Creussen). Der Scherben des rheinischen Steinzeugs variiert vom blassen Weiß bis zum stumpfen Grau, wird gelegentlich aber durch die Glasur auch farbig, gewöhnlich braun, schwarz, purpur oder blau. Ähnliches salzglasiertes Steinzeug wurde im 17. Jh. auch in Böhmen und Belgien, in England seit etwa 1670 von J. →Dwight, den Brüdern →Elers und später in →Nottingham und in →Staffordshire in großen Mengen hergestellt, bis es vom →Steingut verdrängt worden ist. Rotes Steinzeug, in Nachahmung des Steinzeugs von →Yixing, das in →Delft und von Dwight in London im späten 17. Jh. nachgemacht wurde, ebenso wie das rote →Böttger-Steinzeug, ist viel weicher als das echte rheinische Steinzeug. Seit dem 18. Jh. gibt es Steinzeug in Frankreich, im Elsaß, in Lothringen und in der Normandie. Die französischen Kunsttöpfer des späten 19. Jhs. griffen vielfach darauf zurück.

Lit: G. Reineking von Bock Hg., *Steinzeug,* Ausst. Kat. Köln 1977; E. Klinge, *Deutsches Steinzeug der Renaissance und Barockzeit,* Ausst. Kat. Hetjens-Museum Düsseldorf 1979.

Steinzeug, porzellanartiges. Chinesische Keramik, die, dem durchschnittlichen Steinzeug überlegen, sich an die Qualität von Porzellan annähert: hochgebrannt, undurchdringlich, nachklingend und gewöhnlich mit einer Feldspatglasur. Aber es fehlen manche Charakteristika des Porzellans, besonders die Durchsichtigkeit. Dieses porzellanartige Steinzeug nahm das Porzellan vorweg, als es im 6. Jh. gemacht wurde. Die Chinesen unterscheiden nicht zwischen ihnen und nennen beide ›ci‹.

Steinschönau, Glashütte →Pfohl, K.

Steitz, Simon Heinrich →Kassel

Stella, Guido Maria Balsamo (1882-1942). Glasdesigner, dessen →Art Deco-Entwürfe, vergleichbar der Keramik von Fr. →Nonni, seinen Ruf begründeten. 1918-22 arbeitete er für →Barovier & Toso. Dann richtete er eine eigene Werkstatt mit der Absicht ein, die Glasschneidekunst wiederzubeleben. Er wählte hierzu Motive aus dem modernen Leben, wie z. B. das Golfspiel. 1925 eröffnete er mit Franz Pelzel ein Atelier in Venedig auf der Giudecca, das Lavoratorio Balsamo di Venezia.

Lit: P. Daverio und P. Baldacci, *Guido Balsamo Stella, opera grafica e vetraria,* Mailand 1977.

Stellschirm →Paravent

Stephan, Pierre →Derby

Steppdecke, engl. ›quilt‹. Eine mit einer Lage Wolle, Flachs oder Daunen gepolsterte Bettdecke, in geometrischen Rauten- oder Netzmuster, auch komplizierter in Arabesken oder Blumenmuster durch Überzug und Einlage gesteppt, um ein Verrutschen letzterer zu verhindern. Die Steppdecken können auch noch bestickt werden. Sie sind in ganz Europa vor allem in England, Italien und Portugal seit dem 17. Jh. gemacht worden und erlangten später auch in den Vereinigten Staaten große Popularität, dort vor allem mit →Patchwork. ›Italienische‹ oder ›Kordelstepperei‹ sagt man zu einer Stickerei, bei der ein stärkeres Reliefmuster erreicht wird, indem man eine Kordel auf die Rückseite des Stoffes legt und an dieser auf der Vorderseite an beiden Seiten parallel entlang näht.

Lit: C. L. Safford u. R. Bishop, *America's quilts and coverlets,* New York 1972.

Steppenkunst →Tierstil

Sterken, R. →Rozenburg

Sterling Standard. Silberlegierung mit einem Feingehalt von 925/000, die in England vom frühen Mittelalter an verwendet worden ist, ausgenommen eine kurze Zeitspanne zwischen 1697 und 1720. Der Silberfeingehalt des gemünzten Geldes ist 1300 festgelegt worden.

Steuben Glass Works. Glashütte in Corning, New York, 1903 mit F. →Carder als Manager gegründet. Spezialisierung auf Kunstglas, vor allem →Aurene Glass. Die Fabrik wurde 1918 von den →Corning Glass Works übernommen. 1933 wurde der Name für eine Abteilung der Corning Corporation wieder eingeführt, und es wurden unter der Leitung von Sidney Waugh (1904-63) absolut klare, ziemlich dicke Kunstgläser gemacht, die meist mit Tiefschnittdekor versehen sind. Eine Serie von geschnittenen Gläsern nach Entwürfen führender europäischer und amerikanischer Künstler wurde in sechs Exemplaren produziert und in einer von dem Unternehmen herausgegebenen Publikation abgebildet (›A Selection of Engraved Crystal‹, by Steuben Glass, 1961).

Lit: J.S. Plaut, *Steuben Glass,* New York 1951; *Seventy Years of American Glass-making,* New York 1974.

Stevengraphs. Englischer Handelsname für Seidenbilder, die auf einem abgeänderten →Jacquard-Webstuhl von *Thomas Stevens* aus Coventry ab 1879 hergestellt wurden. Er starb 1888, aber seine Firma scheint die Produktion bis 1938 fortgesetzt zu haben. 1940 wurde die Fabrik durch Bomben zerstört.

Lit: G. A. Godden, *Stevengraphs,* London 1971.

Steuben-Glas: Kelchglas mit Mattschnittdekor nach einem Entwurf von P. Tchelitchew, um 1950 (Victoria & Albert Museum, London)

Stevens and Williams. Englische Glashütte in Brierley Hill, Worcestershire, seit 1846 unter diesem Namen tätig. Eine der bedeutendsten Hütten des Glaszentrums →Stourbridge. Sie stellte eine reizvolle Vielfalt von dekorativen Gläsern her: →Überfangglas, Gefäße mit →Craquelé und Silbereinlagen usw. Einige bedeutende Schneider von Kameenglas wurden beschäftigt, darunter J. →Northwood und F. →Carder. Lange Jahre wurde die Intaglio-Abteilung von *William Hodgetts* (1857-1933) geleitet, der sich auf naturalistische Blumenmuster spezialisierte. In den 30er Jahren wurden Schalen, Vasen und Tischgläser nach Entwürfen von K. →Murray hergestellt, die in ihrer Form dem modernen internationalen Stil folgten. Das Unternehmen besteht bis heute.

Lit: W. B. Honey, *Glass: A Handbook*, London 1946; G. W. Beard, *Nineteenth Century Cameo Glass*, Newport, Mon. 1956.

Stichbandkeramik →Bandkeramik

Stickerei. Muster, die durch das Führen eines Fadens mit einer Nadel durch ein Gewebe, Filz oder Tierhaut entstehen. Der Faden kann aus Wolle, Leinen, Baumwolle, Seide, Metall oder heutzutage synthetischen Fasern sein. Die vielen unterschiedlichen Sticharten lassen sich wie folgt einteilen: Der *Flachstich* liegt der Oberfläche auf, ohne geknotet oder in Schleifen gelegt zu sein, und schließt den *Satinstich* ein (bei dem die Fäden so dicht nebeneinander liegen, daß der Eindruck von gewobenem Satin entsteht); der *Kreuzstich* (zwei Stiche kreuzen sich rechtwinklig) und der *Grätenstich* (abwechselnd von Seite zu Seite in spitzem Winkel); der *Kettenstich* legt eine Schleife auf die Oberfläche. Beim *Knopflochstich* liegen die Einstiche sehr dicht nebeneinander und der Faden wird vor jedem erneuten Einstich einmal durchschlungen; der *Knotenstich* erzeugt Knoten an der Oberfläche. In der *Reliefstickerei* wird der Faden über ein Stück Pergament, Holz, Wolle oder ein anderes Material geführt, →Applikation. Die verschiedenartigsten Stiche können in einer Stickerei zur Anwendung kommen. Die Vielfalt der Möglichkeiten wird auf Stickmustertüchern entfaltet.

Man weiß, daß die Kunst der Stickerei im 2. Jt. v. Chr. im Nahen Osten geübt wurde. Sie ist kaum weniger alt als das →Weben, dem es in einigen Gebieten als Mittel, Tierhäute zu verzieren, vorausgegangen sein mag: Stickereien aus Gräbern des 5. Jhs. v. Chr. im Altai-Gebirge (Ermitage, Leningrad) sind von dieser Art. Andere frühe erhaltene Stickereien aus Peru, China und Ägypten (eingeschlossen solche im →Koptischen Stil) haben eine gewebte Struktur als Grundlage. Griechen und Römer importierten Stickereien aus dem Nahen Osten, ein Gebiet, in dem Arbeiten von hoher Qualität das ganze Mittelalter hindurch bis in unsere Zeit hervorgebracht wurden. Stickerei gab es in allen islamischen Ländern von Indien bis zum südlichen Spanien. In der Türkei schmückte sie nicht nur Kleidungsstücke, Kissen usw., sondern ebenso die kostbaren Zelte der Heerführer (Heeresgeschichtliches Museum, Wien). Die Kunst wurde auch in China entwickelt, hauptsächlich zum Schmuck von Gewändern. Beispiele haben sich aus der Tang-Zeit (618-906) erhalten.

Verfeinerte Techniken scheinen von Byzanz und den islamischen Ländern in das westliche Europa eingeführt worden zu sein, wo Arbeiten von großer Kostbarkeit vom 10. Jh. an ausgeführt wurden. Bemerkenswerte frühe Beispiele sind das Manipel des hl. Cuthbert (vor 931; Durham, Cathedral Treasury), der Sternenmantel Heinrichs II. und der Umhang der Kaiserin Kunigunde (beide um 1020; Bamberg, Diözesanmuseum) sowie der Teppich von Bayeux (um 1073-83; Bayeux, Musée de l'Evêché: *siehe Abb. S. 526*). Von der Mitte des 13. Jhs. an wurden einige der prächtigsten liturgischen Gewänder, Altartücher usw. mit farbigen Seiden oder Goldfäden bestickt, so in England (→Opus Anglicanum) und Florenz (→Opus Fiorentinum). Ähnliche deutsche Arbeiten der gleichen Zeit werden Opus Teutonicum genannt. Ebenfalls in dieser Zeit vervollkommneten deutsche Sticker das Arbeiten mit einem weißen Leinenfaden auf weißem Grund. Die Muster mittelalterlicher Stickereien standen unter dem Einfluß zeitgenössischer Malerei, vor allem der Buchmalerei. Im 15. Jh. wurden die feinen Wirkungen der Schattengebung in der gerade entwickelten Ölmalerei in der Stickerei durch die sogenannte burgundische Technik mit Lagen von Silberfäden über einem Grund von Goldfäden nachgeahmt (z. B. die Festgewänder des Ordens vom Goldenen Vlies, gefertigt vor 1477; Kunsthistorisches Museum, Wien). Entwürfe stammten manchmal von Malern, insbesondere von A. del →Pollaiuolo, und seit dem frühen 16. Jh. wurden Musterbücher veröffentlicht. Die Stickereien des 14. Jhs. wurden nicht nur (wie vorher) von Frauen zu Hause oder in Klöstern ausgeführt, sondern auch durch Männer (z. B. Paolo da Verona) in städtischen Werkstätten. Kein Kunsthandwerk ist so umfassend von Professionellen wie Amateuren (letztere hauptsächlich Frauen) betrieben worden. Die feinsten Arbeiten späterer Zeiten scheinen aber von Fachkräften zu stammen wie denen im Kloster →Saint-Cyr. Im 17. und 18. Jh. tendierten die Entwürfe eher zu einem allgemeinen Reichtum an komplizierten Blumen- und Blättermustern im Stil der Stiche von R. →Shorleyker, J.-B. →Monnoyer und P. →Ranson als zu figürlichen Szenen, für die Wandteppiche vorgezogen wurden. Obwohl viel Stickerei zur Dekoration von Polstermöbeln und Kleidern angefertigt wurde, waren die kunstvollsten Stücke liturgische Gewänder wie die in Lyon für Clemens August, 1742 Erzbischof in Köln, hergestellte Garnitur (Köln, Domschatzkammer) und in Rom für den König von Portugal (1746; Lissabon, São Roque). Im 19. Jh. fuhren Amateure fort, in den traditionellen Techniken zu arbeiten, zu denen die →Berliner Wollarbeit hinzukam. Überlieferten Mustern folgte man auch in ländlichen Gebieten und schuf die zu den Bauernmöbeln passenden Textilien. Aber auch die industrielle Produktion setzte sich durch, und von der Mitte des 19. Jhs. an übernahm die Maschine den Hauptteil der Arbeit (die erste wurde von M. Hellmann aus Mülhausen erfunden und 1854 ausgestellt). Unter dem Einfluß der →Arts and Crafts-Bewegung gab es eine bemerkenswerte Wiederbelebung der Stickerei im späten 19. Jh., und hervorragende Stücke wurden in England (z. B. von M. →Macdonald), Deutschland (nach Entwürfen von H. →Obrist), Italien (Aemilia Ars) und den Vereinigten Staaten (nach Entwürfen von G. G. →Elmslie) hervorgebracht. *Siehe auch* Bargello-Arbeit, Broderie Anglaise, Leinenstickerei, Hohlsaumarbeit, Patchwork, Steppdecke, Reliefstickerei.

Lit: A. Lotz, *Bibliographie der Modelbücher* (1933), Stuttgart 1963; R. Jacques, *Deutsche Textilkunst,* München 1953; M. Schuette u. S. Müller-Christensen, *Das Stickereiwerk,* Tübingen 1963; R. Kvoos, *Niedersächsische Bildstickereien des Mittelalters,* Berlin 1970.

Stickley, Gustav(e) (1857-1942). Amerikanischer Möbelentwerfer, -fabrikant und theoretiker. Er gründete 1898 eine eigene Firma, die *Gustave Stickley Company* in Eastwood, New York. Er firmierte als ›Handwerksmeister‹, um mögliche Verwechselungen seiner Möbel mit denen der Firma seiner Brüder, *L. and J. G. Stickley,* zu vermeiden. 1901 gründete er die Zeitschrift ›The Craftsman‹. Seine Ideen stammen von Ruskin und W. →Morris, seine Möbelentwürfe gehen zurück auf die →Arts and Crafts-Bewegung. Er schuf stabile Tische, Schränke und Stühle mit Rückenbrettern, vorwiegend aus Eiche. Die Konstruktionselemente blieben sichtbar (Steck- und Schwalbenschwanzverbindungen usw.), die Polsterungen bestehen aus einfachem Leder oder Segeltuch. Sein Stil wurde in Amerika allgemein als Missions-Furniture bekannt. Stickleys Möbel waren sehr populär und wurden häufig kopiert. 1905 eröffnete er ein Büro in New York City, und 1913 erwarb er dort ein großes Gebäude für Büro- und Ausstellungsräume. Aber mit dieser Investition hatte er sich übernommen und mußte 1915 Konkurs anmelden.

Lit: J.C. Freeman, *The Forgotten Rebel,* Watkins Glen, New York 1966; J.J. Bararo u. T.L. Mossmann, *The furniture of Gustav Stickley,* New York 1982.

Stickwork. Englische, im 19. Jh. in Tunbridge Wells und London gefertigte kleine Gegenstände wie etwa Schachfiguren, Eierbecher, Schnupftabaksdosen usw., zu deren Herstellung man Stäbchen aus verschiedenen Hölzern nach Art der →Tunbridgeware zu Bündeln leimte, aus denen dann auf der Drehbank Formen gedrechselt wurden.

Stiegel, Henry William (1729-85). Deutscher Glashersteller, seit 1750 in Amerika tätig. Gründer von drei Glashütten in Pennsylvania, die bekannteste davon in Manheim (1763), in denen deutsche, venezianische und englische Glasbläser beschäftigt wurden, die nach Art ihrer nationalen Stile arbeiteten. Dem *Manheim Glasshouse* werden einige schöne Stücke aus Kristallglas zugeschrieben sowie viel farbiges und in die Form geblasenes Glas. Die zu schnelle Expansion des Unternehmens brachte finanzielle Schwierigkeiten mit sich, so daß 1774 das Manheim Glasshouse geschlossen werden mußte. Die Bezeichnung ›Stiegel-Glas‹ wird allgemein auf in die Form geblasenes, gemustertes amerikanisches Glas des 18. Jhs. angewandt.

Lit: G.S. u. H. McKearin, *American Glass,* New York 1941; B.M. Lindsey, *American Historical Glass,* London 1967.

Stilmöbel. Obwohl Möbel in verschiedenen historisierenden Stilen vom späten 18. Jh. an und zunehmend während des 19. Jhs. hergestellt wurden (→Historismus), ist der Ausdruck ›Stilmöbel‹ im allgemeinen Möbeln vorbehalten, die im 20. Jh. industriell, hauptsächlich im Stil des 18. Jhs., gefertigt wurden.

Stilzimmer. Ein Zimmer, in dem alle Möbel und dekorativen Ausstattungsstücke einer einzigen künstlerischen Epoche angehören oder nach Möglichkeit so zusammengestellt sind, wie sie es auch zu einem bestimmten Zeitpunkt in der Vergangenheit hätten sein können (z. B. ein Eßzimmer mit Möbeln des 18. Jhs. und antiken Statuen). Die Beliebtheit solcher Räume war ein Produkt des →Historismus des 19. Jhs. In den 1880er Jahren hat sie eine eifrige Verfechterin in *Mrs. Haweis* gefunden, deren Schriften über Inneneinrichtungen von weitreichendem Einfluß waren (›Beautiful Houses‹, London 1882), so auch auf die Einrichtung von ›period rooms‹ vor allem in amerikanischen Museen.

Stippen. Technik der Glasverzierung, bei der mit einem Diamanten Punkte dicht oder weniger dicht in die Glasoberfläche eingeschlagen werden, wodurch – ähnlich wie beim Mezzotinto – Licht- und Schattenwirkungen erzielt

Diamantgestippter Dekor von D. Wolff, um 1775 (Victoria & Albert Museum, London)

werden können. Da die Vertiefungen nur sehr gering sind, ist diese Art des Dekors vor allem für dünnwandige Gläser geeignet. Wahrscheinlich ist das Stippen in den Niederlanden entstanden, wo es von A. R. →Visscher und anderen im 17. Jh. zunächst in Verbindung mit dem Diamantriß angewendet wurde. Als eigenes Medium – d. h. mit sehr wenigen oder gar keinen mit dem Diamanten gerissenen Linien – ist es dann von F. →Greenwood im frühen 18. Jh. ausgebildet worden. Zu den bedeutendsten Künstlern des Diamantstippens gehören A. →Schouman, G. H. →Hoolart, D. →Wolff, J. van den Blijk (1736-1814), L. Adams (tätig 1806), A. Melort (1799-1849) und D. H. de Castro (gest. 1863). Die Technik wird heute noch von Amateuren und professionellen Glaskünstlern praktiziert.

Stitze. Ein Schenk- und Trinkkrug, vornehmlich aus Zinn, von hoher schlanker Form und unten glockenförmig auslaufendem Körper, mit flachem Deckel und Daumenruhe und meistens nur geringem Dekor. Dieser Kannentyp war im 16. und 17. Jh. in Süddeutschland und der Schweiz verbreitet.

Stobwasser, Johann Heinrich (1740-1829). Deutscher Lackmaler und Inhaber einer der wichtigsten Lackmanufakturen seiner Zeit. Die Hauptmanufaktur lag in Braunschweig, eine von seinem Schwager *Jean Guérin* geleitete Zweigmanufaktur wurde 1772 in Berlin errichtet. Sie spezialisierten sich auf kleine Objekte, vor allem auf Dosen mit sehr feinen Porträts, Landschaften, mythologischen Szenen nach alten Meistern, sentimentalen Genreszenen, satirischen Gruppen usw. Im Städtischen Museum Braunschweig existiert eine große Sammlung dieser Arbeiten. Daneben wurden auch einige größere Gegenstände wie Kommoden hergestellt.

Lit: W. Holzhausen, *Lackkunst in Europa*, Braunschweig 1959; H. Huth, *Lacquer in the West*, Chicago und London 1971.

Stockamer, Balthazar (tätig 1666-1700). Deutscher Elfenbeinschnitzer des Barock, der vornehmlich für die Medici in Florenz gearbeitet und sich selbst ›Elfenbeindrechsler Cosimos III.‹ betitelt hat. Sein Werk schließt einen gedrechselten, von der Figur eines nackten Knaben getragenen Pokal ein (Victoria & Albert Museum, London) und eine sehr schöne Kreuzigungsgruppe (Palazzo Pitti, Florenz).

Stöckel, Joseph (1743-1800). Deutscher Möbelschreiner, der sich 1769 in Paris niederließ und 1775 zum ›maître ébéniste‹ ernannt wurde. Der größte Teil seiner Arbeiten ist vom Klassizismus inspiriert, die Entwürfe stammen zum Teil von R. de →Lalonde. Einige seiner besten Stücke wurden später von G. →Beneman überarbeitet wie die Kommoden, die er um 1785 für Compiègne angefertigt hatte und die sich heute im Louvre, Paris, und in Fontainebleau befinden. *Siehe Abb. S. 53.*

Stockelsdorf. Fayencefabrik bei Lübeck, 1771 gegründet, mit Johann Georg Buchwald von

Stockelsdorf

Stockelsdorf: Fayenceofen, von A. Leihamer bemalt, um 1775 (Museum für Kunst und Gewerbe, Hamburg)

1772-85 als Direktor, spezialisiert auf die Herstellung von Kachelöfen. Anfangs war ein bewegter Rokokostil vorherrschend, mit zwischen Schwingungen und Rocaillen gemalten →Chinoiserien (besonders von Abraham →Leihamer); später folgte man einem prunkvollen antikisierenden Stil. Die Fabrik fertigte ferner große Tabletts, insbesondere auch solche, die als Platten von Teetischen dienten, →Helmkannen mit Rocailledekor, Wandbrunnen, →Jardinieren, Birnenkrüge, Teller mit Korbflechträndern usw. Alle Erzeugnisse wurden sehr ansprechend mit →Emailfarben bemalt, besonders mit einem blauschimmernden Grün und hellem Orangegelb. In Scharffeuerblau oder -mangan bemalte Stücke ähneln denen von →Eckernförde. Die Qualität ihrer Erzeugnisse fiel nach dem Tod des Gründers, *Georg Nicolaus Lübbers*, schlagartig ab. Das Unternehmen hat wohl bis 1811 gearbeitet.

Lit: A. Klein, *Deutsche Fayencen*, Braunschweig 1975; U. Pietsch, *Stockelsdorfer Fayencen*, Ausst. Kat. Lübeck 1979.

Stockholmer Seidenmanufaktur. Die wichtigste Seidenmanufaktur war die von dem französischen Weber *Barthelemi Peyron* mit staatlicher Förderung 1741 gegründete. Sie arbeitete hauptsächlich für den Hof. Die Musterzeichner waren in Frankreich ausgebildet, und so sind die Erzeugnisse kaum schlechter als die von →Lyon. Die Manufaktur scheint in den 60er Jahren des 18. Jhs. stillgelegt worden zu sein.

Stollenschrank. Ein auf hohen Stollen unter einem profilierten Sockel stehender Eichenschrank, der im 16. Jh. am Niederrhein und in Flandern hergestellt wurde.

Stölzel, Samuel →Wien

Stone china, engl., Steinporzellan. Sehr hartes Steingut, das →Petuntse enthält und erstmalig 1805 in der Manufaktur von →Spode in Staffordshire hergestellt wurde. Für ein ähnliches Material, →Ironstone china genannt, erhielt Ch. J. →Mason 1813 ein Patent. In Italien werden die Keramiken, die Stone china nachahmen, ›stoni‹ genannt und von der Società Ceramica Richard in Mailand und anderswo gefertigt.

Stop. Norddeutscher Becher des 16. und 17. Jhs., gewöhnlich aus Zinn, der vorwiegend in Mecklenburg hergestellt wurde. Zweihenkelig und mit dicker Wandung sieht er einem Bronzemörser nicht unähnlich.

Store Kogengade →Kopenhagener Fayence

Storr, Paul (1771-1844). Führender englischer Regency-Silberschmied, ein Schüler von A. →Fogelberg, einem Silberschmied schwedischer Herkunft, der im Stil R. →Adams arbeitete. Nach der Freisprechung durch den Meister assoziierte er sich von 1792-1796 mit *William Frisbee,* dann machte er sich selbständig. Kurze Zeit danach begann er mit der Arbeit für →Rundell and Bridge. Von 1811/19 war er als Teilhaber der Firma anscheinend mit der

P. Storr: Silberkrater, nach einem Entwurf von J. Flaxman, London 1812 (Royal Collection, mit gütigster Erlaubnis I. M. der Königin von England)

Führung der Werkstätten betraut. Er schuf große Mengen von silbernem Tafelgerät, vielfach nach den von Bildhauern (vor allem J. →Flaxman) entworfenen Modellen. Die frühen Werke gehören dem am Ende des 18. Jhs. verbreiteten Klassizismus an; unter ihnen finden wir monumentale Weinkühler, Urnen usw. in der Form griechischer Vasen, mit einem Überfluß an architektonischem Schmuck (→Palmetten, →Mäander usw.), an Weinlaubornament in Relief und gegossenen Figuren von Allegorien und antiken Göttern. Vor allem aber schuf er jene repräsentativen Silberstücke, die zur Zeit der napoleonischen Kriege als Geschenke für die siegreichen Generale und Admirale vielgefragt waren. Nicht weniger erfolgreich war er in geringeren Formaten: kleine Dinge wie Honigtöpfe in der Form von Bienenkörben sowie von Weinlaub umrankte Kännchen gehören mit zu den ansprechendsten englischen Silberobjekten dieser Zeit. Vom Beginn des 19. Jhs. an schuf er auch mit Muschel- und Grottenwerk überzogene und zuweilen von sich aufbäumenden Seepferden belebte Silbergegenstände im Neurokokostil. Diese Stücke gehören zu den frühesten Dokumenten einer antiklassizistischen Reaktion in England. 1819 verließ er Rundell und machte sich noch einmal selbständig, bis 1822, als er sich mit *John Mortimer* verband. Unglücklicherweise geriet die Firma 1826 durch Fehlspekulationen (Mortimers) an den Rand des Bankrotts, wurde aber durch das Eingreifen von Storrs Neffen, *John Samuel Hunt,* gerettet. Dieser trat dann als Partner ein. In den frühen 1830er Jahren trat E. H. →Bailey der Firma als Entwurfszeichner bei; trotzdem blieb die Produktion derjenigen Rundells sehr ähnlich, mit einer leichten Tendenz zu größerer Schwerfälligkeit. Storr zog sich 1839 zurück; aber die Firma wurde bis 1842 unter dem Namen *Mortimer and Hunt* weitergeführt; dann als *Hunt and Roskell.* Sie produzierte weiter große, mit reichem plastischem Dekor versehene Trophäen, Kerzenleuchter, Vasen, Tafelaufsätze

P:S

Paul Storr

und andere Arten repräsentativen Silbergeräts, von dem vieles auf der ›Great Exhibition 1851‹ in London ausgestellt war, vornehmlich Stücke des Bildhauers Henry Hugh Armstead (um 1816-96) und des französischen Entwurfszeichners A. →Vechte, der nach 1848 in der Firma tätig war; an der ›Titan-Vase‹ hatte er jedoch schon vor seiner Übersiedlung von Paris nach London gearbeitet.

Lit: N. M. Penzer, *Paul Storr*, London 1954; C. Oman in *Apollo* LXXXIII (1966), S. 174-183.

Stourbridge. Eine Reihe von Glashütten in und um Stourbridge in Worcestershire. Die ersten wurden vor 1612 errichtet, als Mitglieder der Familien *Tysack* und *Henzey* – hugenottische Einwanderer aus Lothringen – sich in dieser Gegend niederließen. Zuerst spezialisierte man sich auf Fensterglas, doch seit der Mitte des 18. Jhs. wurden auch Tischglas und Ziergläser hergestellt, manchmal aus gefärbtem Glas. Im 19. Jh. wurden die Glashütten dieser Gegend in England führend durch ihr feines Gebrauchs- und dekoratives Glas. Eine Hochblüte begann im Jahr 1854, als eine drückende Steuer auf Flintglas aufgehoben wurde und die Glashütten mit den →Böhmischen Glashütten konkurrieren konnten, deren Waren sie oft imitierten. Die größten und bedeutendsten Hütten waren die von *Benjamin Richardson* (1802-87), →Stevens and Williams und T. →Webb. Es gab jedoch auch eine Vielzahl kleinerer Fabriken. Zu den Erzeugnissen gehörten Vasen, Trinkgefäße, Leuchter, Teller, Riechflaschen, Karaffen usw. in den verschiedensten Farben. →Überfangglas wurde eine Spezialität (die Meister auf diesem Gebiet, J. →Northwood und F. →Carder, arbeiteten für Stevens and Williams). Nach der Mitte des 19. Jhs wurde der Dekor oft auf mechanischem Wege ausgeführt. 1851 führte die Fabrik Richardson eine Preßmaschine ein, um Flintglas mit Reliefornament zu verzieren, und 1857 eine Maschine, um venezianisches →Fadenglas herzustellen. Weitere technische Entwicklungen machten es möglich, ab 1880 die Herstellung von Kameenglas in größerem Maßstab aufzunehmen. Die Produkte entsprachen dem Geschmack des späten 19. Jhs. für historisierende und exotische Stile. Ähnliches Glas wurde nicht weit entfernt von Stourbridge, in Birmingham, hergestellt. Dort waren die führenden Fabriken →Bacchus, Rice Harris & Son und F. & C. Osler.

Die ›Titan-Vase‹, von P. Storres Nachfolgern Hunt & Roskell, entworfen von A. Vechte, Silber, London 1851 (Goldsmiths' Company, London)

Lit: W. B. Honey, *Glass: A Handbook*, London 1946; G. W. Beard, *Nineteenth Century Cameo Glass*, Newport, Mon. 1956.

Stövchen →Rechaud

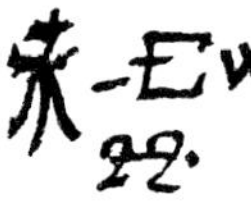

Stralsund

Stralsund. Fayencefabrik in Pommern, etwa 1755-56 von *Johann Ulrich Giese* gegründet und seit 1766 von *Johann Eberhardt Ludwig Ehrenreich* (1722-1803), Doktor der Medizin, geleitet; dieser hatte schon die Fayencefabrik →Marieberg errichtet. Während einiger Jahre bestand ihre Fertigung in großen Rokokovasen, Terrinen und anderen Waren, die denen von Marieberg glichen. 1770 wurde sie durch die Explosion eines Pulvermagazins teilweise zerstört. Obwohl Giese 1772 den Betrieb wieder aufgenommen und bis 1792 in Gang gehalten hatte, wurde in diesen letzten Jahren wenig Interessantes produziert.

Lit: R. Marsson, *Die Stralsunder Fayencen*, Berlin 1928; A. Klein, *Deutsche Fayencen*, Braunschweig 1975.

Stras(s), Georges Frédéric (1701-73). Juwelier und Hersteller von Edelsteinimitationen, die nach seinem Namen als ›Strass‹ bezeichnet werden. Geboren in Wolfisheim bei Straßburg, Sohn eines protestantischen Pfarrers und in Straßburg bis 1719 zum Juwelier ausgebildet, ließ er sich vor 1724 – als er bereits in einem eleganten, von der Witwe *Prévost* geleiteten Juwelieratelier arbeitete – in Paris nieder. Um 1730 machte er sich selbständig, vervollkommnete eine Methode, Simili-Steine (vor allem Diamanten) aus Glas herzustellen und wurde 1734 zum Juwelier des Königs ernannt. Er machte ein Vermögen mit seinen künstlichen Steinen, trat aber 1752 das Rezept für ihre Herstellung an *Georges-Michel Bapst* (der seit 1750 sein Partner gewesen war) ab. Danach arbeitete und handelte Stras(s) selber nur noch mit echten Steinen. Die Bezeichnung ›pierres de strasse‹ wurde bald unterschiedslos auf viele Arten von unechtem Schmuck und ab 1775 auch auf geschliffene Glasgehänge an Leuchtern angewendet. Künstliche Edelsteine, ›bijoux en strasse‹, 1819 in Paris ausgestellt, hielt man jedoch für das Ergebnis eines neu entdeckten und kürzlich in Frankreich eingeführten Verfahrens, das man später einem nicht nachweisbaren Joseph Strasser, der in Wien tätig gewesen sein soll, zuschrieb. Das Wort ›Strass‹, ist auf dem europäischen Festland immer noch üblich.

Straßburg: Fayence-Terrine, vor 1754 (Badisches Landesmuseum, Karlsruhe)

Straßburg, Fayence- und Porzellanfabrik. Die Fayencefabrik wurde 1720 von J.H. →Wachenfeld, der sich bereits 1721 wieder aus dem Unternehmen zurückzog, gemeinsam mit C.F. →Hannong gegründet. Im Laufe der Zeit wurde sie von mehreren Mitgliedern der Familie Hannong betrieben. 1723 wurde ein Zweigbetrieb in der Nähe von Tonlagern, in Hagenau, errichtet (möglicherweise wurden die hier hergestellten Erzeugnisse in Straßburg bemalt). Die frühen Produkte waren nicht sehr anspruchsvoll und beschränkten sich auf Blauweiß-Ware in Anlehnung an →Rouen. Mit dem Ausscheiden von C.F. Hannong begann eine neue Periode mit der Übernahme der Betriebe in Hagenau durch seinen Sohn Balthasar und in Straßburg durch seinen Sohn Paul Anton, der 1737 die Leitung beider Fabriken in seine Hand nahm. Er brachte die ganze Palette der →Scharffeuerfarben voll zum Tragen, insbesondere einen Dekor mit →Indianischen Blumen und →Chinoiserien. In den späteren 1740er Jahren wurde der bis dahin ungewöhnliche →Emailfarbendekor eingeführt. Dies mag in gewisser Hinsicht auf Christian Wilhelm und Karl Heinrich von Löwenfinck zurückzuführen sein, die seit 1748 dort arbeiteten und 1751 von ihrem berühmteren Bruder A.F. →Löwenfinck abgelöst wurden. Sie kamen alle von Porzellanfabriken, in denen Emailfarbenmalerei üblich war. Diese Maler haben wohl auch neben den Indianischen Blumen eine andere Art der Blumendarstellung eingeführt, nämlich die ›natürlichen Blumen‹ oder auch →Deutschen Blumen, die in Frankreich bald als ›Straßburger Blumen‹ bekannt wurden. Die schönsten Straßburger Erzeugnisse sind in dieser Art bemalt und stammen aus den späten 1740er und 1750er Jahren. Dazu gehören Tafelservice und Terrinen mit plastischem Rocaille- und Blumendekor oder in der Gestalt von Vögeln (Federvieh und Federwild) wie auch in der von Gemüsen (Kraut- und Kohlköpfe), geschmackvolle Potpourris, große Uhrgehäuse, Wandleuchter, Wandbrunnen und andere Gebrauchswaren wie Nachttöpfe und →Bourdalous; sie sind in den beschwingten Rocailleformen der Hochzeit des Rokoko modelliert und in leuchtenden Emailfarben bemalt, besonders im →Purpur des Cassius, in Blaßblau, Gelb, Schattierungen von Violett und Grün auf einem sehr reinen weißen Grund. Putti, Götter und Göttinnen wurden sowohl zum Tafelschmuck als auch zur Verzierung von großen Vasen, Brunnen usw. gemacht, die besten Stücke wohl nach Modellen von J.W. Lanz. Alle diese Erzeugnisse sollten den Eindruck von Porzellan hervorrufen und wurden auch im Wettbewerb mit Porzellan verkauft. Mit Hilfe des →Arkanisten J.J. →Ringler wurde in der Fabrik von 1752 bis 1755 ebenfalls →Porzellan hergestellt. Angesichts des ausschließlichen Rechts der Manufaktur →Sèvres zur Herstellung von Porzellan sah sich P.A. Hannong gezwungen, diesen Teil des Unternehmens in eine neue Manufaktur zu überführen, die er in →Frankenthal in der Kurpfalz errichtete. (Es ist sehr schwierig,

Ḣ

Straßburg
Paul Hannong
1752-55

Straßburg: Fayence-Teller, um 1770 (Victoria & Albert Museum, London)

Straußenei-Pokal, Silbermontierung von H. Petzolt, Nürnberg, 1594 (Minneapolis Institute of Arts)

Straßburger Porzellan dieser Zeit und frühes Frankenthaler Porzellan voneinander zu unterscheiden.) Mit dem Tod von Paul Anton Hannong 1760 gingen die Fabriken in Straßburg und Hagenau auf seinen Sohn Peter Anton über, einen überaus schlechten Verwalter, und 1762 weiter auf seinen anderen Sohn Joseph Adam, der sie bis zu ihrer Schließung 1781 betrieben hat. In der Spätzeit wurde für die Fayenceherstellung (keine Figuren) vielfach auf Modelle der 1750er Jahre zurückgegriffen und oft wurden die alten Formen verwendet; die Bemalung erfolgte in derselben leuchtenden, noch umfassenderen Farbpalette. Die Porzellanproduktion wurde nach der Aufhebung des Monopols von Sèvres 1766 wieder aufgenommen, die Gebrauchswaren (bemalt im Louis-seize, der selten – wenn überhaupt – für Fayencen verwendet wurde) und Schmuckfiguren lehnten sich im allgemeinen an Vorbilder anderer Fabriken an. Der Aufwand für die Porzellanherstellung ruinierte das gesamte Unternehmen; 1781 mußte Joseph Adam den Konkurs erklären und floh nach Deutschland. Peter Anton Hannong versuchte 1783/84, allerdings vergeblich, die Porzellanfabrikation in Hagenau wieder zu beleben. *Siehe auch Abb. S. 487.*

Straßburg: Fayence-Ofen von F. P. Acker, um 1760 (Historisches Museum, Basel)

Lit: J. Terrasson, *Les Hannong et leurs manufactures Strasbourg-Frankenthal,* Paris u. Lausanne 1971; A. Klein, *Deutsche Fayencen,* Braunschweig 1975; S. de Plas, *Les faïences de Strasbourg et de l'est de la France,* Paris 1978; H. Haug, *Les faïences et porcelaines de Strasbourg,* Straßburg 1979.

Straußenei-Pokal. Typ eines Pokals, dessen Kelch aus einem Straußenei besteht, manchmal mit bemalter Oberfläche, in der Regel in reicher Goldschmiedefassung. Die frühesten erhaltenen Pokale stammen aus dem 15. Jh. (ein französisches Beispiel – um 1420-40 – befindet sich in der Schatzkammer der Münchner Residenz); im 16. Jh. nahm ihre Zahl zu.

Sie dienten wegen des christologischen Bezugs des Vogels Strauß und ihrer Seltenheit vor allem als sakrale Gefäße (Ziborien).

Strawberry dish, engl., Erdbeerschale. Typ einer Silberschale vom Ende des 17./Anfang des 18. Jhs., die tiefer, aber nicht größer als ein Teller ist; im 17. Jh. waren diese Schalen dünnwandig und mit punzierten Dekorationen versehen, die späteren sind kräftiger und gewöhnlich mit ausgebogtem Rand. Es ist unwahrscheinlich, daß solche Schalen ursprünglich nur für Erdbeeren benutzt worden sind.

Streubüchse. Eine meist silberne Büchse mit durchlöchertem Deckel, aus der man vor dem Aufkommen des Löschpapiers Bimssand oder feinen Puder auf ungeleimtes Papier streute, um das Auslaufen der Tinte zu verhindern. Sie ist gewöhnlich Teil eines →Schreibzeugs.

Streudose →Caster

Striegau. Schlesische Töpferei, die von etwa 1600 bis 1639 Gefäße aus einem weichen roten (oder gewöhnlich mehr gelblichen, rot schimmernden) und weißen Ton in Nachahmung der römischen →Terra sigillata oder ähnlicher Erzeugnisse herstellte, die mit Reliefs dekoriert und oft mit Stempeln gemarkt sind. Die meisten der bekannten Stücke sind in Silber oder Zinn montiert. Während der Zeit der Fertigung der Gefäße glaubte man, daß die in ihnen aufbewahrten Flüssigkeiten auf Grund des verwendeten Materials medizinische Wirkungen hervorriefen. Ähnliche Produkte wurden seit etwa 1630 in →Gabel hergestellt, die oft mit denen von Striegau verwechselt wurden.

Lit: M. Sauerlandt, *Edelmetallfassungen in der Keramik*, Berlin 1929; J. Horschik, ›Die deutschen Terra Sigillata-Gefäße des 17. und 18. Jhs.‹ in *Keramos* 33, 1966; G. Reineking von Bock, Best. Kat. *Steinzeug*, Kunstgewerbemuseum Köln, 1971.

Strohmarketerie oder **Stroharbeit.** Auf Kästchen, Spiegelrahmen und kleineren Möbelstücken angebrachte Verzierung aus gebleichten und gefärbten Strohhalmen, die zu geometrischen Mustern oder zu Landschaftsbildern zusammengesetzt wurden. Die Strohmarketerie kam im 17. Jh. in Europa auf und war vor allem in Frankreich gegen Ende des 18. Jhs. beliebt, wo gelegentlich ganze Furniere aus Strohhalmen gearbeitet wurden.

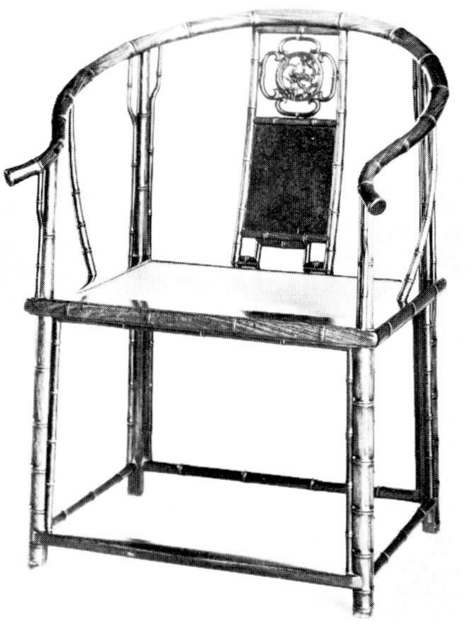

Chinesischer Stuhl von Huang Hua-li, Holz, Ming-Dynastie, spätes 16., frühes 17. Jh. (William Rockhill Nelson Gallery of Art, Kansas City)

Striegau

Stuart, James ›Athenian‹ (1713-88). Englischer Architekt, der hauptsächlich als Koautor von *N. Revett* bekannt ist, mit dem er ein Werk über das klassische Athen, ›The Antiquities of Athens‹ (1762, Band II 1789), veröffentlichte. Er unterstützte nachhaltig das Interesse an einer Wiederbelebung der griechischen Antike. Nach seiner Rückkehr aus Athen erhielt Stuart als ersten Auftrag die Innenausstattung und Möbel für Spencer House, London. Bei den Entwürfen ließ er sich von der römischen Antike inspirieren, wie etwas später R. →Adam, den er möglicherweise in seinen frühen Arbeiten beeinflußte. Stuart war geradezu besessen vom klassischen Ornament (eine Anzahl von Möbeln, die sich heute in Althorp, Northampton, befinden, wurden nach dem Vorbild von Dreifüßen und Altären aus römischen Tempeln angefertigt), aber ihm fehlte die schöpferische Phantasie.

Lit: E. Harris, *The Furniture of Robert Adam,* London 1963; P. Thornton u. J. Hardy in *Apollo* LXXXVII (1968), S. 449-50.

Stucco lustro →Scagliola

Stuhl. Sitzmöbel für eine Person mit Rückenlehne oder Rücken- und Armlehnen. Die Form ist vom Thron abgeleitet, der meist einen festen Standplatz und als Sitz des Herrschers symbolische Bedeutung hatte. Aus Babylon und Assyrien sind prunkvolle Thronsessel bekannt, die eigentlichen Erfinder des Stuhles aber scheinen die Ägypter gewesen zu sein, z. B. der Stuhl der Königin Hetepheres I., Holz, belegt mit Blattgold (um 2650 v. Chr.; Egyptian Museum, Kairo), die ihn während des Mittleren Reiches (um 2050 bis 1785 v. Chr.) schon allge-

Alter ägyptischer Stuhl (Louvre, Paris)

mein in Gebrauch hatten. Einige erhaltene Exemplare aus dieser Zeit sind aus Holz mit Schnitzdekor, sie werden von vier Löwentatzen oder Stierhufen getragen, haben hohe Rükkenlehnen, manchmal Armlehnen, und Sitze aus Schnurgeflecht.
Die Griechen hinterließen einen bequemeren Stuhl, den *Klismos*, getragen von vier Säbelbeinen, deren hintere sich in den Pfosten der Rükkenlehne fortsetzen und in Schulterhöhe ein gebogenes Rückbrett tragen. Die Etrusker entwickelten einen tonnenförmigen Stuhl, den später die Römer übernahmen, ebenso wie den Klismos. Im Mittelalter wurde der Stuhl zur Seltenheit, erst in der Renaissance kam er wieder auf als ein in allen wohlhabenden Häusern übliches Möbelstück (obwohl der Hocker, ohne Rücken- und Armlehnen, bis ins 17. Jh., in weniger entwickelten Gebieten noch darüber hinaus, das gebräuchlichste Sitzmöbel blieb). Fortan begann man, der Gestaltung des Stuhles in Bezug auf Form wie auch auf Bequemlichkeit mehr und mehr Bedeutung beizumessen. Die Geschichte des gepolsterten Lehnstuhls, dick gepolstert an jeder Stelle, die mit dem Körper in Berührung kommt, beginnt im frühen 18. Jh. in Frankreich, obwohl er erst im 19. Jh. auch außerhalb der Häuser der Reichen allgemein in Gebrauch kam. Das 20. Jh. tendierte in der Formgebung zu struktureller Klarheit, Einfachheit und Raumersparnis, vor allem aber sollte der Stuhl dem Körper in jeder Haltung gerecht werden, was ein sorgfältiges Studium der anatomischen Verhältnisse voraussetzte (→Ergonomie). Die einzige bahnbrechende formale Neuerung resultiert aus der Übertragung des freitragenden Prinzips auf die Stuhlkonstruktion (M. → Stam und L. →Mies van der Rohe).

Sturzbecher, Hafnerware, Köln, Mitte 16. Jh. (Kunstgewerbemuseum, Berlin)

Lit: J. Gloag, *The Englishman's Chair*, London 1964; G. Frey, *The Modern Chair: 1850 to today*, 1970; V. B. Prete (Hg.), *Chair. The current state of the art*, New York 1978.

Stumme Diener, engl. ›dumb waiter‹, franz. ›serviteur muet‹. Dreistöckiges Tischchen, im allgemeinen auf einem Dreifuß, mit runden Platten, die nach oben hin kleiner werden. Neben dem Eßtisch zum Abstellen von Geschirr bestimmt. Kam in England um 1740 und im übrigen Europa etwas später auf.

Stummer Diener, englisch, spätes 18. Jh. (Victoria & Albert Museum, London)

Sturzbecher. Ein Trinkgefäß aus Ton (häufig →Siegburger Steinzeug) oder aus Metall mit einem hohen Fuß in Gestalt einer menschlichen Figur oder eines Kopfes; die figürliche Darstellung steht nur dann aufrecht, wenn der Becherrand nach unten gerichtet, der Becher also leer ist.

Stutzuhren. Ungenaue Bezeichnung für Uhren, die auf einem Tisch, einem Wandbrett, einem Kaminsims o. ä. stehen.

Style rayonnant, franz., Strahlen-Dekor. Bestimmter Stil der Blauweiß-Bemalung von Fayencen, besonders von Erzeugnissen des frühen 18. Jhs. aus →Rouen: Ziemlich dichte →Lambrequin-Motive in Blau, abgesetzt mit

Weiß, mit →Arabesken sowie stilisierten Blumen und Blättern, sind im Wechsel mit blauen, spitzenartigen Motiven rund um den Rand des Gefäßes gemalt. Auf Tellern sind die gleichen Motive oft als sternförmiges Muster in der Mitte wiederholt.

Südostasiatische Keramik →Khmer; Thai; Vietnam

Sue(ki)-Keramik. Eine Gruppe japanischer Keramik, später als die →Yayoi-Keramik, die hauptsächlich in Gräbern des 3. bis 6. Jhs. gefunden wurde. Nachdem man festgestellt hatte, daß es sich um Ritualgefäße handelte, hat man sie Sue-Ware genannt (nach dem Wort ›sueru‹ = darbringen). Wahrscheinlich haben koreanische Einwanderer diese Keramik hergestellt. Die auf der Scheibe gedrehte, bei hoher Temperatur gebrannte Ware ist sehr regelmäßig geformt, leicht und hat einen dünnwandigen, weichen, zartgrauen Scherben, der manchmal mit einer grünlichen Glasur gefleckt ist, die durch die zufällige Berührung mit der Holzasche beim Brand entstanden ist. Es gibt Trinkschalen, Teller auf Standfüßen, Krüge mit weitem Hals und Flaschen in Form von Ledergefäßen oder Ringen. Der Dekor ist sparsam, nur einige Vasen haben einen Streifen mit kleinen menschlichen Figuren um den Hals. Die Füße der Tassen und Vasen sind oft von kleinen Dreiecken oder ähnlichen Formen durchbrochen. Es ist nicht ganz sicher, ob die Sue-Keramik außer als Grabbeigaben auch für den täglichen Gebrauch diente.

Lit: S. Jenyns, *Japanese Pottery,* London 1971; Ausst. Kat. *Japanische Keramik,* Hetjens-Museum Düsseldorf 1978.

Suetin, Nicolai →Malewitsch, Kasimir

Sukothai-Keramik. Thai-Keramik, die derselben Zeitstufe angehört wie die →Sawankhalok-Keramik und ihr ähnlich ist. Da sie nur eine begrenztere Zahl von Formen und Glasuren entfaltet, ist sie technisch unbedeutender. Das charakteristischste dekorative Motiv ist ein gemalter Fisch in einem flüssigen kalligraphischen Stil in Unterglasur in Schwarz oder Braun (Eisen) auf dickem weißem Schlicker.

Lit: W. Willetts, *Ceramic Art of Southeast Asia,* Singapur 1971; C. N. Spinks, *The Ceramic Wares of Siam* (1965), Bangkok 1971; R. M. Brown, *The Ceramics of South-East Asia: Their Dating and Identification,* Kuala Lumpur 1977.

Sullivan, Louis Henry (1856-1924). Der bedeutendste Architekt seiner Zeit in Chicago, wenn nicht in den Vereinigten Staaten. Auch wenn er kein bewegliches Mobiliar entwarf, übte er einen beträchtlichen Einfluß auf die angewandten Künste in Amerika aus, sowohl durch seine theoretischen Schriften als auch durch die Entwicklung eines individuellen Ornamentstils mit dem seltsamen Gewirr von gezackt stilisierten Pflanzenformen, der den →Art Nouveau vorwegnimmt (Innendekoration des Auditorium Building, Chicago, 1886-89, und Außenbau des Carson Pirie Scott Kaufhauses, Chicago, 1899). G. G. →Elmslie und F. L. →Wright waren die erfolgreichsten der vielen Architekten und Entwerfer, die aus seinem Büro hervorgegangen sind und ihm viel verdankten.

Lit: H. R. Hope, ›Louis Sullivan's architectural ornament‹ in *Magazine of Art,* März 1947.

Sulphide →Pellatt, A.

Sultanabad-Keramik →Mina'i-Keramik

Sumak-Teppiche →Kaukasische Teppiche

Sung →Song

Summerly's Art Manufactures →Cole H.

Supper set. Typ eines engl. Gedecks mit einem Satz von fünf Tellern, von denen vier als Kreissegmente geformt sind, so daß sie einen Ring um den fünften runden und mit einem Deckel versehenen bilden. Diese Gedecke hat man in England im späten 18./frühen 19. Jh. aus Silber, Sheffield Plate, Porzellan und Steingut hergestellt.

Supralibrosbände. Die Mitte des Vorderdekkels, oft auch des Vorder- und Rückdeckels, ist mit dem Wappen, nicht selten auch dem Porträt des Besitzers (Supralibros = Außenexlibris) geschmückt. Besonders im 16. und 17. Jahrhundert beliebt.

Lit: E. Olivier, G. Hermal, R. de Roton, *Manuel de l'amateur de reliures armoriées françaises,* 30 Bde. Paris 1924-1938.

Surrey Emails. Diesen Namen gab man früher Messinggegenständen, die mit Grubenschmelz (→Email) dekoriert waren und von deren Technik man irrtümlich annahm, sie stamme aus Surrey. Diese Objekte wurden mit den Vertiefungen für die Emails gegossen. Sie wurden sowohl in England als auch auf dem Kontinent gemacht.

Susa. Eine neolithische Siedlung im südöstlichen Iran, wo ausnehmend feine bemalte Keramik des 4. Jts. v. Chr. gefunden worden ist. Es sind Krüge, Schalen und Pokale mit dünner Wandung und geschickt gemalten geometrischen und natürlichen Motiven, die sich den Gefäßformen angleichen. Die Keramik steht im Wettbewerb mit der kaum früheren →Tell Halaf-Keramik.

Sutherland table →Swing-leg table

Suzuribako. Japanische Bezeichnung für ein Kästchen, gewöhnlich eine Lackarbeit, zur Aufbewahrung von Schreibgerät. Vom 13. Jh. an hergestellt.

Swag, engl. Ein dem →Feston ähnliches Dekorationsmotiv, das aber nicht Früchte und Blumen, sondern Stoffbehänge nachbildet.

Swansea. Ein kleines Unternehmen in Swansea, die *Cambrian Pottery,* stellte seit 1765 Waren in der Art von Staffordshire her, darunter auch →Steingut, marmorierte →Basaltware und blaubedruckte Ware. Ihren Ruf verdankt die Fabrik dem verfeinerten Weich→porzellan, das seit 1814 zunächst bis 1817 mit Hilfe von W. →Billingsley aus →Nantgarw und dann in leicht geänderter Zusammensetzung bis 1822

Swansea

Swansea: Porzellanteller, 1823 (Victoria & Albert Museum, London)

gemacht wurde. Die Produkte haben schlichte Formen und sind hauptsächlich durch die Qualität der Porzellanmasse bemerkenswert, aber auch durch ihre hervorragende Bemalung mit figürlichen Darstellungen, Vögel usw. von T. →Baxter und Blumen von *Thomas Pardoe* (1770-1823). Es wurden auch viele unbemalte Stücke an Londoner Malerwerkstätten verkauft. Nach 1822 stellte die Fabrik nur Töpferware her. Die interessantesten Produkte sind Nachahmungen griechischer Vasen von *Lewis Llewellyn Dillwyn,* der die Fabrik von 1831-1850 leitete. 1870 stellte sie ihre Tätigkeit ein. Ein anderes Unternehmen, die *Glamorgan Pottery,* bestand von etwa 1813 bis 1839 und fertigte ähnliche Gebrauchswaren.

Lit: E. Morton Nance, *The Pottery and Porcelain of Swansea and Nantgarw,* London 1942; W. D. John, *Swansea Porcelain,* Newport 1958.

Swastika →Kreuz

Swatow-Ware. Die fälschliche Bezeichnung eines chinesischen Exportporzellans aus den Provinzen Fujian und Guangdong (in Chaozhou, Shima und Quanzhou) der →Ming-Zeit, das so genannt wurde, weil man annahm, es sei über den Hafen von Swatow exportiert worden. Man verstand darunter höfische Blauweiß- und Fünf-Farben-Email-Porzellane, die lebendig bemalt, aber unterschiedlich in der Qualität sind.

Sweetmeat-Gläser. Englisches Glasgefäß des 18. Jhs. mit Schaft und flacher Schale, zum Servieren von festen und flüssigen Süßspeisen bestimmt. Die Schäfte haben oft →Airtwist-Dekor oder sind →balusterartig geformt.

Swing-leg table. Klapptisch, der vom frühen 18. Jh. an in England hergestellt wurde. Im Unterschied zum →Gate-leg table werden zwei der vier Beine ausgeschwungen (swing), um die aufgeklappten Seiten zu stützen. Mit besonders schmalem Mittelteil wird er *Sutherland table* genannt und ist in dieser Form seit dem frühen 19. Jh. bekannt.

Syjalon, Antoine →Sigalon, A.

Sykomore oder **Bergahorn.** Das hellgetönte, ziemlich weiche Holz des ›Acer pseudoplatanus‹ wurde in England im 18. Jh. für Furniere verwendet, in Deutschland und Frankreich für →Marketerien.

Syng, Philip (1703-89). In Cork, Irland, geboren, wurde Syng in Philadelphia einer der führenden Silberschmiede seiner Zeit. Berühmt ist das silberne →Schreibzeug (1752), das 1776 bei der Unterzeichnung der Unabhängigkeitserklärung benutzt worden ist. Die wenigen auf uns gekommenen Silbergegenstände seiner Hand folgen der englischen Mode des frühen und mittleren 18. Jhs.; manchmal sind sie mit zarten, sehr zurückhaltenden Rokokomotiven verziert. Werke von ihm finden sich im Museum in Philadelphia und der Yale University Art Gallery.

Lit: K. A. Kellock, in *Dictionary of American Biography,* Bd. XVIII, New York; J. H. Pleasants u. H. Sill, *Maryland Silversmiths 1715-1830,* Baltimore 1930.

Synthetische Fasern →Chemiefasern

P. Syng: silbernes Schreibzeug, 1752; benutzt bei der Unterzeichnung der Unabhängigkeitserklärung der Vereinigten Staaten 1776 (Independence Hall, Philadelphia)

T

Tabakraspel. Das meist aus Bein, Holz oder Elfenbein gefertigte Gerät ist vornehmlich im 18. Jh. in Frankreich und England hergestellt worden.

Table ambulante →Ambulante

Table en chiffonière. Kleiner französischer Arbeitstisch aus dem 18. Jh. mit hohem Gitterrand um die Deckplatte und das die Beine verbindende Fach, um das Herunterfallen von Gegenständen zu verhindern.

Tabouret. Französische Bezeichnung für einen ursprünglich trommelförmigen, später – im 18. Jh. – für jede Art von Hocker mit vier geraden Beinen und gepolstertem Sitz. Unter Ludwig XIV. regelte eine strenge Hofetikette, wer ›tabourets‹ benutzen durfte. Es war eine Ehre, auf einem ›tabouret‹ sitzen zu dürfen, und jeder Höfling war bestrebt, zu den Priviligierten zu gehören.

Täbriz-Teppiche →Persische Teppiche

Tafelaufsatz. Ein Tischschmuck aus Silber, Porzellan oder Glas, der in der Mitte einer festlich gedeckten Tafel aufgestellt wird und meist Kerzenhalter und Behälter für Pfeffer, Salz, Essig usw. trägt. Er ist eine französische Erfindung der 1690er Jahre, die sehr bald auch an andern Orten nachgemacht worden ist. Die englischen Typen des 18. und 19. Jhs., ›épergne‹ genannt, enthalten meist auch Konfektkörbchen. Der Terminus wird ebenfalls für den rein dekorativen Tafelschmuck, wie →Plateau oder das italienische →Dessert, verwendet. *Siehe auch Abb. S. 132, 356, 413.*

Tagliolini, Filippo →Neapel, Königliche Porzellanmanufaktur

Takamakie. Japanischer Ausdruck (übersetzt = erhabenes, geheftetes Bild) für Lackarbeiten des 14. Jhs. mit hohem Reliefdekor und Perlmutteinlagen.

Tafelaufsatz, bronzevergoldet, von P.-Ph. Thomire, 1810-13 (Britische Botschaft, Paris)

Takatori-Keramik. Eine Gruppe japanischer Keramikerzeugnisse, die von koreanischen Handwerkern auf der Insel Kyushu hergestellt wurde (ähnlich wie die →Karatsu-Keramik). Die Töpferei wurde 1600 von dem großen siegreichen Daimyo, dem Adligen Kuroda Nagamasa, gegründet, der in Korea gekämpft und Töpfer in seiner Beute mitgeführt hatte. Da die Brennöfen aber von Ort zu Ort, zwar immer in der Provinz Chikuzen, verlegt wurden, sind unterschiedliche Tonerden zu verschiedenen Zeiten benutzt worden. Die Produktion begann mit einfachem, noch stark von der koreanischen Keramik beinflußtem Hausgerät mit brauner, grüner und schwarzer Glasur. Einige →Teekeramik wurde vor 1630 hergestellt, als der berühmte Teemeister Kobori Enshu begann, die Herstellung der Stücke zu beeinflussen, die nach ihm ›Enshu Takatori‹ genannt werden, darunter vor allem Teekannen mit reicher dunkelbrauner Glasur, manchmal mit grünen, purpurschwarzen und gelben Tupfen. Die Tradition solcher Stücke hat sich bis heute gehalten.

Lit: S. Jenyns, *Japanese Pottery,* London 1971.

Talavera de la Reina. Bezeichnung für eine Gruppe von Fayence-Werkstätten in Kastilien, die sich in der Mitte des 16. Jhs. herausgebildet hatte und bald zu den bedeutendsten in Spanien gehörte. Eine oder mehrere Werkstätten stellten bereits vor 1562 →Fliesen her, als J. →Floris, ›Königlicher Fliesenmacher‹, beauftragt wurde, solche für königliche Paläste zu liefern. Um die Technik der Fabrikation zu verbessern, beauftragte Philipp II. im Jahre 1566 einen Töpfer aus →Sevilla, Jerónimo Montero, die Töpfer in Talavera mit neuen Verfahren für die Bemalung und die Glasur von Fliesen vertraut zu machen. *Juan Fernandez* (tätig 1570-1603), der das bedeutendste Unternehmen betrieb, erhielt 1570 den Auftrag, für den Escorial 24800 Fliesen herzustellen, und 1573 den weiteren Auftrag, 136 Gefäße – Blumentöpfe, Vasen und Krüge – zu liefern. Fliesen mit →Akanthusmotiven in Weiß auf blauem Grund, noch heute an Ort und Stelle im Escorial, und mehrere Krüge mit Bandwerk und →Grotesken in Gelb und etwas Blau auf weißem Grund (Museo Arqueológico Nacional, Madrid) dürften aus den Werkstätten von Fernandez stammen. Polychrome Fliesen mit ähnlichem Blattwerk in Orange,

Talavera de la Reina: Fliesen, Fayence, vermutlich 1570 (Escorial bei Madrid)

Olivgrün und Blau auf Weiß sind wahrscheinlich etwas später entstanden. Die Werkstätten machten auch große Paneele mit bildlichen Darstellungen, von denen sich viele in Kirchen in Talavera und der Umgegend befinden (z. B. ein großes Altarbild des heiligen Antonius als Abt in der Ermitage von El Pardo). Im späten 16. Jh. wurden Fliesen von Talavera in alle Teile Spaniens geliefert. Im frühen 17. Jh. dürfte die Werkstatt von *Alonso de Figueroa Gaintán* (gest. 1653) sehr bedeutend gewesen sein. Er lieferte 102980 Fliesen an den Konvent des Dominikanerklosters Porta Coeli in Valladolid mit einem ausnehmend gefälligen Dekor auf stilisiert verzierten Tafeln, die unterteilt sind durch toskanische Pilaster in ›trompe l'œil‹. Diese Werkstatt ist auch bekannt durch ihre Blumentöpfe usw. für den Garten des herzoglichen Palacio Lerma in Valladolid. Fliesen blieben auch im 17. Jh. das HauptErzeugnis, aber die Gebrauchswaren dieser Zeit sind von größerem Interesse. Sie entsprachen der Nachfrage nach Keramik von hoher Qualität als Ersatz für Tafelsilber, dessen Gebrauch durch eine Verfügung von 1601 eingeschränkt worden war. Die Produktion war äußerst reichhaltig, von kleinen Tellern bis zu Helmkannen, Kugelkrügen, großen Becken, hohen Vasen usw., in Blau und Weiß oder in der vollen Palette der →Scharffeuerfarben mit vorherrschendem Grün und Purpur. Die Bemalung zeigt einen recht kühnen, skizzenhaften Stil, Jagdszenen (oft nach Stichen von J. Stradanus und A. Tempesta), Stierkämpfe und Landschaften waren die beliebtesten Sujets. Mit der keramischen Industrie ging es im 18. Jh. abwärts, als →Alcora die Führung in der spanischen Fayenceproduktion übernahm, aber sie hat sich bis heute gehalten. Die frühen Erzeugnisse sind offensichtlich nicht gemarkt worden (abgesehen von den wenigen Fliesen, die den Namen ihres Herstellers tragen); jüngere Stücke, die Erzeugnisse des 17. Jhs. nachahmen, sind gelegentlich mit dem Namen Talavera als Monogramm gemarkt.

Lit: A.W. Frothingham, *Talavera Pottery,* New York 1944; ders., *Tile Panels of Spain,* New York 1969; B. Martinez Caviro, *Ceramica de Talavera,* Madrid 1969; A. Klein, Fayencen aus Europa, Braunschweig 1980.

Talbert, Bruce James (1838-81). Englischer Architekt und ein produktiver Entwerfer, dessen Möbelentwürfe stilbildend wirkten. Er verfocht – ähnlich wie Ch. L. →Eastlake – einen einfachen und praktischen Stil, eine Reaktion auf die höchst komplizierte Neugotik von →Pugin und W. →Burges. Talbert wurde in Dundee geboren, absolvierte seine Lehrzeit bei einem Holzschnitzer und wurde von einem Architekten in Glasgow ausgebildet. 1866 ging er zu der Londoner Möbelfirma Holland & Sons, für die er bei der Pariser Ausstellung von 1867 mit einer ›Anrichte im gotischen Stil‹ und einigen kleineren Arbeiten eine Silbermedaille gewann. Er untermauerte seinen Erfolg durch die Veröffentlichung eines Vorlagenwerkes ›Gothic Form Applied to Furniture, Metal Work and Decoration for Domestic Purposes‹, London 1867. Sein bekanntes ›Pet Sideboard‹ von 1867, das von der Firma →Gillows angefertigt wurde, ist mit seinen Intarsienfüllungen und Reliefschnitzereien charakteristisch für seine neugotischen Arbeiten. Wie ein später veröffentlichtes Vorlagenwerk zeigt, knüpfen seine letzten Entwürfe, die zum Teil von der Firma →Marsh and Jones ausgeführt wurden, an den weit weniger originellen ›jakobäischen‹ Stil des frühen 17. Jhs. an. Er machte auch Entwürfe für Tapeten und Metallarbeiten und erhielt 1871 eine Silbermedaille von der Society of Arts. *Abb. S. 604.*

Lit: Peter Floud in *The Concise Encyclopaedia of Antiques,* Bd. III, London 1957; Elizabeth Aslin, *19th Century English Furniture,* London 1962.

B. J. Talbert: Abbildung aus ›Gothic Forms Applied to Furniture‹, 1867

B. J. Talbert: das ›Pet Sideboard‹, angefertigt von der Firma Gillows, 1867 (Victoria & Albert Museum, London)

Tallboy, engl. Doppelkommode (neben- oder übereinander). Der ›tallboy‹ stammt aus Holland und wurde zu Beginn des 18. Jhs. in England eingeführt, wo ihn später der Kleiderschrank verdrängte. Er ist gewöhnlich aus Nußholz mit strenger Vorderfront und Füßen, die in der Regel gerade, zuweilen auch S-förmig geschwungen sind. Einige spätere Exemplare jedoch haben gebrochene Giebel und abgeschrägte oder kannelierte Ecken.

Talmi. Nach dem französischen Erfinder *Tallois* benannte Kupfer-Zink- und Zinnlegierung, Tallois-demi-or, die als Blech oder Draht mit Gold plattiert und dann weiterverarbeitet wird; auch als schwach vergoldeter →Tombak bekannt.

Tamba. Eine Gruppe von Töpfereien, die zusammen mit →Seto, →Tokoname usw. als eine der ›Sechs Alten Öfen‹ Japans bezeichnet wird. Töpferwaren sollen in der Provinz Tamba (westlich von Yamashiro) schon zu prähistorischen Zeiten hergestellt worden sein, aber die frühesten bekannten Erzeugnisse stammen aus der Kamakura-Zeit (1185-1338). Gefäße für die →Teezeremonie aus rotem →Steinzeug mit schwarzer oder dunkelbrauner Glasur wurden seit dem 16. Jh. gemacht und von den Teemeistern hoch geschätzt; die besten Stücke stammen aus der Zeit von 1660-72. Auch heute noch wird in dem Raum Tamba Keramik hergestellt.

Lit: S. Jenyns, *Japanese Pottery,* London 1971; Ausst. Kat. *Japanische Keramik,* Hetjens-Museum Düsseldorf 1978.

Tambour, engl. Rollverschluß (wie eine Jalousie), bestehend aus schmalen, nebeneinander auf groben Stoff geklebten Holzstreifen, der sich der Form des Zylinderbureaus anpaßt. Findet auch bei Schiebetüren Verwendung.

Tamietti, Carlo →Vinovo

Tanagra-Figürchen. In Tanagra in Böotien (Griechenland) sind viele hundert Terracottafigürchen aus dem 4.-3. Jh. v. Chr. gefunden worden. Meist stellen sie Frauen dar, oft mit breitkrempigen Hüten, einem Kind auf dem Arm oder einem Fächer in der Hand, und sind bemerkenswert in der Verfeinerung und Anmut, mit der sie in ihrer Alltäglichkeit behandelt sind. Hergestellt wurden sie einzeln mit Hilfe mannigfaltiger Modeln, so daß Haltung und Aktion variieren. Auch die Bemalung ist nicht einheitlich. Obwohl Tanagra selbst der Hauptfundort ist, sind auch ähnliche Figürchen aus Attika und anderen Orten in Griechenland als auch aus Kleinasien bekannt. Später, im römischen Reich, sollten sie vielfach kopiert und nachgeahmt werden.

Tang. Während der Tang-Dynastie, 618-906, erstarkte China, und das Ansehen, das es unter den →Han-Kaisern hatte, wurde wiederhergestellt. Es war eine Zeit der territorialen Ausdehnung, in der China mit vielen kulturellen, wirtschaftlichen und religiösen Kontakten weltoffener war als je zuvor. Die Künste blühten, vor allem die Keramik hatte ihre hohe Zeit. Importe von sassanidischen Silbergefäßen, spätantiker Keramik und Glas, die dem

Tang-Dynastie: Schale, Silber vergoldet und teilweise Gold, frühes 8. Jh. (William Rockhill Nelson Gallery of Art, Kansas City)

Aufsicht

David Tanqueray

chinesischen Formgefühl angepaßt wurden, trugen dazu bei, den Formenschatz bei den Gefäßen zu erweitern. Gleichzeitig verbesserte man die Technik der farbigen Glasuren bei der →Irdenware; Orangerot, Zitronengelb, kreidiges Blau, ein reiches Spinatgrün und durchscheinendes Weiß kamen hinzu. Daneben stellte man sehr feine Ware aus einem porzellanartigen Steinzeug her, →Xing-yao, →Yue-yao, das die Einführung des richtigen Porzellans nicht viel vor dem 9. Jh. ankündigte. Die bekanntesten Stücke der Tang-Keramik sind Grabfiguren – großartig lebendige Statuetten von Kamelen, Pferden, Männern und Frauen – aus glasierter und unglasierter Keramik. Solche Figuren wurden 1909 zum ersten Mal in Europa bekannt und fanden großes Interesse bei den Sammlern. Daraufhin begann eine unternehmende Firma in Peking, Fälschungen herzustellen, die sehr schwer von den echten Stücken zu unterscheiden sind.

Lit: F. Koyama, *Keramik des Orients,* Würzburg-Wien 1959.

Tännich, Johann Samuel Friedrich (1728 bis nach 1785). Deutscher Porzellanmaler, der 1750 seine Laufbahn in →Meißen begonnen hatte, etwa 1755 nach →Straßburg ging und 1757-59 in →Frankenthal war. Nachdem der Versuch, eine eigene Fayencefabrik zu errichten, fehlgeschlagen war, übernahm er die Leitung der Fabriken in →Jever (1760-63) und →Kiel (1763-68), →Hubertusburg (1770-74) und →Mosbach (1774-81). Er wird letztmals 1785 in Frankenthal als Ofensetzer erwähnt. Tännich hat sicherlich in den einzelnen Manufakturen einen ansprechenden Stil für die Malerei ›natürlicher Blumen‹ entwickelt, obwohl kein einziges von ihm bemaltes Stück sicher nachzuweisen ist.

Lit: O. Riesebieter, *Die deutschen Fayencen des 17. und 18. Jahrhunderts,* Leipzig 1921; A. Klein, *Deutsche Fayencen,* Braunschweig 1975.

Tanqueray, David (gest. um 1726). Ein Londoner Silberschmied aus einer Hugenottenfamilie. Er war 1708 Gehilfe von D. →Willaume, dessen Tochter *Anne* er heiratete. 1722 wurde er in die ›Goldsmiths' Company‹ aufgenommen. Stücke häuslichen Geräts, die David und/oder Anne Tanquerays Marken tragen, sind im Hugenottenstil gearbeitet. Ein Kerzenleuchter von David Tanqueray ist im Victoria & Albert Museum, London. Anne Tanqueray fertigte 1734 Stücke für ein Eßgeschirr für die Kaiserin von Rußland.

Tantalus. In der Mitte des 19. Jhs. in England aufgekommener Typ eines durchbrochen gearbeiteten Behälters für Spirituosenkaraffen, gewöhnlich aus Holz, mit einem verschließbaren metallenen Bügel, der die Entnahme der Karaffen verhindert.

Tanzemann. Ein Schweizer Trinkgefäß aus dem 17. Jh., in Deutschland als Buttenmann bekannt. Normalerweise eine aus Holz ge-

Tang-Dynastie: Vase, Irdenware mit Dreifarbenglasur (William Rockhill Nelson Gallery of Art, Kansas City)

schnitzte aufrechte Figur eines Bauern oder einer Bäuerin mit einem großen Korb auf dem Rücken. Dieser ist das eigentliche Gefäß, er ist gewöhnlich mit Silber eingefaßt und abnehmbar, während die Figur selbst als Stiel dient.

Tapa. Ein primitiver, papierartiger Stoff, der auch als Rindentuch bekannt, noch bis vor kurzem in Neuseeland und den äquatorialen Gebieten, vor allem in Polynesien, aus dem geschlagenen Bast verschiedener Bäume (vornehmlich aus dem verschiedener Maulbeerbaumarten), zu größeren Stücken zusammengeleimt hergestellt wurde. Da er nicht sehr strapazierfähig ist, wurde es selten von Völkern, die gewebtes Tuch kannten, produziert. Er wurde zu Kleidung, Decken usw. verarbeitet und oft mit dekorativen oder symbolischen Mustern bemalt.

Lit: A. Leonard u. J. Terrell, *Patterns of Paradise. The styles and significance of bark cloth around the world*, Chicago 1980.

Tapete. Wandverkleidung aus derbem Papier, die aufgeklebt wird und in Frankreich und England als billiger Ersatz für Gobelins, gemalte Stoffe oder Ledertapeten bereits von 1481 an benutzt wurde. Die frühesten (keine erhalten) waren wahrscheinlich bemalt, die des späten 16. Jhs. trugen mittels Druckstöcken aufgedruckte Wappen und Blumen in Schwarz auf weißem Grund. Im 17. Jh. wurden in England manchmal auch mit Hilfe von Schablonen andere Farben hinzugefügt. Eine Anzeige bezeugt 1702 in England erhältliche Tapetenarten: Imitationen von Wandteppichen, von im »irischen Stich mit Damaszener Blumen, Zweigen und Ästen, andere in Raumbreite mit Marmorimitationen..., geprägte Tapeten..., →Flocktapeten«. Nur ein paar Fragmente solcher Papiere sind erhalten. Die Schwarzweißtapeten wurden im frühen 18. Jh., als Blumenmuster und →Chinoiserien Mode wurden, von farbigen Tapeten verdrängt. Gleichzeitig wurden in Mengen handgemalte chinesische Papiertapeten importiert. In Frankreich gab es bis zum 18. Jh. nur in den ärmeren Häusern Tapeten, dann kamen sie durch die Arbeiten von J. →Papillon allgemein in Mode. Um die Mitte des 18. Jhs. versuchte J. B. →Jackson in England die Kunst des farbigen Tapetendrucks durch die Einführung eines dauerhaften Farbdrucks (durch Ölfarben) und durch »seriöse«, klassisch beeinflußte Muster zu verbessern. Aber heitere geblümte Tapeten blieben beliebt. In England wurde in den 60er Jahren des 18. Jhs. eine Abart der üblichen Tapeten für Print rooms entwickelt, ungemusterte blaugraue Tapeten, auf die man die Stiche hängte. Um 1770 wurde Frankreich führend, als J. B. →Reveillon als überragender Meister wirkte. Ihm folgte die Firma von →Jacquemart et Bénard. Der nächste Schritt war die Einführung von →Bildtapeten durch J. →Zuber und J. →Dufour. Die Modeströmung der Musterrapporte (vor allem von Blumen) hielt sich in Frankreich, ebenso wie in England, während des 19. Jhs.; so stammen auch die von W. →Morris hergestellten aus dieser Tradition. Gleichzeitig wurden die Entwerfer von Tapetenmustern vom →Historismus beeinflußt. Sie imitierten Muster des 16. Jhs. und späterer Stilepochen, sogar die komplette Wandvertäfelung eines Salons von Ludwig XVI. mit ›gemalten‹ Putten, mit Konsolen, die Blumenvasen tragen usw. In der →Art Nouveau-Epoche entstanden Tapeten mit eleganten, raffinierten Blumen – Stechäpfeln, Iris, Freesien – und auch einfarbige oben mit szenischem Fries. Künstler wie A. M. →Mucha und →Guimard wurden als Zeichner für große figürliche oder abstrakte Paneele angestellt. Im Internationalen Stil der 20er Jahre lehnte man gemusterte Tapeten ab und forderte ruhige, einfarbige Wandflächen.

Lit: O. Olligs, *Tapeten: ihre Geschichte bis zur Gegenwart*, Braunschweig 1970; C. Oman u. J. Hamilton, *Wallpapers. A history and illustrated catalogue (V & A Museum)*, London 1982.

Tapiovaara, Ilmari (geb. 1914). Finnischer Möbeldesigner, der sich vor allem dem Entwurf von stapelbaren Stühlen für Büros, Hallen, Schulen usw. widmete. Seine Stühle sind elegant in der Linie, leicht und einigermaßen bequem, was vor allem für den Lukki-Stuhl (1951) und den sehr avantgardistischen und zugleich graziösen Wilhelmina-Stuhl (1960) aus verformtem →Sperrholz gilt.

Taquillón. Spanischer Schranktyp, der als Unterbau oder Sockel für einen →Vargueño dient. Die Vorderseite der vier gleich großen Abteilungen – entweder Schubladen oder mit Türen verschlossene Fächer, oder auch zwei Schubladen oben, zwei mit Türen verschlossene Fächer unten – ist häufig mit Elfenbeineinlagen geschmückt. Er trägt zwei herausziehbare Platten, die die herunterklappbare Schreibplatte des Vargueño stützen, und steht auf vier kurzen Beinen. *Siehe auch* Puente.

Taracea. Spanische Einlegearbeit, die aus kleinen, Weizenkörnern ähnlichen Elfenbeinstückchen besteht; daher auch ihr anderer Name ›granos de trigo‹.

Taravell, Hans Reinhardt (tätig 1648-53). Geboren in Heidelberg, wahrscheinlich als der Sohn des Schweizer Wappensteinschneiders Jacques Taravell, wurde er 1648 Hofgoldschmied Kaiser Ferdinands III. in Prag. Von ihm ist bekannt, daß er Fassungen für Werke D. →Miseronis anfertigte, darunter die Bergkristall-Pyramide, die sich heute im Kunsthistorischen Museum in Wien befindet. Er war wahrscheinlich der Künstler, der den Lobkowitzer Kaiserpokal, Gold überdeckt mit Muschelkameen, gekrönt von einer Elfenbeinstatue Ferdinands III, unterfangen von einem Adler, gefertigt hat (Hessisches Landesmuseum, Darmstadt).

Taschenuhr. Uhr mit zunächst kugel-, später kreisförmigem Gehäuse, die hinreichend klein ist, um sie am Körper tragen zu können. Ihre Herstellung wurde durch die Entwicklung des Federantriebs im 15. Jh. ermöglicht. Schon vor 1512 hatte sich der Nürnberger Peter Henlein

(1480-1542) auf die Herstellung solcher Uhren spezialisiert; manche von ihnen gingen 40 Stunden lang, ehe sie wieder aufgezogen werden mußten. Durch technische Verbesserungen im Laufe der Zeit wurde die Genauigkeit dieser Uhren zunehmend erhöht und ihr Umfang reduziert. Viele Taschenuhren haben kunstvolle, von führenden Juwelieren und Emailmalern (z. B. P. →Huaud und seinen Söhnen) gefertigte Gehäuse. Erst im 20. Jh. wurde die Taschenuhr von der →Armbanduhr verdrängt.

Lit: G. Bott in *Festschrift für Harald Keller,* Darmstadt 1963, S. 301-34.

Tasso, Domenico di Francesco del und **Battista di Marco del** →Del Tasso, Domenico di Francesco

Tatham, Charles Heathcote (1772-1842). Englischer Architekt und Designer, der mit zu der Entwicklung des →Regency-Stils beitrug. Während eines Studienaufenthaltes in Rom (1794-97) schickte er H. →Holland Zeichnungen von Ornamenten der Antike, die das Empire sowie den Regency-Stil vorwegnahmen. Tatham veröffentlichte später eine Sammlung von Entwürfen im klassizistischen Stil, ›Designs for Ornamental Plate‹ (1806), und Stiche von römischen Architekturornamenten (1799 und 1806), die Entwerfern als archäologisch korrekte Vorlagen dienten. Sein älterer Bruder *Thomas* (1763-1817) war Mitinhaber der Möbelfirma *Ewald Marsh & Tatham,* die sehr schöne Möbel im griechischen und chinesischen Stil für Southill, Bedfordshire, und den Brighton Pavilion angefertigt hat.

Lit: P. Ward-Jackson, *English Furniture Designs,* London 1958.

Taylor, I. & J. (tätig um 1795-1802). Englische Ornamentisten, die Verfasser von ›Ornamental Ironwork‹ (London um 1795), einem einflußreichen und viel benutzten Musterbuch für Fächerfenster, Treppengeländer, Fenstergitter, schmiedeeiserne Lampen, Umzäunungen, Gittertore usw. im rein klassizistischen, auf R. →Adam zurückgehenden Stil. Außerdem veröffentlichten sie ›Designs for Shop Fronts and Doorcases‹ (London 1802) mit Mustern für Fächerfenster-Maßwerk von zartester Feinheit.

Lit: J. Harris, *English Decorative Ironwork,* London 1960.

Taylor, John →Pontipoolware

Taylor, W. Howson (1876-1935). Englischer Töpfer, geboren in Lincoln, gründete 1898 die *Ruskin Pottery* in Smethwick bei Birmingham, wo er sich auf die Herstellung dekorativer, in der Form von China her inspirierter Vasen spezialisierte. Er verwendete nur farbige Glasuren, gesprenkelt, geflammt oder monochrom. Zwischen 1901 und 1914 hatte er einen weltweiten Ruf. Die Werkstatt wurde 1933 geschlossen; er arbeitete dann noch bis 1935. Einzelne Stücke befinden sich in der City Art Gallery, Manchester, im Victoria & Albert Museum, London, usw.

Tazza. Eine Weinschale mit flacher runder Kuppa auf Balusterschaft und glockenförmigem Fuß – eine Gefäßform, die im 16. und 17. Jh. in ganz Europa gemacht worden ist. Oft wird die Bezeichnung wahllos und unkorrekt für Kredenz- oder Präsentierteller auf niedrigem Fuß verwendet. *Siehe auch Abb. S. 113, 642.*

Tazza, englisches Silber, 1528 (Kathedrale, Rochester)

Tea caddy. Bezeichnung für einen englischen Teebehälter, der fast ausschließlich im 18. Jh. und (sehr viel seltener) im frühen 19. Jh. in England in den vielfältigsten Formen hergestellt worden ist: rechteckig, achteckig, sarkophag- und urnenförmig usw. Im Innern enthält er gewöhnlich zwei oder mehrere Abteilungen für den losen Tee oder Teebüchsen.

Teague, Walter Dorwin (1883-1960). Die Vaterfigur der nordamerikanischen Industrie-Designer und, mit N. Bel Geddes, H. →Dreyfuss und R. →Loewy, einer der Begründer dieses Stands. In Indiana geboren, erhielt er in New York eine künstlerische Ausbildung, trat danach in eine Werbefirma ein und eröffnete 1911 ein eigenes graphisches Büro. Erst 1926 wurde er zum Fachberater für die Industrie, setzte sich dann aber sehr rasch durch, vor allem mit seinen Entwürfen für Kodak (Baby Brownie Kamera, 1933). Sehr zustatten kam ihm die neue und vorurteilsfreiere Haltung, die die Industriellen nach dem Wall Street-Zusammenbruch, 1929, gegenüber dem →Industrial design einnahmen – eine Situation, die in den 30er Jahren zu einer schnellen Erweiterung seines Wirkungsbereiches führte. Der Umfang seiner Aktivitäten war enorm: Er entwarf Möbel (Stuhl aus Aluminium und transparentem ›Lucite‹), Klinikausstattungen, Inneneinrichtungen für Pullmann-Schnellzugwagen, Autos, Flugzeuginnendekorationen (Düsenflugzeug Boeing 707), Glas für die →Corning Glass Works (Abt. Steuben-Glass) usw. 1944 war er Mitbegründer und erster Präsident der American Society of Industrial Designers. Einer seiner letzten und besten Entwürfe war der für die Eastman Kodak K 100 Turret Kamera. Sein Buch ›Designs this day‹ (1940/1949) ist ein Bekenntnis zum klassischen Funktionalismus, von dem alle seine eminent praktischen Entwürfe zeugen. Sein Sohn *Walter Dorwin Teague* *jr.* folgte ihm als Direktor der Walter Dorwin Teague Associates, in der er heute neue, eigene Ideen in die Praxis umsetzt.

Tea poy, engl. Ein kleiner Tisch mit einem Dreifuß-Mittelständer, bei dem manchmal an die Stelle der Tischplatte ein Kasten tritt. Er wurde im Wohnzimmer benutzt, wenn man »Erfrischungen reichte« (›Smith's Household Furniture‹, 1808).

Teekeramik, Teezeremonie. Keramikgefäße – Teeschalen, Teekannen, Wasserkrüge, Teller, Blumenvasen, Räucherdosen und -ständer usw. – die bei der buddhistischen Teezeremonie, auf japanisch ›Chanoyu‹ (= heißes Wasser für Tee), verwendet werden. Eine vollständige Garnitur wird ›Chaki‹ genannt. Die Vorformen kamen aus China und sind in Japan, wie berichtet wird, von dem buddhistischen Priester Muso Koshi eingeführt und 1472 von einem weiteren Priester mit Namen Murata Shuko, der seinen Unterhalt vom Shogun Yoshimasa erhielt, zum Ritual erhoben worden. Innerhalb eines Jahrhunderts war die Teezeremonie Mittelpunkt der religiös-ästhetischen Kultur in Japan und spielt bis heute eine wichtige Rolle im intellektuellen Leben des Landes. Einer der berühmtesten Meister der Teezeremonie, Senno Rikù, schrieb die Regeln auf: Die Gefäße sollen die natürlichen Eigenschaften von Töpfererde und Glasur zeigen. Es ist gut, daß zufällige Veränderungen der Form beim Brand Gefäße ergeben, die eher geworden als gemacht sind. Die Zeremonie fand in einem äußerst einfachen, dämmrigen kleinen Gebäude statt innerhalb eines speziell dafür entworfenen Gartens mit unbehauenen Steinen, Moos und abgefallenen Blättern. Das Ritual der Teezubereitung, des Servierens und Trinkens war mit der Bewunderung und Diskussion von Gedichten, Gemälden und Blumengestecken verbunden. Die Teemeister galten als Schiedsrichter über kultivierten Geschmack und reine Gesinnung. Mit großer Sorgfalt suchten sie das Teegerät für die Zeremonie aus. Sie zogen chinesische, koreanische und japanische Bauernware den Steingut- und Porzellangefäßen vor. Zuerst erwarben sie unprätenziöse, schlichte Ware, seit dem 16. Jh. trat mehr und mehr die japanische Töpferware an ihre Stelle, absichtlich roh und unregelmäßig geformte Gefäße wie die →Raku-, →Iga-, →Karatsu- und →Mino-Keramik. Teegerät steht in Japan ebenso wegen seiner historischen Assoziationen (z. B. im Besitz einer Reihe berühmter Teemeister mit nachgewiesenen Stammbäumen, die aber oft von zweifelhafter Zuverlässigkeit sind) hoch im Ansehen wie wegen seiner ästhetischen Vorzüge in Form, Oberfläche und Gewicht, was wenige Europäer zu schätzen gelernt haben. Der verfeinerte Kult des Unfeinen, die ›kultivierte Armut‹, auf der die ganze Teezeremonie beruht, hat trotzdem westliche Keramikschulen beeinflußt.

Lit: S. Jenyns, *Japanese Pottery*, London 1971; R. Castile, *The Way of Tea*, New York u. Tokyo 1971; K. Iguchi, *Tea Ceremony*, Osaka 1975; Ausst. Kat. *Japanische Keramik*, Hetjens-Museum Düsseldorf 1978; ›Symposium Teekeramik‹ (deutsch-englisch), in *Keramos* 85, 1979.

Teemaschine, Silber, von Whipham and Wright, London 1761

Teemaschine. Großes, in der Regel silbernes Gefäß in Form einer antiken Vase, mit Zapfhahn, in dem über einer Heizmöglichkeit heißes Wasser zum Teeaufbrühen oder auch Tee zubereitet werden konnte. Teemaschinen waren von den 1760er Jahren an vor allem in England (Tea-urn), im nördlichen Europa und in Rußland (Samowar) in Gebrauch.

Teestaubglasur. Zweifarbige chinesische Glasur. Grünes Email wird durch eine feine Gaze geblasen, bis ein gelblich-brauner Glasurgrund erzielt ist; er ergibt einen grünlichbraunen Ton, wenn das Stück gebrannt wird. Angesehen als eine Neuerung der Yongzheng-Periode (1723-35), kannte man sie wahrscheinlich schon während der Tang-Dynastie.

Teezeremonie →Teekeramik

Tê-hua →Dehua

Tekke-Teppiche →Turkmenen-Teppiche

Telamon. Eine kräftige Stütze in Form einer männlichen Figur, z. B. eine männliche Karyatide, wird auch als Atlant bezeichnet. Solche Figuren wurden vom 16. Jh. an als Schmuck von Möbeln und Metallarbeiten verwendet.

Telamon, gezeichnet von H. Sambin, 1572

Telleruhr. Spezifisch deutsche Art der Wanduhr, erstmals vermutlich im ausgehenden 16. Jh. in Augsburg oder Nürnberg hergestellt und seit Mitte des 17. Jhs. auch in Österreich verbreitet. Das bisweilen aus echtem Silber bestehende Zifferblatt hat die Form eines Prunktellers mit breitem, oft reich verziertem Rand. Ältere Exemplare sind federangetrieben, jüngere haben zuweilen ein vor dem Zifferblatt schwingendes Pendel.

Temmoku. Japanischer Ausdruck für →Jian-Ware und andere Song- oder ein wenig spätere Schwarze Ware, von den Japanern sehr bewundert und von ihnen für die Teezeremonie (→Teekeramik) gebraucht. Der Name leitet sich wahrscheinlich von den Tianmu-Bergen in Zhejiang ab, wo in einem der dort liegenden Klöster die Teezeremonie ihren Anfang nahm. Temmoku wurde aber nicht dort hergestellt.

Teppich. Geknüpfte, gewebte, gewirkte, gestickte Textilien, meist aus Wolle. Die Bezeichnung wurde ursprünglich für Tisch- und Bettdecken usw. benutzt. Erst seit dem frühen 18. Jh. versteht man darunter einen Bodenbelag. Der moderne Gebrauch des Wortes ist ungenau. Es umfaßt alle textilen Bodenbeläge, aber auch Wandbehänge, Tisch- und Bettdekken, Satteldecken usw., die geknüpft, gewebt oder gewirkt sind.
Knüpfteppiche sind in Zentralasien seit rund 2500 v. Chr. gefertigt worden, wenn auch die frühesten erhaltenen Fragmente aus dem 5. bis 3. Jh. v. Chr. stammen (Pazyryk-Teppich; Ermitage, Leningrad) und nur sehr wenige (besonders koptische Brücken aus dem 5. Jh.) aus der Zeit vor dem 15. Jh. bewahrt blieben. Knüpfteppiche werden hergestellt, indem um die Kettfäden eines Grundgewebes ein weiterer Faden, der Knoten, geschlungen wird. Die Knotenenden werden abgeschnitten. Das Material des Grundgewebes bestand anfangs aus Wolle, später auch aus Baumwolle oder Seide (bei Orientteppichen), aus Hanf (vor allem bei englischen Teppichen) und aus Jute (bei modernen Maschinenteppichen). Das Material der eingeknüpften Fäden ist Wolle, Seide, seltener Baumwolle (im →Gördes, →Senneh- und →Spanischen Knoten). Durch Verwendung verschiedenfarbiger Knüpffäden entstehen Muster. Die Dichte der Knoten variiert beträchtlich. Bei der feinsten Knüpfung kommen etwa 155 Knoten auf einen Quadratzentimeter. Nach Fertigstellung des Teppichs wird die Oberfläche gleichmäßig geschoren. Nur bei chinesischen Teppichen werden in einigen Partien, gewöhnlich an den Musterrändern, die Knotenenden kürzer geschoren, so daß die Teppichoberfläche wie ein Relief wirkt.
→Kelims, →Aubusson-Teppiche u. a. werden gewebt. Die frühesten maschinengefertigten Teppiche waren Webteppiche. Sie entstanden von 1735 an in →Kidderminster und sind bekannt als doppelseitige Gewebe oder →Doppelgewebe.

Lit: K. Erdmann, *Oriental Carpets: An Account of their History,* London 1960; W. von Bode and E. Kühnel, *Antique Rugs from the Near East,* durchges. Ausg. London 1970; K. Erdmann, *Seven Hundred Years of Oriental Carpets,* London 1970. E. Gans-Ruedin, *Iranian Carpets,* (Fribourg) London 1978.

Terracotta. Geformter Ton, getrocknet und dann bei 1300 Grad im Ofen gebrannt. Das fertige Stück ist von rötlicher Farbe. Terrakotta wurde in der ganzen Welt als Nutz- und Baumaterial oder für Geschirr verwendet – und von Bildhauern für dekorative Kleinkunst, wie z. B. von Clodion. ›Terraglia‹ ist ähnlich, ebenfalls porös, aber weiß oder weißlich nach dem Brennen, da es frei von Farboxiden wie Eisenverbindungen ist, die sich in Terrakotta finden.

Terramaricola-Keramik. Italienische, prähistorische Keramik, die im Norden Italiens von 2000-700 v. Chr. gemacht wurde. Unter den verschiedenen Typen sind Gefäße aus grauem oder schwarzem Ton mit leuchtender Oberfläche (bucchero terramaricola) und Reliefdekor (Beispiele im Museum von Modena).

Terra sigillata oder **Samische Ware.** Römische Töpferwaren mit einem glänzenden roten Überzug, die Entsprechung der →arretinischen Tonwaren, die sie um 30-40 n. Chr. in den Provinzen ersetzten. Sie wurde zuerst in Südgallien (besonders in Graufesenque bei Toulouse), dann in Mittelgallien (nahe Clermont-Ferrand) und in Ostgallien (bei Trier und im Rheinland) gemacht. Die Erzeugnisse aus Südgallien haben einen strahlenden Glanz, dagegen hat die Samische Ware aus Ostgallien eine beinahe matte Oberfläche. Terra sigillata wurde auch, weniger erfolgreich, in Spanien, Nordafrika und England (Colchester) hergestellt. Viele Stücke tragen die eingedrückten Stempel der Werkstattinhaber, woher auch der Name ›gestempelter Ton‹ kommt, mit dem aber auch ungestempelte Stücke bezeichnet werden. Wie die arretinischen Tonwaren sind sie gewöhnlich mit Reliefdekor verziert. Im 17. Jh. wurde Terra sigillata in →Striegau und im 18. Jh. von →Wedgwood usw. nachgeahmt.

Lit: R. J. Charteston, *Roman Pottery,* London 1955; C. Johns, *Arretine and Samian Pottery,* London 1971.

Terrazzo. Fußbodenbelag, der aus einer Mischung von Zement und Marmorsplittern besteht und am Ort verlegt, geglättet und geschliffen wird. Ursprünglich eine italienische Technik.

Terre de Lorraine, franz. Eine Art Steingut, das in →Lunéville hergestellt wurde; besonders zu erwähnen die Figuren von P.-L. →Cyfflé.

Terrine. Eine große, tiefe, ovale oder runde Schüssel aus Keramik oder Metall zum Servieren von Suppe, mit zwei Henkeln und einem gewölbten Deckel. Der Geschirrtyp der Terrine kam auf, als im späten 17. Jh. das Essen von Suppen in Mode kam, und folgte in seiner Formgebung seitdem den jeweiligen Zeitstilen.

Teruel. Eine Gruppe von Fayencewerkstätten in Aragón, die vom 13. bis 16. Jh. ansehnliche in Grün und Dunkelpurpur auf opakem Weiß bemalte Gefäße mit einer Mischung von islamischen und gotischen Dekorationselementen herstellten. Sie ähneln den Erzeugnissen von →Paterna und →Valencia. Die gotischen Motive zeigen Ritter auf Turnieren, Wappen usw. Glockenförmige Krüge und doppelhenkelige, birnenförmige Vasen sind typische Erzeugnisse. Auch Fliesen wurden hergestellt.

Lit: Archivo de Arte Valenciana XIII (1927), S. 48-50; M. Gonzalez-Marti, *Ceramica española*, Barcelona 1933; A. Klein, *Fayencen aus Europa*, Braunschweig 1980.

Teste, Richard →Roanne

Tête-à-tête →Cabaret

Thai-Keramik →Ban chiang; Sawankhalok-Keramik; Sukothai-Keramik

Thelott, Johann Andreas (1655-1734). Augsburger Goldschmied, der sich eher als Bildhauer in Silber, denn als Handwerker ansah, viele seiner Werke voll oder auch mit seiner Marke signierend. Seine Schauteller (1686, Schatzkammer der Residenz, München), Einbände (Evangelium 1701, St. Anna, Augsburg), Uhrgehäuse (Staatliches Historisches Museum, Moskau; Metropolitan Museum of Art, New York), Becher und andere Objekte sind berühmt für die Figurenreliefs in ihrer Dekoration. Einige seiner Reliefs in Silber wurden als unabhängige Kunstwerke angefertigt, z. B. die Jagdszenen von 1702-06 in der Schatzkammer der Residenz, München.

Lit: H. Prael-Hirmer, *Der Augsburger Goldschmied Johann Andreas Thelot*, München 1979; H. Seling, *Die Kunst der Augsburger Goldschmiede 1529-1868*, München 1980.

Theophilus Presbyter →Rogerus von Helmarshausen

Theresienthaler Glashütte. Von Franz und Wilhelm Steigerwald aus Prag 1836 in Zwiesel im Bayerischen Wald gegründet. Von 1861 an stand die Hütte unter der Leitung der Familie Poschinger. Weit bekannt für ihr graviertes →Überfang- und Flachglas, produzierte die Hütte auch Trinkgläser, vor allem Pokale in altdeutschem und venezianischem Stil. Im frühen 20. Jh. wurde dort Tafelglas nach den Entwürfen von H. →Christiansen und dekorative Stücke irisierenden Glases in der Art von →Tiffany gemacht.

Thomas, Germain →Saint-Clément

Thomire, Pierre-Philippe (1751-1843). Der überragende ›fondeur-doreur‹ des →Empire. Er begann unter den Bildhauern Pajou und Houdon mit dem Gießen von Bronzebüsten und wandte sich 1774 unter D. →Gouthière dem Ziselieren zu. 1776 arbeitete er an der Dekoration der Krönungskutsche für Ludwig XVI. mit; ein Jahr später machte er sich selbständig. Seine frühen Arbeiten sind im Stil des Louis-seize gehalten (Feuerböcke aus vergoldeter Bronze mit lodernden Feuervasen und Sphinxen, 1786; Louvre, Paris), weisen aber auch schon auf das Empire voraus (der auf die Antike zurückgehende runde Bronzetisch im Musée Nissim Camondo, Paris). Bekannt ist, daß er Möbelbeschläge an G. →Benemann, F. →Schwerdfeger und A. →Weisweiler geliefert hat. 1783 trat er in die →Sèvres Porzellanmanufaktur ein, in der er sich auf die Herstellung von Uhrgehäusen aus Bronze und Porzellan spezialisierte. Während der Revolution ging er vorsichtshalber zur Herstellung von Waffen

P.-Ph. Thomire: Kandelaber, vergoldete Bronze und gebläuter Stahl, frühes 19. Jh. (William Rockhill Nelson Gallery of Art, Kansas City)

und Munition über, kehrte aber nach der Zeit des Konsulats zu seiner künstlerischen Beschäftigung mit der Bronze zurück und hatte sehr bald einen Betrieb mit 800 Arbeitern. Er wurde von Napoleon gefördert und zum ›ciseleur de l'Empereur‹ bestallt. Einige seiner Arbeiten rechnen zu den schönsten und reinsten Verkörperungen des Empire, z. B. die ›Vase de marriage de l'Empereur‹ (Versailles) und andere große Gefäße in Form griechischer Vasen mit zart modelliertem Dekor von scharf gezeichnetem Blattwerk und Figuren in flachem Relief sowie Kerzenleuchter mit geflügelten Viktorien als Stützen usw. 1811 schuf er zusammen mit dem Goldschmied →Odiot die berühmt gewordene Wiege für den König von Rom (entworfen von P.-P. Prud'hon; heute Schatzkammer, Wien) und die Bronzen für eine weitere königliche Wiege (Fontainebleau). Während derselben Zeit arbeitete er häufig mit Weisweiler zusammen, für dessen Möbel er die Bronzebeschläge machte. Nach der Restauration behielt er seinen Stil bei, erfuhr die Förderung der Bourbonen und wurde von Louis-Philippe mit dem Orden der Ehrenlegion ausgezeichnet. 1823 zog er sich zurück und arbeitete nur noch gelegentlich als Bildhauer. Sein Betrieb, *Thomire et Cie.*, bestand bis nach 1850. *Siehe auch Abb. S. 295, 379, 602.*

Lit: J. Niclausse, *Thomire Fondeur Ciseleur (1751-1843)*, Paris 1947; S. Grandjean, *Empire Furniture 1800-1825*, London 1966.

Thomsen, Christian →Kopenhagener Porzellanfabrik

Thonet, Michael (1796-1871). Originellster der deutschen Möbeltischler, der mit seinen ungewöhnlichen Entwürfen seiner Zeit weit voraus war. Er entwickelte die Technik der Bugholz-Herstellung für die Produktion von Stühlen bis zur Perfektion und war ein Wegbereiter der Serienproduktion von Standardmöbeln. Ei-

nige seiner Stühle sind inzwischen zu Klassikern geworden und werden seit mehr als hundert Jahren hergestellt. Die schönsten Modelle wirken ungewöhnlich modern, sie könnten von begabten ›Funktionalisten‹ des 20. Jhs. stammen. Kein Wunder, daß →Le Corbusier einen Thonet-Stuhl für die Möblierung eines seiner Häuser wählte. »Dieser Stuhl, der in Millionen von Exemplaren auf dem Kontinent und in Nord- und Südamerika benutzt wird«, meinte er, »besitzt Noblesse.«
Thonet wurde in Boppard am Rhein geboren, unweit von Neuwied, wo D. →Roentgen seine Werkstatt betrieb. 1819 gründete er eine Bau- und Möbeltischlerei und spezialisierte sich auf Parkettarbeit. 1830 begann er mit Versuchen, Holz für Möbelbestandteile zu biegen, 1842 wurde das von ihm in Österreich angemeldete Patent anerkannt. Er erhielt das Privileg, »jede, selbst die sprödeste Gattung Holz auf chemisch-mechanischem Wege in beliebige Formen und Schweifungen zu biegen« und 1856 das auf Anfertigung von Sesseln und Tischfüßen aus massivem Holz, »dessen Biegung durch Einwirkung von Wasserdämpfen oder siedenden Flüssigkeiten geschieht«, was

M. Thonet: Stuhl Nr. 14 1859 (links) Stuhl Nr. B9 (rechts)

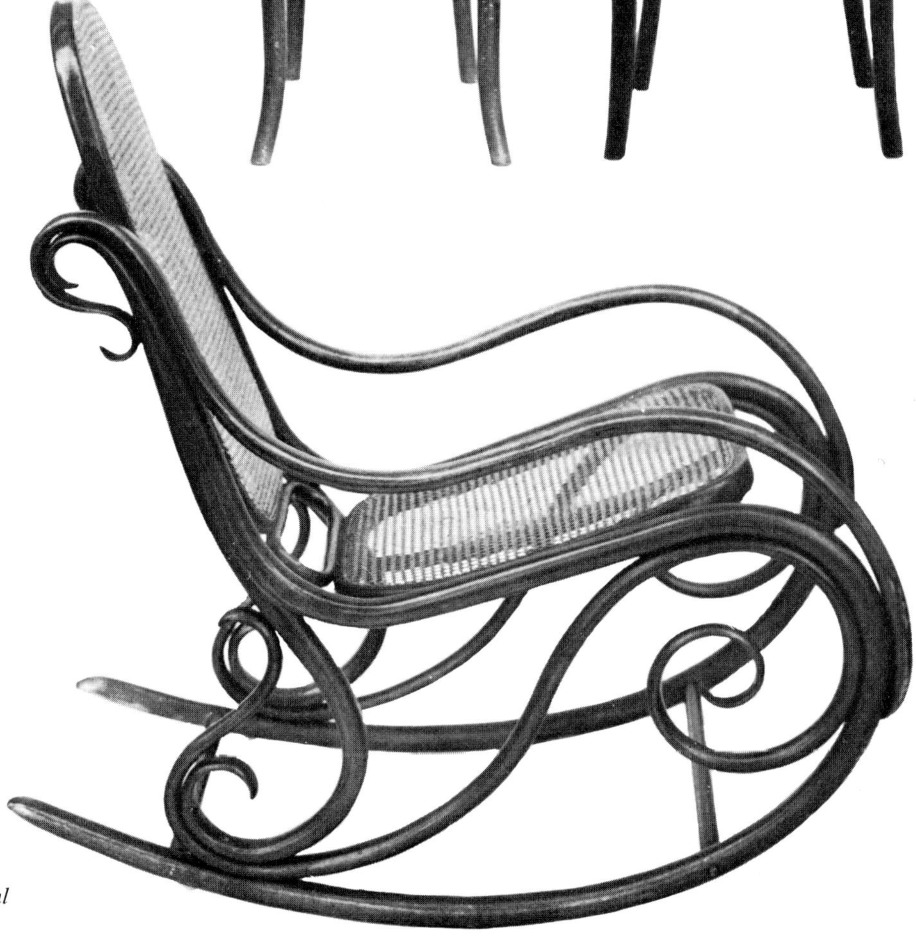

M. Thonet: Schaukelstuhl

eine wesentliche Vereinfachung der Produktionsmethoden und des Designs bedeutete und zu niedrigen Kosten verbunden mit Haltbarkeit, Leichtigkeit und Elastizität der Stühle führte. Handgeschnitzte Verbindungsstücke, die Rahmen und Beine zusammenhielten, erübrigten sich, denn die hinteren Beine und die Rückenlehne konnten in einem Stück geformt werden. Vorderbeine und Sitz wurden angefügt, wobei der Sitzrahmen aus einem einfachen Bugholzring bestand, in den Rohrgeflecht eingezogen wurde. So fiel im Laufe der Zeit jegliches schmückende Ornament weg. Aber erst 1859 gelang Thonet mit dem Modell Nr. 14 die vollmechanisierte Herstellung eines Stuhles ohne jedes dekorative Element. Stuhl Nr. 14 besteht aus nur sechs Teilen. Er konnte daher sehr kostensparend in Teilen transportiert und an Ort und Stelle mit zehn Schrauben zusammengesetzt werden. Thonets erste experimentelle Stuhlentwürfe kamen dem Biedermeier-Stil sehr nahe, aber seine späteren sind eigenständig in ihrer extremen Einfachheit. Sie leben von den fließenden Kurven der Rahmenkonstruktion, die zum Teil in kraftvollen Schwüngen auslaufen, besonders wirkungsvoll dies bei seinem Schaukelstuhl. 1841 hatte Thonet in Frankreich, England und Belgien Patente für die Technik der Bugholzherstellung angemeldet und im gleichen Jahr einige Bugholzstühle in Koblenz ausgestellt. Fürst Metternich zeigte sich sehr beeindruckt und lud ihn ein, sich in Wien niederzulassen. Er folgte der Einladung 1842 und arbeitete in Wien zusammen mit Carl Leistler an der Ausstattung des Palais Liechtenstein, für das Thonet besonders schöne eingelegte Parkettböden herstellte, die ihn bekannt machten. 1849 gründete er ein eigenes Unternehmen. Er nahm seine vier Söhne als Gesellschafter auf und nannte die Firma *Gebrüder Thonet*. Der Erfolg stellte sich augenblicklich ein. 1850 stellte er den berühmten Bugholzstuhl Nr. 4 aus, der zum Prototyp des Wiener Caféhaus-Stuhls wurde und noch heute produziert wird. Einer der ersten Stühle dieser Serie befindet sich im Museum für Technologie in Wien. Bis heute sollen um 50 Millionen Exemplare dieses Modells hergestellt worden sein. Zwischen 1850 und 1860 wurden neue Fabriken in den Buchenwäldern Ungarns eröffnet, wo beliebig viele Arbeitskräfte angelernt und beschäftigt werden konnten. 1871 gab es bereits Verkaufsräume in den größten Städten Österreichs und Deutschlands, ferner in Brüssel, Marseille, Mailand, Rom, Neapel, Barcelona, Madrid, St. Petersburg, Moskau, Odessa, New York und Chicago. Nach Michael Thonets Tod wurden die Geschäfte von seinen Söhnen weitergeführt. Außer dem Theaterstuhl von 1888 gelang der Firma kein großer Entwurf mehr. Um die Jahrhundertwende beschäftigten die Thonet-Werke 6000 Mitarbeiter und produzierten 4000 Einheiten pro Tag. Nach dem Ersten Weltkrieg wurde das Hauptwerk nach Brünn in der Tschechoslowakei verlegt. 1923 fusionierten die Gebrüder Thonet mit *Mundus*. Die Firma arbeitet noch immer sehr erfolgreich in Österreich. Sie stellt außer den traditionellen Bugholzstühlen ebenfalls hochwertige moderne Möbel wie z. B. →Breuer-Modelle her.

Lit: Bugholzmöbel – Das Werk Michael Thonets, Ausst. Kat. Wien 1965; H. Kreisel u. G. Himmelheber, *Die Kunst des deutschen Möbels*, Bd. III, München 1973; Vera J. Behal, *Möbel des Jugendstils*, München 1981; K. Maug, *Thonet Bugholzmöbel*, Wien 1982.

Thouret, Nikolaus Friedrich von (1766-1845). Deutscher Architekt, in Ludwigsburg geboren und ausgebildet. Nach zehnjährigen Studienaufenthalten in Paris und Rom kehrte er 1797 nach Deutschland zurück. Zwischen 1804 und 1812 entwarf er für Schloß Ludwigsburg sehr schöne und massive Möbel im Empire-Stil, die heute im Stuttgarter Schloß und im Württembergischen Landesmuseum in Stuttgart zu sehen sind.

Lit: H. Kreisel u. G. Himmelheber, *Die Kunst des deutschen Möbels*, Bd. III, München 1973.

Thronstuhl, Thronsessel. Armlehnstuhl des 16. und 17. Jhs. mit Rahmen aus gedrechselten Teilen und dreieckigem Sitz.

Thuyaholz (gelbe Zeder). Verhältnismäßig weiches, feinfasriges, lebhaft gemasertes braunes Holz aus Afrika und Nordamerika, das für Einlegearbeiten und Furniere verarbeitet wird.

Thüringer Töpfereien und Porzellanmanufakturen. Abgesehen von →Abtsbessingen, →Bernburg, →Dorotheenthal und →Erfurt produzierten die Töpfereien in diesem Waldgebiet Deutschlands hauptsächlich für die breite Bevölkerung, z. B. die →Bürgeler Töpferei. Sie entwickelten einen farbenfrohen, bäuerlichen Stil, auf Grund dessen nicht markierte Stücke nur sehr schwer zu identifizieren sind. Das Thüringer Porzellan hat gewöhnlich einen leichten Graustich. Die wichtigsten Manufak-

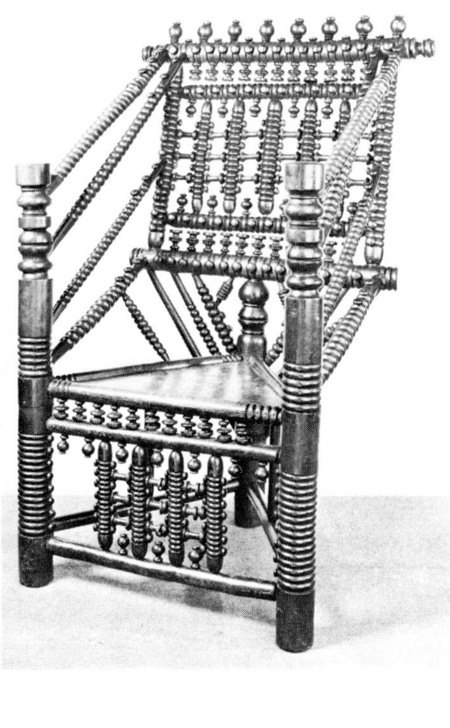

Thronstuhl, Esche und Eiche, englisch, um 1620 (Victoria & Albert Museum, London)

turen waren: *(siehe dort)* Großbreitenbach, Gotha, Ilmenau, Kloster-Veilsdorf, Limbach, Rauenstein, Volkstedt und Wallendorf.

Lit: R. Graul u. A. Kurzwelly, *Altthüringer Porzellan*, Leipzig 1909; K. Hüseler, *Deutsche Fayencen*, Stuttgart 1956-58; H. Scherf, *Thüringer Porzellan*, Leipzig 1980.

Tiahuanaco-Keramik und **-Textilien** →Peruanische Keramik; Peruanische Textilien

Tichelaar, Freerk Jans →Makkum

Tiefschnitt. Glasschnitt, bei dem der Dekor in die Glasoberfläche eingeschnitten wird, ähnlich wie beim Intaglio der Steinschneidekunst (im Gegensatz zum →Hochschnitt, der dem Kameenschnitt der Steinschneidekunst entspricht). Im 18. Jh. in Böhmen vervollkommnet und in ganz Deutschland angewandt, vor allem bei den →Potsdamer Gläsern.

Tiefschnittschmelz →Email

Tiefziehen. Das Verfahren, um aus Metallblech ein hohles Gefäß zu formen: Das Blech wird auf einer Drehbank durch Pressen oder Stoßen gegen einen hölzernen Kern in die gewünschte Form gezogen. Es ist seit vorgeschichtlicher Zeit angewendet worden. *Siehe auch* Aufziehen.

Tierstil. Ein eigenständiger Stil, dessen Ursprung dunkel und strittig ist. Er äußert sich vor allem in Metallarbeiten wie Waffen, Pferdegeschirren usw. der Skythen und anderer Nomaden, die vom 7. bis 3. Jh. v. Chr. die eurasischen Steppen bevölkerten. Beispiele sind von Zentraleuropa bis zum Mongolenreich und vom Iran bis nach Skandinavien gefunden worden. Eine Verwandtschaft zu →Urartu- und →Luristan-Metallarbeiten mag zu erkennen sein, wenn sich der Stil auch später durch den Kontakt mit der assyrisch-achämenidischen und griechischen Welt wandelte. Die berühmten skythischen Goldplatten aus dem 7. bis 6. Jh. v. Chr. (Ermitage, Leningrad) mit springenden Hirschen und Panthern, die in dichten, vor Lebendigkeit sprühenden Mustern schematisiert sind, sind sehr typisch für den Stil. Ebenso bemerkenswert sind die Satteldecken und anderen durch den Frost erhaltenen Gegenstände aus Pazyryk in Rußland (Ermitage, Leningrad) und der Fisch aus getriebenem Goldblech aus dem 7. bis 6. Jh. v. Chr. aus Vettersfelde in Deutschland (Antikenmuseum, Berlin).

Lit: E. H. Minns, *The Art of the Northern Nomads*, London 1942; K. Jettmar, *Die frühen Steppenvölker. Der eurasiatische Tierstil*, Baden-Baden 1964; *Frozen Tombs: The Culture and Art of the ancient tribes of Siberia*, Ausst. Kat. British Museum, London 1978; R. Rolle, *Die Welt der Skythen*, Frankfurt-Luzern 1980.

Tierteppiche. Eine Gruppe →persischer Teppiche, zu der die berühmten Jagdteppiche gehören.

Tiffany, Charles Louis (1812-1902). Ein New Yorker Goldschmied und Juwelier, aber mehr Unternehmer und Händler als Handwerker und Entwerfer. 1837 begann er, mit Modeartikeln zu handeln, und hatte soviel Erfolg, daß seine Firma, damals unter dem Namen *Tiffany, Young & Ellis*, eine Werkstatt zur Herstellung von Schmuck eröffnen und eine Zweigniederlassung in Paris etablieren konnte. 1853 übernahm Tiffany die alleinige Leitung der Firma; 1867 errang er auf der Weltausstellung in Paris einen Preis für seine Silberarbeiten und eröffnete ein Jahr später eine Filiale in London. William Chaffers beschrieb 1883 seine Fabrik als »die größte Manufaktur in Amerika und wahrscheinlich der Welt, die sich allein der Herstellung von Silber widmet. Ein fünf Stockwerke hohes Gebäude, dessen oberstes von einem Entwurfsbüro eingenommen wird...« In den 90er Jahren belieferte er offiziell nicht weniger als 23 königliche Auftraggeber, unter ihnen Queen Victoria, den Zaren von Rußland, den Schah von Persien und den Khediven von Ägypten. In derselben Zeit dehnte er sein Geschäft auch auf galvanisch versilberte Waren aus und trat in Wettbewerb mit →Reed & Barton. Stilistisch paßte Tiffany sich dem allgemein Üblichen an: Seine Erzeugnisse hielten sich im Rahmen der gängigen historisierenden und exotischen Stile. Die reichsten sind Schaustücke, wie die goldene Adams-Vase, 1893-95 (Metropolitan Museum, New York). Die handwerkliche Qualität war gleichbleibend hoch, ob es sich nun um gewöhnliche Haushaltswaren oder um besondere Stücke handelte. Gute Exemplare seiner Produktion finden sich im Museum of the City of New York. Später vertrieb er die von seinem berühmteren Sohn, Louis Comfort →Tiffany, geschaffenen Glaslampen und -vasen im Art Nouveau. Nach seinem Tode übernahm der Sohn das Unternehmen.

Lit: G. F. Heydt, *Charles L. Tiffany and the House of Tiffany & Co.*, New York 1893; C. H. u. M. G. Carpenter, *Tiffany Silver*, London 1978

Tiffany, Louis Comfort (1848-1933). Führender amerikanischer Designer des →Art Nouveau und Innenarchitekt. Er war der Sohn von Ch. L. →Tiffany. Aber während der Vater zu den tüchtigen Geschäftsmännern mit Gespür für die Kunst gehörte, war Louis Comfort Tiffany ein Ästhet mit Sinn für das Geschäftliche. Er begann als Maler, studierte bei George Innes und später in Paris. Inspiriert von W. →Morris, wandte er sich 1878 dem Kunsthandwerk zu und gründete 1879 eine Firma von Innenarchitekten, die die Einrichtung zahlreicher öffentlicher und privater Gebäude in New York und auch einiger Räume im Weißen Haus, Washington (1882/3), durchführte, in einem merkwürdigen Gemisch aus byzantinischem, maurischem und romanischem Stil. Größeren und dauerhafteren Ruhm erwarb er sich mit seinem Glas. Er ließ sich einen Typ handgemachten irisierenden Glases patentieren (1880), das ›Tiffany Favrile Glas‹, und gründete 1892 die *Tiffany Furnaces* (Brennöfen). Einige seiner Werke waren von großem Ausmaß, z. B. die romanische Kapelle mit Glasmosaiküberzug für die Ausstellung in Chicago (1893) und Bleiglasfenster nach Entwürfen der Nabis (Vuillard, Bonnard usw.) für

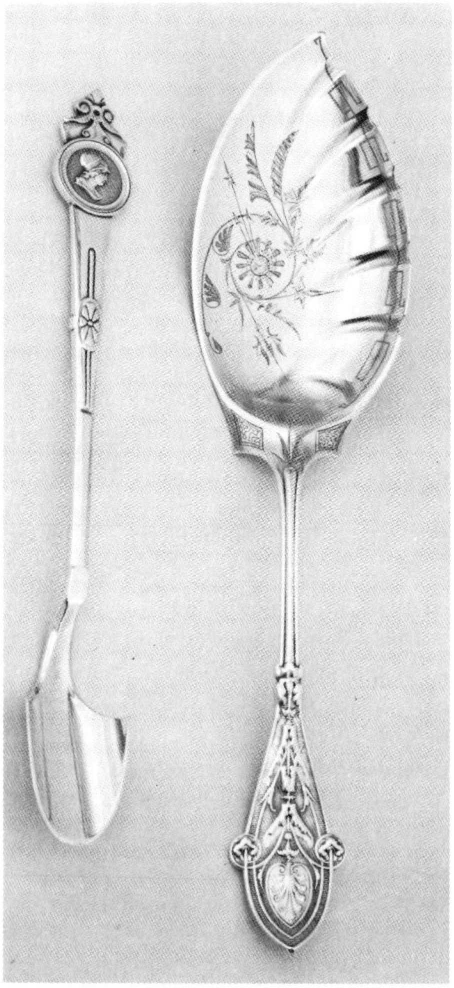

Tiffany & Co.: silberner Käsestecher, ausgeführt von der Gorham Manufacturing Co., 1864, und silberner Fischvorlegelöffel, 1870 (Metropolitan Museum of Art, New York)

Tiffany & Co.: die ›Bryant Vase‹, Silber, Entwurf James H. Whitehouse, 1876 (Metropolitan Museum of Art, New York)

S. Bings Pariser Laden ›L'Art Nouveau‹ (1895). Außerdem schuf er eine Anzahl Weinkelche und sehr delikat geformte Gläser mit fließenden abstrakten Mustern in irisierenden Rots, Grüns, Gold oder Perlmutt, die zuweilen an Wellen, Blätter oder Pfauenfedern erinnern und die eine einzigartige, seidig opalisierende Oberfläche haben. Er war fasziniert von organischen Formen und machte sich die Leichtflüssigkeit des Glases mit großer Sensibilität zunutze, um Wachstum und Bewegung von Blumen und Pflanzen anzudeuten. Die ungewöhnlichen Farben erzielte er, indem er das geschmolzene Glas Metalldämpfen aussetzte. Seine Gläser, die in Europa ebenso gesucht waren wie in den Vereinigten Staaten, sind viel imitiert worden, vornehmlich in Böhmen. Er entwarf elektrische Lampen mit Schirmen aus unregelmäßigem Mosaik opalisierender Gläser, Möbel, Tapeten, Stoffe usw. in einer sehr eigenen, eher robusten Abart des Art Nouveau. Nach seines Vaters Tod, 1902, widmete er sich in größerem Umfang der Herstellung von Schmuck.

Lit: R. Koch, *Louis C. Tiffany, Rebel in Glass*, New York, 1964; E. Neustadt, *The Lamps of Tiffany*, New York 1970; R. Koch, *Louis C. Tiffany's Glass, Bronzes, Lamps*, New York 1971; ders., *Louis C. Tiffany und seine Glaskunst*, Bern 1976.

Tiger ware. Englische Bezeichnung des 16. und 17. Jhs. für ein braun →engobiertes, →salzglasiertes geflecktes Steinzeug, das aus den →rheinischen Töpfereien, vornehmlich aus Köln, in England eingeführt worden ist. Der Name wird auch für englische Imitationen (J. →Dwight) benutzt.

Lit: Rheinische Töpferkunst, Ausst. Kat. Frechen 1966.

Tijou, Jean (tätig 1689-1712). Kunstschmiedemeister französischer Herkunft, den man nur aus seinen in England gefertigten Arbeiten kennt. Er begann in Hampton Court Palace, wo er die Barockbalustrade für ›King's Staircase‹ und ›Queen's Staircase‹ und zwölf Tore für den ›Fountain Garden‹ (heute Privy Garden) schmiedete, mit üppigen Spiralen aus Blatt- und delikatem verschlungenem Rankenwerk. In der St. Paul's Cathedral (nördlicher und südlicher Choreingang) bildete er einen weit weniger überladenen Stil aus – wahrscheinlich unter dem Einfluß von Christopher Wren. Er veröffentlichte ›A New Book of Drawings‹ (1693), das erste englische Musterbuch für Schmiedeeisen, das in Frankreich sehr bald – ohne Erlaubnis – nachgedruckt wurde. Er hatte eine Reihe englischer Schüler, vornehmlich *Thomas Robinson* (Tore des New College, Oxford, 1711); aber der beste seiner

L. C. Tiffany: Lampe, Bronze und Favrile-Glas, um 1902 (Kunstgewerbemuseum, Zürich)

Nachfolger war R. →Bakewell. Der französische Plagiator seiner Entwürfe war der ›serrurier du Roi‹, *Louis Fordrin* (1723).

Lit: J. Harris, *English Decorative Ironwork*, London 1960.

Tigerware-Krug mit englischer Silbermontierung, 16. Jh. (Victoria & Albert Museum, London)

Tilliard, Jean Baptiste (1685-1766). Führender Stuhlschreiner des →Louis-quinze. Ab 1730 arbeitete er hauptsächlich für die Krone und erhielt viele bedeutende Aufträge. Seine überaus prächtigen Stühle sind von großzügigen Ausmaßen, die Rahmen sind reich geschnitzt und vergoldet. Roumier war der Schnitzer, Bardou der Vergolder seiner 1750 für den Hof gefertigten Stücke. Er setzte sich 1764 zur Ruhe, und sein Sohn *Jean Baptiste II* (gest. 1797), der 1752 ›maître menuisier‹ geworden war, übernahm die Werkstatt. Vater und Sohn hatten zwar den gleichen Stempel, aber die Arbeiten des jüngeren Tilliard unterscheiden sich durch ihre etwas schwerfälligen Konturen und eine gewisse Überladenheit des Ornaments von denen des Vaters. Beide verwandten mit Vorliebe eine herzförmige Kartusche auf der Mitte des Sitzrahmens oder der oberen Quersprosse der Rückenlehne als dekoratives Motiv. Jean Baptiste II arbeitete oft mit dem Holzschnitzer Chaillon und dem Vergolder Mathon zusammen.

Lit: P. Verlet, *Le mobilier royal français*, Paris 1945-55; F. J. B. Watson, *The Wrightsman Collection; Furniture*, New York 1966.

Ting-yao →Ding-yao

Tisch. Es gibt zwei Grundformen: mit Mittelstütze und mit je einer Stütze unter den Ecken der Tischplatte. Im alten Ägypten waren kleine Tische mit Mittelstütze gebräuchlich. Auch die Griechen benutzten vorwiegend kleine, im allgemeinen jedoch solche mit mehreren Beinen. Zum Essen bevorzugte man leichte Tische mit ovaler Platte auf drei Beinen (zwei an einem Ende, eines in der Mitte des anderen Endes), obwohl auch vierbeinige Tische hergestellt wurden. Während der Mahlzeit stand für jede Person neben der Liegestatt, auf die man sich zum Essen niederlegte, ein Tisch. Nach dem 5. Jh. v. Chr. kamen runde Tische mit drei →Monopodien auf. Dieser griechische Tischtyp wurde von den Römern übernommen, die ihn zum Teil mit kunstvoll gearbeiteten Beinen versahen. Darüber hinaus wurden im alten Rom zwei neue Tischtypen entwickelt: der dekorative →Konsoltisch, bestimmt, an der Wand zu stehen, und der Marmortisch mit rechteckiger Platte, der in der Mitte des Raumes seinen Platz hatte. Die Platte ruhte auf zwei Marmorblöcken, die des öfteren üppig mit Reliefs von Tieren, →Akanthuslaub und →Palmetten usw. geschmückt waren. Aus dem Mittelalter ist überliefert, daß in Nordeuropa – übernommen von den Römern – große Eßtische für gemeinsame Mahlzeiten benutzt wurden. Ihre Konstruktion war denkbar einfach und bis ins 18. Jh. hinein gebräuchlich: lose Bretter auf Bockgestellen. Weitaus kunstvoller gestaltet waren die Schreib- und Spieltische im Mittelalter. In der Renaissance wurde der römische Tisch mit zwei Stützen wiederbelebt, jedoch öfter aus Holz als aus Marmor. Gleichzeitig kamen Tische in Gebrauch, die hauptsächlich, wenn nicht ausschließlich, dekorativen Zwecken dienten; sie wurden aber erst im späten 17. Jh. populär und waren fortan zahlreich in wohlhabenden Bürgerhäusern zu finden. Im 20. Jh. hat sich die Tendenz zum einfachen Design auch bei Tischen durchgesetzt, jedoch ist kein neuer Tischtyp geschaffen worden.

Tischsessel. Armlehnstuhl, dessen breite Rükkenlehne heruntergeklappt werden kann, wodurch der Stuhl in einen Tisch verwandelt wird. Eines der ersten Verwandlungsmöbel, das vom Mittelalter an hergestellt wurde, wobei aber die meisten der erhaltenen Stücke aus dem 17. Jh. stammen. Wird heute auch als ›Mönchs-Stuhl‹ (engl. monk's chair) bezeichnet.

Tischuhr. Für den Gebrauch auf Tischen bestimmte Uhr in dosen- oder kassettenförmigem Gehäuse mit horizontalem Zifferblatt, die vom 16. bis zum 18. Jh. in Deutschland und Österreich hergestellt wurde. Unter die Bezeichnung Tischuhren fallen jedoch auch aus dem 16.-17. Jh. stammende deutsche Uhren mit recht ausgefallenen Gehäusen in Form von Tieren, Schiffen usw. (→Uhren) sowie einige der schönsten französischen Uhren aus dem 18. Jh., deren Gehäuse sich mit den erlesensten Plastiken der gleichen Zeit messen können (→Gouthière).

Toastmeisterglas. Trinkglas mit sehr dickwandiger Cuppa, die weniger Flüssigkeit aufnahm als es den Anschein hatte. Der Toastmeister mußte nüchtern bleiben, mußte jedoch so tun, als ob er genauso oft und viel trinkt wie die anderen. Der gleiche Glastyp wurde aus demselben Grund von Gastwirten benützt.

Tischsessel, Eiche, englisch, 17. Jh. (Victoria & Albert Museum, London)

Toby jug, bleiglasierte Töpferware, von R. Wood, um 1780 (Victoria & Albert Museum, London)

Tobi-seiji →Buckwheat celadon

Toby jug, engl., Tobiaskrug. Krug aus Irdenware in der Form eines sitzenden Zechers mit Dreispitz. Das Modell tauchte erstmals in den 1760er Jahren in der Fabrik von R. →Wood auf und wurde alsbald von vielen Töpfereien in →Staffordshire und später auf dem europäischen Kontinent und selbst in Japan nachgemacht. Das Motiv geht wahrscheinlich zurück auf einen Stich des ›Toby Philpot‹ zur Illustration des Liedes ›Der braune Krug‹, aus dem Lateinischen übersetzt und 1761 veröffentlicht. Es gibt zahllose Abwandlungen des ursprünglichen Modells – der betrunkene Pfarrer, der Nachtwächter, Prince Hal usw., meist männlichen, gelegentlich auch weiblichen Geschlechts (→Martha Gunn). Die Schöpfungen von Wood sind allen anderen überlegen.

Lit: R. G. Cooper, *English Slipware Dishes*, London 1968.

Toft, Thomas (gest. 1689). Keramiker in →Staffordshire und überragender Schöpfer von →Schlickerware, bekannt durch von ihm signierte 31 große Schüsseln und drei Gefäße. Er überzog den ganzen ungebrannten Teller mit einem weißen Schlicker, umriß die beabsichtigte Dekoration mit dunkelbraunem Schlicker, bemalte die Innenflächen der umrissenen Motive (Figuren, Vögel usw.) mit einem Schlicker, der im Brand eine orange-braune Farbe annahm und setzte als Abschluß mit weißem Schlicker dekorative Tupfer hinzu. Seine Themen waren Adam und Eva, eine Meerjungfrau, Karl II., der in einer Eiche vor einem steigenden Löwen und einem Einhorn Schutz sucht, usw., alle mit einem kräftigen Schuß Naivität und einem bemerkenswerten Sinn für das Zeichnerische. Diese Erzeugnisse waren mehr zur Dekoration als für den Gebrauch bestimmt. Viele ähnliche Teller sind bezeichnet von *Ralph Toft* (seit 1676), *James Toft* (1705), *George Taylor* (1660), *William Taylor* und anderen.

Toilette oder **Table de toilette** →Frisiertisch

Tokoname-Ware. Eine der größten und erfindungsreichsten Gruppen der japanischen Keramik, die unter dem Namen ›Sechs alte Öfen‹ (die anderen sind Seto, Shigaraki, Tamba, Bizen und Echizien) bekannt ist. Die Töpfereien befinden sich rund 30 km südlich von Nagoya und stellten vom 12. bis ins späte 16. Jh. sehr unregelmäßig geformte, undekorierte, teilweise oder ganz mit einer natürlichen Holzaschenglasur versehene Ware her. In der Muromachi-Zeit (1338-1568) wurde dort von den Teemeistern sehr gelobte →Teekeramik fabriziert und im späten 19. und frühen 20. Jh. Nachahmungen der chinesischen ›Yixing Teetassen und früher japanischer Keramik. Heute werden noch Keramikpfeifen und Wasserkrüge dort hergestellt.

Lit: S. Jenyns, *Japanese Pottery*, London 1971; Ausst. Kat. *Japanische Keramik*, Hetjens-Museum Düsseldorf 1978.

Tôle peinte. Der französische Name für gelackte Blechgegenstände. →Pontypool-Lackmanufakturen.

Toleware oder **Tolerware.** Amerikanische Ware aus importiertem Zinnblech, die in New York, New England usw. mit Lack dekoriert wurden. Manchmal nennt man sie auch ›Pennsylvania tin-wares‹.

Tolteken →Mittelamerikanische Keramik

Tombak. Kupfer-, Zink- und Zinnlegierung mit einem hohen Anteil an Kupfer, die im Fernen Osten für Gongs und Glocken benutzt wird, in Europa für kleine Büchsen, Schmuck, Goldimitation usw. Sehr ähnlich wie das →Mannheimer Gold. *Siehe auch* Talmi.

Topino, Charles (gest. um 1789). Einer der wenigen bedeutenden Möbelkünstler, die während der letzten Jahre des Ancien régime in Paris arbeiteten und von denen viele aus Deutschland stammten. Er wurde 1773 ›maître‹. Seine Arbeiten, meist Kleinmöbel, wirken besonders elegant und charmant. In seinem →Marketerie-Dekor entwickelte er einen sehr persönlichen Stil, die Wahl der Motive (Teekannen und -tassen, Vasen und Blumen) erinnert an den Dekor von →Koromandel-Lackarbeiten, von denen er auch Originale als Füllungen verwendete.

Lit: F. J. B. Watson, *Louis XVI Furniture*, London 1960.

Tournai

Th. Toft: Teller ›Adam und Eva‹, 1674 (Temple Newsam House, Leeds)

Toro (oder **Turreau), Jean Bernard Honoré** (1672-1731). Französischer Bildhauer und Ornamentsstecher, geboren in Toulon. Er veröffentlichte zwischen 1716 und 1719 in Paris eine Serie von Stichen in einem sehr eleganten frühen Rokoko, mit dem er seiner Zeit vorauseilte: ›Cartouches nouvellement Inventées, Livre de Tables de diverses Formes‹ (mit hübschen spinnwebfein gezeichneten Entwürfen für Konsolen und Wandtische, die auf schlanken, mit Drachen, Putten, Faunen usw. geschmückten Hermen ruhen); ›Desseins arabesques à plusieurs usages‹ und ›Trophées nouvellement Inventées‹. Diese Stichwerke hatten großen Einfluß auf die Entwerfer von Rokokomöbeln, sowohl in Frankreich als auch in England (z. B. Th. →Johnson).

Lit: H. Hayward, *Thomas Johnson and the English Rococo*, London 1964.

Toshiro, auch **Kato Shirozaemon** genannt. Der legendäre ›Vater‹ der japanischen Keramik. In der Überlieferung wird gesagt, er habe China im frühen 13. Jh. besucht, um die Kunst der Töpferei zu studieren. Bei seiner Rückkehr nach Japan stellte er in →Seto Brennöfen auf, um die erste glasierte Ware in Japan herzustellen. Die frühesten schriftlichen Überlieferungen über ihn stammen aber erst aus dem 16. Jh. und die meisten ihm zugeschriebenen Stücke (Gefäße für die →Teezeremonie) scheinen aus dem 16. Jh. oder später zu stammen. Jüngere Forscher japanischer Keramik haben seine Existenz bezweifelt.

Lit: S. Jenyns, *Japanese Pottery*, London 1971.

Toulouse. Die Umgebung des heutigen Toulouse war in römischer Zeit ein bedeutendes Produktionszentrum von →Terra sigillata. Fayence wurde in Toulouse seit 1676 bis zur Mitte des 18. Jhs. hergestellt. Die wenigen bisher nachgewiesenen Stücke datieren aus dem 18. Jh. und sind im Stil von J. →Bérain blau und weiß verziert. Einzelne Stücke sollen namentlich gemarkt sein. *Abb. siehe S. 37.*

Lit: J. Giacomotti, *French Faïence*, Fribourg 1963.

Tournai-Wandteppichmanufaktur. Etabliert im Hennegau an der Schelde, im 14. Jh. Provinz von Niederländisch-Burgund. Frühe Stücke sind kaum von denen der →Arras-Manufaktur zu unterscheiden. Der erste wichtige Auftrag war 1449 die Serie ›Geschichte Gideons‹ für den Kapitelsaal des Ordens vom Goldenen Vlies (heute verschollen). Zyklen wie die ›Geschichte des hl. Petrus‹ (Kathedrale von Beauvais, Musée Cluny in Paris) und ›Die sieben Sakramente‹ (Metropolitan Museum, New

York; Victoria & Albert Museum, London; ein Fragment in der Glasgow Art Gallery) werden im allgemeinen Tournai zugeschrieben. Der führende Unternehmer war P. →Grenier; andere Manufakturen in Tournai fertigten so schöne Arbeiten wie ›Die Geschichte des Jephtha‹ (Saragossa, Kathedrale), drei Wandteppiche mit den Wappen Karls des Kühnen auf Blumengrund (Historisches Museum, Bern), ›Die Schlacht von Ronceval‹ (Musée Cinquantenaire, Brüssel; Museo Nazionale, Florenz), ›Die Herkulessage‹ (Musée des Gobelins, Paris; Musée Cinquantenaire, Brüssel) und wohl auch ›Der Tanz der wilden Männer und Frauen‹ (Notre Dame de Nantilly, Saumur), die eine Gruppe tanzender Figuren schildert, einige in der Tracht des späten 15. Jhs., andere exotisch mit Federn und Tierhäuten bekleidet. Unter den Arbeiten des späten 15. und frühen 16. Jhs. befinden sich Stücke mit moralisierenden Darstellungen wie ›Das Gastmahl Belsazars‹ (Musée Lorrain, Nancy), einige exotische Szenen mit Giraffenprozessionen usw., außerdem viele →Verduren, die einen großen Teil der Produktion von Tournai gebildet haben müssen. Seinen Höhepunkt erreichte Tournai am Anfang des 16. Jhs., nach 1512 trat durch Seuchen und Krieg ein rascher Verfall ein. Der Manufaktur von Tournai werden →Mille-Fleurs-Gobelins zugeschrieben, aber wahrscheinlich handelt es sich um Arbeiten von Wanderwirkern aus der Loire-Gegend.

Lit: D. Heinz, *Europäische Wandteppiche*, Braunschweig 1963; R. A. Weigert, *French Tapestry*, London 1962; H. Göbel, *Wandteppiche*, Leipzig 1923-34.

Tournai, Töpfereien und Porzellanfabrik. Vor der Mitte des 18. Jhs. dürfte es mehrere Fayencefabriken in Tournai gegeben haben. Eine wurde von 1698 bis zu ihrer Verlegung 1725 nach →Saint-Amand-les-Eaux von *P. J. Fauquez* geleitet. Eine andere wurde 1750 gegründet und 1751 von *François Joseph Peterinck* (1719-1799) übernommen. Nur wenige Erzeugnisse dieser Fabriken konnten nachgewiesen werden. Mit einem Privileg Maria Theresias gründete Peterinck auch die später bedeutendste Porzellanfabrik in den Niederlanden. Mit anfänglicher Hilfe des →Arkanisten Robert Dubois (geb. 1709), der in →Chantilly und →Vincennes gearbeitet hatte, stellte er in Tournai Weichporzellan her (zuerst graustichig, später leicht gelblich), das im Stil von →Meißen unterglasurblau dekoriert wurde. Eine Spezialität waren Teller mit →Osier-Rand. Naturalistische Blumen wurden polychrom gemalt. Henri Joseph Duvivier, von 1763 bis zu seinem Tod (1771) Vorsteher des Malerateliers, hat wohl auch in England gearbeitet: Die exotischen Vögel, die in dieser Zeit auf vielen Stücken zu finden sind, gleichen denen von →Worcester. Seit den 1760er Jahren übte →Sèvres den größten Einfluß aus. Gefällige Einzelfiguren und Gruppen wurden während der ganzen Zeit des Bestehens hergestellt, nach Modellen von Nicolas Lecreux (1733-99), darunter eine reizende Rokokogruppe von Kindern, die ein Vogelnest ausnehmen, von Antoine Gillis (1702-82), Joseph Willems (gest. 1766), der vermutlich in →Chelsea, und N. F. →Gauron, der in →Mennecy gearbeitet hatte. In den 1780er Jahren ging man zum Louis-seize über. Bemerkenswert sind Tafelgeschirre, die mit Vögeln nach Stichen aus der ›Histoire naturelle‹ von Buffon (1786) bemalt sind. Von 1774 bis 1815 war Jean-Ghislain-Josef Mayer der Kopf der Werkstatt. Große Mengen unbemalter Ware wurden zur Dekoration an die Ateliers in Den Haag und anderwärts verkauft. Peterinck zog sich 1796 zurück und übertrug die Fabrik seinem Sohn *Charles Peterinck-Gérard*, der sie bereits 1800 verließ und eine Steingutfabrik errichtete, die bis 1885 arbeitete. Die Porzellanfabrik ging auf die Tochter von Peterinck über, die *J. M. J. de Bettignies*, den Eigentümer der Fabrik in Saint-Amand-les-Eaux, geheiratet hatte. Ihre Nachkommen vereinigten beide Unternehmen, die bis Mitte des 19. Jhs. in Betrieb waren. Die Fabrik in Tournai stellte einfache Gebrauchswaren her, während Saint-Amand-les-Eaux Porzellan des 18. Jhs. nachmachte. *Siehe auch Abb. S. 229.*

Lit: E. J. Soil de Moriamé u. J. Deplace de Formanoir, *La Manufacture Imperiale et Royale de porcelaine de Tournay*, Tournai 1937; A. M. Marien-Dugardin, *Les Legs Mme Louis Solvay. Porcelains de Tournai*, Brüssel 1971.

Tours. Die bedeutendsten Seidenwebereien in Frankreich von ihrer Gründung im späten 15. Jh. bis zu ihrer Überrundung durch die Webereien in →Lyon in den 1670er Jahren. Im 17. Jh. wurden sie von Richelieu gefördert, der Schutzgesetze einführte, um den Seidenimport zu drosseln und der große Mengen von Seiden-

Tournai: ›Kinder beim Ausnehmen eines Vogelnestes‹, Porzellangruppe, Modell von Nicolas Lecreux, um 1760-65 (Victoria & Albert Museum, London)

Toy, Riechfläschchen aus Chelsea, Porzellan, um 1758-70 (Victoria & Albert Museum, London)

stoffen in Tours in Auftrag gab, um sein Palais einzurichten. Aber Anschläge der Weber von Lyon und die Auswanderung vieler hugenottischer Arbeiter nach der Aufhebung des Edik-tes von Nantes trugen zu dem Verfall bei, von dem sich die Webereien von Tours nie wieder erholten. Die Produkte des 17. Jhs. scheinen, ähnlich den italienischen Stoffen, Barockmuster gehabt zu haben (obwohl J. A. →Du Cerceau Blumenmuster in den 60er Jahren des 17. Jhs. bevorzugte). Im 18. Jh. wurden Muster von Lyon nachgeahmt.

Toutin, Jean →Email

Tou Ts'ai →Doucai

Townsend, Job (1699-1765). Hervorragender amerikanischer Möbelschreiner aus Newport, Rhode Island. Er war der Begründer einer berühmten Möbelschreinerfamilie, die durch ihre →Blockfront-Möbel mit fein geschnitzten Muschelornamenten bekannter wurde. Job Townsend war der Schwiegervater von J. →Goddard. Sein Sohn *Edmund* (1736-1811), wahrscheinlich der Begabteste in der Familie, führte seine Werkstatt nach seinem Tod weiter. *John Townsend* (1732-1809) arbeitete im amerikanischen Chippendale-Stil und später im →Federal style.

Lit: J. Downs, *American Furniture: Queen Anne and Chippendale Periods in the Henry Francis Du Pont Winterthur Museum*, New York 1952.

Toys. Mit diesem Wort bezeichnete man in England bis zum 19. Jh. nicht nur Kinderspielzeug, sondern auch eine Vielfalt kleiner Objekte von ursprünglich geringem Wert. In Frankreich wurden sie ›galanteries‹ genannt. Dazu gehören meist aus unedlen Materialien gefertigte Riechfläschchen, Schnupftabaksdosen, Etuis, Bonbonnieren usw. In →Meißen und vielen andern Manufakturen, vornehmlich →Chelsea und →Mennecy, wurden sie aus Porzellan gemacht.

Lit: G. E. Bryant, *Chelsea Porcelain Toys*, London 1925.

Trac(k), F. (tätig 1559-68). Töpfer, der in →Siegburg, vermutlich in der Werkstatt von A. →Knütgen gearbeitet und einige der schönsten Stücke rheinischen Steinzeugs mit den Initialen F.T. oder – selten – mit seinem Namen signiert hat. Er modellierte Reliefs zur Verzierung von →Schnellen, hauptsächlich mit biblischen Szenen, stark beeinflußt von Heinrich Aldegrever (1502-58), wenn nicht sogar unmittelbar nach seinen Stichen, die er mit äußerstem Geschick sowohl den vorgegebenen Formen als auch dem verwendeten Material anzupassen verstand. Sein frühestes belegtes Werk ist eine Schnelle, datiert 1559 (Germanisches Nationalmuseum, Nürnberg). Nach 1568 wurden seine Reliefs in Siegburg nachgemacht.

Lit: O. von Falke, *Das rheinische Steinzeug*, Berlin 1908.

Tragalter. Miniaturaltar in Form einer rechteckigen Tafel oder eines Kästchens mit einer in die Oberseite über einer Reliquie eingelassenen Steinplatte. Er ermöglicht dem Priester die Feier des Meßopfers, wenn dafür kein standortgebundener großer Altar zur Verfügung steht. Im Mittelalter sind Tragaltäre oft sehr kostbar gestaltet worden, wie z. B. der silberne und niellierte, den →Rogerus' von Helmarshausen 1100 für Bischof Heinrich von Werl geschaffen hat.

Trapani →Sizilianische Töpfereien

Traubenpokal. Schaupokal in der Form einer Weintraube. *Siehe Abb. S. 472.*

Treibarbeit. Reliefverzierung auf Metall, vornehmlich auf Gold, Silber und Kupfer, die von der Rückseite mit dem Hammer hervorgetrieben wird (im Gegensatz zum →Ziselieren). Die Bezeichnung wird zuweilen unrichtig für andere Arten von erhabener Metallarbeit verwendet. Das Treiben war einer der frühesten Arbeitsvorgänge, die in der Metallarbeit entwickelt wurden. Unter den außergewöhnlich schönen frühen Beispielen finden sich die um 1500 v. Chr. auf Kreta gefertigten Vapheio-Becher (National Museum, Athen) und die skythischen Tierreliefs, etwa 6./5. Jh. v. Chr. (Ermitage Museum, Leningrad).

Trek. Holländische Bezeichnung für die starken Umrißlinien in Blau, Schwarz oder Mangan beim Dekor von Fayencen, besonders aus →Delft.

Trembleuse, franz. Eine Untertasse aus Silber, Keramik oder Porzellan mit einem erhöhten inneren Ring zum Halten der Tasse.

Tremulierstich. Silberprobe oder Ziselierstich. Zick-zack- oder schlangenförmige Rille, gewöhnlich an der Unterseite einer Silberarbeit. Sie findet sich an kontinentaleuropäischem und schottischem, selten an englischem Silber.

Trembleuse, Majolikatasse aus Savona mit Silberuntertasse aus Genua, 1765 (Privatsammlung)

Solche Rillen entstanden durch Entnehmen von Metall für die Silberprobe. Sie ähneln manchmal den Buchstaben N oder Z, was jedoch ohne Bedeutung ist.

Treviso. Vom 15. Jh. an gab es in Treviso Keramikfabriken, denen Majoliken verschiedener Art und aus verschiedenen Perioden zugeschrieben werden, aber es sind keine Stücke sicher nachgewiesen. Man weiß, daß eine Majolikafabrik seit 1766 von *Giovanni Rossi di Stefano* und später von *Giovanni Maria Roberti* (1771-77) geleitet worden ist, doch sind keine Erzeugnisse aus ihrer Produktion bekannt. Eine Weichporzellanfabrik wurde im späten 18. und frühen 19. Jh. von den beiden Brüdern *Giuseppe* und *Andrea Fontebasso* geführt; eine gut ausgearbeitete, von ihnen signierte und 1799 datierte Terrine mit Deckel steht im British Museum, London. Diese Fabrik stellte auch →Steingut her, besonders →Wedgwood sehr ähnliches Eßgeschirr. Nach der Restauration wurde sie weit bekannt und vom Hause Österreich und später vom Hause Savoyen sehr gefördert. (Das Wappen von Savoyen wurde bis 1943 in der Marke geführt.) Figuren der Restaurationszeit zeigen Personen in zeitgenössischer Kleidung, Büsten und Franz I. von Österreich (Museo Civico, Treviso) usw. Anfang dieses Jahrhunderts gab es die Fabriken Cacciaperti und Sebellin, auch das Stabilimento Ceramica Gregorj, in dem Arturo Martini etwa zwischen 1908 und 1912 arbeitete.

Lit: G. Morazzoni, *La maiolica antica Veneta*, Bd. I, Mailand 1955; ders., *La terraglia italiana*, Mailand 1956.

Trezzo, Jacopo da (1514-89). Baumeister, Juwelier, Steinschneider, Goldschmied, Medaillen- und Stempelschneider und Bildhauer. Gebürtiger Mailänder, trat 1554 in den Dienst Philipps II. von Spanien, arbeitete zuerst in den Niederlanden und ging dann nach Spanien, wo er Werkstätten in Madrid und im Escorial eröffnete. Zu Beginn war er nur als Goldschmied und Halbedelsteinschneider beschäftigt, wurde dann aber Philipps II. Berater für einen großen Bereich künstlerischer Fragen. Ein von ihm gefertigter Tabernakel aus Jaspis und bronzevergoldeten Montierungen steht in der Klosterkirche San Lorenzo de El Escorial. Bergkristallgefäße, die der spanische Botschafter in England dem Minister Elisabeths I. überreichte (noch in Hatfield House), sind wahrscheinlich in seiner Werkstatt entstanden. Zu den Italienern, die er mit nach Spanien gebracht und bei sich beschäftigt hatte, gehörten auch Mitglieder der Familie →Miseroni.

Lit: J. F. Hayward, *Virtuoso Goldsmiths: the Triumph of Mannerism 1540-1620*, London 1976.

Trichterbecher. Becher mit ausschwingender Öffnung, typisch für das →Dreihausener Steinzeug des 16. Jhs.

Triebel, Töpferei →Muskau

Triest. 1772 wurde eine Steingutfabrik von Giacomo Ballettini (gest. 1776) gegründet; sie ging nach seinem Tod auf Pietro Lorenzi über,

Trinkhorn, sogenannte Greifenklaue, in vergoldetem Kupfer gefaßt, dänisch, 15. Jh. (British Museum, London)

der in den Fabriken von →Cozzi, →Nove und →Venedig gearbeitet hatte. Die Erzeugnisse sind ziemlich elegant und können manchmal an einem ›P L‹ über den Armen eines Ankers oder zusammen mit dem Wort ›Trieste‹ erkannt werden. Die Fabrik schloß nach dem Tod von Lorenzi 1797. Im späten 18. Jh. gab es noch andere Fabriken , z. B. die von Ludovico Santini und Giuseppe Sinibaldi (mit der Marke ›S‹) und von Mattia Filippazzi & Co. (Marke ›MFC‹), gegründet 1788.

Lit: B. M. Faritta, *La ceramica triestina*, Verona 1966.

Trifid- oder **Trefidlöffel.** Ein englischer Löffeltyp des 17. Jhs. mit flachem Stiel, dessen Ende verbreitert und durch tiefe Rillen dreigeteilt ist.

Trinkhorn. Mittelalterliches Trinkgefäß aus Ochsen- oder Büffelhorn, das gewöhnlich in vergoldetem Kupfer gefaßt ist. Gelegentlich ist das ganze Gefäß aus Silber, wobei die Form des natürlichen Horns beibehalten wird. Trinkhörner wurden bis ins 16. Jh. gemacht und begegnen wieder im Historismus des 19. Jhs.

Trinkspiele. In England ›wager cups‹ (wager = Wette). Verschiedene Typen meist silberner Becher oder Pokale, deren Form das Trinken erschwerte. Mit ihnen wurden bei festlichen Gelegenheiten Trinkwetten eingegangen wie mit dem →Jungfernbecher, dem →Windmühlenbecher oder dem Hansl-im-Keller.

Trivet, Gußeisen, englisch, 18. Jh. (Victoria & Albert Museum, London)

Trophäe, vergoldete Bronze, französisch, um 1780 (Wallace Collection, London)

Trivet, engl. Ein dreibeiniger gußeisener Ständer für Kamingerät, der vor dem Feuer aufgestellt wird; statt mit Beinen teilweise auch mit Haken zum Anhängen an die Vorderseite des Kamingitters versehen.

Trommeltisch, engl. ›drum table‹. Kreisrunder Tisch vom Ende des 18./Anfang des 19. Jhs. mit Schubladen in der Zarge. Die Tischplatte wird im allgemeinen von einer Mittelstütze auf einem Dreifuß getragen.

Trophäe. Ursprünglich ein Siegeszeichen, aus Waffen, Panzern und andern dem Feind entrissenen Beutegütern gebildet, die an einem Baum oder Pfeiler aufgehängt oder als Mahnmal aufgerichtet wurden. In weiterem Sinne bezeichnet der Terminus ähnliche gemalte oder skulptierte Zusammenstellungen, die rein dekorativ verwendet wurden; sie zeigen Geräte vielerlei Art wie z. B. Musikinstrumente und sind, mit Blatt- und Blumenmotiven durchsetzt, zu →Festons gestaltet.

Trou, Henri-Charles →Saint-Cloud

Troubadour-Stil. Französische Variante des neugotischen Stils (→Gothic Revival) im Kunsthandwerk. Die ersten Versuche dieser Art tauchten überraschenderweise schon während des Empire auf: 1804 fertigte →Jacob-Desmalter vier gotische Betstühle für die Kapelle des Petit Trianon; die Kaiserin Joséphine ließ 1805 in Malmaison eine gotische Galerie erbauen; und 1813 kommentierte ein Schriftsteller: »Noch vor kurzem wollten wir nichts als die Antike, nun ist es die Gotik, die wir brauchen.« Nach der Restauration breitete die Mode sich immer mehr aus, teils als eine Folge der Schriften Chateaubriands über das Mittelalter, teils infolge der Übersetzungen der Romane von Walter Scott, wie auch des Geschmacks der Duchesse de Berry, die ihn förderte. Die von den spätgotischen Kirchen übernommenen Details wurden in der Möbeldekoration benutzt (Stuhllehnen mit Kriechblumen, Fialen und Maßwerk), auf Bildwirkereien (Aubusson-Portieren mit Wappenschilden unter gotischen Baldachinen), auf den ›Toiles de Jouy‹ (bewaffneter Kreuzfahrer, der unter Palmen rastet, vor einem Hintergrund aus gotischem Maßwerk), auf Bucheinbänden und zahllosen kleineren Objekten. Charakteristische Gegenstände sind z. B. ein Toilettenspiegel, der in einem gotischen Torbogen hängt, eine Uhr in Form einer Windmühle mit Kielbogenbekrönung, eine andere, bei der die Rose eines Maßwerkfensters, in dem zwei mittelalterlich gekleidete Figuren sitzen, das Zifferblatt bildet; Öl- und Essigfläschchen, die von einer bronzevergoldeten Arkade umschlossen sind. Diese Spielereien kamen um 1835 aus der Mode, als Chateaubriand selbst erklärte, der Stil habe sich so erschöpft, »qu'on meurt d'ennui«, und als mit der zunehmenden Kenntnis mittelalterlicher Originale treuere Nachahmungen solcher Stücke aufkamen, wie z. B. Kästchen und Schmuck von F. D. →Froment-Meurice. Um die Mitte des Jahrhunderts aber besann man sich in Frankreich wieder auf Renaissanceformen und die französischen Stile des 18. Jhs.

Lit: Le Style Troubadour, Ausst. Kat. Brou 1971.

Truhe. Großes Kastenmöbel aus Holz mit aufklappbarem Deckel, das der Aufbewahrung von Kleidung, Wertgegenständen usw. diente und in allen Teilen der Erde seit früher Zeit angefertigt wurde. Bereits aus altägyptischer Zeit sind Exemplare erhalten. In Europa war sie vom Mittelalter bis ins späte 17. Jh. hinein,

Troubadour-Stil: Uhrgehäuse, Eisen und vergoldete Bronze, 1830-40 (Musée des Arts Décoratifs, Paris)

Truhe, deutsche Renaissance, Eichenholz, teilweise bemalt, mit der Tobias-Geschichte, Lüneburg 1545 (Museum für Kunst und Gewerbe, Hamburg)

als sie von der →Kommode abgelöst wurde, das wichtigste Möbel. Oftmals wurde sie bemalt oder mit geschnitzten Motiven geschmückt. Ihre prächtigste Ausbildung erfuhr sie in der →Cassone der italienischen Renaissance.

Trumeau →Pfeilerspiegel

Tschirnhausen, Ehrenfried Walther v. →Böttger, J. Fr.

Tschitschis-Teppiche →Kaukasische Teppiche

Tucker porcelain factory. Die erste amerikanische Porzellanfabrik von Bedeutung wurde 1825 von *William Ellis Tucker* (1800-1832) in Philadelphia errichtet. 1828 wurde sie in *Tukker & Hulme* umbenannt und 1831 in *Tucker & Hemphill.* 1833-36 betrieb *Hemphill* mit Tukkers Bruder *Thomas* (geb. 1812) als Manager die Fabrik. 1838 wurde sie geschlossen. Die frühen Erzeugnisse waren mit in Sepia und Dunkelbraun gemalten Szenen dekoriert. Unter Hemphill wurde die Bemalung üppiger, oft nach →Sèvres-Mustern mit reicher Vergoldung und heiter gemalten Blumen. Einzelne Stücke wurden auch in feuervergoldeter Bronze montiert.

Lit: Tucker China 1825-1838, Ausst. Kat. Philadelphia Museum of Art, 1957.

Tudor & Leader →Sheffield Plate

Tudric-Zinn →Liberty, A. L.

Tula, Metallwarenfabrik. Sie wurde 1712 von Peter d. Gr. zur Herstellung leichter Waffen gegründet, dann aber, vor 1725, teilweise in einen Betrieb für Eisen- und Stahlwaren umgewandelt. 1736 produzierte sie große Mengen von kunsthandwerklichen Gegenständen. Gegen Ende des Jahrhunderts wurde sie von Katharina d. Gr. gefördert. Manche ihrer Erzeugnisse halten sich in der russischen Tradition, z. B. Stühle auf gekreuzten Beinen mit durchbrochen gearbeiteter Volutenverzierung auf Rück- und Seitenlehnen; andere sind entschieden westeuropäisch im Stil: Kaminsimse und Gitter aus Stahl stehen den englischen Entwürfen von R. →Adam nahe. Kleinere Stahlgegenstände, wie Kerzenleuchter, Kästen u. a., sind oft sehr fein facettiert geschliffen und mit anderen Metallen eingelegt.

Tulawaren. Kleine mit →Niello verzierte und manchmal teilvergoldete Silbergegenstände, wie Schnupftabaksdosen u. ä., die vom frühen

Tucker: Veilleuse, Porzellan, um 1836 (Philadelphia Museum of Art)

19. Jh. an in Tula und an anderen russischen Orten hergestellt worden sind.

Lit: *Art objects in steel by Tula craftsmen*, Leningrad 1974.

Tulip ware. Eine frühe Art amerikanischer Töpferwaren in Pennsylvania von deutschen Einwanderern im 17. und 18. Jh. hergestellt. Sie war mit stilisierten Tulpenblüten und -blättern in →Sgraffito-Technik verziert.

Tulipière, franz. Vase für Tulpen (und andere Blumen) aus Fayence, meist aus →Delft im späten 17. und frühen 18. Jh. Von den zwei Haupttypen ist der eine in der Grundform fächerförmig mit einer oder drei Reihen von kragenförmig ausladenden Öffnungen, in die die Blumen hineingesteckt werden; der andere hat pagodenförmigen Aufbau mit Öffnungen an den Ecken eines jeden Absatzes.

Tulpenholz. Ein hartes, feinfasriges helles Holz (von der Dalbergie stammend) mit deutlich rötlicher Färbung, dessen Maserung gestreiften Tulpen gleicht und dem →Palisander ähnelt. Im 18. Jh. wurde es aus Brasilien und Peru nach Europa importiert. Französische Möbelschreiner verwendeten es häufig zusammen mit Amaranthholz. In Frankreich wird es als ›bois de rose‹ bezeichnet.

Tummler. Trinkgefäß ohne Henkel mit halbkugelförmigem Boden, der so schwer ist, daß es sich von allein aufrichtet. Heute bedeutet die Bezeichnung ›tumbler‹ (aus der sich ›Tummler‹ herleitet) im anglo-amerikanischen Sprachgebrauch ein zylinderförmiges Glas mit flachem schwerem Boden.

Tunbridge ware. Kleine hölzerne Gegenstände, die ausgiebig mit Parkett- oder Marketeriemustern geschmückt sind. Die Methode kam im späten 17. Jh. in Tunbridge Wells (Kent) auf, wurde aber auch an anderen Orten nachgeahmt: Die Enden eines zusammengeleimten Bündels von Stäbchen verschiedenfarbigen Holzes, jedes etwa 15 cm lang, ergab in seinem Querschnitt das Muster, wobei ein Bündel etwa 30 (identische) Querschnitte erlaubte. Im frühen 19. Jh. griff man für diese Dekorationen manchmal auf die Blumenentwürfe der →Berliner Wollarbeit zurück, obwohl geometrische Muster und kleine Darstellungen von Gebäuden und Landschaften aus Tunbridge und Umgebung immer sehr viel beliebter waren. Auf diese Weise wurden u. a. Spielbretter, kleine Schachteln, Bilderrahmen, Nadelbehälter und manchmal größere Objekte, wie Schreibkästen und Spieltische, hergestellt. *Siehe auch* Stickwork.

Lit: E. H. und E. R. Pinto, *Tunbridge and Scottish Souvenir Woodware*, London 1970.

Turin

Turin, Töpfereien und Porzellanfabriken. Die erste einer Reihe guter Majolikawerkstätten wurde von Malern aus →Urbino vor 1562 gegründet; über ihre Produktion ist nichts bekannt. Von 1570 bis 1580 wurden durchbrochene Körbe in der Art des →Bianco di Faenza hergestellt und im 17. Jh. blauweiße Majoliken nach Art von →Savona. 1649 erhielt Giovanni Giacomo Bianchi von Karl Emmanuel II. das Privileg zur Errichtung einer Majolikafabrik im Königlichen Park in Turin, an der Nicolo Corradi aus →Albisola tätig war. Die interessanteste Fabrik wurde 1725 unter königlichem Schutz von *Giorgio Rossetti* zusammen mit seinen Neffen *Giorgio Giacinto Rossetti* (der in →Lodi gearbeitet hatte) und *Giovanni Battista Rossetti* gegründet. Ihre besten Stücke stammen aus den Jahren 1750-60 und sind der französischen Fayence ebenbürtig. Sie sind im Rokokostil mit starken →Scharffeuerfarben bemalt, wobei Blau und Gelb vorherrschen: mit ziemlich kraftvollen, asymmetrischen →Kartuschen aus Muschel- und Blattranken, die Landschaften einrahmen, die von munteren Nymphen, Landleuten, Putti und gelegentlich Heiligen bevölkert sind. Ähnliche Stücke wurden in der Fabrik von *Giovanni Antonio Ardizzone* 1765-71 gemacht. Andere Entwürfe gehen auf →Delft und die in →Moustiers und →Lodi verwendeten Entwürfe von J. →Bérain

Turin: Majolikaplatte, Rossetti-Fabrik, um 1750-75 (Museo Civico, Turin)

zurück. 1737-43 stellte Rossettis Fabrik Porzellan her, aber offensichtlich in kleinem Umfang; nur sehr wenige Stücke sind nachgewiesen. Eine andere, sehr kurzlebige Fabrik war in →Vische. Die wichtigste Porzellanfabrik in der Umgebung von Turin war die von →Vinovo. 1824 wurde die Fabrik Rossetti von Jacques François →Richard und F. →Dortu, die um ein Privileg zur Porzellanherstellung nachgesucht hatten, für zehn Jahre gepachtet und später gekauft. Die Fabrik hieß *Dortu, Richard, Prelaz,* dann *Dortu, Richard & Co.* 1847 wurde die Gesellschaft aufgelöst, als *Luigi Richard & Co.* wieder gegründet und ab 1878 als *Eredi Imoda* (Erben von Richards Partner Carlo Imoda) weitergeführt. Die Erzeugnisse sind von strengster Einfachheit oder im reichsten, phantasievollsten Zweiten Rokoko. Eßgeschirre haben oft gedruckte Dekore mit Landschaften aus Piemont nach Entwürfen von Marco Nicolusino. 1864 stellte die Firma die Produktion ein, wurde aber erst 1878 geschlossen, nachdem der Warenvorrat ausverkauft war.

Lit: V. Viale in Ausst. Kat. *Mostra del Barocco Piemontese*, Bd. III, Turin 1963; V. Brosio, *Rossetti, Vische, Vinovo*, Mailand 1971; V. Brosio, *Dortu, Tinelli, Richard. Porcellane e maioliche dell'Ottocento a Torino e Milano*, Mailand 1972.

Turiner Bildteppichwirkerei. Vom Jahre 1638 an sind in Turin Wandteppiche gewirkt worden: Die Dynastie der Teppichwirker Demignot wird von diesem Zeitpunkt an erwähnt. Aber die große Zeit der Turiner Wandteppiche begann erst 1731, als Vittorio Demignot (gest. 1745) eine Wirkerei für →Bas-lis-Teppiche einrichtete. Er war in Brüssel ausgebildet worden. Im Jahre 1737 wurde seine Manufaktur offiziell durch Carlo Emanuele II. anerkannt; im selben Jahr gründete Antonio Dini eine →Haut-Lis-Wirkerei (er verließ Turin 1754). Die ersten Teppiche verdanken ihre hohe Qualität der glücklichen Zusammenarbeit des Entwerfers Claudio Beaumont (1694-1766) mit den Wirkermeistern Vittorio Demignot, Antonio Dini und Francesco Demignot (gest. 1785). Aus zwei Gründen sind ihre Produkte ungewöhnlich für ihre Zeit: Sie wollen nicht den Anschein gerahmter Ölgemälde erwecken, und außerdem stellen sie heroische Themen dar, die damals in der Bildteppichwirkerei schon überholt waren, z. B. ›Die Taten Alexanders‹ (beg. 1734; Palazzo Reale, Turin), ›Die Taten Cäsars‹ (1741-50; ebd.) und ›Die Geschichte des Cyrus‹ (1750-56; ebd. und Palazzo del Quirinale, Rom). Abgesehen von den heiteren, ganz im Rokokostil empfundenen Farben, gehören sie dem Stil des Spätbarock an. Andere Teppiche stellen klassische Ruinen und Genreszenen flämischer Art dar. Einige von Vittorio Cignaroli u. a. entworfene Landschaften mit Figuren in sehr schmalen Rahmenbordüren sind zwischen 1760 und 1770 entstanden (Museo Civico, Turin). In der Manufaktur hat man auch Bodenteppiche gewirkt, von denen aber nur einer erhalten ist (1782; Palazzo Reale, Turin). Nach 1775 läßt die Qualität nach, 1779 wird die Manufaktur geschlossen. Auf Anordnung Carlo Felices 1823 noch einmal eröffnet, bringt sie aber nichts mehr von Rang hervor. 1832 erfolgt dann die endgültige Schließung.

Lit: M. Viale Ferrero, in Ausst. Kat. *Mostra del Barocco Piemontese*, Turin 1963; L. Mallé, Ausst. Kat. *Mobili e Arazzi*, Museo Civico, Turin 1972.

Türkei, Exportporzellan für die. Porzellan, besonders Kaffeetassen ohne Henkel (Koppchen), das von den 1730er Jahren bis zum Ende des 18. Jhs. in →Meißen und anderen deutschen Manufakturen für den Export in die Türkei hergestellt wurde. Die frühen hierfür bestimmten Meißenporzellane wurden mit dem sogenannten Caduceus (Merkurstab) gemarkt, anstelle der gekreuzten Schwerter, die von den Türken als ein christliches Symbol hätten mißverstanden werden können.

Lit: E. Zimmermann in *Belvedere* X (1926), S. 193.

Turkey work. Nachahmung türkischer Knüpfteppiche in Europa (besonders in England) im 16. Jh. und später, manchmal in der gleichen Machart. Bei einem anderen Typ ist die Wolle durch ein Grundgewebe gezogen und dann geknotet. England (Norwich) und Flandern (Antwerpen) sind bekannt als Erzeuger von Turkey work. Es gibt Beispiele von Turkey work in Boughton House, Northamptonshire. Später wurde es vorzugsweise für Möbelbezüge genommen.

Lit: C. E. C. Tattersall und S. Reed, *A History of British Carpets*, Leigh-on-Sea 1966.

Türkische Hofmanufakturteppiche →Kairener Teppiche

Türkischer Knoten →Gördesknoten

Türkische Teppiche. Die Bezeichnung der verschiedenen Teppicharten, die über Jahrhunderte in Kleinasien hergestellt und manchmal Anatolische Teppiche genannt werden. Sie unterscheiden sich von den →persischen Teppichen durch ihre Technik (den Gebrauch des →Gördes-Knotens) und stilistisch dadurch, daß ihre Muster gleichbleibend scheinen und eher von Webern als von Malern entworfen sind. Stilisierte Tiere (auch Vögel) erscheinen in den Entwürfen bis zum 15. Jh., als nichtrepräsentative oder pflanzliche Motive vorgezogen wurden. Letztere tendieren zu geometrischer Abbreviatur, so daß ihre Ableitung von naturalistischen Vorlagen selten klar ist. Die frühesten erhaltenen Fragmente stammen aus seldschukischer Zeit und datieren in das ausgehende 13. Jh. (Museum in Istanbul und Konya). Timuridische Miniaturen und einige Teppichfragmente (Benaki Museum, Athen; National Museum, Stockholm; u. a.) zeigen, daß verschiedene der Hauptmuster im 14. und 15. Jh. entwickelt wurden. Vom 16. Jh. an wird *Uschak* (türk. Uşak) zu einem wichtigen Zentrum der Teppichherstellung für den einheimischen Gebrauch und den Export. Es gibt ›Medaillon-Uschaks‹ mit dominierendem Mittelmedaillon und ›Stern-Uschaks‹ mit einem mittleren achtzackigen Stern (der mehrmals in der Länge des Feldes wiederholt werden kann), verbunden durch Rauten auf einem Grund mit stilisierten Blüten, die manchmal

Türkischer Teppich, 15. Jh. (Statens Historiska Museet, Stockholm)

auf einem unauffälligen Gittermuster liegen. In gewisser Weise sind sie stilisierte Versionen persischer Muster unter Verwendung von spezifisch türkischen Motiven. Die sogenannten *Vogelteppiche,* auf denen merkwürdige Motive so zusammengestellt sind, daß sie einen Vogel bilden (wobei Bedeutung und Ursprung unklar bleiben) und ein Rapportmuster abgeben, das mit stilisierten Blütenmotiven ergänzt ist, scheinen eine eigene Erfindung dieses Gebiets zu sein. Zwei andere Gattungen, die in Westanatolien hergestellt wurden, werden *Holbein-* und *Lotto-Teppiche* genannt, nach den beiden europäischen Malern des 16. Jhs., auf deren Bildern sie dargestellt sind (aber es sind immer neue Teppichtypen, die sie malten) – z. B. Holbeins ›Madonna des Bürgermeisters Meyer‹ um 1526 (Kunstmuseum, Basel), das ›Porträt des Kaufmanns Gisze‹ von 1532 (Gemäldegalerie, Berlin) und Lorenzo Lottos ›Porträt des Giovanni Giuliano‹ um 1520 (National Gallery, London). Beide haben Borten mit unleserlicher, kufischer Schrift und ein rotgrundiges Feld mit blauen und gelben Mustern, erstere aus oktogonalen Motiven, letztere bilden Gitter aus stilisierten Palmetten. Wie diese Bilder und die verschiedener anderer Maler (besonders Memling, Crivelli und Bellini, nach denen auch Teppichtypen benannt worden sind) beweisen, sind viele solcher Teppiche Anfang des 16. Jhs. nach Europa exportiert worden (aber sicher schon früher hergestellt). Die Muster scheinen bis Ende des 17. Jhs. geknüpft worden zu sein. Ähnliche Teppiche wurden in Europa vom 15. bis 17. Jh. gefertigt, →Spanischer Teppich.

Eine weitere Teppichgruppe wird *Siebenbürger-Teppiche* genannt, da die frühesten Stücke, die die westlichen Sammler kennenlernten, aus protestantischen Kirchen in Siebenbürgen stammen und fälschlicherweise angenommen wurde, daß sie in diesem Gebiet hergestellt, während sie in Anatolien im 17. und 18. Jh. geknüpft worden sind. Ihre Farben sind eher sanfter und verschiedenartiger als die der Uschak-Teppiche. Sie tragen oft ein Doppelnischenmuster (wie zwei gegeneinander gelegte →Gebetsteppiche) mit stilisierten Lampen, die in jedem Bogen ›hängen‹, oder mit einem großen Mittelmedaillon, Blütenmotiven im Feld und Arabesken in den Eckzwickeln.

Türkischer Teppich, ›Siebenbürgen‹, 17.-18. Jh. (Victoria & Albert Museum, London)

Weniger dicke und schwere Teppiche des 18. Jhs. mit den alteingeführten Mustern (einschließlich von Motiven der →Kairener Teppiche) scheinen aus der Nähe von Izmir (Smyrna) zu stammen, von wo sie exportiert wurden. Sie werden *Smyrna-Teppiche* genannt (und auch verwirrenderweise *Isparta-Teppiche*). Izmir ist noch immer eines der Hauptzentren der türkischen Teppichindustrie. Teppiche von guter Qualität mit lebhaften Mustern wurden nach traditionellen Vorlagen bis weit in das 19. Jh. in der Türkei gemacht. Von 1870 an wird das Farbschema durch den Gebrauch von Anilinfarben beeinflußt. Es ist kaum möglich, die Herstellungsorte von den meisten der späten türkischen Teppiche anzugeben. Viele werden nach Akhisar lokalisiert (mit Knoten aus Mohair, manchmal mit Wolle gemischt), nach Bergama oder Pergamon (wahrscheinlich der Herstellungsort von einigen Holbein-Teppichen, später Stücke mit strengen Medaillonmustern), Gördes (Gebetsteppiche von guter Qualität), Karaman (mit sehr lang heraushängenden Knotenenden), Kir-sehr, Kula (im 18. Jh. Gebetsteppiche mit vielstreifigen Borten), Milas (mit kaukasischen Mustern) und Yorganladik (Gebetsteppiche, die gewöhnlich Ladik genannt werden). Der Ausdruck *Yürük* (wörtlich Nomade) wird bei Teppichen mit lang heraushängenden Knotenenden und aus Wolle, der Ziegenhaar beigemischt ist, benutzt. Eine Fabrik in Hereke imitierte französische Teppiche im frühen 19. Jh. und persische Teppiche von ungefähr 1850 an. Demirdschi (türk. Demirci) ist der Herstellungsort von vielen modernen türkischen Teppichen.

Lit: K. Erdmann, *Der orientalische Knüpfteppich,* Tübingen 1955; ders., *700 Jahre Orientteppich,* Herford 1966; C. E. C. Tattersall und S. Reed, *A History of British Carpets,* Leigh-on-Sea 1966; J. Iten-Maritz, *Der Anatolische Teppich,* München 1975.

Türklopfer. Ein beweglicher Ring oder hammerförmiger Klopfer aus Metall, der mit einer Metallplatte an einer Tür befestigt ist. Im Mittelalter waren sie meist aus Bronze, und seit der Karolingerzeit war in Mitteleuropa der Ring oft nach antikem Vorbild im Maul einer Löwenmaske befestigt, z. B. bei den Türen der Pfalzkapelle in Aachen. In der späten Gotik wurde die Form manchmal leicht abgewandelt, und in der Renaissance fertigte man kunstvolle vollplastische Türklopfer mit Greifen und menschlichen Figuren usw. für profane Gebäude an, z. B. T. →Aspetti.

Lit: U. Mende, *Die Türzieher des Mittelalters,* Berlin 1981.

Turkmenen-Teppiche. Eine große Gruppe von Teppichen, zu denen die Teppiche der turkmenischen Nomaden Zentralasiens gehören (östlich des Kaspischen Meers) und auch alle modernen Teppiche, die industriell in Turkestan gefertigt werden. Sie haben wollene Knüpfung im →Senneh-Knoten und meist ein warmes, aber deutliches dunkles Farbschema, ein stumpfes Rot und Schwarz herrschen vor. Aus diesem Gebiet kamen die Türken ursprünglich, bevor sie sich in Anatolien ansiedelten. Die von den Nomaden geknüpften Teppiche (die ihre Eigentümlichkeit bis vor kurzem beibehalten hatten) tragen Muster, die sehr wohl älter als die der →türkischen Teppiche sein können. Aber keines der vorhandenen Stücke kann mit Sicherheit vor 1850 datiert werden. Hauptmotive sind gestaffelte oder in horizontalen Reihen angeordnete Oktogone. Die Teppiche werden nach den Namen der Stämme benannt, die sie herstellen. Bei den *Saryks* kommen oft merkwürdig stilisierte Tiere in den Oktogonen vor. *Yomuds* sind manchmal in den Farben heller und haben eine charakteristische Borte mit einer eckigen Ranke mit Palmettmotiven und den kaukasischen Haken. Die *Afghanen-Teppiche* haben gewöhnlich Dreiblattmotive, die in den Oktogonen wiederholt werden. Technisch sind die feinsten Teppiche wahrscheinlich von den *Tekke-Turkmenen* gemacht mit Oktogonen, in denen kleine Sterne, Dreiblätter und kreuzförmige Rosetten liegen. Ähnliche Muster kommen auf den gröberen Teppichen aus *Khiwa* vor. Der *Ersari-Stamm* scheint kühner bei der Musterung seiner Teppiche zu sein, oft wird ungefärbte Baumwolle in der Knüpfung verwendet. Die Teppiche aus *Beludschistan* unterscheiden sich durch ihre breiten, manchmal gemusterten Vorkelims. Die in Ost-Turkestan bei *Kaschgar, Khotan* und *Samarkand* geknüpften Teppiche unterscheiden sich wesentlich von den anderen durch ihre chinesisch beeinflußten Muster. Seit dem späten 19. Jh. ist Buchara der Hauptumschlagplatz für Turkmenen-Teppiche gewesen, was ihnen populär den Namen Buchara-Teppiche eingebracht hat. Der Name *Hatschlu-* (türk. = mit Kreuz) *Buchara* bezeichnet Teppiche mit einem Muster aus sich kreuzenden Streifen, die das Feld in vier Sektionen teilen.

Lit: A. B. Thacher, *Turkoman Rugs*, New York 1940; J. V. McMullan, *Islamic Carpets*, New York 1965.

Türmchenuhr. Uhr mit einem architektonisch – in Form eines Schlosses oder einer Kirche – gestalteten Gehäuse, die in der Regel nicht nur auf einer Seite ein Zifferblatt hat. Ein aus der Mitte des 17. Jhs. stammendes Exemplar, dessen Werk von Nikolaus II Rugendas aus Augsburg (Regensburg?) gefertigt wurde, besitzt 12 Zifferblätter (Kunsthistorisches Museum, Wien). Uhren dieser Art wurden in Deutschland ungefähr zwischen 1570 und 1680 hergestellt.

Turner, John (gest. 1786). Einer der besten der Töpfer in →Staffordshire, die allerdings im Schatten des Ruhmes von →Wedgwood standen. Er war ein Schüler von T. →Whieldon, machte sich 1755 in Stoke selbständig und siedelte 1762 nach Lane End über. 1784 wurde er zum Hoflieferanten des Prinzen von Wales ernannt. Er produzierte →Steingut, →Jasperware und →Basaltware und blaubedruckte Ware, die an die Erzeugnisse von Wedgwood angelehnt waren, deren Qualität sie nach übereinstimmendem Urteil erreichten. Er begann einen ausgedehnten Export nach Holland und Frankreich. Nach seinem Tod folgten ihm seine Söhne *John* und *William*, die jedoch die Sperre dieser Märkte nach der Französischen Revolution nicht verkraften konnten und 1806 Konkurs anmelden mußten. Ohne eine neue Firma zu gründen arbeitete William dann noch bis 1829. Die Erzeugnisse wurden zeitweise mit der Marke ›TURNER‹ oder mit ›TURNER & Co.‹ versehen.

Lit: B. Hiller, *Master Potters of the Industrial Revolution: the Turners of Lane End*, London 1965.

Turner, Thomas →Caughley Töpferwaren und Porzellan

Turreau, Jean Bernard Honoré →Toro, J. B. H.

Tutenag. Ein Name indischer Herkunft, mit dem man im indischen Handel ungenau Zink bezeichnet, der aber korrekter auf eine Legierung aus Kupfer, Zink und Nickel, etwas Eisen, etwas Silber und Arsenik anzuwenden ist. Es gleicht →Packtong und Nickelsilber.

Lit: A. Bonnin, *Tutenag and Paktong*, Oxford 1924.

Tyg, engl. Ein großes irdenes Trinkgefäß mit drei oder mehr Henkeln, die den Gefäßrand für drei oder mehr Benutzer unterteilen. Die Form war in England im 17. und 18. Jh. üblich. Die Bezeichnung ist wahrscheinlich alt, wird aber nicht vor der Mitte des 19. Jhs. in der Schriftsprache benutzt.

Tz'û-chou-Ware →Cizhou-Ware

Tyg mit Angußdekor, Wrotham 1649 (Victoria & Albert Museum, London)

U

Überfangglas. Farbloses oder auch farbiges Glas, das mit einer andersfarbigen Glasschicht überzogen ist. Durch Schnitt oder Schliff in die Tiefe wird die Grundschicht wieder sichtbar und zu ihr kontrastierend die Überfangschicht stehen gelassen. Bei mehreren verschiedenfarbigen ›Überfängen‹ ergeben sich durch unterschiedliches Abschleifen Möglichkeiten reizvoller farbiger Wirkung. Da sich aus Überfangglas →Gemmen und →Kameen herstellen lassen, wird es auch als Kameenglas bezeichnet. Die schon in der Antike gekannte Technik – berühmtestes Beispiel ist die Portland-Vase (British Museum, London, wahrscheinlich aus der Zeit des Augustus, 27 v. Chr.-14 n. Chr., in Italien hergestellt, vielleicht von alexandrinischen Handwerkern) – wurde im 19. Jh. neu belebt (z. B. Badegläser →böhmischer Glashütten) und im Art Nouveau durch bedeutende Künstler wie E. →Gallé und durch die Einführung der Ätztechnik zu hoher eigenständiger Wirkung gebracht. *Siehe Abb. S. 314 links.*

Lit: R. u. L. Grover, *English cameo glass*, New York 1980; S.M. Goldstein, L.S. Rakow u. J.K. Rakow, *Cameo Glass masterpieces from 2000 years of glassmaking*, Ausst. Kat. Corning 1982.

Übergangsware. Ein bestimmter Typ chinesischer →Blauweißware feiner Qualität von um 1580-1680, die zum großen Teil für den Export und nicht für den kaiserlichen Gebrauch erzeugt wurde. Sie war eine der verschiedenen Porzellanarten, die während der sogenannten ›Übergangsperiode‹, die den Wechsel von der Ming-Periode zur Quing-Dynastie, 1620-44, umfaßt, hergestellt wurde.

Überglasurdekor. Auf glasierte Keramik gemalte oder gedruckte Verzierung, z. B. Malerei in →Emailfarben auf Porzellan oder Fayence.

Überglasurfarben →Emailfarben

Ugolino di Vieri (tätig 1329-80). Er war ein sienesischer Goldschmied, und sein Meisterwerk, eines der schönsten Stücke italienischen Kirchengeräts, ist das große vergoldete Messingreliquiar des ›Sacro Corporale‹, des Leinentuchs, das beim ›Wunder von Bolsena‹ als Unterlage von Kelch und Hostienteller mit Blut bespritzt worden sein soll (1437/38, im Dom von Orvieto). Die gotische Form des →Reliquiars erinnert an die Fassade des Doms, und seine Emailtafeln gehören zu den bedeutendsten italienischen Werken des 14. Jhs. Das →Email ist durchscheinend und mittels eines Verfahrens ausgeführt, das im späten 13. Jh. den Grubenschmelz abzulösen begann: In die einzelnen Silberplatten sind die Darstellungen in sehr flachem Relief eingeschnitten und die Emailfarben, jede für sich, aufgetragen und gebrannt – ein Verfahren, das ähnlich bei französischen und rheinischen Tiefschnitt-Schmelzarbeiten angewendet worden ist. Das früheste datierte Exemplar italienischen transluziden Emails, ›lavoro di basso rilievo‹ genannt, ist ein von dem Sieneser Goldschmied *Guccio di Mannaia* signierter Kelch, der zwischen 1288 und 1292 für Papst Nikolaus IV. angefertigt worden ist (heute in S. Francesco, Assisi). Von Andrea Arditi (tätig 1331-38) nimmt man an, daß er das transluzide Email in Florenz (Reliquiar-Büste des hl. Zanobius, 1331; Dom, Florenz) eingeführt hat. Das einzige andere für Ugolino di Vieri gesicherte Werk, bei dessen Herstellung er Viva di Lando als Gehilfen hatte, ist das kunstvolle Reliquiar des hl. Savino (Museo dell'Opera del Duomo, Orvieto) in Form eines gotischen Baldachins mit krabbbenbesetzten Fialen über einer Statuette der Madonna mit Kind. *Abb. S. 628.*

Lit: P. Dal Poggetto, *Ugolino di Vieri: Gli smalti di Orvieto*, Florenz 1965.

Uhren. Die ersten nicht-mechanischen Instrumente zur ungefähren Bestimmung der Zeit bei Tage (→Sonnenuhren) und des Zeitablaufs bei Nacht (→Wasseruhren) gab es im 2. Jt. v. Chr. in Mesopotamien und Ägypten. Das Grundprinzip der mechanischen Uhr bzw. der Räderuhr – gezahnte Räder mit einer Vorrichtung zur Regulierung ihrer Drehungen – scheint erstmals in China erfunden worden zu sein. Im Jahre 1090 n. Chr. beschrieb und zeichnete Su Sung einen kunstvollen Apparat, der, durch ein gleichmäßig arbeitendes Wasserwerk angetrieben, eine Himmelssphäre in Drehung versetzte. Die Verwendung von Gewichten zum Antreiben der Räder und der Gebrauch einer in annähernd gleichen Intervallen hin- und herschwingenden Waag (Foliot) als Gangregler scheint europäischen Ursprungs und im späten 12. bzw. 13. Jh. erfunden worden zu sein. Bald entdeckte man, daß dieser Mechanismus auch Glocken in bestimmten Abständen zum Schlagen bringen konnte; so wurden im 14. Jh. in Kirchen und anderen öffentlichen Gebäuden Uhren mit Schlagwerk eingebaut. Manche dieser Uhren verband man mit Automaten, die durch das Werk in Bewegung gesetzt wurden: Die Uhr am Straßburger Münster (1354) zeigt die Heiligen Drei Könige,

Ugolino di Vieri: Reliquiar des ›Sacro Corporale‹, vergoldetes Messing mit silbernen Emailtafeln, 1337/38 (Dom, Orvieto)

die sich vor Maria und dem Jesuskind verneigen, während ein – noch vorhandener – Hahn mit den Flügeln schlägt; die Uhr an der Nürnberger Frauenkirche (1356-1361; von S. Lindenast 1506-1509 rekonstruiert) stellt die Huldigung der sieben Kurfürsten vor Karl IV. dar (das sog. ›Männleinlaufen‹). Aus dem frühen 15. Jh. stammen kleinere von Gewichten getriebene Uhren für den Hausgebrauch; sie bestehen aus einer deutlich sichtbaren Waag, eisernen Rädern, Gewichten und Schnüren und ähneln der Uhr auf Filippino Lippis Gemälde ›Die Verkündigung‹ (um 1490; Museo Civico, San Gimignano). Um die Mitte des 15. Jhs. wurde in Flandern bzw. in Burgund die Entdeckung gemacht, daß an Stelle der Gewichte auch eine Feder das Uhrwerk antreiben kann. Damit wurde es möglich, handliche, tragbare Uhren herzustellen; die früheste, von der wir wissen, wurde um 1430 für Herzog Philipp den Guten von Burgund gefertigt. Gegen Ende des 15. Jhs. tauchten in Mailand Uhren auf, die so klein waren, daß man sie an der Kleidung befestigen konnte. Bald darauf stellte Peter Henlein (um 1485-1542) in Nürnberg →Taschenuhren her (Arbeiten aus seiner Werkstatt im Germanischen Nationalmuseum, Nürnberg). Im 15. Jh. entwickelten sich zunächst Nürnberg und etwas später auch Augsburg zu den bedeutendsten Zentren für die Produktion federgetriebener →Tischuhren. Bemerkenswert an diesen Uhren ist nicht nur das Werk, das neben der Zeit auch die Mondphasen und andere astronomische Gegebenheiten anzeigen kann, sondern auch die künstlerische Gestaltung der von führenden Goldschmieden der Renaissance und des Manierismus gefertigten Gehäuse. Diese sind dosen- oder kassettenförmig mit reichem Dekor; manche haben den Uhren aber auch die Form von Gebäuden (→Türmchenuhren), von Schiffen (→Schiffuhren), von Tieren oder Menschen gegeben; eine der letztgenannten stellte z. B. eine Kreuzigungsgruppe dar, und die Uhr befindet sich im Erdball oberhalb des Kreuzes (sog. Kruzifixuhr, Bayerisches Nationalmuseum, München). Sichtbare Teile des Uhrwerks wurden auch mit eingravierten Verzierungen versehen. Eine neuartige Uhr erfand Christoph Margraf (gest. um 1620): die Funktion der Waag wurde von einer Kugel übernommen, die eine schiefe Ebene hinabrollte (Kugellaufuhr). Das erste von mehreren Exemplaren dieser Uhr fertigte Margraf 1596 für Rudolf II. (Kunsthistorisches Museum, Wien); Nachahmungen ließen nicht lange auf sich warten. Dennoch war der Kugellaufuhr kein solch anhaltender Erfolg beschieden wie der von dem holländischen Gelehrten Christian Huygens (1629-1695) im Jahre 1656 erstmals gebauten Pendeluhr. Sie wurde bald zu einer Spezialität der englischen Uhrmacher – genannt seien Thomas Tompion (1639-1713) und Joseph Knibb (gest. 1711) –, die das Pendel sowohl bei →Bracketuhren als auch bei →Bodenstanduhren verwendeten. Die weitere Entwicklung brachte u. a. das für den →Regulator typische Quecksilber-Kompensationspendel. Der Schweizer Uhrmacher Abraham Louis Breguet (1747-1823), der vorwiegend in Paris arbeitete, führte zahlreiche Verbesserungen des Uhrwerks, vor allem bei Taschenuhren, ein und setzte neue Maßstäbe mit seinen eleganten Zifferblättern, die sich durch besonders gut lesbare Zahlen und sehr schlanke Zeiger auszeichnen. In der Folge galten die Verbesserungsbemühungen hauptsächlich der größeren Ganggenauigkeit und der längeren Laufzeit des Uhrwerks. Neue Antriebsarten kamen auf: elektrischer Strom (seit 1854, mit Quarzkristallen seit 1929), Ausnutzung der minimalen Luftdruck- oder Temperaturschwankungen (Atmos-Uhr, 1913), Atomschwingungen (seit 1952). Für das äußere Erscheinungsbild der Uhren waren diese Entwicklungen jedoch weniger von Bedeutung als der Wandel der Kunststile – von der Renaissance bis zum Historismus des 19. und zum Funktionalismus des 20. Jhs. – Uhrgehäuse *siehe unter* Armbanduhr, Ballonuhr, Bilderuhr, Bodenstanduhr, Bracketuhr, Brettuhr, Carteluhr, Pendule-en-socle, Regulator, Reiseuhr, Sägeuhr, Säulenuhr, Sanduhr, Schwarzwälderuhr, Skelettuhr, Sonnenuhr, Stutzuhr, Taschenuhr, Telleruhr, Tischuhr, Türmchenuhr, Urnenuhr, Wasseruhr, Zappler.

Umdruckverfahren. Eine Methode zur Verzierung von Emails oder Keramiken (erfunden wahrscheinlich von John Brooks oder J. →Sadler), die 1753 zuerst in den Emailwerkstätten in →Battersea angewendet worden ist, wenig später in den Porzellanmanufakturen von →Bow und →Worcester (1757), auch →Liverpool (1756) und →Wedgwood (1760), in den 60er Jahren in den schwedischen Fayencemanufakturen von →Rörstrand und →Marieberg und im 19. Jh. in ganz Europa. Dabei wurde mit einer gestochenen und mit Keramik-Farben eingefärbten Kupferplatte Papier bedruckt, das auf den zu verzierenden Gegenstand gepreßt wurde und – wieder abgezogen – einen monochromen, meist schwarzen oder blauen (vor dem 19. Jh. kaum polychromen) Abdruck hinterließ, der sich im Brand mit der Glasur verband. Die entstandene Dekoration hat das Aussehen eines Kupferstichs. Manchmal wurde nur die Umrißzeichnung aufgedruckt, die man mit der Hand farbig ausmalte. Der im späten 18. Jh. beliebte Umdruck in Punktmanier erfolgte nicht mit Papier, sondern mittels weicher Leimplatten, die auf das Porzellan aufgelegt wurden. Einige der schönsten bedruckten Stücke der früheren Zeit stammen von R. →Hancock.

Lit: C. Williams-Wood, *English transfer-printed pottery and porcelain,* London 1981.

Ungarischer Stich →Bargello-Arbeit

Union Porcelain Works. Bedeutende Porzellanfabrik des 19. Jhs. in den Vereinigten Staaten in Greenpoint, New York, wo Weichporzellanfabriken 1848 errichtet worden waren, die hübsche, mit Blumen bemalte und reliefverzierte Eßgeschirre herstellten. Sie wurden 1862 von *Thomas C. Smith* erworben, der die Umbenennung in Union Porcelain Works vornahm. Auf der Jahrhundertausstellung in Philadelphia im Jahre 1876 zeigte sie mehrere eindrucksvolle Stücke in Hartporzellan nach Entwürfen eines deutschen Immigranten namens *Karl Miller,* darunter eine Kaffeetasse mit der Figur der ›Libertas‹ als Henkel. Sie stellte luxuriöse Tafelware her, von der einige Stücke von Ch. L. →Tiffany gekauft wurden. Die Fabrik schloß etwa 1910.

Lit: 19th Century America: Furniture and other Decorative Arts, Ausst. Kat. Metropolitan Museum, New York, 1970.

United States Pottery →Bennington, Töpfereiwaren und Porzellanfabrik

Union Porcelain Works: ›Liberty Cup‹, 1876 (Metropolitan Museum of Art, New York)

Urbino: Majolika aus der Werkstatt des Orazio Fontana, Schüssel aus dem ›Guidobaldo-Service‹, 1565-71 (Museo Nazionale del Bargello, Florenz)

Unterglasurfarbe →Porzellan

Uranglas. Gelbes Glas mit grüner Fluoreszenz, gefärbt durch Zusatz von Uranoxyd-Natron. Vor allem im 19. Jh. in Böhmen beliebte Glasart, ab 1848 auch in →Stourbridge hergestellt. Reagiert auf Geigerzähler.

Urartu. Von Urartu, einem Königreich im 9.-7. Jh. v. Chr., dessen Zentrum in der Mitte zwischen dem Schwarzen und dem Kaspischen Meer lag (heute Türkei, Iran, Sowjetunion), sind bemerkenswerte Bronzegefäße, Möbelausstattungen, Waffen und Geschirre für Pferd und Wagen erhalten. Anfänglich ist assyrischer Einfluß spürbar, z. B. bei in Bronze gegossenen geflügelten Menschen und Stieren als Kesselgriffe, jedoch entwickelte Urartu einen eigenen Stil, der sowohl die altgriechische, als auch die etruskische Kunst beeinflußte. Es wurde auch reizvolle einfarbig rote, polierte, Keramik hergestellt.

Lit: W. Orthmann, *Der Alte Orient* (Propyläen Kunstgeschichte) Berlin 1975; *Urartu*, Ausst. Kat. München 1976.

Urbino. Einer der berühmtesten und bedeutendsten Orte für die Herstellung von Majolika im 16. Jh. unter dem Schutz des Herzogs von Urbino, Francesco Maria della Rovere, und seines Nachfolgers Guidobaldo II. della Rovere. Obwohl heute mit dem Begriff Urbino nur die Werkstätten in der Stadt selbst und in ihrer unmittelbaren Umgebung bezeichnet werden, wurden seit dem 16. Jh. auch die anderen Werkstätten im Herzogtum, →Castel Durante und →Gubbio, einbezogen. Töpfereien gab es in der Stadt seit 1477. Sie haben wahrscheinlich bis um 1520 nur einfache Gebrauchsware hergestellt. Damals errichtete N. Pelliparios Sohn Guido, der den Namen →Fontana annahm, seine Werkstatt und spezialisierte sich mit seinem Dekor auf den →Istoriato-Stil, für den bedeutende Künstler manchmal die Entwürfe lieferten, so etwa T. →Zuccaro, B. →Franco. Die schönsten Stücke sind wahrscheinlich von N. →Pellipario und F. X. →Avelli bemalt worden. Einige bekannte Istoriatomaler arbeiteten in Urbino, darunter Cesare Cari von Faenza (um 1536), Raffaele Ciarla und Gironimo di Tommaso (der auch Grotesken malte). In den 1560er Jahren entwickelte sich in der Werkstatt von Fontana ein neuer Stil der Malerei mit →Grotesken, von Raffael entlehnt, die in Orange und anderen Farben auf einen milchig-weißen Fond aufgetragen wurden. Ein herrliches Tafelservice in diesem Stil wurde vor 1574 in der Werkstatt von Fontana für Guidobaldo II. geschaffen, von dem sich viele Stücke heute im Museo Nazionale, Florenz, befinden. Die Tendenz, Vasen, Becken, Krüge usw. reichhaltiger mit Skulpturenschmuck auszugestalten, ist an den Erzeugnissen der Werkstatt von Fontana festzustellen, weit mehr aber noch in der Werkstatt von →Patanazzi, der besten im späten 16. und frühen 17. Jh. Majolika wurde in bescheidenem Umfange in Urbino noch im 18. Jh. hergestellt. Zu den gemarkten Stücken gehören auch Teller im Stil von →Castelli. Antonio Maria Roletti von Turin betrieb 1771-75 in Urbino eine Werkstatt, nachdem er vorher in Mailand und in Borgo San Sepolcro gearbeitet hatte. *Siehe auch Abb. S. 645.*

Lit: B. Rackham, *Italian Maiolica*, London 1963; G. C. Polidori in *Studi Urbinati*, Urbino 1953; A. Klein, *Fayencen aus Europa*, Braunschweig 1980.

Urne. Im engeren Sinne ein Ton-, Metall-, Steingefäß usw. für die Asche des Toten (→Hausurne, →Gesichtsurne). Der Ausdruck gilt aber auch für alle dekorierten Gefäße, die nach den Formen von Aschenurnen der klassischen Antike hergestellt werden.

Urnen-Uhr. Uhr mit horizontalem Ziffernreif. Das geläufigste Modell hat die Form einer Urne, deren oberer Abschluß vom Ziffernring wie von einer Art Fries gebildet wird. Zuweilen bewegt sich der einzige Zeiger auf dem Zahlenkranz fort, häufiger aber ist dieser Zeiger feststehend, und der Ziffernreif dreht sich – wie bei der berühmten französischen Uhr des späten 18. Jhs. aus der Wallace Collection, London, bei der ein Amor-Pfeil als Zeiger dient und ein Stunden- und ein Minuten-Ziffernreif sich um den Äquator eines Globus drehen.

Uschak-Teppiche →Türkische Teppiche

Uskware →Pontypool Lackmanufakturen

Utzschneider, Paul →Saargemünd

V

Vaisseau à mât, franz. ›Einmaster‹. Schiffsförmiger →Potpourri aus der Porzellanmanufaktur →Vincennes/Sèvres um 1755, wohl nach einem Entwurf von J.-C. →Duplessis. Eines der phantasiereichsten und aufwendigsten Modelle der Manufaktur.

Valadier, Luigi (1726-85). Er war der führende römische Silberschmied und Bronzegießer seiner Zeit und Sohn des Andrea Valadier (1695-1759), eines provenzalischen Silberschmieds, der sich 1714 in Rom niedergelassen hatte. Luigi machte bei ihm die erste Lehre durch und ging 1754 nach Paris, siedelte sich aber schon 1756 fest in Rom an und übernahm 1759 seines Vaters Werkstatt. Er wurde der offizielle Silberschmied des ›Sacro Palazzo Apostolico‹, und 1779 ernannte ihn Papst Pius V. zum ›Cavaliere‹. Sein schönstes noch existierendes kirchliches Werk ist der silberne und bronzevergoldete Altar (1770) im Dom von Monreale. Er hat eine große Anzahl von Haushaltsgeräten – Kaffeekannen, Zuckerdosen u. ä. – gefertigt, aber sein Ansehen beruht auf den Schaustücken, z. B. einer Uhr in Form der Trajanssäule (1774-1780; Residenzmuseum, München). Außerdem stammt von ihm eine Reihe äußerst aufwendig gearbeiteter →Desserts, die geradezu Anthologien antiker Skulptur und Baukunst darstellen. Aber trotz seiner Berühmtheit und seines Erfolges scheint das Glück ihn nicht begünstigt zu haben: Er beging Selbstmord. Seine Werkstatt übernahm sein Sohn *Giuseppe* (1762-1839), der nach 1817 als Baumeister Anerkennung finden sollte. Als Silberschmied und Bronzegießer arbeitete Giuseppe in einem ähnlichen Stil wie der Vater und schuf eines der prächtigsten Beispiele römischen klassizistischen Mobiliars, einen von zwölf Herkulesstatuen getragenen Bronzetisch (Entwurf: Vincenzo Pacetti, 1789/90; Vatikanische Bibliothek). Luigis jüngerer Bruder *Giovanni* (1732-1805) war ebenfalls ein in Rom tätiger Silberschmied, und dessen drei Söhne *Filippo* (geb. 1770), *Tomaso* (geb. 1772) und *Luigi II* (geb. 1781) übten denselben Beruf aus, aber ohne sich je so hervorzutun wie der Onkel. *Siehe Abb. S. 92.*

Lit: R. Righetti in *L'Urbe*, 1940 Bd. V, S. 2-16; C. G. Bulgari, *Argentari Gemmari e Orafi d'Italia*, Bd. II, Rom 1958.

Luigi Valadier

L. Valadier: Silberkelch mit Lapislazuli besetzt, um 1760-80 (Louvre, Paris)

Valencia. Aus Valencia kommen einige der schönsten →spanisch-maurischen Stücke. Seit dem 14. Jh. gibt es Töpfereien in Valencia und seiner Umgebung. Grüne und purpurne Ware aus dieser Zeit werden der außerhalb der Stadt gelegenen →Paterna-Werkstatt zugeschrieben. Die →Lüsterkeramik des 15. Jhs., die den Ruf der Töpfereien von Valencia begründet hat, stammt aus dem nahegelegenen Manises. Die schönsten Stücke sind große Platten (40 cm bis 50 cm Durchmesser) mit Wappen in leuchtenden Farben oder mit sich aufbäumenden Tieren in gotischer Darstellung auf einem mit Laubwerk oder Rautenmustern in reichem Gold- oder Purpurlüster und dunkelblau bemalten Fond. Teller dieser Art wurden für den Adel in Frankreich, Italien und Spanien angefertigt und waren bei weitem die beste Keramik ihrer Zeit. (In ihrer einmaligen Verbindung von Technik, Form und Dekor sind sie tatsächlich niemals übertroffen worden.) →Albarelli und Krüge wurden ähnlich dekoriert. In großem Umfange wurden →Fliesen hergestellt, blau und weiß, gelegentlich lüstriert, mit heraldischen Motiven, →Arabesken und arabischen und gotischen Schriftzeichen. Lüstrierte Kera-

Valencia: Lüsterware, Schüssel, um 1475-1500 (Kunstgewerbemuseum, Berlin)

mik, insbesondere Schüsseln, wurden in guter Qualität bis ins 16. Jh. hinein gemacht, aber offensichtlich haben sie damals an Wertschätzung verloren; denn nur noch selten sind sie mit Wappen, meistens dagegen mit Arabesken, Tieren und figürlichen Darstellungen von großer Ausdruckskraft bemalt. Im 17. und 18. Jh. ließ die Qualität der Malerei nach. Der Lüster auf den frühen Erzeugnissen ist von großer Schönheit und reicht von weichen, manchmal grünlichen Goldtönen bis hin zu einem glühend rötlichen Purpur; im 16. Jh. war er gewöhnlich lohfarben und im 17. und 18. Jh. von einer ziemlich grellen, wie poliert wirkenden Kupferfarbe. Töpfereien arbeiten auch heute noch in Valencia.

Lit: A. Van de Put, *The Valencian Style of Hispano-Moresque Pottery*, New York 1938; A. W. Frothingham, *Lustreware of Spain*, New York 1951; C. Pinedo u. E. Gizcaino, *La ceramica de Manisses en la historia*, Madrid 1977; A. Klein, *Fayencen aus Europa*, Braunschweig 1980.

Valencia: Lüsterware, Vase, um 1450-75 (Victoria & Albert Museum, London)

Valenciennes-Spitze. Eine der feinsten und im 18. Jh. kostbarsten Leinenspitzen in einer Mischung aus Nadel- und Klöppeltechnik. Die besten wurden vermutlich zwischen 1725 und 1780 hergestellt, aber auch 1840 wurden noch hervorragende Stücke gemacht, als die Stadt Valenciennes der Herzogin von Nemours einen Spitzenkopfputz als Hochzeitsgabe schenkte. Mit ihren delikaten Ranken und stilisierten Blüten hat sie zum Unterschied zu vielen anderen flämischen Spitzen keine äußere Befestigung. Ähnliche Spitzen, die ›fausses Valenciennes‹, sind auch in der Umgebung gemacht worden. Im 19. Jh. ist der Typus der Valenciennes-Spitzen in Technik und Muster in großem Umfang nachgeahmt worden.

Lit: B. Palliser (durchges. v. M. Jourdain u. A. Dryden), *History of Lace*, London 1902; Laprade and A. Maletet, *La dentelle à Valenciennes*, Paris 1927.

Valentien, Albert R. → Rookwood pottery

Vallet, Odoardo → Bylivelt, Jacques

Vallin, Eugène (1856-1922). Französischer Möbelentwerfer des Art Nouveau aus Nancy. Zu Beginn seiner Laufbahn ließ er sich von der Neugotik und dem Zweiten Rokoko inspirieren, verschrieb sich aber 1895, unter E. → Gallés Einfluß, dem Art-Nouveau-Stil, den er mit großem Erfolg anwendete. Zu Beginn des 20. Jhs. glättete er die übertriebenen Rundungen und Schwünge seiner Entwürfe, die nunmehr zum funktionellen Design hin tendierten.

Val Saint-Lambert, Cristalleries du. Bedeutendste Glashütte in Belgien. Sie wurde 1825 auf dem Gelände einer Zisterzienserabtei in der Nähe von Lüttich gegründet und begann mit einer bescheidenen Produktion von Flaschen und Fensterglas. Bald wurde sie jedoch von einem Chemiker, François Kemlin, übernommen und vergrößerte sich sehr schnell: 1829 waren bereits 400 Glasarbeiter beschäftigt. Die primitive Holzfeuerung wurde zugunsten der Kohlenfeuerung aufgegeben, und man begann mit der Herstellung von Zier- und Gebrauchsglas. Wilhelm I. von Oranien und nach 1830 der neu konstituierte belgische Staat ließen dem Unternehmen finanzielle Unterstützung zukommen. Seit den frühen 30er Jahren erschienen illustrierte Kataloge der Glasproduktion, zu der viel Preßglas gehörte, 1870 waren 2800 Arbeiter beschäftigt, und es wurden zehn Öfen und drei Werkstätten für den Schliffdekor unterhalten. Die Glashütte nutzte die aufkommende Vorliebe der Mittelklasse für vielteilige Tafelservice und insbesondere für geschliffene Kristallartikel und entwickelte für das 19. Jh. charakteristische Gefäßformen, die innerhalb Europas und auch in den Vereinigten Staaten vielfach nachgeahmt wurden.

Lit: H. Hilschenz, *Das Glas des Jugendstils*, München 1973; J. Philippe, *Le Val-Saint-Lambert, ses cristalleries et l'art du verre en Belgique*, Lüttich 1974; M. Lempereur, *Les cristalleries du Val-Saint-Lambert. La verrerie usuelle à l'époque de l art nouveau (1894-1914)*, Gembloux 1976.

Valvassori, Giovanni Andrea → Spitze

Van Briggle, Artus → Briggle, A. van

Vanderbank, John (gest. 1727). Der führende Wandteppichwirker seiner Zeit in England und offizieller Leiter der Arbeiter aus Arras in der ›Great Wardrobe‹ von 1689-1727. Er stellte die besten der sogen. →Soho-Wandteppiche her. Die meisten seiner Arbeiten haben französische oder flämische Vorbilder, z. B. Schäferszenen nach Teniers, ›Die vier Elemente‹ nach Le Brun, ›Venus und Cupido‹ nach Albani. Am besten und originellsten ist er wohl in einer Serie von seltsamen Chinoiserien um 1700 – Gruppen von exotisch gekleideten Orientalen, sowohl Indern als auch Chinesen, die teilweise auf Mogulminiaturen zurückgehen, die von Elihu Yale aus Indien, wo er sie in Auftrag gegeben hatte, nach England gebracht worden sind (jetzt in der Yale University). Diese Bildteppiche waren sehr beliebt und sind mit kleinen Unterschieden, besonders in den Borten, verschiedene Male wiederholt worden (die früheren Exemplare haben Girlandenrahmen mit barocken Blüten, die späteren Borten mit chinesischen Tassen, Vasen usw.).

Lit: H.C. Mariller, *English Tapestries of the Eighteenth Century*, London 1930.

Vandercruse, Roger, bekannter unter dem Namen **Lacroix** (1728-1799). Führender Pariser Möbelschreiner. Seine Arbeiten lehnten sich sehr an die seines berühmten Schwagers J.-Fr. →Oeben an: Sie sind einem Übergangsstil vom Louis-quinze zum Louis-seize zuzuordnen. Er war Sohn des flämischen Möbelschreiners *François Vandercruse* und wurde 1755 ›maître‹. Er hatte jedoch schon 1751 begonnen, für P. →Migéon zu arbeiten, dem er bis 1759 eine große Anzahl von Möbeln lieferte. Nach dieser Zeit erhielt er Aufträge von der Krone und von Madame Dubarry, arbeitete aber hauptsächlich für Pariser Möbelhändler und spezialisierte sich auf Kleinmöbel – →Guéridons, →Bonheurs-du-jours u. a. – mit schlichten Beschlägen und erlesenem, zierlichem Dekor in →Vernis Martin und mit Blumenmarketerie. Er dekorierte seine Möbel auch gern mit Sèvres-Porzellanplatten. Einige seiner Arbeiten befinden sich im Louvre, im Musée des Arts Décoratifs, Paris, in der Wallace Collection, London, und im Metropolitan Museum, New York. Sein Sohn *Pierre Roger Vandercruse* (gest. 1789) war ebenfalls ›maître ébéniste‹, hat aber anscheinend vorwiegend als Restaurator in Versailles gearbeitet.

Lit: F.J.B. Watson, *The Wrightsman Collection: Furniture*, New York 1966.

Vargueño, Nußholz mit Intarsien aus gefärbten und naturfarbenen Elfenbeinplättchen, spanisch, um 1520 (Victoria & Albert Museum, London)

R. Vandercruse: Aufsatzsekretär, um 1770 (Duthuit Collection, Petit Palais, Paris)

Van der Vinne, Leonard →Vinne, L. van der

Van de Velde, Henri →Velde, H. van de

Van Erp, Dirk →Erp, D. van

Vanrisamburgh →Risenburgh, Bernhard II van

Vargueño. Spanischer Schreibschrank aus dem 16./17. Jh. mit herunterklappbarer Schreibplatte, entweder auf einem schrankartigen Unterbau aufsitzend oder auf Stützen (→Puente). Das Innere ist häufig mit prächtigen geometrischen Einlegearbeiten aus Ebenholz, Schildpatt, Elfenbein u.a. dekoriert. Die Bezeichnung stammt aus dem 19. Jh.

Varion, Giovanni Pietro →Este, Keramikfabriken

Vase. Im 18. Jh. nach dem italienischen ›vaso‹ eingeführter Ausdruck für Keramikgefäße hauptsächlich dekorativen Charakters. Im archäologischen Sprachgebrauch gilt er für alle antiken, vor allem griechischen Keramikgefäße als übergeordnete Bezeichnung.

Vasenteppiche → Persische Teppiche

Vasters, Reinhold (tätig 1853-90). Deutscher Goldschmied, der bis vor kurzer Zeit nur als Restaurator des berühmten Sammlers des 19. Jhs., Spitzer, und des Aachener Münsterschatzes (um 1870) bekannt war. In jüngster Zeit aber hat sich herausgestellt, daß er eine Reihe hervorragender Renaissance-Nachahmungen in Gold, Silber, Email und Halbedelsteinen wohl in Fälschungsabsicht gefertigt hat. Werke von ihm finden sich im British Museum, London, im Metropolitan Museum, New York, und sicher, z. T. noch als Originale geltend, in vielen anderen Sammlungen. Das Victoria & Albert Museum in London besitzt 1076 seiner Entwürfe.

Lit: C. Truman, ›Reinhold Vasters – the last of the Goldsmiths?‹, in *The Connoisseur,* März 1979.

Vaupel, Louis → New England Glass Company

Vauxhall-Glashütten Wichtigster Hersteller von Tafelglas im späten 17. und frühen 18. Jh. in England. Die erste der Glashütten in Vauxhall – in London, am rechten Ufer der Themse, gegenüber von Westminster – wurde um 1663 vom Herzog von Buckingham gegründet, dem schon eine Glashütte in Greenwich unterstand (seit 1660) und der verschiedene Patente für die Glasherstellung besaß, auch für Spiegelglas. Die Hütte wurde von 1671-74 von John Bellingham geleitet, der zuvor in Haarlem und Amsterdam Spiegelglas hergestellt hatte und später englische Patente für ›Normandy Glass‹ (1679) und ›Crown Glass‹ (1685) erhielt. Andere Glashütten waren im gleichen Bezirk bis ins späte 18. Jh. tätig. Produkte dieser Hütten konnten nicht identifiziert werden, doch werden Spiegelscheiben oft als ›Vauxhall‹ bezeichnet.

Lit: H. J. Powell, *Glassmaking in England,* Cambridge 1923; F. Buckley, ›John Bellingham‹ in *Glass* v (1928), S. 150.

Vecellio, Cesare → Spitze

Vechte (oder **Wechte), Antoine** (1800-1868). Einer der besten französischen Silberschmiede des 19. Jhs., der als Bronzegießer und Ziseleur begann, um 1835 dem Bildhauer und Entwurfszeichner Jean-Jacques Feuchère begegnete und sich unter dessen Einfluß dem Silberschmieden zuwandte und es hier rasch zu einer großen Fertigkeit brachte. Manche seiner historisierenden Arbeiten wurden sogar von bedeutenden Museen (z. B. dem Berliner Kunstgewerbemuseum) als Originale der Renaissance-Zeit erworben. Werke in seinem eigenständigen Stil zogen bedeutende Gönner an, wie den Duc de Luynes, und der Künstler begann, sie zu signieren. Später wurde er von den führenden Pariser Silberschmieden → Froment-Meurice und Carl → Wagner angestellt. Nach der Revolution (1848) ging er nach London, um für Hunt & Roskell (P. → Storr) zu arbeiten, für die er Modelle für Schaustücke und Geschenkartikel schuf, die auf der Londoner Weltausstellung 1851 und auf späteren internationalen Ausstellungen gezeigt wurden. Ein Teil seiner Werke wurde auf galvanoplastischem Wege vervielfältigt. 1861 gab er seine Arbeit auf und kehrte nach Frankreich zurück. *Siehe Abb. S. 762.*

Lit: H. Marlot, *Notice sur Antoine Wechte,* Semur-en-Auxois, 1908; *Historismus,* Ausst. Kat. Kunstgewerbemuseum Berlin, Bd. VII, 1973.

Veilleuse, franz. Ursprünglich Bezeichnung für eine Nachtlampe, im 18. Jh. für eine Vorrichtung zum Warmhalten von Speisen oder Getränken, im allgemeinen aus Porzellan: Schale mit Deckel (im 19. Jh. eine kleine Teekanne), meist auf einem auf einer Seite offenen, trommelförmigen Ständer als → Rechaud, in dem der Brenner steht.

Lit: H. Newman, *Veilleuse. A Collectors Guide,* London 1983.

Velde, Henri van de (1863-1957). Belgischer Architekt und Designer, einer der einflußreichsten Bahnbrecher und Verfechter der modernen Bewegung. Er begann als Maler (Studium in Paris, Kontakt zu Malern des Impressionismus und des Symbolismus). Nach einem Nervenzusammenbruch und dessen Nachwirkungen (1889-93) wendete er sich unter dem Einfluß der Schriften von William → Morris und des Werks von → Voysey dem Kunsthandwerk und der Architektur zu. Seine Originalität bewies van de Velde erstmals mit dem Haus, das er sich in Uccle bei Brüssel (1894-95) baute und für das er auch die Innenausstattung, die Möbel, das Silber usw. und sogar die Kleidung seiner Frau entwarf, die sie im Hause tragen sollte. Das Interieur wirkte überaus ästhetisch, die Linie der Stühle, Tische, Schränke war klar und ohne Ornament. Hier zeigte sich der Einfluß von Voysey und der englischen Handwerker der Reformbewegung wie E. W. → Gimson, nur waren van de Veldes Entwürfe sehr viel eleganter. Sie beeindruckten S. → Bing so sehr,

H. van de Velde: Armsessel, entworfen 1898/99 (Kunstindustrimuseum, Trondheim)

daß er ihn 1896 mit Entwürfen für die Gestaltung der Räume seines Pariser Geschäftes beauftragte, dem er den Namen ›La Maison de l'Art Nouveau‹ gab. Mit dieser Arbeit erlangte van de Velde europäischen Rang (aber sie forderte auch Angriffe heraus). Als Entwerfer wandte er sich nunmehr Möbeln, Keramik, Metallarbeiten, Textilien und Bucheinbänden zu. 1897 gründete er die ›Société van de Velde S.A.‹, in deren Werkstätten in Ixelles bei Brüssel Möbel und Metallarbeiten hergestellt wurden. Ab 1898 hielt er sich in Berlin auf und richtete dort eine große Zahl wohlhabender und vornehmer Auftraggeber ein; so gestaltete er 1901 u.a. die Geschäftsräume des Hoffriseurs Haby. Im gleichen Jahr erhielt er einen Ruf nach Weimar, um Handwerk, industrielle Fertigung und gutes Design zu koordinieren, und 1904 wurde er Leiter der dortigen Kunstgewerbeschule. Von nun an widmete er sich hauptsächlich der Architektur und der Kunsttheorie, entwarf aber nebenbei weiterhin Möbel, einfacher als zuvor und nur noch mit vagen Anklängen an den Jugendstil. 1914 ging er in die Schweiz, 1921 nach Holland. 1925 wurde er Leiter des ›Institut supérieur des arts décoratifs‹ in Brüssel. Seine wenigen kunsthandwerklichen Entwürfe aus dieser Zeit sind streng und kantig und nähern sich dem Pariser Stil von 1925. 1947 setzte er sich in der Schweiz zur Ruhe.
Einige von van de Veldes Arbeiten befinden sich im Germanischen Nationalmuseum, Nürnberg; im Karl-Ernst-Osthaus-Museum, Hagen; im Kunstgewerbemuseum, Zürich; im Badischen Landesmuseum, Karlsruhe, und im Nordenfjeldske Kunstindustrimuseum, Trondheim.

Lit: A.M. Hammacher, *Die Welt Henry Van de Veldes*, 1967; H. Kreisel und G. Himmelheber, *Die Kunst des deutschen Möbels*, Bd. III, München 1973.

Vellert, Dirick (tätig 1511-44). Maler, Glasfärber, Holzschneider und Kupferstecher, der in Antwerpen arbeitete. Er ist vor allem als Entwerfer von Glasmalereien bekannt und lieferte die Kartons für einige der Fenster im King's College, Cambridge, die von G. →Hone ausgeführt wurden, und von denen vor allem das besonders schöne Ostfenster bemerkenswert ist. Er bemalte auch selbst einige kleine Glasscheiben (Musée du Cinquantenaire, Brüssel), in einem Frührenaissancestil, der sich an Stiche nach Mantegna und anderen italienischen Künstlern ebenso anlehnt wie an zeitgenössische niederländische Maler.

Venezianische Bildteppichwirkerei. Venedig war im späten Mittelalter das italienische Handelszentrum für Bildteppiche; unter den dort beschäftigten ›tapizeri‹ gab es eine Reihe von Ausländern. 1421 wird ein ansässiger ›tapizero‹ aus →Arras erwähnt, ein anderer aus Brügge. Arbeiten von ihnen sind nicht bekannt; vermutlich aber wurde der berühmte ›Paramento della Passione‹ (um 1420-30, San Marco, Venedig) von solchen Ausländern in Venedig gewirkt und nicht, wie angenommen worden ist, in →Tournai. Der Entwurf stammt wahrscheinlich von einem venezianischen oder lombardischen Künstler, einem Kenner der französisch-burgundischen Kunstwelt: Zanino di Pietro (vorgeschlagen von Roberto Longhi in ›Viatico per cinque secoli di pittura veneziana‹, Florenz 1946) oder auch Niccolò di Pietro. Im 16.Jh. ließ die Produktion nach; erwähnt findet man eine Serie der ›Theologischen Tugenden‹ nach Tizian und eine ›Ge-

H. van de Velde: Kaffeeservice, Meißner Porzellan, um 1904 (Badisches Landesmuseum, Karlsruhe)

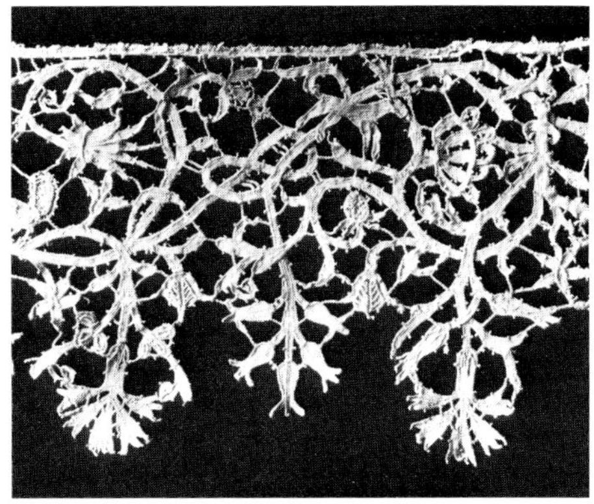

Venezianische Nadelspitze, 16. Jh. (Victoria & Albert Museum, London)

schichte des hl. Lorenzo Giustiniani‹ nach Tintoretto. Im 18. Jh. wirkten Pietro Davanzo (gest. 1771) und Antonio Dini (gest. 1769) vor allem Bildteppiche kleinen Formats.

Lit: G. M. Urbani de Gheltof, *Degli arazzi in Venezia*, Venedig 1878; M. Viale Ferrero, *Arazzi Italiani del Cinquecento*, Mailand 1961.

Venezianische Emails. Eine Gruppe kupferner gebuckelter Platten, Krüge usw. des späten 15. und frühen 16. Jhs., die mit opakem Maleremail geschmückt sind, vornehmlich in einem schönen Dunkelblau oder Weiß, und mit dem häufig wiederkehrenden Motiv einer weiß oder gold (selten farbig) hervorgehobenen vielblättrigen Blüte (›compositae‹). Ein Becher der Sammlung Rothschild, Paris, trägt die Inschrift ›Dominus Bernardinus de Caramellis, plebanus fecit fieri de anno 1502‹. Das läßt vermuten, daß die Arbeiten in Italien hergestellt worden sind, wenn auch der genaue Herkunftsort nicht gesichert ist (die Bezeichnung ›venezianische Emails‹ ist modern). Eine hervorragende Sammlung solcher Stücke findet sich im Kunsthistorischen Museum in Wien.

Lit: E. Steingräber, *Email* in RDK, Bd. V, Sp. 44, Stuttgart 1967.

Venezianische Spitze. Die früheste →Spitzenart, eine Nadelspitze, auch →Punto in aria genannt, wurde etwa seit 1480 in Venedig gemacht und Klöppelspitze seit dem 16. Jh. Im 17. Jh. wurden zwei Hauptarten von Nadelspitze entwickelt: venezianische Flechtspitze, charakterisiert durch eine recht dicke Flechtkontur der Motive des Musters (ähnelt ein bißchen dem Schmiedeeisen), und venezianische Rosalinenspitze, die sehr viel dünner ist und deren Verbindungsfäden mit winzigen Rosetten gepunktet sind, die den Eindruck von Schneeflocken erzeugen. Eine Anzahl von Musterbüchern für Spitzen (M. →Pagano) sind im 16. Jh. in Venedig gedruckt und die darin enthaltenen Zeichnungen in großem Umfang anderswo als Vorlagen genommen worden. Spitzenmacher aus Venedig zogen in andere italienische Städte, auch nach →Alençon in Frankreich und an weitere Orte. Der Terminus ›Venezianische Spitze‹ beinhaltet daher mehr die Art als den Ort der Herstellung. Die Herkunft ist selten feststellbar.

Lit: B. Palliser, *History of Lace*, durchges. v. M. Jourdain und A. Dryden, London 1902; E. Ricci, *Antiche trine italiane*, Bergamo 1908; L. W. van der Meulen-Nulle, *Lace*, London 1963.

Venezianische Töpfereien und Porzellanfabriken. Majolikafabriken gab es in Venedig wahrscheinlich seit dem 15. Jh.; 1520 überwachte Tizian in Venedig die Majolika-Herstellung für Alfonso I. d'Este. Die ältesten nachgewiesenen Stücke datieren aus der Zeit um 1525. In den folgenden Jahrzehnten stellten mehrere Werkstätten verschieden dekorierte Ware her, die sich von den im übrigen Italien hergestellten Stücken durch die Qualität der Zinnglasur, die fast transparent (mit weniger Zinnoxid in der Zusammensetzung als üblich) und mitunter graublau mit Kobalt gefärbt war, unterschied. Die frühesten Stücke sind mit Blumen- und Blattmotiven dekoriert, von China, vielleicht auch von der persischen Keramik her beeinflußt. Einige Stücke waren offenbar für den Export hergestellt und tragen Wappen von Nürnberger Familien. Auf Grund weniger bezeichneter Stücke (im Louvre, Paris; in der Wallace Collection, London; im Ashmolean Museum, Oxford) werden einige der schönsten Erzeugnisse den Werkstätten des *Meisters Lodovico* und *Jacomo da Pesaro* zugeschrieben, die in den 40er und 50er Jahren des 16. Jhs. arbeiteten. Große Schüsseln (bis zu 43 cm Durchmesser), die von letzterem gezeichnet oder ihm zugeschrieben sind, sind mit Landschaften bemalt, in einem Fall (Victoria & Albert Museum, London) mit einer Ansicht der venezianischen Lagune als Hintergrund für eine Gruppe von Herkules und Antäus nach einem Stich von Giovanni Antonio da Brescia. Andere Keramiken sind im →Istoriato-Stil von →Urbino bemalt und werden den beiden Töpfern *Francesco di Pieragnolo* und *Gianantonio da Pesaro* zugeschrieben, von denen bekannt ist, daß sie aus →Castel Durante nach Venedig kamen. Große Krüge und Apothekengefäße wurden zuweilen mit Büsten oder figürlichen Darstellungen bemalt. Die interessantesten venezianischen Stücke des 17. Jhs. sind Schüsseln, die im Mittelfeld mit Landschaften bemalt sind und halbkreisförmig gebogte, ausgeformte Ränder haben, mitunter mit Putti und barocken →Arabesken, und mit

Venezianische Majolikaschüssel, um 1540-50 (Victoria & Albert Museum, London)

Dunkelgrüner venezianischer Glaspokal mit farbiger Emailmalerei, letztes Viertel 15. Jh. (Kunstgewerbemuseum, Köln)

→Smaltino überzogen sind. Einige wenige Teller aus dem späten 17. Jh. oder frühen 18. Jh., die in blassen kalten Farben über die ganze Oberfläche mit massiven römischen Ruinen und eigenartigen, langgestreckten, in weiten Landschaften einhergehenden Figuren bemalt sind, werden gewöhnlich einer Fabrik in Murano unter Leitung von *Andrea* und *Pietro Bertolini* (tätig 1738-63) zugeschrieben, obwohl sie auch schon früher datiert und als von den ziemlich bedeutungslosen Manufakturen in →Angarano und →Nove bei Venedig stammend bezeichnet wurden. Die Bertolini sollen auch das →Milchglas und das opake weiße Glas als Porzellanimitation erfunden haben. In Venedig wurde in der Fabrik →Cozzi (die auch mit Blumen bemalte Fayence machte) sowie in den Fabriken →Hewelcke und →Vezzi auch Porzellan hergestellt. Seit etwa 1780 wurde in der Fabrik Cozzi →Steingut englischer Art erzeugt, mit Dekoren im späten Rokokostil, mit →›natürlichen Blumen‹ und mythologischen Szenen und einigen Darstellungen zeitgenössischen Lebens. 1797 gab es noch fünf Steingutfabriken. Als Marken der Fabriken sind ›Venezia‹, ›Ven‹ oder ›V^{a}‹ in Unterglasur- oder Emailfarbe, im allgemeinen rot, benutzt worden.

Lit: A. A. Bortolotto, *Storia della ceramica a Venezia*, Florenz 1981.

Venezianische Glashütten. Bereits für das Jahr 982 sind in Venedig Glasmacher nachgewiesen, und im Jahr 1255 waren es bereits so viele, daß sich eine Glasmacherzunft bilden konnte. 1291 wurden sie alle nach Murano umgesiedelt, da die Feuergefahr durch die Öfen für die Stadt zu groß wurde. Im 14. Jh. wurde geblasenes Glas, Emailglas und optisches Glas hergestellt. Die ältesten erhaltenen Objekte stammen aus dem 15. Jh., darunter bemerkenswert ein türkisgrüner Becher, der in Emailmalerei eine Gruppe buntgekleideter Figuren zeigt (British Museum, London), und der dunkelblaue Hochzeitspokal ›Barovier‹ mit allegorischen Figurengruppen und den Porträts der Brautleute in Emailmalerei (Murano, Museo Vetrario). Zu Anfang des 16. Jhs. wurde die Herstellung kristallklaren Glases erfunden, und bald belieferten die Glashütten ganz Europa mit Pokalen, Krügen, Platten usw. von einer Leichtigkeit und Eleganz, die zu dieser Zeit andernorts unerreicht waren und auch später nur selten übertroffen wurden. Die venezianische Regierung schützte und förderte das Handwerk, gewährte Glasmachern außerordentliche Privilegien und drohte mit schweren Strafen im Fall einer Weitergabe des Geheimnisses der →Kristallglasherstellung. Trotzdem setzten sich einige Glasmacher (wie etwa G. →Verzelini) darüber hinweg, und so verlor Venedig das Monopol für Kristallglas vor dem

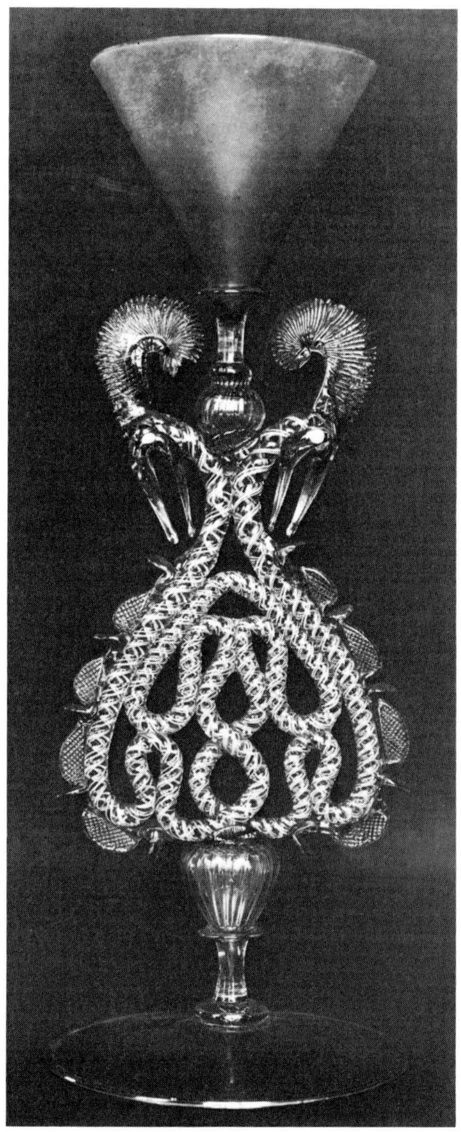

Blauweißes venezianisches Flügelglas, 16.-17. Jh. (Victoria & Albert Museum, London)

Venezianischer Lüster, farbiges Glas, 2. Hälfte des 18. Jhs. (Museo Vetrario di Murano, Murano)

Ende des 16. Jhs. Um mit ihren neuen Rivalen konkurrieren zu können, produzierten die Glashütten Gefäße von noch größerer Phantasie und Üppigkeit – Lampen in der Form von Pferden, Krüge in Schiffsform mit Takelwerk aus netzartig ausgezogenen Glasfäden, Flaschen mit übermäßig dünnen Hälsen, Pokale mit Schäften in Form von Drachen, Schlangen oder Seepferdchen. Während des 16. Jhs. wurde die Herstellung von opakem Glas fortgesetzt, manchmal in Nachahmung von Halbedelsteinen wie Chalzedon, und es wurde ein neues, opakes milchweißes Glas entwickelt, →Milchglas genannt. Außerdem begann man mit der Herstellung von Netzglas (reticello), für das Venedig seither berühmt ist. Im späten 17. Jh. und im 18. Jh. wurden →Spiegel gemacht, meist jedoch ziemlich kleine, da sie aus geblasenem Glas waren und nicht, wie in Frankreich, aus gegossenem und gewalztem Glas. Sie sind vor allem wegen ihres schönen ornamentalen geschnittenen Dekors von Interesse. Die bemerkenswertesten Objekte des 18. Jhs. sind die großen Lüster, die mit Glasblumen und Früchten verziert sind. Am Anfang des 19. Jhs. erlebte die venezianische Glasindustrie eine Krisenzeit, und es wurde kaum etwas anderes hergestellt als Halsketten und Rosenkränze aus Glasperlen, die immer schon in großen Mengen produziert worden sind. Eine Wiederbelebung begann um 1850, vor allem durch die Initiative eines Fabrikanten, Pietro Brigaglia (*siehe auch* Barovier & Toso und Salvati Glashütten), doch die meisten Produkte waren Nachahmungen, wenn nicht direkte Kopien von Objekten des 16. Jhs., die bei Sammlern und Designern außerordentlich beliebt waren. Im 20. Jh. haben einige Glashütten (vor allem P. →Venini) die Nachahmung von Renaissancevorbildern aufgegeben zugunsten von Glasgefäßen eindeutig modernen Stils, die jedoch die außerordentlichen Eigenschaften des venezianischen Glases bewahrten – leichtes Gewicht, Brillanz der Farbe und eine Formbarkeit, die der Phantasie größte Möglichkeiten bietet.

Lit: A. Gasparetto, *Il Vetro di Murano*, Venedig 1958.

Venini, Paolo (1895-1959). Venezianischer Rechtsanwalt, der seinen Beruf 1920 aufgab und sich der Glasherstellung zuwandte. Er beteiligte sich 1921 an der Glashütte von Giacomo Cappelin und wurde dann deren maßgeblicher Leiter. Das Unternehmen wurde 1925 in *Venini & Co.* umbenannt. Venini distanzierte sich von dem historisierenden und oft auch kitschigen Stil der anderen venezianischen Hütten, bewahrte jedoch die eigentliche Tradition venezianischen Glasmachens und wurde bald zu dem führenden Hersteller von hochwertigem dekorativem Glas und Tischglas in Italien. Er beschäftigte mehrere bedeutende Designer, darunter auch G. → Ponti Gio. Gefäße oder Lampen von nobler Modernität der Form, verziert mit regelmäßigen Mustern aus Emailfäden sind typische Produkte, die bei internationalen Ausstellungen Preise gewannen – und bald von anderen venezianischen Glashütten imitiert wurden. Seine Fabrik, die nach seinem Tod von seiner Witwe und seinem Schwiegersohn Ludovico de Santillana übernommen wurde, gehört zu den besten in ganz

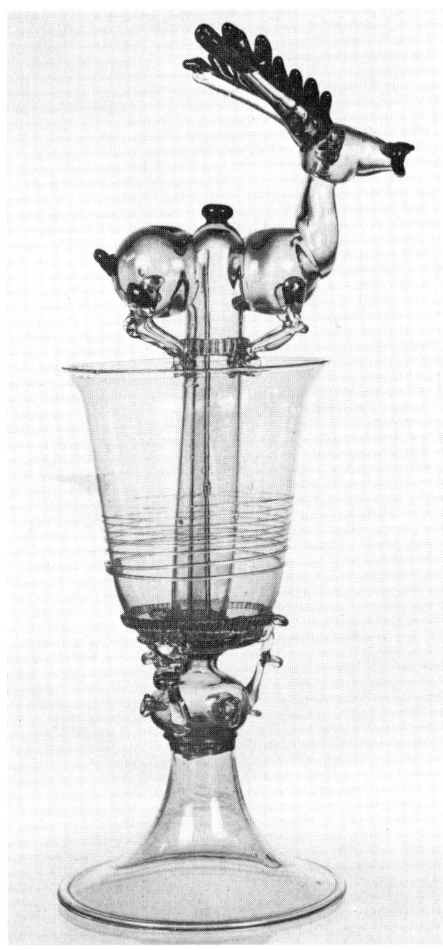

Venezianischer Pokal aus farblosem Kristallglas mit einem Siphonapparat, 16.-17. Jh. (Victoria & Albert Museum, London)

P. Venini: Glasflasche, um 1968 (Kunstgewerbemuseum, Zürich)

Italien für Gläser, die in modernem Geist entstanden und mittels traditioneller Techniken hergestellt wurden. *Siehe auch Abb. S. 234.*

Lit: A. Polak, *Modern Glass*, London 1962.

Verdure. Alte und übliche Bezeichnung für einen Bildteppich mit Rankenblattwerk oder Baumlandschaften, manchmal mit Vögeln und Tieren. Solche Stücke bildeten den Hauptbestand der meisten nordeuropäischen Wandteppich-Manufakturen vom Mittelalter bis in das 18. Jh.

Vereinigte Werkstätten für Kunst im Handwerk →Behrens, P.; Deutsche Werkstätten; Pankok, P.; Riemerschmid, R.

Vergoldung →Firnisvergoldung; Honigvergoldung; Lackvergoldung; Quecksilbervergoldung; Ormoulu

Verlegereinbände. Die seit dem Ende des 18. Jhs. für eine ganze Auflage oder wenigstens einen Teil der Auflage auf Kosten des Verlegers hergestellten, völlig einheitlichen Einbände. Schon im späten 15. und im 16. Jh. haben aber bedeutende Drucker und Verleger (wie Anton Koberger, Aldus Manutius, die Giunta u. a.) ihre Erzeugnisse zum Teil in eigener Buchbinderei binden lassen.

Lit: M. Sadleir, *The evolution of publisher's binding styles*, 1930.

Vermeil, franz. Im Kunsthandwerk übliche Bezeichnung für vergoldetes Silber.

Vernis Martin. Gattungsname, der alle französischen Lackarbeiten des 18. Jhs. auf Holz – für Täfelungen, Kutschen, Möbel, kleine Dosen usw. – umfaßt. Er ist auf G. →Martin und seine Brüder zurückzuführen.

Verre de fougère, franz. →Waldglas

Verrerie de la Reine. Glashütte, die 1784 unter dem Patronat von Marie-Antoinette in Saint-Cloud gegründet, jedoch bald nach Moncenis bei Le-Creusot verlegt wurde. Sie spezialisierte sich auf die Herstellung feinen →Kristallglases – Trinkgefäße im englischen Stil, Lüster usw. 1806 wurde die Glashütte umbenannt in ›Ma-

Verdure, Brüsseler Gobelin, Werkstatt Jan van Tiegen, 1553 (Muzeum Narodowe, Warschau)

Weinglas, datiert 1581, wahrscheinlich von G. Verzelini (Victoria & Albert Museum, London)

nufacture de leurs Majestés Imperiales‹. 1831 wurde sie von den Glashütten →Baccarat und →Saint-Louis gekauft und stellte den Betrieb ein.

Verre de Nevers →Nevers, Glashütte

Verre églomisé. Glas, auf der Rückseite dekoriert durch nicht gebrannte Malerei oder normalerweise durch Vergoldung, manchmal auch graviert mit bildlichen oder dekorativen Motiven. Durch eine zweite Glasplatte, einen Lacküberzug oder eine Metallfolie wird diese Malerei oder Vergoldung geschützt. Solche Glasarbeiten wurden schon im antiken Rom gefertigt, einige besonders schöne Exemplare datieren aus der frühchristlichen Zeit (z. B. Medaillon mit drei Porträts, Museo Civico dell'Età Cristiana, Brescia, und der Fuß zweier Trinkgefäße, British Museum, London). Besonders verbreitet waren solche Stücke im Mittelalter und in der Renaissance. Die Bezeichnung aber stammt von dem Pariser Bilderrahmer *Jean-Baptiste Glomy* (gest. 1786), der diese Technik zur Verzierung gläserner Bilderrahmen verwendete. →Zwischengoldgläser wurden auf ähnliche Weise hergestellt.

Lit: W. B. Honey in *The Connoisseur XCII (1933)*, S. 372-382; G. Swarzenski in *The Journal of the Walters Art Gallery*, 1940, S. 55; F. Zauchi Roppo, *Vetri Paleocristiani a figure d'oro*, Bologna 1969.

Verre églomisé, Medaillon, bezeichnet ›Boinneri Kerami‹, 4. Jh. (Museo Civico dell'Età Christiana e Moderna, Brescia)

Verzapfen. Eine Technik, zwei Holzteile miteinander zu verbinden. Das eine hat einen gewöhnlich rechteckigen, sich verjüngenden Vorsprung oder Zapfen, der aus dem Ende des Holzstücks herausgearbeitet ist und genau in das aus dem anderen ausgehölte Zapfloch hineinpaßt. Diese Technik ist seit dem 16. Jh. gebräuchlich.

Verzelini, Giacomo (1522-1606). Der bedeutendste Glasmacher im elisabethanischen England. Er wurde in Venedig geboren und ausgebildet, ließ sich zunächst in Antwerpen nieder und dann in London (1571), wo er wahrscheinlich mit anderen Venezianern bei *Jean Carré* aus Amiens beschäftigt wurde, der Kristallglas nach venezianischer Art machen wollte. 1575 bekam er von der Königin ein Monopol auf die Glasherstellung in venezianischem Stil für einundzwanzig Jahre, und zudem wurde ein Verbot erlassen, venezianisches Glas zu importieren. Er wurde reich, kaufte einen Besitz in Kent und zog sich 1592 ins Privatleben zurück, nachdem er sein Patent an *Jerome Bowes* verkauft hatte. Sein Bruder *Nicolo* wurde Leiter der Glashütte. Es sind nur acht von ihm gemachte Gläser überliefert, große Pokale aus Sodaglas mit hohlgeblasenen Balusterschäften. Alle sind ornamental mit Diamantriß (→Diamantgravur) verziert, und einige sind datiert (1577-90). Wären sie nicht mit englischen Inschriften versehen – z. B. ›in God is al mi trust‹ – so könnte man sie nicht von Gläsern in venezianischer Art unterscheiden, die in den Niederlanden gemacht wurden.

Lit: W. Buckley, *Diamond Engraved Glasses of the Sixteenth Century*, London 1929; E. S. Godfrey, *The Development of English Glassmaking 1560-1640*, Oxford 1975.

Vetro a fili. Ein →Filigranglas, bei dem die Fäden Spiralen oder Schraubenlinien bilden.

Vetro a retortoli. Venezianischer Glasdekor, der dadurch entsteht, daß man das geblasene Glas in Form eines hohlen Zylinders auf einer Marmorplatte rollt, auf der gedrehte Milchglasfäden oder farbige Glasfäden angeordnet sind (→Latticinio). Heute nennt man diesen Dekor in Venedig und Murano ›zanfirico‹ oder ›sanfirico‹.

Vetro da trina. Italienische Bezeichnung (seit 1849) für farbloses →Kristallglas, in das verschlungene Fäden aus opakem weißem Glas eingebettet sind, oft in der Form von Spiralen. Zuerst von den Römern verwendeter Dekor, im 16. Jh. Spezialität der →Venezianischen Glashütten, später auch von anderen übernommen.

Vever, Paul (1851-1915) und **Henri** (1854-1942). Die besten französischen Juweliere des Art Nouveau nach R. →Lalique, dessen Stil sie in ihren blumen-, vogel- und insektenförmigen Broschen, Anhängern u. ä. nachahmten.

Vezzi. Erste italienische Manufaktur, die Hartporzellan herstellte, gegründet in Venedig um 1720 von dem reichen Goldschmied Francesco Vezzi (1651-1740) zusammen mit dem Arkanisten C. C. →Hunger von der Manufaktur →Meißen. Die Erzeugnisse aus durchscheinendem →Porzellan mit einer klaren, wässerigen Glasur sind stark von den Manufakturen Meißen und →Wien beeinflußt und oft von gleicher technischer Qualität, obwohl die Bemalung (besonders mythologische Szenen) etwas gewagt und die Modellierung der anspruchsvolleren Stücke manchmal ziemlich unruhig ist. Die Formen lehnen sich im allgemeinen an europäische Silberarbeiten an, manche Stücke haben aber auch einen Dekor mit reliefierten Pflaumenblüten in Nachahmung des →Blanc de Chine (→Dehua-Porzellan). Zu den Dekoren gehören auch ansprechende, phantasievolle →Chinoiserien, auf die die Fabrik spezialisiert gewesen sein dürfte. Einige Stücke sind mit Wappen bemalt. Neben einer auffallenden, in Blau und Gold mit Chinoiserien im Stil von J. →Bérain dekorierten Laterne für eine Gondel (Victoria & Albert

Vezzi: Gondellampe aus Porzellan, 1720-27 (Victoria & Albert Museum, London)

A. van Vianen: silberne Tazza, Aufsicht, 1618 (Rijksmuseum, Amsterdam)

Museum, London) wurden einige wenige auf Venedig bezogene Stücke hergestellt. Das Unternehmen ging in Konkurs und wurde 1727 geschlossen.

Lit: A. Lane, *Italian Porcelain*, London 1954; F. Stazzo, *Porcellane della casa eccellentissima Vezzi (1720-1727)*, Mailand 1967.

Vianen, Paulus van (um 1570-1613). Einer der bedeutendsten holländischen Silberschmiede, wohl der prominenteste, der sich auch als einer der frühesten Vertreter des →Ohrmuschelstils hervortat. Nach der Lehre bei seinem Vater, einem Utrechter Silberschmied, spielte sich der größte Teil seiner Laufbahn außerhalb Hollands ab: am bayerischen Hof in München (1596-1601), in Salzburg und endlich als Hofgoldschmied Rudolfs II. in Prag (1603-13). Seine Ohrmuscheldekorationen blieben zuerst nur auf den Schmuck von Rändern und →Kartuschen beschränkt. Um 1607 setzte dieser Stil sich stärker durch (z. B. seine →Tazza im Rijksmuseum, Amsterdam), bis er gegen Ende seines Lebens zu voller Entfaltung kam (z. B. in der prachtvollen Kanne mit Schale aus dem Jahre 1613, ebendort). In vielem war er dem Ornamentzeichner V. →Solis verpflichtet oder möglicherweise den Silberentwürfen Giulio Romanos, wie auch W. →Jamnitzers, von dem sich vielleicht sein Hang zu den gleitenden, glatten, reptilienartigen Formen herleiten läßt. Nach seinem Tode wurden seine Entwürfe wahrscheinlich nach Utrecht zurückgeschickt, wo sein Bruder *Adam* (1569-1627) weiter im Renaissance-Stil gearbeitet hatte, ab 1614 aber auch die Formen des Ohrmuschelstils übernahm. Durch die Berührung mit manieristischen Entwürfen, vornehmlich des C. →Floris, wurde die Plastizität seiner Werke bewegter als die des Bruders Paul, das Relief höher gebukkelt, so in der Tazza (1618) und Kanne (1621) ebenfalls im Rijksmuseum, Amsterdam. Die Tradition der Familie wurde von Adams Sohn

Paulus van Vianen

Adam van Vianen

Christiaen (um 1600-67) fortgeführt, der hauptsächlich in Utrecht arbeitete, aber von 1635-39, 1652 und wieder um 1660-66 in England war. Er arbeitete dort im Dienste Charles' I. und fertigte 1637 siebzehn Silberobjekte für die königliche Kapelle in Windsor, die aber drei Jahre später gestohlen und zerstört wurden. Seine gewöhnlich schaltierartigen Motive im Ohrmuschelstil sind etwas weniger phantastisch als die des Vaters und des Onkels, und er machte mehr Gebrauch von menschlichen Figuren, vor allem Satyrn, die als Stützen von Tazze und Salzfässern dienten. 1650 veröffentlichte er einen von Th. van Kessel gestochenen Band mit seines Vaters und eigenen Werken unter dem Titel ›Modelles artificiels de divers vaisseaux d'argent‹.

Lit: J.W. Frederiks, *Dutch Silver*, Den Haag 1952-56, Bd. I u. II; J.F. Hayward, *Virtuoso Goldsmiths and the Triumph of Mannerism 1540-1620*, London 1976.

Vicente, Gil. Portugiesischer Dichter und Goldschmied am Hofe Manuels I., den man für den Schöpfer der mit Emails geschmückten Monstranz für das Kloster Belém hält. Sie ist aus Gold gefertigt, das Vasco da Gama 1503 von seinen Fahrten mit zurückgebracht hatte (vollendet 1506) – eines der bedeutendsten Werke der Spätgotik, reich besetzt mit Fialen und Krabben, mit Vögeln, Schnecken, Seemuscheln und kleinen Figuren knieender Apostel.

Lit: A.M. Gonçalves, *A Custódia de Belém*, Lissabon 1958.

G. Vicente: Monstranz; Gold und Email, 1506 (Museu Nacionale de Arte Antiga, Lissabon)

Vico, Enea (1520-67). Italienischer Ornamentzeichner, Stecher und Medaillenschneider des →Manierismus. In Parma geboren, arbeitete er 1541/42 in Rom, wo er Stiche ungewöhnlich leichter und lockerer →Groteskendekorationen veröffentlichte, die maßgeblich an der Ausbreitung des Groteskenstils in Nordeuropa mitbeteiligt waren. 1546 ließ er sich in Venedig nieder, 1563 übersiedelte er nach Ferrara. Er gab einige vollendete Entwürfe für phantasievolle Silberarbeiten mit menschlichen Figuren und merkwürdigen Details von Delphinen und boshaft schielenden Masken heraus, die den →Ohrmuschelstil vorwegzunehmen scheinen.

Lit: J.F. Hayward, *Virtuoso Goldsmiths, The Triumph of Mannerism 1540-1620*, London 1976.

Vide-poches, franz., ›leere Taschen‹. Kleiner Schlafzimmertisch, dessen Platte von einem Rand umgeben ist. Er diente während der Nacht zur Ablage aller Dinge, die ein Herr in seinen Anzugtaschen mit sich trug. Das Tischchen kam in Frankreich um 1720 auf. Die Bezeichnung wird auch für ein Schmuckkästchen oder -schälchen angewandt.

Vielstich, Johann Christoph →Lesum

Vierleger, Barnaert →Antwerpen

Vietnam-Keramik. Vietnamesische Töpferware ist stark von China beeinflußt, aber ihre geistige Unabhängigkeit macht sie unterscheidbar. Die Chinesen nannten das Gebiet Annam oder der ›befriedigte Süden‹, daher der Name ›Annamese ware‹, unter dem die Vietnam-Keramik gleichzeitig bekannt ist. Obwohl die Töpfertradition bis etwa zum 1.-3. Jh. zurückgeht, datieren das →Steinzeug sowie das Halbporzellan, wofür die Vietnam-Keramik heute berühmt ist, viel später, um das 14.-17. Jh. Hervorragend ist Blauweiß-Ware, die eine beachtliche Verfeinerung in der Mitte des 15. Jhs. erreichte, z.B. die Flasche von 1450 im Topkapı Saray Müzesi in Istanbul. Diese zusammen mit einem anderen Typ, dekoriert mit →Emailfarben (überglasur), besonders rot und grün, oft verbunden mit einem Unterglasurblau, herrschten in der Vietnam-Keramik über zwei Jahrhunderte vor.

Lit: *Vietnamese Ceramics*, Ausst. Kat. Singapur 1982.

Vigevano, Bildteppichwirkerei. Eine der frühesten italienischen Bildteppichwirkereien, eingerichtet im späten 15. Jh. von Gian Giacomo Trivulzio. Sie ist bekannt für eine bedeutende Serie von Monatsdarstellungen (Museo del Castello Sforzesco, Mailand), die um 1503 von Benedetto da Milano gewirkt worden ist. Die Komposition geht auf Bramantino zurück; sie ist die erste Bildteppichkomposition, in der der Renaissance-Geist sich klar ausspricht.

Viktorianischer Stil. Der unter der Herrschaft der Königin Victoria (1837-1901) in England und, in gewissem Umfang, auch in Amerika verbreitete Stil. Der Beginn dieser Epoche war

keineswegs durch einen auffallenden Wechsel gekennzeichnet; das →Regency wurde weiter gepflegt, aber in den 30er und 40er Jahren wuchs die Tendenz zu aufwendigerem Ornament (zu dessen Anbringung man sich oft industrieller Methoden bediente), die Liebe zu allem, was glitzerte und glänzte – Glas und Messing – und, bei den Sitzmöbeln, zu einer verstärkten Neigung zur Überpolsterung eines reicher gebogenen Holzgestells. In diesen Jahren ging der einzige Impuls zur Erneuerung von A.W. →Pugin aus, der für die Wandlung im Charakter des neugotischen Architektur- und Möbelentwurfs (in England stets beliebter als andernorts) vom pittoresk Verspielten zum romantisch Ernsten und Symbolträchtigen verantwortlich war.

Die industrielle Revolution, die die Einführung neuer, mechanischer Verfahren und ein großes Käuferpublikum für billig fabrizierte Waren mit sich brachte, die den Wohlstand der Mittelklassen hob und neue Überseemärkte erschloß, führte zu einem höchst einträglichen Geschäft mit der Massenherstellung von Keramiken, Glas, Textilien, Möbeln usw. Aber gering war die Zahl der Hersteller, die ein Interesse an künstlerischen Entwürfen zeigte. War ein Designer gefragt, dann lediglich, um den fertigen Modellen Oberflächendekorationen aufzulegen. Infolgedessen sank das Niveau des Entwurfs immer tiefer, und die Geschichte der angewandten Kunst in der viktorianischen Zeit ist in der Hauptsache die Geschichte einer Reihe von wohlgemeinten, aber gewöhnlich fehlgeleiteten Versuchen, den Herstellern wie dem Publikum einen verbesserten Standard aufzudrängen. Der Pionier war Sir Henry →Cole, der in den 40er Jahren Maler und Bildhauer anspornte, für Großhersteller zu entwerfen, mit dem Erfolg jedoch, daß das, was entstand, bedrückend übertrieben und künstlerisch gesehen befangen war. Cole war in die Londoner Weltausstellung des Jahres 1851 verwickelt und gleichzeitig durch sie ernüchtert: Sie war eine stattliche Manifestation viktorianischen Optimismus' und zugleich Grund zu großer Beklommenheit auf seiten der wenigen, die ernsthaft um das Industrie-Design bemüht waren. Das ärgste Ergebnis dieser ersten internationalen Ausstellung war das Aufkommen eines neuen Typs von dekorativem Gegenstand, des Ausstellungsstücks: Gigantische Porzellanvasen, Tischfontänen usw., schwerfällige Phantasiegebilde in Silber, überladen geschnitzte Möbel, wie die Sideboards von G. →Robinson – sie alle waren Ausdruck des Geschicks und der Findigkeit der Hersteller, in erster Linie gedacht als Reklame für sie selbst, als Anziehungspunkte für das Auge des Ausstellungsbesuchers. Die Gründung des Victoria & Albert Museums ergab sich unmittelbar als Folge der Ausstellung: Sie hatte den allgemeinen Niedergang des europäischen mit Ausnahme des französischen Kunsthandwerks deutlich gemacht, und das Museum sollte die Verbesserung des Designs fördern durch eine Vorbildersammlung von alten und neuen Möbeln, Keramiken, Metallarbeiten,

Viktorianischer Stil: Prunkvase aus Silber, ausgestellt von der Fa. Elkington auf der Weltausstellung London 1851

Viktorianischer Stil: neugotischer Stuhl, entworfen von A.W.N. Pugin, wahrscheinlich ausgeführt von J.G. Crace, um 1840 (Victoria & Albert Museum, London)

Viktorianischer Stil: Irdene Vase, entworfen von H. Stacey Marks für Minton (Victoria & Albert Museum, London)

Textilien usw. und bewirkte tatsächlich, daß das englische Kunsthandwerk bereits auf der Weltausstellung von 1862 bedeutend besser beurteilt wurde. Dies wiederum führte 1864 zur ersten Gründung eines ›Vorbildermuseums‹ für das Handwerk auf dem Kontinent, dem ›Museum für Kunst und Industrie‹ in Wien, und, als Folge der Weltausstellung von 1867, zu der Gründung des ersten deutschen ›Gewerbemuseums‹ in Berlin, das sich 1876 in ›Kunstgewerbemuseum‹ umbenannte. Die Ausstellung von 1862 jedoch barg noch weitere Keime zukünftiger Entwicklung in sich: Sie enthielt eine Anzahl japanischer Objekte, und die Designer, auf der Suche nach einer Alternative zu dem abgenützten Bereich der europäischen historischen Stile, bemächtigten sich ihrer sofort als Anregung. Das Beispiel Japans trug zur Vereinfachung von Möbeln und Töpferwaren bei und allgemein zur Befreiung der viktorianischen Einrichtung von Überladenheit (→Japonismus, E. W. →Godwin und C. →Dresser). Ein weiterer Aufbruch, aber in anderer Richtung, wurde von W. →Morris unternommen, der 1861 den Betrieb gründete, aus dem die gelungensten Textilien, Tapeten und Möbel (entworfen von P. →Webb und G. →Jack) hervorgehen sollten, die im späten 19. Jh. in England fabriziert wurden. Morris' historische Bedeutung für die angewandten Künste lag hauptsächlich in seinen Textilentwürfen, in denen er zu Flächenmustern zurückkehrte und mit dem naturalistischen Ornament brach, das ein Jahrhundert lang beim Publikum in hoher Gunst gestanden hatte. Unglücklicherweise führte seine Feindschaft gegen die Maschine und die industriellen Verfahren ihn trotz seiner fortgeschrittenen politischen Ansichten in ein Wolkenkuckucksheim mittelalterlicher Zünfte, fröhlicher Handwerker und Barden. Als unmittelbare Folge seiner Lehren entstand die →Arts and Crafts-Bewegung. Seine Textilentwürfe hatten Einfluß auf die erste Entwicklung des →Art Nouveau, doch fand er hier einen bedeutenderen Nachfolger in dem Architekten C. F. A. →Voysey, dem neben Morris selbst der Pionier des Industrie-Designs auf dem Kontinent, H. van de →Velde, viel zu verdanken hatte. Aber trotz all des Theoretisierens von Cole, O. →Jones, Dresser, Morris und später C. R. →Ashbee und trotz der heldenhaften Anstrengungen einiger freischaffender Designer wie Godwin, ging die überwiegende Mehrheit der Fabrikbesitzer ihren eigenen Weg. Die Konzessionen, die sie an die Theoretiker machten, gingen höchstens so weit, gelegentlich einen Bildhauer zur Anfertigung von Modellen für Figuren oder Büsten heranzuziehen, die dann in →Parianware oder Bronze vervielfältigt wer-

Viktorianischer Stil: Klavier aus Rosenholz von Nunns & Clark, New York 1851 (Metropolitan Museum of Art, New York)

den sollten, oder auch zum Modellieren von Reliefarbeiten für den Möbelschmuck.
Neben beiden, der industriellen Welt wie der der Arts and Crafts-Bewegung (sowohl in den Vereinigten Staaten als auch in England, *siehe* C. L. Eastlake), gab es eine ganze Reihe talentierter unabhängiger Künstler: So entwarf W. →Burges sehr farbenfreudiges neugotisches Mobiliar für die von ihm gebauten Häuser, A. →Stevens Schmiedeeisen im Renaissance-Stil, und R. W. →Martin und G. →Tinworth produzierten ›Studio‹-Steinzeug, das sich von dem französisierenden Porzellan der großen Fabriken deutlich abhob.

Vile, William (um 1700-67). Einer der bedeutendsten englischen Möbelschreiner. Die Möbel, die aus der Werkstatt stammen, die er zusammen mit J. →Cobb in London führte, sind von hervorragender handwerklicher Qualität und übertreffen darin wie manchmal auch im Preis diejenigen von Th. →Chippendale; Stilistisch sind sie allerdings weniger kühn. Man nimmt an, daß Vile aus dem Westen Englands stammte. Es werden ihm einige Stücke aus den 1730er Jahren zugeschrieben, dokumentarisch belegt sind Arbeiten von ihm aber erst ab 1750, als er bereits die Werkstatt zusammen mit Cobb betrieb. Möbel, die sie zwischen 1756 und 1762 anfertigten, sind in gemäßigter Barockmanier ausgeführt. Die Firma Vile & Cobb dürfte auch Aufträge vom Prinzen von Wales, dem späteren König Georg III., erhalten haben, der Vile 1761 nach seiner Thronbesteigung zum Hofschreiner ernannte. Die interessantesten Stücke, die er in dieser Funktion schuf, waren für die junge Königin Charlotte bestimmt, zu denen ein Schreibsekretär gehört, dessen Form deutlich und sicherlich nicht unbeabsichtigt deutschen Einfluß aufweist, und ein Schmuckschränkchen in Mahagoni mit feinem Schnitzdekor und Einlegearbeiten aus Elfenbein und kostbaren Hölzern, das vielleicht zu den schönsten Möbeln des englischen Rokoko zählt. Als Vile sich 1765 ins Privatleben zurückzog, wurde sein früherer Gehilfe *John Bradburn* (gest. 1781) sein Nachfolger als Hofschreiner; er setzte sich 1777 zur Ruhe.

Lit: A. Coleridge, *Chippendale Furniture*, London 1968; G. Beard in *Burlington Magazine*, Juli 1977, S. 479-85.

Villafeliche, Spanien. Im 18. Jh. wurden hier Fayencen mit Blaumalerei und artischockenartigen Blüten hergestellt.

Lit: A. Klein, *Fayencen aus Europa*, Braunschweig 1980.

Villanoviana. Keramik von Villanova: etruskische, in Villanova bei Bologna in der Eisenzeit (9.-7. Jh. v. Chr.) hergestellte Keramik. Die Masse ist unbekannt, die Dekorationen eingeritzt oder mit →Schlickerfarbe gemalt. Die Mehrzahl der Gefäße sind Knochenurnen.

Lit: H. Kühn, *Die Kunst Alteuropas*, Stuttgart 1954; W. Cox, *Pottery and Porcelain*, New York 1944; A. Klein, ›Stätten der Keramik in Italien, 1. Frühzeiten‹ in *Berichte der Deutschen Keramischen Gesellschaft* Bd. 45 (1968).

Villeroy & Boch. Großes deutsches Unternehmen zur Herstellung von Keramik und Glas,

Villeroy & Boch: Keramik mit plastischem, malerischem und Golddekor, gezeigt auf der Weltausstellung London 1851

das seine Produktion in Audun-le-Tiche im Département Meurthe-et-Moselle nahe der luxemburgischen Grenze begonnen hatte. Es wurde 1748 von *François Boch* gegründet und auf seine drei Söhne vererbt, die in Septfontaines in Luxemburg 1766-67 eine zweite Fabrik errichteten. 1795 war letztere in den Besitz von *Jean François Boch* übergegangen, der 1809 in Mettlach an der Saar eine Fabrik für Steingut gründete. 1836 wurden die Betriebe der Familie Boch mit denen der Familie Villeroy vereinigt, darunter auch die 1778 in Wallerfangen errichtete Fabrik. Die vereinigten Firmen erwarben eine Glasfabrik in Wadgassen (1843), die Porzellanfabrik in →Tournai (1851) und den Betrieb in Dresden (1856), die 1820 in Schramberg gegründete Fabrik (1883) und Torgau (1926). Nach dem Zweiten Weltkrieg verlor das Unternehmen seine Betriebsstätten in der DDR. Villeroy & Boch hat ein außerordentlich reichhaltiges Produktionsprogramm, von der Schmuck- bis zur Sanitärkeramik, unter Verwendung zahlreicher Grundstoffe. Die Firma folgte im allgemeinen den Zeitströmungen.

Lit: Th. Thomas, *Villeroy & Boch 1748-1930*, Ausst. Kat. München 1976, Amsterdam 1977-78.

Vinaigrette, franz. Kleine, meist silberne oder goldene Büchse, bei der unter dem Deckel ein Gitter ein parfümiertes (auch in Essig – vinaigre – getränktes) Schwämmchen festhält. Wie die Riechkugeln und Riechfläschchen, die eine andere Form, aber dieselbe Funktion haben, wird sie an die Nase gehalten, um den belebenden Duft einzuatmen.

Vincennes. Die französische Staatsmanufaktur, die Weichporzellan herstellte, wurde in Vincennes errichtet und 1756 nach →Sèvres verlegt. 1765 erhielt P. A. →Hannong die Be-

Vincennes

rechtigung, einen Teil des alten Fabrikgebäudes im Schloß von Vincennes zur Fayenceherstellung zu nutzen. Er machte aber heimlich Porzellan und mußte 1770 Vincennes verlassen. 1774 wurde die Fabrik an *M. Séguin* verkauft, der mit einem Privileg von Louis Philippe, Herzog von Chartres, bis 1788 Porzellan im Stil der →Pariser Manufakturen herstellte.

Lit: T. Préaud, *Porcelaines de Vincennes. Les origines de Sèvres,* Ausst. Kat. Paris 1977-78.

Vinciolo, Federigo de →Spitze

Vinne, Leonard van der (tätig 1659-93). Ebenist, der sich auf florale →Intarsien und →Marketerien mit viel Elfenbein spezialisiert hatte. Seine Herkunft ist unbekannt. Er ließ sich in Florenz nieder und begann 1667 für die Medici zu arbeiten. Zu seinen dokumentarisch belegten Arbeiten, die sich noch heute im Palazzo Pitti befinden, gehören ein üppig verzierter Kabinettschrank aus Ebenholz (1667) mit reichem Marketeriedekor aus Elfenbein und diversen Hölzern, getragen von zehn vergoldeten Mohren aus Obsthölzern, und ein →Prie-dieu aus Ebenholz mit →Pietra-dura-Mosaiken (1687). Andere ihm zugeschriebene Arbeiten befinden sich im Detroit Institute of Arts und im Kunstgewerbemuseum, Berlin. Er schuf auch Musikinstrumente und Feuerwaffen mit Einlegearbeiten in Holz und Pietra dura. Seinen Arbeiten so sehr verwandt, daß man ihn leicht als ihren Urheber ansehen könnte, ist eine überaus reich verzierte Alkoventür im Palazzo Pitti, die von Ricardo Bruni (tätig um 1686-1705) stammt, der aus Paris kam und in Florenz lebte. Die große Ähnlichkeit der Arbeiten von Vinne und Ricardo Bruni macht eine korrekte Zuordnung sehr schwierig. Im 19. Jh. wurde die Marketerie nach der Art Vinnes wiederbelebt.

Lit: A. Gonzales Palacios, ›Limiti e context di Leopardo Van der Vinne‹ in *Paragone,* Nov. 1977, S. 37-68; M. Chiarini in *Curiosità di una Reggia. Vicende della guarderoba di Palazzo Pitti,* Ausst. Kat. Florenz 1979, S. 51, 71.

Vinovo

Vinovo. 1776 im Schloß Vinovo bei Turin von *Giovanni Vittorio Brodel* mit königlichem Privileg unter Beteiligung von P. A. →Hannong (Brodel hatte vorher schon mit der kurzlebigen Werkstatt von Vische zu tun *siehe* Turin) gegründete Porzellanfabrik. Die beiden Partner gerieten in Streit, und Hannong verließ 1780 den überschuldeten Betrieb. Während dieser vier Jahre stellte die Werkstatt einfache, aber elegante Eßservice her, mit einem gefälligen cremefarbenen, an Weichporzellan erinnernden Scherben (in der Tat eine merkwürdige Mischung) in Formen des späten Rokoko. Sie sind hübsch bemalt mit →Chinoiserien oder naturalistischen Blumen. Einzelfiguren – z. B. Sankt Hubertus aus dem Jahre 1779 – und Gruppen aus der Hand von *Carlo Tamietti,* der bis zu seinem Tod 1796 Modellmeister war, stellten hervorragende Leistungen dar. Die Fabrik wurde 1780 von dem →Arkanisten *Vittorio Amadeo Gioannetti* übernommen und entwickelte sich unter seiner Leitung recht gut. Sie stellte Gebrauchswaren im Louis-seize her,

Vinovo: Porzellanplatte, bemalt von Michele Corasso, um 1780 (Museo Civico, Turin)

bemalt mit Landschaften, Rosengirlanden und – was für diese Fabrik typisch war – dünnen Blütenzweigen. Einzelfiguren und Gruppen, besonders ländliche Darstellungen und Schauspieler aus der →Commedia dell'Arte, wurden in großem Umfang hergestellt. Diese Entwicklung nahm 1796 mit dem Einfall der Franzosen, von dem sich die Fabrik nicht mehr erholte, ein Ende. Nach Gioannettis Tod 1815 wurde *Giovanni Lumello,* der Tamietti als Modellmeister gefolgt war, Eigentümer der Fabrik. Unter seiner Leitung brachte sie einige ansprechende klassizistische Figuren hervor. Der Betrieb wurde 1825 eingestellt.

Lit: V. Viale in *Mostra del Barocco Piemontese,* Ausst. Kat. Turin 1963, Bd. III; V. Brosio, *Rossetti, Vische, Vinovo,* Mailand 1971.

Viollet-le-Duc, Eugène-Emanuel (1814-79). Französischer Architekt, der als Architekturtheoretiker mit seiner Tätigkeit und seinen Schriften großen Einfluß in Frankreich und ganz Europa ausübte, das Kunsthandwerk miteingeschlossen. Sein ›Dictionnaire raisonné du mobilier français de l'époque Carlovingienne à la Renaissance‹ (Paris 1958) enthält zahlreiche sorgfältige Zeichnungen mittelalterlicher Einrichtungsgegenstände und endet mit der für ihn erstaunlichen Forderung nach einem neuen, dem 19. Jh. entsprechenden Möbelstil: solide, materialgerecht und nicht von historischen Stilen kopiert, womit er die Theorien von W. →Morris vorwegnahm. Sein eigenes Werk war jedoch sowohl auf architektonischem als auch auf kunsthandwerklichem Gebiet ausschließlich und weithin wirkend dem Historismus verpflichtet.

Lit: Eugène Viollet-le-Duc 1814-79. Ausst. Kat. Paris 1965.

Viry, Gaspard (1668-1720). Französischer Fayencemaler, der viele der besten Stücke aus der Frühzeit von →Moustiers geschaffen hat, vorwiegend Szenen nach Stichen von Antonio Tempesta. Er gehörte einer großen Familie von Fayencemalern an und war der Sohn von *François I* (1614-1689), der in Moustiers arbeitete, Bruder von *François II* (1659-1697), der in →Marseille tätig war, und von *Jean Baptiste I* (1671-1726) in Moustiers. Gaspards Sohn *Jean Baptiste II* (1698-1750) war gleichfalls in Moustiers, und sein Sohn *Joseph* (1709-59) ar-

A. Roemers Visscher: Römer mit Diamantgravur, 1621 (Rijksmuseum, Amsterdam)

beitete sowohl in Moustiers als auch in Marseille.

Lit: A. Lesur u. Tardy, *Les poteries et les faïences françaises,* Paris 1957-60

Vische. Kurzlebige Majolikafabrik (1765-68) im Schloß von Vische bei Turin. Sie wurde vom Grafen Francesco Ludovico Birago und von Giovanni Vittorio Brodel, der später die Fabrik in →Vinovo gründete, geleitet.

Visscher, Anna Roemers (1583-1651). Holländische Dichterin und Glasgraveurin. Sie verzierte viele →Römer in →Diamantgravur mit Blumen, Früchten und Insekten, die sie zeitgenössischen Drucken entnahm, und mit Inschriften (griechisch, lateinisch oder deutsch) in einer klaren, anmutigen Kalligraphie. Ihre Schwestern *Maria Tesselschade Roemers Visscher* (1595-1649) und *Anna Maria van Schürman* (1607-78) arbeiteten in einer ähnlichen Manier (→Stippen).

Lit: M. Pelliot in *Gazette des Beaux Arts,* 6. Folge Bd. III (1930), S. 302-27.

Viterbo. Töpferwaren wurden in Viterbo schon in früher Zeit hergestellt. Zusammen mit →Orvieto war Viterbo eines der Hauptzentren der ›archaischen Majolika‹ des 13. Jhs. Das früheste datierte Stück bemalter Majolika von Viterbo ist von 1544 (Victoria & Albert Museum, London). Der Fliesenboden in S. Maria delle Peste aus dem späten 15. Jh. dürfte hier hergestellt worden sein.

Vitrinenschrank. Schrank, bei dem die Türen des Oberteiles verglast sind, während der breitere Unterbau einer Kommode gleichkommt. Ende des 17. Jhs. in Holland aufkommendes Möbel, das später auch von deutschen Möbelwerkstätten übernommen wurde.

Vitruvianische Volute →Laufender Hund

Voisinlieu, Töpferei →Ziegler, J. Cl.

Volkstedt. Thüringer Porzellanfabrik, etwa 1760 in Sitzendorf von *Georg Heinrich Macheleid* (geb. 1723) gegründet und 1762 nach Volkstedt verlegt. Stellte zunächst Weichporzellan her, von dem nicht mehr viel erhalten ist. 1767 wurde die Produktion von Hartporzellan aufgenommen. Die Fabrik ging in das Eigentum von *Christian Nonne* über, der sie unter dem Schutz des Prinzen von Schwarzburg-Rudolstadt weiter betrieb. Ihre Erzeugnisse lehnten sich an →Meißen an und wurden gemarkt mit zwei gekreuzten Heugabeln aus dem Schwarzburger Wappen, die den Meißener gekreuzten Schwertern täuschend ähnlich sind. Zu den bekanntesten Erzeugnissen gehören große →Potpourris, manchmal verziert mit vollplastischen Figuren, und ein Eßservice mit figürlicher Bemalung nach Stichen von Chodowiecki. Nach 1797 wechselte wiederholt der Eigentümer. Während der Mitte des 19. Jhs. stellte die Fabrik Fälschungen von Stücken aus ihrer Frühzeit her. Sie arbeitet noch heute. Im späten 19. und 20. Jh. wurden weitere Porzellanfabriken in Volkstedt errichtet.

Lit: W. Stieda, *Die Porzellanfabrik zu Volkstedt,* Leipzig 1910; H. Scherf, *Thüringer Porzellan,* Leipzig 1980.

Volkstedt 1760-99

G. Volpato: Figur aus Biskuitporzellan, um 1785-1800 (Museo Capitolino, Rom)

Vollrath, Friedrich →Schleswig

Volpato, Giovanni (1733-1803). Bekannter italienischer Kupferstecher, der 1785 in der via Pudenziana in Rom eine Steingut-, Majolika- und Porzellanfabrik gründete, deren Spezialität →Biskuitfiguren nach berühmten antiken Statuen, Vasen usw. waren. (Viele seiner Biskuitfiguren befinden sich im Museo Capitolino in Rom.) Aber die Hauptproduktion bestand in Steinguthaushaltswaren. Nach 1801 gründete er in Civita Castellana eine zweite Manufaktur, die Figuren minderer Qualität in schwerem körnigem Ton mit einer gelblichen, stark glänzenden Glasur herstellte. Die Manufaktur in der via Pudenziana wurde überwiegend von seinem Sohn *Giuseppe* (gest. 1805) geleitet. Sein Enkel *Angelo* führte dann diese Fabrik bis nach 1818, die Fabrik in Cività Castellana arbeitete noch erheblich länger. 1857 wurde letztere an *Giuseppe Trocchi* verkauft. *Siehe auch Abb. S. 236.*

Lit: H. Honour in *Apollo* LXXXV (1967), S. 371-73; E. Biavati in *Faenza* LXIII, 1977, S. 132-140.

Volute. Spiralförmige Einrollung, vor allem an den Kapitellen ionischer Säulen, aber auch am korinthischen und Komposit-Kapitell. In der Hochrenaissance und vor allem im Barock häufig angewendete Schmuckform, u.a. an Giebeln und →Konsolen, die auch von Möbelherstellern und Kunsthandwerkern übernommen wurde.

Voyeuse. Ziemlich niedriger französischer Stuhl des 18. Jhs. mit gepolstertem Aufsatz auf der Rückenlehne, auf den man die Ellbogen stützen konnte, wenn man rittlings saß, um beim Kartenspiel oder anderen Glücksspielen zuzuschauen. Damen knieten auf der *Voyeuse à genoux* (mit höherer Rückenlehne), da rittlings zu sitzen für sie als unelegant galt. Die Voyeuse wurde 1740 erstmals in Frankreich hergestellt, später auch in England, *Conversation chair* genannt.

Ch. F. A. Voysey: Stoff mit Gänseblümchenmuster ›The Daisy‹, 1898 (Victoria & Albert Museum, London)

Volutenförmige Henkel an einem vergoldeten Silberpokal, englisch (Charles II.), um 1680-85

Volutenförmig geschweifter Fuß, Mitte des 18. Jhs.

Voysey, Charles Francis Annesley (1857-1941). Führender englischer Architekt und Entwurfszeichner. Er begann unter dem Einfluß von W. →Morris, entwickelte aber sehr bald einen bezaubernden persönlichen Stil von sehr viel größerer Leichtigkeit und Eleganz. Seine Stoffe und Tapeten, meist mit den Mustern von Vögeln, die auf den Zweigen stilisierter Bäume sitzen, haben soviel Frische, daß H. van de →Velde bei ihrem ersten Erscheinen meinte: »Es war, als sei ganz plötzlich der Frühling gekommen«. Seine Möbel – Stühle mit Binsengeflecht und ausgeschnittenen Herzen in den hohen Rückenlehnen, Schränke mit kunstvoll gearbeiteten Scharnieren – verbreiten die wohltuend gemütliche Landhausatmosphäre um sich, die zu seinen Bauten paßt und die in deutlichem Gegensatz zu den städtischeren und weniger einheitlich konzipierten Erzeugnissen der →Glasgow School steht, die ihm viel verdankte. Über die in den 1890er Jahren bezogene Position ist er niemals hinausgegangen, weder in Richtung auf den Art Nouveau noch in der des funktionalen Industrie-Designs, obwohl er beide Bewegungen beeinflußt hat.

Lit: D. Simpson, *C. F. A. Voysey Architect & Designer 1857-1941*, Ausst. Kat. Brighton 1978.

Vredeman de Vries, Hans (1527-1604). Belgischer Maler und Ornamentstecher. Er wurde in Leeuwarden geboren und arbeitete in Mecheln und Antwerpen. Sein Einfluß reichte – wie der seines französischen Kollegen und Zeitgenossen J. A. →Du Cerceau – bis nach Deutschland, England und Skandinavien und war bis zur Mitte des 17. Jhs. lebendig. Er veröffentlichte mehrere Bände mit Architektur-

P. Vredeman de Vries: *Schrankentwürfe, 1630*

entwürfen, reichlich mit →Rollwerk und anderem manieristischen Dekor geschmückt. Sein 1565 in Antwerpen erschienener Vorlagenband für Möbel enthielt Entwürfe für Sitzbänke, Schemel, Tische, Buffets, Feldbetten u.a. und war das umfangreichste Werk dieser Art im 16. Jh. Die Entwürfe sind ohne übermäßige Verzierungen. Sie sind vor allem bemerkenswert, weil jeder gute Möbelschreiner nach ihnen arbeiten konnte. Sie umfassen auch Haushaltsgegenstände für den täglichen Gebrauch. Vries eigentliches Verdienst aber lag weniger in originellen Entwürfen als darin, die im 16. Jh. gebräuchlichen Möbeltypen im Bild festgehalten zu haben. Sein Sohn *Paul* (geb. 1567) veröffentlichte zwei Bände mit Möbelvorlagen unter dem Titel ›Verscheyden Schrynwerck‹, 1630. Die Entwürfe sind ähnlich manieristisch wie die seines Vaters, jedoch üppiger und im figürlichen Schnitzwerk verschwenderischer.

Lit: P. Jessen, *Der Ornamentstich*, Berlin 1920; H. Gerson u. E. H. Ter Kuile, *Art & Architecture in Belgium 1600–1800*, Harmondsworth 1960; S. Jervis, *Printed Furniture Designs before 1650*, London 1974.

Vuolvinius (tätig gegen Mitte des 9. Jhs.). Ein Relief mit dem hl. Ambrosius, der einen Mann segnet, das sich im →Paliotto des Hochaltars von Sant'Ambrogio, Mailand, befindet, trägt die Inschrift: WOLVINIUS MAGISTER PHABER. Mehr ist über den Künstler nicht bekannt; aber die Altarumkleidung ist eines der bedeutendsten Werke der Goldschmiedekunst und der karolingischen Skulptur überhaupt. Die Vorderseite besteht aus getriebenen Goldreliefs: Leisten mit Goldschmelzplatten und mugelig rund geschliffenen Edelsteinen, antiken Kameen und Perlen umgeben die Reliefs. Die Seitenwände und die Rückseite tragen Silbertafeln mit teilvergoldeten, erhaben gearbeiteten Figuren. Der Stifter des Paliotto war der von 824–59 amtierende Erzbischof Angilbert II. von Mailand, und Vuolvinius war vermutlich in diesen Jahren tätig. Aber der Paliotto ist offensichtlich nicht das Werk eines einzigen Mannes, so daß anzunehmen ist, Vuolvinius habe einer Werkstatt vorgestanden. Die Vermutung, er sei identisch mit Vussin, einem Schüler von Einhard, dem Biographen Karls d. Gr., ist unbewiesen. (*Siehe* karolingischer Stil)

Lit: V. H. Elbern, *Der Karolingische Goldaltar von Mailand*, Bonn 1952.

Vuolvinius: Silberne, teils vergoldete Reliefs mit Szenen aus dem Leben des hl. Ambrosius, um 850 (Sant'Ambrogio, Mailand)

SSIBVSINTERIVSPOLLETDONATASACRAT

W

Wachenfeld, Johann Heinrich (1694-1725). Fayencemaler, geboren in Wolfshagen bei Kassel, arbeitete 1717-1719 in der Manufaktur →Ansbach, wo er eine Variante des Dekors von →Rouen mit einem zierlichen, schmalen →Lambrequin-Muster entwickelte, das alsbald von der Manufaktur →Straßburg übernommen worden ist, wo er selbst 1719-21 tätig war. 1722 gründete er die Fayencemanufaktur →Durlach, die nach seinem Tod 1725 von seiner Witwe noch drei Jahre lang weitergeführt wurde.

Lit: A. Klein, *Deutsche Fayencen*, Braunschweig 1975.

Wachsausschmelzverfahren (franz. ›cire perdue‹). Bronzegußverfahren mit verlorener Form: Das Modell besteht aus Wachs, das über einem Kern aus gebranntem Ton aufgetragen und seinerseits von einer Hülle aus Ton und Gips eingeschlossen ist. Das Ganze wird erhitzt, wobei das geschmolzene Wachs durch einen oder mehrere Gußkanäle ausfließt. Anschließend wird die geschmolzene Bronze anstelle des Wachses in die Form gegossen. Die Tonhülle kann dann abgenommen und der Kern im Innern zerbrochen und durch ein zu diesem Zweck gelassenes Loch entfernt werden. Das Ergebnis ist eine hohle Bronze, die in ihrer Oberfläche exakt das originale Wachsmodell wiedergibt. Gußrückstände werden durch Ziselierung entfernt.

Die Cire-perdue-Technik hat folgende Vorzüge: Sie erzielt eine gute Oberflächenbeschaffenheit, erlaubt den Guß in einem Stück und erfordert nicht, wie andere Methoden – z. B. der Guß in Sandformen –, die Anfertigung von zwei oder mehreren separaten Gußformen, und schließlich beansprucht sie die geringste Menge Bronze. Ihr Nachteil – oder, aus der Sicht des Originals gesehen, auch ihr Vorteil – ist jedoch, daß sie nur einen einzigen Guß ermöglicht. Weitere Ausformungen kann man nur durch Abgüsse der ersten gewinnen, wobei mit jedem Abguß oder ›surmoulage‹ einiges von der Unmittelbarkeit des Originals verlorengeht.

Wachsstockhalter. Ein Halter aus Silber oder anderen Metallen mit einer Stange, um die eine dünne Wachskerze gerollt wird. Ist die Stange waagerecht angebracht, wird sie von zwei Stützen gehalten und das Ende der Wachskerze mit dem Docht durch eine oben daran angebrachte Halterung geführt. Eine senkrechte Stange dagegen ist oben mit einer Klammer oder Schere versehen, die die Kerze hält.

Wachtelmuster. Motiv in der Porzellanmalerei, bestehend aus einem Wachtelpaar, Felsen und Laubwerk. Der Dekor wurde von der Töpferfamilie →Kakiemon in Japan benutzt und im 18. Jh. viel von europäischen Fayence- und Porzellanmalern nachgeahmt.

Wächtersbach. Eine kleine Töpferei, gegründet 1832, die eine Anzahl verschiedener Erzeugnisse produzierte: cremefarbenes →Steingut, auch im →Umdruckverfahren verzierte Ware, →Steinzeug usw.

Lit: H. u. L. Frensch, *Wächtersbacher Steingut*, Königstein 1978.

Wackerle, Joseph (1880-1959). Bildhauer, Maler und einer der besten Porzellanmodelleure der frühen 1920er Jahre. Nach der Ausbildung als Holzschnitzer in seiner Heimatgemeinde Partenkirchen und dem Besuch der Schule für angewandte Kunst und der Akademie in München, arbeitete er in Italien (1904 hatte er den Rompreis erhalten) und wurde 1906 zum künstlerischen Leiter der →Nymphenburger Porzellanmanufaktur berufen. Er brach mit der Übung, Modelle des 18. Jhs. neu auszuformen, und entwarf einige höchst reizvolle Figuren von Damen in zeitgenössischer modischer Kleidung und von eleganten jungen Sportlerinnen. Selbst überkommene Motive versetzte er in die lebendige Gegenwart (seine Pierrot und Pierrette sind für ein Kostümfest zurecht-

Wachsstockhalter, Messing, Teile gegossen, graviert, Nordfriesland, 18. Jh. (Germanisches Nationalmuseum, Nürnberg)

gemacht). Obwohl er mit dem Eintritt in den Lehrkörper des Kunstgewerbemuseums Berlin seine bisherige Stellung im Jahre 1909 aufgab, entwarf er noch während vieler Jahre als freier Mitarbeiter Modelle für die Manufaktur Nymphenburg. Auch in Berlin schuf er für die →Berliner Porzellanmanufaktur figürliche Modelle in modischer Kleidung der Zeit. 1917 kehrte er nach München zurück, nunmehr Lehrer an der Kunstgewerbeschule und ab 1922 Professor an der Akademie der bildenden Künste.

Waffeleisen. Gerät zum Backen eines dünnen Gebäcks. Es besteht aus zwei eisernen, durch lange Griffe zusammenklappbaren Platten, von denen die eine flach, die andere mit in negativem Relief eingetieften Mustern auf der Innenseite versehen ist. Nach dem Erhitzen im Feuer wird die gemusterte Seite mit dünnem Teig ausgegossen, die glatte Seite darübergelegt und das zusammengeklappte Gerät erneut erhitzt. Solche Waffeleisen gehörten zur Zeit der italienischen Renaissance, als sie vor allem in Umbrien, mit Perugia als Zentrum, hergestellt wurden, zu den schönsten Beispielen der Volkskunst, da die ornamentalen oder figürlichen Negativmuster, Prägestempeln von Medaillen durchaus vergleichbar, so fein in das Eisen eingetieft waren, daß daraus gewonnenes Backwerk, nun als positives Relief, einem Werk der Kleinkunst gleichkam. Die hier angestrebte künstlerische Wirkung eines Gebäcks wird verständlich durch die zeremonielle Bedeutung des ›Desserts‹ in dieser Zeit.

Lit: E. Thiele, *Waffeleisen und Waffelgebäcke in Mitteleuropa*, Köln 1959.

Wagener, Johann Heinrich →Magdeburg

Wagenfeld, Wilhelm (geb. 1900). Ein führender deutscher Industrie-Designer. Nach beendeter Ausbildung als Silberschmied und Ziseleur ging er an das Weimarer →Bauhaus, zuerst als Assistent, dann als Lehrer. Sein Stil der Bauhausjahre kommt dem M. →Brandts nahe; aus dieser Zeit stammt ein komplettes Tee- und Kaffeeservice (1924; Schloßmuseum, Weimar). Aber das gelungenste Objekt ist eine mit Glas und Chrom verarbeitete metallene Tischlampe, die er 1923/24 zusammen mit J. K. Jukker entworfen hat (Museum of Modern Art, New York). Als er 1958 über diese Lampe schrieb, stellte er als charakteristisch für das Bauhaus hin, daß die dort entstandenen Modelle, in Wirklichkeit handwerkliche Produkte, durch die Verwendung klarer Grundformen den Eindruck industrieller Erzeugnisse erweckten. Mit dem Verlassen des Bauhauses gab er auch dessen Dogmen der reinen Form auf. 1931-35 lehrte er an der Berliner Kunsthochschule und arbeitete gleichzeitig, seit 1934, als führender Designer für die Porzellanmanufaktur →Fürstenberg. 1949 ging er nach Stuttgart, wo er 1954 eine Werkstatt unter seinem Namen einrichtete. Seine Vorlesungen über das Industrie-Design sind 1948 unter dem Titel: ›Wesen und Gestalt‹ veröffentlicht worden.

W. Wagenfeld: Teeservice, Glas, entworfen 1932, ausgeführt Jenaer Glaswerk 1957 (Kunstgewerbemuseum, Zürich)

Sein erster Aufsehen erregender Entwurf datiert 1932: ein Teeservice in hitzebeständigem Glas, schlicht, praktisch und elegant. Es wird nach wie vor produziert und wirkt auch heute noch zeitgemäß (hergestellt im →Jenaer Glaswerk). Seine originellsten Entwürfe sind vielleicht die für dickwandige – viel imitierte – Haushaltswaren aus Glas. In Metallarbeit hat er elegante Bestecke mit kurzzinkigen Gabeln, kleinen Messerklingen und Löffeln mit runder Laffe entworfen und in neuerer Zeit machte er Versuche mit Kunststoff, so bei Speisetabletts (mit Tellern, Tassen, usw.) für die Lufthansa. *Siehe Abb. S. 644.*

Lit: Industrieware von W. Wagenfeld, 1930-1960, Ausst. Kat., Kunstgewerbemus. Zürich 1960; *W. Wagenfeld, 50 Jahre Mitarbeit in Fabriken*, Ausst. Kat. Köln 1973.

Wagner, Carl (1799-1841). Ein deutscher Juwelier und Silberschmied, der die →Niello-Technik der Renaissance wieder aufnahm. Geboren und ausgebildet in Berlin, ging er 1830 nach Paris, ließ sich seine Niello-Technik patentieren und gründete einen Silberschmiedebetrieb unter dem Namen ›Mention & Wagner‹. Seine ersten Erzeugnisse waren Schmuckstücke, aber auch mit Niello dekorierte Kästchen, Vasen u. ä. Er wurde von Louis-Philippe gefördert und spielte eine maßgebende Rolle in der Wiederverbreitung von Renaissanceformen bei Silberarbeiten. Sein Einfluß wirkte sich auf F.-D. →Froment-Meurice, auf A. →Vechte und L. →Falize aus.

Wainscot chair. Moderne englische Bezeichnung für einen Stuhl aus dem 16. und 17. Jh. mit paneelierter Rückenlehne.

Wakelin, Edward und John →Garrard, R.

Matthias Walbaum

Walbaum, Matthias (1554-1632). Einer der hervorragendsten Augsburger Goldschmiede, 1590 zum Meister ernannt. Er spezialisierte sich vor allem auf die Herstellung kleiner Hausaltäre (fünf Exemplare befinden sich in der Schatzkammer der Hofburg, Wien) und automatischer Trinkspiele: Prunkpokale in Form einer auf einem Hirsch reitenden Diana (einer von 1600 im Kunstgewerbemuseum, Berlin), die den Diana-Gruppen von Jacob Miller und Joachim Friess nahestehen. Seine Marke (ein Walnußbaum) findet sich auf vielen kirchlichen und profanen Silberobjekten, z. B. auf →Paxtafeln, Monstranzen (Schatzkammer der Residenz, München), Schmuck- und Schreibkästchen usw. Zu seinen bedeutendsten Werken zählte der im letzten Krieg verlorengegangene plastische Silberdekor des ›Pommerschen Kunstschranks‹ im Berliner Kunstgewerbemuseum.

Lit: R. Löwe, *Matthias Walbaum, ein Augsburger Goldschmied des 17. Jahrhunderts*, München 1974.

Waldalgesheimkultur →Latènekultur

Waldenburg. Zahlreiche Töpfereien entstanden im Mittelalter in der Gegend von Waldenburg in Sachsen und machten von der Mitte des 16. Jhs. an, vielleicht auch schon früher, ansehnliches salzglasiertes braunes Steinzeug aus leicht braunem oder grauem Ton. Die im späten 16. und frühen 17. Jh. hergestellten Trinkkrüge sind reich mit reliefierten Ornamenten dekoriert. Von besonderem Interesse sind zwei Krüge mit der Darstellung eines Töpfers an der Drehscheibe und der Bezeichnung ›Hans Glier‹, die einer Töpferei in der Nähe von Zeitz zugeschrieben werden. Seit 1490 wurde Steinzeug auch in Penig hergestellt, das kaum von den Produkten aus Zeitz und Waldenburg zu unterscheiden ist. Seit dem frühen 17. Jh. haben diese Töpfereien wohl ausschließlich einfache, undekorierte Gebrauchsware gemacht.

Lit: J. Horschick in *Keramos* LXXIX (1978), S. 31-56; ders., *Steinzeug, Von Bürgel bis Muskau, 15.-17. Jh.*, Dresden 1978.

Waldglas. Grünlich, gelblich oder bräunlich getöntes Glas, das vom frühen Mittelalter an besonders in den Wäldern des Rheinlandes, Bayerns sowie im Böhmerwald hergestellt wurde. Der Alkalizusatz wurde aus der Asche von verbranntem Buchenholz oder anderen Holzarten (von Farnkräutern in Frankreich, daher ›verre de fougère‹) gewonnen. Waldglas ist dick, robust, meistens in einfache Formen geblasen und oft dekoriert mit Nuppen und Rillen. Das bemerkenswerteste Produkt ist der →Römer. Seit dem 16. Jh. entstanden gelegentlich einige kunstvolle Gefäße, in der Hauptsache aber fand das zwar kostbare Material doch für einfaches Gebrauchsglas Verwendung. Die natürliche Färbung, die einst weniger gewürdigt wurde, hat neuerdings viele Nachahmer gefunden.

Wallbaum, Matthias →Walbaum, M.

Wallender, Alf →Rörstrand

Wallendorf. Thüringische, von *Johann Wolfgang Hammann* gemeinsam mit *Johann Gottfried* und *Gotthelf Greiner* gegründete Fabrik, die seit 1764 Porzellan herstellte, meist in Anlehnung an einfachere Waren von →Meißen mit dunklem Unterglasurblau, gelegentlich auch mit →Emailfarben bemalt. Etwas steif wirkende Figuren, ähnlich denjenigen von →Limbach (auch von G. Greiner gegründet), und Nachahmungen von Meißener Figuren gehörten zu den Erzeugnissen. Die Manufaktur wurde bis 1897 von den Nachkommen Hammanns betrieben und dann in eine Gesellschaft umgewandelt; sie besteht noch heute.

Lit: H. Scherf, *Thüringer Porzellan*, Leipzig 1980.

Wallendorf

Walnußholz. Hartes Holz von hell- bis dunkelbrauner Färbung mit feiner dunkelbrauner bis schwarzer Maserung. Es stammt von der ›Juglans regia‹, die in Südosteuropa bis China heimisch ist und in Europa angepflanzt wird, während in Nordamerika die ›Juglans nigra‹ vorkommt. In England war Nußholz seit der Restoration das am meisten geschätzte Möbelholz, bis es zu Beginn des 18. Jhs. vom →Mahagoni abgelöst wurde. Auch in den übrigen europäischen Ländern wie Italien, Deutschland und Frankreich wurden die besten Möbel des 16. und 17. Jhs. aus dem Holz des Walnußbaumes hergestellt. Im 18. Jh. wurde Nußholz aus Virginia nach Europa importiert.

Walroßzahn. In Nordeuropa benutztes Schnitzmaterial für kleine dekorative und der Andacht dienende Gegenstände. Es ist in Maserung und Farbe dem Elfenbein ähnlich.

Walther, Clemens Paul →Meißen

Walton, George (1867-1933). Schottischer Architekt und Designer. Nach einer Ausbildung an der →Glasgow School of Art ließ er sich 1888 als ›Kirchen- und Hausausstatter‹ in Glasgow nieder und entwarf Metallarbeiten, die den Stil von C. R. →Mackintosh vorwegnahmen, auf den er einen fruchtbaren Einfluß ausübte. 1897 zog er nach London und machte Entwürfe für Schaufensterdekorationen, für die Inneneinrichtungen der europäischen Kodak-Niederlassungen, für Möbel, Handarbeiten, Glas und Textilien – alle im Stil der Glasgow School.

Lit: N. Pevsner, *Architektur und Design*, München 1971.

Wandschirm →Paravent

Wandteppich. Bildteppich mit ornamentalem, floralem, figürlichem Dekor, der aus Wolle, Seide, oder beidem, auch unter Verwendung von Metallfäden, auf einem liegenden oder stehenden Stuhl mit der Hand gewirkt wurde. Der früheste erhaltene abendländische Wandteppich ist der Gereonsteppich aus dem 3. Viertel des 11. Jhs., aus Wolle in sieben Farben (Germanisches Nationalmuseum, Nürnberg; Musée Historique des Tissus, Lyon; Victoria & Albert Museum, London). Meist mit dem Sammelbegriff ›Gobelin‹ bezeichnet, der von den Erzeugnissen der im 17. und 18. Jh. führenden französischen Staatsmanufaktur, der ›Manufacture des →Gobelins‹ übernommen wurde.

Lit: H. Göbel, *Wandteppiche*, Leipzig 1923-24; J. Jobe (Hg.), *The Art of Tapestry*, London 1965; W. G. Thomson, *A History of Tapestry*, London (durchges. Ausg.) 1973; D. Heinz, *Medieval Tapestries*, London 1967; M. Jarry, *World tapestry from its origins to the present*, New York 1969.

Wanfried an der Werra. In Hessen gelegene Töpferei, die eine typische, mit →Schlicker bemalte Töpferware herstellte, meist Schüsseln und Teller aus rotem Ton und gelegentlich mit Spuren von Grün und Mangan in der Glasur (mit der nur die Außenseite des Stückes überzogen ist). Kreise, Bögen, Blütengehänge und stilisierte Blattmotive in dem freihändig aufgetragenen weißen Schlicker umranden die figürlichen Darstellungen (meist Heilige), Tiere, Vögel usw. Zwischen 1584 und 1631 sind einige datierte Stücke nachzuweisen. Ausgrabungen lassen erkennen, daß ihre Erzeugnisse nach Holland und England ausgeführt worden sind.

Lit: K. Strauss, *Alte deutsche Kunst-Töpfereien*, Berlin 1923; J. Naumann, *Meisterwerke hessischer Töpferkunst*, Ausst. Kat. Kassel 1974.

Wanli-Porzellan. Während der Regierung des Kaisers Wanli (1573-1620) gemacht, ist es das letzte wichtige Porzellan der → Ming-Dynastie. Blauweiß-Porzellane überwiegen. Viele Stücke dieser Periode sind ausschließlich für den europäischen Markt hergestellt worden. Für den einheimischen Markt sind große Fischschalen die schönsten Produkte.

Lit: S. Jenyns, *Ming Pottery and Porcelain*, London 1953.

Wappenporzellan, Porzellanteller, Terrinen usw., auf denen ein Wappenschild das wesentliche Dekorationsmotiv ist, besonders → chinesisches Exportporzellan.

Wärmeapfel → Handwärmer

Warschau. Fayencefabrik, auch Belvedere Fayencefabrik genannt, 1774 von König Stanislaus Poniatowski errichtet, bis 1786 von Baron Franz Schütter, anschließend von einem Deutschen aus Sachsen namens Wolff geleitet. Die meisten Erzeugnisse waren Nachahmungen deutschen Porzellans mit → Chinoiserie-Dekor. Am berühmtesten ist ein großes Tafelservice in → Emailfarben, das den Brokatdekor des → Imari-Porzellans zur Vorlage hat und 1776 als Geschenk für den türkischen Sultan gefertigt worden sein soll. Die Stücke sind mit ›B Varsovie‹ gemarkt, dem ›B‹ (für Belvedere) wurden gelegentlich drei Punkte hinzugefügt. Braun bemalte Vasen sind oft mit ›W‹ (für Wolff) gemarkt. Auch wurden möglicherweise Meißen- und Sèvres-Marken angebracht.

Lit: F. Savery in *The Burlington Magazine* LXXXVIII (1946), S. 117; A. Klein, *Fayencen aus Europa*, Braunschweig 1980.

Warzenbecher → Krautstrunk

Wasseruhr. Wahrscheinlich im 2. Jt. v. Chr. in Ägypten erfundenes Instrument zur Zeitmessung durch einen gleichmäßigen Zu- oder Abfluß von Wasser in ein bzw. aus einem Gefäß. Das älteste erhaltene Exemplar ist ein Alabastergefäß aus der Zeit um 1450-1380 v. Chr. (Ägyptisches Museum, Kairo), das ein Ablesen der Zeit am Sinken des Wasserspiegels anhand von im Innern des Gefäßes angebrachten Markierungen erlaubte. Kompliziertere Wasseruhren wurden in der hellenistischen Zeit erfunden. Neben den → Sonnenuhren blieben sie bis zum 14. Jh. in Europa und bis zum späten 16. Jh. im Nahen Osten die wichtigsten Zeitmessungsgeräte; danach wurden sie durch die Räderuhren abgelöst. – Eine neue Art der Wasseruhr wurde im 17.-18. Jh. vorwiegend in England und Frankreich hergestellt und im frühen 20. Jh. in großem Umfang imitiert; sie hatte das Räderwerk einer mechanischen Uhr, aber an Stelle der Gewichte einen in Kammern aufgeteilten Zylinder, wobei das Wasser von einer Kammer zur anderen floß.

Wassmus. Bekannteste Pariser Möbelfirma unter Napoleon III., gegründet von *Jean-Henri-Chrétien Wassmus* und seinem Bruder *Jean-Henri-Christophe*, die aus Hannover stammten und sich 1816 in Paris niedergelassen hatten. Um 1840 galten Sie als Möbelschreiner, die darauf spezialisiert waren, in der Art von J.-H. → Riesener und A.-Ch. → Boulle und im Stil des → Louis-quinze und → Louis-seize zu arbeiten. Der Firma trat *Henri-Léonard Wassmus* (wahrscheinlich ein Sohn von Jean-Henri-Chrétien) bei, und ihm ist wahrscheinlich der große Erfolg des Hauses zuzuschreiben. 1862 geriet die Firma in finanzielle Schwierigkeiten, erholte sich aber wieder und wurde bis 1868 weitergeführt. Ein Beispiel für ihre Louis-seize-Möbel befindet sich noch im Schloß von Compiègne, und zwar im ›salon de famille‹, für den es 1859 angefertigt wurde.

Lit: D. Ledoux-Lebard, *Les ébénistes parisiens (1795-1870)*, Paris 1965.

Waterford glasshouse. Bekannteste irische Glashütte. In Gurteens bei Waterford wurde 1729-39 eine → Flintglas-Manufaktur gegründet, von der man jedoch wenig weiß. Die bedeutendere Waterford-Glashütte begann 1784 die Produktion mit einem Werkmeister und vielen Glasarbeitern aus → Stourbridge. Nach mehrfachem Besitzerwechsel schloß die Fabrik im Jahr 1851 – ein Opfer englischen Konkur-

Waterford: Karaffe, bezeichnet ›Penrose Waterford‹, frühes 19. Jh. (Victoria & Albert Museum, London)

Waterford: Glaslüster, spätes 18. Jh. (Victoria & Albert Museum, London)

renzkampfes. Bekannt ist die Hütte vor allem wegen ihrer tiefgeschnittenen Glasgefäße. Mitunter wurden fertige Gefäße aus England importiert und in Waterford nur mit Schliffdekor versehen. Abgesehen von einigen wenigen Stücken, welche die Marke von Waterford tragen, können die Erzeugnisse der Hütte nicht von zeitgenössischen Stücken unterschieden werden, die in anderen irischen Hütten entstanden (→Cork und Dublin), oder auch in England, da diese ebenfalls die leichte bläuliche Tönung haben, die fälschlicherweise früher ausschließlich mit Waterford in Verbindung gebracht wurde.

Lit: M.S. Dudley Westropp, *Irish Glass*, Dublin 1978.

Waterloo Glasshouse Company, →Cork

Watteau, Jean Antoine (1684-1721). Der bedeutende französische Maler wurde in Valenciennes geboren, arbeitete aber seit 1702 in Paris. Er schuf einen hoch persönlichen Stil, in welchem die überfeinerten Vergnügungen der ›beau monde‹ in poetischer Weise dargestellt wurden, besonders in seinen Gemälden und Zeichnungen der ›Fêtes galantes‹. Er war der Rokoko-Künstler schlechthin, und seinem poetischen Traumbild von weltlicher Eleganz wurde nachgeeifert. Vornehmlich durch die nach seinem Tod von seinen Werken veröffentlichten Stiche übte er einen tiefgreifenden Einfluß auch auf das Kunsthandwerk der →Régence und des frühen →Rokoko aus. Der damals für Bildteppiche wie für dekorative Malereien übernommene neue und leichtere Stil der →Groteskendekorationen, mit den elegant und locker hingeworfenen baldachinartigen Rahmungen für →Commedia dell'arte-Schauspieler oder fremdartige Orientalen, ging weitgehend auf ihn zurück. Seine ›Fêtes galantes‹-Szenen, ebenso die von Malern wie Nicolas Lancret und Jean-Baptiste Pater, die stark von ihm beeinflußt waren, dienten nicht allein den französischen, sondern auch den englischen und den deutschen Manufakturen (→Meißen, →Höchst) als Modelle für Porzellanstatuetten und -malereien. Er war, mit Claude Gillot (1673-1722), auch für die allgemeine Verbreitung des →Espagnolette-Motivs verantwortlich. *Siehe Abb. S. 414.*

Waugh, Sidney →Corning Glass Works

Wauters, Michel (gest. 1679). Ein Wirker aus Antwerpen, der Wandteppiche mit mythologischen, historischen und biblischen Szenen herstellte, z. B. ›Dido und Aeneas‹ nach G. F. Romanelli (Museo Alberoni, Piacenza; Castello Sforzesco, Mailand; Cleveland Museum of Arts u. a.). Einige seiner Wandteppiche sind nach Kartons von Abraham van Diepenbeck (1596-1675) gewirkt, einschließlich der neunteiligen ›Geschichte von Moses‹, der achtteiligen ›Geschichte Salomos‹ und eines Zyklus von acht Pferden. Er arbeitete zusammen mit seinem Bruder *Philippe* und mit einem *Pierre* oder *Peeter Wauters*. Die Familie betrieb Exporthandel und scheint hauptsächlich den englischen Markt mit Wandteppichen versorgt zu haben, manchmal wurden auch englische nachgeahmt wie z. B. die ›Geschichte von Hero und Leander‹ und der Zyklus der ›spielenden Kinder‹ der Manufaktur →Mortlake.

Weald glass. Die englische Entsprechung des deutschen →Waldglases und französischen ›verre de fougère‹: ein grünliches Glas, das im Weald (Hügellandschaft) von Kent, Surrey und Sussex zwischen dem 13. und 16. Jh. gemacht wurde. Die Glasmasse ähnelt der des späten römischen Glases. Becher, Flaschen und Uringläser sehr einfacher Form waren die hauptsächlichsten Erzeugnisse, abgesehen von Fensterglas. Nachdem die Wälder dieser Gegend abgeforstet waren – das Holz diente als Brennmaterial für die Öfen –, zogen die Glasmacher von etwa 1580 an zusammen mit Handwerkern aus Lothringen nach Gloucestershire, Hampshire, North Staffordshire und zur schottischen Grenze. Überreste ihrer Arbeit, die in Woodchester gefunden wurden, bezeugen einen deutschen und venezianischen Einfluß auf die Form der Gläser. 1615 wurde der Gebrauch von Holz für die Glasherstellung verboten, und 1623 erhielt Sir Robert Mansell (1573-1656) ein absolutes Monopol für die Glasherstellung in England.

Lit: W. A. Thorpe, *English & Irish Glass*, London 1929; G. H. Kenyon, *The Glass Industry of the Weald*, Leicester 1967.

Webb, Philip (1831-1915). Architekt und Designer. Er arbeitete fast sein ganzes Leben lang eng mit W. →Morris zusammen. Er entwarf gemeinsam mit ihm und Burne-Jones die Möbel für deren Haus am Red Lion Square in London. 1860 schuf er für Morris den Entwurf für das berühmte ›Red House‹ in Bexleyheath, für das die Möbel ebenfalls nach seinen Entwürfen angefertigt wurden. Von 1861 an arbeitete er ausschließlich für die Firma Morris als Designer von Möbeln, Stickereien, Metallarbeiten, Schmuck und Gläsern. Weder Morris noch Webb hatten die Absicht, die Formen mittelalterlicher Möbel neu zu beleben, wie →Pugin es tat, obwohl sie wehmütig auf das Mittelalter als eine Zeit sozialer und künstlerischer Harmonie zurückblickten.

Webbs Möbel sind kompromißlos ehrlich: massiv-gediegen – er haßte Furniere –, das Handwerkliche nicht verbergend, oft sogar betonend. In der Regel verwendete er Eiche, meist grün und schwarz gebeizt, und manchmal dekorierte er die Oberfläche mit Malerei, →Gesso-Arbeiten oder gelacktem Leder. Obwohl Webbs Arbeiten eine gewisse Kargheit zueigen war, war er auch zu Effektvollem imstande, wie seine Entwürfe für Klaviere zeigen, die versilberte und gelackte Gessoreliefs als Dekor vorsehen. Auch für Experimente mit neuen Materialien war er aufgeschlossen und entwarf für sich selbst ein Bett aus Schmiedeeisen. Er verließ die Firma Morris 1875, als sie neu organisiert werden sollte, lieferte dem Haus aber weiterhin Entwürfe. In den 1890er Jahren hatte sich sein Einfluß weit über die Firma Morris hinaus auf die gesamte →Arts and Crafts-Bewegung ausgedehnt. Einige seiner Arbeiten befinden sich im Victoria & Albert Museum, London. *Siehe auch Abb. S. 665.*

Lit: W. R. Lethaby, *P. Webb and his Work*, London 1935; *Ausst. Kat. Victorian and Edwardian Decorative Arts*, Victoria & Albert Museum, London 1952.

Webb, Thomas and Sons. Führende Glashütte in →Stourbridge, gegründet 1837 von Thomas Webb d. Ä., befaßt mit der Herstellung der üblichen Gebrauchsgläser und von Ziergläsern, die zum Teil auf der Londoner Weltausstellung von 1851 gezeigt wurden. Unter seinen Söhnen *Thomas Wilkes Webb* und *Charles Webb*, die 1869 die Firma erbten, begann man hinsichtlich der Herstellung von dekorativem Glas auch ungewöhnliche Wege zu gehen. Bei der Pariser Weltausstellung von 1878 gewann die Firma einen Grand Prix für Ausstellungsstücke, zu denen auch einige hoch gelobte Lüster gehörten. 1876 wurde J. →Northwood mit einer →Überfangglasvase in Kameenschnitt beauftragt, die 1882 vollendet und an →Tiffany in New York verkauft wurde (heute im Smithsonian Institute, Washington D.C.). Um diese Zeit begannen die Mitarbeiter T. und G. →Woodall mit der Herstellung ihrer kompliziert geschnittenen Überfanggläser, für die die Firma weithin bekannt wurde, die mit diesen Arbeiten bis etwa 1906 um die siebzig darauf spezialisierte Handwerker beschäftigte. Diese Stücke waren jedoch die Ausnahme (ein einziges konnte mehr als 100 Pfund kosten), und so widmete sich die Firma in erster Linie dem Gebrauchsglas von guter Qualität, das sie noch immer produziert. *Siehe Abb. S. 673.*

Lit: H. Hilschenz, *Das Glas des Jugendstils*, München 1973; H. W. Woodward, *Art, feat and mystery. The story of Thomas Webb & Sons, Glassmakers*, Stourbridge 1978.

Webber Fenton, Christopher →Bennington, Töpfereiwaren- und Porzellanfabrik

Weben. Prozeß der Herstellung von Stoff aus gezwirnten oder gesponnenen Fäden die, im rechten Winkel überkreuz, miteinander verbunden werden, ein Vorgang ähnlich der →Korbflechterei und wie diese bereits im Neolithikum bekannt. Während der Korbmacher aber mit unbearbeiteten Pflanzenfasern arbeitete, mußte der Weber sein Material durch Zwirnen oder Spinnen in lange, haltbare Fäden umwandeln. Die Grundpraktik des Zwirnens mag schon im Paläolithikum entdeckt worden sein, und ein Fischnetzfragment aus gezwirnten Pflanzenfasern ist aus dem Mesolithikum überkommen, gefunden in Finnland. Die frühesten bekannten Beispiele gewebter Textilien, einige Fragmente aus →Leinen, stammen aus der Provinz Fayum in Ägypten und datieren kurz nach 5000 v. Chr. Das erste dazu verwendete Material scheint Flachs oder eine andere Pflanzenfaser gewesen zu sein. →Baumwolle tritt zuerst in Indien um 3000 v. Chr. auf, etwas später in Peru. →Wolle ist im frühen Ägypten nicht verwendet worden, da man sie als unrein ansah, wohl aber in

P. Webb: Eichentisch, entworfen 1865-67 (Victoria & Albert Museum, London)

anderen Teilen des Vorderen Orients und in Skandinavien seit etwa 1150 v. Chr.
Um einen Stoff zu weben, müssen Kettfäden auf einem Webstuhl befestigt und Schußfäden zwischen ihnen durchgeschossen werden. Der früheste Webstuhl bestand aus zwei Balken – dargestellt auf einer ägyptischen Schale von 4400 v. Chr. –; er wurde um 3000 v. Chr. durch Hinzutreten von Litzen (senkrechten Schnüren, durch deren Ösen die Kettfäden geführt werden) und Hoch- und Tiefschäften (durch Heben und Senken der Schäfte entsteht ein ›Fach‹, das die Kettfäden voneinander trennt, damit der Schuß durchpassieren kann) zu dem ›horizontalen Bodenwebstuhl‹ oder Flachwebstuhl weiterentwickelt, der noch immer von Nomaden im Orient benutzt wird (so von Beduinen).
Die beiden anderen frühen Arten des Webstuhls sind Vertikalkonstruktionen (Hochwebstühle): der ›vertikale Zweibalkenwebstuhl‹ (seit 1500 v. Chr. in Ägypten in Gebrauch, in Syrien vielleicht schon früher), bei dem die Kettfäden um zwei Balken in einem aufrecht stehenden Rahmen befestigt waren, an denen der Weber von unten nach oben arbeitete, und der ›Gewichtswebstuhl‹ (seit etwa 2500 v. Chr. in Troja benutzt) mit am oberen Balken eines rechteckigen, aufrecht stehenden Rahmens befestigten Kettfäden, deren herabhängende gebündelte Enden durch Gewichte beschwert wurden. An ihm arbeitete der Weber von oben nach unten. Die Grundtypen des Webstuhls sind in späterer Zeit nur durch die Weiterentwicklung der Schäfte verändert worden, um das Weben gemusterter Stoffe zu vereinfachen. Der Grundtypus eines Gewebes ist das einfache Überkreuzen von Kett- und Schußfäden. Gestreifte und karierte Muster entstehen durch den Farbwechsel der Kettfäden und/oder der Schußfäden. Durch Vermehrung der Litzen und damit die Möglichkeit des Variierens der Anzahl der Kettfäden, die jedes Mal gehoben werden, wenn der Schuß durchläuft, ist die Voraussetzung geschaffen, →Köper zu weben. Kompliziertere Muster, die mehr durch den Farbwechsel als durch das Websystem entstehen, können durch die Wirktechnik (Einführen von verschiedenfarbigen Schußfäden für kleinere Partien) erhalten werden oder durch die Verwendung ›flottierender‹ Kett- oder Schußfäden, indem farbige Schußfäden z. B. an bestimmten Stellen über drei und unter einem Kettfaden geführt werden. Flor bekommt man durch Einschießen von Schüssen, die in Abständen um eine Rute geführt werden und dadurch Schlingen bilden. Alle diese Techniken sind bereits im 2. Jt. v. Chr. in Ägypten weit entwickelt worden. Unter den Textilien aus dem Grab Tutanchamons gibt es feine Leinengewebe (mit rund 1120 x 320 Fäden auf einem qcm), ein gewirktes Gewand mit Rosettenmuster und Lotusborte und einige Bordüren, die auf einem Stuhl mit wenigstens sieben ›Litzenaugen‹ gewebt worden sind.
Diese Technik war auch in China bekannt, wo →Seide bereits seit 1000 v. Chr. zu feinen Stoffen gewebt wurde. In Europa (außer in Byzanz) verfiel die Qualität der gewebten Stoffe nach dem Fall des römischen Kaiserreiches rapide und erholte sich erst wieder im Mittelalter. Der Flachwebstuhl wurde bedeutend verbessert, indem man ihn vom Boden auf Füße stellte, was dem Weber die Möglichkeit gab, daran zu sitzen und Tritte zu benutzen, um die Litzen (an ihren Schäften, den ›Schaftchor‹) zu bedienen. Dieser Webstuhl wurde der Standardtypus für einfarbige und einfach gemusterte Gewebe (der Hochwebstuhl wurde für Wirkereien bevorzugt). Um reiche, gemusterte Stoffe zu weben, wurde der Kegelwebstuhl wahrscheinlich aus China eingeführt. Er wurde von italienischen Webern im Mittelalter benutzt und breitete sich von dort nach Frankreich und im übrigen Europa aus. Während die einfachen Webstühle den Gebrauch von nicht mehr als rund 24 Litzen erlaubten, konnte man mit Hilfe des Kegelwebstuhls die Bewegung der Kettfäden auf eine andere Art regulieren und die Anzahl der für den Durchlauf des Schusses zu hebenden Kettfäden mehr variieren, was die Mustervielfalt vergrößerte. Der Weber konnte aber trotzdem nicht ohne einen Helfer auskommen, der die Litzenschnüre zog, um die ›Fächer‹ zu öffnen, jedes Mal, wenn der Schuß passierte.
Um 1490 arbeitete Leonardo da Vinci das Prinzip eines automatischen Webstuhls für einfarbige Stoffe aus. Im frühen 17. Jh. waren Webstühle in Holland, Deutschland und in Frankreich in Gebrauch, die ungelernte Arbeiter bedienen konnten, ihre Einführung hatte einen Aufstand der Weber zur Folge, die fürchteten, ihre Arbeit zu verlieren. Im 18. Jh. wurden denn verschiedene Versuche unternommen, vollautomatische Webstühle zu konstruieren, aber keiner erwies sich als tauglich. Versuche dagegen, einen mechanischen Ersatz für den Hilfsarbeiter am Kegelwebstuhl zu finden, waren erfolgreicher. 1725 entwarf Basile Bouchon in Frankreich einen Mechanismus, um die Schäfte voneinander zu trennen und sie automatisch zu ziehen. Dieses wurde 1745 von Jacques de Vaucanson verbessert, dessen Webstuhl zu unpraktisch für den Gebrauch war, jedoch die Grundlage für den revolutionären →Jacquard-Webstuhl bildete. Dieser ermöglichte, auch die kompliziertesten Muster von einem einzigen Mann herstellen zu lassen. Die Maschine wurde 1801 in Betrieb genommen, und bereits 1812 arbeiteten 11000 solcher Stühle in Frankreich. Um 1810 wurden sie in England eingeführt und 1832 arbeiteten allein 600 in Coventry.
Gleichzeitig wurden erhebliche Erfolge in der Mechanisierung der verschiedensten Prozesse erzielt, durch die die Fasern für den Webvorgang vorbereitet wurden. Das Spinnrad wurde im Mittelalter in Europa entwickelt, und nach verschiedenen arbeits- und zeitersparenden Veränderungen führte man um 1740 in England von Wasserrädern angetriebene Spinnmaschinen ein. Verbesserungen erfolgten durch Hargreaves ›Jenny‹-Spinnmaschine (wohl

1764), Arkwrights Wasserrahmen-Spinnmaschine (1769) und Cromptons ›Mule‹-(›Maulesel‹-)Maschine (1774-79), weiter durch eine große Zahl verschiedener Maschinen, die entwickelt wurden, um unterschiedliche Fasern zu spinnen, von denen die wichtigste Richard Roberts' automatische ›Mule‹-Maschine von 1830 war. Der erste erfolgreich automatisch betriebene Webstuhl für einfarbige Baumwollstoffe wurde von Cartwright 1786 eingeführt, aber 1822 von Roberts' automatischem Webstuhl ersetzt. Sie waren nur für Baumwolle und Kammgarn benutzbar, nicht für Leinen. Knowles' Webstuhl von 1863 wurde sehr schnell der am meisten verwendete für die Verarbeitung von Wolle. 1850 kam ein Webstuhl für Leinen in Gebrauch und ersetzte 1890 den handgetriebenen Webstuhl in Yorkshire und Irland. Amerika hielt mit dieser Entwicklung Schritt und steuerte wesentliche Beiträge dazu bei, während das kontinentale Europa nachhinkte. Gegen 1900 überlebte der handbetriebene Webstuhl für Textilien nur in den rückständigeren Teilen Europas. Er blieb aber weiter in Gebrauch, um kürzere Bahnen von komplizierten und teuren Stoffen herzustellen und für experimentelle Zwecke von Textildesignern. →Synthetische Fasern haben bisher wenig Einfluß auf den Webvorgang gehabt.

Lit: M. Dreger, *Künstlerische Entwicklung der Weberei und Stickerei,* Wien 1904; L. Hooper, *Handloom Weaving,* London 1910; E. Flemming, *Textile Künste,* Berlin 1923; M.E. Pritchard, *A Short Dictionary of Weaving,* London 1954; H. Hodges, *Artifacts,* London 1964.

Wechte, Antoine →Vechte, A.

WEDGWOOD
Wedgwood

Wedgwood, Josiah (1730-95). Der bekannteste englische Keramiker und der einzige von weltweiter Bedeutung, der einen Einfluß bis hin nach Rußland, Italien und in die Vereinigten Staaten ausübte. Er stammt aus einer Töpferfamilie und lernte bei seinem Bruder 1744-49 das Drehen. 1754 trat er bei Th. →Whieldon als Partner ein und befaßte sich hier mit keramischen Erden und →Glasuren. Er beendete die Zusammenarbeit, um 1759 die →Wedgwood Pottery in Burslem zu gründen, die so erfolgreich arbeitete, daß ihre Anlagen bereits 1764 erweitert werden mußten. 1769 eröffnete er eine neue, größere Fabrik unter dem Namen ›Etruria‹ und fand in dem Kaufmann Thomas Bentley (um 1730-80) aus Liverpool einen Teilhaber. Nach Bentleys Tod nahm Wedgwood seine Söhne und Neffen als Teilhaber auf. Sein ungewöhnlicher Erfolg war einem seltenen, wenn nicht einmaligen Zusammentreffen von wissenschaftlichen Kenntnissen, künstlerischem Gespür, Fähigkeiten in der Verwaltung und kaufmännischem Scharfsinn in seiner Person zu verdanken. Die Erfindung des englischen →Steinguts – cream-coloured earthenware –, die er mit gnädiger Einwilligung der Krone ›Queen's ware‹ nennen durfte, der →Jasperware und der →Basaltware versetzten ihn in die Lage, die Preise der Porzellanfabriken und der Hersteller von Fayencen zu unterbieten. Seine frühzeitige Hinwendung zum →Klassizismus und sein Auge für junge Talente (wie J. →Flaxman, den er zu vielen Arbeiten heranzog) ermöglichten es, die zu dem neuen Stil der Innenausstattung passenden keramischen Erzeugnisse zu liefern. Er richtete seinen Betrieb nach den neuesten Erkenntnissen ein, arbeitete seit 1782 mit Dampfkraft und förderte die Errichtung eines Schiffahrtsweges, der Staffordshire mit den Häfen Bristol und Liverpool verband und dadurch die Frachtkosten senkte. Vor allem aber hatte er erkannt, daß der finanzielle Erfolg dann nicht ausbleiben kann, wenn Waren für alle sozialen Schichten produziert werden und nicht nur, wie von den damaligen Porzellanfabriken, für eine kleine Oberschicht oder, wie in der Frühzeit der Töpfereien in Staffordshire, für die Unterschicht. Einige seiner Entwürfe sind klassisch geworden, nicht nur, weil sie dem Charme ihrer Zeit Ausdruck verliehen haben, sondern weil sie gerade in ihrer äußerst einfachen Gestaltung auch dem modernen Empfinden entsprechen. Es sei hier auf das Speiseservice in ›Queen's ware‹ von 1765 und das in Basaltware gestaltete Teeservice von 1768 hingewiesen, die beide heute noch im Produktionsprogramm der Fabrik sind. Wedgwood war ein Mann fortschrittlicher, liberaler und humaner Denkungsart, Mitglied der Birmingham Lunar Society (der auch Priestley, M. →Boulton, Watt und J. →Baskerville angehörten), Mitglied der Royal Society, ein Förderer der Amerikanischen Revolution und ein Verfechter der Aufhebung der Sklaverei.

Lit: E. Meteyard, *The Life of Josiah Wedgwood,* London 1865-66; G. Savage u. A. Finer, *Selected Letters of Josiah Wedgwood,* London 1965; W. Treue, ›Josiah Wedgwood‹ in *Keramos* 25 (1964) u. 26 (1964).

Wedgwood pottery. Die bedeutendste englische Keramikfabrik, gegründet 1759 in Burslem, Staffordshire, von J. →Wedgwood. Sie begann mit dem Glasieren von keramischen Erzeugnissen des William Greatbatch (früher in Th. →Whieldon's pottery beschäftigt) mit einer grünen, von Wedgwood entwickelten Glasur. Bald wandte sie sich der Produktion eines gegenüber Booths Erzeugnissen verbesserten →Steinguts zu, mit einfachen, aber eleganten Mustern, die sofort die Käufer, die ein Gefühl für den Klassizismus hatten, ansprach. Diese Erzeugnisse wurden (seit etwa 1765 unter dem

Wedgwood: Terrine, Steingut, 1780-90 (Victoria & Albert Museum, London)

Namen ›Queen's ware‹ bekannt, zu Ehren von Königin Charlotte, der Förderin der Fabrik) einfarbig gelassen oder sie wurden dekoriert, sei es im →Umdruckverfahren von J. →Sadler, sei es mit Malereien in →Emailfarben. (Eine Werkstatt für Emailfarbenmalerei wurde 1769 in Chelsea eingerichtet.) In kurzer Zeit hatten die bemalten Erzeugnisse von Wedgwood die gleiche gesellschaftliche Wertschätzung erlangt wie Porzellan: Katharina die Große von Rußland hatte ein umfangreiches Service mit englischen Landschaften in Sepia in Auftrag gegeben, das 1774 ergänzt worden ist (das Service ist unter dem Namen ›Frosch-Service‹ bekannt, nach dem Frosch in dem Wappen auf jedem einzelnen Stück; jetzt in der Ermitage in Leningrad). Erzeugnisse aus glasigem roten →Steinzeug, genannt ›rosso antico‹ (hergestellt schon vor 1763), schwarze →Basaltware (seit ungefähr 1769) sowie die berühmte →Jasperware (seit 1774) mit Reliefdekor in Weiß auf blauem lavendelfarbenem, grünem oder gelbem Fond entsprechen oft den Maßen und dem Dekor griechischer Vasen (damals als etruskisch bezeichnet, daher der Name ›Etruria‹ für die Fabrik von Wedgwood). Das berühmteste aus der Antike wieder aufgegriffene Modell ist eine hervorragende Kopie der Barberini-Portland-Vase aus römischem Glas des 1. Jhs. v. Chr., die seit 1790 hergestellt wurde. Bei der Nachahmung antiker Vasen scheute sich die Fabrik nicht, von der originalen Bemalung abzuweichen und flache Reliefornamente anzubringen, wobei sie sich sowohl von Marmorvasen als von Keramik inspirieren ließ. Zur Gestaltung des Reliefdekors dieser Erzeugnisse und der Gebrauchswaren wie Teekannen, Krüge usw., aber auch für Büsten und Medaillons, insbesondere Porträts, wurden einige hervorragende Künstler herangezogen, so J. →Flaxman, George Stubbs, James Tassie, John Bacon und John Coward, ein Holzschneider, der für die Brüder →Adam gearbeitet hatte. Auch italienische Bildhauer lieferten Entwürfe. W. →Hackwood war 1769-1832 Modellmeister und einer der wenigen, der seine Arbeiten gelegentlich signierte. Die Produktion war außerordentlich vielseitig und umfaßte neben den üblichen Vasen und Tafelgeschirren große Büsten, Keramiktafeln und -plaketten zur Dekoration von Möbeln (häufig von A. →Weisweiler verwendet), Kameen für Schmuckstücke (oftmals von M. →Boulton in geschliffenem Stahl montiert), Schuhschnallen, Schachfiguren, Rosenkränze und Montierungen für Schnupftabakdosen, Uhrgehäuse und Operngläser. Zu den Förderern der Fabrik gehörte die englische Königsfamilie, Katharina die Große, die Königin von Frankreich und der König von Neapel. Exporte gingen in alle Teile Europas und in die Vereinigten Staaten. Nachahmungen wurden nicht nur in England (besonders in den Werkstätten von Staffordshire), sondern auch von vielen Fabriken des europäischen Kontinents (darunter →Meißen, →Sèvres und →Wien), gemacht. Beim Tod des Gründers ging das Unternehmen auf seinen Sohn *Josiah II* (gestorben 1843) und seinen Neffen *Joseph Byerley* (gest. 1810) über und befindet sich noch heute im Besitz der Familie Wedgwood. Abgesehen von der Herstellung von →Knochenporzellan während einer kurzen Zeitspanne (1812-16) hat sich unter der Leitung von Josiah II nicht

linkes Bild: Wedgwood: Vase, schwarze Basaltware (Kopie einer Vase des 3. Jhs. v. Chr. im British Museum) (Victoria & Albert Museum, London)

Wedgwood: ›Homer-Vase‹, Jasperware, um 1785 (Nottingham Castle Museum)

Wedgwood: Tasse und Untertasse, Basaltware, schwarz mattiert, spätes 18. Jh. (Museum of Modern Art, New York)

Wedgwood: Aschenbecher, Steingut, entworfen von K. Murray, 1939 (Victoria & Albert Museum, London)

viel geändert. Im 19. Jh. folgte die Fabrik dem neuzeitlichen Geschmack, ohne dabei allerdings eine führende Rolle zu übernehmen. Unter den Erzeugnissen der viktorianischen Zeit sind die Vasen aus Jasperware mit aufgelegten Blumenreliefs wohl am attraktivsten. Auf der Weltausstellung 1851 in London zeigte die Firma ihr gesamtes Sortiment einschließlich ihrer Porzellanstatuen (Parianware), Figuren meist klassischer Sujets, ›Industrie- und Sanitärkeramik‹ sowie zahlreiche Eßgeschirre noch in den Dekoren des 18. Jhs. Später wurden Reproduktionen früherer Keramikarten, darunter auch von →Saint Porchaire, angefertigt. Neue Modelle für Büsten wurden von dem Bildhauer Edward William Wyon geschaffen. Seit 1878 wurden erneut Porzellan und andere Keramikarten erzeugt. Im späten 19. Jh. waren wiederholt bekannte Entwerfer beschäftigt, unter ihnen W. →Crane und Charles F. A. →Voysey. In den 1930er Jahren wurden gefällige einfache Gebrauchswaren nach Entwürfen des Architekten Keith Murray gemacht. Heute stellt die Fabrik (leicht erkennbare) Kopien ihrer Jasperware des 18. Jhs., viel gutes Steingut und Knochenporzellan her, das in Anlehnung an Entwürfe von Eric Ravilious und anderen englischen Malern geschmackvoll modern dekoriert ist. *Siehe auch Abb. S. 323.*

Lit: W. B. Honey, *Wedgwood Ware,* London 1948; W. Mankowitz, *Wedgwood,* London 1953; M. Batkin, *Wedgwood Ceramics 1846-1957. A new appraisal,* London 1982.

Wednesbury, Email-Manufakturen. Eine Gruppe von Emailmanufakturen in South Staffordshire, deren erste 1776 von *Samuel Yardley* gegründet, die letzte bis 1840 von seinen Enkeln geleitet wurde. Ihre Waren hatten am Anfang des 19. Jhs. großen Erfolg; in dieser Zeit produzierten sie anscheinend die besten englischen Emails.

Weesp ab 1759

Weesp. Die erste erfolgreiche niederländische Porzellanmanufaktur wurde 1757 in der Nähe von Amsterdam von dem irischen →Arkanisten *D. McCarthy* gegründet. Sie ging 1759 in den Besitz des Grafen Gronsveld-Diepenbroick-Impel über, der den deutschen Arkanisten *Nikolaus Paul* und deutsche Arbeiter beschäftigte. 1771 wurde sie an den Pastor *Johannes de Mol* verkauft und nach Oude Loosdrecht verlegt und 1782 an eine Gesellschaft weiter veräußert. Diese überführte sie nach Oude Amstel, von wo sie 1809 nach Nieuwer Amstel verlegt wurde und dort bis etwa 1820 in Betrieb war. Sie stellte Hartporzellan von guter Qualität her, hauptsächlich Geschirre und in ihrer Frühzeit auch einige Figuren, brachte es aber nicht zu einem eigenen Stil.

Lit: E. Schrijver, *Hollands Porcelein,* Bussum 1966.

Wegely, Wilhelm Kaspar →Berliner Porzellanmanufakturen

Wegner, Hans (geb. 1914). Dänischer Architekt und Möbelentwerfer. Zusammen mit A. →Jacobsen und F. →Juhl ist er seit 1940 tonangebend in der Gestaltung der dänischen Möbel. Als gelernter Möbelschreiner arbeitet er alle Modelle nicht nur am Zeichenbrett, sondern auch an der Werkbank aus, bevor sie in Produktion gehen. Wegner stellt vor allem kostspielige Möbel her mit makelloser, seidigglänzender Oberflächenbehandlung, die zum Teil an chinesische Lackmöbel erinnert. Sehr elegant und gefällig, dennoch strapazierfähig und bequem wirkend, bewahrt sein Stil genug Tradition, um den Vorstellungen der oberen Mittelklasse von kultivierter, unaufdringlicher Behaglichkeit zu entsprechen. Er hat eine ausgesprochene Vorliebe für abgerundete Formen, die sanft ineinander übergehen, was seinen Stühlen ein Aussehen verleiht, als seien sie aus Kunststoff geformt und nicht aus Holz gebaut. Sein 1949 geschaffener Eßzimmerstuhl aus Teakholz, Eiche und Rohrgeflecht ist zum Klassiker für das wohlhabende Bürgertum geworden; die subtil kurvierte Leiste auf der Rückenlehne muß handgeschnitzt werden.

Weichporzellan →Porzellan

Weinglaskühler. Ein Gefäß aus Silber, Glas, Steinzeug oder Porzellan mit einer oder mehreren Einkerbungen im Rand, in die man Gläser mit dem Kelch nach unten in eisgekühltes Wasser hängt. Der französische Name dafür ist ›rafraîchissoir‹. *Siehe auch* Monteith. *Abb. S. 662.*

Weiniger, Salomon (gest. 1879). Wiener Goldschmied und berüchtigter Fälscher. Zwischen 1865 und 1875, als er mit der Restaurierung von berühmten Stücken aus der Geistlichen

Weinglaskühler, Fayence aus Bordeaux (vielleicht Manufaktur Hustin), frühes 18. Jh. (Musée des Arts Décoratifs, Bordeaux)

Schatzkammer, Wien, betraut war, ersetzte er die Originale durch Kopien und verkaufte die Originale. Die bekanntesten waren: Reliquiar des hl. Dorns (Original heute im British Museum); das goldene Kreuz König Ludwigs I. von Ungarn und Polen (Original in die Schatzkammer zurückgebracht, eine Kopie heute im Ungarischen Nationalmuseum, in Budapest); Verkündigungsgruppe in emailliertem Gold (Original heute im Fitzwilliam Museum, Cambridge/Mass.); fatimidisches Bergkristall-Ostensorium (Original im Germanischen Nationalmuseum, Nürnberg). Alle bis auf eine der Fälschungen Weinigers wurden als Originale angesehen, als die Schatzkammer 1922 vom Österreichischen Staat übernommen wurde.

Lit: J. F. Hayward in *The Connoisseur* 1974 (Nov.) S. 170-179.

Weinkühler. Ein kübelartiges Gefäß, in dem eine oder mehrere Weinflaschen zwischen Eisstücke gestellt werden können. Der vom 15. Jh. an und besonders im frühen 18. Jh. beliebte Kühler wird, vor allem aus Silber oder anderen Metallen gefertigt, auch Weinzisterne genannt. Bei einem hölzernen, häufig mit Ornament versehenen, truhenartigen Möbel mit Bleieinsatz, das eine größere Anzahl von Flaschen enthalten kann und auch zur Aufbewahrung dieser im Speisezimmer dient, spricht man von einem Weinflaschenständer (engl. ›cellaret‹). Im 18. Jh. aber waren die drei Bezeichnungen – Weinkühler, Weinzisterne und Weinflaschenständer – austauschbar. *Siehe Abb. S. 226.*

Weiss, Georg Veit →Crailsheim

Weißmetall →Britanniametall

Weisweiler, Adam (um 1750 bis um 1810). Von den deutschen Kunstschreinern des →Louisseize, die in Paris lebten, schuf er die elegantesten und exquisitesten Möbel, die im Vergleich zu J.-H. →Rieseners Arbeiten allerdings weniger prunkvoll und auch nicht so teuer waren. Er begann in D. →Roentgens Werkstatt in Neuwied und ging 1778 nach Paris. Im gleichen Jahr wurde er ›maître ébéniste‹. Er arbeitete hauptsächlich für die Pariser Möbelhändler, vor allem für Dominique Daguerre, der Marie Antoinette mit Möbeln für Saint-Cloud belieferte, z. B. mit Weisweilers kleinem eleganten Ebenholzschreibtisch mit Lackeinlagen und Karyatiden-Beinen, der 1784 angefertigt wurde und sich heute im Louvre befindet. Durch Vermittlung von Daguerre fertigte er auch Möbel für den Prinzen von Wales für dessen Carlton House in London (Wandtische für den chinesischen Salon bestimmt, heute im Buckingham Palace). Trotz seiner Schulung unter Roentgen verwendete er selten bildhafte Marketerie, sondern bevorzugte ungemusterte Furniere, meist aus Mahagoni, oder Lack (Sekretär im Rijksmuseum, Amsterdam). Bei kostbareren Stücken verwendete er →Sèvres-Porzellanplatten (Sekretär im Metropolitan Museum, New York). Seine →Pietre-dure-Füllungen stammen z. T. von Louis-quatorze-Möbeln, die man wegen ihres wertvollen Materials auseinandergenommen hat. Weisweiler spezialisierte sich auf kleine Möbel von leichtem, ja fast fragilem Aussehen, besonders auf →Bonheurs-du-jour, Sekretäre, →Guéridons, →Konsolen usw. Sie sind hervorragend gearbeitet und zeichnen sich durch Klarheit und Eleganz der Linie und durch feine Beschläge, meist florale Motive, manchmal Cupidos, Ziegen oder Sphingen, aus. Man nimmt an, daß sie z. T. von P. →Gouthière stammen. Er verwendete auch gern Karyatiden als Stützen. Besonders charakteristisch für ihn sind seine merkwürdig verschlungenen Stege, die sich verjüngenden Beine mit gemusterten Einlagen und die spindelförmigen Kommodenbeine. Obwohl Weisweiler viel für die königlichen Paläste gearbeitet hat, überlebte er die Revolution und wurde, in enger Zusammenarbeit mit →Thomire, zu einem der führenden Kunsttischler des →Empire. In den ersten Jahren des Kaiserreichs verstand er es, sich die Gunst der Familie Bonaparte zu sichern. Seine bemerkenswertesten Arbeiten aus dieser Zeit sind die schönen Schmuckschatullen, die er 1806 für

A. Weisweiler: Schreibtisch, 1784 (Louvre, Paris)

Königin Hortense schuf. Nach dem Tod seiner Frau im Jahre 1809 setzte er sich zur Ruhe. Sein Todesjahr ist nicht bekannt. Sein Sohn *Jean* führte das Geschäft weiter. Dieser lebte bis 1844. *Siehe auch Abb. S. 310.*

Lit: P. Lemonnier, *Adam Weisweiler,* Paris 1983.

Weizenährenmotiv. Schnitzornament in Form einer Weizenähre; sehr beliebt als Dekor englischer Möbel im ausgehenden 18. Jh., vor allem bei Stuhllehnen im →Hepplewhite-Stil.

Wellenschrank →Schrank

Wellington chest, engl. Kommode des frühen 19. Jhs. mit meist zehn oder mehr Schubladen übereinander angeordnet, die mittels einer von oben nach unten laufenden, an einer Seite der Kommode befestigten Klappe verschlossen werden können.

Welsh dresser, engl. Großer, aber einfach konstruierter Geschirrschrank mit offenen Fächern, um Töpferwaren und Geschirr zur Schau zu stellen, auf einem tieferen Unterbau mit (in der Regel drei) Schubladen übereinander und einem oder mehreren manchmal von Türen verdeckten Fächern. Dieser Schranktyp scheint zu Beginn des 18. Jhs. im Grenzgebiet zwischen Staffordshire und Shropshire entwikkelt worden zu sein und wurde später bis tief ins 19. Jh. hinein auch anderswo in England und Wales hergestellt.

Welsh ware, engl., Waliser Keramik. Im späten 18. Jh. Bezeichnung für flache Fleischplatten, bemalt mit →Schlicker in gekämmtem oder gefiedertem Dekor; hauptsächlich in den Keramikwerkstätten von →Staffordshire, Sunderland und Isleworth hergestellt.

Wennerberg, Gunnar Gunnarsson →Gustavsberg

Wenzel, Johannes →Lohr am Main

Westerwald: Krug mit der Darstellung des ›Verlorenen Sohnes‹, salzglasiertes Steinzeug, Grenzau, 1618 (Victoria & Albert Museum, London)

J.-J. Werner: Sekretär, um 1830 (Musée des Arts Décoratifs, Paris)

Werner, Jean-Jacques (1791-1849). Einer der besten Möbelschreiner der →Restauration, wenn auch weniger erfolgreich als F. →Rémond. Er stammte aus der Schweiz und erwarb 1826 die französische Staatsbürgerschaft, war aber bereits um 1820 in Paris tätig. Zu seinen Auftraggebern zählte die Familie Bonaparte, die Herzogin von Berry und das bayerische Königshaus. Seine Arbeiten fanden viel Beifall bei den Pariser Ausstellungen von 1819 und 1828. Einige seiner Möbel befinden sich heute im Musée des Arts Décoratifs in Paris.

Lit: D. Ledoux-Lebard, *Les ébénistes parisiens (1795-1870),* Paris 1965.

Wessel, Ludwig →Poppelsdorf

Westerwald. Zahlreiche →Steinzeugtöpfereien in Grenzau, Grenzhausen, Höhr und anderen Orten im Westerwald, einem Gebiet im Rheinland zwischen Köln und Frankfurt am Main, das im frühen 19. Jh. dem Herzogtum Nassau eingegliedert worden ist (daher gelegentlich die anachronistische Bezeichnung als ›Nassauische Töpferei‹). Die Gegend wird wegen der großen Zahl von Töpfereien allgemein als ›Kannenbäckerland‹ bezeichnet. Die frühesten nachweisbaren Erzeugnisse stammen von den Söhnen von A. →Knütgen, der 1590 von →Siegburg nach Höhr übersiedelte; es waren unter anderem Krüge mit Ausgußtüllen und Reliefdekor in Siegburger Art. Etwas später ließen sich Mitglieder der Familie →Mennicken aus →Raeren in Grenzhausen nieder, wo sie ihre Produktion in der Raerener Art fortsetzten, oftmals unter Benutzung derselben Formen für den Reliefdekor. Zahlreiche neue Dekorationsmotive kamen hinzu: ›Der verlorene Sohn‹, ›Der gute Samariter‹, ›Die sieben Werke der Barmherzigkeit‹ und die Wappen österreichischer Prinzen. Einige sehr große Krüge (fast 1 m hoch) aus der Zeit um 1630 werden Johann Kalb in Grenzau zugeschrieben. Noch vor der Mitte des 17. Jhs. ging der Gebrauch figuralen Dekors zurück, und ein bestimmter Typ des Westerwälder Krugs bildete sich heraus, mit eiförmigem Körper auf einem Fußring und mit engem Hals, mit eingestempeltem Dekor (Löwenmasken, Engelsköpfe, Vasen mit Blumen oder einfache Rosetten und Rauten) in regelmäßiger Wiederholung und teilweise in Kobaltblau oder Manganviolett bemalt. Die bemalten Stellen sind von den nur glasierten Stellen durch scharf eingeritzte Linien getrennt. Im späten 17. Jh. blühte ein umfangreicher Export, besonders nach England. Auf vielen Stücken befinden sich Initialen, Wappen oder Porträts von Wilhelm III. und, im frühen 18. Jh., von Königin Anna. Neben den handelsüblichen Krügen und Humpen wurden im 18. Jh. Salzbehälter, Tintenzeuge, Tee- und Kaffeekannen hergestellt, die manchmal dem damals in →Staffordshire produzierten salzglasierten Steinzeug ähneln. Seit dieser Zeit waren die Erzeugnisse hauptsächlich für bäuerliche Gebrauchszwecke bestimmt, oft mit dem Knibisornament dekoriert. Während des 19. Jhs. bis heute blieb der Westerwald ein Mittelpunkt für die Herstellung einfacher Steinzeuggefäße. Im frühen 20. Jh. wurden Jugendstilwaren hergestellt, besonders von Rosskopf & Gerz in Höhr, 1906-14; später sind die Dekorvorlagen von zwei Pionieren des modernen Designs herauszuheben, die die Gestaltungsmöglichkeiten, die das Steinzeug bot, zu schätzen verstanden: H. van de →Velde dekorierte Gefäße mit gemusterten Glasuren für die Werkstatt Reinhold Hanke in Höhr, und R. →Riemerschmid gestaltete Trinkgefäße für die Werkstatt von Reinhold Merkelbach in Grenzhausen. In den 1920er Jahren wurden die originalen Dekorationstechniken durch E. →Balzar-Koppe wiederbelebt.

Lit: K. Koetschau, *Rheinisches Steinzeug*, München 1924; P. Engelmeier in *Keramos* 44 (1969) und G. Reineking von Bock, *Keramos* 51 (1971), S. 34-36; dies., *Kunstgewerbemuseum der Stadt Köln: Steinzeug*, Köln 1971.

Weygang, August. Gründer einer noch tätigen *Zinnwarenfabrik* in Öhringen im Jahre 1885. Zu ihren Produkten zählen Kopien früherer Zinngefäße.

Whatnot, engl. Arbeitstischchen; vier-, manchmal auch dreibeiniges Gestell mit drei oder mehr offenen Fächern für Bücher oder zum Aufstellen kleiner Gegenstände bestimmt. Es war besonders im 19. Jh. sehr beliebt und ähnelt der französischen ›étagère‹.

Whieldon, Thomas (1719-95). Bekannter Töpfer aus →Staffordshire, der 1740 eine Werkstatt in Fenton Low errichtete. Er begann in bescheidenem Umfang für die Messerschmiede in Sheffield Messer- und Gabelgriffe aus weißem →Steinzeug und aus →Agateware herzustellen, im Wettbewerb mit dem damals neu aufkommenden europäischen Porzellan. Er machte auch Figuren, Teller und Gefäße in Anlehnung an J. →Astbury. Mit der zunehmenden Ausweitung seines Unternehmens produzierte er schließlich alle Arten von Staffordshire-Keramik einschließlich entzückender grün- oder gelbglasierter Teekannen und anderer Gefäße in der Gestalt von Kohlköpfen (der Blumenkohl war die beliebteste Form) und Früchten. Sie wurden nicht gemarkt und können daher kaum von den Erzeugnissen anderer Werkstätten unterschieden werden. J. →Spode arbeitete bei ihm als Lehrling (1749), und J. →Wedgwood war sein Geschäftspartner (1754-59).

Lit: R. G. Haggar, *English Country Pottery*, London 1953; J. I. Smith in *The Connoisseur* CLXV (1967), S. 198-204.

Whipham, Thomas (tätig 1748-1790). Londoner Silberschmied und wahrscheinlich der Sohn jenes Thomas Whipham, der 1739 in die Goldsmiths' Company aufgenommen worden ist. Von 1757 bis 1776 hatte er Charles Wright zum Partner; sie stellten mannigfaltiges Kirchen – und profanes Gerät her, darunter einige Silberstücke mit reicher getriebener Rokokodekoration (z. B. Teekessel und Teemaschine mit Chinoiserien, 1761-66, früher Sammlung Ionides, und Teekessel, 1767-68, Victoria & Albert Museum, London). 1772 wurde er zum Vorsteher der Goldsmiths' Company gewählt. *Abb. siehe S. 608.*

Whatnot, englisch, frühes 19. Jh. (Victoria & Albert Museum, London)

Whitefriars Glasshouse (James Powell & Sons): Krug und Becher, der Krug nach Entwurf von Morris & Co, wahrscheinlich von P. Webb (Kunstgewerbemuseum, Zürich)

Whitefriars glasshouse. Glashütte, im späten 17. Jh. in London zwischen der Fleet Street und der Themse gegründet, doch bis 1835 ohne Bedeutung. In diesem Jahr kam sie unter die Leitung von *James Powell* (dem sein Sohn und dann sein Enkel folgten) und begann mit einer Wiederbelebung der alten englischen Tradition mundgeblasenen Glases. Als Vorbilder dienten Formen alten römischen Glases, venezianisches Glas, englisches des Mittelalters und die einfacheren Glastypen des 18. Jhs. Es wurde auch geschliffenes Glas hergestellt. Die Hütte war jedoch vor allem für ihre einfachen, schmucklosen, aber sehr noblen Gläser bekannt, die ab 1895 für W. →Morris gemacht wurden, vermutlich entworfen von P. →Webb. Nach 1850 wurde farbiges Tafelglas hergestellt, und die Fabrik unterhielt ein Studio, in dem Fenster nach den Entwürfen der Präraffaeliten ausgeführt wurden. Im Jahr 1922 wurde die Fabrik nach Wealdstone, Middlesex, verlegt, wo sie heute noch tätig ist. Hier werden mit die besten englischen Tischgläser hergestellt und schöne Vasen, geschmückt mit gravierten floralen oder abstrakten Darstellungen.

Lit: Harry J. Powell, *Glassmaking in England*, Cambridge 1923; W. A. Thorpe, *English Glass*, London 1935; H. Wakefield, *Nineteenth Century British Glass*, London 1961; B. O'Looney, *Victorian Glass*, London 1972.

Whitefriars Glasshouse (James Powell & Sons): Becher, 1953 (Kunstgewerbemuseum, Zürich)

Whittle, James →Norman, S.

Wickes, George (1698-1761). Bedeutender Londoner Silberschmied des Rokoko. Er gründete eine Werkstatt, die noch heute unter dem Namen ›Crown Jewellers Garrard and Company‹ (R. →Garrard) in London besteht. Wickes eröffnete sein Geschäft 1735 und wurde bald darauf zum Hofgoldschmied ernannt. Seine Rokoko-Stücke sind in der Ausführung ebenso hervorragend wie die von P. de →Lamerie und P. →Crespin. Einige seiner Arbeiten nach Entwürfen von W. →Kent sind klassizistisch. Seine Firmenbücher sind fast vollständig erhalten geblieben.

Lit: E. Barr, *George Wickes 1698-1761 Royal Goldsmith*, London 1980.

Wien erstmals 1744

Wien. Nach →Meißen die erste europäische Porzellanmanufaktur, die Hartporzellan herstellte. Sie wurde 1719 von einem Hofbeamten holländischer Abstammung, Claudius Innocentius Du Paquier (gest. 1751) mit Hilfe des →Arkanisten C. C. →Hunger und – noch bedeutsamer – des Brennmeisters *Samuel Stölzel* (gest. 1737), beide aus Meißen, gegründet. Zu den ersten Beschäftigten der Manufaktur gehörte der Emailfarbenmaler J. G. →Höroldt, der 1720 gleichzeitig mit Stölzel nach Meißen ging. Die Stücke aus der Früh- (Du Paquier-) Zeit wurden nicht gemarkt und sind an der Porzellanmasse zu erkennen. Sie wurde aus Passauer →Kaolin bereitet und hatte einen leicht rauchigen, cremefarbenen oder gelegentlich auch graustichigen Ton. Die Modelle ähneln sehr der Meißener Produktion, nicht dagegen die Bemalung, die dichter erscheint: →Chinoiserien, →Indianische Blumen, naturalistisch gemalte (›Natürliche‹) Blumen (seit 1725, vor ihrem Erscheinen in Meißen) und ganz besonders ein verschwenderischer Gebrauch von →Laub- und Bandelwerk nach einem Wiener Barockornament (d. h. ähnlich den architektonischen Verzierungen an Wiener Palästen) in Gold und Silber. Einige der interessantesten (und der wenigen nachweisbaren) frühen Erzeugnisse sind Platten und Fliesen, bemalt mit Indianischen Blumen, die als Wandschmuck sowie als Möbeleinlagen für das sogenannte Porzellanzimmer des Palais Dubsky in Brünn bestimmt waren (jetzt im Österreichischen Museum für angewandte Kunst, Wien). Die Manufaktur hatte mehrere gute Maler, wie J. K. W. →Anreiter, Joseph Philipp Dannhofer (1712-1790) und Anton Schultz (tätig um 1725 bis 1775). Viele Stücke wurden auch von →Hausmalern bemalt, wie J. →Bottengruber, J. →Helchis, D. und I. →Preissler und C. F. von →Wolfsburg. In der Du Paquier-Periode wurden nur wenige Figuren gemacht, z. B. aus der →Commedia dell'Arte und ein Tafelaufsatz mit einem Elefanten und um ihn herum tanzenden Bauern (Ermitage, Leningrad). 1744 überließ Du Paquier die Fabrik dem Staat, der ihm über mehrere Jahre mit Darlehen ausgeholfen hatte. Während der folgenden staatlichen Periode wurde der Bindenschild als Manufakturmarke eingeführt. Seit 1749 wurde Kaolin aus Ungarn bezogen, das von besserer Qualität war als die Passauer Erde. (Nach 1760 wurde eine Masse verwendet, deren Zusammensetzung weniger befriedigte.) Du Paquiers wirtschaftliche Schwierigkeiten waren auf eine Überproduktion zurückzuführen, ohne daß neue Modelle geschaffen worden wären. Erst etwa um 1750 begann die Fabrik ansprechende, wenn auch nicht originelle Tafelservice im Rokokostil in ihre Produktion aufzunehmen. Das während der staatlichen Periode hergestellte figürliche Porzellan ist weit interessanter, besonders

Wiener Porzellan: Figuren aus der ›Commedia dell'Arte‹ aus der Fabrik von Du Paquier, um 1740 (Museum für Kunsthandwerk, Frankfurt)

die Musikanten, Ausrufer, Schäfer und Schäferinnen, klassischen Götter und Göttinnen, die etwas steif auf Rocaillesockel gestellt sind (die in den 1760er gegen Flachsockel ausgetauscht wurden). Sie werden gemeinhin *Johann Josef Niedermayer* zugeschrieben, der von 1747 bis zu seinem Tod 1784 Modellmeister war. *Anton Grassi* (1755-1807), der 1778 als Modelleur eintrat, entwarf zahlreiche gefällige Gruppen in modischem Kostüm (›Der Handkuß‹; ›Der stürmische Liebhaber‹) in einem naturalistischen Rokokostil, den er alsbald zugunsten antikisierender →Biskuitfiguren aufgab. Die dritte Periode in der Geschichte der Manufaktur begann 1784, als sie nach einer Reihe wirtschaftlicher Mißerfolge zum Verkauf stand. In dieser Zeit übernahm der Tuchfabrikant *Konrad von Sorgenthal* (gest. 1800) ihre Leitung und verwandelte sie rasch in ein gewinnbringendes Unternehmen. Der Rokokostil wurde völlig aufgegeben und einfache geometrische Formen eingeführt (zylindrische Kaffeetassen mit rechteckigen Henkeln, urnenförmige Vasen usw.). Die Stücke wurden in ziemlich kräftigen Farben bemalt und reich mit Gold gehöht. Motive waren antike, architekturale Ornamente, dazwischen Reserven mit minuziös gemalten italienischen Landschaften, Porträts oder klassischen Sujets. Joseph Leithner, seit 1791 Farbenarkanist, entwickelte eine dunkelblaue Glasur, die seinen Namen trägt. Figuren aus dieser Zeit, fast durchweg in Biskuit, sind im allgemeinen klassizistisch gehalten, auch Gruppen, die auf pompejanische Malereien zurückgehen (z. B. Der ›Kupidoverkäufer‹.) sowie die Nachbildung antiker Standbilder. Büsten von Angehörigen der kaiserlichen Familie und Persönlichkeiten aus der Zeit, wie Haydn, wurden ebenfalls gemacht. 1804 übernahm *Mathias Niedermayer* (Sohn des Modellmeisters) die Leitung. Schon vor seinem Ausscheiden 1827 kündigte sich der Niedergang der Manufaktur an, der Betrieb wurde 1864 eingestellt. Große Bestände an weißer Ware wurden verkauft und von Hausmalern staffiert. Im Jahre 1922 wurde ein neuer Betrieb in Schloß Augarten, die *Wiener Porzellanfabrik Augarten, A.G.*, eröffnet.

Lit: J. Hayward, *Viennese Porcelain of the Du Paquier Period*, London 1952; W. Mrazek u. W. Neuwirth, *Wiener Porzellan 1718-1864*, Ausst. Kat. Wien 1970; W. Neuwirth, *Porzellan aus Wien. Von Du Paquier zur Manufaktur im Augarten*, Wien und München 1974, und *Wiener Keramik, Historismus-Jugendstil-Art déco*, Braunschweig 1974; dies., *Wiener Porzellan. Original, Kopie, Verfälschung, Fälschung*, Wien 1979.

Wiener, René (1856-1939). Französischer Buchbinder der Schule von →Nancy. Erbte die Buchbinderei der Familie und begann um 1890 mit sehr reichen und kostbaren Arbeiten im Art Nouveau, bisweilen unter Verwendung eingelassener Bronzeplaketten nach Entwürfen führender Maler, vor allem von Toulouse-Lautrec.

Wiener und Gmundener Keramik-Werkstätte →Powolny, M.

Wiener Keramik →Powolny, M.

Wiener Sezession →Sezession

Wiener Werkstätte. Ein Atelier für Kunsthandwerk, das im Jahr 1903 in Wien von J. →Hoffmann und K. →Moser, beide Mitglieder der →Sezession, gegründet wurde. Es spezialisierte sich auf handgemachte Metallarbeiten (Haushaltsgerät und Schmuck), Möbel,

Textilien, Glas, Keramik und Lederartikel, die angeblich für ein breites Publikum bestimmt, aber zu teuer für dieses waren. Die ersten Erzeugnisse sind im geometrischen Jugendstil, oft dekoriert mit rautenförmigen Mustern in Schwarz-Weiß oder Silber. Nach dem Ersten Weltkrieg wurden die Entwürfe freier, zuweilen phantastisch, wie das von D. →Peche entworfene Silber. Die Werkstätte wurde 1932 geschlossen.

Lit: W.K. Schweiger, *Wiener Werkstätte, Kunst und Handwerk 1903-32,* Wien 1982.

Wienhausener Bildteppiche. Leinen-Wandteppiche mit figürlicher Wollstickerei des 14. und 15. Jhs. in Kloster Wienhausen bei Celle. Sie zeigen ritterliche Szenen (z. B. Tristan) oder haben auch religiöse Motive. Gleiche Wandteppiche werden im Rathaus in Regensburg und im Augustiner-Museum, Freiburg im Breisgau (aus dem Kloster Adelshausen), aufbewahrt.

Wiesbaden

Wiesbaden. Die Manufaktur wurde 1770 unter dem Fürsten Karl von Nassau-Usingen von *Johann Jacob Kaisin* aus Poppelsdorf gegründet und stellte zunächst Fayence von minderer Qualität her, bis 1774 *Caspar Dreste* (gest. 1787) die Leitung übernahm. Eßgeschirre mit Blumen monochrom in grünem Emaildekor, Dosen in der Form von Spargelbündeln und einige plumpe Figuren von Bauern gehören zu den Erzeugnissen. Nach dem Tod von Dreste wurde der Betrieb bis zur Schließung 1795 von seiner Witwe fortgeführt.

Lit: M. Oppenheim in *Keramos 46* (1969), S. 3-43; A. Klein, *Deutsche Fayencen,* Braunschweig 1975

Willard, Simon (1753-1848). Amerikanischer Uhrmacher, tätig in Roxbury, Mass. Soll in den Jahren 1802-40 über 5000 Zeitmesser gebaut haben. 1802 ließ er seine Banjo-Uhr (Wanduhr in Form eines umgekehrten Banjos) patentieren. Seine Arbeiten sind bemerkenswert, nicht nur was die Werke der Uhren, sondern auch was deren Gestaltung anbelangt; ein Exemplar ist dem Eddystone-Leuchtturm nachgebildet. Sein Bruder *Aaron* war ebenfalls ein bekannter Uhrmacher.

Lit: J.W. Willard, *A History of Simon Willard,* (1911), 2. Ausg., New York 1962.

David Willaume

Willaume, David (1658-1741). Er war einer der produktivsten und erfolgreichsten der Hugenotten-Silberschmiede in London. Über seinen Geburtsort besteht Unklarheit: Wahrscheinlich ist er in Metz geboren, möglicherweise aber auch in Mer-en-Blaisois. Um 1674 wird er nach England gekommen sein, 1687 war er sicher dort ansässig, denn in diesem Jahr wurde ihm die Einbürgerung gewährt. 1688 ließ er seine Meisterstücke registrieren; 1693 wurde er in die ›Goldsmiths' Company‹ aufgenommen. 1720 war er auch in Bankgeschäfte verwickelt. Sein Meisterwerk ist ein prachtvoller →Weinkühler von 1708, der für George II. von England gekauft wurde, als er noch Prince of Wales war; heute in der Sammlung des Duke of Brunswick. Er ist ein sehr schönes Beispiel für den Hugenottenstil, mit reicher Rand→godronierung und fein modellierten gegossenen Teilen (Hippokampen-Henkel und Löwenmaske). Aber die Gegenstände von kleinerem Format sind ebenso vorzüglich gearbeitet (z. B. helmförmige Schenkkanne, 1700, Victoria & Albert Museum, London). Auch ging aus seiner Werkstatt eine Menge sehr schönen häuslichen Silbers hervor, vor allem kleine Tabletts und Messer, Löffel und Gabeln (Beispiele in der Manchester City Art Gallery). Sein Sohn *David* (1693-1761) übernahm 1716 die Leitung des Familienbetriebes. *Abb. siehe S. 479.*

Lit: J.F. Hayward, *Huguenot Silver in England 1688-1727,* London 1959; H. Honour, *Goldsmiths & Silversmiths,* London und New York 1971.

Willems, Joseph (um 1715-1766). Bildhauer und Porzellanmodelleur, geboren in Brüssel, 1739 in Tournai verheiratet. Er ging etwa 1749/50 nach England, wo er als Modelleur in der Porzellanfabrik →Chelsea arbeitete. Er war Lehrer für Zeichnen und Modellieren in London und stellte zwischen 1761 und 1766 Skulpturen (Porträtbüsten und allegorische Gestalten) in der Society of Artists aus, die vermutlich teilweise als Modelle für die Figuren der Gold-Anker- und Rot-Anker-Periode von Chelsea gedient haben. Zwei kaltbemalte Terrakottafiguren, mit dem eingeritzten Namen ›Willems‹ und der Jahreszahl 1749, befinden sich im Ashmolean Museum in Oxford. Sie dürften unmittelbar nach seinem Eintreffen in England gemacht worden sein. Vor und nach seinem Aufenthalt in England stand er in Verbindung mit der Porzellanfabrik →Tournai. 1766 verließ er London auf Einladung des Direktors der Porzellanfabrik in Tournai, wo er kurz danach starb.

Lit: A. Lane in *The Connoisseur* CXLV (1960), S. 245-51.

William and Mary-Stil. Die Zeit der Regierung Williams III. und seiner Gemahlin Mary II. von 1688 bis 1702 bedeutete für das englische Kunsthandwerk eine Übergangsepoche, die ohne Einschnitt auf den Stil der →Restoration folgte, nur daß in dieser Epoche wachsender Prosperität die Eleganz, die Leichtigkeit und der Komfort ständig zunahmen. Vor allem traten in der Übernahme fremder Einflüsse Veränderungen ein. Trotz der holländischen Her-

William and Mary-Stil: Settee, um 1690 (Victoria & Albert Museum, London)

kunft Williams und des Eintreffens einiger Kunsttischler aus Holland, vor allem von G. →Jensen, war der herrschende Einfluß nun nicht länger holländisch, sondern französisch. Das war zum Teil dem Ruhm von Versailles zuzuschreiben, das dank Ludwig XIV. und Colberts Gründung der ›Manufacture royale des meubles de la couronne‹ (→Gobelins) zum Leitstern des europäischen Geschmacks geworden war, mehr aber der Zuwanderung hugenottischer Refugiés, die Frankreich nach der Aufhebung des Edikts von Nantes, 1685, verließen und von denen einige, u. a. D. →Marot, England auf dem Wege über Holland erreichten. Ihr Einfluß machte sich zuerst hauptsächlich in der Möbeldekoration bemerkbar, vornehmlich in den →Konsoltischen mit vergoldeten →Gesso-Reliefs und säulenförmigen Beinen, geschweiften Fußstegen und reich ausgearbeiteten Zargen, in den geschnitzten und vergoldeten hölzernen Kerzenleuchtern im Stil von Marot und J. →Le Pautre, in den Stühlen mit Vorderbeinen in →Cabriole-Form und hohen Rückenlehnen mit elegant geschnitztem Mittelbrett. Die zunehmende Verbreitung von Spiegeln ist wahrscheinlich ebenso dem französischen Vorbild zuzuschreiben wie der Aufwärtsentwicklung der Glasmanufakturen von →Vauxhall und anderen Orten. Eine Anzahl neuer Möbeltypen wurde geschaffen, vor allem der schwenkbare Toilettenspiegel auf einem Kastenuntersatz und der Schreibschrank mit herabfallender Vorderplatte, das ›Bureau‹, die beide in der folgenden →Queen Anne-Periode noch beliebter werden sollten. Die getriebenen Silberdekorationen aus Früchten und

William and Mary-Stil: Stuhl aus Walnußholz (Victoria & Albert Museum, London)

William and Mary-Stil: Liege, etwa 1695 (Temple Newsam House, Leeds)

William and Mary-Stil: Silbervergoldete Schenkkanne von D. Willaume, London 1700 (Victoria & Albert Museum, London)

Blumen kamen aus der Mode, stattdessen setzte sich für das Gebrauchssilber ein schlichterer Stil durch, während für die Schaustücke, für Weinkühler, Kirchenleuchter usw., ein sehr viel plastischerer und massiverer Barockstil Anwendung fand. Was die Textilien anbelangt, ließ die Vorliebe für Bildteppiche nach, nur vereinzelte Stücke entstanden noch, so einige sehr schöne, mit →Chinoiserien geschmückte Wandbehänge der Manufaktur von →Soho. Stickereien und Wirkereien in starkfarbigen Wollen unterscheiden sich kaum von denen der voraufgehenden Periode der Restoration.

Willkomm. Bezeichnung für meist große und aufwendig gearbeitete Pokale des 16. und 17. Jhs. aus Edelmetall, Zinn oder Glas für den Umtrunk bei der Begrüßung von Gästen. Oft von phantasievoller Formgebung, z. B. in Gestalt eines Tieres oder, bei Willkommpokalen der Zünfte, in Form der kennzeichnenden Handwerksgeräte.

Willow pattern, engl., Weiden-Muster. →Chinoiseriedekor in Unterglasurbau, der als →Umdruckverfahren etwa 1780, wahrscheinlich von Th. →Minton, für die →Caughley-Werkstatt in Shropshire erfunden und alsbald von einer großen Zahl anderer Fabriken, besonders in →Staffordshire, und möglicherweise sogar in China nachgemacht worden ist. Er besteht im wesentlichen aus einem stilisierten Weidenbaum, einem chinesischen Tempel, einer Brücke mit Personenstaffage, einem Boot und – in der Ferne – einer Insel. Mit viel Phantasie wurde immer wieder die Bedeutung dieser Darstellung zu erklären versucht.

Wilms, Albert →Elkington G. R.

Wilton-Teppich. Kammgarnteppich mit sichtbarer Kette in Wilton, aber auch an anderen Orten, bis 1850 auf handbetriebenen →Jacquard-Webstühlen, danach auf dem Bigelow-Maschinenwebstuhl hergestellt. Er ähnelt dem →Brüsseler Teppich, hat aber mehr Knoten auf dem qdcm. Die Knotenschlingen sind aufgeschnitten, was eine samtartige Oberfläche erzeugt (die bedeutend dicker ist als bei dem Brüsseler Samtteppich). Mitunter wird er auch Tournai-Teppich genannt.

Wilton-Teppichfabrik. In Wiltshire um 1740 gegründet. Zuerst wurden →Brüsseler Teppiche hergestellt, aber schon bald entwickelte man die →Wilton-Teppichtechnik, für die die Fabrik berühmt wurde. Nach 1835, als die Belegschaft der veralteten →Axminster-Teppich-Manufaktur angestellt wurde, machte man handgeknüpfte Teppiche. Aber die Fabrik spezialisierte sich auf Maschinenteppiche, die

William and Mary-Stil: Silberner Kerzenleuchter von A. Nelme, 1694 (St. George's Chapel, Windsor Castle)

→Axminster-Teppiche genannt werden, von denen die ›Chenille-Axminster‹ (erstmals 1839 hergestellt) die bekanntesten sind. Die meisten Stücke des 19. Jhs. sind unbedeutend, nur W. →Morris lieferte zwischen 1870 und 1880 einige orientalisch inspirierte Muster. Die Fabrik, nun ›Royal Wilton Carpet Factory‹ betitelt, ist weiter erfolgreich in Betrieb, spezialisiert auf einfache, widerstandsfähige Teppiche.

Lit: C. E. C. Tattersall und S. Reed, *A History of British Carpets*, Leigh-on-Sea 1966.

Wincanton. Fayencefabrik in Wincanton in Somerset bei Bristol, betrieben von *Nathaniel Ireson* (1686-1769) und *Thomas Lindslee* (tätig um 1725-1750). Von sehr wenigen gemarkten Stücken aus der Zeit von 1737 (Teller im Royal Scottish Museum, Edinburgh) bis 1748 (Krug in der Glaisher Collection, Fitzwilliam Museum, Cambridge) abgesehen, können die Erzeugnisse nicht sicher von denen der →Bristol potteries unterschieden werden. Viele reizvolle Stücke, insbesondere Teller, mit einem gesprenkelten blaßrosa Manganfond und Reserven mit Landschaften und →Chinoiserien in Blau werden allgemein der Fabrik in Wincanton zugeschrieben.

Lit: W. J. Pountney, *The Old Bristol Potteries*, London und Bristol 1920; F. H. Garner, *English Delftware*, London 1948.

Windmühlenbecher. Holländischer und norddeutscher Typ des späten 16. und 17. Jhs. eines →Trinkspiels mit einer auf der Unterseite eines →Sturzbechers angebrachten Windmühle. Der Becher ist gewöhnlich aus Silber, kann aber auch aus Glas sein. Durch Blasen in ein kleines Rohr wurden die Flügel der Mühle in Gang gesetzt; ehe sie zum Stillstand kamen, mußte der Becher leergetrunken sein.

Windsor-Bildteppich-Manufaktur. Ein kurzlebiger Betrieb, der 1876 von H. C. T. Henry zu-

Windsor-Settee, bemaltes Holz, amerikanisch, 1750-70 (Metropolitan Museum of Art, New York)

sammen mit M. Brignolas und sechs Webern aus →Aubusson gegründet wurde. Von Queen Victoria gefördert, wurde die Manufaktur 1882 zur ›Royal Windsor Manufactory‹, wurde aber von W. →Morris im gleichen Jahr dafür getadelt, den weichen Effekt von Ölbildern zu imitieren. Dazu wurden Fäden von rund 5000 verschiedenen Farbschattierungen benutzt. Die Bildteppiche wurden folglich extrem teuer. Die Fabrik machte bankrott und schloß 1895.

Lit: W. Hefford in *The Victoria & Albert Museum Yearbook 1969*, London 1969.

Windsor-Stuhl. Traditioneller englischer Stuhltyp mit dem Körper angepaßtem Sitz aus Holz, in den die Beine und die Spindeln der Rückenlehne gedübelt sind, die Stege wiederum sind in die Beine bedübelt. Der Stuhl wird seit dem 17. hauptsächlich im Zentrum der englischen Möbelindustrie, in Wycombe, Bukkinghamshire, hergestellt, seit dem frühen 19. Jh. industriell; auch in den Vereinigten Staaten ist die Fertigung verbreitet. Bei frühen Exemplaren sind der Sitz meist aus Rüster, die bogenförmige Lehne aus Esche oder Eibe und die Beine aus Buche. Ursprünglich wurde der Windsor-Stuhl von Angehörigen der Oberschicht als Gartenmöbel benutzt, ansonsten innerhalb und außerhalb des Hauses. Seit dem späten 18. Jh. ordnet man ihn vor allem der rustikalen Möbelgattung zu.

Winslow, Edward (1669-1753). Amerikanischer Silberschmied. Er arbeitete in Boston und fertigte vornehmlich Haushaltssilber, außer einigen wenigen kirchlichen Gefäßen (z. B. Patene in der St. Michael's Church, Bristol, Rhode Island). Beispiele seines Haushaltssilbers finden sich im Museum of Fine Arts, Boston.

Winter, Friedrich (tätig 1685 bis um 1710). Bedeutender deutscher Glasschneider, der ab 1685 für Graf Christoph Leopold Schaffgotsch in dessen Glashütte bei Schloß Kynast arbeitete. Er war auf den →Hochschnitt spezialisiert, benützte eine wasserbetriebene

Windsor-Stuhl, bemaltes Holz, um 1760 (Victoria & Albert Museum, London)

Schleifmühle, die von Schaffgotsch errichtet worden war, und arbeitete in einem kraftvollen Barockstil unter Verwendung reichen Ranken- und →Akanthusblattwerks usw. Die meisten seiner Arbeiten entstanden für seinen Dienstherrn und blieben bis vor kurzem im Besitz der Familie Schaffgotsch. Sein Bruder *Martin* (gest. 1702) war ebenfalls ein bedeutender Glasschneider. Er war von 1680 an in der →Potsdamer Glashütte tätig, wo er im Dienst des Großen Kurfürsten stand, der dort für ihn eine wasserbetriebene Schleifmühle einrichtete. Mehrere Gläser sind ihm zugeschrieben (u.a. im Victoria & Albert Museum, London), doch ist keines signiert oder dokumentarisch belegt.

Lit: R. Schmidt, *Das Glas,* Berlin u. Leipzig 1922.

Winterthur. Bedeutendstes Zentrum der Fayenceproduktion in der Schweiz, das sich im späten 16. Jh. aus Töpfereien für →Kacheln und →Hafnerkeramik entwickelt hat. Kachelöfen stellten wohl bis ins 18. Jh. den Hauptanteil an der Produktion. Bei den frühen Öfen des 16. und 17. Jhs. wurden grünglasierte Kacheln und Fayenceplatten mit bildlichen Darstellungen nebeneinander hergestellt. Andere Erzeugnisse dieser Zeit waren Fayenceschüsseln, Teller, Krüge und gut ausgearbeitete Gefäße, polychrom mit biblischen Szenen, Wappen, Pflanzendarstellungen usw. bemalt. Die Werkstatt von *Ludwig I Pfau* (gest. 1623) und seines Sohnes *Ludwig II* (gest. 1683), deren beider Monogramm auf mehreren Stücken überliefert ist, dürfte wohl die bekannteste gewesen sein. Unter den Erzeugnissen des späten 17. Jhs. befinden sich einige ausgezeichnete Teller mit kleinem, tiefem Mittelteil und breitem, flachem Rand, die mit Inschriften, Blumen und Früchten in →Scharffeuerfarben bemalt sind. Die Öfen des 18. Jhs. sind oft sehr bunt und mit frei gemalten figürlichen Darstellungen dekoriert. Abgesehen von Signaturen auf den Öfen dürften keine Marken angebracht worden sein.

Lit: R.L. Wyss, *Winterthurer Keramik, Hafnerware aus dem 17. Jahrhundert,* Bern 1973.

Wirkkala, Tapio (geb. 1915). Finnischer Designer und Kunsthandwerker, der wegen seines großen Einfühlungsvermögens in die natürliche Erscheinung und Eigenheit von Holz, Glas und anderen Materialien bekannt ist. Seine Entwürfe sind außerordentlich einfach mit ihren anmutigen fließenden Linien, die durch eine gelegentliche scharfe gerade Kante betont werden. Er hat auch einige Schalen in ›freier Form‹ entworfen, wie ›Seeanemonen‹ (ausgeführt von der Glashütte Iittala, Helsinki, deren künstlerischer Leiter er seit 1947 war), ebenfalls Porzellan für →Rosenthal und einige ausgezeichnete Silbergegenstände für →Christofle. Zu seinen schönsten Arbeiten gehören Objekte aus Holz. *Siehe Abb. S. 233.*

Wistar, Caspar (1696-1752). Gründer der ersten bedeutenden Glashütte in Nordamerika. Er war Deutscher, stammte aus Baden und ließ sich 1717 in Philadelphia nieder, wo er eine Manufaktur für Messingknöpfe betrieb. 1739 errichtete er mit der Hilfe von vier Glasbläsern eine Glashütte im südlichen New Jersey, die er Wistarburg nannte. Nach seinem Tod wurden beide Unternehmen von seinem Sohn *Richard* (gest. 1781) übernommen, der sie bis 1780 leitete, doch dann als Folge des Unabhängigkeitskrieges Bankrott machte. Zu den Erzeugnissen gehörten Flaschen, Fensterglas, verschiedenartige Gefäße in der Tradition des →Waldglases und wohl auch einige Ziergläser. Nach dem Konkurs des Unternehmens errichteten zwei Angestellte, die *Stanger brothers,* eine Glashütte an einem Ort, der dann Glassbro genannt wurde und sich im 19. Jh. zu einem bedeutenden Zentrum der Glasherstellung entwickelte. Obwohl viele Stücke, die im 18. Jh. wahrscheinlich in New Jersey entstanden, noch erhalten sind (Corning Museum of Glass, Metropolitan Museum, New York, usw.), können nur wenige mit Sicherheit der Glashütte der Wistars zugeschrieben werden.

Lit: H. u. G.S. McKearin, *Two Hundred Years of American Blown Glass,* New York 1950.

Wöchnerinnenschüssel, Godenschüssel. Flache Deckelschüssel mit zwei Henkeln, gewöhnlich aus Silber, doch oft auch aus Zinn, Porzellan oder Fayence. Sie wurde zum Servieren von Suppe u.ä. für eine einzelne Person benutzt und war im Frankreich des späten 17. und 18. Jhs. sehr beliebt, weniger üblich in England, Italien (→Desco da parto) und Deutschland, wo sie auch ›Wochenschüssel‹ genannt wurde, da dieser Geschirrtyp ein beliebtes Geschenk für eine im Kindbett liegende Frau war. (›God‹ bedeutet altertümlich und z.T. heute noch im Dialekt: Pate).

Wolfers, Philippe (1858-1929). Führender belgischer Art Nouveau-Juwelier. Er begann mit Arbeiten im Neurokoko, ging aber von 1892 an zu den asymmetrischen Dekorationen des Art Nouveau über, mit Blumen- und Insektenmotiven, unter reicher Verwendung von Elfenbein, Email und Halbedelsteinen. Nach 1900 sind seine Entwürfe abstrakt und meist symmetrisch.

Wolff, David (1732-98). Holländischer Glasgraveur. Er dekorierte Gläser mit der Technik des →Stippens, wobei Bildnisse bekannter Holländer, Wappen und Allegorien im Vordergrund standen. Eine große Zahl von Gläsern, die in dieser Weise dekoriert sind, wurden ihm irrtümlicherweise zugeschrieben. Gläser, die in seiner Manier gearbeitet sind, werden auch als ›Wolffgläser‹ bezeichnet. *Siehe Abb. S. 593.*

Lit: H. Tait, ›Wolff Glasses in an English Collection‹ in *The Connoisseur* CLXVIII (1968), S. 99-108.

Wolff, Johann →Rörstrand

Wolfsburg Carl Ferdinand von (1692-1764). →Hausmaler, der →Meißener und →Wiener Porzellan bemalte. Schüler von Ignaz →Bottengruber in Breslau, ging 1730 mit ihm nach Wien. Sein frühestes Werk (1729) ist im Stil von Bottengruber gemalt. Er entwickelte dann aber einen durchaus individuellen Stil, wahrscheinlich unter dem Einfluß von Daniel →Preissler, mit bacchischen und ähnlichen Motiven monochrom in Purpur, umrahmt von eckigem →Laub- und Bandelwerk in Purpur und Gold. Er hat auch in Email auf Kupfer gemalt.

Lit: G.E. Pazaurek, *Deutsche Fayence- und Porzellan-Hausmaler,* Leipzig 1925.

Wolle. Das weiche Haar des Schaffells oder, weniger häufig, von anderen Huftieren. Wolle scheint nicht so früh zum →Weben von Textilien benutzt worden zu sein wie Pflanzenfasern. Bei den alten Ägyptern galt sie als unrein, wurde aber in der Bronzezeit in Skandinavien (ab rund 1150 v.Chr.) verwebt, in an Seen gelegenen Siedlungen Mitteleuropas, vor allem in Hallstatt (um 1000 v.Chr.), und in Syrien und Mesopotamien. Sie wurde von Griechen und Römern verwendet, die die Qualität des Vlieses durch eine ausgewählte Schafzucht verbesserten. Im Mittelalter entwickelte sich England zum wichtigsten Zentrum für die Produktion feiner Wolle, die seit dem 13.Jh. zu den Wolle verarbeitenden Städten in Flandern und Italien exportiert wurde. Englisches Tuch war bis zur Einführung von Reinigungs-, Web- und Aufbereitungsverfahren im 16.Jh. von schlechter Qualität. Obwohl die Wollerzeugung in anderen Ländern die Bedeutung der englischen Industrie verminderte, wurde diese eifrig vom Parlament im 17. und 18.Jh. unterstützt.

Wolle muß für das Weben auf andere Art als Pflanzenfasern bearbeitet werden. Anfangs wurde sie den Schafen ausgezupft, dann führten die Römer die Schere ein, eine einfache Methode, die noch heute angewendet wird. Die Wolle muß dann nach ihrer Beschaffenheit (von fein bis grob) sortiert, gewaschen, um das natürliche Fett herauszulösen, getrocknet, gelockert und geölt und dann zum Spinnen gekämmt (gekardet) oder gekrempelt werden. Gekardete Wolle ist durch Bürsten mit einem Distelkopf (lat. ›carduus‹), üblicher mit einer Krempel oder, einer neueren Erfindung, mit Drahtzähnen aufgelockert und bildet eine poröse Walze von kreuz und quer laufenden Fäden, die sich zu Garn spinnen lassen. Stoff aus solchem Garn ist weich. In einem anderen Verfahren wird die Wolle zu einer Masse zusammengekämmt, die nur noch lange parallele Fasern hat, alle kurzen Fasern sind entfernt worden. Die auf diese Art gekrempelte Wolle ist gleichmäßig, und der daraus gewebte Stoff (Kammgarn) hat eine feste klare Oberfläche. Beide Verfahren waren in der Antike bekannt, das Krempeln scheint nach dem Fall des römischen Reiches aber nicht mehr gemacht worden zu sein, wurde dann wahrscheinlich schon im 9.Jh. in Frankreich wieder angewendet, wenn auch bis zum 12.Jh. nur in geringem Umfang. Es gab noch ein drittes mittelalterliches Verfahren, mit dem ein Garn, das der gekardeten Wolle gleicht, hergestellt wurde.

Nach dem Weben muß das wollene Tuch ›veredelt‹ werden – indem man es in irgendeines der verschiedenen Walkmittel eintaucht (Saft

R. Wood, Fayence-Krug, spätes 18.Jh. (Victoria & Albert Museum, London)

gewisser Pflanzen und menschlicher Urin wurden im Mittelalter verwendet) und darin bewegt durch Trampeln oder Stampfen –, dann gewaschen, geschlagen, gebürstet (ursprünglich mit Distelköpfen oder Stachelschweinhaut), um die Faserenden wieder aufzurichten, und endlich geschoren, um eine ebene Oberfläche zu erhalten.

Alle diese Vor-, Aufbereitungs- und Webverfahren sind im Laufe des 16., 17. und 18.Jhs. verbessert und um 1800 weitgehend von Maschinen ausgeführt worden. Im 19.Jh. wurden die Maschinen weiterentwickelt, der Grundprozeß blieb aber der gleiche. Trotz der Einführung von vielen wollähnlichen →synthetischen Fasern, die keine so komplizierten Behandlungen benötigen und manchmal der Wolle beigemischt werden, gehört die Wolle immer noch zu dem beliebtesten Material für Bekleidung, etwas weniger für die Herstellung von Teppichböden und Möbelbezügen.

Wood, Ralph (1715-72). Ältestes Mitglied einer berühmten Töpferfamilie in →Staffordshire und Eigentümer der Hill Factory in Burslem. Er war auf figürliche Keramik spezialisiert, gelegentlich nach Modellen von John →Voyez und P.-L. →Cyfflé, machte auch die typisch englischen →Toby Jugs und Gruppen wie diejenige des auf der zweistöckigen Kanzel eingeschlafenen Pfarrers und seines Küsters, kräftig modelliert, fein bemalt und bleiglasiert. Sein Bruder *Aaron* (1717-85) war Modelleur und stellte für zahlreiche Töpfer in Staffordshire, darunter auch für Th. →Whieldon, Modelle für Haushaltswaren sowie für Ziergegenstände her; →salzglasierte Gruppen mit Personendarstellungen auf Kirchenbänken, →Pew groups, werden ihm oftmals zugeschrieben, mitunter aber auch von Ralph Wood modellierte, →bleiglasierte Gruppen. Die Fabrik von Ralph Wood ging auf seinen Sohn *Ralph II* (1748-1795) über, der den Figurenstil beibehielt, aber die →Emailfarbenmalerei einführte. Aarons Sohn *Enoch* (1759-1840) war ein begabter Modelleur, der vorwiegend Büsten (hervorzuheben sind diejenigen von John Wesley und George Whitfield) und große Figuren schuf. Er betrieb eine Fabrik, von 1783 bis 1790 gemeinsam mit Ralph II, von 1790 bis 1818 zusammen mit *James Caldwell,* sodann mit seinen eigenen Söhnen. Hergestellt wurden alle Arten von Staffordshire-Keramik, einschließlich der schwarzen →Basaltware und der →Jasperware sowie des blaugedruckten →Steinguts. Dieses Unternehmen wurde von seinem Sohn bis um 1846 weitergeführt. Die eingestempelten Marken ›R. Wood‹ oder ›Ra Wood/Burslem‹ oder vier Bäume gelten als die Marken von Ralph Wood. Enoch Wood werden verschiedene Marken zugeschrieben, z. B. ›E. Wood‹. ›Enoch Wood & Sons‹, ›W (***)‹ und ›Enoch Wood & Sons Burslem‹ sämtliche als Preßmarken angebracht.

Lit: F. Falkner, *The Wood Family of Burslem,* London 1912.

Wood, Samuel (tätig 1721-63). Ein bekannter und produktiver Londoner Silberschmied. Er wurde 1730 in die ›Goldsmiths' Company‹ aufgenommen und 1763 ihr Vorsteher. Er stellte in der Hauptsache Gebrauchssilber her.

Woodall, Thomas (1849-1926) und **George** (1850-1925). Zwei Brüder, die zu den fähigsten und berühmtesten Künstlern auf dem Gebiet des →Glasschnitts gehörten. Sie stammten aus der Gegend nahe Stourbridge, wo sie bei J. →Northwood und später auch in der Government School of Design ausgebildet wurden. Ab 1874 etwa arbeiteten sie beide in der Glashütte von Th. →Webb, gravierten zunächst durchsichtiges →Kristallglas, und von 1880 an schufen sie →Überfanggläser mit →Kameenschnitt, die ab 1884 auf verschiedenen Ausstellungen gezeigt wurden. Unter ihrer Leitung war ein Team von bis zu siebzig Kunsthandwerkern beschäftigt, die die vielfältigsten Gegenstände herstellten – Tintenfässer, Leuchter, Türfüllungen, Vasen, Parfümflakons –, dekoriert in den unterschiedlichsten Stilarten mit Blumensträußen, chinesischen oder islamischen Motiven, klassischen Figuren usw. Die Arbeiten, die die Brüder Woodall selbst ausführten, vor allem Schmuckplatten und Vasen, entstanden im klassischen →viktorianischen Stil. Ab 1906 scheinen sie ohne Mitarbeiterstab gearbeitet zu haben. George Woodall verließ die Firma Webb 1911 und arbeitete in seinem eigenen Studio weiter.

Lit: R. u. L. Grover, *English cameo glass,* New York 1980.

G. Woodall: Schmuckplatte mit Kameenschnitt in rotbraunem Glas, überfangen mit Weiß. Thomas Webb & Sons, um 1890 (Corning Museum of Glass, New York)

Woollams & Co.: Tapete, Mitte 19. Jh. (Whitworth Art Gallery, Manchester)

Woodin, Thomas →Norman, S.

Woodward, Ellsworth →Newcomb College pottery

Woollams & Co. Eine der bedeutendsten englischen Tapetenfirmen des 19. Jhs., spezialisiert auf handgedruckte Tapeten von hoher Qualität und widerstandsfähige Maschinenware. Sie wurde 1807 oder kurz davor von *William Woollams* (1782-1840) gegründet und von seinen Söhnen *William* und *Henry* (gest. 1876) weitergeführt. *Frederic Aumonier,* der den Betrieb 1876 übernahm, ließ sich 1877 die Herstellung von geprägten →Flockentapeten patentieren. Er entwickelte außerdem Farbstoffe, die kein Arsen enthielten, wie es bisher der Fall war. Die Fabrik schloß 1900.

Lit: A. V. Sugden u. J. L. Edmondson, *A History of English Wallpaper,* London 1926.

Worcester. Die älteste und eine der besten englischen Porzellanfabriken wurde 1751 gegründet. Sie übernahm im folgenden Jahr die Vorräte und ›Arcana‹ von Lunds →Bristol Porcelain Factory, die Weich→porzellan unter Verwendung von →Steatit anstelle des auf dem europäischen Kontinent und in →Plymouth verwendeten Feldspats herstellte. Bis 1784 arbeitete sie nach demselben Verfahren und schuf Erzeugnisse, die dünnwandiger und widerstandsfähiger (gegenüber heißem Wasser) waren als die meisten anderen Arten von Weichporzellan. Die Frühzeit der Manufaktur wird ›Dr. Wall-Periode‹ genannt, bezeichnet nach J. →Wall, einem der Gründer und Anteilseigner. Diese Periode erstreckte sich über seinen Tod hinaus bis zum Jahre 1783. Während dieser Zeit wurde die Fabrik von *William Davis* geleitet und produzierte hauptsächlich Gebrauchsware, besonders Teegeschirre und dekorative Gefäße, die in der Anfangszeit mit →Chinoiserien in Unterglasurblau oder mit →Emailfarben bemalt waren. Figuren gibt es nur wenige. Sie sind nicht sehr ansprechend. Seit 1757 entwickelte die Manufaktur das →Umdruckverfahren, zunächst überglasurschwarz und seit 1760 auch unterglasurblau nach Stichen von R. Hancock. So wurden viele Stücke dekoriert mit Porträts von Friedrich d. Großen, der als Vorkämpfer des Protestantismus galt und dessen Besetzung von Dresden im Jahre 1756 der Porzellanherstellung in England neuen Auftrieb gab. Die meisten Erzeugnisse haben einfache Formen (zahlreich hergestellt wurden Blattschalen, Terrinen in Form von Blumenkohlköpfen und Krüge aus sich überlappenden Blättern) und sind angelehnt an Silberarbeiten oder chinesische Porzellane. Viele der reicher und überglasurbemalten Stücke aus den 1760er Jahren dürften außerhalb der Fabrik bemalt worden sein, vornehmlich von J. →Giles, gelegentlich Stücke mit unterglasurblauem Dekor und Reserven, hübsch mit Vögeln und Blumen staffiert. In den frühen 1760er Jahren neigte die Fabrik zur Nachahmung von →Sèvres mit der Einführung des Gittermusters auf blauem oder karmesinrotem Fond. Diese Tendenz verstärkte sich nach 1768, als zahlreiche, bisher in →Chelsea tätige Maler nach Worcester wechselten. Viele hervorragende Stücke wurden mit honigvergoldeten Ornamenten verziert, bis in den 1780ern die Quecksilbervergoldung gebräuchlich wurde.

1783 kaufte *Thomas Flight* die Fabrik für seine Söhne *Joseph* und *John.* Damit begann die ›Flight-Periode‹, in der die Zusammensetzung der Porzellanmasse geändert wurde, was zu einem reineren und weißeren Porzellan führte. Gleichzeitig wurde der Stil von Formen und der Malerei, von der klassizistischen Strömung beeinflußt, strenger. 1793 trat *Martin Barr* in das Unternehmen ein, das nunmehr in *Flight and Barr* umbenannt wurde. Nach und nach traten Familienangehörige von Barr in die Firma ein. (Sie firmierte 1793-1807 Flight and Barr, 1807-13 Barr, Flight and Barr; 1813-40 Flight, Barr and Barr.) 1840 wurde sie mit einer 1783 von R. →Chamberlain gegründeten Fabrik vereinigt und gab 1847 ihre ursprüngliche Produktionsstätte zugunsten der Fabrik von Chamberlain auf, was auf eine schlechte Entwicklung schließen läßt. 1850 trat dann *W. H. Kerr* in die Firma ein, die in *Kerr and Binns* umbenannt wurde und sich wieder auf-

☾

Worcester

W

Worcester

Worcester: Porzellan-Krug, um 1760-70 (Privatsammlung)

Worcester

Worcester Pseudo-Meißen

Worcester: Porzellan-Vase (Chamberlain-Fabrik), um 1815 (Victoria & Albert Museum, London)

Worcester pseudo-chinesisch

Worcester

wärts entwickelte. Seit 1862 trug sie den Namen *Royal Worcester Porcelain Company.* Es wurden Erzeugnisse im →Viktorianischen Stil hergestellt, sehr reich vergoldet und bemalt und gelegentlich mit Juwelen besetzt. Auf der Ausstellung in Dublin 1858 zeigte sie ein monumentales ›Shakespeare-Service‹ mit Gruppen von Shakespeares Bühnenhelden aus →Parianware und Tellern, Terrinen usw. aus Porzellan mit Renaissance-Ornamenten. Eine Spezialität war Porzellan in der Art von →Limoges, bemalt in Weiß auf dunkelblauem Fond, gewöhnlich von T. →Bott. In einer elfenbeinfarbenen Parianware (seit 1856 oftmals glasiert) wurden Figuren hergestellt sowie später entzückende Gruppen von Kindern im Stil von Kate Greenaway. Bei vielen Erzeugnissen der 1870er und 1880er Jahre machte sich ein japanischer Einfluß bemerkbar. Während der meisten Zeit des 19. und des frühen 20. Jhs. wurden die Produkte mit üppigen Blumengebinden auf cremefarbenem oder lichtgrünem Fond dekoriert. 1889 wurde die Firma *Grainger, Lee & Co.* erworben, die 1801 von *Thomas Grainger* von den Chamberlain-Werken ins Leben gerufen worden war. Sie stellte von 1815 bis 1820 Weichporzellan her, zumeist aber →Knochenporzellan, Parianware usw. Das Unternehmen gedieh und wuchs weiter unter der Leitung von *Charles William Dyson Perrins* in den Jahren 1912 bis 1953. 1935 wurden naturgetreu modellierte amerikanische Vögel von *Dorothy Doughty,* die später auch englische Vögel schuf, in das Produktionsprogramm aufgenommen. Die Fabrik stellt auch heute besonders qualitätvolles Porzellan her. *Siehe auch Abb. S. 127.*

Lit: G. Savage, *The Story of Worcester Porcelain and the Dyson Perrins Museum,* London 1969; H. Sandon, *Royal Worcester Porcelain from 1862 to the Present Day,* London 1973; H. Sandon, *Flight and Barr Worcester Porcelain 1783-1840,* Woodbridge 1978; G. Godden, *Chamberlain porcelain 1788-1852,* London 1982.

Worflein, Johann Georg →Biarelle, P. A.

Work-table, engl. Kleiner ›Arbeitstisch‹ oder kleines Gestell, auf dem die Damen ihre Handarbeiten ablegten; gewöhnlich mit offenen Fächern oder Schubladen und/oder einem Beutel für Nähseide und Nadeln ausgestattet. Kam im 18. Jh. in Frankreich und England in Mode. *Siehe auch* Whatnot.

Wright, Frank Lloyd (1867-1959). Bedeutendster amerikanischer Architekt der ersten Hälfte des 20. Jhs. Als Designer und Theoretiker übte er großen Einfluß auf das Kunsthandwerk aus. Er begann seine Laufbahn in Chicago, wo er 1888-93 als Chefzeichner bei L. H. →Sullivan arbeitete. Schnell entwickelte er einen sehr persönlichen Stil.

Wright schrieb 1908, daß die Wohnungen am ehesten befriedigen würden, in denen die meisten oder alle Möbel von vornherein in den Bauplan einbezogen wären. Jedes Glied müsse als Teil eines Ganzen angesehen werden. Seine interessantesten Entwürfe stammen aus seiner frühen Schaffenszeit. Die ersten Möbel entwarf er für den eigenen Gebrauch (1895), sie zeigen eine Vorliebe für das Eckige, Betonung der Vertikalen und einen Hang zu langen schmalen Holz- oder Metallstäben, was für

Worcester: Teetassen mit Untertassen, Porzellan, um 1760 (Privatsammlung)

linkes Bild:
F. L. Wright: Lehnstuhl, 1904 (Museum of Modern Art, New York)

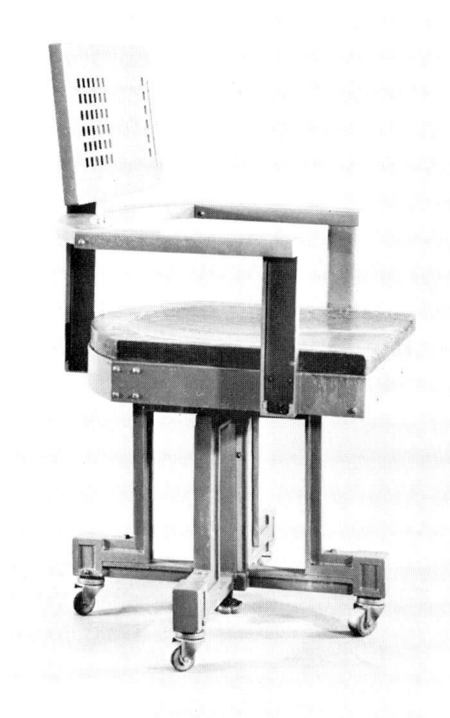

F. L. Wright: Bürostuhl aus farbigem Metall auf Drehgestell, 1904 (Museum of Modern Art, New York)

viele seiner späteren Arbeiten charakteristisch werden sollte. Für seine ›Prärie‹-Häuser der nächsten Jahre entwarf er ähnliche Möbel, die zum größten Teil von der Niedecken-Walbridge Company in Milwaukee, Wisconsin, angefertigt wurden. Auch machte er Entwürfe für Metallgitter und Lampen sowie Fensterscheiben aus farbigem Glas mit sorgfältig ausgearbeiteten geometrischen Bleifassungen. Sein Werk stand in enger Verbindung zur →Arts and Crafts-Bewegung. Seinen wichtigsten Beitrag zum Design leistete er 1904 mit seinen kompromißlos rechtwinkligen Möbeln aus farbigem Metall für das Larkin Building in Buffalo, N.Y., das erste ganz mit Metallmöbeln ausgestattete Bürohaus. Zur selben Zeit entwarf er Stühle mit Holzrahmen, deren Grundform auf einen Kubus zurückgeht und die, wie die Metallstühle, auf maschinelle Herstellung verweisen. Diese Stücke waren für ihre Zeit erstaunlich avantgardistisch und sollten – über G. T. →Rietvelds Arbeiten – das spätere Möbeldesign stark beeinflussen. Mit den Jahren wurden Wrights Entwürfe immer überspannter. So schuf er z. B. kreisrunde Stühle, deren Armstützen Kreissegmente waren, für ein Haus mit kreisrundem Grundriß.

Lit: O. Lloyd Wright, *F. L. Wright: His Life, His Work, His Words,* New York und London 1970.

Wrisbergholzen. Fayencefabrik in Hannover, gegründet 1735-37 von Baron von Wrisberg. Die Produkte der Manufaktur, bemalt mit →Scharffeuerfarben in Blaßblau, Gelb und Mangan, ähneln →Delfter Fayencen. Emailfarben sind nicht verwendet worden. Zu den Erzeugnissen gehören auch Wandfliesen. Sie arbeitete bis 1834, produzierte aber schließlich nur einfache Haushaltswaren.

Lit: O. Riesebeter, *Die deutschen Fayencen des 17. und 18. Jahrhunderts,* Leipzig 1921; A. Klein, *Deutsche Fayencen,* Braunschweig 1975.

Wrotham. Eine Reihe von Töpfereien in Kent, die neben einfacher →Hafnerware mit die beste englische mit →Schlicker verzierte Keramik herstellte. Datierte Stücke stammen aus der Zeit von 1612 (mehrhenkeliger Trinkkrug im Liverpool-Museum) bis 1739 (desgleichen im Fitzwilliam Museum in Cambridge). Kerzenleuchter, die an sonstigen Produktionsstätten von Schlickerware höchst selten vorkamen, waren hier ein Hauptproduktionszweig. Große Trinkkrüge mit mehreren Henkeln, Molkenbecher (›posset pots‹), zweihenkelige Trinkbecher, dagegen wider Erwarten nur wenige Teller, sind heute noch nachzuweisen. Als Dekorationsmotive dienten Lilien, Rosen, Kreuze, Sterne und Maskenköpfe in eingestempeltem oder aufgelegtem Relief aus weißem Ton ebenso wie gemalte geometrische Ornamente und Inschriften. Einige Stücke sind mit den Namen oder Initialen einzelner Töpfer versehen, wie *Henry Ifield* (gest. 1673), *John Green* (nachgewiesen 1686), *George Richardson* (gest. 1687), *Nicholas Hubble* (gest. 1689). Manchmal findet sich der Name ›Wrotham‹ eingeschrieben.

Lit: A. J. B. Kiddell in *Transactions of the English Ceramic Circle,* XII, 1950.

Wrisbergholzen

Wrythen-top-Löffel. Englischer Löffel des Mittelalters, bei dem der Stiel in ein spiralig geriefeltes, eiförmiges Ende ausläuft.

Wucai, chin., fünf Farben. Ein weißgrundiges chinesisches Porzellan, das überglasur mit →Emailfarben – Rot, Grün, Gelb, Schwarz und gelegentlich Türkis – bemalt ist; manchmal sind die Stücke bereits mit Unterglasurblau dekoriert. Diese Technik ist in der →Ming-Zeit, wahrscheinlich während der Regierung von Xuandi (1426-35), entwickelt und während der Regierung von Chenghua (1465-87) vervollkommnet worden. Die so bemalten Stücke sind meist klein, ihr Dekor besteht aus Blumen, Blütenzweigen, Weinranken usw. Im Unterschied zum →Doucai sind die Konturen in Überglasurschwarz, Dunkelbraun oder -rot ausgezogen.

Würth, Ignaz Sebastian von (1746-1834). Er war einer der führenden Wiener Goldschmiede und wurde 1770 zum Meister ernannt. Schon ein Jahr zuvor hatte er ein reich dekoriertes →Antependium für den Hochaltar der Wallfahrtskirche in Mariazell vollendet, das bedauerlicherweise 1794 eingeschmolzen wurde. Von ihm stammt eine Vielzahl vorzüglicher sakraler und profaner Silberarbeiten, deren frühere im Louis-seize, die späteren im Empire-Stil ausgeführt sind.

Würth, Joseph (tätig 1733-57). Wiener Goldschmied, dessen Hauptwerk das Grab des hl. Johann Nepomuk im Prager Veitsdom ist (1733-36; entworfen von Joseph Emanuel Fischer von Erlach und modelliert von Antonio Corradini). Darüber hinaus fertigte er eine große Anzahl sakraler und profaner Gefäße. *Ignaz Joseph Würth* (tätig 1770-1800), der eine ähnliche Meistermarke benutzte, war wahrscheinlich sein Sohn. Er schuf 1779-82 ein großes Tafelservice im Stil des Louis-seize für den Herzog Albert von Sachsen-Teschen. Andere Stücke von ihm, sowohl sakrale als auch profane, findet man schriftlich erwähnt.

Würzburg, Porzellanmanufaktur. Das kurzlebige Unternehmen wurde von etwa 1775 bis 1780 von *Johann Caspar Geyger* betrieben. Es stellte Eßgeschirre her, die mit Figuren aus der Antike in Medaillons monochrom braun bemalt sind, gelegentlich auch mit Blumen oder Landschaften.

Lit: S. Ducret, *Würzburger Porzellan des 18. Jahrhunderts 1775-1780*, Braunschweig 1968.

Würzburger Bildteppich-Manufaktur. 1721 vom Fürstbischof von Würzburg gegründet und ab 1728 von *Andreas Pirot* geleitet. Es wurden einige ansprechende Rokoko-Bildteppiche – Chinoiserien, Grotesken und eine Reihe von überaus lebensvollen venezianischen Karnevalsszenen (Würzburg, Residenz) – hergestellt, nach Entwürfen der Hofmaler R. Byss und J. J. Scheubel. 1775 wurde sie geschlossen.

Lit: H. Göbel, *Wandteppiche*, Leipzig 1923-34.

Wurzelholz. Auswuchs an Baumwurzel oder -stamm, der ein Holz mit besonders schöner Maserung erbringt und daher gern für das →Austernfurnier verwendet wurde. Bevorzugt war das Wurzelholz von Walnuß, Eibe und Ulme. Es wird auch als *Maserholz* bezeichnet.

Wu-ts'ai →Wucai

X

Xiang Zun. Ursprünglich chinesische Sammelbezeichnung für gebauchte Opfergefäße der Bronzezeit mit kelchartig sich weitendem Hals, seit der Song-Zeit mehr eingeengt auf Ritualbronzen in Gestalt eines Tieres, z. B. eines Büffels oder eines Elefanten. Der Opferwein wird durch eine verschließbare Öffnung auf dem Rücken eingefüllt und durch eine Tülle in der Schnauze bzw. dem Rüssel ausgegossen.

Xing-yao. Moderne Bezeichnung für die weißen Waren feinster Qualität, die während der →Tang-Dynastie hergestellt wurden. Frühe Verweise (ab dem 8. Jh.) auf diejenigen von Xingzhou in der Provinz Hebei wurden gefunden, jedoch ohne daß bis jetzt dort Brennöfen entdeckt würden.

Xuande-yao. Chinesisches Porzellan aus der Zeit des Kaisers Xuande (1426-35). Die blauweißen Farben sind die besten der →Ming-Zeit und wurden später viel nachgeahmt. Der Scherben ist von feiner Qualität, die Glasur dicht und die Bemalung von großer Lebendigkeit. Es wurde auch Porzellan mit Unterglasurdekor in Kupferrot produziert, und einige Stücke sind in →Wucai dekoriert.

Lit: D. Lion-Goldschmidt, *Ming porcelain,* Fribourg 1978.

Xuanji. Chinesisches astronomisches, rituelles Gerät der →Zhou-Zeit. Ringscheibe, in der Regel aus Jade mit kreisförmigem Loch und gekerbtem Rand, zum Aufsuchen des Himmelspols und polnaher Sterne.

Xuande-yao: Teller, blauweißes Porzellan, 1426-35 (Palastmuseum Peking)

Y

Yardley, Samuel →Bilston Emailmanufakturen

Yatsuschiro-Keramik. Eine kleine Gruppe japanischer Keramik der Kuyuschu-Insel, anfangs von einem koreanischen Kriegsgefangenen hergestellt, der 1600 dem Daimyo Hosakawa Tadaoki übergeben wurde und einen Brennofen bei dem Dorf Agano errichtete. Er siedelte einige Jahre später mit dem Daimyo in das Naraki-Dorf Takata, Yatuschiro gun, Fukoka, über, wo er einen weiteren Brennofen aufbaute. In Agano wurde mit einer braunen, dicken, streifigen beinahe Flambéglasur und einem Dekor aus aufgestrichenem →Schlicker →Teekeramik gemacht. Die Yatsuschiro-Keramik hat eine graue Glasur mit skizzenhaft gemalten Wolken, Vögeln usw. in weißem Schlicker. 1658 wurde die Fabrikation noch einmal an den Fuß des Berges Hirayama verlegt. Dort sind bis in das 20. Jh. hinein ähnliche Stücke gefertigt worden.

Lit: S. Jenyns, *Japanese Pottery*, London 1971; Ausst. Kat. *Japanische Keramik*, Hetjens-Museum Düsseldorf 1978.

Yayoi-Keramik. Eine Gruppe früher japanischer Keramiken – aber später als die →Jomon-Keramik –, die nach der Yayoi-Straße in Hongo, Tokyo, wo die ersten identifizierbaren Stücke gefunden wurden, benannt ist. Sie wurde von 300 v. Chr. bis 300 n. Chr. hergestellt, in den ersten 600 Jahren nach der Invasion vom Festland her. Die Gefäße sind höher gebrannt als die der Jomon-Keramik (aber wahrscheinlich in primitiven Brennöfen). Einige scheinen auf der Töpferscheibe gemacht, die üblichere Praxis ist aber wahrscheinlich die des Aufbaus gewesen. Die Formen sind einfach, begrenzt auf Vorratsgefäße, Kochtöpfe, Schalen und langstielige Kelche. Der Dekor ist gewöhnlich auf Kerbmuster beschränkt.

Lit: S. Jenyns, *Japanese Pottery*, London 1971; Ausst. Kat., *Japanische Keramik*, Hetjens-Museum Düsseldorf 1978.

Yi-hsing →Yixing

Yin-Dynastie →Shang-Dynastie

Yingqing →Qingbai-Porzellan

Ying-ch'ing →Yingqing

Yixing-Keramik. Töpfereien in Yixing in der Provinz Jiangsu haben das bekannteste rote und braune, meist unglasierte chinesische Steinzeug von der späten →Ming-Zeit an hergestellt. Die Öfen werden heute noch benutzt. Man macht dort kleine Gefäße in Form von Pflanzen, Tieren usw. als Schreibtischgerät. Am bekanntesten sind aber meist einfache, manchmal auch kurios geformte Teekannen, die zum großen Teil exportiert werden. Dieses Steinzeug ist in Japan in →Bizen, in Europa vor allem von J. F. →Böttger in Meißen, von A. de →Milde in Delft und D. →Elers in Staffordshire imitiert worden.

Lit: W. Cox, *Pottery and Porcelain*, New York 1944, S. 523.

Yomud-Teppiche →Turkmenenteppiche

Yongzheng-Porzellan. Chinesisches Porzellan aus der Regierungszeit des Qing-Kaisers Yongzheng (1725-35). Die besten Stücke, die den Grundstock der →Famille rose bilden, sind die mit der aus Europa übernommenen (dort →Purpur des Cassius genannt) rosa Emailfarbe bemalten. Die Periode ist für das Wiederaufleben des →Song- und →Ming-Stils wichtig.

Lit: S. Jenyns, *Later Chinese Porcelain*, durchges. Ausg., London 1971.

Yorkshire-Stuhl →Derbyshire-Stuhl

You. Chinesisches bronzezeitliches Weingefäß mit Deckel und Bügelhenkel, rund oder oval gebaucht, seltener auch rechteckig, gedrungen bis groß. Diese Gefäße wurden von der späten →Shang- (oder Yin-)Zeit bis in die frühe

Yongzheng: mondförmige Flasche bemalt mit Emailfarben der ›famille rose‹, 1725-35 (Percival David Foundation of Chinese Art, London)

Yuan-Dynastie: Weingefäß aus Blauweiß-Porzellan mit Reliefkartuschen in rot und blau, um 1300 (Percival David Foundation of Chinese Art, London)

→Zhou-Zeit gegossen. Die späteren Beispiele sind oft reich mit Ornament versehen.

Youf, Jean-Baptiste-Gilles (1762-1838). Französischer Möbelschreiner, geboren in Bayeux. 1795 ging er nach Paris und eröffnete dort um 1799 eine eigene Werkstatt. Er zog die Aufmerksamkeit von Napoleons Schwester Elisa auf sich, die ihn nach Lucca kommen ließ und ihn zu ihrem Hofschreiner ernannte, als sie 1805 Großherzogin von Toskana wurde. Youf stattete ihr Schloß in Lucca und den Palazzo Pitti in Florenz mit Empire-Möbeln aus und hatte daher Anteil an der Verbreitung dieses Stils in Italien. (Ein Frisiertisch in der Villa La Petraia, Florenz, ist 1811 datiert.) 1814 ging er nach Paris zurück und belieferte u.a. einen norwegischen Kunden mit einer großen sehr schön gearbeiteten, wenn auch etwas schweren Möbelgarnitur, bestehend aus Tischen, Kommoden und 120 Stühlen (heute im Aust-Agder-Museet, Arendal, Norwegen).

Lit: D. Ledoux-Lebard in *Arte Illustrata* 45-46 (1971), S. 42-48.

Youghal-Spitze. Leinene Nadel→spitze, die seit 1852 in dem Konvent der Darstellung Jesu im Tempel in Youghal (Irland) gemacht wurde. Meist handelt es sich um sehr qualitätsvolle Nachahmungen von Spitzen des 17. und 18. Jhs.

Lit: B. Palliser, *History of Lace*, durchges. von M. Jourdain und A. Dryden, London 1902; P. Wardle, *Victorian Lace*, London 1968.

Yu →You

Yuan. Dynastie der Mongolen, die im Anschluß an die →Song-Zeit in China von 1271 bis 1368 regierte. Die Herrscher, vor allem Kublai Khan, ermunterten westliche Besucher, so daß China damals für Europäer zugänglicher war als zu irgendeiner anderen Zeit bis zur Mitte des 19. Jhs. Zahlreiche Seidenstoffe wurden nach Europa exportiert, wo viele zu Gewändern verarbeitet wurden und heute noch in Kirchenschätzen zu finden sind. Sie beeinflußten die europäischen, vor allem die italienischen Weber (→Lucca-Seiden). Yuau-Porzellan wurde gleichfalls nach Europa ausgeführt und dort oft aufs Kostbarste gotisch gefaßt. Umgekehrt läßt sich kaum ein europäischer Einfluß in China feststellen.
Als Reaktion auf die Herrschaft grausamer Feudalherren wurden die chinesischen Künstler traditionsbewußter denn je und waren eifrig bestrebt, die klassischen Darstellungen von früheren, glücklicheren Zeiten nachzuahmen. Bei der Keramik war der einzige wichtige Fortschritt die Einführung von Kobaltblau aus Persien, das mit einer neuen Maltechnik unter der Glasur kombiniert wurde und zur Geburtsstunde des chinesischen →Blauweiß-Porzellans führte. Dieses berühmte Porzellan ist bis zur →Ming-Zeit nur in kleinen Mengen hergestellt worden (die überragende Qualität der frühen Erzeugnisse kann man an dem Vasenpaar von 1351 der Percival David Foundation in London ermessen). Das reizvollste der Yuan-Porzellane ist wahrscheinlich die →Shufu-Ware. Keramik-Formen dienten als Vorlagen für Silbergefäße, von denen einige gute Exemplare erhalten sind. Auch hübsche Lackarbeiten entstanden in der Yuan-Zeit.

Lit: M. Medley, *Yüan Porcelain and Stoneware*, London 1974.

Yue. Ein →Seladon mit grauem Scherben und olivgrüner bis kalkfarbener Glasur, das erste

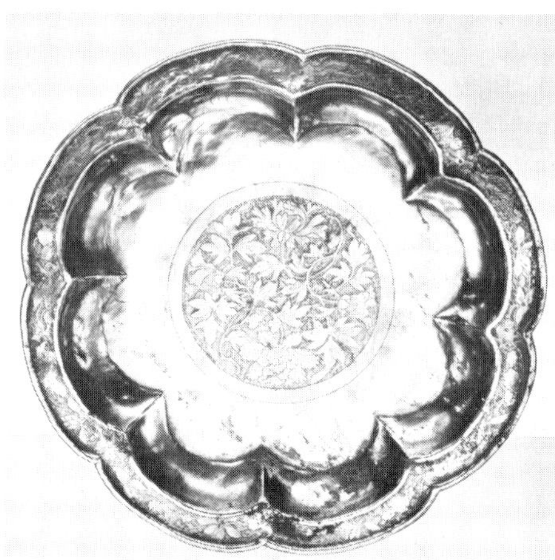

linkes Bild:
Yuan-Dynastie: Seladonteller mit unglasiertem rotbraunem Reliefdekor, 14. Jh. (Percival David Foundation of Chinese Art, London)

Yuan-Dynastie: Silberschüssel (William Rockhill Nelson Gallery of Art, Kansas City)

Yue-yao, Teller, graues Steinzeug mit olivgrüner Glasur, 10. Jh. (Percival David Foundation of Chinese Art, London)

Erzeugnis, das ci (→Porzellan) genannt zu werden verdiente. Bereits im 4. bis 3. Jh. v. Chr. gemacht, erreichte es seinen Höhepunkt in der →Tang-Zeit, in der nach Aussagen die besten Stücke für den Prinzen von Yue gemacht wurden, daher die Namensgebung. Es wurde in andere Länder des Fernen Ostens, nach Ostasien und in den Nahen Osten exportiert. Yue-yao wurde schrittweise in der Song-Zeit von dem Nördlichen Seladon und dem Longquan-Seladon abgelöst. Es hatte bedeutenden Einfluß auf die →koreanische Keramik.

Lit: B. Gray, *Early Chinese Pottery and Porcelain*, London 1953; W. Weng u. Y. Boda, *Palastmuseum Peking*, München 1982.

Yung Chêng-Porzellan →Yongzheng-Porzellan

Yürük-Teppiche →Türkische Teppiche

Z

Zahnfries. Eine Reihe rechteckiger Blöckchen, voneinander getrennt durch tiefe Einschnitte. Dieser Schmuck wurde seit der Renaissance aus der Architektur (Deutsches Band) auf europäische Möbel übertragen.

Zanfirico → Vetro a retortoli

Zanuso, Marco (geb. 1916). Italienischer Architekt und Designer, der sich auf Objekte für die Serienherstellung spezialisierte. Seine Borletti-Nähmaschine von 1956 ist ein Vorläufer von M. → Nizzolis mustergültigem Modell ›Mirella‹, entworfen für Necchi. Für die Firma Arflex in Mailand entwarf er Möbel, darunter einen gepolsterten Kunststoffstuhl mit schalenförmigem Sitz (1957) sowie Stühle mit Metallrahmen, von denen vor allem die Modelle ›Milard‹ und ›Fourlines‹ genial konstruiert und äußerst elegant sind. Mit Richard Sapper schuf er einen schlichten, formschönen Fernsehapparat (1962) und kleine transportable Transistor-Fernsehgeräte (1964).

Zappler. Vor allem in Süddeutschland und Österreich beliebte Tischuhr des 18./19. Jahrhunderts mit einem oder zwei sich lebhaft bewegenden Pendeln vor dem Zifferblatt.

Zarge. Rahmenkonstruktion als unterer Abschluß von Schränken, Tischplatten, Stuhlsitzen usw.; oft dekorativ gestaltet.

Zebraholz → Ebenholz

Zeckel, Johann (um 1660-1728). Augsburger Silberschmied. Nach einer Lehre in Wien ließ er sich 1698 in Augsburg nieder und begann als Geselle bei Johann Mair. Schließlich wurde er Münzwardein und Vorsteher der Goldschmiedezunft in Augsburg. Er spezialisierte sich auf kirchliches Silber (er war Katholik, während seine Zeitgenossen → Biller und → Drentwett Lutheraner waren), und sein Hauptwerk war die Lepanto-Monstranz in St. Maria Victoria, Ingolstadt (1708). Unter seinen vielen schönen großen Stücken spätbarokken Silbers ragen verschiedene skulpturale Reliquiare und Altarfiguren hervor, z. B. die um 1715 entstandene lebensgroße Reliquienbüste des hl. Aquilinus für die Marienkapelle in Würzburg, und die Silberstatue des hl. Joseph (mit Emails von *Samuel Wolfgang*) für das Freiburger Münster (1709-10).

Lit: *Augsburger Barock*, Ausst. Kat. Augsburg 1968; H. Seling, *Die Kunst der Augsburger Goldschmiede 1529-1868*, München 1980.

Zedernholz. Dauerhaftes Holz mit rötlicher Färbung, von Bäumen verschiedener Cedrusarten stammend. Es strömt einen aromatischen Duft aus, der Insekten vertreibt, daher die bevorzugte Verarbeitung zu Truhen, die für die längere Aufbewahrung von Gegenständen bestimmt waren.

Zeiner, Lukas (tätig 1479-1512). Glasmaler, in Zürich tätig und Spezialist für kleine Wappenscheiben, die in der Schweiz als Geschenk sehr beliebt wurden. Er arbeitete in einem reichen spätgotischen Stil und war ein Meister des feinen Details, das er oft mit einer Feder in die farbig überfangene Glasscheibe einkratzte.

Zeissig, Johann Elias, bekannt als Schönau → Meißen

Zeitz Töpferei → Waldenburg

Zellenschmelz → Email

Zellentechnik. Frühe mittelalterliche Goldschmiedetechnik des Einlegens von Edel- und Halbedelsteinen, ähnlich dem Verfahren beim Zellenschmelz (→ Email).

Zen, Carlo (1851-1918). Leiter der bedeutendsten Möbelfabrik des ›Stile Liberty‹ (→ Art Nouveau) in Mailand, wo er seit etwa 1880 tätig war. Er gehörte nicht – wie C. → Bugatti und E. → Quarti – zu den führenden Kunsthandwerkern und Möbelentwerfern, er war vielmehr ein ausgesprochener Unternehmer. Seine Firma entwickelte einen eigenen Stil, den man als florales → Sheraton bezeichnen könnte. 1898 fusionierte sie mit dem Wiener Haus Haas; 1902 gehörte O. → Beckmann zu ihren Entwerfern.

Lit: E. Bairati, R. Bossaglia u. M. Roschi, *L'Italia Liberty: Arredamento e arti decorative*, Mailand 1973.

Zerbst. Fayencemanufaktur in Anhalt, gegründet 1720 unter dem Schutz des Fürsten

Johann Zeckel

Zerbst

Zhou-Dynastie: Bronze-Kochgefäß ›li‹ mit Deckel, frühes westl. Zhou, 1000-722 v. Chr. (William Rockhill Nelson Gallery of Art, Kansas City)

von Anhalt-Zerbst von dem →Arkanisten *Johann Caspar Ripp* (1681 bis 1726) aus →Hanau (der Zerbst 1724 verließ) und *Daniel van Keyk* aus Delft, der die Manufaktur bis 1740 leitete. Sie wurde anschließend nacheinander von mehreren Keramikern betrieben. Erzeugt wurden hauptsächlich Tafelgeschirre im →Delfter Blauweiß-Stil und polychromer →Scharffeuermalerei. Auch wurden große balusterförmige Vasen mit Blatt- und Rocaillewerk und Reserven hergestellt, die mit Landschaften und figürlichen Darstellungen bemalt wurden. Nach einer Zeit, in der die Produktion darniederlag, wurde das Unternehmen 1793 wieder aktiviert und stellte bis 1861 Steingut her.

Lit: O. Riesebieter, *Die deutschen Fayencen des 17. und 18. Jahrhunderts,* Leipzig 1921; A. Klein, *Deutsche Fayencen,* Braunschweig 1975.

Zhou. Chinesische Dynastie von 1027 v. Chr. bis 221 n. Chr., die auf die →Shang-Yin-Dynastie folgte. Die rituellen Bronzegefäße sind fast ebenso beachtlich wie die der vorhergehenden Zeit, wenn auch in der Formgebung weniger kraftvoll; quadratische Gefäße treten seltener auf. Der Dekor ist vergleichsweise nicht so reich, meist eher abstrakt als zoomorph. Zhou-Steinzeug mit bräunlichen oder grünlichen Glasuren über eingeschnittenem, eingedrücktem oder appliziertem Dekor ist weniger grob als das erste Shang-Steinzeug und einige spätere kürzlich entdeckte Stücke vorweggenommener →Yue-yao. Gegen Ende der ›Streitenden Reiche‹-Periode (480-221 v. Chr.) wurden →Bleiglasuren, die einen niedrigen Schmelzpunkt hatten, eingeführt.

Ziborium →Kelch

Ziegel, glasierte. Vielfarbige glasierte Ziegel traten zuerst im Alten Nahen Osten (Assyrien) im späten 2. Jt. v. Chr. auf und sie wurden in großem Umfang und sehr effektvoll zum Schmuck der Wände in Chorsabad (8. Jh. v. Chr.) und später in Babylon, besonders am Ischtartor (um 575 v. Chr.; Staatliche Museen zu Berlin/DDR) mit der Darstellung von Stieren und Drachen auf blauem Grund und in

Zhou-Dynastie: Tischbein, Bronze mit Gold und Silber eingelegt, 1027-256 v. Chr. (William Rockhill Nelson Gallery of Art, Kansas City)

Zhou-Dynastie: Bronze-Weingefäß ›yi‹, Zeit der ›Streitenden Reiche‹, 481-221 v. Chr. (William Rockhill Nelson Gallery of Art, Kansas City)

Susa (5. Jh. v. Chr.; Louvre, Paris) mit Bogenschützen und Zügen von Löwen, geflügelten Stieren und Drachen in Blau, Weiß, Gelb und Grün eingesetzt. In Chorsabad sind die Ziegel flach, während in Babylon und Susa einige der Ziegel geformt sind, so daß Tiere und Personen im Relief hervortreten.

Lit: W. Andrae, *Coloured Ceramics from Assur,* London 1925.

Ziegler, Jules-Claude (1804-56). Französischer Maler, der in →Sèvres tätig war und danach in Voisinlieu bei Beauvais mit einem Töpfer die lokale Industrie salzglasierten →Steinzeugs mit ihren kühn und frei das ganze Gefäß umlaufenden Mustern wiederbelebte. Als Vorläufer der späteren Kunstkeramiker veröffent-

J.-C. Ziegler, salzglasierter Steinzeugkrug, Voisinlieu bei Beauvais, um 1845 (Victoria & Albert Museum, London)

lichte er die Studie ›Recherches des principes du beau dans l'art céramique‹, Paris 1850.

Lit: A. Lesur und Tardy, *Les poteries et les faïences françaises*, Paris 1957-60.

Ziergiebel. Dem Giebel eines antiken Tempels ähnelnder Abschluß bei Möbeln (z. B. bei Bücher-, Schreib-, Kabinettschränken, Standuhren usw.). Seit dem Manierismus unterlagen die dreieckigen Giebelformen vielen Veränderungen, sowohl in der Architektur als auch in den angewandten Künsten. Bei dem ›gesprengten‹ Giebel ist, strenggenommen, die Basis ausgespart, jedoch wird die Bezeichnung häufig für einen ›offenen‹ Giebel verwendet, dessen Schrägen abgebrochen sind, bevor sie in der Spitze zusammenlaufen. Dieser offene Giebel wurde im 18. Jh. gern von Möbelschreinern als Bekrönung verwendet, mit geraden oder segmentförmigen Seitenteilen; enden diese in Voluten, spricht man vom Volutengiebel.

Zink. Ein hartes, brüchiges, bläulich-weißes Metall, das mit Kupfer zu → Messing legiert wird.

Zinn. Das Metall wird seit prähistorischer Zeit aus Zinnerz (Kassiterit) gewonnen und ist ein wichtiger Bestandteil der Legierungen Bronze und Messing. Früher benutzte man es auch als Überzug anderer Metalle, z. B. das Innere von Gefäßen aus Kupfer, um sie vor Oxydation oder Korrosion zu bewahren. Der künstlerische Werkstoff Zinn ist eine zur Hauptsache aus dem gediegenen Metall bestehende Legierung. Die edelste (›English Pewter‹ oder ›lauteres Zinn‹) enthält Kupfer und gelegentlich Wismut; gewöhnliches Zinn (›Probezinn‹) ist in jeweils wechselndem Verhältnis mit Blei versetzt: je höher der Bleizusatz, um so geringer Qualität und Preis, um so gefährlicher aber auch für den Menschen seine Verwendung als Eßgeschirr. Je nach der Menge des zugesetzten Bleis wechselt die Farbe: Ohne Bleizusatz ist gut poliertes Zinn fast so hell wie Silber; mit Blei legiert, neigt es zu schwärzlichem Grau. In Europa ist einfaches Zinngerät (Teller, Trinkgefäße, Schalen, Löffel, Kerzenleuchter usw.) in sehr früher Zeit hergestellt, aber anscheinend bis zum Mittelalter nicht künstlerisch entwickelt worden. Im 16. Jh. begann man mit der Herstellung aufwendiger gearbeiteter Gegenstände, des sogenannten Schauzinns, das zuerst in Frankreich, dann auch in Deutschland aufkam und auf Schränken, Kredenzen usw. aufgestellt worden ist. Es trägt Reliefdekor. Die Gußformen waren aus Ton, Messing oder Stein. Der sehr reiche und fein durchgearbeitete Dekor wurde mitgegossen. Normalerweise grub man ihn mit dem Stichel in die Messingform ein oder ätzte ihn aus der Steinform heraus. Das Schauzinn nahm seinen Ausgang von Lyon; in F. → Briot fand es seinen größten Meister. Später wurde Nürnberg das Hauptzentrum der Herstellung, mit Meistern wie Caspar → Enderlein, Nicholas → Horchhaimer und A. → Preissensin. In England war W. → Grainger der bedeutendste Zinngießer. Aber noch während des ganzen

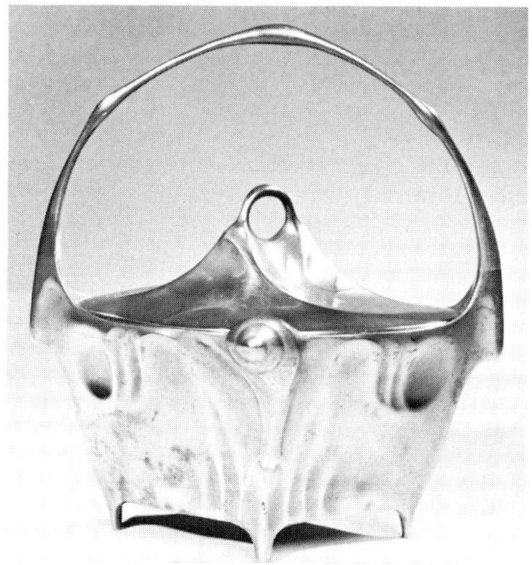

Zinn: Zuckerdose, Entwurf Hugo Leven, Ausführung Engelbert Kayser, um 1900 (Kunstgewerbemuseum, Berlin)

17. Jhs. lieferte Frankreich einen großen Teil der edelsten Stücke. Durch das Aufwandgesetz von 1709, das die Herstellung von Tafelsilber verbot, wurde diese Entwicklung noch gefördert. Frankreich hatte auch die beste Regelung hinsichtlich der Markenzeichen oder Qualitätsstempel. In Nordamerika stellte man Zinngerät seit der Mitte des 17. Jhs. her. Durch die Einführung von → Britanniametall und → galvanisch versilberten Waren kam es aus dem Gebrauch; seine Verwendung lebte aber um 1900 in England und Deutschland noch einmal auf, als A. L. → Liberty und E. → Kayser sich seiner als Werkstoff für das Kunsthandwerk bedienten.

Lit: C. F. Montgomery, *A History of American Pewter*, New York und Washington 1973; H.-U. Haedecke, *Zinn, ein Handbuch für Sammler und Liebhaber*, Braunschweig 1973; L. Mory, *Schönes Zinn*, München 1975.

Zinnenmäander → Mäander

Ziselieren. Bearbeitung oder Formung einer Metalloberfläche zur Entfernung von Fehlern (z. B. von Unebenheiten und Gußnähten, die beim → Wachsausschmelzverfahren stehengeblieben sind) oder zur Hervorbringung von Mustern mit Hammer oder Punze (z. B. bei Silberdekorationen).

Zinn: Hansekrug, niederdeutsch, 15. Jh. (Museum für Kunst und Gewerbe, Hamburg)

Zista. Aus dem griechischen κίστη (Korb, Kasten) abgeleitete Bezeichnung für ein kleines Gefäß zur Aufnahme von Toilettenartikeln oder Gegenständen für zeremoniellen Gebrauch. Im allgemeinen wird die Bezeichnung nur für Gefäße griechischen und vor allem etruskischen Ursprungs verwendet: Letztere sind gewöhnlich oval, bestehen aus Bronze und sind kostbar mit gravierten Ornamenten verziert.

Lit: ›Cista‹ in *Der kleine Pauli, Lexikon der Antike,* Zürich–München 1964-75.

Zitzmann, Friedrich →Köpping, K.

Zopfstil. Etwas abschätzige, von der damaligen Haartracht übernommene Bezeichnung für gewisse Erscheinungsformen der deutschen Kunst zwischen Rokoko und Klassizismus, also etwa zwischen 1775 und 1790, als man sich erneut antikisierenden Formen zuwandte.

Zsolnay, Vilmós und **Miklos** →Pecs

Zuber, Jean (tätig 1793-1850?). Der erste und, zusammen mit J. →Dufour, beste Hersteller von →Bildtapeten. Er begann als Verkäufer einer Textil- und Tapetendruckerei in Mülhausen im Elsaß, deren Überwachung er bis 1802 beibehielt. 1804 stellte er die erste datierte Bildtapete her, die ›Vues de Suisses‹, machte daneben aber hauptsächlich normale Tapeten mit Textilmustern im Stil des Empire. Seit 1825 brachte er eine Reihe sehr anziehender Bildtapeten heraus, Szenen mit Pferderennen in Frankreich, England und Italien (das Pferderennen auf dem Corso in Rom), Szenen aus dem Amerikanischen Unabhängigkeitskrieg, Ansichten des Niagara-Wasserfalls und von Boston. 1850 führte er den maschinellen Druck ein. Die Firma Zuber & Cie. existiert heute noch in Rixheim, Elsaß.

Lit: E.A. Entwisle, *French Scenic Wallpapers 1810-50,* London 1971.

Zuccarin. Venezianisches Glasgefäß, ähnlich dem →Kuttrolf, das im späten 17. Jh. und im 18. Jh. in Venedig und Murano gemacht wurde.

Zuccaro, Taddeo (1529-66). Römischer Maler in der Zeit des späten Manierismus. Er war der bekannteste Künstler für Entwürfe zur Bemalung von Majolika mit →Istoriato-Dekor. Vasari erwähnt ein Service für den Herzog von Urbino, das als Geschenk für den König von Spanien bestimmt war. Einige Teller und Maleientwürfe befinden sich heute in mehreren Museen und Privatsammlungen. Die Zeichnungen geben Szenen aus dem Leben von Julius Caesar wieder. Die Teller sind wohl in der Werkstatt der →Fontana in →Urbino etwa zwischen 1550 und 1560 hergestellt worden. Obwohl die Entwürfe von Zuccaro für die Bemalung von Majolika besser als die einzigen sonst noch vergleichbaren (von B. →Franco) sind, waren ihre Motive, vielleicht weil zu aufwendig, für den vorgesehenen Zweck weniger geeignet.

Lit: J. Gere, ›Taddeo Zuccaro as a designer for Maiolica‹ in *The Burlington Magazine,* Juli 1956, S. 306-15; ders., *Taddeo Zuccaro,* London 1969.

M. Zündt, Entwurf für einen Deckelpokal aus seinem Opus craterographicum, Hamburg 1551

Zündt, Mathis (um 1498-1572). Deutscher Goldschmied, Ornamentzeichner und Stecher der Renaissance. Er lebte in Nürnberg. Keines seiner Werke in Silber oder anderen Metallen ist erhalten; aber seine gestochenen Entwürfe für Schmuck und Silber geben ein Bild vom ›klassizistischen‹ Geschmack seiner Zeit. Unter dem erhaltenen Nürnberger Silber gibt es eine Anzahl von Stücken, die seinen Entwürfen ähnlich sind.

Lit: J.F. Hayward in *The Connoisseur* CLXIV (1967), S. 81-83.

Zunftbecher. Deutscher Glasbecher aus dem späten 17. Jh. mit der Darstellung von Sinnbildern der Handwerke oder anderen Zunftsymbolen in →Emailmalerei.

Zungenornament →Langette

Z

Zürich

Zürich. Die beste Fayence- und Porzellanmanufaktur der Schweiz im 18. Jh. Gegründet 1763 von Mitgliedern einer wissenschaftlichen Vereinigung, zu der auch der Dichter und Maler *Salomon Gessner* gehörte, zusammen mit *Adam Spengler* (gest. 1790), der vorher technischer Leiter der Manufaktur →Höchst war. Sie begann mit der Herstellung von Fayence und Weich→porzellan, machte aber schon bald (um 1765) Hartporzellan von großer Schönheit, mit einer hochglänzenden Glasur

und dem leichten Anflug einer rauchigen Tönung. Die hauptsächlichen Erzeugnisse waren Geschirre in unterglasurblauer Bemalung nach →Meißener Vorbild. Die anspruchsvolleren Stücke waren sehr qualitätsvoll in →Emailfarben mit Genreszenen bemalt, mit Schweizer Landschaften (manchmal nach Vorlagen von Salomon Gessner oder auch von ihm selbst gemalt) oder Buketts aus naturalistisch gemalten Blumen. Kugelförmige Teekannen mit auffallenden Rocaillehenkeln wurden bevorzugt hergestellt. Ein Tafelaufsatz von über 60 cm Höhe befindet sich im Victoria & Albert Museum, London; er gehört zu einem großen Service mit Platten mit durchbrochenen Rändern und Tellern mit bis in die Einzelheiten getreu wiedergegebenen Landschaften. Geschirre wurden auch in Fayence hergestellt und wie das Porzellan bemalt. Die Porzellanfiguren sind von großem Charme; die frühen (1765-75) sind Gärtner, Jäger, Handwerker, Ausrufer usw. sowie eine auffallende Gruppe von zwei Sklavenhändlern mit einem jungen Sklaven; zu den späteren Figuren gehören einige etwas sentimentale Gruppen nach Modellen von *Valentin Sonnenschein* (1749-1828), der vorher in →Ludwigsburg tätig war. 1778 begann die Manufaktur, →Steingut nach englischem Vorbild, oftmals im →Umdruckverfahren dekoriert, herzustellen. Nach dem Tod von Spengler im Jahre 1790 wurde der Betrieb stillgelegt, die Vorräte wurden verkauft. 1793 erwarb sein Schwiegersohn *Mathias Nehracher* (gest. 1800) die Fabrik. Sie ging später durch die Hände mehrerer Eigentümer, Fayence und Steingut herstellend. 1897 wurde die Manufaktur endgültig geschlossen.

Lit: S. Ducret, *Die Züricher Porzellanmanufaktur*, 2 Bde., Zürich 1958-59; R. Schnyder, *Züricher Porzellan*, Zürich 1964; A. Klein, *Fayencen aus Europa*, Braunschweig 1980.

Zweites Empire: Tapete ›Le Jardin d'hiver‹ von Desfossé & Karth, 1853 (Musée des Arts Décoratifs, Paris)

Zweites Empire. Der Stil, oder besser, die Stile, die sich unter Napoleon III. (1848 Präsident, 1852 Kaiser, 1870 Abdankung) in Frankreich durchsetzten. Von den Künstlern, die sie entwickelten, wurden keinerlei Versuche unternommen, das erste →Empire wiederzubeleben, obwohl einige seiner Vertreter, in erster Linie →Fontaine, noch lebten. Kaiserin Eugenie, die mehr an den Künsten interessiert war als ihr Mann, identifizierte sich eher mit Marie Antoinette als mit Josephine und förderte darum das Wiederaufleben des →Louis-seize. Das Gewerbe der Nachahmer blühte: Vornehmlich →Barbedienne, →Beurdeley und →Grohé fertigten teure Kopien von Möbeln des Louis-

Zweites Empire: Anrichte oder ›Grand buffet‹ (Ministère des Finances, Paris)

seize an, während Ch. →Christofle ähnliche →Bronzes d'ameublement und Tafelgeschirre, meist elektrolytisch versilbert, herstellte. Auf Tapeten druckte man Imitationen von Louis-seize-Holzvertäfelungen. Der Mode-Bildhauer →Carrier-Belleuse entwarf höchst eigenwilliges künstlerisches Mobiliar und Silber, der Architekt →Viollet-le-Duc zeichnete neugotisches Kirchengerät und Pläne für Raumgestaltungen. Ebenso gab es eine Neu-Renaissance (→Saint-Porchaire) und ein Neu-Barock. Und in den 1860er Jahren begann der →Japonismus Mode zu werden. Sowohl der Eklektizismus als auch die vulgäre Prunksucht dieser Epoche geben sich deutlich im Werk des führenden Entwurfzeichners Liénard zu erkennen, dem Autor von ›Spécimens de la décoration et de l'ornamentation au XIX siècle‹ (1866). Eigene Stilschöpfungen waren die Armsessel, Sofas und ›Indiscrets‹ mit prall gepolsterten Rundungen, Troddeln und Knöpfen. Die Stimmung der Zeit kommt in Guizots Ausruf »Enrichissez-vous!« zum Ausdruck, der auch das Losungswort für die Schöpfer ihres bombastischsten Denkmals, der Pariser Oper (1861-75), abgegeben haben könnte.

Zwickel. Ein von Bögen oder Gewölben gebildetes, mit der Spitze nach unten gerichtetes sphärisches Dreieck.

Zwiebelmuster. Typischer Porzellandekor nach chinesischem Vorbild: stilisierte Blätter, Blumen und Pfirsiche, die in Europa irrigerweise für Zwiebeln gehalten wurden. In der Manufaktur →Meißen wird er seit 1739 für einfachere Eßservice verwendet; er wurde viel von anderen Fabriken nachgeahmt.

Zwischengoldglas. Schon in der Antike, seit dem 3. Jh. v. Chr., war die Technik bekannt, im

Zwischengoldglas: Böhmischer Glasbecher, um 1730 (Victoria & Albert Museum, London)

Kontur ausgeschnittenes Blattgold mit gravierter Binnenzeichnung zwischen zwei an den Rändern zusammengeschmolzenen Glasplatten einzufügen; sie fand Anwendung für Schmuckanhänger oder für den Boden von Trinkgefäßen, oft als Porträtmedaillons. Auf diese antike Technik gingen die Zwischengoldgläser des 18. Jhs. zurück. Bei diesen wurde die Innenseite eines Glasgefäßes, zumeist eines Bechers, mit einer Darstellung in Blattgold in der Art eines Scherenschnitts belegt. Dann wurde ein im Durchmesser etwas kleineres, genau passendes Glasgefäß gleicher Form eingesenkt und mit dem äußeren dicht verbunden. Auch farbige Hintermalung war möglich oder, wie bei den Gläsern von Johann Joseph Mildner gegen Ende des 18. Jhs., die Hinterlegung von Miniaturen auf dünnem Pergament (→Mildnergläser).